Vahlens Handbücher
der Wirtschafts- und Sozialwissenschaften

Einführung in die Allgemeine Betriebswirtschaftslehre

von

Dr. Dr. h.c. mult. Günter Wöhe †
ehemals o. Professor der Betriebswirtschaftslehre
an der Universität des Saarlandes

Dr. Ulrich Döring
o. Professor em. der Betriebswirtschaftslehre
an der Universität Lüneburg

Dr. Gerrit Brösel
o. Professor der Betriebswirtschaftslehre
an der FernUniversität in Hagen

26., überarbeitete und aktualisierte Auflage

Verlag Franz Vahlen München

Prof. Dr. h.c. mult. Günter Wöhe †   Prof. Dr. Ulrich Döring   Prof. Dr. Gerrit Brösel

Verlag Vahlen im Internet:
www.vahlen.de

ISBN 978 3 8006 5000 2

© 2016 Verlag Franz Vahlen GmbH,
Wilhelmstraße 9, 80801 München
Alle Rechte vorbehalten
Satz: Fotosatz Buck
Zweikirchener Str. 7, 84036 Kumhausen
Druck und Bindung: Mohn Media Mohndruck GmbH
Carl-Bertelsmann-Str. 161M, 33311 Gütersloh
Umschlaggestaltung: Ralph Zimmermann – Bureau Parapluie
Gedruckt auf säurefreiem, alterungsbeständigem Papier
(hergestellt aus chlorfrei gebleichtem Zellstoff)

Vorwort zur 26. Auflage

„Wöhe" – Der Lehrbuchklassiker

Vor mehr als fünfzig Jahren erschien die erste Auflage dieses Lehrbuchs. Seither haben zahllose Studentengenerationen nach dem „Wöhe" Betriebswirtschaftslehre studiert. Dank ständiger Überarbeitungen blieb der „Wöhe" auf dem aktuellen Stand der Wissenschaft und Didaktik und etablierte sich als das führende Standardlehrbuch der Allgemeinen Betriebswirtschaftslehre.

Studienanfängern kommt das Wöhe-Lehrbuch entgegen, indem es

- keine betriebswirtschaftlichen Vorkenntnisse voraussetzt (Ausnahme: Technik der Doppelten Buchführung)
- komplizierte Zusammenhänge in einfacher Sprache erklärt
- betriebswirtschaftliche Theorie mit kleinen praktischen Beispielen veranschaulicht
- betriebswirtschaftliches Denken aus dem ökonomischen Prinzip ableitet, das sich wie ein roter Faden durch den gesamten Lehrbuchtext zieht.

Um Ihnen als Studienanfängern den Einstieg in das große Stoffpensum der Betriebswirtschaftslehre zu erleichtern, geben wir Ihnen ein paar **praktische Hinweise zur Benutzung des Lehrbuchs**:

- Als Leser sollten Sie mit dem Kapitel „Grundlagen", S. 24–46, beginnen, das einen knappen Überblick über betriebswirtschaftliche Grundzusammenhänge liefert.
- Merksätze und Schlüsselbegriffe des betriebswirtschaftlichen Vokabulars werden im Buchtext durch farbige Unterlegung einprägsam hervorgehoben.
- Das Stichwortverzeichnis und das Literaturverzeichnis am Ende des Buchs können Sie zur Klärung von Begriffen bzw. zum Einstieg in die weiterführende Literatur nutzen.
- In nahezu 800 mehrfarbigen Abbildungen und Übersichten werden komplizierte fachliche Zusammenhänge leicht verständlich dargestellt.
- Hinweise im Lehrbuchtext führen Sie zu den Aufgaben des korrespondierenden Übungsbuchs. Der Passus ÜB 1/4–6 im Lehrbuch verweist beispielsweise auf die Aufgaben 4 bis 6 im 1. Abschnitt des Übungsbuchs.

Parallel zum Lehrbuch erscheint in 15. Auflage das **Wöhe-Übungsbuch**. Dieses enthält rund

- 500 klausurerprobte Übungsaufgaben mit Musterlösungen
- 300 Multiple-Choice-Aufgaben mit dazugehörigen Lösungen
- 600 Wiederholungsfragen mit dazugehörigen Seitenverweisen auf das Lehrbuch.

Weitere Informationen zum Lehr- und Übungsbuch finden sich im **Wöhe-Portal**:

www.woehe-portal.de

Hier stehen z. B. Multiple-Choice-Aufgaben in elektronischer Form zur Verfügung. Außerdem kann als kostenlose Zugabe die **App „BWLtrainer"** heruntergeladen werden, mit der Lerninhalte aus dem „Wöhe" spielerisch trainiert werden können.

Zur Vorbereitung ihrer Lehrveranstaltungen können Dozenten im Bedarfsfall umfangreiches Präsentationsmaterial abrufen unter:

www.vahlen.de/*2626

Neuerungen in der aktuellen Auflage

Mit der 26. Auflage wird der Übergang in die nächste Autorengeneration langfristig in die Wege geleitet: Von jetzt an sind zwei Verfasser für das Wöhe-Lehrbuch verantwortlich. Beide Autoren halten am bewährten „Wöhe-Prinzip" fest: Schwierige betriebswirtschaftliche Zusammenhänge muss man mit einfachen Worten erklären.

Auch in sachlicher Hinsicht gibt es wichtige Neuerungen, denn ein Lehrbuch zur Betriebswirtschaftslehre, einer angewandten Wissenschaft, bleibt nur aktuell, wenn es sich mit den fortwährenden Änderungen der Unternehmenspraxis auseinandersetzt.

So haben wir den Lehrbuchtext um jeweils ein Kapitel zum **„Risikomanagement"** und zu **„Industrie 4.0"** erweitert. Auch hierbei wurden die Vereinfachungsanforderungen einer Einführung in die Allgemeine Betriebswirtschaftslehre berücksichtigt: Der neue Text beschränkt sich auf die Erläuterung betriebwirtschaftlicher Grundzusammenhänge und verzichtet bewusst auf eine weiterführende Erklärung statistischer bzw. informationstechnologischer Anwendungsvoraussetzungen.

Ein Hochlohnland wie Deutschland kann im internationalen Wettbewerb nur bestehen, wenn im Wege der Rationalisierung einfache Tätigkeiten von Menschen auf automatisierte Fertigungssysteme übertragen werden. Dadurch kommt es zu einer Spaltung des Arbeitsmarktes: Hochqualifizierte Arbeitskräfte sind knapp, geringqualifizierte Arbeitnehmer sind nur begrenzt einsatzfähig und haben entsprechend geringe Beschäftigungschancen. Das Personalmanagement steht somit folgenden Herausforderungen gegenüber: Einerseits muss es die Kluft zwischen wachsenden betrieblichen Qualifikationsanforderungen und tatsächlich vorhandener Mitarbeiterqualifikation überwinden. Andererseits muss die Einschränkung der Handlungsspielräume durch weitere regulatorische Eingriffe wie den gesetzlichen Mindestlohn oder die Einschränkung der Leiharbeit bewältigt werden. Mit der textlichen Neufassung des Kapitels **„Personalwirtschaft"** tragen wir dieser Entwicklung Rechnung.

Wir danken allen, die zum Erscheinen der 26. Auflage beigetragen haben. Für die kritische Durchsicht des Manuskripts gilt unser Dank vor allem Frau Dipl.-Wirt.-jur. Katharina Dillkötter, Herrn Dipl.-Kfm. Christoph Freichel (WP, StB), Herrn Dipl.-Ök. Tobias Rühlmann, M. A., Frau Clarissa Schott, B. Sc., Herrn Dipl.-Kfm. Patrick Thielmann, M. B. A., LL. M., M. Sc., und Herrn Ass. iur., Dipl.-Kfm. Jörg Wasmuth, LL. M. Frau Violetta Graf danken wir dafür, dass sie mit großer Geduld Teile der Druckvorlage erstellt hat. Schließlich gilt unser besonderer Dank dem Lektor des Verlags Franz Vahlen, Herrn Dipl.-Vw. Hermann Schenk, der uns in altbewährter Zusammenarbeit hilfreich zur Seite stand.

Als Verfasser sind wir bestrebt, den **Kontakt** zu Studierenden sowie Kolleginnen und Kollegen weiter zu intensivieren. Nutzen Sie zur Kontaktaufnahme:

www.autoren@woehe-portal.de

Lüneburg und Hagen, im Juni 2016

Ulrich Döring
Gerrit Brösel

Vorwort zur 23. Auflage

Die Einführung von Bachelor- und Masterstudiengängen hat im Lehrbetrieb aller Hochschulen tiefe Spuren hinterlassen. Ein Großteil der Studierenden wechselt schon nach sechs Semestern von der Hochschule ins Berufsleben. Die deutliche Verkürzung der Studienzeit setzt die Lernenden unter erheblichen Leistungsdruck. Die 23. Auflage dieses Lehrbuchs reagiert auf die veränderten Studienbedingungen mit verringertem Stoffumfang und vereinfachter Stoffpräsentation.

Die Überarbeitung des Lehrbuchinhalts verfolgt das Ziel, berufspraktische Aspekte der Betriebswirtschaftslehre stärker in den Vordergrund zu rücken, ohne den Anspruch eines theoriegeleiteten Studiums aufzugeben. In diesem Sinne wurden die Ausführungen zur Produktions- und Kostentheorie sowie zur Bilanztheorie gekürzt, während das neu verfasste Kapitel „Kostenrechnung" deutlich erweitert wurde. In vollständig neuer, vereinfachter Textfassung erscheinen auch die Kapitel „Wahl der Rechtsform", „Wechsel der Rechtsform", „Liquidation und Insolvenz", „Finanzmathematische Grundlagen der Investitionsrechnung", „Quellen der Außenfinanzierung" sowie „Kapitalerhöhung, Kapitalherabsetzung und Sanierung". Die jüngsten Turbulenzen an den internationalen Kapitalmärkten gaben zudem Anlass, komplexe Finanzierungsinstrumente wie Private Equity, Hedgefonds und Asset Backed Securities in kurzer, leicht verständlicher Form vorzustellen.

Die visualisierte Form der Wissensvermittlung drängt die herkömmliche „Vorlesung" immer weiter in den Hintergrund. Das neue Layout dieses Lehrbuchs trägt den veränderten Lehrmethoden Rechnung: Mehr als 750 Abbildungen und Schaubilder sollen den Lesern einen schnellen, einprägsamen Überblick über den Lehrstoff verschaffen. Interessierte Lehrende haben die Möglichkeit, zur eigenen Lehrunterstützung das Kompendium dieser Abbildungen in digitalisierter Form unter vahlen.de beim Verlag abzurufen.

Im Dezember 2007 verstarb mein akademischer Lehrer Günter Wöhe, der dieses Lehrbuch vor nahezu einem halben Jahrhundert auf den Weg gebracht und zu einem beispiellosen Erfolg geführt hat. Unsere langjährige Zusammenarbeit in Koautorenschaft an diesem Buch macht es mir leichter, den „Wöhe" ganz im Sinne seines Urhebers fortzuführen.

Einer Vielzahl von Helfern schulde ich großen Dank für die tatkräftige Unterstützung bei der Vorbereitung der Neuauflage. Den wissenschaftlichen Mitarbeitern, Herrn Dipl.-Kfm. Andreas Kadner, Herrn Dipl.-Kfm. Oliver Obermann (StB) und Frau Dipl.-Kffr. Christina Sandin, danke ich für die kritische Durchsicht meines Manuskripts. Für die umfangreichen Arbeiten zur Herstellung einer Druckvorlage in neuem Textformat danke ich meinen beiden Sekretärinnen, Frau Violetta Graf und Frau Antje Jesswein, sowie den studentischen Hilfskräften Frau Kristina Drünkler, Frau Susanne Flohm, Herrn Max-Andre Gabrian, Frau Stefanie Hilker, Herrn Thomas Mühlnickel, Herrn David Otto, Frau Antje Träger und Herrn Friedrich Waltemath. Den Lektoren des Verlages, Herrn Dipl.-Vw. Dieter Sobotka und Herrn Dipl.-Vw. Hermann Schenk, bin ich für die altbewährte Zusammenarbeit erneut zu Dank verpflichtet.

Lüneburg, im Januar 2008 *Ulrich Döring*

Vorwort zur ersten Auflage

Das vorliegende Buch soll – wie der Titel zum Ausdruck bringt – in die Probleme der Allgemeinen Betriebswirtschaftslehre einführen. Es setzt – außer der Beherrschung der Technik der doppelten Buchführung – keinerlei betriebswirtschaftliche Kenntnisse voraus und ist folglich in erster Linie für Studierende der Wirtschaftswissenschaften gedacht, die sich in den ersten Semestern befinden und die sich vor einem tieferen Eindringen in Spezialprobleme einen Überblick über die Grundfragen der Allgemeinen Betriebswirtschaftslehre verschaffen wollen. Aus dieser Zielsetzung des Buches heraus erklärt sich auch die besonders intensive Behandlung der für den Anfänger überaus wichtigen Probleme des Rechnungswesens.

Meiner Ansicht nach würde es dem Wesen und Zweck einer Einführung in eine Wissenschaft widersprechen, wenn man auch solche Problemkreise behandelt, die noch nicht gelöst sind oder über deren Lösung es konträre Ansichten gibt, von denen noch keine bewiesen werden konnte. Ich habe mich deshalb bemüht, in erster Linie den Stoff zu behandeln, der erkenntnismäßig als gesichert gelten kann – wenn natürlich auch dieser und jener Hinweis auf offene Fragen nicht unterbleiben konnte und durfte, damit der Leser zum kritischen Nachdenken angeregt wird und nicht etwa den falschen Eindruck bekommt, daß die Allgemeine Betriebswirtschaftslehre eine Wissenschaft sei, in der alle Probleme bereits gelöst sind.

Das gesamte Stoffgebiet habe ich in sechs Abschnitte aufgeteilt. Der erste Abschnitt beschäftigt sich zunächst mit dem Gegenstand der Betriebswirtschaftslehre sowie mit der Gliederung der Betriebe und der Betriebswirtschaftslehre. Die sich anschließenden Ausführungen über die Methoden der Betriebswirtschaftslehre gehören zwar vom Standpunkt der Systematik zu diesem Abschnitt, können aber vom Anfänger ohne Nachteil für das Verständnis der folgenden Abschnitte übersprungen und zum Schluß gelesen werden, da sie demjenigen, der in der wissenschaftlichen Methodenlehre nicht zu Hause ist, zweifellos nach Erarbeitung der wichtigsten Sachprobleme der Betriebswirtschaftslehre verständlicher werden. Es erschien mir aber dennoch nicht zweckmäßig, diese Ausführungen an den Schluß des Buches zu stellen, da das eine Trennung der logisch zusammenhängenden Fragen des Erkenntnisobjekts und der Methoden der Betriebswirtschaftslehre bedeutet hätte.

Der zweite Abschnitt ist dem Aufbau des Betriebes gewidmet und behandelt die Faktoren, die die Voraussetzungen für die Entstehung eines Betriebes bilden. Dazu gehören erstens die Produktionsfaktoren (Arbeit, Betriebsmittel und Werkstoffe), die im Betrieb kombiniert werden. Zweitens bedarf der Betrieb im Verkehr mit anderen Wirtschaftseinheiten eines „rechtlichen Gewandes"; folglich werden die Rechtsformen der Betriebe besprochen. Drittens braucht der Betrieb einen bestimmten Standort, mit dessen Auswahl eine Vielzahl wirtschaftlicher Probleme verbunden ist.

Der dritte bis fünfte Abschnitt beschäftigt sich mit den drei betrieblichen Hauptfunktionen: Der Produktion (Leistungserstellung), dem Absatz (Leistungsverwertung) sowie der Finanzierung und Investition. Der sechste und letzte Abschnitt ist schließlich den Fragen des Rechnungswesens gewidmet.

Saarbrücken, im März 1960 *Günter Wöhe*

Inhaltsübersicht

Vorwort	V
Inhaltsverzeichnis	XI
Verzeichnis der Abkürzungen	XXVII

Erster Abschnitt
Standort und Geschichte der Betriebswirtschaftslehre

1. Wissenschaftlicher Standort der Betriebswirtschaftslehre	3
2. Geschichtliche Entwicklung der Betriebswirtschaftslehre in Deutschland	13

Zweiter Abschnitt
Aufbau des Betriebes

A. Grundlagen	27
1. Gegenstand der Betriebswirtschaftslehre	27
2. Gliederung der Betriebswirtschaftslehre	42
B. Unternehmensführung	47
1. Grundlagen	47
2. Unternehmensziele	65
3. Planung und Entscheidung	72
4. Organisation	98
5. Personalwirtschaft	119
6. Kontrolle	150
7. Informationswirtschaft	155
8. Controlling	176
C. Konstitutive Entscheidungen	205
1. Wahl der Rechtsform	205
2. Wechsel der Rechtsform	234
3. Zusammenschluss von Unternehmen	237
4. Wahl des Standorts	255
5. Liquidation	262

Dritter Abschnitt
Produktion

1. Grundlagen	269
2. Produktions- und Kostentheorie	280
3. Produktionsplanung	311
4. Integration der Produktionsplanung und -steuerung	345

Vierter Abschnitt
Marketing

1. Grundlagen	363
2. Marketingziele und Marketingplanung	368

Inhaltsübersicht

3. Marktforschung	370
4. Marketinginstrumente im Überblick	389
5. Produktpolitik	391
6. Preispolitik	409
7. Kommunikationspolitik	433
8. Distributionspolitik	447
9. Marketing-Mix	460

Fünfter Abschnitt
Investition und Finanzierung

1. Grundlagen	465
2. Investitionsplanung und Investitionsrechnung	470
3. Unternehmensbewertung	511
4. Grundlagen der Finanzplanung	523
5. Quellen der Außenfinanzierung	532
6. Mittelbare Finanzierung über Fondsgesellschaften	561
7. Kapitalerhöhung und Kapitalherabsetzung	569
8. Quellen der Innenfinanzierung	581
9. Optimierung der finanzierungspolitischen Instrumente	593

Sechster Abschnitt
Betriebswirtschaftliches Rechnungswesen

A. Grundlagen des Rechnungswesens ... 631
  1. Aufgaben und Gliederung des betriebswirtschaftlichen Rechnungswesens ... 631
  2. Grundbegriffe des Rechnungswesens ... 633

B. Jahresabschluss ... 645
  1. Grundlagen des Jahresabschlusses ... 646
  2. Grundsätze ordnungsmäßiger Buchführung und Bilanzierung ... 670
  3. Bilanz ... 680
  4. Erfolgsrechnung ... 731
  5. Erweiterter Jahresabschluss für Kapitalgesellschaften ... 740
  6. Prüfung und Offenlegung ... 750
  7. Internationaler Jahresabschluss ... 754
  8. Konzernabschluss ... 792
  9. Bilanzpolitik und Bilanzanalyse ... 811

C. Kostenrechnung ... 841
  1. Grundlagen der Kostenrechnung ... 841
  2. Kostenartenrechnung ... 858
  3. Kostenstellenrechnung ... 874
  4. Kostenträgerrechnung ... 890
  5. Kostenrechnungssysteme ... 898
  6. Kurzfristige Erfolgsrechnung ... 900
  7. Plankostenrechnung ... 912
  8. Strategisch ausgerichtete Verfahren der Kostenrechnung ... 927

Literaturverzeichnis ... 941
Stichwortverzeichnis ... 963

Inhaltsverzeichnis

Vorwort	V
Inhaltsübersicht	IX
Verzeichnis der Abkürzungen	XXVII

Erster Abschnitt
Standort und Geschichte der Betriebswirtschaftslehre

1. Wissenschaftlicher Standort der Betriebswirtschaftslehre	3
1.1 Grundlagen	3
1.2 Methodologische Unterscheidungsmerkmale der Betriebswirtschaftslehre	4
1.2.1 Betriebswirtschaftslehre als angewandte Wissenschaft	4
1.2.2 Gemeinnutz versus Eigennutz	5
1.2.3 Stakeholder- versus Shareholderansatz	7
1.2.4 Erfahrungsobjekt und Erkenntnisobjekt	8
1.2.5 Gemeinwohlmaximierung versus langfristige Gewinnmaximierung	9
1.2.6 Die Werturteilsfrage	10
1.3 Wirtschaftstheoretische versus verhaltenswissenschaftliche Betriebswirtschaftslehre	12
2. Geschichtliche Entwicklung der Betriebswirtschaftslehre in Deutschland	13
2.1 Entwicklung der Betriebswirtschaftslehre bis zum Zweiten Weltkrieg	13
2.2 Entwicklung der Betriebswirtschaftslehre nach dem Zweiten Weltkrieg	15
2.2.1 Produktivitätsorientierter Ansatz von Erich Gutenberg	16
2.2.2 Entscheidungsorientierter Ansatz	17
2.2.3 Systemorientierter Ansatz	18
2.2.4 Verhaltensorientierter Ansatz	18
2.2.5 Umweltorientierter Ansatz	19
2.2.6 Institutionenökonomischer Ansatz	20

Zweiter Abschnitt
Aufbau des Betriebes

A. Grundlagen	27
1. Gegenstand der Betriebswirtschaftslehre	27
1.1 Der Betrieb – Erfahrungsobjekt der BWL	27
1.2 Wirtschaften im Betrieb – Erkenntnisobjekt der BWL	33
1.3 Unternehmerisches Handeln im marktwirtschaftlichen System	35
1.4 Entscheidungsorientierte Betriebswirtschaftslehre	37
1.5 Abgrenzung der Betriebswirtschaftslehre von anderen Disziplinen	40
2. Gliederung der Betriebswirtschaftslehre	42
2.1 Funktionale Gliederung der Betriebswirtschaftslehre	43
2.2 Institutionelle Gliederung der Betriebswirtschaftslehre	44
2.3 Genetische Gliederung der Betriebswirtschaftslehre	45
2.4 Prozessorientierte Gliederung der Betriebswirtschaftslehre	46
B. Unternehmensführung	47
1. Grundlagen	47
1.1 Aufgaben der Unternehmensführung	47
1.2 Die Anspruchsgruppen und ihre Interessen gegenüber dem Unternehmen	49

1.2.1 Shareholder-Ansatz	50
1.2.2 Stakeholder-Ansatz	50
1.2.3 Dominanz des Shareholder-Ansatzes in der Unternehmenspraxis	52
1.3 Gewaltenteilung im Rahmen der Unternehmensführung	54
1.3.1 Eigentümergeführte Unternehmen	55
1.3.2 Managementgeführte Unternehmen	56
1.3.3 Sicherung von Arbeitnehmerrechten	57
1.3.3.1 Arbeitsrechtliche Mitbestimmung und Mitwirkung	58
1.3.3.2 Unternehmerische Mitbestimmung	59
1.3.3.3 Schutzvorschriften für Arbeitnehmer	61
1.4 Corporate Governance – „Herrschaft im Unternehmen"	62
1.4.1 Ziele der Corporate Governance	62
1.4.2 Instrumente der Corporate Governance	63
2. Unternehmensziele	**65**
2.1 Shareholder versus Stakeholder	65
2.2 Merkmale und Einteilung von Zielen	68
2.3 Zielsysteme	70
3. Planung und Entscheidung	**72**
3.1 Aufgaben und Elemente der Planung	72
3.2 Zeitliche und hierarchische Struktur der Planung	74
3.2.1 Grundsatzplanung	74
3.2.2 Strategische Planung	75
3.2.3 Taktische und operative Planung	76
3.3 Koordination von Teilplänen	77
3.3.1 Retrograde und progressive Planung sowie Gegenstromverfahren	77
3.3.2 Rollende Planung	79
3.3.3 Ausgleichsgesetz der Planung	79
3.4 Ziele und Instrumente strategischer Planung	81
3.5 Entscheidungstheorie und Entscheidungstechniken	86
3.5.1 Grundlagen	86
3.5.2 Grundelemente entscheidungstheoretischer Modelle	88
3.5.3 Entscheidungen bei sicheren Erwartungen	91
3.5.4 Entscheidungen unter Risiko	91
3.5.5 Entscheidungen bei Ungewissheit	92
3.5.6 Entscheidungen in der Spielsituation (Spieltheorie)	94
3.5.7 Operations Research	96
4. Organisation	**98**
4.1 Grundlagen	98
4.2 Aufbauorganisation	101
4.2.1 Ziele und Teilbereiche	101
4.2.2 Aufgabenanalyse und -synthese	102
4.2.3 Stellen- und Abteilungsbildung	105
4.2.3.1 Ausführende Stellen, Leitungsstellen und Leitungsspanne	105
4.2.3.2 Abteilungen und Hierarchiebildung	105
4.2.3.3 Linienstellen, Stabsstellen und Zentralstellen	107
4.2.3.4 Delegation von Entscheidungskompetenz und Verantwortung	107
4.2.3.5 Organigramm, Stellenbeschreibung und Funktionendiagramm	108
4.2.4 Leitungssysteme	109
4.2.4.1 Einliniensystem und Mehrliniensystem	109
4.2.4.2 Stablinienorganisation	110

	4.2.4.3 Spartenorganisation	111
	4.2.4.4 Matrixorganisation	112
	4.2.5 Projektorganisation	114
4.3	Ablauforganisation	115
4.4	Managementtechniken	116

5. Personalwirtschaft ... 119

- 5.1 Grundlagen ... 119
  - 5.1.1 Personal als Leistungs- und Kostenfaktor ... 119
  - 5.1.2 Personalwirtschaftlicher Handlungsrahmen ... 120
  - 5.1.3 Personalwirtschaftliche Ziele ... 123
    - 5.1.3.1 Humankapitalmaximierung – Gesamtziel der Personalwirtschaft ... 123
    - 5.1.3.2 Teilziele der Personalwirtschaft ... 126
- 5.2 Personalplanung ... 126
  - 5.2.1 Personalbedarfsplanung ... 127
  - 5.2.2 Personalbeschaffungsplanung ... 129
  - 5.2.3 Personalabbauplanung ... 132
  - 5.2.4 Personaleinsatzplanung ... 134
  - 5.2.5 Personalentwicklungsplanung ... 137
- 5.3 Personalführung und -motivation ... 138
  - 5.3.1 Bedürfnisse der Mitarbeiter ... 138
  - 5.3.2 Motivationsinstrumente im Überblick ... 139
  - 5.3.3 Arbeitsentgelt ... 140
    - 5.3.3.1 Suche nach dem „gerechten" Lohn ... 140
    - 5.3.3.2 Arbeitsbewertung und Lohngruppenbildung ... 141
    - 5.3.3.3 Lohnformen ... 142
    - 5.3.3.4 Eingeschränkte Handlungsmöglichkeiten ... 144
  - 5.3.4 Freiwillige betriebliche Sozialleistungen ... 146
  - 5.3.5 Erfolgs- und Kapitalbeteiligung ... 146
  - 5.3.6 Betriebsklima ... 148
  - 5.3.7 Führungsstil ... 148
- 5.4 Personalwirtschaftliche Grundsätze ... 149

6. Kontrolle ... 150

- 6.1 Kontrolle als Teilgebiet der Unternehmensführung ... 150
- 6.2 Arten und Aufgaben der Unternehmenskontrolle ... 151

7. Informationswirtschaft ... 155

- 7.1 Aufgaben der Informationswirtschaft ... 155
- 7.2 Teilgebiete der Informationswirtschaft ... 156
- 7.3 Informations- und Kommunikationskonzept ... 158
- 7.4 Informations- und Kommunikationssysteme ... 161
  - 7.4.1 Informationswirtschaft und Organisationsstruktur ... 161
  - 7.4.2 Operative Informationssysteme – Horizontale Integration ... 162
    - 7.4.2.1 Einzelsysteme ... 162
    - 7.4.2.2 Unternehmensinterne horizontale Integration ... 163
    - 7.4.2.3 Unternehmensübergreifende horizontale Integration ... 164
  - 7.4.3 Analytische Informationssysteme – Vertikale Integration ... 165
  - 7.4.4 Gestaltung von IuK-Systemen ... 168
- 7.5 Grundlagen der Informations- und Kommunikationstechnologie ... 169
- 7.6 Nutzenpotentiale und Risiken moderner Informationswirtschaft ... 171
  - 7.6.1 Nutzenpotentiale der modernen Informationswirtschaft im Allgemeinen ... 171
  - 7.6.2 Nutzenpotentiale des Internets im Besonderen ... 173
  - 7.6.3 Kosten und Risiken moderner Informationswirtschaft ... 176

8. Controlling 176
- 8.1 Begriff und Einordnung 176
- 8.2 Controllingfunktionen 177
- 8.3 Wertorientierte Unternehmensführung 178
  - 8.3.1 Grundlagen 178
  - 8.3.2 Mehrperiodenmodell: Der Zukunftserfolgswert 180
  - 8.3.3 Einperiodenmodell: Das EVA-Konzept 185
- 8.4 Risikomanagement – Risikocontrolling 188
- 8.5 Controllingbereiche 192
  - 8.5.1 Koordination zwischen verschiedenen Führungsteilsystemen 192
  - 8.5.2 Koordination innerhalb einzelner Führungsteilsysteme 193
- 8.6 Controllinginstrumente 194
  - 8.6.1 Überblick 194
  - 8.6.2 Budgetierung 195
  - 8.6.3 Kennzahlen und Kennzahlensysteme 199
    - 8.6.3.1 Kennzahlen 199
    - 8.6.3.2 ROI-Kennzahlensystem 200
    - 8.6.3.3 Balanced Scorecard 201
  - 8.6.4 Verrechnungs- und Lenkungspreise 203

C. Konstitutive Entscheidungen 205

1. Wahl der Rechtsform 205
- 1.1 Ziele und Auswahlkriterien der Rechtsformwahl 205
- 1.2 Rechtsformen im Überblick 208
- 1.3 Einzelunternehmen und Personengesellschaften 212
  - 1.3.1 Einzelunternehmen 212
  - 1.3.2 Gesellschaft bürgerlichen Rechts 213
  - 1.3.3 Offene Handelsgesellschaft 214
  - 1.3.4 Kommanditgesellschaft 215
  - 1.3.5 Stille Gesellschaft 216
- 1.4 Kapitalgesellschaften 217
  - 1.4.1 Aktiengesellschaft 218
  - 1.4.2 Europäische Gesellschaft 222
  - 1.4.3 Kommanditgesellschaft auf Aktien 222
  - 1.4.4 Gesellschaft mit beschränkter Haftung 224
  - 1.4.5 Unternehmergesellschaft (haftungsbeschränkt) 224
- 1.5 Genossenschaften 225
- 1.6 Steuerbelastung als Kriterium der Rechtsformwahl 226
  - 1.6.1 Ertragsteuern im Überblick 226
    - 1.6.1.1 Gewerbesteuer 227
    - 1.6.1.2 Einkommensteuer 227
    - 1.6.1.3 Körperschaftsteuer 229
    - 1.6.1.4 Solidaritätszuschlag 229
  - 1.6.2 Rechtsformabhängiger Steuerbelastungsvergleich 230
  - 1.6.3 Besondere Unternehmensstrukturen 232
    - 1.6.3.1 Kapitalgesellschaft & Co. KG 232
    - 1.6.3.2 Doppelgesellschaft 233

2. Wechsel der Rechtsform 234
- 2.1 Ziele und Möglichkeiten des Rechtsformwechsels 234
- 2.2 Steuerliche Konsequenzen des Rechtsformwechsels 236

3. Zusammenschluss von Unternehmen 237
- 3.1 Begriff und Formen der Unternehmenszusammenschlüsse 237
- 3.2 Zielsetzungen von Unternehmenszusammenschlüssen 239

3.2.1 Überblick	239
3.2.2 Ziele im Beschaffungsbereich	241
3.2.3 Ziele im Produktionsbereich	241
3.2.4 Ziele im Absatzbereich	242
3.2.5 Ziele im Finanzierungsbereich	242
3.2.6 Steuerliche Ziele	243
3.2.7 Sonstige Ziele	243
3.3 Kooperationsformen	244
3.3.1 Gelegenheitsgesellschaften	244
3.3.2 Interessengemeinschaften	245
3.3.3 Kartelle	245
3.3.3.1 Grundlagen	245
3.3.3.2 Kartellarten	246
3.3.3.3 Wettbewerbsrechtliche Regelung der Kartelle	246
3.3.4 Gemeinschaftsunternehmen	247
3.4 Konzentrationsformen	248
3.4.1 Beteiligung	248
3.4.2 Konzern	249
3.4.2.1 Merkmale und Ziele	249
3.4.2.2 Konzernarten	250
3.4.2.3 Entstehung von Konzernen	251
3.4.2.4 Organisation von Konzernen	252
3.4.3 Fusion	252
3.4.4 Wettbewerbsrechtliche Aspekte von Unternehmenskonzentrationen	255
4. Wahl des Standorts	255
4.1 Überblick	255
4.2 Standortfaktoren als Entscheidungskriterien	256
4.2.1 Gütereinsatz	257
4.2.1.1 Anlagegüter	257
4.2.1.2 Material	257
4.2.1.3 Arbeitskräfte	257
4.2.1.4 Energie	259
4.2.1.5 Umwelt(-schutz)	259
4.2.1.6 Staatliche Leistungen	259
4.2.1.7 Steuern und Subventionen	260
4.2.2 Güterabsatz	261
4.2.2.1 Kunden	261
4.2.2.2 Mitbewerber	261
4.2.2.3 Herkunfts-Goodwill	261
4.3 Entscheidungsverfahren der Standortwahl	261
4.3.1 Quantitative Modelle	261
4.3.2 Qualitative Modelle	262
5. Liquidation	262
5.1 Freiwillige Liquidation	263
5.2 Insolvenzverfahren	264

Dritter Abschnitt
Produktion

1. Grundlagen	269
1.1 Begriff der Produktion	269
1.2 Produktion als betriebliche Hauptfunktion	270

	1.2.1 Produktionsplanung als Partialplanung	270
	1.2.2 Sachliche Partialisierung der Produktionsplanung	273
	1.2.3 Zeitliche Partialisierung der Produktionsplanung	274
	1.2.4 Interdependenzen zwischen den Teilbereichen der Produktionsplanung	276
	1.2.5 Interdependenzen zwischen der Produktionsplanung und anderen betrieblichen Teilplänen	277
1.3	Produktion und Umweltschutz	277
2.	**Produktions- und Kostentheorie**	**280**
2.1	Ziele und Teilbereiche der Produktions- und Kostentheorie	280
2.2	Grundlagen der Produktionstheorie	281
	2.2.1 Produktionsmodelle und Produktionsfunktionen	281
	2.2.2 Substitutionalität und Limitationalität	284
	2.2.3 Partialanalyse und Totalanalyse	286
2.3	Grundlagen der Kostentheorie	289
	2.3.1 Zusammenhang zwischen Produktions- und Kostenfunktionen	289
	2.3.2 Ableitung der Gesamtkostenfunktion	290
	2.3.2.1 Kostenisoquanten (Isokostengeraden)	290
	2.3.2.2 Kostenminimum bei substitutionalen Produktionsfunktionen	292
	2.3.2.3 Ableitung langfristiger Gesamtkostenfunktionen	293
	2.3.2.4 Fixe und variable Kosten	294
	2.3.3 Spezielle Kostenbegriffe	297
	2.3.4 Überblick über die Bestimmungsfaktoren der Kosten	299
2.4	Ausgewählte Produktions- und Kostenfunktionen	301
	2.4.1 Ertragsgesetzliche Produktionsfunktion (Produktionsfunktion vom Typ A)	301
	2.4.1.1 Produktionsfunktion nach dem Ertragsgesetz	301
	2.4.1.2 Kostenfunktion nach dem Ertragsgesetz	303
	2.4.2 Gutenberg-Produktionsfunktion (Produktionsfunktion vom Typ B)	306
	2.4.2.1 Ableitung der Produktionsfunktion aus Verbrauchsfunktionen	306
	2.4.2.2 Aus Verbrauchsfunktionen abgeleitete Kostenverläufe	307
3.	**Produktionsplanung**	**311**
3.1	Langfristige Produktionsprogrammplanung	311
3.2	Planung von innerbetrieblichem Standort und innerbetrieblichem Transport	312
3.3	Kurzfristige Produktionsprogrammplanung	313
3.4	Materialwirtschaft	317
	3.4.1 Aufgaben der Materialwirtschaft	317
	3.4.2 Materialbedarfsermittlung	319
	3.4.2.1 Programmgebundene Materialbedarfsermittlung	319
	3.4.2.2 Verbrauchsgebundene Materialbedarfsermittlung	322
	3.4.2.3 Materialklassifizierung mit Hilfe der ABC-Analyse	322
	3.4.3 Beschaffungsmarktforschung und Lieferantenauswahl	324
	3.4.4 Lagerplanung	326
	3.4.4.1 Langfristige Lagerkapazitätsplanung	327
	3.4.4.2 Kurzfristige Bestellmengenplanung	328
3.5	Fertigungsplanung	332
	3.5.1 Fertigungsverfahren	332
	3.5.2 Produktionsablaufplanung	334
	3.5.2.1 Überblick	334
	3.5.2.2 Losgrößenplanung	335
	3.5.2.3 Durchlaufterminierung	337

	3.5.2.4 Kapazitätsterminierung	339
	3.5.2.5 Reihenfolge- und Maschinenbelegungsplanung	341
	3.5.2.6 Fließbandabgleich	344
4.	Integration der Produktionsplanung und -steuerung	345
	4.1 Überblick	345
	4.2 Klassische PPS-Systeme	346
	4.2.1 Aufbau und Funktionsweise der Grundversion	346
	4.2.2 Beurteilung der Grundversion	349
	4.2.3 MRP II („Manufacturing Resource Planning")	350
	4.3 Konkretisierungen der klassischen PPS-Systeme	350
	4.3.1 Belastungsorientierte Auftragsfreigabe (BORA)	350
	4.3.2 Kanban-Verfahren	351
	4.3.3 Fortschrittszahlenkonzept	352
	4.4 Erweiterungen der klassischen PPS-Systeme	353
	4.4.1 CIM-Konzept (Computer Integrated Manufacturing)	354
	4.4.2 Advanced Planning System (APS)	355
	4.4.3 Industrie 4.0	357

Vierter Abschnitt
Marketing

1.	Grundlagen	363
	1.1 Bedeutungsgewinn des Marketings	363
	1.2 Konsumgütermarketing – Investitionsgütermarketing	365
	1.3 Ziele, Daten und Instrumente im Überblick	366
2.	Marketingziele und Marketingplanung	368
	2.1 Fristigkeit der Marketingplanung	368
	2.2 Zielhierarchie im Marketing	369
3.	Marktforschung	370
	3.1 Ziele und Aufgaben der Marktforschung	370
	3.2 Käuferverhalten	372
	3.2.1 Unterschiedliche Kaufobjekte	373
	3.2.2 Unterschiedliche Käufertypen	374
	3.3 Marktsegmentierung	375
	3.4 Verfahren der Datenerhebung	378
	3.4.1 Sekundärforschung	379
	3.4.2 Primärforschung	379
	3.4.2.1 Befragung	379
	3.4.2.2 Beobachtung	380
	3.4.2.3 Experiment	382
	3.4.2.4 Panel	384
	3.4.2.5 Testmarkt	385
	3.5 Datenauswertung	386
	3.5.1 Planungsgrundlage für die Marketingpolitik	386
	3.5.2 Absatzprognose	387
4.	Marketinginstrumente im Überblick	389
	4.1 Marktwirtschaftlicher Wettbewerb	389
	4.2 Vier klassische Marketinginstrumente	390
5.	Produktpolitik	391
	5.1 Ziele und Teilbereiche der Produktpolitik	391
	5.2 Produktqualität	393

      5.2.1 Produktinnovation 395
      5.2.2 Produktvariation 399
  5.3 Produktdifferenzierung... 400
  5.4 Produktimage 402
      5.4.1 Design 403
      5.4.2 Verpackung.. 403
      5.4.3 Marke 404
          5.4.3.1 Wertschätzung von Marken 404
          5.4.3.2 Herstellermarken und Handelsmarken 404
          5.4.3.3 Kundenwünsche und Markenspektrum 405
          5.4.3.4 Entwicklungsphasen der Markenpolitik 406
  5.5 Kundendienst 408
6. Preispolitik 409
  6.1 Ziele und Teilbereiche der Preispolitik 409
  6.2 Preispolitik in Theorie und Praxis................................... 409
  6.3 Preispolitik im Rahmen der klassischen Preistheorie 411
      6.3.1 Grundlagen der Preistheorie 411
      6.3.2 Preisbildung im Monopol 416
      6.3.3 Preisbildung im Oligopol 418
      6.3.4 Preisbildung bei vollkommener Konkurrenz.................... 419
          6.3.4.1 Linearer Gesamtkostenverlauf 420
          6.3.4.2 S-förmiger Gesamtkostenverlauf 421
  6.4 Preisbildung bei unvollkommener Konkurrenz (Gutenberg-Modell) 422
  6.5 Preispolitik in der betrieblichen Praxis............................. 424
      6.5.1 Strategische Preispolitik...................................... 425
      6.5.2 Orientierungsgrößen zur Preisfindung.......................... 427
          6.5.2.1 Kostenorientierte Preisfindung 427
          6.5.2.2 Nachfrageorientierte Preisfindung 429
          6.5.2.3 Konkurrenzorientierte Preisfindung................... 430
      6.5.3 Preisdifferenzierung 431
      6.5.4 Konditionenpolitik 431
          6.5.4.1 Rabatte und Boni 431
          6.5.4.2 Zahlungsbedingungen 432
7. Kommunikationspolitik 433
  7.1 Ziele und Teilbereiche der Kommunikationspolitik.................... 433
  7.2 Werbung 435
      7.2.1 Ziele und Zielgruppen 435
      7.2.2 Höhe des Werbebudgets...................................... 437
          7.2.2.1 Analytischer Ansatz 438
          7.2.2.2 Praktikerverfahren 438
      7.2.3 Verteilung des Werbebudgets 439
          7.2.3.1 Aufteilung auf Produkte 439
          7.2.3.2 Aufteilung auf Werbeträgergruppen................... 439
          7.2.3.3 Aufteilung auf einzelne Werbeträger 440
          7.2.3.4 Zeitliche Verteilung 441
      7.2.4 Gestaltung der Werbebotschaft 442
      7.2.5 Werbewirkungskontrolle 443
  7.3 Verkaufsförderung 445
  7.4 Öffentlichkeitsarbeit.. 446
  7.5 Persönlicher Verkauf 446
8. Distributionspolitik... 447
  8.1 Ziele und Teilbereiche der Distributionspolitik 447
  8.2 Distributionspolitik aus der Sicht des Einzelhandels.................. 448

8.2.1 Distributionswünsche der Nachfrager	448
8.2.2 Wahl der Präsentationsform	450
8.2.3 Wahl des Standorts	451
8.3 Distributionspolitik aus der Sicht des Herstellers	452
8.3.1 Wahl zwischen direktem und indirektem Absatz	454
8.3.2 Gestaltungsmöglichkeiten bei indirektem Absatz	455
8.3.3 Gestaltungsmöglichkeiten bei direktem Absatz	456
8.3.4 Mehrkanal-Vertrieb	458
8.4 Optimierung der logistischen Distribution	459
9. Marketing-Mix	460
9.1 Optimierung der Marketinginstrumente	460
9.2 Grundsätze zum Marketing-Mix	461

Fünfter Abschnitt
Investition und Finanzierung

1. Grundlagen	465
2. Investitionsplanung und Investitionsrechnung	470
2.1 Grundlagen	470
2.2 Investitionsrechnung im Zahlungstableau	474
2.3 Statische Verfahren der Investitionsrechnung	476
2.3.1 Überblick	476
2.3.2 Kostenvergleichsrechnung	477
2.3.3 Gewinnvergleichsrechnung	478
2.3.4 Rentabilitätsvergleichsrechnung	478
2.3.5 Amortisationsrechnung	479
2.3.6 Zusammenfassende Kritik	480
2.4 Dynamische Verfahren der Investitionsrechnung	482
2.4.1 Überblick	482
2.4.2 Grundmodell der dynamischen Investitionsrechnung	484
2.4.2.1 Finanzmathematische Grundlagen	484
2.4.2.2 Kapitalwertmethode	487
2.4.2.3 Annuitätenmethode	490
2.4.2.4 Methode des internen Zinsfußes	492
2.4.3 Optimale Nutzungsdauer	494
2.4.4 Investitionsmodelle zur Berücksichtigung von Gewinnsteuern	495
2.4.5 Weiterentwicklungen des Grundmodells der Investitionsrechnung	499
2.5 Investitionsrechnung bei unsicheren Erwartungen	502
2.5.1 Korrekturverfahren	503
2.5.2 Sensitivitätsanalyse	504
2.5.3 Risikoanalyse	505
2.5.4 Entscheidungsbaumverfahren	507
2.5.5 Portfoliotheoretische Ansätze	510
3. Unternehmensbewertung	511
3.1 Grundlagen	511
3.2 Investitionstheoretisches Konzept „Zukunftserfolgswert"	512
3.3 Discounted-Cash-Flow-Methode	515
3.3.1 Praxis der Unternehmensbewertung	515
3.3.2 Ermittlung der Erfolgsgröße	515
3.3.3 Ermittlung des Kalkulationszinsfußes	517
3.3.4 Ermittlung des Marktwertes des Eigenkapitals	519
3.4 Herkömmliche Verfahren der Unternehmensbewertung	520

- 3.4.1 Ertragswertverfahren 520
- 3.4.2 Substanzwertverfahren 521
- 3.4.3 Kombinationsverfahren 522
- 4. Grundlagen der Finanzplanung 523
  - 4.1 Finanzplanung als betriebliche Teilplanung 523
  - 4.2 Ziele der Finanzplanung 524
  - 4.3 Instrumente der Finanzplanung 526
  - 4.4 Fristigkeit der Finanzplanung 528
    - 4.4.1 Langfristige Finanzplanung 529
    - 4.4.2 Mittelfristige Finanzplanung 529
    - 4.4.3 Kurzfristige Finanzplanung 530
- 5. Quellen der Außenfinanzierung 532
  - 5.1 Grundlagen 532
  - 5.2 Eigenfinanzierung (Beteiligungsfinanzierung) 534
    - 5.2.1 Überblick 534
    - 5.2.2 Beteiligungsfinanzierung nichtbörsenfähiger Unternehmen .. 534
    - 5.2.3 Beteiligungsfinanzierung börsenfähiger Unternehmen 535
      - 5.2.3.1 Aktien als handelbare Beteiligungstitel 535
      - 5.2.3.2 Ausgestaltungsmerkmale von Aktien 536
  - 5.3 Fremdfinanzierung (Kreditfinanzierung) 537
    - 5.3.1 Überblick 537
    - 5.3.2 Langfristige Fremdfinanzierung 538
      - 5.3.2.1 Langfristige Bankdarlehen 538
      - 5.3.2.2 Gesellschafterdarlehen 539
      - 5.3.2.3 Schuldscheindarlehen 539
      - 5.3.2.4 Anleihen 541
      - 5.3.2.5 Genussscheine 548
    - 5.3.3 Kurz- und mittelfristige Fremdfinanzierung 549
      - 5.3.3.1 Handelskredite 549
      - 5.3.3.2 Bankkredite 551
      - 5.3.3.3 Geldmarktkredite 553
    - 5.3.4 Kreditsubstitute 555
      - 5.3.4.1 Avalkredite 555
      - 5.3.4.2 Factoring und Forfaitierung 555
      - 5.3.4.3 Asset-Backed-Securities (ABS) 556
      - 5.3.4.4 Leasing 558
- 6. Mittelbare Finanzierung über Fondsgesellschaften 561
  - 6.1 Aufgaben und Arten der Finanzierung durch Fonds 561
  - 6.2 Klassische Investmentfonds 563
  - 6.3 Private-Equity-Fonds 564
    - 6.3.1 Geschäftsmodell von Private-Equity-Fonds 564
    - 6.3.2 Wertsteigerungsstrategie von Private-Equity-Gesellschaften .. 566
  - 6.4 Hedgefonds 568
- 7. Kapitalerhöhung und Kapitalherabsetzung 569
  - 7.1 Effektive und nominelle Eigenkapitaländerungen 569
  - 7.2 Kapitalerhöhung 571
    - 7.2.1 Kapitalerhöhung bei Einzelfirmen und Personengesellschaften ... 571
    - 7.2.2 Kapitalerhöhung bei Aktiengesellschaften 572
      - 7.2.2.1 Ziele der Kapitalerhöhung 572
      - 7.2.2.2 Formen der Kapitalerhöhung 573
  - 7.3 Kapitalherabsetzung 577
    - 7.3.1 Kapitalherabsetzung bei Einzelfirmen und Personengesellschaften 578

	7.3.2 Kapitalherabsetzung bei Aktiengesellschaften	578
7.4	Sanierung: Eigenkapitaländerungen und Restrukturierung	579
8.	Quellen der Innenfinanzierung	581
8.1	Grundlagen	581
8.2	Selbstfinanzierung	583
	8.2.1 Formen der Selbstfinanzierung	583
	8.2.2 Offene Selbstfinanzierung	583
	8.2.3 Stille Selbstfinanzierung	585
	8.2.4 Beurteilung der Selbstfinanzierung	585
8.3	Finanzierung aus Rückstellungen	586
8.4	Finanzierung aus Abschreibungen	588
8.5	Finanzierung aus außerplanmäßigen Vermögensumschichtungen	591
9.	Optimierung der finanzierungspolitischen Instrumente	593
9.1	Ziele und Instrumente der Optimierung	593
9.2	Finanzierungsregeln und Kapitalstruktur	594
	9.2.1 Überblick	594
	9.2.2 Vertikale Finanzierungsregel	594
	9.2.3 Horizontale Finanzierungsregeln	596
	9.2.4 Beurteilung der Finanzierungsregeln	597
9.3	Optimierung der Kapitalstruktur	598
	9.3.1 Finanzierungstheoretische Grundlagen	598
	9.3.2 Leverage-Effekt	602
	9.3.3 Traditionelle These zur optimalen Kapitalstruktur	603
	9.3.4 Modigliani-Miller-These	606
9.4	Bonitätsrisiko und Finanzierungskosten	609
9.5	Zinsänderungsrisiko und Finanzierungskosten	612
9.6	Kapitalmarktmodell	615
	9.6.1 Grundlagen	615
	9.6.2 Portfoliotheorie	616
	9.6.3 Capital Asset Pricing Model (CAPM)	621

Sechster Abschnitt
Betriebswirtschaftliches Rechnungswesen

A.	Grundlagen des Rechnungswesens	631
1.	Aufgaben und Gliederung des betriebswirtschaftlichen Rechnungswesens	631
1.1	Rechnungswesen als Bestandteil des betrieblichen Informationssystems	631
1.2	Externes Rechnungswesen	632
1.3	Internes Rechnungswesen	632
	1.3.1 Kosten- und Erlösrechnung	632
	1.3.2 Planungsrechnung	633
2.	Grundbegriffe des Rechnungswesens	633
2.1	Einzahlungen – Auszahlungen	635
2.2	Einnahmen – Ausgaben	635
2.3	Erträge – Aufwendungen	636
2.4	Erlöse – Kosten	637
2.5	Gesamtergebnis – Betriebsergebnis	640
2.6	Cash-Flow-Rechnung	641
B.	Jahresabschluss	645
1.	Grundlagen des Jahresabschlusses	646
1.1	Formalaufbau der Bilanz und Bilanzarten	647
1.2	Formalaufbau der Erfolgsrechnung	651

1.3 Formalaufbau der Kapitalflussrechnung und des Eigenkapitalspiegels ... 653
1.4 Aufgaben des Jahresabschlusses 655
    1.4.1 Schutz der Bilanzadressaten 655
    1.4.2 Funktionen des Jahresabschlusses 656
1.5 Einfluss subjektiver Erwartungen auf Bilanzierung und Erfolgsausweis .. 658
    1.5.1 Optimistisch bzw. pessimistisch getönter Jahresabschluss 659
    1.5.2 Stille Rücklage und stille Last 660
1.6 Bilanzierungsgrundsätze zum Schutz der Bilanzadressaten 661
1.7 Gesetzliche Rechnungslegungsvorschriften im Überblick 664
    1.7.1 Handelsrechtliche Vorschriften 664
    1.7.2 Steuerrechtliche Vorschriften 667
2. Grundsätze ordnungsmäßiger Buchführung und Bilanzierung 670
    2.1 Überblick 670
    2.2 Grundsätze ordnungsmäßiger Buchführung im engeren Sinne 671
    2.3 Grundsätze ordnungsmäßiger Bilanzierung 672
        2.3.1 Allgemeine Grundsätze 672
        2.3.2 Ansatzgrundsätze 673
        2.3.3 Bewertungsgrundsätze 674
3. Bilanz 680
    3.1 Inhalt der Bilanz 680
        3.1.1 Bilanzierungsfähigkeit 680
        3.1.2 Konkrete Aktivierungsvorschriften 682
        3.1.3 Konkrete Passivierungsvorschriften 683
    3.2 Gliederung der Bilanz 684
        3.2.1 Gliederungsprinzipien 684
        3.2.2 Gliederungsschema 685
        3.2.3 Zusätzliche Vorschriften zur Verbesserung des Einblicks in die Vermögens- und Finanzlage 687
            3.2.3.1 Einblick in die Vermögenslage 687
            3.2.3.2 Einblick in die Finanzlage 688
    3.3 Bewertungsprinzipien und Bewertungsmaßstäbe 688
        3.3.1 Bewertungsprinzipien 688
        3.3.2 Bewertungsmaßstäbe 691
            3.3.2.1 Anschaffungskosten 691
            3.3.2.2 Herstellungskosten 692
            3.3.2.3 Börsenkurs, Marktpreis und beizulegender Wert 694
            3.3.2.4 Erfüllungsbetrag 695
    3.4 Abschreibungen und Zuschreibungen 696
        3.4.1 Wertverzehr und Abschreibungen 696
        3.4.2 Planmäßige Abschreibungen 697
            3.4.2.1 Aufgaben und Inhalt 697
            3.4.2.2 Abschreibungsbasis 698
            3.4.2.3 Nutzungsdauer 698
            3.4.2.4 Abschreibungsverfahren 699
        3.4.3 Außerplanmäßige Abschreibungen 702
        3.4.4 Zuschreibungen 703
    3.5 Bilanzierung und Bewertung ausgewählter Aktiva 705
        3.5.1 Selbst erstellte immaterielle Anlagegegenstände 705
        3.5.2 Entgeltlich erworbener Geschäfts- oder Firmenwert 706
        3.5.3 Vorratsvermögen 708
            3.5.3.1 Festbewertung 708
            3.5.3.2 Bewertung gleichartiger Vorräte 709
        3.5.4 Forderungen 710

            3.5.4.1 Zweifelhafte Forderungen 711
            3.5.4.2 Niedrigverzinsliche Forderungen 711
            3.5.4.3 Fremdwährungsforderungen 712
        3.5.5 Wertpapiere 712
        3.5.6 Latente Steuern 714
    3.6 Bilanzierung und Bewertung ausgewählter Passiva 715
        3.6.1 Eigenkapital 715
            3.6.1.1 Bilanzausweis bei Einzelunternehmen und Personen-
                    gesellschaften 715
            3.6.1.2 Bilanzausweis bei Kapitalgesellschaften 716
        3.6.2 Verbindlichkeiten 725
        3.6.3 Rückstellungen 727
            3.6.3.1 Aufgaben und Arten 727
            3.6.3.2 Abgrenzung gegenüber anderen Bilanzposten 729
            3.6.3.3 Ansatz und Bewertung 730
4. Erfolgsrechnung 731
    4.1 Gewinn- und Verlustrechnung aus betriebswirtschaftlicher Sicht 731
        4.1.1 Bruttoprinzip 732
        4.1.2 Erfolgsspaltung 732
        4.1.3 Kontoform oder Staffelform 733
        4.1.4 Gesamtkosten- oder Umsatzkostenverfahren 733
    4.2 Handelsrechtliche Vorschriften zum Aufbau und Inhalt der Erfolgs-
        rechnung 735
        4.2.1 Gliederung und Erfolgsspaltung 735
        4.2.2 Erläuterungen zu einzelnen GuV-Posten 738
        4.2.3 Unzulängliche Erfolgsspaltung 739
5. Erweiterter Jahresabschluss für Kapitalgesellschaften 740
    5.1 Anhang und Lagebericht 740
        5.1.1 Aufgaben und Aufstellung 740
        5.1.2 Pflichtangaben 741
            5.1.2.1 Anhang 741
            5.1.2.2 Lagebericht 743
        5.1.3 Freiwillige Zusatzangaben 744
            5.1.3.1 Segmentberichterstattung 744
            5.1.3.2 Sozial- und Umweltberichterstattung 745
    5.2 Kapitalflussrechnung 747
    5.3 Eigenkapitalspiegel 749
6. Prüfung und Offenlegung 750
    6.1 Jahresabschlussprüfung 750
        6.1.1 Gegenstand und Aufgaben 750
        6.1.2 Prüfung der Buchführung 750
        6.1.3 Prüfung der Bilanz 750
        6.1.4 Prüfung der Gewinn- und Verlustrechnung 751
        6.1.5 Prüfung des Anhangs und des Lageberichts 751
        6.1.6 Prüfungsbericht und Bestätigungsvermerk 752
    6.2 Offenlegung 752
        6.2.1 Ziele 752
        6.2.2 Art und Umfang 753
7. Internationaler Jahresabschluss 754
    7.1 Ziele und Systeme internationaler Rechnungslegung 754
    7.2 Geltungsbereich der IFRS 758
    7.3 Grundkonzeption der IFRS 759
    7.4 Jahresabschlussbestandteile nach IFRS 761

7.5	Grundprinzipien der Rechnungslegung nach IFRS	762
7.6	Bilanz nach IFRS (statement of financial position)	765
	7.6.1 Inhalt der Bilanz	765
	7.6.2 Gliederung der Bilanz	767
	7.6.3 Bewertungsmaßstäbe	769
	7.6.4 Bewertungsprinzipien	771
	7.6.5 Methodenwahlrecht: Anschaffungskostenmodell versus Neubewertungsmodell	773
	7.6.6 Ansatz und Bewertung ausgewählter Aktiva	774
	7.6.6.1 Sachanlagen	774
	7.6.6.2 Immaterielles Vermögen	775
	7.6.6.3 Vorräte	777
	7.6.6.4 Forderungen und Wertpapiere (financial assets)	778
	7.6.7 Ansatz und Bewertung ausgewählter Passiva	778
	7.6.7.1 Eigenkapital	778
	7.6.7.2 Fremdkapital	781
7.7	Erweiterte Erfolgsrechnung nach IFRS (Gesamtergebnisrechnung)	785
	7.7.1 Gewinn- und Verlustrechnung (income statement)	786
	7.7.2 OCI-Rechnung (other comprehensive income)	787
7.8	Weitere Jahresabschlusselemente nach IFRS	788
	7.8.1 Anhang nach IFRS (notes)	789
	7.8.2 Eigenkapitalveränderungsrechnung nach IFRS (statement of changes in equity)	789
	7.8.3 Kapitalflussrechnung nach IFRS (cash flow statement)	790
	7.8.4 Segmentberichterstattung nach IFRS (segment reporting)	791
8. Konzernabschluss		**792**
8.1	Grundlagen	792
	8.1.1 Aufgaben und Umfang	792
	8.1.2 Pflicht zur Aufstellung	794
	8.1.3 Konsolidierungskreis	795
	8.1.4 Konsolidierungsmethoden	795
	8.1.5 Arbeitsschritte zum Konzernabschluss	796
8.2	Vollkonsolidierung von Tochterunternehmen	798
	8.2.1 Kapitalkonsolidierung	798
	8.2.1.1 Erstkonsolidierung	799
	8.2.1.2 Folgekonsolidierung	803
	8.2.2 Schuldenkonsolidierung	805
	8.2.3 Zwischenergebniseliminierung	806
	8.2.4 Aufwands- und Ertragskonsolidierung	807
8.3	Quotenkonsolidierung von Gemeinschaftsunternehmen	808
8.4	Equity-Bewertung für assoziierte Unternehmen	809
9. Bilanzpolitik und Bilanzanalyse		**811**
9.1	Überblick	811
9.2	Bilanzpolitik	811
	9.2.1 Ziele der Bilanzpolitik	812
	9.2.2 Instrumente der Bilanzpolitik	816
	9.2.2.1 Gestaltung wirtschaftlicher Tatbestände vor dem Bilanzstichtag	816
	9.2.2.2 Darstellung wirtschaftlicher Tatbestände nach dem Bilanzstichtag	818
	9.2.2.3 Gewinnverwendungspolitik	819
9.3	Bilanzanalyse	823
	9.3.1 Ziele und Aufgaben der Bilanzanalyse	823

	9.3.2 Aufbereitung von Jahresabschlussdaten	825
	9.3.2.1 Wertmäßige Bereinigung der Jahresabschlussdaten	825
	9.3.2.2 Strukturbilanz	826
	9.3.2.3 Erfolgsspaltung	827
	9.3.3 Ermittlung und Auswertung von Kennzahlen	829
	9.3.3.1 Ermittlung und Auswertung finanzwirtschaftlicher Kennzahlen	830
	9.3.3.2 Ermittlung und Auswertung erfolgswirtschaftlicher Kennzahlen	833
	9.3.4 Grenzen der Bilanzanalyse	839

C. Kostenrechnung 841

1. Grundlagen der Kostenrechnung 841

1.1 Kostenrechnung als Teilgebiet des betriebswirtschaftlichen Rechnungswesens 841
    1.1.1 Aufgaben der Kostenrechnung 841
    1.1.2 Abgrenzung der Kostenrechnung zu anderen Teilgebieten des Rechnungswesens 842
1.2 Kosten und Erlöse als Entscheidungsdeterminanten 844
    1.2.1 Abgrenzung von Kosten und Erlösen sowie Aufwand und Ertrag ... 844
    1.2.2 Kostenbegriff und Kostenverrechnungsprinzipien 846
1.3 Kostenkategorien und Kostenfunktionen 849
    1.3.1 Proportionale Gesamtkostenverläufe 849
    1.3.2 Kostenauflösung 851
1.4 Relevante Kosten 853
1.5 Teilgebiete der Kostenrechnung 856
    1.5.1 Arbeitsschritte der Kostenrechnung im Überblick 856
    1.5.2 Vorkalkulation und Nachkalkulation 857
    1.5.3 Kostenträgerstückrechnung und Kostenträgerzeitrechnung 858

2. Kostenartenrechnung 858

2.1 Begriff und Gliederung der Kostenarten 859
2.2 Personalkosten 862
    2.2.1 Komponenten der Personalkosten 862
    2.2.2 Aperiodisch anfallende Personalkosten 863
2.3 Materialkosten 864
    2.3.1 Ermittlung der Verbrauchsmengen 864
    2.3.2 Bewertung des Materialverbrauchs 865
2.4 Kalkulatorische Kosten 866
    2.4.1 Kalkulatorische Abschreibungen 867
    2.4.2 Kalkulatorische Wagnisse 870
    2.4.3 Kalkulatorische Zinsen 871
    2.4.4 Kalkulatorischer Unternehmerlohn 873
    2.4.5 Kalkulatorische Miete 874

3. Kostenstellenrechnung 874

3.1 Aufgaben der Kostenstellenrechnung 874
3.2 Kostenstellenbildung und Kostenstellenplan 875
3.3 Kostenverteilungsschlüssel 878
    3.3.1 Verteilungsschlüssel zur Belastung von Kostenstellen 878
    3.3.2 Verteilungsschlüssel zur Entlastung von Kostenstellen 879
3.4 Kostenstellenrechnung im Betriebsabrechnungsbogen 881
    3.4.1 Aufgaben und Arbeitsgang im Betriebsabrechnungsbogen 881
    3.4.2 Innerbetriebliche Leistungsverrechnung 883
        3.4.2.1 Aufgaben der innerbetrieblichen Leistungsverrechnung 883

3.4.2.2 Anbauverfahren	884
3.4.2.3 Stufenleiterverfahren	885
3.4.2.4 Gleichungsverfahren	886
3.4.3 Beispiel eines Betriebsabrechnungsbogens	886
4. Kostenträgerrechnung	890
4.1 Aufgaben und Arten der Kostenträgerrechnung	890
4.2 Divisionskalkulation	891
4.2.1 Einstufige Divisionskalkulation	891
4.2.2 Zwei- und mehrstufige Divisionskalkulation	891
4.3 Äquivalenzziffernkalkulation	892
4.4 Zuschlagskalkulation	893
4.4.1 Summarische Zuschlagskalkulation	893
4.4.2 Differenzierende Zuschlagskalkulation	894
4.5 Kuppelproduktkalkulation	897
5. Kostenrechnungssysteme	898
6. Kurzfristige Erfolgsrechnung	900
6.1 Aufgaben und Arten der Kurzfristigen Erfolgsrechnung	900
6.2 Kurzfristige Erfolgsrechnung auf Vollkostenbasis	902
6.3 Kurzfristige Erfolgsrechnung auf Teilkostenbasis	904
6.3.1 Deckungsbeitragsrechnung auf Grenzkostenbasis	904
6.3.2 Deckungsbeitragsrechnung mit relativen Einzelkosten	906
6.4 Kurzfristige Produktions- und Absatzplanung mit Hilfe der Deckungsbeitragsrechnung	907
7. Plankostenrechnung	912
7.1 Aufgaben der Plankostenrechnung	912
7.2 Systeme der Plankostenrechnung	914
7.2.1 Starre Plankostenrechnung	914
7.2.2 Flexible Plankostenrechnung auf Vollkostenbasis	915
7.2.3 Flexible Plankostenrechnung auf Teilkostenbasis (Grenzplankostenrechnung)	917
7.3 Aufbau der Grenzplankostenrechnung	919
7.3.1 Planung der Einzelkosten	919
7.3.2 Planung der Gemeinkosten	920
7.3.3 Plankalkulation	922
7.4 Kostenkontrolle	923
8. Strategisch ausgerichtete Verfahren der Kostenrechnung	927
8.1 Grundlagen	927
8.2 Prozesskostenrechnung	930
8.3 Produktlebenszykluskostenrechnung	934
8.4 Zielkostenrechnung (Target Costing)	936
8.5 Konstruktionsbegleitende Kalkulation	938
8.6 Beurteilung der strategischen Ausrichtung der Kostenrechnung	940
Literaturverzeichnis	941
Stichwortverzeichnis	963

Verzeichnis der Abkürzungen

AB	Anfangsbestand
AbgSt.	Abgeltungsteuer
ABS	Asset-Backed-Securities
AfA	Absetzung für Abnutzung
AG	Aktiengesellschaft
AHK	Anschaffungs- oder Herstellungskosten
AK	Anschaffungskosten
AktG	Aktiengesetz
AO	Abgabenordnung
apl.	außerplanmäßige
APS	Advanced Planning System
AR	Aufsichtsrat
AStG	Außensteuergesetz
AU	assoziertes Unternehmen
Aufl.	Auflage
AV	Anlagevermögen
AZ	Auszahlungen
ÄZ	Äquivalenzziffer
AZF	Abzinsungsfaktor
BAB	Betriebsabrechnungsbogen
BaFin	Bundesanstalt für Finanzdienstleistungsaufsicht
BCF	Brutto Cash Flow
Bd.	Band
BetrVG.	Betriebsverfassungsgesetz
BFuP	Betriebswirtschaftliche Forschung und Praxis (Zeitschrift)
BG	Bruttogewinn
BGB	Bürgerliches Gesetzbuch
BMG	Bemessungsgrundlage
BORA	Belastungsorientierte Auftragsfreigabe
BW	Buchwert, auch: Barwert
BWL.	Betriebswirtschaftslehre
CAD	Computer Aided Design
CAM	Computer Aided Manufacturing
CAP	Computer Aided Planning
CAPM	Capital Asset Pricing Model
CAQ	Computer Aided Quality Assurance
CEO	Chief Executive Officer
CFO	Chief Financial Officer
CIM	Computer Integrated Manufacturing
CNC	Computerized Numerical Control
Co.	Compagnie
c. p.	ceteris paribus
CP	Commercial Paper
CPM	Critical Path Method
CSR	Corporate Social Responsibility

DAX	Deutscher Aktienindex
db	Deckungsbeitrag/Stück
DB	Deckungsbeitrag/Periode
DCF	Discounted Cash Flow
DCGK	Deutscher Corporate Governance Kodex
DPMA	Deutsches Patent- und Markenamt
DPR	Deutsche Prüfstelle für Rechnungslegung e. V.
DrittelbG	Drittelbeteiligungsgesetz
DRS	Deutscher Rechnungslegungs Standard
DRSC	Deutsches Rechnungslegungs Standards Committee e. V.
EB	Endbestand
EBIT	Earnings before interest and taxes
EBITDA	Earnings before interest, taxes, depreciation and amortisation
EDI	Electronic Data Interchange
EDV	elektronische Datenverarbeitung
EF	Einzelfirmen; auch: Eigenfinanzierung
eG	eingetragene Genossenschaft
EK	Eigenkapital; auch: Einzelkosten
EPE	Engpassbelastungseinheit
ERP	Enterprise Resource Planning
ESt	Einkommensteuer
EStG	Einkommensteuergesetz
et al.	et alii [lat.]: und andere
Eu	Einzelunternehmen
EU	Europäische Union
EÜ	Einzahlungsüberschuss
EURIBOR	Euro Interbank Offered Rate
e. V.	eingetragener Verein
EVA	Economic Value Added
EW	Ertragswert
EZ	Einzahlungen
F	Framework (Rahmenkonzept) der IFRS
FASB	Financial Accounting Standards Board
FCF	Free Cash Flow
fE	fertige Erzeugnisse
ff.	fortfolgende
FF	Fertigfabrikate; auch: Fremdfinanzierung
FFS	flexibles Fertigungssystem
FGK	Fertigungsgemeinkosten
Fifo	first in – first out
FK	Fremdkapital
FKZ	Fremdkapitalzinsen
FL	Fertigungslöhne
FRN	Floating Rate Note
FuE	Forschung und Entwicklung

G	(Netto-)Gewinn
GbR	Gesellschaft bürgerlichen Rechts
GE	Geldeinheit(-en)
GeKo	Gemeinkosten(-arten)
GenG	Genossenschaftsgesetz
GewSt	Gewerbesteuer
GewStG	Gewerbesteuergesetz
GfK	Gesellschaft für Konsumforschung
GG	Grundgesetz
GK	Gesamtkapital(-bedarf)
GKV	Gesamtkostenverfahren
GmbH	Gesellschaft mit beschränkter Haftung
GmbHG	GmbH-Gesetz
GoB	Grundsätze ordnungsmäßiger Buchführung
GoBil	Grundsätze ordnungsmäßiger Bilanzierung
GU	Gemeinschaftsunternehmen
GuV	Gewinn- und Verlustrechnung
GWB	Gesetz gegen Wettbewerbsbeschränkungen
GZ	Gewinnzone
HB	Handelsbilanz
HGB	Handelsgesetzbuch
HK	Herstellkosten
HR	Handelsregister
Hrsg.	Herausgeber
HV	Hauptversammlung
i	Zinssatz (Finanzierung)
IAS	International Accounting Standards
IASB	International Accounting Standards Board
IASC	International Accounting Standards Committee
IFRS	International Financial Reporting Standards
IGM	Investitionsgütermarketing
IKS	Internes Kontrollsystem
i. L.	in Liquidation
InsO	Insolvenzordnung
IT	Informationstechnologie
IuK	Information und Kommunikation
JA	Jahresabschluss
K.	Käufer
KAGB	Kapitalanlagegesetzbuch
kalk.	kalkulatorische
Kalk.-Einh.	Kalkulationseinheit
Kap.-Ges	Kapitalgesellschaft
KER	Kurzfristige Erfolgsrechnung
KFZ	Kraftfahrzeug
KG	Kommanditgesellschaft
KGaA	Kommanditgesellschaft auf Aktien

KGM	Konsumgütermarketing
KGV	Kurs-Gewinn-Verhältnis (Price-Earnings-Ratio)
KMU	kleine und mittelgroße Unternehmen
KOZ	Kürzeste Operationszeit
KS	Kalkulationssatz
KSchG	Kündigungsschutzgesetz
KSt	Körperschaftsteuer
KW	Kapitalwert
LBO	Leveraged Buy-Out
LIBOR	London Interbank Offered Rate
Lifo	last in – first out
lmi	leistungsmengeninduziert
lmn	leistungsmengenneutral
LP	lineare Programmierung
LSP	Leitsätze für die Preisermittlung auf Grund von Selbstkosten
M&A	Mergers and Acquisitions
Mat.-Einh.	Materialeinheit
max	Maxima
MBI	Management Buy-In
MBO	Management Buy-Out
MEK	Materialeinzelkosten
MES	Materialentnahmeschein; Manufacturing Execution System
MG	Maßgröße
MGK	Materialgemeinkosten
min	Minima
MIS	Management-Informationssystem
MitbestG	Mitbestimmungsgesetz
MM	Modigliani/Miller
MontanMitbestG	Montan-Mitbestimmungsgesetz
Moody's	Moody's Investors Service
MRP	Manufacturing Resource Planning; auch: Material Requirements Planning
MU	Mutterunternehmen
NAFTA	North American Free Trade Agreement
NC	Numerical Control
ND	Nutzungsdauer
NK	Nebenkosten
NOPAT	Net Operating Profit after Tax
NWP	Niederstwertprinzip
OB	The objective general purpose financial reporting (Zielsetzung der IFRS-Rechnungslegung)
OCI	Other Comprehensive Income
OHG	Offene Handelsgesellschaft
OR	Operations Research

PA	Personalaufwand
PE	Personalertrag
PEF	Private-Equity-Fonds
PERT	Program Evaluation and Review Technique
pl	planmäßige
PPS	Produktionsplanungs- und -steuerungssystem
PublG	Publizitätsgesetz
PUG	Preisuntergrenze
QC	Qualitative characteristics of useful financial information (qualitative Anforderungen an nützliche Finanzinformationen)
r	Rendite (Investition)
RAP	Rechnungsabgrenzungsposten
RBF	Rentenbarwertfaktor
RBW	Restbuchwert
RE	Recheneinheit(-en)
ROI	Return on Investment
SA	Société Anonyme
SE	Societas Europaea (Europäische Gesellschaft)
SEC	Securities and Exchange Commission
SFAS	Statement of Financial Accounting Standards
SoKF	Sondereinzelkosten der Fertigung
SoKV	Sondereinzelkosten des Vertriebs
SolZ	Solidaritätszuschlag
S & P	Standard & Poor's
SprAuG	Sprecherausschußgesetz
StGB	Strafgesetzbuch
SW	Substanzwert
SZ	Schlupfzeit
TP	Teilprozess
TU	Tochterunternehmen
TW	Tageswert
ÜB	Übungsbuch zur Allgemeinen Betriebswirtschaftslehre
uE	unfertige Erzeugnisse
UGW	Unternehmensgesamtwert
UKV	Umsatzkostenverfahren
UmwG	Umwandlungsgesetz
USA	United States of America
USB	Universal Serial Bus
USD	United States Dollar
US-GAAP	United States Generally Accepted Accounting Principles
UV	Umlaufvermögen
UW	Unternehmenswert

V.	Verkäufer
VertrGK	Vertriebsgemeinkosten
VerwGK	Verwaltungsgemeinkosten
VG	Vermögensgegenstand
VZ	Verlustzone
W	Entscheidungswert
WA	Werbeaufwand
WACC	Weighted Average Cost of Capital
WE	Werbeertrag
WpHG	Wertpapierhandelsgesetz
WpÜG	Wertpapiererwerbs- und Übernahmegesetz
ZEW	Zukunftserfolgswert
ZfB	Zeitschrift für Betriebswirtschaft
ZfbF	Schmalenbachs Zeitschrift für betriebswirtschaftliche Forschung
ZfhF	Zeitschrift für handelswissenschaftliche Forschung
ZMB	Zahlungsmittelbestand

Standort und Geschichte der Betriebswirtschaftslehre

Inhaltsüberblick

1. Wissenschaftlicher Standort der Betriebswirtschaftslehre 3
2. Geschichtliche Entwicklung der Betriebswirtschaftslehre in Deutschland 13

> Der Erste Abschnitt gibt einen Überblick über den wissenschaftlichen Standort und die Geschichte der Betriebswirtschaftslehre. Studienanfängern wird empfohlen, mit der Lektüre des Zweiten Abschnitts zu beginnen.

1. Wissenschaftlicher Standort der Betriebswirtschaftslehre

1.1 Grundlagen

„Die Betriebswirtschaftslehre ist eine selbständige wirtschaftswissenschaftliche Disziplin". Mit dieser einleitenden Feststellung eröffnete Günter Wöhe die erste Auflage seiner „Einführung in die Allgemeine Betriebswirtschaftslehre", die im Jahr 1960 erschienen ist. Dass die **Betriebswirtschaftslehre eine selbständige wirtschaftswissenschaftliche Disziplin** ist, wird inzwischen von all jenen Fachvertretern[1] bestritten, die in der Betriebswirtschaftslehre eine **sozialwissenschaftliche Teildisziplin** sehen.

In der Ära Gutenberg[2], also etwa vom Beginn der fünfziger bis zum Ende der sechziger Jahre des vergangenen Jahrhunderts, gab es bezüglich der wissenschaftlichen Standortbeschreibung der deutschen Betriebswirtschaftslehre einen Grundkonsens: Das Theoriegebäude der Betriebswirtschaftslehre stand auf einem festgefügten **wirtschaftstheoretischen Fundament**, wie es die neoklassische Volkswirtschaftslehre mit dem Modell des Homo oeconomicus entwickelt hatte. Der **Homo oeconomicus**, eine Kunstfigur, die **streng rational** handelt und die dabei ausschließlich **auf den eigenen Vorteil** bedacht ist, beherrschte die Szene der betriebswirtschaftlichen Modelltheorie.

Die Spaltung der Betriebswirtschaftslehre in eine

- wirtschaftstheoretisch fundierte Disziplin einerseits und eine
- verhaltenswissenschaftlich orientierte Fachinterpretation andererseits

vollzog sich um das Jahr 1970 und entzündete sich an den Verhaltensannahmen, die für das Handeln der Wirtschaftssubjekte maßgeblich sind. Edmund Heinen wurde zum Avantgardisten der verhaltenswissenschaftlichen Öffnung des Faches. Mit seiner entscheidungsorientierten Betriebswirtschaftslehre[3] „entlässt [er] … den ‚homo oeconomicus' der klassischen Mikroökonomie in das Reich der Fabel."[4]

„Der Zwiespalt zwischen einer Betriebswirtschaftslehre, die, von marktwirtschaftlichem Willen getragen, auf der **Wirtschaftstheorie** aufbaut, und einer **Managementlehre**, die an die ethisch-soziale Verantwortung der Unternehmensführung appelliert und unter die Fittiche einer allumfassenden Verhaltens- bzw. Sozialwissenschaft schlüpfen will"[5], lässt sich an folgenden Unterscheidungsmerkmalen festmachen:

---

[1] Vgl. für viele andere Schanz, G., Geschichte, 2014 und die dort angegebene Literatur.
[2] Zum wissenschaftlichen BWL-Ansatz von Erich Gutenberg vgl. S. 16 f.
[3] Vgl. S. 17 f.
[4] Heinen, E., Grundfragen, 1976, S. 395.
[5] Schneider, D., Geschichte, 1999, S. 21.

1. Abschnitt: Standort und Geschichte der Betriebswirtschaftslehre

Wissenschaftlicher Standort der Betriebswirtschaftslehre		
Merkmal	Wirtschaftstheoretisch fundierte BWL	Verhaltenswissenschaftlich fundierte BWL
Handlungsmotiv der Wirtschaftssubjekte	Eigennutz	Gemeinnutz
Handlungsweise der Wirtschaftssubjekte	rational	emotional
Koordination betrieblicher Entscheidungen	Shareholderansatz	Stakeholderansatz
Unternehmensziel	langfristige Gewinnmaximierung	Zielkompromiss zwischen Stakeholdern

Abb. 1: Wirtschaftstheoretisch bzw. verhaltenswissenschaftlich fundierte Betriebswirtschaftslehre

Bei der Beschreibung des wissenschaftlichen Standorts der deutschen Betriebswirtschaftslehre herrscht zwischen den einzelnen Fachvertretern teilweise Einigkeit, teilweise aber auch ein kaum überbrückbarer Meinungsstreit. Im Folgenden sollen wichtige methodologische Unterscheidungsmerkmale der Betriebswirtschaftslehre näher erläutert werden.

1.2 Methodologische Unterscheidungsmerkmale der Betriebswirtschaftslehre

1.2.1 Betriebswirtschaftslehre als angewandte Wissenschaft

Ein Betrieb ist eine Wirtschaftseinheit, die in den Beschaffungs-, den Absatz- und den Kapitalmarkt eingebettet ist:[1] Am Beschaffungsmarkt werden Produktionsfaktoren eingekauft, die zu Gütern oder Dienstleistungen verarbeitet und danach am Absatzmarkt abgesetzt werden. Der **betriebliche Prozess** der Leistungserstellung und -verwertung **bedarf sorgfältiger Planung**. Das hat folgenden Grund: Die menschlichen Bedürfnisse sind praktisch unbegrenzt. Die zur Bedürfnisbefriedigung geeigneten Mittel, also die Güter und Dienstleistungen, stehen dagegen nicht in unbegrenztem Umfang zur Verfügung, sondern sind von Natur aus knapp. Diese **naturgegebene Knappheit der Ressourcen**, d.h. das Spannungsverhältnis zwischen Bedarf einerseits und Bedarfsdeckung andererseits, zwingt die Menschen zu **wirtschaften**.

> Unter **Wirtschaften** versteht man den sorgsamen Umgang mit knappen Ressourcen.

Zur Realisierung des Ziels optimaler Bedürfnisbefriedigung müssen komplexe betriebliche Entscheidungsprozesse optimiert werden. Als anwendungsorientierte Wissenschaft hat die Betriebswirtschaftslehre die Aufgabe, betriebliche Entscheidungsprobleme zu analysieren und zu systematisieren. Die dabei gewonnenen Erkenntnis-

---

[1] Vgl. Abb. 1 auf S. 28.

se erlauben es der Betriebswirtschaftslehre, den betrieblichen Entscheidungsträgern **Handlungsempfehlungen zur Optimierung betrieblicher Prozesse** zu erteilen.

Über diese dienende, entscheidungsunterstützende Funktion der Betriebswirtschaftslehre herrscht weitgehende Einigkeit unter allen Fachvertretern. **Tiefgreifende Meinungsunterschiede** zur Ausgestaltung des Faches ergeben sich erst bei der

- Formulierung betrieblicher Ziele
- Zuweisung von Verfügungsrechten.

Bei der Zuweisung von Verfügungsrechten geht es um die personelle Zuordnung betrieblicher Entscheidungskompetenzen einerseits und um die angemessene Verteilung des Ergebnisses gemeinsamer betrieblicher Anstrengung andererseits. Die so entstehenden Auffassungsunterschiede zur Ausgestaltung der Betriebswirtschaftslehre sollen im Folgenden kurz vorgestellt werden.

1.2.2 Gemeinnutz versus Eigennutz

Betriebswirtschaftliche Handlungsempfehlungen sind für die zu beratenden Wirtschaftssubjekte nur dann hilfreich, wenn sie sich an den tatsächlichen Zielvorstellungen der jeweiligen Entscheidungsträger orientieren. Wissenschaftliche Aussagen stützen sich immer auf Theoriebildung und Theoriebildung setzt Verallgemeinerung und vereinfachte Abbildung der Wirklichkeit voraus. Zur **Theoriebildung** werden **Modelle** entwickelt, die einen Ausschnitt der **wirtschaftlichen Wirklichkeit** (durch einschränkende Grundannahmen) **in vereinfachter Form** abbilden.

Das Handeln der zu beratenden Wirtschaftssubjekte kann (im Extremfall) von krassem Egoismus oder vom Gedanken der Nächstenliebe und des Teilens geleitet sein.

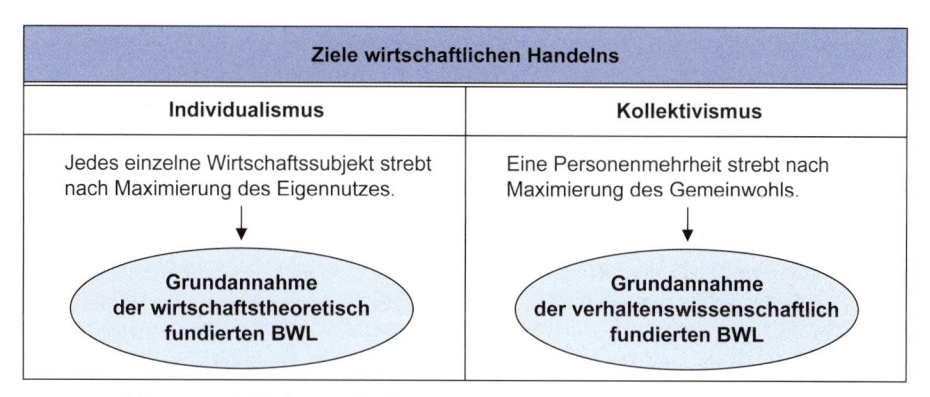

Ziele wirtschaftlichen Handelns	
Individualismus	**Kollektivismus**
Jedes einzelne Wirtschaftssubjekt strebt nach Maximierung des Eigennutzes.	Eine Personenmehrheit strebt nach Maximierung des Gemeinwohls.
Grundannahme der wirtschaftstheoretisch fundierten BWL	Grundannahme der verhaltenswissenschaftlich fundierten BWL

Abb. 2: Vereinfachte Verhaltensannahmen wirtschaftlichen Handelns

Wirtschaftstheoretisch und verhaltenswissenschaftlich orientierte Betriebswirtschaftslehre unterscheiden sich in ihrem **Menschenbild**: Hier der opportunistische Egoist, dort der solidarische Idealist. Die **verhaltenswissenschaftlich geprägte BWL** sieht den Betrieb[1] als sozio-ökonomisches System: Alle am betrieblichen Geschehen beteiligten Gruppen (Stakeholder), also Arbeitnehmer, Kapitalgeber, Lieferanten, Kunden und die sog. betroffene Öffentlichkeit, ziehen an einem Strang. Verhaltenswissenschaftliche

---

[1] Zu unterschiedlichen Betriebsauffassungen vgl. Schweitzer/Schweitzer, Grundlagen, 2015, S. 6 ff.

Modelle gehen von der Annahme aus, dass die **Stakeholder** nach **Maximierung des Gemeinnutzes** streben.

Die **wirtschaftstheoretisch fundierte Betriebswirtschaftslehre** hält dieses idealistische Menschenbild hingegen für wirklichkeitsfremd. Im Zentrum ihrer Modellbildung steht das aus der klassischen Nationalökonomie übernommene **Verhaltensmuster des Homo oeconomicus:**

Modellannahmen zum Homo oeconomicus
(1) Jedes Individuum strebt nach maximalem Eigennutz.
(2) Extrinsische Anreize sind Auslöser wirtschaftlichen Handelns.
(3) Vollständige Information zur Beurteilung aller Handlungsalternativen.
(4) Entscheidungen nach dem Rationalprinzip.

Abb. 3: Grundannahmen zum traditionellen Modell des Homo oeconomicus

Die Modellfigur des **Homo oeconomicus** ist daher starker **Kritik** aus dem Bereich der Sozialwissenschaften ausgesetzt. Die Prämisse der **(1) Eigennutzmaximierung** wird als unrealistisch, teilweise als moralisch verwerflich angesehen. Im Zuge der **(2) Anreizprämisse** geht die wirtschaftstheoretische BWL von der Vorstellung aus, dass jedes Wirtschaftssubjekt vor Realisierung einer Handlungsalternative einen Vorteilhaftigkeitsvergleich anstellt, den man als **Kosten-Nutzen-Analyse** bezeichnet. Ein extrinsischer, d. h. ein von außen kommender Realisierungsanreiz liegt vor, wenn Nutzen > Kosten. Diesem materialistischen Kalkül stellt die **verhaltenswissenschaftlich geprägte BWL** das Konzept der **intrinsischen Motivation** gegenüber. Dabei versteht sie unter intrinsischer Motivation persönliches Handeln aus eigenem Antrieb und Verantwortungsbewusstsein für eine gemeinsame Sache. Dass dem herkömmlichen Modell des Homo oeconomicus die Prämisse **(3) vollständiger Information** zugrunde liegt, wird von den Kritikern **zu Recht moniert**. Allerdings ist diese Kritik nicht mehr zeitgemäß, denn Entscheidungsmodelle unter Unsicherheit und spieltheoretische Modelle[1] gehören seit langem zum Standardrepertoire der traditionellen Betriebswirtschaftslehre. Die einschlägige Literatur[2] hat längst den „geläuterten" Homo oeconomicus entwickelt. Dieser strebt nach **Eigennutzmaximierung auf der Basis beschränkten Wissens**.

Kritisiert wird schließlich die Modellannahme **(4) rationaler Entscheidungen**. Nach dem Rationalprinzip entscheidet sich der Homo oeconomicus bei der Wahl zwischen zwei Alternativen immer für die Variante, die ihm den höheren Individualnutzen in Aussicht stellt. Dass sich ein so komplexer Vorgang, wie die Messung individuellen Nutzens, in sehr vielen Fällen auf der emotionalen Ebene (Beispiele sind die Buchung einer Urlaubsreise oder der Kauf eines Kleidungsstücks) abspielt, spricht nicht gegen die **Gültigkeit des Rationalprinzips**: Der Homo oeconomicus entscheidet sich immer für die Alternative, von der er

- **bei begrenzt verfügbarer Information**
- **objektiv** (z. B. Heizölkauf) oder **subjektiv-emotional** (z. B. Modeartikelkauf)
- **den größten Nutzen**

erwartet.[3]

---

[1] Vgl. S. 91 ff. und S. 94 ff.
[2] Vgl. z. B. Frey, B. S., Ökonomie, 1990, S. 4.
[3] Vgl. Frey/Benz, Homo oeconomicus, 2007, S. 2.

1.2.3 Stakeholder- versus Shareholderansatz

Unternehmerische Tätigkeit ist ein arbeitsteiliger Prozess, an dem – wie oben bereits angedeutet – verschiedene Personengruppen mitwirken, die man als Stakeholder bezeichnet. Die an späterer Stelle wiedergegebene Übersicht[1] **verweist auf das Koordinationsproblem arbeitsteiligen Wirtschaftens**: Die Stakeholder leisten unterschiedliche Beiträge zur Institution Unternehmung und erwarten im Gegenzug eine angemessene Entschädigung für die erbrachte Leistung. Zur Lösung dieses Koordinationsproblems gehen die wirtschaftstheoretisch fundierte und die verhaltenswissenschaftlich fundierte Betriebswirtschaftslehre unterschiedliche Wege.

Koordination der Unternehmung

Stakeholder-Ansatz
- Alle Anspruchsgruppen haben die gleichen Partizipationsrechte.
- Interessenkonflikte zwischen Stakeholdern werden im „gewaltfreien Diskurs" am runden Tisch gelöst.

→ Koordinationsmodell der verhaltenswissenschaftlich fundierten BWL

Shareholder-Ansatz
- Vorrangstellung der Eigenkapitalgeber (Shareholder)
  - Träger der Leitungskompetenz
  - Träger des Unternehmensrisikos
- Interessenausgleich durch Vertragsvereinbarungen zwischen Shareholdern und Stakeholdern

→ Koordinationsmodell der wirtschaftstheoretisch fundierten BWL

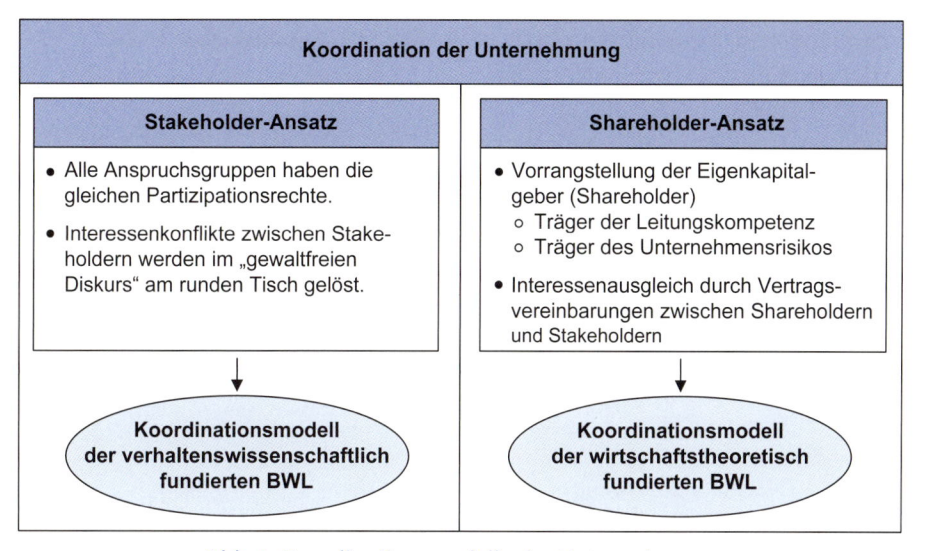

Abb. 4: Koordinationsmodelle der Unternehmung

Die **verhaltenswissenschaftlich ausgerichtete Betriebswirtschaftslehre** setzt auf eine Ideallösung, die sie als **Harmoniemodell** bezeichnet. Man strebt nach einer „**Demokratisierung unternehmerischer Tätigkeit**". Alle Stakeholder sollen die gleichen Partizipationsrechte haben. So soll sich das Unternehmen zum gesellschaftlichen Wohltäter im Sinne einer „**Good Corporate Citizenship**" entwickeln. Weitgehend ungeklärt ist die **Lösung von Interessenkonflikten** zwischen den Stakeholdern: Wie ist das Unternehmensergebnis „gerecht" aufzuteilen, wenn Kunden auf der einen Seite möglichst wenig zahlen wollen, Lieferanten, Kapitalgeber und Arbeitnehmer aber möglichst hohe Zahlungen für ihren Unternehmensbeitrag erwarten. Die von der Literatur zur Unternehmensethik vorgeschlagene Lösung durch „**gewaltfreien Diskurs**" aller Stakeholder am runden Tisch ist ein ideelles Konstrukt **ohne praktische Realisierungschance**.

Die wirtschaftstheoretisch fundierte Betriebswirtschaftslehre verzichtet bei der Lösung des Koordinationsproblems auf alle Ambitionen zur Schaffung einer besseren und gerechteren Welt. Das Shareholdermodell orientiert sich an der **Existenz markt-**

---

[1] Vgl. Abb. 18 auf S. 51.

wirtschaftlichen Wettbewerbs und an den Vorgaben der geltenden Rechtsordnung, die den Eigenkapitalgebern besondere Rechte und Pflichten zuordnet. Die **Shareholder**

- übernehmen das **unternehmerische Risiko** (→ Verlust des Eigenkapitals)
- erhalten die **Leitungskompetenz** und Anspruch auf Gewinn
- gelangen zum **Interessenausgleich** mit den Stakeholdern **durch Abschluss von Arbeits-, Kredit- und Lieferverträgen**.

Im Gegensatz zur verhaltenswissenschaftlichen BWL entwickelt die **wirtschaftstheoretisch fundierte BWL keine normativen Ambitionen** (zur Weltverbesserung): Die Gerechtigkeitsfrage, d.h. die Frage einer angemessenen **Berücksichtigung der Stakeholderinteressen**, wird nicht thematisiert. Die Lösung dieses Problems wird

- **dem marktwirtschaftlichen Wettbewerb** (durch Vertragsvereinbarungen)
- den flankierenden Regeln des **gesetzlichen Ordnungsrahmens** (z.B. Gesetze zum Arbeitnehmer-, Verbraucher- und Gläubigerschutz)

überlassen.

1.2.4 Erfahrungsobjekt und Erkenntnisobjekt

In einem Punkt herrscht Einigkeit unter allen Fachvertretern: Der **Betrieb** ist das **Erfahrungsobjekt** der Betriebswirtschaftslehre. Zu tiefgreifenden Meinungsunterschieden kommt es erst bei der disziplinären Einengung des (weiten) Erfahrungsobjekts zum eigentlichen Erkenntnisobjekt der Betriebswirtschaftslehre. Eine solche Einengung ist notwendig: Der Betrieb ist ein sehr **komplexer Untersuchungsgegenstand**. Die gründliche wissenschaftliche Durchdringung des Problemkomplexes setzt eine **Arbeitsteilung** unter Wissenschaftlern unterschiedlicher Fachrichtungen voraus. Dadurch entstehen verschiedene **wissenschaftliche Disziplinen**.

Die **wirtschaftstheoretisch fundierte Betriebswirtschaftslehre** begnügt sich mit einer sehr **engen Fachabgrenzung**. Bei der Untersuchung betrieblichen Geschehens beschränkt sie sich auf das **Wirtschaften im Betrieb** und gelangt so zu ihrem (engen) **Erkenntnisobjekt**. Das Auswahlprinzip zur Beurteilung betrieblicher Handlungsalternativen ist das **ökonomische Prinzip**.[1]

> Das **ökonomische Prinzip** verlangt, knappe Mittel (Input) so einzusetzen, dass ein größtmöglicher Output an Gütern (Sachleistungen) und Dienstleistungen erzielt wird.

Die **Effizienz**, d.h. das Verhältnis von wertmäßigem Output zu wertmäßigem Input, ist für Ökonomen der **allein gültige Maßstab** zur Beurteilung betrieblicher Handlungen.

Natürlich ist sich die **ökonomisch zentrierte Betriebswirtschaftslehre** der **Einseitigkeit** ihres Vorgehens bewusst. Natürlich weiß der Ökonom um die technischen, medizinischen, psychologischen oder sozialen Implikationen betrieblichen Handelns. Die wissenschaftliche Durchdringung dieser Tatbestände überlässt er aber seinen Kollegen aus den **Nachbarwissenschaften**, weil er diesen die **höhere Fachkompetenz** zubilligt.

Mit ihrer erklärten Öffnung hin zu den Sozialwissenschaften gelangt die **verhaltenswissenschaftlich fundierte Betriebswirtschaftslehre** zu einer **weiten Fachinterpretation**: Betriebliches Handeln wird nicht mehr allein unter ökonomischen Gesichts-

---

[1] Vgl. S. 33 f.

punkten beurteilt. Zur angestrebten „Horizonterweiterung" des Faches gelangte man im zeitlichen Ablauf in etwa drei Stufen:

(1) Um das Jahr 1970 wurden neben **ökonomischen auch soziale Ziele** in das Zielsystem der Unternehmung aufgenommen.[1]
(2) Mit gewachsenem Umweltbewusstsein gelangte man nach 1980 zu einem erweiterten System **ökonomischer, sozialer und ökologischer Ziele**.[2]
(3) Wenig später kam es zu einer umfangreichen, sehr kontrovers geführten Debatte über Fragen der Unternehmensethik.[3] Die Befürworter stellten dabei alle betrieblichen Handlungen unter den **Vorbehalt moralischer Rechtfertigung**.[4]

Den Gewinn der Erweiterung ihrer Untersuchungsperspektive bezahlt die verhaltenswissenschaftlich fundierte Betriebswirtschaftslehre mit der Einhandlung wissenschaftlich unlösbarer Zielkonflikte, also letzten Endes mit abnehmender Stringenz wissenschaftlicher Erkenntnisaussagen.

1.2.5 Gemeinwohlmaximierung versus langfristige Gewinnmaximierung

Handel und Wandel, also der Transaktionsmechanismus zwischen einzelnen Wirtschaftssubjekten, vollzieht sich nicht im rechtsfreien Raum. Alle Transaktionen, also jede betriebliche Tätigkeit, ist eingebettet in eine **Rahmenordnung**, die man in Deutschland als soziale Marktwirtschaft bezeichnet. Die soziale Marktwirtschaft setzt auf eine **dezentrale Steuerung wirtschaftlicher Prozesse**.

Ordnungsrahmen der sozialen Marktwirtschaft
(1) Privateigentum an den Produktionsmitteln
(2) Marktwirtschaftlicher Wettbewerb als Resultat des Prinzips der Vertragsfreiheit
(3) Flankierende Gesetze als Ersatzregeln bei Marktversagen
(4) Soziale Umverteilung durch Öffentliche Haushalte

Abb. 5: Konstitutive Elemente der sozialen Marktwirtschaft

Die **verhaltenswissenschaftliche Betriebswirtschaftslehre** strebt – im Rahmen des **Stakeholder-Ansatzes** – nach Maximierung des Gemeinwohls. Dabei hat sie **normative Ambitionen**: Eine Maximierung des Gemeinwohls durch optimale Verteilung der Verfügungsrechte soll nicht extern, d. h. über

- den **marktwirtschaftlichen Wettbewerb** und
- flankierende **Korrekturen** durch den demokratisch legitimierten **Gesetzgeber**,

sondern unternehmensintern, durch Konsensgespräche der Stakeholder am runden Tisch erreicht werden. Dieser Lösungsansatz hat zwei Schwachstellen: In

- **methodischer Hinsicht** ist jeder Versuch zur wissenschaftlich **verbindlichen Interpretation** von Begriffen wie **Gemeinwohl, Gerechtigkeit** oder **Moral**

---

[1] Vgl. beispielsweise Ulrich, H., System, 1970.
[2] Zu Zielkonflikten und Möglichkeiten ihrer Lösung vgl. S. 66 ff.
[3] Vgl. Göbel, E., Unternehmensethik, 2016 sowie Küpper, H.-U., Unternehmensethik, 2011 und die dort angegebene Literatur.
[4] Vgl. beispielsweise Steinmann/Löhr, Grundlagen, 1994.

- **praktischer Hinsicht** sind Versuche zur **Überwindung von stakeholderspezifischen Interessengegensätzen** durch Konsensgespräche an runden Tischen erfahrungsgemäß zum **Scheitern** verurteilt.

Anders als der Stakeholder-Ansatz, der die marktwirtschaftliche Wettbewerbsordnung durch unternehmensinterne Konsensgespräche ersetzt, zumindest aber korrigieren möchte, akzeptiert die **wirtschaftstheoretisch fundierte Betriebswirtschaftslehre** den **marktwirtschaftlichen Wettbewerb** als unabänderliche **Gegebenheit**. In ihren Entscheidungsmodellen geht sie üblicherweise vom **Ziel langfristiger Gewinnmaximierung** aus. Die Setzung dieser Modellprämisse wird von Kritikern teilweise als realitätsfern, mehrheitlich als unmoralisch abgetan. Solcher **Systemkritik** kann man folgende **Argumente entgegenhalten**:

(1) **Funktionierender marktwirtschaftlicher Wettbewerb** sorgt dafür, dass die „Gewinnbäume" nicht in den Himmel wachsen.

(2) Wer in schlechten Jahren Verluste zu tragen hat, muss in guten Jahren **Risikovorsorge durch Gewinnmaximierung** betreiben. „In einer durch harten Wettbewerb bestimmten Wirtschaft können z. B. Unternehmen, die auf Gewinnmaximierung verzichten, nicht überleben, sondern gehen bankrott"[1].

(3) Die von **Adam Smith** entdeckte **unsichtbare Hand** des marktwirtschaftlichen Wettbewerbs sorgt für **bestmögliche Befriedigung der Stakeholderinteressen**: Das Ziel langfristiger Gewinnmaximierung kann nur der Unternehmer erreichen, der den Interessen der Stakeholder weit entgegenkommt. Wer seinen Kunden alte Brötchen liefert, wer seine Kreditgeber hintergeht, wer seine Mitarbeiter respektlos behandelt, verfehlt das langfristige Gewinnmaximum, weil seine Vertragspartner sein Verhalten mit dem Abbruch der Geschäftsbeziehung sanktionieren.

(4) Der **Sanktionsmechanismus des Marktes** setzt einen funktionierenden Wettbewerb voraus. Bei der
  - Inanspruchnahme schützenswerter ökologischer Ressourcen
  - Bereitstellung öffentlicher Güter (sozialer Leistungen)

  durch Betriebe lässt sich üblicherweise ein Marktversagen konstatieren. An dieser Stelle tritt der demokratisch legitimierte Gesetzgeber auf den Plan. Seine Aufgabe ist es, mit Vorschriften zum Schutz der Umwelt und zum Schutz der Schwachen, den ökologischen und sozialen Interessen der Stakeholder gerecht zu werden.[2]

Fazit: Die Entscheidungsmodelle der wirtschaftstheoretischen Betriebswirtschaftslehre basieren auf den Gegebenheiten der geltenden Rechts- und Gesellschaftsordnung. **Marktwirtschaftlicher Wettbewerb** und **flankierende gesetzliche Vorschriften** bewerkstelligen den notwendigen **Kompromiss zwischen ökonomischen, sozialen und ökologischen Stakeholderzielen**.

1.2.6 Die Werturteilsfrage

Über die Frage, ob die Betriebswirtschaftslehre als Wissenschaft Werturteile[3] abgeben soll oder nicht, wird seit Jahrzehnten diskutiert, ohne dass es bisher zu einer einheitlichen Auffassung gekommen ist. Das Werturteilsproblem ist bekanntlich nicht auf die Betriebswirtschaftslehre beschränkt: Die Frage, ob oberste Werte, also ethische Normen

---

[1] Frey, B., Ökonomie, 1990, S. 12.
[2] Zur Umwelt- und Sozialberichterstattung vgl. S. 745 ff.
[3] Vgl. Wöhe, G., Grundprobleme, 1959, S. 165 ff.

für menschliches Handeln wissenschaftlich begründet werden können, gehört zu den Grundproblemen der Wissenschaftslehre schlechthin.

Zunächst ist festzustellen, dass es zwei verschiedene Arten von Werturteilen[1] gibt:

Werturteile	
Primäre Werturteile	**Sekundäre Werturteile**
Absolutes Urteil	Abgeleitetes Urteil
Bewertung der Ziele	Bewertung der Mittel
Beispiele: • Die Partizipationsrechte der Arbeitnehmer müssen gestärkt werden. • Gewinnmaximierung ist unmoralisch.	**Beispiele:** Wer Gewinne maximieren will, • darf das ökonomische Prinzip nicht verletzen • darf auf eine Wirtschaftlichkeitskontrolle nicht verzichten.
Ethisch-normative BWL	Praktisch-normative BWL

Abb. 6: Primäre und sekundäre Werturteile

Primäre Werturteile beruhen auf moralischen Wertvorstellungen, über die man verschiedener Meinung sein kann. Als Gewissensfragen entziehen sie sich wissenschaftlicher Beweisbarkeit.

Bei **sekundären Werturteilen** handelt es sich um Finalrelationen nach dem Muster: Wer das Ziel Z verfolgt und zwischen den Aktionsmöglichkeiten A_1 und A_2 zu wählen hat, sollte sich für A_1 entscheiden, weil diese Alternative einen höheren Zielerreichungsgrad in Aussicht stellt. Dabei wird nicht das Ziel, sondern es werden nur die Instrumente zur Zielerreichung bewertet.

Die **wirtschaftstheoretisch fundierte BWL** verzichtet auf eine (ethische) Bewertung unternehmerischer Ziele. Als praktisch-normative BWL beschränkt sie sich auf die Prüfung und Bewertung einzelner Instrumente, die zum Zweck der Zielerreichung eingesetzt werden können.

Prononcierter Vertreter einer **ethisch-normativen Betriebswirtschaftslehre** war **Heinrich Nicklisch**[2], der ein ethisch kontrolliertes Wirtschaften propagierte. Schanz sieht in Nicklisch noch heute den Vordeuter und **Wegbereiter der verhaltenswissenschaftlichen Betriebswirtschaftslehre**: „Wenn Nicklisch dennoch nach wie vor Beachtung und vielleicht sogar einen Ehrenplatz in der Geschichte des Fachs verdient, dann aus einem … Grunde: Sein Werk ist von der Einsicht geprägt, daß die Betriebswirtschaftslehre eine sozialwissenschaftliche Disziplin darstellt, die einer sozialphilosophischen Grundlage bedarf. Er ist damit Vorläufer durchaus moderner [verhaltenswissenschaftlicher; die Verfasser.] Denkweisen"[3].

---

[1] Ähnlich Kirchgässner, G., Homo Oeconomicus, 2013, S. 3 ff.
[2] Vgl. S. 14.
[3] Schanz, G., Wissenschaftsprogramme, 1999, S. 35.

1.3 Wirtschaftstheoretische versus verhaltenswissenschaftliche Betriebswirtschaftslehre

Nach den obigen Ausführungen lassen sich die beiden konträren Wissenschaftsprogramme der Betriebswirtschaftslehre zusammenfassend wie folgt charakterisieren:

Wissenschaftsprogramme der Betriebswirtschaftslehre		
Merkmal	**Wirtschaftstheoretisch fundierte BWL**	**Verhaltenswissenschaftlich fundierte BWL**
Methodologischer Ansatz	Methodologischer Individualismus	Methodologischer Kollektivismus
Untersuchungsperspektive	Wirtschaftssubjekte im marktwirtschaftlichen Wettbewerb	Mensch als Mitglied des Sozialsystems Betrieb
Individualziel	Leistungsanbieter und -nachfrager streben nach Eigennutzmaximierung	Streben nach Minimierung des durch Organisationsmitgliedschaft bedingten Freiheitsopfers (Schanz)
Koordinationsmodell	Shareholder-Ansatz	Stakeholder-Ansatz
Verhältnis der Anspruchsgruppen	Vorrang der Shareholder (= Eigentümer)	Alle Stakeholder sind gleichberechtigt
Lösung von Interessenkonflikten	Verträge zwischen Eigentümern und Stakeholdern	Konsensgespräche am runden Tisch
Unternehmensziel	Langfristige Gewinnmaximierung	Gemeinwohlmaximierung (ökonomisch, sozial, ökologisch)
Bezug zum marktwirtschaftlichen Wettbewerb	Wettbewerb wird als Datum akzeptiert	(Teil-)Ersatz des Wettbewerbs durch Konsensgespräche
Werturteilsfrage	Beschränkung auf sekundäre Werturteile	Primäre Werturteile auf sozialphilosophischer Basis üblich

Abb. 7: Wirtschaftstheoretische und verhaltenswissenschaftliche Betriebswirtschaftslehre

Dieses Lehrbuch folgt dem Konzept einer wirtschaftstheoretisch fundierten Betriebswirtschaftslehre. Hierfür sprechen im Wesentlichen zwei Gründe:

(1) Die Handlungsempfehlungen einer anwendungsorientierten Wissenschaft können nur dann ihre nützliche Wirkung entfalten, wenn die von ihr entwickelten Entscheidungsmodelle
- die Ziele der Entscheidungsträger (→ Eigennutzmaximierung)
- die ordnungspolitischen Rahmenbedingungen des Wirtschaftens (→ marktwirtschaftlicher Wettbewerb)

möglichst realitätsgetreu abbilden.

(2) Dieses Lehrbuch sieht in der Betriebswirtschafslehre eine wirtschaftswissenschaftliche Disziplin. Deren Aussagen orientieren sich allein am Kriterium der Effizienz wirtschaftlicher Handlungsalternativen. Die Notwendigkeit zur Klärung ethischer Fragen wird keineswegs negiert, aus gutem Grund aber jenen Disziplinen (Theologie, Moralphilosophie) überlassen, die über das bessere wissenschaftliche Rüstzeug zur Problemanalyse verfügen und damit effizientere Lösungen herbeiführen können.

Vertreter der verhaltenswissenschaftlichen Fachrichtung werfen der wirtschaftstheoretisch fundierten Betriebswirtschaftslehre vor, mit ihrem Festhalten am Rationalprinzip die menschliche Gefühlswelt auszublenden und damit ein emotionales Vakuum zu erzeugen. Dieser Vorwurf läuft ins Leere: Die Zentralfigur der traditionellen Betriebswirtschaftslehre, der kühl kalkulierende, nach langfristiger Gewinnmaximierung strebende Homo-oeconomicus-Unternehmer, muss sich sehr wohl mit psychologischen Befindlichkeiten auf Seiten der Stakeholder auseinandersetzen. Er versetzt sich in die Gefühlswelt seiner Mitarbeiter und Kunden, weil er andernfalls das erstrebte Gewinnmaximum verfehlt. Für Verhaltenswissenschaftler ist der respektvolle Umgang mit Mitarbeitern ein eigenständiges moralisches Ziel betrieblichen Handelns. Für den nüchternen Ökonomen ist die Befriedigung emotionaler Bedürfnisse Dritter Mittel zum Zweck der Gewinnmaximierung.

2. Geschichtliche Entwicklung der Betriebswirtschaftslehre in Deutschland

Die Betriebswirtschaftslehre ist ein Zweig der Ökonomik, d.h. der Lehre vom vorsichtigen Umgang mit knappen Gütern. Die schriftliche Auseinandersetzung mit ökonomischen Fragestellungen reicht bis in die Antike zurück.[1] Dem Charakter eines einführenden Lehrbuchs der Allgemeinen Betriebswirtschaftslehre entsprechend soll hier nur ein knapper Abriss der geschichtlichen Entwicklung des Faches gegeben werden. Ausgangspunkt der folgenden Darstellung ist die Zeit um das Jahr 1900, als sich die Betriebswirtschaftslehre als eigenständiges Lehrfach an deutschen Hochschulen etablierte.

2.1 Entwicklung der Betriebswirtschaftslehre bis zum Zweiten Weltkrieg

Man pflegt i.A. das Jahr 1898, in dem die ersten **Handelshochschulen** (Leipzig, St. Gallen, Aachen und Wien) gegründet wurden, denen bald weitere folgten (Köln und Frankfurt/Main 1901, Berlin 1906, Mannheim 1907, München 1910, Königsberg 1915, Nürnberg 1919), als das Geburtsjahr der Betriebswirtschaftslehre als Wissenschaft zu bezeichnen. Die Handelshochschulen sind teils zu Universitäten ausgebaut (Köln, Frankfurt und Mannheim), teils mit technischen Hochschulen (Aachen, München) oder Universitäten (Leipzig, Technische Universität Berlin, Hochschule für Wirtschafts- und Sozialwissenschaften Nürnberg mit Erlangen) vereinigt worden. Selbständig geblieben sind die Handelshochschule St. Gallen und die Hochschule für Welthandel in Wien.

Die in der zweiten Hälfte des 19. Jahrhunderts stark fortgeschrittene Industrialisierung Deutschlands hatte den Bedarf nach ökonomisch ausgebildeten Führungskräften wachsen lassen. Da die deutsche Volkswirtschaftslehre nach dem damaligen Selbstverständnis eine „Staatswissenschaft" war, konnte sie den Ausbildungswünschen der Wirtschaftspraxis nicht gerecht werden.

---

[1] Vgl. hierzu insb. Bellinger, B., Geschichte, 1967; Schneider, D., Theorie, 1981.

So kam es zur Gründung der Handelshochschulen, an denen die künftigen Führungskräfte ein Studium aufnahmen, das man – in klarer Abgrenzung zur Volkswirtschaftslehre bzw. Nationalökonomie – zunächst als **Privatwirtschaftslehre** bzw. als **Handelswissenschaft** bezeichnete. Wesentlicher Lehrinhalt war die Vermittlung von

- **kaufmännischen Techniken** (Buchhaltung, Bilanzierung, Kalkulation)
- **Rechtskenntnissen** (BGB, HGB).

Die als wissenschaftliche Disziplin längst etablierte Volkswirtschaftslehre schaute mit Geringschätzung herab auf die neue Konkurrenz, die als (Rechen-)Kunstlehre galt. Erst kurz vor dem Ersten Weltkrieg, um das Jahr 1912, gelang es dem jungen Fach, sich als eigenständige Wissenschaft Anerkennung zu verschaffen. Als führende wissenschaftliche Köpfe der „Gründerzeit" können angesehen werden

- **Heinrich Nicklisch** (1876–1946; Professor hauptsächlich in Berlin)
- **Wilhelm Rieger** (1878–1971; Professor in Nürnberg und Tübingen)
- **Eugen Schmalenbach** (1873–1955; Professor in Köln)
- **Fritz Schmidt** (1882–1950; Professor in Frankfurt).

Wo liegen die besonderen Forschungsleistungen dieser Wissenschaftler?[1] **Heinrich Nicklisch** gab 1912 gewissermaßen die erste „Allgemeine Betriebswirtschaftslehre" heraus.[2] Hinter dieser Namensgebung stand der bewusste Versuch, sich von der bisherigen Privatwirtschaftslehre abzusetzen, die im Zuge des sog. Werturteilsstreits von Gegnern einer marktwirtschaftlichen Ordnung als „Profitlehre" abgetan wurde. Nicklisch war der prononcierteste Vertreter einer normativ-wertenden Richtung der Betriebswirtschaftslehre.

Nicklisch betrachtete den Betrieb nicht unter dem Aspekt der Ergiebigkeit des Faktoreinsatzes. Für ihn war der Betrieb eine Teileinheit der gesellschaftlichen Ordnung. Folglich sollten die Betriebsinhaber keine eigennützigen erwerbswirtschaftlichen Ziele verfolgen. Vielmehr sollten sie als Teil der Gesamtwirtschaft so handeln, wie es gesellschaftlichen Vorgaben, allgemeingültigen Grundnormen („ewigen Werten") entsprach. Das obrigkeitsstaatliche Motto der Zeit **„Gemeinnutz geht vor Eigennutz"** erkor sich Nicklisch zum Auswahlprinzip betriebswirtschaftlicher Forschung.

Wilhelm Rieger bezog die konträre, marktwirtschaftliche Position. Wenn er überhaupt an Gemeinnutz dachte, dann im Sinne von Adam Smith: **„Gemeinnutz kommt von Eigennutz"**. Rieger sieht im Streben nach Gewinn, genauer gesagt: Rentabilität, die vorrangige unternehmerische Aufgabe.[3] Dass er, nachdem sich die fachliche Bezeichnung „Betriebswirtschaftslehre" längst durchgesetzt hatte, den alten Namen „Privatwirtschaftslehre" beibehielt, war Programm und entsprach seiner dezidierten Auffassung vom erwerbswirtschaftlichen Zweck unternehmerischer Tätigkeit. Riegers Rentabilitätsorientierung entspricht etwa dem, was man heute als **wertorientierte Unternehmenssteuerung** bezeichnet. Damit gehört Rieger zu den geistigen Wegbereitern des Shareholder-Value-Gedankens.[4]

Eugen Schmalenbach und seine Schüler fühlten sich einer empirisch-realistischen Forschungsrichtung verpflichtet, indem sie den Anwendungsbezug betriebswirtschaftlicher Forschung in den Vordergrund stellten. Wenn die Betriebswirtschaftslehre noch heute vorrangig als angewandte Wissenschaft angesehen wird, dann ist diese

---

[1] Zu Einzelheiten vgl. Wöhe, G., Grundprobleme, 1959; Wöhe, G., Entwicklungstendenzen, 1974, Sp. 710 ff.
[2] Siehe Nicklisch, H., Betriebslehre, 1912.
[3] Vgl. Rieger, W., Privatwirtschaftslehre, 1964, S. 43.
[4] Vgl. S. 49 ff.

Interpretation dem nachhaltigen Wirken der Schmalenbach-Schule zuzuschreiben. Auswahlprinzip zur Behandlung betriebswirtschaftlicher Problemstellungen ist auch für Schmalenbach das erwerbswirtschaftliche Prinzip im Sinne einer Steigerung von Gewinn und Rentabilität. Seine programmatische Forderung nach „gemeinwirtschaftlicher Wirtschaftlichkeit" war eine oberflächliche Konzession an den marktwirtschaftsfeindlichen Zeitgeist.

Eine über die Fachgrenzen hinausreichende wissenschaftliche Reputation als eigenständige Disziplin erlangte die deutsche Betriebswirtschaftslehre in der Zeit der großen Inflation zu Beginn der zwanziger Jahre. Bei Geldentwertungsraten von tausend und mehr Prozent pro Jahr erwies sich das Prinzip nomineller Kapitalerhaltung als untauglicher Maßstab zur externen Erfolgsermittlung. Zur Berücksichtigung von Geldwertschwankungen entwarf Schmalenbach das Konzept der realen Kapitalerhaltung. In seinem Hauptwerk „Dynamische Bilanz"[1] entwickelte er Grundprinzipien zur periodengerechten Gewinnermittlung, die in der bilanztheoretischen Diskussion[2] noch heute beachtet werden.

Fritz Schmidt ging zur Berücksichtigung der Geldentwertung einen etwas anderen Weg, indem er in seinem Hauptwerk „Die organische Tageswertbilanz"[3] das Prinzip der Substanzerhaltung propagierte. Wie Nicklisch geht Schmidt bei seinen Untersuchungen nicht vom Betrieb als eine eigenständige Einheit aus. Anders als Nicklisch vertritt er aber eine marktwirtschaftliche Grundposition, indem er den Betrieb als Bestandteil eines marktwirtschaftlichen Gefüges betrachtet. Damit bekommen seine wissenschaftlichen Untersuchungen teilweise einen gesamtwirtschaftlichen Charakter. Auf die Erschütterungen der Märkte durch die Weltwirtschaftskrise reagierten Schmidt[4] und andere[5] mit Untersuchungen zur Abhängigkeit der Preisuntergrenzen von verschiedenartigen Entscheidungssituationen.

2.2 Entwicklung der Betriebswirtschaftslehre nach dem Zweiten Weltkrieg

Nach langer politischer Debatte über die Vorzüge eines planwirtschaftlichen bzw. marktwirtschaftlichen Wirtschaftssystems wurde im westlichen Teil Deutschlands nach Ludwig Erhards engagiertem marktwirtschaftlichen Plädoyer schließlich die „Soziale Marktwirtschaft" eingeführt. Der tiefgehende politische Richtungsstreit prägte auch die wissenschaftliche Diskussion einer Fachtagung (1948) um die künftige Ausrichtung der deutschen Betriebswirtschaftslehre: „Gegen eine Betriebswirtschaftslehre als ‚Wirtschaftlichkeitslehre der Unternehmung' … fordert als erster Martin Lohmann … eine die Sach- und Sozialwelt des Unternehmens in gleicher Weise umschließende Lehre"[6]. Karl Hax (1901–1978, Professor vor allem in Frankfurt) kontert: „Man kann natürlich die Betriebswirtschaftslehre auch in Richtung auf eine Betriebssoziologie entwickeln; dann ist sie aber keine Wirtschaftswissenschaft mehr. Es fördert auch die Lösung der Probleme nicht, wenn man die Vertreter des Wirtschaftlichkeitsprinzips … im Zwielicht einer materialistischen Weltanschauung erscheinen läßt, der gegenüber

---

[1] Vgl. Schmalenbach, E., Dynamische Bilanz, 1962.
[2] Vgl. S. 661 ff.
[3] Vgl. Schmidt, F., Tageswertbilanz, 1929.
[4] Vgl. Schmidt, F., Kalkulation, 1930.
[5] Vgl. die Quellenangaben bei Schneider, D., Geschichte, 1999, S. 1 ff., hier S. 20.
[6] Schneider, D., Geschichte, 1999, S. 21.

sich dann die eigene ‚soziale' Haltung umso wirkungsvoller abhebt. Das ist die glatte und bequeme Formel, mit der man den Problemen ausweicht, die aber nichts zu ihrer Lösung beiträgt"[1].

Dieser Meinungsstreit um die „richtige" Forschungskonzeption der Betriebswirtschaftslehre wird im Grunde genommen heute noch geführt: Hier die Anhänger einer erwerbswirtschaftlich ausgerichteten, an Effizienz und Rentabilität orientierten Betriebswirtschaftslehre, dort die sozialwissenschaftlich geprägten Fachvertreter, die den Betrieb als spannungsreiches soziales Konstrukt begreifen, das vornehmlich unter verhaltenswissenschaftlichen Aspekten zu untersuchen ist.

In diesem Spannungsfeld bewegen sich die Wissenschaftsprogramme der Betriebswirtschaftslehre, die im Folgenden kurz vorgestellt werden.

2.2.1 Produktivitätsorientierter Ansatz von Erich Gutenberg

Erich Gutenberg (1897–1984; Professor hauptsächlich in Köln) kann auch heute noch als der bedeutendste Fachvertreter bezeichnet werden, den die deutsche Betriebswirtschaftslehre nach dem Zweiten Weltkrieg hervorgebracht hat. Gutenbergs wissenschaftliches Lehrwerk[2] erreichte hohe Auflagen und prägte das ökonomische Denken einer ganzen Generation von Studierenden der Betriebswirtschaftslehre. Auch das hier vorliegende, 1960 in erster Auflage erschienene Lehrbuch, baut in wesentlichen Teilen noch heute auf den Grundlagen auf, die Gutenberg gelegt hat.

Gutenbergs System stellt nicht wie das System Nicklischs den Menschen, sondern den Kombinationsprozess der Produktionsfaktoren, d. h. die **Produktivitätsbeziehung zwischen Faktoreinsatz und Faktorertrag** in den Mittelpunkt (produktivitätsorientierter Ansatz). Gutenberg schreibt: „Bezeichnet man die Arbeitsleistungen und die technischen Einrichtungen als Produktionsfaktoren und das Ergebnis der von diesen Produktionsfaktoren eingesetzten Mengen als Produktmengen, Ausbringung oder Ertrag (physisch-mengenmäßig gesehen), dann erhält man eine Beziehung zwischen dem Faktorertrag und dem Faktoreinsatz. Diese Beziehung ist eine Produktivitätsbeziehung, und zwar nicht irgendeine, sondern die betriebliche Produktivitätsbeziehung schlechthin."[3]

Gutenberg revolutionierte die deutsche Betriebswirtschaftslehre, indem er mikroökonomische Modelle zur

- **Produktions- und Kostentheorie**
- **Preistheorie**

so **modifizierte**, dass sie realen technischen Produktionsbedingungen und realem Käuferverhalten am Absatzmarkt stärker gerecht werden konnten.

Schon bald nach Gutenbergs Abtreten vom Katheder, also zum Ende der sechziger Jahre, zeigte die Betriebswirtschaftslehre Mangelerscheinungen: Die Zahl derer, die bereit und in der Lage waren, das Fach in seiner ganzen Breite in der Forschung oder (auch nur) in der Lehre zu vertreten, wurde immer kleiner. Obwohl in der Wirtschaftspraxis – gerade auf höheren Ebenen der Unternehmenshierarchie – mehr denn je ganzheitliches betriebswirtschaftliches Denken erwartet wird, sind Lehrveranstaltungen zur Allgemeinen Betriebswirtschaftslehre zur Seltenheit geworden.

---

[1] Hax, H., Betriebswirtschaftslehre, 1949, S. 357.
[2] Vgl. Gutenberg, E., Produktion, 1983; ders., Absatz, 1984; ders., Finanzen, 1980.
[3] Gutenberg, E., Wissenschaft, 1967, S. 25.

Der – in unseren Augen bedauerliche – Auflösungsprozess der Allgemeinen Betriebswirtschaftslehre hat im Wesentlichen zwei Ursachen:

(1) Die spezialisierte, jeweils auf einen Funktionsbereich ausgerichtete betriebswirtschaftliche Forschung hat zu einem großen Erkenntnisgewinn und damit zu einer gewissen **Verselbständigung der Teildisziplinen** (Produktionswirtschaft, Marketing usw.) geführt.
(2) Der alte **Richtungsstreit** zwischen einer eher verhaltenswissenschaftlich orientierten Forschung und Lehre in den Bereichen Organisation, Personalwirtschaft und Marketing und einer ökonomischen Orientierung in den Bereichen Investition, Finanzierung und Rechnungswesen ist längst **nicht behoben**.

2.2.2 Entscheidungsorientierter Ansatz

Ende der sechziger Jahre entwickelte Edmund Heinen (1919–1996; Professor in München) den entscheidungsorientierten Ansatz der Betriebswirtschaftslehre.[1] Vergegenwärtigt man sich die Tatsache, dass die Betriebswirtschaftslehre als angewandte Wissenschaft seit jeher einen Beitrag zur Optimierung betrieblicher Entscheidungen liefern wollte, fragt man unwillkürlich: Was ist neu an diesem Ansatz? Neu war zweierlei:

(1) Die realitätsnahe Berücksichtigung **konkreter Entscheidungssituationen**.
(2) Die Öffnung hin zu **sozialwissenschaftlichen Fragestellungen**.

Gutenberg war – auch wenn er den Modellen der mikroökonomischen Produktions- und Preistheorie durch bahnbrechende Erweiterungen größere Realitätsnähe gab – dem statischen Denken der Neoklassik stark verbunden. Heinen gab die Prämisse vollkommener Information auf. Die Bedeutung und der **Erkenntnisfortschritt** der Modelle der entscheidungsorientierten Betriebswirtschaftslehre liegen vor allem darin, dass sie im Gegensatz zu den Hypothesen einer überwiegend statischen Theorie der Unternehmung auch das **Zeitproblem** einbeziehen, indem sie Entscheidungen über mehrere Perioden oder Abfolgen von Entscheidungen im Zeitablauf unter Einbeziehung und Quantifizierung der Unsicherheit rechenbar gemacht haben.

Im Rahmen der entscheidungsorientierten Betriebswirtschaftslehre „wurden die betriebswirtschaftlichen Entscheidungstatbestände aufgelistet, systematisiert und auf ihre rationalen Lösungsmöglichkeiten hin untersucht. Hierzu lagen bereits von früher Ergebnisse der Produktions- und Kostentheorie und der Investitionstheorie vor. Die Entscheidungsmodelle dieser Art wurden um Variablen erweitert, welche die Entscheidungssituation nach Sicherheit, Risiko und Unsicherheit variierten. Aus diesen Bemühungen ergaben sich mathematisch formulierte Entscheidungsmodelle, mit deren Hilfe sich die verschiedensten Entscheidungsprobleme prinzipiell lösen ließen."[2]

Die entscheidungsorientierte Betriebswirtschaftslehre beschäftigte sich u. a. mit Modellen zur Optimierung von Produktionsprogrammen, zur Optimierung von Investitions- und Finanzierungsprogrammen und zur optimalen Lagerhaltung. Zur Lösung dieser Aufgaben bediente man sich erstmals der linearen und nichtlinearen Planungsrechnung, der Graphentheorie, der Kombinatorik, des Entscheidungsbaumverfahrens, statistischer Prognoserechnungen sowie der Erkenntnisse der Spieltheorie.

---

[1] Vgl. Heinen, E., Grundfragen, 1976.
[2] Bellinger, B., Betriebswirtschaftslehre, 1988, S. 83 f.

In methodologischer Hinsicht verfolgte Heinen das Ziel, „daß mit dem entscheidungsorientierten Ansatz die Betriebswirtschaftslehre in die Sozialwissenschaften integriert" werde, womit nach seiner Vorstellung „der Versuch einer exakten Abgrenzung beispielsweise zur Psychologie oder Soziologie zu einem vergeblichen Unterfangen"[1] werden sollte. Mit dieser Öffnung zu den Sozialwissenschaften war der betriebswirtschaftliche Grundkonsens der Gutenberg-Ära beendet.

2.2.3 Systemorientierter Ansatz

Versucht der entscheidungsorientierte Ansatz die Erkenntnisse der Entscheidungstheorie für die Betriebswirtschaftslehre nutzbar zu machen, indem er betriebswirtschaftliche Entscheidungsmodelle entwickelt, so geht der auf Hans Ulrich (1919–1997; Professor in St. Gallen) zurückgehende systemorientierte Ansatz noch einen Schritt weiter und will Gestaltungsmodelle „für zukünftige Wirklichkeiten" entwickeln. Dieser Ansatz will nicht erklären, „was ist", sondern „was in Zukunft sein wird", da eine als kybernetische Wissenschaft aufgefaßte Betriebswirtschaftslehre „sich nicht für das Seiende, sondern das Werdende, nicht für das Bestehen, sondern für das Funktionieren von Systemen"[2] interessiere.

Die Tatsache, dass aufgrund kybernetischer Erkenntnisse neuartige technische Anlagen konstruiert werden können, hat zu der Hypothese geführt, auf welcher der systemorientierte Ansatz beruht. Man ging von der Vorstellung aus, dass mit dem gleichen formalen Erkenntnisapparat auch neue funktionsfähige soziale Systeme, zu denen die Betriebe gehören, entworfen werden können.

Ebenso wie die entscheidungsorientierten Betriebswirte charakterisieren auch die systemorientierten Betriebswirte ihren Ansatz als **„interdisziplinär"**. Während erstere aber durch Übernahme sozialpsychologischer, soziologischer oder politologischer Erkenntnisse die Betriebswirtschaftslehre nicht mehr als Wirtschaftswissenschaft, sondern als Sozialwissenschaft etikettieren, fordern letztere, dass die Betriebswirtschaftslehre auf die Eingliederung in ein klassisches Wissenschaftssystem verzichtet.

2.2.4 Verhaltensorientierter Ansatz

Die entscheidungsorientierte Betriebswirtschaftslehre tritt uns in mehreren Spielarten entgegen. Die bisher skizzierte Art unterstellt **rationales Entscheidungsverhalten** und Gesetzmäßigkeiten im Ablauf von Entscheidungsprozessen. Demgegenüber versucht die verhaltenswissenschaftlich orientierte Betriebswirtschaftslehre unter **Aufgabe des Rationalprinzips** das **tatsächliche Entscheidungsverhalten** von Einzelpersonen und Organisationen mit Hilfe der Erkenntnisse der Verhaltenswissenschaften, d. h. den auf Erklärung des menschlichen Verhaltens gerichteten Sozialwissenschaften, wie der Psychologie, der Sozialpsychologie und der Soziologie, in vereinfachten Modellen zu erfassen.

Mit der Einbeziehung verhaltenswissenschaftlicher Aspekte in das Erkenntnisobjekt der Betriebswirtschaftslehre näherte sich die in Deutschland seit Gutenberg primär theoretisch konzipierte Betriebswirtschaftslehre der auf die Lösung konkreter Managementprobleme ausgerichteten angelsächsischen Managementlehre.

---

[1] Heinen, E., Ansatz, 1971, S. 439.
[2] Ulrich, H., Ansatz, 1971, S. 46.

Die grundsätzliche **Kritik** der Vertreter der verhaltensorientierten Richtung der Betriebswirtschaftslehre richtet sich gegen die **Realitätsferne** der traditionellen Wirtschaftswissenschaften durch die Annahme des rationalen Verhaltens eines Homo oeconomicus. Damit das Verhalten in Betrieben und an Märkten erklärt, prognostiziert und daraus Handlungsempfehlungen abgeleitet werden können, seien auch psychologische, soziologische und sozialpsychologische Aspekte zu untersuchen.

Der verhaltensorientierte Ansatz hat vor allem im Marketing[1] und in der Organisationstheorie viele Anhänger gefunden. Kritik kommt von Fachvertretern, die sich der traditionellen wirtschaftstheoretischen Denkrichtung verpflichtet wissen. Gegen die Ablehnung des Rationalprinzips als Basis betriebswirtschaftlicher Forschung wird eingewendet, dass durch die Annahme rationalen Verhaltens keine Aussage über den wirklich handelnden Menschen gemacht, sondern lediglich eine methodologische Vorentscheidung getroffen werde, um eine eindeutige Erklärung beobachtbarer Tatbestände zu erhalten.[2] Zwar können zur Lösung praktischer Probleme der Unternehmensführung auch Kenntnisse der Verhaltenswissenschaften erforderlich sein, die betriebswirtschaftliche Theorie muss sich jedoch auf den wirtschaftlichen Aspekt menschlichen Handelns beschränken.[3]

2.2.5 Umweltorientierter Ansatz

Die Nutzung der Natur (Umwelt) durch Betriebe, Haushalte und Einzelpersonen kann zur Verunreinigung der Luft, von Gewässern oder von Bodenflächen führen, durch die gesundheitliche Schäden für Menschen und Tiere und dauerhafte Schäden an der Natur (Waldsterben) eintreten können[4]. Solange die natürliche Umwelt als freies Gut behandelt wurde, konnten keine Marktpreise für die Umweltnutzung und somit auch keine Kosten für die Betriebe entstehen, die sich der natürlichen Ressourcen bedienten bzw. die natürliche Umwelt durch Rückstände aus den Produktionsprozessen belasteten.

Beim ökologischen Ansatz der Betriebswirtschaftslehre lassen sich **zwei Grundströmungen** unterscheiden: **Erstens** die sog. **ethisch-normative ökologische Betriebswirtschaftslehre**, deren Vertreter eine grundsätzlich andere Orientierung des wirtschaftlichen Denkens und Handelns fordern.[5] Nicht mehr die auf den Erfolg der Einzelwirtschaft gerichtete Denkweise, die sich an der Verwertung des eingesetzten Kapitals und dem Gewinnziel orientiert, soll die betriebswirtschaftliche Betrachtung dominieren, sondern **die Vereinbarkeit von ökologischer und betriebswirtschaftlicher Sichtweise** soll in den Vordergrund gestellt werden. Es geht also nicht um das in einzelnen Bereichen „unmittelbar Machbare, sondern um eine grundsätzliche Auseinandersetzung mit dem Verhältnis von Ökologie und Ökonomie"[6]. Kritisch ist dazu anzumerken, dass es sich hier einerseits stellenweise um recht utopische und von praxisrelevanten Problemen losgelöste Überlegungen handelt und dass andererseits dieser Ansatz durch die inzwischen allgemein akzeptierte ökonomische Notwendigkeit der Auseinandersetzung mit ökologischen Fragen (Abfallentsorgung, Ressourcenverknappung, gestiegenes Umweltbewusstsein in der Bevölkerung) überholt ist.

---

[1] Vgl. für viele andere Kroeber-Riel/Gröppel-Klein, Konsumentenverhalten, 2013.
[2] Vgl. Schneider, D., Theorie, 1981, S. 9 f.
[3] Vgl. Schneider, D., Theorie, 1981, S. 26 ff.
[4] Vgl. Dyckhoff/Souren, Nachhaltige Unternehmensführung, 2008.
[5] Vgl. Günther, E., Ökologieorientiertes Management, 2008; Hopfenbeck, W., Managementlehre, 2002.
[6] Freimann, J., Ökologie, 1987, S. 381.

Zweitens hat sich ein **ökologieorientierter Ansatz** entwickelt, dessen Vertretern es weniger um eine völlige Neuorientierung des betriebswirtschaftlichen Denkens, sondern in erster Linie um die **Einbeziehung ökologischer Fragestellungen in die traditionelle Betriebswirtschaftslehre** geht. Umweltschutz wird als neues Element im betriebswirtschaftlichen Zielsystem verstanden, und zwar nicht als Konkurrenzziel zum Gewinnstreben, sondern als eine weitere Nebenbedingung zur Zielsetzung der langfristigen Gewinnmaximierung.

Die Integration ökologischer Ziele in das Zielsystem der Unternehmung kann analysiert werden unter dem Aspekt einer

(1) Stakeholder-Orientierung
(2) Shareholder-Orientierung.

(1) Die **Stakeholder**, also Arbeitnehmer, Lieferanten, Kunden, kritische Öffentlichkeit, haben zunehmend hohe Erwartungen an eine umweltverträgliche unternehmerische Tätigkeit. Damit setzen die Stakeholder die Unternehmensleitung unter Druck,[1] neben ökonomischen Zielen auch ökologische Ziele zu verfolgen.[2]

(2) Die **Shareholder**, also die Eigenkapitalgeber des Unternehmens, verfolgen das Ziel der Steigerung des Unternehmenswertes. Etwas verkürzt wurde diese Zielsetzung bislang als Streben nach langfristiger Gewinnmaximierung bezeichnet. Wenn man die Interessen der Eigenkapitalgeber im – vereinfachenden – ökonomischen Modell auf diese finanzielle Zielsetzung reduziert, bewerten sie umweltorientiertes unternehmerisches Handeln nach den Kategorien Nutzen/Kosten bzw. Ertrag/Aufwand. Hierbei setzt sich immer stärker die Überzeugung durch, dass umweltorientiertes Handeln nicht nur mit steigendem Aufwand, sondern auch mit einer Erhöhung von Erträgen verbunden sein kann. Dies gilt umso mehr, je stärker umweltorientierte Käuferschichten eine umweltorientierte Produktionstechnik und „naturbelassene" Produkte über einen höheren Preis zu honorieren bereit sind.[3]

2.2.6 Institutionenökonomischer Ansatz

Als wirtschaftswissenschaftliche Disziplinen haben Betriebswirtschaftslehre und Volkswirtschaftslehre starke Berührungspunkte im mikroökonomischen Bereich. Eine Entfremdung zwischen beiden Disziplinen war lange Zeit unübersehbar, solange jedenfalls, wie die neoklassischen Gleichgewichtsmodelle die Mikroökonomik beherrschten. Die neoklassische **Modellwelt der Mikroökonomik**, die von

- vollständiger Information und Markttransparenz
- streng-rationalem Verhalten der Marktteilnehmer
- nur zwei Marktparteien (Unternehmen und privaten Haushalten)

ausgeht, war von rigoroser **Realitätsferne** gekennzeichnet. In den sechziger Jahren des vergangenen Jahrhunderts löste sich – vom angelsächsischen Bereich ausgehend – die Mikroökonomik schrittweise von den stringenten neoklassischen Gleichgewichtsmodellen. Zug um Zug errichtete die Mikroökonomik ein neues Theoriegebäude, das man „Institutionenökonomik" oder „Neue Institutionenökonomik"[4] nennt.

---

[1] Vgl. Schaltegger, S., Interessen, 1999, S. 3 ff.
[2] Zum Spannungsverhältnis ökonomischer und ökologischer Ziele vgl. S. 66 ff.
[3] Vgl. Meffert/Kirchgeorg, Umweltmanagement, 1998.
[4] Vgl. Erlei/Leschke/Sauerland, Institutionenökonomik, 2016. Einen anschaulichen Überblick über diese Forschungsrichtung liefert Richter, R., Institutionen, 1994.

2. Geschichtliche Entwicklung der Betriebswirtschaftslehre

Die Fundamente zu diesem Theoriegebäude wurden schon 1937 gelegt, als Coase in einem noch heute vielzitierten Aufsatz[1] die Frage nach den Entstehungsgründen für Unternehmen aufwarf. Jedes Gut (z. B. ein Auto) muss in einer Wertschöpfungskette, die mit der Urproduktion (Kohle- und Erzbergbau) beginnt, mehrere Stufen durchlaufen, ehe es zum eigentlichen Ziel, dem Endabnehmer, gelangt. Die Wertschöpfungskette kann als Transaktionsprozess begriffen werden.

Zu den strategischen Entscheidungen eines Unternehmens gehört die Bestimmung der Fertigungstiefe. Ein Automobilwerk kann sich für eine große Fertigungstiefe entscheiden, die beispielsweise von der Stahlblecherzeugung bis zum unternehmenseigenen Vertrieb reicht. Im anderen Extremfall (geringe Fertigungstiefe) kann sich ein Automobilanbieter auf die Produktentwicklung und die organisatorische Koordination des Herstellungsprozesses und die Markenpflege beschränken. Die übrigen Teilleistungen (Einbauteile, Montageleistungen, Kundendienst und Vertrieb) überlässt man anderen Marktpartnern, mit denen man entsprechende Liefer- und Leistungsverträge abschließt.

Das Beispiel zeigt: Jedes Unternehmen kann frei entscheiden, ob es den der Güterbereitstellung vorgeschalteten Transformationsprozess im Wege der Eigenerstellung (Fertigungstiefe hoch) oder über hohe Anteile an Fremdbezug (Fertigungstiefe gering) bewerkstelligen will. Unternehmensinterne Leistungen konkurrieren mit Marktleistungen, ein Tatbestand, den die Institutionenökonomik mit dem Schlagwort **„Hierarchie versus Markt"** belegt.

Neoklassik und produktionsfaktororientierte Betriebswirtschaftslehre begreifen die Unternehmung als Institution zur Kombination von Produktionsfaktoren. Die Neue Institutionenökonomik analysiert die Güterentstehung nicht vor einem technisch-wirtschaftlichen Hintergrund, sondern vor einem rechtlich-wirtschaftlichen Hintergrund. Im Mittelpunkt stehen nicht Produktionsfaktoren, sondern **Verfügungsrechte** (Property Rights), die durch Vertrag auf ein anderes Wirtschaftssubjekt übertragen werden können.

Die Neue Institutionenökonomik ist ein heterogenes Forschungsgebiet. Seine wichtigsten Teilbereiche können hier nur kurz vorgestellt werden.

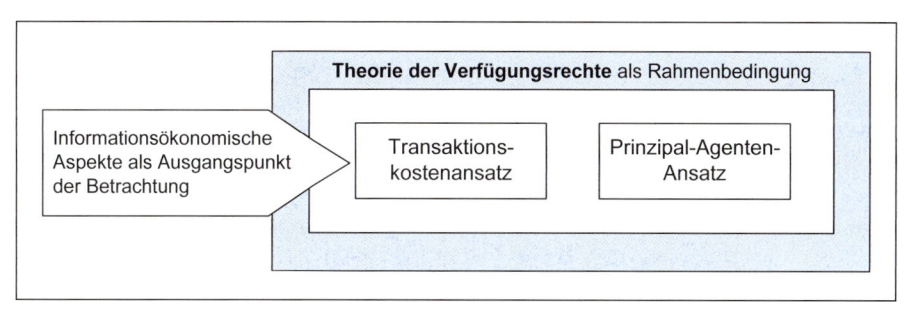

Abb. 8: Ansätze zur Neuen Institutionenökonomik im Überblick[2]

---

[1] Vgl. Coase, R. H., Firm, 1937, S. 386–405.
[2] In Anlehnung an Fischer, M. et al., Marketing, 1993, S. 444 ff., hier S. 446.

Die **Informationsökonomie** analysiert die zwischen Vertragsparteien existierende Unsicherheit. Wesentlicher Punkt ist die Informationsasymmetrie, die Vertragsabschlüssen im Wege steht: Der Verkäufer (eines Gebrauchtwagens) ist über die Produktqualität besser informiert als der Kaufinteressent. Im Gegenzug weiß der Kaufinteressent besser, ob er die zu vereinbarenden Ratenzahlungen wird leisten können. Zur Lösung dieses Transaktionshindernisses kann der Verkäufer eine Garantiezusage unterschreiben und sich im Gegenzug das Eigentum vorbehalten oder eine Bürgschaft stellen lassen.

Die **Theorie der Verfügungsrechte** (Property-Rights-Ansatz) erkennt in einer Einzeltransaktion (Kaufvertrag, Mietvertrag, Arbeitsvertrag, Darlehensvertrag usw.) einen Tausch von Verfügungsrechten. Damit ist die Unternehmung eine Institution, die (innerhalb gesetzlicher Rahmenbedingungen) eine Vielzahl von Verträgen schließt, bei denen Verfügungsrechte von einem auf ein anderes Rechtssubjekt übergehen. Untersucht wird die Frage, wie die Verteilung von Verfügungsrechten das Verhalten der Wirtschaftssubjekte beeinflusst. Beispiel: Ist es vorteilhafter, eine Wohnung zu mieten (Besitzübertragung) oder zu kaufen (Übertragung von Eigentums- und Besitzrecht)? Wenn es stimmt, dass Eigentümer eine Sache vorsichtiger bewirtschaften als Mieter, sprechen geringere Unterhaltungskosten für die Eigentumsübertragung. Wenn aber die künftigen Wohnungsnutzer mit baldigem Ortswechsel rechnen müssen, wenn also die Transaktionshäufigkeit erwartungsgemäß hoch ist, fallen höhere Transaktionskosten der Eigentumsübertragung (z. B. Grunderwerbsteuer, Notargebühr u. a.) negativ ins Gewicht.

Der **Transaktionskostenansatz**[1] untersucht, wie hoch die mit der Übertragung von Verfügungsrechten verbundenen Kosten sind. Schon das Beispiel „Miete oder Kauf" machte deutlich: Ist der Nutzen einer Transaktion von ihrer rechtlichen Ausgestaltung unabhängig, sollte eine **Rechtsgestaltung** gefunden werden, bei der die **Transaktionskosten minimiert** werden. Den Transaktionskosten werden jedoch nicht nur jene Kosten subsumiert, die aus der Nutzung des Marktes (z. B. Vertragsentwurf und Vertragsunterzeichnung bei Kauf, Miete) resultieren, sondern auch jene Kosten, die sich aus der innerbetrieblichen Hierarchie (z. B. Kosten der Koordination des betrieblichen Ablaufs und der Kontrolle von Mitarbeitern) ergeben. So kann auch die Optimierung der Fertigungstiefe (eines Automobilwerks) unter Transaktionskostenaspekten behandelt werden: Der innerbetrieblichen Transaktion (= Eigenerstellung) ist der Vorzug zu geben, wenn die Koordination und Kontrolle der Leistungserstellung geringere Kosten verursachen als die marktmäßig anfallenden Transaktionskosten im Falle des Outsourcing. Man sieht: Die Institution Unternehmung leitet ihre Daseinsberechtigung aus der Fähigkeit ab, Transaktionskosten (bis zu einer bestimmten Unternehmensgröße) zu minimieren.

Der **Prinzipal-Agenten-Ansatz**[2] beschäftigt sich mit einem besonderen Vertragstyp: dem Auftrag. Ziel dieses Ansatzes ist die optimale Gestaltung eines Vertrags innerhalb einer Auftragsbeziehung. Als **Geschäftsherr (Prinzipal)** hat der Auftraggeber ein Interesse an guter, schneller, kostengünstiger Ausführung. Der **Auftragnehmer (Agent)** kann ganz andere Ziele verfolgen. Beide Vertragspartner zeichnen sich jedoch dadurch aus, dass sie ihren Nutzen maximieren wollen. Zur Lösung dieses Problems kann der Auftraggeber drei verschiedene Instrumente einsetzen:

---

[1] Vgl. Jost, P.-J. (Hrsg.), Transaktionskostenansatz, 2001.
[2] Vgl. Jost, P.-J. (Hrsg.), Prinzipal-Agenten-Theorie, 2001.

(1) **Transparenzerhöhung** (= Verbesserung der eigenen Informationslage)
(2) **Überwachung** des Auftragnehmers
(3) **Ergebnisbeteiligung** des Auftragnehmers.

Zur Unternehmerfunktion gehören die Risikoübernahme (durch Eigenkapitalbereitstellung) und die Unternehmensleitung. Bei Aktiengesellschaften, insb. Publikumsgesellschaften, fallen beide Funktionen verschiedenen Personengruppen zu. Die Aktionäre fungieren als Geschäftsherren, der Vorstand übernimmt die Rolle des Agenten, der die Geschäfte der Gesellschaft im Auftrag der Aktionäre leitet.

Die Aktionäre engagieren den Vorstand, damit er in ihrem Auftrag den Shareholder Value, den Wert des Eigenkapitals (= Wert aller Aktien), maximiert.[1] Der Vorstand kann als **opportunistisch-rational handelndes Individuum** Interessen verfolgen, die denen der Aktionäre zuwiderlaufen.

Ein typisches Prinzipal-Agenten-Problem entsteht, wenn der Interessenkonflikt zwischen den Vertragsparteien durch eine **Informationsasymmetrie** zugunsten des Agenten überlagert wird. Von einer solchen Situation ist im gewählten Beispielfall auszugehen: Welche Entscheidungen der Vorstand im Einzelfall (im Interesse der Aktionäre) zu treffen hat, entzieht sich wegen mangelnder Vorhersehbarkeit der konkreten Entscheidungssituation einer Ex-ante-Festschreibung im Anstellungsvertrag. Einen Vertrag mit derartigen **Regelungslücken** bezeichnet die Institutionenökonomie als **unvollständigen** (relationalen) **Vertrag**.

Die zur Lösung des **Prinzipal-Agenten-Konflikts** einzusetzenden **Instrumente** unterliegen folgendem Wirkungszusammenhang:[2]

(1) **Transparenzerhöhung**

Der Auftragnehmer (z. B. der Vorstand einer AG) muss durch

- vertragliche Vereinbarung
- gesetzliche Vorschriften

gezwungen werden, sein Handeln transparent zu machen. Diese Berichtspflicht besteht einerseits gegenüber unternehmenseigenen Kontrollorganen (→ Aufsichtsrat), andererseits gegenüber den Aktionären (→ Hauptversammlung) und anderen Stakeholders. Das wichtigste **Informationsinstrument** ist der **Jahresabschluss des Unternehmens**.[3]

(2) **Kontrolle**

Als Auftragnehmer unterliegt der Vorstand einer börsennotierten Gesellschaft einer zweifachen Kontrolle durch den

- **Aufsichtsrat**
- **Kapitalmarkt**.

Eine schlechte Unternehmensführung quittiert die Börse mit einem fallenden Aktienkurs. Mit dem Rückgang des Aktienkurses sinkt die Aussicht des Vorstands auf Wiederwahl durch den Aufsichtsrat.

---

[1] Vgl. hierzu S. 50 und S. 178 ff.
[2] Vgl. hierzu auch die Ausführungen zur Corporate Governance, S. 63 ff.
[3] Vgl. S. 654 ff.

(3) Ergebnisbeteiligung

Die (2) Kontrolllösung hat den Nachteil, dass die Sanktionsmechanismen nur ex post, d. h. nach dem Bekanntwerden des Führungsdefizits, greifen. Deshalb muss der Prinzipal versuchen, dieses Problem durch Schaffung von Anreizen zu entschärfen. Das Anreizsystem für den Agenten muss auf die Zielgröße des Prinzipals ausgerichtet sein. In der Wirtschaftspraxis bedient man sich hierbei der Einräumung von **Aktienkaufoptionen**[1] an den Agenten (→ Vorstand und führende Mitarbeiter). Die Partizipation des Agenten am Erfolg bzw. Misserfolg des Unternehmens soll zu einer aktionärsorientierten Geschäftspolitik führen.

Abschließend lässt sich feststellen: Die Neue Institutionenökonomik hat zu einer Wiederannäherung zwischen Mikroökonomik und Betriebswirtschaftslehre geführt. Durch die ökonomische Funktionsanalyse von Rechtsfiguren erfährt die Betriebswirtschaftslehre eine deutliche Bereicherung in allen Teilbereichen. Außerdem kann diese Forschungsrichtung einen wichtigen Beitrag zur Überwindung der Kluft zwischen sozialwissenschaftlich orientierter und wirtschaftstheoretisch ausgerichteter Betriebswirtschaftslehre leisten.

---

[1] Vgl. S. 147 f. und S. 188.

Aufbau des Betriebes

Inhaltsüberblick

A. Grundlagen		27
1.	Gegenstand der Betriebswirtschaftslehre	27
2.	Gliederung der Betriebswirtschaftslehre	42
B. Unternehmensführung		47
1.	Grundlagen	47
2.	Unternehmensziele	65
3.	Planung und Entscheidung	72
4.	Organisation	98
5.	Personalwirtschaft	119
6.	Kontrolle	150
7.	Informationswirtschaft	155
8.	Controlling	176
C. Konstitutive Entscheidungen		205
1.	Wahl der Rechtsform	205
2.	Wechsel der Rechtsform	234
3.	Zusammenschluss von Unternehmen	237
4.	Wahl des Standorts	255
5.	Liquidation	262

Vorab geben wir einen Überblick über die drei Unterabschnitte

> **A. Grundlagen**
> **B. Unternehmensführung**
> **C. Konstitutive Entscheidungen.**

Im Unterabschnitt **A. Grundlagen** sollen sie mit dem Gegenstand eines Studienfaches, den ökonomischen Perspektiven betrieblichen Geschehens, vertraut gemacht werden. In Lehrplänen und Lehrbüchern wird der komplexe Gegenstand „Betriebswirtschaftslehre" gliederungsmä-

Zweiter Abschnitt

ßig aufbereitet. Unser Lehrbuch folgt dabei der gängigen Einteilung des Faches in die Funktionsbereiche „Produktion", „Marketing", „Investition und Finanzierung" sowie „Rechnungswesen". Diese Teilgebiete werden im Grundlagenteil kurz vorgestellt und im Dritten bis Sechsten Abschnitt ausführlich behandelt.

Unternehmen können sich auf Dauer nur dann am Markt behaupten, wenn die Unternehmensführung „richtige" Entscheidungen trifft. Eine Möglichkeit zur **Einteilung unternehmerischer Entscheidungen** ist jene in

- Ablaufentscheidungen
- Konstitutive Entscheidungen.

Ablaufentscheidungen sind in regelmäßigen Abständen zu treffen. Beispiele sind Produktions-, Absatz- und Finanzierungsentscheidungen. Diese werden in den Abschnitten 3 bis 6 behandelt.

Dagegen versteht man unter **konstitutiven Entscheidungen** Führungsentscheidungen, die einmalig oder sehr selten zu treffen sind. Hierzu gehören

- **Rechtsformwahl**
- **Wechsel der Rechtsform**
- **Wahl der Kooperationsform** (z. B. Fusion)
- **Standortwahl**
- **Liquidation**.

Konstitutive Entscheidungen werden im **Unterabschnitt C** behandelt.

Der Schwerpunkt des Zweiten Abschnitts liegt in der Behandlung des Problemkomplexes **B. Unternehmensführung**. Hierbei geht es um eine prozessorientierte Darstellung der Aufgaben der Unternehmensführung. Der Problemkomplex „Unternehmensführung" lässt sich prozessorientiert in folgende Hauptkapitel einteilen:

- **Unternehmensziele**
- **Planung und Entscheidung**
- **Organisation**
- **Personalwirtschaft**
- **Kontrolle**
- **Informationswirtschaft**
- **Controlling**.

Unternehmerische Tätigkeit besteht vorrangig aus Planungen und Entscheidungen. Diese dürfen nicht wahllos getroffen werden, sondern sie sind auf das (oder die) Unternehmensziel(e) auszurichten. Sind die Entscheidungen getroffen, müssen sie in die Tat umgesetzt werden. Hierzu bedarf es einer Belegschaft, die die anfallenden Aufgaben in wohlorganisierter Form erledigt.

Nach Ausführung der Pläne können die tatsächlichen Ergebnisse unternehmerischen Handelns festgestellt werden. In der Kontrollphase prüft die Unternehmensleitung, ob sie die geplanten Zielmarken erreicht hat. Ist dies nicht der Fall, sind korrigierende Entscheidungen notwendig.

Zur Planung und Kontrolle der Betriebsabläufe werden Informationen benötigt. Die Informationswirtschaft wird damit zum wichtigen Bestandteil der Unternehmensführung. Zur bestmöglichen Zielerreichung müssen die einzelnen Führungsaufgaben von der Planung über die Organisation und Personalwirtschaft bis zur Kontrolle mit der Querschnittsfunktion Controlling aufeinander abgestimmt werden.

A. Grundlagen

Inhaltsüberblick

1. Gegenstand der Betriebswirtschaftslehre 27
2. Gliederung der Betriebswirtschaftslehre 42

1. Gegenstand der Betriebswirtschaftslehre

Als anwendungsorientierte Wissenschaft will die Betriebswirtschaftslehre Handlungsempfehlungen erteilen. Diese Handlungsempfehlungen sollen sich auf einen Teilbereich menschlichen Tuns, das Wirtschaften in Betrieben, erstrecken.

Betriebliches Wirtschaften ist eingebunden in einen Ordnungsrahmen, ein Gesellschaftssystem. Als Extremtypen unterscheidet man zwischen Marktwirtschaft und Planwirtschaft. Den Betrieb im marktwirtschaftlichen System bezeichnet man als Unternehmung. Im Zentrum traditioneller Betriebswirtschaftslehre steht die Untersuchung unternehmerischen Handelns, also der

- **Entscheidungsprozess** in einem
- **privaten Betrieb** im
- **marktwirtschaftlichen Wettbewerb**.

Im Folgenden soll sich der Leser mit den Grundstrukturen, den Aufbauelementen des Betriebes und mit dem Auswahlprinzip betrieblicher Entscheidungen vertraut machen. Abschließend ist das Verhältnis der Betriebswirtschaftslehre zu ihren Nachbarwissenschaften kurz zu beschreiben.

1.1 Der Betrieb – Erfahrungsobjekt der BWL

Menschen pflegen ihre materiellen Bedürfnisse durch die Nachfrage nach Gütern und Dienstleistungen zu decken. Die nachgefragten Güter und Dienstleistungen werden von Betrieben erstellt.

> Als **Betrieb** bezeichnet man eine planvoll organisierte Wirtschaftseinheit, in der Produktionsfaktoren kombiniert werden, um Güter und Dienstleistungen herzustellen und abzusetzen.

Der Betrieb ist also eine Wirtschaftseinheit der Produktionswirtschaft und unterscheidet sich damit vom **Haushalt**, den man auch als **Konsumtionswirtschaft** bezeichnet. Den Faktorkombinationsprozess bezeichnet man als **Leistungserstellung** oder Produktion. Die **Leistungsverwertung** bezeichnet man als Absatz, wofür sich die Bezeichnung Marketing mehr und mehr durchgesetzt hat.

Die **Abb. 1** veranschaulicht den Prozess betrieblicher Leistungserstellung und -verwertung. Der Betrieb ist durch die hellblau unterlegte Fläche abgebildet.

2. Abschnitt: Aufbau des Betriebes

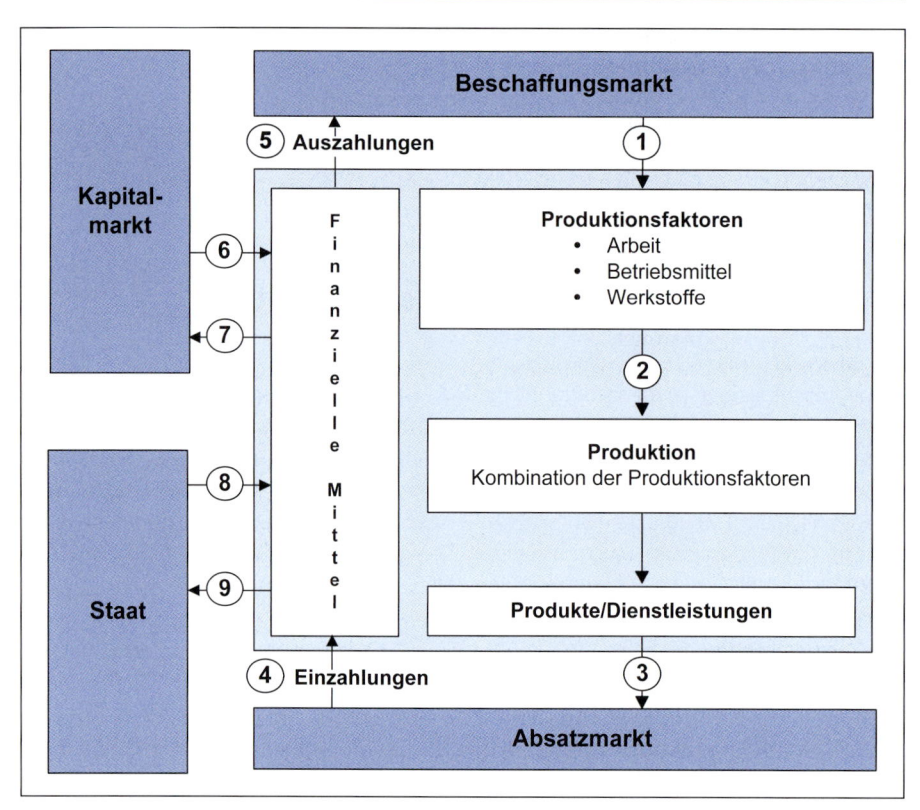

Abb. 1: Betriebliche Leistungserstellung und -verwertung

Die mittelblau unterlegten Flächen, also

- Beschaffungsmarkt
- Absatzmarkt
- Kapitalmarkt
- Staat

werden als **Umsystem** bezeichnet.

Der Güter- und Geldkreislauf lässt sich folgendermaßen erklären:

(1) Am Beschaffungsmarkt erwirbt der Betrieb die Produktionsfaktoren[1]
- **Arbeit**, die nach Gutenberg in **ausführende** Tätigkeit (im Montage-, Produktions- und Servicebereich) und in **dispositive** Tätigkeit (im Bereich der Unternehmensführung) eingeteilt wird.
- **Betriebsmittel**, die aus maschinellen Anlagen, Fuhrpark, Geschäftsausstattung, Betriebsgebäuden usw. bestehen.
- **Werkstoffe**, die in Rohstoffe, Hilfsstoffe und Betriebsstoffe eingeteilt werden. Rohstoffe sind Hauptbestandteile (Papier bei Zeitungsherstellung), Hilfsstoffe sind Nebenbestandteile (Druckerschwärze) eines Produkts. Betriebsstoffe werden zum Maschinenantrieb (z. B. Dieselkraftstoff) benötigt.

---

[1] Vgl. Gutenberg, E., Produktion, 1983, S. 3.

(2) Im Produktionsprozess werden die Produktionsfaktoren in Produkte (Sachleistungen) bzw. Dienstleistungen umgewandelt.
(3) Die betrieblichen Produkte/Dienstleistungen werden am Absatzmarkt an private Haushalte oder betriebliche Abnehmer abgesetzt.
(4) Dem Betrieb fließen Einzahlungen aus dem Absatz von Produkten und Dienstleistungen zu.
(5) Durch Auszahlungen an die Lieferanten der Produktionsfaktoren verringern sich die finanziellen Mittel des Betriebes.
(6) Zur Finanzierung großer Investitionen beschafft sich der Betrieb am Kapitalmarkt finanzielle Mittel: Eigenkapital (z. B. durch Ausgabe von Aktien) bzw. Fremdkapital (durch Kreditaufnahme).
(7) Als Entgelt für die Kapitalüberlassung zahlt der Betrieb an die Eigenkapitalgeber Dividenden und an die Fremdkapitalgeber Fremdkapitalzinsen.
(8) Mögliche Subventionen des Staates fließen dem Betrieb als Einzahlungen zu.
(9) Die vom Staat erhobenen Steuern führen beim Betrieb zu einem Mittelabfluss.

Der Güterebene steht also eine Geldebene gegenüber, die man auch als **Liquidität**, d. h. die Ebene flüssiger Mittel, bezeichnet. Eine geordnete Liquiditätsebene ist für die betriebliche Tätigkeit von entscheidender Bedeutung. Auf Dauer kann sich ein Betrieb nur dann am Markt behaupten, wenn seine Einzahlungen höher sind als seine Auszahlungen. Ist dieses **finanzielle Gleichgewicht** gestört, reicht also die aus Einzahlungen generierte Liquidität nicht aus, um den fälligen Auszahlungsverpflichtungen nachzukommen, muss der Betrieb bei Gericht Insolvenz aufgrund der Zahlungsunfähigkeit anmelden, was i. d. R. mit der **Einstellung seiner Tätigkeit** verbunden ist.[1]

Ein Betrieb (= Produktionswirtschaft) erzeugt Leistungen für Dritte. Man spricht auch von Fremdbedarfsdeckung. Ein Haushalt (= Konsumtionswirtschaft) deckt nur den Eigenbedarf. Beide Arten wirtschaftlicher Betätigung können in privater bzw. öffentlicher Trägerschaft erfolgen. Somit ergeben sich vier Typen von Wirtschaftseinheiten:

Bedarfsdeckung Trägerschaft	Fremdbedarfsdeckung **Betriebe**	Eigenbedarfsdeckung **Haushalte**
privat	Private Betriebe	Privathaushalte
öffentlich	Öffentliche Betriebe	Öffentliche Haushalte

Abb. 2: Betriebe und Haushalte

Mit diesen vier Erscheinungsformen des Wirtschaftens setzen sich unterschiedliche wissenschaftliche Disziplinen auseinander. Mit den

- Privathaushalten: die Hauswirtschaftslehre
- öffentlichen Haushalten: die Finanzwissenschaft und Verwaltungswissenschaft
- privaten Betrieben: die Betriebswirtschaftslehre
- öffentlichen Betrieben: die (öffentliche) Betriebswirtschaftslehre.

Zwischen privaten und öffentlichen Betrieben, also zwischen Betrieben, die im Privateigentum bzw. im öffentlichen Eigentum stehen, gibt es einen entscheidenden Unterschied: **Private Betriebe** arbeiten nach dem **erwerbswirtschaftlichen Prinzip**,

---

[1] Vgl. S. 262 ff.

d. h. sie streben nach (maximalem) Gewinn. **Öffentliche Betriebe** streben – von Ausnahmen abgesehen – nicht nach Gewinn. Man rechnet sie deshalb zu den Non-Profit-Organisationen. Öffentliche Betriebe arbeiten nach dem

- **Kostendeckungsprinzip** (z. B. städt. Wasserwerk, städt. Kindergarten)
- **Zuschussprinzip** (z. B. Museen, Theater, Sozialeinrichtungen).

In manchen Wirtschaftsbereichen können Leistungen durch öffentliche oder private Betriebe erbracht werden. Beispiele sind Verkehrsbetriebe, Müllabfuhr und Versorgungsbetriebe. Hier drängt sich – auf den ersten Blick – die Vermutung auf, dass die Leistungsabnehmer durch öffentliche Betriebe besser bedient werden, weil die Preise öffentlicher Betriebe nicht um einen Gewinnaufschlag erhöht werden. Die Realität sieht jedoch anders aus: Marktwirtschaftlicher Wettbewerb[1] sorgt in aller Regel dafür, dass Privatbetriebe – trotz eines Gewinnaufschlags – eine für den Kunden bessere bzw. preisgünstigere Leistung anbieten als vergleichbare öffentliche Betriebe.

Grundsätzlich sind private und öffentliche Betriebe Untersuchungsgegenstand der Betriebswirtschaftslehre. Gleichwohl hat sich im Hochschulbetrieb folgende Arbeitsteilung weitgehend durchgesetzt: Die wissenschaftliche Auseinandersetzung mit öffentlichen Unternehmen hat sich in eine spezielle „Betriebswirtschaftslehre für öffentliche Unternehmen" verlagert. Die traditionelle Betriebswirtschaftslehre stellt die erwerbswirtschaftlich ausgerichteten, privaten Betriebe in den Mittelpunkt ihrer Untersuchungen.

Abschließend ist der Begriff „Betrieb" von artverwandten Begriffen kurz abzugrenzen:

- **Unternehmung** = Betrieb im marktwirtschaftlichen Wirtschaftssystem
- **Firma** = Name, unter dem ein Kaufmann seine Geschäfte betreibt
- **Fabrik** = Produktionsstätte; Ort der Erstellung von Sachgütern
- **Geschäft** = Einzeltransaktion bzw. Ort der Abwicklung von Einzeltransaktionen.

Die Gesamtmenge der Betriebe lässt sich nach verschiedenen Merkmalen in Teilmengen zerlegen. Dieses Gliederungskonzept bezeichnet man als **Betriebstypologie**. Am häufigsten begegnet man der Einteilung der Betriebe nach

(1) Art des Betriebsziels
(2) Art der erstellten Leistung
(3) Wirtschaftszweigen
(4) Betriebsgröße.

(1) Betriebseinteilung nach Art des Betriebsziels

Bei diesem Einteilungskriterium geht es um die Frage, ob Betriebe primär nach **Gewinn** streben **oder** ob sie **andere Ziele** verfolgen. Man gelangt dabei zu der Einteilung in

- erwerbswirtschaftlich orientierte Betriebe (= Unternehmen)
- Non-Profit-Betriebe.

Erwerbswirtschaftlich orientierte Betriebe stehen im marktwirtschaftlichen Wettbewerb. **Sie müssen sich selbst erhalten**. Gelingt dies nicht, werden sie vom Markt

---

[1] Vgl. S. 35 ff.

verdrängt. Ihre Mindestexistenzbedingung ist die Kostendeckung. Marktwirtschaftlicher Wettbewerb ist ein unberechenbarer Prozess. Unternehmen erzielen in

- **guten Jahren Gewinne**
- **schlechten Jahre Verluste.**

Um bestmögliche Risikovorsorge für schlechte Zeiten zu treffen, sind die dem Verdrängungswettbewerb ausgesetzten Unternehmen üblicherweise auf **Gewinnmaximierung** ausgerichtet.

Non-Profit-Betriebe verfolgen **soziale, kulturelle oder ökologische Ziele**. Dabei sind sie marktwirtschaftlichem Verdrängungswettbewerb nicht ausgesetzt. Dadurch entfällt die Notwendigkeit der Risikovorsorge durch Gewinnerzielung. Bei Non-Profit-Betrieben handelt es sich entweder um Vereine, die sich aus Mitgliederbeiträgen finanzieren, oder um Institutionen, die unter dem **finanziellen Schutz eines Gewährträgers** stehen. Solche Non-Profit-Betriebe müssen sich nicht selbst erhalten. **Sie werden erhalten**. Beispiele sind das Kinderhilfswerk UNICEF, das von der UN erhalten wird, und die Aktion Misereor, die von der Kirche getragen wird.

(2) Betriebseinteilung nach Art der erstellten Leistung

Eine Gliederung nach diesem Kriterium führt zur Einteilung in

- **Sachleistungsbetriebe** (z. B. Automobilbauer)
- **Dienstleistungsbetriebe** (z. B. Software-Unternehmen).

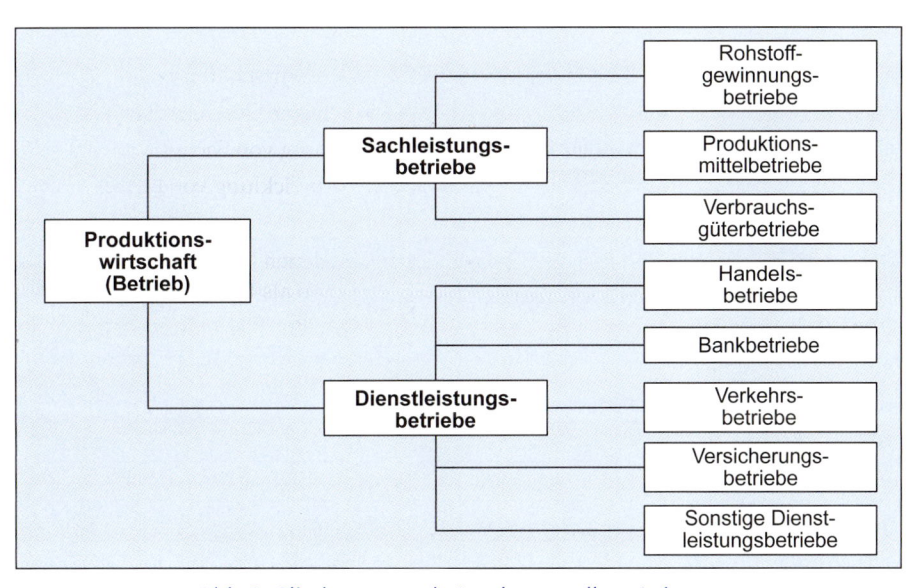

Abb. 3: Gliederung nach Art der erstellten Leistung

(3) Betriebseinteilung nach Wirtschaftszweigen

Auch bei diesem Einteilungskriterium gelangt man zu den beiden Klassen

- **Sachleistungsbetriebe**
- **Dienstleistungsbetriebe.**

2. Abschnitt: Aufbau des Betriebes

Die folgende **Abb. 4** zeigt die weitergehende Betriebseinteilung nach einer Erhebung des Statistischen Bundesamtes.

Unternehmen und Beschäftigte nach Wirtschaftszweigen 2013				
Wirtschaft	Zahl der Unternehmen	Anteil in %	Zahl der Beschäftigten	Anteil in %
1. Energie- und Wasserversorgung	74.273	2,05	482.187	1,77
2. Bergbau	2.279	0,06	57.083	0,21
3. Verarbeitendes Gewerbe	248.135	6,84	6.742.721	24,74
4. Baugewerbe	389.557	10,73	1.574.640	5,78
Summe 1–4 (**Sachleistungsbetriebe**)	**714.244**	19,68	**8.856.631**	32,50
5. Handel; Instandhaltung und Reparatur von KFZ und Gebrauchsgütern	655.102	18,05	4.261.569	15,64
6. Grundstücks- und Wohnungswesen	326.238	8,99	249.378	0,91
7. Gastgewerbe	245.787	6,77	879.989	3,23
8. Verkehr/Nachrichtenübermittlung	249.043	6,86	2.430.622	8,92
9. Kreditinstitute/Versicherungen	68.773	1,89	999.269	3,67
10. Sonstige Dienstleistungsunternehmen	1.370.479	37,76	9.571.921	35,13
Summe 5–10 (**Dienstleistungsbetriebe**)	**2.915.422**	80,32	**18.392.748**	67,50
Summe 1–10	**3.629.666**	**100,00**	**27.249.379**	**100,00**

Abb. 4: Gliederung nach Wirtschaftszweigen (Stand: 31.05.2015)[1]

(4) Betriebseinteilung nach der Betriebsgröße

Die größenmäßige Einteilung der Betriebe kann z. B. erfolgen

(a) nach der **Höhe des Umsatzes** (linke Seite der **Abb. 5**)
(b) nach der **Beschäftigtenzahl** (rechte Seite der **Abb. 5**).

Unternehmensgrößenklassen 2013			
(a) Gliederung nach Umsatzgrößenklassen		(b) Gliederung nach Beschäftigtenzahl	
Jahresumsatz in Mio. EUR	Anzahl der Unternehmen	Sozialversicherungspflichtige Beschäfige je Betrieb	Anzahl der Unternehmen
0 bis 2	3.423.134	bis 9	3.290.579
2 bis 10	154.073	10 bis 49	268.263
10 bis 50	40.171	50 bis 249	57.712
50 und mehr	12.288	250 und mehr	13.112
Insgesamt	**3.629.666**	**Insgesamt**	**3.629.666**

Abb. 5: Gliederung nach der Betriebsgröße (Stand: 31.05.2015)[2]

---

[1] Statistisches Bundesamt: Unternehmensregister. Abrufbar unter: www.destatis.de.
[2] Statistisches Bundesamt: Unternehmensregister. Abrufbar unter: www.destatis.de.

1.2 Wirtschaften im Betrieb – Erkenntnisobjekt der BWL

Das Erfahrungsobjekt „Betrieb" teilen sich mehrere wissenschaftliche Disziplinen: die Betriebswirtschaftslehre, die Betriebspsychologie, die Betriebssoziologie u. a. Die drei genannten Disziplinen unterscheiden sich in der Betrachtungsperspektive, aus welcher heraus sie den Betrieb und seine Abläufe analysieren. Die Art der Betrachtung bezeichnet man als Auswahlprinzip.

> Als **Auswahlprinzip** bezeichnet man die zur Erforschung des Erfahrungsobjekts (Betrieb) eingenommene Untersuchungsperspektive.

Von anderen Forschern unterscheidet sich der Betriebswirt dadurch, dass er das Erfahrungsobjekt „Betrieb" durch die **„Brille der Wirtschaftlichkeit"** betrachtet. Damit gelangt er vom allgemeinen Erfahrungsobjekt zum speziellen Erkenntnisobjekt. So führt der Weg von einer allgemeinen „Betriebslehre" über das ökonomische Prinzip zur Betriebswirtschaftslehre.

Erfahrungsobjekt – Interdisziplinärer Untersuchungsgegenstand –	Betrieb
Auswahlprinzip – Disziplinspezifische Perspektive –	ökonomisches Prinzip
Erkenntnisobjekt – Untersuchungsgegenstand einer Disziplin –	Wirtschaften im Betrieb

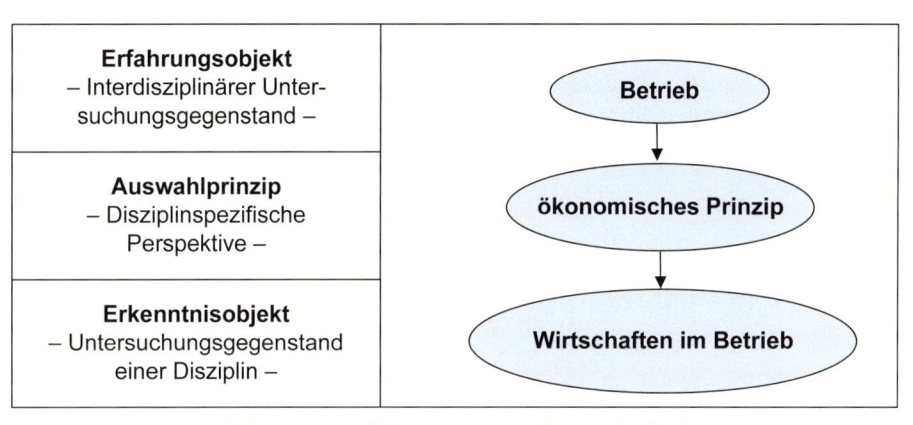

Abb. 6: Vom Erfahrungs- zum Erkenntnisobjekt

> Ein Mensch handelt nach dem **Rationalprinzip**, wenn er sich bei der Wahl zwischen (zwei) Alternativen für die bessere Lösung entscheidet.

Das Rationalprinzip ist die übergeordnete Entscheidungsmaxime für jegliches menschliches Handeln. Ein Teilaspekt menschlichen Handelns ist der Umgang mit knappen Gütern. Die rationale Disposition über knappe Güter bezeichnet man als **ökonomisches Prinzip** (Wirtschaftlichkeitsprinzip).

Zur Befriedigung menschlicher Bedürfnisse (z. B. nach warmen Räumen oder warmem Wasser) benötigt man Güter (z. B. Heizöl, Kohle oder Gas). Diese Güter sind knapp.

Güterknappheit zwingt zu wirtschaftlichem Gütereinsatz. Die zur Gütererzeugung benötigte Einsatzmenge von Produktionsfaktoren nennt man Input. Die Ausbringungsmenge nennt man Output. Multipliziert man die Faktoreinsatzmengen mit Faktorpreisen, erhält man den (Produktions-)Aufwand. Multipliziert man den Output mit dem Absatzpreis, erhält man den (Produktions-)Ertrag.

Output(-menge)	·	Absatzpreis	=	**Ertrag**	Ertrag
Input(-menge)	·	Faktorpreis	=	**Aufwand**	− Aufwand
					Erfolg

Abb. 7: Output, Input; Ertrag, Aufwand und Erfolg

Das **ökonomische Prinzip** verlangt, das Verhältnis aus Produktionsergebnis (Output, Ertrag) und Produktionseinsatz (Input, Aufwand) zu optimieren.

Dabei begegnet uns das ökonomische Prinzip in drei Erscheinungsformen:

Maximumprinzip:

Bei einem gegebenen Faktoreinsatz (Input; Aufwand) ist eine größtmögliche Gütermenge (Output; Ertrag) zu erwirtschaften.

Minimumprinzip:

Eine gegebene Gütermenge (Output; Ertrag) ist mit einem geringstmöglichen Faktoreinsatz (Input; Aufwand) zu erwirtschaften.

Optimumprinzip:

Es ist ein möglichst günstiges Verhältnis zwischen Gütermenge (Output; Ertrag) und Faktoreinsatz (Input; Aufwand) zu erwirtschaften.

Abb. 8: Versionen des ökonomischen Prinzips (Wirtschaftlichkeitsprinzip)

Nach dem ökonomischen Prinzip geht es z. B. darum, die Heiztechnik so zu gestalten, dass (bei vorgegebener Raumtemperatur) mit einem gegebenen Heizöleinsatz ein möglichst großer Raum beheizt werden kann (Maximumprinzip). Stattdessen kann es auch darum gehen, einen vorgegebenen Raum mit dem geringstmöglichen Heizöleinsatz (auf eine bestimmte Temperatur) zu erwärmen (Minimumprinzip).

Aus ökonomischer Sicht haben alle betrieblichen Entscheidungen dem **ökonomischen Prinzip** zu gehorchen. Erst so wird der Betrieb zur **planvoll organisierten Wirtschaftseinheit**.

Nach dem Optimumprinzip geht es darum, die Differenz zwischen Ertrag und Aufwand zu maximieren. Damit ist man beim Gewinnmaximierungsprinzip angelangt. Für die traditionelle Betriebswirtschaftslehre ist das **Prinzip langfristiger Gewinnmaximierung** das oberste Formalziel, an dem betriebliche Entscheidungen ausgerichtet werden. Eine so konzipierte Betriebswirtschaftslehre wird als **praktisch-normative Betriebswirtschaftslehre**[1] bezeichnet. Hierbei werden nicht die Ziele, sondern die zur Zielerreichung eingesetzten Mittel bewertet. Der Zusammenhang zwischen dem

---

[1] Vgl. S. 11.

Rationalprinzip, dem ökonomischen Prinzip und dem Prinzip langfristiger Gewinnmaximierung wird auch im zugehörigen Übungsbuch[1] (**ÜB 1/2–4**) angesprochen.

1.3 Unternehmerisches Handeln im marktwirtschaftlichen System

Unternehmerisches Handeln ist eingebettet in rechtliche und gesellschaftliche Rahmenbedingungen. Man spricht in diesem Zusammenhang vom Ordnungsrahmen, von der Wirtschaftsordnung bzw. vom **Wirtschaftssystem**.

Als Extremtypen konträrer Wirtschaftssysteme können die

- **Marktwirtschaft** = liberale Wirtschaftsordnung, die den Wirtschaftssubjekten Vertragsfreiheit und Privateigentum garantiert
- **Zentrale Planwirtschaft** = sozialistische Wirtschaftsordnung mit Zentralsteuerung und Staatseigentum

angesehen werden.

Wodurch unterscheidet sich betriebliche Tätigkeit in der Marktwirtschaft von der in der zentralen Planwirtschaft? Die Antwort lautet: Durch **systemabhängige Bestimmungsfaktoren**, wie sie in der rechten Hälfte der **Abb. 9** aufgeführt sind.

In beiden Wirtschaftssystemen ist

- der Einsatz von Produktionsfaktoren
- die Einhaltung des Wirtschaftlichkeitsprinzips
- die Wahrung des finanziellen Gleichgewichts (Aufrechterhaltung der Zahlungsfähigkeit)

prinzipielle Voraussetzung für fortdauernde betriebliche Leistungserstellung. Gutenberg spricht in diesem Zusammenhang von **systemunabhängigen Bestimmungsfaktoren**.[2]

In der **zentralen Planwirtschaft** wird den Betrieben durch die zentrale Planungsbehörde vorgeschrieben, was, in welchen Mengen, zu welchen Produktionsbedingungen, für welche Abnehmer, zu welchen Preisen zu produzieren und abzusetzen ist. Die Betriebe sind Gegenstand der Planungsbürokratie, haben **keine Entscheidungsfreiheit** und unterliegen dem Prinzip der Planerfüllung. Die Produktionsmittel, also Grundstücke, Gebäude, maschinelle Anlagen usw. stehen im Staatseigentum. Gewinne bzw. Verluste sind sozialisiert, d.h. an den Staatshaushalt gekoppelt.

---

[1] Wöhe/Döring/Brösel, Übungsbuch, 2016; im Folgenden durch Klammerzusätze zitiert. (**ÜB 1/2–4**) bedeutet: Übungsbuch, 1. Abschnitt, Aufgabe 2–4.

[2] Vgl. Gutenberg, E., Produktion, 1983, S. 457 ff.

2. Abschnitt: Aufbau des Betriebes

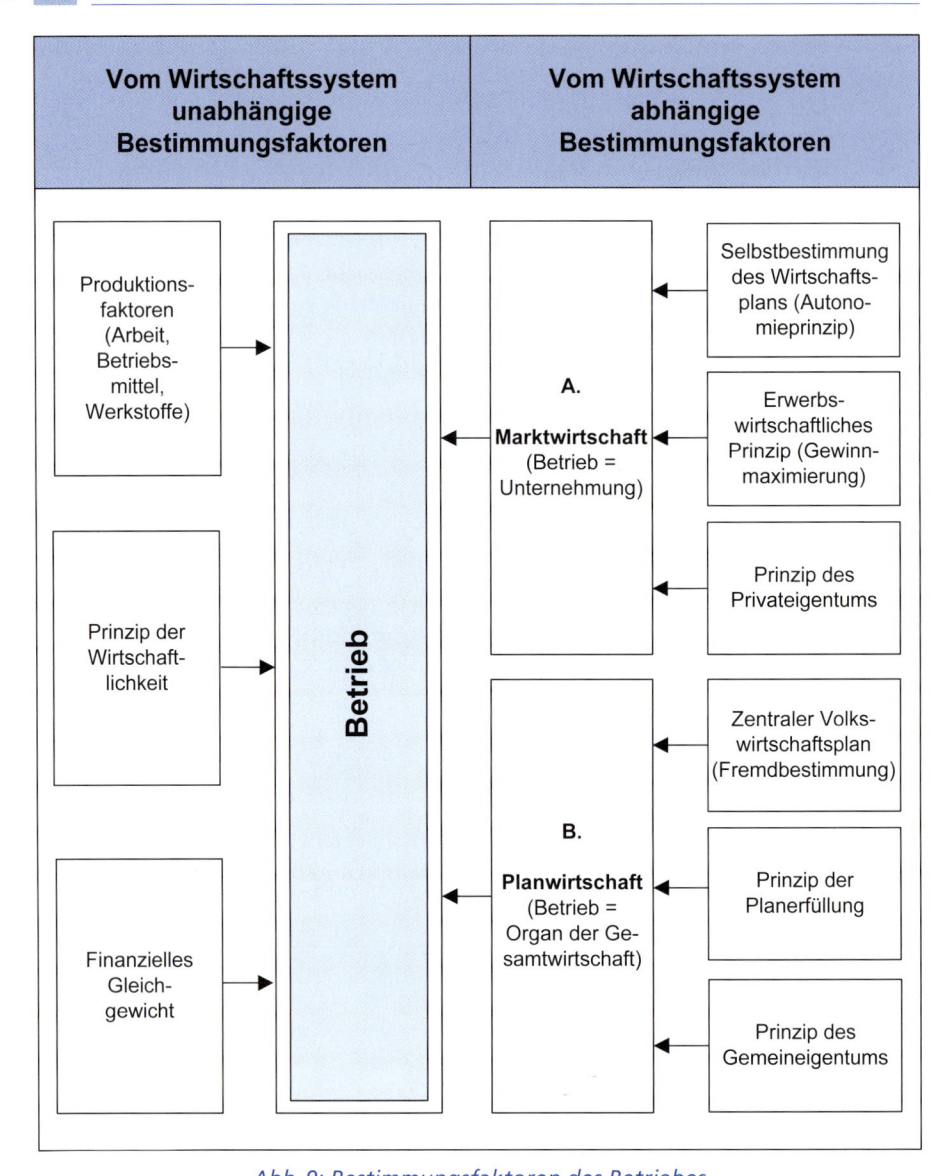

Vom Wirtschaftssystem unabhängige Bestimmungsfaktoren		Vom Wirtschaftssystem abhängige Bestimmungsfaktoren	
Produktionsfaktoren (Arbeit, Betriebsmittel, Werkstoffe)	**Betrieb**	**A. Marktwirtschaft** (Betrieb = Unternehmung)	Selbstbestimmung des Wirtschaftsplans (Autonomieprinzip)
			Erwerbswirtschaftliches Prinzip (Gewinnmaximierung)
Prinzip der Wirtschaftlichkeit			Prinzip des Privateigentums
		B. Planwirtschaft (Betrieb = Organ der Gesamtwirtschaft)	Zentraler Volkswirtschaftsplan (Fremdbestimmung)
			Prinzip der Planerfüllung
Finanzielles Gleichgewicht			Prinzip des Gemeineigentums

Abb. 9: Bestimmungsfaktoren des Betriebes

Die **Hauptnachteile** zentraler Planwirtschaft liegen in
- der **Schwerfälligkeit zentraler Planung**
- dem **Fehlen von Anreizen** zu kundenorientiertem Wirtschaften und zu effizienter Produktionsweise.

Die Einhaltung des Wirtschaftlichkeitsprinzips ist von menschlichem Handeln abhängig. In der zentralen Planwirtschaft wird die Einhaltung des ökonomischen Prinzips nicht belohnt. Durch Verletzung des ökonomischen Prinzips ist der Güteroutput gemessen am Faktoreinsatz gering. Darum ist dieses Wirtschaftssystem so ineffizient.

A.1. Gegenstand der Betriebswirtschaftslehre

In der **Marktwirtschaft** liegt das Eigentum an den Produktionsmitteln in privater Hand. Die Unternehmer streben nach (größtmöglichem) Gewinn. Welche Produkte, in welchen Mengen, in welcher Produktionstechnik, zu welchen Preisen produziert und abgesetzt werden, wird nicht zentral von einer Planungsbehörde, sondern dezentral von den Einzelnen (Anbietern und Nachfragern) entschieden.

Das **Gewinnstreben** ist die **Triebfeder** unternehmerischen Handelns. Aber die Gewinnbäume der Unternehmer wachsen nicht in den Himmel, denn die Nachfrager zahlen hohe Preise nur für entsprechend gute Leistungen.

> Im **marktwirtschaftlichen Wettbewerb** ist der Gewinn eine Vorzugsprämie für Vorzugsleistungen.

Gewinnerzielung setzt im marktwirtschaftlichen Wettbewerb zweierlei voraus:

(1) **Erforschung der Kundenwünsche** und Anpassung des Leistungsangebots an diese Wünsche;
(2) strikte **Anwendung des ökonomischen Prinzips**, z. B. Ausschöpfung aller Kostensenkungspotentiale zur Erbringung kundengerechter Leistungen.

Gewinnstreben der Leistungsanbieter **gepaart mit marktwirtschaftlichem Wettbewerb** führt zu effizienter, d. h. bedarfsgerechter und kostenoptimaler Befriedigung der Nachfragerwünsche. Zum geistigen Vater der Marktwirtschaft wurde **Adam Smith** (1723–1790), der Moralphilosoph aus Schottland. In seinem 1776 erschienenen Werk[1], in dem er die Gründe nationalen Wohlstands untersuchte, sprach er von der „**unsichtbaren Hand**", die den einzelnen Leistungsanbieter dazu bringt, einen Zweck zu erfüllen, der nicht in seiner (Gewinn-)Absicht liegt.

1.4 Entscheidungsorientierte Betriebswirtschaftslehre

Als angewandte Wissenschaft will die Betriebswirtschaftslehre Lösungen für praktische Entscheidungsprobleme finden.

> Die **entscheidungsorientierte Betriebswirtschaftslehre** möchte Unternehmen helfen, optimale Entscheidungen zu treffen.

In diesem Zusammenhang stellen sich die Fragen nach den

(1) **Mindestbedingungen**
(2) **Zielen**

langfristig angelegter unternehmerischer Tätigkeit.

Zu (1): Insolvenzgefährdet sind Unternehmen besonders dann, wenn ihr Vermögen durch eine (mehrjährige) Verlustphase dezimiert wurde. Folge dieser Vermögensauszehrung ist meistens die Zahlungsunfähigkeit, die ihrerseits die Unternehmensleitung zur Einreichung eines Insolvenzantrags[2] beim Insolvenzgericht zwingt. In der Regel endet das Insolvenzverfahren mit der Einstellung unternehmerischer Tätigkeit. (**ÜB 1/10**)

---

[1] Vgl. Smith, A., Wohlstand, 2009.
[2] Zu Einzelheiten vgl. S. 264 f.

> **Mindestbedingung** unternehmerischer Existenz ist die Vermeidung der Vermögensauszehrung durch Dauerverluste und die Wahrung der Zahlungsfähigkeit. **Langfristig** muss also gelten: **Erträge ≥ Aufwendungen** bzw. **Einzahlungen ≥ Auszahlungen.**

Zu (2): Ziel unternehmerischer Tätigkeit im marktwirtschaftlichen System ist es, durch planvolles Handeln einen Zustand zu erreichen, der über die Erfüllung der Mindestbedingung hinausgeht, wonach langfristig Aufwendungen durch Erträge bzw. Auszahlungen durch Einzahlungen gedeckt sein müssen. Dabei werden in der Literatur als praktisch bedeutsame Bestimmungsgrößen unternehmerischen Handelns folgende Erfolgsgrößen genannt:

Erfolgsmaßstab		Erfolgsdefinition		
Produktivität	=	$\dfrac{\text{mengenmäßiger Output}}{\text{mengenmäßiger Input}}$		
Wirtschaftlichkeit	=	$\dfrac{\text{wertmäßiger Output}}{\text{wertmäßiger Input}}$	=	$\dfrac{\text{Ertrag}}{\text{Aufwand}}$
Gewinn	=	Ertrag – Aufwand		
Rentabilität	=	$\dfrac{\text{Erfolgsgröße}}{\text{Basisgröße}}$	z. B.	$\dfrac{\text{Gewinn}}{\text{Eigenkapital}}$

Abb. 10: Erfolgsmaßstäbe unternehmerischen Handelns

Die **Produktivität** setzt das mengenmäßige Produktionsergebnis ins Verhältnis zum mengenmäßigen Einsatz von Produktionsfaktoren. Gelangen mehrere Produktionsfaktorarten zum Einsatz, verliert diese Produktivitätskennzahl ihren Aussagewert, weil es sinnlos ist, zur Inputermittlung Werkstoffverbrauchsmengen, menschliche Arbeitsstunden und Maschinenstunden zu einer Summe zusammenzufassen. Aus diesem Grunde werden in der Praxis eher **partielle Produktivitätskennziffern** ermittelt. So gilt beispielsweise für die Arbeitsproduktivität

$$\text{Arbeitsproduktivität} = \frac{\text{Anzahl gleichartiger Verrichtungen}}{\text{Arbeitsstunde}}$$

Eine solche Kennzahl kann Anhaltspunkte zur Beurteilung der Leistungsfähigkeit einzelner Mitarbeiter und damit zur Lohnfindung liefern.

Zur Ermittlung der **Wirtschaftlichkeit** ist der mengenmäßige Output (Input) mit Absatzpreisen (Faktorpreisen) zu bewerten. So erhält man den Ertrag bzw. den Aufwand. Eine **Steigerung der Wirtschaftlichkeit** erreicht man – bei gegebener Ausbringungsmenge – durch eine

(1) **verringerte Faktoreinsatzmenge**
(2) **Senkung der Faktorpreise**
(3) **Erhöhung der Absatzpreise.**

Eine Steigerung der Wirtschaftlichkeit wird üblicherweise in den Bereichen (1) durch technische Verbesserungen bzw. (2) durch harte Preisverhandlungen mit Zulieferern erreicht. Hat die Wirtschaftlichkeitskennziffer einen Wert < 1, arbeitet der Betrieb in der Verlustzone.

Der **Gewinn** ist die positive Differenz zwischen Ertrag und Aufwand.[1] **Verlust** ist die negative Differenz zwischen Ertrag und Aufwand. Dabei gilt:

Ertrag	=	Wert aller erbrachten Leistungen der Periode
Aufwand	=	Wert aller verbrauchten Leistungen der Periode

Ertrag führt zu einer Mehrung, Aufwand zu einer Minderung des Reinvermögens (= Eigenkapital).

Betriebe im marktwirtschaftlichen System sind i. A. einem scharfen Konkurrenzdruck, also einer permanenten Verlust- und Marktverdrängungsgefahr ausgesetzt. Beträgt das Eigenkapital 1.000 und der Jahresverlust 250, ist schon nach vier Verlustjahren das Eigenkapital aufgezehrt. Bei weiteren Verlusten kommt es zur **Überschuldung** (Vermögen < Fremdkapital) und damit u. U. zur Insolvenz des Unternehmens.

An dieser Stelle erkennt man den Zusammenhang zwischen **Gewinnmaximierungsstreben** und **langfristiger Risikovorsorge**: Wer – in guten Zeiten – Gewinne maximiert (und nicht ausschüttet), stärkt sein Eigenkapital und leistet damit den größtmöglichen Beitrag zur langfristigen Sicherung der Unternehmensexistenz.

Die **Rentabilität** setzt die absolute Größe „Erfolg" in Beziehung zu einer Basisgröße.[2] Bekannte Rentabilitätskennziffern sind die

$$\text{Eigenkapitalrentabilität} = \frac{\text{Gewinn}}{\text{Eigenkapital}} \ [\%]$$

$$\text{Gesamtkapitalrentabilität} = \frac{\text{Gewinn} + \text{FKZ}}{\text{Gesamtkapital}} \ [\%]$$

Im Nenner steht die jeweilige Kapitalgröße, im Zähler steht die Erfolgsgröße, die den Kapitalgebern als Entgelt für die Kapitalbereitstellung zusteht. Das ist für die Eigenkapitalgeber der Gewinn und für die Fremdkapitalgeber der vertraglich vereinbarte Fremdkapitalzins (FKZ).

Hat ein Unternehmen einen Gewinn von 20.000 EUR erwirtschaftet, sagt diese absolute Größe noch nichts über den tatsächlichen Unternehmenserfolg. Erst die Relation der Gewinngröße zum Eigenkapitaleinsatz erlaubt eine **Erfolgsbeurteilung**: Wurde der Gewinn mit einem Eigenkapitaleinsatz von 100.000 (1 Mio.) EUR erreicht, ergibt sich eine Eigenkapitalrentabilität von 20 % (2 %). Vergleicht man die vom Unternehmen erwirtschaftete Eigenkapitalrentabilität mit der am Markt erreichbaren Rendite aus risikoarmen Anleihen – von beispielsweise 5 % –, gelangt man zu einem brauchbaren Urteil über den Unternehmenserfolg der abgelaufenen Periode. Weitere Beispiele zur Berechnung von Produktivität, Wirtschaftlichkeit und Rentabilität finden sich im zugehörigen Übungsbuch. (**ÜB 1**/6–9)

---

[1] Zur Abgrenzung von Ertrag und Aufwand vgl. S. 636 f.
[2] Zu Rentabilitätskennziffern vgl. S. 835 ff.

1.5 Abgrenzung der Betriebswirtschaftslehre von anderen Disziplinen

Die Einteilung der Wissenschaften in Natur- und Geisteswissenschaften ist allgemein gebräuchlich. Ein wichtiges Teilgebiet der Geisteswissenschaften sind die Sozialwissenschaften. Die Betriebswirtschaftslehre ist eine wirtschaftswissenschaftliche Disziplin. An deutschen Hochschulen werden Wirtschafts- und Sozialwissenschaften unter dem gemeinsamen Dach eines Fachbereichs (bzw. einer Fakultät) zusammengefasst. Damit wird eine Gleichordnung von wirtschaftswissenschaftlichen und sozialwissenschaftlichen Disziplinen zum Ausdruck gebracht. Die „verwandtschaftlichen" Beziehungen zwischen Wirtschafts- und Sozialwissenschaften lassen sich wie folgt darstellen:

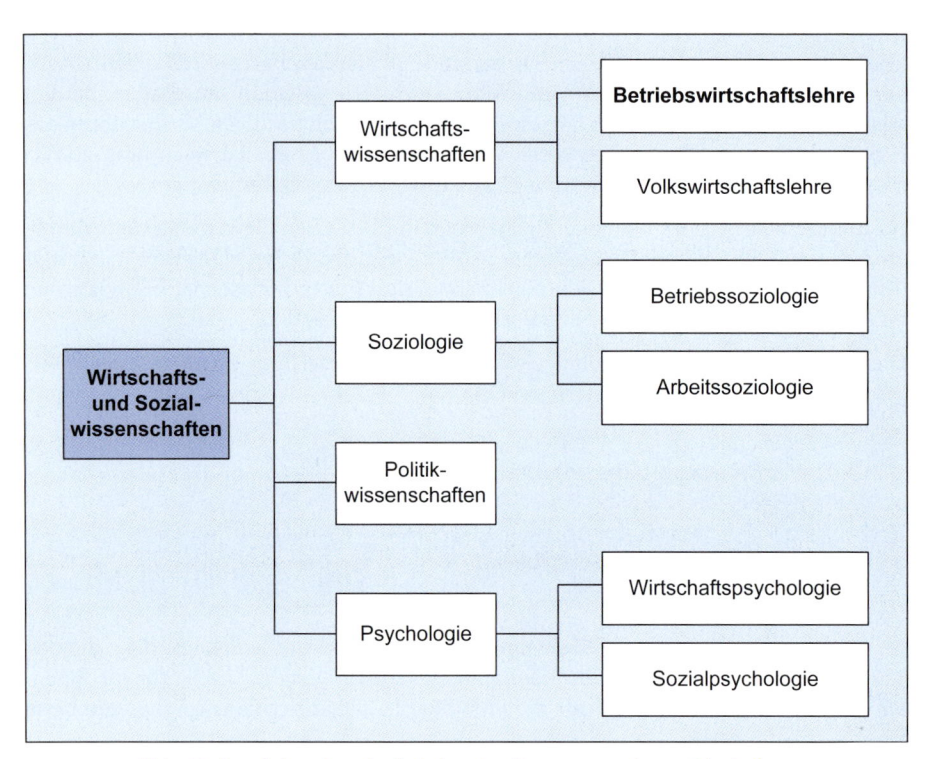

Abb. 11: Betriebswirtschaftslehre im Kontext anderer Disziplinen

Gegenstand der **Sozialwissenschaften** ist – kurz gesagt – die Beschäftigung mit
- dem Menschen als sozialem Phänomen
- den institutionellen und organisatorischen Voraussetzungen für menschliches Handeln
- dem Zusammenleben in Gemeinschaften.

Von den sozialwissenschaftlichen Teildisziplinen unterscheiden sich die Wirtschaftswissenschaften in einem wesentlichen Punkt: Sie beschränken ihre Untersuchung menschlichen Handelns auf den Aspekt ökonomischer Nützlichkeit. Das **ökonomische Prinzip** wird damit zum gemeinsamen **Auswahlprinzip**[1] der **Wirtschaftswissenschaften**: Ein gegebener Güternutzen soll mit geringstmöglichem Faktoreinsatz erreicht werden. Personifiziert wird das Nützlichkeitsdenken in der modelltheoretischen Kunstfigur des Homo oeconomicus. Der Homo oeconomicus begegnet uns sowohl in der Funktion des Leistungsanbieters als auch in der Funktion des Leistungsnachfragers. In beiden Fällen unterstellt die wirtschaftswissenschaftliche Modelltheorie, dass ein fiktives Wirtschaftssubjekt, eben der **Homo oeconomicus**,

- **rational handelt**
- seinen materiellen **Nutzen maximieren** möchte. (ÜB 1/1–3)

Die Wirtschaftswissenschaften untersuchen menschliches Handeln unter dem Aspekt der Güterknappheit und des Strebens nach Nutzenmaximierung. Dieses Problemfeld wurde ursprünglich allein von der **Volkswirtschaftslehre** bearbeitet. Erst seit Beginn des 20. Jahrhunderts entwickelte sich eine spezielle Fachrichtung[2] zur Untersuchung ökonomischer Fragestellungen in Betrieben. Für diese wirtschaftswissenschaftliche Teildisziplin hat sich die Bezeichnung „Betriebswirtschaftslehre" etabliert.

Das Verhältnis von Betriebswirtschaftslehre und Volkswirtschaftslehre lässt sich etwa so umschreiben: „Bei der **Betriebswirtschaftslehre** liegt der Schwerpunkt der Betrachtung beim einzelnen Betrieb und seinen Problemen; die **Volkswirtschaftslehre** untersucht vorwiegend gesamtwirtschaftliche Zusammenhänge. Praktisch kommt die Betriebswirtschaftslehre nicht ohne gesamtwirtschaftliche Erkenntnisse und die Volkswirtschaftslehre … nicht ohne einzelwirtschaftliche Grundlagen aus."[3]

Eine gewisse Überschneidung zwischen betriebswirtschaftlichen und volkswirtschaftlichen Fragestellungen ist – wie ein Blick auf die zur Volkswirtschaftslehre gehörende Mikroökonomik zeigt – unübersehbar. Allerdings unterscheiden sich betriebswirtschaftliche Modellansätze von denen der Mikroökonomik durch ihre realitätsnäheren Prämissen. Mit der Entwicklung des **institutionsökonomischen Ansatzes**[4] ist es aber zu einer **Wiederannäherung** der beiden wirtschaftswissenschaftlichen Disziplinen gekommen.

Wissenschaftliche Forschung beruht auf dem Prinzip der Arbeitsteilung, denn neue wissenschaftliche Erkenntnisse lassen sich i. A. nur durch spezialisierte Bearbeitung eines Problemkomplexes, also des Erfahrungsobjekts, gewinnen. So beschäftigen sich mit dem Erfahrungsobjekt Betrieb auch andere Disziplinen, die man als Nachbarwissenschaften bezeichnet.

> Charakteristikum von **Nachbarwissenschaften** ist die Gleichheit des Erfahrungsobjekts und die Unterschiedlichkeit des Auswahlprinzips.

In der **Abb. 12** sind einige Nachbarwissenschaften der Betriebswirtschaftslehre mit ihrer zentralen Fragestellung, die zum jeweiligen Auswahlprinzip führt, wiedergegeben.

---

[1] Vgl. S. 33 ff.
[2] Vgl. S. 13 ff.
[3] Bartling/Luzius, Volkswirtschaftslehre, 2014, S. 13.
[4] Vgl. S. 20 ff.

Nachbarwissenschaften	Fragestellung
Betriebstechnik	Wie können technische Prozesse ablauf- und sicherheitstechnisch optimiert werden?
Betriebssoziologie	Wie lassen sich konträre Individual- und Gruppeninteressen zu einem Konsens führen?
Wirtschaftsrecht	Wie sind die rechtlichen Beziehungen zwischen dem Betrieb und seiner Umwelt zu regeln?
Arbeitsmedizin, -psychologie	Wie beeinflusst die betriebliche Tätigkeit den menschlichen Organismus und die Psyche?
Ökologie	Wie beansprucht die betriebliche Tätigkeit die natürlichen Ressourcen?

Abb. 12: Thematik betriebswirtschaftlicher Nachbarwissenschaften

Als angewandte Wissenschaften erteilen auch die Nachbarwissenschaften Empfehlungen an die handelnden Personen. Hierbei können sich **Konfliktfelder** bilden. Beispiele sind:

- sichere versus kostengünstige Produktionstechnik
- Schichtarbeit unter Gesundheits- und Kostenaspekten
- Wahl des Faktoreinsatzes unter ökologischen und ökonomischen Aspekten.

Die jeweilige wissenschaftliche Disziplin erarbeitet für den Entscheidungsträger einseitig geprägte Handlungsempfehlungen. Ob die endgültige Entscheidung dann eher von ökonomischen, medizinischen, sozialen oder ökologischen Aspekten[1] geprägt ist, ist letzten Endes abhängig von der Entscheidungssituation und der subjektiven Bewertung des Entscheidungsträgers.

2. Gliederung der Betriebswirtschaftslehre

Die fortschreitende betriebswirtschaftliche Forschung bringt ständig neue Erkenntnisse hervor. Der Wissenshorizont der Betriebswirte wird erweitert. Das Stoffpensum für die Studierenden wird größer.

Nach dem Grundgedanken des ökonomischen Prinzips ist die Lehre (von der Betriebswirtschaft) so zu konzipieren, dass die Studierenden einen vorgegebenen Lernerfolg mit möglichst geringem Mitteleinsatz erreichen können. Zu diesem Zweck muss das Lehrgebiet inhaltlich so strukturiert werden, dass die Stoffgliederung die Studienanfänger wie an einem roten Faden durch den Dschungel vielfältiger betriebswirtschaftlicher Problemstellungen hindurchführt. Im Folgenden werden die funktionale, die institutionelle, die genetische und die prozessorientierte Gliederung der Betriebswirtschaftslehre kurz vorgestellt. Diese Gliederungskonzepte werden in der Betriebswirtschaftslehre am häufigsten verwendet.

---

[1] Zu (konkurrierenden) Zielen vgl. S. 66 ff.

2.1 Funktionale Gliederung der Betriebswirtschaftslehre

Eingebettet zwischen Beschaffungs- und Absatzmarkt[1] hat der Betrieb die Funktion der Leistungserstellung und -verwertung. Die Leistungserstellung bezeichnet man als **Produktion**, die Leistungsverwertung als **Absatz** oder Marketing.

Leistungserstellung ist üblicherweise mit dem Einsatz von Betriebsmitteln (Grundstücke und Gebäude, maschinelle Anlagen usw.) verbunden. Den Erwerb solcher Betriebsmittel bezeichnet man als Investition. Eine **Investition**, z. B. die Anschaffung eines Betriebsgrundstücks, ist üblicherweise durch zwei Merkmale gekennzeichnet:

- hoher Kapitaleinsatz
- langfristige Kapitalbindung.

Damit ist die Frage zu beantworten: Woher bekommt man so viel Geld für so lange Zeit? Die Beantwortung dieser Frage fällt in den Bereich der **Finanzierung**.

> Produktion, Absatz, Investition und Finanzierung sind die (Kern-)**Funktionsbereiche** betrieblicher Tätigkeit.

Eine planvoll organisierte Wirtschaftseinheit ist der Betrieb erst dann, wenn betriebliche Entscheidungen in den einzelnen Funktionsbereichen

- am Unternehmensziel ausgerichtet
- nicht isoliert, sondern aufeinander abgestimmt getroffen

werden. Die Koordinationsfunktion der **Unternehmensführung** ist in der **Abb. 13** durch breite Pfeile symbolisiert.

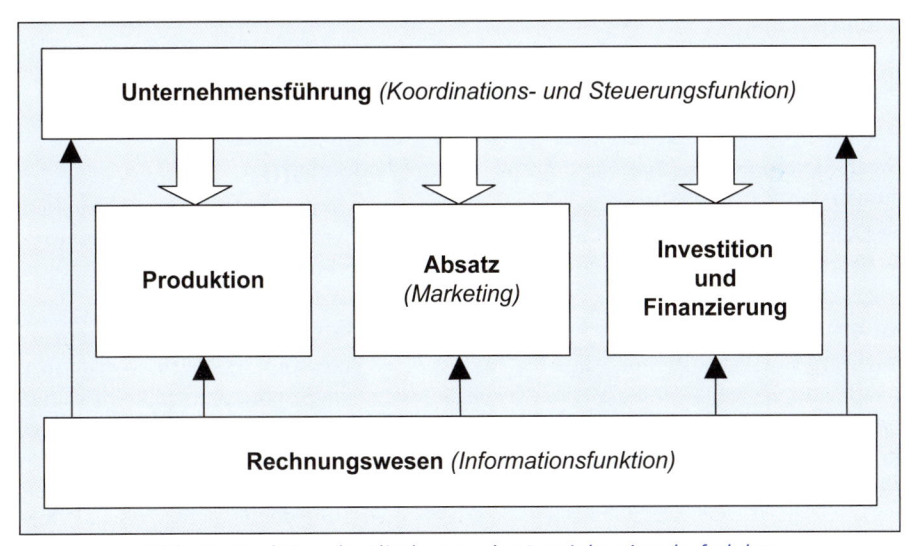

Abb. 13: Funktionale Gliederung der Betriebswirtschaftslehre

---

[1] Vgl. S. 28.

> Die **Unternehmensführung** hat die Aufgabe, die Einzelpläne der Funktionsbereiche zu einem zielkonformen Gesamtplan zusammenzufassen, den Gesamtplan in die Tat umzusetzen und die Ausführung der geplanten Maßnahmen zu überwachen.

So entstehen im Betrieb – mindestens – zwei Planungs- und Kontrollebenen: Dezentral in den Funktionsbereichen (z. B. beim Produktionsleiter) und zentral auf der Ebene der Unternehmensleitung.

Zur Planung und Kontrolle benötigt man Informationen. Diese werden vom **Rechnungswesen** zur Verfügung gestellt. Rechnungswesen ist der Oberbegriff für

- externes Rechnungswesen (Jahresabschluss)
- internes Rechnungswesen (Kosten- und Leistungsrechnung).

> Das **Rechnungswesen** hat die Aufgabe, Informationen zur Planung und Kontrolle betrieblicher Sachverhalte zu liefern.

Die Informationsbereitstellungsfunktion des betrieblichen Rechnungswesens wird in der **Abb. 13** durch schwarze Pfeile, die zu den Informationsempfängern weisen, zum Ausdruck gebracht.

Diese funktionale Gliederung des Faches hat sich im deutschen Lehrbetrieb weitgehend durchgesetzt: Die Lehrpläne folgen diesem Gliederungskonzept. Die Lehrenden haben ihren Arbeitsschwerpunkt entweder in einem der Funktionsbereiche oder im Rechnungswesen oder im Bereich der Unternehmensführung, der seinerseits in die Teilbereiche

- Planung und Entscheidung
- Organisation
- Personalwirtschaft
- Controlling

gegliedert wird.

Auch dieses Lehrbuch folgt dem traditionellen Gliederungskonzept mit seiner Einteilung in Lehrbuchabschnitte:

- Unternehmensführung   (Zweiter Abschnitt)
- Produktion   (Dritter Abschnitt)
- Marketing (Absatz)   (Vierter Abschnitt)
- Investition und Finanzierung   (Fünfter Abschnitt)
- Betriebswirtschaftliches Rechnungswesen   (Sechster Abschnitt)

Das hier beschriebene Konzept der Betriebswirtschaftslehre lässt sich auf Betriebe aller Branchen anwenden. Aus diesem Grunde wird es auch als **Allgemeine Betriebswirtschaftslehre** bezeichnet.

2.2 Institutionelle Gliederung der Betriebswirtschaftslehre

Betriebe gehören verschiedenen Branchen an. Durch Branchenspezifika unterscheiden sie sich mehr oder weniger stark von Betrieben anderer Branchen. Die Betriebswirtschaftslehre trägt dieser Branchenspezifizierung Rechnung, indem sie im Lehrbetrieb sog. **Spezielle Betriebswirtschaftslehren**, die man auch als Wirtschaftszweiglehren bezeichnet, anbietet.

A.2. Gliederung der Betriebswirtschaftslehre

Branchenzugehörigkeit	Spezielle Betriebswirtschaftslehre
Kreditwirtschaft	Bankbetriebslehre
Versicherungen	Versicherungsbetriebslehre
Industrie	Industriebetriebslehre
Verkehrswesen	Verkehrsbetriebslehre
Tourismus	Tourismusbetriebslehre

Abb. 14: Spezielle Betriebswirtschaftslehren

Diese – nicht abschließende – Aufzählung Spezieller Betriebswirtschaftslehren soll deutlich machen: Betriebswirtschaftliche Fragestellungen, die alle Betriebe betreffen, werden sozusagen vor die Klammer gezogen und im Rahmen der **Allgemeinen Betriebswirtschaftslehre** behandelt. Die branchenspezifischen Sachverhalte sind dann Gegenstand **Spezieller Betriebswirtschaftslehren**. (ÜB 1/11)

2.3 Genetische Gliederung der Betriebswirtschaftslehre

Das Gliederungsprinzip der genetischen Betriebswirtschaftslehre ist der Werdegang des Betriebes von der Gründung bis zur Liquidation. Dieses Gliederungskonzept wird auch als ontogenetische Betriebswirtschaftslehre bezeichnet.

---

1. Gründungsphase

– Marktanalyse zur Wahl des Geschäftsfelds
– Standortwahl
– Rechtsformwahl
– Bereitstellung von Gründungskapital
– Organisationsaufbau

2. Betriebsphase

– Leistungserstellung/-verwertung analog funktionaler Einteilung
– Lösung der Unternehmung vom Unternehmer (Gang an die Börse; Going Public)
– Unternehmenszusammenschlüsse
– Umstrukturierung

3. Liquidationsphase

– Unternehmenskrise
– Insolvenz
– Liquidation

Abb. 15: Genetische Gliederung der Betriebswirtschaftslehre

Nach diesem Gliederungskonzept wird die betriebliche Tätigkeit in drei Phasen mit verschiedenen Themenschwerpunkten (vgl. **Abb. 15**) eingeteilt.

In den neunziger Jahren des vergangenen Jahrhunderts wurden an deutschen Hochschulen zahlreiche Lehrstühle mit dem Arbeitsschwerpunkt „Existenzgründung" eingerichtet. Dadurch hat die genetische Gliederung des Faches einen praktischen Bedeutungszuwachs erfahren. In diesem Lehrbuch werden Problemstellungen der Gründungs- und Liquidationsphase schwerpunktmäßig im Zweiten Abschnitt behandelt.

2.4 Prozessorientierte Gliederung der Betriebswirtschaftslehre

Im Mittelpunkt betrieblichen Geschehens steht die Unternehmensführung. Diese zentrale unternehmerische Aufgabe wird vom dispositiven Faktor wahrgenommen, den Erich Gutenberg bewusst und deutlich von ausführender Arbeit abgrenzt.

Unternehmensführung lässt sich folgendermaßen einteilen:

Unternehmensführung	
(1)	Festlegung von Unternehmenszielen
(2)	Planung (Suche und Bewertung von Alternativen)
(3)	Entscheidung
(4)	Ausführung
	• Organisation
	• Personalwirtschaft
(5)	Kontrolle

Abb. 16: Prozessorientierte Gliederung der Unternehmensführung

Diese Prozessschritte der Unternehmensführung müssen von einer Koordination der Teilbereiche (**Controlling**) und von der Einrichtung eines effizienten Informationsversorgungssystems (**Informationswirtschaft**) begleitet werden. Der folgende Unterabschnitt „B. Unternehmensführung" ist einer ausführlichen Darstellung der einzelnen Prozessabschnitte gewidmet.

B. Unternehmensführung

Inhaltsüberblick

1. Grundlagen 47
2. Unternehmensziele 65
3. Planung und Entscheidung 72
4. Organisation 98
5. Personalwirtschaft 119
6. Kontrolle 150
7. Informationswirtschaft 155
8. Controlling 176

1. Grundlagen

1.1 Aufgaben der Unternehmensführung

> Die **Unternehmensführung** hat die Aufgabe, den Prozess der betrieblichen Leistungserstellung und -verwertung so zu gestalten, dass das (die) Unternehmensziel(e) auf höchstmöglichem Niveau erreicht wird (werden).

Der Prozess der Unternehmensführung wird häufig eingeteilt in die vier Phasen:
- **Planung (inkl. Zielplanung)**
- **Entscheidung**
- **Ausführung**
- **Kontrolle**.

Aufbauend auf diesem Vier-Phasen-Schema lässt sich der Prozess der Unternehmensführung in Anlehnung an **Abb. 17** so darstellen:

(1) Zielbildung

Unternehmerische Tätigkeit beginnt mit der Konkretisierung der Unternehmensziele. Diesen Vorgang bezeichnet man auch als Zielplanung. Im marktwirtschaftlichen Wettbewerb steht die langfristige Gewinnmaximierung als Oberziel im Vordergrund. Einzelheiten zur Zielbildung werden im 2. Kapitel behandelt.

(2), (3) Planung und Entscheidung

Zur Zielerreichung kann die Unternehmensführung verschiedene Aktivitäten entfalten. Diese bezeichnet man als Handlungsalternativen. In der Regel können nicht alle Handlungsalternativen realisiert werden. Aufgabe der Planung ist es, die Handlungsalternative(n) aufzuzeigen und zu bewerten. Der Maßstab zur Alternativenbewertung wird durch die Zielsetzung vorgegeben. Bei modellmäßiger Betrachtung ist die Entscheidung ein rein formaler Akt: Ein rational handelndes Wirtschaftssubjekt entscheidet sich für die Handlungsalternative mit dem höchsten Zielerreichungsgrad. Einzelheiten zu Planung und Entscheidung werden im 3. Kapitel behandelt.

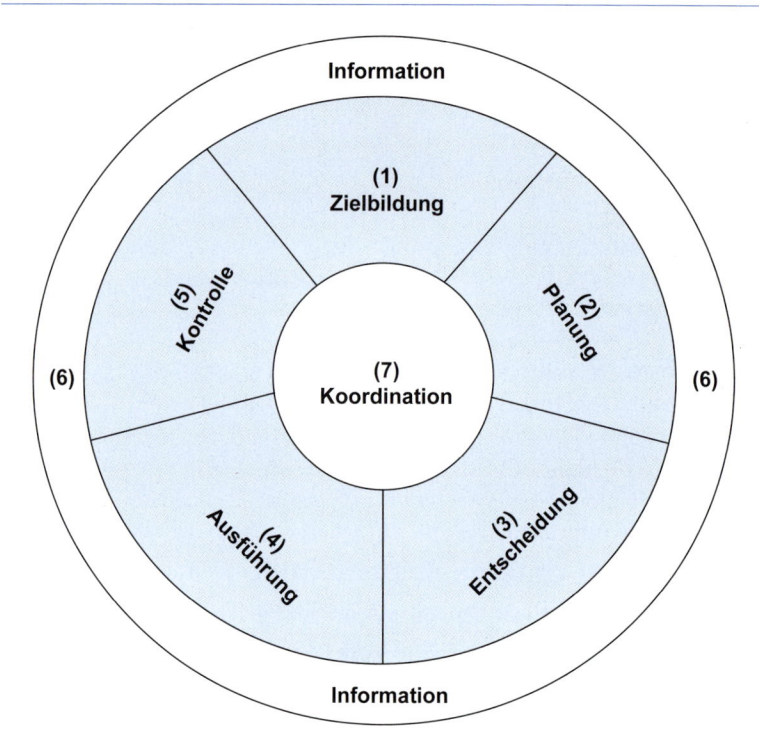

Abb. 17: Teilaufgaben der Unternehmensführung (Managementprozess)

(4) Ausführung

Nachdem die Entscheidung, z. B. die Annahme eines Großauftrags, gefallen ist, müssen geeignete Maßnahmen zur Realisierung des Vorhabens ergriffen werden. Betriebsmittel müssen bereitgestellt, Werkstoffe müssen bestellt werden und termingerecht verfügbar sein. Fertigungspersonal muss eingeteilt und eingewiesen werden.

Es ist Aufgabe der

- **Organisation**
- **Personalwirtschaft**

für eine effiziente Ausführung der geplanten Maßnahmen zu sorgen. Die Organisation soll die mit der Ausführung verbundenen Teilaufgaben den zuständigen Abteilungen zuweisen. Die Personalwirtschaft hat die Aufgabe, für einen effizienten Personaleinsatz zu sorgen. Hierzu gehört die aufgabenadäquate Personaleinsatzplanung ebenso wie die Personalmotivation. Fragen der Organisation werden im 4. Kapitel, Fragen der Personalwirtschaft werden im 5. Kapitel behandelt.

(5) Kontrolle

Die Ausführungsphase wird von Kontrollmaßnahmen begleitet. Die Kontrolle setzt also nicht erst nach Beendigung der Ausführungsphase ein. Aufgabe der Kontrolle ist die Feststellung von Planabweichungen. Damit will man

- bei negativer Planabweichung ein **frühzeitiges Gegensteuern** ermöglichen
- aus Planabweichungen **Erfahrungen** für künftige Planungsprozesse **sammeln**.

Einzelheiten zum Themenkomplex Kontrolle werden im 6. Kapitel behandelt.

(6) Information

Unternehmerische Tätigkeit besteht aus einer Abfolge von Transaktionen: Produktionsfaktoren werden erworben, im Produktionsprozess zu Halb- und Fertigfabrikaten verarbeitet, die wiederum am Absatzmarkt veräußert werden. Nach dem ökonomischen Prinzip ist für jede Transaktion Leistung und Gegenleistung gegeneinander abzuwägen. Die Informationen zur Bewertung von Leistungen und Gegenleistungen werden vom betrieblichen Rechnungswesen zur Verfügung gestellt.

Die Informationswirtschaft umfasst aber mehr als die Generierung von Daten des Rechnungswesens. Über das betriebliche Rechnungswesen hinaus hat die Informationswirtschaft die Aufgabe

- unternehmensexterne, entscheidungsrelevante **Daten** zu **beschaffen** und
- die an der Unternehmensführung beteiligten **Personen** in allen Phasen des Führungsprozesses mit Plan- und Kontrolldaten zu **versorgen**.

Eine effiziente Informationswirtschaft ist durch bedarfsgerechte, zeitgerechte und kostengünstige Informationsversorgung der Systemnutzer und der Systemkomponenten gekennzeichnet. Die Informationswirtschaft wird im 7. Kapitel behandelt.

(7) Koordination

Planung (einschließlich Zielplanung), Organisation, Personalwirtschaft, Kontrolle und Informationswirtschaft können als Teilsysteme der Unternehmensführung (Managementteilsysteme) angesehen werden. Diese Teilsysteme bedürfen der Koordination: Zur Planung und Kontrolle benötigt man Informationen. Kontrollergebnisse müssen den Planern zugänglich gemacht werden. Effiziente Planausführung setzt eine gut funktionierende Organisation voraus, die ihrerseits auf fähige und engagierte Mitarbeiter angewiesen ist. Es gibt also starke Interdependenzen zwischen den Teilsystemen der Unternehmensführung. Die Koordination dieser Teilsysteme ist Aufgabe des **Controllings**, das im 8. Kapitel behandelt wird.

1.2 Die Anspruchsgruppen und ihre Interessen gegenüber dem Unternehmen

Das vorliegende Lehrbuch bezieht den Standpunkt einer **wirtschaftstheoretisch** orientierten Betriebswirtschaftslehre. Danach verfolgen die Wirtschaftssubjekte das Ziel der Nutzenmaximierung. Betriebswirtschaftliche Modelle wollen eine Hilfestellung zur Optimierung betrieblicher Entscheidungen liefern. In modellmäßiger Vereinfachung mutiert das (allgemeine) Nutzenmaximierungsprinzip zum Prinzip langfristiger Gewinnmaximierung. Optimal ist jene Handlungsalternative, die langfristig den höchsten Gewinn in Aussicht stellt.

Dieser wirtschaftstheoretische Ansatz der Betriebswirtschaftslehre wird von **sozialwissenschaftlich** orientierten Fachvertretern in Frage gestellt.[1] In der betriebswirtschaftlichen Theorie der Unternehmung[2] geht es um folgende Fragen:

(1) Welche Ziele verfolgt das Unternehmen?
(2) Wer trifft die unternehmerischen Entscheidungen?
(3) Wer partizipiert am Unternehmenserfolg?

---

[1] Vgl. S. 3 ff. und S. 18 ff.
[2] Vgl. Albach, H., Gutenberg und die Zukunft der Betriebswirtschaftslehre, in: ZfB, 1997, S. 1257.

Auf diese drei Fragen geben der Shareholder-Ansatz und der Stakeholder-Ansatz unterschiedliche Antworten.

1.2.1 Shareholder-Ansatz

Shareholder im engeren Sinne sind die Aktionäre, also die Eigenkapitalgeber einer Aktiengesellschaft. Im weiteren Sinne kann der Shareholder-Ansatz auf alle Anteilseigner bzw. alle Eigenkapitalgeber angewendet werden.

> Nach dem **Shareholder-Konzept** hat die Unternehmensleitung die Aufgabe, unternehmerische Entscheidungen so zu treffen, dass die Einkommens- und Vermögensposition der Shareholder (= Eigenkapitalgeber) verbessert wird.

Unter dem Shareholder Value versteht man den Wert des Eigenkapitals. Bei Börsennotierung gilt als Indiz für den Wert des Eigenkapitals die sog. **Marktkapitalisierung**. Diese ergibt sich aus dem Produkt: Anzahl ausgegebener Aktien x Börsenkurs.

Das Shareholder-Value-Konzept und die Anknüpfungspunkte zur Maximierung des Eigenkapitalwertes werden später eingehend erläutert.[1] An dieser Stelle genügt folgende Feststellung: Weil der **Gewinn** als **Reinvermögensmehrung**[2] definiert wird, ist Eigenkapitalmaximierung gleichbedeutend mit langfristiger Gewinnmaximierung. Damit kann festgehalten werden: Nach dem Shareholder-Konzept

- verfolgt das Unternehmen das **Ziel** der Eigenkapitalgeber (langfristige Gewinnmaximierung)
- liegt die **unternehmerische Entscheidungsgewalt** bei den Eigenkapitalgebern (oder bei den von ihnen eingesetzten Geschäftsführern)
- trifft der **Unternehmenserfolg** (Gewinn oder Verlust) in vollem Umfang die Eigenkapitalgeber.

Dem Shareholder-Ansatz begegnen manche Autoren[3] mit heftiger Kritik, weil ihm vorgeworfen wird, die Interessen der anderen Anspruchsgruppen zu vernachlässigen.

1.2.2 Stakeholder-Ansatz

Sozialwissenschaftlich orientierte Betriebswirte interpretieren das Unternehmen als **Koalition verschiedener Anspruchsgruppen**, die auch als Stakeholder bezeichnet werden. Zu den Anspruchsgruppen gehören alle internen und externen Personengruppen, die vom Unternehmenshandeln direkt oder indirekt betroffen sein können. Nach dem Stakeholder-Ansatz leisten die Anspruchsgruppen einen Beitrag zum Unternehmen und stellen im Gegenzug Ansprüche an das Unternehmen (siehe **Abb. 18**).

Nach dem Stakeholder-Ansatz soll nicht Gewinnmaximierungsstreben, sondern die Steigerung des Allgemeinwohls oberstes Unternehmensziel sein.

---

[1] Vgl. Ausführungen zur wertorientierten Unternehmensführung S. 178 ff. und zur Discounted-Cash-Flow-Methode S. 515 ff.
[2] Vgl. S. 636.
[3] Vgl. Hill, W., Der Shareholder Value und die Stakeholder, in: Die Unternehmung, 1996, S. 415 ff.; Janisch, M., Anspruchsgruppenmanagement, 1993, S. 96 ff.

Anspruchs-gruppen	Anspruch gegenüber der Unternehmung	Beitrag zur Unternehmung
Eigenkapitalgeber (Eigentümer; Anteilseigner)	Mehrung des eingesetzten Kapitals (Gewinnausschüttung und Kapitalzuwachs)	Eigenkapital
Fremdkapitalgeber	Zeitlich und betragsmäßig festgelegte Tilgung und Verzinsung des eingesetzten Kapitals	Fremdkapital
Arbeitnehmer	Leistungsgerechte Entlohnung, motivierende Arbeitsbedingungen, Arbeitsplatzsicherheit	Ausführende Arbeit
Management	Gehalt, Macht, Einfluss, Prestige	Dispositive Arbeit
Kunden	Preisgünstige und qualitative Güter	Abnahme hochwertiger Güter
Lieferanten	Zuverlässige Bezahlung, langfristige Lieferbeziehungen	Lieferung hochwertiger Güter
Allgemeine Öffentlichkeit	Steuerzahlungen, Einhaltung der Rechtsvorschriften, schonender Umgang mit der Umwelt	Infrastruktur, Rechtsordnung, Umweltgüter

Abb. 18: Ansprüche der Stakeholder gegenüber dem Unternehmen

Nach dem **Stakeholder-Konzept** (Harmoniemodell) hat die Unternehmensleitung die Aufgabe, die Interessen der Anspruchsgruppen im Verhandlungsweg zusammenzuführen und alle Stakeholder in angemessener Weise am Unternehmenshandeln und am Unternehmenserfolg teilhaben zu lassen.

Ein Blick auf die Ansprüche der verschiedenen Stakeholder offenbart die Interessengegensätze: Hohe Zinsforderungen der Fremdkapitalgeber und hohe Entlohnungsansprüche von Arbeitnehmern und Management verringern die Gewinnansprüche der Eigenkapitalgeber. Oder: Hohe Umweltstandards der Öffentlichkeit, hohe Preisforderungen der Lieferanten und Druck der Kunden auf die Absatzpreise haben eines gemeinsam: Sie schwächen die Wettbewerbsfähigkeit des Unternehmens und gefährden damit das Streben der Belegschaft nach Arbeitsplatzsicherheit. Damit lassen sich divergierende Stakeholder-Interessen[1] auch in „friedenstiftenden Verhandlungen"[2] kaum auf einen gemeinsamen Nenner bringen.

Fazit: Nach der Grundidee des Stakeholder-Konzepts soll in einvernehmlichen Verhandlungen zwischen den Anspruchsberechtigten eine Einigung über

---

[1] Zum Konfliktpotential ökonomischer, sozialer und ökologischer Stakeholder-Ziele vgl. S. 66 ff.
[2] Vgl. Steinmann/Löhr, Unternehmensethik in der republikanischen Gesellschaft, in: Aßländer/Joerden (Hrsg.), Transformationsökonomien, 2002, S. 95 ff.

- gemeinsame Ziele
- gemeinsames Handeln
- gemeinsame Ergebnisaufteilung

erreicht werden. Dieser „friedenstiftende Ansatz" ist zwar gut gemeint, aber schlecht zu realisieren. Er scheitert an unüberbrückbaren Interessengegensätzen.[1] (**ÜB 2/1**)

1.2.3 Dominanz des Shareholder-Ansatzes in der Unternehmenspraxis

Dieses Lehrbuch folgt dem Konzept traditioneller Betriebswirtschaftslehre, wonach unternehmerisches Handeln vorrangig durch die Interessen der Eigenkapitalgeber bestimmt wird. Betriebswirtschaftliche Modellbildung folgt dem Shareholder-Ansatz, weil sich dieses Konzept in der Unternehmensrealität des marktwirtschaftlichen Wettbewerbs weitgehend durchgesetzt hat. Hierfür gibt es drei Gründe:

(1) Risikoübernahme und Entscheidungsbefugnis gehören zusammen
(2) Sicherung der Stakeholder-Interessen durch gesetzliche Rahmenbedingungen
(3) Sicherung der Stakeholder-Interessen durch marktwirtschaftlichen Wettbewerb.

(1) Risikoübernahme ist das Hauptmerkmal unternehmerischer Tätigkeit. Betriebliche Leistungserstellung beginnt mit dem Einsatz von Produktionsfaktoren. Durch den Faktoreinsatz entsteht Aufwand. Also kommt es – früher oder später – mit Sicherheit zu einem Geldabfluss. Ob die Leistungserstellung gelingt und ob – bei gelungener Leistungserstellung – die erwarteten Absatzpreise am Markt erzielt werden können, ist völlig offen. Im ersten Fall trägt das Unternehmen ein technisches, im zweiten Fall ein wirtschaftliches Risiko. In beiden Fällen besteht die Gefahr, dass die sicheren Auszahlungen nicht durch künftige Einzahlungen gedeckt werden.

> Als **unternehmerisches Risiko** bezeichnet man die Gefahr, dass geleistete Aufwendungen/Auszahlungen in einer unsicheren Zukunft nicht durch Erträge/Einzahlungen gedeckt werden.

Wohin mit diesem Risiko? Kaum jemand möchte es übernehmen, denn Risikoaversion bei den Wirtschaftssubjekten ist stärker verbreitet als Risikofreude.[2] Zur Lösung dieses Risikoproblems treffen die Stakeholder folgende Vereinbarung:

Anspruchsgruppen	Vertraglich vereinbarter Zahlungsanspruch
Fremdkapitalgeber	Fester Fremdkapitalzins
Arbeitnehmer	Fester Lohnanspruch
Lieferanten (Vermieter)	Fester Zahlungs-(Mietzins-)anspruch

Abb. 19: Zahlungsansprüche der Festbetragsbeteiligten

Die **Festbetragsbeteiligten** fordern – unabhängig von der Geschäftslage – ein fest vereinbartes Entgelt für die von ihnen erbrachten Leistungen. Sie tragen also kein unternehmerisches Risiko.

---

[1] Vgl. Döring, U., Zwischen Effizienz und Ethik, in: Döring/Kußmaul (Hrsg.), Spezialisierung, 2004, S. 119 ff. und die dort angegebene Literatur.
[2] Vgl. S. 90.

Das unternehmerische Risiko (unzureichender Zukunftserträge bei schlechter Geschäftslage) tragen allein die Eigenkapitalgeber, denn die in der GuV auszuweisenden
- Erträge sind unsicher
- Aufwendungen sind sicher (soweit vertraglich vereinbart).

Die Eigenkapitalgeber bezeichnet man als **Restbetragsbeteiligte**, weil auf sie das Restergebnis (zwischen unsicheren Erträgen und sicheren Aufwendungen) entfällt.

> Den von den Eigenkapitalgebern geforderten Preis für die volle Übernahme des unternehmerischen Risikos bezeichnet man als **Risikoprämie**, die durch (mögliche) Unternehmensgewinne, die allein den Eigenkapitalgebern zustehen, abgegolten wird.

An dieser Stelle mögen sich die Leser mit einer direkten Frage konfrontieren lassen: Wären Sie persönlich bereit, die Verantwortung für eine Aktion, z. B. für eine gewagte Bergexpedition, zu übernehmen, wenn nicht Sie selbst, sondern Dritte bestimmen, wie konkret zu agieren ist? Ihre Antwort lautet vermutlich: Nein, denn Sie sind der Meinung, dass Risikoübernahme mit Selbstbestimmung einhergehen muss. Wenn das richtig ist, dann werden Sie verstehen können, dass die Eigenkapitalgeber als Risikoträger nicht nur die finanzielle Handlungsverantwortung, sondern auch die Handlungsvollmacht übernehmen wollen.

Hier wird deutlich, warum die **Shareholder** für sich folgende **Kompetenzen beanspruchen**: Bestimmung der Unternehmensziele, Bestimmung des Unternehmenshandelns und Bestimmung über die Verwendung des Unternehmensergebnisses.

(2) Gesetzliche Rahmenbedingungen haben in einer sozialen Marktwirtschaft (auch) die Aufgabe, die Schwachen zu schützen. Dies gilt auch für schutzwürdige Stakeholderinteressen, wie folgende Beispiele zeigen:

Anspruchsgruppen	Schutz durch gesetzliche Rahmenbedingungen
Fremdkapitalgeber	Gläubigerschutz durch das HGB, AktG, GmbHG
Arbeitnehmer	Sicherung und Mitbestimmung durch das KSchG, BetrVG, Drittelbeteiligungsgesetz, Mitbestimmungsgesetz
Lieferanten	Eigentumsvorbehalt
Kunden	Verbraucherschutz durch das BGB
Allgemeine Öffentlichkeit	Schutz der Umwelt durch das StGB

Abb. 20: Schutz der Stakeholder durch gesetzliche Rahmenbedingungen

Die Freiheit unternehmerischen Handelns wird durch gesetzliche Gebote bzw. Verbote eingeschränkt. Dadurch werden die **Stakeholder geschützt**.

(3) Zum **marktwirtschaftlichen Wettbewerb** gehört die Vertragsfreiheit.

> **Vertragsfreiheit** bedeutet, dass jedes Wirtschaftssubjekt frei darüber entscheiden kann, ob, mit wem und mit welchem Inhalt ein Vertrag abgeschlossen werden soll.

Das im marktwirtschaftlichen System verankerte Shareholder-Konzept basiert auf einer Vielzahl von Verträgen, welche das shareholderdominierte Unternehmen mit den Stakeholdern abschließt. Der Rechtsstaat und der marktwirtschaftliche Wettbewerb schützen die Stakeholder, indem sie ihnen die Möglichkeit geben, bei

- Vertragsverletzungen durch das Unternehmen **Ansprüche einzuklagen**
- unbilligem Verhalten des Unternehmens den **Vertragspartner** zu **wechseln**.

Zum zweiten Punkt: Das Streben nach **langfristiger** Gewinnmaximierung gebietet dem Unternehmer, die Stakeholder pfleglich zu behandeln, weil diese Stakeholder sonst von ihrem Recht auf Vertragsfreiheit Gebrauch machen könnten und dem Unternehmen damit ein wertvoller Kreditgeber, ein fähiger Mitarbeiter, ein zuverlässiger Lieferant oder ein potenter Kunde verloren gehen könnte.

Das gilt auch gegenüber dem Stakeholder „Allgemeine Öffentlichkeit". Die Gesellschaft erwartet ein der **Nachhaltigkeit** verpflichtetes Unternehmenshandeln im Sinne der **Corporate Social Responsibility** (CSR): Unternehmerisches Handeln soll sich nicht allein an „Renditezielen" orientieren, sondern auch die

- sozialen Belange der Mitarbeiter
- Umweltschutzinteressen der Gesellschaft

berücksichtigen.[1] Unternehmen können am Markt nur erfolgreich sein, wenn sie dieser gesellschaftlichen Grundeinstellung der Nachfrager Rechnung tragen. Es klingt paradox, entspricht aber der Realität: Unternehmerisches Streben nach **langfristiger – nachhaltiger – Gewinnmaximierung** ist der beste **Garant** zur Erfüllung gesellschaftlicher Erwartungen an ein „gutes" Unternehmenshandeln im Sinne der **Corporate Social Responsibility**.

Fazit: Stakeholder haben die Möglichkeit, stakeholderaverses Unternehmenshandeln zu sanktionieren. Unternehmerisches Gewinnstreben auf der einen und marktwirtschaftlicher Wettbewerb auf der anderen Seite sind gute Garanten zur Wahrung der Stakeholder-Interessen. Da ist sie wieder: Die **unsichtbare Hand des Wettbewerbs**, die Nützliches hervorbringt, ohne es ursprünglich gewollt zu haben.

1.3 Gewaltenteilung im Rahmen der Unternehmensführung

Die **Eigenkapitalgeber** (Shareholder) tragen als einzige Stakeholder-Gruppe das volle unternehmerische (Verlust-)Risiko. Im Gegenzug beanspruchen sie die **uneingeschränkte Kompetenz zur Unternehmensführung**, also das Recht zur

- Festlegung der Unternehmensziele (Unternehmensstrategie)
- uneingeschränkten Geschäftsführung (Operatives Geschäft)
- freien Verfügung über den Unternehmenserfolg.

Die folgenden Ausführungen sollen zeigen, dass die Eigenkapitalgeber von diesem umfassenden Kompetenzanspruch in der Realität mehr oder weniger große Abstriche machen müssen. Am ehesten lässt sich das Shareholder-Ziel uneingeschränkter Führungskompetenz in (kleinen) eigentümergeführten Unternehmen verwirklichen (siehe Unterkapitel 1.3.1).

Bei managementgeführten Unternehmen delegieren die Eigenkapitalgeber einen Teil ihrer Führungskompetenz an Dritte, die Geschäftsführer oder Manager (siehe Unter-

---

[1] Zu Einzelheiten vgl. Schneider/Schmidpeter, CSR, 2015.

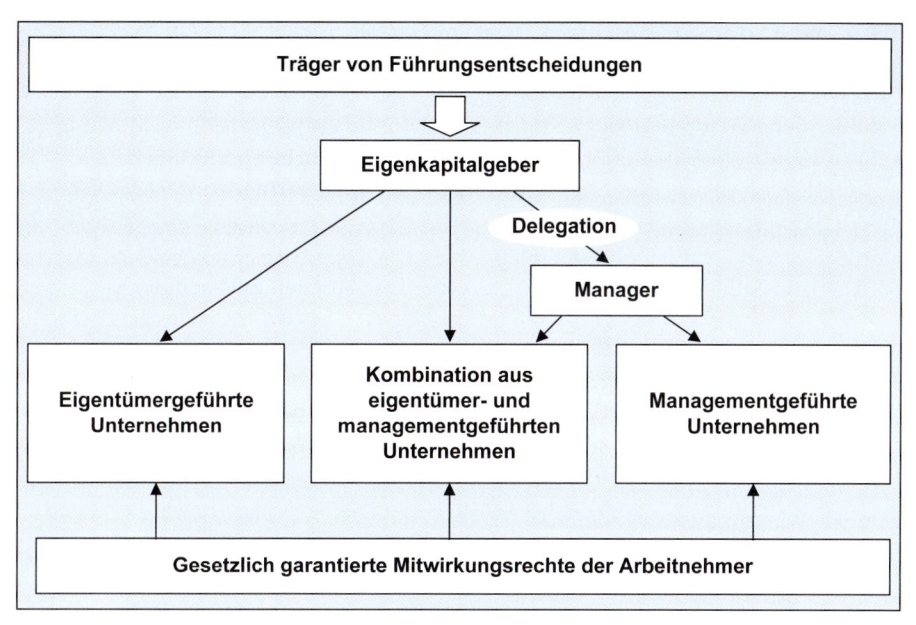

Abb. 21: Eigentümer- und managementgeführte Unternehmen

kapitel 1.3.2). In jedem Fall, also auch bei eigentümergeführten Unternehmen, müssen die Eigenkapitalgeber – ab einer bestimmten Unternehmensgröße – **gesetzlich abgesicherte Mitwirkungsrechte der Arbeitnehmer**, die in Unterkapitel 1.3.3 behandelt werden, respektieren.

1.3.1 Eigentümergeführte Unternehmen

Der Prototyp des eigentümergeführten Unternehmens ist die Einzelfirma. Der Eigenkapitalgeber trägt das volle unternehmerische Risiko und hat im Gegenzug die Freiheit, das Unternehmen nach seinen eigenen Vorstellungen zu führen.

> **Eigentümergeführte Unternehmen** sind solche Unternehmen, bei denen Eigentümer alle zentralen Führungsfunktionen selbst ausüben.

Der Eigentümer trägt das volle Verlustrisiko und die Gesamtverantwortung für die wirtschaftliche Entwicklung des Betriebes. Sein Handlungsspielraum wird nur durch gesetzliche Vorschriften eingeengt. Von besonderer Bedeutung sind in diesem Zusammenhang gesetzlich garantierte Rechte der Arbeitnehmer.

Auch die Offene Handelsgesellschaft (OHG) ist als eigentümergeführtes Unternehmen konzipiert, weil alle Gesellschafter voll haften und nach §114 HGB zur Geschäftsführung berechtigt sind. Bei der Kommanditgesellschaft (KG) liegt die Geschäftsführungsbefugnis nach §164 HGB allein bei den vollhaftenden Komplementären.

Eigentümergeführten Unternehmen begegnet man auch in der Rechtsform der Kapitalgesellschaft. Das ist z.B. dann der Fall, wenn die Gesellschafter einer Gesellschaft mit beschränkter Haftung (GmbH) gleichzeitig die Geschäftsführungsfunktion übernehmen.

1.3.2 Managementgeführte Unternehmen

Managementgeführte Unternehmen lassen sich erklären mit

- **fehlenden Fähigkeiten/Interessen** der Eigentümer zur Unternehmensführung
- **breit angelegter Eigenkapitalakquisition**.

Anders gesagt: Eigenkapitalgeber übertragen einem Geschäftsführer (Manager) die Leitungsfunktion, wenn sie z. B. selbst nicht über die entsprechende Qualifikation verfügen oder die Zahl der Eigenkapitalgeber eines Unternehmens so groß ist, dass die Führungsfunktion auf eine (wenige) Person(en) konzentriert werden muss.

> Von **managementgeführten Unternehmen** spricht man, wenn die zentralen Führungsentscheidungen an Geschäftsführer (Manager) übertragen werden, die selbst nicht (wesentlich) am Unternehmen beteiligt sind.

Typisches Beispiel eines managementgeführten Unternehmens ist eine Publikumsaktiengesellschaft mit vielen Kleinaktionären, deren Zahl oft in die Hunderttausende geht. Hier übertragen die Aktionäre (Eigenkapitalgeber) die Kompetenz zur Unternehmensführung auf den sog. Vorstand. Dabei hat die Aktiengesellschaft (AG) drei Organe.[1]

Hauptversammlung	Aufsichtsrat	Vorstand
Aktionärsversammlung	*Kontrollorgan*	*Ausführungsorgan*
• wählt Aufsichtsrat • fasst Grundsatzbeschlüsse	• bestellt Vorstand • überwacht die Geschäftsführung	• eigenverantwortliche Geschäftsführung • Berichtspflichten

Abb. 22: Organe der Aktiengesellschaft

Das wichtigste Organ der AG ist die **Hauptversammlung**, in der die Aktionäre Sitz und Stimme haben. Dabei lassen sie sich meist von ihrer Hausbank vertreten, die im Auftrag der Aktionäre das sog. Depotstimmrecht ausübt. Die Aktionäre übertragen die Leitungskompetenz an den Vorstand. Dies geschieht auf indirektem Wege über den Aufsichtsrat. Zu den wichtigsten Befugnissen der Hauptversammlung gehören

- die Wahl des Aufsichtsrates[2]
- Grundsatzbeschlüsse (z. B. Kapitalerhöhung, Fusion, Liquidation)
- Entlastung von Vorstand und Aufsichtsrat am Ende des Geschäftsjahres
- Wahl des Abschlussprüfers.

Als Kontrollorgan hat der **Aufsichtsrat** nach § 111 AktG die Aufgabe, die Geschäftsführung zu überwachen. Er entscheidet über die Bestellung und Abberufung von Mitgliedern des Vorstands. Außerdem obliegt ihm die Prüfung des Jahresabschlusses.[3]

---

[1] Zu Einzelheiten vgl. S. 218 ff.
[2] Ein Teil der Mitglieder des Aufsichtsrates ist von den Arbeitnehmern zu wählen. Vgl. S. 59 f.
[3] Zum Jahresabschluss vgl. S. 646 ff.

Dem **Vorstand** obliegt die eigenverantwortliche Geschäftsführung. Der Vorstand erstellt den Jahresabschluss. Gegenüber der Hauptversammlung und dem Aufsichtsrat ist er zur turnusmäßigen Berichterstattung verpflichtet.

Zusammenfassend lässt sich festhalten, dass die Eigenkapitalgeber in der (Publikums-) Aktiengesellschaft einen Großteil ihrer **Verfügungsbefugnisse an Dritte übertragen**: Die Führungskompetenz geht an den Vorstand, die Kontrollkompetenz geht an den Aufsichtsrat.

Der Jahresabschluss ist das wichtigste Instrument zur Unterrichtung der Aktionäre. Zur Sicherung der Informationsinteressen seiner Empfänger ist er von einem unabhängigen Sachverständigen, dem Wirtschaftsprüfer, zu prüfen.[1] Im Jahresabschluss, der auch vom Aufsichtsrat zu prüfen ist, liefert der Vorstand Rechenschaft über den Verlauf des Geschäftsjahres. Ist die Hauptversammlung mit der Leistung des Vorstands nicht zufrieden, hat sie nur begrenzte Eingriffsmöglichkeiten: Bei der nächsten Wahl des Aufsichtsrates kann sie Personen ihres Vertrauens wählen, die wiederum bei der Bestellung eines neuen Vorstands die Aktionärsinteressen vertreten sollen.

Neben den reinen eigentümer- und managementgeführten Unternehmen existieren auch **Kombinationsformen**. Diese Unternehmen haben zwei Gruppen von Eigentümern: solche, die als Geschäftsführer die Führungsentscheidungen treffen, und solche, die nur Kapitalgeber sind. Markantestes Beispiel ist die Kommanditgesellschaft auf Aktien[2] (KGaA). Hier liegt die Geschäftsführung allein bei den Komplementären. Die Komplementäre sind Träger des vollen unternehmerischen Risikos und der Leitungsfunktion. Entsprechend stark ist ihr Einfluss im Unternehmen. Folglich haben Hauptversammlung und Aufsichtsrat in der KGaA weniger Befugnisse als in der AG.

1.3.3 Sicherung von Arbeitnehmerrechten

Im marktwirtschaftlichen System nehmen die Eigenkapitalgeber unter allen Stakeholder-Gruppen eine Sonderstellung ein: Sie übernehmen das volle unternehmerische (Verlust-)Risiko und beanspruchen im Gegenzug volle Dispositionsfreiheit bei der Unternehmensführung.

1.3.3.1 Arbeitsrechtliche Mitbestimmung	1.3.3.2 Unternehmerische Mitbestimmung	1.3.3.3 Schutzvorschriften
• Informations-, Anhörungs- und Mitwirkungsrechte der Arbeitnehmer • Gegenstand: Einzelfragen, die das Arbeitsverhältnis betreffen	• Mitwirkungsrechte an der Unternehmensleitung • Gegenstand: unternehmerische Entscheidungen	• Einschränkung der Vertragsfreiheit • Gegenstand: Mindestlohn, Mindesturlaub, Beschränkung der Arbeitszeit u. a.

Abb. 23: Sicherung von Arbeitnehmerrechten

Unter den übrigen Stakeholdern gibt es eine Anspruchsgruppe, die in einer sozialen Marktwirtschaft besondere Schutzinteressen geltend macht: die **Arbeitnehmer**. Die Arbeitnehmer und ihre Interessenvertretung, die Gewerkschaft, erwarten

---

[1] Zur Prüfung und Offenlegung vgl. S. 750 ff.
[2] Vgl. S. 222 f.

1.3.3.1 eine Berücksichtigung ihrer Interessen im Arbeitsalltag
1.3.3.2 Mitspracherechte im Rahmen der Unternehmensleitung
1.3.3.3 eine Sicherung ihrer sozialen Bedürfnisse.

Auf allen drei Gebieten hat sich der deutsche Gesetzgeber der Arbeitnehmerinteressen angenommen.[1] Im Folgenden werden die gesetzgeberischen Maßnahmen zum Schutz der Arbeitnehmer kurz vorgestellt. Bei der arbeitsrechtlichen Mitbestimmung geht es um die Schutzbedürfnisse der Belegschaft im Arbeitsalltag. Die unternehmerische Mitbestimmung regelt die Partizipationsrechte der Arbeitnehmer. Weitere gesetzliche Schutzvorschriften schränken den Grundsatz der Vertragsfreiheit zu Lasten der Arbeitgeberseite ein. (**ÜB 2**/4)

1.3.3.1 Arbeitsrechtliche Mitbestimmung und Mitwirkung

Die arbeitsrechtliche Mitbestimmung ist vor allem im Betriebsverfassungsgesetz (BetrVG) und im Sprecherausschußgesetz (SprAuG) geregelt. Wichtige Organe der arbeitsrechtlichen Mitbestimmung sind der Betriebsrat, die Jugend- und Auszubildendenvertretung, der Sprecherausschuss und der Wirtschaftsausschuss.

Betriebsrat: Interessenvertretung der Arbeitnehmer; wählbar in Betrieben mit mindestens fünf ständig beschäftigten Arbeitnehmern.

Jugend- und Auszubildendenvertretung: Interessenvertretung der Arbeitnehmer unter 18 Jahren und der zur Ausbildung Beschäftigten; wählbar in Betrieben, die mindestens fünf Personen dieser Arbeitnehmer beschäftigen.

Sprecherausschuss: Interessenvertretung der leitenden Angestellten; wählbar in allen Betrieben mit mindestens zehn leitenden Angestellten.

Wirtschaftsausschuss: Organ, welches in wirtschaftlichen Angelegenheiten mit der Betriebsführung berät und den Betriebsrat hierüber unterrichtet; einzusetzen in Betrieben mit mehr als 100 ständig beschäftigten Arbeitnehmern; die Mitglieder werden durch den Betriebsrat entsandt.

Das bedeutendste Organ der arbeitsrechtlichen Mitbestimmung ist der **Betriebsrat**. Seine Aufgaben bestehen zum einen in allgemeinen Tätigkeiten (vgl. § 80 BetrVG), z. B. in der Überwachung der Einhaltung von arbeitsrechtlichen Normen. Zum anderen besitzt der Betriebsrat abgestufte Mitwirkungskompetenzen in sozialen, personellen und wirtschaftlichen Angelegenheiten:[2]

- **Informationsrecht:** Der Betriebsrat ist zur Durchführung aller ihm obliegenden Aufgaben vom Arbeitgeber rechtzeitig und umfassend zu unterrichten; die hierfür nötigen Unterlagen werden dem Betriebsrat auf Verlangen zur Verfügung gestellt.
- **Beratungsrecht:** Die Unternehmensleitung hat mit dem Betriebsrat u. a. Fragen der Gestaltung von Arbeitsplatz, Arbeitsablauf und Arbeitsumgebung, der Personalplanung oder der Berufsbildung der Arbeitnehmer zu beraten.
- **Widerspruchsrecht:** Der Betriebsrat kann **personellen Einzelmaßnahmen** (Einstellungen, Umgruppierungen, Versetzungen von Arbeitnehmern) unter Angabe von gesetzlich vorgegebenen Gründen die Einwilligung verweigern (negatives Konsensprinzip); ein arbeitsgerichtliches Urteil kann jedoch diese Zustimmung ersetzen

---

[1] Zu Einzelheiten vgl. Bühner, R., Personalmanagement, 2005, S. 394 ff.
[2] Vgl. Brox/Rüthers/Henssler, Arbeitsrecht, 2016; ähnlich Hanau/Adomeit, Arbeitsrecht, 2007, S. 109 f.

(§ 99 BetrVG). Ebenso kann vom Betriebsrat einer ordentlichen **Kündigung** begründet widersprochen werden; dem gekündigten Arbeitnehmer steht dann ggf. das Recht auf vorläufige Weiterbeschäftigung zu (§ 102 BetrVG).
- **Mitbestimmungsrecht i. e. S.:** In speziellen Fällen ist die Einigung zwischen Betriebsrat und Arbeitgeber Wirksamkeitsvoraussetzung für arbeitsvertragliche Maßnahmen. Unter anderem gilt dies beim Fehlen gesetzlicher oder tarifvertraglicher Regelungen für die **sozialen Angelegenheiten gem. § 87 BetrVG**: Hierzu gehören z. B. die Fragen der Ordnung des Betriebes, die Festlegung der täglichen Arbeitszeiten oder die Fragen der betrieblichen Lohngestaltung. Bei fehlender Einigung entscheidet die sog. Einigungsstelle.

Neben dem nationalen Betriebsrat haben die Arbeitnehmer eines europaweit operierenden Unternehmens auch die Möglichkeit einen **Europäischen Betriebsrat** einzurichten. Diesem stehen jedoch bei grenzüberschreitenden Belangen keine echten Mitbestimmungsrechte, sondern lediglich spezielle Unterrichtungs- und Anhörungsrechte zu.

Insgesamt hat der Betriebsrat somit nur einen **beschränkten Einfluss auf die Betriebsführung und ihre wirtschaftlichen Entscheidungen**. Erst die gesetzlichen Vorschriften zur unternehmerischen Mitbestimmung erlauben der Arbeitnehmerseite eine umfangreichere Einflussnahme auf die Unternehmenspolitik.

1.3.3.2 Unternehmerische Mitbestimmung

Der Einfluss der Arbeitnehmer auf die Unternehmenspolitik wird hauptsächlich über die Entsendung von Arbeitnehmervertretern in den **Aufsichtsrat** gewährleistet. Den Arbeitnehmern steht daher zwar keine direkte, wohl aber eine **indirekte Einwirkung auf die Unternehmenspolitik** zu. Diese schlägt sich in den Rechten des Aufsichtsrates u. a. zur Kontrolle der Geschäftsführung oder zur Wahl bzw. Abbestellung von Vorstandsmitgliedern nieder.[1] Die Arbeitnehmer können die Geschäftsführung somit mittelbar daran hindern, die Entscheidungen ausschließlich an den Interessen der Anteilseigner auszurichten. (**ÜB 2/5**)

Welche gesetzliche Grundlage jeweils einschlägig ist, richtet sich in erster Linie nach der Mitarbeiterzahl der Kapitalgesellschaft. Dabei gilt tendenziell: Je größer ein Unternehmen ist, umso stärker ist die Mitbestimmung. Während für diesbezügliche Unternehmen bis zu 500 Mitarbeitern die unternehmerische Mitbestimmung nicht gesetzlich verankert ist, unterliegen Kapitalgesellschaften mit mehr als 500 Mitarbeitern grundsätzlich der schwachen unternehmerischen Mitbestimmung nach dem **Drittelbeteiligungsgesetz** (DrittelbG). Beschäftigt eine Kapitalgesellschaft jedoch mehr als 2.000 Mitarbeiter, gelten die weiterreichenden Regelungen des **Mitbestimmungsgesetzes** (MitbestG). Für Kapitalgesellschaften des Bergbaus oder der Eisen bzw. Stahl erzeugenden Industrie (sog. Montanbetriebe) mit mehr als 1.000 Mitarbeitern greifen hingegen die Regelungen des **Montan-Mitbestimmungsgesetzes** (MontanMitbestG).

In Abhängigkeit von der gesetzlichen Grundlage (DrittelbG, MitbestG, MontanMitbestG) unterscheidet sich schließlich die konkrete Ausgestaltung der Mitbestimmungsregeln zum Aufsichtsrat. Dies verdeutlicht **Abb. 24**. (**ÜB 2/4**)

---

[1] Vgl. §§ 84, 111 AktG sowie zu den allgemeinen Rechten des Aufsichtsrates auch S. 220.

Rechtsgrundlage / Sachverhalt	Drittelbeteiligungsgesetz (DrittelbG) vom 18.05.2004	Mitbestimmungsgesetz (MitbestG) vom 04.05.1976	Montan-Mitbestimmungsgesetz (MontanMitbestG) vom 12.05.1951
1) erfasste Unternehmen	• AG und KGaA • GmbH • Genossenschaft • Versicherungsverein auf Gegenseitigkeit, sofern mit Aufsichtsrat (§ 1 Abs. 1)	• AG und KGaA • GmbH • Genossenschaft • keine Montanbetriebe (§ 1)	• Montanbetriebe in der Rechtsform der AG oder GmbH (§ 1)
2) Mindestbeschäftigtenzahl	mehr als 500 (§ 1 Abs. 1)	mehr als 2.000 (§ 1 Abs. 1)	mehr als 1.000 (§ 1 Abs. 2)
3) absolute Mitgliederzahl des Aufsichtsrates (AR)	abhängig von der Höhe des Grund- bzw. Stammkapitals: • bis 1,5 Mio. EUR: 3, 6 oder 9 • bis 10 Mio. EUR: 3, 6, 9, 12 oder 15 • über 10 Mio. EUR: 3, 6, 9, 12, 15, 18 oder 21 (§ 95 AktG)	abhängig von der Zahl der Arbeitnehmer • bis 10.000: 12 • bis 20.000: 16 • mehr als 20.000: 20 (§ 7)	abhängig von der Höhe des Grund- bzw. Stammkapitals: • bis 10 Mio. EUR: 11 • bis 25 Mio. EUR: 11 oder 15 • über 25 Mio. EUR: 11, 15 oder 21 (§§ 4, 9)
4) Sitzverhältnis im AR (Anteilseigner : Arbeitnehmer)	2 : 1 (§ 4 Abs. 1) sog. **Drittelparität**	1 : 1 (§ 7) sog. **Unterparität**	1 : 1, dazu ein „neutrales" Mitglied • „neutrales" Mitglied wird von den übrigen AR-Mitgliedern mit Mehrheit der Hauptversammlung zur Wahl vorgeschlagen (§§ 4, 9) sog. **Parität**
5) Aufteilung der Sitze der Arbeitnehmer-(AN)-Vertreter im AR	• 1 AN, sofern 1 AN-Vertreter zu wählen ist • mindestens 2 AN, sofern 2 oder mehr AN-Vertreter zu wählen sind (§ 4)	abhängig von der Zahl der AR-Mitglieder (§ 7 Abs. 2) • bei 12: 4 AN, 2 Gewerkschaftsvertreter • bei 16: 6 AN, 2 Gewerkschaftsvertreter • bei 20: 7 AN, 3 Gewerkschaftsvertreter jeweils mindestens ein leitender Angestellter unter den AN (§ 15 Abs. 1)	abhängig von der Zahl der AR-Mitglieder • bei 11: 4 AN, 1 sog. weiteres Mitglied • bei 15: 6 AN, 1 weiteres Mitglied • bei 21: 8 AN, 2 weitere Mitglieder (§§ 6, 9)
6) Wahlverfahren für die AN-Vertreter	unmittelbare Wahl durch alle AN des Betriebes (§ 5)	• bis 8.000 AN: Urwahl • ab 8.000 AN: durch Delegierte (§§ 9 ff.)	Hauptversammlung wählt nach den Vorschlägen des Betriebsrates („Bestätigungswahl") (§ 6)
7) Die Willensbildung im AR a) Wahl des AR-Vorsitzenden und seines Stellvertreters	• Wahl mit einfacher Stimmenmehrheit	• Wahl mit Mehrheit von 2/3 der Soll-Mitglieder • falls 2. Wahlgang notwendig, wählen die Anteilseignervertreter den AR-Vorsitzenden, die AN-Vertreter den Stellvertreter mit einfacher Stimmenmehrheit (§ 27)	• Wahl mit einfacher Stimmenmehrheit

B.1. Grundlagen

Rechtsgrundlage Sachverhalt	Drittelbeteiligungs- gesetz (DrittelbG) vom 18.05.2004	Mitbestimmungs- gesetz (MitbestG) vom 04.05.1976	Montan-Mit- bestimmungsgesetz (MontanMitbestG) vom 12.05.1951
b) Bestellung und Abberufung von Vorstandsmitgliedern	• Wahl mit einfacher Stimmenmehrheit	• 2/3-Mehrheit der AR-Mitglieder • vor 2. Wahlgang erarbeitet paritätisch besetzter AR-Ausschuss einen Vorschlag • 2. Abstimmung erfordert einfache Mehrheit • in einer evtl. 3. Abstimmung hat AR-Vorsitzende zwei Stimmen (§ 31)	• Wahl mit einfacher Stimmenmehrheit
c) „normale" Sachentscheidung	• Abstimmung mit einfacher Stimmenmehrheit	• 1. Abstimmungsgang: einfache Mehrheit • ergibt auch 2. Abstimmung ein „Patt", hat der AR-Vorsitzende zwei Stimmen (§ 29)	• Abstimmung mit einfacher Stimmenmehrheit

Abb. 24: Mitbestimmung im Aufsichtsrat

1.3.3.3 Schutzvorschriften für Arbeitnehmer

Rechtliche Grundlage eines jeden Beschäftigungsverhältnisses ist der **Arbeitsvertrag**, der zwischen Arbeitgeber und Arbeitnehmer auszuhandeln ist. Der vertragliche Handlungsspielraum wird dabei vom Gesetzgeber durch soziale und technische Schutzvorschriften **zu Lasten des Arbeitgebers** eingeengt. Es gilt:

> **Arbeitsrecht** ist **Arbeitnehmerschutzrecht**.

Vorschriften zum Schutz der Arbeitnehmer finden sich in **zahlreichen Gesetzen** (z. B. Arbeitszeitgesetz, Tarifvertragsgesetz, Bundesurlaubsgesetz, Entgeltfortzahlungsgesetz, Kündigungsschutzgesetz). Darin enthalten sind **Mindeststandards zur sozialen Absicherung** der Arbeitnehmer, von denen im Arbeitsvertrag nur abgewichen werden darf, wenn dadurch die Rechtsstellung des Arbeitnehmers verbessert wird. Beispiele gesetzlich garantierter sozialer Mindeststandards finden sich in **Abb. 25**.

Höchstleistung des Arbeitnehmers	Mindestleistung des Arbeitgebers

Normalarbeitszeit:
    8 Std. / Tag
    48 Std. / Woche
	Arbeitsentgelt:
	    gesetzlicher bzw. tariflicher Mindestlohn
	Urlaub:
	    24 Werktage[1]
	Krankheit:
	    6 Wochen Lohnfortzahlung
	Kündigung:
	    u. U. nur bedingt möglich

Abb. 25: Soziale Schutzvorschriften für Arbeitnehmer

---

[1] Dies entspricht bei einer Fünftagewoche einem Mindesturlaub von 20 Arbeitstagen.

So kann ein Arbeitnehmer unter Einhaltung einer Frist jederzeit kündigen, während ein Arbeitgeber bei einer Kündigung nicht nur Fristen, sondern je nach Einzelfall auch
- sachliche Aspekte (z. B. Arbeitsplatzwegfall, Fehlverhalten)
- persönliche Aspekte (z. B. Schwerbehinderung, Betriebszugehörigkeit)

zu beachten hat, die sich aus zahlreichen Gesetzen ergeben können.

Die Dispositionsfreiheit für Arbeitsverträge kann nicht nur durch Gesetze (z. B. max. 48 Wochenarbeitsstunden nach dem Arbeitszeitgesetz), sondern auch durch restriktivere **Tarifverträge** (z. B. max. 38,5 Wochenarbeitsstunden) eingeschränkt sein.

Ein neues Beschäftigungsverhältnis kann nur zu marktkonformen Bedingungen entstehen. Ist der inländische Arbeitsmarkt stärker reguliert als die ausländischen Konkurrenzmärkte, haben die **Arbeitsplätze** die Tendenz, auf die **freieren Auslandsmärkte abzuwandern**. Deshalb sehen viele Ökonomen in den hohen deutschen Sozialstandards einen wichtigen Grund für das Phänomen der **hohen Sockelarbeitslosigkeit**.

1.4 Corporate Governance – „Herrschaft im Unternehmen"

1.4.1 Ziele der Corporate Governance

Der **Erfolg eines Unternehmens** ist von (mindestens) zwei Faktoren abhängig, den
- **externen Rahmenbedingungen** (z. B. gute/schlechte Konjunktur)
- **internen Strukturen** (z. B. effiziente/ineffiziente Unternehmensführung).

Während die externen Faktoren vom Unternehmen nicht beeinflusst werden können, besteht bei den internen Strukturen eine Vielzahl von Gestaltungsmöglichkeiten.

Unternehmensführung ist Menschenwerk. Deshalb muss man in der Wirtschaftspraxis Abstriche vom theoretischen Idealfall optimaler Unternehmensführung machen. Dabei steigen mit zunehmender Unternehmensgröße die Anforderungen an eine effiziente Unternehmensführung.

Besonders groß sind die Schwierigkeiten bei managergeführten Unternehmen[1], bei welchen die Unternehmerfunktion
- **Risikoübernahme** bei den Eigentümern (→ Aktionären) bleibt
- **Leitungsbefugnis** auf die Geschäftsführung (→ Vorstand) übertragen wird.

Die Verteilung der Verfügungsrechte auf Eigentümer (→ Prinzipal) und Vorstand (→ Agent) führt zum **Prinzipal-Agenten-Konflikt**, der als institutionenökonomischer Ansatz an anderer Stelle[2] skizziert wurde. Bezogen auf die Wirtschaftspraxis geht es um die Frage, wie der „kleine" Aktionär eines großen DAX-Konzerns, an dem mehr als 500.000 Personen beteiligt sind, seine Eigentümerrechte gegenüber einem „allmächtigen" Vorstand zur Geltung bringen kann, denn §76 Abs. 1 AktG bestimmt: „Der Vorstand hat unter eigener Verantwortung die Gesellschaft zu leiten." Die Corporate Governance möchte die Machtfülle des Vorstands in geordnete Bahnen lenken.

> Als **Corporate Governance** bezeichnet man den rechtlichen und faktischen Ordnungsrahmen, der die Unternehmensleitung veranlassen soll, ihre Gestaltungsmacht uneigennützig zum Wohl des Unternehmens einzusetzen.

---

[1] Vgl. S. 56 f.
[2] Vgl. S. 22 ff.

1.4.2 Instrumente der Corporate Governance

Die Regelungen zur Corporate Governance richten sich in erster Linie an börsennotierte Kapitalgesellschaften, gewinnen aber auch bei (Groß-)Unternehmen anderer Rechtsformen zunehmend an Bedeutung. Die Zusammenhänge zwischen den Zielen und Instrumenten der Corporate Governance sind in **Abb. 26** wiedergegeben.

Ziel	Erfolgreiche Unternehmensführung (1) Schaffung eines Ordnungsrahmens zur Wahrung von Shareholder- und Stakeholderinteressen		
	(2) Transparenz	**(3) Kontrolle**	**(4) Strukturen, Prozesse und Personen**
Instrumente	Informationen für • Stakeholder • Kontrollinstanzen	Stärkung der Kontrollinstanzen • Aufsichtsrat • Wirtschaftsprüfer	• Gewaltenteilung • Anreizsystem • Risikoüberwachungssystem
Umsetzung	(5) Gesetze, Empfehlungen, Anregungen		

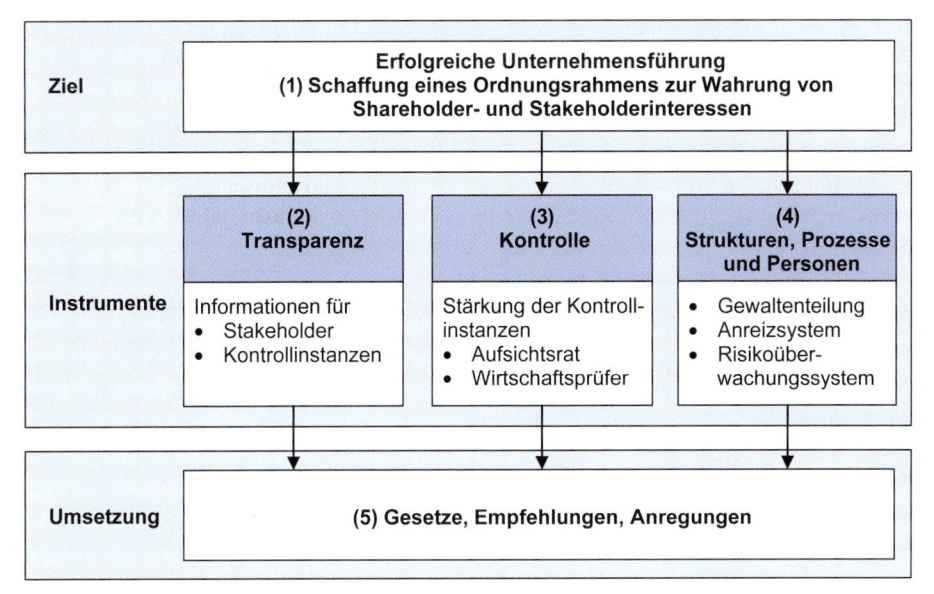

Abb. 26: Ziele und Instrumente der Corporate Governance

(1) Erfolgreiche Unternehmensführung für Shareholder und Stakeholder

Im **angelsächsischen Raum** orientieren sich die Regeln zur Corporate Governance an den Interessen der Unternehmenseigentümer. Maßstab zur Beurteilung der Führungsqualität ist der **Shareholder-Value**.[1]

In **Kontinentaleuropa** ist die Corporate Governance auf die Wahrung der Stakeholderinteressen fokussiert. So definiert der Deutsche Corporate Governance Kodex (DCGK)[2] das Unternehmensinteresse als **Steigerung der nachhaltigen Wertschöpfung**.[3]

Aber auch in Kontinentaleuropa kann sich ein Unternehmen nur dann im marktwirtschaftlichen Wettbewerb behaupten, wenn es rentabel arbeitet, wenn es nach **langfristiger Gewinnmaximierung** strebt und wenn es einen (Groß-)Teil der erwirtschafteten Gewinne thesauriert, um mit einem dicken Eigenkapitalpolster konjunkturbedingte Unternehmensrisiken besser abfedern zu können.

(2) Transparenz

„Wissen ist Macht" (Francis Bacon). Umgekehrt gilt: Unwissen bedeutet Ohnmacht. Wichtigstes Instrument der Corporate Governance ist deshalb die Transparenz. Durch die Offenlegung, d. h. die Weitergabe von Informationen an die Stakeholder und an die

---

[1] Vgl. S. 50 und S. 178 ff.
[2] Quelle: www.dcgk.de.
[3] Zur Wertschöpfung vgl. S. 746 und S. 834.

Kontrollinstanzen (→ Aufsichtsrat, Wirtschaftsprüfer) soll das **Informationsmonopol des Vorstands** gebrochen werden. Wichtigstes Instrument ist die zeitnahe Berichterstattung[1] im Rahmen des handelsrechtlichen Jahresabschlusses.

(3) Kontrolle

„Der Aufsichtsrat hat die Geschäftsführung zu überwachen" (§ 111 Abs. 1 AktG). So liegt es nahe, dass die Regeln zur Corporate Governance auf eine Stärkung dieses Kontrollorgans hinauslaufen. In diesem Sinne enthält der DCGK die Empfehlung, dass der **Aufsichtsrat** die Berichtspflichten des Vorstands (→ Transparenz) näher festlegt und dass der Aufsichtsrat im Bedarfsfall ohne den Vorstand tagen soll.

Zur Steigerung seiner Glaubwürdigkeit ist der Jahresabschluss von (großen und mittelgroßen) Kapitalgesellschaften durch einen **Abschlussprüfer** zu prüfen.[2] Damit erhält der Prüfer eine wichtige Kontrollfunktion. Darüber hinaus können Jahresabschlüsse von Unternehmen, die den Kapitalmarkt in Anspruch nehmen, durch eine weitere Kontrollinstanz, die Deutsche Prüfstelle für Rechnungslegung e. V. (DPR), auf ihre Ordnungsmäßigkeit überprüft werden.

(4) Strukturen, Prozesse und Personen

Fundamentaler Corporate-Governance-Grundsatz ist die **Gewaltenteilung**, insb. die personelle Trennung von ausführenden und kontrollierenden Unternehmensinstanzen. In diesem Sinne empfiehlt der DCGK, dass

- Aufsichtsratsmitglieder unabhängig sein sollen (→ keine Beziehung zur Gesellschaft und zum Vorstand)
- der Aufsichtsrat das Vergütungssystem für den Vorstand beschließen und regelmäßig überprüfen soll.

Das **Anreizsystem** soll so angelegt sein, dass die Vorstandsvergütung aus fixen und variablen Bestandteilen besteht. Die variable Vergütung soll sich an langfristigen Erfolgsgrößen orientieren und positiven und negativen Unternehmensentwicklungen (→ Bonus, Malus) Rechnung tragen.

(5) Gesetze, Empfehlungen, Anregungen

Bei den im DCGK enthaltenen Aussagen handelt es sich um

- **Gesetzliche Vorschriften**, die befolgt werden **müssen**
- **Empfehlungen**, die befolgt werden **sollen**
- **Anregungen**, die befolgt werden **können**.

Empfehlungen und Anregungen müssen also nicht eingehalten werden. In einer Entsprechenserklärung (**Compliance-Erklärung**) müssen sich Vorstand und Aufsichtsrat einer börsennotierten AG nach § 161 AktG dazu äußern, welche Empfehlungen des DCGK aus welchem Grund nicht angewendet wurden.

Das US-amerikanische Pendant zum DCGK ist der **Sarbanes-Oxley-Act**, ein US-Bundesgesetz, mit dem man Vorkehrungen gegen Bilanzfälschungen und nachfolgende Unternehmenszusammenbrüche treffen möchte. Der Sarbanes-Oxley-Act gilt für alle Unternehmen, deren Wertpapiere an einer US-Börse gehandelt werden. Neben verschärften Prüfungs- und Publizitätsvorschriften ist die strafrechtliche Haftung des Vorstandsvorsitzenden (CEO) und des Finanzvorstands (CFO) für die Ordnungsmäßigkeit des Abschlusses (→ **„Bilanzeid"**) hervorzuheben.

---

[1] Vgl. S. 752 ff.
[2] Vgl. S. 750 ff.

2. Unternehmensziele

Als angewandte Wissenschaft möchte die Betriebswirtschaftslehre Handlungsempfehlungen geben. Ob Entscheidung A besser ist als B, hängt ab von der

- Zielsetzung
- Entscheidungssituation[1]

des Entscheidungsträgers. Die folgenden Ausführungen sollen kurz[2] jene Probleme beleuchten, die bei der Formulierung von Unternehmenszielen auftreten können. Betrachtet werden dabei nur Unternehmen, d. h. erwerbswirtschaftlich organisierte Betriebseinheiten im marktwirtschaftlichen System.

> **Unternehmensziele** sind Maßstäbe, an denen unternehmerisches Handeln gemessen werden kann.

Die Zielbildung und -konkretisierung ist eine sehr wichtige Managementfunktion: „Ziele sind Maßstäbe, an denen künftiges Handeln gemessen werden kann. Man braucht Ziele, um sagen zu können, wie gut oder schlecht Aktionen sind und inwieweit sich Aktionen unterscheiden. Man braucht Ziele, um optimale Aktionen zu erkennen: Optimale Entscheidungen sind eben zielentsprechende Entscheidungen."[3]

Womit hat sich der Leser auseinanderzusetzen? Zunächst mit der Frage, wie divergierende Interessenlagen unterschiedlicher Personengruppen (Stakeholder) den Zielbildungsprozess (und sein Ergebnis) beeinflussen (Unterkapitel 2.1). Danach sind die Unternehmensziele nach verschiedenen Merkmalen einzuteilen (Unterkapitel 2.2). Abschließend werden Probleme der Bildung von Zielsystemen angesprochen (Unterkapitel 2.3).

2.1 Shareholder versus Stakeholder

Welche Person oder Personengruppe soll das Recht haben, die Unternehmensziele festzulegen? Die Beantwortung dieser Frage ist deshalb so schwierig, weil es hierbei um Machtverteilung geht.

Das **Shareholder-Value-Konzept** stellt die Interessenlage der **Eigenkapitalgeber** in den Mittelpunkt und begründet diese Kompetenzzuweisung mit dem Hinweis, dass die Eigenkapitalgeber als Restbetragsbeteiligte das volle Verlustübernahmerisiko tragen. Nach dem Shareholder-Value-Ansatz liegt das oberste Unternehmensziel, das auch als ökonomisches Ziel bezeichnet wird, in der **Steigerung des Eigenkapitalwertes** des Unternehmens. Da die angestrebte Eigenkapitalsteigerung mit Gewinn (Erfolg = Δ Eigenkapital) gleichzusetzen ist, deckt sich der Shareholder-Value-Ansatz mit der Auffassung der traditionellen, wirtschaftstheoretisch ausgerichteten Betriebswirtschaftslehre, wonach die **langfristige Gewinnmaximierung** als oberstes Unternehmensziel anzusehen ist. (ÜB 2/1–3)

---

[1] Zur näheren Erläuterung vgl. S. 72 ff. und S. 86 ff.
[2] Zu Unternehmenszielen vgl. Macharzina/Wolf, Unternehmensführung, 2015, S. 211 ff.
[3] Mag, W., Planung und Kontrolle, in: Bitz, M. et al. (Hrsg.), Betriebswirtschaftslehre 4, 1999, S. 16.

Diese Position wird von den Anhängern des **Stakeholder-Ansatzes** bestritten. Danach müssen die Interessen aller Anspruchsgruppen (Stakeholder) ihren Niederschlag in der Formulierung von Unternehmenszielen[1] finden. Neben den Eigenkapitalgeberinteressen (ökonomische Ziele) müssten vor allem Arbeitnehmerinteressen (soziale Ziele) und Interessen der Öffentlichkeit, die zunehmend auf eine umweltverträgliche Produktionsweise Wert legt (ökologische Ziele), beachtet werden.

Ökonomische Ziele (Eigenkapitalgeber)	Soziale Ziele (Arbeitnehmer)	Ökologische Ziele (Öffentlichkeit)
• langfr. Gewinnmaximierung • Shareholder Value • Rentabilität • Unternehmens- 　∘ sicherung 　∘ wachstum	• gerechte Entlohnung • gute Arbeitsbedingungen • betriebl. Sozialleistungen • Arbeitsplatzsicherheit • Mitbestimmung	• Ressourcenschonung • Begrenzung von Schadstoffemissionen • Abfallvermeidung • Abfallrecycling

Abb. 27: Ökonomische, soziale und ökologische Ziele

Zwischen ökonomischen, sozialen und ökologischen Zielen gibt es ein großes **Konfliktpotential.** Dafür ein paar kurze Beispiele: Versteht man unter „gerechter Entlohnung" eine leistungsgerechte Entlohnung, dann lassen sich – wie der Akkordlohngedanke[2] beweist – ökonomische und soziale Ziele vereinbaren. Wird dagegen gerechte Entlohnung als bedarfsgerechte Entlohnung interpretiert, dann muss der ineffizient arbeitende Familienvater höher entlohnt werden als der effizient arbeitende Junggeselle.

Macht sich ein in scharfem Wettbewerb stehendes Unternehmen ein derart interpretiertes soziales Ziel zu eigen, nimmt es – gemessen am Konkurrenten, der nur ökonomische Ziele verfolgt – höhere Stückkosten in Kauf. Solange die Nachfrager ihre Kaufentscheidung nur von Produktqualität und Produktpreis, nicht aber von „Sozialleistungen" des Anbieters abhängig machen, geben sie c. p. dem Angebot jenes Anbieters den Vorzug, der sich allein an ökonomischen Zielen orientiert. Der sozialzielorientierte Anbieter hat unter den Annahmen des Beispielfalls keine Marktchance. Er verfehlt nicht nur das ökonomische Ziel „Gewinnmaximierung", sondern er manövriert sich – bei scharfem Wettbewerb – ganz aus dem Markt. Dass durch die Verfolgung dieses Sozialziels ein anderes soziales Subziel – die Arbeitsplatzsicherheit – verfehlt wird, dass also die sozialen Subziele untereinander konfliktbeladen sind, sollte den Protagonisten sozialer Unternehmensziele zu denken geben.

Konfliktbeladen ist auch die Beziehung zwischen ökonomischen und ökologischen Zielen. Ein Beispiel aus der Getränkeindustrie: Nehmen wir an, dass das Einwegsystem für Hersteller und Handel kostengünstiger, das Mehrwegsystem dagegen umweltverträglicher ist. Unterstellen wir weiterhin, dass es keine gesetzliche Regelung in Richtung Zwangspfand für Einwegflaschen gibt, und nehmen wir weiterhin an, dass die Nachfrager zwar in hohem Maße Umweltschutz wünschen, aber nur in begrenztem Maße bereit sind, für Umweltschutz (im Sinne des Mehrwegsystems) einen Mehrpreis zu zahlen. Unter solchen Annahmen hat ein ökologisch orientierter Getränkehersteller

---

[1] Zum erweiterten Zielsystem vgl. Schweitzer/Schweitzer, Grundlagen, 2015, S. 20 ff.
[2] Vgl. S. 143 f.

mit dem Mehrwegsystem auf dem wettbewerbsintensiven Getränkemarkt allenfalls als Nischenanbieter für eine umweltbewusste Käuferschicht eine Marktchance.

Zur **Vermeidung von Konflikten** zwischen ökonomischen Zielen einerseits und sozialen und ökologischen Zielen[1] andererseits bieten sich drei **Lösungswege** an:
(1) Ökonomische Ziele und rechtlicher Datenkranz
(2) Dominanz sozialer und ökologischer Ziele
(3) Vereinbarkeitsstrategie ökonomischer, sozialer und ökologischer Ziele.

(1) Ökonomische Ziele und rechtlicher Datenkranz

Nach traditioneller betriebswirtschaftlicher Auffassung verfolgen die Unternehmen allein ökonomische Ziele. Die Aufgabe der Sicherung sozialer Belange der Belegschaft wird dem Gesetzgeber (Arbeitsrecht, Sozialrecht, BetrVG, MitbestG)[2] zugewiesen. Ebenso wird die Sicherung ökologischer Belange durch die staatliche Gesetzgebung (Gebote, Verbote, umweltorientierte Steuern) erwartet. Das Unternehmen verfolgt dann ökonomische Ziele aufgrund des geltenden Rechtsrahmens.

An diesem Ansatz wird der defensive Charakter im Sinne einer Nur-Anpassung an geltendes Recht kritisiert. Dieser Vorwurf trifft nicht ganz zu: Ein Unternehmen, das eine sehr langfristige Investitionsentscheidung zu treffen hat, wird sich nicht nur an geltendem, sondern auch an künftig möglichem Umweltrecht orientieren, weil nur so eine vorzeitige Stilllegung oder teure Nachrüstung der Anlage vermieden werden kann. Umweltschutzüberlegungen finden also auch in der rein rentabilitätsorientierten Betriebswirtschaftslehre Eingang in Entscheidungskalküle.

(2) Dominanz sozialer und ökologischer Ziele

Der Streit um die Dominanz zwischen ökonomischen und nichtökonomischen (sozialen + ökologischen) Unternehmenszielen ist fast genauso alt wie die deutsche Betriebswirtschaftslehre selbst. Die Forderung, dass ökologische und soziale Belange Vorrang vor reinem „Profitdenken" haben müssten, stützt sich auf ethische Wertvorstellungen der Kritiker des marktwirtschaftlichen Systems. Natürlich hat auch ein Unternehmer ethische Wertvorstellungen. Wenn aber solche Vorstellungen von sozialer Gerechtigkeit und Umweltverträglichkeit von der Mehrheit der Nachfrager nicht geteilt, besser gesagt: nicht honoriert werden, dann führt eine Unternehmenspolitik, die sich an unpopulären Umwelt- und Sozialzielen orientiert, zu suboptimalen Lösungen, die bis zur zwangsweisen Einstellung betrieblicher Tätigkeit reichen können.

(3) Vereinbarkeitsstrategie ökonomischer, sozialer und ökologischer Ziele

Eine Entlohnung, die als gerecht, ein Betriebsklima, das als angenehm und ein Führungsstil, der als „menschenfreundlich" empfunden wird, erhöht die Motivation der Belegschaft, steigert die Arbeitsproduktivität und leistet damit einen entscheidenden Beitrag zur Erreichung des Gewinnziels.

---

[1] Zur ökologischen Ausrichtung der Betriebswirtschaftslehre vgl. Hopfenbeck, W., Managementlehre, 2002; Kirchgeorg, M., Unternehmensverhalten, 1990.
[2] Vgl. S. 57 ff.

Ähnlich verhält es sich mit der Befolgung ökologischer Ziele. Je stärker sich der Umweltschutzgedanke in der Gesellschaft verfestigt, desto eher besteht die Aussicht, dass nicht nur „Naturprodukte", sondern dass auch umweltverträgliche Produktionsprozesse von wachsenden Käuferschichten (mit der Bereitschaft zum Zahlen höherer Preise) honoriert werden. Wenn dieser – sicherlich wünschenswerte – Prozess stärker in Gang kommt, wenn also Umweltverträglichkeit als Marktleistung honoriert wird, löst sich der Zielkonflikt zwischen ökonomischen und ökologischen Zielen auf. Die Auflösung des Zielkonflikts kann aber nicht dadurch erreicht werden, dass das Unternehmen ökonomische Ziele hintanstellt.[1] Vielmehr muss eine marktmäßige Lösung erreicht werden. Dies setzt einerseits allgemeine Verbraucheraufklärung über Umweltgefahren und andererseits Nachfrageraufklärung über unternehmensspezifische Umweltleistungen voraus.

2.2 Merkmale und Einteilung von Zielen

Ziele lassen sich nach unterschiedlichen Klassifikationsmerkmalen einteilen:

Zielmerkmal	Zielausprägungen
(1) **Zielsetzungsinstanz**	individuelle, kollektive Ziele
(2) **Zielinhalt**	Mengengrößen, Geldgrößen; Sach-, Formalziele
(3) **Zielausmaß**	begrenzte, unbegrenzte Ziele
(4) **Zeitbezug**	kurzfristige, langfristige Ziele
(5) **Zielbeziehungen**	komplementäre, konkurrierende, indifferente Ziele
(6) **Rangordnung**	Oberziele, Zwischenziele, Unterziele

Abb. 28: Einteilung von Zielen

(1) Je nachdem, ob sich eine Zielsetzung an den Interessen eines Individuums oder einer Institution orientiert, unterscheidet man zwischen einem **individuellen Ziel** (z. B. Arbeitszufriedenheit = Arbeitnehmerziel) und einem **kollektiven Ziel** (z. B. Existenzsicherung des Betriebes = Unternehmensziel). Am Beispiel des Arbeitstempos wird deutlich, wie leicht ein Konflikt zwischen individuellen und kollektiven Zielen entstehen kann.

(2) Ziele können in **Mengeneinheiten** (Produktionsmenge) oder in **Geldeinheiten** (Umsatz) beziffert werden. Statt absoluter Größen (s. o.) können auch relative Größen wie Arbeitsproduktivität (Ausbringungsmenge/Arbeitsstunde) oder Umsatzrentabilität (Gewinn/Umsatz) zur Zielformulierung herangezogen werden. Die für Unternehmen geltenden Ziele werden, wie **Abb. 29** zeigt, häufig in Sachziele und Formalziele eingeteilt.

Zwischen Formalzielen und Sachzielen gibt es eine klare Rangordnung: **Formalziele** wie Gewinnmaximierung oder Kostenminimierung bestimmen die Grundlinie unternehmerischen Handelns. **Sachziele** (z. B. Verbesserung der Produktqualität) haben **Instrumentalcharakter**: Sie stehen also im Dienst der Erreichung von Formalzielen.

---

[1] Vgl. Schaltegger/Figge, Umweltmanagement und Shareholder Value in den Kriterien des Unternehmenserfolgs, in: Koslowski, P. (Hrsg.), Unternehmenserfolg, 1999, S. 201 ff.

Sachziele	Formalziele
Was soll produziert werden?	*Nach welchen Regeln soll produziert werden?*
Festlegung von • Arten • Mengen • Qualitäten • Orten • Zeitpunkten der Produktion	Festlegung von • Umsatzzielen • Kostenzielen • Gewinnzielen • Rentabilitätszielen • Liquiditätszielen

Abb. 29: Sachziele und Formalziele

(3) Hinsichtlich des Zielausmaßes unterscheidet man zwischen **begrenzten Zielen** (z. B. gewünschte Eigenkapitalverzinsung 6 Prozent) und **unbegrenzten Zielen** (z. B. Maximierung der Eigenkapitalverzinsung).

(4) In Abhängigkeit von der jeweiligen Entscheidungssituation ist häufig eine Differenzierung zwischen **langfristigen und kurzfristigen Zielen** notwendig. Langfristig mag ein Unternehmen bei Gewinn und/oder Umsatz eine jährliche Steigerungsrate um 7 Prozent anstreben. In einer hartnäckigen Rezessionsphase kann es dann – im Sinne realistischer Planvorgaben – angezeigt sein, das Wachstumsziel für die kommenden beiden Jahre auf 3 Prozent zu reduzieren, ohne das langfristige Wachstumsziel zu korrigieren.

(5) Von **Mehrzielplanung** spricht man dann, wenn mindestens zwei Ziele gleichzeitig verfolgt werden. Bezüglich der Zielbeziehung unterscheidet man zwischen komplementären, konkurrierenden und indifferenten Zielen. Geht man von zwei Zielen aus und bezeichnet den jeweiligen Zielerreichungsgrad mit z_1 bzw. z_2, lassen sich die Zielbeziehungen graphisch wie in **Abb. 30** darstellen.

Eine **komplementäre Beziehung** liegt z. B. zwischen den beiden Zielen „Gewinnmaximierung" und „Minimierung der Ausschussquote" vor. Aus der Sicht der Unternehmensplanung ist eine komplementäre Zielbeziehung der Idealfall.

Der interessante, weil problematische Fall ist die **konkurrierende Zielbeziehung**. Ein Zielkonflikt kann sich zwischen den beiden Formalzielen „langfristige Gewinnmaximierung" und „Steigerung des Marktanteils" ergeben, wenn die Eroberung neuer Märkte nur über eine drastische Senkung des Absatzpreises und damit über eine Verringerung der Gewinnmargen möglich ist. Hier muss die Rangordnung zwischen den Zielen geklärt werden.

Von **indifferenter Zielbeziehung** spricht man, wenn das Ausmaß der Erreichung von Ziel 1 keinen Einfluss auf das Ausmaß der Zielerreichung von Ziel 2 hat. Diesen

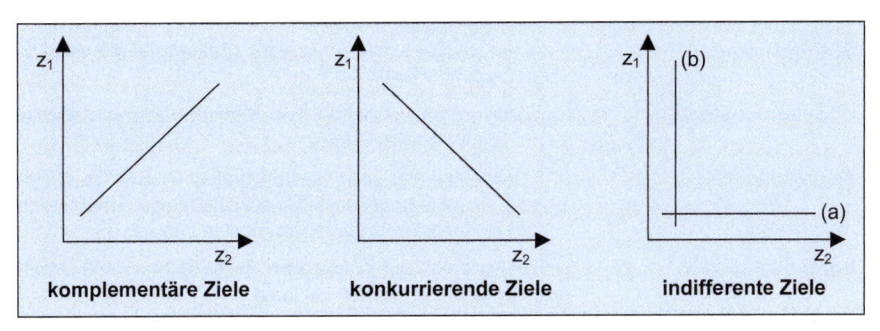

Abb. 30: Zielbeziehungen

Zusammenhang veranschaulichen die beiden beispielhaften Graphen im rechten Diagramm der **Abb. 30**. Im Fallbeispiel (a) zeigt der horizontale Graph, dass sich der Zielerreichungsgrad z_2 ohne einen Einfluss auf den (konstanten) Zielerreichungsgrad z_1 steigern lässt. Entsprechend zeigt das Fallbeispiel (b), dass eine Maximierungsstrategie im Rahmen des Ziels 1 keinen Einfluss auf den Zielerreichungsgrad z_2 hat.

(6) Der Lagerverwalter in einem Lebensmittelkonzern wird Schwierigkeiten haben, das **oberste Unternehmensgesamtziel** (langfristige Gewinnmaximierung) als Richtschnur für jene Entscheidungen heranzuziehen, die er in seinem Arbeitsbereich zu treffen hat. Darum wird in einem hierarchisch aufgebauten Unternehmen eine Zielhierarchie entwickelt, die folgendes Aussehen haben kann:

Rang	Zielvorschrift	Geltungsbereich
Oberziel	langfristige Gewinnmaximierung	Gesamtunternehmen
Zwischenziel	Kostenminimierung bei gegebener Produktqualität und Absatzmenge	Produktionsleitung
Unterziel	Abfallminimierung durch Lagerzeitkontrolle	Lagerhaltung

Abb. 31: Rangordnung von Zielen

Die Bildung von **Zwischenzielen** und **Unterzielen** hat also die Aufgabe, aus dem formalen Oberziel des Gesamtunternehmens für nachgeordnete Instanzen eine brauchbare Arbeitsanweisung abzuleiten. Die dabei auftauchenden Probleme werden im Folgenden kurz angesprochen.

2.3 Zielsysteme

Die obigen Ausführungen haben gezeigt, dass Unternehmen immer mehrere Ziele zu gleicher Zeit verfolgen. Daraus erwächst die Notwendigkeit, die Ziele in eine sinnvolle Ordnung (= Zielsystem) zu bringen, d. h. den Zielplanungsprozess zu organisieren.

Bei der Implementierung eines Zielsystems sollten – mindestens – folgende Grundsätze beachtet werden:

Zielmerkmal	Interpretation
Motivationsfunktion	Die Zielsetzung muss einen Impuls zur Verbesserung der Ausgangssituation liefern.
Realitätsbezug	Ziele müssen erreichbar sein (Bezug zur aktuellen Entscheidungssituation).
Widerspruchsfreiheit	Ziele sollten kompatibel sein. Konkurrenzbeziehungen sind möglichst zu vermeiden.
Verständlichkeit	Zielrealisierung setzt Zielverständnis voraus. Je niedriger die Hierarchieebene, desto höher sind die Anforderungen an die Operationalität (Sachziel statt Formalziel).
Kontrollierbarkeit	Je konkreter die Zielvorgabe, desto leichter die Kontrollierbarkeit der erreichten Leistung.

Abb. 32: Wichtige Grundsätze zur Bildung von Zielsystemen

Bei der Planung von Zielsystemen ist zwischen

- Zielkonzeptionen (= Zielmehrheit auf einer Hierarchieebene)
- Zielhierarchie (= Zielmehrheit auf verschiedenen Hierarchieebenen)

zu unterscheiden.

Bei der Entwicklung von **Zielkonzeptionen** kann zwischen Produkt-, Erfolgs- und Liquiditätszielen unterschieden werden. Im Zusammenhang mit dem **Produktziel** ist das Produktarten- und das Produktmengenziel (= Sortimentsziel) vorzugeben. Dabei kann es zu einem Zielkonflikt zwischen der Marketingabteilung (breites Sortiment zur Befriedigung differenzierter Kundenwünsche) und der Produktionsabteilung (wenige Produkte mit hohen Stückzahlen zwecks Stückkostensenkung) kommen. Das **Erfolgsziel** beinhaltet die Konkretisierung der Gewinnerzielung und Gewinnverwendung (Ausschüttung/Thesaurierung). Das Erfolgsziel steht in wechselseitiger Beziehung zum **Liquiditätsziel**: Einerseits haben Gewinnerzielung und Gewinnverwendung Einfluss auf die Liquidität. Andererseits kann das Ziel langfristiger Gewinnmaximierung nur unter der Nebenbedingung der Aufrechterhaltung der Zahlungsbereitschaft verfolgt werden. Unternehmerische Tätigkeit ist (durch Insolvenzantrag) zu beenden, sobald fällige Zahlungsverpflichtungen nicht eingelöst werden können.

Der hierarchische Aufbau eines Unternehmens (Unternehmensleitung, mittlere Managementebenen, untere Führungsebene) muss seine Entsprechung in einer **Zielhierarchie** (= Rangordnung von Zielen) finden. Das Kriterium **„Rangordnung der Ziele"** führt zur Unterscheidung von Ober-, Zwischen- und Unterzielen.

Als **Oberziel** bezeichnet man die oberste Zielsetzung der Gesamtunternehmung, die i. d. R. nicht unmittelbar, sondern nur über Zwischenstufen erreichbar ist. Außerdem ist das Oberziel gewöhnlich **nicht operational** zu formulieren, d. h. es lässt sich nicht in Maßgrößen (Anzahl, Geld, Gewicht) vorgeben. Eine solche Vorgabe ist jedoch dann von entscheidender Bedeutung, wenn eine Aufteilung der Entscheidungsgewalt im Unternehmen und eine Delegierung auf nachgeordnete Stellen erforderlich sind.

Zu diesem Zweck müssen aus dem Oberziel bestimmte Teilziele als **Unterziele (Subziele)** abgeleitet werden, die den einzelnen Abteilungen oder Mitarbeitern vorgegeben werden. Die Ableitung der Unterziele muss sorgfältig erfolgen, damit das Gesamtziel der Unternehmung nicht gefährdet wird. Bei jeder Entscheidungsinstanz bleibt nach der Delegierung von Entscheidungsgewalt ein Rest, der nicht delegierbar ist. Somit erhält die untergeordnete Abteilung nur ein Teilziel (Unterziel) gesetzt und verliert dadurch leicht die Verbindung zum obersten Ziel, möglicherweise dadurch, dass vorgesetzte Stellen ihnen die Einordnung der Unterziele in das Gesamtziel nicht erklären. Hieraus folgt, dass jede Ebene die ihr untergeordneten Abteilungen und die eigenen Ziele überwachen muss. Wichtig ist auch, dass **jedes Unterziel operational** ist. Nur in diesem Falle ist es möglich, den Erfolg und die Leistung des verantwortlichen Mitarbeiters zu messen. Ein operationales Ziel spornt zur Mitarbeit an, ermöglicht eine leistungsgerechte Entlohnung und hilft dem Stelleninhaber, seine Tätigkeit selbst zu beurteilen.

Neben den Unterzielen können auch **Zwischenziele** vorgegeben werden. Die Unterziele sind dann Mittel zur Erreichung der Zwischenziele und diese wiederum Mittel zur Realisierung des Oberziels. So kann es z. B. Ziel der Werbeabteilung eines Betriebes sein, eine möglichst breite Bevölkerungsschicht anzusprechen (Unterziel), damit der Umsatz eines Produkts eine bestimmte Höhe erreicht (Zwischenziel) und dadurch eine Gewinnerhöhung eintritt (Oberziel).

3. Planung und Entscheidung

3.1 Aufgaben und Elemente der Planung

Die Planung ist die wohl wichtigste Teilfunktion der Unternehmensführung.

> **Planung** ist die gedankliche Vorbereitung zielgerichteter Entscheidungen.

Planung ist das Bindeglied zwischen Zielsetzung und kalkuliertem Handeln. Zielbildung – Planung – Entscheidung sind also eng miteinander verknüpft.

Wichtige Elemente der Planung sind

- Planungsgegenstand
- Planungssubjekt
- Planungsdaten
- Planungszeitraum.

Planungsgegenstand kann beispielsweise die Frage sein, wie viele Ausbildungsplätze ein Unternehmen sinnvollerweise anbieten soll. In einem kleinen Handwerksbetrieb wird diese Frage vom Unternehmensinhaber entschieden. Mit zunehmender Betriebsgröße wird diese Entscheidung an **Planungssubjekte** delegiert, die einer nachgeordneten Hierarchieebene zugehören. Zu den **Planungsdaten** gehört der künftige Bedarf an Nachwuchskräften, die gegenwärtige (künftige) Kapazität der Lehrwerkstatt, die erwartete Abbrecherquote usw. Der **Planungszeitraum** kann sich auf das laufende Ausbildungsjahr beschränken, auf mittlere Frist (2–5 Jahre) oder langfristig angelegt sein. Bei kurzfristiger Planung ist die Kapazität der Lehrwerkstatt Datum, bei langfristiger Planung kann sie vom Datum zum Planungsgegenstand werden. Das Ende des Planungszeitraums wird auch als Planungshorizont bezeichnet.

Ob die Zielbildung eine separate Führungsfunktion oder ob sie Bestandteil des Planungsprozesses ist – in dieser Frage ist die einschlägige Literatur unterschiedlicher Meinung.[1] Unter Einbeziehung der Zielbildung ergibt sich für die Planung Folgendes:

> **Phasenschema der Planung**
> (1) Zielbildung
> (2) Problemanalyse
> (3) Alternativenermittlung
> (4) Alternativenbewertung

(1) Bei der **Zielbildung** unterscheidet man zwischen Oberzielen (z. B.: Steigere Shareholder Value), Zwischenzielen (z. B.: Steigere Umsatzrentabilität der Unternehmenssparte Z auf 8 Prozent) und Unterzielen (z. B.: Steigere mit einem gegebenen Marketingbudget den Umsatz von Produkt Z_4 um 12 Prozent/Jahr). Zwischen- und Unterziele sind aus Oberzielen abzuleiten und dienen der Operationalisierung der Planung.

(2) Die **Problemanalyse** beginnt mit der Feststellung des Istzustands (z. B. die Liquidität ist unzureichend). Es folgt eine Prognose der maßgebenden Einflussfaktoren (z. B. Prognose künftiger Einzahlungen und Auszahlungen). Zur Problemeingrenzung ist

---

[1] Vgl. Adam, D., Planung, 1996, S. 99 ff.; Schreyögg, G., Unternehmensstrategie, 1984, S. 86 ff.

die Frage zu klären, ob der Liquiditätsengpass eher auf Forderungsausfälle, schleppenden Zahlungseingang, unzureichende Eigenkapitalausstattung oder andere Faktoren zurückzuführen ist.

(3) Die **Alternativenermittlung** beschäftigt sich mit der Frage, mit welchen Mitteln die im Zuge der Problemanalyse festgestellten Probleme (z. B.: Unzureichender Deckungsbeitrag bei Produkt B) gelöst werden können.

(4) Die **Alternativenbewertung** steht am Ende des Planungsprozesses. Werden zur Beseitigung eines Produktionsengpasses die Investitionsalternativen X, Y oder Z in Erwägung gezogen, dann ist für jede Alternative der **erwartete Zielbeitrag** im Sinne des Kapitalwertes[1] zu ermitteln.

Je komplexer das Planungsproblem (z. B.: Wo liegen die Ursachen unzureichender Rentabilität?), desto schwieriger wird die Alternativenermittlung. Und je weiter die finanziellen Folgen in Frage kommender Handlungsalternativen in die Zukunft reichen (z. B. bei langfristig wirkenden Forschungs- und Entwicklungsinvestitionen), desto schwieriger wird es, den möglichen Zielbeitrag zu prognostizieren.

Unternehmensplanung ist selbst bei Klein- und Mittelbetrieben ein komplexer Arbeitsprozess. Dieser komplexe Prozess betrifft die gesamte Bandbreite unternehmerischer Tätigkeit von der Unternehmensgründung bis zum Verkauf bzw. zur Liquidation. Eine derartige **Totalplanung** ist **nicht praktikabel**. Zur Lösung des Komplexitätsproblems beschreitet man den Weg der **Teilplanung** (Partialplanung). Das unternehmerische Entscheidungsfeld[2] wird durch

(a) sachliche Aufteilung
(b) zeitliche Aufteilung

in einzelne Planeinheiten zerlegt.

(a) Die **sachliche Aufteilung** der Planungsaufgabe kann nach verschiedenen Gesichtspunkten erfolgen. Am gebräuchlichsten ist die **funktionale Aufteilung** des Planungsproblems in die Bereiche: Beschaffung, Produktion, Marketing, Finanzierung und Investition. Dieser Gliederung folgen die Lehrbuchliteratur und der Vorlesungskanon des betriebswirtschaftlichen Studiums.

In großen Mehrproduktunternehmen wird die Planungsaufgabe nach dem **Prinzip der Spartenorganisation**[3] gelöst, wobei ein Chemiekonzern in die Sparten (= Planungseinheiten) Pharma, Düngemittel, Kunststoffe, Lacke usw. eingeteilt werden kann.

(b) Auch die **zeitliche Aufteilung** dient der Strukturierung des Planungsproblems. Hinsichtlich der zeitlichen Reichweite der Planung unterscheidet man zwischen

- strategischer Planung (langfristig)
- taktischer Planung (mittelfristig)
- operativer Planung (kurzfristig).

Im folgenden Unterkapitel werden diese drei Planungsvarianten näher beschrieben. Ihrer herausragenden praktischen Bedeutung entsprechend liegt der Schwerpunkt bei der strategischen Planung. Daran anschließend werden die Möglichkeiten zur Koordination der Teilpläne erläutert. (**ÜB 2**/6–8)

---

[1] Vgl. ausführlich S. 487 ff.
[2] Vgl. S. 88 f.
[3] Vgl. S. 104.

3.2 Zeitliche und hierarchische Struktur der Planung

Die Urlaubsplanung für das kommende Quartal ist einfach und wird vom Werkstattleiter durchgeführt. Die Entwicklung einer auf zehn Jahre ausgelegten Forschungskonzeption in einem Pharmakonzern ist komplex und risikobehaftet, weshalb sich die Unternehmensleitung diese Planungsaufgabe vorbehält. Es existiert also ein enger Zusammenhang zwischen

- zeitlicher Reichweite
- Unsicherheits- und Komplexitätsgrad
- hierarchischer Zuordnung[1]

der Planung.

Vor einer genaueren Charakterisierung strategischer, taktischer und operativer Planung ist darauf hinzuweisen, dass diesen Teilplanungssystemen eine konstitutive Planung oder Grundsatzplanung vorgelagert ist.

Merkmal	Planung		
	strategische	taktische	operative
Fristigkeit	5 Jahre und mehr	2–5 Jahre	max. 1 Jahr
Unsicherheitsgrad	extrem hoch	hoch	gering
Datenprognose	vorw. qualitativ grob strukturiert	quantitativ grob strukturiert	quantitativ fein strukturiert
Kapazitätsveränderung	ja: Rahmenplanung	ja: Detailplanung	nein: Kapazität = Datum
Zuständigkeit	Unternehmensleitung	mittlere Führungsebene	untere Führungsebene

Abb. 33: Charakteristika strategischer, taktischer und operativer Planung[2]

3.2.1 Grundsatzplanung

Die Grundsatzplanung hat für ein Unternehmen **verfassungsähnlichen Charakter**. Sie gilt zeitlich unbefristet. Strategische, erst recht aber taktische und operative Planung sind der Grundsatzplanung untergeordnet.

Die Grundsatzplanung ist der **obersten Führungsebene** vorbehalten. Mehrheitsgesellschafter einer Aktiengesellschaft reservieren sich in aller Regel das Recht zur Grundsatzplanung. Hauptgegenstände der Grundsatzplanung sind Festlegung von

- **Branchenzugehörigkeit**
- **Führungskonzeption**[3]
- **Informations- und Ausschüttungspolitik**[4]
- **Finanzierungsgrundsätzen**[5] u. Ä.

---

[1] Zur Hierarchiebildung vgl. S. 105 f.
[2] Zu den Abgrenzungskonventionen vgl. Horváth/Gleich/Seiter, Controlling, 2015, S. 76 ff. und die dort angegebene Literatur.
[3] Vgl. S. 116 ff.
[4] Vgl. S. 811 ff.
[5] Vgl. S. 594 ff.

Teilweise wird auch die Festlegung der Risikopolitik oder der Wachstumspolitik (internes Wachstum durch eigene Forschung und Entwicklung/externes Wachstum durch Unternehmenszukäufe) zur Grundsatzplanung gezählt. Für andere Autoren gehören diese Planungsgegenstände in den Bereich strategischer Planung.[1]

3.2.2 Strategische Planung

Operative und taktische Planung decken i. A. die kommenden fünf Jahre als Planungszeitraum ab.

> Planungsansätze, die einen Zeitraum von mehr als fünf Jahren umfassen, bezeichnet man als **strategische Planung**.

Der weit in die Zukunft reichende Planungszeitraum ist mit einem extrem hohen Prognoserisiko verbunden. Quantitative Planung ist nur begrenzt möglich. Meist begnügt man sich mit **qualitativen Aussagen** wie: Im Marktsegment A verfolgen wir eine Wachstumsstrategie; aus dem Segment B wollen wir uns schrittweise zurückziehen.

Hauptgegenstand der strategischen Planung ist die

- **Sicherung bestehender Erfolgspotentiale**
- **Erschließung neuer Erfolgspotentiale**
- **Verringerung von Risikopotentialen**.

Zur Abschätzung künftiger Chancen und Risiken[2] ist eine Analyse des eigenen Unternehmens und seines Umsystems notwendig.

Strategische Analyse

unternehmensbezogen	umweltbezogen			
• Stärken/Schwächen • Kernkompetenzen • vorhandene Potentiale • Entwicklungspotentiale des eigenen Unternehmens	Nachfrager	Lieferanten	Konkurrenten (aktuelle und potentielle)	Gesetzliche Rahmenbedingungen

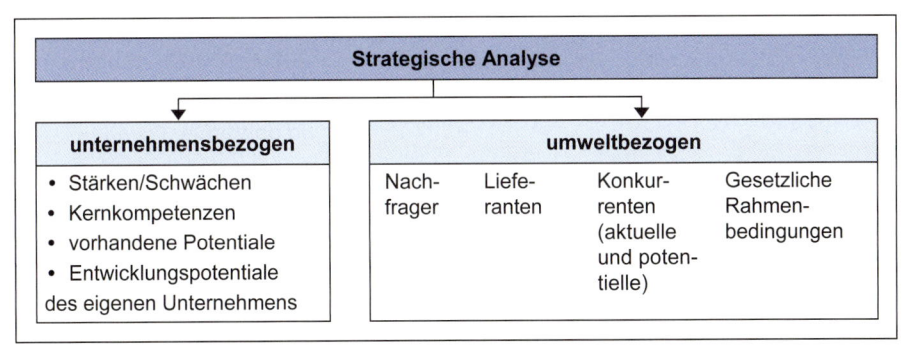

Abb. 34: Gegenstände strategischer Analyse

Bei der **strategischen Analyse**[3] sollen etwa folgende Fragen beantwortet werden:
- Wie werden sich die Nachfragerwünsche entwickeln?
- Wird es zu deutlichen Veränderungen der gesetzlichen bzw. marktmäßigen Rahmenbedingungen (Umweltrecht; Freihandel; Wechselkurse) kommen?
- Wo haben wir Wettbewerbsvorteile/-nachteile gegenüber der Konkurrenz?
- Gibt es Bedrohungen durch Ersatzprodukte oder neue Konkurrenten?
- Sollen wir uns auf Kernkompetenzen konzentrieren oder durch Diversifikation der Angebotspalette das Risiko minimieren?

---

[1] Vgl. Kreikebaum/Gilbert/Behnam, Management, 2011.
[2] Zum Risikomanagement vgl. S. 188 ff.
[3] Techniken der strategischen Planung werden an späterer Stelle erläutert; vgl. S. 81 ff.

Die strategische Planung entwickelt **keine konkreten Handlungsprogramme** für einzelne Funktionsbereiche (Produktion, Absatz, Investition, Finanzierung). Diese Aufgabe überlässt sie der taktischen Planung. Ziel der strategischen Planung ist es, für einzelne Funktionsbereiche/Geschäftsfelder einen grob strukturierten, gleichwohl widerspruchsfreien Rahmenplan zu schaffen. Damit hat die strategische Planung einen **Vorgabecharakter** und eine **Koordinierungsfunktion** für die **taktische Planung**. Deswegen und wegen ihrer weitreichenden Konsequenzen für die langfristige Unternehmensentwicklung ist die strategische Planung organisatorisch auf der obersten Ebene der Unternehmenshierarchie angesiedelt.

3.2.3 Taktische und operative Planung[1]

Im Zuge taktischer Planung – Planungszeitraum üblicherweise bis fünf Jahre – werden die (groben) **Rahmenvorgaben** der **strategischen Planung konkretisiert.** Gegenstand der taktischen Planung ist die mittelfristige

- Forschungs- und Entwicklungsplanung (FuE-Planung)
- Absatzplanung
- Produktions- und Beschaffungsplanung
- Personalplanung
- Investitions- und Finanzierungsplanung.

Die FuE-Planung steht in engem Zusammenhang mit der Entwicklung neuer Produkte. Im Zuge mittelfristiger Absatzplanung versucht man, die absatzpolitischen Instrumente[2] zu optimieren. Aus dem Absatzprogramm wird das Produktionsprogramm abgeleitet, wobei die Produktionstiefe festzulegen ist. Hierbei geht es um die Frage, welche Produktionsbestandteile in Eigenfertigung zu erstellen sind und welche fremdbezogen werden. Für derartige mittelfristige Outsourcing-Entscheidungen sind i. A. strategische Rahmenvorgaben (Können wir es besser als mögliche Zulieferer?) zu beachten. Auch bei der mittelfristigen Personalplanung sind üblicherweise strategische Vorgaben (Rationalisierungsgrad; Produktion im Inland/Ausland) zu beachten.

Parameter	Taktische Planung	Operative Planung
Planungsziel	Optimierung langfristig wirksamer Kapazitäten	Feinplanung auf der Basis gegebener Kapazitäten
Planungszeitraum	mehrere Jahre (Dauer der Kapazitätsbindung)	maximal ein Jahr
Planungsgegenstände	• Struktur des Produktions- und Absatzprogramms • Stammpersonalkapazität • Betriebsmittelkapazität • langfr. Lieferverträge u. a.	• Bestellmengen • Einzelaufträge • Maschinenbelegung • Eigentransport oder Fremdtransport u. a.
Erfolgsmaßstäbe	Einzahlungen und Auszahlungen (aufgezinst oder abgezinst)	Ein- und Auszahlungen, Erlöse, Kosten, Deckungsbeiträge

Abb. 35: Gegenstände taktischer und operativer Planung

---

[1] Vgl. Adam, D., Planung, 1996, S. 314 ff., S. 341 ff.
[2] Vgl. S. 390 ff.

Im Zuge taktischer Planung werden die **Personal- und Betriebsmittelkapazitäten festgelegt**. Dabei werden die Investitionsrechnung[1] und die mittelfristige Finanzplanung[2] zu zentralen Instrumenten mittelfristiger Kapazitätsplanung. In organisatorischer Hinsicht ist die taktische Planung auf der mittleren Führungsebene (Bereichsleiter; Spartenleiter) angesiedelt.

Die kapazitätsverändernden Entscheidungen der taktischen Planung sind für die **operative Planung** ein Datum. Gegenstand operativer Planung ist eine **Feinplanung** auf der **Basis gegebener Kapazitäten**.

Gegenstände operativer Planung können sein:
- Produktionsplanung Saisonartikel (Zeitraum: 12 Monate)
- Kurzfristige Finanzplanung[3] (Zeitraum: 30 Tage)
- Lieferplan Lebensmittelfilialist (Zeitraum: 1 Tag)
- Maschinenbelegungsplan für Großgeräte (Zeitraum: 1 Stunde).

Operative Planung ist nötig, weil die Prognosen der taktischen Planung i. A. nicht Wirklichkeit werden. So entstehen **Überkapazitäten bzw. Kapazitätsengpässe**. Die operative Planung hat die Aufgabe, die negativen **Auswirkungen taktischer Fehlplanung** zu **minimieren**. Sie ist auf der mittleren bis unteren Führungsebene angesiedelt.

3.3 Koordination von Teilplänen

Zur praktischen Bewältigung des Planungsproblems muss ein System von Teilplänen entwickelt werden, indem das unternehmerische Entscheidungsfeld in
- sachliche Teileinheiten (Funktionsbereiche/Sparten)
- zeitliche Teileinheiten (lang-, mittel- und kurzfristige Pläne)

zerlegt wird. Mit der Erstellung von Teilplansystemen wächst die Gefahr suboptimaler Lösungen. Um dieser Gefahr zu begegnen, müssen Teilpläne koordiniert werden.[4] In diesem Zusammenhang sollen drei Koordinationsformen
- retrograde/progressive Planung und Gegenstromverfahren
- rollende Planung
- Ausgleichsgesetz der Planung

kurz vorgestellt werden.

3.3.1 Retrograde und progressive Planung sowie Gegenstromverfahren

Die Verknüpfung von Teilplänen zum Gesamtplan kann auf drei Arten erfolgen:
- Retrograde Planung: Teilpläne werden aus Gesamtplan abgeleitet
- Progressive Planung: Gesamtplan wird aus Teilplänen abgeleitet
- Gegenstromverfahren: Vorläufiger Rahmenplan → Teilpläne → endgültiger Gesamtplan.

---

[1] Vgl. S. 470 ff.
[2] Vgl. S. 529 f.
[3] Vgl. S. 530 f.
[4] Vgl. Macharzina/Wolf, Unternehmensführung, 2015, S. 438 ff.

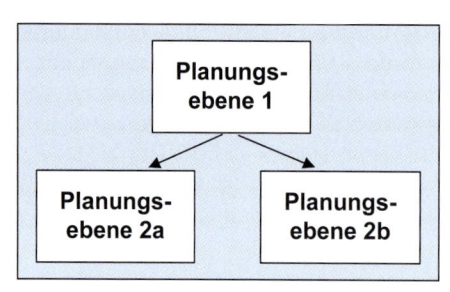

Abb. 36: Retrograde (top-down-) Planung

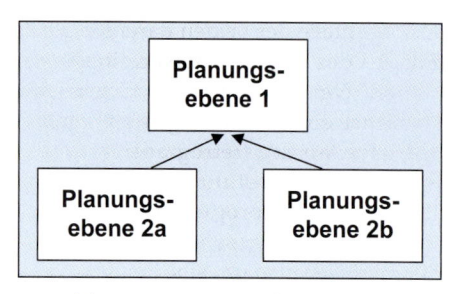

Abb. 37: Progressive (bottom-up-) Planung

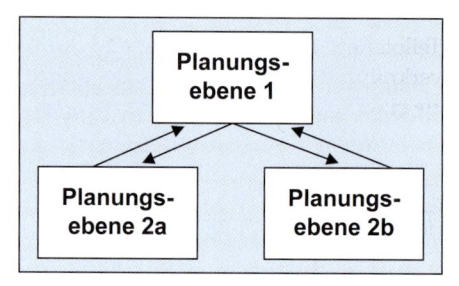

Abb. 38: Gegenstromplanung

Bei der **retrograden (top-down-)Planung** (vgl. **Abb. 36**) erfolgt die Ableitung der Pläne aus hierarchischer Sicht von oben nach unten. Der von der Unternehmensführung fixierte globale Rahmenplan wird von den nachgelagerten Planungsstufen in Teilpläne zerlegt und weiter präzisiert und dient der nächsten Planungsebene wiederum als Rahmenplan. Diese Planungsrichtung hat den **Vorteil**, dass die Zielsetzungen aller Teilpläne in hohem Maß der Zielsetzung des Gesamtunternehmens entsprechen. Allerdings besteht die Gefahr, dass die vorgelagerte Planungsebene der nachgelagerten Planungsebene Plandaten vorgibt, die diese u. U. nicht erfüllen kann. Um dies zu vermeiden, muss die übergeordnete Planungsebene für einen reibungslosen Informationsfluss sorgen; das ist allerdings oft mit hohem Aufwand verbunden. Da es sich bei dieser Methode jedoch kaum vermeiden lässt, dass bei der unteren Planungsebene der Eindruck entsteht, „verplant" zu werden, bleiben Zweifel, ob die untere Planungsebene auf Anfragen hin offen und ehrlich informiert, so dass die Planungsqualität beeinträchtigt werden kann.[1]

Den umgekehrten Weg beschreitet die **progressive (bottom-up-)Planung** (vgl. **Abb. 37**). Sie beginnt auf der untersten Planungsebene mit der Planung. Die Teilpläne werden an die jeweils übergeordnete Stufe weitergeleitet, die die Pläne koordiniert, zusammenfasst und wiederum weitergibt, bis die oberste Planungsebene erreicht ist. Dieses Konzept hat den **Vorteil**, dass die Planung unmittelbar von den Betroffenen ausgeht, die sofortigen Zugang zu den benötigten Informationen haben. Die Beteiligten können sich mit dem selbsterarbeiteten Planinhalt identifizieren; dadurch wird ihre Motivation gestärkt. Das wesentlichste Problem dieser Planungsmethode besteht darin, dass sich die Teilpläne, die der übergeordneten Planungsebene eingereicht werden, inhaltlich widersprechen können bzw. nicht gleichzeitig realisieren lassen.

---

[1] Vgl. Wild, J., Unternehmensplanung, 1982, S. 191 ff.

Die Nachteile der beiden dargestellten Planungskonzepte können weitgehend durch Einsatz des **Gegenstromverfahrens** (top-down-/bottom-up-Planung) ausgeschaltet werden (vgl. **Abb. 38**). Beim Gegenstromverfahren stellt die Unternehmensführung zunächst einen vorläufigen Rahmenplan auf, von dem die vorläufigen Teilpläne abgeleitet werden **(retrograder Verlauf)**. Von der untersten Planungsebene bis hinauf zur Unternehmensführung erfolgt dann eine Überprüfung der Planvorgaben auf ihre Realisierbarkeit **(progressiver Verlauf)**. Bestehen Zweifel an der Realisierbarkeit der „von oben" vorgegebenen Teilpläne, bemühen sich die am Planungsprozess beteiligten Hierarchieebenen um eine konsensuale Lösung.

3.3.2 Rollende Planung

Zeitlich differenzierte Teilpläne[1] können nach dem Prinzip der rollenden (rollierenden) Planung miteinander verknüpft werden. Dieses Koordinierungsinstrument lässt sich am einfachsten mit Hilfe einer Graphik (→ **Abb. 39**) veranschaulichen.

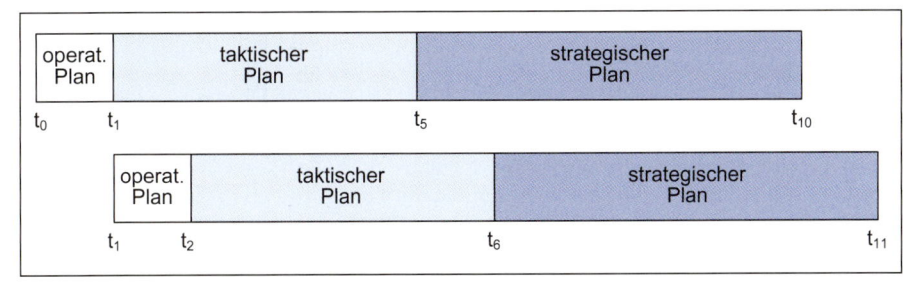

Abb. 39: Prinzip rollender Planung

Nach dem Prinzip rollender Planung erfolgt vor t_0 eine

- operative Feinplanung für Periode 1
- taktische Planung für die Perioden 2 bis 5
- strategische Rahmenplanung für die Perioden 6 bis 10 (oder 15).

Nach Ablauf der ersten Periode wiederholt sich die gleiche Planungsprozedur, wobei die Teilpläne auf der Zeitachse um eine Periode nach vorne verschoben werden. Der Zeitpunkt t_{11} bildet dann den Planungshorizont (= Ende des Planungszeitraums).

3.3.3 Ausgleichsgesetz der Planung

Von **simultaner Lösung** aller Teilplanungsaufgaben spricht man dann, wenn alle Entscheidungsparameter im Beschaffungs-, Produktions-, Absatz-, Investitions- und Finanzierungsbereich in einem in sich geschlossenen Modell, das man als **Totalmodell** bezeichnet, optimiert werden. Solche Totalmodelle haben sich für die betriebliche Planungspraxis (bislang) als untauglich erwiesen.[2]

---

[1] Vgl. hierzu die Ausführungen zur strategischen, taktischen und operativen Planung S. 75.
[2] Vgl. Adam, D., Planung, 1996, S. 93 ff.

Von einer **sukzessiven Lösung** von Teilplanungsaufgaben wird dann gesprochen, wenn zunächst **ein Teilplan** (z. B. der Produktionsplan) **verabschiedet** wird. Bei der Optimierung des nächstfolgenden Teilplans werden die Lösungen des bereits verabschiedeten Teilplans als Daten übernommen usw.

Sukzessive Teilplanung führt i. A. zu suboptimalen Lösungen. Um sich nicht allzu weit vom Ziel einer optimalen Gesamtlösung zu entfernen, sollte die Reihenfolge, in der die Teilpläne bei sukzessiver Planung verabschiedet werden, sinnvoll bedacht sein. Dabei gilt der Grundsatz, dass sukzessive Planung ihren Ausgangspunkt im **betrieblichen Engpassbereich** haben muss, den Gutenberg[1] als **Minimumsektor** bezeichnet. Alle anderen Teilpläne haben sich an den Vorgaben des Minimumsektors zu orientieren. Gutenberg spricht in diesem Zusammenhang vom **Ausgleichsgesetz der Planung**, wonach der schwächste Teilbereich das Gesamtsystem betrieblicher Betätigung dominiert:

In einer Mangelwirtschaft sind die Produktionsmöglichkeiten kleiner als die Absatzmöglichkeiten. Dagegen sind Wohlstandsgesellschaften durch Käufermärkte gekennzeichnet: Die Produktionsmöglichkeiten sind größer als die Absatzmöglichkeiten. In der Mangelwirtschaft (Wohlstandsgesellschaft) beginnt sukzessive Planung mit der Produktionsplanung (Absatzplanung).[2]

Das oben vorgestellte Konzept strategischer, taktischer und operativer Planung, das man auch als **hierarchisches Planungssystem** bezeichnet, löst die Koordinierungsaufgabe der Teilpläne im Sinne des Ausgleichsgesetzes der Planung: Im Wege strategischer Marktforschung werden die langfristigen Absatzmöglichkeiten in den einzelnen Geschäftsfeldern des Unternehmens sondiert. Die strategische Rahmenplanung legt dann in groben Zügen fest, in welchen Geschäftsfeldern die Aktivitäten forciert bzw. reduziert werden sollen. Die **absatzmarktorientierten Rahmenvorgaben** der **strategischen Planung** sind Daten für die taktische Planung, deren vorrangige Aufgabe darin besteht, die zur Realisierung des langfristigen Absatzprogramms benötigten Betriebsmittel- und Personalkapazitäten sowie die dazu erforderlichen Finanzmittel bereitzustellen.

Die **taktische Planung** hat die Aufgabe, die prognostizierten Größen für Absatz, Produktion, Investition und Finanzierung aufeinander abzustimmen. Angesichts unsicherer Zukunftserwartungen kann nicht damit gerechnet werden, dass alle Prognosen Realität werden. So kann es zu **unerwarteten**

(1) Absatzschwierigkeiten
(2) Produktionsengpässen
(3) Liquiditätsschwierigkeiten

u. a. kommen. Aufgabe der **operativen Planung** ist es, **Überbrückungslösungen** für derartige Engpasssituationen zu finden. Eine Beseitigung der Engpässe durch

(1) Erschließung neuer Käuferschichten oder Kapazitätsabbau
(2) Erweiterungsinvestitionen
(3) zusätzliche Eigen- oder langfristige Fremdfinanzierung

erfordert Zeit und ist Gegenstand erneuter taktischer Planung. Man sieht: Strategische, taktische und operative Planung ist ein intelligentes, weil arbeitsteiliges Konzept zur Lösung des komplexen Problems unternehmerischer Gesamtplanung.

---

[1] Vgl. Gutenberg, E., Produktion, 1983, S. 163 ff.
[2] Vgl. hierzu die Erläuterungen auf S. 364 f.

3.4 Ziele und Instrumente strategischer Planung

Der Erfolg eines Unternehmens hängt heute weniger von der Überlegenheit seiner Produktionstechnik als vielmehr von seiner Fähigkeit ab,

- künftige Nachfragerbedürfnisse
- Veränderung der Marktbedingungen
- Marktstrategien der Konkurrenten
- technische Entwicklungsprozesse

frühzeitig zu erkennen und aus der gewonnenen Erkenntnis eine langfristige Unternehmensstrategie abzuleiten. Aus diesem Grunde kommt der strategischen Unternehmensplanung, deren Ziele und Instrumente hier nur skizziert werden können,[1] eine immer größere Bedeutung zu.

Das Ziel der strategischen Planung lässt sich aus dem Oberziel langfristiger Gewinnmaximierung bzw. aus dem Shareholder-Value-Konzept ableiten. Der extrem lange Planungszeitraum und das damit verbundene hohe Ausmaß an Unsicherheit bei der Vorhersage künftiger Umweltzustände fordern aber ihren Tribut: An die Stelle **quantitativer Zielgrößen (Gewinn, Shareholder Value)** treten bei der Formulierung strategischer Ziele **qualitative Aussagen** wie:

- Sichere den Bestand
- Mehre die Chancen, mindere die Risiken
- Stärke die Wettbewerbsposition
- Sichere bestehende, schaffe neue Erfolgspotentiale

des Unternehmens. Zur Erreichung solcher Ziele steht das Top-Management vor der Aufgabe, eine entsprechende langfristige Unternehmenspolitik zu formulieren, für die folgende Merkmale charakteristisch sind:

Strategische Unternehmenspolitik		
marktorientiert	ergebnisorientiert	finanziell abgesichert
Erkundung künftiger Entwicklungen von • Nachfragerwünschen • Konkurrenzsituation • rechtlichen Rahmenbedingungen	Abschätzung des künftigen Einflusses erwarteter • Deckungsbeiträge • Investitionsausgaben • Steuerzahlungen auf freien Cash Flow[2]	Abschätzung künftigen Nettokapitalbedarfs zur Finanzierung einer Wachstumsstrategie

Abb. 40: Wichtige Merkmale strategischer Unternehmenspolitik

Strategische Planung setzt eine genaue **Analyse** der gegenwärtigen, vor allem aber **der künftigen Unternehmenssituation** voraus. Dabei ist zwischen

- **externen Faktoren**
  Faktoren, die vom Unternehmen kaum beeinflusst werden können (Kundenwünsche, Konkurrenzsituation, rechtliche Rahmenbedingungen)

---

[1] Zur Vertiefung vgl. Hammer, R., Unternehmensplanung, 2015; Kreikebaum/Gilbert/Behnam, Management, 2011.

[2] Zum freien Cash Flow (Free Cash Flow) vgl. S. 516 f.

- internen Faktoren
  Faktoren, die vom Unternehmen beeinflusst werden können (Marketingstrategie, Forschung und Entwicklung, Investitionsstrategie)

zu unterscheiden. Der Analyse externer, marktorientierter Einflussfaktoren kommt große Bedeutung zu, weil das Umsystem die Auswahl der Instrumente zur Optimierung der internen Faktoren bestimmt. Durch die herausragende Bedeutung **marktorientierter, externer Faktoren** deckt sich das Betätigungsfeld strategischer Planung weitgehend mit dem des **strategischen Marketings**.[1]

Zur Erfüllung ihrer Aufgaben bedient sich die strategische Planung zahlreicher **Instrumente**, von denen hier nur einige vorgestellt werden können.[2] Dies sind die

(1) Stärken-Schwächen-Analyse

(2) Erfahrungskurvenanalyse

(3) Produktlebenszyklusanalyse

(4) Portfolio-Analyse.

Mit diesen Instrumenten wird versucht, die Wettbewerbsposition des Unternehmens zu beschreiben (und schaubildartig darzustellen), indem interne Unternehmensfaktoren (Ressourcen; Erfolgspotentiale) externen Faktoren (Konkurrenzstärken; Marktentwicklungen) gegenübergestellt werden. Der sich aus dem langen Planungszeitraum ergebende **hohe Unsicherheitsgrad** führt einerseits zu starken modellmäßigen Vereinfachungen, andererseits zu vagen, qualitativen Handlungsempfehlungen. Die meisten Planungsinstrumente wurden in der **Unternehmenspraxis entwickelt**. Sie genügen nur selten den strengen Anforderungen theoriegeleiteter Analyse, weshalb sie im Schrifttum deutlicher **Kritik**[3] ausgesetzt sind.

(1) Stärken-Schwächen-Analyse

Die Stärken-Schwächen-Analyse verfolgt das Ziel, die **Wettbewerbsposition** eines Unternehmens zu verdeutlichen. Dabei wird das zu untersuchende Unternehmen nach verschiedenen Merkmalen mit seinem **wichtigsten Wettbewerber verglichen** und benotet. Kriterien zur Beurteilung beider Unternehmen können die Produktpalette, die Produktqualitäten, die Marktanteile, die Forschungs- und Entwicklungskapazität, die Mitarbeiterfluktuation, die Rentabilität, die Eigenkapitalausstattung usw. sein. Für jedes Merkmal erhalten das Unternehmen und sein Konkurrent eine Note auf einer **Notenskala**.[4] Problematisch an diesem Verfahren ist die nicht zu übersehende Willkür bei der Enumerierung von wettbewerbsbeeinflussenden Faktoren sowie die Subjektivität der Bewertung von Merkmalsausprägungen, die sich nur in Ausnahmefällen in quantifizierbaren Größen (z. B. Eigenkapitalausstattung) ausdrücken lassen.

(2) Erfahrungskurvenanalyse

Im Jahre 1966 untersuchte die Boston-Consulting-Group in einer empirischen Studie den Zusammenhang zwischen den **Stückkosten und der kumulierten Produktionsmenge**. Die Kernaussage dieser Studie lautet, dass jeweils bei der Verdoppelung der

---

[1] Zu Einzelheiten vgl. Meffert/Burmann/Kirchgeorg, Marketing, 2015, S. 217 ff.
[2] Vgl. Müller-Stewens/Lechner, Management, 2016, S. 119 ff.
[3] Vgl. insb. Homburg, C., Betriebswirtschaftslehre, 2000, S. 148 ff.; Kreikebaum, H., Der Mythos des Portfolio-Managements, in: Steger, U. (Hrsg.), US-Management-Paradigma, 1993, S. 155 ff.
[4] Vgl. das Beispiel bei Horváth/Gleich/Seiter, Controlling, 2015, S. 192.

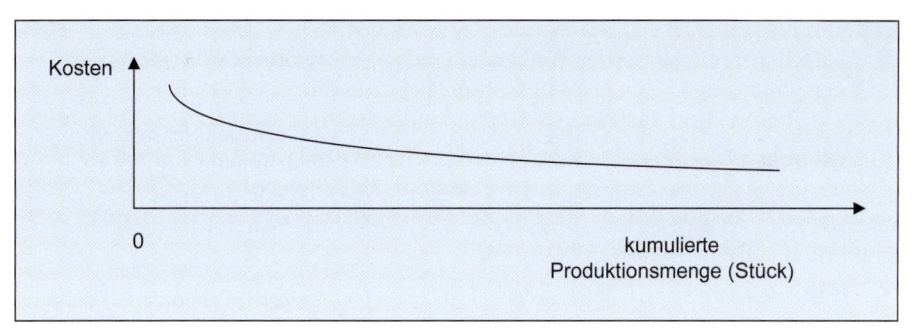

Abb. 41: Erfahrungskurve

im Zeitablauf kumulierten Produktmenge mit einem Rückgang der Stückkosten (in konstanten Geldwerten) um 20 bis 30 % zu rechnen ist.[1]

Dieser **Stückkostendegressionseffekt** ist auf die Ursachen

- Lerneffekte
- Massenproduktion

zurückzuführen. Kostendegression durch **Lerneffekte** resultiert aus verbesserten Produktionsverfahren, der Verringerung von Ausschussquoten, effizienterem Personaleinsatz, verbesserter Materialausbeute u. a. Kostendegression durch **Massenproduktion** wird durch die Möglichkeit der Verteilung periodenbezogener Fixkosten auf größere Periodenstückzahlen erreicht.[2] Die (isoliert) aus dem Erfahrungskurvenkonzept abgeleitete Strategieempfehlung lautet: Die Konzentration auf ein Produkt (z. B. Nivea), das über viele Jahre in nahezu unveränderter Form hergestellt wird, führt zu hohen Kostenvorteilen und damit zu einem Wettbewerbsvorsprung gegenüber der Konkurrenz.

(3) Produktlebenszyklusanalyse

Die Produktlebenszyklusanalyse zeigt den Zusammenhang zwischen

- dem Lebensalter
- der Umsatz- und Gewinnentwicklung

eines Produkts. Die ausführliche Darstellung und Erläuterung dieses Konzepts findet sich im Marketing-Abschnitt.[3]

Idealtypisch gliedert sich der Produktlebenszyklus in folgende Phasen (vgl. **Abb. 30** auf S. 394), die für die strategische Planung von besonderer Bedeutung sind:

(a) Einführungsphase: Auf einem neuen Markt steigt der Umsatz eines unbekannten Produkts nur ganz langsam an. Produktionskosten und Markteintrittskosten übersteigen die Produkterlöse bei weitem. Der Gewinn ist negativ. Noch ist nicht erkennbar, ob das Produkt zum Flop wird oder ob es in die Wachstumsphase gelangt.

(b) Wachstumsphase: Erreicht das Produkt die Wachstumsphase, hat es sich am Markt durchgesetzt. Der Umsatz und ein mittlerweile erzielter Gewinn steigen stark an. Der glückliche Produzent kassiert jetzt die „Rente" für die finanziellen Opfer, die er in der Einführungsphase auf sich genommen hat.

---

[1] Vgl. Henderson, B. D., Erfahrungskurve, 1984, S. 19.
[2] Vgl. S. 297 f.
[3] Vgl. S. 394 f.

(c) Reifephase: Umsätze und Gewinne steigen immer noch an. Das Produkt ist für seinen Hersteller ein Kassenschlager, denn die Ergebnisbeiträge streben ihrem Höhepunkt entgegen. Allerdings ist nicht zu übersehen, dass die Zuwachsraten der Ergebnisbeiträge abnehmen, denn das Produkt kommt langsam „in die Jahre".

(d) Sättigungsphase: Das Produkt verliert an Marktattraktivität. Die Ergebnisbeiträge sind rückläufig. Das Produkt gilt als „angestaubt" und geht als „alter Hut" in die

(e) Degenerationsphase über. Bald ist der Punkt erreicht, ab dem das Produkt keine positiven Deckungsbeiträge[1] mehr liefert.

(4) Portfolio-Analyse

Die Lebenszyklusanalyse gibt einen ersten Eindruck über Chancen und Risiken, die mit der Herstellung innovativer, reifer und technisch veralterter Produkte einhergehen.

> Mit einer **Produkt-Portfolio-Analyse** will man das Ziel langfristiger Gewinnmaximierung durch einen optimalen Mix aus innovativen, reifen und traditionellen Produkten erreichen.

Statt von Produkten spricht man auch von Produktlinien und strategischen Geschäftsfeldern. Als **strategisches Geschäftsfeld** gilt eine Produkt-Markt-Relation, für die eine eigenständige Marktstrategie entwickelt werden kann.

Die Grundidee des Marktportfolios ist dem menschlichen Leben entlehnt: So wie die Erwerbstätigen mittleren Alters ihre Kinder alimentieren, so müssen die Produkte in der Reifephase jene Ergebnisbeiträge erwirtschaften, die zur Finanzierung innovativer Produkte, die sich (noch) nicht selbst tragen, benötigt werden. Treten die innovativen Produkte zu einem späteren Zeitpunkt in die Wachstums- und Reifephase, übernehmen sie ihrerseits die Alimentierungsfunktion für die Produktneuentwicklungen.

Das gängigste Modell der Portfolio-Analyse ist die von der Boston-Consulting-Group entwickelte Vier-Felder-Matrix **(Abb. 42)**, bei der als

- externer Faktor das Marktwachstum (Senkrechte)
- interner Faktor der relative Marktanteil (Waagerechte)

abgetragen wird. Deshalb wird vom **Marktwachstums-/Marktanteils-Portfolio** gesprochen.

Die in **Abb. 42** dargestellten Felder der Matrix lassen sich wie folgt beschreiben:

„**Question-Marks**" sind Geschäftsfelder, deren Zukunft mit einem Fragezeichen versehen ist. Im günstigen Fall werden sie sich zu „Stars", später zu „Cash-Cows" entwickeln. Im ungünstigen Fall wird ein Markterfolg, der durch eine Erhöhung des relativen Marktanteils gemessen wird, ausbleiben. Die **innovativen Geschäftsfelder** dieses Bereichs sind gekennzeichnet durch einen **hohen Finanzmittelbedarf**. Dieser kann nur durch Kapitalzuführung von außen oder durch „Quersubventionen" mit Ergebnisbeiträgen aus dem Bereich der Cash-Cows gedeckt werden. Trotz dieses „Subventionsbedarfs" muss dieses Marktsegment gepflegt werden, weil hier die Grundlage für die zukünftigen Ergebnisbeiträge gelegt wird. In der konkreten Situation der **Abb. 42** empfiehlt sich eine Eliminierung des Geschäftsfelds ①, das annahmegemäß trotz eines fortgeschrittenen Lebensstadiums noch keinen nennenswerten Marktanteil zu verzeichnen hat. Dagegen sollte Geschäftsfeld ② forciert werden, weil es als ganz junges „Produkt" schon hohe Marktanteile hat und wohl bald in die „Star-Liga" aufrücken könnte.

---

[1] Zum Deckungsbeitrag vgl. S. 314.

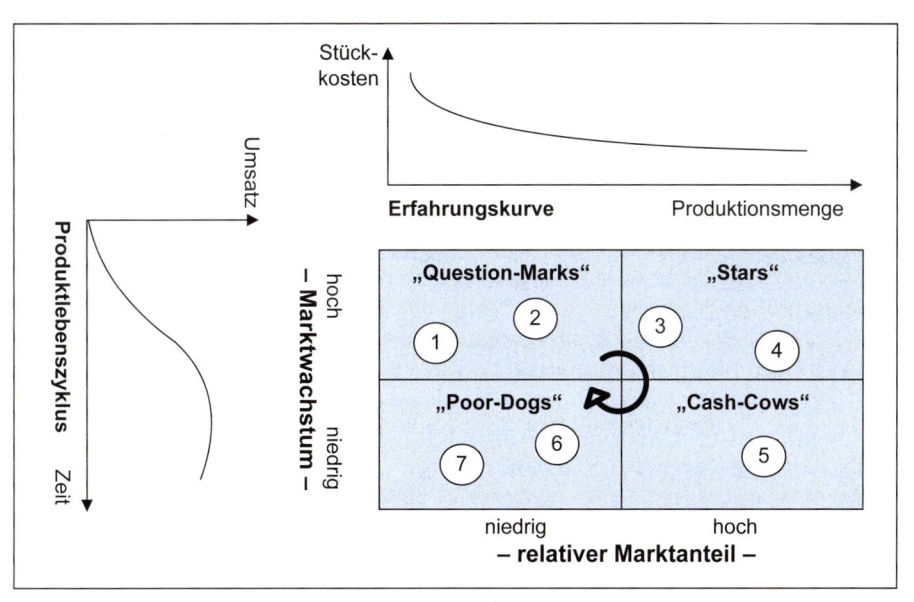

Abb. 42: Marktwachstums-/Marktanteils-Portfolio

„Stars" sind jene Geschäftsfelder, die einerseits durch hohes Marktwachstum gekennzeichnet sind. Zur Sicherung des hohen Marktanteils ist andererseits eine **Reinvestition der erwirtschafteten Umsätze** notwendig. Diese Aussage gilt uneingeschränkt für das Geschäftsfeld ③, während das Geschäftsfeld ④ die ersten Nettoüberschüsse abwirft und sich damit der Cash-Cow-Zone nähert.

„Cash-Cows" sind die „Selbstläufer" des strategischen Marketings. Hier sind Geschäftsfelder positioniert, deren Produkte sich in der Reifephase befinden. Die Stückkosten sind niedrig, die erwirtschafteten Deckungsbeiträge sind hoch. Durch vergleichsweise geringen Reinvestitionsbedarf und niedrige Ausgaben für Marketingaktivitäten werden hohe Ergebnisbeiträge erwirtschaftet, die zur „Subventionierung" der übrigen Geschäftsfelder eingesetzt werden können. Dabei darf aber nicht übersehen werden, dass das lukrative Geschäftsfeld ⑤ vormals eine ähnliche „Durststrecke" durchlaufen musste, wie sie durch die Geschäftsfelder ②, ③ und ④ markiert wird.

„Poor-Dogs", arme Hunde, sind die strategisch uninteressantesten Geschäftsfelder. Die in solchen Geschäftsfeldern enthaltenen Produkte befinden sich in der **Sättigungsphase** ⑥ bzw. in der **Degenerationsphase** ⑦. Bei rückläufiger Nachfrage werden nur noch **geringe Deckungsbeiträge** erwirtschaftet, was auf tendenziell sinkende Absatzpreise und steigende Stückkosten (bei kleinen Stückzahlen) zurückzuführen ist. Negative Zukunftsaussichten sprechen für eine Eliminierung dieser Geschäftsfelder.

Das dargestellte Portfolio berücksichtigt in der klassischen Variante die Dimensionen „Marktwachstum" und „Marktanteil". In der graphischen Darstellung kann die Analyse um eine **dritte Dimension** (z. B. Umsatz, Deckungsbeitrag) bereichert werden. Ein großer (kleiner) Durchmesser des Kreises für ein Geschäftsfeld kann so z. B. einen hohen (geringen) Deckungsbeitrag eines Geschäftsfelds verdeutlichen.

3.5 Entscheidungstheorie und Entscheidungstechniken

3.5.1 Grundlagen

Zur Erreichung eines Ziels kann man verschiedene Wege einschlagen. Dabei spricht man im Bereich der Unternehmensführung von **betrieblichen Handlungsalternativen**. So kann es im Bereich der Investitionsplanung z. B. darum gehen, bei einer anstehenden Erweiterungsinvestition zwischen den Anlagen A1, A2 und A3 zu wählen, die sich durch unterschiedliche Anschaffungskosten einerseits und unterschiedliche Produktionskapazitäten andererseits unterscheiden. Ob sich die Unternehmensleitung für die kleine, die mittlere oder die große Produktionsanlage entscheidet, hängt vor allem von den künftigen Absatzerwartungen ab. Diese wiederum hängen von Faktoren ab, die das Unternehmen nicht beeinflussen kann. Bei solchen nicht beeinflussbaren Faktoren spricht man von **Umweltzuständen**. Zu denken ist dabei an Faktoren wie

- die allgemeine konjunkturelle Entwicklung
- das Auftreten neuer und das Ausscheiden bisheriger Konkurrenten
- Produktneuentwicklungen.

Die **Abgrenzung zwischen Planung und Entscheidung** ist nicht ganz einfach. Versteht man unter Planung die am Unternehmensziel orientierte Bewertung von Handlungsalternativen, dann endet die Planungsphase mit der Bildung einer Rangreihe der möglichen Alternativen. Im obigen Beispiel könnte das bedeuten: Unter den erwarteten Umweltbedingungen U ist die Anlage A1 (A2) am besten (schlechtesten) geeignet, das Unternehmensziel zu erreichen. Bei einer derart weiten Interpretation des Planungsbegriffs ist die eigentliche Entscheidung nur noch ein **formaler Akt**: Entscheidung ist die Auswahl der optimalen Handlungsalternative.

In der Realität ist die zielkonforme, zukunftsabhängige Bewertung von Handlungsalternativen ein höchst komplexer Vorgang. Mit diesem Problemkomplex beschäftigt sich die betriebswirtschaftliche Entscheidungstheorie. Hier wird die Entscheidung nicht nur als rein formaler Auswahlakt, sondern als **Entscheidungsprozess** verstanden.

> Im betrieblichen **Entscheidungsprozess** werden Unternehmensziel(e), Handlungsalternativen und Umweltbedingungen analysiert und aufeinander abgestimmt.

Die betriebswirtschaftliche Entscheidungstheorie beschäftigt sich mit der Analyse von Entscheidungsprozessen. Hierbei sind zwei Richtungen zu unterscheiden.

(1) Die **normative Entscheidungstheorie** geht bei der Modellbildung von einem rational handelnden Wirtschaftssubjekt, dem Homo oeconomicus, aus. Die Frage lautet: Wie soll entschieden werden, um ein Ziel zu erreichen?

(2) Die **deskriptive** (empirisch-realistische) **Entscheidungstheorie** untersucht das Zustandekommen von Entscheidungen unter verhaltenswissenschaftlichen Aspekten, wobei sie von eingeschränkter Rationalität ausgeht.

Im Folgenden werden die Grundzüge der betriebswirtschaftlichen Entscheidungstheorie kurz dargestellt.[1] Dabei werden zur Vereinfachung folgende Problemfelder ausgegrenzt:

- Entscheidungen bei mehreren, konkurrierenden Zielen
- Entscheidungen von Entscheidungskollektiven.

---

[1] Zu Einzelheiten vgl. Bamberg/Coenenberg/Krapp, Entscheidungslehre, 2012.

Mit der modellmäßigen Vereinfachung – ein einziger Entscheidungsträger verfolgt ein einziges Ziel – reduziert man den Entscheidungsprozess auf ein zentrales Problem: Wie soll ein Wirtschaftssubjekt heute entscheiden, wenn es nur unzureichende Informationen über künftige Entwicklungen hat? In **Abb. 43** sind alternative Informationsgrade über künftige Umweltzustände (erwartete Konjunktur, erwartete Konkurrenzsituation usw.) abgebildet. (**ÜB 2**/7–8)

Im Zentrum entscheidungstheoretischer Untersuchung stehen die Entscheidungen unter Risiko, weil dieser Entscheidungssituation die größte praktische Bedeutung zukommt. Das hat folgende Gründe:

(1) **Sichere Erwartungen** unterstellen, dass die Handlungskonsequenzen vollständig bekannt sind. Das ist völlig unrealistisch, denn niemand kann die Zukunft voraussagen.[1]

(2) **Erwartungen unter Risiko** unterstellen, dass mehrere Umweltzustände U1, U2, U3 usw. (unveränderte Konkurrenzsituation, neuer Konkurrent kommt hinzu, alter Konkurrent scheidet aus) möglich sind. Gleichzeitig nimmt man an, dass die zugehörigen Eintrittswahrscheinlichkeiten w_1, w_2, w_3 usw. bekannt sind. So kann man für den Umweltzustand U1 (= unveränderte Konkurrenzsituation) mit einer Eintrittswahrscheinlichkeit von 50 Prozent rechnen, so dass $w_1 = 0{,}5$. Für die beiden anderen möglichen Umweltzustände U2 und U3 werden im Beispiel in **Abb. 45** Eintrittswahrscheinlichkeiten von 40 Prozent bzw. 10 Prozent unterstellt, so dass $w_1 = 0{,}5$, $w_2 = 0{,}4$ und $w_3 = 0{,}1$. Es liegt also eine gewisse Sicherheit über das Ausmaß der Unsicherheit vor.

(3) **Ungewisse Erwartungen** liegen vor, wenn mit verschiedenen Umweltzuständen zu rechnen ist, denen keine Eintrittswahrscheinlichkeiten zugeordnet werden.

Vollkommene Information	Unvollkommene Information (Unsicherheit)	
(1) Entscheidung bei sicheren Erwartungen	(2) Entscheidung unter Risiko	(3) Entscheidung bei Ungewissheit
• Konsequenzen des Handelns sind vollständig bekannt	• Konsequenzen unbestimmt • Eintrittswahrscheinlichkeiten bekannt	• Konsequenzen unbestimmt • Eintrittswahrscheinlichkeiten unbekannt

Abb. 43: Informationsstand und Entscheidungssituation

Es liegt auf der Hand, dass Entscheidungsprobleme bei ungewissen Erwartungen (3) am schwersten zu lösen sind. Hierbei ist aber Folgendes zu bedenken: Bei Entscheidungen unter Risiko unterscheidet man zwischen

- **objektiv ermittelten Wahrscheinlichkeiten** (z. B. Ableitung des Mortalitätsrisikos aus Sterbetafeln)
- **subjektiv geschätzten Wahrscheinlichkeiten**.

---

[1] Trotzdem ist die Auseinandersetzung mit diesen einfachen (deterministischen) Entscheidungsmodellen hilfreich, weil sie den Studienanfängern den Zusammenhang zwischen Handlungsalternative und Ergebnisbeitrag anschaulich vor Augen führen.

Da sich fast alle ungewissen Umweltzustände einer subjektiv geschätzten Wahrscheinlichkeitsermittlung erschließen, lassen sich fast alle betrieblichen Entscheidungen in Entscheidungssituationen unter Risiko überführen.

Im Folgenden werden

3.5.2 Grundelemente entscheidungstheoretischer Modellen
3.5.3 Entscheidungen bei sicheren Erwartungen
3.5.4 Entscheidungen unter Risiko
3.5.5 Entscheidungen bei Ungewissheit
3.5.6 Entscheidungen in der Spielsituation
3.5.7 Entscheidungstechniken

in ihren Grundzügen dargestellt. Bei den Entscheidungstechniken geht es um die Frage, welche Instrumente zur Lösung von Entscheidungsproblemen zur Verfügung stehen. Dabei spielen die Verfahren des Operations Research eine besondere Rolle.

3.5.2 Grundelemente entscheidungstheoretischer Modelle

Die Optimierung betrieblicher Entscheidungen basiert auf den Grundelementen, die man – zusammengefasst – als Entscheidungsfeld bezeichnet.

> Das **Entscheidungsfeld** besteht aus den Elementen: Handlungsalternativen, erwartete Umweltzustände und alternativenabhängige Ergebnisbeiträge.

In vereinfachter Form lässt sich das Entscheidungsfeld mit den Elementen Aktionsraum, Zustandsraum und Ergebnisraum so darstellen (**ÜB 2/8**):

	Zustandsraum (erwartete Umweltzustände)		
Aktionsraum (Handlungsalternativen)	U1 (w_1)	U2 (w_2)	U3 (w_3)
A1	e_{11}	e_{12}	e_{13}
A2	e_{21}	e_{22}	e_{23}
A3	e_{31}	e_{32}	e_{33}

(alternativen- und umweltzustandsabhängige Ergebnisbeiträge)

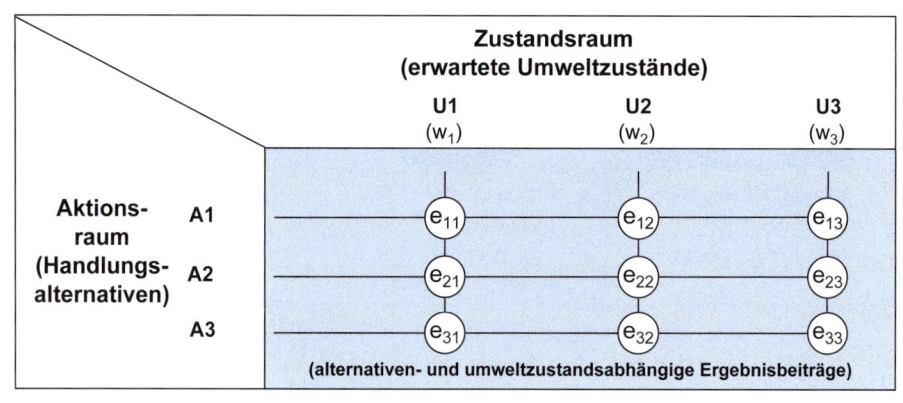

Abb. 44: Entscheidungsfeld mit Aktionsraum, Zustandsraum, Ergebnisraum

Im **Aktionsraum** werden die Handlungsalternativen verzeichnet, die sich gegenseitig ausschließen. Aus Praktikabilitätsgründen wird nur eine begrenzte Zahl möglicher Handlungsalternativen aufgeführt. In Abgrenzung zu einer Totalplanung spricht man dann von Partialplanung.[1] Bei dieser Vorauswahl beschränkt man sich auf die Berücksichtigung jener Alternativen, von denen man den höchsten Zielbeitrag erwar-

---

[1] Zur Total- und Partialplanung vgl. S. 73 und S. 270 f.

tet.[1] Stehen – z. B. bei einer Investitionsentscheidung – drei mögliche Projekte zur Wahl, sind vier Aktionsmöglichkeiten A zu berücksichtigen, weil auch die „Nichtinvestition", die sog. Nullalternative, eine sinnvolle Handlungsmöglichkeit sein kann.

Im **Zustandsraum** werden die vom Unternehmen nicht beeinflussbaren Umweltzustände U mit den (meist subjektiv geschätzten) Eintrittswahrscheinlichkeiten w aufgeführt. Von einem geschlossenen Zustandsraum spricht man dann, wenn die Summe der Eintrittswahrscheinlichkeiten w_j (j = 1, …, n) gleich 1 (100 Prozent) ist.

Im Ergebnisraum (in **Abb. 44** hellblau unterlegt) werden die Ergebnisbeiträge e_{ij} in Abhängigkeit von der gewählten Handlungsalternative A_i und dem möglichen Umweltzustand U_j aufgeführt. Wegen der matrixartigen Darstellung wird der Ergebnisraum auch als **Ergebnismatrix** bezeichnet.

Welche Sachverhalte in der Ergebnismatrix als Ergebnisbeiträge aufgeführt werden, ergibt sich aus der Zielsetzung des Entscheidungsträgers. Strebt er nach **Gewinnmaximierung**, werden in der Ergebnismatrix **Gewinnbeiträge** oder Deckungsbeiträge[2], wie sie aus der Realisierung einer Aktion A erwartet werden, ausgewiesen. Hat man es aber mit einem Entscheidungsproblem zu tun, bei dem die erwarteten Erlöse bei allen Aktionen A gleich und nur die (Produktions-)Kosten verschieden sind, wird Gewinnmaximierung durch Kostenminimierung erreicht. Bei derartigen **Kostenminimierungsmodellen** werden in der Ergebnismatrix alternativen- und umweltzustandsabhängige **Kostengrößen** ausgewiesen.

> **Beispiel:** Ein Entscheidungsträger hat die Auswahl zwischen drei Handlungsalternativen (A1, A2, A3), z. B. dem Absatz verschiedener Produkte, von denen er aber lediglich eine Handlung ausführen kann. Unter Berücksichtigung der Unterlassensalternative A4 – also der Möglichkeit nichts zu tun – stehen somit insgesamt vier Alternativen zur Verfügung (A1, A2, A3, A4). Drei mögliche Umweltzustände sind denkbar (U1, U2, U3), z. B. veränderte Konkurrenzsituationen, welche die Zielerreichung des Entscheidungsträgers (z. B. Gewinn) beeinflussen. Die Gewinnerwartungen e werden in folgender Ergebnismatrix abgebildet:

A \ U	U1 $w_1 = 0{,}5$	U2 $w_2 = 0{,}4$	U3 $w_3 = 0{,}1$
A1	180	60	210
A2	100	110	180
A3	80	100	240
A4	0	0	0

Abb. 45: Beispiel einer Ergebnismatrix

Die drei Produktionsalternativen A1 bis A3 lassen bei allen denkbaren Umweltzuständen positive Erfolgsbeiträge erwarten. Die **Unterlassensalternative** (A4) ist **ineffizient**. Sie wird von A1 bis A3 dominiert, da diese jeweils in allen Umweltzuständen zu einem höheren Gewinn führen, und kann im Folgenden vernachlässigt werden.

An dieser Stelle ist auf drei entscheidungstheoretische Grundbegriffe einzugehen: den Erwartungswert µ, die subjektive Risikoneigung und die Standardabweichung σ.

---

[1] Die bewusste oder unbewusste Ausklammerung von Handlungsalternativen birgt die Gefahr in sich, zu suboptimalen Lösungen zu gelangen.
[2] Zur Definition vgl. S. 314.

Multipliziert man für eine Handlungsalternative die zufallsabhängigen Einzelergebnisse e mit der zugehörigen Eintrittswahrscheinlichkeit w, so bildet die Summe der Produkte e · w den **Erwartungswert µ**, wie das neue Beispiel in **Abb. 46** zeigt. (**ÜB 2**/9–12)

U_j / A_i	U1 $w_1 = 0{,}4$	U2 $w_2 = 0{,}6$	$e_{i1} \cdot w_1 + e_{i2} \cdot w_2 =$ **Erwartungswert $µ_i$**
A1	+ 100	+ 100	+ 100 · 0,4 + 100 · 0,6 = **+ 100**
A2	– 200	+ 300	– 200 · 0,4 + 300 · 0,6 = **+ 100**

Abb. 46: Erwartungswert µ

Mit jeder der beiden Aktionen gelangt der Entscheidungsträger zu einem Erwartungswert µ von + 100. Bei A1 erhält er in jedem Fall ein (sicheres) Ergebnis von + 100. Bei Realisierung der Alternative A2 liegen die möglichen Einzelergebnisse zwischen – 200 und + 300. Diese Abweichungen der Einzelergebnisse vom gewogenen Durchschnittswert µ bezeichnet man als **Streuung**.

> Als **Risikoneigung** bezeichnet man die subjektive Bereitschaft eines Entscheidungsträgers, bei der Auswahl einer Handlungsmöglichkeit unsichere Ergebnismöglichkeiten e in Kauf zu nehmen.

Ist ein Wirtschaftssubjekt

(1) **risikoscheu**, wählt es im obigen Beispiel Alternative A1, weil es dem Verlustrisiko aus A2 (–200) aus dem Wege gehen will.
(2) **risikofreudig**, wählt es im obigen Beispiel Alternative A2, weil es (bei einem Erwartungswert von 100) in der Gewinnmöglichkeit (+ 300) eine Chance sieht.
(3) **risikoneutral**, ist ihm die mögliche Streuung der Einzelergebnisse gleichgültig, d. h. es ist bezüglich A1 und A2 indifferent.

In der Realität ist Risikoscheu (Risikoaversion) weit verbreitet. Darum unterstellt die ökonomische Theorie in der Modellbildung **üblicherweise Risikoscheu**.

> Die **Standardabweichung** σ als gängiges Maß zur Risikomessung erfasst die wahrscheinliche Abweichung der Einzelergebnisse e_i vom Erwartungswert µ.

Die gewichtete Standardabweichung σ wird nach folgender Formel berechnet:

$$\sigma_i = \sqrt{\sum_{j=1}^{n} w_j \left(e_{ij} - \mu_i\right)^2}$$

Dabei ergibt sich für die Alternative A1 eine Standardabweichung von $\sigma_1 = 0$ und für Alternative A2 eine Standardabweichung von $\sigma_2 = 244{,}9$. Ein weiteres Beispiel findet sich im zugehörigen Übungsbuch. (**ÜB 5**/37)

Abschließend lässt sich festhalten: Weisen mehrere Handlungsalternativen den gleichen Erwartungswert µ auf, dann entscheidet sich ein risikoscheues Wirtschaftssubjekt für die Alternative i mit der geringsten Standardabweichung σ_i.

3.5.3 Entscheidungen bei sicheren Erwartungen

Unter der Annahme sicherer Erwartungen sind unternehmerische Entscheidungen sehr einfach zu treffen. Geht man im obigen Beispiel **(Abb. 45)** davon aus, dass die Konkurrenzsituation für den Anbieter unverändert bleibt, dass also der Umweltzustand U1 mit Sicherheit ($w_1 = 1,0$) eintreten wird, dann wird sich der Anbieter für die Produktionsalternative A1 entscheiden, weil diese den höchsten Gewinn (180) bringt.

Die modellmäßige Annahme sicherer Erwartungen macht unternehmerische Entscheidungen zur einfachen Rechenaufgabe. Aber die tatsächlichen Verhältnisse sind anders. In Wirklichkeit ist unternehmerisches Handeln (fast) immer mit Unsicherheit verbunden. Möglichkeiten zur Berücksichtigung von Unsicherheit in Form von Risiko und Ungewissheit werden deshalb im Folgenden kurz vorgestellt. (**ÜB 2/9–20 und 5/37**)

3.5.4 Entscheidungen unter Risiko

Die Eigenkapitalgeber (Shareholder) spielen im Unternehmen eine herausragende Rolle, weil sie bereit sind, das volle Verlustrisiko zu übernehmen. Im obigen Beispiel, das in der Ergebnismatrix in **Abb. 45** zusammengefasst ist, ist eine Risikosituation dargestellt. Zum Treffen von Entscheidungen bei Risiko werden im Rahmen der Entscheidungstheorie die Entscheidungsregeln

(1) µ-Regel (Bayes-Prinzip)
(2) (µ, σ)-Regel
(3) Bernoulli-Prinzip

entwickelt.

> **Entscheidungsregeln** wollen dem Entscheidungsträger Handlungsanweisungen geben, die seiner individuellen Risikoneigung angepasst sind.

In der beschriebenen Risikosituation (vgl. **Abb. 45**) empfehlen die Entscheidungsregeln dem Unternehmer folgende Handlungsalternativen:

Ergebnismatrix				Entscheidungsregeln bei Risiko							
				(1) µ-Prinzip	(2) (µ, σ)-Prinzip			(3) Bernoulli-Prinzip			
A \ U	U1 0,5	U2 0,4	U3 0,1	µ	σ	q	P	u_1 0,5	u_2 0,4	u_3 0,1	B
A1	180	60	210	**135**	61,84		85,52	13,42	7,75	14,49	**11,3**
A2	100	110	180	112	23,15	–0,8	**93,48**	10	10,49	13,42	10,5
A3	80	100	240	104	46,30		66,96	8,94	10	15,49	10,0

Abb. 47: Regeln zur Entscheidung unter Risiko

(1) **Die µ-Regel** (Bayes-Regel) geht von einem risikoneutralen Entscheidungsträger aus. Der risikoneutrale Unternehmer entscheidet sich für die Alternative mit dem höchsten Erwartungswert µ, im vorliegenden Beispiel also für A1 (135). In der

Realität legen die meisten Wirtschaftssubjekte ein **risikoaverses Entscheidungsverhalten** an den Tag. Für diesen Personenkreis ist die µ-Regel ungeeignet. (**ÜB 2**/13)

(2) **Die (µ, σ)-Regel** nimmt auf den Erwartungswert µ und das Risiko, gemessen als gewichtete Standardabweichung σ, Bezug. Durch die Einbeziehung des Risikomaßes σ wird es möglich, die individuelle **Risikoneigung** des Entscheidungsträgers zu **berücksichtigen**. Dies geschieht über den Risikopräferenzfaktor q. Entscheidungen werden nach Maßgabe des Präferenzwertes

$$P(A_i) = \mu(A_i) + q \cdot \sigma(A_i)$$

getroffen. Für risikoneutrale Wirtschaftssubjekte ist der Risikopräferenzfaktor q = 0. Für risikoscheue (risikofreudige) Entscheidungsträger ist q kleiner (größer) als null. Im obigen Beispielfall hat der Entscheidungsträger einen Präferenzfaktor q = –0,8; er ist als risikoscheu. Wegen des geringen Risikos (σ = 23,15) entscheidet er sich für A2 (93,48). (**ÜB 5**/37)

(3) **Das Bernoulli-Prinzip** erlaubt eine vergleichbare Berücksichtigung des Risikos. Zu diesem Zweck werden die (risikobehafteten) Einzelergebnisse e_i mit Hilfe der **Bernoulli-Nutzenfunktion** in risikoadjustierte Nutzenwerte u_i umgerechnet. Im obigen Beispielfall der **Abb. 47** gilt für die Bernoulli-Nutzenfunktion

$$u_{ij} = \sqrt{e_{ij}}$$

Ähnlich wie beim µ-Prinzip werden die Einzelergebnisse – hier aber nicht e_{ij}, sondern die Nutzenäquivalente u_{ij} – mit der Eintrittswahrscheinlichkeit w_j gewichtet. Für den entscheidungsrelevanten Nutzenwert gilt dann

$$B_i = w_1 \cdot u_{i1} + w_2 \cdot u_{i2} \ldots + w_n \cdot u_{in}$$

Bei dem in **Abb. 47** wiedergegebenen Beispiel entscheidet sich das risikoscheue Wirtschaftssubjekt für A1 mit dem Bernoulli-Nutzenwert B = 11,3.

3.5.5 Entscheidungen bei Ungewissheit

Die jetzt zu behandelnde Entscheidungssituation ist durch zweierlei gekennzeichnet:
- die umweltabhängigen Einzelergebnisse e_{ij} sind bekannt
- die Eintrittswahrscheinlichkeiten w_j sind unbekannt.

Zur Erleichterung derartiger Entscheidungen hat das Schrifttum[1] folgende Regeln entwickelt:

(1) **Laplace-Regel (Regel des unzureichenden Grundes)**
(2) **Minimax-Regel (Waldregel)**
(3) **Maximax-Regel**
(4) **Hurwicz-Regel (Pessimismus-Optimismus-Regel)**
(5) **Savage-Niehans-Regel (Regel des kleinsten Bedauerns).**

Zur Erläuterung dieser Regeln greifen wir auf das obige Beispiel und die Ergebnismatrix aus **Abb. 47** zurück. Die dort angegebenen Eintrittswahrscheinlichkeiten haben aber keine Gültigkeit mehr. Weitere Berechnungsbeispiele finden sich im zugehörigen Übungsbuch. (**ÜB 2**/14–18)

---

[1] Vgl. für viele andere Bamberg/Coenenberg/Krapp, Entscheidungslehre 2012, S. 109 ff.

Ergebnis-matrix			Entscheidungsregeln bei Ungewissheit				
			(1) Laplace	(2) Minimax	(3) Maximax	(4) Hurwicz	(5) Sav.-N.
A \ U	U1	U2	U3				
A1	180	60	210	**150**	60	210	90	**50**
A2	100	110	180	130	**100**	180	**116**	80
A3	80	100	240	140	80	**240**	112	100

Abb. 48: Regeln zur Entscheidung bei Ungewissheit

(1) Die **Laplace-Regel** konstatiert: Wenn Eintrittswahrscheinlichkeiten nicht bekannt sind, müssen alle denkbaren Umweltzustände als gleichermaßen wahrscheinlich gelten. Damit werden für die drei Umweltzustände gleichhohe Eintrittswahrscheinlichkeiten (w = 1/3) fingiert. Unter Zugrundelegung dieser fiktiven Wahrscheinlichkeiten wird der Erwartungswert µ berechnet. Empfohlen wird die Alternative mit dem höchsten Erwartungswert (A1).

(2) Die **Minimax-Regel** empfiehlt die Wahl der Alternative, deren schlechtester Ergebniswert im Vergleich zu denen der anderen Alternativen am höchsten ist (A2 = 100). Da nur das schlechtestmögliche Ergebnis betrachtet wird, geht diese Regel von extremer Risikoaversion aus.

(3) Die **Maximax-Regel** wendet sich an Entscheider mit positiver Risikoneigung: Zu wählen ist die Alternative mit dem höchstmöglichen Ergebniswert (A3 = 240).

(4) Die **Hurwicz-Regel** (Pessimismus-Optimismus-Regel) lässt Raum für die Berücksichtigung subjektiver Risikoeinstellung. Hierzu führt sie den Risikoparameter (λ) ein. Die Zeilenmaxima werden mit dem Optimismusparameter λ, die Zeilenminima werden mit dem Pessimismusparameter $(1 - \lambda)$ gewichtet, also $Hu_i = \min_i (1 - \lambda) + \max_i \cdot \lambda$. Der Risikoparameter ($\lambda$) kann Werte von 0 (sehr risikoscheu) bis 1 (sehr risikofreudig) annehmen. Im Beispiel wurde für ein risikoscheues Wirtschaftssubjekt der Faktor $\lambda = 0{,}2$ gewählt. Unter diesen Bedingungen fällt die Wahl auf A2.

(5) Bei der **Savage-Niehans-Regel** muss in einen **ersten Schritt** für jeden Umweltzustand U das Maximalergebnis (einer Spalte) ermittelt werden. Anknüpfend an die Ergebnismatrix in **Abb. 48** gelangt man zu folgenden Spaltenmaxima:

Zustandsraum	U1	U2	U3
Maximalergebnis	180	110	240

Abb. 49: Spaltenmaxima

Im **zweiten Schritt** muss man feststellen, wie weit die erwarteten Einzelergebnisse der Ergebnismatrix vom Maximalergebnis des jeweiligen Umweltzustands U abweichen. Hierzu ermittelt man für jedes Feld der Ergebnismatrix die Differenz zwischen dem zustandsspezifischen Maximalergebnis (→ **Abb. 49**) und dem handlungsabhängigen Einzelergebnis (→ **Abb. 48**). Die jeweiligen Differenzwerte werden in die sog. Bedauernsmatrix (→ **Abb. 50**) eingetragen:

A \ U	Bedauernsmatrix			Maximales Bedauern
	U1	U2	U3	
A1	180 − 180 = 0	110 − 60 = 50	240 − 210 = 30	**50 Min!**
A2	180 − 100 = 80	110 − 110 = 0	240 − 180 = 60	80
A3	180 − 80 = 100	110 − 100 = 10	240 − 240 = 0	100

Abb. 50: *Bedauernsmatrix nach der Savage-Niehans-Regel*

Im **dritten Schritt** wird dann für jede Handlungsalternative A der höchste Differenzbetrag als größtmögliche negative Abweichung vom zustandsbedingten Maximalwert ermittelt (→ **Abb. 50**, Spalte „Maximales Bedauern"). Schließlich wird sich für jene Alternative entschieden, in der dieser Differenzbetrag am geringsten ist (hier: A1), weshalb man auch von der Regel des kleinsten Bedauerns spricht. Diese Regel geht also von einem risikoscheuen Wirtschaftssubjekt aus, das nur geringe Einbußen gegenüber dem besten Ergebnis erleiden möchte.

Zusammenfassend ist festzuhalten: Jede der hier vorgestellten Entscheidungsregeln kann ein gewisses Maß an Plausibilität für sich beanspruchen. Trotzdem ist ihre praktische Bedeutung eher gering einzuschätzen, denn die Annahme, die Höhe möglicher Einzelergebnisse sei bekannt, die Eintrittswahrscheinlichkeit der Umweltzustände sei dagegen nicht feststellbar, ist offensichtlich unrealistisch.

Unternehmerische Tätigkeit besteht aus einer Vielzahl von Einzelprojekten, die in Zukunft zu Ein- und Auszahlungen führen werden. Die künftigen Auszahlungen sind häufig vertraglich determiniert. Einen weitaus höheren Unsicherheitsgrad haben künftige Einzahlungen.

Gewinnchancen und Verlustrisiken sind die ständigen Begleiter unternehmerischen Handelns. Es ist nicht sinnvoll, diese **Risiko-Chancen-Struktur** durch den Ausweis einer einzigen Kennziffer – vgl. den Ausweis des Erwartungswertes μ für Aktion A2 in **Abb. 47** – zu verdecken. Viel vernünftiger ist es für einen Unternehmer,

- das Risiko-Chancen-Profil eines jeden Projekts abzuschätzen
- alle bisher realisierten Projekte als Risikoportfolio zu begreifen

und abschließend zu prüfen, ob das aktuell zu beurteilende (Grenz-)Projekt das **Gesamtrisiko** des **Portfolios** erhöht oder verringert. Dieser Grundgedanke der (kapitalmarktorientierten) Portfoliotheorie[1] lässt sich auf alle unternehmerischen Einzelentscheidungen anwenden. Im Hintergrund muss dabei immer die Frage stehen, ob das vorhandene Verlustauffangpotential (= Eigenkapital) des Unternehmens ausreicht, die eingegangenen Risiken bei einem ungünstigen Ausgang abzudecken. (**ÜB 2/21–22**)

3.5.6 Entscheidungen in der Spielsituation (Spieltheorie)

In den bisherigen Entscheidungsmodellen wurde von unbeeinflussbaren Umweltzuständen ausgegangen. In der **Spieltheorie**[2] werden hingegen Entscheidungen analysiert, in denen die (Re-)Aktionen eines bewusst handelnden **Gegenspielers** auf die eigenen Spielzüge berücksichtigt werden. Solche Spielsituationen können beispiels-

---

[1] Zur Portfoliotheorie vgl. S. 616 ff.
[2] Vgl. u. a. Holler/Illing, Spieltheorie, 2009; Riechmann, T., Spieltheorie, 2013.

weise mit den preispolitischen Aktionsmöglichkeiten auf oligopolistischen Märkten – wie etwa dem Treibstoffmarkt – verglichen werden:[1] So hat die Preisgestaltung eines Mineralölunternehmens unmittelbare Auswirkung auf den Umsatz konkurrierender Unternehmen der Branche, weil die Kunden ihre Kaufentscheidung bei homogenen Gütern regelmäßig nur am Preis ausrichten. Die Preissetzung eines Unternehmens wird demzufolge Preisreaktionen bei den Konkurrenzunternehmen der Branche auslösen.

> Ein **Spiel** ist jede Situation, in welcher die Spieler (Teilnehmer) Entscheidungen treffen, bei denen sie die erwarteten Reaktionen der Mitspieler einbeziehen.

Das Ergebnis eines Spiels ist für die Spieler unsicher. Ziel der Spieltheorie ist die Bestimmung des „besten Verhaltens" eines Spielers in den Situationen, in welchen ihm seine Gegenspieler entweder als Konkurrenten gegenüberstehen (**nichtkooperatives Spiel**) oder mit ihm bindende Verträge abgeschlossen haben (**kooperatives Spiel**). Dabei wird i. d. R. **rationales Verhalten** aller Spieler unterstellt. Damit wird es möglich, sich auch in die Rolle der Gegenspieler zu versetzen und zu fragen, welche Strategie diese (als rational handelnde Entscheidungsträger) in einer Situation wählen würden. Aus den erwarteten (Re-)Aktionen der Gegenspieler werden dann Rückschlüsse für die Entwicklung einer eigenen Spielstrategie gezogen.

Ein Spiel besteht aus den Zügen der Spieler. Bei jedem **Zug** entscheidet sich ein Spieler für eine Alternative. Je nachdem, ob die Spieler ihre Züge gleichzeitig oder nacheinander festlegen, wird zwischen **simultanen** und **sequentiellen Spielen** unterschieden.

Spiele können als **Entscheidungsmatrix** oder **Entscheidungsbaum**[2] dargestellt werden. In der **Abb. 51** ist ein (nicht kooperatives) Zwei-Personen-**Nullsummenspiel** abgebildet, d. h. es existiert nur ein Gegenspieler und die Summe der Ergebnisse beider Spieler ergibt immer null. Die Matrix, die beiden Spielern bekannt ist, zeigt in den einzelnen Feldern die Gewinne des Spielers A und die korrespondierenden Verluste des Spielers B: Was Spieler A gewinnt, verliert Gegenspieler B in gleicher Höhe.

A \ B	B1	B2	B3	Zeilenminima	
A1	9/–9	4/–4	5/–5	4	
A2	8/–8	7/–7	6/–6	6	Max!
A3	3/–3	8/–8	5/–5	3	
Spaltenminima	–9	–8	–6 Max!		

Abb. 51: Ergebnismatrix eines Zwei-Personen-Nullsummen-Spiels

Für welche Alternative wird sich Spieler A bei seinem ersten Zug entscheiden, wenn erst A und anschließend – nach Bekanntgabe des Zugs von A – B seine Entscheidung fällen (und bekanntgeben) muss (**sequentielles Spiel**)? Da ein hoher Gewinn des A stets einen hohen Verlust des B zur Folge hat, muss A in diesem Fall damit rechnen, dass B einer Ergebnismaximierung des A mit einer entsprechenden Gegenstrategie begegnet.

---

[1] Vgl. S. 418 f.
[2] Vgl. S. 507 ff.

Wenn sich A z. B. für A1 entschiede, würde B anschließend die Alternative B2 wählen, um seinen Verlust zu minimieren (4/–4) usw. Für A ist es deshalb folgerichtig, wenn er seine Entscheidung von vornherein an dem jeweils schlechtesten Ergebnis einer Alternative ausrichtet. A wird somit seine Entscheidung mit der Minimax-Regel treffen. In diesem Fall würde er sich für die Handlungsalternative A2 entscheiden, weil diese das höchste Zeilenminimum von 6 besitzt.

Würde sich die Entscheidungen von A bzw. B ändern, wenn beide zugleich entscheiden müssten (simultanes Spiel)? Nein, denn in der vorliegenden Situation ist die gewählte Strategie für beide Spieler optimal. Es gibt keinen rationalen Grund von dieser abzuweichen. Spieler B möchte einen hohen Verlust vermeiden. Da A seinen Gewinn maximieren will und dies für B einen hohen Verlust zur Folge haben würde, wird B sich zweckmäßigerweise am jeweils für ihn schlechtesten Ergebnis einer Alternative (bei welchem A korrespondierend den größten Gewinn erzielt) orientieren. Anschließend wählt er jene Spalte mit dem geringsten Verlust. Dies ist Alternative B3, weil dies das Maximum aus den Spaltenminima darstellt. Das Spiel befindet sich in einem (sog. Nash-)**Gleichgewicht**, in welchem die Lösung (6/–6) den **Gleichgewichts- bzw. Sattelpunkt** markiert.

Spiele müssen aber nicht immer einen Sattelpunkt besitzen. Sie können auch so ausgestaltet sein, dass mehrere oder keine Sattelpunkte bestehen. Bei Spielen ohne Sattelpunkt ist die Wahl einer Strategie nicht ohne weiteres möglich, weshalb die Anwendung einer **gemischten Strategie** notwendig wird. Hierbei entscheidet man sich bei vorgegebenen Wahrscheinlichkeiten per Zufallsmechanismus für eine Strategie. Beispiele finden sich im dazugehörigen Übungsbuch. (**ÜB 2**/19–20)

Die Berücksichtigung von Gegenspielern in der Darstellung betriebswirtschaftlicher Entscheidungsprobleme führt zu einer realistischeren Formulierung entscheidungstheoretischer Modelle. Denn dies entspricht den üblichen Entscheidungssituationen, denen sich Unternehmer in der Praxis stellen müssen. Mit der Spieltheorie können somit im Modell optimale Strategien gefunden werden.

3.5.7 Operations Research

Operations Research (OR) ist ein relativ junges Teilgebiet der Betriebswirtschaftslehre. Es handelt sich um eine **mathematisch gestützte Optimalplanung**, die auch als **Unternehmensforschung** bezeichnet wird.

Seinen **Ursprung** hat OR im Militärwesen, in dem seit Ende der 1930er Jahre **Optimierungsmodelle zur militärischen Einsatzplanung** entwickelt wurden. Nach dem Zweiten Weltkrieg wurden OR-Methoden auf zivile Anwendungsbereiche übertragen. Heute sind **OR-Modelle** aus der **Wirtschaftsinformatik** sowie aus den **Ingenieur- und Wirtschaftswissenschaften** nicht mehr wegzudenken.

In einem einführenden Lehrbuch zur Allgemeinen Betriebswirtschaftslehre kann nur ein kurzer Überblick[1] zur Rolle des OR in der Unternehmensplanung gegeben werden.

---

[1] Zu Einzelheiten vgl. das Standardwerk von Domschke/Drexl/Klein/Scholl, Operations Research, 2015, sowie den „Klassiker" Müller-Merbach, H., Optimalplanung, 1973.

B.3. Planung und Entscheidung

> Unter **Operations Research** (OR) versteht man den Einsatz mathematischer Modellrechnungen zur Optimierung betrieblicher Entscheidungsprobleme.

Optimierung bedeutet immer: **Orientierung an der Zielsetzung des Unternehmens**. Bezogen auf das unternehmerische Oberziel der langfristigen Gewinnmaximierung bedeutet dies, dass für einen sehr langen Planungszeitraum, streng genommen bis zum Ende der unternehmerischen Tätigkeit, der Gewinn als Differenz zwischen den Erlösen E und den Kosten K zu maximieren ist:

$$G = E - K \rightarrow \max!$$

In den 1960er und frühen 1970er Jahren bemühte man sich um eine **simultane Optimierung aller Entscheidungsalternativen** im Bereich der Produktions-, Absatz-, Finanz- und Investitionsplanung. Diese „Planspiele" führten zwar zu einer Weiterentwicklung des theoretischen OR-Instrumentariums, **scheiterten** aber in der Wirtschaftspraxis – wie alle Totalmodelle – an der **Komplexität des Managementprozesses**.

Folgerichtig verlagerten sich die OR-Aktivitäten auf die **Entwicklung computergestützter Modelllösungen im Bereich der Partialplanung**.[1] Heute konzentrieren sich OR-Programme auf die Optimierung spezifischer Entscheidungsprobleme u. a. in den Bereichen

- **Logistik**
- **Lagerhaltung**
- **Maschinenbelegungsplanung**
- **Auftragsterminierung**
- **Kurzfristige Liquiditätsplanung**.

Zur Lösung derartiger Planungsaufgaben haben **kommerzielle Software-Anbieter Standardprogramme** entwickelt, die sich flexibel an die betrieblichen Gegebenheiten des jeweiligen Anwenders anpassen lassen.

Das gebräuchlichste OR-Verfahren ist die **lineare Optimierung**, die auch als lineare Programmierung (LP) bezeichnet wird. Ein **LP-Modell** besteht im einfachsten Fall aus

- **einer linearen Zielfunktion**
- **mehreren Nebenbedingungen** in Form linearer Gleichungen bzw. Ungleichungen.

Hinter den Nebenbedingungen stehen (Kapazitäts-)Restriktionen, die den Lösungsbereich einschränken. Je größer die Zahl der Aktionsmöglichkeiten (zur Zielerreichung) und je größer die Zahl zu beachtender Nebenbedingungen, desto komplexer wird das Lösungsmodell.

LP-Ansätze können als

- **Maximierungsmodell** (z. B. Deckungsbeitragsmaximierung)
- **Minimierungsmodell** (z. B. Ermittlung der kürzesten Transportstrecke)

konzipiert werden. Ein **Standardbeispiel** zur Erläuterung eines Maximierungsmodells ist die **kurzfristige Produktionsplanung** beim Bestehen mehrerer Produktionsengpässe. An späterer Stelle wird an einem konkreten Zahlenbeispiel gezeigt, wie das optimale Produktionsprogramm nach der Simplex-Methode[2] ermittelt werden kann. Weitere Beispiele finden sich im zugehörigen Übungsbuch. (**ÜB 4**/5–9)

---

[1] Zur Charakterisierung von Total- und Partialmodellen vgl. S. 270 f.
[2] Vgl. S. 909 ff.

4. Organisation

4.1 Grundlagen

Unternehmensführung ist ein mehrstufiger Prozess. Seine Arbeitsschritte sind

1. Zielorientierte Planung (= Alternativenbewertung)
2. Entscheidung für die optimale Alternative
3. Ausführung (= Realisierung der gewählten Alternative)
4. Kontrolle (= Abgleich von geplanten und tatsächlichen Ergebnissen).

Probleme der Zielbildung[1] sowie der Planung und Entscheidung[2] wurden oben erläutert. Der hier zu behandelnde Problemkomplex „Organisation" ist dem dritten Arbeitsschritt, der **Ausführung**, zuzurechnen.

Planung ist die gedankliche Projektion künftigen Handelns. Zur tatsächlichen Zielerreichung müssen die geplanten Maßnahmen realisiert werden. Planausführung setzt also menschliches Handeln voraus.

Betriebswirtschaftliche Planungsmodelle gehen von rationalem, zielorientiertem Handeln der beteiligten Personen aus. Nach den Vorstellungen der Unternehmensplanung ist auf allen Ebenen des betrieblichen Leistungsprozesses das **ökonomische Prinzip einzuhalten**. Dieses Postulat betrieblicher Planung stößt aber auf der Ausführungsebene auf mehr oder weniger große Hindernisse, denn die Menschen sind nicht so vollkommen, wie die Planer dies gerne hätten.

„**Mängel im Prozess des Wirtschaftens**"[3] – so nennen Picot et al. die Kluft, die sich zwischen vollkommener Planung und unzulänglicher Ausführung auftut. Die Ursachen der Unzulänglichkeit menschlichen Handelns auf der Ausführungsebene werden in

- ungenügender Information **(Nichtwissen)**
- ungenügender Motivation **(Nichtwollen)**

der beteiligten Personen gesehen.

Mit zunehmender Betriebsgröße vertieft sich die Kluft zwischen Planung und Ausführung: Je größer die Zahl der am betrieblichen Leistungsprozess beteiligten Personen, desto größer ist die Gefahr, dass der Einzelne nicht weiß, was er zu tun hat. Diese Informationslücke muss durch Koordination geschlossen werden.

> Im Zuge der **Koordination** bemüht sich die Unternehmensleitung um die Abstimmung von Teilaktivitäten im Hinblick auf ein übergeordnetes Ziel.

Das Leistungsergebnis des Einmannbetriebes kommt allein dem Inhaber zugute. Deshalb sorgt er für die Einhaltung des ökonomischen Prinzips. Mit zunehmender Betriebsgröße wächst das Motivationsproblem, weil nicht die gesamte Belegschaft, sondern nur die Eigenkapitalgeber als Restbetragsbeteiligte[4] am Unternehmenserfolg partizipieren.

---

[1] Vgl. S. 65 ff.
[2] Vgl. S. 72 ff.
[3] Picot, A. et al., Organisation, 2015, S. 4.
[4] Vgl. S. 53.

B.4. Organisation

> Unter **Motivation** versteht man alle Anreize, die ein Individuum veranlassen, sich mit voller Kraft für die Erreichung eines bestimmten Ziels einzusetzen.

Durch Koordination und Motivation versucht die Unternehmensführung, die **Lücke** zwischen idealtypischer **Planung** und unzulänglicher **Ausführung** zu verringern:

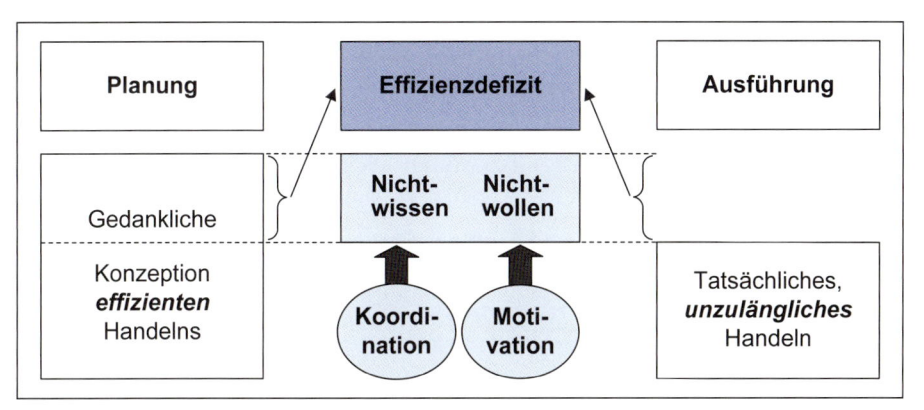

Abb. 52: Effizienzsteigerung durch Koordination und Motivation

Betriebliche Tätigkeit basiert auf Arbeitsteilung. Mit steigender Betriebsgröße wächst die Organisationsaufgabe des Managements: Eine Vielzahl arbeitsteiliger Prozesse muss koordiniert und eine Vielzahl von Mitarbeitern muss motiviert werden.

Die Lösung des Motivationsproblems gehört zu den Kernaufgaben der Personalwirtschaft, die an späterer Stelle[1] behandelt wird. Damit steht die Koordination der Teilprozesse im Zentrum der hier zu behandelnden Unternehmensorganisation.

> Unter **Organisation**[2] versteht man das Bemühen der Unternehmensleitung, den komplexen Prozess betrieblicher Leistungserstellung und Leistungsverwertung so zu strukturieren, dass die Effizienzverluste auf der Ausführungsebene minimiert werden.

Nach diesem instrumentellen Organisationsbegriff versteht man unter Organisation das Schaffen einer Ordnung durch dauerhafte Regelungen. Dabei ist auf den Unterschied zwischen

- **Organisation** = generelle Regelung für vergleichbare Fälle und
- **Disposition** = Einzelfallentscheidung

hinzuweisen. Regelungen zur Materialprüfung, zur Kontrolle des Zahlungseingangs, zur Bearbeitung von Reklamationen, zur Bestellung von Kleingeräten usw. gehören in den Bereich der Organisation. Entscheidungen zu Sachverhalten von großer Bedeutung, also beispielsweise die Standortwahl, eine Fusionsentscheidung, eine Großinvestition oder eine Teilbetriebsveräußerung, gehören in den Bereich der Disposition, d. h. der Einzelfallentscheidung.

---

[1] Vgl. S. 139 ff.
[2] Zum vielschichtigen Begriff ‚Organisation' vgl. im Einzelnen Picot, A. et al., Organisation, 2015, S. 27 ff. und Schreyögg/Geiger, Organisation, 2016, S. 5 ff.

Der Aufbau einer Organisation orientiert sich am unternehmerischen Oberziel, nach dem Shareholder-Ansatz also an langfristiger Gewinnmaximierung. Ökonomische Rationalität, d. h. die Umsetzung des ökonomischen Prinzips im Unternehmensalltag, ist das Leitmotiv zum Aufbau einer Organisation. So gesehen hat Organisation zwei Aufgaben:

- **Schaffung einer Ordnung** arbeitsteiliger Prozesse nach Maßgabe des ökonomischen Prinzips
- **Entlastung der Unternehmensleitung** durch generelle Regeln zur Erledigung häufig wiederholbarer Aufgaben (Routinearbeiten).

Von solchen Routinearbeiten entlastet sich die Unternehmensleitung durch **Delegation** an nachgeordnete Stellen. Um sich auf die wirklich wichtigen Führungsaufgaben konzentrieren zu können, unternimmt die oberste Führungsebene drei Schritte:

1. Abgrenzung von **Einzelfall- und Routineentscheidungen**
2. Erlass von **generellen Regelungen** zur Erledigung von **Routinearbeiten** auf nachgelagerten Ebenen
3. **Delegation** von taktischen und operativen Einzelfallentscheidungen an **nachgeordnete Entscheidungsträger**.

Organisatorische Regelungen bringen Transparenz, Berechenbarkeit und Kontinuität in betriebliche Entscheidungsabläufe. Das ist ein Vorteil. Hinter organisatorischen Regelungen steht aber immer der Trend zur Generalisierung. Es besteht die Gefahr, dass Unterschiedliches mit der organisatorischen „Einheitselle" gemessen wird. Fehlentscheidungen sind dann unvermeidlich. Die Tendenz zu Starrheit und Bürokratisierung betrieblicher Entscheidungsprozesse ist umso größer, je stärker fallweise Dispositionen durch generelle Regelungen verdrängt werden.

Vorteile	Nachteile
• **Entlastungsfunktion** für die Unternehmensleitung • **Rationalisierungsfunktion** durch Arbeitsteilung • **Kostenminimierung** durch Ermöglichung einer Massenproduktion	• **Erfolgseinbußen** durch bürokratische Routineentscheidungen • **Motivationseinbußen** durch eingeschränkten Entscheidungsspielraum und mangelnde Identifikation der Werktätigen mit dem Werk

Abb. 53: Vor- und Nachteile großbetrieblicher Organisation

Organisation bringt Vorteile, die in Nachteile umschlagen können, wenn die Organisation, d. h. die Einführung genereller Regelungen, zu weit getrieben wird. Wenn es gelingt, ein ausgewogenes Verhältnis zwischen generellen Regelungen und fallweiser Prüfung mit Einzelfallentscheidung (Disposition) zu schaffen, spricht man von einem **Organisationsgleichgewicht**.

Der Begriff „Organisation" kann einerseits als gestalterische Tätigkeit, andererseits als Zustandsbeschreibung verstanden werden. In beiden Fällen ist Organisation auf planvolles Wirtschaften, auf bestmögliche Zielerreichung, ausgerichtet.

Organisation	
Schaffung einer Ordnung (Tätigkeit)	**Bestehen einer Ordnung** (Zustandsbeschreibung)
Zielorientierte Schaffung von Regelungen zur dauerhaften Ordnung künftiger betrieblicher Tätigkeit	• **Aufbauorganisation** Hierarchische Ordnung zur dauerhaften Regelung von Rechten und Pflichten von Personen und Abteilungen • **Ablauforganisation** Bestehende Regelungen zur zeitlichen, räumlichen und personellen Festlegung von Arbeitsabläufen

Abb. 54: Organisation als Tätigkeit bzw. Zustandsbeschreibung

Die folgenden Unterkapitel setzen sich mit Fragen der
4.2 **Aufbauorganisation**
4.3 **Ablauforganisation**
4.4 **Managementtechniken**
auseinander.

Die **Aufbauorganisation** basiert auf langfristigen Entscheidungen der Unternehmensleitung zur Regelung der Beziehungen zwischen Personen, Abteilungen und Betriebsmitteln. Änderungen der Aufbauorganisation (z. B. Aufgabe von Geschäftsfeldern, Massenentlassungen, Zusammenlegung von Teilbetrieben, Produktionsverlagerungen) bezeichnet man als **Restrukturierung**.

Die **Ablauforganisation** beruht auf kurz- bis mittelfristigen Entscheidungen der mittleren und unteren Führungsebene zur zeitlichen, räumlichen und personellen Strukturierung von Arbeitsabläufen. Die Regelung dieser Prozesse erfolgt auf der Basis einer zuvor geschaffenen Aufbauorganisation.

Die **Managementtechniken** widmen sich den Problemfeldern
- Zielorientierung arbeitsteiligen Handelns
- Delegation von Teilaufgaben an nachgeordnete Stellen
- Motivation von Mitarbeitern.

Es geht also um die Optimierung des organisatorischen Instrumentariums. Weil sich die Erfolge alternativer Organisationsstrategien ex ante nicht berechnen lassen, stützt sich die Organisationslehre in diesem Bereich auf – lückenhaftes – Erfahrungswissen der Organisationspraxis. (ÜB 2/23)

4.2 Aufbauorganisation

4.2.1 Ziele und Teilbereiche

Nach dem Rationalprinzip ist jede unternehmerische Tätigkeit auf optimale Zielerreichung ausgerichtet. Die Gesamtaufgabe des Unternehmens (z. B. Herstellung und Vertrieb von alkoholischen Getränken und Erfrischungsgetränken) steht im Dienst bestmöglicher Erreichung des Unternehmensziels. Zu diesem Zweck muss die orga-

```
                    ┌──────────────────────┐
                    │   Unternehmensziel   │
                    └──────────┬───────────┘
                               ▼
                    Gesamtaufgabe des Unternehmens
                               │
                    ╭──────────▼───────────╮
                    │    Aufgabenanalyse   │
                    ╰──────────┬───────────╯
                               ▼
                      Elementaraufgaben
                               │
                    ╭──────────▼───────────╮
                    │    Aufgabensynthese  │
                    ╰──────────┬───────────╯
                               ▼
                     Stellen (Aufgabenkomplexe)
                               │
                    ╭──────────▼───────────╮
                    │ Koordination von Stellen │
                    ╰──────────┬───────────╯
                               ▼
                   Abteilungen (Stellenkomplexe)
                               │
                    ╭──────────▼───────────╮
                    │Koordination von Abteilungen│
                    ╰──────────┬───────────╯
                               ▼
                  ┌────────────────────────────┐
                  │Aufbauorganisation des Unternehmens│
                  └────────────────────────────┘
```

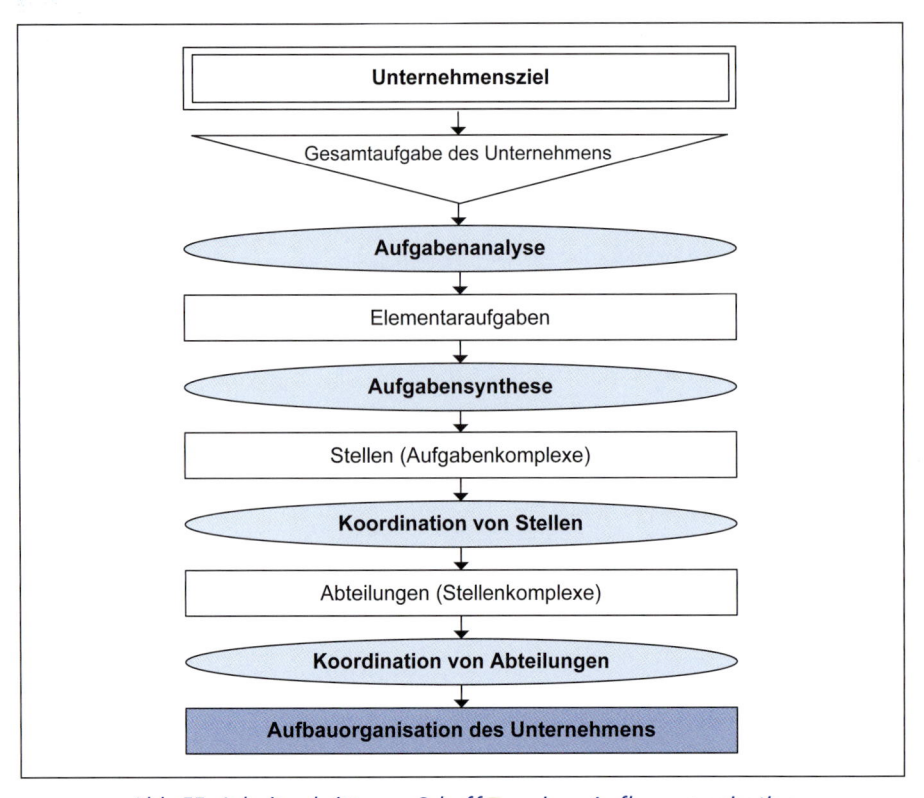

Abb. 55: Arbeitsschritte zur Schaffung einer Aufbauorganisation

nisatorische Struktur des Unternehmens auf die Gesamtaufgabe ausgerichtet werden. Das Ergebnis dieses Prozesses ist die Aufbauorganisation **(Abb. 55)**.

Im Zuge der Aufgabenanalyse wird die Gesamtaufgabe in Elementaraufgaben (z. B. Schreiben, Transportieren, Abfüllen) zerlegt. Durch Zusammenlegen von Elementaraufgaben (Aufgabensynthese) entstehen Stellen (z. B. Sekretariat, Fahrer, Fließbandarbeiter). Durch das Zusammenfassen von Stellen entstehen Abteilungen (z. B. Verwaltung, Vertrieb, Abfüllanlage). Nachfolgend werden die Problemkomplexe

- **Aufgabenanalyse und -synthese**
- **Stellen- und Abteilungsbildung**
- **Leitungssysteme**
- **Projektorganisation**

näher erläutert. Bei der Schaffung von Leitungssystemen geht es um die Fragen, nach welchen Kriterien Abteilungen gebildet werden und wie die Arbeit der Abteilungen (untereinander und im Verhältnis zur Unternehmensleitung) koordiniert wird. Bei der Projektorganisation geht es um die organisatorische Abwicklung einmaliger Großvorhaben (z. B. Innovationsprojekte).

4.2.2 Aufgabenanalyse und -synthese

Die Schaffung einer Aufbauorganisation beginnt mit der **Aufgabenanalyse**: Die komplexe unternehmerische Gesamtaufgabe wird in Teilaufgaben zerlegt.

B.4. Organisation

Gesamtaufgabe: Gesamtkomplex der Leistungserstellung und -verwertung

Elementaraufgaben:

Stellenbildung: S₁ S₂ S₃ S₄ S₅ S₆ S₇

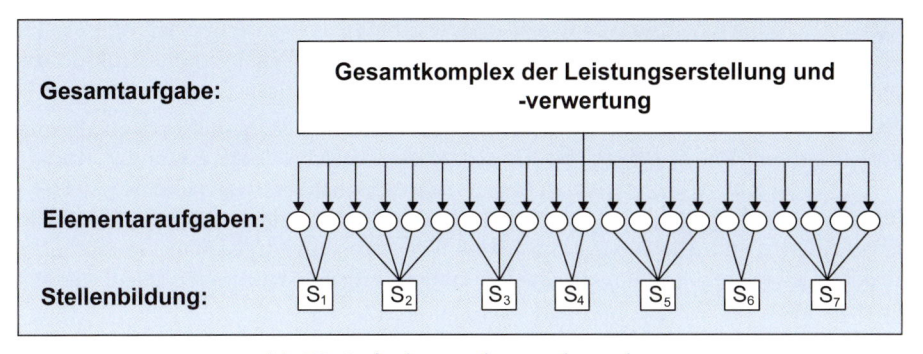

Abb. 56: Aufgabenanalyse und -synthese

In einem zweiten Schritt werden die Teilaufgaben zu wirtschaftlich sinnvollen Aufgabenkomplexen zusammengefasst. Diesen Vorgang bezeichnet man als **Aufgabensynthese**.

So entstehen Stellen. Die **Stelle** ist die **kleinste organisatorische Einheit** eines Unternehmens. In den Stellen sind Teilaufgaben so zusammenzufassen, dass eine vorgegebene Leistungserstellung mit geringstmöglichem Faktoreinsatz erreicht werden kann. Bei der Zusammenfassung von Teilaufgaben zu einer Stelle ist einerseits das ökonomische Prinzip, andererseits der Kapazitätsaspekt zu beachten: Der einer Stelle zuzuweisende Aufgabenkomplex ist so zu bemessen, dass die Summe der Teilaufgaben in der gewöhnlichen Arbeitszeit von einer Person bewältigt werden kann.

> **Aufgabenanalyse und -synthese** (Stellenbildung) haben den Zweck, Rationalisierungseffekte durch Arbeitsteilung zu erreichen.

Die Zerlegung der Gesamtaufgabe kann nach verschiedenen Kriterien[1] erfolgen:

Gliederungskriterien	Gliederungsergebnis
Verrichtung	Forschen, Bestellen, Montieren, Verkaufen usw.
Objekt	(Verschiedene) Tätigkeiten an Produkten A, B, C
Rang	Dispositive bzw. ausführende Tätigkeit
Phase	Planung, Ausführung, Kontrolle
Zweck	Primärer Betriebszweck (Leistungserstellung/Absatz) Sekundärer Betriebszweck (Rechnungswesen/Verwaltung)

Abb. 57: Kriterien der Aufgabenanalyse

Von besonderer praktischer Bedeutung sind die beiden erstgenannten Gliederungskriterien. So betrachtet man im Rahmen der

- **Verrichtungsanalyse** je eine Tätigkeit (Beschaffung, Produktion, Absatz) an verschiedenen Objekten (Produkten)
- **Objektanalyse** verschiedene Tätigkeiten an je einem Objekt (Produkt).

---

[1] Zu Einzelheiten vgl. Schreyögg/Geiger, Organisation, 2016, S. 29 ff.

Eine verrichtungsorientierte Aufgabenanalyse führt zu einer funktionalen, eine objektorientierte Aufgabenanalyse führt zu einer divisionalen Organisationsstruktur, die man auch als **Spartenorganisation** bezeichnet:

Vor allem in **Klein- und Mittelbetrieben** ist die funktionale Organisationsgliederung vorherrschend: Das Marketing ist für den Absatz aller Produkte zuständig. Anders verhält es sich bei **Großbetrieben**, die auf sehr verschiedenartigen Geschäftsfeldern tätig sind. Als Beispiel denke man an den Bosch-Konzern, der u. a. Hausgeräte, Elektrowerkzeuge und Autoelektronik herstellt. Hier kann eine divisionale Organisation, in der im jeweiligen Produktbereich alle Funktionsaufgaben zusammengefasst werden, sinnvoll sein.

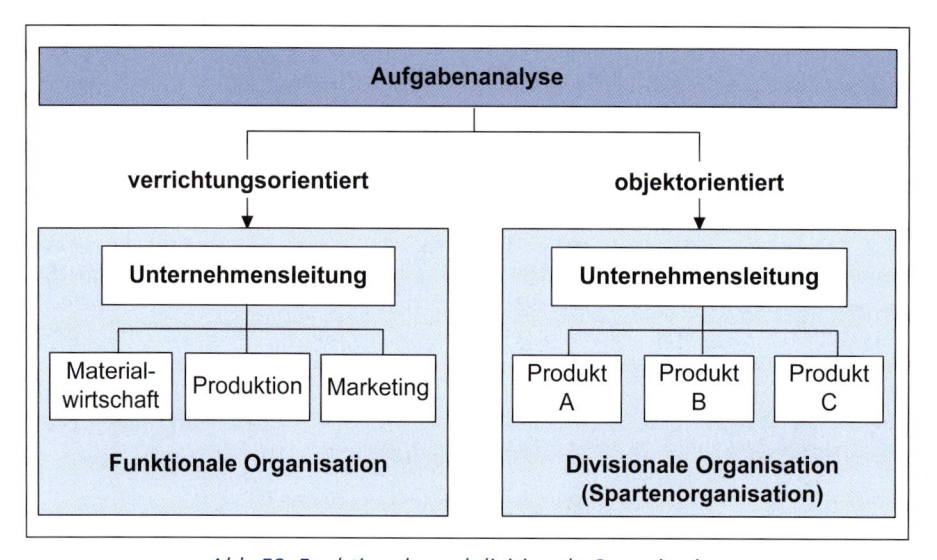

Abb. 58: Funktionale und divisionale Organisation

Eine Objektanalyse muss nicht zwingend nach Produktgruppen erfolgen. Denkbar ist auch eine Aufgabeneinteilung nach Absatzgebieten, wobei die **regionale Organisationsstruktur** über eine Einteilung nach Ländern, Regionen bis zu einzelnen Standorten (z. B. Kaufhausfilialen) heruntergebrochen werden kann. Eine weitere Form der Spartenorganisation ist die **Kundenorientierung**. So ist es im Bankgewerbe üblich, Bankgeschäfte in das

- Firmenkundengeschäft
- Privatkundengeschäft

und letzteres wiederum in ein Großkunden- und in ein Massenkundengeschäft einzuteilen.

In **Abb. 58** sind verschiedene Grundarten einer Organisationsstruktur dargestellt. Zu einer solchen Struktur gelangt man nur, wenn man zuvor im Rahmen der **Aufgabensynthese** Stellen gebildet hat: Im Rahmen der Aufgabensynthese werden – wie in **Abb. 56** dargestellt – Elementaraufgaben zu einem Aufgabenkomplex so zusammengefasst, dass eine gegebene Gesamtaufgabe (bei gegebener Produktionstechnik) mit möglichst geringem Mitteleinsatz bewältigt werden kann. Diesen nach dem **ökonomischen Prinzip** gebildeten **Aufgabenkomplex** bezeichnet man als Stelle.

4.2.3 Stellen- und Abteilungsbildung

> Die **Stelle** ist der Aufgabenbereich einer Person und existiert unabhängig von der Besetzung mit einer Person.

Eine Stelle kann mit einer Vollzeitkraft oder mit mehreren Teilzeitkräften besetzt werden. Die Stelle ist der persönliche, der Arbeitsplatz ist der räumliche Wirkungsbereich.

Zur Stellen- und Abteilungsbildung gehören folgende Sachverhalte:

4.2.3.1 Ausführende Stellen, Leitungsstellen und Leitungsspanne
4.2.3.2 Abteilungen und Hierarchiebildung
4.2.3.3 Linienstellen, Stabsstellen und Zentralstellen
4.2.3.4 Delegation von Entscheidungskompetenz und Verantwortung
4.2.3.5 Organigramm, Stellenbeschreibung und Funktionendiagramm.

4.2.3.1 Ausführende Stellen, Leitungsstellen und Leitungsspanne

Sind in einem Unternehmen mehrere Personen beschäftigt, hat man zwischen leitender (dispositiver) Tätigkeit und ausführender Tätigkeit zu unterscheiden. **Leitende Stellen** sind mit **Weisungsbefugnissen** gegenüber nachgeordneten Stellen ausgestattet. Solche Stellen bezeichnet man auch als **Instanzen**.

Ausführende Stellen sind auf der untersten Ebene der Unternehmenshierarchie angesiedelt. Sie haben kein Weisungsrecht.

Die **Bildung leitender und ausführender Stellen** sollte nach dem ökonomischen Prinzip, d. h. sachbezogen, nicht personenbezogen, erfolgen: Mit der Zusammenfassung artverwandter Teilaufgaben in einer Stelle lässt sich **Arbeit rationalisieren**, lassen sich **Personalkosten einsparen**. Daraus folgt: Nicht die Fähigkeiten einer Person bestimmen den Aufgabenbereich einer Stelle, sondern der rationalisierte Aufgabenbereich einer Stelle ist der Maßstab zur Auswahl eines geeigneten Stelleninhabers. Leitungsstellen im oberen Bereich der Unternehmenshierarchie werden manchmal personenbezogen besetzt: Fähigkeiten und Neigungen einer konkreten Person bestimmen den Aufgabenbereich der Leitungsstelle. Würden alle Leitungsstellen so besetzt werden, träte ein Chaos an die Stelle der Organisation.

Als **Leitungsspanne** oder Kontrollspanne gilt die Anzahl der Mitarbeiter, die einer Leitungsstelle unmittelbar unterstellt sind. Je größer die Leitungsspanne, desto schwerer wird es für die Instanz, ihren Führungs- und Kontrollaufgaben in vollem Umfang gerecht zu werden. Zur optimalen Größe der Leitungsspanne können keine allgemeingültigen Aussagen gemacht werden. Je gleichförmiger, homogener die Tätigkeit der nachgeordneten Stellen, desto leichter kann die leitende Stelle disponieren und kontrollieren. So hat der Leiter einer Forschungsabteilung regelmäßig eine kleinere Leitungsspanne als der Kolonnenführer eines Gebäudereinigungsunternehmens.

4.2.3.2 Abteilungen und Hierarchiebildung

Unter einer **Hierarchie** versteht man die Über-/Unterordnung von Organisationseinheiten. So hat ein Kleinbetrieb, z. B. ein vom Inhaber geleiteter Installationsbetrieb mit zehn Monteuren, eine Instanz, zehn ausführende Stellen und eine Hierarchieebene.

Mit zunehmender Beschäftigtenzahl entstehen weitere Hierarchieebenen. Dieses Organisationsphänomen ist auf zwei Ursachen zurückzuführen:

- Die **begrenzte Leitungsspanne** – im Installationsbetrieb seien es beispielsweise 20 Monteure – zwingt zum Einsatz einer Zwischeninstanz (Meister) zwischen Unternehmensleitung und ausführenden Stellen (Monteuren).
- Spezialisierung erhöht die Sachkompetenz des Betriebes und **stärkt** seine **Wettbewerbsfähigkeit**. Die Spezialisierung kann eine **Abteilungsbildung** notwendig machen (im Beispiel: „Wasserinstallation" und „Heizungsbau"), wobei Abteilungsleiter (hier: Meister) als Zwischeninstanz einzusetzen wären.

In **Abb. 59** wird der Zusammenhang zwischen Leitungsspanne und **Leitungstiefe** (Hierarchiebildung) sichtbar: Je kleiner die Leitungsspanne, desto größer ist – bei gegebener Beschäftigtenzahl – die Leitungstiefe, d.h. die Zahl der Hierarchieebenen: Wer als Unternehmer 30 Mitarbeiter beschäftigt, hat bei einer Leitungsspanne von 30 Stellen nur zwei Hierarchieebenen, bei einer Leitungsspanne von zwei Stellen dagegen fünf Hierarchieebenen.

Im letztgenannten Fall steht dem Vorteil einer kleinen Leitungsspanne der Nachteil einer tiefen Organisationsstruktur gegenüber. Mit zunehmender Hierarchisierung wird der Instanzenweg verlängert.

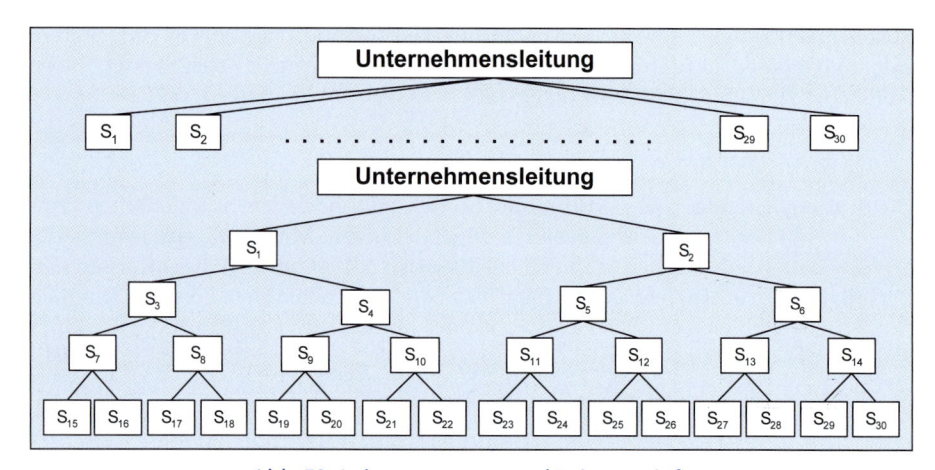

Abb. 59: Leitungsspanne und Leitungstiefe

Eine Anordnung, die von der Unternehmensleitung zu einem Mitarbeiter – hier S_{16} – der Ausführungsebene gelangen soll, muss über die Zwischeninstanzen S_1, S_3 und S_7 geleitet werden. Dadurch wird die Organisation langsam und schwerfällig. Das Organisationskonzept des **Lean Management**[1] versucht hier gegenzusteuern: Durch eine Verschlankung der Organisationsstruktur, d.h. durch Abbau von Hierarchieebenen, sollen die Prozesse beschleunigt werden, um schließlich die Wettbewerbsfähigkeit von Unternehmen zu stärken.

---

[1] Vgl. S. 351 f.

4.2.3.3 Linienstellen, Stabsstellen und Zentralstellen

> **Linienstellen** sind in den Instanzenweg von der Unternehmensleitung zur ausführenden Stelle eingebunden. Sie sind gegenüber der vorgesetzten Stelle weisungsgebunden, gegenüber der nachgeordneten Stelle weisungsberechtigt.

Das in **Abb. 59** dargestellte Organisationsschema bezeichnet man als **Liniensystem**. So verläuft im unteren, fünfstufigen Organisationsschema eine Weisungslinie von der Unternehmensleitung zur ausführenden Stelle S_{15} über die Instanzen S_1, S_3 und S_7.

Im Gegensatz zu Linienstellen haben

- Stabsstellen kein Weisungsrecht
- Zentralstellen ein eingeschränktes Weisungsrecht.

Stabsstellen (vgl. **Abb. 62**) sind i. d. R. auf der oberen Ebene der Unternehmenshierarchie angesiedelt. Sie dienen der Entlastung der Unternehmensleitung oder der Geschäftsbereichsleiter und haben nur von diesen unmittelbaren Vorgesetzten Weisungen entgegenzunehmen. Stabsstellen werden üblicherweise mit jungen, hochqualifizierten Mitarbeitern mit Expertenwissen besetzt. Stabsstellenmitarbeiter sind in die **Vorbereitung von Führungsentscheidungen** (Problemstrukturierung, Alternativenbewertung) eingebunden. Das Entscheidungs- und Weisungsrecht bleibt der vorgesetzten Instanz vorbehalten. Stabsstellen entlasten die der Führungsebene nachgeordneten Planungsabteilungen und leisten damit einen Beitrag zum Abbau von Hierarchieebenen und somit zur Verschlankung der Organisation.

Zentralstellen (vgl. **Abb. 62**) dienen der Zusammenfassung (Zentralisierung) von Aufgaben, die üblicherweise in vielen Unternehmensbereichen zu erledigen wären. Sie werden auch als Zentralabteilungen bezeichnet. Mit der Zentralisierung von Aufgaben verfolgt man das Ziel der **Kostensenkung**. Typische Beispiele für Zentralabteilungen sind die Personalabteilung, die Rechtsabteilung, das Rechnungswesen und die Datenverarbeitung (IT-Bereich). Die Zentralstellen haben ein begrenztes Weisungsrecht. Gegenüber Linienstellen haben sie keine disziplinarische, wohl aber eine **fachtechnische Weisungskompetenz**.

4.2.3.4 Delegation von Entscheidungskompetenz und Verantwortung

Unternehmerische Tätigkeit ist ein arbeitsteiliger Prozess. Dabei überträgt die Unternehmensleitung

- alle ausführenden Tätigkeiten an ausführende Stellen
- einen Teil ihrer dispositiven Aufgaben an nachgelagerte Instanzen.

> Durch die **Delegation** von Entscheidungsbefugnissen und Entscheidungsverantwortung auf nachgelagerte Instanzen will sich die Unternehmensleitung von taktischen und operativen Planungsaufgaben entlasten.

Das Treffen von Entscheidungen ist originäre Aufgabe der Unternehmensleitung. Zur eigenen Entlastung delegiert die Unternehmensleitung Entscheidungsbefugnisse im taktischen und operativen Bereich an nachgelagerte Instanzen, hier an die Bereichsleitung A, B und C (**Abb. 60**). Damit verbleiben auf der obersten Hierarchieebene nur echte Führungsentscheidungen aus dem Bereich der strategischen Planung.

2. Abschnitt: Aufbau des Betriebes

Planungs-ebene	Organisationsstruktur
strategische	Unternehmensleitung
taktische	Bereichsleitung A (Materialwirtschaft) — Bereichsleitung B (Produktion) — Bereichsleitung C (Marketing)
operative	A_1, A_2 — B_1, B_2 — C_1, C_2
Ausführungs-ebene	S_1 S_2 S_3 S_4 S_5 S_6 S_7 S_8 S_9 S_{10} S_{11} S_{12} S_{13} S_{14} S_{15} S_{16} S_{17} S_{18}

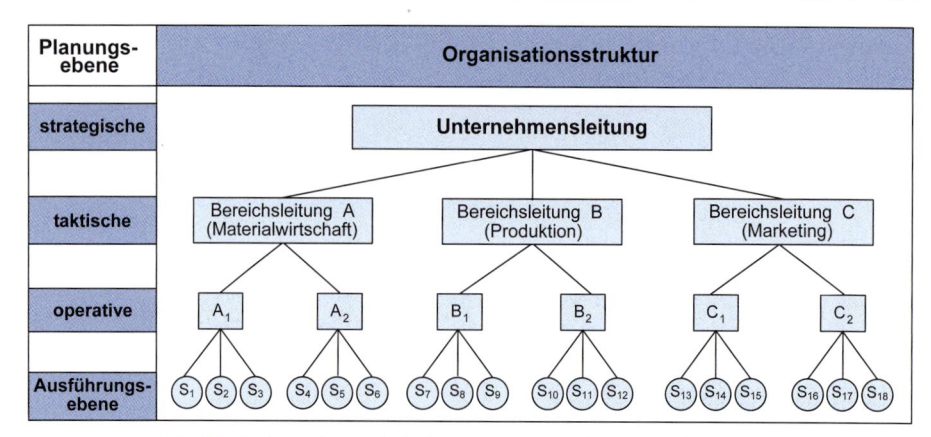

Abb. 60: Delegation taktischer und operativer Entscheidungen

Die Bereichsleitungen A, B, C haben also Planungs- und Entscheidungskompetenz im taktischen und operativen Bereich und delegieren ihrerseits Entscheidungsbefugnisse im operativen Bereich an die Abteilungsleiter A_1, A_2 bzw. B_1, B_2 bzw. C_1, C_2. Die Abteilungsleiter bzw. Werkmeister delegieren ihrerseits ausführende Tätigkeiten an die unterste Ausführungsebene S_1 … S_{18}.

Die Delegation umfasst die Übertragung von

- Aufgaben
- Entscheidungsbefugnissen
- Verantwortung (= persönliches Einstehen für Erfolg/Misserfolg).

Die übergeordnete, delegierende Instanz hat dafür zu sorgen, dass die übertragenen Aufgaben, Entscheidungsbefugnisse und Verantwortlichkeiten klar und überschneidungsfrei abgegrenzt sind. Die Fragen,

(1) in welchem Umfang Aufgaben delegiert werden sollen,
(2) wie eine zielkonforme Erledigung delegierter Aufgaben zu gewährleisten ist,

beschäftigen Organisationstheorie und -praxis bis heute. Diese Fragen werden an späterer Stelle[1] erneut aufgegriffen.

4.2.3.5 Organigramm, Stellenbeschreibung und Funktionendiagramm

Mit der Erstellung eines Organigramms (vgl. **Abb. 60**), von Stellenbeschreibungen und eines Funktionendiagramms wird die Aufbauorganisation abgeschlossen.

> Unter einem **Organigramm** (Organisationsplan) versteht man die schaubildartige Darstellung einer Organisationsstruktur. Die Rechtecke oder Kreise symbolisieren die Stellen, die Verbindungslinien markieren die Kommunikationswege und verweisen auf die hierarchischen Unterstellungsverhältnisse.

Ein Organigramm gibt einen schnellen Überblick über die Leitungsspanne und die Anzahl der Leitungsebenen (= hierarchische Struktur). Neben den allgemein üblichen Linienstellen werden Stabsstellen und Zentralstellen gesondert gekennzeichnet (vgl. **Abb. 62**).

---

[1] Vgl. S. 116 ff.

> In der **Stellenbeschreibung** werden für jede einzelne Stelle die hierarchische Einordnung, die Aufgabenbeschreibung, die Befugnis- und Verantwortungszuweisung und das qualitative Anforderungsprofil festgelegt.

Die Stellenbeschreibung ist die organisatorische Grundlage zur Klärung von Kompetenzstreitigkeiten zwischen Mitarbeitern und zur Klärung von Meinungsverschiedenheiten zwischen Vorgesetzten und Mitarbeitern über eine ordnungsmäßige Aufgabenerfüllung. Zudem ist sie ein wichtiges personalwirtschaftliches Hilfsmittel: Sie dient der Ermittlung des quantitativen Stellenbedarfs, der Zuordnung der Stelle zu einer Lohngruppe und der inhaltlichen Ausgestaltung von Stellenausschreibungen.

Das **Funktionendiagramm** ist eine stark vereinfachte Darstellung zur Zuweisung einzelner Aufgaben auf verschiedene Organisationseinheiten. In der Vorspalte werden die Aufgaben, in der Kopfzeile werden die Organisationseinheiten (Bereiche, Abteilungen) aufgeführt.

4.2.4 Leitungssysteme

Im Organigramm (vgl. **Abb. 60**) wird die Organisationsstruktur eines Unternehmens mit den Organisationseinheiten

- Unternehmensleitung
- Bereichsleitungen
- ausführende Stellen

abgebildet.

Bei den jetzt zu behandelnden Leitungssystemen geht es im Wesentlichen um zwei Fragen:

(1) Wie werden die Organisationseinheiten vernetzt? Anders gefragt: Wie werden die Weisungsbefugnisse geregelt?
(2) Hat das Unternehmen (vgl. **Abb. 58**) eine funktionale oder eine divisionale Organisationsstruktur?

Zur Beantwortung dieser beiden Fragen werden folgende Leitungssysteme vorgestellt:

4.2.4.1 **Einliniensystem und Mehrliniensystem**
4.2.4.2 **Stablinienorganisation**
4.2.4.3 **Spartenorganisation**
4.2.4.4 **Matrixorganisation.**

4.2.4.1 Einliniensystem und Mehrliniensystem

> Im **Einliniensystem** ist eine Stelle nur einer einzigen Instanz unterstellt. Im **Mehrliniensystem** hat eine Stelle von mehreren übergeordneten Stellen Weisungen entgegenzunehmen.

Der **Vorteil** des **Einliniensystems** liegt in der **klar abgegrenzten Weisungskompetenz**. So hat der Einkaufsleiter A_1 (Leiter des Prüflabors A_2) nur Weisungen vom Leiter des Unternehmensbereichs Materialwirtschaft entgegenzunehmen (vgl. **Abb. 61**). Der **Nachteil** des Einliniensystems liegt in langen Kommunikationswegen: Stellt der Werkstattleiter B_2 eine Häufung von Materialfehlern fest, muss diese Information auf dem **langen Instanzenweg** B_2 – Bereichsleiter Produktion – Unternehmensleitung – Bereichsleiter Materialwirtschaft – Einkaufsleiter A_1 transportiert werden.

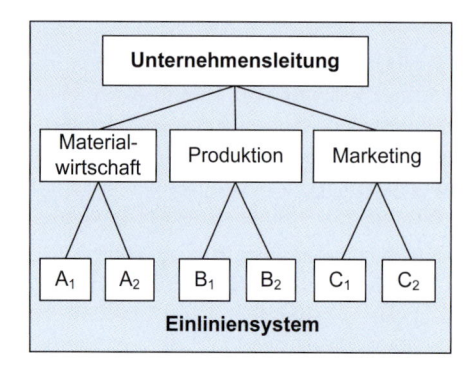

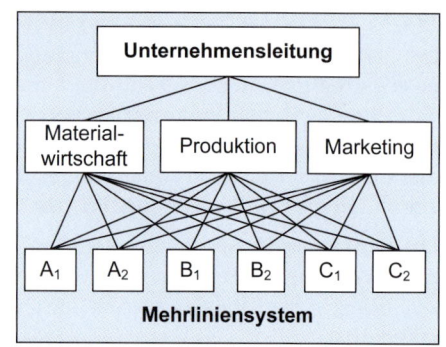

Abb. 61: Einlinien- und Mehrliniensystem

Hier kann das Mehrliniensystem über einen verkürzten Informationsweg – begrenzt – Abhilfe schaffen. Der entscheidende Nachteil des **Mehrliniensystems** liegt in der Gefahr von **Kompetenzstreitigkeiten** auf der Leitungsebene und der Gefahr der Verunsicherung („Diener zweier Herren") auf der nachgeordneten Ebene.

Wegen dieses schwerwiegenden Mangels ist das Mehrliniensystem in der Organisationspraxis kaum anzutreffen. Zur vereinfachten Koordination des Entscheidungsprozesses bedient man sich anderer Organisationsformen, die im Folgenden vorgestellt werden.

4.2.4.2 Stablinienorganisation

Unternehmenswachstum verbunden mit steigender Mitarbeiterzahl findet in einer größeren Leitungsspanne und/oder einer Vermehrung der Zahl der Hierarchieebenen (Leitungstiefe) seinen Niederschlag. Die Nachteile hinsichtlich der Ausübung der Leitungs- und Kontrollfunktion bzw. der Verlangsamung der Entscheidungsprozesse durch starke Hierarchisierung wurden oben erörtert.

Zur Vermeidung solcher Schwächen werden Stabsstellen (ohne Weisungsrecht) und Zentralstellen (mit eingeschränkten Weisungsrechten) geschaffen.

Stabsstellen
- nehmen nur Weisungen von „ihrer" Instanz entgegen
- haben selbst keinerlei Weisungsrecht.

Zentralstellen
- nehmen nur Weisungen von der Unternehmensleitung entgegen
- haben funktionale Weisungsbefugnisse (in ihrem Sachgebiet) gegenüber Linienstellen (z. B. A, B, C); disziplinarische Weisungsbefugnis und Führungsverantwortung verbleiben bei den jeweiligen Instanzen (hier: bei den Bereichsleitungen Materialwirtschaft, Produktion und Marketing).

So hat die Personalabteilung bei Einstellungen, Mitarbeiterqualifikation, Entlassungen usw. eine Beratungsfunktion. Disziplinarische, d.h. weisungs- und kontrollberechtigte Vorgesetzte der einzelnen Mitarbeiter in ausführenden Stellen bleiben aber die Abteilungsleiter Materialwirtschaft, Produktion und Marketing.

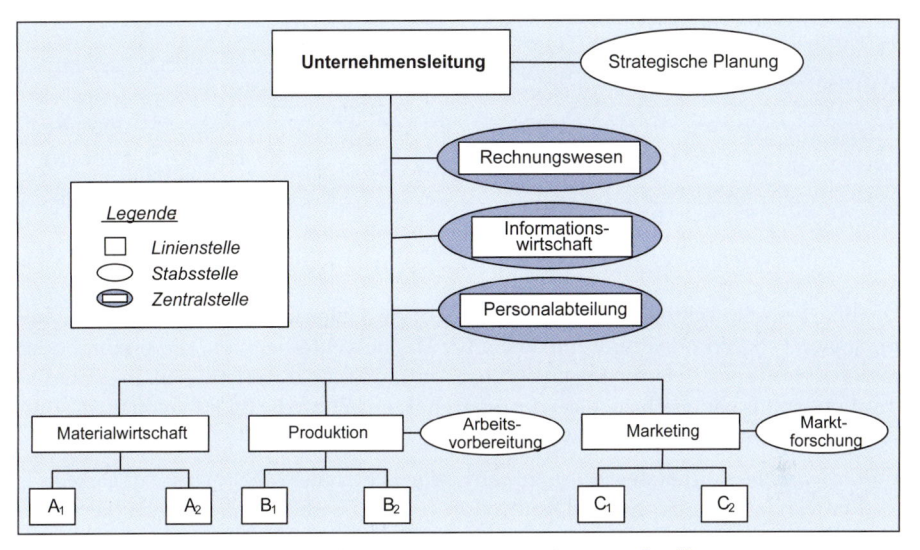

Abb. 62: Stablinienorganisation mit Zentralstellen

Die in **Abb. 62** wiedergegebene Stablinienorganisation ist ein Instrument zur Verschlankung der Organisation und damit zur Vereinfachung der Entscheidungs- und Kontrollprozesse. Zwei **Problemkomplexe** bleiben aber bei dieser **funktionalen Organisationsstruktur** ungelöst:

(1) Der scharfe Wettbewerb auf den Absatzmärkten zwingt die Unternehmen zu verstärkter **Kundenorientierung**. Hierum bemüht sich die **Spartenorganisation** (4.2.4.3).
(2) Das Liniensystem erlaubt keine horizontale Koordination, d.h. keine unmittelbare Abstimmung zwischen den Funktionsbereichen. Die Linienorganisation ist zentralistisch ausgerichtet: Die **Abstimmung** der **Teilpläne** ist nur über die Unternehmensleitung möglich. Um eine Problemlösung bemüht sich die **Matrixorganisation** (4.2.4.4).

4.2.4.3 Spartenorganisation

In einer **Spartenorganisation** wird ein Unternehmen nach Sachgebieten (Sparten/Divisionen) gegliedert. Übliche Einteilungsmuster sind Produktgruppen, Absatzgebiete oder Kundengruppen.

Unterhalb der Spartenebene kann der Organisationsaufbau einer funktionalen Gliederung (verrichtungsorientiert)[1] folgen:

---

[1] Siehe hierzu S. 104.

```
                    Unternehmensleitung
                    ┌──────────┴──────────┐
              Produktgruppe A       Produktgruppe B
           ┌──────┬──────┐        ┌──────┬──────┐
       Material- Produktion Marketing  Material- Produktion Marketing
       wirtschaft                     wirtschaft
```

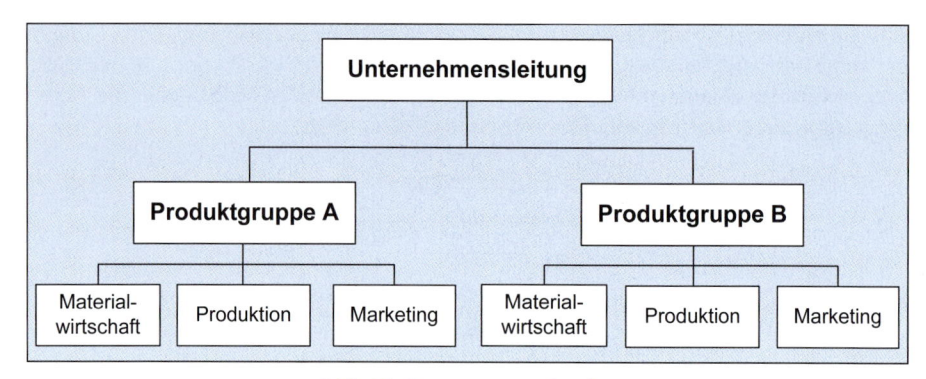

Abb. 63: Spartenorganisation

Die Spartenorganisation eignet sich besonders für Unternehmen mit einem sehr heterogenen Produktionsprogramm sowie für Handelsunternehmen, die sektoral oder regional stark spezifizierten Kundenwünschen Rechnung tragen müssen. In der Organisationspraxis kann sich auch bei der Spartenorganisation die Bildung von Stabs- und Zentralstellen als vorteilhaft erweisen.

Ein wesentlicher Vorteil der Spartenorganisation liegt in der Möglichkeit zur Dezentralisation von Entscheidungs- und Kontrollprozessen. Hierbei wird die jeweilige Sparte als Profitcenter angesehen.

> Als **Profitcenter** bezeichnet man einen rechtlich unselbständigen Unternehmensbereich, für den eine separate Ergebnisrechnung erstellt wird. Das Profitcenter hat weitgehende Dispositionsfreiheit und trägt im Gegenzug die Verantwortung für das erwirtschaftete Ergebnis.

Die Parallelen zur Holding, wie sie aus der Konzernbildung bekannt[1] ist, liegen auf der Hand.

> **Holdinggesellschaften** sind rechtlich selbständige Unternehmenseinheiten (Tochtergesellschaften) unter dem Dach einer Obergesellschaft.

Die Obergesellschaft beschränkt sich bei einer

- **Finanzholding** auf die Finanzierung der Tochterunternehmen (Sparten)
- **Managementholding** auf strategische Führungsentscheidungen des Gesamtkonzerns.

Ob Sparte, Profitcenter oder Holdinggesellschaft: In ihren Händen liegt das operative Geschäft. Die Unternehmensleitung behält sich die strategischen Vorgaben für das Gesamtunternehmen vor.

4.2.4.4 Matrixorganisation

Positive Synergieeffekte[2] entstehen dann, wenn zwei Unternehmen durch das Zusammenführen von Unternehmensaktivitäten im Bereich

---
[1] Vgl. S. 252.
[2] Vgl. S. 183.

- der Beschaffung durch Mengenrabatte
- der Produktion durch bessere Kapazitätsauslastung
- des Marketings durch gemeinsame Nutzung von Vertriebswegen

Kostenvorteile erlangen.

Im Zuge der **Spartenorganisation (Abb. 63)** kann es durch organisatorische Trennung von Unternehmensteilen zu **Kostennachteilen** kommen, wenn auf gemeinsame Beschaffung, gemeinsame Produktion und auf die Koordinierung von Marketingmaßnahmen verzichtet wird.

Hier möchte die **Matrixorganisation** Abhilfe schaffen. Um den Anforderungen wettbewerbsintensiver Käufermärkte Rechnung zu tragen, behält man die **Produktorientierung** bei. Gleichzeitig hält man an der durchgängig funktionalen Organisationsstruktur fest, weil man durch koordinierte Beschaffungs-, Produktions- und Vertriebsaktivitäten Kostenvorteile nutzen möchte.

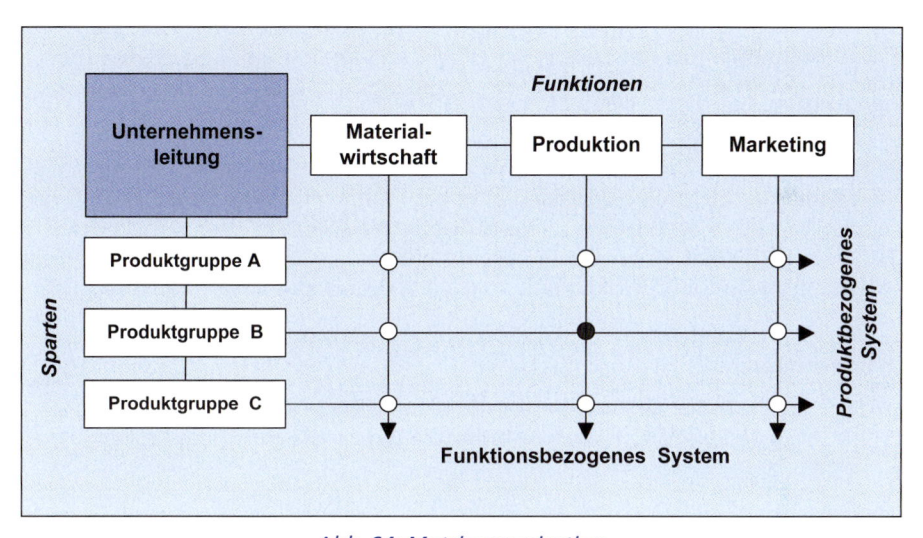

Abb. 64: Matrixorganisation

> Bei einer **Matrixorganisation** entsteht eine Stelle (Abteilung) im Fadenkreuz von einer Spartenleitung und einer Funktionsbereichsleitung.

Die Matrixorganisation ist ein **hybrides Organisationssystem (Abb. 64)**: Vertikal betrachtet ist sie eine funktionale, horizontal betrachtet ist sie eine divisionale Organisationsstruktur. Die Matrixorganisation ist zudem ein Mehrliniensystem. Zu **organisatorischen Spannungen**[1] kann es dabei an den Knotenpunkten kommen, weil hier die Führungsansprüche von Produktverantwortlichen und Funktionsträgern zusammentreffen. Ein solcher Konfliktherd kann beispielsweise am markierten Knotenpunkt • entstehen, wenn der Produktmanager B zur Befriedigung individueller Kundenwünsche eine starke Produktdifferenzierung bei kleinen Stückzahlen wünscht, der Produktionsleiter dagegen zwecks Kostenminimierung auf Großserienproduktion ohne Produktdifferenzierung besteht.

---

[1] Vgl. Schreyögg/Geiger, Organisation, 2016, S. 86 ff.

Solche Konflikte können durch

- Einzelfallentscheidung (hier: Kosten-Nutzen-Analyse)
- generelle Regelungen

gelöst werden. Die in der Organisationspraxis häufig anzutreffende generelle Regelung lautet etwa folgendermaßen: In den Kompetenzbereich des **Produktmanagers** fällt die Entscheidung, **was wann** am Markt verfügbar sein soll. Der **Funktionsmanager** entscheidet, **wie** die Leistungserstellung in seinem Bereich vonstattengehen soll. Außerdem hat er gegenüber den Mitarbeitern seines Funktionsbereichs das disziplinarische Weisungsrecht.

4.2.5 Projektorganisation

Ein Unternehmen schafft sich eine Aufbauorganisation, um stets wiederkehrende Entscheidungs- und Kontrollaufgaben dauerhaft und effizient zu erledigen.

> Das **Projektmanagement** dient der Erledigung komplexer Aufgaben (= Projekte), die im Wesentlichen durch Neuartigkeit, Einmaligkeit und Wichtigkeit für das Gesamtunternehmen gekennzeichnet sind.

Beispiele für solche Projekte können die Durchführung einer Fusion, die erstmalige Produktionsverlagerung ins Ausland oder die Einführung einer neuen Datenverarbeitung sein. Aber auch bei der Projektorganisation führt das ökonomische Prinzip die Regie. Im Gegensatz zur traditionellen Aufbauorganisation kann man aber nicht auf Erfahrungswissen zurückgreifen. Folgende Organisationsformen[1] sind möglich:

Kollegienlösung
Regelmäßige Treffen der Leiter der betroffenen Unternehmensbereiche zur Abstimmung der vom jeweiligen Bereichsleiter zu initiierenden und zu verantwortenden Realisationsschritte.
Stabsstelle
Ein Projektleiter (Stabsstelle) erarbeitet einen Projektplan. Nach Verabschiedung durch die Unternehmensleitung wird der Plan von den betroffenen Bereichen umgesetzt.
Matrixlösung auf Zeit
Als Spartenleiter fungiert der Projektleiter ähnlich wie ein Produktmanager (vgl. **Abb. 63** und **64**): Der Projektleiter koordiniert die Projektumsetzung mit den Funktionsbereichsleitern.
Selbständige Organisationseinheit auf Zeit
Der Projektleiter plant das Projekt und ist für dessen Realisierung verantwortlich. Funktionsbereichsleiter delegieren wenige erfahrene Mitarbeiter für begrenzte Zeit in ein Expertenteam. Für die Projektdauer hat der Projektleiter Weisungsbefugnis.

Abb. 65: Möglichkeiten der Projektorganisation

---

[1] Zu Einzelheiten vgl. Picot, A. et al., Organisation, 2015, S. 389 ff.; Schreyögg/Geiger, Organisation, 2016, S. 99 ff.

Je neuartiger und komplexer das Projekt, desto größer ist der Bedarf an Expertenwissen. Je größer aber der Bedarf an Expertenwissen, desto dringender muss ein Projektleiter eingesetzt und mit Durchsetzungskompetenzen ausgestattet werden.

4.3 Ablauforganisation

Die Aufbauorganisation basiert auf einer statischen, die Ablauforganisation beruht auf einer dynamischen Betrachtung der Organisationszusammenhänge. Die Aufbauorganisation zeigt[1] den Bestand an Stellen und die zwischen ihnen bestehenden Beziehungen zu einem bestimmten Zeitpunkt. Dagegen bemüht sich die Ablauforganisation um die optimale Gestaltung von Arbeitsprozessen im Zeitablauf.

> Gegenstand der **Ablauforganisation** ist die zeitliche, räumliche und personelle Gestaltung der Arbeitsabläufe nach Maßgabe des ökonomischen Prinzips.

Die Ablauforganisation knüpft an die Ergebnisse der oben beschriebenen[2] Aufgabenanalyse und -synthese an. Dabei wurde schon festgelegt, welche Stelleninhaber welche (Teil-)Aufgaben zu erledigen haben. Die Ablauforganisation geht einen Schritt weiter. Sie will die Frage beantworten, welcher Stelleninhaber die ihm gestellte Aufgabe wann, wo und an welchem Betriebsmittel zu erledigen hat. Diese Fragen sind bei der Fließfertigung[3] eindeutig beantwortet. Deshalb ist die Fließfertigung die straffste Form der Ablauforganisation. Üblicherweise gibt es aber bei der Ablauforganisation gewisse **Freiheitsgrade**, besonders im Hinblick auf die

- räumliche Anordnung der Betriebsmittel
- zeitliche Abfolge der Verrichtungen.

Während die Konkretisierung der Aufbauorganisation in den Aufgabenbereich strategischer Führungsentscheidungen der Unternehmensleitung fällt, gehört die Optimierung der Ablauforganisation zum Aufgabenbereich der unteren Führungsebene. Auch wenn die Ablauforganisation **Gegenstand operativer Planung** ist, muss sie auf das unternehmerische Oberziel langfristiger Gewinnmaximierung ausgerichtet werden.

Langfristige Gewinnmaximierung	
Kostenseite	**Erlösseite**
• Vermeide Leerkosten (bei ungenutzten Kapazitäten) • Senke Duchlaufzeiten • Senke Ausschuss • Vermeide unnötige Transportkosten • Vermeide Lohnzuschläge außerhalb der Normalarbeitszeit	• Sichere vorgegebene Qualitätsstandards • Sichere Einhaltung von Lieferterminen • Sichere die kurzfristige Erfüllung von Kundenwünschen

Abb. 66: Einzelanforderungen an die Ablauforganisation

---

[1] Vgl. das Organigramm auf S. 108.
[2] Vgl. S. 102 ff.
[3] Vgl. S. 333 f.

Die Subziele der Ablaufoptimierung können konträr sein, wie das jeweils letzte Postulat auf der Kosten- bzw. Erlösseite zeigen. Den Ausweg aus solchen Konflikten liefert die **Kosten-Nutzen-Analyse**, im vorliegenden Fall also der Vergleich von zusätzlich anfallenden Kosten und zusätzlich anfallenden Erträgen eines kurzfristig zu bearbeitenden Zusatzauftrags. Zur Lösung derartiger Probleme leisten die Verfahren des Operations Research[1] eine wertvolle Hilfestellung. (**ÜB 2**/24–25 und **3**/73–77)

4.4 Managementtechniken

Unternehmensorganisation hat die Aufgabe, zielorientierte Entscheidungen auf allen Unternehmensebenen in die Tat umzusetzen.

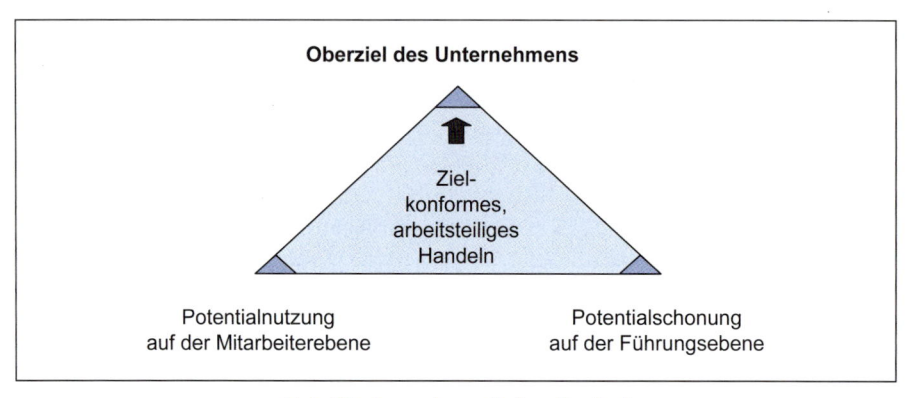

Abb. 67: Organisatorisches Dreieck

In organisatorischer Hinsicht ruht der Managementprozess auf drei Stützpfeilern:

(1) Unternehmerisches Handeln orientiert sich am **Oberziel langfristiger Gewinnmaximierung**.
(2) Unternehmerisches Handeln ist ein **arbeitsteiliger Prozess**.
(3) **Aufgabenverlagerung** von der Führungs- auf die Mitarbeiterebene dient der **Schonung knapper Managementkapazität** und der Motivation von Mitarbeitern zu zielkonformem Handeln.

Zur Lösung dieser komplexen Organisationsaufgabe hat die Managementpraxis „Regeln" entwickelt, die man als Managementtechniken oder **Management-by-Konzepte** bezeichnet. Im Folgenden werden die vier wichtigsten Konzepte[2] kurz beschrieben. Diese Konzepte lassen eine **unterschiedliche Schwerpunktsetzung** in den Problemfeldern **Zielorientierung**, **Delegation** von Teilaufgaben und **Motivation** von Mitarbeitern erkennen.

---

[1] Vgl. S. 97 und weiterführende Literatur, wie z. B. Domschke/Drexl/Klein/Scholl, Operations Research, 2015.
[2] Zu Einzelheiten vgl. Staehle, W. H., Management, 1999, insb. S. 785 ff.

Management by Exception
Führung durch Abweichungskontrolle und Eingreifen in Ausnahmefällen

Konzept:
- Mitarbeiter M soll „Normalfälle" seines Aufgabengebietes selbständig bearbeiten.
- Führungskraft F greift nur ein, wenn
  - Arbeitsergebnis des M vom „Normalwert" negativ abweicht
  - „kritische Situationen" (= Ausnahmefälle) eintreten.

Zielsetzung:
Regelgebundene Entscheidungen;
Entlastung der Führungsebene von Routineentscheidungen.

Offene Fragen:
- Wie lassen sich in der Stellenbeschreibung von M „Normalfälle" und „Ausnahmefälle" abgrenzen?
- Wie lassen sich der Sollwert des Arbeitsergebnisses und tolerierbare Abweichungen festlegen?
- Gibt es ein Informationssystem zur Signalisierung von „Ausnahmefällen" und „Negativabweichungen"?

Beurteilung:
+ Führungsebene kann von Routine entlastet werden.
+ „Kritische Situationen" können identifiziert werden.
− Eigeninitiative der Mitarbeiterebene wird nicht gefördert.
− Vergangenheitsorientierung durch nachträglichen Soll-Ist-Vergleich.

Generell plausible Handlungsanweisung; schwach konturiert; unzureichende Zielorientierung.

Abb. 68: Management by Exception

Management by Delegation
Führung durch Delegation von Aufgaben

Konzept:
- Führungskraft F überträgt delegierbare Aufgaben an Mitarbeiter M.
- F beschränkt sich auf Erfolgskontrolle.
- M hat Befugnisse und Verantwortung im delegierten Aufgabenbereich.
  (Harzburger Modell: „Führung im Mitarbeiterverhältnis")

Zielsetzung:
Entlastung der Führungsebene von Routineaufgaben; Mitarbeitermotivation; M ist nicht „Befehlsempfänger", sondern „Entscheidungsträger".

Offene Fragen:
- Welche Aufgaben sind delegierbar, welche bleiben „Chefsache"?
- Wer definiert den von M erwartbaren Arbeitserfolg?
- Wie kann das Informationssystem eine Erfolgskontrolle für alle Mitarbeiterbereiche gewährleisten?

Beurteilung:
+ Entlastung der Führungsebene von Routineentscheidungen.
+ Unternehmen kann Basiswissen der Mitarbeiter nutzen.
− Abgrenzungsproblem Routinefall/Ausnahmefall wird durch dieses Konzept nicht gelöst.
− Zielorientiertes Handeln der Mitarbeiterebene wird nicht erreicht.

Hierarchisches Konzept; Führungsebene schiebt lästige Routine auf Mitarbeiterebene; Motivationseffekt gering; Zielorientierung schwach.

Abb. 69: Management by Delegation

2. Abschnitt: Aufbau des Betriebes

Management by Objectives
Führung durch Zielvereinbarung; Bildung einer Zielhierarchie[1]

Konzept:
- Führung F und Mitarbeiter M erarbeiten konkrete Zielvorgaben (= Teilziele) für den betreffenden Mitarbeiterbereich.
- M hat volle Gestaltungsfreiheit, wie er Teilziel erreichen will.
- M handelt (teil-)zielorientiert – aus eigenem Antrieb oder gestützt durch ein Anreizsystem.

Zielsetzung:
Arbeitsteilung durch Teilzielbildung; zielorientiertes Handeln auf allen Ebenen; Mitarbeitermotivation.

Offene Fragen:
- Wie lässt sich das Oberziel in mitarbeiterspezifische Teilziele zerlegen?
- Wie können M/F ihren Interessengegensatz über niedriges/hohes Zielniveau überwinden?
- Wie ist die Zielvereinbarung bei geändertem Entscheidungsumfeld zu modifizieren?

Beurteilung:
+ Entscheidungsfreiheit auf Mitarbeiterebene stärkt die Motivation.
+ Mitarbeiterebene entscheidet (teil-)zielorientiert.
− Formulierung konsistent abgeleiteter Teilziele ist schwierig.
− Erreichung des Oberziels kann durch „Abteilungsegoismus" gefährdet werden.

Organisationstheoretisch schlüssiges Konzept (Profitcenter-Prinzip)[2] mit praktischen Umsetzungsschwierigkeiten.

Abb. 70: Management by Objectives

Management by System[3]
Führung durch Systemsteuerung

Konzept:
Ganzheitliche Führung durch ein computergestütztes Planungs-, Kontroll- und Informationssystem nach den Regeln der Kybernetik.

Zielsetzung:
Erreichung des Gesamtoptimums im Sinne einer Totalplanung durch computergesteuerte Verknüpfung von Subsystemen.

Offene Fragen:
- Wie deckt die Führungsebene ihren Informationsbedarf?
- Können Systeme bei der Bewertung von Risiken menschliche Erfahrung und Intuition ersetzen?

Beurteilung:
+ Ausbau des Management-Informationssystems (MIS) zur Entscheidungsunterstützung.
+ Umfassender Versuch zur Strukturierung des Planungs-, Kontroll- und Informationsprozesses.
− Delegations- und Motivationsproblem bleibt ungelöst.
− Allenfalls Routineprozesse sind automatisch steuerbar.

Menschliches Urteilsvermögen ist zur Abschätzung unternehmerischen Risikos unverzichtbar.

Abb. 71: Management by System

---

[1] Vgl. S. 65 ff.
[2] Vgl. S. 112.
[3] Zu diesem Konzept vgl. Bleicher, K., Integriertes Management, 2011.

Modelle zur quantitativen Optimierung organisatorischer Gestaltungsalternativen scheitern, weil sich alternativenspezifische Erfolge (Organisationsnutzen abzüglich Organisationskosten) nicht berechnen lassen. Die Organisationspraxis ist bemüht, dieses Planungsvakuum durch die heuristischen Managementtechniken zu füllen. Der praktische Wert der Management-by-Konzepte ist stark umstritten.

5. Personalwirtschaft

5.1 Grundlagen

Den Personalbereich eines Unternehmens kann man aus verschiedenen Blickwinkeln in Augenschein nehmen:

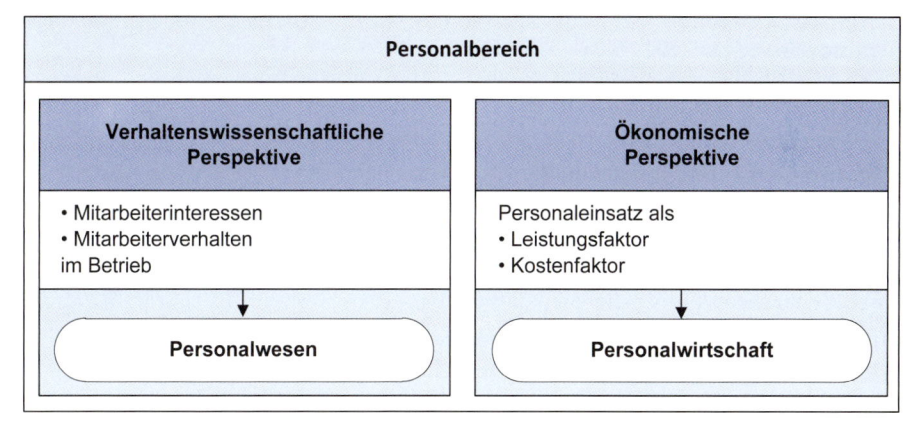

Abb. 72: Personalwesen und Personalwirtschaft

Das Personalwesen ist ein wichtiger Teilbereich der Nachbarwissenschaften[1], z. B. der Betriebspsychologie und der Betriebssoziologie. In einem Lehrbuch zur Betriebswirtschaftslehre steht hingegen der ökonomische Aspekt, d. h. der **Abgleich von Nutzen und Kosten des Personaleinsatzes**, im Vordergrund.

> Die **Personalwirtschaft** (Personalmanagement) umfasst alle auf die Mitarbeiter bezogenen Gestaltungsmöglichkeiten zur Erreichung der Unternehmensziele.

5.1.1 Personal als Leistungs- und Kostenfaktor

(1) Personal als Leistungsfaktor

Im marktwirtschaftlichen Wettbewerb sind nur solche Unternehmen erfolgreich, die sich einen Wettbewerbsvorsprung gegenüber ihren Konkurrenten verschaffen. Die Produktionsfaktoren Werkstoffe und Betriebsmittel können von allen Betrieben zu

---

[1] Zum Verhältnis zwischen Betriebswirtschaftslehre und Nachbarwissenschaften vgl. S. 40 ff.

annähernd gleichen Bedingungen erworben werden. Einen Kompetenz- und **Wettbewerbsvorsprung** gegenüber Konkurrenzanbietern gewinnt man am ehesten durch den Einsatz von **hochqualifizierten** und **motivierten Mitarbeitern**.

> **Beispiel:** Mit einem Exportanteil von ca. 80 Prozent erreichen deutsche Automobilhersteller mit den Premiummarken Audi, BMW, Mercedes und Porsche eine führende Stellung auf dem Weltmarkt. Diesen Wettbewerbsvorteil verdanken sie der Kreativität der Konstrukteure und dem Können qualitätsbewusster Facharbeiter.

Gutes Personal ist ein wichtiger Erfolgsfaktor. Dies gilt für alle Bereiche – vom Führungspersonal über das Personal in Forschung und Entwicklung bis zu den Fachkräften im Produktionsbereich. Die aus dem Personaleinsatz resultierenden Erträge (PE) sind vor allem von der **Qualifikation und Motivation der Mitarbeiter** abhängig.

> **Beispiel:** Eine Wirtschaftsprüfungsgesellschaft kann ihren Mandanten für den Einsatz a) eines Wirtschaftsprüfers, b) eines Steuerberaters bzw. c) eines Prüfungsassistenten pro Stunde ca. a) 150 EUR, b) 120 EUR bzw. c) 80 EUR in Rechnung stellen.

(2) Personal als Kostenfaktor

Personaleinsatz ist – in einem Hochlohnland wie Deutschland – mit hohem Aufwand[1] verbunden. Aufgrund der **hohen Personalkosten** sind die Unternehmen einem ständigen Rationalisierungsdruck (von menschlicher Arbeit hin zum Maschineneinsatz) unterworfen. Trotz des hohen Mechanisierungsgrades liegt die Personalaufwandsquote[2] deutscher Großunternehmen je nach Branche zwischen 20 und 30 Prozent.

Qualität hat ihren Preis. Allgemein lässt sich sagen:
- **hochqualifizierte Mitarbeiter** verkörpern ein
- **hohes Ertragspotential (PE)** und verursachen
- **hohen Personalaufwand (PA)**.

5.1.2 Personalwirtschaftlicher Handlungsrahmen

Die Personalplanung (Kapitel 5.2) und die Personalführung (Kapitel 5.3) stellen die Unternehmensleitung vor große Herausforderungen. Dafür gibt es mehrere Gründe:

Personalwirtschaftlicher Handlungsrahmen		
(1) Einschränkung der Vertragsfreiheit	**(2) Fachkräftemangel**	**(3) Einschränkung der Flexibilität**
Gesetzliche Vorgaben zu • Lohnhöhe • Kündigungsschutz • Arbeitszeit u. v. a.	• Geburtenschwache Jahrgänge • Steigende Qualifikationsanforderungen	Konjunktur (↗) Fehlende Fachkräfte (↘) Personalüberhang wg. Kündigungsschutz

Abb. 73: Eingeengter Handlungsrahmen

---

[1] Vgl. die Personalkostenstatistik auf S. 258.
[2] Zur Personalaufwandsquote siehe S. 834.

(1) Einschränkung der Vertragsfreiheit

Die menschliche Arbeit ist ein Produktionsfaktor besonderer Art: Bei der Beschaffung von Werkstoffen und maschinellen Anlagen hat der Unternehmer freie Hand zur Vertragsgestaltung. Bei Mitarbeitern ist das anders: Hier werden die **vertraglichen Gestaltungsmöglichkeiten durch Gesetze und Tarifverträge erheblich eingeschränkt** (vgl. **Abb. 74**, hellblau unterlegter Bereich).

```
                (c) Gesetzliche Vorschriften zum Schutz der Arbeitnehmer
                            (= Einschränkung der Vertragsfreiheit)

  Einzelgesetze regeln        (a) Arbeitsvertrag        Sozialgesetzbuch regelt
  • Mindestlohn                • Arbeitsleistung         den Arbeitgeberanteil zur
  • Arbeitszeit                • Arbeitsentgelt          • Unfall-
  • Urlaubsanspruch                                      • Kranken-
  • Mitwirkungsrechte                                    • Pflege-
  • Entgeltfortzahlung                                   • Renten-
  • Kündigungsschutz           (b) Tarifverträge         • Arbeitslosen-
    u. v. a.                                               versicherung
```

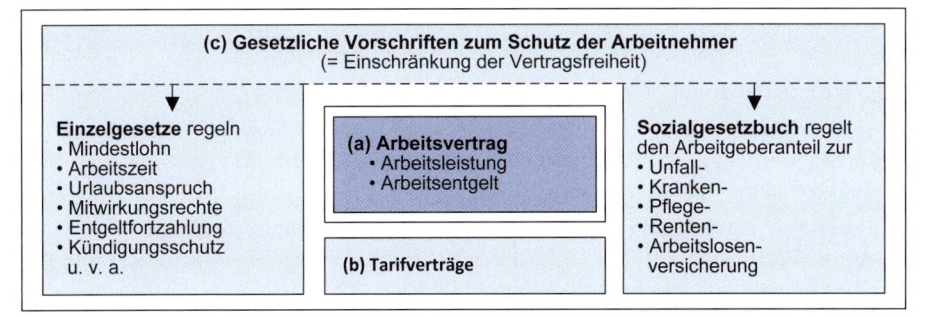

Abb. 74: Rechtliche Rahmenbedingungen der Personalwirtschaft

(a) Arbeitsvertrag

Grundlage eines Beschäftigungsverhältnisses ist der zwischen dem Arbeitgeber und dem Arbeitnehmer abzuschließende **Arbeitsvertrag**, in dem Leistung und Gegenleistung festgelegt werden.

> **Beispiel** eines fiktiven Arbeitsvertrags: Der Arbeitnehmer A wird zum 01.02.01 als Dachdecker eingestellt. Der Stundenlohn soll 6 EUR, die tägliche Arbeitszeit 12 Stunden betragen. A soll keinen Anspruch auf Urlaub und Entgeltfortzahlung im Krankheitsfall haben. Die Kündigungsfrist soll zwei Werktage betragen.

Dieser Arbeitsvertrag verstößt gegen gesetzliche und ggf. tarifrechtliche Vorschriften.

(b) Tarifverträge

Die meisten Unternehmen sind an Tarifverträge gebunden, die zwischen ihrem Arbeitgeberverband und der (Branchen-)Gewerkschaft abgeschlossen wurden. **Gegenstand tarifrechtlicher Vereinbarungen** sind u. a. die

- Entlohnung (z. B. ca. 20 EUR in der mittleren Lohngruppe für Dachdecker[1])
- Urlaubsansprüche (z. B. 28 Tage/Jahr)

(c) Gesetzliche Vorschriften zum Schutz der Arbeitnehmer

Gesetzliche Vorschriften im Bereich des Arbeits- und Sozialrechts beschränken den Handlungsspielraum beim Abschluss eines Arbeitsvertrags. Anknüpfend an das obige Beispiel eines fiktiven Arbeitsvertrags gelten folgende gesetzliche Regelungen

- **Mindestlohn 8,50 EUR/Std.** (§ 1 Tarifautonomiestärkungsgesetz)
- **Mindesturlaub 24 Tage/Jahr** (§ 3 Bundesurlaubsgesetz)
- **Maximalarbeitsdauer 8 Std./Tag** (§ 3 Arbeitszeitgesetz)
- **Kündigungsfrist mindestens 4 Wochen** (§ 622 Abs. 1 BGB)
- **Lohnfortzahlung bei Krankheit 6 Wochen lang** (§ 3 Entgeltfortzahlungsgesetz).

---

[1] Zu Tariflöhnen für einzelne Berufe vgl. www.boeckler.de (→ WSI-Tarifarchiv).

Die Entgeltfortzahlung im Krankheitsfall erhöht die Arbeitskosten (im statistischen Durchschnitt) um ca. 3,5 Prozent. Durch die Übernahme des Arbeitgeberanteils zur Sozialversicherung steigen die Arbeitskosten um etwa 19 Prozent. Berechnungsbeispiele finden sich im zugehörigen Übungsbuch. **(ÜB 2/28–31)**

> **Gesetzliche Vorschriften zum Schutz der Arbeitnehmer** führen zu einer
> - Erhöhung der Personalkosten
> - Beschränkung der Personalverfügbarkeit bei guter Auftragslage
> - Beschränkung des Personalabbaus bei schlechter Auftragslage.

(2) Fachkräftemangel

Deutsche Unternehmen klagen seit Jahren über einen hohen Fachkräftemangel in (nichtakademischen) Ausbildungsberufen. Auf dem Arbeitsmarkt zeichnet sich – statistisch belegbar[1] – ein **differenziertes Bild** ab:

- **unbesetzte Ausbildungsplätze** wegen **geburtenschwacher Jahrgänge**
- **oberes Marktsegment**: Hochqualifizierte Arbeitskräfte sind stark umworben; Beschaffungsengpass; **hohe Zahl offener Stellen**
- **unteres Marktsegment**: Geringqualifizierte Arbeitskräfte gibt es in (zu) großer Zahl; **hohe Sockelarbeitslosigkeit**.

Ein derart **gespaltener Arbeitsmarkt** ist auf folgende Ursachenkette zurückzuführen:[2]

- Durch **hohe Tarifabschlüsse** und erhöhte gesetzliche Sozialstandards steigen die Personalaufwendungen (PA).
- Bei **hohen Personalaufwendungen** (PA) haben nur noch **hochqualifizierte Arbeitskräfte** eine **Beschäftigungschance**, denn lediglich sie können einen entsprechend hohen Personalertrag (PE) erwirtschaften.
- Gemessen an ihrem Leistungspotential sind **geringqualifizierte Arbeitskräfte zu teuer**. Tätigkeiten mit geringem Anforderungsprofil werden zunehmend durch Maschinen verrichtet oder in Niedriglohnländer verlagert.

Fazit: Zur Sicherung seiner Wettbewerbsposition auf dem Absatzmarkt braucht jedes Unternehmen hochqualifizierte Mitarbeiter. Deshalb konzentriert sich das **Personalmanagement** vorrangig darauf, **hochqualifizierte Mitarbeiter anzuwerben** und als **Stammpersonal** möglichst lange **an das Unternehmen zu binden**.

(3) Anpassungsschwierigkeiten bei veränderter Nachfrage

Als Anbieter von Gütern und Dienstleistungen sind die Unternehmen mehr oder weniger starken Schwankungen der Nachfrage ausgesetzt. Idealerweise müsste man auf plötzlich

- **steigende Nachfrage** mit einem schnellen **Personalaufbau**
- **sinkende Nachfrage** mit einem schnellen **Personalabbau**

reagieren. Die Realität sieht anders aus: Ein

- **zügiger Personalaufbau scheitert am Fachkräftemangel**
- **zügiger Personalabbau scheitert am strengen Kündigungsschutz**.

Damit wird die in Kapitel 5.2 zu behandelnde Personalplanung vor eine schwierige Aufgabe gestellt.

---

[1] Vgl. die Kurzberichte des Instituts für Arbeitsmarkt- und Berufsforschung unter www.iab.de.
[2] Vgl. Oechsler/Paul, Personal, 2015, S. 146 f.

5.1.3 Personalwirtschaftliche Ziele

Die personalwirtschaftlichen Ziele sind auf das Oberziel „**langfristige Gewinnmaximierung**" auszurichten. Aus dem unternehmerischen Oberziel leitet man schrittweise die folgenden Ziele ab:

5.1.3.1 das **Gesamtziel der Personalwirtschaft**
5.1.3.2 die **Teilziele für personalwirtschaftliche Aufgabenbereiche**.

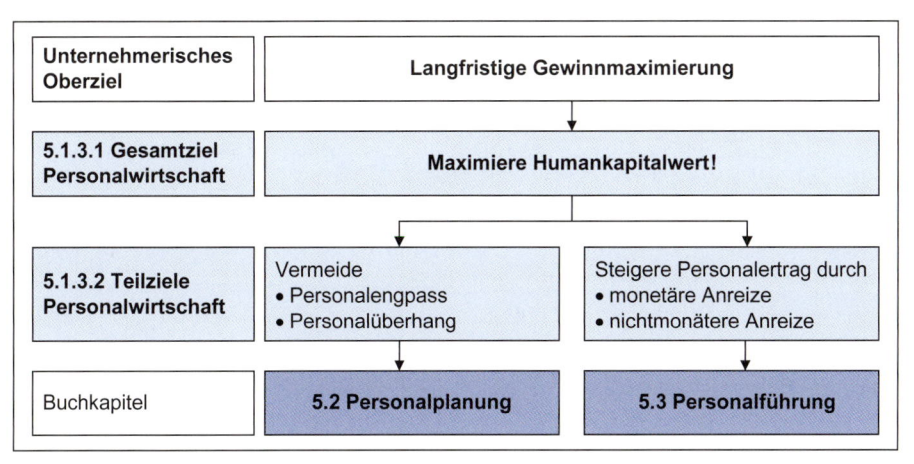

Unternehmerisches Oberziel	Langfristige Gewinnmaximierung	
5.1.3.1 Gesamtziel Personalwirtschaft	Maximiere Humankapitalwert!	
5.1.3.2 Teilziele Personalwirtschaft	Vermeide • Personalengpass • Personalüberhang	Steigere Personalertrag durch • monetäre Anreize • nichtmonätere Anreize
Buchkapitel	5.2 Personalplanung	5.3 Personalführung

Abb. 75: Gesamtziel und Teilziele der Personalwirtschaft

5.1.3.1 Humankapitalmaximierung – Gesamtziel der Personalwirtschaft

Spitzenfußballer füllen die Kassen der Profivereine. Torschützenkönige sind für die Vereine besonders wertvoll. Ihr Marktpreis lässt sich an der Höhe der Transfersummen ablesen, die beim Vereinswechsel gezahlt werden müssen.

> **Beispiel:** Erhält ein Verein für die „Abgabe" eines Spitzenspielers 10 Mio. EUR, dann ist das eine Entschädigungszahlung für den Verlust an **Humankapital**.

Wie ein Verein den **Wert** eines Profifußballspielers kalkuliert, so kann ein Unternehmen – theoretisch – den **Humankapitalwert** HK_M für einen Mitarbeiter M ermitteln.[1] Grundlage der Humankapitalwertberechnung ist der Erfolgsbeitrag G_M eines Mitarbeiters M zum Unternehmensgewinn G. Der entsprechende Erfolgsbeitrag resultiert aus der Differenz zwischen den Erträgen PE und den Aufwendungen PA aus dem Personaleinsatz des Mitarbeiters M:

$$G_M = PE_M - PA_M \quad \rightarrow \text{max!}$$

Zu den **mitarbeiterbezogenen Aufwendungen** PA_M gehören neben dem Direktentgelt (Bruttolohn) die Personalzusatzkosten (z. B. der Arbeitgeberanteil zur Sozialversicherung), die Kosten für Aus- und Weiterbildung der Mitarbeiter, Betriebsrenten und die Kosten betrieblicher Sozialeinrichtungen (z. B. Betriebskindergarten).

Besonders schwer zu ermitteln sind die **mitarbeiterbezogenen Erträge** PE_M, denn selten lässt sich der erwirtschaftete Ertrag einzelnen Mitarbeitern zuordnen.

---

[1] Vgl. Scherm/Süß, Personalmanagement, 2016, S. 130 ff.

Beispiel: Eine Bausparkasse rechnet mit einer Gewinnmarge von 1,5 Prozent der Bausparsumme. Wenn der Außendienstmitarbeiter M ein Abschlussvolumen von 10 Mio. EUR/Jahr erreicht, kann ihm ein mitarbeiterbezogener Ertrag PE_M in Höhe von 150 TEUR zugerechnet werden.

Langfristige Gewinnmaximierung setzt einen **langfristigen Planungshorizont** voraus. Insofern müssten alle (jährlichen) Ergebnisbeiträge eines Mitarbeiters – vom Beginn bis zum Ende seiner betrieblichen Zugehörigkeit (und im Falle von betrieblichen Pensionszahlungen noch darüber hinaus) – in dieser Berechnung berücksichtigt werden. Dies verdeutlicht **Abb. 76**, in der die mitarbeiterbezogenen jährlichen Erträge PE_M und Aufwendungen PA_M vereinfacht auf einer Zeitachse t abgetragen sind.

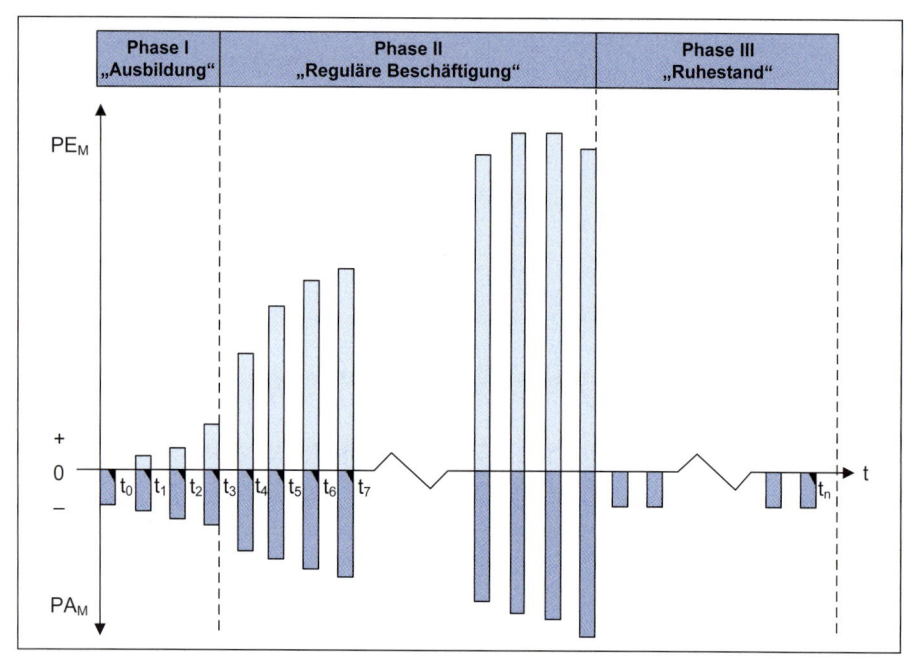

Abb. 76: Personalertrag und Personalaufwand eines Mitarbeiters M im Zeitverlauf

Das **Einstellen eines Mitarbeiters** M kann als **Investition** betrachtet werden. Diese verursacht Personalaufwendungen PA_M, denen zukünftig erzielbare Erträge PE_M aus dem Mitarbeitereinsatz gegenüberstehen.

Die einem Mitarbeiter M zuzurechnenden **Erfolgsbeiträge $PE_M - PA_M$** fallen zu **unterschiedlichen Zeitpunkten** an. Erfolgsbeiträge in ferner Zukunft sind weniger Wert als zeitnahe Erfolgsbeiträge. Um sie **vergleichbar zu machen**, werden sie mit dem Kalkulationszinsfuß i, z. B. 6 Prozent (i = 0,06), auf den Zeitpunkt der Einstellungsentscheidung t_0 abgezinst.[1] So gelangt man zu den **Barwerten** von PE_M und von PA_M.

Die Einstellung eines Mitarbeiters lohnt sich nur, wenn

> **Barwert PE_M > Barwert PA_M**

---

[1] Vgl. diesbezüglich das Grundmodell der dynamischen Investitionsrechnung auf S. 484 ff.

Den Gesamtwert aller Mitarbeiterergebnisbeiträge (Barwert PE_M – Barwert PA_M) bezeichnet man als **Humankapital**. Das Humankapital
- basiert auf den Fähigkeiten hochqualifizierter Mitarbeiter,
- verschafft dem Unternehmen einen wichtigen Wettbewerbsvorteil und
- leistet einen Beitrag zum langfristigen Unternehmenserfolg.

Das dem Mitarbeiter M für dessen Beschäftigungszeitraum t = 0 bis n zurechenbare Humankapital HK_M lässt sich (investitionstheoretisch) wie folgt ermitteln:[1]

$$HK_M = \sum_{t=0}^{n} \left(PE_M^t - PA_M^t\right) \cdot \frac{1}{(1+i)^t}$$

Das Modell der **Humankapitalwertermittlung** dient dem Personalmanagement vor der Einstellung des Stellenbewerbers M als wertvolle Entscheidungshilfe:
- $HK_M > 0 \rightarrow$ **Einstellung vorteilhaft**
- $HK_M < 0 \rightarrow$ **Einstellung unvorteilhaft**.

In **Abb. 77** ist ein vereinfachtes Beispiel zur Ermittlung des Humankapitalwertes HK_M wiedergegeben. Zur Vereinfachung geht das Fallbeispiel für ($PE_M^t - PA_M^t$) von einem gleichbleibenden Wert (= Rente) aus, so dass zur Barwertermittlung der Rentenbarwertfaktor[2] RBF herangezogen werden kann. Weitere erläuternde Beispiele finden sich im zugehörigen Übungsbuch. (**ÜB 2**/32–33)

In der Praxis stößt das Modell auf große Anwendungsschwierigkeiten, weil die
- mitarbeiterbezogenen Erträge (PE_M)
- mitarbeiterbezogenen Aufwendungen (PA_M)
- **Beschäftigungsdauer** (z. B. bei Kündigung durch den Mitarbeiter)

nur **mit großen Schwierigkeiten prognostizierbar** sind. Trotzdem gibt das Humankapitalwertmodell dem Personalmanagement praxistaugliche Orientierungshilfen. Durch
- **gezielte Anwerbung** von Mitarbeitern mit **hohem PE-Potential**
- **Aus- und Weiterbildung** zur Steigerung des PE-Potentials
- **Anreize zur langfristigen betrieblichen Bindung des Humankapitals** (z. B. durch Treueprämien oder Betriebsrenten)

lässt sich der Wert des Humankapitals steigern.

Humankapitalwert HK_M des Stellenbewerbers M	
Beispiel:	
PE_M^t	= 70.000 EUR/Jahr (konstante Größe)
PA_M^t	= 60.000 EUR/Jahr (konstante Größe)
Zinssatz i	= 6 Prozent
Beschäftigungsdauer	= **(a)** 5 Jahre **(b)** 10 Jahre
Rentenbarwertfaktor 6%	= **(a)** 4,212 **(b)** 7,360
(a) $HK_M^{(5)}$ = 10.000 EUR · 4,212 = 42.120 EUR	**(b)** $HK_M^{(10)}$ = 10.000 EUR · 7,360 = 73.600 EUR

Abb. 77: Humankapitalwert – vereinfachtes Zahlenbeispiel

---
[1] Vgl. S. 487.
[2] Zum Rentenbarwertfaktor vgl. S. 485 f.

5.1.3.2 Teilziele der Personalwirtschaft

Bei der Gestaltung personalwirtschaftlicher Prozesse steht die Unternehmensleitung vor folgenden Teilaufgaben (vgl. **Abb. 78**):

- Optimierung der **Personalkapazität** durch bedarfsorientierte Personalplanung
- Optimierung der **Personalführung** durch Motivation der Mitarbeiter.

Im Rahmen der **Personalplanung** geht es um die Anpassung der Personalkapazität an die schwankende Nachfrage nach Gütern und Dienstleistungen.

Die **Personalführung** zielt auf die Erhöhung der mitarbeiterbezogenen Erträge PE_M durch leistungssteigernde Anreize und auf die langfristige Bindung fähiger Mitarbeiter. Eine Personalführungsentscheidung ist dann sinnvoll, wenn deren Vorteile die Nachteile übersteigen, also $\Delta PE > \Delta PA$ gilt. Ein erläuterndes Beispiel findet sich im Übungsbuch. (**ÜB 2/34**)

Personalwirtschaft	
5.2 Personalplanung	**5.3 Personalführung**
Quantitative und qualitative Anpassung der Personalkapazität an die betrieblichen Anforderungen	Steigerung der Mitarbeitermotivation durch monetäre und nichtmonetäre Anreize unter Beachtung des ökonomischen Prinzips

Abb. 78: Teilgebiete der Personalwirtschaft

5.2 Personalplanung

Die **Personalplanung** hat die Aufgabe, die Personalkapazität an den lang-, mittel- und kurzfristigen betrieblichen Personalbedarf anzupassen.

Die folgenden Ausführungen geben einen Überblick über die Teilplanungsgebiete.

Teilplanung	Aufgabenstellung
5.2.1 Personalbedarfsplanung	Wie viele Beschäftigte welcher Qualifikation werden wann für welche Arbeiten benötigt?
5.2.2 Personalbeschaffungsplanung	Durch welche Beschaffungsalternativen kann eine bestehende Kapazitätslücke geschlossen werden?
5.2.3 Personalabbauplanung	Durch welche Maßnahmen kann eine personelle Überkapazität abgebaut werden?
5.2.4 Personaleinsatzplanung	Wie viele und welche Mitarbeiter sollen wann und wo für welche Aufgaben eingesetzt werden? Wie sind die Arbeitsplätze zu gestalten?
5.2.5 Personalentwicklungsplanung	Durch welche Maßnahmen kann die Mitarbeiterqualifikation mittel- und langfristig gesteigert werden?

Abb. 79: Teilgebiete der Personalplanung

Bei der Personalplanung müssen folgende **Teilziele** beachtet werden:

(1) Vermeidung eines Personalüberhangs

Müssen Unternehmen bei rückläufiger Nachfrage die Ausbringungsmenge reduzieren, besteht die **Gefahr von Leerkosten**, sofern sie zu viel Personal vorhalten. Dem Personalaufwand PA stehen keine korrespondierenden Erträge PE gegenüber. Dies führt zu **Gewinneinbußen**. Deshalb sollte man Personalüberhänge vermeiden. Allerdings müssen die Unternehmen hierbei restriktive Gesetze, z. B. bezüglich des Kündigungsschutzes, beachten. Im Hinblick auf hochqualifizierte Mitarbeiter bestehen im Falle eines Personalüberhangs weitere Herausforderungen an die Personalplanung, denn diese Mitarbeiter leisten einerseits einen hohen Beitrag zum Humankapital und sind andererseits zukünftig – bei Nachfrageerhöhungen – aufgrund der Knappheit im oberen (Arbeits-)Marktsegment nur schwer zu beschaffen.

(2) Vermeidung von Personalengpässen

Steht Personal mit der erforderlichen Qualifikation nicht in ausreichendem Maße zur Verfügung, können Aufträge nicht bearbeitet oder nicht angenommen werden. Personalengpässe, die so zu **Gewinneinbußen** führen können, sollten vermieden werden.

(3) Sicherung der Flexibilität

Die Personalplanung muss gewährleisten, dass das Unternehmen auf Nachfrageschwankungen flexibel reagieren kann.

5.2.1 Personalbedarfsplanung

Die Personalbedarfsplanung dient der Gegenüberstellung von gegenwärtig vorhandener (Istkapazität) und zukünftig benötigter Personalkapazität (Sollkapazität). Anschließend muss geplant werden, wie die festgestellten Abweichungen zwischen Ist- und Sollkapazität ausgeglichen werden sollen. Unter benötigter **Personalkapazität** versteht man die zur Realisierung des Leistungsprogramms erforderliche

- Anzahl an Mitarbeitern (quantitativ)
- mit bestimmter Qualifikation (qualitativ)
- zu bestimmten Zeitpunkten/in bestimmten Zeiträumen (zeitlich)
- an bestimmten Orten (räumlich).

Personalbedarfsermittlung für Planperiode 1		
	Nettopersonalbedarf Periode 1	Sollbestand t_1
	550	
Anfangsbestand in t_0 1.000 + Festzugang + 200 – Festabgang – 300		
Endbestand in t_1 900		1.450
(1) Erwarteter Istbestand	**(3) Anpassungsbedarf**	**(2) Bruttopersonalbedarf**

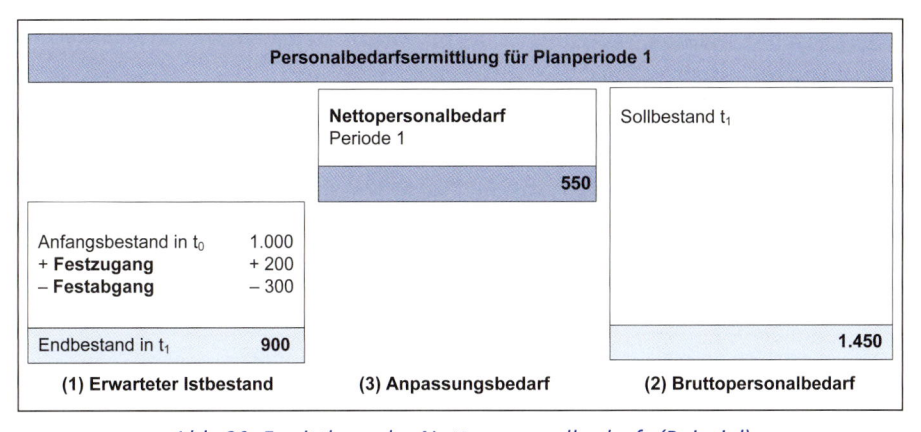

Abb. 80: Ermittlung des Nettopersonalbedarfs (Beispiel)

Vereinfacht lässt sich der zeitpunktbezogene **Nettopersonalbedarf** – wie in **Abb. 80** dargestellt – in drei Arbeitsschritten **ermitteln**:[1]

(1) Ermittlung des erwarteten Istbestands

Ausgehend vom Anfangsbestand zum Planungszeitpunkt ist der Endbestand zu ermitteln, der sich ohne weitere Anpassungen ergeben würde. Hierbei sind bereits feststehende Zugänge (**Festzugang**) und Abgänge (**Festabgang**) zu berücksichtigen.

> **Beispiel:** In der Planperiode 1 werden 240 Auszubildende ihre Lehrzeit beenden. Davon haben 200 einen Vertrag zur Anschlussbeschäftigung unterschrieben (→ Festzugang 200). Zudem werden in dieser Periode 275 Beschäftigte die Altersgrenze erreichen; 25 befristet Beschäftigte werden wegen mangelnder Qualifikation allerdings keinen Anschlussvertrag erhalten (→ Festabgang 300).

(2) Ermittlung des Bruttopersonalbedarfs

Unter dem **Bruttopersonalbedarf** versteht man den für die Planperiode kalkulierten Arbeitskräftebedarf, der aus dem Produktions- und dem Absatzplan abzuleiten ist. Bei der Ermittlung des Bruttopersonalbedarfs müssen Fehlzeiten (z. B. für Urlaub und Krankheit) als Reserve einkalkuliert werden. (**ÜB 2/35**) Welche **Methoden**[2] bei der Personalbedarfsplanung eingesetzt werden, ist davon abhängig,

- ob das Unternehmen bzw. der zu planende Unternehmensbereich durch eine **stabile Beschäftigungsstruktur** oder durch ein **dynamisches Umfeld** gekennzeichnet ist,
- ob ein **neues Geschäftsfeld** geplant wird sowie
- wie viele **Variablen** (z. B. Auftragsvolumen, Kundenzahl, Arbeitsproduktivität und wirtschaftliches Wachstum) den Bedarf beeinflussen.

(3) Ermittlung des Anpassungsbedarfs

Zum Abschluss der Personalbedarfsplanung erfolgt ein Soll-Ist-Vergleich (vgl. **Abb. 81**).

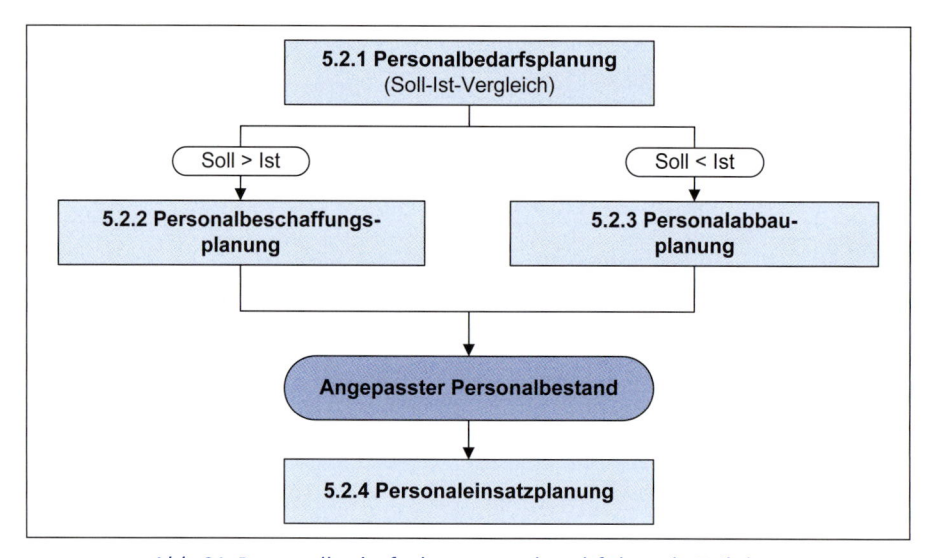

Abb. 81: Personalbedarfsplanung und nachfolgende Teilpläne

---

[1] Vgl. Scholz, C., Grundzüge, 2014, S. 93 ff.
[2] Vgl. Stock-Homburg, R., Personalmanagement, 2013, S. 102 ff.

Liegt der zu erwartende Istwert unter dem Sollwert, muss eine **5.2.2 Personalbeschaffungsplanung** erfolgen. Im umgekehrten Fall ist eine **5.2.3 Personalabbauplanung** notwendig. In jedem Fall gelangt man zum angepassten Personalbestand, der dann Gegenstand der **5.2.4 Personaleinsatzplanung** wird. (**ÜB 2**/35)

5.2.2 Personalbeschaffungsplanung

Ausgehend von der festgestellten Unterdeckung hat die Personalbeschaffung die Aufgabe, Beschaffungsalternativen aufzuzeigen, um die bestehende Kapazitätslücke zu schließen.[1] Hierzu sind folgende Aspekte zu thematisieren:

(1) Dauer des Personalbedarfs
(2) Bestimmung des Beschaffungsweges
(3) Personalwerbung
(4) Personalauswahl.

(1) Dauer des Personalbedarfs

Wie die Unterdeckung bei der Personalkapazität beseitigt wird, ist abhängig von der erwarteten, aber oftmals nur schwer prognostizierbaren Dauer des zusätzlichen Personalbedarfs (vgl. **Abb. 82**).

	Zusätzlicher Personalbedarf		
Dauer	kurzfristig	mittelfristig	langfristig
Auslöser	z. B. Saisongeschäft	z. B. konjunkturabhängige Nachfrageerhöhung	z. B. Unternehmensexpansion
Instrumente	Urlaubssperre, Überstunden, Aushilfskräfte	Überstunden, Leiharbeit, befristete Arbeitsverträge	unbefristete Arbeitsverträge (Stammpersonal)

Abb. 82: Fristadäquate Erhöhung der Personalkapazität

Zum Erhalt der Flexibilität im Personalbereich sollte eine vorsichtige Herangehensweise präferiert werden. Einem zusätzlichen **kurzfristigen Personalbedarf** ist mit Instrumenten zu begegnen, die sich durch eine kurzfristige Bindungswirkung auszeichnen. Bei einem zusätzlichen **mittel- bis langfristigen Personalbedarf** sollte man in Anbetracht der arbeitsmarktspezifischen und rechtlichen Rahmenbedingungen differenzieren:

- **Hochqualifizierte Mitarbeiter** werden als Stammpersonal mit einem **unbefristeten Arbeitsvertrag** an das Unternehmen gebunden.
- **Geringqualifizierte Mitarbeiter** erhalten einen **befristeten Arbeitsvertrag**.

> Zum **Stammpersonal** rechnet man alle Mitarbeiter, die aus Unternehmenssicht auch bei einem mittelfristigen Bedarfsrückgang von betriebsbedingten Kündigungen ausgenommen werden sollen.

(2) Bestimmung des Beschaffungsweges

Die Personalbeschaffung kann auf unternehmensinternem und -externem Weg erfolgen.[2] **Unternehmensinterne Beschaffungsmaßnahmen** beziehen sich auf den bereits

---
[1] Vgl. Scholz, C., Grundzüge, 2014, S. 135 ff.
[2] Vgl. Scherm/Süß, Personalmanagement, 2016, S. 31 ff.

vorhandenen Personalbestand. Die Unterdeckung an Personalkapazität wird dabei entweder durch eine temporäre Ausweitung des Arbeitsumfangs (z. B. durch Mehrarbeit und Urlaubsverschiebung) oder durch eine Umverteilung von Aufgabengebieten (z. B. durch Versetzungen aus unter- in überbeschäftigte Betriebsteile und Beförderung nach erfolgter Personalentwicklung[1]) gedeckt.

Die **externe Personalbeschaffung** wendet sich an den Arbeitsmarkt. Eine **Unterdeckung** kann – abhängig von der Dauer des zusätzlichen Personalbedarfs – durch

- **unbefristete Neueinstellungen**
- **befristete Neueinstellungen**
- **Personalleasing (Leiharbeit)**[2]

ausgeglichen werden. Die unternehmerische Freiheit kann hinsichtlich der Wahl des Beschaffungsweges durch Gesetz eingeschränkt sein.[3] Nachfolgend werden die wesentlichen Vor- und Nachteile der in- und externen Personalbeschaffung dargestellt:

Merkmal	Unternehmensinterne Beschaffung	Unternehmensexterne Beschaffung
Beschaffungskosten und Beschaffungszeit	• Geringe Such- und Auswahlkosten • Schnelle Verfügbarkeit	• Hohe Such- und Auswahlkosten • Verzögerte Verfügbarkeit
Einarbeitungskosten	• Gering, weil mit Betrieb vertraut	• Hoch, weil Personal betriebsfremd
Auswahlspektrum	• Eng; auf verfügbares eigenes Personal begrenzt	• Weit; Fachkräftepotential des (regionalen) Arbeitsmarktes
Chancen und Risiken	+ Fähigkeiten und Persönlichkeitsstruktur bekannt – Gefahr der Betriebsblindheit	+ Import neuer Ideen – Gefahr des Fehlgriffs sehr groß – Risiko erhöhter Fluktuation
Instrumente	• Innerbetriebliche Stellenanzeigen • Personalentwicklung • Mehrarbeit • Urlaubsverschiebung	• Agentur für Arbeit • Personalagenturen • Stellenanzeigen in Zeitungen bzw. im Internet • Personalleasing

Abb. 83: Vor- und Nachteile interner und externer Beschaffung

(3) Personalwerbung

Durch die Personalwerbung sollen die gewünschten Bewerber über die Personalsuche des Unternehmens informiert (**Informationsfunktion**) und potentielle Interessenten zu einer Bewerbung beim Unternehmen bewegt werden (**Motivationsfunktion**). Die Personalwerbung kann mittelbar oder unmittelbar erfolgen.

Bei der strategisch ausgerichteten **mittelbaren Personalwerbung** wird nicht eine explizite Stelle beworben, sondern das Unternehmen wird als attraktiver Arbeitgeber „markiert" (sog. Employer Branding). Hierbei kooperieren Personalabteilung und **Marketing**. Durch gezielte **Öffentlichkeitsarbeit**[4] werden Unternehmensvorteile wie

- hohe Arbeitsplatzsicherheit
- unternehmensinterne Aufstiegsmöglichkeiten
- hohe Sozialstandards (z. B. familienfreundliche Arbeitsbedingungen)
- hohes Ansehen aufgrund weltbekannter Marken

---

[1] Vgl. S. 137 f.
[2] Zur Leiharbeit vgl. Scholz, C., Grundzüge, 2014, S. 400 f.
[3] Zu beachten sind vor allem die Mitwirkungsrechte des Betriebsrates.
[4] Vgl. S. 446.

kommuniziert, um hochqualifizierte Fachkräfte anzuziehen. Mit dieser Werbestrategie wird das **Unternehmensimage vermarktet**. Deshalb spricht man hier auch von **Personalmarketing**.

Die **unmittelbare Personalwerbung** zielt gewöhnlich auf die zeitnahe Befriedigung des Personalbedarfs mittels Stellenanzeigen. Diese sollen die notwendigen Informationen über vakante Stellen liefern (Anforderungsprofil der Stelle und allgemeine Arbeitsbedingungen) sowie zur Bewerbung anregen. Hierbei wächst die Bedeutung der elektronischen Medien (z. B. sog. Online-Jobbörsen) erheblich.

(4) Personalauswahl

Bei der Personalauswahl wird die Eignung der Bewerber analysiert, um den Personalbedarf mit den Bewerbern zu decken, welche die Anforderungen der zu besetzenden Stellen am besten erfüllen. Für das Auswahlverfahren stehen vor allem folgende Instrumente zur Verfügung:[1]

- **Analyse der Bewerbungsunterlagen**
  Die mittlerweile überwiegend in elektronischer Form (sog. Online-Bewerbung) vorliegenden Bewerbungsunterlagen vermitteln einen ersten Eindruck vom Bewerber. Auf dieser Basis erfolgt eine Vorauswahl.
- **Bewerbungsgespräche/-interviews**
  Durch ein Bewerbungsgespräch soll ein persönlicher Eindruck vom eingeladenen Bewerber gewonnen werden. In der Praxis begegnet man vorwiegend frei geführten Gesprächen, seltener standardisierten/strukturierten Interviews.
- **Testverfahren**
  Bei den Testverfahren können Fähigkeits- und Persönlichkeitstests unterschieden werden. Durch die Fähigkeitstests sollen die Intelligenz und das Leistungsvermögen eines Bewerbers beurteilt werden. Mittels Persönlichkeitstests werden sog. Soft Skills, wie Durchsetzungsvermögen oder soziale Kompetenz, ermittelt. Persönlichkeitstests sind insb. bei der Besetzung von Führungspositionen von Bedeutung. Als **Assessment Center** wird die standardisierte Form von Testverfahren bezeichnet, in denen die Bewerber in situativen Übungen, Rollenspielen, Gruppendiskussionen und Einzelgesprächen beurteilt werden.
- **Probezeit**
  Am Anfang eines Arbeitsverhältnisses steht die Probezeit von maximal sechs Monaten, die für den Mitarbeiter und das Unternehmen eine Testphase darstellt. Somit kann diese als finale Phase des Auswahlprozesses angesehen werden. In dieser Zeit gelten für beide Vertragsparteien verkürzte Kündigungsfristen.

Die Personalbeschaffung ist sehr zeitaufwendig, kostenintensiv und – im Hinblick auf mögliche Fehlentscheidungen – risikoreich. Hohe Fluktuationen im Unternehmen führen dementsprechend zu hohen Transaktionskosten. Deshalb und in Anbetracht des stark **umkämpften Arbeitsmarktsegments der hochqualifizierten Kräfte** sollte ein Unternehmen seine Anreizinstrumente[2] auf die Gewinnung der Arbeitnehmer dieses Marktsegments und deren langfristige Bindung an das Unternehmen ausrichten. In der Literatur wird diesbezüglich auch vom **Krieg um die Talente**[3] gesprochen.

---

[1] Vgl. Ridder, H.-G., Personalwirtschaftslehre, 2015, S. 102 ff.
[2] Vgl. S. 138 ff.
[3] Vgl. von der Oelsnitz/Stein/Hahmann, Talente-Krieg, 2007.

5.2.3 Personalabbauplanung

Ergibt sich bei der Personalbedarfsplanung für die Planperiode eine Überkapazität, ist also das Arbeitskräftepotential des Unternehmens größer als dessen Bruttopersonalbedarf, dann gebietet das ökonomische Prinzip einen Abbau der Personalkapazität. **Abb. 84** zeigt hierzu verschiedene Möglichkeiten. Sie reichen vom Überstundenabbau bis zur Kündigung von Mitarbeitern. Auch bei der Wahl der Möglichkeiten des Personalabbaus spielt der Zeitraum, für den ein Personalüberhang erwartet wird, eine bedeutende Rolle. Die Möglichkeiten des Personalabbaus können dabei kurz- oder langfristig ausgerichtet sein, je nachdem, ob man rechnet mit einem

- **vorübergehenden Personalüberhang** (saison- oder konjunkturbedingt) bzw.
- **dauerhaften Personalüberhang** (strukturbedingter Nachfragerückgang).

Personalabbaumöglichkeiten		
(1) Abbau ohne Änderung von Arbeitsverhältnissen	**(2) Abbau mit Änderung von Arbeitsverhältnissen**	**(3) Kündigung von Arbeitsverhältnissen**
• Überstundenabbau • Verzicht auf Personalleasing • Fluktuation/Einstellungsstopp	• Versetzung • Arbeitnehmerüberlassung • Kurzarbeit	• Änderungskündigung • Aufhebungsvertrag • Betriebsbedingte Kündigung

Abb. 84: Möglichkeiten des Personalabbaus

(1) Abbau ohne Änderung von Arbeitsverhältnissen

Ein Kapazitätsabbau ohne Änderung der Arbeitsverhältnisse durch das Unternehmen kann kurz- oder langfristig erfolgen. Als **kurzfristige Anpassungsmaßnahmen** gelten die Anweisungen des Unternehmens zum „Abfeiern" von Überstunden und zur Vorverlegung von Urlaubsansprüchen. Der Arbeitgeber kann auch auf extern geleaste Arbeitnehmer verzichten. Als eher **langfristig ausgerichtete Anpassungsmaßnahme** gilt die Ausnutzung des Abgangs von Arbeitskräften, die z. B. durch

- **Kündigung seitens eines Arbeitnehmers** (Fluktuation)
- **Erreichen der Altersgrenze eines Arbeitnehmers**
- **Auslaufen befristeter Arbeitsverträge**

verursacht und nicht oder nur innerbetrieblich ersetzt werden (Einstellungssperre).

> **Beispiel:** Zum Abbau von Überkapazitäten kann ein Unternehmen den Mitarbeitern die Option einräumen, den Jahresurlaub um einen bestimmten Zeitraum (z. B. einen Monat) – unter Verzicht auf Gehaltsbestandteile (z. B. das 13. Monatsgehalt) – zu verlängern. Nutzt ein Mitarbeiter diese Möglichkeit, reduzieren sich für das Unternehmen die Personalaufwendungen (PA).

(2) Abbau mit Änderung von Arbeitsverhältnissen

Sofern die zu (1) genannten Maßnahmen nicht ausreichen, die personelle Überdeckung abzubauen, besteht die Möglichkeit, eine Änderung der Arbeitsverhältnisse vorzunehmen. Aufgrund seines Direktionsrechts kann ein Unternehmen einem Mitarbeiter ein anderes Tätigkeitsfeld zuweisen. Bestehen in unterschiedlichen Abteilungen/Bereichen eines Unternehmens gleichzeitig Über- und Unterdeckungen, können diese durch **Versetzungen** von Arbeitnehmern weitgehend ausgeglichen werden. Auch die

Arbeitszeitverkürzung ist ein gängiges Mittel, um die Personalkapazität bei einer **vorübergehenden Überdeckung** abzubauen, ohne Arbeitnehmern zu kündigen.

> **Beispiel:** Ein Unternehmen kann mittelfristig Personalkapazität abbauen, indem es den Mitarbeitern die Option einräumt, bei einer geringeren monatlichen Grundvergütung für einen gewissen Zeitraum freigestellt zu werden. Hiermit verbessert das Unternehmen zudem die Vereinbarkeit von Privat- und Berufsleben der Mitarbeiter. Da für die Mitarbeiter in diesem Zeitraum die Möglichkeit besteht, sich beruflich neu zu orientieren, kann hieraus allerdings nicht nur ein langfristiger Effekt auf die Personalkapazität, sondern auch ein Verlust von Humankapital resultieren.

Kurzarbeit führt zu einer vorübergehenden Herabsetzung der betriebsüblichen Arbeitszeit und damit zu einer Reduzierung der Personalaufwendungen (PA). Die damit verbundenen Verdienstausfälle für die Mitarbeiter können teilweise – auf Basis eines vom Unternehmen zu stellenden Antrags – durch ein sog. Kurzarbeitergeld ausgeglichen werden. Die Einführung von Kurzarbeit und die **Zahlung des Kurzarbeitergeldes durch die Bundesagentur für Arbeit** unterliegen strengen gesetzlichen Einschränkungen. Vor allem muss der

- **Arbeitsausfall wirtschaftlich begründet** sein
- **Arbeitsausfall vorübergehend und unabwendbar** sein
- **Betriebsrat der Einführung von Kurzarbeit zugestimmt** haben.

(3) Kündigung von Arbeitsverhältnissen

Reichen die bisher genannten Maßnahmen nicht aus, **langfristige Überkapazitäten** abzubauen, kommt es zur **Kündigung von Arbeitsverhältnissen**. **Kündigungen** stellen für Arbeitnehmer das härteste Mittel des Kapazitätsabbaus dar. Darum hat der Gesetzgeber zum Schutz der Arbeitnehmer die **Kündigungsmöglichkeiten** der Arbeitgeber **stark eingeschränkt**.

> Im Zuge des Personalabbaus sollte es erst dann zu **Kündigungen** kommen, wenn zuvor alle anderen – sozialverträglicheren – Möglichkeiten zur Reduzierung der Personalkapazität ausgeschöpft wurden.

Abb. 85 gibt einen Überblick über die verschiedenen Formen der Kündigung.

(a) Änderungskündigung	(b) Aufhebungsvertrag	(c) Betriebsbedingte Kündigung
Fortsetzung des Arbeitsverhältnisses zu veränderten Bedingungen	Auflösung des Arbeitsverhältnisses im gegenseitigen Einvernehmen	Arbeitgeber kündigt aus wichtigem wirtschaftlichen Grund

Abb. 85: Formen der Kündigung

(a) Änderungskündigung

Im Rahmen einer Änderungskündigung (§ 2 KSchG) wird der bisherige Arbeitsvertrag aufgelöst und durch einen neuen Vertrag zu veränderten Bedingungen (z. B. Reduktion der Arbeitszeit bei Kürzung des Arbeitsentgelts) ersetzt. Der Mitarbeiter bekommt weniger Gehalt, behält aber seinen Arbeitsplatz.

(b) Aufhebungsvertrag

Beim **Aufhebungsvertrag** fördert der Arbeitgeber das freiwillige Ausscheiden von Arbeitnehmern häufig durch

- Abfindungszahlungen
- Hilfe bei der Suche nach einem neuen Arbeitsplatz
- Versetzen in den vorzeitigen Ruhestand.

(c) Betriebsbedingte Kündigung

Durch **betriebsbedingte Kündigungen**[1] (z. B. §1 KSchG) können Mitarbeiter gegen ihren Willen entlassen werden, wenn folgende **Voraussetzungen** gegeben sind:

- **zwingender betriebsbedingter Kündigungsgrund** (z. B. dauerhafter Rückgang der Nachfrage, Schließung von Betriebsabteilungen)
- **fehlende Weiterbeschäftigungsmöglichkeit auf einem anderen Arbeitsplatz**
- **Sozialauswahl** nach den Kriterien Lebensalter, Dauer der Betriebszugehörigkeit, Unterhaltsverpflichtungen und Behinderung.

> Die **Sozialauswahl** bei einer betriebsbedingten Kündigung folgt dem Grundsatz, dass von mehreren in Frage kommenden Stelleninhabern derjenige zu entlassen ist, den die Kündigung am wenigsten hart trifft.

Vor der endgültigen Entscheidung über eine betriebsbedingte Kündigung sind die **wirtschaftlichen Konsequenzen** zu bedenken. Der **Vorteil** betriebsbedingter Kündigungen liegt auf der Hand: Mit der Kündigung lassen sich mittel- und langfristig die Aufwendungen PA senken. Aus ökonomischer Sicht werden Leerkosten abgebaut, sofern auf den gestrichenen Stellen kein adäquater Produktionsbeitrag PE erwirtschaftet wurde.

Diesem Vorteil stehen zahlreiche **Nachteile** gegenüber. Die wichtigsten Nachteile sind:

- **Imageverlust** als attraktiver Anbieter von Arbeitsplätzen
- **Abfindungsansprüche** entlassener Mitarbeiter in Höhe von einem halben Monatsverdienst je Jahr der Betriebszugehörigkeit (**ÜB 2**/36)
- **Fehlsteuerung durch Sozialauswahl** (leistungsstarke Mitarbeiter werden entlassen, während leistungsschwache Mitarbeiter Kündigungsschutz genießen)
- **endgültiger Verlust wertvoller Arbeitskräfte**, die bei einer Verbesserung der Auftragslage fehlen.

> **Beispiel:** Erholt sich die konjunkturbedingte Nachfrage schneller als erwartet, stehen gekündigte Mitarbeiter ggf. nicht mehr am Arbeitsmarkt zur Verfügung. Qualifizierte Fachkräfte müssen über aufwendige Maßnahmen neu beschafft werden.

5.2.4 Personaleinsatzplanung

> Die **Personaleinsatzplanung** verfolgt das Ziel, das im Unternehmen anfallende Aufgabenpensum unter Beachtung des ökonomischen Prinzips in sachlicher, räumlicher und zeitlicher Hinsicht auf die verfügbaren Mitarbeiter zu verteilen.

---

[1] Diese sind von personenbedingten (z. B. aufgrund langanhaltender Krankheit) und von verhaltensbedingten Kündigungen (z. B. aufgrund eines Diebstahls) zu unterscheiden.

Hierbei müssen die **divergierenden Interessen** von Arbeitgebern einerseits und Arbeitnehmern andererseits zum Ausgleich gebracht werden:

- Die **Arbeitgeber** würden gerne den Wettbewerbsdruck des Absatzmarktes an die Mitarbeiter weitergeben. So soll eine ständige Lieferbereitschaft des Unternehmens hinsichtlich hochwertiger, gleichwohl preiswerter Produkte gewährleistet bleiben.
- Die **Arbeitnehmer** streben hingegen nach Individualisierung und erwarten, dass die Arbeitsbedingungen ihren persönlichen Bedürfnissen entsprechen.

Solange auf dem Arbeitsmarkt ein **Mangel an qualifizierten Fachkräften** herrscht, müssen die Unternehmen den **Bedürfnissen dieser Mitarbeitergruppe entgegenkommen**. Sonst besteht die Gefahr, dass die Leistungsträger zur Konkurrenz abwandern. Das Unternehmen verliert dann seine wichtigste Ressource: das Humankapital.

Die Personaleinsatzplanung erstreckt sich im Wesentlichen auf drei **Teilgebiete**:

(1) Arbeitsteilung	(2) Arbeitsplatzgestaltung	(3) Arbeitszeitregelung
Wo liegen die Vor- und Nachteile eines hohen Spezialisierungsgrades?	Wo soll die Arbeit verrichtet werden? Wie soll der Arbeitsplatz gestaltet werden?	Wie lassen sich die Arbeitszeitwünsche von Arbeitgebern und Arbeitnehmern in Einklang bringen?

Abb. 86: Teilgebiete der Personaleinsatzplanung

(1) Arbeitsteilung

Die Bedürfnispyramide nach Maslow[1] verdeutlicht, dass Selbstverwirklichung die oberste Motivationsstufe darstellt. Arbeitszufriedenheit kann somit bei Mitarbeitern z. B. dadurch erreicht werden, dass sich diese für die ganzheitliche Fertigung eines Produkts verantwortlich fühlen. Die daraus resultierende erhöhte Motivation steigert den Ertrag des Unternehmens (PE ↑).

Ein Verzicht auf die Arbeitsteilung ist in der heutigen Zeit allerdings kaum noch vorstellbar, denn die meisten Produkte sind im Hinblick auf Qualität und Preis nur bei arbeitsteiliger Fertigung konkurrenzfähig. Dies führt zu einer starken Spezialisierung, hohen Lerneffekten und somit zu sinkenden Produktionskosten, was wiederum für einen **hohen Grad an Arbeitsteilung** spricht.

Arbeitsteilung	
Vorteile	Nachteile
• Hohe Effizienz durch Spezialisierung • Schnellere Einarbeitungszeit aufgrund geringer Komplexität • Verwertung spezieller Fähigkeiten • Keine Umstellung des Arbeitnehmers auf wechselnde Arbeitsverrichtungen	• Einseitige Belastung des Mitarbeiters • Ermüdung aufgrund monotoner Arbeit • Mitarbeiter sieht sich zum Werkzeug degradiert • Verkümmern nicht benötigter Fähigkeiten

Abb. 87: Vor- und Nachteile der Arbeitsteilung

---

[1] Vgl. **Abb. 89** auf S. 138.

Um die Nachteile der Arbeitszerlegung abzuschwächen, wurden mit

- **Job rotation** (Arbeitsplatzwechsel)
- **Job enlargement** (Aufgabenerweiterung)
- **Job enrichment** (Aufgabenbereicherung)

verschiedene **Konzepte**[1] entwickelt. Diese zielen zum einen auf die Vielseitigkeit des Aufgabenumfangs (quantitativer Aspekt) und zum anderen auf die Erhöhung des mit dem Tätigkeitsfeld verbundenen Anspruchs (qualitativer Aspekt).

(2) Arbeitsplatzgestaltung

Um möglichst gute Arbeitsbedingungen zu gewährleisten, konzentriert sich die Arbeitsplatzgestaltung auf die Bereiche

- **Arbeitsablauf** (zeitliche und räumliche Reihenfolge der Aufgabenbearbeitung)
- **Arbeitsmittel** (Instrumente zur Aufgabenerfüllung)
- Räumlichkeit und **Arbeitsumfeld** (Umgebungsgestaltung)
- **Arbeitssicherheit** (Gesundheitsschutz und Unfallverhütung).

Unternehmen sollten sich nicht darauf beschränken, gesetzliche Schutzvorschriften zur Arbeitsplatzgestaltung einzuhalten. Vielmehr sollte jedes auf langfristige Gewinnmaximierung ausgerichtete Unternehmen bestrebt sein, den **Bedürfnissen der Zielgruppe „Hochqualifizierte Mitarbeiter"** entgegenzukommen. In einer Wohlstandsgesellschaft stellt diese Zielgruppe hohe **Ansprüche an die Vereinbarkeit von Privat- und Berufsleben**. Ein Unternehmen hat deshalb z. B. folgende Aktionsmöglichkeiten:

(a) **Arbeitsplatz im Privatbereich**
(b) **Privatbereich am Arbeitsplatz**.

Die technologische Entwicklung erlaubt die Durchführung zahlreicher Tätigkeiten außerhalb des Unternehmens. Dies ermöglicht eine teilweise Verlagerung des **(a) Arbeitsplatzes in den Privatbereich**, z. B. durch Telearbeit.

Zudem besteht die Möglichkeit, den **(b) Privatbereich am Arbeitsplatz** zu verbessern. So können z. B. betriebliche Kinderbetreuungseinrichtungen und Sportangebote auf dem Firmengelände geschaffen werden. Solche Maßnahmen führen regelmäßig zu erhöhten Personalaufwendungen (PA ↑). Trotzdem kann hiermit eine **Erhöhung des Humankapitals** verbunden sein, sofern es möglich ist

- **hochqualifizierte Arbeitskräfte zu gewinnen**,
- **Mitarbeiter zu einer höheren Leistung zu motivieren** (PE ↑) oder
- **Mitarbeiter länger an das Unternehmen zu binden** (Beschäftigungsdauer, t_n ↑).

(3) Arbeitszeitregelung

Bezüglich der **Planung der Arbeitszeit** sind folgende Aspekte von Bedeutung:

- **Volumen** (z. B. je Tag, je Monat, je Jahr)
- **Verteilung** (z. B. auf die Woche oder bezüglich der Unterbrechung durch Pausen).

---

[1] Siehe zu diesen Konzepten z. B. Stock-Homburg, R., Personalmanagement, 2013, S. 241 ff.

Die bedeutendste Rechtsvorschrift ist das **Arbeitszeitgesetz**, in dem u. a. die tägliche und die wöchentliche Höchstarbeitszeit sowie die Rahmenbedingungen für die Verteilung der Wochenarbeitszeit geregelt werden. Unter Beachtung dieser Restriktionen sollte das Unternehmen die **Arbeitszeiten** der Mitarbeiter so **gestalten**, dass sie

- **primär den Kundenbedürfnissen**
- **sekundär den Mitarbeiterbedürfnissen**

gerecht werden. Aber: Zur **Verbesserung der Vereinbarkeit von Privat- und Berufsleben** sind die Arbeitszeiten möglichst weit auf die individuellen Bedürfnisse jener Mitarbeiter auszurichten, die einen hohen Beitrag zum Humankapital leisten. Zur **Flexibilisierung der Arbeitszeit** werden z. B. folgende Modelle praktiziert:[1]

- Gleitzeitmodelle,
- Teilzeitverträge/Altersteilzeit,
- flexible Vereinbarungen über die Rückkehr nach der Elternzeit,
- Jahresarbeitszeitvereinbarungen.

5.2.5 Personalentwicklungsplanung

Die betriebliche **Personalentwicklung** verfolgt das Ziel, qualifizierte Fachkräfte heranzubilden und die Fähigkeiten der Mitarbeiter den wachsenden Anforderungen einer komplexen Arbeitswelt anzupassen.

Unternehmen müssen „in die Köpfe" ihrer Mitarbeiter investieren. Anderenfalls verlieren sie ihren **Wettbewerbsvorsprung** und verschwinden mittel- oder langfristig vom Markt. **Abb. 88** verdeutlicht die verschiedenen Arten der Personalentwicklung.

Personalentwicklung (Bildung von Humankapital durch Mitarbeiterqualifizierung)			
(1) Ausbildung berufsvorbereitend	**(2) Fortbildung** berufsbegleitend	**(3) Umschulung** berufswechselnd	**(4) Karriereplanung** aufstiegsvorbereitend
• Erstausbildung • Praktika • Traineeprogramme • duales Studium	Steigerung der • allgemeinen • betriebsspezifischen Qualifikation	• Anpassung an strukturelle Veränderungen • Vorbeugung gegen betriebliche Kündigungen	• „Kaderschmiede" • Bleibeperspektive für Talente

Abb. 88: Arten der Personalentwicklung

Die **(1) Ausbildung** ist für Unternehmen auf kurze Sicht ein „Zuschussgeschäft", denn meistens gilt in der Ausbildungszeit PA > PE (vgl. **Abb. 76**, Phase I). Trotzdem forcieren die meisten Unternehmen ihre Ausbildungsaktivitäten. Sie suchen talentierte Hoffnungsträger, die nach erfolgreicher Ausbildung **in eine Dauerbeschäftigung übernommen werden** sollen. Auf längere Sicht ist die Ausbildung ein „gutes Geschäft", mit dem sich das **Humankapital steigern** lässt.

Gleiches gilt für die **(2) Fortbildung**. Zwar steigt der Personalaufwand (PA). Aber: Gut geschulte Mitarbeiter verfügen über ein höheres Leistungspotential. Damit steigt der Personalertrag (PE) und mit ihm der Wert des Humankapitals.

---

[1] Vgl. Scherm/Süß, Personalmanagement, 2016, S. 169 ff.

Die **(3) Umschulung** zielt darauf, dem Mitarbeiter neue Kenntnisse in einem anderen Tätigkeitsfeld zu vermitteln. Die Gründe für eine Umschulung können z. B. betriebliche oder technische Umstrukturierungen des Unternehmens sein.

Im Rahmen der **(4) Karriereplanung** werden talentierte Mitarbeiter auf künftige Führungsaufgaben vorbereitet. Ein positiver Nebeneffekt ist, dass die Motivation der „Hoffnungsträger" gefördert wird. Methoden einer solchen Nachwuchsförderung sind z. B. das **Coaching** und das **Mentoring**.

Personalentwicklung ist für Unternehmen teuer, denn neben den direkten Kosten sind oftmals auch Umsatzausfälle infolge von Fehlzeiten zu verzeichnen. Die Personalentwicklung trägt dabei alle **Merkmale einer Investition**:

- sicherer hoher Mittelabfluss (PA) in der Gegenwart
- ungewisser Mittelrückfluss (PE) nach Höhe und Dauer (t_n) in der Zukunft.

Die Unbestimmtheit der Rückflussdauer beruht vor allem auf der **Kündigungsmöglichkeit seitens der Mitarbeiter**. Dabei kommt es zum **Verlust von Humankapital**.

> Das Unternehmen muss im Rahmen seiner Personalpolitik ein besonderes Augenmerk darauf richten, dass die **Fluktuationsrate** vor allem bei den hochqualifizierten Mitarbeitern möglichst gering gehalten wird.

5.3 Personalführung und -motivation

5.3.1 Bedürfnisse der Mitarbeiter

Zur langfristigen Gewinnmaximierung muss man den Mitarbeiterbedürfnissen Rechnung tragen, denn nur zufriedene Mitarbeiter liefern gute Arbeitsergebnisse (PE). Eine Orientierungshilfe stellt die **Bedürfnispyramide von Maslow** dar.[1]

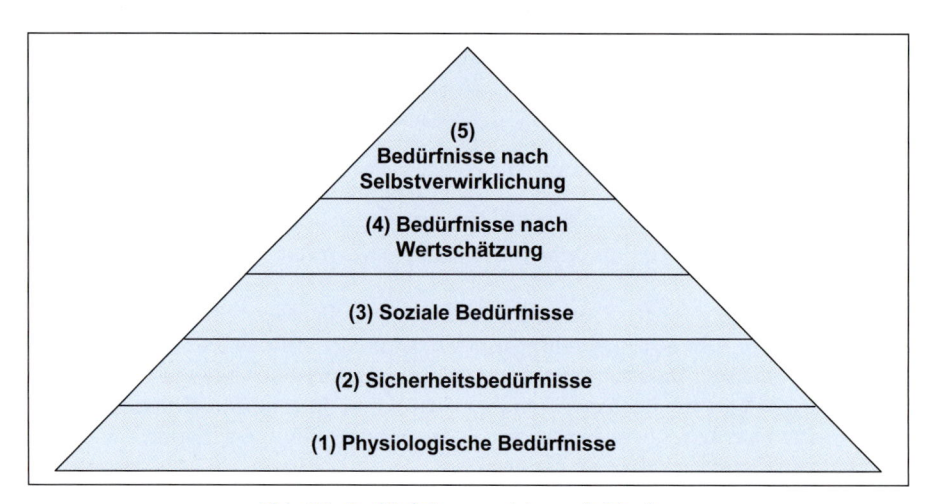

Abb. 89: Bedürfnispyramide nach Maslow

---

[1] Vgl. Maslow, A. H., Human Motivation, 1954, S. 80 ff.

(1) Die Befriedigung **physiologischer Bedürfnisse** (Essen, Trinken, Schlafen) ist die Grundvoraussetzung menschlicher Existenz.
(2) Sicherheitsbedürfnisse: Der Wunsch nach Arbeitsplatzsicherheit und das Streben nach Vorsorge bei Arbeitsunfähigkeit gehören in diese Bedürfniskategorie.
(3) Soziale Bedürfnisse: Es geht um den Wunsch, in einer Kleingruppe (z. B. Familie oder Arbeitskollegium) Geborgenheit und Schutz zu finden.
(4) Sind auch diese Bedürfnisse befriedigt, strebt der Mensch nach **Wertschätzung**.
(5) Die **Bedürfnisse nach Selbstverwirklichung** werden erfüllt, wenn der Mitarbeiter seine Fähigkeiten und Neigungen zum Einsatz bringen kann.

Die Mitarbeiter erwarten aus dem Beschäftigungsverhältnis einen

- **materiellen Nutzen** (= geldmäßige Absicherung) zur Deckung ihrer physiologischen Bedürfnisse und ihrer Sicherheitsbedürfnisse
- **ideellen Nutzen**, z. B. durch Gruppenzugehörigkeit und berufliche Anerkennung.

> **Motivationsinstrumente** haben die Aufgabe, den Unternehmenserfolg durch Erhöhung der Arbeitszufriedenheit und durch Verbesserung der individuellen Leistungsbereitschaft zu steigern.

5.3.2 Motivationsinstrumente im Überblick

Die Unternehmensleitung kann verschiedene Motivationsinstrumente einsetzen, um den Wert des Humankapitals zu erhöhen (HK ↑). Bei der **Klassifizierung der Motivationsinstrumente** unterscheidet man zwischen monetären und nicht-monetären Anreizen (siehe **Abb. 90**). Im Folgenden werden die Motivationsinstrumente kurz vorgestellt. Zum Teil wurden die nicht-monetären Anreize schon in den vorangegangenen Unterkapiteln 5.2.4 und 5.2.5 erläutert.

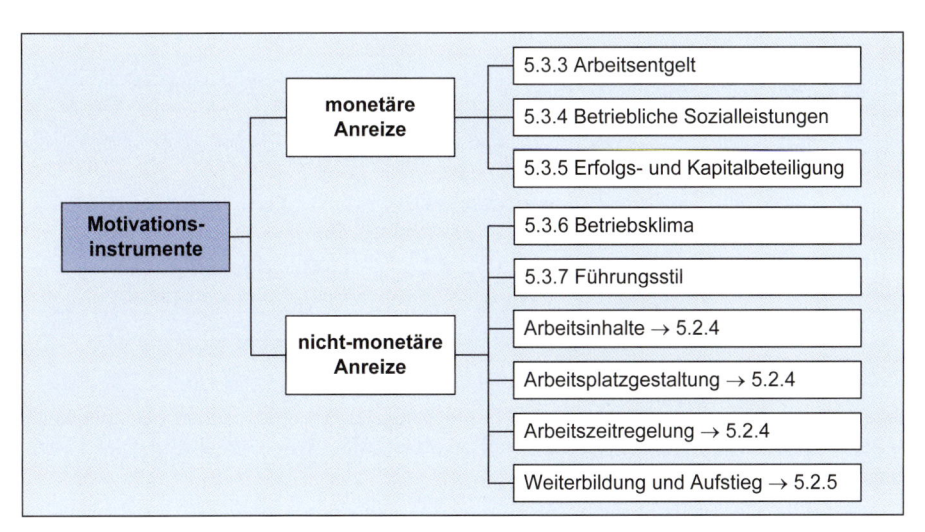

Abb. 90: Instrumente der Mitarbeitermotivation

Der Einsatz der meisten Motivationsinstrumente ist – auch wenn es sich um nichtmonetäre Anreize handelt – mit (monetären) Aufwendungen (PA ↑) verbunden. Insofern sollte jedem Instrumenteneinsatz eine **Kosten-Nutzen-Analyse** vorausgehen. Den Aufwendungen (PA) ist der Nutzen gegenüberzustellen, der sich voraussichtlich aus der Gewinnung und der (langfristigen) Bindung hochqualifizierter Mitarbeiter (t_n ↑) sowie mit der Leistungssteigerung der Mitarbeiter (PE ↑) ergeben wird.[1]

5.3.3 Arbeitsentgelt

Arbeitsentgelte spielen in der Personalwirtschaft eine zentrale Rolle, denn sie sind

- **größter Einzelposten** im Personalaufwand (PA) sowie
- Motivationsinstrument mit der **größten Anreizwirkung**.

> Das **Arbeitsentgelt** umfasst alle finanziellen Leistungen eines Unternehmens an seine Mitarbeiter.

Zum Arbeitsentgelt gehören die

- **Grundvergütung** (Lohn bzw. Gehalt)
- **Leistungszulagen** (Prämien)
- **(freiwilligen) betrieblichen Sozialleistungen** (→ Unterkapitel 5.3.4)
- **Erfolgs- und Kapitalbeteiligung der Beschäftigten** (→ Unterkapitel 5.3.5).

5.3.3.1 Suche nach dem „gerechten" Lohn

Halten Mitarbeiter die Vergütung für ungerecht, führt dies zur Demotivation (PE ↓) und letztlich zum Verlust wertvoller Fachkräfte durch („innerliche") Kündigung. Gerechtigkeit ist ein dehnbarer Begriff, denn Arbeitnehmer und Arbeitgeber haben unterschiedliche Vorstellungen von der Lohngerechtigkeit.

Arbeitnehmerperspektive	Arbeitgeberperspektive
Ein Arbeitnehmer erwartet angemessenes Entgelt für seinen **Input** (fachliches Können, körperliche/geistige Kräfte)	Ein Arbeitgeber erwartet angemessenen **Output** (Menge, Qualität der Leistung) für das gezahlte Arbeitsentgelt
Anforderungsgerechtigkeit	**Leistungsgerechtigkeit**

Abb. 91: Gerechter Lohn aus Arbeitnehmer- und Arbeitgeberperspektive

Anforderungsgerechtigkeit setzt eine Bewertung des Arbeitseinsatzes (→ Unterkapitel 5.3.3.2), **Leistungsgerechtigkeit** eine Bewertung des Arbeitsergebnisses (→ Unterkapitel 5.3.3.3) voraus.

---

[1] Siehe hierzu das Modell der Humankapitalmaximierung auf S. 123 ff.

5.3.3.2 Arbeitsbewertung und Lohngruppenbildung

> Die **Arbeitsbewertung** hat die Aufgabe, differenzierte Lohnsätze für Arbeitsplätze mit unterschiedlichem Anforderungsprofil zu ermitteln.

Das Anforderungsprofil eines Arbeitsplatzes ergibt sich – unabhängig vom (späteren) Stelleninhaber – in Anhängigkeit von den Kriterien

- **körperliche Anforderungen** (z. B. Muskelkraft, Geschicklichkeit)
- **geistige Anforderungen** (z. B. notwendige Qualifikation und Erfahrung)
- **Übernahme von Verantwortung** (z. B. für Mitarbeiter und Maschinen)
- **Schwierigkeit der Arbeitsbedingungen** (z. B. Staub, Lärm).

> Arbeitsbewertung und Leistungsbewertung sind zwei völlig verschiedene Problemfelder, denn die
> - **Arbeitsbewertung** bezieht sich auf eine Stelle, die mit Stelleninhabern unterschiedlicher Leistungsfähigkeit und Motivation besetzt werden kann,
> - während die **Leistungsbewertung** das Arbeitsergebnis eines bestimmten Mitarbeiters (qualitativ und quantitativ) beurteilen soll.

Ausgangspunkt der Bewertung verschiedener Arbeitsplätze ist die **Stellenbeschreibung**[1], die konkrete Hinweise auf die stellenspezifischen Anforderungen geben sollte. In der Praxis der Arbeitsbewertung kommen zwei **unterschiedliche Methoden**[2] zur Anwendung:

- Die **summarische Methode** ist dadurch gekennzeichnet, dass die Arbeitsverrichtungen einer Stelle als Ganzes bewertet werden, d. h. es wird eine Gesamtbeurteilung der Arbeitsschwierigkeit vorgenommen.
- Bei der **analytischen Methode** werden die Arbeitsverrichtungen einer Stelle in die einzelnen Anforderungsarten zerlegt. Für jede Anforderungsart wird eine Wertzahl ermittelt, und aus der Summe der Einzelwerte ergibt sich dann der Arbeitswert aller Verrichtungen einer Stelle.

Als vorherrschendes Verfahren der praktischen Arbeitsbewertung soll das auf der summarischen Methode basierende **Lohngruppenverfahren** kurz vorgestellt werden. Dazu muss man wissen, dass die Mehrzahl der deutschen Arbeitnehmer nach den Vorgaben eines Tarifvertrags[3] entlohnt wird. Dabei hat die Arbeitsbewertung die Aufgabe,

- **jeden betrieblichen Arbeitsplatz**
- in eine der **tarifvertraglich vereinbarten Lohn- bzw. Gehaltsgruppen**

einzuordnen.

So können im **Tarifvertrag** beispielsweise zehn Lohngruppen I bis X vereinbart sein. Für die **Standardlohngruppe** VII (Facharbeiter mit abgeschlossener Berufsausbildung) wird der tarifvertraglich **vereinbarte Ecklohn** (100 %) gezahlt. Der niedrigsten Lohngruppe I (Arbeiten, die nach kurzer Einarbeitungszeit und Unterweisung ausgeführt werden können) wird eine **Arbeitswertigkeit** von **85 %** des Ecklohns, der höchsten Lohngruppe X (hochwertigste Facharbeiten, die überragendes Können und völlige Selbständigkeit voraussetzen) kann eine Arbeitswertigkeit von **133 %** des Ecklohns zugeordnet werden.

---

[1] Vgl. S. 109.
[2] Zu Einzelheiten vgl. Oechsler/Paul, Personal, 2015, S. 369 ff.
[3] Vgl. S. 121.

> **Beispiel:** Haben die Tarifparteien einen Ecklohn (Tarifgruppe VII) von 14 EUR/Std. vereinbart, dann reicht die **Lohnspreizung** von 11,90 EUR/Std. in der untersten Tarifgruppe I bis 18,62 EUR/Std. in der obersten Tarifgruppe X.

5.3.3.3 Lohnformen

Bei der Festlegung der Lohnform geht es um die Frage, ob

- gleichartige Tätigkeiten (z. B. Apfelernte)
- mit individuell unterschiedlichem Arbeitsergebnis (Erntemenge/Std.)
- nach Arbeitszeit (→ **Zeitlohn**) oder nach Arbeitsergebnis (→ **Akkordlohn**)

entlohnt werden sollen. Bedeutende Lohnformen[1] zeigt **Abb. 92**. Akkordlohn und Prämienlohn ermöglichen eine leistungsorientierte Vergütung.

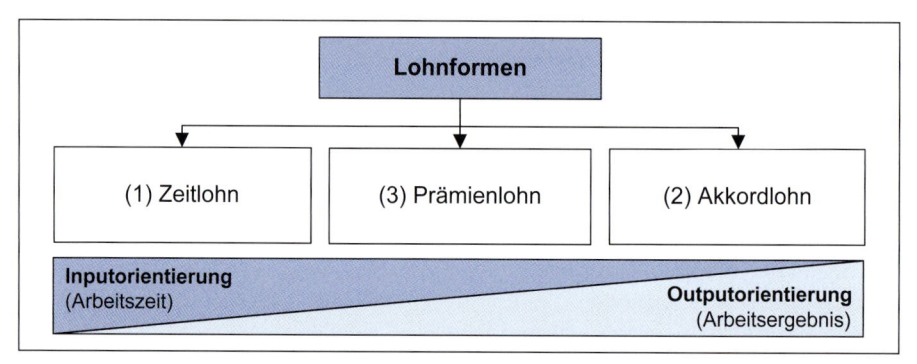

Abb. 92: Bedeutende Lohnformen im Überblick

(1) Zeitlohn

Beim Zeitlohn erfolgt die Entlohnung

- nach der **Dauer der Arbeitszeit (Input)**
- **unabhängig** von der erbrachten **Leistung (Output)**.

Als zeitliche Bezugsgröße kommt die Stunde (= Stundenlohn) oder der Monat (= Monatslohn bzw. Gehalt) in Betracht. Der Zeitlohn wird durch folgende **Merkmale** gekennzeichnet:

- Der Lohn je Zeiteinheit ist konstant.
- Die Lohnstückkosten sind variabel.

> **Beispiel:** Ein Erntehelfer erhält einen (Zeit-)Lohn von 10 EUR/Std. Bei einer Erntemenge von (a) 10 kg bzw. (b) 20 kg Spargel/Std. liegen die Lohnstückkosten bei (a) 1 EUR/kg bzw. (b) 0,50 EUR/kg.

Beim Zeitlohn erhalten alle Beschäftigten einer Lohngruppe das gleiche Arbeitsentgelt (je Zeiteinheit). **Lohnzuschläge** werden gezahlt, wenn außerhalb der tariflich festgelegten Arbeitszeit gearbeitet wird (Zuschläge für Überstunden sowie Nacht- und Feiertagsarbeit). Aus Sicht des Arbeitgebers sind diese höheren Kosten durch die bessere Kapazitätsauslastung und die höhere Flexibilität ökonomisch gerechtfertigt.

---

[1] Vgl. hierzu Hentze/Graf, Personalwirtschaftslehre, 2005, S. 115 ff.

Typische Anwendungsgebiete des Zeitlohns weisen folgende Charakteristika auf:
- Leistungsanreize sind unmöglich (z. B. Nachtwächter).
- Leistungsanreize sind unzweckmäßig (Präzision und Sorgfalt sind entscheidend).
- Leistung ist nicht messbar (z. B. Forschungstätigkeit, dispositive Tätigkeit).
- Leistung ist individuell nicht beeinflussbar (Fließbandarbeit bzw. nicht zu vertretende Wartezeiten). (**ÜB** 2/37)

Vor- und Nachteile dieser **inputorientierten** Vergütungsform zeigt **Abb. 93**.

Zeitlohn	
Vorteile	**Nachteile**
• einfache Abrechnung • keine Gefahren (z. B. gesundheitliche Schäden, Qualitätseinbußen) wegen überhasteten Arbeitstempos	• kein Leistungs- und Mehrverdienstanreiz für Arbeitnehmer • Arbeitgeber allein trägt Risiko geringer Arbeitsproduktivität

Abb. 93: Vor- und Nachteile des Zeitlohns

(2) Akkordlohn

> Der **Akkordlohn** ist ein Leistungslohn, bei dem die Höhe des Stundenverdienstes von der Menge der erbrachten Leistung (Output) abhängt.

Das Grundkonzept des Akkordlohns basiert auf dem Abgleich von einer
- **Normalleistung** (NL), die üblicherweise erwartet werden kann (z. B. 50 kg Äpfel/Std. bei der Ernte) und einer
- **Istleistung** (IL), die der Arbeitnehmer A erbringt (z. B. 60 kg geerntete Äpfel/Std.).

Für Arbeitnehmer und Arbeitgeber hat der Akkordlohn mehrere Vorteile
- **Leistungsanreiz**: Der Arbeitnehmer kann seinen Stundenverdienst (SV) durch Mehrleistung (IL > NL) erhöhen.
- **Feste Kalkulationsgrundlage**: Der Arbeitgeber kann mit fest vorgegebenen Lohnstückkosten (GS = Geldsatz/Stück) rechnen.

Akkordarbeit ist anstrengender als Zeitarbeit. Darum erhalten Akkordarbeiter auf den garantierten tariflichen Mindestlohn ML einen **Akkordzuschlag** AZ. Der AZ beträgt in Abhängigkeit vom jeweiligen Tarifvertrag 15 bis 25 % des tariflichen Mindestlohns. Die Summe aus ML und AZ wird als **Akkordrichtsatz** AR bezeichnet. Der Stundenverdienst des Arbeitnehmers entspricht dem AR, wenn er die Normalleistung erbringt.

> **Beispiel:** Der tarifliche Mindestlohn ML liegt bei 15 EUR/Std., der Akkordzuschlag AZ bei 20 %. Die Normalleistung NL beträgt 3 Stück/Std., die Istleistung IL der Arbeitnehmer A, B, C und D beträgt 1, 2, 3 bzw. 4 Stück/Std.

Akkordlohn		
gegeben:		
ML	Mindestlohn/Std.	15 EUR
AZ	Akkordzuschlag; Prozentsatz von ML	20 %
NL	Normalleistung/Std.	3 Stück
$IL_{A, B, C, D}$	Istleistung/Std. für Arbeitnehmer A, B, C bzw. D	1 Stück, 2 Stück, 3 Stück bzw. 4 Stück
gesucht:		
AR	Akkordrichtsatz/Std. = ML + AZ = 15 EUR + 3 EUR	18 EUR
GS	Geldsatz/Stück = $\frac{AR}{NL} = \frac{18\ EUR}{3\ Stück}$	6 EUR
SV_A	Stundenverdienst = GS · IL_A = 6 EUR · 1 Stück = 6 EUR < ML →	15 EUR
SV_B	Stundenverdienst = GS · IL_B = 6 EUR · 2 Stück = 12 EUR < ML →	15 EUR
SV_C	Stundenverdienst = GS · IL_C = 6 EUR · 3 Stück = 18 EUR (> ML) →	18 EUR
SV_D	Stundenverdienst = GS · IL_D = 6 EUR · 4 Stück = 24 EUR (> ML) →	24 EUR

Abb. 94: Stundenverdienst bei Geldakkord

In **Abb. 94** wurde der Stundenverdienst als **Geldakkord** ermittelt. Das alternative Berechnungsverfahren, der sog. **Zeitakkord**, führt zum gleichen Ergebnis und wird im zugehörigen Übungsbuch erläutert. (**ÜB 2**/38–39)

Der Akkordlohn eignet sich für **einfache standardisierte Tätigkeiten**, wie z. B.

- Autowäsche
- Lackierarbeiten bei der Fertigtürherstellung
- Erdaushub im Baugewerbe.

Da solche einfachen Arbeiten immer stärker von maschinellen Anlagen übernommen werden, verliert der Akkordlohn Schritt für Schritt seine praktische Bedeutung.

(3) Prämienlohn

Der Prämienlohn setzt sich zusammen aus den beiden Bestandteilen

- **arbeitszeitabhängiger Grundlohn** (inputorientiert)
- **leistungsorientierte Prämie** (outputorientiert).

Gegenüber dem Akkordlohn hat der **Prämienlohn** den **Vorteil** eines breiteren Anwendungsspektrums: Außer der akkordähnlichen Mengenleistungsprämie können auch Qualitätsprämien, Kosteneinsparungsprämien und Prämien für Verbesserungsvorschläge eingesetzt werden.

> **Beispiel:** Ein Technologieunternehmen hat ein Prämiensystem. Die Mitarbeiter machten in den vergangenen Jahren Verbesserungsvorschläge, die zu Kosteneinsparungen in Höhe von 30 bis 40 Mio. EUR/Jahr führten. Das Unternehmen zahlte dafür an seine Mitarbeiter Prämien in Höhe von 20 bis 25 % des jährlichen Einsparvolumens.

5.3.3.4 Eingeschränkte Handlungsmöglichkeiten

Der Gestaltungsspielraum der Arbeitgeber zur Lohnhöhe und zur Lohnsatzdifferenzierung wird vor allem durch folgende Faktoren stark eingeschränkt:[1]

---

[1] Vgl. im Detail Oechsler/Paul, Personal, 2015, S. 85 ff.

Eingeengter Handlungsspielraum (durch)		
(1) Tarifverträge	(2) Gesetzgebung	(3) regionalen Arbeitsmarkt

Abb. 95: Wesentliche Einschränkungen des Handlungsspielraums bei der Lohnfindung

(1) Tarifverträge

In Deutschland ist die Tarifautonomie grundgesetzlich geregelt (Art. 9 GG). In einem **Rahmentarifvertrag** werden u. a. die Lohn- und Gehaltsgruppen konkretisiert. Zudem können in diesem die zulässigen Verfahren zur Arbeits- und zur Leistungsbewertung festgelegt sein.

Ein **Entgelttarifvertrag** regelt schließlich für die jeweilige

- Branche (z. B. Metall- und Elektroindustrie)
- **Tariflöhne**, die im jeweiligen
- Tarifgebiet
- **nicht unterschritten werden dürfen**.

> **Beispiel:** Um einen qualifizierten Mitarbeiter zu gewinnen oder langfristig zu binden, kann ein Unternehmen **vom Tarifvertrag abweichen** und einen Arbeitsvertrag anbieten, der
> - eine **höhere** als die tarifvertraglich vereinbarte **Vergütung** beinhaltet bzw.
> - eine **geringere Arbeitszeit** – bei tarifvertraglich geregelter Vergütung – normiert.

(2) Gesetzgebung

Der Gesetzgeber hat einen flächendeckenden, branchenübergreifenden Mindestlohn kodifiziert. Dieser **gesetzliche Mindestlohn** stellt das bundesweit kleinste zulässige Arbeitsentgelt je Stunde dar. Er beträgt derzeit 8,50 EUR/Std., weshalb er keine Auswirkungen auf das Marktsegment der hochqualifizierten Arbeitskräfte hat. Anders ist das bei geringqualifizierten Arbeitskräften: Sofern der Mindestlohn je Stunde den Arbeitsertrag PE eines Geringqualifizierten übersteigt, ist dessen Arbeitslosigkeit vorprogrammiert, denn die Einstellungsvoraussetzung PE > PA ist nicht erfüllt. (**ÜB 2**/39–40)

(3) Regionaler Arbeitsmarkt

Regionale Lohn- und Gehaltsunterschiede können erheblich sein. Das **Lohn- und Gehaltsniveau** ist tendenziell umso höher,

- je näher der Unternehmensstandort an den Standorten von Großunternehmen in Wachstumsbranchen liegt
- je näher der Unternehmensstandort an Ballungsgebieten liegt
- je geringer die Arbeitslosenquote in einer Region ist.

> **Beispiel:** Das Gehaltsniveau eines KFZ-Meisters wird in der strukturschwachen Region Vorpommern deutlich von dem in der Region um Wolfsburg abweichen.

Bei der Lohnfindung sind deshalb die standortspezifischen Besonderheiten des Arbeitsmarktes zu beachten.

5.3.4 Freiwillige betriebliche Sozialleistungen

Betriebliche Sozialleistungen sind **Zuwendungen in Form von Geld bzw. Sach- oder Dienstleistungen**, die Unternehmen ihren Mitarbeitern gewähren. Diese können unterschieden werden in:

Betriebliche Sozialleistungen	
vorgeschriebene (Gesetz, Tarifverträge)	**freiwillige**
• Arbeitgeberanteil zur Sozialversicherung • Lohnfortzahlung im Krankheitsfall • tarifliches Urlaubsgeld • tarifliches Weihnachtsgeld	• betriebliche Altersversorgung • übertarifliches Weihnachts- und Urlaubsgeld • finanzielle Zuschüsse (z. B. für Wohnen, Essen) • Sonderzahlungen und -leistungen (Jubiläumsgeschenke, Sonderurlaub usw.) • Leistungen für betriebliche Einrichtungen (Kantine, Kindertagesstätte, Sportanlagen)

Abb. 96: Arten betrieblicher Sozialleistungen

Hinter der Gewährung freiwilliger betrieblicher Sozialleistungen können soziale und ökonomische Motive stehen. In Anbetracht zunehmender Schärfe des Wettbewerbs auf den Absatzmärkten **dominieren die Motive ökonomischer Art** wie

- **Akquisition fähiger Mitarbeiter**
- **Motivation zur Leistungssteigerung** (PE ↑)
- **langfristige Bindung** (t_n ↑) fähiger Mitarbeiter (z. B. durch Pensionszusagen).

Auch vor dem Einsatz dieser Instrumente ist eine **Kosten-Nutzen-Analyse** durchzuführen. Die mit der freiwilligen Sozialleistung verbundenen Kosten (Δ PA) lassen sich relativ einfach bestimmen. Der (mögliche) Nutzen (Δ PE), der sich in einer Leistungssteigerung und/oder einer längeren Bindung der Arbeitnehmer niederschlagen kann, ist schwieriger zu quantifizieren. Nur wenn eine Erhöhung des Humankapitalwertes (HK ↑) zu erwarten ist, sollten diese Instrumente eingesetzt werden.

In der Praxis ist im Hinblick auf diese Motive das sog. **Cafeteria-Prinzip**[1] sehr beliebt, das den Mitarbeitern individuell und somit zielgruppenorientiert die Wahl zwischen einzelnen freiwilligen betrieblichen Leistungen (z. B. Altersversorgung oder Sonderurlaub) etwa auf Basis erarbeiteter Prämienpunkte ermöglicht. Der Vorteil des Cafeteria-Prinzips liegt auf der Hand: Der Mitarbeiter freut sich über seine Entscheidungsfreiheit, und der Arbeitgeber freut sich über den damit verbundenen Motivationsschub.

5.3.5 Erfolgs- und Kapitalbeteiligung

Jenseits des vertraglich vereinbarten Arbeitsentgelts haben Unternehmen die Möglichkeit, ihre Beschäftigten am Erfolg des Unternehmens – **(1) Erfolgsbeteiligung** – bzw. direkt am Unternehmen – **(2) Kapitalbeteiligung** – zu beteiligen:

---

[1] Siehe Scholz, C., Grundzüge, 2014, S. 256 f.

Finanzielle Mitarbeiterbeteiligung	
(1) Erfolgsbeteiligung	**(2) Kapitalbeteiligung**
Erfolgsabhängiger Vergütungsbestandteil für • alle Mitarbeiter • ausgewählte Mitarbeiter	Mitarbeiter erwerben Gesellschaftsanteile zu Vorzugsbedingungen über • Belegschaftsaktien (alle Mitarbeiter) • Aktienoptionspläne (Führungskräfte)

Abb. 97: Arten finanzieller Mitarbeiterbeteiligung

(1) Erfolgsbeteiligung

Diese Form der Entgeltkomponente ist – wie die leistungsbezogene Entlohnung – **outputorientiert**. Sie erfordert Transparenz und Verständlichkeit im Hinblick auf die

- **Bezugsgröße** (z. B. Gewinn, Ausschüttung, Umsatz)
- **Höhe des Anteils des einzelnen Mitarbeiters** an dieser Bezugsgröße.

Die Erfolgsbeteiligung hat aus Unternehmenssicht u. a. folgende **Vorteile**:

- Im Unterschied zum Grundentgelt und zur leistungsbezogenen Entlohnung wird eine Erfolgsbeteiligung **lediglich bei guter Ertragslage** gewährt.
- Das **Interesse der Arbeitnehmer an hohen Unternehmenserfolgen** wird gesteigert. Dies fördert die Leistungsbereitschaft und damit die Erhöhung von PE.

(2) Kapitalbeteiligung

Unternehmen können ihren Mitarbeitern eine Kapitalbeteiligung auf zwei Wegen ermöglichen. Infrage kommen die

(a) **direkte Kapitalbeteiligung**
(b) **Option auf eine Kapitalbeteiligung** (Aktienkaufoptionen).

Hiermit sind ein **Vergütungstatbestand und** ein **monetärer Anreiz**[1] verbunden, sofern das Unternehmen den Mitarbeitern auf einem dieser Wege die Möglichkeit gewährt, Aktien des Unternehmens zu einem Preis unter dem Börsenkurs zu beziehen.

Bei der **(a) direkten Kapitalbeteiligung** wird Mitarbeitern eine Beteiligung am Eigenkapital (Belegschaftsaktien) zu vergünstigten Konditionen ermöglicht.

Eine der am häufigsten verwendeten Varianten einer **(b) Option auf eine Kapitalbeteiligung** ist die Gewährung von Aktienkaufoptionen.

> **Aktienkaufoptionen** geben dem Optionsnehmer das Recht, durch einseitige Willenserklärung eine gewisse Anzahl von Aktien des Unternehmens innerhalb einer bestimmten Frist zu bereits fest vereinbarten Konditionen zu erwerben.

Die Vermögensbildung über die Kapitalbeteiligung hat u. a. folgende **Vorteile**:

- Das **Interesse der Mitarbeiter an hohen Unternehmenserfolgen** wird gesteigert. Dies fördert die Leistungsbereitschaft (PE ↑).
- Der **Gegensatz zwischen Arbeitnehmern und Eigentümern** im Hinblick auf die Ziele wird **abgeschwächt**, weil die Arbeitnehmer nun auch Kapitalgeber sind.

---

[1] Zur Anreizfunktion von sog. Aktienoptionsplänen siehe S. 188.

- Es wird die Identifikation mit dem Unternehmen gestärkt, was sich erhöhend auf die Produktivität (PE ↑) und verringernd auf die Fluktuation (t_n ↑) auswirken kann.
- Wird die Gewährung einer Aktienoption i. S. e. Treueprämie ausgestaltet, kann dies zur Erhöhung der Bindung der Mitarbeiter an das Unternehmen (t_n ↑) führen.

5.3.6 Betriebsklima

Für gute Ernteergebnisse sind in der Landwirtschaft nicht nur ein guter Boden und hochwertiges Saatgut erforderlich, sondern auch günstige klimatische Bedingungen. Ähnlich ist es mit guten Arbeitsergebnissen in einem Unternehmen, die ein förderliches Betriebsklima voraussetzen.

> Als **Betriebsklima** bezeichnet man das Sozialgefüge zwischenmenschlicher Kontakte, die sich auf die Zufriedenheit der Mitarbeiter – positiv oder negativ – auswirken.

Unbestritten ist, dass sich die aus einem positiven Betriebsklima ergebende hohe (Arbeits-)Zufriedenheit auf den Leistungswillen der einzelnen Arbeitnehmer auswirkt (PE ↑). Deshalb muss die Unternehmensleitung die Voraussetzungen zum Entstehen eines gedeihlichen Betriebsklimas schaffen. Die Pflege zwischenmenschlicher Kontakte im Betrieb, man spricht auch von **human relations**, ist sehr wichtig, denn die meisten Beschäftigten verbringen mehr Zeit im Betrieb als zu Hause.

> **Beispiel:** Ein Arbeitnehmer geht u. a. dann unmotiviert zur Arbeit, was seine Leistungsfähigkeit beeinträchtigt, wenn
> (a) unter den Mitarbeitern Neid, Missgunst und Misstrauen anstatt Kameradschaft, Verständnis, Vertrauen und Hilfsbereitschaft herrscht
> (b) er sich falsch beurteilt oder anderweitig ungerecht behandelt fühlt
> (c) er der Meinung ist, dass man seinen Problemen verständnislos gegenübersteht.

Ein gutes Betriebsklima kann nicht verordnet werden; es muss (langsam) wachsen. Als soziale Größe entzieht es sich der konkreten Berechenbarkeit im Hinblick auf PA und PE. Gleichwohl lässt sich sagen: Die Schaffung eines guten Betriebsklimas dauert lange, kostet sehr wenig (wie z. B. Offenheit, Vertrauen) und nutzt sehr viel.

5.3.7 Führungsstil

Wirtschaften ist ein arbeitsteiliger Prozess, der zu koordinieren ist. In einem hierarchisch aufgebauten Unternehmen haben die Vorgesetzten deshalb Weisungs- und Kontrollbefugnisse gegenüber den zu ihrer Abteilung gehörenden Stelleninhabern.

> Als **Führungsstil** bezeichnet man das Verhaltensmuster eines Vorgesetzten gegenüber den weisungsgebundenen Mitarbeitern.

Im Mittelpunkt der Diskussion um Führungsstile steht die Frage,[1] welchen Einfluss die Mitarbeiter auf die zu treffenden Führungsentscheidungen haben. Beim autoritären Führungsstil geht die Einflussmöglichkeit gegen null, beim demokratischen Führungsstil ist diese hingegen sehr groß (siehe **Abb. 98**).

---
[1] Siehe Weibler, J., Personalführung, 2016, S. 309 ff.

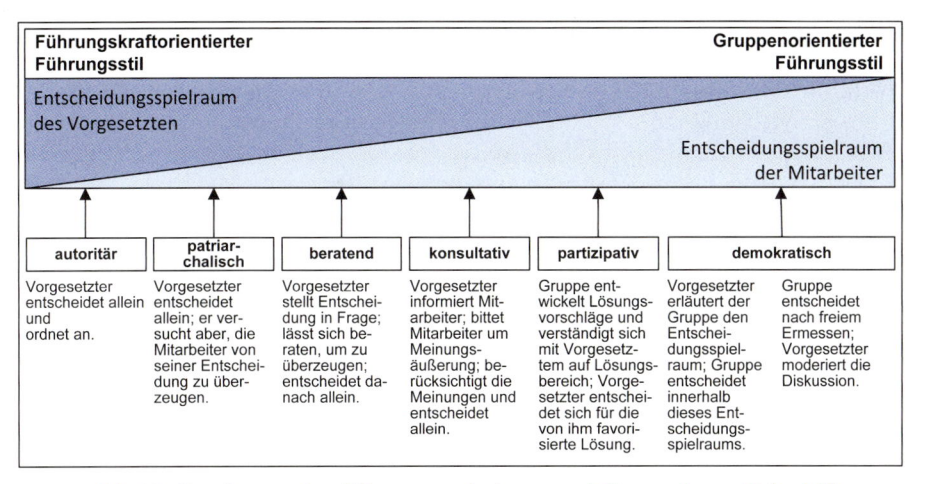

Führungskraftorientierter Führungsstil							Gruppenorientierter Führungsstil
Entscheidungsspielraum des Vorgesetzten							Entscheidungsspielraum der Mitarbeiter
autoritär	patriar-chalisch	beratend	konsultativ	partizipativ		demokratisch	
Vorgesetzter entscheidet allein und ordnet an.	Vorgesetzter entscheidet allein; er versucht aber, die Mitarbeiter von seiner Entscheidung zu überzeugen.	Vorgesetzter stellt Entscheidung in Frage; lässt sich beraten, um zu überzeugen; entscheidet danach allein.	Vorgesetzter informiert Mitarbeiter; bittet Mitarbeiter um Meinungsäußerung; berücksichtigt die Meinungen und entscheidet allein.	Gruppe entwickelt Lösungsvorschläge und verständigt sich mit Vorgesetztem auf Lösungsbereich; Vorgesetzter entscheidet sich für die von ihm favorisierte Lösung.	Vorgesetzter erläutert der Gruppe den Entscheidungsspielraum; Gruppe entscheidet innerhalb dieses Entscheidungsspielraums.	Gruppe entscheidet nach freiem Ermessen; Vorgesetzter moderiert die Diskussion.	

Abb. 98: Kontinuum des Führungsverhaltens nach Tannenbaum/Schmidt[1]

Eine Aussage zum „richtigen" Führungsstil ist nicht möglich, weil die Wahl des Führungsstils abhängig ist von

(1) objektiven Gegebenheiten
- Art der zu lösenden Aufgabe
- Organisationsstruktur des Unternehmens[2]

(2) subjektiven Gegebenheiten
- Temperament und Charaktereigenschaften des Vorgesetzten
- Mitarbeitertypen
- Fähigkeit der Mitarbeiter, Aufgaben unter Beachtung des Unternehmensziels eigenständig auszuführen.

Vorgesetzte sollten die jeweiligen Führungsumstände erkennen und den Führungsstil praktizieren, der den persönlichen Verhältnissen und den Unternehmensstrukturen am ehesten gerecht wird (**situativer Ansatz**).

5.4 Personalwirtschaftliche Grundsätze

Im Hinblick auf den **Personalbereich eines Unternehmens** sollte man sich an folgenden **Leitlinien** orientieren:

(1) Der personalwirtschaftliche Handlungsrahmen ist durch die gesetzlichen Vorschriften und den Fachkräftemangel erheblich eingeschränkt.
(2) Im Sinne langfristiger Gewinnmaximierung liefert das Modell der Humankapitalwertermittlung wertvolle Hinweise.
(3) Die Einstellung eines Mitarbeiters lohnt sich nur, wenn der Personalaufwand (PA) kleiner ist als der zu erwartende Personalertrag (PE).

---

[1] Vgl. Tannenbaum/Schmidt, How to Choose a Leadership Pattern, in: Havard Business Review, 1958, S. 95–101.
[2] Von Bedeutung sind dabei die Anzahl der Hierarchieebenen und die Größe der Leitungsspanne, vgl. S. 105 f.

(4) Unrentable Arbeitsplätze (PA > PE) werden durch verstärkte Mechanisierung bzw. durch Verlagerung in Niedriglohnländer abgebaut.
(5) Tariflöhne stellen Mindestlöhne dar; maßgebliche Orientierungsgröße für das Arbeitsentgelt (und somit für PA) ist das Lohnniveau am regionalen Arbeitsmarkt.
(6) Je knapper das Angebot an hochqualifizierten Fachkräften ist, umso mehr liegt das tatsächlich zu zahlende Arbeitsentgelt über dem Tariflohn.
(7) Prämien und Zulagen (Δ PA) sollten das Arbeitsergebnis verbessern (Δ PE). Beachte: Δ PE > Δ PA.
(8) Hochqualifizierten Fachkräften, den Leistungsträgern, sollte mit „Bleibeprämien" ein Anreiz zu langfristiger Betriebszugehörigkeit gegeben werden.

6. Kontrolle

6.1 Kontrolle als Teilgebiet der Unternehmensführung

Der Betrieb ist eine planvoll organisierte Wirtschaftseinheit. Die betriebliche **Planung** hat die Aufgabe, Handlungsalternativen zu konzipieren, die zu einem höheren Zielerreichungsniveau – im marktwirtschaftlichen Wettbewerb zu einem höheren Gewinnniveau bzw. zu einem höheren Shareholder Value – führen. Die **Unsicherheit**, d. h. mangelndes Wissen über künftige Entwicklungen, lässt offen, ob die angepeilten Zielmarken erreicht werden können.

> **Kontrollen** haben den Zweck, unternehmerisches Handeln zu überwachen und Hindernisse auf dem Weg zur Erreichung der Unternehmensziele ausfindig zu machen.

Ist die Entscheidung für eine Alternative gefallen, gelangt man auf der nächsten Stufe des Managementprozesses in die **Ausführungsphase**. Die Ausführung von Plänen setzt menschliches Handeln voraus. Die **Unzulänglichkeit** menschlichen Handelns ist eine Begleiterscheinung organisatorischer und personalwirtschaftlicher Strukturen und Prozesse. Die

- Unsicherheit über die Zukunft
- Unzulänglichkeit menschlichen Handelns

sind also die Stolpersteine auf dem Weg zur Erreichung unternehmerischer Ziele.

Spätestens am Ende der Ausführungsphase sollte festgestellt werden, wie hoch das tatsächliche Ergebnis (Gewinn/Verlust) aus der Realisierung der Handlungsalternative ist. Im Rahmen eines **Soll-Ist-Vergleichs** wird das geplante Ergebnis (Sollwert) mit dem tatsächlich erwirtschafteten Ergebnis (Istwert) verglichen. Wesentliche Differenzen zwischen Soll- und Istwerten werden im Rahmen der Abweichungsanalyse untersucht.

> Im Rahmen der **Abweichungsanalyse** (Soll-Ist-Vergleich) versucht man, die Ursachen für (negative) Planabweichungen festzustellen.

Die Abweichungsanalyse kann beispielsweise zeigen, dass Fehler gemacht wurden bei der

(1) Zielbildung (z. B. war das angestrebte Subziel mit dem unternehmerischen Oberziel nicht kompatibel).
(2) Planung (z. B. hat die Unternehmensleitung Reaktionen von Nachfragern oder Konkurrenten falsch eingeschätzt).
(3) Ausführung (Fehler im Bereich der Organisation – z. B. Vertragsverletzung durch nichteingehaltene Lieferfristen –; Fehler im Bereich unzureichender Mitarbeiterleistung).
(4) Kontrolle (z. B. Versagen der Kontrollmechanismen zur Qualitätssicherung oder zur Sicherung korrekten Mitarbeiterverhaltens).

Die bei der Abweichungsanalyse gewonnenen Erkenntnisse können insofern im Wege der Rückkopplung zur Verbesserung künftiger Unternehmensführung genutzt werden (**Abb. 99**).

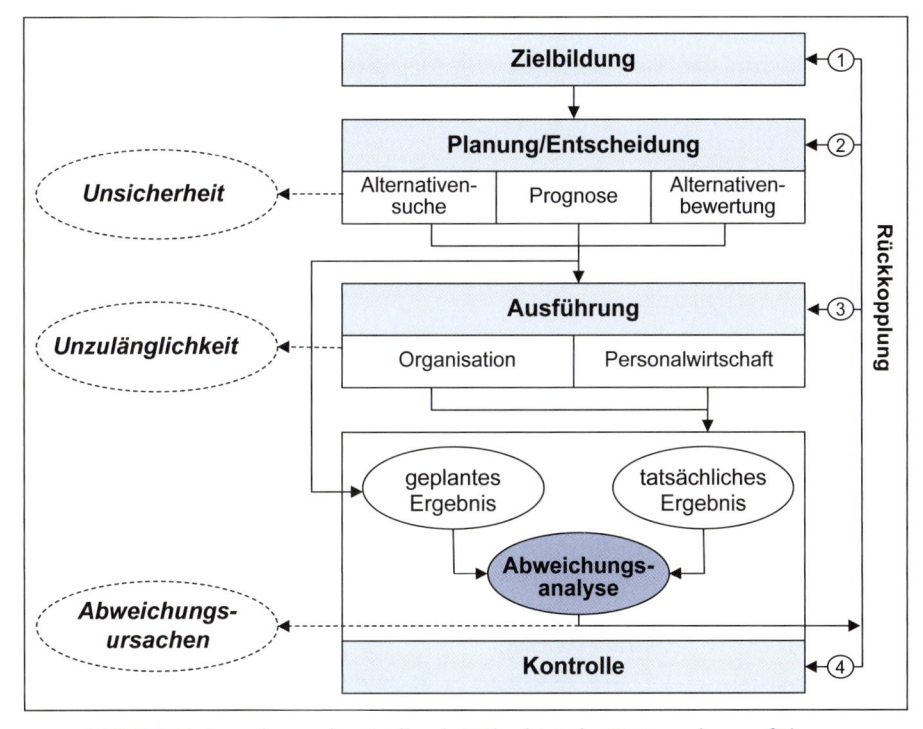

Abb. 99: Unternehmenskontrolle als Teilgebiet der Unternehmensführung

Mit der Analyse der Abweichungsursachen ist die Arbeit der Kontrollinstanzen beendet. Das **Controlling** hat die Aufgabe, diese Kontrollinformationen auszuwerten und **Vorschläge zum Gegensteuern** in den betroffenen Teilbereichen des Führungssystems zu unterbreiten. Merke: **Controlling ist mehr als nur Kontrolle**.

6.2 Arten und Aufgaben der Unternehmenskontrolle

Im Zuge der Unternehmensplanung entwirft das Management ein Konzept künftigen Handelns. Auf diese Art will man zu einem höheren Zielerreichungsgrad gelangen.

In der Unternehmenspraxis scheitert – wie oben dargestellt – die vollständige Planrealisierung an der Unvorhersehbarkeit der Zukunft und an der Unzulänglichkeit menschlicher Disposition und Ausführung. Von der Unternehmenskontrolle werden Informationen darüber erwartet,

- in welchem Umfang
- aus welchen Gründen

die geplanten Zielmarken nicht erreicht wurden. Dieses Kontrollkonzept bezeichnet man als Soll-Ist-Vergleich mit Abweichungsanalyse. Die Kontrollinstanzen beschränken sich auf die Informationsbereitstellung. Der Unternehmensleitung – unterstützt durch die Controlling-Abteilung – bleibt die Entscheidung vorbehalten, welche Konsequenzen aus den Kontrollinformationen zu ziehen sind. Im Folgenden sollen

(a) der Personenbezug der Kontrolle
(b) die Funktionen der Kontrolle
(c) die Gegenstände der Kontrolle
(d) der Zeitbezug der Kontrolle

kurz erläutert[1] werden.

(a) Beim **Personenbezug** geht es um die Frage, welche Person überwachungsberechtigt ist und wie diese Person in die betriebliche Organisationsstruktur eingebunden ist. Außerdem ist zwischen

- prozessunabhängigen
- prozessabhängigen

Kontrollpersonen zu unterscheiden.

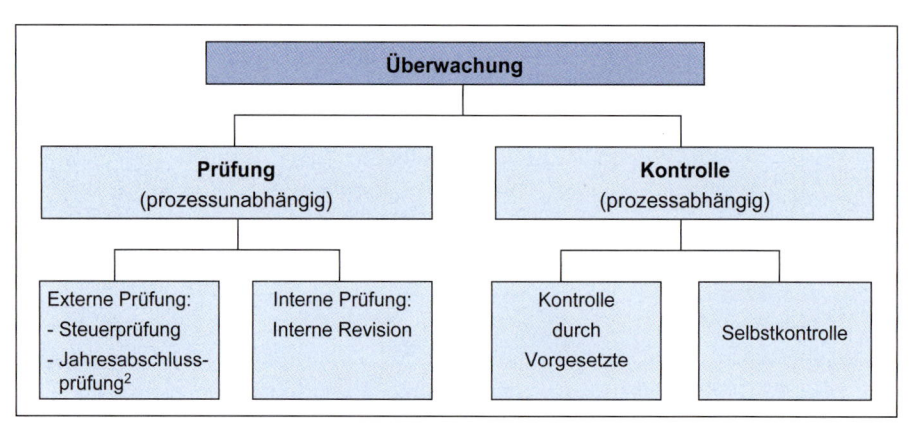

Abb. 100: Überwachung, Prüfung, Kontrolle

Prozessunabhängige Personen bezeichnet man als **Prüfer**. Sie stehen in keinerlei Verbindung zu den zu prüfenden Sachverhalten. Die prozessunabhängigen Prüfer können

- externe Prüfer (z. B. Wirtschaftsprüfer oder sog. Betriebsprüfer des Finanzamtes)
- interne Prüfer (Mitarbeiter der Internen Revision)

---

[1] Zur Vertiefung vgl. Küpper, H.-U. et al., Controlling, 2013, S. 253 ff.; Weber/Schäffer, Controlling, 2014, S. 256 ff.
[2] Vgl. S. 750 ff.

sein. Die **Interne Revision** ist eine unternehmensinterne Stabsabteilung. Die dort beschäftigten Mitarbeiter haben – bei weitgehender organisatorischer Unabhängigkeit – den Auftrag, die Ordnungsmäßigkeit und auch die Wirtschaftlichkeit betrieblichen Handelns zu überwachen. Zur Internen Revision gehört das

- **Financial Auditing** (interne Überwachung des Finanz- und Rechnungswesens)
- **Operational Auditing** (Prüfung der Organisation, der Kommunikations- und Informationssysteme)
- **Management Auditing** (Prüfung der Managementleistung im Hinblick auf die Zielvorgaben)
- **Compliance Auditing** (Prüfung der Einhaltung umwelt-, sicherheitsspezifischer und anderer Normen).

Im Gegensatz zu Prüfern sind **Kontrolleure** am Zustandekommen der zu prüfenden Sachverhalte mittelbar als Vorgesetzte oder unmittelbar (im Falle der Selbstkontrolle) beteiligt.

(b) Vielfältige **Funktionen** lassen sich der Kontrolle und Prüfung zuordnen:

Funktion	Inhalt
Dokumentation	Sammlung und Speicherung von Kontrollinformationen zur späteren Prüfungsmöglichkeit (z.B. im Rahmen der steuerlichen Außenprüfung oder der Jahresabschlussprüfung).
Disziplinierung	Schon das Wissen um die Möglichkeit von Kontrollen veranlasst die Kontrollierbaren (z.B. potentielle Ladendiebe) zu regelgerechtem Verhalten.
Entscheidungsgrundlagen	Die Feststellung negativer Planabweichungen gibt dem Management die Möglichkeit zum Gegensteuern oder zu disziplinarischen Maßnahmen.
Sammeln von Erfahrungen	Plankalkulationen basieren auf Erfahrungswissen. Erfahrungswissen gewinnt man durch Nachkalkulationen (= Feststellung von Istwerten).
Entlohnung	Gute (schlechte) Mitarbeiterleistungen werden prämiert (sanktioniert). Leistungskontrollen liefern die Grundlage zur Entlohnung.

Abb. 101: Kontrollfunktionen

(c) Kontrollgegenstände können Ergebnisse, Verfahren und Verhalten sein.

- Die **Ergebniskontrolle** ist die gängigste Kontrollart. Im Wege des Soll-Ist-Vergleichs wird das Planergebnis (Soll) mit dem tatsächlich erreichten Ergebnis (Ist) verglichen. Beispielhafte Fragestellung: Haben die einzelnen Unternehmenssparten ihr Umsatz- bzw. ihr Gewinnziel erreicht?
- Die **Verfahrenskontrolle** überwacht betriebliche Verfahren in verschiedenen Funktionsbereichen. Beispielhafte Fragestellung: Wie wirksam sind die betrieblichen Verfahrensvorschriften zur Qualitätssicherung, zur Vermeidung von Unfällen, zur Sicherung pünktlichen Zahlungseingangs usw.?
- Die **Verhaltenskontrolle** hat das Mitarbeiterverhalten zum Gegenstand. Während in Produktionsbetrieben die Mitarbeiterleistung quantitativ, d.h. durch Ergebniskon-

trolle, gemessen werden kann, verlagert sich in Dienstleistungsbetrieben (z. B. Hotels) die Personalkontrolle auf das Mitarbeiterverhalten. Beispielhafte Fragestellung: Waren Sie als Hotelgast mit der Leistung der Rezeption und des Bedienungspersonals zufrieden?

(d) Beim **Zeitbezug der Kontrolle** geht es um die Frage, ob die zu beurteilende Größe – beim Soll-Ist-Vergleich ist das der Istwert – ein realisierter Wert ist oder ob es sich um eine noch nicht realisierte Größe handelt. Nur wenn der zu kontrollierende Vorgang noch nicht abgeschlossen ist, hat die Unternehmensleitung die Möglichkeit zum Gegensteuern.

	Normwert		Vergleichswert	Kontrollart
(1)	Soll	-	Ist	Realisationskontrolle
(2)	Ist	-	Ist	Betriebs- oder Zeitreihenvergleich
(3)	Wird	-	Ist	Prämissenkontrolle
(4)	Soll	-	Soll	Zielkontrolle
(5)	Soll	-	Wird	Fortschrittskontrolle

Abb. 102: Kontrollarten

Ist der Vergleichswert, also die zu kontrollierende Größe, ein Istwert wie in den Fällen (1) bis (3) der **Abb. 102**, ist ein Gegensteuern beim kontrollierten Vorgang nicht mehr möglich. Trotzdem ist die Kontrolle sinnvoll, weil sie Hinweise liefert, wie Planungsfehler und Unwirtschaftlichkeiten in Zukunft vermieden werden können.

(1) Realisationskontrolle

Im klassischen Soll-Ist-Vergleich wird festgestellt, ob die Planvorgaben (z. B. die in der Vorkalkulation ermittelten Plankosten) über- oder unterschritten wurden. Negative Abweichungen sind im konkreten Einzelfall nicht mehr zu ändern. Die verantwortlichen Mitarbeiter müssen die Kostenüberschreitung rechtfertigen. Künftige Unwirtschaftlichkeiten sollen auf diese Art und Weise vermieden werden.

(2) Betriebs- oder Zeitreihenvergleich

Beim Betriebsvergleich vergleicht man den betriebseigenen Istwert (z. B. Umsatzveränderung des vergangenen Jahres) mit dem korrespondierenden Istwert eines Vergleichsbetriebes oder der Branche. Beim Zeitreihenvergleich vergleicht man den Istwert (z. B. Umsatz) der abgelaufenen Periode mit der Umsatzentwicklung der Vorjahre.

(3) Prämissenkontrolle

Planung beruht auf Prämissen. So kann die Entscheidung zur Produktionsverlagerung ins Ausland von der Prämisse ausgehen, dass das Lohnniveau im Ausland langfristig unterhalb des inländischen Lohnniveaus liegen wird. Zeigt sich bei der Prämissenkontrolle, dass der aktuelle Istwert, d. h. der gegenwärtige Lohnkostenvorteil des ausländischen Standorts (gegenüber dem Inland), zurzeit noch 10 Prozent beträgt, dass aber binnen fünf Jahren als Wirdwert ein Lohnkostennachteil von 8 Prozent erwartet wird, sind die Prämissen der Standortverlagerung bald nicht mehr erfüllt. Weitere Investitionen in den ausländischen Standort sollten dann unterbleiben.

(4) Zielkontrolle

Unternehmerische Planung orientiert sich an Zielen (Sollwerten). So plant etwa ein Automobilunternehmen für die kommende Dekade ein Umsatzwachstum von 5 Prozent pro Jahr. Durch exogene Faktoren (Treibstoffpreise, Umweltschutz) kann es zu einem nachhaltigen Nachfragerückgang kommen. Die Umsatzziele (Sollwerte) müssen dann herabgesetzt werden.

(5) Fortschrittskontrolle

Anders als bei der Realisationskontrolle ist bei der Fortschrittskontrolle eine Plankorrektur (Gegensteuern) möglich, denn beim Soll-Wird-Vergleich werden zwei Zukunftswerte einander gegenübergestellt. Die zu kontrollierende Wirdgröße ist im Bedarfsfall korrigierbar. Die Fortschrittskontrolle findet bei langfristiger Fertigung, vor allem aber bei Forschungs- und Entwicklungsprojekten, Anwendung. So nimmt sich beispielsweise ein Pharmaunternehmen vor, binnen fünf Jahren (Sollwert) ein völlig neues Medikament zu entwickeln und auf den Markt zu bringen. Während des Entwicklungsprozesses wird in regelmäßigen Zeitabständen der aktuelle Entwicklungsstand analysiert. Dabei wird – unter Berücksichtigung der aktuellen Informationslage – der voraussichtliche Markteinführungstermin (Wirdwert) mit dem ursprünglich geplanten Termin (Sollwert) verglichen. Bei gravierenden Abweichungen beider Werte wird eine Anpassungsstrategie entwickelt.

7. Informationswirtschaft

7.1 Aufgaben der Informationswirtschaft

Eine Gruppe von Bergsteigern hat das Ziel, einen Berggipfel zu erreichen. Zur Reduzierung des Expeditionsrisikos beschafft sich der Bergführer Informationen über

- interne Sachverhalte
- externe Sachverhalte.

Intern informiert er sich über die technische Ausrüstung und das Leistungsvermögen der Gruppenmitglieder. Außerdem sammelt er Informationen über **externe**, d. h. nicht beeinflussbare Faktoren wie die Beschaffenheit des Geländes und die erwartete Wetterentwicklung.

Vor ähnlichen Aufgaben wie der Bergführer steht die Unternehmensleitung: Um ein **möglichst hohes Gewinnniveau** zu erreichen, benötigt sie **Informationen** über

- **Handlungsalternativen**
- **Umweltbedingungen**, die den Erfolg möglicher Entscheidungen beeinflussen
- den **Ablauf vergleichbarer Fälle** in der Vergangenheit
- das Verhältnis von **geplantem und realisiertem Zielerreichungsgrad** u. v. m.

Zielorientierte Unternehmensführung ist ohne zweckdienliche Informationen nicht möglich. Allerdings sind nicht alle Informationen für die Unternehmensführung von Nutzen. Zur Erfüllung ihrer Aufgabe benötigt sie nur jene Informationen, die Einfluss auf ihre unternehmerischen Entscheidungen haben. Informationen müssen also **entscheidungsrelevant** sein.

> Aufgabe der **Informationswirtschaft** ist es, allen am Betriebsprozess beteiligten Personen zweckdienliche Informationen zur bestmöglichen Zielerreichung zu liefern.

Die Informationswirtschaft wird von der Unternehmensleitung eingerichtet und hat als Querschnittfunktion die Aufgabe, den Managementprozess[1] zu unterstützen. Deshalb spricht man auch vom **Informationsmanagement**.

Unter **Wirtschaften** versteht man das Abwägen von Nutzen und Kosten. Im Zuge der Informationswirtschaft hat man

- den **Informationsnutzen** (besseres Unternehmensergebnis durch planvolles Handeln informierter Mitarbeiter)
- den **Informationskosten** (Kosten für die Beschaffung und Verarbeitung von Informationen)

gegenüberzustellen. Informationssuche lohnt sich, solange der Nutzen einer zusätzlichen Information größer ist als die Kosten ihrer Beschaffung, Speicherung und Verarbeitung. In der Praxis sind solche informationswirtschaftlichen Optimierungskalküle aber zum Scheitern verurteilt, weil sich Informationsnutzen und Informationskosten – wenn überhaupt – erst nach Realisierung des Kalkulationsobjekts bestimmen lassen.

Die **Aufgabe der Informationswirtschaft** lässt sich in einer Frage zusammenfassen:

- Welche Informationen sind zu
- welchem Zeitpunkt an
- welchem Ort in
- welcher Übermittlungsform für
- welchen Empfänger

bereitzustellen? Die Erfüllung der hieraus abzuleitenden Aufgaben erfolgt heutzutage weitgehend digitalisiert bzw. elektronisch. Die sich durch die Digitalisierung ergebenden Möglichkeiten führen von Veränderungen in den unternehmensinternen Abläufen bis hin zur Entwicklung neuer Geschäftsmodelle. Damit leistet die Informationswirtschaft ihren Beitrag zur Optimierung der Betriebsabläufe, zur besseren Identifikation und Befriedigung der Kundenbedürfnisse sowie auch zur Einbindung der Lieferanten und selbst der Kunden in die Prozesse.

7.2 Teilgebiete der Informationswirtschaft

Üblicherweise[2] wird die Informationswirtschaft in drei Teilbereiche eingeteilt (siehe **Abb. 103**). Der ausführlichen Erörterung dieser Bereiche wird die folgende Beschreibungsskizze vorangestellt:

(1) Informationswirtschaft aus dispositiver Sicht

Leitende Stellen haben vornehmlich Planungs- und Kontrollaufgaben. Hierzu benötigen sie Informationen. Bei der Erstellung eines **Informations- und Kommunikationskonzepts** (IuK-Konzepts) ist die Frage zu beantworten, welche Stellen innerhalb und auch außerhalb des Unternehmens welche Information zu welchem Zweck benötigen.

---

[1] Vgl. S. 47 ff.
[2] Vgl. Krcmar, H., Informationsmanagement, 2015, S. 107 ff.

(2) Informationswirtschaft aus organisatorischer Sicht

Unternehmen sind von der obersten Leitungsebene über die mittlere Führungsebene bis zur untersten Ausführungsebene hierarchisch aufgebaut. Hierbei hat die Informationswirtschaft drei Fragen zu beantworten:

- Wie ist die **vertikale Kommunikation** zwischen den verschiedenen Hierarchieebenen zu regeln?
- Wie ist der **horizontale Informationsfluss** zwischen den verschiedenen Funktionsbereichen oder Sparten (Divisionen) des Unternehmens zu organisieren?
- Wie sollen **Lieferanten und Abnehmer** in den Informationsfluss **integriert** werden?

Zur Beantwortung dieser Fragen werden Verfahrensregeln entwickelt, deren Gesamtheit als **Informations- und Kommunikationssystem** (IuK-System) bezeichnet wird.

(3) Informationswirtschaft aus technischer Sicht

Die betriebliche Informationsversorgung erfolgt heute weitgehend elektronisch. Die Informationsverarbeitungssysteme setzen damit eine technische Infrastruktur, d.h. die Verknüpfung von Software und Hardware, voraus. Um die Lösung der technischen Probleme bemüht sich die **Informations- und Kommunikationstechnologie** (IuK-Technologie).

---

(1) Informations- und Kommunikationskonzept
– Informationsbedarf, Informationsangebot, Informationsnachfrage –

(2) Informations- und Kommunikationssysteme
– Verfahren und Prozesse –

(3) Informations- und Kommunikationstechnologie
– Speicherung, Verarbeitung, Kommunikation –

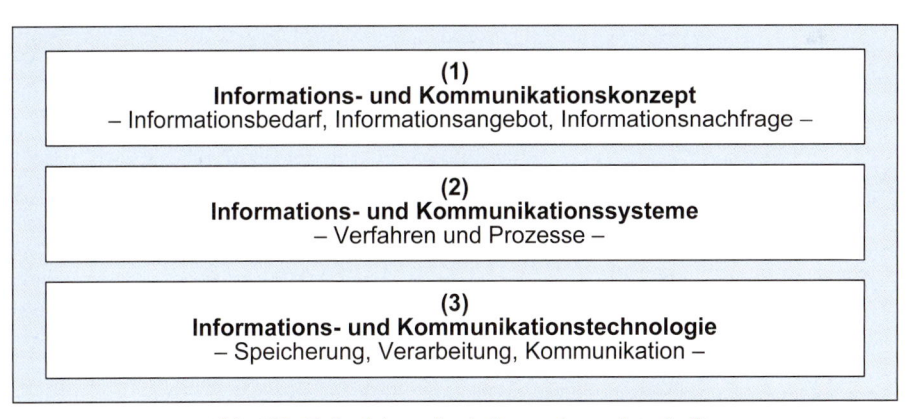

Abb. 103: Teilgebiete der Informationswirtschaft

Zwischen den drei Arbeitsebenen der Informationswirtschaft gibt es **inhaltliche Verknüpfungen**: Das IuK-Konzept legt die Anforderungen an das IuK-System fest. So gibt es vor, welche Informationen zu erfassen bzw. zu generieren sind und wann deren Bereitstellung an welcher Stelle zu erfolgen hat. Über das entsprechend modellierte IuK-System werden wiederum die Anforderungen an die technische Infrastruktur definiert. So benötigen unterschiedliche Datenmengen unterschiedliche Technologien; auch die Wahl der Software ist z. B. abhängig von den Informationsbedürfnissen und Informationsempfängern. In umgekehrter Richtung unterstützt jede Ebene die jeweils übergeordnete Ebene bei der Erfüllung ihrer Aufgaben, kann aber auch limitierend auf den Handlungsspielraum der übergeordneten Ebene wirken.

Im Folgenden werden die drei Arbeitsebenen der Informationswirtschaft detailliert vorgestellt. Dann werden die Nutzenpotentiale der Informationswirtschaft erläutert.

7.3 Informations- und Kommunikationskonzept

Das IuK-Konzept ist der gedankliche Entwurf eines Informationsprozesses, der die Versorgung einer informationsnachfragenden Stelle zum Ziel hat. **Abb. 104** gibt einen Überblick.

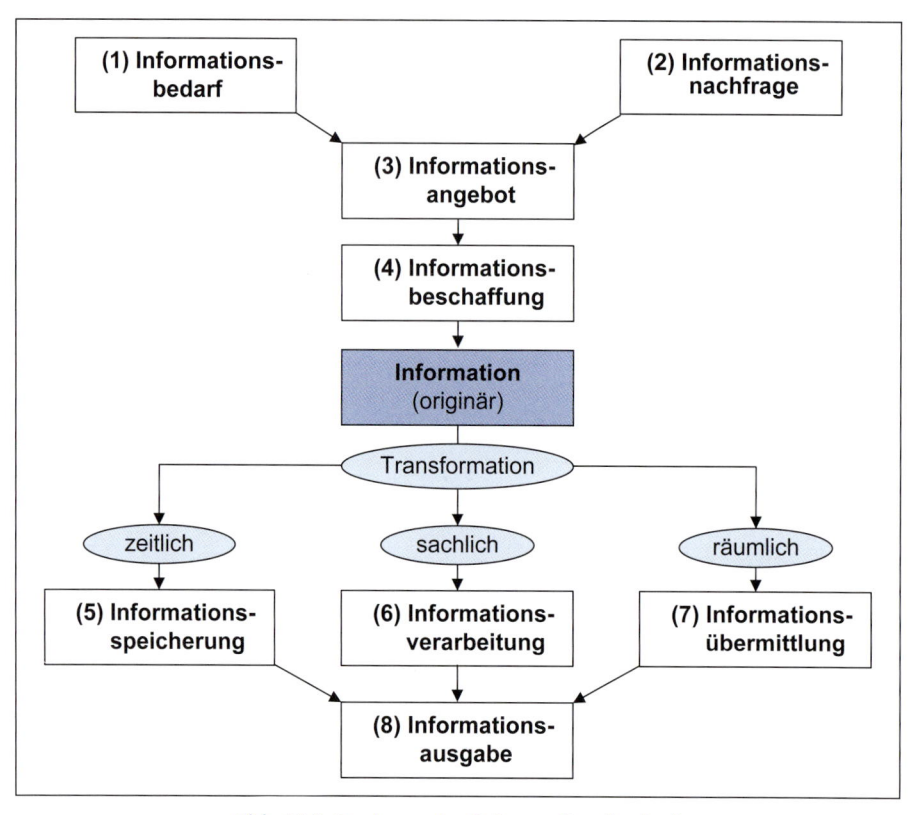

Abb. 104: Deckung des Informationsbedarfs

(1) Der **Informationsbedarf** ist aus dem zur Lösung anstehenden Entscheidungsproblem abzuleiten. Er kennzeichnet jene Informationsmenge und Informationsqualität, die **objektiv** benötigt wird, um für ein anstehendes Problem die **optimale Lösung** zu finden. Bei modellmäßiger Betrachtung ist die Informationsbeschaffung beendet, sobald die Kosten der Informationsbeschaffung höher werden als der Nutzen der Information. In der Praxis ist die exakte Ermittlung des Informationsbedarfs nach dieser ökonomischen Regel kaum realisierbar. Hier ist Erfahrung gefragt.

> **Beispiel:** Ein Rohstoffdisponent hat bei drei Lieferanten Beschaffungspreise abgefragt. Da diese kaum (stark) voneinander abweichen, wird er die Informationssuche beenden (fortsetzen).

Abb. 105 zeigt, dass ein weiterer Aspekt zu beachten ist:[1] Bei klar abgegrenzten Problemstellungen wie der Arbeitszeitkontrolle der Mitarbeiter ist die Bestimmung des Informationsbedarfs einfach. Bei der Planung von Forschungs- und Entwicklungsprojekten oder der Festlegung der Unternehmensstrategie ist das anders: Hierbei handelt es sich um schlecht strukturierte Problemkomplexe, die sich einer quantitativen Bewertung weitgehend entziehen. Hier entscheidet die Erfahrung und Intuition der Planungsinstanz, welcher Informationsbedarf gedeckt werden sollte.

Entscheidungsproblem	
gut strukturiert	**schlecht strukturiert**
Informationsbedarf ist objektivierbar	Informationsbedarf wird subjektiv festgestellt

Abb. 105: Ermittlung des Informationsbedarfs

(2) Die **Informationsnachfrage** entspricht dem vom jeweiligen Entscheidungsträger **subjektiv** nachgefragten und artikulierten Informationsumfang. Auf den ersten Blick sollte dieser mit dem Informationsbedarf identisch sein. Dennoch gibt es zahlreiche Gründe, die zu einer Abweichung führen können. So kann der Fall eintreten, dass ein Entscheidungsträger seinen Informationsbedarf unterschätzt, weil er ein ähnliches Problem bereits in der Vergangenheit bewältigt hat und nun die Informationssuche anhand einer selbst gebildeten Heuristik verkürzt. Ein weiterer Abweichungsgrund wäre eine stark ausgeprägte Risikoaversion des Entscheidungsträgers, so dass er mehr Informationen nachfragt als aus wirtschaftlicher Sicht sinnvoll erscheint.

(3) Das **Informationsangebot** sollte sich soweit wie möglich mit der **bedarfsgerechten Informationsnachfrage decken**. Ist das Informationsangebot zu groß, entstehen überflüssige Kosten, ist es zu klein, werden unsachgemäße Entscheidungen getroffen. In beiden Fällen wird das angestrebte Gewinnmaximum verfehlt.

(4) Die **Informationsbeschaffung** erfolgt über verschiedene **Informationsquellen**:
- **organisationsinterne** (z. B. Rechnungswesen, Informationen von Mitarbeitern)
- **organisationsexterne** (z. B. Kunden, Lieferanten, amtliche Statistiken, veröffentlichte Wirtschaftsprognosen, Unternehmensberater).

Durch die ständige Weiterentwicklung der IuK-Technologien sind die Möglichkeiten der organisationsexternen und der unternehmensinternen Informationsgenerierung[2] bei gleichzeitig sinkenden Kosten erheblich gestiegen.

> **Beispiel:** Die Beschaffung des Geschäftsberichts eines Wettbewerbers war früher mit dem physischen Transport desselben verbunden. Heute lässt sich dieser im Internet mit geringem Zeitaufwand finden und entgeltfrei abrufen.

Angesichts der gestiegenen Quantität der verfügbaren Daten, in diesem Zusammenhang wird auch von **Informationsflut** gesprochen, entsteht ein Selektionsproblem. Gleichwohl stellt häufig die **Verfügbarkeit von Informationen** ein Problem dar. In-

---

[1] Vgl. Reichwald, R., Informationsmanagement, in: Bitz, M. et al. (Hrsg.), Betriebswirtschaftslehre 5, 2005, S. 266 f.

[2] Vgl. die Ausführungen zum sog. Data-Warehouse S. 166 f.

formationsquellen können unbekannt, unseriös oder nicht zugänglich sein. So liegen i. d. R. keine bestätigten Informationen über mögliche Handlungen der Konkurrenz vor bzw. diese Informationen werden erst verfügbar, wenn der Wettbewerber bereits eine Handlung eingeleitet hat.

(5) Durch **Informationsspeicherung** werden zeitliche Differenzen zwischen der Informationsbeschaffung und der Informationsnutzung überbrückt. Der Einsatz eines Speichermediums (menschliches Gehirn, Festplatte, USB-Stick) ermöglicht die **zeitliche Transformation** von Daten. Eine Speicherung von Informationen wird immer dann notwendig, wenn

- Informationsanfall und Informationsnutzung zeitlich auseinanderfallen
- Informationen mehrfach Verwendung finden.

Im ersten Fall gewährleistet die Speicherung die rechtzeitige Verfügbarkeit der Information. Im zweiten Fall vermeidet sie Kosten durch die wiederholte Erfassung derselben Information. Zu berücksichtigen ist allerdings, dass auch Informationen der Alterung unterliegen, wie dies z. B. bei Adressdaten der Fall ist. Vor der Verwendung gespeicherter Informationen ist also deren Aktualität zu prüfen.

(6) Die **Informationsverarbeitung** schlägt die Brücke zwischen Informationsangebot und bedarfsgerechter Informationsnachfrage im Sinne einer **sachlichen Transformation**. Zu beachten ist, dass die Aussagekraft mangel- oder fehlerhafter Ausgangsinformationen durch eine noch so anspruchsvolle Informationsverarbeitung nicht erhöht werden kann.

> Die **Informationsverarbeitung** hat die Aufgabe, originäre Informationen durch Verdichtung, Eliminierung bzw. Gestaltung in problemlösungsadäquate Größen zu transformieren.

> **Beispiel:** Die verfügbare Information „Höhe des Jahresumsatzes" muss für Zwecke der Mitarbeiterbesoldung (Umsatz/Außendienstvertreter) anders aufbereitet werden als für Zwecke des aktiven Kundenmanagements (Umsatz/Kunde).

(7) Die **Informationsübermittlung** übernimmt die Aufgabe der **räumlichen Transformation**, denn i. d. R. fallen Informationen nicht dort an, wo sie benötigt werden. Durch allgemeine organisatorische Regelungen muss eine

- zeitgerechte
- kostengünstige
- unverfälschte

Informationsübermittlung an die Informationsnachfrager sichergestellt werden.

(8) Die **Informationsausgabe** ist letztlich nur der formale Akt der Informationsbereitstellung. Von Bedeutung ist hier vor allem die verständliche und benutzerfreundliche Präsentation der Information.

Abschließend ist auf die einzel- und gesamtwirtschaftliche Bedeutung elektronischer IuK-Konzepte hinzuweisen. Die meisten Unternehmen sehen sich einem ständig steigenden Wettbewerbsdruck ausgesetzt. Die praktischen Wettbewerbsbedingungen nähern sich immer stärker an die modellmäßigen Bedingungen eines **vollkommenen Marktes**[1] an. Diese Entwicklung ist hauptsächlich auf die verschiedenen Formen digi-

---

[1] Zum Modell des vollkommenen Marktes vgl. S. 410.

taler Informationsübermittlung zurückzuführen. Durch ständige Verbesserung ihrer IT-Systeme bewirken einzelne Unternehmen zweierlei:

(a) Einzelwirtschaftlich können sie durch verbesserte Information einen (vorübergehenden) **Wettbewerbsvorsprung** erreichen.

(b) Gesamtwirtschaftlich bewirken sie das, was sie gerade nicht wollen: eine **Verschärfung des Wettbewerbs**. Denn durch umfassende Informationsverfügbarkeit kommt es zu verbesserter Markttransparenz und durch schnelle Informationsverfügbarkeit zur beschleunigten Reaktion aller Marktteilnehmer auf veränderte Marktdaten.

Das IuK-Konzept soll so ausgelegt werden, dass Informationen zu verschiedenartigen Problemlösungen

- sachgerecht aufbereitet
- vollständig, verlässlich und genau
- am rechten Ort
- zur rechten Zeit

verfügbar sind. Die organisatorische Umsetzung des IuK-Konzepts erfolgt durch das IuK-System, das im Folgenden vorgestellt wird. (ÜB 2/42–43)

7.4 Informations- und Kommunikationssysteme

7.4.1 Informationswirtschaft und Organisationsstruktur

Alle Organisationsmitglieder benötigen Informationen:
- **Leitungsstellen** zur Planung und Kontrolle
- **Ausführende Stellen** als Anweisung zur ordnungsgemäßen Verrichtung.

Bei IuK-Systemen unterscheidet man deshalb zwischen analytischen und operativen Systemen (vgl. **Abb. 106**):[1]

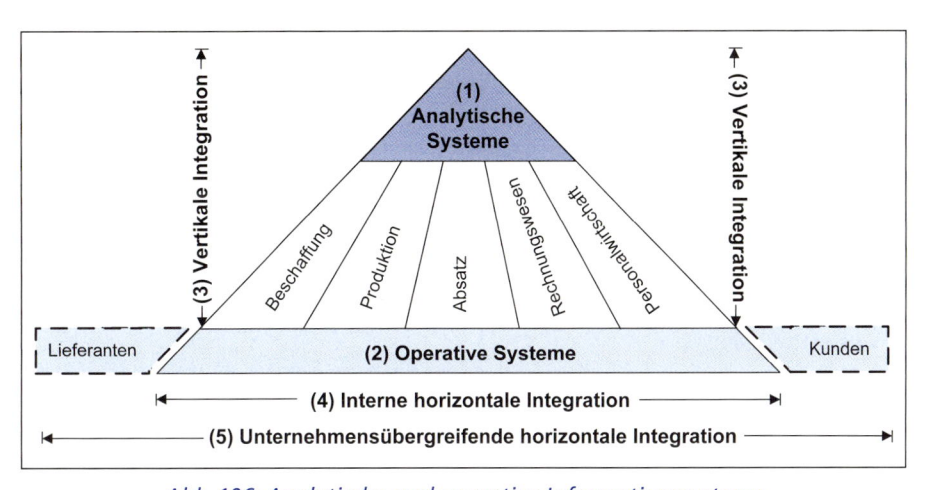

Abb. 106: Analytische und operative Informationssysteme

---

[1] Vgl. Scheer, A.-W., Wirtschaftsinformatik, 1997, S. 4 ff.

(1) **Analytische Systeme** sollen der obersten und der mittleren Führungsebene die notwendigen Informationen für Führungsentscheidungen liefern.

(2) **Operative Systeme** haben die Aufgabe, die untere Führungsebene und Mitarbeiter der Ausführungsebene von Routinetätigkeiten zu entlasten bzw. bei ihren Tätigkeiten zu unterstützen.

(3) Im Zuge **vertikaler Integration** wird der Informationsfluss von der Unternehmensspitze zur Basis und von der Basis zur Spitze koordiniert, was z. B. im Gegenstromverfahren erfolgen kann.[1]

(4) Durch **unternehmensinterne horizontale Integration** werden die Informationssysteme der einzelnen Funktionsbereiche oder Sparten (Divisionen) miteinander verknüpft.

(5) Zu einer **unternehmensübergreifenden horizontalen Integration** gelangt man durch Einbeziehung externer Akteure, insb. der Lieferanten und Kunden, in den horizontalen Datenaustausch.[2] (**ÜB 2/44**)

7.4.2 Operative Informationssysteme – Horizontale Integration

7.4.2.1 Einzelsysteme

Das operative Geschäft eines Produktionsbetriebes besteht aus den **Funktionsbereichen** → **Abb. 106** Beschaffung, Produktion, Absatz, Personaleinsatz usw. (z. B. Lagerhaltung, Materialprüfung, Logistik, Zahlungsverkehr). Zur Steuerung des operativen Geschäfts in diesen Funktionsbereichen benötigt man Informationen (z. B. über Auftragseingänge, Lagerbestände und Geldabgänge).

> **Operative Informationssysteme** liefern die Daten zur Steuerung und Kontrolle programmierbarer Entscheidungen im jeweiligen Funktionsbereich.

Im **Wertschöpfungsprozess**, d. h. bei fortschreitender Leistungserstellung und -verwertung, fallen wirtschaftlich relevante Daten (z. B. Produktionsmengen, Verkaufspreise, Forderungsausfälle) an, die gespeichert werden, weil sie für Kontrollzwecke sowie für die Planung in den Folgeperioden benötigt werden.

Wichtige **operative IuK-Einzelsysteme** sind

- Produktionsplanungs- und -steuerungssystem (PPS)[3]
- Warenwirtschaftssystem
- Einkauf und Bestellwesen
- Verkauf und Auftragswesen
- Rechnungswesen
- Personalwirtschaft.

Zur **Steuerung der Prozesse** in diesen operativen Bereichen gibt es kommerzielle **Standardsoftware**. Für verschiedene Wirtschaftszweige (z. B. Banken oder Versicherungen) wird darüber hinaus branchenspezifische Software[4] angeboten.

---

[1] Vgl. S. 77 f.
[2] Zu Einzelheiten vgl. S. 164 f.
[3] Vgl. S. 345 ff.
[4] Vgl. Stahlknecht/Hasenkamp, Wirtschaftsinformatik, 2005, S. 352 ff.; Mertens, P. et al., Wirtschaftsinformatik, 2012, S. 137 ff.

7.4.2.2 Unternehmensinterne horizontale Integration

Die eigentliche **Herausforderung** der Informationswirtschaft stellt nicht die Entwicklung und der Einsatz von Einzelsystemen, sondern die **Entwicklung integrierter Systeme** dar, welche die Funktionen verschiedener Einzelsysteme zusammenfassen. Als Bezeichnung für (unternehmensinterne) integrierte Systeme, die (im Optimalfall) alle operativen Prozesse unterstützen, hat sich der Begriff „Enterprise Resource Planning System" (ERP-System) durchgesetzt.

> Als **Enterprise Resource Planning** (ERP) bezeichnet man bereichsübergreifende Softwarelösungen, welche die operativen Prozesse steuern und auswerten.

Da diese Integration alle Unternehmensbereiche einbeziehen sollte, werden ERP-Systeme i. d. R. unternehmensweit eingesetzt. Um ein so komplexes Programm nutzen und administrieren zu können, besteht es aus **Modulen**, die jeweils die Tätigkeiten einzelner Bereiche unterstützen (z. B. Modul „Vertrieb", Modul „Lagerhaltung").

Die Module sind zwar in sich abgeschlossen, jedoch untereinander verknüpft. So tauschen sie notwendige Informationen mit bzw. lösen Aktionen in anderen Modulen aus. Die Verknüpfungen der Module ermöglichen manuelle oder bestenfalls automatische **Schnittstellen**. Das Beispiel einer Auftragsbearbeitung in einem produzierenden Unternehmen ist sehr anschaulich, um die Verknüpfung von Modulen eines ERP-Systems zu verdeutlichen (vgl. **Abb. 107**).

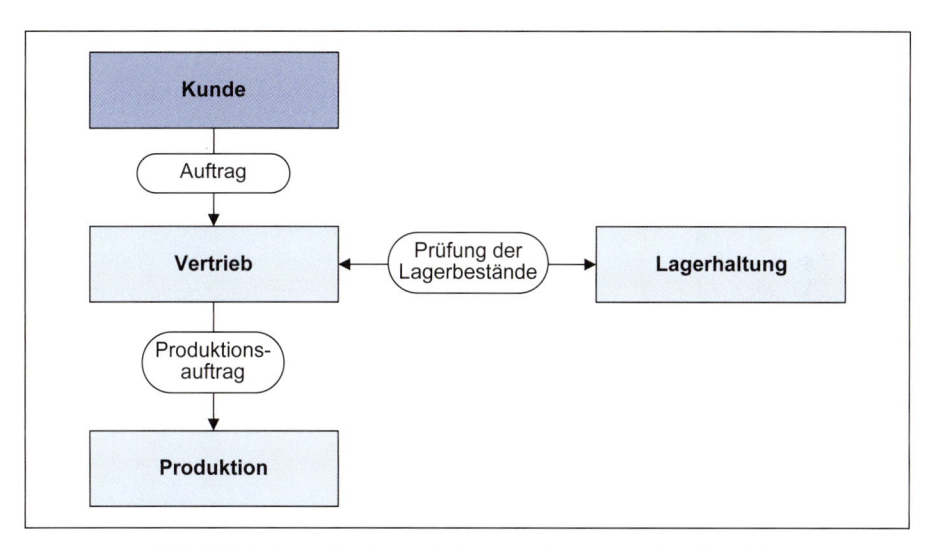

Abb. 107: Interne horizontale Integration operativer Bereiche

> **Beispiel:** Wenn ein Auftrag in der Vertriebsabteilung eingeht, wird er in das ERP-System (Modul „Vertrieb") eingegeben. Das System prüft dann anhand der Lagerbestände (Modul „Lagerhaltung"), ob die bestellte Menge des Produkts noch vorrätig ist. Ist das nicht der Fall, wird ein Produktionsauftrag (im Modul „Produktion") erteilt.

Zur Erledigung ihrer Aufgaben müssen ERP-Systeme eine Vielzahl von Daten speichern und verwalten. Die einzelnen Programmmodule zu „Beschaffung", „Lagerhaltung", „Produktion", „Vertrieb", „Zahlungsverkehr" usw. stützen sich auf

- **einmalig benötigte Daten** (z. B. Liefertermin, Auftragsvolumen, Zahlungstermin)
- **wiederholt benötigte Daten** (z. B. Kunden- und Lieferantennummer, Stücklisten).

Nach dem **ökonomischen Prinzip** sollte die Datenverwaltung so organisiert werden, dass der **Zugriff schnell und kostengünstig** möglich ist. Zu diesem Zweck werden Daten, die wiederholt benötigt werden, in eine **Stammdatei** eingestellt.

> **Beispiel:** Als Stammdaten gelten „Kundennummer" und „Kundenanschrift". Dies ermöglicht den Modulen „Auftragseingang", „Vertrieb" und „Zahlungsverkehr" einen einfachen Zugriff auf die diesbezüglichen Informationen.

Gegenüber Einzelsystemen haben ERP-Systeme mehrere **Vorteile**: Vor allem ermöglichen sie eine Gesamtsicht auf das Unternehmen, die mit Einzelsystemen nicht möglich ist. So können z. B. Einsparpotentiale erkannt werden. Ein anderer Vorteil ergibt sich durch die automatische Verknüpfung der Module. Prozesse können dadurch **sicherer, schneller und** somit **effizienter** ausgeführt werden, weil jeder legitimierte Bereich im Unternehmen auf relevante Informationen anderer Bereiche zugreifen kann.

Ein weiterer Vorteil von ERP-Systemen gegenüber Einzelsystemen ist der geringere Administrations- und Wartungsaufwand, denn statt einer Vielzahl von Systemen mit unterschiedlichen (technischen) Arbeitsweisen muss nur noch ein einzelnes System betrieben werden. Schließlich sind ERP-Systeme sehr **benutzerfreundlich**, weil ein Mitarbeiter während seiner Arbeit nicht laufend zwischen verschiedenen Programmen wechseln muss. Die Effizienz der Prozesse erhöht sich dadurch.

7.4.2.3 Unternehmensübergreifende horizontale Integration

Wir leben in einer Informationsgesellschaft. Eine moderne Informationswirtschaft endet deshalb nicht an Unternehmensgrenzen. Die fortschreitende Entwicklung der Informationstechnologien (Digitalisierung) ermöglicht nicht nur das Speichern von größeren Datenvolumina und einen schnelleren Zugriff auf die Informationen, sondern auch einen **wechselseitigen Informationsaustausch über Unternehmensgrenzen hinweg**. Wie in **Abb. 106** dargestellt, können

- **Lieferanten**
- **Abnehmer (Kunden)**

in den Informationsaustausch auf der operativen Ebene einbezogen werden.

Durch einen entsprechenden standardisierten Informationsaustausch mit der **Abnehmerseite** können

- **Kundenwünsche** besser **identifiziert** (Stichwort: gläserner Kunde)
- den Kunden **Informationen zur Verfügung gestellt**
- den Kunden **zusätzliche Leistungen** geboten
- Kunden **in den Wertschöpfungsprozess integriert**
- **Kunden** an das Unternehmen **gebunden**

werden. Unternehmen können durch die hierbei generierten Informationen individueller und schneller auf Kundenwünsche eingehen.

Beispiele:
- Ein großer Online-Händler **informiert** seine **Kunden** u. a. über die Verfügbarkeit und die Beliebtheit von Produkten (etwa durch Beurteilungen anderer Kunden oder sog. Bestseller-Listen) sowie über andere Produkte, die Kunden, welche sich für dasselbe Produkt interessiert haben, kauften.
- Auf elektronischem Wege können den Kunden als **Zusatzleistungen** sog. Software-Updates und Applikationen, sog. Apps, zur Steuerung von Produkten zur Verfügung gestellt werden.
- Kunden können im Internet ihr individuelles Müsli aus verschiedenen Komponenten selbst zusammenstellen (konfigurieren). Der Kunde wird dadurch **in den Wertschöpfungsprozess integriert**. Durch die Personalisierung des Produkts kann auch die Identifikation des Kunden mit Produkten und Unternehmen erhöht werden.

Ein Informationsaustausch mit den **Lieferanten** kann zu einer **Effizienzsteigerung** hinsichtlich der betrieblichen **Produktionsabläufe** z. B. durch

- verkürzte Durchlaufzeiten
- Kosteneinsparungen im Lagerbereich

führen.

Beispiel: Den Lieferanten von Werkstoffen kann Zugriff auf Informationen der Lagerhaltung gewährt werden, um Rohstofflieferungen automatisch auszulösen. Lieferanten von Betriebsmitteln könnten Leistungs- und Verschleißdaten von Maschinen in Echtzeit abrufen dürfen, um die Wartung darauf abzustellen.

Damit eine solche Vernetzung möglich ist und der Nutzen die Kosten übersteigt, müssen vor allem die folgenden **Anforderungen** erfüllt werden:

- **Standardisierung**
- **Verfügbarkeit**
- **Zugriffsbeschränkung.**

Diese Anforderungen haben auch eine besondere Bedeutung für die vernetzte Produktion (sog. **Industrie 4.0**).[1] Diese und andere Anforderungen werden innerhalb der Ausführungen zur Gestaltung der IuK-Systeme (Unterkapitel 7.4.4) thematisiert.

7.4.3 Analytische Informationssysteme – Vertikale Integration

Im Mittelpunkt operativer Informationssysteme steht – wie im vorangegangenen Unterkapitel gezeigt – die Erledigung von Routineaufgaben auf operativer Ebene. Demgegenüber bemühen sich analytische Systeme um die informatorische Unterstützung von Einzelfallentscheidungen.

Analytische Informationssysteme liefern der oberen und mittleren Führungsebene Daten zur strategischen und taktischen Planung und Kontrolle.

Beispiele für **fallweise** zu treffende **Führungsentscheidungen** sind Entscheidungen über das mittel- bis langfristige Absatz- bzw. Produktionsprogramm, das Investitionsprogramm, das Forschungs- und Entwicklungsprogramm, die Konzernstrategie (z. B. der Erwerb oder die Veräußerung von Beteiligungen) u. a.

---

[1] Vgl. S. 357 ff.

Die Absatz-, Produktions- und Investitionsplanung ist wiederum inhaltlich aufeinander abzustimmen. Auf der mittelfristigen Planungsebene findet deshalb auch eine horizontale Koordination statt. Gleichzeitig müssen der strategische Rahmenplan, die mittelfristige taktische Planung und die kurzfristige operative Planung koordiniert werden.[1] Diesen Vorgang bezeichnet man als vertikale Integration.

> Unter **vertikaler Integration** versteht man die koordinierte Informationsbereitstellung zum Treffen von Führungsentscheidungen auf allen Ebenen der Unternehmenshierarchie.

Operative und analytische Informationssysteme erfüllen sehr unterschiedliche Aufgaben (vgl. **Abb. 108**): Operative Systeme haben eine **Ausführungsfunktion**, analytische Systeme übernehmen die **Entscheidungsunterstützungsfunktion**. Gleichwohl sollen sie – wie gleich zu zeigen ist – in informationsmäßiger Hinsicht (vertikal) verknüpft werden.

Merkmale	Informationssysteme	
	operative	analytische
Aufgabenstellung	Erledigung von Routineaufgaben	Informationsbereitstellung für Einzelfallentscheidungen
Organisationsbereich	Operatives Tagesgeschäft	Unternehmensführung
Anwendungsbereich	Prozessabwicklung durch ERP-Systeme	Datenbereitstellung durch sog. Data-Warehouse

Abb. 108: Strukturmerkmale operativer und analytischer Systeme

Das **Data-Warehouse**[2] ist der Brückenkopf der Informationswirtschaft: Es bezieht seine Daten aus operativen Systemen und externen Quellen und gibt sie in modifizierter, bedarfsgerechter Form an die analytischen Informationssysteme weiter (vgl. **Abb. 109**).

> Das **Data-Warehouse** ist die zentrale Datenbank eines Unternehmens. Die Entscheidungsträger rufen die Daten ab, die sie zur Entscheidungsfindung benötigen.

Im Mittelpunkt der analytischen Systeme stehen „Berichte", die den verantwortlichen Entscheidungsträgern als Informationsgrundlage dienen.

Die **vertikale Integration** von den Basisinformationen bis zur Entscheidung auf der (mittleren oder oberen) Führungsebene vollzieht sich in folgenden Schritten:

(1) Generierung von Daten

Jeder Geschäftsvorfall (Bestellung, Lagerung, Auslieferung, Warenrücksendung, Zahlungsverkehr usw.) wird datenmäßig festgehalten. Die anfallenden Daten (Beschaffungsmengen- und preise, Absatzmengen und -preise, Liefertermine, Produktionskosten, Skontoabzug, Preisnachlass wegen Mängelrüge usw.) werden an das Data-Warehouse weitergeleitet. Zudem stehen externe Datenquellen zur Verfügung.

---

[1] Vgl. S. 74 ff.
[2] Vgl. Lusti, M., Data Warehousing, 2002; Inmon, W. H., Data Warehouse, 2005.

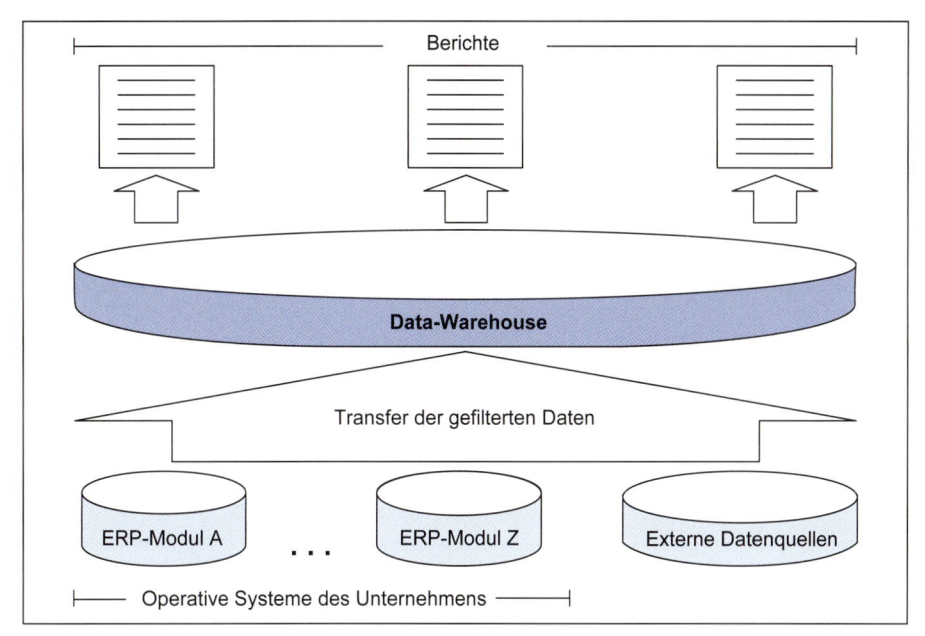

Abb. 109: Struktur des Data-Warehouse

(2) Datenauswahl und Datentransfer

Vor der Einstellung in das Data-Warehouse werden die originären Daten gefiltert:

- Unwichtige (= entscheidungsirrelevante) Daten werden **ausgesondert**. Beispiele sind Liefertermine oder Bestandsänderungen bei Halbfabrikaten.
- Die verbleibenden Daten werden **vereinheitlicht**. Beispiel ist die einheitliche Berechnung von Umsätzen bei Rücksendungen und Skontoabzug.

(3) Datenspeicherung im Data-Warehouse

Ein Data-Warehouse gleicht einem Stausee, der durch permanenten (Informations-) Zufluss aus internen und externen Quellen gespeist wird. Die permanente Datensammlung erlaubt es

- **Zeitreihenvergleiche** (z. B. Quartalsumsätze, Jahresumsätze, Kostenentwicklungen)
- **Querschnittsvergleiche** (z. B. regional gegliederte Umsätze, operative Ergebnisse in einzelnen Unternehmenssparten)

anzustellen. Diese Daten werden in sog. Berichten zusammengefasst.

(4) Berichterstellung

Ein Bericht ist eine Sammlung von Daten, die nach verschiedenen Aspekten geordnet werden können (z. B. Aufstellung der Umsätze je Produkt oder je Vertriebsmitarbeiter). Der Berichtsinhalt ist auf die jeweilige Planungs- oder Kontrollaufgabe auszurichten. Beispiele finden sich im zugehörigen Übungsbuch. (**ÜB 2/45**)

Bei Berichten unterscheidet man zwischen regelmäßig und unregelmäßig zu erstellenden Berichten (vgl. **Abb. 110**):

Berichte		
regelmäßige	unregelmäßige	
(a) Standardbericht	(b) Abweichungsbericht	(c) Bedarfsbericht
z. B. wöchentlicher Bericht über Umsätze oder Auftragseingänge	z. B. Berichte über Soll-Ist-Abweichung in der Produktion und über deren Ursachen	z. B. Bericht im Hinblick auf einen geplanten Beteiligungserwerb

Abb. 110: Berichtsarten

(a) Standardberichte werden in regelmäßigen Abständen erstellt. Sie beinhalten schematisierte Informationen an einen jeweils gleichbleibenden, breiten Empfängerkreis im Unternehmen. Die Berichtsempfänger müssen die Informationen selbständig selektieren. Standardberichte kommen auf allen Managementebenen vor.

(b) Abweichungsberichte werden initiiert, wenn Soll-Ist- oder andere Abweichungen festgelegte Toleranzgrenzen überschreiten. Zielgruppe ist die jeweils übergeordnete Stelle. Abweichungsberichte sind die Grundlage von Gegensteuerungsmaßnahmen.

(c) Bedarfsberichte sind auf speziellen Wunsch des Managements ad hoc zu erstellen (sog. Holpflicht). Diese Berichte, die auch **Ad-hoc-Berichte** genannt werden, unterstützen das obere Management bei der Lösung schlecht strukturierter Probleme. Anlässe sind meist anstehende strategische Entscheidungen aufgrund von Veränderungen der Unternehmensumwelt (z. B. Gesetzesänderung, Preisanstieg bei Ressourcen).

7.4.4 Gestaltung von IuK-Systemen

Anforderungen an IuK-Systeme lassen sich abstrakt anhand verschiedener Prinzipien formulieren. Die wichtigsten sollen hier kurz erläutert werden.

Gemäß dem **Prinzip der Strukturierung** sollen zusammengehörige Programmteile zu sinnvollen inhaltlich und quantitativ überschaubaren Modulen, die eine funktionale Einheit bilden, zusammengefasst werden. Durch die Modularisierung können diese Programmteile unabhängig voneinander entwickelt, angepasst und gewartet werden, was die diesbezüglichen Kosten reduziert.

Das **Prinzip der Standardisierung** der Informationssysteme bezieht sich in erster Linie auf die technische Arbeitsweise der Systeme. Durch Verwendung identischer technischer Komponenten lässt sich der Wartungsaufwand verringern. Im übertragenen Sinne kann die Standardisierung auch auf Eigenschaften des Systems, wie die Benutzerschnittstelle, bezogen werden. Die Mitarbeiter haben es so leichter, sich an neue Systeme zu gewöhnen. Der Schulungsaufwand fällt geringer aus als bei der Einführung eines Systems, dessen Umgang völlig neu erlernt werden muss. Einheitliche Standards spielen auch bei der Übertragung von Informationen von einem System auf das andere eine Rolle. Stellen Sie sich vor, Sie transportieren Güter auf Schienen und kommen an einen Punkt, an dem ein Schienennetz mit schmalerer Spurweite beginnt. Die Güter müssen neu verladen werden, wobei die Gefahr besteht, dass diese beschädigt werden oder sogar verlorengehen. Gleiches gilt für Informationen: Die Schnittstellen („Verladepunkte") zwischen den Systemen – unternehmensintern und unternehmensübergreifend – sollten deshalb bestenfalls automatischer Natur sein. Die Systeme sollten auf gleichen oder zumindest auf kompatiblen Standards basieren.

Das **Prinzip der integrierten Dokumentation** fordert, den Entwicklungsprozess eines Programms sowie den Programmcode ausreichend zu dokumentieren. Dies erleichtert eine spätere Weiterentwicklung und die eventuelle Fehlersuche. Dieses Prinzip lässt sich auch auf das fertige Programm übertragen: Eine zielgruppengerechte Dokumentation erleichtert die Arbeit mit dem Programm.

Sie besitzen ein sog. Smartphone und haben keinen Empfang? Spätestens jetzt merken Sie, wie wichtig Ihnen das Smartphone ist, weil Sie weder telefonieren noch sich damit im Internet „bewegen" können. Von existentieller Bedeutung ist mittlerweile auch für Unternehmen, dass die IuK-Technologie dem **Prinzip der Verfügbarkeit** genügt. Software und Hardware müssen permanent funktionstüchtig sein, um den Zugriff auf die notwendigen Daten zu ermöglichen. Dies betrifft die Anwendung im Unternehmen und auch die unternehmensübergreifende Nutzung, sofern Lieferanten bzw. Kunden Zugriffsmöglichkeiten zugesichert wurden.

Die Kehrseite dieser Medaille ist das **Prinzip der Zugriffsbeschränkung**. Informationen müssen danach differenziert werden, was vertraulich behandelt werden muss (gesetzlicher Datenschutz), was aus ökonomischer Sicht vertraulich behandelt werden sollte (z. B. Schutz von Betriebsgeheimnissen, wie Rezepturen) und was kommuniziert werden kann/sollte. Dieser Differenzierung haben die einzurichtenden Zugriffsmöglichkeiten bzw. Zugriffsbeschränkungen zu folgen.

7.5 Grundlagen der Informations- und Kommunikationstechnologie

Die IuK-Technologie stellt die **technische Infrastruktur** als Voraussetzung für die Funktionsfähigkeit der elektronischen IuK-Systeme bereit. Wurden in einem IuK-System die „Route" und die „Umladepunkte" des Gutes „Information" festgelegt, so stellt die IuK-Technologie die Transportvehikel zur Verfügung.[1]

> Die **IuK-Technologie** umfasst die Gesamtheit der Ressourcen, die zur Herstellung, Speicherung, Verarbeitung und Übermittlung von Informationen notwendig sind.[1]

Die Grundkomponenten der IuK-Technologie (**Abb. 111**) werden nun skizziert.

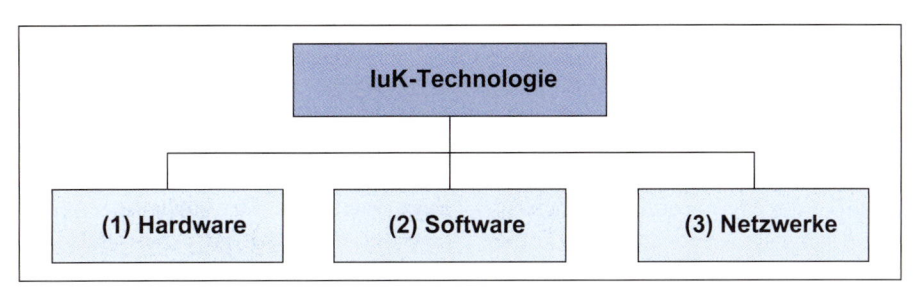

Abb. 111: Grundkomponenten der IuK-Technologie

---

[1] Vgl. Krcmar, H., Informationsmanagement, 2015, S. 24.

Mit **(1) Hardware** werden alle materiellen, d. h. fassbaren Einzelteile der IuK-Technologie bezeichnet. Die notwendigen Hardwarekomponenten lassen sich in vier Gruppen einteilen: Komponenten zur Eingabe (Tastatur, Maus), zur Verarbeitung (Zentraleinheit), zur Speicherung (z. B. Festplatte) und zur Ausgabe (Drucker, Bildschirm).

Die **(2) Software** ist der immaterielle Teil der IuK-Technologie und umfasst virtuelle Abläufe (Programme), welche die Hardware nutzen, um bestimmte Aufgaben zu erfüllen. Sie wird nach Anwendernähe differenziert in (a) Anwendungssoftware und (b) Systemsoftware (vgl. **Abb. 112**).[1] (**ÜB 2/47**)

(a) Anwendungssoftware		(b) Systemsoftware
(aa) Standardsoftware	**(bb) Individualsoftware**	
• Lösung von Standardproblemen • Programmierung für breiten Anwenderkreis	• nutzerspezifische Problemlösung • speziell programmiert	• Koordinationsfunktion • Servicefunktion

Abb. 112: Softwarearten

Die **(a) Anwendungssoftware** liefert Lösungen für konkrete (betriebswirtschaftliche) Fragestellungen. Sie lässt sich in (aa) Standardsoftware und (bb) Individualsoftware einteilen. **(aa) Standardsoftware** ist für eine Vielzahl von Nutzern mit gleichen oder ähnlichen Problemstellungen ausgelegt. **(bb) Individualsoftware** umfasst Programme, die spezifische Problemstellungen eines Unternehmens bearbeiten. Sie ist regelmäßig kostenintensiver als Standardsoftware, weil sie speziell für einen Kunden konzipiert wird, bietet allerdings eine größere Flexibilität. Die kommerziellen Anbieter von Standardsoftware bemühen sich jedoch in immer stärkerem Maße um standardisierte Softwarelösungen mit betriebsindividueller Anpassungsmöglichkeit.

Die **(b) Systemsoftware** soll die reibungslose Zusammenarbeit zwischen den einzelnen Komponenten der IuK-Technologie (Koordinationsfunktion) ermöglichen. Darüber hinaus nimmt sie zentrale Servicefunktionen wahr, so dass diese nicht in jedem Anwendungsprogramm einzeln hinterlegt werden müssen. Typische Komponenten der Systemsoftware sind Betriebssysteme, Dienstprogramme, Protokolle und Treiber.

(3) Netzwerke erlauben die Kommunikation verschiedener elektronischer Endgeräte (z. B. Computer, Tablets, aber auch Smartphones) untereinander. Ein Netzwerk stellt dabei vereinfachend gesprochen eine Verbindung zwischen zwei oder mehr Endgeräten dar, die eine Daten(fern)übertragung ermöglicht. Das bekannteste und verbreiteste IuK-Netzwerk ist das **Internet**.[2] Es bezeichnet die Gesamtheit aller elektronischen Endgeräte und Computernetzwerke, die über weltweite Verbindungen erreichbar sind. Damit ist das Internet dezentral angelegt. Jedes angeschlossene Endgerät kann Informationen bereitstellen oder abrufen. Es existieren keine zentralen Kontrollmechanismen, was wiederum betriebsinterne Sicherheitsmaßnahmen zum Schutz der eigenen IuK-Technologie und der sensiblen Informationen erforderlich macht.

---

[1] Vgl. Mertens, P. et al., Wirtschaftsinformatik, 2005, S. 21 ff.
[2] Vgl. Stahlknecht/Hasenkamp, Wirtschaftsinformatik, 2005, S. 109 ff.

7.6 Nutzenpotentiale und Risiken moderner Informationswirtschaft

Informationsbeschaffung dient dem Ziel langfristiger Gewinnmaximierung. Informationswirtschaftliche Maßnahmen und Instrumente müssen demnach zu einer Verringerung von Auszahlungen oder zu einer Erhöhung von Einzahlungen führen. Ziel dieses Kapitels ist es, Nutzenpotentiale und Risiken der modernen Informationswirtschaft darzustellen. Da die Einsatzmöglichkeiten von IuK-Systemen und der IuK-Technologie sehr vielfältig sind und mit dem technischen Fortschritt einer ständigen Erweiterung unterliegen, sollen nur grundsätzliche Tendenzen aufgezeigt werden.

7.6.1 Nutzenpotentiale der modernen Informationswirtschaft im Allgemeinen

Der Einsatz von modernen IuK-Systemen und entsprechender IuK-Technologie kann als eine Form der **Automatisierung** interpretiert werden. Bestimmte betriebliche Abläufe werden so „maschinell", d. h. computergestützt, ausgeführt. Eine **unternehmensinterne Integration** kann zur Vereinfachung von Abläufen und zu erheblichen Einsparpotentialen führen.

> **Beispiel:** Ein Lagerverwalter erfasst im Warenwirtschaftssystem lediglich die Zu- und Abgänge. Die Bestände werden automatisch berechnet. Unterschreitet ein Bestand einen vorgegebenen kritischen Wert, so kann das System unter Nutzung der Systemintegration eine Bestellanweisung im Funktionsbereich „Beschaffung" generieren.

Zudem kann die Systemlandschaft eines Unternehmens mit weiteren Unternehmen verbunden sein (**zwischenbetriebliche Integration**). Im o. g. Beispiel wäre es denkbar, dass nicht nur eine Bestellanweisung generiert wird, sondern unmittelbar eine Bestellung im System eines Zulieferers eingeht. Hierzu bedürfte es keiner weiteren persönlichen Kontakte zwischen Zulieferer und Bestellunternehmen. Durch eine zwischenbetriebliche Integration sind Effizienzpotentiale von betriebswirtschaftlichen Konzepten, wie z. B. das Just-in-Time-Konzept[1], noch besser auszuschöpfen.

Insgesamt tritt durch den Einsatz moderner IuK-Systeme eine **Reduktion von Prozessdurchlaufzeiten** ein. Während früher eine Interaktion zwischen den Mitarbeitern in den unterschiedlichen Abteilungen nötig war, ist diese nun automatisiert. Die automatisierte Abwicklung von Vorgängen ist je nach Einsatzgebiet häufig mit einer **Automatisierung von Entscheidungen** verbunden. Standardisierte Entscheidungsprobleme, wie z. B. die Festlegung eines Beschaffungsvorgangs für Standardmaterialien, lassen sich formal abbilden und in ein IuK-System integrieren.

Weitere Einsparpotentiale in der Betriebsorganisation können sich ergeben, wenn ein IuK-System die technischen Voraussetzungen zur Verfügung stellt, damit bestimmte betriebliche Vorgänge unmittelbar vom **Kunden** ausgelöst werden.

> **Beispiel:** Selbstbedienungsautomaten übernehmen einen Großteil der Abwicklung des Zahlungsverkehrs in einer Bank. Der Kunde erfasst seine Überweisung im IuK-System der Bank selbst und löst gleichzeitig die Buchung aus. Weiterführend ist das Online-Banking, bei dem der Kunde ortsungebunden und außerhalb der Öffnungszeiten via Datenfernübertragung seine Überweisung ausführen kann.

---

[1] Vgl. S. 318.

Neben diesen Auswirkungen auf die Betriebsorganisation bieten die modernen Instrumente der Informationswirtschaft auch weitreichende Einsatzmöglichkeiten im Bereich der **Unternehmensführung**. Die Instrumente ermöglichen

- eine **größere Zahl entscheidungsrelevanter Informationen** zur Entscheidungsfindung einzubeziehen
- den verbesserten Einsatz **entscheidungsunterstützender Methoden**.

Die immer weiter voranschreitende Unterstützung betrieblicher Abläufe durch moderne Instrumente der Informationswirtschaft führt dazu, dass mehr Informationen in den IuK-Systemen verfügbar sind. Neben dieser Verbreiterung der Datenbasis sind auch die Auswertungsmöglichkeiten verbessert. Moderne IuK-Systeme bieten eine Vielzahl von standardisierten Berichten und Auswertungen, die sich durch individuell konzipierte Abfragen erweitern lassen.[1] Die IuK-Technologie ermöglicht hierbei die Verarbeitung immer größerer Datenmengen innerhalb einer angemessenen Antwortzeit, so dass die Komplexität der Abfragen ebenfalls gesteigert werden kann.

Durch Einsatz (statistischer) Suchverfahren können die gespeicherten Informationen zusätzlich automatisch nach Mustern und Regeln durchsucht werden. Diesen Vorgang der Analyse und Exploration komplexer Datenbestände nennt man **Data Mining**. Hierüber lässt sich das Kaufverhalten von Kunden analysieren.

> **Beispiel:** Ein Online-Buchversand speichert die bisher getätigten Bestellungen eines Kunden. Daraus zieht er Rückschlüsse auf die Interessengebiete des jeweiligen Lesers und kann ihn gezielt auf einschlägige Neuerscheinungen hinweisen und zum Kauf animieren.

Die Informationswirtschaft ermöglicht mittlerweile auch den Einsatz komplexer entscheidungsunterstützender Methoden. So erlangen **Simulationsmodelle**, mit denen versucht wird, die Realität in elektronischer Form abzubilden, eine immer größere Bedeutung.

> **Beispiel:** Ein Versicherungsunternehmen kann per Simulation prognostizieren,
> - wie stark sich künftige Änderungen im Zinsniveau auf die Neuabschlüssen von Lebensversicherungen auswirken.
> - um welchen Prozentsatz die Provisionen für die Vertreter zu erhöhen sind, um das geplante Ziel von Neuabschlüssen trotz eines verminderten Zinsniveaus zu erreichen.

Ebenso können in das IuK-System **Frühwarnsysteme** integriert werden. Diese geben eine Meldung ab, sobald bestimmte, vorher definierte Datenkonstellationen eintreten. Werden im Rahmen traditioneller Planung nur zu bestimmten Zeitpunkten Pläne erstellt und Planrevisionen verfügt, können computergestützte Planungsprozesse beim Erreichen kritischer Werte durch Frühwarnungen ausgelöst werden. So wird eine verstärkte **Ereignisorientierung der Planung** erreicht. Einfachstes Anwendungsbeispiel eines Frühwarnsystems ist die Lagerbestandsüberwachung. Im Rahmen der Unternehmensführung ist der Einsatz von Frühwarnsystemen innerhalb des Risikomanagementsystems von Unternehmen allerdings wesentlich bedeutender.[2]

---

[1] Vgl. bereits S. 167 f.
[2] Vgl. S. 177 und S. 188 ff.

7.6.2 Nutzenpotentiale des Internets im Besonderen

Insbesondere die vorgestellten Potentiale in Verbindung mit Unternehmensexternen verdeutlichen den Bedarf an **Vernetzungstechnologien**, die den **Datentransfer** ermöglichen. Aber auch für unternehmensinterne Datenflüsse bedarf es bei dezentralen Arbeitsplätzen der Vernetzung. Das Internet bietet hier weitreichende Möglichkeiten. Im Folgenden sollen die Auswirkungen seiner kommerziellen Nutzung, die bis hin zur Entwicklung völlig neuer Geschäftsmodelle reichen, skizziert werden.

Durch den Einsatz des Internets und anderer moderner Kommunikationsmedien können Unternehmen Kostenvorteile und strategische Wettbewerbsvorteile erzielen. In **Abb. 113** sind mögliche Anwendungsgebiete und deren Vorteile dargestellt.

Vorteile durch den Einsatz des Internets	Anwendungsgebiete
• Direkte Kundenansprache, höhere Kundenbindung und Erschließung eines zusätzlichen akquisitorischen Potentials	• Direktmarketing über neue Medien oder Einsatz von Apps zur Produktinformation
• Rationalisierungspotentiale durch Substitution z. B. von Filialen durch Internetdienste im Bankwesen	• Online-Banking, Abwicklung von Überweisungen, Wertpapiergeschäften u. a. über das Internet
• Senkung der Transaktionskosten bei Abwicklung von Geschäftsbeziehungen	• Abwicklung von Handelsbeziehungen über das Internet (z. B. Verkauf von Konsumgütern)
• Ständige Erreichbarkeit unabhängig von örtlichen oder zeitlichen Restriktionen	• Regionale Anbieter; Ladenöffnungszeiten in Deutschland
• Wegfall von Fahrtzeiten und Fahrtkosten	• Heimarbeit oder Telearbeit u. U. Zusammenarbeit in virtuellen Teams
• Automatisierung von Prozessen	• Elektronischer Austausch von Geschäftsdaten, z. B. zur Zahlungsabwicklung
• Verbesserte Informationsbeschaffung für betriebliche Entscheidungen	• Informationsbeschaffung (Erlangung von Internetadressen über Suchbegriffe)
• Kürzere und kostengünstige Kommunikationswege	• Kommunikation per E-Mail

Abb. 113: Vorteile und Anwendungsgebiete des Internets

Die unternehmerische Nutzung des Internets wird durch den Begriff Electronic Commerce[1] gekennzeichnet. Electronic Commerce soll den Handel mit Informationen, Gütern und Dienstleistungen für alle beteiligten Marktparteien – im umfänglichsten Falle über alle Markttransaktionsphasen – elektronisch ermöglichen.

Electronic Commerce beschreibt ein Konzept der Nutzung bestimmter IuK-Technologien zur elektronischen Integration und Verzahnung unternehmensinterner oder unternehmensübergreifender Geschäftsprozesse.

---

[1] Vgl. Kollmann, T., E-Business, Wiesbaden 2013.

Die Geschäftsabwicklung durch Electronic Commerce führte und führt in zahlreichen Branchen und Unternehmen umfangreiche Veränderungen herbei. Im Rahmen der **Transformation traditioneller Wertschöpfungsketten** werden neben der Vereinfachung alter hierarchischer Strukturen auch die Abgrenzungen zwischen internen Abteilungen sowie zwischen dem Unternehmen und seinen Geschäftspartnern vermindert und ein effizienterer Informationsfluss angestrebt.

Unternehmen („Business"), Konsumenten („Consumer") und Öffentliche Institutionen („Administration") können beim Electronic Commerce als **Anbieter und Nachfrager** von Leistungen auftreten. Unter Berücksichtigung dieser drei Gruppen von Akteuren ergeben sich **neun Transaktionsbereiche des Electronic Commerce**, die in **Abb. 114** dargestellt sind.[1]

		Nachfrager der Leistung		
		Consumer	Business	Administration
Anbieter der Leistung	Consumer	*Consumer-to-Consumer* z. B. Auktionsplattformen, Internet-Kleinanzeigenmarkt	*Consumer-to-Business* z. B. Jobbörsen mit Anzeigen von Arbeitsuchenden	*Consumer-to-Administration* z. B. Online-Steuererklärung von Privatpersonen (Einkommensteuer etc.)
	Business	*Business-to-Consumer* z. B. Nutzung einer Shopping Mall, Electronic **Retailing**	*Business-to-Business* z. B. Bestellung eines **Unternehmens** bei einem Zulieferer per EDI (Electronic Data Interchange), unternehmensübergreifende Netzwerke	*Business-to-Administration* z. B. Online-Steuererklärung von Unternehmen (Umsatzsteuer, Lohnsteuer etc.)
	Administration	*Administration-to-Consumer* z. B. Abwicklung von Unterstützungsleistungen (Arbeitslosengeld etc.)	*Administration-to-Business* z. B. Beschaffungsmaßnahmen öffentlicher Institutionen im Internet	*Administration-to-Administration* z. B. Transaktionen zwischen öffentlichen Institutionen im In- und Ausland

Abb. 114: Transaktionsbereiche des Electronic Commerce

Die wichtigsten Anwendungsgebiete sind dabei
- Business-to-Business
- Business-to-Consumer.

Das Nutzenpotential des **Business-to-Business** ist vielfältig. **Kostenersparnisse** entstehen vorrangig durch die zwischenbetriebliche Integration.[2] Sie können u. a. in Forschung und Entwicklung, Beschaffung, Produktion, Lagerhaltung und Vertrieb eintreten. **Zeitersparnisse**, die i. d. R. zusätzlich kostenmindernd wirken, konkretisieren sich z. B. in kürzeren Entwicklungs-, Reaktions-, Abwicklungs- und Bestellzeiten.

---

[1] In Anlehnung an Hermanns/Sauter, E-Commerce-Grundlagen, Einsatzbereiche und aktuelle Tendenzen, in: Hermanns/Sauter (Hrsg.), E-Commerce, 2001, S. 25.

[2] Vgl. S. 171 und S. 237 ff.

Betrachtet man die Transaktionsphasen am Beispiel der **elektronischen Beschaffung** lassen sich die Vorteile folgendermaßen darstellen:

- In der **Anbahnungsphase** wird die Suche nach Lieferanten, Produkten, Dienstleistungen oder sonstigen Informationen durch die einfache, entgeltfreie, orts- und zeitunabhängige Verfügbarkeit relevanter Informationen erleichtert. Angebote können beispielsweise durch die Nutzung elektronischer Ausschreibungen oder Kataloge eingeholt werden.
- In der **Vereinbarungsphase** können Verhandlung und Bestellung, vor allem bei standardisierten Produkten, zeit- und kostensparend abgewickelt werden. Informationen über Preise, Konditionen und Produkte sind i. d. R. leicht zugänglich und die Auftragserteilung kann auf elektronischem Wege erfolgen.
- In der **Durchführungsphase** können Bestelldaten und Lieferantendaten auf elektronischem Wege (z. B. durch den elektronischen Dokumentenverkehr) übermittelt sowie die Zahlungsabwicklung (z. B. durch Electronic Banking) transaktionskosteneffizient abgewickelt werden.

Insgesamt zeichnet sich die Beschaffung auf elektronischem Wege durch eine effizientere Just-in-Time-Beschaffung (z. B. beschleunigte Bestellabwicklung, Verminderung von Durchlauf- und Lieferzeiten) und eine Verringerung der manuell auszuführenden Tätigkeiten aus. Zudem wird die Beschaffungsqualität durch eine verbesserte Termingenauigkeit und die Verringerung von Erfassungsfehlern erhöht.

Der zweite bedeutende Transaktionsbereich ist der des **Business-to-Consumer**.[1] Zahlreiche Güter und Dienstleistungen werden in diesem Bereich vom Anbieter an den Konsumenten unter Einsatz moderner IuK-Technologien veräußert. Neben den Kosten- und Zeitersparnissen steht hier vor allem eine **Erhöhung der Kundenorientierung** im Vordergrund. Diese hat insb. eine höhere Kundenbindung und eine erfolgreiche Kundengewinnung zum Ziel. Beispielsweise können neben schnelleren Reaktionszeiten bei Kundenanfragen auch individualisierte und personalisierte Produkte angeboten werden. Eine personalisierte Kundenansprache, umfassende und transparente Produktinformationen sowie eine permanente (Markt-)Präsenz erhöhen zusätzlich die Akzeptanz der Leistung beim Kunden.

Das Internet stellt einen (zusätzlichen) **Absatzkanal** dar, der zu einer **Steigerung des Absatzpotentials** führt, weil das Internet orts- und zeitungebundene Kundenkontakte zulässt. Viele jüngere Unternehmen haben sich auf den Absatz über das Internet spezialisiert und unterhalten keine eigenen Verkaufsstandorte, sondern nur noch virtuelle Shops im Internet. Mitunter ist nicht einmal dies der Fall, sondern man nutzt vorhandene Plattformen, wie z. B. Internetauktionsplattformen. Von besonderer Bedeutung für den Online-Handel sind digitalisierbare Produkte, die beispielsweise aus dem Finanz- und Versicherungsbereich oder der Medienbranche kommen. Diese Produkte unterliegen nicht dem bedeutenden logistischen Aufwand, der hinter dem Vertrieb von materiellen Gütern steht. (ÜB 2/48)

Auch die sog. vernetzte Produktion wird durch das Internet ermöglicht. Hierbei wird von **Industrie 4.0** bzw. vom **Internet der Dinge** gesprochen.[2]

---

[1] Zu Einzelheiten vgl. Link, J., (Hrsg.), Customer Relationship Management, 2001; Link, J., (Hrsg.), Online Marketing, 2000.
[2] Siehe hierzu ausführlich S. 357 ff.

7.6.3 Kosten und Risiken moderner Informationswirtschaft

Moderne IuK-Systeme und IuK-Technologie stehen nicht kostenlos zur Verfügung. Die Implementierung erfordert zum einen Anlaufinvestitionen. Zum anderen müssen die Systeme regelmäßig gewartet und die Technologien permanent aktualisiert werden. Hinzu kommen Schulungskosten für die Mitarbeiter. Auch sind z. B. Angebote und Preise im Internet stets aktuell zu halten. Dies gilt ebenso für die Software auf vielen (auch bereits verkauften) Produkten.

Moderne Speichermedien und die erweiterten Kommunikationsmöglichkeiten zwischen den Endgeräten erhöhen zudem die Gefahr der **Wirtschaftsspionage**. Eine Gefahr geht auch von sog. **Viren**, die Fehlfunktionen bis hin zur völligen Zerstörung von Daten und Software verursachen, aus. Schutzmaßnahmen sind kostenintensiv, trotzdem ist eine hundertprozentige Sicherheit nicht zu erlangen.

Zudem erhöht sich die **Technikabhängigkeit**. Fällt das IuK-System aus, sind betriebliche Abläufe erheblich gehemmt bzw. kommen zum Erliegen. Eine einfache Variante der Vorsorge ist die regelmäßige Sicherung des Datenbestands. Dies gewährleistet zwar nicht die Funktionsfähigkeit des Systems, vermeidet aber einen Datenverlust. Die Maßnahmen reichen bis zu einer kompletten Spiegelung des IuK-Systems, d. h. einer Kopie des Systems, die den Betrieb aufnimmt, falls das Primärsystem ausfällt.

Zudem sind die üblichen **wirtschaftlichen Risiken** zu beachten, die entstehen, wenn neue Geschäftsmodelle, wie der Eintritt in den E-Commerce, eingeführt werden. So fallen erhebliche Investitionen in die notwendige technische Infrastruktur, aber auch in Vertriebs- und Logistiksysteme an. Zudem gilt es zu prüfen, ob ein solcher Einstieg mit der Unternehmensstrategie und -vision kompatibel ist oder ob eine Fokussierung auf traditionelle Informations- und Vertriebssysteme vorteilhafter erscheint.

8. Controlling

8.1 Begriff und Einordnung

In den bisherigen Ausführungen dieses Abschnitts wurde herausgestellt, dass

- **Planung**, **Kontrolle**, **Organisation** und **Personalführung** die Hauptaufgaben der Unternehmensleitung sind und
- die Unternehmensleitung zur Erfüllung dieser Aufgaben auf entsprechende **Informationen** angewiesen ist.

Planung, Kontrolle, Organisation, Personalführung und Information(-sversorgung) bilden die **Kernelemente (Teilsysteme) des betrieblichen Führungssystems**.[1] Diese einzelnen Bereiche stehen allerdings nicht unverbunden nebeneinander, sondern sind aufeinander **abzustimmen**. Diese Abstimmung ist Aufgabe des Controllings.[2]

> Unter **Controlling** ist die Summe aller Maßnahmen zu verstehen, die dazu dienen, die Führungsbereiche Planung, Kontrolle, Organisation, Personalführung und Information so zu koordinieren, dass die Unternehmensziele optimal erreicht werden.

---

[1] Vgl. S. 47 ff.
[2] Vgl. Küpper, H.-U. et al., Controlling, 2013, S. 33 ff.; zu anderen Definitionsansätzen vgl. Weber/Schäffer, Controlling, 2014, S. 20 ff.

Dem Controlling kommt damit eine Aufgabe zu, die in dieser Form von keinem anderen Teilbereich des Führungssystems erfüllt wird. Eine eigenständige Betrachtung dieser **Koordinationsaufgaben** im Führungssystem erscheint angesichts der vielfältigen Veränderungen, die in der Unternehmenspraxis und Wissenschaft eingetreten sind, unerlässlich. (ÜB 2/49)

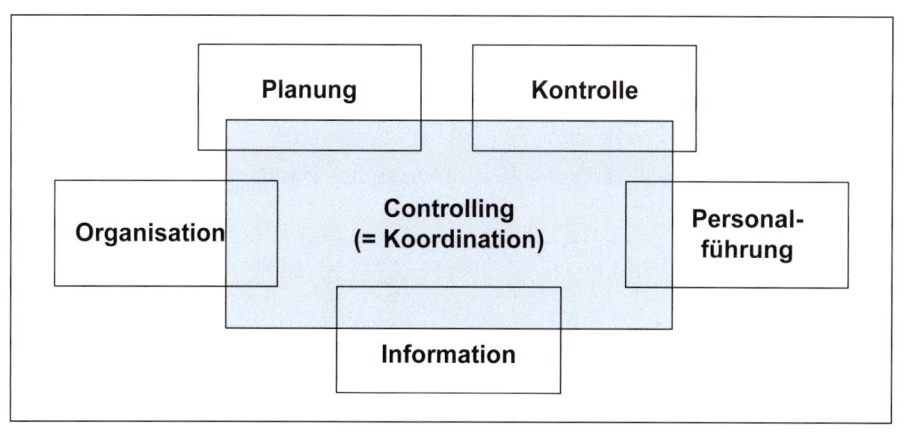

Abb. 115: Einordnung des Controllings

8.2 Controllingfunktionen

Aus der allgemeinen Koordinationsfunktion lassen sich folgende Einzelfunktionen des Controllings ableiten:[1]

Funktionen des Controllings		
(1) Anpassungs- und Innovationsfunktion	(2) Zielausrichtungsfunktion	(3) Service- oder Unterstützungsfunktion
Koordination der Unternehmensführung mit der Umwelt	Ausrichtung der Controllingaktivitäten auf die Unternehmensziele	Koordination von Instrumentenauswahl und Informationsversorgung

Abb. 116: Funktionen des Controllings

Die **(1) Anpassungs- und Innovationsfunktion** dient der Koordination der Unternehmensführung mit der Unternehmensumwelt. Durch die Gestaltung und den Einsatz von Frühwarnsystemen sollen Marktentwicklungen erkannt und entsprechende Anpassungs- und Innovationsvorgänge im Unternehmen ausgelöst werden. Als Anpassung wird dabei eine unternehmerische **Reaktion** auf eingetretene Umweltveränderungen (z. B. umweltverträglichere Produktionsverfahren aufgrund eines gestiegenen Umweltbewusstseins), als **Innovation** das frühzeitige Agieren aufgrund zukünftig erwarteter Umweltzustände (z. B. die Entwicklung selbststeuernder Autos aufgrund der Erwartung neuer technischer Möglichkeiten) verstanden. Zu beachten ist in diesem Zusammenhang allerdings, dass die eigentliche Anpassungs- und Inno-

---

[1] Vgl. Küpper, H.-U. et al., Controlling, 2013, S. 38 ff.

vationstätigkeit in den Funktionsbereichen (Forschung & Entwicklung, Beschaffung, Produktion, Absatz) verbleibt. Gegenstand des Controllings sind die Initiierung solcher Vorgänge und die entsprechenden (begleitenden) Veränderungen im Führungssystem.

Die **(2) Zielausrichtungsfunktion** betont die eigentliche Selbstverständlichkeit, dass die Controllingaktivitäten auf die Unternehmensziele auszurichten sind. Durch eine zielorientierte Koordination sollen die Unternehmensziele besser erreicht werden als ohne eine entsprechende Abstimmung der Führungstätigkeiten.

Die Haupttätigkeit der Controller dürfte in der Erfüllung der **(3) Service- oder Unterstützungsfunktion** liegen. Der Controller fungiert hierbei als Berater des Managements, indem er den Entscheidungsträgern behilflich ist bei

- der **Instrumentenauswahl** (z. B. welche strategischen Planungsinstrumente verwendet werden sollen) und
- der Gestaltung der zugehörigen **Informationsversorgung** (z. B. welche Informationen bei der strategischen Planung wann, wo und wie bereitzustellen sind).

8.3 Wertorientierte Unternehmensführung

Unternehmensführung ist auf Zielerreichung ausgerichtet. Planung und Kontrolle, die beiden wichtigsten Teilfunktionen des Controllings, bedürfen der Orientierung am Unternehmensziel. Im Zuge der

- **Planung** wird die Handlungsalternative mit dem höchsten Zielerreichungsgrad realisiert
- **Kontrolle** wird geprüft, ob die Unternehmensleitung die selbstgesteckten Planziele erreicht hat.

Die traditionelle Betriebswirtschaftslehre geht in ihren Modellen vom Oberziel langfristiger Gewinnmaximierung aus. Mit zunehmender Kapitalmarktorientierung der Betriebswirtschaftslehre wird das Zielkonzept „langfristige Gewinnmaximierung" durch das korrespondierende Zielkonzept „Maximierung des Shareholder Value" ersetzt.

Im Folgenden wird das Konzept wertorientierter Unternehmensführung[1] kurz vorgestellt. Erläutert werden dabei

- die Grundlagen beider Zielkonzepte
- das Mehrperiodenmodell als langfristiges Planungsinstrument
- das Einperiodenmodell als kurzfristiges Planungs- und Kontrollinstrument.

Wertorientierte Unternehmensführung ist ein sehr komplexer Sachverhalt. Um Studienanfängern den **Einstieg** in diese schwierige Materie zu **erleichtern, gehen wir im Folgenden von einem Unternehmen aus, das vollständig mit Eigenkapital finanziert ist**.

8.3.1 Grundlagen

Unternehmerische Tätigkeit ist mit hohem Risiko verbunden: Der Risikoträger, ob Einzelunternehmer oder Aktionär, stellt Eigenkapital (EK) bereit. Gehen die Geschäfte schlecht, läuft er Gefahr, seinen gesamten Kapitaleinsatz[2] zu verlieren.

---

[1] Zur Vertiefung vgl. Coenenberg/Salfeld/Schultze, Unternehmensführung, 2015.
[2] Als Einzelkaufmann haftet der Eigenkapitalgeber zudem mit seinem privaten Vermögen.

Für die **Übernahme unternehmerischen Risikos** erwarten die Eigenkapitalgeber eine Gegenleistung aus dem Unternehmen: Sie erhoffen sich einen (möglichst großen) Zuwachs des unternehmerischen Eigenkapitals, welches man auch als Reinvermögen bezeichnet (→ Reinvermögenszuwachs). Damit ist man beim unternehmerischen Oberziel langfristiger Gewinnmaximierung angelangt, denn Gewinn ist definiert als

- **Gewinn = Ertrag – Aufwand** (E – A) und somit zugleich
- **Gewinn = Reinvermögenszuwachs einer Periode t** ($EK_{t_1} - EK_{t_0}$).

Den **Wert des unternehmerischen Eigenkapitals** EK bezeichnet man als **Shareholder Value**. Die Maximierung des Shareholder Value (EK) ist also gleichbedeutend mit langfristiger Gewinnmaximierung, denn es gilt: Gewinn = Erhöhung des EK.

> Der **Shareholder Value** beziffert den Wert des Unternehmens(-anteils) aus Sicht des Eigentümers (Aktionärs).

Fragt man potentielle Eigenkapitalgeber, unter welcher **Bedingung** sie **zur Übernahme unternehmerischen Risikos** bereit sind, werden sie antworten: Unternehmerische Tätigkeit lohnt sich nur dann, wenn mit dem im Unternehmen eingesetzten Eigenkapital ein Ergebnis erwirtschaftet wird, das mindestens so groß ist wie das Ergebnis der bestmöglichen risikoadäquaten (alternativen) Anlage des Kapitals außerhalb des Unternehmens. Da ein Eigenkapitalgeber sein Kapital für einen bestimmten Zeitraum nur ein Mal anlegen kann, muss er sich somit zwischen

- der **unternehmerischen Tätigkeit** und
- der **bestmöglichen risikoadäquaten Alternativanlage**

entscheiden. Sofern unternehmerische Tätigkeit und alternative Kapitalanlage gleich hohe Ergebnisse versprechen, ist der Eigenkapitalgeber **indifferent** (= unentschieden):

Ergebnis aus alternativer Kapitalanlage		Ergebnis aus unternehmerischer Tätigkeit
EK · i	=	E – A

Legende:
EK = Eigenkapital
i = Verzinsung (in Prozent) aus optimaler Alternativanlage des Eigenkapitals
E = Ertrag/Einzahlung (pro Jahr) des Unternehmens
A = Aufwand/Auszahlung (pro Jahr) des Unternehmens
E – A = Erfolg/Einzahlungsüberschuss (pro Jahr) des Unternehmens

Abb. 117: Indifferenzbedingung zwischen unternehmerischer Tätigkeit und alternativer Eigenkapitalanlage

> **Wertorientierte Unternehmensführung** verfolgt das Ziel, betriebliche Entscheidungen so zu treffen, dass das gebundene Eigenkapital im Betrieb eine höhere Verzinsung erwirtschaftet als in einer vergleichbaren Alternativanlage.

Das Konzept einer wertorientierten Unternehmenssteuerung steht im Zentrum marktwirtschaftlicher Unternehmensführung. In der Kenntnis dieses Führungskonzepts liegt der Schlüssel zum **Verständnis marktwirtschaftlichen Anlegerverhaltens**.

Beispiel: Verfügt der Kapitalgeber über einen Kapitalbetrag EK in Höhe von 1 Mio. Geldeinheiten (GE), den er – risikoadäquat – zu 8 Prozent (i = 0,08) am Kapitalmarkt anlegen könnte, lohnt sich eine unternehmerische Tätigkeit mit einem Investitionsvolumen von 1 Mio. GE nur dann, wenn der Unternehmenserfolg E − A ≥ 80.000 GE ist. Anders gesagt: Unternehmerische Tätigkeit zahlt sich nur dann aus, wenn die dabei erzielten Jahreserträge E sowohl

- die laufenden Jahresaufwendungen A (für Löhne, Material usw.) als auch
- die kalkulatorischen Eigenkapitalzinsen (EK · i)

abdecken. Der Betrag EK · i ist die gewünschte Mindestverzinsung des Eigenkapitals. Die entgangenen Erlöse aus der Alternativanlage des (Eigen-)Kapitals sind betriebliche Kosten im Sinne des **Opportunitätskostenprinzips**.[1]

Die innerhalb des Unternehmens erwirtschaftete (Eigen-)Kapitalverzinsung bezeichnet man als interne Verzinsung r. Liegt die **interne Verzinsung** r über der externen Eigenkapitalverzinsung (= Kapitalkosten) i, gilt also

$$r > i$$

wird durch unternehmerische Tätigkeit ein **Mehrwert**, ein **zusätzlicher Shareholder Value**, geschaffen.

Diese Idee kann man auf ein- und mehrperiodige Steuerungsmodelle übertragen. Nachfolgend werden hierzu das Modell des Zukunftserfolgswertes als Mehrperiodenmodell (→ 8.3.2) und das sog. EVA-Konzept als Einperiodenmodell (→ 8.3.3) kurz vorgestellt.

8.3.2 Mehrperiodenmodell: Der Zukunftserfolgswert

Üblicherweise ist ein Unternehmen mit Eigen- und Fremdkapital finanziert. Ein **Unternehmensgesamtwert** UGW setzt sich zwar aus zwei Komponenten zusammen: dem Wert des Eigenkapitals und dem Wert des Fremdkapitals. Wollen **Eigenkapitalgeber** den für sie **maßgeblichen Unternehmenswert** ermitteln, dann meinen sie den **Wert des Eigenkapitals**, den **Shareholder Value**, der in **Abb. 118** mit UW^{EK} bezeichnet wird.

Wert des Eigenkapitals/ Unternehmenswert/ Shareholder Value	=	Barwert künftiger Zahlungen an EK-Geber
UW^{EK}	=	$\dfrac{E - A}{i}$

Abb. 118: Bestimmung des Unternehmenswertes bei ewiger Rente

Der Shareholder Value UW^{EK} kann – wie in **Abb. 118** gezeigt – als Barwert einer ewigen Rente (E − A) ermittelt werden, wenn folgende **vereinfachende Annahmen** gelten:

(1) Die jährlichen Erträge E sind einzahlungswirksam; die jährlichen Aufwendungen A sind auszahlungswirksam.
(2) Der Unternehmenserfolg bzw. Gewinn (E − A) entspricht den an die EK-Geber zu leistenden jährlichen Zahlungen.

---

[1] Zum Opportunitätskostenprinzip vgl. S. 483 und S. 867.

(3) E und A sind konstant und werden „auf ewig" realisiert, weshalb man auch von einer **ewigen Rente** spricht.
(4) Für die jährliche Verzinsung i der optimalen risikoadäquaten Alternativanlage gilt ebenfalls (3). Auch diese ist somit für alle Jahre konstant.

> Unter einer **ewigen Rente** versteht man eine zeitlich unbefristete Zahlung (z. B. Gewinnausschüttung), die Jahr für Jahr in gleicher Höhe geleistet wird.

Unter diesen Annahmen lässt sich der **Shareholder Value** mit folgender **Formel** berechnen:

$$\text{Shareholder Value} = UW^{EK} = \frac{E - A}{i}$$

Beispiel:
- Gewinnausschüttung an EK-Geber (ewige Rente)   80.000 EUR/Jahr
- Gewünschte Mindestverzinsung der EK-Geber $i_{a,b,c}$ (a) 5 %, (b) 8 %, (c) 10 %

(a) UW^{EK}	(b) UW^{EK}	(c) UW^{EK}
$\frac{80.000}{0,05}$	$\frac{80.000}{0,08}$	$\frac{80.000}{0,10}$
1.600.000	**1.000.000**	**800.000**

Abb. 119: Barwert einer ewigen Rente (Beispiel)

Da die Höhe des Wertes UW^{EK} von der **Höhe der künftigen Zahlungen** an die Eigenkapitalgeber abhängig ist, wird auch vom **Zukunftserfolgswert** gesprochen. Das Grundkonzept des Zukunftserfolgswertes wird an anderer Stelle[1] erläutert.

Was kann die Unternehmensleitung tun, um den Shareholder Value UW^{EK} zu steigern? Die Stellschrauben finden sich in **Abb. 120**:

Werttreiber zur Steigerung des Shareholder Value		
E	A	i
Steigerung künftiger Erträge/ Einzahlungen	Senkung künftiger Aufwendungen/Auszahlungen	Senkung der Verzinsungsansprüche der Kapitalgeber

Abb. 120: Wertreiber des Shareholder Value

Wie der Shareholder Value in langfristigen Planungsmodellen über die Beeinflussung dieser Werttreiber gesteigert werden kann, soll an vier Beispielen kurz erläutert werden:
(1) Unternehmenstransaktionen
(2) Rechtsformwahl
(3) Standortverlagerung
(4) Unternehmenszusammenschlüsse.

---

[1] Vgl. S. 512 ff.

(1) Unternehmenstransaktionen

(Groß-)Unternehmen bestehen meist aus selbständig aktionsfähigen Unternehmensteilen (Filialen, Zweigwerken, Geschäftsbereiche). Den Kauf bzw. Verkauf einer solchen Teileinheit bezeichnet man als Unternehmenstransaktion. Unternehmenstransaktionen sind ein wichtiges Instrument zur Steigerung des Shareholder Value. Hierzu muss man unterscheiden zwischen dem

- Wert eines Unternehmens und dem
- Preis eines Unternehmens.

> **Beispiel:** Ein potentieller Investor kann das Unternehmen U zu einem Preis von 920.000 GE erwerben. Der von ihm ermittelte Zukunftserfolgswert UW^{EK} beziffert sich auf 1 Mio. GE. Rein rechnerisch kann er durch **Unternehmenskauf** seinen Shareholder Value um 80.000 GE steigern. Voraussetzung ist freilich, dass die kalkulierten Zukunftserfolge (E – A) auch wirklich realisiert werden können.

Auch durch den **Verkauf** eines Teilunternehmens lässt sich der Shareholder Value erhöhen: Beispielsweise gelangt der potentielle Verkäufer durch Diskontierung der erwarteten Erfolgsbeiträge (E – A) zu einem Zukunftserfolgswert von 1,7 Mio. GE. Ein Kaufinteressent, der diesen Teilbetrieb zur Abrundung seines Produktionsprogramms benötigt, ist bereit, einen Kaufpreis von 2,1 Mio. GE zu zahlen. Die Transaktion ist für den Verkäufer vorteilhaft. Er kann seinen erwarteten Shareholder Value um 400.000 GE steigern.

(2) Rechtsformwahl

Ein Unternehmen zahlt auf die erwirtschafteten Gewinne Ertragsteuern[1]. Die Höhe der Ertragsteuerbelastung ist von der Rechtsform, also beispielsweise von der Alternative: Einzelfirma oder Einmann-GmbH, abhängig. Ertragsteuerzahlungen sind Bestandteil der Auszahlungen A.

Ist es möglich, durch einen Wechsel der Rechtsform die künftigen Ertragsteuerzahlungen jährlich um den Betrag ΔA zu senken, lässt sich der Shareholder Value durch die Änderung der Rechtsform um den Barwert der eingesparten Ertragsteuerzahlungen ΔA erhöhen.

Aber Vorsicht ist geboten: Durch eine spätere Gesetzesänderung kann der prognostizierte Steuervorteil ΔA in einen Steuernachteil umschlagen. Bei einer gravierenden Belastungsverschiebung muss dann u. U. ein erneuter Rechtsformwechsel in Erwägung gezogen werden.

(3) Standortverlagerung

Viele deutsche Unternehmen haben in den vergangenen Jahren Teile ihrer Produktion ins Ausland verlagert. Auslöser solcher Standortverlagerungen war in vielen Fällen das internationale Lohnkostengefälle[2]. Ist die Arbeitsproduktivität, d. h. das mengenmäßige Arbeitsergebnis/Stunde, im In- und Ausland gleich hoch, dann können – bei vergleichbarer Ertragshöhe E – durch Produktionsverlagerung in ein Niedriglohnland die Aufwendungen A gesenkt und der Shareholder Value erhöht werden. Dieser Trend zur Produktionsverlagerung wird verstärkt, wenn am ausländischen Standort nicht nur die Arbeitskosten, sondern auch die Unternehmenssteuern[3] niedriger sind als im Inland.

---

[1] Vgl. S. 226 ff.
[2] Zur Höhe der Arbeitskosten in unterschiedlichen Ländern vgl. S. 258.
[3] Zu den Steuerbelastungsunterschieden im internationalen Kontext vgl. S. 260.

(4) Unternehmenszusammenschlüsse

Unternehmenszusammenschlüsse können durch Fusion zweier bislang selbständiger Unternehmen[1] oder durch Zukauf eines Unternehmens entstehen. Im Englischen spricht man von Mergers and Acquisitions[2] (M&A). Zu einem Unternehmenszusammenschluss kommt es nur dann, wenn die beteiligten Parteien ex ante mit einer Steigerung des Unternehmenswertes rechnen. Erwartete (positive) Synergieeffekte sind der ökonomische Hintergrund von Unternehmenszusammenschlüssen.

> **Positive Synergieeffekte** liegen vor, wenn aus der Zusammenführung zweier bislang unabhängiger Unternehmenseinheiten eine neue Gesamteinheit entsteht, deren Gesamtwert höher ist als die Summe der beiden Einzelwerte (sog. 1+1=3-Effekt).

Synergieerwartungen sind also gleichbedeutend mit einer erwarteten Steigerung des Shareholder Value. Dieser Sachverhalt lässt sich an einem Beispiel erklären: Die bisher selbständigen Unternehmen X und Y wollen möglicherweise fusionieren. Die beiden Unternehmenswerte belaufen sich auf UW_X^{EK} = 1.000 GE und UW_Y^{EK} = 600 GE. Die geplante Fusion hat nur dann eine Realisierungschance, wenn der Unternehmenswert nach Zusammenschluss UW_Z^{EK} > 1.600 GE ist.

Unternehmens-einheit X	Unternehmens-einheit Y	Zusammen-schluss Z	Steigerung des Shareholder Value
UW_X^{EK}	UW_Y^{EK}	UW_Z^{EK}	$UW_Z^{EK} - (UW_X^{EK} + UW_Y^{EK})$
$\dfrac{E_X - A_X}{i_X}$	$\dfrac{E_Y - A_Y}{i_Y}$	$\dfrac{E_Z - A_Z}{i_Z}$	
$\dfrac{500 - 420}{0{,}08}$	$\dfrac{300 - 246}{0{,}09}$	$\dfrac{820 - 640}{0{,}08}$	
UW_X^{EK} = 1.000	UW_Y^{EK} = 600	UW_Z^{EK} = 2.250	+ 650

Abb. 121: Steigerung des (erwarteten) Shareholder Value durch eine Fusion

Im Beispiel der **Abb. 121** ist ein Anstieg des Shareholder Value um 650 GE zu erwarten. Dahinter stehen erwartete Synergieeffekte in drei Bereichen:[3]

---

[1] Vgl. im Einzelnen S. 252 ff.
[2] Vgl. Wirtz, B. W., M&A-Management, Wiesbaden 2014.
[3] Vgl. hierzu S. 239 ff.

(1) Vorteile im Beschaffungs- und Produktionsbereich

Der erwartete jährliche Aufwand in beiden Teileinheiten $A_X + A_Y$ beziffert sich auf 420 GE + 246 GE = 666 GE. Demgegenüber beträgt der erwartete Aufwand A_Z im fusionierten Unternehmen Z nur 640 GE. Das Synergiepotential einer Kosteneinsparung von 26 GE/Jahr kann z. B. zurückzuführen sein auf

- Vorteile bei gemeinsamer Beschaffung von Werkstoffen
- verbesserte Auslastung gemeinsam nutzbarer Kapazitäten
- Einsparungsmöglichkeiten durch gemeinsame Forschung und Entwicklung u. Ä.

(2) Vorteile im Absatzbereich

Der erwartete jährliche Ertrag in beiden Teileinheiten $E_X + E_Y$ beziffert sich auf 500 GE + 300 GE = 800 GE. Demgegenüber beträgt der erwartete Ertrag E_Z im fusionierten Unternehmen Z 820 GE. Das Synergiepotential von 20 GE/Jahr kann beispielsweise auf

- Durchsetzung höherer Absatzpreise durch Wegfall gegenseitigen Wettbewerbs
- Durchsetzung höherer Preise durch Steigerung des Anbieteransehens eines fusionierten Unternehmens (Leistung aus einer Hand)

zurückzuführen sein.

(3) Vorteile im Finanzierungsbereich

Die X-Aktionäre verlangten bislang für die (künftige) Eigenkapitalbereitstellung eine Mindestverzinsung i_X von 8 Prozent pro Jahr. Die gewünschte Mindestverzinsung der Y-Aktionäre i_Y liegt bei 9 Prozent. Steigt durch die geplante Fusion das Unternehmensansehen in der Weise, dass die bisherigen Y-Aktionäre das **Anlagerisiko** in der geplanten Z-Variante **geringer einschätzen** als in der hergebrachten Y-Variante, sind sie u. U. bereit, ihren Mindestverzinsungsanspruch (von 9 auf 8 Prozent) zu senken.

Wird die oben geplante Fusion tatsächlich durchgeführt, erwarten die X- und Y-Aktionäre eine Steigerung ihres Shareholder Value von 650 GE. Ob dieser Planwert tatsächlich realisiert werden kann, ist eine ganz andere Frage. Erst im Nachhinein wird sich zeigen, ob die Planwerte E_Z, A_Z und i_Z tatsächlich realisiert werden.

Fusionen sind mit einem noch **höheren Planungsrisiko** belastet als große Sachinvestitionen. Bei empirischen Erhebungen wurde festgestellt, dass Fusionen nicht den erwarteten Mehrwert erbracht haben, sondern dass sie im Gegenteil zu einer Reduzierung des Shareholder Value führten. Dies ist meist darauf zurückzuführen, dass die Zusammenführung zweier traditionell gewachsener Unternehmensorganisationen, d. h. die Verschmelzung verschiedener Unternehmenskulturen, nicht gelungen ist.[1] Werden bei der Zusammenführung zweier Organisationen solche Probleme nicht bewältigt, können

- Expansionserwartungen nicht realisiert werden (E_Z bleibt unter den Erwartungen)
- geplante Kosteneinsparpotentiale nicht umgesetzt werden (A_Z ist höher als geplant).

> **Beispiel:** Die Fusion der Automobilkonzerne Daimler und Chrysler scheiterte in erster Linie an den unterschiedlichen Unternehmenskulturen. Analysten schätzen den diesbezüglichen Verlust für die Daimler-Aktionäre auf einen zweistelligen Milliardenbetrag.

In der Frage der Organisationszusammenführung liegt also oftmals das größte Risiko strategischer Fusionsplanung.

---

[1] Vgl. Olbrich, M., Unternehmungskultur, 1999.

8.3.3 Einperiodenmodell: Das EVA-Konzept

Auch das Einperiodenmodell basiert auf der Indifferenzbedingung:

Ergebnis aus alternativer Kapitalanlage		Ergebnis aus unternehmerischer Tätigkeit
K · i	=	E – A

Unternehmerische Tätigkeit lohnt sich also nur dann, wenn das Unternehmensergebnis (E – A) die Kapitalkosten K · i übersteigt.

> Das **Economic Value Added-Konzept (EVA)** ist ein einperiodiges Modell, welches auf den Unterschiedsbetrag zwischen dem Unternehmensergebnis und den Kapitalkosten abstellt, der als betrieblicher Übergewinn bezeichnet wird.

Der Economic Value Added ist eine Kennzahl zur Messung der Leistungsfähigkeit eines Unternehmens und seiner Führung. Diese Kennzahl kann für Zwecke der

(1) **Kontrolle**
(2) **Planung und Steuerung**
(3) **Entlohnung**

eingesetzt werden. Als Planungskennzahl basiert der EVA auf geplanten Größen, als Kontroll- und Entlohnungskennziffer auf tatsächlichen Größen des abgelaufenen Geschäftsjahres. Der EVA gilt als Wertbeitrag einer Periode und wird in der **praktischen Umsetzung** des Konzepts aus den Größen des (Plan-)Jahresabschlusses **abgeleitet**:

- Den aus der (Plan-)GuV entnommenen Erlösen E wird als „A-Wert" der operative Aufwand (einschließlich Ertragsteuern) gegenübergestellt.
- Der Differenzbetrag (E – A) ist das operative (Plan-)Ergebnis **vor Fremdkapitalzinsen und nach Steuern**. Im internationalen Abschluss wird diese Größe **NOPAT (Net Operating Profit after Tax)** bezeichnet.
- Da im A-Wert die Fremdkapitalzinsen unberücksichtigt bleiben, gilt als **Verzinsungsbasis** K nicht nur das Eigenkapital, sondern das gesamte **betriebsnotwendige bilanzielle Vermögen**, für das Eigen- und Fremdkapital eingesetzt wurde.
- Als **Kalkulationszinsfuß i** wird bei vollständiger Eigenfinanzierung die gewünschte Mindestverzinsung der Aktionäre (i_E), bei gemischter Eigen-/Fremdfinanzierung der gewichtete Mischzinssatz aus i_E und i_F herangezogen (WACC[1]).

Vereinfachend sei nachfolgend zur **EVA-Erläuterung unterstellt, dass das Unternehmen vollständig eigenfinanziert ist**. Somit gilt K = EK sowie i = i_E. Ein Beispiel zur EVA-Ermittlung findet sich im zugehörigen Übungsbuch. (**ÜB 2**/50)

(1) EVA als Kontrollinstrument

Besonders im kapitalmarktgeprägten angelsächsischen Wirtschaftsraum messen viele Aktionäre die Leistung ihrer Unternehmensleitung mit dem erwirtschafteten EVA:

Economic Value Added	=	Unternehmensergebnis	–	Kapitalkosten
EVA	=	(E – A)	–	K · i

Abb. 122: Economic Value Added

---

[1] Zur Ermittlung des WACC (Weighted Average Cost of Capital) vgl. S. 518.

Ein positiver EVA-Wert zeigt den Aktionären, dass die Unternehmensleitung ein Ergebnis (E – A) erwirtschaftet hat, das ihre Mindestverzinsungsansprüche übersteigt. Die **Parallelen zur (internen) Betriebsergebnisrechnung** deutscher Prägung sind unübersehbar: Von einem positiven Jahresergebnis kann erst dann gesprochen werden, wenn die Betriebserträge (E) den operativen Aufwand (A) und die Zusatzkosten (hier: die kalkulatorischen Eigenkapitalzinsen) abdecken. Ein positives EVA-Ergebnis lässt sich damit als Betriebsgewinn (Residualgewinn) interpretieren.[1]

Im einfachen Beispielfall der **Abb. 123** können die Aktionäre erkennen, dass ihre Unternehmensleitung im abgelaufenen Geschäftsjahr zur **Steigerung des Shareholder Value** einen Jahresbeitrag von +300 geleistet hat.

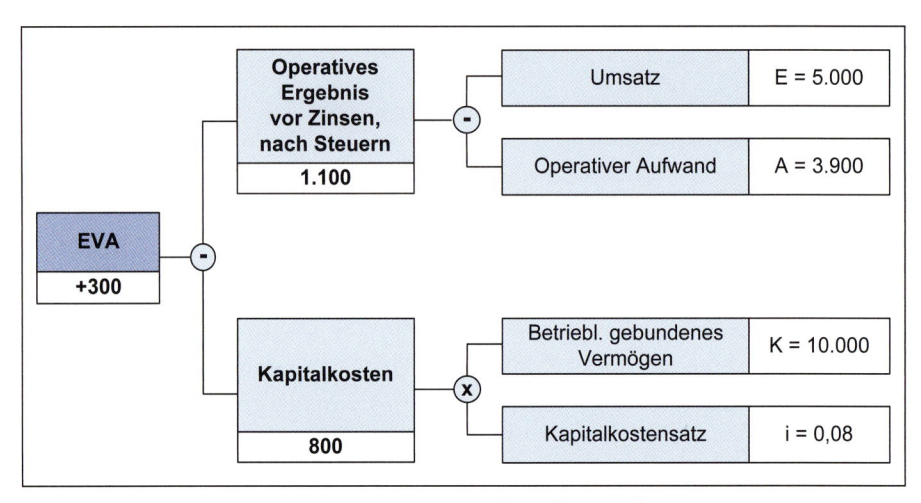

Abb. 123: EVA-Ermittlung (Beispiel)

(2) EVA als Planungs- und Steuerungsinstrument

Weiß das Management, dass die Aktionäre seine Leistung am Ende des Jahres am erwirtschafteten EVA-Ergebnis messen, wird es seine taktische Unternehmensplanung[2] und -steuerung auf die Steigerung des EVA-Wertes ausrichten.

Auch als Planungs- und Steuerungsinstrument ist das EVA-Konzept nach dem in **Abb. 123** dargestellten Grundschema aufgebaut. Gegenüber dem kontrollorientierten EVA-Konzept sind zwei Unterschiede zu beachten:

- Planbilanz und Planerfolgsrechnung liefern die Planwerte E, A und K.
- Die Planwerte E, A und K werden nicht als Globalgröße für das Gesamtunternehmen, sondern als Teilgrößen für einzelne Unternehmenseinheiten ermittelt.

> **Beispiel:** Ein Unternehmen besteht aus den Teilbereichen (Sparten) N, M und O. Die Teilbereiche werden von der Holdingzentrale Z gesteuert. Das gestufte EVA-Plankonzept kann das in **Abb. 124** dargestellte Aussehen haben.

---

[1] Zum Zusammenhang zwischen Gesamtergebnis lt. GuV und Betriebsergebnis vgl. S. 640 f.

[2] Die mittel- und langfristige Planung sollte sich hingegen auf das oben beschriebene Mehrperiodenmodell stützen.

Ziel des Steuerungskonzepts ist die Maximierung des EVA-Wertes für das Gesamtunternehmen. Die **Leiter der Unternehmensbereiche** M, N und O können ihre EVA-Bereichswerte durch folgende **Maßnahmen** steigern

- Erhöhung der Ertragsgröße E
- Verringerung des operativen Aufwands A
- Verringerung der Kapitalbindung K

in ihrem Unternehmensbereich. Den Kapitalkostensatz i können die Bereichsleiter nicht beeinflussen.

Die **Führungsebene** (Holding; Zentrale Z) erwirtschaftet keine Erträge. So ist der EVA-Beitrag Z negativ. Zur Maximierung des EVA-Gesamtwertes kann die Unternehmensleitung folgende **Maßnahmen** ergreifen:

- Senkung des Aufwands A_Z (sog. Overhead-Kosten) im Zentralbereich
- Verringerung der Kapitalbindung K_Z im Zentralbereich
- Senkung der Kapitalkosten i für das Gesamtunternehmen.

Kapitalanleger scheuen das Risiko. Gelingt es der Unternehmensleitung durch eine

- risikoreduzierende Geschäftspolitik
- vertrauenerweckende Informationspolitik gegenüber den Anlegern (Investor Relations)[1]

das Risiko der Kapitalgeber zu senken, wird sie durch eine Herabsetzung der Mindestverzinsungswünsche i durch die Kapitalgeber belohnt.

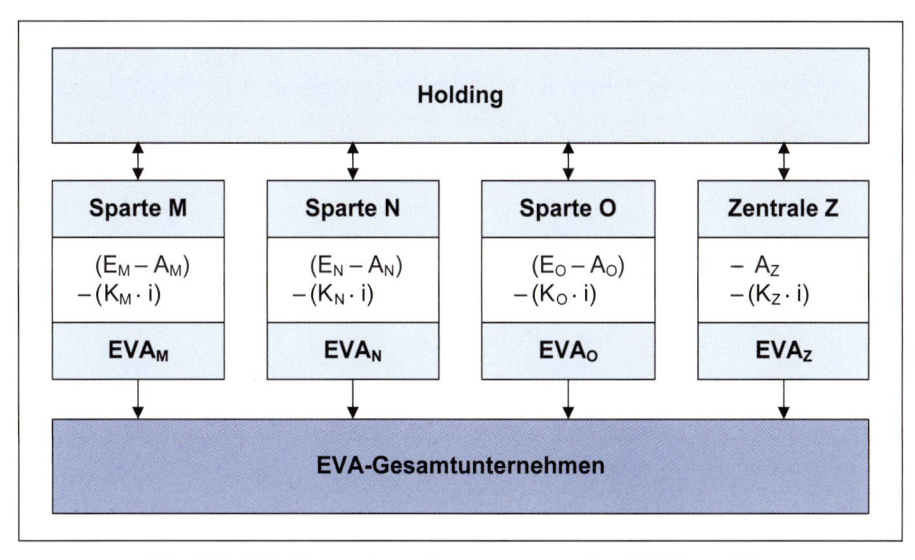

Abb. 124: EVA-Konzept zur Steuerung von Geschäftsbereichen

Das in **Abb. 123** vorgestellte EVA-Modell kann auf (mindestens) zwei Wegen in die Praxis umgesetzt werden:

---

[1] Vgl. S. 752 ff. und S. 815 f.

- **Management by Objectives**[1]
  Die Zentrale trifft mit den Bereichsleitungen für das kommende Jahr eine Zielvereinbarung, im jeweiligen Geschäftsbereich einen EVA-Planwert zu erwirtschaften. Bei der Wahl der Mittel hat die Bereichsleitung Entscheidungsfreiheit.
- **Budgetierungssystem**[2]
  Die Zentrale vereinbart mit den Bereichsleitungen für das kommende Geschäftsjahr Zielwerte für E, A und/oder K im jeweiligen Geschäftsbereich.

Das Entlohnungssystem kann also Anreize zur verbesserten Planerfüllung schaffen.

(3) EVA als Entlohnungsinstrument

Eine Steigerung des Shareholder Value kommt den Aktionären zugute. Deshalb ist ein Anreizsystem zu schaffen, das die **Unternehmensleitung** zu einer Geschäftspolitik mit dem Ziel der Unternehmenswertsteigerung veranlasst. Zur leistungsgerechten Vergütung von Führungskräften werden häufig Aktienoptionspläne[3] vereinbart.

> Über einen **Aktienoptionsplan** erhalten Führungskräfte das verbriefte Recht, nach einer bestimmten Wartezeit eine bestimmte Anzahl von Aktien des Unternehmens zu einem fest vereinbarten Preis zu übernehmen.

Der vereinbarte Festpreis der Aktien entspricht üblicherweise dem Aktienkurs zum Zeitpunkt der Optionsvereinbarung. So haben die Führungskräfte ein Interesse an der Steigerung des Shareholder Value, denn mit einer Aktienkurssteigerung erhöht sich ihr Einkommen. Ein Beispiel findet sich im zugehörigen Übungsbuch. (**ÜB 2**/52)

Wenn das Topmanagement im Eigeninteresse den Shareholder Value steigern möchte, wird es Vorkehrungen treffen, auch das **mittlere Management** durch Leistungsanreize für eine Steigerung des Shareholder Value zu gewinnen. Zu diesem Zweck können Führungskräfte auf der mittleren Managementebene zusätzlich zu ihrer Festvergütung eine flexible Entlohnung erhalten. Dabei kann es zweckmäßig sein, die Höhe der leistungsbezogenen Entlohnung von der Höhe des (vom Bereichsleiter beeinflussbaren) **EVA-Bereichsergebnisses abhängig** zu machen.

8.4 Risikomanagement – Risikocontrolling

Im Rahmen seiner Koordinationsfunktion, vor allem im Bereich von Planung und Kontrolle, hat das Controlling die Aufgabe, die **Erreichung der unternehmerischen Zielvorgaben sicherzustellen**.

> **Beispiel:** Die Erfolgsplanung für die kommende Periode 01 geht von einem Plangewinn von 100.000 EUR aus. Bei sehr günstiger Geschäftsentwicklung kann der Gewinn auf 180.000 EUR steigen. Bei extrem schlechter Geschäftsentwicklung muss mit einem Verlust von 20.000 EUR gerechnet werden.

Das Beispiel zeigt: Angesichts einer unsicheren Zukunft kann es zu positiven bzw. negativen Abweichungen von der erwarteten Geschäftsentwicklung kommen.[4]

---

[1] Vgl. S. 118.
[2] Vgl. S. 195 ff.
[3] Vgl. S. 146 ff.
[4] Vgl. hierzu S. 91 ff.

Als **Risiko (Chance)** bezeichnet man die negative (positive) Abweichung von einem erwarteten Ergebniswert.

Wer als Unternehmer Gewinnchancen wahrnehmen möchte, muss Risiken in Kauf nehmen. Ein Unternehmer, der allerdings nur Gewinnchancen im Auge hat und dabei Verlustrisiken ausblendet, kann schnell vor einer leeren Kasse stehen und damit zur Unternehmensschließung wegen Zahlungsunfähigkeit[1] gezwungen sein.

Daraus folgt: Zur **Sicherung langfristiger Unternehmenstätigkeit** benötigt man ein funktionierendes Risikocontrolling, für das sich die Bezeichnung **Risikomanagement** durchgesetzt hat.

Als **Risikomanagement** bezeichnet man alle Maßnahmen zur Erkennung und bestmöglichen Beherrschung einzelner unternehmerischer Risiken.

Ein einführendes Lehrbuch zur Allgemeinen Betriebswirtschaftslehre muss sich auf die Darstellung der **Grundstruktur des Risikomanagements**[2] beschränken. Der Prozess des Risikomanagements kann in vier Arbeitsschritte eingeteilt werden:

Risikomanagement			
(1) Risikoidentifikation	**(2) Risikobewertung**	**(3) Risikosteuerung**	**(4) Risikokontrolle**
Auf welchen Geschäftsfeldern schlummern welche Einzelrisiken?	Wie hoch ist der drohende Verlust aus dem jeweiligen Einzelrisiko und wie hoch ist die Eintrittswahrscheinlichkeit?	Lässt sich der Gesamtwert der Einzelrisiken verringern?	Entspricht die aktuelle Risikosituation noch den ursprünglichen Planannahmen?

Abb. 125: Arbeitsschritte des Risikomanagements

(1) Risikoidentifikation

Mit Risiken im Unternehmen verhält es sich ähnlich wie mit Motten im Kleiderschrank: Sie sind auf Anhieb nicht erkennbar. Mühsam muss man ihnen nachspüren. Wenn sie unerkannt blieben, könnten sie großen Schaden anrichten.

Zuerst müssen mögliche Einzelrisiken aufgedeckt werden. Hierzu ist das gesamte Geschäftsmodell auf den Prüfstand zu stellen, wie das folgende Beispiel zeigt:

Beispiel: Nach einem Lottogewinn von 1 Mio. EUR will der Nordseefischer F ganz groß in das maritime Frachtgeschäft einsteigen. Sein Geschäftsmodell beruht auf folgenden Eckwerten:
- Kauf eines Containerschiffs für 11 Mio. EUR
- Finanzierung durch einen 10 Mio.-Kredit mit drei Monaten Laufzeit
- Zur Verringerung des Verwaltungsaufwands sollen nur die beiden Großkunden A und B bedient werden
- A ist als unzuverlässiger Zahler, B ist als „Schnäppchenjäger" bekannt, der schon den kleinsten Preisvorteil zum Anbieterwechsel nutzt.

---

[1] Zur Insolvenz vgl. S. 264 f.
[2] Zu Einzelheiten vgl. Gleißner, W., Risikomanagement, 2016.

In diesem Fallbeispiel lassen sich die **Einzelrisiken** leicht **identifizieren**:
- Mangelnde Managementkompetenz von F
- Mangelnde Eigenkapitalausstattung[1] (weniger als 10 % vom Gesamtkapital)
- Anschlussfinanzierung in drei Monaten ungewiss
- Drohender Ausfall von Forderungen aus Lieferungen und Leistungen gegenüber A
- Drastischer Umsatzeinbruch, wenn B den Chartervertrag kündigt.

Angesichts solcher Risiken kann F bei ungünstiger Geschäftsentwicklung sehr schnell in die Verlustzone geraten und sein gesamtes Eigenkapital verlieren.

(2) Risikobewertung

Ein gebräuchliches Maß zur Bewertung einzelner Risiken ist der **Erwartungswert des Schadensfalls**. Zur Ermittlung des Erwartungswertes wird die mögliche Schadenshöhe SH mit der Eintrittswahrscheinlichkeit w gewichtet. So bedeutet z. B. w = 0,01 eine Eintrittswahrscheinlichkeit von 1 Prozent.

Risikofall	Schadenshöhe SH (EUR)	Eintrittswahrscheinlichkeit w	Erwartungswert (EUR)	Symbol
		Risikobewertung		
(a)	100.000	0,01	**1.000**	•
(b)	3 Mio.	0,01	**30.000**	○
(c)	100.000	0,30	**30.000**	○
(d)	3 Mio.	0,30	**900.000**	◎

Abb. 126: Risikobewertung (Beispiel)

Die Unternehmenspraxis steht häufig vor der Aufgabe, hunderte von Einzelrisiken zu bewerten. Um die bewerteten Risiken zu klassifizieren, bedient man sich eines **Risikoportfolios** (**Abb. 127**). Die darin eingetragenen Werte aus **Abb. 126** geben einen schnellen Überblick über das **finanzielle Gewicht der Einzelrisiken**. (ÜB 2/53)

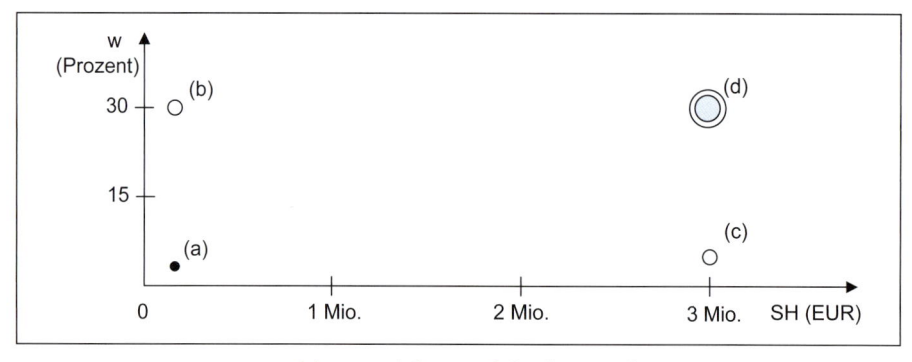

Abb. 127: Risikoportfolio (Beispiel)

---

[1] Zu den Gefahren eines zu hohen Verschuldungsgrades vgl. S. 602 f.

(3) Risikosteuerung

Mit dem Eintritt eines Schadensfalls, z. B. eines Feuerschadens, vermindert sich das Reinvermögen des Unternehmens. Übersteigt der Erwartungswert der Einzelrisiken das Verlustauffangpotential (= Eigenkapital), ist das ein Indiz für eine existenzgefährdende Risikosituation.

> Die **Risikosteuerung** hat die Aufgabe, den Erwartungswert der Risiken auf einen Betrag zu begrenzen, der sich an der Eigenkapitalausstattung orientiert.

Verluste mindern das Eigenkapital. Je **höher** das **Eigenkapital** eines Unternehmens, desto **stärker** ist es in der Lage, **Verlustrisiken abzudecken**. Dabei muss die Unternehmensleitung im Zuge einer subjektiven Schätzung festlegen, welche Relationen von Risikoerwartungswert zu Eigenkapital

$$\text{Risikotragfähigkeit (in Prozent)} = \frac{\text{Erwartungswert der Einzelrisiken}}{\text{Eigenkapital}} \, [\%]$$

als vertretbar gelten soll.

Risiken lassen sich

- **vermeiden** durch **Verzicht auf riskante Geschäfte** (z. B. keine Investitionen in Krisenstaaten)
- **vermindern** durch **Risikostreuung** bzw. **-diversifikation** („nicht alles auf eine Karte setzen"; z. B. Abhängigkeit von einem einzigen Großabnehmer vermeiden)
- **überwälzen** durch Übertragung auf Dritte (z. B. Abschluss einer **Feuerversicherung**).

Risikosteuerung

Beispiel:
Erwartungswert aller Einzelrisiken	5,0 Mio. EUR
Eigenkapital (EK)	1,0 Mio. EUR
Vertretbares Risiko z. B. 40 % von EK	0,4 Mio. EUR

vermeiden	vermindern	überwälzen	selbst tragen
3 Mio.	0,6 Mio.	1 Mio.	0,4 Mio.

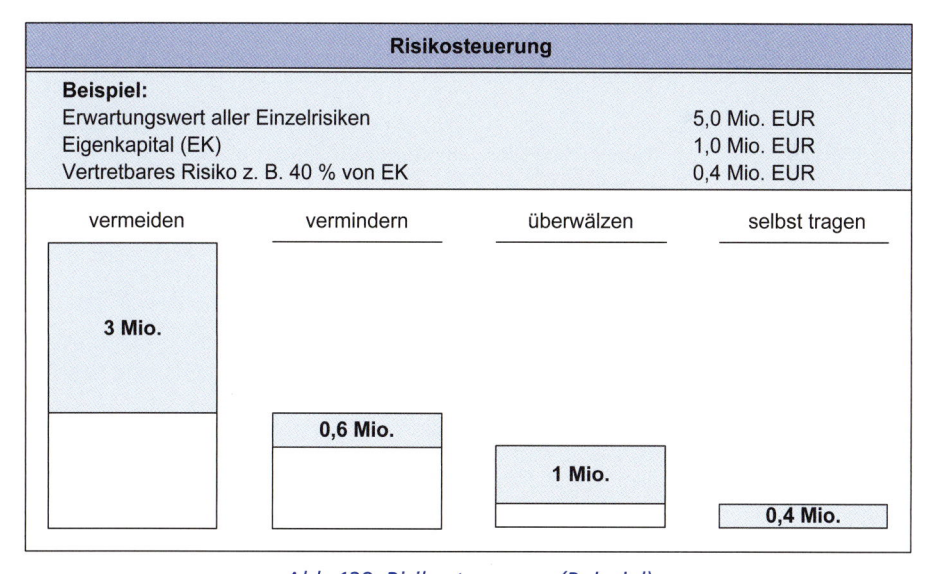

Abb. 128: Risikosteuerung (Beispiel)

Die Risikosteuerung (vgl. **Abb. 128**) verfolgt das Ziel, den Erwartungswert der Einzelrisiken auf das gewünschte Maß (im Beispiel: max. 40 % vom Eigenkapital) zu begrenzen. Übersteigt das verbleibende Risiko den (subjektiven) Grenzwert, bietet sich als Ausweg die Erhöhung des Eigenkapitals. Ein Beispiel findet sich im zugehörigen Übungsbuch. (**ÜB 2**/54–56)

(4) Risikokontrolle

Die Risiken unternehmerischer Tätigkeit unterliegen einem ständigen Wandel im Zeitablauf. Darum bedarf es einer permanenten Risikoüberwachung. Dabei muss festgestellt werden, ob

- zuvor identifizierte **Risiken** entfallen bzw. ob **neue Risiken eingetreten** sind
- zuvor **geschätzte Schadenshöhen** bzw. **Eintrittswahrscheinlichkeiten neu veranschlagt** werden müssen
- bisherige Annahmen zur **Risikotragfähigkeit** nach einer **zwischenzeitlichen Verringerung des Eigenkapitals** noch Bestand haben.

Zum Schluss ein Hinweis zur **Organisation des Risikomanagements**: Die Steuerung und Kontrolle von

- Einzelrisiken mit einem sehr hohen Erwartungswert (= **existenzgefährdende Risiken**) ist Aufgabe der **Unternehmensleitung**
- Einzelrisiken mit einem **mittleren Erwartungswert** ist Aufgabe der einzelnen **Geschäftsbereichsleitungen**.

Einzelrisiken mit einem sehr niedrigen Erwartungswert, z. B. Fall (a) in **Abb. 126** und **127**, können beim Risikomanagement gänzlich vernachlässigt werden.

8.5 Controllingbereiche

Hinsichtlich der Koordinationsfunktion berührt das Controlling zwei Bereiche:[1]

Koordinationsbereiche des Controllings	
8.5.1 Koordination zwischen verschiedenen Führungsteilsystemen	8.5.2 Koordination innerhalb einzelner Führungsteilsysteme

Abb. 129: Koordinationsbereiche des Controllings

8.5.1 Koordination zwischen verschiedenen Führungsteilsystemen

Der erste Anwendungsbereich des Controllings besteht in der **Koordination der verschiedenen Führungsteilsysteme** (Planung, Kontrolle, Organisation, Personalführung, Information) untereinander. Hierfür sind alle bestehenden Beziehungen zwischen den Teilbereichen

- zu erkennen,
- zu analysieren und
- zieloptimal aufeinander abzustimmen.

---

[1] Vgl. Ossadnik, W., Controlling, 2009, S. 31 ff.

Da es den Rahmen eines einführenden Lehrbuchs sprengen würde, detaillierter auf die einzelnen **Koordinationsaufgaben** einzugehen, sollen an dieser Stelle beispielhaft einige Koordinationserfordernisse aus Sicht des Planungssystems aufgezeigt werden. Die Planung als zentrales Führungselement ist untrennbar mit den anderen Teilsystemen verbunden, wodurch es einer

(1) Koordination der Planung mit der **Kontrolle**
(2) Koordination der Planung mit der **Information**
(3) Koordination der Planung mit der **Organisation**
(4) Koordination der Planung mit der **Personalführung**

bedarf.

Eine **(1) Koordination der Planung mit der Kontrolle** ist erforderlich, da Kontrollen nur im Zusammenhang mit vorhergehenden Planungen sinnvoll sind. Kontrolle im Sinne eines Soll-Ist-Vergleichs setzt Planung voraus, da es ohne Vorgabewerte (Sollwerte, Planwerte) keine Kontrolle geben kann. Dabei ist grundsätzlich jeder erstellte Plan auch einer Kontrolle zu unterziehen. Des Weiteren lösen Kontrollen (insb. bei Planabweichungen) neue, revidierte Planungen aus, wodurch ein weiterer Koordinationsbedarf zwischen Kontrolle und Planung entsteht.

Planung als informationsverarbeitender Prozess benötigt – wie alle anderen Führungsteilsysteme auch – Informationen als Arbeitsgrundlage. Insofern ist eine **(2) Koordination der Planung mit dem Informationssystem** vorzunehmen. Diese Abstimmung hat über

- die Erfassung des Informationsbedarfs
- die Auswahl und den Einsatz geeigneter Instrumente der Informationserzeugung
- die Gestaltung des Berichtswesens (Standard-, Abweichungs- und Bedarfsberichte)

zu erfolgen.

Weiterhin ist die Planung zu organisieren, wodurch eine **(3) Koordination der Planung mit der Organisation** erforderlich wird. Hierbei sind zum einen ablauforganisatorische Regelungen (z. B. Planrahmen zur sachlichen Koordination, Planungsprinzipien zur zeitlichen Koordination) und zum anderen aufbauorganisatorische Maßnahmen (z. B. Hierarchiebildung oder Gruppenbildung der Planungsträger) zu treffen.

Schließlich hat auch eine **(4) Koordination der Planung mit der Personalführung** stattzufinden. Dies kann z. B. durch die Verabschiedung allgemeiner Planungsrichtlinien, die Förderung der Kommunikation oder über Anreizsysteme geschehen.

8.5.2 Koordination innerhalb einzelner Führungsteilsysteme

Das Controlling bezieht sich nicht nur – wie **Abb. 115** vermuten lassen könnte – auf Koordinationsaufgaben zwischen den Teilsystemen, sondern erstreckt sich auch auf **Koordinationsaufgaben innerhalb der Teilbereiche**. Jedes Teilsystem für sich besteht wiederum aus verschiedenen Komponenten, die untereinander abzustimmen sind.

Abb. 130 nennt beispielhaft einige Controlling-Fragestellungen, die innerhalb eines Führungsteilsystems zu beantworten sind.

Koordinationsaufgaben des Controllings innerhalb der Führungsteilsysteme	

Planung	• Koordination der Planungsziele
	  ◦ Welche Ziele existieren?
	  ◦ Welche Beziehungen bestehen zwischen den Zielen?
	  ◦ Wie sind Zielkonflikte zu lösen?
	• Koordination der Planungsgegenstände und -bereiche
	  ◦ Wie sind die Pläne innerhalb einer Periode abzustimmen?
	  ◦ Wie sind die Pläne zwischen den Perioden abzustimmen?
	  ◦ Wie sind strategische, taktische und operative Planung aufeinander abzustimmen?
	  ◦ Soll zentral oder dezentral geplant werden?
	  ◦ Soll simultan oder sukzessiv geplant werden?

Kontrolle	• Welche Kontrollen sind durchzuführen? • Wer soll die Kontrollen durchführen? • Wann sind die Kontrollen durchzuführen?
Information	• Wie können Buchhaltung, Kostenrechnung, Investitionsrechnung und Finanzierungsrechnung inhaltlich und datentechnisch aufeinander abgestimmt werden?
Organisation	• Wie sind die Aufbau- und die Ablauforganisation aufeinander abzustimmen?
Personalführung	• Wie sind die Führungsprinzipien und Führungsinstrumente aufeinander abzustimmen?

Abb. 130: Beispiele für das Controlling innerhalb der Führungsteilsysteme

8.6 Controllinginstrumente

8.6.1 Überblick

Unternehmensführung ist ein ganzheitlicher Prozess, der die Teilsysteme
- Information
- Planung
- Organisation
- Personalführung
- Kontrolle

umfasst. Controlling steht im Dienste erfolgreicher Unternehmensführung, indem es diese Teilsysteme zielorientiert koordiniert. Bei dieser Koordinationsaufgabe kommen unterschiedliche Instrumente zum Einsatz. Man unterscheidet zwischen (vgl. **Abb. 131**)

- **isolierten Koordinationsinstrumenten**, die nur einen Systembereich berühren (z. B. Personalanreizsysteme, Planungsmodelle),
- **übergreifenden Koordinationsinstrumenten**, die in allen Teilsystemen einsetzbar sind.

Übergreifende Koordinationsinstrumente
- 8.6.2 Budgetierungssysteme
- 8.6.3 Kennzahlen- und Zielsysteme
- 8.6.4 Verrechnungs- und Lenkungspreise

Informations-instrumente	Planungs-instrumente	Organisations-instrumente	Personal-führungs-instrumente	Kontroll-instrumente
Informationsbedarfsanalyse Kosten- und Erlösrechnung Investitionsrechnung u. a.	Sukzessive und simultane Planungsmodelle u. a.	Aufgaben- und Kompetenzenverteilung Koordinationsorgane Formale Kommunikationsstruktur u. a.	Führungsprinzipien Schaffung informeller Beziehungen u. a.	Überwachungsinstrumente Abweichungsanalyse u. a.

Isolierte Koordinationsinstrumente

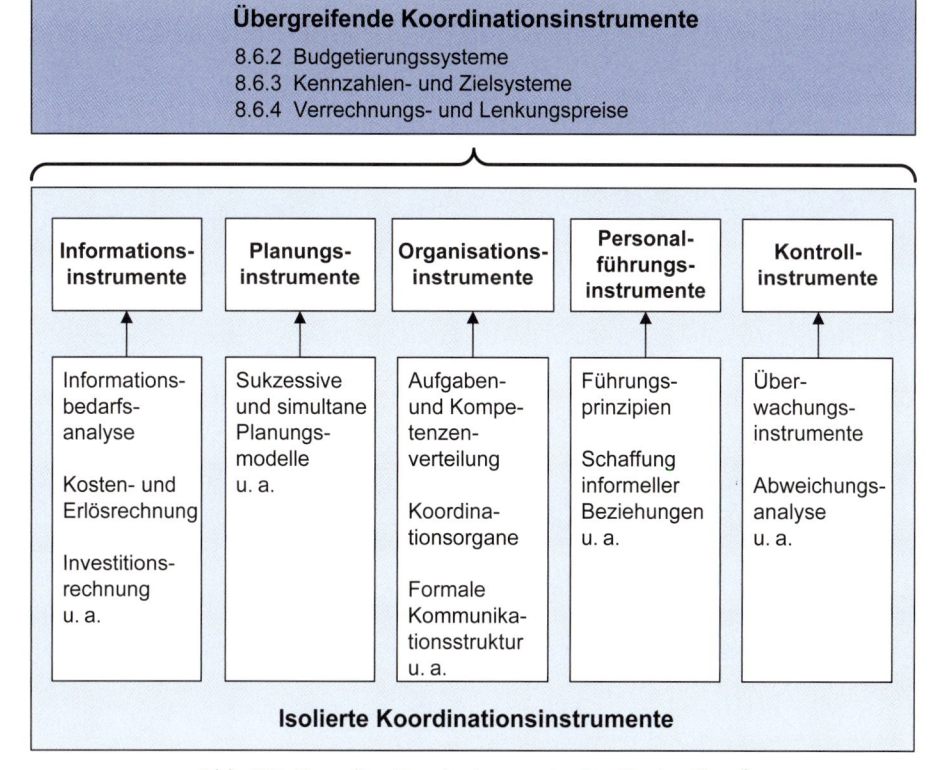

Abb. 131: Koordinationsinstrumente des Controllings[1]

Nur Kleinunternehmen lassen sich zentral steuern. Mit zunehmender Unternehmensgröße wächst der Druck zur Dezentralisation. Dabei haben die **übergreifenden Koordinationsinstrumente**[2], die im Folgenden kurz vorgestellt werden, die Aufgabe, **nachgeordneten Entscheidungseinheiten** eine **Richtschnur für unternehmenszielorientiertes Handeln** zu liefern.

8.6.2 Budgetierung

Ziel der Budgetierung ist die dezentrale Steuerung von Organisationen. Die Unternehmensleitung verzichtet auf die Vorgabe konkreter Handlungsanweisungen an nachgeordnete Stellen. Erwartet wird nur die Einhaltung eines Budgets. Innerhalb des Budgets hat der Budgetverantwortliche weitgehende Wahlfreiheit bei seinen Sachentscheidungen.

> Das **Budget** ist eine vorgegebene Wertgröße (meist ein Geldbetrag), die vom Budgetverantwortlichen einzuhalten ist.

---

[1] In Anlehnung an Küpper, H.-U. et al., Controlling, 2013, S. 47.
[2] Die wichtigsten isolierten Koordinationsinstrumente werden im jeweiligen Sachzusammenhang an anderer Stelle (vgl. Stichwortverzeichnis) dargestellt.

In Behörden, aber auch in Non-Profit-Organisationen versteht man unter Budgetierung die Zuordnung finanzieller Ressourcen zu einzelnen Entscheidungseinheiten. In erwerbswirtschaftlich ausgerichteten Unternehmen ist die Budgetierung **Bestandteil gewinnorientierter Planung**. Inhalt einer Budgetvereinbarung mit einer nachgeordneten Unternehmenseinheit (Funktionsbereich, Abteilung, Stelle) kann die

- **Einhaltung eines Ausgabenrahmens** (z. B. Kostenbudget)
- **Erzielung von Mindesteinnahmen** (z. B. Leistungsbudget)
- **Erwirtschaftung von Mindestdeckungsbeiträgen** (z. B. Erfolgsbudget)

sein.

Die Budgetierung hat verschiedene **Funktionen**:

(1) **Planung**: Mit Hilfe des Budgets soll die künftige Unternehmensentwicklung festgelegt werden.

(2) **Koordination**: Die einzelnen Budgetvorgaben werden aus dem wertorientierten Unternehmensziel abgeleitet. Engpässe werden im Voraus erkannt, Teilpläne aufeinander abgestimmt.

(3) **Motivation**: Budgetvorgaben sollen Ansporn zur Leistungssteigerung sein. Übererfüllung des Solls kann in unterschiedlichen Formen belohnt werden.

(4) **Kontrolle**: Durch Soll-Ist-Vergleich können Planabweichungen frühzeitig erkannt und Gegenmaßnahmen eingeleitet werden.

Budgets werden für bestimmte Unternehmensbereiche vorgegeben. Die Gesamtheit aller aufeinander abgestimmten Einzelbudgets (z. B. Materialkosten-, Absatz-, Verwaltungs- und Vertriebs-, Investitionsbudget) wird als **Budgetierungssystem** bezeichnet. Je nach Ableitungsrichtung der Budgets kann das Top-down-, das Bottom-up- und das Gegenstromverfahren angewendet werden.[1]

Beim **Top-down-Verfahren** erstellt die Unternehmensleitung die Planbilanz und die Plan-GuV. Hieraus werden die Bereichsbudgets abgeleitet.

Abb. 132 zeigt die Budgetierung nach dem Top-down-Verfahren. Die **Bereichsbudgets** ergeben sich aus der Vorgabe, einen Erfolg von 500.000 EUR zu erreichen. Am Beispiel des Marketingbudgets im Hinblick auf die Umsatzvorgabe für ein neues Produkt wird deutlich, dass der Budgetverantwortliche auf der mittleren oder unteren Führungsebene bei der Auswahl der Entscheidungsalternativen (innerhalb der Budgetgrenzen) grundsätzlich frei ist. Allerdings muss er auch seine Vorgaben durch die Leistungsbudgets beachten. Da diese häufig bei der Erfüllung bzw. Übererfüllung an Bonuszahlungen gekoppelt sind, wird der Budgetverantwortliche angehalten, bei der Auswahl der Maßnahmen möglichst rational im Sinne des unternehmerischen Oberziels zu entscheiden.

Die Auswahl der Maßnahmen wird in einem Aktionsplan festgeschrieben. Dieser wird wiederum mit den Vorgaben der Budgets abgestimmt. Im Beispiel wählt der Budgetverantwortliche die drei effizientesten Maßnahmen und nutzt dabei sein Kostenbudget in Höhe von 60.000 EUR voll aus. Gleichzeitig gelingt es ihm gemäß Prognose, die Vorgabe seines Leistungsbudgets von 100.000 EUR für das neue Produkt zu erfüllen.

---

[1] Zu den Stärken und Schwächen dieser drei Planungsverfahren vgl. S. 77 ff.

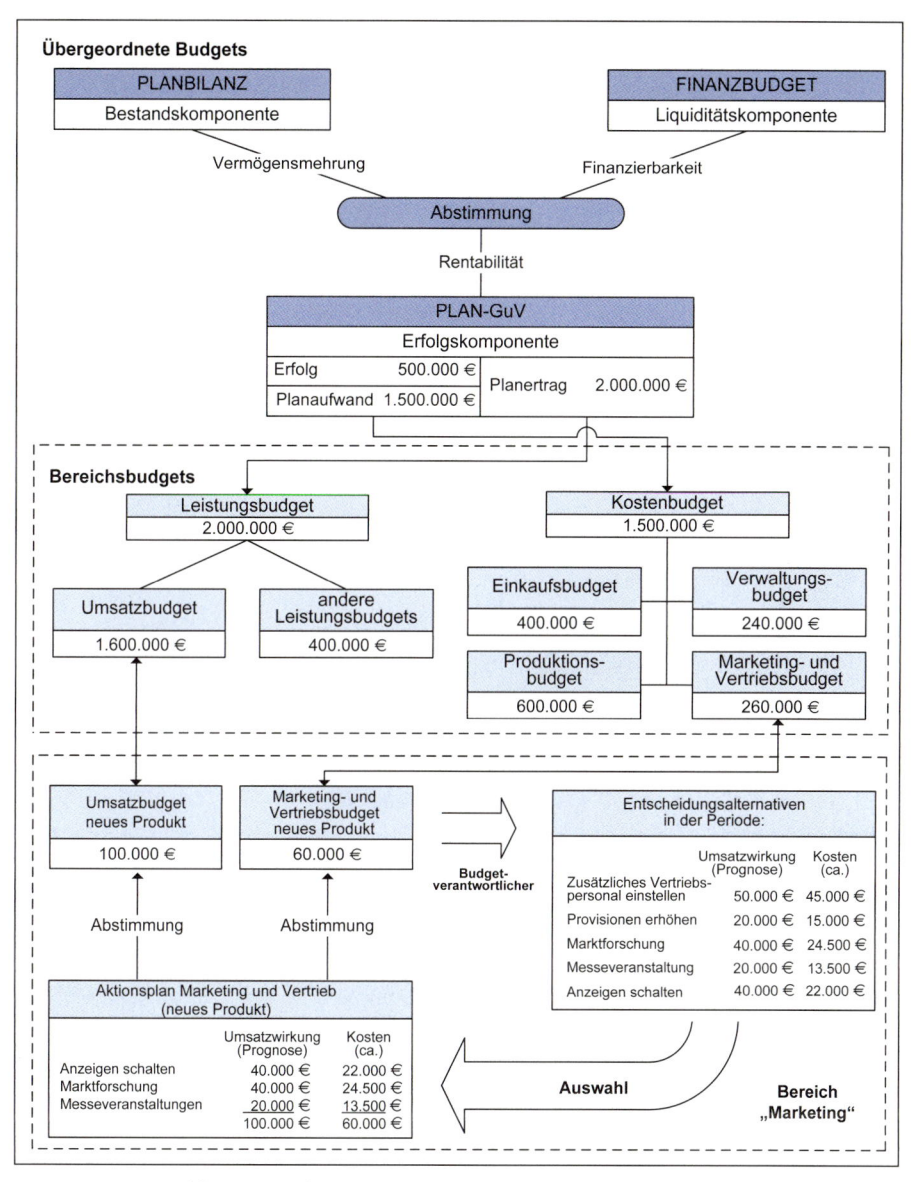

Abb. 132: Budgetierung nach dem Top-down-Verfahren

Das **Bottom-up-Verfahren** geht bei der Budgetierung den umgekehrten Weg: Die Unternehmensleitung vereinbart mit den Budgetverantwortlichen der unteren und mittleren Führungsebene Einzelbudgets. Aus diesen von der unteren Führungsebene stammenden Basisinformationen werden durch Zusammenfassung und Verdichtung die Plan-GuV und die Planbilanz abgeleitet. Diese wiederum sind Grundlage zur Überprüfung der bisherigen strategischen Rahmenplanung durch die Unternehmensleitung.

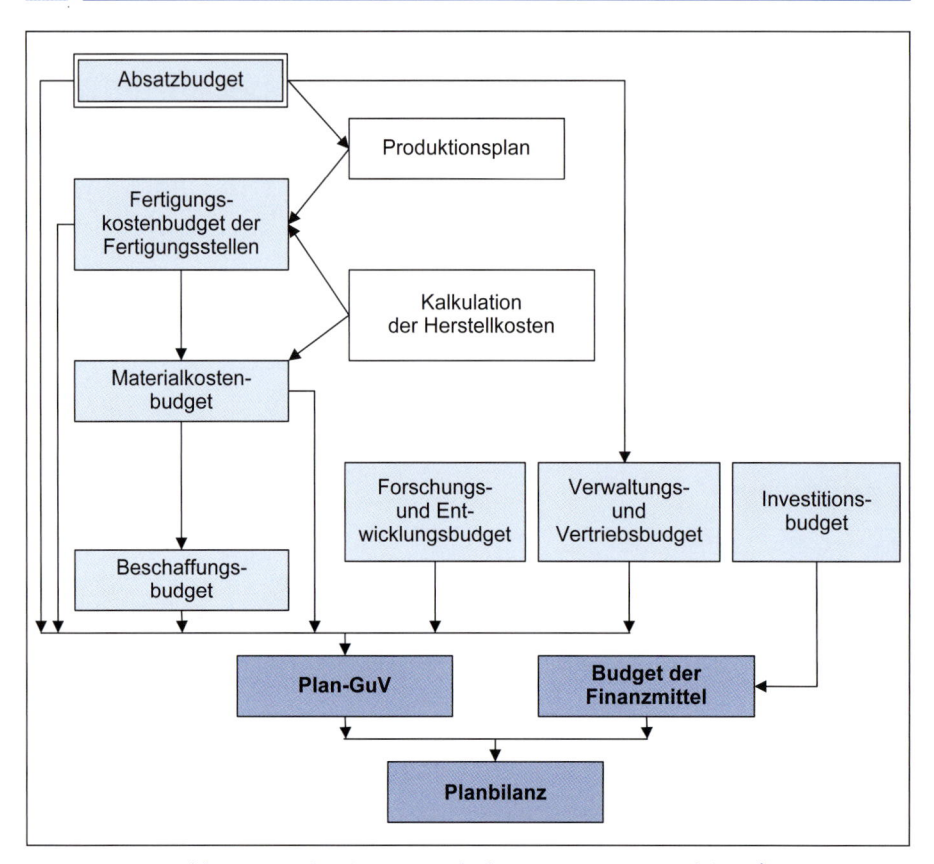

Abb. 133: Budgetierung nach dem Bottom-up-Verfahren[1]

Im Absatzbudget werden Produktarten mit dazugehörigen Absatzmengen und Absatzpreisen geplant. Produktarten und -mengen sind die Basis des Produktionsplans. Aus diesem wiederum werden die Kostenbudgets der einzelnen Kostenstellen abgeleitet. Planerlöse und Plankosten/-aufwand werden dann in der Plan-GuV zusammengeführt und mit dem Finanzmittelbudget und der Planbilanz abgestimmt.

Hinsichtlich der **Geltungsdauer von Budgets** unterscheidet man zwischen Mehrjahresbudgets, Jahresbudgets und Monatsbudgets. Mit abnehmender Geltungsdauer steigt der Präzisierungs- und Verbindlichkeitsgrad von Budgets.[2]

Ungeachtet ihrer großen praktischen Bedeutung liegen in der Budgetierung auch **Gefahren**:

(1) Ausweichreaktionen der Budgetverantwortlichen

- *Budgetary slack* = Vereinbarung „komfortabler" Budgetvorgaben
- *Budget wasting* = Unsinnige Ausgaben zur Sicherung des bisherigen Budgets („Dezemberfieber")
- *Budget-Schere* = Notwendige Maßnahmen unterbleiben aufgrund restriktiver Budgets

---

[1] In Anlehnung an Horváth/Gleich/Seiter, Controlling, 2015, S. 123.
[2] Vgl. Ossadnik, W., Controlling, 2009, S. 228.

(2) Vernachlässigung des Unternehmensziels

- *Number game* = Das „Zahlenspiel" vernachlässigt aufgrund eingeschränkter Sichtweise langfristige Erfolgspotentiale
- *Budget-Egoismus* = Budgetverantwortliche vernachlässigen Effekte auf andere Budgetbereiche

Angesichts solcher Schwächen des Budgetierungsmodells ist es nicht verwunderlich, dass Wissenschaft und Praxis weitere Controllinginstrumente entwickelt haben.

8.6.3 Kennzahlen und Kennzahlensysteme

8.6.3.1 Kennzahlen

> Unter **Kennzahlen** werden Zahlen verstanden, die quantitativ messbare Sachverhalte in aussagekräftiger, komprimierter Form wiedergeben.

Bereich	Kennzahl	Formel
Materialwirtschaft	Reichweite der Vorräte	$= \dfrac{\text{Lagerbestand}}{\varnothing \text{ Verbrauch/Tag}}$ [Tage]
	Umschlaghäufigkeit	$= \dfrac{\text{Verbrauchsmenge/Periode}}{\varnothing \text{ Lagerbestand}}$ [Häufigkeit]
Personalwirtschaft	Krankenstand	$= \dfrac{\text{Zahl krankheitsbedingter Ausfalltage}}{\text{Jahresmenge}}$ [%]
	Fluktuationsquote	$= \dfrac{\text{Ausgeschiedene Mitarbeiter/Periode}}{\varnothing \text{ Mitarbeiterzahl}}$ [%]
Produktionswirtschaft	Ausschussquote	$= \dfrac{\text{Ausschuss/Periode}}{\text{Produktionsmenge/Periode}}$ [%]
	Deckungsbeitrag	$=$ Umsatzerlöse − Variable Kosten
Marketing	Marktanteil	$= \dfrac{\text{Eigenes Umsatzvolumen}}{\text{Volumen Gesamtmarkt}}$ [%]
	Exportquote	$= \dfrac{\text{Auslandsumsatz}}{\text{Gesamtumsatz}}$ [%]
Investition	Gesamtkapitalrentabilität	$= \dfrac{\text{Gewinn + FKZ}}{\text{EK + FK}}$ [%]
	EVA	$=$ Unternehmensergebnis $(E-A)$ − Kapitalkosten $(K \cdot i)$ [EUR]
Finanzierung	Eigenkapitalquote	$= \dfrac{\text{EK}}{\text{Gesamtkapital}}$ [%]
	Schuldentilgungsdauer	$= \dfrac{\text{FK}}{\text{Cash Flow}}$ [Tage]

Abb. 134: Beispiele von Kennzahlen

Kennzahlen haben eine

- **Informationsfunktion**
- **Steuerungsfunktion**.

Im Rahmen der **Informationsfunktion** sollen Daten bereitgestellt werden, die zur Fundierung betrieblicher Entscheidungen benötigt werden. Hierbei sind Kennzahlen, wie in **Abb. 134** dargestellt, hilfreich.

Zur Informationsauswertung bedient man sich z. B. des

- **Zeitreihenvergleichs**
- **Betriebs- oder Branchenvergleichs**.

Beim **Zeitreihenvergleich** wird festgestellt, ob sich eine Größe (z. B. Gesamtkapitalrentabilität oder Ausschussquote) im Zeitverlauf erhöht oder verringert hat. Beim **Betriebs- oder Branchenvergleich** geht es um die Frage, ob der eigene Krankenstand oder der eigene Verschuldungsgrad gemessen am Branchendurchschnitt hoch oder niedrig ist.

Im Rahmen der **Steuerungsfunktion** haben Kennzahlen nicht nur einen Informationswert, sondern **Vorgabecharakter**. Im Zuge der Dezentralisation trifft die Unternehmensleitung mit nachgeordneten Unternehmensbereichen Zielvereinbarungen.

> **Beispiel**
> Personal: Senke Krankenstand von 5 auf 4 Prozent.
> Produktion: Senke Ausschussquote von 3 auf 1 Prozent.
> Marketing: Steigere Exportquote von 8 auf 10 Prozent.
> Finanzierung: Steigere Eigenkapitalquote von 12 auf 14 Prozent.

Die im Rahmen der Steuerungsfunktion vorgegebenen Kennzahlen sollen dreierlei bewirken:

- **Motivation** (= Anreiz zum Erreichen oder Übertreffen der Vorgaben)
- **Leistungskontrolle** (durch Soll-Ist-Vergleich)
- **Koordination** (= Verknüpfung von Kennzahlen mit dem Unternehmensziel).

Im letzten Punkt geht es darum, aus dem unternehmerischen Gesamtziel (z. B. Maximierung der Eigenkapitalrentabilität) auf der operationalen Ebene Teilziele abzuleiten und den Grad der jeweiligen Teilzielerreichung durch eine entsprechende Kennzahl abzubilden. In Anlehnung an das Zielsystem der Unternehmung werden Einzelkennzahlen zu einem Kennzahlensystem verknüpft.

8.6.3.2 ROI-Kennzahlensystem

Ein bekanntes Kennzahlensystem ist das 1919 vom Chemiekonzern DuPont entwickelte **DuPont-Schema**. Im Mittelpunkt steht der sog. Return on Investment (ROI), der den Operating Profit,[1] hier bezeichnet als Gewinngröße G, ins Verhältnis zum eingesetzten Gesamtkapital GK setzt. Diese „Spitzenkennzahl" wird durch mathematische Umformung unter Berücksichtigung der Umsatzerlöse U in die Kennzahlen „Umsatzrentabilität" (G/U) und „Kapitalumschlag" (U/GK) zerlegt:

$$ROI = \frac{G}{GK} = \frac{G}{GK} \cdot 1 = \frac{G}{GK} \cdot \frac{U}{U} = \frac{G}{U} \cdot \frac{U}{GK}$$

---

[1] Zum Operating Profit (Betriebsergebnis) vgl. S. 786 f.

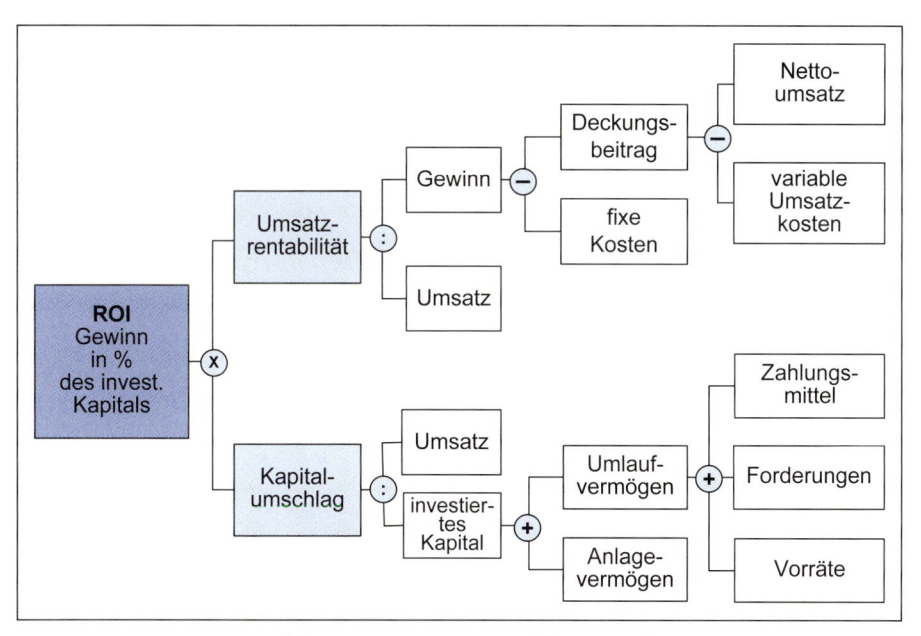

Abb. 135: DuPont-Kennzahlensystem[1]

Die weiterführende Aufspaltung der Kennzahlen „Umsatzrentabilität" und „Kapitalumschlag" erlaubt eine systematische Analyse der Haupteinflussfaktoren auf die Zielgröße ROI. Durch Vorgabe von Plankennzahlen wird damit eine Koordination der Unternehmensplanung ermöglicht.

8.6.3.3 Balanced Scorecard

Die Kapitalmärkte reagieren sehr schnell: Die Veröffentlichung eines schlechteren Quartalsergebnisses lässt die Aktienkurse fallen und die Manager um ihren Job fürchten. Somit besteht die Gefahr, dass das Management seine Entscheidungen weniger an langfristigen Zielen (Steigerung des Shareholder Value) als vielmehr an kurzfristigen Ergebnisziffern (Quartalsumsätze, Quartalsergebnisse) ausrichtet. Der Aufbau langfristiger Erfolgspotentiale – strategisches Denken schlechthin – wird dann zugunsten einer kurzatmigen Geschäftspolitik verdrängt.

Kaplan/Norton[2] erkannten die Gefahr, dass eine reine Controlling-Ausrichtung an Finanzzielen und **Finanzkennzahlen** zur **Überbewertung kurzfristiger Ergebnisziele** führen kann, und entwickelten die sog. Balanced Scorecard. Anders als ein reines Finanzkennzahlensystem soll die Balanced Scorecard auch Orientierungsgrößen zur Realisierung strategischer Ziele (z. B. Kundenbindung, Mitarbeiterqualifikation, Forschung und Entwicklung) liefern. Nichtfinanzielle Kennzahlen werden berücksichtigt, sofern sie in einem Kausalzusammenhang mit finanziellen Unternehmenszielen stehen. Wenn beispielsweise eine höhere Kundenzufriedenheit zu einer höheren Kundenbindung und damit zu gesichertem Absatz und Erlösen führt, spielt diese Kennzahl eine wichtige Rolle.

---

[1] Verkürzt entnommen aus Horváth/Gleich/Seiter, Controlling, 2015, S. 292.
[2] Vgl. Kaplan/Norton, Balanced Scorecard, 1996.

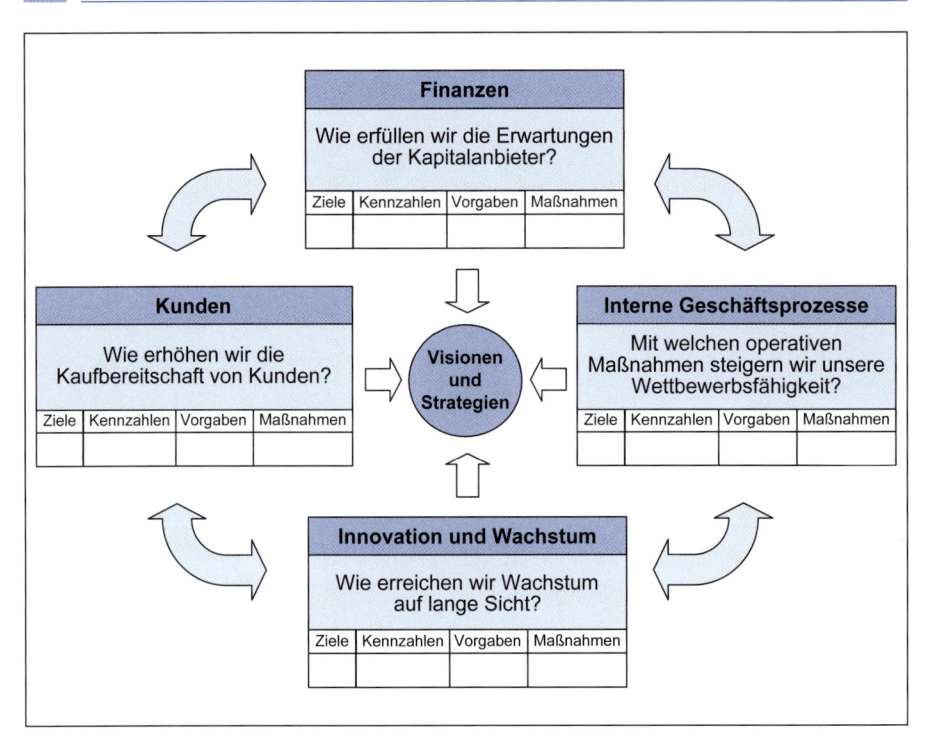

Abb. 136: Perspektiven der Balanced Scorecard

> Die **Balanced Scorecard** soll eine Balance ermöglichen zwischen strategischen und operativen, externen und internen, kurz- und langfristigen, quantitativen und qualitativen sowie vergangenheits- und zukunftsorientierten Größen.

Bei der Balanced Scorecard wird kein explizites Kennzahlensystem (wie beim ROI-System) vorgegeben. Vielmehr werden vier **Perspektiven** unterschieden (**Abb. 136**):

Die **finanzielle Perspektive** dient zur Orientierung der anderen Perspektiven (Oberziel aller Perspektiven). Mit diesem Bereich sollen Ziele wie die Steigerung der Ertragskraft oder des Shareholder Value erreicht bzw. berücksichtigt werden. Messgrößen können Kennzahlen wie Umsatzwachstum, Cash Flow, Kostensenkung oder Rentabilität sein.

Die **kundenbezogene Perspektive** zeigt auf, durch welche Leistungen Stammkunden gebunden und neue Kunden gewonnen werden können. Mögliche Ziele in diesem Bereich können sein: Marktanteile erhöhen, Produktinnovationen entwickeln, Kundenzufriedenheit verbessern etc. Zur Darstellung dieses Bereichs werden Kennzahlen wie z. B. Marktanteil, Wiederkaufsraten, Abwanderungsraten verwendet.

Die **interne Prozessperspektive** bildet die wichtigsten Merkmale der Geschäftsprozesse des Unternehmens ab. Hier geht es um **Effizienzverbesserungen** im **operativen Geschäft**. Es kann sich um Vorgaben zur Verbesserung der Organisationsstruktur und des Personaleinsatzes, zur Rationalisierung von Fertigungsabläufen u. a. handeln. Als Kennzahlen kommen in Betracht: Verwaltungskostenquote, Personalaufwandsquote, Durchlaufzeiten, Ausschussquote usw.

Die **Innovations- und Wachstumsperspektive** identifiziert die Infrastruktur, die aus strategischer Sicht das Unternehmen aufbauen muss, um **Wachstum** und eine Verbesserung seiner Wettbewerbsposition zu ermöglichen. Hier können die Ziele die Bereiche Leistungsfähigkeit des Informationssystems, Stärkung von Forschung und Entwicklung oder die Personalentwicklungsplanung und langfristige Weiterbildung des Stammpersonals betreffen. Solche Ziele können durch Kennzahlen wie Forschungskostenquote, Produktinnovationsquote, Fluktuationsrate u. Ä. abgebildet werden.

Zwischen den einzelnen Perspektiven bestehen **Ursache-Wirkungsbeziehungen**, die bei der Implementierung der Balanced Scorecard zu berücksichtigen sind. So führt eine Forcierung von Forschung und Entwicklung zunächst zu einer Reduzierung des Cash Flows, später aber über die Gewinnung neuer Käuferschichten und eine Steigerung des Umsatzvolumens zu einer Erhöhung des Cash Flows. Die Balanced Scorecard ist somit nicht nur als ein Kennzahlensystem zu verstehen. Sie soll vielmehr als „**Managementsystem**" ein Bindeglied zwischen der Entwicklung einer Strategie und ihrer Umsetzung sein.[1]

8.6.4 Verrechnungs- und Lenkungspreise

In einem Unternehmen mit stufenweiser Fertigung hat man einen Güter- und Leistungsfluss entlang der Wertschöpfungskette zu beobachten. Zur dezentralen Steuerung können solche Unternehmen in **eigenständige Entscheidungs- und Abrechnungseinheiten**, sog. **Profitcenter**[2], aufgeteilt werden. Jede Produktionsstufe bildet eine Abrechnungseinheit. Lieferungen von einer Fertigungsstufe zur nächsten werden zu Verrechnungspreisen abgerechnet. In Höhe des Verrechnungspreises entsteht

- Ertrag bei der liefernden Abteilung
- Aufwand bei der empfangenden Abteilung.

Verrechnungspreise sind ein Controllinginstrument, das mehrere **Funktionen** zu erfüllen hat:

- **Erfolgsermittlungsfunktion**
  Der Erfolg eines Profitcenters hängt (auch) von der Höhe der Verrechnungspreise für empfangene und abgegebene Leistungen ab.
- **Motivations- und Anreizfunktion**
  Über Verrechnungspreise soll für die Bereichsleiter ein Anreiz zur Steigerung des Bereichsergebnisses gegeben werden.
- **Koordinationsfunktion**
  Die Verrechnungspreise sollen so beschaffen sein, dass die (dezentralen) Entscheidungen der Bereichsleiter nicht zum größtmöglichen Bereichserfolg führen. Vielmehr sollen die knappen Ressourcen durch Verrechnungspreise so gesteuert werden, dass sie zum maximalen Gesamterfolg des Unternehmens führen. Deshalb wird auch von **Lenkungspreisen** gesprochen.

---

[1] Vgl. Weber/Schäffer, Controlling, 2014, S. 197 ff.
[2] Vgl. S. 112.

Bei der Festlegung von Verrechnungspreisen kann man sich an **unterschiedlichen Wertgrößen** orientieren:[1]

```
                        Verrechnungspreise
                 ┌─────────────┴─────────────┐
            marktorientiert              kostenorientiert
                 │                   ┌─────────┴─────────┐
          Marktpreis des       Vollkosten des      Grenzkosten des
          Zwischenprodukts    Zwischenprodukts    Zwischenprodukts
```

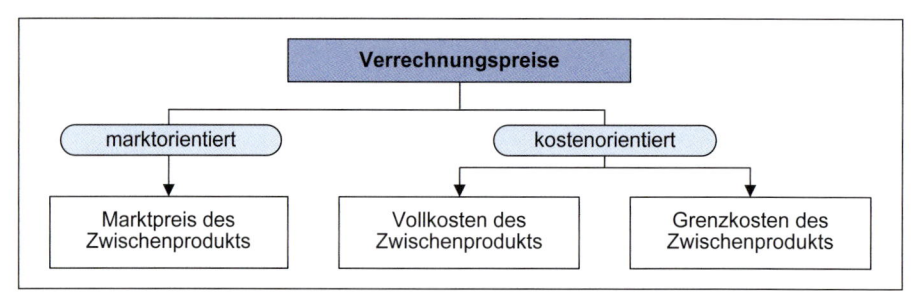

Abb. 137: Arten von Verrechnungspreisen

Der Verrechnungspreismechanismus lässt sich an einem dreistufigen Fertigungsprozess mit Orientierung an Marktpreisen der Zwischenprodukte I und II folgendermaßen veranschaulichen:

Potentielle Zulieferer
- Zwischenprodukt I – Marktpreis 15
- Zwischenprodukt II – Marktpreis 22

Lieferant → Vorprodukt → **Unternehmen** → **Abnehmer** → Endprodukt

Unternehmensbereich I:
- Verrechnungspreis 15
- ./. Bezugspreis 12
- Rohgewinn 3
- ./. Kosten 2
- Gewinn 1

Unternehmensbereich II:
- Verrechnungspreis 22
- ./. Bezugspreis 15
- Rohgewinn 7
- ./. Kosten 4
- Gewinn 3

Unternehmensbereich III:
- Verkaufspreis 24
- ./. Bezugspreis 22
- Rohgewinn 2
- ./. Kosten 2
- Gewinn 0

Wertschöpfungskette →

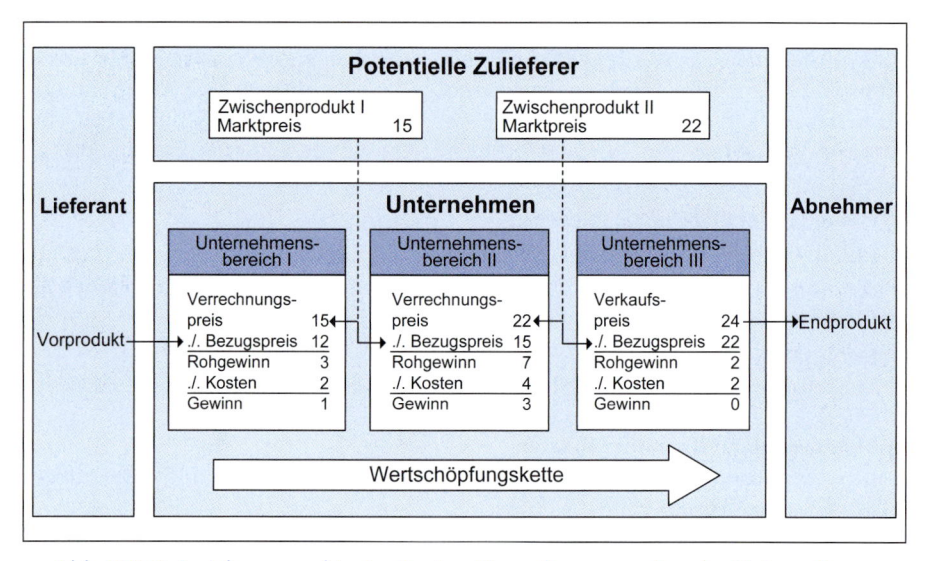

Abb. 138: Beispiel von marktorientierten Verrechnungspreisen im Unternehmen

Unternehmensbereich I verarbeitet ein von außen bezogenes Vorprodukt zum Zwischenprodukt I, das an den Unternehmensbereich II geliefert wird. Bereich II hat die Möglichkeit, das Zwischenprodukt I entweder unternehmensintern zum Verrechnungspreis oder unternehmensextern zum Marktpreis von 15 zu erwerben. Bei marktorientierter Verrechnungspreisermittlung liefert I an II zum Verrechnungspreis von 15. Fallen im Unternehmensbereich I variable Bearbeitungskosten von 2/Stück an, dann erwirtschaftet das Zwischenprodukt I einen Stückdeckungsbeitrag von 1.

---

[1] Zur Eignung der verschiedenen Verrechnungspreisarten siehe Ewert/Wagenhofer, Unternehmensrechnung, 2014, S. 565 ff.

C. Konstitutive Entscheidungen

Inhaltsüberblick

1. Wahl der Rechtsform 205
2. Wechsel der Rechtsform 234
3. Zusammenschluss von Unternehmen 237
4. Wahl des Standorts 255
5. Liquidation 262

Unternehmerische Tätigkeit beginnt mit der **Gründung** und endet mit der **Liquidation**, d. h. der Geschäftsaufgabe.

> Als **konstitutive Entscheidungen** bezeichnet man Führungsentscheidungen, die für das Unternehmen von grundlegender Bedeutung sind und die einmalig oder sehr selten zu treffen sind.

Die Gründung eines Unternehmens beruht auf einer Führungsentscheidung von Eigenkapitalgebern. Dazu gehören die Erstellung eines Geschäftsplans, eines Organisationsplans, eines Finanzierungsplans, die Wahl der Rechtsform und eine Entscheidung für den Unternehmensstandort. In diesem Unterabschnitt C ist auf die **Rechtsformwahl** und die **Standortentscheidung** näher einzugehen.[1]

Im Laufe der Zeit kann sich die gewählte Rechtsform, z. B. nach Eintritt des Erbfalls in der Gründerfamilie, als unzweckmäßig erweisen. Damit stellt sich die Frage nach dem **Wechsel der Rechtsform**.

Veränderte Bedingungen auf den Absatz- und Beschaffungsmärkten können ein Unternehmen veranlassen, mit einem anderen Unternehmen eine zeitlich befristete oder eine dauerhafte Form der Kooperation einzugehen. Damit gehört auch der **Zusammenschluss von Unternehmen** zu den konstitutiven Führungsentscheidungen.

1. Wahl der Rechtsform[2]

1.1 Ziele und Auswahlkriterien der Rechtsformwahl

Zu einer **Unternehmensgründung** gehört mindestens dreierlei: Eine **Geschäftsidee**, **Managementkompetenz** und **Eigenkapital**. Weil der Eigenkapitalgeber das volle unternehmerische (Verlust-)Risiko übernimmt, bezeichnet man ihn als Unternehmer.

---

[1] Zur strategischen Geschäftsplanung vgl. S. 75 f. und S. 81 ff.; zur Organisationsplanung vgl. S. 98 ff.; zur Finanzplanung vgl. S. 523 ff.

[2] Eine didaktisch gelungene Aufbereitung der teilweise komplexen Rechtsmaterie bietet Klunzinger, E., Gesellschaftsrecht, 2012.

In der Mehrzahl der Fälle wählen Existenzgründer die Rechtsform der Einzelunternehmung. Leitungs-, Kontroll- und Risikoübernahmefunktion (als Eigenkapitalgeber) liegen dabei in einer Hand. Finden sich hingegen mehrere Eigenkapitalgeber zur Gründung eines Unternehmens zusammen, müssen sie die Frage beantworten, wie sie die Rechtsbeziehungen untereinander und zu Dritten regeln wollen.

> Gegenstand der Wahl der **Rechtsform** ist die Regelung der Rechtsbeziehungen zwischen den Gesellschaftern (Innenverhältnis) und der Rechtsbeziehungen zwischen dem Unternehmen und den anspruchsberechtigten Stakeholdern (Außenverhältnis).

Wie jede unternehmerische Entscheidung orientiert sich die Wahl der Rechtsform am unternehmerischen Oberziel, üblicherweise also am Ziel langfristiger Gewinnmaximierung (nach Steuern). Bei der Wahl der Rechtsform sind dann alle Sachverhalte zu berücksichtigen, die die Zielgröße „Gewinn nach Steuern" beeinflussen. Diese **zielbeeinflussenden Sachverhalte** kann man als **Auswahlkriterien** bezeichnen.

Ziel: Langfristige Gewinnmaximierung nach Steuern
Auswahlkriterien: (1) Leitungs- und Kontrollbefugnis (2) Haftungsumfang der Eigenkapitalgeber (3) Gewinn-/Verlustbeteiligung (4) Finanzierungsmöglichkeiten (5) Publizität, Prüfung und Mitbestimmung der Arbeitnehmer (6) Steuerbelastung

Abb. 139: Ziel und Auswahlkriterien der Rechtsformwahl

(1) Leitungs- und Kontrollbefugnis

Bei **eigentümergeführten Unternehmen** liegt die Leitungs- und Kontrollfunktion bei einem (oder wenigen) Eigenkapitalgeber(n). **Großunternehmen** werden dagegen meistens von angestellten Managern geführt. Die Eigenkapitalgeber haben nur noch (eingeschränkte) Kontrollrechte. Für beide Funktionstypen[1] bietet die Rechtsordnung geeignete Rechtsformen.

(2) Haftungsumfang der Eigenkapitalgeber

> Der Grundsatz unbeschränkter **Haftung** besagt, dass jede Person für ihre Verbindlichkeiten mit ihrem gesamten Vermögen haftet.

Demnach haftet der Einzelunternehmer für seine Verbindlichkeiten nicht nur mit seinem Betriebs-, sondern auch mit seinem **Privatvermögen**. Will ein Eigenkapitalgeber seine **Haftung begrenzen**, verpasst er seinem Unternehmen das Rechtskleid einer juristischen Person.

---

[1] Zur Unterscheidung beider Unternehmenstypen vgl. S. 55 ff.

> **Juristische Personen** sind von der Rechtsordnung geschaffene Gebilde mit eigener Rechtspersönlichkeit.

Ebenso wie **natürliche Personen** sind juristische Personen Träger von Rechten und Pflichten. **Juristische Personen** verfügen über ein eigenes Vermögen und haften mit ihrem eigenen Gesamtvermögen für ihre eigenen Verbindlichkeiten. Kreditgeber schließen einen Darlehensvertrag mit der Gesellschaft, also der juristischen Person, nicht mit den Gesellschaftern ab. Folglich kann sich ihr Rückzahlungsanspruch nur gegen die Gesellschaft richten. Reicht deren Vermögen zur Rückzahlung nicht aus, haben die Kreditgeber das Nachsehen.

Bei der Rechtsformwahl begegnet man der juristischen Person am häufigsten im Gewand der Aktiengesellschaft, der Gesellschaft mit beschränkter Haftung und der Genossenschaft. Diese juristischen Personen haften unbeschränkt mit ihrem Gesamtvermögen. Dagegen haften die hinter der juristischen Person stehenden natürlichen Personen (Gesellschafter bzw. Mitglieder) nur bis zur Höhe ihrer vertraglich oder satzungsmäßig festgelegten Eigenkapitaleinlage. Haben die Gesellschafter, also die Eigenkapitalgeber, ihre vertraglich oder satzungsmäßig festgelegte Kapitaleinlage an die Gesellschaft geleistet, sind sie von einer weitergehenden Haftung für die Verbindlichkeiten der Gesellschaft befreit.

Haftung für Verbindlichkeiten	
unbeschränkt	**beschränkt**
Als Schuldner haften • natürliche Personen • juristische Personen mit ihrem Gesamtvermögen.	Als Gesellschafter einer juristischen Person haften Eigenkapitalgeber nur bis zur Höhe ihrer festgeschriebenen Eigenkapitaleinlage.

Abb. 140: Beschränkte und unbeschränkte Haftung

(3) Gewinn-/Verlustbeteiligung

Stehen hinter einem Unternehmen mehrere Eigenkapitalgeber mit unterschiedlich hohen Kapitalanteilen, stellt sich die Frage, ob Gewinne bzw. Verluste **nach der Zahl der Beteiligten**, nach **Kapitalanteilen oder** nach einer **anderen Schlüsselgröße** verteilt werden sollen.

(4) Finanzierungsmöglichkeiten

Die Wahl der Rechtsform hat einen großen Einfluss auf die Finanzierungsmöglichkeiten eines Unternehmens. Zur **Eigenfinanzierung** steht in der Einzelunternehmung nur ein einziger Eigenkapitalgeber, in der Publikumsaktiengesellschaft dagegen eine nach Hunderttausenden zu bemessende Zahl von Eigenkapitalgebern (Aktionären) bereit. Da sich mit höherer Eigenkapitalausstattung c. p. auch die **Fremdfinanzierungsmöglichkeiten** verbessern, muss der Einfluss der Rechtsformwahl auf die Finanzierungsmöglichkeiten als außerordentlich hoch eingeschätzt werden.

(5) Publizität, Prüfung und Mitbestimmung der Arbeitnehmer

Bei **Publizität und Prüfung**[1] geht es um die Frage, ob der Jahresabschluss eines Unternehmens zu veröffentlichen und vorab von einem Wirtschaftsprüfer zu prüfen ist. Publizitäts- und Prüfungspflichten sind für die betroffenen Unternehmen mit hohen Kosten verbunden. Auch die **Mitbestimmung der Arbeitnehmer**[2] wird von den Eigenkapitalgebern meist als belastend empfunden, weil hierdurch ihre Leitungs- und Kontrollrechte eingeschränkt werden. Da nicht alle Rechtsformen den gesetzlichen Publizitäts-, Prüfungs- und Mitbestimmungsvorschriften unterliegen, spielen diese Auswahlkriterien bei der Rechtsformwahl eine wichtige Rolle.

(6) Steuerbelastung

Das deutsche Steuerrecht macht Unterschiede zwischen der Besteuerung von Einzelunternehmen und Personengesellschaften einerseits und Kapitalgesellschaften andererseits. Bei gleichem Gewinn entscheidet man sich – vereinfacht gesagt – für die Rechtsform mit der geringsten Steuerbelastung.

Dabei kann es leicht zu einem **Zielkonflikt** kommen: Wollen die Eigenkapitalgeber ihre Haftung beschränken, müssen sie die Rechtsform der Kapitalgesellschaft wählen. Werden aber Kapitalgesellschaften stärker besteuert als Personengesellschaften, eröffnet sich ein Zielkonflikt, den man in der Unternehmenspraxis häufig durch die Wahl einer Mischrechtsform[3] zu lösen versucht. (**ÜB 2**/57–67)

1.2 Rechtsformen im Überblick

Für private und öffentliche Betriebe hält die Rechtsordnung unterschiedliche Rechtsformen vor. Bei **privaten Betrieben** gehören hierzu:

Rechtsformen privater Betriebe
1. Einzelunternehmen
2. Personengesellschaften
• Gesellschaft bürgerlichen Rechts (GbR)
• Offene Handelsgesellschaft (OHG)
• Kommanditgesellschaft (KG)
• Stille Gesellschaft
3. Kapitalgesellschaften
• Aktiengesellschaft (AG)
• Europäische Gesellschaft (SE)
• Kommanditgesellschaft auf Aktien (KGaA)
• Gesellschaft mit beschränkter Haftung (GmbH)
• Unternehmergesellschaft
4. Genossenschaften (eG)

Abb. 141: Rechtsformen privater Betriebe

---

[1] Zu Einzelheiten vgl. S. 750 ff.
[2] Zu Einzelheiten vgl. S. 58 f.
[3] Vgl. S. 232 ff.

In den folgenden Unterkapiteln werden die Rechtsformen privater Betriebe vorgestellt, wobei die jeweilige Rechtsform anhand der in **Abb. 139** genannten Entscheidungskriterien charakterisiert wird. Ausgenommen ist dabei das Entscheidungskriterium „Steuerbelastung", das wegen seiner besonderen Komplexität in einem eigenen Unterkapitel[1] abgehandelt wird. In diesem Zusammenhang werden auch die sog. **Mischformen**, also die

- Kapitalgesellschaft & Co. KG
- Doppelgesellschaft

erläutert, die Kombinationsformen der (reinen) Rechtsformen aus **Abb. 141** darstellen. Darüber hinaus gibt es **branchenspezifische Rechtsformen**, z. B. den Versicherungsverein auf Gegenseitigkeit, die Reederei und die Partnerschaftsgesellschaft, deren Darstellung den Rahmen eines einführenden Lehrbuchs sprengen würde.[2]

Für **öffentliche Betriebe** sieht die Rechtsordnung folgende Rechtsformen vor:

Rechtsformen öffentlicher Betriebe

1. Öffentliche Betriebe in nicht-privatrechtlicher Form
   a) Ohne eigene Rechtspersönlichkeit
      • Regiebetrieb (z.B. Bibliotheken, Schlachthöfe)
      • Eigenbetrieb (z.B. Museum, Theater)
   b) Mit eigener Rechtspersönlichkeit
      • Öffentlich-rechtliche Anstalt (z.B. Sparkasse)
      • Öffentlich-rechtliche Körperschaft (z.B. Allgemeine Ortskrankenkasse AOK)
2. Öffentliche Betriebe in privatrechtlicher Form
   a) Rein öffentliche Betriebe (AG, GmbH)
   b) Gemischtwirtschaftliche Betriebe (AG oder GmbH mit öffentlicher und privater Beteiligung)

Abb. 142: Rechtsformen öffentlicher Betriebe

Gegenstand der folgenden Erörterung sind allein privatwirtschaftlich organisierte Betriebe mit Gewinnerzielungsabsicht. Öffentliche Betriebe, die in aller Regel das Ziel verfolgen, Kollektivbedürfnisse durch Einsatz der öffentlichen Hand zu decken, werden im Folgenden vernachlässigt.[3]

Einen Anhaltspunkt für die **wirtschaftliche Bedeutung** verschiedener Rechtsformen liefert die amtliche Umsatzsteuerstatistik, in welcher die Gesamtzahl der Betriebe (gegliedert nach Rechtsformen) und die jeweiligen steuerlichen Umsätze angegeben sind:

---

[1] Vgl. S. 226 ff.
[2] Zu Einzelheiten vgl. Klunzinger, E., Gesellschaftsrecht, 2012, S. 341 ff.
[3] Zu Einzelheiten vgl. Brede, H., Öffentliche Betriebe, 2005.

Rechtsformen	Steuerpflichtige		Steuerbarer Umsatz	
	Anzahl	Anteil an der Gesamtzahl	in Mio. EUR	Anteil am Gesamtumsatz
Einzelunternehmen	2.198.392	67,8 %	561.691	9,7 %
Gesellschaften des bürgerlichen Rechts	204.504	6,3 %	81.722	1,4 %
Offene Handelsgesellschaften einschl. GmbH & Co. OHG und AG & Co. OHG	16.556	0,5 %	81.805	1,4 %
Kommanditgesellschaften einschl. GmbH & Co. KG und AG & Co. KG	153.034	4,7 %	1.302.061	22,6 %
Aktiengesellschaften, Europäische Aktiengesellschaften und Kommanditgesellschaften auf Aktien	8.012	0,3 %	1.019.166	17,7 %
Gesellschaften mit beschränkter Haftung	518.427	16,0 %	2.212.977	38,4 %
Unternehmergesellschaften	17.542	0,5 %	2.923	0,1 %
Erwerbs- und Wirtschaftsgenossenschaften	5.573	0,2 %	67.180	1,2 %
Unternehmen gewerblicher Art von Körperschaften des öffentlichen Rechts	6.339	0,2 %	39.793	0,7 %
Sonstige Rechtsformen	115.159	3,5 %	396.249	6,8 %
Insgesamt	**3.243.538**	**100,0 %**	**5.765.567**	**100,0 %**

Abb. 143: Steuerpflichtige Unternehmen und deren Umsatz 2013 – gegliedert nach der Rechtsform[1]

Von der Anzahl der Unternehmen her bilden **Einzelunternehmen** mit einem Anteil von knapp 70 % an der Gesamtzahl der erfassten Betriebe die **stärkste Gruppe**. Die vorwiegend kleinbetriebliche Struktur der Einzelunternehmen lässt sich an der vergleichsweise geringen Umsatzquote von ca. 10 % erkennen.

Die Gruppe der Kapitalgesellschaften (AG, Europäische AG, KGaA, GmbH) erreicht zwar nur einen Anteil von ca. 16 % an der Zahl der Betriebe, erzielt aber gleichzeitig über 55 % des Gesamtumsatzes. Innerhalb dieser Gruppe konzentrieren sich die **größten Unternehmen** auf die verschiedenen Formen der **Aktiengesellschaft**.

Die folgende **Abb. 144** enthält einen **zusammenfassenden Überblick** über bedeutende Rechtsformen privater Betriebe.

---

[1] Statistisches Bundesamt: Umsatzsteuerstatistik. Abrufbar unter www.destatis.de.

C.1. Wahl der Rechtsform

Rechtsform / Merkmale	Einzelunternehmen (Eu)	OHG	KG	Stille Gesellschaft	AG	GmbH	Genossenschaft
					AktG	GmbHG	GenG
Rechtsgrundlage	§§ 1–104a HGB	§§ 105–160 HGB	§§ 161–177a HGB	§§ 230–236 HGB			
Leitungsrechte	Eigentümer	alle oder ein(zelne) Gesellschafter (§ 114)	Komplementär(e) (§ 164)	stiller G. üblicherweise ausgeschlossen (§ 230 Abs. 2)	Vorstand (§ 76 Abs. 1)	Geschäftsführer; Weisungsrecht der Gesellschafterversammlung (§ 45)	Vorstand; satzungsmäßige Beschränkung möglich (§ 27)
Kontrollrechte	Eigentümer	alle Gesellschafter (§ 118)	volle K.-rechte für Komplementäre; beschränkte für Kommanditisten (§ 166)	volle Kontrollrechte für Inhaber, beschränkte für stillen G. (§ 233)	volle Kontrollrechte für AR (§ 111); beschränkte Informationsrechte für HV	volle Kontrollrechte für Gesellschafterversammlung (§ 51a)	volle Kontrollrechte für AR beschränkte für Generalversammlung
Haftung	uneingeschränkt (mit Betriebs- und Privatvermögen)	uneingeschränkt für alle Gesellschafter als Gesamtschuldner (§ 128)	uneingeschränkt für Komplementäre; eingeschränkt für Kommanditisten	uneingeschränkt für Inhaber, stiller G. wird Insolvenzgläubiger (§ 236)	uneingeschränkt für Gesellschaft, eingeschränkt für Aktionäre (§ 1)	uneingeschränkt für Gesellschaft, eingeschränkt für Gesellschafter	uneingeschränkt für Genossenschaft, eingeschränkt für Mitglieder; ggf. Nachschusspflicht
Mindesteigenkapital	keine Vorschrift	keine Vorschrift	keine Vorschrift	keine Vorschrift	EUR 50.000,– (§ 7)	EUR 25.000,– (§ 5)	keine Vorschrift
Gewinn- und Verlustverteilung	Eigentümer	nach Gesellschaftsvertrag; sonst nach § 121	nach Gesellschaftsvertrag; sonst nach § 168	stiller G. muss am Gewinn, kann am Verlust beteiligt werden (§ 231)	gleichmäßig auf Stammaktien; Sonderregelung für Vorzugsaktien (§ 60)	nach Gesellschaftsvertrag; sonst nach Stammkapitalanteilen (§ 29)	nach Satzung; sonst nach Geschäftsguthaben (§ 19)
Entnahmebeschränkung	keine	nach Gesellschaftsvertrag; sonst nach § 122	nach Gesellschaftsvertrag; sonst nach § 169	Gewinnanteil ggf. gekürzt um Verlustvortrag (§ 232)	Gewinnthesaurierung durch Vorstand zulässig (§ 58 Abs. 2)	nach Gesellschaftsvertrag möglich (§ 29)	nach Satzung möglich (§ 19)
Finanzierungsmöglichkeiten[1]	EF beschränkt durch Vermögen des Inhabers; FF beschränkt durch Kreditwürdigkeit des Inhabers	bessere Finanzierungsmöglichkeit als Eu, da mehrere Vollhafter	bessere Finanzierungsmöglichkeit als Eu und OHG, weil Teilhafter (Kommanditisten) zusätzliches Kapital einbringen	besser als Eu, da stiller G. zusätzliches Kapital einbringt	Hervorragend: • kleine EK-Anteile • Handel an Börse • Kapitalmarktzugang für FF	EF-Vorteil: Haftungsbeschränkung für Gesellschafter; FF-Nachteil: Gläubiger verlangen zusätzliche Sicherheit	EF-Vorteil: kleine Stückelung; EF-Nachteil: schwankende EK-Basis durch Austrittsrecht; FF kann durch Nachschusspflicht gestärkt werden
Publizität und Prüfung	nicht erforderlich; Ausnahme Großunternehmen (PublG)	wie Eu	wie Eu	wie Eu	zwingend	zwingend	zwingend
					Erleichterung für kleine und mittelgroße Gesellschaften		
Unternehmerische Mitbestimmung für Arbeitnehmer	keine	keine	keine	keine	Drittelparität, wenn mehr als 500, aber weniger als 2.001 Beschäftigte; Unterparität, wenn mehr als 2.000 Beschäftigte; Volle Parität für Montanbetriebe ab 1.001 Beschäftigten[2]		

[1] EF: Eigenfinanzierung; FF: Fremdfinanzierung; [2] Die Montanmitbestimmung gilt nicht für Genossenschaften.

Abb. 144: Rechtsformen im Überblick

1.3 Einzelunternehmen und Personengesellschaften

1.3.1 Einzelunternehmen

Als Einzelunternehmen gilt jeder Gewerbebetrieb, der von einer einzelnen natürlichen Person betrieben wird. Der Einzelunternehmer ist Kaufmann im Sinne des HGB, es sei denn, „daß das Unternehmen nach Art und Umfang einen in kaufmännischer Weise eingerichteten Geschäftsbetrieb nicht erfordert"[1]. Solche Kleinstunternehmen, als Beispiel ist an einen Kiosk oder eine Änderungsschneiderei zu denken, sollen hier nicht weiter behandelt werden.

Der Einzelunternehmer betreibt als Kaufmann seine Handelsgeschäfte unter der **Firma**, dem Namen seines Unternehmens. Dieser ist frei wählbar und muss bei Eintragung ins Handelsregister den Zusatz „**eingetragener Kaufmann**" bzw. „**eingetragene Kauffrau**" – gewöhnlich abgekürzt: e. K. – enthalten. Die Einzelfirma besitzt keine eigene Rechtspersönlichkeit. Träger von Rechten und Pflichten ist der Einzelunternehmer als natürliche Person.

Der Einzelunternehmer ist „Alleinherrscher" seines Betriebes: In seinen Händen liegen alle Rechte zur **Leitung**[2] **und Kontrolle** des Unternehmens. Im Gegenzug trägt er die volle finanzielle Verantwortung: Für die Verbindlichkeiten des Unternehmens **haftet** er

- **persönlich**
- **unmittelbar**
- mit seinem **gesamten Vermögen** (Betriebs- und Privatvermögen).

Gewinne und Verluste sind dem Einzelunternehmer allein zuzurechnen, denn er ist der alleinige Risikoträger (= Eigenkapitalgeber). Da der Einzelunternehmer auch mit seinem Privatvermögen haftet, bedarf es keiner gesetzlichen Vorschrift zur Vorhaltung eines betrieblichen Mindesteigenkapitals. Folglich gibt es auch keine Vorschriften zur Beschränkung von Entnahmen aus dem Betriebsvermögen.

Die **Eigenfinanzierung** der Einzelunternehmen erfolgt durch die Kapitaleinlage vom Privat- ins Betriebsvermögen. Zur **Fremdfinanzierung** greift man üblicherweise auf Bankdarlehen zurück. Die Fremdfinanzierungsmöglichkeit ist abhängig von der Kreditwürdigkeit des Einzelunternehmens. Bei der Kreditwürdigkeitsprüfung spielen die persönliche Reputation und die privaten Vermögensverhältnisse des Einzelunternehmers eine herausragende Rolle.

Als Kaufmann hat der Einzelunternehmer die Pflicht,[3] Bücher zu führen und einen handelsrechtlichen Jahresabschluss zu erstellen.[4] Eine **Prüfung oder Publizierung** des Jahresabschlusses ist jedoch **nicht erforderlich**.

Vor- und Nachteile dieser Rechtsform lassen sich folgendermaßen zusammenfassen:

---

[1] §1 Abs. 2 HGB.
[2] Im Bedarfsfall kann der Kaufmann einen Teil seiner Leitungs- und Vertretungskompetenz durch die Erteilung einer Prokura (§§ 48 ff. HGB) oder einer Handlungsvollmacht (§§ 54 ff. HGB) auf Mitarbeiter übertragen.
[3] Kleine Einzelkaufleute sind nach § 241a HGB von der Buchführungspflicht befreit. Vgl. S. 665.
[4] Vgl. §§ 238–263 HGB.

Einzelunternehmen	
Vorteile	Nachteile
• hohe Unabhängigkeit des Inhabers • geringe Formvorschriften • geeignet für Kleinbetriebe	• Finanzierungsrestriktionen • unbeschränkte Haftung • häufig Probleme bei Nachfolgeregelung

Abb. 145: Vor- und Nachteile von Einzelunternehmen

1.3.2 Gesellschaft bürgerlichen Rechts

Die **Gesellschaft bürgerlichen Rechts** (GbR) ist eine auf einem Vertrag beruhende Vereinigung von mindestens zwei Gesellschaftern zur Erreichung eines gemeinsamen Zwecks.

Die GbR ist der **Archetyp der Personengesellschaft**. Solange die wirtschaftliche Tätigkeit nicht auf ein Handelsgewerbe ausgerichtet ist, liegt die Gründung einer GbR nahe. Die Bandbreite der Beispiele für eine GbR reicht von der Fahrgemeinschaft über die ärztliche Gemeinschaftspraxis oder die Anwaltssozietät bis zur Erbengemeinschaft. Auch Interessen- und Arbeitsgemeinschaften[1] bedienen sich dieser Rechtsform.

Die GbR ist keine juristische Person, sie kann aber Träger bestimmter Rechte und Pflichten sein. Das Gesellschaftsvermögen ist sog. **Gesamthandeigentum**, über das die Gesellschafter nur gemeinsam verfügen können. Gesellschafter können natürliche oder juristische Personen sein. Die rechtlichen Grundlagen der GbR finden sich in den §§ 705 ff. BGB, weshalb man auch von der **BGB-Gesellschaft** spricht.

Sofern der **Gesellschaftsvertrag** nichts Abweichendes regelt,
- obliegt die **Leitung** der Gesellschaft **allen Gesellschaftern gemeinsam** (§ 709 BGB)
- haben **alle Gesellschafter eine gleich hohe Einlage** zu leisten (§ 706 BGB)
- partizipieren **alle Gesellschafter in gleicher Weise an Gewinnen bzw. Verlusten** (§ 722 BGB).

Für die **Verbindlichkeiten der Gesellschaft haften**
- das Gesellschaftsvermögen
- die Gesellschafter mit ihrem gesamten (Privat-)Vermögen.

Dabei haften die Gesellschafter als **Gesamtschuldner**, d. h. ein Gläubiger der Gesellschaft kann zur Befriedigung seiner Zahlungsansprüche in das (Privat-)Vermögen eines einzelnen Gesellschafters vollstrecken. Nach Befriedigung der Gläubigeransprüche hat dieser Gesellschafter dann Ausgleichsansprüche gegenüber seinen Mitgesellschaftern. Wegen der unbeschränkten persönlichen Haftung der Gesellschafter hat der Gesetzgeber auf Vorschriften zur Sicherung eines Mindesteigenkapitals verzichtet.

Die **Eigenfinanzierung** der GbR speist sich aus den Einlagen der Gesellschafter. Zur **Fremdfinanzierung** greift die GbR gewöhnlich auf Bankkredite zurück. Wegen der gesamtschuldnerischen Haftung der Gesellschafter hängt die Kreditwürdigkeit der GbR von der Kreditwürdigkeit der einzelnen Gesellschafter ab.

---

[1] Vgl. S. 244 f.

Zur Erstellung eines handelsrechtlichen Jahresabschlusses ist die GbR nicht verpflichtet. Insofern gibt es auch **keine Prüfungs- und Publizitätsvorschriften**.

1.3.3 Offene Handelsgesellschaft

Im „Familienkreis" der Personengesellschaften kann die offene Handelsgesellschaft (OHG) als große Schwester der GbR angesehen werden. Beide Rechtsformen basieren auf dem gleichen Rechtsgedanken: Das Gesellschaftsvermögen ist **Gesamthandvermögen** der Gesellschafter, die für die Verbindlichkeiten der Gesellschaft unmittelbar und unbeschränkt als **Gesamtschuldner** haften. Wo liegt dann der wesentliche Unterschied zwischen GbR und OHG? Wenn ein **Handelsgewerbe** betrieben werden soll, das einen in **kaufmännischer Weise eingerichteten Geschäftsbetrieb** erfordert (Kaufmannseigenschaft gemäß § 1 HGB), ist ein „Kleiderwechsel" von der GbR zur OHG notwendig. Das rechtliche Gewand der GbR ist für Kaufleute zu eng geschnitten.

> Die **offene Handelsgesellschaft** (OHG) ist eine Personengesellschaft, die ein Handelsgewerbe betreibt und bei der alle Gesellschafter unbeschränkt für die Gesellschaftsverbindlichkeiten haften.

Die **OHG ist keine juristische Person**. Sie entsteht durch einen Gesellschaftsvertrag zwischen zwei oder mehreren Gesellschaftern. Die folgenden Ausführungen orientieren sich am **üblichen Fall**: Alle Gesellschafter der OHG sind **natürliche Personen**, haften also unbeschränkt (auch mit ihrem Privatvermögen).

Die gesetzlichen Vorschriften zur OHG finden sich in den §§ 105–160 HGB, weshalb von einer **Personenhandelsgesellschaft** gesprochen wird. Das Recht zur **Leitung** (§ 114 HGB) und **Kontrolle** (§ 118 HGB) der Gesellschaft steht demnach allen Gesellschaftern zu. Viele gesetzliche Vorgaben zur Gesellschaft können durch dispositives Recht, also durch Regelungen im Gesellschaftsvertrag, ersetzt werden. Dies gilt auch für die Geschäftsführung: Durch Gesellschaftsvertrag können einzelne Gesellschafter von der Geschäftsführung, nicht aber von der Kontrolle, ausgeschlossen werden.

Auch wenn der OHG gemäß § 124 HGB ein Gesellschaftsvermögen zugesprochen wird, haften alle Gesellschafter für die Verbindlichkeiten der OHG mit ihrem gesamten Vermögen (§ 128 HGB). Eine Einschränkung der **unbeschränkten Haftung** durch Gesellschaftsvertrag ist gegenüber Dritten, also den Gläubigern, unwirksam. Wegen der unbeschränkten Haftung der Gesellschafter bedarf es keiner gesetzlichen Vorschrift zur Sicherung eines Mindesteigenkapitals.

Die **Verteilung von Gewinn oder Verlust** richtet sich nach den Bestimmungen des Gesellschaftsvertrags. Für den – praktisch seltenen – Fall des Fehlens einer solchen Verteilungsbestimmung im Gesellschaftsvertrag werden Gewinne bzw. Verluste nach § 121 HGB auf die Gesellschafter verteilt **(Abb. 146)**. Beispielrechnungen zur Gewinnverteilung in der OHG finden sich im zugehörigen Übungsbuch. (**ÜB 2/57–59**)

Ergebnisverteilung auf OHG-Gesellschafter
Gewinn
• *Erste Verteilungsrunde:* Verteilung nach Kapitalanteilen der Gesellschafter bis max. 4 Prozent des Kapitalanteils • *Zweite Verteilungsrunde:* Übrige Gewinne nach Köpfen
Verlust
Verlustverteilung nach Köpfen

Abb. 146: Gewinn- bzw. Verlustverteilung der OHG nach § 121 HGB

Die **Eigenfinanzierung** der OHG erfolgt durch die Kapitaleinlage der Gesellschafter. Eine Erweiterung der Eigenkapitalbasis ist – theoretisch – durch Aufnahme weiterer Gesellschafter möglich. Praktisch spielt diese Finanzierungsalternative keine bedeutende Rolle: Die OHG basiert auf einem engen persönlichen Vertrauensverhältnis zwischen den Gesellschaftern, ein Umstand, der die Aufnahme neuer Gesellschafter erschwert. Die **Fremdfinanzierung** der OHG erfolgt i. d. R. über die Aufnahme von Bankkrediten. Dabei ist vor allem die Kreditwürdigkeit der Gesellschafter bedeutsam.

Wegen ihrer Kaufmannseigenschaft ist die OHG verpflichtet, Bücher zu führen und einen handelsrechtlichen Jahresabschluss zu erstellen. **Prüfung und Veröffentlichung** des handelsrechtlichen Jahresabschlusses sind, solange gewisse Größenkriterien (§ 1 PublG) unterschritten werden, gesetzlich **nicht vorgeschrieben**.

1.3.4 Kommanditgesellschaft

Wie die OHG ist auch die Kommanditgesellschaft (KG) eine **Personengesellschaft**, deren Zweck das gemeinsame Betreiben eines Handelsgewerbes ist. Auch die KG basiert auf einem **Gesellschaftsvertrag**, der für die Gesellschafter weitgehende Gestaltungsmöglichkeiten (dispositives Recht) bietet. Den gesetzlichen Rahmen zur KG findet man in den §§ 161–177a HGB.

Der wesentliche Unterschied zur OHG liegt in der **Zweiteilung des Gesellschafterkreises**: Während bei der OHG alle Gesellschafter als Gesamtschuldner mit ihrem gesamten Vermögen haften, gilt diese **unbeschränkte Haftung** in der KG nur für die **Komplementäre**[1]. Damit entsprechen die Rechte und Pflichten der Komplementäre weitgehend denen der OHG-Gesellschafter. Dagegen haften die **Kommanditisten** für die Verbindlichkeiten der Gesellschaft nur **bis zur Höhe** ihrer vertraglich festgesetzten **Kapitaleinlage** (§ 171 HGB).

Mit Ausnahme der Haftung können alle in **Abb. 147** aufgeführten Regelungen durch den Gesellschaftsvertrag modifiziert werden. Dies gilt in besonderem Maße für die **Leitungsbefugnis**: Es ist vertraglich möglich, einerseits einzelne Komplementäre auszuschließen, andererseits Kommanditisten einzubeziehen. Zur **Gewinnverteilung** findet sich ein Beispiel im zugehörigen Übungsbuch. (**ÜB 2**/60)

---

[1] Merksatz: „Komplementäre haften komplett, Kommanditisten haften nur bis zur Höhe ihrer vertraglich fixierten Einlage."

Typ	Gesellschafter der KG	
	Komplementär	**Kommanditist**
Haftung	unbeschränkt mit gesamtem Vermögen	beschränkt auf die Kapitaleinlage (§ 171 HGB)
Kontrollrecht	ja (voll)	ja (beschränkt)
Leitungsrecht	ja	nein
GuV-Verteilung	üblicherweise nach Gesellschaftsvertrag; sonst nach § 168 HGB	
Entnahmeregelung	Beschränkung durch Vertrag möglich, nicht zwingend	Beschränkung auf zugewiesenen Gewinn (§ 169 HGB)

Abb. 147: Wichtige Rechte und Pflichten der Kommanditgesellschafter

Anders als die OHG, in der es nur „Vollhafter" gibt, kann die KG ihren Gesellschafterkreis um (risikoscheue) Eigenkapitalgeber, die beschränkt haftenden Kommanditisten, erweitern. Der **Finanzierungsvorteil** dieser Rechtskonstruktion lässt sich besonders anschaulich am Beispiel geschlossener Immobilienfonds erkennen: Hier stellt eine sehr große Zahl von Kommanditisten den Löwenanteil des Eigenkapitals. Ein Beispiel zur Erläuterung dieses Geschäftsmodells findet sich im zugehörigen Übungsbuch. (**ÜB 2**/62)

Ähnlich wie Aktionären ist es Kommanditisten möglich, ihre Haftung für die Schulden der Gesellschaft auf den Betrag ihrer Kapitaleinlage zu begrenzen. Ein **Nachteil** der **Finanzierung** über Kommanditanteile besteht allerdings darin, dass Kommanditanteile – anders als Aktien – nicht an der Börse gehandelt werden.

Ebenso wie die OHG ist die KG verpflichtet, Bücher zu führen und einen handelsrechtlichen Jahresabschluss zu erstellen. Es gibt **keine** gesetzliche Pflicht zur **Offenlegung und Prüfung** des Jahresabschlusses, sofern als Komplementäre keine Kapitalgesellschaften agieren.

1.3.5 Stille Gesellschaft

> Bei der **stillen Gesellschaft** beteiligt sich ein Kapitalgeber (stiller Gesellschafter) am Handelsgewerbe eines Geschäftsinhabers in der Weise, dass seine Kapitaleinlage in das Vermögen des Geschäftsinhabers übergeht.

Die Bezeichnung „stille Gesellschaft" erklärt sich aus der Tatsache, dass die Beteiligung des stillen Gesellschafters **für Außenstehende nicht erkennbar** ist: Es handelt sich um eine reine Innengesellschaft. Durch die Bar- oder Sacheinlage des stillen Gesellschafters kommt es zu einer Bilanzverlängerung: Auf der Aktivseite erhöht sich das Vermögen, auf der Passivseite der Betrag des ausgewiesenen Eigenkapitals.

Zur stillen Gesellschaft hat der Gesetzgeber nur wenige Vorschriften (§§ 230–236 HGB) erlassen und damit einen großen **Freiraum** zur Rechtsgestaltung im **Gesellschaftsvertrag** belassen. Meistens ist der stille Gesellschafter von der **Geschäftsführung ausgeschlossen**. Seine Kontrollrechte bleiben üblicherweise hinter denen eines Kommanditisten zurück.

Nach § 230 Abs. 2 HGB haftet allein der Geschäftsinhaber für die Verbindlichkeiten des Unternehmens. Dass der **stille Gesellschafter** für die Unternehmensverbindlichkeiten **keine Haftung** trägt, erkennt man an der Tatsache, dass er nach Eröffnung des Insolvenzverfahrens über das Vermögen des Geschäftsinhabers seine Einlage als Insolvenzgläubiger zurückfordern kann.[1]

Die Teilhabe des stillen Gesellschafters am **Gewinn bzw. Verlust** des Unternehmens ist üblicherweise im **Gesellschaftsvertrag** geregelt. Seine Beteiligung am Verlust, nicht aber seine Gewinnbeteiligung, kann vertraglich ausgeschlossen werden (§ 231 HGB). Die Entnahmemöglichkeit des stillen Gesellschafters ist auf seinen Gewinnanteil beschränkt (§ 232 HGB).

In der Unternehmenspraxis unterscheidet man zwischen einer typischen und einer atypischen stillen Gesellschaft.

Stille Gesellschaft	
typische	**atypische**
Stiller Gesellschafter ist beteiligt am • lfd. Gewinn • ggf. lfd. Verlust	Stiller Gesellschafter ist beteiligt am/an • lfd. Gewinn • ggf. lfd. Verlust • Wertänderungen am ruhenden Vermögen

Abb. 148: Typische und atypische stille Gesellschaft

Als Betreiberin eines Handelsgewerbes ist die stille Gesellschaft zur Erstellung eines handelsrechtlichen Jahresabschlusses verpflichtet.[2] Eine gesetzliche **Prüfungs- und Publizitätspflicht besteht nicht**.

Die stille Gesellschaft ist für den Geschäftsinhaber eine interessante Variante zur **Erweiterung** seiner **Kapitalbasis**: Er akquiriert Kapital, das nach außen als ihm zurechenbares Eigenkapital erscheint. Der Geschäftsinhaber muss zwar auf Teile seines Gewinns, nicht aber auf Teile seiner Entscheidungskompetenz verzichten. Auch für den Kapitalgeber kann die Beteiligung vorteilhaft sein: Er haftet nicht für die Unternehmensverbindlichkeiten, partizipiert am Gewinn, aber nicht notwendigerweise am Verlust.

1.4 Kapitalgesellschaften

In Personengesellschaften finden sich mehrere natürliche Personen zur Verfolgung gemeinsamer geschäftlicher Ziele zusammen. Deshalb basieren Personengesellschaften üblicherweise auf einem engen Vertrauensverhältnis zwischen den Gesellschaftern.

Ganz anders liegen die Dinge bei großen Kapitalgesellschaften: Eine große Zahl natürlicher Personen, die Gesellschafter, bringen einen Teil ihres Vermögens in eine Kapitalgesellschaft, die als juristische Person selbständiger Träger von Rechten und Pflichten ist, ein und erhalten dafür im Gegenzug Anteile an dieser Gesellschaft.

---

[1] Vgl. § 236 HGB.
[2] Befreiung von dieser Pflicht für kleine Einzelkaufleute im Sinne des § 241a HGB.

> **Kapitalgesellschaften** sind körperschaftliche Gebilde mit eigener Rechtspersönlichkeit (juristische Personen). Für die Unternehmensverbindlichkeiten haftet die Gesellschaft (nicht die Gesellschafter) mit ihrem gesamten Vermögen.

Gesellschafter und Gesellschaft stehen als selbständige Rechtssubjekte wie fremde Personen einander gegenüber. Die Gesellschaft ist weitgehend **unabhängig** von ihren **Gesellschaftern**, denn diese können ihren Gesellschaftsanteil nicht an die Gesellschaft zurückgeben, sondern nur an einen Dritten veräußern.

Handlungsfähig wird die Kapitalgesellschaft erst, wenn die Gesellschafter natürliche Personen beauftragen, für die juristische Person zu handeln (**Organbestellung**). Die zur Geschäftsführung bestimmten Personen können, müssen aber nicht, Gesellschafter sein. So werden vor allem große Kapitalgesellschaften zu managementgeführten Unternehmen.[1]

Der Einfluss eines einzelnen Gesellschafters auf die Gesellschaft ist i.d.R. abhängig von der Höhe seines Kapitalanteils, denn nach dieser Größe richten sich das Stimmengewicht in der Gesellschafterversammlung sowie die Beteiligung am Gewinn bzw. Verlust und am Liquidationserlös bei Auflösung der Gesellschaft.

Merkmale von Kapitalgesellschaften
• eigene Rechtspersönlichkeit (juristische Person)
• unbeschränkte Haftung der Gesellschaft
• beschränkte Haftung der Gesellschafter
• Handlungsfähigkeit durch Organbestellung
• Unabhängigkeit vom Bestand der Mitglieder/Gesellschafter
• Partizipationsrechte der Gesellschafter abhängig von Kapitalanteil

Abb. 149: Wichtige Merkmale von Kapitalgesellschaften

Die verschiedenen Arten der Kapitalgesellschaft werden im Folgenden näher erläutert.

1.4.1 Aktiengesellschaft

> Eine **Aktiengesellschaft** (AG) ist eine Kapitalgesellschaft, an der sich Eigenkapitalgeber durch den Erwerb von Aktien beteiligen, die ihre Mitgliedschaftsrechte in der Form eines handelbaren Wertpapiers beinhalten.

In Deutschland gibt es ca. 8.000 Aktiengesellschaften, Europäische Aktiengesellschaften (→ Unterkapitel 1.4.2) und Kommanditgesellschaften auf Aktien (→ Unterkapitel 1.4.3). Davon haben etwa 1.000 Gesellschaften[2] eine Börsenzulassung, d.h. ihre Aktien können an der Börse gekauft und verkauft werden. Die 30 größten Gesellschaften sind im **Deutschen Aktienindex DAX** gelistet. Weil die Aktien dieser Gesellschaften über einen sehr breiten Aktionärskreis gestreut sind, bezeichnet man sie als **Publikumsgesellschaften**. Durch die **breite Streuung** von Aktien ist es einer großen Gesellschaft möglich, den

---

[1] Vgl. hierzu bereits S. 54 ff.
[2] Zu den statistischen Angaben vgl. www.boerse-frankfurt.de (Stand: Januar 2016) und Statistisches Bundesamt: Umsatzsteuerstatistik (abrufbar unter: www.destatis.de).

Anlagebedarf hunderttausender von Kleinaktionären zu befriedigen und auf diese Art ein milliardenschweres **Eigenkapital durch Aktienemission** aufzubringen.

Die Publikumsgesellschaft lässt es besonders deutlich erkennen: Die Aktiengesellschaft hat sich verselbständigt. Sie existiert losgelöst von der personellen Zusammensetzung ihres Gesellschafterkreises. Will ein Aktionär sein Kapitalengagement beenden, verkauft er seine Aktien an der Börse. Käufer und Verkäufer bleiben der Gesellschaft unbekannt. In Frankreich bezeichnet man die Aktiengesellschaft treffend als „société anonyme" (SA).

Die Aktiengesellschaft ist eine Rechtsform, die einer starken rechtlichen Reglementierung[1] durch das Aktiengesetz unterliegt. Die Möglichkeiten der Gesellschafter zu individueller Rechtsgestaltung im Gesellschaftsvertrag, den man im Falle der Aktiengesellschaft **Satzung** nennt, sind sehr eng begrenzt.

Eine Aktiengesellschaft wird von einer Person oder von mehreren Personen gegründet, die ihren Eigenkapitalbeitrag als Grundkapital leistet/leisten.[2]

> Als **Grundkapital** bezeichnet man den von den Aktionären mit Gründung aufzubringenden Eigenkapitalbetrag.

Das **Mindestgrundkapital** beträgt 50.000 EUR. Der Mindestnennbetrag/Aktie beträgt 1 EUR. Das Grundkapital ist somit das Produkt aus Aktiennennbetrag und Aktienanzahl.

Wird kein **Nennbetrag** auf den Aktien einer AG, sondern die Anzahl der ausgegebenen Aktien in der Satzung festgeschrieben, spricht man von **Stückaktien**. So hat z.B. die Bayer AG[3]

- ein Grundkapital in Höhe von 2.117 Mio. EUR,
- aufgeteilt in 827 Mio. Stückaktien,
- mit einem rechnerischen Nennwert von 2,56 EUR/Stück.

Die Aktie ist ein Wertpapier, das seinem Inhaber folgende Rechte garantiert:

Rechte aus der Aktie
• Stimmrecht in der Hauptversammlung[4]
• Recht auf Gewinnanteil (Dividende)
• Aktienbezugsrecht bei Kapitalerhöhung[5]
• Anteil am Liquidationserlös

Abb. 150: Rechte aus der Aktie

Leitungs- und Kontrollbefugnisse sind in der Aktiengesellschaft auf die drei Organe Vorstand, Aufsichtsrat (AR) und Hauptversammlung (HV) verteilt. Zusätzliche Überwachungsbefugnisse liegen beim Abschlussprüfer, der nach §316 HGB die Aufgabe hat, die Buchhaltung und den Jahresabschluss einer Kapitalgesellschaft zu prüfen.

---

[1] Zu Einzelheiten vgl. Klunzinger, E., Gesellschaftsrecht, 2012, S. 151–205.
[2] Zur Gründung vgl. §§ 23 ff. AktG.
[3] Quelle: www.bayer.de, Jahresabschluss 2015.
[4] Ausnahme: stimmrechtslose Aktien; vgl. S. 537.
[5] Vgl. S. 574 ff.

Im Zuge der Unternehmensleitung und -kontrolle übernehmen die Organe der Aktiengesellschaft folgende Teilaufgaben:

Organe der Aktiengesellschaft
Vorstand (§§ 76–94 AktG)
• Leitet (nach innen) und vertritt (nach außen) die Gesellschaft in eigener Verantwortung • Ist nicht an Weisungen des AR oder der HV gebunden • Verantwortet die Aufstellung des Jahresabschlusses • Besteht meist aus mehreren Personen (gemeinsame Leitung) • Arbeitsdirektor ist Vorstandsmitglied in Montanbetrieben • Bestellung durch den AR für maximal 5 Jahre; Wiederwahl möglich • Weitgehende Berichtspflichten (§ 90 AktG) gegenüber AR
Aufsichtsrat (§§ 95–116 AktG)
• Überwachung des Vorstands • Bestellung und Abberufung von Vorstandsmitgliedern • Besteht aus 3 bis 21 Mitgliedern • Bestellung der AR-Mitglieder durch HV für maximal 4 Jahre • Belegschaft bestimmt Arbeitnehmervertreter im AR in mitbestimmten Unternehmen
Hauptversammlung (§§ 118–149 AktG)

• Versammlung der Aktionäre
• Eine Stimme pro Aktie[1]
• Wichtige Rechte der HV (§ 119 AktG)
   ◦ Bestellung AR-Mitglieder (jenseits Mitbestimmung)
   ◦ Verwendung des Bilanzgewinns
   ◦ Bestellung von Abschlussprüfern bzw. Sonderprüfern
   ◦ Satzungsänderung, Kapitalerhöhung und -herabsetzung
   ◦ Auflösung der Gesellschaft

Abb. 151: Kompetenzen von Vorstand, Aufsichtsrat und Hauptversammlung

Als juristische Person haftet die Aktiengesellschaft für ihre Verbindlichkeiten mit ihrem gesamten Vermögen. Der Aktionär haftet beschränkt mit seinem Anteil am Grundkapital. Hat er diesen voll einbezahlt, ist er von einer weitergehenden Haftung (für die Schulden der Gesellschaft) befreit. (**ÜB 2**/63–64) Zum **Schutz der Gläubiger** der AG verordnet das Aktiengesetz

- einen **Mindestbetrag** für das Grundkapital (50.000 EUR)
- eine **Sperre zur Ausschüttung des Gesellschaftsvermögens** in Höhe des Grundkapitals.

Gewinne bzw. Verluste der Gesellschaft werden grundsätzlich gleichmäßig auf alle Aktien[2] verteilt. Den Gewinn (Verlust) der Aktiengesellschaft bezeichnet man als Jahresüberschuss (Jahresfehlbetrag). Nach § 58 AktG können die Aktionäre – vereinfacht gesagt – nur die Hälfte des Jahresüberschusses als Gewinnausschüttung beanspruchen. Die andere Hälfte des Jahresüberschusses kann der Vorstand in die Gewinnrücklagen

---

[1] Ausnahme: stimmrechtslose Vorzugsaktien.
[2] Zu Vorzugsaktien vgl. S. 537.

einstellen. Diese Gewinnrücklagen können in späteren Jahren zur Verlustabdeckung oder zur Auflösung zwecks Dividendenzahlungen in gewinnlosen Jahren aufgelöst werden. Ein Beispiel zur **Ergebnisverwendung** der Aktiengesellschaft finden Sie im zugehörigen Übungsbuch. (**ÜB 2/61**)

Die Aktiengesellschaft verfügt über hervorragende **Finanzierungsmöglichkeiten**:

Finanzierungsmöglichkeiten der AG	
Eigenfinanzierung	Fremdfinanzierung
• Ausgabe von Aktien; begünstigt durch 　○ Haftungsbeschränkung für Aktionäre 　○ kleine Kapitaltranchen 　○ Börsenhandel • Gewinnthesaurierung nach § 58 AktG	• Ausgabe von Schuldverschreibungen; begünstigt durch 　○ Zertifizierung durch Rating-Agenturen 　○ kleine Kapitaltranchen 　○ Börsenhandel • Bankdarlehen

Abb. 152: Finanzierungsmöglichkeiten börsennotierter Aktiengesellschaften

Alle Kapitalgesellschaften[1], also auch Aktiengesellschaften, unterliegen mit ihrem Jahresabschluss gesetzlichen **Prüfungs- und Publizitätsvorschriften**. Dabei gibt es größenklassenabhängige Erleichterungen für kleinste, kleine und mittelgroße Kapitalgesellschaften.[2] Die Prüfung erfolgt durch einen Abschlussprüfer (Wirtschaftsprüfer). Die Publizität des Jahresabschlusses wird i. d. R. durch Einreichung zum elektronischen Bundesanzeiger (www.bundesanzeiger.de) verwirklicht.[3]

Unternehmens- kategorie	Prüfung durch Wirtschaftsprüfer § 316 HGB	Offenlegung §§ 325 f. HGB
Kleinste und kleine Kapitalgesellschaften	keine Prüfungspflicht	• Bilanz und Anhang in verkürzter Form • elektron. Bundesanzeiger • bei **Kleinstkapitalgesellschaften**: jeweils vereinfacht
Mittelgroße und große Kapitalgesellschaften	Prüfungspflicht für • Jahresabschluss • Lagebericht	• Jahresabschluss (wenn **mittelgroß**: verkürzter bzw. zusammengefasst) und Lagebericht • elektron. Bundesanzeiger
Großunternehmen anderer Rechtsformen[4]	wie große Kapitalgesellschaften	wie große Kapitalgesellschaften

Abb. 153: Prüfungs- und Offenlegungsvorschriften

---

[1] Nach § 264a HGB wird die GmbH & Co KG in Sachen Prüfung und Publizität den Kapitalgesellschaften gleichgestellt.
[2] Vgl. § 267 HGB und die Erläuterungen aus S. 666 f.
[3] Vgl. die Erläuterungen auf den S. 752 ff.
[4] Vgl. § 1 PublG.

Ob eine Aktiengesellschaft den Vorschriften zur unternehmerischen **Mitbestimmung** unterliegt, ist von der Branche und von der Unternehmensgröße abhängig. Wie an anderer Stelle[1] ausführlich dargestellt, gilt für eine Kapitalgesellschaft bei der Besetzung des Aufsichtsrates mit Arbeitnehmervertretern die

(1) **Drittelparität** ab einer Zahl von 501 Beschäftigten
(2) **Unterparität** ab einer Zahl von 2.001 Beschäftigten
(3) **volle Parität** für Montanbetriebe ab einer Zahl von 1.001 Beschäftigten.

Die Mitbestimmungsregelungen zu (1) und (2) gelten auch für Unternehmen in der Rechtsform der KGaA, der GmbH und der Genossenschaft. Die Montanmitbestimmungsregeln zu (3) gelten auch für die GmbH.

1.4.2 Europäische Gesellschaft

Alle (nationalen) Gesetzgeber haben das Recht der Aktiengesellschaft stark reglementiert. So ist es zu erklären, dass **grenzüberschreitende Verschmelzungen** zweier Aktiengesellschaften durch unterschiedliches nationales Aktienrecht behindert werden. Um dieses **Fusionshindernis auszuräumen**, wurde auf europäischer Ebene die Rechtsform der Europäischen Gesellschaft, die Societas Europaea (SE) bzw. Europa-AG, kreiert.[2]

Regelungsbereich	Deutsche Aktiengesellschaft	Europäische Gesellschaft
Mindestgrundkapital	50.000 EUR	120.000 EUR
Leitungs- und Kontrollfunktion	Vorstand; Aufsichtsrat	Vorstand; Aufsichtsrat *oder* Verwaltungsrat (board)
Mitbestimmung	Weitreichende Mitbestimmung nach deutschem Recht	Verhandlungslösung; ersatzweise weitestgehende Mitbestimmung

Abb. 154: Unterschiede zwischen deutscher Aktiengesellschaft und Europäischer Gesellschaft

1.4.3 Kommanditgesellschaft auf Aktien

> Die **Kommanditgesellschaft auf Aktien** (KGaA) ist eine Kapitalgesellschaft, an der (mindestens) ein vollhaftender Komplementär einerseits und Kommanditaktionäre andererseits, die nur bis zur Höhe des satzungsmäßig festgelegten Grundkapitals haften, beteiligt sind.

Die KGaA ist eine juristische Person, die für ihre Unternehmensverbindlichkeiten mit ihrem gesamten Vermögen haftet. Darüber hinaus haftet der **Komplementär** für die Gesellschaftsverbindlichkeiten mit seinem **Gesamtvermögen**. Die Grundstruktur einer KGaA wird in **Abb. 155** veranschaulicht.

---

[1] Vgl. S. 59 ff.
[2] Zu weiteren europarechtlichen Entwicklungen vgl. Klunzinger, E., Gesellschaftsrecht, 2012, S. 347 ff.

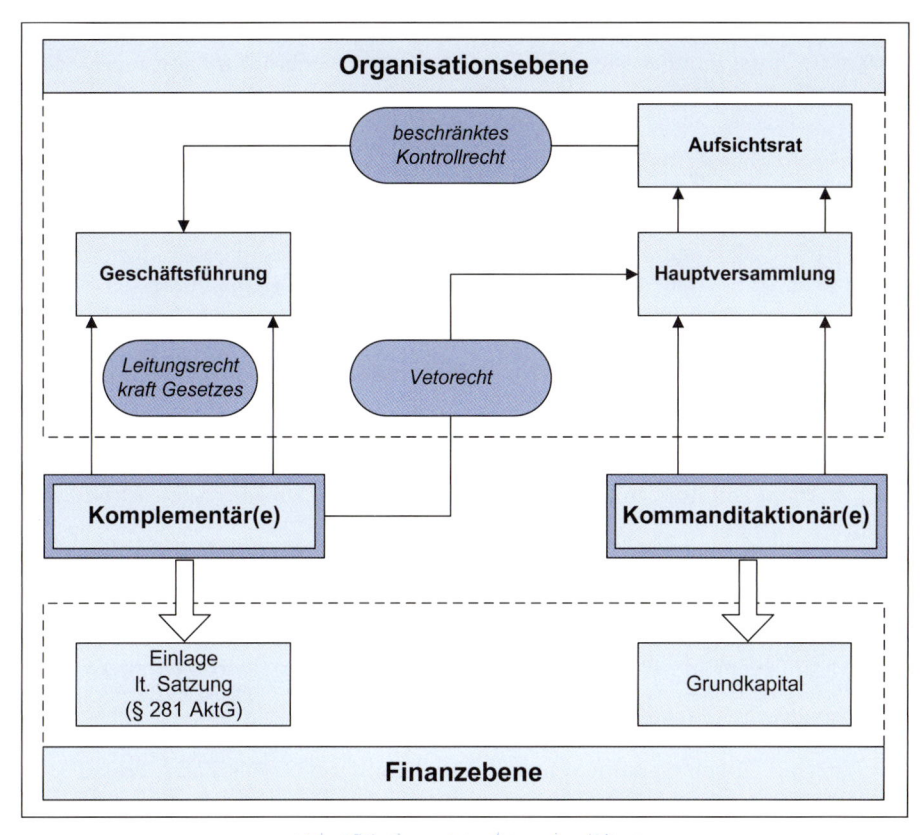

Abb. 155: Grundstruktur der KGaA

Die **Kommanditaktionäre** einer KGaA haben weitgehend die gleichen Rechte und Pflichten wie die Aktionäre einer AG. Die Kommanditaktionäre

- leisten eine Einlage in Höhe des Grundkapitals
- üben als Aktieninhaber das Stimmrecht in der Hauptversammlung aus, die ihrerseits die Mitglieder des Aufsichtsrates wählt
- unterliegen nach §58 Abs. 2 AktG einer Entnahmebeschränkung.

Auch in Sachen **Prüfung, Offenlegung und Mitbestimmung** unterliegt die KGaA den gleichen Regelungen wie die **Aktiengesellschaft**.

Der **Komplementär** hat nach §281 AktG eine Einlage zu leisten. Als Komplementäre können sowohl natürliche als auch juristische Personen fungieren. Die Aufteilung von Gewinnen bzw. Verlusten zwischen den Komplementären und den Kommanditaktionären erfolgt nach den Grundsätzen einer KG.

Gegenüber den anderen Organen der KGaA hat der Komplementär eine sehr **starke Stellung**. Der Komplementär

- erlangt seine **Leitungskompetenz kraft Gesetzes** (§278 Abs. 2 AktG) und nicht durch Bestellung durch den Aufsichtsrat
- hat bei wichtigen Hauptversammlungsbeschlüssen (z.B. Satzungsänderungen) ein **Vetorecht** nach §285 Abs. 2 AktG
- unterliegt einer **schwächeren Kontrolle** durch den Aufsichtsrat als der Vorstand einer AG.

Die KGaA ist eine bevorzugte Rechtsform für Großunternehmen, in denen die Gründerfamilie ihren dominierenden Einfluss (als Komplementärin) wahren möchte. Bekanntestes Beispiel dieser Rechtsform ist die Henkel AG & Co. KGaA.

1.4.4 Gesellschaft mit beschränkter Haftung

> Die **Gesellschaft mit beschränkter Haftung** (GmbH) ist eine Rechtsform vorwiegend für kleine und mittlere Betriebe, deren Eigenkapitalgeber ihre Haftung auf die Kapitaleinlage beschränken wollen.

Als **juristische Person** haftet die Gesellschaft mit ihrem gesamten Vermögen. Die Gesellschafter haften für die Unternehmensverbindlichkeiten nur bis zur Höhe ihrer (Stamm-)Einlage (= Anteil am Stammkapital). Der Gesellschaftsvertrag kann eine Nachschusspflicht vorsehen.[1] Aus Gründen des Gläubigerschutzes müssen die Gesellschafter ein **Stammkapital** von **mindestens 25.000 EUR** (vertraglich) übernehmen. (ÜB 2/65)

Geschäftsführer und **Gesellschafterversammlung** sind die Organe der GmbH. Gesellschaften, die der Mitbestimmung unterliegen, haben zusätzlich einen Aufsichtsrat. Die **Leitungsbefugnis** liegt bei der Geschäftsführung, die **Kontrollkompetenz** bei der Gesellschafterversammlung. Das Stimmengewicht in der Gesellschafterversammlung richtet sich nach der Höhe der Stammkapitalanteile der einzelnen Gesellschafter. Bei entsprechender Regelung im Gesellschaftsvertrag kann die Gesellschafterversammlung auf die Geschäftsführung Einfluss nehmen.[2]

Die Zurechnung von **Gewinnen bzw. Verlusten** auf die Gesellschafter erfolgt üblicherweise nach deren Anteil am Stammkapital. Einen Beschluss über die Höhe der Ausschüttung fasst nach § 29 Abs. 2 GmbHG die Gesellschafterversammlung. Abweichende gesellschaftsvertragliche Regelungen bezüglich der Ergebniszurechnung und der Ausschüttung sind möglich. Zum Schutz der Gläubiger ist in § 30 GmbHG eine **Ausschüttungssperre** in Höhe des **Stammkapitals** zwingend vorgeschrieben.

Die **Finanzierungsmöglichkeiten** der GmbH sind differenziert zu beurteilen: Für **Eigenkapitalgeber** ist diese Rechtsform attraktiv, weil sie den Gesellschaftern die Möglichkeit zur Haftungsbegrenzung gibt. Andererseits führt diese Haftungsbeschränkung zu Problemen bei der **Beschaffung von Fremdkapital**. Häufig machen Banken die Vergabe eines Kredits an eine GmbH von der Stellung zusätzlicher Sicherheiten durch die Gesellschafter (Grundschuld, Bürgschaft o. ä.) abhängig.

Hinsichtlich **Prüfung, Publizität und Mitbestimmung** unterliegt die GmbH den gleichen gesetzlichen Regelungen wie die **Aktiengesellschaft**. Für kleine und mittelgroße Gesellschaften gelten die entsprechenden Erleichterungen.

1.4.5 Unternehmergesellschaft (haftungsbeschränkt)

> Die **Unternehmergesellschaft (haftungsbeschränkt)** ist eine Mini-GmbH, deren Mindeststammkapital nach § 5a GmbHG nur einen Euro betragen muss.

---

[1] Vgl. § 26 GmbHG.
[2] Vgl. § 45 GmbHG.

Von ihrer großen Schwester, der GmbH, unterscheidet sich die Mini-GmbH in folgenden Punkten:

Unternehmergesellschaft (haftungsbeschränkt)	
(1) Ziel	Erleichterte Existenzgründung
(2) Stammkapital	1 EUR ≤ Stammkapital < 25.000 EUR
(3) Kompensation	Bildung einer gesetzlichen Rücklage aus laufenden Gewinnen
(4) Nachteile	Gefahr schneller Überschuldung; erschwerte Fremdfinanzierung

Abb. 156: Besondere Merkmale der Mini-GmbH

(1) Ziel der gesetzlichen Sonderregelung (§ 5a GmbHG) ist die **Erleichterung von Existenzgründen**. Kleinstunternehmen haben teilweise einen sehr geringen Kapitalbedarf. Dies gilt in besonderem Maße für Dienstleistungsunternehmen. Die für die normale GmbH geltende Mindestkapitalanforderung soll abgebaut werden.

(2) Das **Mindestkapital** der Mini-GmbH beträgt nur einen Euro. Damit wird die kapitalmäßige Markteintrittsbarriere der GmbH (25.000 EUR) auf ein Minimum gesenkt.

(3) Zur **Kompensation** des anfänglichen Eigenkapitalmankos muss die Mini-GmbH eine **gesetzliche Rücklage** bilden, in die ein Viertel des laufenden Jahresgewinns (§ 5a Abs. 2 GmbHG) einzustellen ist. Damit soll die Eigenkapitalausstattung der Mini-GmbH schrittweise an das Niveau der „normalen" GmbH herangeführt werden.

(4) Die **Nachteile** der Mini-GmbH liegen in der Gefahr der schnellen Überschuldung und der beschränkten Finanzierungsmöglichkeit: **Banken scheuen das hohe Ausfallrisiko** bei einem Kreditnehmer, dessen Eigenkapital (= Verlustauffangpotential) faktisch gleich null ist.

1.5 Genossenschaften

> Eine **Genossenschaft** ist eine Gesellschaft mit eigener Rechtspersönlichkeit, welche die Förderung der Erwerbstätigkeit oder der Haushaltsführung ihrer Mitglieder mittels gemeinschaftlichen Geschäftsbetriebes bezweckt (§ 1 GenG).

Die Genossenschaft ist ein wirtschaftlicher Verein mit einer nicht geschlossenen Zahl von Mitgliedern. Wichtige genossenschaftliche Ausprägungen sind

- **Produktionsgenossenschaften** (z. B. Molkerei oder Winzergenossenschaft)
- **Kreditgenossenschaften** (z. B. Volksbanken)
- **Baugenossenschaften** (Wohnungsbau und -verwaltung).

Zur Gründung einer Genossenschaft gehören mindestens drei Personen, die Feststellung einer Satzung und die Eintragung ins Genossenschaftsregister.

Mit dem Eintritt in die Genossenschaft übernimmt jedes Mitglied den satzungsmäßig festgelegten **Geschäftsanteil**, der zu mindestens einem Zehntel eingezahlt werden muss (§ 7 GenG). Das GenG erlaubt die Übernahme mehrerer Geschäftsanteile durch ein Mitglied (§ 7a GenG). Den Gesamtbetrag (eingezahlter) Geschäftsanteile eines Mitglieds bezeichnet man als **Geschäftsguthaben**. Die Gewinn- bzw. Verlustzuweisung auf die Mitglieder erfolgt üblicherweise nach Maßgabe der Geschäftsguthaben (§ 19 GenG).

Als juristische Person verfügt die Genossenschaft grundsätzlich über die drei **Organe**: Generalversammlung, Aufsichtsrat und Vorstand. Jedes Mitglied hat üblicherweise eine Stimme in der **Generalversammlung**. Dieses Organ wählt den Vorstand und den Aufsichtsrat. Ferner entscheidet die Generalversammlung über die Gewinnverwendung und kann satzungsändernde Beschlüsse fassen.

Der **Aufsichtsrat** besteht aus mindestens drei Mitgliedern. Ihm obliegt die Kontrolle des Vorstands. Die Leitungsbefugnis liegt – wie bei der Aktiengesellschaft – in den Händen des **Vorstands**, der aus (mindestens) zwei Personen besteht.

Das Eigenkapital der Genossenschaft besteht aus der Summe aller Geschäftsguthaben. Dieses ist durch den Ein- und Austritt von Mitgliedern **Schwankungen** unterworfen. Bei Mitgliederaustritten müssen die jeweiligen Geschäftsguthaben ausgezahlt werden, wodurch sich das Genossenschaftsvermögen (Haftungssubstanz) einerseits und das **Eigenkapital** andererseits **verringern**. Da Gesellschafter einer Kapitalgesellschaft diese – im Unterschied zur Genossenschaft – gewöhnlich durch Verkauf ihrer Anteile an neue bzw. andere Gesellschafter verlassen, resultiert hierdurch ein **Finanzierungsnachteil** der Genossenschaft im Vergleich zur AG und zur GmbH, welche über ein festgeschriebenes Grund- bzw. Stammkapital verfügen.

Angesichts dieser unzuverlässigen Eigenkapitalbasis zögern Banken oftmals bei der Kreditvergabe an Genossenschaften. Zur **Verbesserung** ihrer **Fremdfinanzierungsmöglichkeiten** sehen sich manche Genossenschaften deshalb veranlasst, durch eine sog. Nachschusspflicht den Schutz der Gläubiger zu steigern. Zu diesem Zweck kann in der Satzung der Passus verankert werden, dass die Mitglieder im Falle der Insolvenz der Genossenschaft eine beschränkte oder unbeschränkte **Nachschusspflicht** übernehmen müssen (§ 6 GenG).

Genossenschaftliche Jahresabschlüsse unterliegen grundsätzlich der Jahresabschlussprüfung (§ 53 GenG). Die **Prüfung** obliegt nach § 55 GenG dem genossenschaftlichen Prüfungsverband. Bezüglich der **Mitbestimmung** gelten – mit Ausnahme der Montanbestimmung – die gleichen Regelungen wie für Kapitalgesellschaften.

1.6 Steuerbelastung als Kriterium der Rechtsformwahl

1.6.1 Ertragsteuern im Überblick

Zur Analyse des Einflusses der Besteuerung auf die Rechtsformwahl ist zunächst eine abstrakte Auseinandersetzung mit den Grundzügen der (deutschen) Unternehmensbesteuerung nötig. Betriebswirtschaftliche Bedeutung besitzen für die **laufende Unternehmenstätigkeit** vor allem die **Ertragsteuern** (d. h. die Steuern vom Einkommen und Ertrag). Für gewerbliche Unternehmen sind dies im Wesentlichen die **Einkommensteuer**, die **Körperschaftsteuer** und die **Gewerbesteuer**. In einem einführenden Lehrbuch zur Allgemeinen Betriebswirtschaftslehre können diese Steuerarten jedoch nur in aller Kürze skizziert werden. Der an Detailinformationen interessierte Leser wird deshalb auf die weiterführende Literatur verwiesen.[1]

---

[1] Vgl. z. B. Kußmaul, H., Steuerlehre, 2014; Scheffler, W., Besteuerung, 2012, S. 30 ff.

Schnell lässt sich erkennen, dass

(a) **Einzelunternehmen und Personengesellschaften** einerseits bzw.
(b) **Kapitalgesellschaften** andererseits

einer **unterschiedlichen Ertragsteuerbelastung** unterliegen. Eine pauschale Antwort auf die Frage, welche der Rechtsformgruppen (a) oder (b) steuerlich begünstigt wird, ist jedoch aus zwei Gründen nicht möglich:

- Erstens ist die Steuerbelastung der Betriebe beider Rechtsformklassen stark von den Verhältnissen des Einzelfalls (z. B. dem persönlichen Einkommensteuersatz des Einzelunternehmers bzw. Personengesellschafters) abhängig.
- Zweitens haben Steuergesetze eine kurze Halbwertzeit. Ein Federstrich des Gesetzgebers genügt, und die steuerorientierte Rechtsformwahl verkehrt sich vom steuerlichen Vorteil zum steuerlichen Nachteil. (ÜB 2/66–67)

1.6.1.1 Gewerbesteuer

Der Gewerbesteuer (GewSt) unterliegt jeder Gewerbebetrieb unabhängig von seiner Rechtsform, soweit er im Inland betrieben wird; man spricht von einer **Objektsteuer**. Zur Kurzcharakterisitk der Gewerbesteuer lassen sich folgende Merkmale heranziehen:

- **Steuersubjekt**: Jeder Gewerbebetrieb im Inland.
- **Steuerbemessungsgrundlage**: Gewerbeertrag (= einkommen- bzw. körperschaftsteuerpflichtiger Gewinn korrigiert um Hinzurechnungen und Kürzungen). Am stärksten ins Gewicht fällt die Vorschrift (§ 8 Nr. 1 GewStG), dass zur Ermittlung des Gewerbeertrags dem Gewinn 25 % der Fremdkapitalzinsen hinzuzurechnen sind.
- **Steuertarif**: Der Gewerbeertrag wird mit einer einheitlichen Messzahl von 3,5 % belastet.
- **Hebesatz**: Die Gewerbesteuer ist eine Gemeindesteuer. Jede Gemeinde hat das Recht, einen eigenen Hebesatz festzulegen. Die Hebesätze bewegen sich in einer Größenordnung zwischen 200 % und 500 %, wobei die Belastung in Großstädten am höchsten liegt.

Beispiel: Bei einem Gewerbeertrag von 100.000 EUR und einem Hebesatz von 400 Prozent beträgt die Gewerbesteuer 14.000 EUR.

Gewerbeertrag	·	Messzahl	=	Messbetrag
100.000 EUR		0,035		3.500 EUR
Messbetrag	·	**Hebesatz**	=	**Gewerbesteuer**
3.500 EUR		4,0		14.000 EUR

1.6.1.2 Einkommensteuer

Die Einkommensteuer (ESt) belastet das zu versteuernde Einkommen von natürlichen Personen. Zu ihrer Kurzbeschreibung lassen sich folgende Merkmale heranziehen:

- **Steuersubjekt**: Jede natürliche Person mit inländischem Wohnsitz.
- **Steuerbemessungsgrundlage**: Gesamtbetrag der Einkünfte, bestehend aus **sieben Einkunftsarten** (Einkünfte aus Land- und Forstwirtschaft, aus Gewerbebetrieb, aus selbständiger Arbeit, aus nichtselbständiger Arbeit, aus Kapitalvermögen, aus Vermietung und Verpachtung sowie sonstige Einkünfte).
- **Steuertarif**: Der ESt-Tarif ist **progressiv** gestaltet, d. h. ein niedriges Einkommen wird mit einem niedrigen, ein hohes Einkommen wird mit einem hohen Steuersatz belegt. Auf diese Weise sollen alle natürlichen Personen nach Maßgabe ihrer **wirtschaftlichen Leistungsfähigkeit** besteuert werden. Der Einkommensteuertarif reicht zurzeit (2016) von 14 % bis 45 %.

Nach gegenwärtig geltendem ESt-Tarif (2016) lässt sich die **Progressionswirkung** an folgendem Beispiel beschreiben.

Höhe des Einkommens in EUR	Höhe der Einkommensteuer in EUR	Steuerbelastung in Prozent
20.000	2.560	12,8[1]
60.000	16.805	28,0
100.000	33.605	33,6
200.000	75.605	37,8

Abb. 157: Progressiver Einkommensteuertarif

Im Mittelpunkt des betriebswirtschaftlichen Interesses steht die Besteuerung der **Einkünfte aus Gewerbebetrieb**. In diesem Zusammenhang ist auf die **Rechtsformabhängigkeit der Besteuerung** hinzuweisen: Die Gewinne von

- **Einzelfirmen und Personengesellschaften** (= natürliche Personen) werden von der **Einkommensteuer**
- **Kapitalgesellschaften** (= juristische Personen) werden von der **Körperschaftsteuer**

erfasst. Daraus folgt: Personenunternehmen (Einzelfirmen und Personengesellschaften) werden mit Gewerbesteuer und Einkommensteuer, Kapitalgesellschaften werden mit Gewerbesteuer und Körperschaftsteuer belastet.

Hat ein Personenunternehmen X einen Jahresgewinn in Höhe von beispielsweise 60.000 EUR erwirtschaftet, lassen sich daraus keine direkten Rückschlüsse auf die Einkommensteuerbelastung der daran beteiligten Person(en) ziehen. Handelt es sich beim Unternehmen X um eine Personengesellschaft, an der die Gesellschafter A, B, und C zu gleichen Teilen beteiligt sind, zahlt jeder Gesellschafter auf seinen Gewinnanteil von 20.000 EUR Einkommensteuer in Höhe von 2.560 EUR, so dass der Gewinn mit 12,8 Prozent Einkommensteuer belastet wird. Handelt es sich dagegen beim Unternehmen X um eine Einzelfirma und erzielt der Einzelunternehmer neben seinen Einkünften aus Gewerbebetrieb (60.000 EUR) noch weitere Einkünfte (z. B. aus Vermietung und Verpachtung) in Höhe von 40.000 EUR, wird sein Gesamteinkommen in Höhe von 100.000 EUR mit 33.605 EUR Einkommensteuer belastet, was einer durchschnittlichen Belastung von 33,6 Prozent entspricht.

---

[1] Die Einräumung eines Steuerfreibetrags führt zu einer Durchschnittsbelastung von weniger als 14 %.

1.6.1.3 Körperschaftsteuer

Der Gewinn einer Kapitalgesellschaft lässt sich als Einkommen der juristischen Person (= Körperschaft) interpretieren und unterliegt der Körperschaftsteuer (KSt). Damit wird die Körperschaftsteuer zur „Einkommensteuer der juristischen Personen".

- **Steuersubjekt**: Körperschaftsteuerpflichtig sind alle juristischen Personen (z. B. AG, GmbH und Genossenschaften) mit Sitz im Inland.
- **Steuerbemessungsgrundlage**: der nach den Vorschriften des Einkommen- und Körperschaftsteuergesetzes ermittelte Gewinn aus Gewerbebetrieb.
- **Steuertarif**: Der KSt-Tarif ist ein linearer Tarif. Er beträgt 15 % des körperschaftsteuerpflichtigen Gewinns. Diesbezüglich ist es gleichgültig, ob der Gewinn ausgeschüttet oder thesauriert wird.

Rechtssystematisch muss man zwischen der Besteuerung von juristischen Personen (Gesellschaftsebene) und von natürlichen Personen[1] (Gesellschafterebene) unterscheiden. Schüttet eine Kapitalgesellschaft, also eine AG oder GmbH, Gewinne an ihre Gesellschafter aus, kommt es aus wirtschaftlicher Sicht zu einer Doppelbesteuerung, denn auf der Ebene der

- **Gesellschaft** wird **Gewerbe- und Körperschaftsteuer**
- **Gesellschafter** wird **Einkommensteuer**

erhoben. Die auf die Ausschüttung entfallende Einkommensteuerbelastung liegt zwischen 14 und 45 %, ist also in jedem Einzelfall abhängig von der Höhe des Gesamteinkommens des Gesellschafters.

Privatpersonen können frei entscheiden,[2] ob sie ihre Einkünfte aus Kapitalvermögen, insb. Zinseinkünfte, Dividenden und Gewinnanteile aus einer GmbH, mit dem

- **persönlichen Einkommensteuersatz** (14 bis 45 %) oder dem
- **pauschalen Abgeltungsteuersatz von 25 %**

besteuern lassen wollen.

Es ist davon auszugehen, dass alle privaten Kapitalanleger, deren persönlicher Einkommensteuersatz über 25 % liegt, von der Option zur Abgeltungsteuer (AbgSt) Gebrauch machen werden.

1.6.1.4 Solidaritätszuschlag

Der Solidaritätszuschlag (SolZ) ist eine **Ergänzungsabgabe** zur Einkommensteuer und Körperschaftsteuer. Der Solidaritätszuschlag beläuft sich auf 5,5 % der berechneten Einkommen- bzw. Körperschaftsteuer. Dem Solidaritätszuschlag unterliegen auch die Sondererhebungsformen der Einkommensteuer, d. h. die Abgeltungsteuer und die „Nachholsteuer"[3].

---

[1] Die Möglichkeit, dass die Anteile an einer Kapitalgesellschaft nicht von einer natürlichen Person, sondern von einer anderen Kapitalgesellschaft gehalten werden, wird im Folgenden vernachlässigt.
[2] Vgl. § 32d Abs. 1 bzw. Abs. 6 EStG.
[3] Die mit der sog. Thesaurierungsbegünstigung in Zusammenhang stehende „Nachholsteuer" (§ 34a Abs. 4 EStG) wird weiter unten erläutert.

1.6.2 Rechtsformabhängiger Steuerbelastungsvergleich

> Ein rechtsformabhängiger **Steuerbelastungsvergleich** hat die Aufgabe, die Besteuerungsunterschiede zwischen Kapitalgesellschaften einerseits und Einzelunternehmen und Personengesellschaften andererseits zu verdeutlichen.

Nach deutschem Steuerrecht gibt es eine unterschiedliche Steuerbelastung für einbehaltene (thesaurierte) Gewinne und für ausgeschüttete Gewinne. Aus diesem Grunde muss jeder Steuerbelastungsvergleich die

(A) **Besteuerung auf Gesellschaftsebene**
(B) **Besteuerung auf Gesellschafterebene**

berücksichtigen. Zur (B) Besteuerung auf Gesellschafterebene kann es nur im Ausschüttungsfall kommen. In **Abb. 158** wird das Grundschema eines rechtsformabhängigen Steuerbelastungsvergleichs dargestellt.

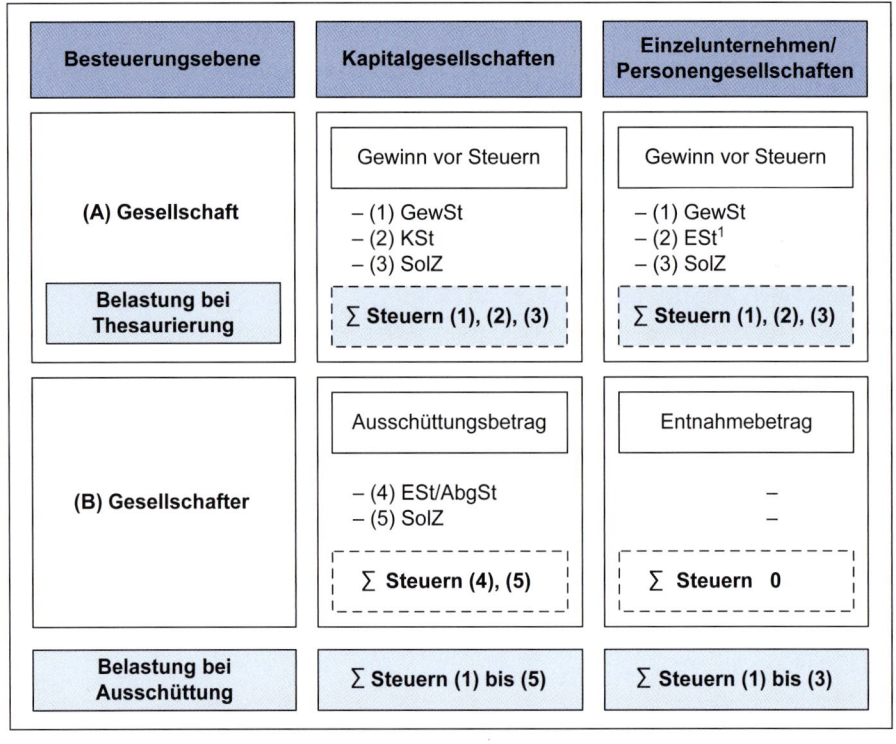

Besteuerungsebene	Kapitalgesellschaften	Einzelunternehmen/ Personengesellschaften
(A) Gesellschaft	Gewinn vor Steuern – (1) GewSt – (2) KSt – (3) SolZ	Gewinn vor Steuern – (1) GewSt – (2) ESt[1] – (3) SolZ
Belastung bei Thesaurierung	∑ Steuern (1), (2), (3)	∑ Steuern (1), (2), (3)
(B) Gesellschafter	Ausschüttungsbetrag – (4) ESt/AbgSt – (5) SolZ	Entnahmebetrag – –
	∑ Steuern (4), (5)	∑ Steuern 0
Belastung bei Ausschüttung	∑ Steuern (1) bis (5)	∑ Steuern (1) bis (3)

Abb. 158: Schematischer Steuerbelastungsvergleich

In einem **vorläufigen Zwischenfazit** lassen sich aus **Abb. 158** folgende **rechtsformspezifische Besteuerungsunterschiede** herauslesen:

---

[1] Nach Anrechnung der Gewerbesteuer.

- **Gesellschaftsebene**: Gewinne von Kapitalgesellschaften werden mit 15% KSt, Gewinne von Personenunternehmen werden mit ESt zwischen 14 und 45% belastet. Als Ausgleich für diesen Besteuerungsnachteil dürfen Einzelfirmen und Personengesellschaften die von ihnen gezahlte Gewerbesteuer in begrenztem Umfang[1] von ihrer Einkommensteuerschuld abziehen.
- **Gesellschafterebene**: Schütten Kapitalgesellschaften ihre Gewinne aus, erhöht sich die Gesamtbelastung für die Anteilseigner um die Steuerkomponenten (4) und (5). Dagegen ist bei Einzelfirmen und Personengesellschaften die Höhe der Steuerbelastung grundsätzlich unabhängig von der Gewinnverwendung; der Gewinn ist auf der Gesellschaftsebene besteuert und unterliegt bei der Entnahme durch den Einzelunternehmer/Personengesellschafter keiner weiteren Steuerbelastung.

Ausgehend von der Rechtslage zum 01.01.2016 lassen sich die rechtsformspezifischen Besteuerungsunterschiede auf der Basis von einem

- **Gewinn vor Steuern von 100 GE (= Gewerbeertrag)**
- **Gewerbesteuerhebesatz von 400 %**
- **individuellen Einkommensteuersatz von (a) 45 %, (b) 30 %**

folgendermaßen quantifizieren:

Ebene	Kapitalgesellschaften		Einzelunternehmen/Personengesellschaften			
			Einkommensteuersatz	(a) 45 %		(b) 30 %
Gesellschaft	Gewinn vor Steuern	100,00	Gewinn vor Steuern	100,00		100,00
	(1) GewSt	14,00	(1) GewSt		14,00	14,00
	(2) KSt	15,00	(2) ESt	45,00		30,00
			– GewSt	13,30		13,30
				31,70	31,70	16,70 16,70
	(3) SolZ	0,83	(3) SolZ		1,74	0,92
	Belastung bei Thesaurierung in %	**29,83**	**Belastung bei Thesaurierung in %**		**47,44**	**31,62**
Gesellschafter	Ausschüttungsbetrag	70,17	Entnahmebetrag		52,56	68,38
	(4) ESt/AbgSt	17,54			–	–
	(5) SolZ	0,96			–	–
	Zusatzbelastung bei Ausschüttung in %	18,50	Zusatzbelastung bei Ausschüttung in %		0	0
Total	**Gesamtbelastung bei Ausschüttung in %**	**48,33**	**Gesamtbelastung bei Ausschüttung in %**		**47,44**	**31,62**

Abb. 159: Beispielhafter Steuerbelastungsvergleich

---

[1] Nach §35 EStG wird die gezahlte Gewerbesteuer (maximal bis zum 3,8-fachen des Messbetrags) der Einkommensteuerschuld angerechnet.

Der beispielhafte Steuerbelastungsvergleich in **Abb. 159** führt zu folgendem **Zwischenergebnis**:

(1) Bei **vollständiger Gewinnausschüttung** werden **Kapitalgesellschaften** mit 48,33 Prozent **stärker belastet** als Einzelunternehmen/Personengesellschaften mit 47,44 bzw. 31,62 Prozent. Je geringer der persönliche Einkommensteuersatz des Einzelunternehmers/Gesellschafters der Personengesellschaft ist, desto größer ist der Steuervorteil im Vergleich zur Steuerbelastung der Gesellschafter der Kapitalgesellschaft.

(2) Bei **vollständiger Gewinnthesaurierung** werden **Personenunternehmen** mit 47,44 bzw. 31,62 Prozent Steuerbelastung gegenüber Kapitalgesellschaften (Steuerbelastung: 29,83 Prozent) **benachteiligt**.

Zur Behebung dieses Steuernachteils wird Personenunternehmen nach § 34a Abs. 1 EStG ein **Optionsrecht** zur ermäßigten Besteuerung thesaurierter Gewinne eingeräumt. Mit der sog. **Thesaurierungsbegünstigung** wird die Steuerbelastung eines Personenunternehmens im Jahr der Gewinnthesaurierung auf ca. 30 Prozent, also etwa auf das Niveau der Thesaurierungsbesteuerung einer Kapitalgesellschaft abgesenkt. Hinter dieser „Begünstigung" steckt aber keine echte Steuerersparnis, denn bei einer späteren Ausschüttung der zunächst thesaurierten Gewinne kommt es zu einer sog. **Nachholsteuer**. Mit dieser wird die vermeintliche Steuerbegünstigung wieder rückgängig gemacht.

Zusammenfassend lässt sich Folgendes festhalten:

(1) Die Wahl der steueroptimalen Rechtsform wird im Wesentlichen **von zwei Faktoren beeinflusst**: dem **maßgeblichen Einkommensteuersatz** der natürlichen Person und der **geplanten Ausschüttungsquote** der erwarteten Gewinne.

(2) Im Extremfall **vollständiger Gewinnthesaurierung** steht man sich mit der **Kapitalgesellschaft** besser als mit einem Personenunternehmen. Die Thesaurierungsbegünstigung kann den Besteuerungsunterschied abmildern.

(3) Im anderen Extremfall, also bei **vollständiger Ausschüttung**, liegt der steuerliche Vorteil auf Seiten der **Personenunternehmen**. Dieser Steuervorteil ist bei hohen Einkommensteuersätzen jedoch gering.

(4) Je **niedriger** der persönliche **Einkommensteuersatz**, desto stärker kommt die steuerliche **Vorteilhaftigkeit der Einzelfirma bzw. der Personengesellschaft** zum Tragen.

1.6.3 Besondere Unternehmensstrukturen

1.6.3.1 Kapitalgesellschaft & Co. KG

Kleine und mittlere Unternehmen (KMU) stehen häufig vor folgendem Problem:
- Unter **steuerlichen Gesichtspunkten** ist die **Personengesellschaft günstiger**.
- Aus Gründen der **Haftungsbeschränkung** ist die **Kapitalgesellschaft vorzuziehen**.

Einen Ausweg aus diesem Dilemma bietet die Kapitalgesellschaft & Co. KG. Bei dieser Konstruktion sind an einer Personengesellschaft keine natürlichen Personen, sondern **allein Kapitalgesellschaften als vollhaftende Gesellschafter** (Komplementär) beteiligt.[1] Verbreitet ist die Form der GmbH & Co. KG. In deren typischer Auspra-

---
[1] Vgl. § 19 Abs. 2 HGB.

gung[1] wird eine GmbH als einzige Vollhafterin einer Kommanditgesellschaft etabliert (vgl. **Abb. 160**); zugleich beherrschen die Kommanditisten der KG, die natürlichen Personen (A und B), auch die Komplementär-GmbH und sichern damit ihren unternehmerischen Einfluss auf die Kommanditgesellschaft.

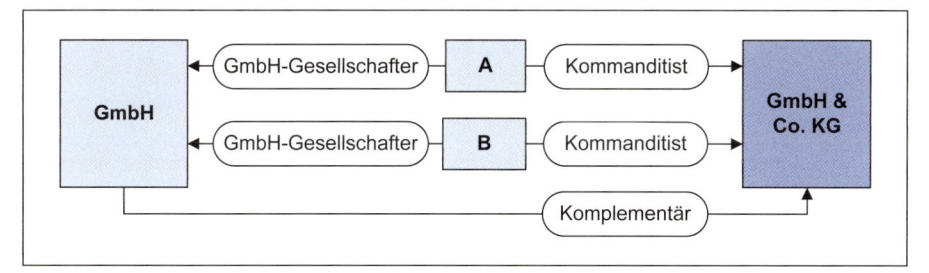

Abb. 160: Typische GmbH & Co. KG

Die GmbH übt meist keine eigenständige Tätigkeit aus, sondern übernimmt nur das Haftungsrisiko. Der Gewinn der GmbH & Co. KG wird auf Ebene der KG mit Gewerbesteuer belastet und dann gemäß dem gesellschaftsvertraglich vereinbarten Schlüssel auf die Gesellschafter der KG verteilt. Damit unterliegt

- der dem **Komplementär** (= GmbH) zugerechnete **Gewinnanteil bei der GmbH** der **KSt** sowie bei Weiterausschüttung an A und B der Abgeltungsteuer bzw. der Einkommensteuer.
- der den **Kommanditisten** (A und B) zukommende Gewinnanteil der **persönlichen Einkommensteuer** unter pauschalierter Anrechnung der Gewerbesteuer.

Um die steuerlichen Vorteile der Personengesellschaft maximal nutzen zu können, ist es oft Ziel der Gestaltung, einen möglichst großen Teil des Erfolgs der Kommanditgesellschaft bei den Kommanditisten anfallen zu lassen.

1.6.3.2 Doppelgesellschaft

Eine Doppelgesellschaft entsteht durch **Betriebsaufspaltung**. Dies kann auf zwei Wegen erfolgen:

- **Ein** in einer einheitlichen Rechtsform geführter **Betrieb teilt sich in zwei rechtlich selbständige Gesellschaften**, ohne seine wirtschaftliche Einheit aufzugeben.
- **Zwei rechtlich selbständige Gesellschaften werden gegründet**, die beide den gleichen wirtschaftlichen Zweck verfolgen.

Folgende **Charakteristika** kennzeichnen die Doppelgesellschaft (vgl. **Abb. 161**):

(1) Der als **GmbH** geführte Betrieb (**Betriebskapitalgesellschaft** bzw. kurz **Betriebsgesellschaft** genannt) trägt das **unternehmerische Risiko**, das durch die Haftungsbegrenzung der Gesellschafter der GmbH kalkulierbar wird.
(2) Die wesentlichen Teile der **Vermögenssubstanz** befinden sich in einer **Personengesellschaft** (OHG oder KG). Das Vermögen der Personengesellschaft (**Besitzpersonengesellschaft** bzw. kurz **Besitzgesellschaft** genannt) ist nur geringen Haftungsrisiken ausgesetzt, weil sie durch die GmbH mit ihrer marktorientierten Risikoübernahmefunktion weitgehend abgeschirmt wird.

---

[1] Zu weiteren Formen vgl. Jacobs/Scheffler/Spengel (Hrsg.), Rechtsform, 2015, S. 59 ff.

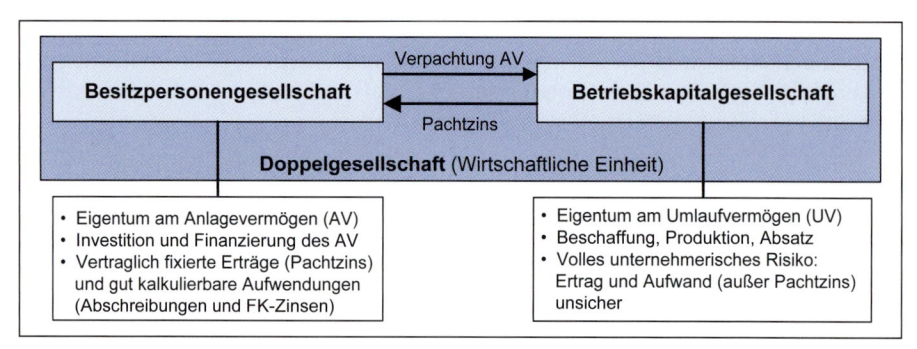

Abb. 161: Besitzpersonen- und Betriebskapitalgesellschaft

```
                    Verpachtung AV
Besitzpersonengesellschaft  ←→  Betriebskapitalgesellschaft
                       Pachtzins
         Doppelgesellschaft (Wirtschaftliche Einheit)

• Eigentum am Anlagevermögen (AV)      • Eigentum am Umlaufvermögen (UV)
• Investition und Finanzierung des AV  • Beschaffung, Produktion, Absatz
• Vertraglich fixierte Erträge         • Volles unternehmerisches Risiko:
  (Pachtzins) und gut kalkulierbare      Ertrag und Aufwand (außer Pachtzins)
  Aufwendungen (Abschreibungen und       unsicher
  FK-Zinsen)
```

Die **Betriebskapitalgesellschaft** trägt das volle unternehmerische Risiko (= Verlustrisiko). Die **Besitzpersonengesellschaft** kann mit fest kalkulierbaren Aufwendungen (Abschreibungen[1] und Fremdkapitalzinsen) und Erträgen (Pachteinnahmen) rechnen. Die Höhe des Pachtzinses entscheidet darüber, in welchem Umfang der **Gewinn** der wirtschaftlichen Einheit der Besitzpersonengesellschaft (Einkommensteuer) bzw. der Betriebskapitalgesellschaft (Körperschaftsteuer) **zugerechnet** wird.

Die **Haftung** der Eigner ist für den Fall der Insolvenz der Betriebskapitalgesellschaft **abgeschwächt**: Die Eigentümer haften grundsätzlich nicht über ihre Stammeinlage hinaus. Auch die Besitzpersonengesellschaft haftet nicht mit ihrem Eigentum am Anlagevermögen. Allerdings werden sich vor allem Banken im Rahmen der Kreditvergabe zur Finanzierung des Geschäftsbetriebes der Betriebskapitalgesellschaft entsprechende Sicherheiten von den Eignern stellen lassen.

2. Wechsel der Rechtsform

2.1 Ziele und Möglichkeiten des Rechtsformwechsels

Die Rechtsform wird häufig als Rechtskleid bezeichnet, in welchem ein Unternehmen im Geschäftsverkehr auftritt. Bei der Gründung wird dieses Rechtskleid maßgeschneidert, also dem Unternehmen – bildlich gesprochen – auf den Leib zugeschnitten. Ändert sich die Figur einer Person, erwägt sie den Gang zur Änderungsschneiderei. Ändert sich die Struktur eines Unternehmens, erwägt es den Wechsel der Rechtsform, der landläufig als Umwandlung bezeichnet wird.

---

[1] Vgl. hierzu S. 696 ff.

Überlegungen zum Wechsel der Rechtsform können durch unternehmensinterne Veränderungen oder durch Änderungen des Unternehmensumfelds ausgelöst werden, wie die folgende beispielhafte Aufzählung zeigt:

Wechsel der Rechtsform	
Interne Gründe	**Externe Gründe**
• Ausscheiden bisheriger Gesellschafter • Erweiterter Eigentümerkreis (Erbfall) • Wunsch nach Haftungsbegrenzung • Erweiterung der Kapitalbasis durch Aufnahme neuer Gesellschafter • Vermeidung der Prüfungspflicht	Gesetzesänderungen • Gesellschaftsrecht • Arbeitsrecht • Mitbestimmung • Steuerrecht usw.

Abb. 162: Anlässe zum Wechsel der Rechtsform

Die **externen Gründe** zum **Wechsel der Rechtsform** bedürfen einer kurzen Erläuterung: Viele gesetzliche Regelungen differenzieren zwischen Einzelfirmen und Personengesellschaften auf der einen und Kapitalgesellschaften auf der anderen Seite. Besonders stark ausgeprägt ist diese Differenzierung im Steuerrecht und in den Gesetzen zur **unternehmerischen Mitbestimmung**. Da Einzelfirmen und Personengesellschaften von der unternehmerischen Mitbestimmung nicht betroffen sind, kann eine Verschärfung der einschlägigen Rechtsvorschriften einen Trend zur Umwandlung in mitbestimmungsfreie Rechtsformen auslösen. Ähnliche Ausweichreaktionen lassen sich auf steuerlicher Ebene beobachten: Führen Änderungen im **Steuerrecht** zu einer Verschiebung des Belastungsniveaus zwischen Kapitalgesellschaften und Nichtkapitalgesellschaften, reagieren die betroffenen Unternehmen häufig mit einem Wechsel in eine steuerlich weniger stark belastete Rechtsform.

Beim Wechsel der Rechtsform werden Vermögensgegenstände und Schulden von einem bisherigen Rechtsträger auf einen neuen Rechtsträger übertragen. Hierbei sind zwei Formen zu unterscheiden:

Umgründung	**Umwandlung**
Formelle Liquidation des bisherigen Unternehmens in der bisherigen Rechtsform und *Einzelübertragung* von Vermögensgegenständen und Schulden auf Unternehmen mit neuer Rechtsform	Formwechsel in eine andere Rechtsform im Wege der ***Gesamtrechtsnachfolge***, d. h. Vermögensgegenstände und Schulden gehen in ihrer Gesamtheit auf den Rechtsnachfolger über
Stille Rücklagen/Stille Reserven: Auflösung zwingend	**Stille Rücklagen/Stille Reserven:** Übertragung möglich

Abb. 163: Möglichkeiten des Rechtsformwechsels

> Übersteigt der „tatsächliche" Wert eines Vermögensgegenstands den in der Bilanz ausgewiesenen Wert (den sog. Buchwert), spricht man von **stillen Rücklagen** oder **stillen Reserven**.

> **Beispiel:** Der bilanzielle Wert (Buchwert) eines Grundstücks beträgt 50.000 EUR, der Verkehrswert beträgt 300.000 EUR. Die stille Rücklage/stille Reserve beziffert sich auf 250.000 EUR (= 300.000 EUR − 50.000 EUR).

Bei der **Umgründung** müssen stille Rücklagen/Reserven gewöhnlich aufgelöst und der Ertragsbesteuerung unterworfen werden. Bei der **Umwandlung** können sie unter bestimmten Voraussetzungen und auf Antrag auf den neuen Rechtsträger übertragen werden.

Vor der Darstellung der steuerlichen Konsequenzen im folgenden Unterkapitel soll der Rechtsformwechsel im Wege der Umwandlung kurz erläutert werden. Geregelt sind die verschiedenen Möglichkeiten einer formwechselnden Umwandlung in den §§ 190 ff. des **Umwandlungsgesetzes** (UmwG).

Zur formwechselnden Umwandlung fassen die Anteilseigner des bisherigen Rechtsträgers einen **Umwandlungsbeschluss**, der notariell zu beurkunden ist. Die Vorschriften zum Mindestinhalt des Umwandlungsbeschlusses enthält § 194 UmwG. Wichtige **Regelungsinhalte** sind

- neue Rechtsform und Firmenbezeichnung
- neues Beteiligungsverhältnis der bisherigen Anteilsinhaber
- Abfindungsangebot für ausscheidende Anteilsinhaber
- Folgen für Arbeitnehmer und ihre Vertretungen.

Wirksam wird die Umwandlung mit Eintragung der neuen Rechtsform ins Handels- bzw. Genossenschaftsregister.

2.2 Steuerliche Konsequenzen des Rechtsformwechsels

Die mit dem Rechtsformwechsel verbundenen steuerlichen Aspekte sind auf zwei verschiedenen Ebenen angesiedelt:

(1) **Vergleich der laufenden Steuerbelastung**[1] zwischen der bisherigen Rechtsform und einer alternativen Rechtsform: Ist die laufende Besteuerung in der bisherigen Rechtsform höher als in der in Frage kommenden Rechtsformalternative, gibt es c. p. einen steuerlichen Impuls zum Wechsel der Rechtsform.
(2) **Einmalige Belastung des Umwandlungsvorgangs** mit sog. Verkehrsteuern (z. B. Umsatzsteuer, Grunderwerbsteuer) oder mit Ertragsteuern.[2]

Zu einer **Ertragsteuerbelastung** des Rechtsformwechsels kommt es immer dann, wenn die einzelnen Vermögensgegenstände des untergehenden Rechtsträgers auf den neuen Rechtsträger übertragen und bei diesem Transaktionsvorgang (Umgründung) die **stillen Rücklagen (bzw. Reserven) aufgelöst** werden. Neben einer solchen Auflösung stiller Rücklagen auf der Gesellschaftsebene kann es zu einer Auflösung und Besteuerung stiller Rücklagen auf Gesellschafterebene kommen.

---

[1] Zu den rechtsformspezifischen Unterschieden der laufenden Steuerbelastung vgl. S. 230 ff. Zur Vertiefung vgl. Kußmaul, H., Steuerlehre, 2014.

[2] Zu Einzelheiten der Besteuerung der Umwandlung vgl. Brähler, G., Umwandlungssteuerrecht, 2014.

Es liegt auf der Hand, dass die (einmalige) steuerliche Belastung des Rechtsformwechsels ein schwerwiegendes **Hindernis zur Optimierung** der **Rechtsformwahl** ist. Hier will das deutsche Steuerrecht im Rahmen des **Umwandlungssteuergesetzes Abhilfe** schaffen. Die beiden tragenden Säulen dieses Gesetzes sind

- **Steuerneutralität**, d. h. keine transaktionsbedingte Ertragsteuerbelastung (auf Gesellschafts- und Gesellschafterebene)
- **Erhaltung des Besteuerungsanspruchs** für den deutschen Fiskus.

Beide Ziele sollen durch die sog. **Buchwertfortführung** erreicht werden: Die **stillen Rücklagen** werden beim Umwandlungsvorgang nicht aufgelöst, sondern im Wege der Gesamtrechtsnachfolge auf den neuen Rechtsträger **übertragen**. Kommt es in einer späteren Periode zu einer Veräußerung der (unterbewerteten) Vermögensgegenstände, werden die stillen Rücklagen gewinnerhöhend aufgelöst. Die Buchwertfortführung bringt also nicht einen Verzicht, sondern nur eine zeitliche Verschiebung des Besteuerungsanspruchs mit sich.

3. Zusammenschluss von Unternehmen

3.1 Begriff und Formen der Unternehmenszusammenschlüsse

> **Unternehmenszusammenschlüsse** (international als Mergers and Acquisitions – M&A bezeichnet) entstehen durch die Verbindung von bisher rechtlich und wirtschaftlich selbständigen Unternehmen zu größeren Wirtschaftseinheiten.

Generelles Ziel ist die gemeinsame Bewältigung bestehender Aufgaben. Die rechtliche Selbständigkeit und die wirtschaftliche Autonomie der beteiligten Unternehmen können, müssen jedoch nicht, dabei aufgehoben werden.

Unternehmenszusammenschlüsse können nach der

(1) Bindungsintensität und
(2) Art der verbundenen Wirtschaftsstufen (Richtung des Zusammenschlusses)

klassifiziert werden.

Das Klassifizierungsmerkmal der **(1) Bindungsintensität** orientiert sich am Grad der Beeinflussung der **rechtlichen und wirtschaftlichen Selbständigkeit** der zusammengeschlossenen Unternehmen. Zu unterscheiden ist (→ **Abb. 164**) zwischen

(a) Kooperationen
(b) Konzentrationen.

Die **(a) Kooperation**[1] ist durch die freiwillige Zusammenarbeit von Unternehmen, die rechtlich – und in den nicht der vertraglichen Zusammenarbeit unterworfenen Bereichen auch wirtschaftlich – **selbständig** bleiben, gekennzeichnet. Die beteiligten Unternehmen geben somit lediglich einen Teil ihrer wirtschaftlichen Souveränität auf. Die Zusammenarbeit erfolgt i. d. R. zu dem Zweck, die Wettbewerbsfähigkeit durch die Zusammenlegung einzelner Unternehmensfunktionen (z. B. Einkauf, Forschung und Entwicklung) zu steigern.

---

[1] Zu den einzelnen Formen vgl. S. 244 ff.

In einer **(b) Konzentration**[1] hingegen werden nicht nur einzelne, sondern alle Funktionen der zusammengeschlossenen Unternehmen gemeinsam erfüllt. Die beteiligten Unternehmen geben dabei ihre wirtschaftliche Selbständigkeit auf. Hauptmerkmal derartiger Unternehmensverbindungen ist die **Unterordnung** der zusammengeschlossenen Unternehmen **unter eine einheitliche Leitung**. Geben die Unternehmen beim Zusammenschluss neben der wirtschaftlichen auch ihre rechtliche Selbständigkeit auf, spricht man von einer **Fusion (Verschmelzung)**. In diesem Fall existiert nach dem Zusammenschluss nur noch eine rechtliche Einheit (Firma).

Unternehmensverbindungen	
(a) Kooperation	**(b) Konzentration**

• Gelegenheitsgesellschaften
   ◦ Arbeitsgemeinschaften
   ◦ Konsortien
• Interessengemeinschaften
• Kartelle
• Gemeinschaftsunternehmen
	• Beteiligungen
	• Unterordnungskonzerne
	• Gleichordnungskonzerne
	• Fusion

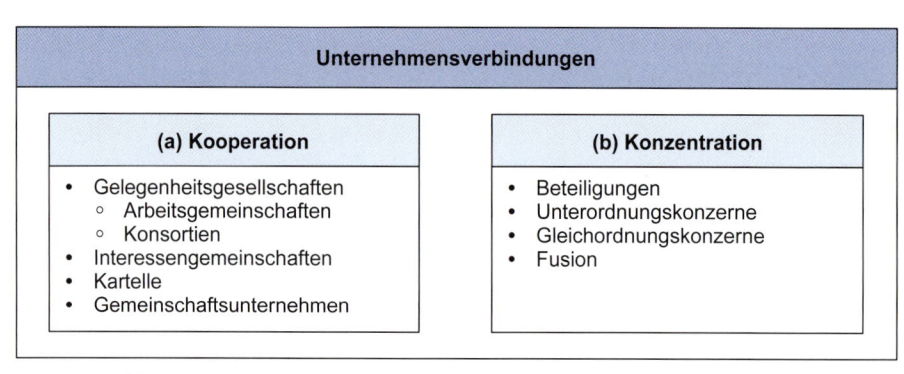

Abb. 164: Unternehmensverbindungen nach der Bindungsintensität

Die wirtschaftliche Entwicklung hat der Unternehmenskonzentration starke Impulse gegeben. Die

- Schaffung größerer Märkte (EU, NAFTA)
- verschärfte internationale Konkurrenz (Asien, USA)
- zunehmende Automatisierung und Digitalisierung des Produktions- und Absatzprozesses
- Notwendigkeit der Sicherung der Rohstoff- und Energieversorgung
- immer kostspieliger werdende Forschungs- und Entwicklungsvorhaben

begünstigen die Tendenz zur Bildung größerer und straff geführter Wirtschaftseinheiten. Gleichzeitig zwingt die Unternehmenskonzentration kleine und mittlere Unternehmen, durch Kooperationsverträge ihre Wettbewerbsfähigkeit zu stärken und dadurch einer Verdrängung vom Markt zu begegnen.

Nach der **(2) Art der verbundenen Wirtschaftsstufen** lassen sich horizontale, vertikale und konglomerate Unternehmenszusammenschlüsse unterscheiden:

Unternehmensverbindungen		
(a) Horizontale Verbindungen	**(b) Vertikale Verbindungen**	**(c) Konglomerate Verbindungen**

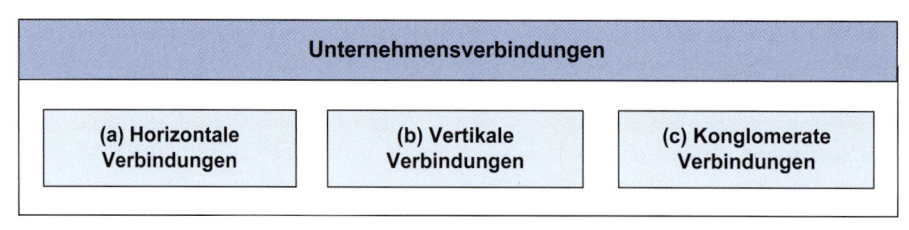

Abb. 165: Unternehmensverbindungen nach der Art der verbundenen Wirtschaftsstufen

---

[1] Zu den einzelnen Formen vgl. S. 248 ff.

(a) Auf **horizontaler Ebene** betreffen Zusammenschlüsse von Unternehmen der gleichen Produktions- und Handelsstufe (z. B. mehrere Stahlwerke, mehrere Schuhfabriken oder mehrere Warenhäuser). Dies kann aus verschiedenen Gründen erfolgen:

- Ausschaltung der bisher bestehenden Konkurrenz zwischen den zusammengeschlossenen Unternehmen
- Schaffung einer marktbeherrschenden Stellung gegenüber nicht angeschlossenen Unternehmen des gleichen Wirtschaftszweiges
- Erringen gemeinsamer Marktmacht gegenüber Lieferanten und Abnehmern
- Koordinierung oder gemeinsame Durchführung bestimmter Funktionen (z. B. Bildung von Arbeitsgemeinschaften im Baugewerbe, Bildung von Bankenkonsortien zur Emission von Wertpapieren oder zur Finanzierung von Großprojekten).

Zu den horizontalen Zusammenschlüssen zählen auch die branchenmäßigen Vereinigungen von Unternehmen zu Wirtschaftsfachverbänden oder Arbeitgeberverbänden, deren Ziel in der Wahrnehmung gemeinsamer Interessen der Mitglieder besteht.

(b) Auf **vertikaler Ebene (Integrationen)** entstehen Zusammenschlüsse durch Vereinigung von aufeinanderfolgenden Produktions- und Handelsstufen. Vertikale Unternehmenszusammenschlüsse können **rückwärts oder vorwärts ausgerichtet** sein.

Merkmale	Rückwärtsintegration	Vorwärtsintegration
Inhalt	Verbindung mit Unternehmen der vorgelagerten Produktions- oder Handelsstufe	Verbindung mit Unternehmen der nachgelagerten Produktions- oder Handelsstufe
Beispiel	Ölraffinerie kauft Ölfördergesellschaft	Ölraffinerie kauft Tankstellennetz
Ziel	Risikominimierung durch Sicherung der Versorgung	Risikominimierung durch Sicherung des Absatzes

Abb. 166: Rückwärts- und Vorwärtsintegration

Vertikale Unternehmenszusammenschlüsse sind vorwiegend im Bereich der Konzentration zu finden, weil die Vorteile der Integration vor allem durch eine einheitliche Leitung der zusammengeschlossenen Unternehmen realisiert werden können.

(c) Zusammenschlüsse **konglomerater Art** liegen vor, wenn weder eine horizontale noch eine vertikale Verbindung gegeben ist, sondern Unternehmen unterschiedlicher Branchen und/oder unterschiedlicher Produktions- und Handelsstufen sich vereinigen. Gründe hierfür können finanzierungspolitische Überlegungen oder eine bessere Risikoverteilung sein. (**ÜB 2/68–69**)

3.2 Zielsetzungen von Unternehmenszusammenschlüssen

3.2.1 Überblick

Oberstes Ziel eines Unternehmens, das durch freiwilligen Zusammenschluss mit anderen Unternehmen einen mehr oder weniger großen Teil seiner wirtschaftlichen Selbständigkeit aufgibt, ist es, mit dieser Entscheidung seine Chancen zur **langfristigen Gewinnmaximierung** zu verbessern. Aus diesem Oberziel lassen sich folgende Unterziele von Unternehmenszusammenschlüssen ableiten (**Abb. 167**):

```
┌─────────────────────────────────────────────────┐
│     Unterziele von Unternehmenszusammenschlüssen │
└─────────────────────────────────────────────────┘
         │                │                │
         ▼                ▼                ▼
   Steigerung der    Steigerung der    Verminderung von
   Wirtschaftlichkeit Verhandlungsmacht   Risiken
   (1) Rationalisieren (2) Konzentrieren (3) Diversifizieren
```

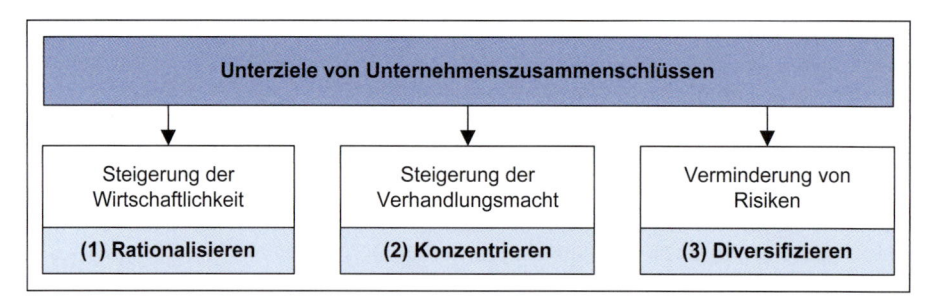

Abb. 167: Unterziele von Unternehmenszusammenschlüssen

(1) Rationalisieren

Bei den meisten Unternehmenszusammenschlüssen verfolgen die Akteure das Ziel der Steigerung der Wirtschaftlichkeit. Lassen sich bei konstanten Erträgen die Kosten senken, steigt der Gewinn. Kostensenkungen lassen sich z. B. erreichen durch

- **Zusammenschluss von Produktionskapazitäten**, denn eine größere Produktionsmenge (auf nur noch einer bisher nicht voll ausgelasteten Fertigungsstraße) führt zu geringeren Stückkosten
- **Abschaffung von Doppelstrukturen**, denn die zusammengeschlossenen Unternehmen benötigen nur noch **eine** Rechtsabteilung, **einen** Kundendienst, **eine** Marktforschungsabteilung usw.

Die Rationalisierung ist üblicherweise mit **Einsparungen im Personalbereich** verbunden. Darum werden Unternehmenszusammenschlüsse von den Arbeitnehmervertretern mit Argwohn betrachtet.

(2) Konzentrieren

Nach dem Motto „Einigkeit macht stark" gelangen bislang separat agierende (kleine) Unternehmenseinheiten durch einen Zusammenschluss zu einer **Stärkung ihrer Verhandlungsmacht** gegenüber ihren Vertragspartnern, seien es

- Kunden
- Lieferanten
- Kreditgeber.

> **Beispiel:** Bislang konkurrieren die beiden Discounter A und B mit einem Marktanteil von 20 bzw. 24 Prozent auf dem heiß umkämpften Lebensmittelmarkt. Beide unterhalten an den wichtigen Verkaufsstandorten jeweils eine Filiale.

Würden beide Unternehmen fusionieren, wäre der Wettbewerb an den einzelnen Verkaufsstandorten stark beeinträchtigt. Höhere Absatzpreise und höhere Gewinne wären die Folge. Um eine **Einschränkung des marktwirtschaftlichen (Preis-)Wettbewerbs** zu **verhindern**, unterliegen geplante Unternehmenszusammenschlüsse der Fusionskontrolle nach §§ 35 ff. des Gesetzes gegen Wettbewerbsbeschränkungen (GWB). Im obigen Beispielfall würde das Bundeskartellamt den Unternehmenszusammenschluss untersagen.[1]

---

[1] Zu Einzelheiten vgl. S. 255.

(3) Diversifizieren

Unter Diversifikation versteht man die **Streuung von Risiken**.

> **Beispiel:** Die Energieerzeuger W und S erwägen einen Unternehmenszusammenschluss. W erzeugt elektrischen Strom aus Wasserkraft, S setzt Solaranlagen ein.

Ist der Sommer warm und trocken, macht W Verlust und S Gewinn. Ist der Sommer kühl und feucht, macht W Gewinn und S Verlust. Durch einen Unternehmenszusammenschluss von W und S kommt es zur Risikodiversifikation.

Die mit Unternehmenszusammenschlüssen verfolgten Ziele können sich **auf alle Funktionsbereiche** eines Unternehmens erstrecken. Für den Zusammenschluss kann dabei nur ein Ziel, z. B. die Rationalisierung im Fertigungsbereich oder die Koordinierung der Beschaffung oder des Absatzes, oder es können nebeneinander mehrere Ziele ausschlaggebend sein. Die Rangordnung der Ziele wird stets so zu bestimmen sein, dass tendenziell der größtmögliche Gewinn erzielt werden kann. Das verfolgte Ziel oder die verfolgte Zielkombination bestimmt i. d. R. auch die rechtliche Form sowie die Intensität und die Dauer des Zusammenschlusses.

3.2.2 Ziele im Beschaffungsbereich

Zusammenschlüsse, die vom Beschaffungssektor ausgehen, können das Ziel haben, durch Gemeinschaftseinkauf eine Verbesserung der Marktposition gegenüber starken Lieferanten und dadurch **günstigere Konditionen** (Lieferbedingungen, Zahlungsbedingungen) zu erreichen sowie durch gemeinschaftlichen Einkauf größerer Mengen günstigere Beschaffungspreise (Mengenrabatt) für die zusammengeschlossenen Unternehmen zu erzielen. Beispiele sind die Bildung von Einkaufsgenossenschaften, von freiwilligen Ketten u. Ä.

Neben dem Ziel, Preisvorteile bei der Beschaffung zu erlangen, kann insb. bei Industriebetrieben die **Risikominderung** durch Sicherung der Rohstoffversorgung in quantitativer und qualitativer Hinsicht ein Motiv für den Zusammenschluss mit vorgelagerten Produktionsstufen (z. B. Rohstoffgewinnungsbetriebe) sein.

Eine derartige Risikominderung ist vor allem in Branchen erforderlich, in denen eine pünktliche Lieferung von erheblicher Bedeutung ist. Ein typisches Beispiel ist die Automobilindustrie, bei der es durch verspätete Anlieferung von Zuliefererteilen zu erheblichen Produktionsstörungen und damit zu Terminüberschreitungen kommen kann. Eine kapitalmäßige Beteiligung an den wichtigsten Zuliefererbetrieben bzw. ihre vollständige Integration kann diese Risiken erheblich einschränken.

Auch die **Personalbeschaffung** lässt sich im Rahmen von Unternehmenszusammenschlüssen verbessern, z. B. durch Erweiterung des innerbetrieblichen Arbeitsmarktes im Wege der internen Stellenausschreibungen oder durch die Ausbildung von Führungsnachwuchskräften in der Geschäftsleitung abhängiger Unternehmen.

3.2.3 Ziele im Produktionsbereich

Im Bereich der Produktion können Zusammenschlüsse das Ziel der Verbesserung der Produktionsverhältnisse (Schaffung optimaler Betriebsgrößen, gleichmäßige Auslastung vorhandener Kapazitäten) verfolgen. Maßnahmen dazu sind u. a. die **Normung** (Festlegung von Abmessungen, Formen und Qualitäten von Einzelteilen) und die

Typung (Vereinheitlichung von Ausführungsformen von Endprodukten), die zu Kostendegressionen durch Großserienherstellung führen können (z. B. Zuweisung der Herstellung einzelner Teile oder Typen einer Produktart, die vor dem Zusammenschluss von allen Unternehmen produziert wurden).

Weitere Maßnahmen sind die Abstimmung des Produktionsprogramms, die Zusammenlegung von Produktionskapazitäten, der Austausch von Erfahrungen, die Schaffung gemeinsamer Forschungseinrichtungen zur Entwicklung und gemeinsamen Verwertung von Patenten und neuen Produktionsverfahren u. a.

3.2.4 Ziele im Absatzbereich

Motiv für Zusammenschlüsse im Bereich des Absatzes ist häufig die Schaffung einer gemeinsamen, rationeller arbeitenden **Vertriebsorganisation** aller zusammengeschlossenen Unternehmen zur Sicherung und Verbesserung der Marktstellung. Ein Beispiel dafür sind Preiskartelle, die vor allem die Aufgabe haben können, eine selbständige Preispolitik der einzelnen Betriebe zu verhindern und im Falle vertraglich vereinbarter Produktionsquoten die Einhaltung dieser Quoten zu überwachen (z. B. OPEC).

Besonders häufig aber ist der Zweck eines Zusammenschlusses das **Erlangen wirtschaftlicher Macht**, die Schaffung marktbeherrschender Positionen am Absatzmarkt und die Ausschaltung des Wettbewerbs durch Festsetzung einheitlicher Preise, einheitlicher Geschäftsbedingungen oder bestimmter Absatzquoten, letzten Endes das Erringen einer **Monopolstellung**. Hier ist nicht in erster Linie die Erhöhung der Wirtschaftlichkeit der Leistungserstellung und -verwertung der Ausgangspunkt für den Zusammenschluss, sondern die Vergrößerung der Rentabilität mit Hilfe wirtschaftlicher Macht, wobei u. U. die Wirtschaftlichkeit der Leistungserstellung durch das Entstehen von Überkapazitäten zurückgehen kann.

Auch der Gesichtspunkt der **Risikominderung** durch Sicherung der Absatzmöglichkeiten kann eine Rolle spielen. Die sich immer mehr verschärfende Konkurrenz auf den Absatzmärkten und die durch Veränderung der Käufergewohnheiten oder der Einkommensverhältnisse jederzeit drohenden Absatzrückgänge zwingen die Betriebe in immer stärkerem Umfang zur Risikostreuung durch Diversifikation, d. h. zur Verbreiterung des Angebotsprogramms durch Aufnahme neuer Produkte für vorhandene oder neue Märkte. Der zweckmäßigste und aufgrund der vorhandenen Kapazitäten und Finanzierungsmöglichkeiten oft einzig mögliche Weg ist hier der Zusammenschluss mit anderen Unternehmen, die entweder Produkte herstellen, die in sachlichem Zusammenhang mit den eigenen Produkten stehen (**horizontale Diversifikation**) oder sich wechselseitig mit den eigenen Produkten ergänzen (**komplementäre Diversifikation**).

3.2.5 Ziele im Finanzierungsbereich

Auch vom Bereich der Investition und Finanzierung gehen Impulse zu Unternehmenszusammenschlüssen aus. So können beispielsweise geplante Investitionsobjekte gemeinsam besser ausgelastet werden oder besonders große und kapitalintensive Investitionsvorhaben – und damit möglicherweise rationellere Fertigungsverfahren – überhaupt erst nach einem Zusammenschluss kleinerer oder mittlerer Betriebe durch gemeinsame **Aufbringung hoher Kapitalbeträge** durchführbar sein. Auch eine Vergrößerung der Eigenkapitalbasis und eine Erweiterung von Fremdfinanzierungsmöglichkeiten durch Stärkung der Kreditwürdigkeit können Ziele eines Unternehmenszusammenschlusses sein.

Die **Erschließung internationaler Märkte** erfordert infolge größerer Risiken und langer Zahlungsziele einen besonders hohen Kapitalbedarf, der häufig nur durch einen Zusammenschluss mehrerer Unternehmen aufgebracht werden kann. Neben diesen Aspekten spielt gerade bei der Errichtung von Tochterunternehmen in ausländischen Staaten eine Rolle, dass diese solche Investitionen oftmals nur dann zulassen, wenn diesen Staaten bzw. einem ansässigen nationalen Unternehmen eine Beteiligung an dem ausländischen Tochterunternehmen eingeräumt wird.

Ein anderes Motiv für Zusammenschlüsse ist die gemeinsame **Finanzierung von Großprojekten**, die die Finanzkraft eines Betriebes bei weitem übersteigen, z. B. im Bereich der Bauwirtschaft (z. B. Bau einer Talsperre, großer Autobahnbrücken, olympischer Wettkampfstätten) oder im Bereich der Kreditwirtschaft (z. B. Übernahme einer Wertpapieremission durch ein Bankenkonsortium).

3.2.6 Steuerliche Ziele

Im **internationalen Bereich** hat das bestehende Steuergefälle zu sog. niedrig besteuernden Ländern (z. B. Schweiz und Liechtenstein) zur Bildung von Unternehmenszusammenschlüssen besonderer Art geführt, mit deren Hilfe Vorgänge, die im Ausland niedriger als im Inland besteuert werden, ins Ausland verlegt werden (z. B. mit Hilfe ausländischer Vertriebs- oder Patentverwertungsgesellschaften). Vorteile dieser Art sind allerdings durch das Außensteuergesetz (AStG) und durch bilaterale Vereinbarungen im Rahmen von Doppelbesteuerungsabkommen eingeschränkt. Durch das Zusammenwachsen der EU wird es für den nationalen Gesetzgeber allerdings immer schwieriger, protektionistische Vorschriften zur Sicherung der Steuereinnahmen zu erlassen, da diese häufig nicht im Einklang mit der Grundfreiheit der EU stehen.

3.2.7 Sonstige Ziele

Zu den sonstigen gemeinsamen Interessen, die Unternehmen durch Zusammenschlüsse zu Verbänden oder zu oft nur auf beschränkte Zeit gegründeten Aktionsgemeinschaften wahrnehmen können, gehören

- gemeinsame Werbung
- Durchführung gemeinschaftlicher betriebswirtschaftlicher Vorhaben (z. B. Betriebsvergleiche, Marktuntersuchungen, Ausbildung)
- Durchführung gemeinschaftlicher technisch-wissenschaftlicher Vorhaben (gemeinsame Forschungs- und Entwicklungsprojekte)
- gemeinsame Informations- und Nachrichtendienste
- gemeinsame Öffentlichkeitsarbeit (Public Relations)
- gemeinsame Lobbyarbeit.

Diese Zielsetzungen treten i. d. R. nicht isoliert auf. Im konkreten Einzelfall sind meist mehrere der genannten Motive Anlass für Unternehmenszusammenschlüsse.

3.3 Kooperationsformen

3.3.1 Gelegenheitsgesellschaften

> Die **Kooperation** ist die freiwillige Zusammenarbeit rechtlich und wirtschaftlich selbständiger Unternehmen auf vertraglicher Basis.

Bei einer Gelegenheitsgesellschaft erfolgt der Zusammenschluss von Unternehmen, um bestimmte Einzelgeschäfte auf gemeinsame Rechnung zu betreiben. Sie werden i. d. R. in der Rechtsform der Gesellschaft des bürgerlichen Rechts[1] geführt. Die Bildung von Gelegenheitsgesellschaften ermöglicht mehreren Unternehmen die gemeinsame Durchführung von Projekten (z. B. die Errichtung großer Bauwerke oder die Übernahme von Wertpapieremissionen), die

- entweder die Kapazität eines einzelnen Unternehmens überschreiten
- oder bei denen ein einzelnes Unternehmen das Risiko der Ausführung nicht allein übernehmen will.

Gelegenheitsgesellschaften werden meistens in Form einer **Arbeitsgemeinschaft** gebildet. Arbeitsgemeinschaften sind Zusammenschlüsse von rechtlich und wirtschaftlich (weiterhin) selbständigen Unternehmen, die das Ziel verfolgen, eine **zeitlich befristete und inhaltlich abgegrenzte Aufgabe** gemeinschaftlich zu lösen. Sie sind vorwiegend – wenn auch nicht ausschließlich – im **Baugewerbe** anzutreffen (z. B. Bau einer Talsperre oder eines Flughafens). Der Zusammenschluss erfolgt dabei i. d. R. auf **horizontaler Ebene**, d. h. es handelt sich um Zusammenschlüsse von Unternehmen des gleichen Wirtschaftszweiges.

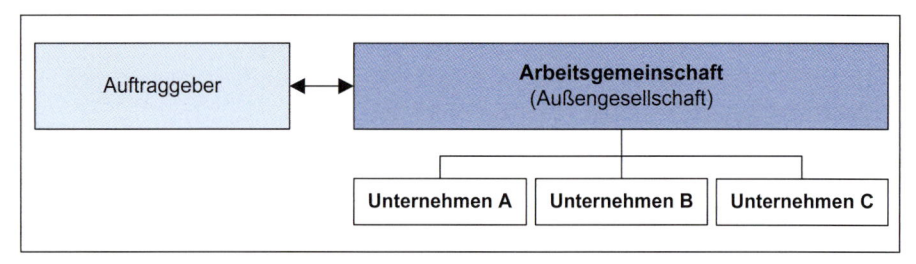

Die Arbeitsgemeinschaft ist eine **Außengesellschaft**, die einen eigenen Namen führt und Gesellschaftsvermögen haben kann. Sie schließt im eigenen Namen und für eigene Rechnung den Vertrag mit dem Auftraggeber, führt den Auftrag aus und rechnet mit dem Auftraggeber ab. Folglich entstehen unmittelbare Rechtsbeziehungen nur zwischen dem Auftraggeber und der Arbeitsgemeinschaft, nicht dagegen zwischen dem Auftraggeber und den einzelnen Mitgliedern der Arbeitsgemeinschaft (**Abb. 168**).

Abb. 168: Echte Arbeitsgemeinschaft

Neben der bisher beschriebenen **„echten"** Arbeitsgemeinschaft haben sich in der Wirtschaftspraxis auch **„unechte"** Arbeitsgemeinschaften entwickelt. Dabei überträgt der Auftraggeber nur einem Unternehmer die Ausführung des Gesamtvorhabens. Dieser **Gesamtunternehmer (Generalunternehmer)** bedient sich jedoch zur Durchführung

---

[1] Vgl. §§ 705 ff. BGB und S. 213 f.

der Arbeiten eines oder mehrerer **Subunternehmer**. Zwischen den Subunternehmern und dem Auftraggeber bestehen keine unmittelbaren Rechtsbeziehungen. Der Gesamtunternehmer schließt im eigenen Namen und für eigene Rechnung Verträge mit seinen Subunternehmern ab. Die „unechte" Arbeitsgemeinschaft stellt also nur eine **Innengesellschaft** dar.

Statt von einer Arbeitsgemeinschaft wird gelegentlich auch von einem **Konsortium** gesprochen. Dieser Begriff ist vor allem bei Banken vorzufinden, die sich zur Durchführung bestimmter, genau abgegrenzter Aufgaben zeitlich befristet zusammenschließen. **Bankenkonsortien** bilden sich insb. bei größeren Wertpapieremissionen. Sie werden neben der Risikoverteilung vor allem zur Zusammenfassung von Finanzkraft und Platzierungsmöglichkeiten geschlossen.

3.3.2 Interessengemeinschaften

Eine Interessengemeinschaft entsteht – ebenso wie die Gelegenheitsgesellschaft – als vertragliche Verbindung selbständig bleibender Unternehmen zur Verfolgung gemeinsamer Interessen. Im Gegensatz zur Gelegenheitsgesellschaft ist die Interessengemeinschaft jedoch inhaltlich und zeitlich weiter gefasst. Die Zusammenarbeit erstreckt sich nicht mehr nur auf zeitlich befristete und inhaltlich abgegrenzte Projekte, sondern auf eine **längerfristige Zusammenarbeit in einzelnen betrieblichen Funktionsbereichen**. In der Regel handelt es sich dabei um einen horizontalen Unternehmenszusammenschluss ohne Kapitalbeteiligungen untereinander. Es ist folglich kein Verhältnis der Über- und Unterordnung, sondern der Nebenordnung gegeben.

Allgemeines **Ziel** einer Interessengemeinschaft ist die Verfolgung eines gemeinsamen wirtschaftlichen Zwecks, durch dessen Realisierung die vertraglich verbundenen Unternehmen hoffen, das unternehmerische Ziel der langfristigen Gewinnmaximierung besser erreichen zu können als ohne eine derartige Kooperation. Meistens soll dies über Rationalisierungen, die zu **Kostensenkungen** führen, erfolgen. Beispiele hierfür sind

- das Zusammengehen in der Forschung und Entwicklung,
- ein gemeinsamer Einkauf und
- die Aufteilung der Fertigung auf die angeschlossenen Betriebe.

Ihrer Rechtsnatur nach ist die Interessengemeinschaft gewöhnlich eine **Gesellschaft bürgerlichen Rechts**, bei der sich die Gesellschafter verpflichten, den gemeinsamen Zweck in der durch den Vertrag bestimmten Weise zu fördern. Als **Innengesellschaft** tritt sie nach außen nicht in Erscheinung. Sie darf insb. keine Geschäfte mit Dritten im Namen der Gesellschafter tätigen.

3.3.3 Kartelle

3.3.3.1 Grundlagen

> Von einem **Kartell** spricht man, wenn die Zusammenarbeit rechtlich selbständiger Unternehmen der Zielsetzung oder tatsächlichen Wirkung nach zu einer **Verhinderung, Einschränkung oder Verfälschung des Wettbewerbs** führt.

Um die Durchsetzbarkeit des Kartells auf dem relevanten Markt zu gewährleisten, muss zumindest ein so bedeutender Teil des Angebots oder der Nachfrage zusammengefasst sein, dass außenstehende Mitbewerber von einem Konkurrenzkampf mit dem Kartell abgehalten werden.

Durch den Kartellvertrag entsteht meist eine nach außen nicht in Erscheinung tretende Vereinigung (Kartell niederer Ordnung) in der **Rechtsform** einer GbR. Häufig wird aber die Geschäftsführung auf einen eigenen Rechtsträger, z. B. eine GmbH, ausgegliedert – es bildet sich ein Kartell höherer Ordnung.

3.3.3.2 Kartellarten

Je nach Gegenstand der Absprache handelt es sich um
- **Konditionenkartelle**, die sich auf die Vereinheitlichung der geschäftlichen Nebenbedingungen (z. B. Lieferung frei Haus), nicht aber auf Preisabsprachen richten.
- **Preiskartelle**, die z. B. einen Einheits-, Mindest- oder Höchstpreis sowie zugehörige Produktions- oder Beschaffungsquoten festlegen. Sonderformen sind das bei öffentlichen Ausschreibungen auftretende **Submissionskartell**, durch welches Absprachen z. B. in Form eines Mindestpreises getroffen werden, sowie das **Gewinnverteilungskartell**, bei dem nicht nur Preise und Produktionsquoten, sondern darüber hinaus auch ein Gewinnausgleich nach bestimmten Schlüsseln geregelt wird.
- **Produktionskartelle**, in deren Rahmen zwar (z. B. aus Rationalisierungsgründen) nur produktionstechnische Vereinbarungen getroffen werden, diese jedoch auch eine Wettbewerbsbeschränkung mit sich bringen können. In der Praxis sind so z. B. Absprachen über einheitliche Einzelteile oder Endprodukte (**Normen** bzw. **Typen**) zu beobachten, aber auch **Spezialisierungskartelle**, bei denen durch die Aufteilung unterschiedlicher Produkte oder Funktionen auf die beteiligten Betriebe ein bisher bestehender Wettbewerb ausgeschaltet wird.
- **Absatz- oder Beschaffungskartelle**, wenn das Absatz- oder Beschaffungsgebiet **räumlich aufgeteilt** (**Gebietskartell**) oder der gesamte Absatz bzw. die gesamte Beschaffung von einer **zentralisierten Einrichtung** ausgeübt wird. Nachteilig für die Kartellmitglieder kann sich auswirken, dass der unmittelbare Kontakt zum Markt verlorengeht und somit ein Ausscheiden aus dem Zusammenschluss mit zunehmender Bindungsfrist immer schwieriger wird.

3.3.3.3 Wettbewerbsrechtliche Regelung der Kartelle

Da Kartelle i. A. eine Beschränkung des Wettbewerbs mit sich bringen, widersprechen sie den wirtschaftspolitischen Zielsetzungen der marktwirtschaftlichen Wertordnung. Es bedarf deshalb einer ordnungspolitischen Regelung. Diese findet sich im **Gesetz gegen Wettbewerbsbeschränkungen** (GWB). Nach § 1 GWB sind „Vereinbarungen zwischen Unternehmen, Beschlüsse von Unternehmensvereinigungen und aufeinander abgestimmte Verhaltensweisen, die eine Verhinderung, Einschränkung oder Verfälschung des Wettbewerbs bezwecken oder bewirken," verboten.

Von diesem **generellen Verbot** bestehen unter bestimmten Voraussetzungen **Ausnahmen**. Zunächst sind einige Wirtschaftsbereiche (Landwirtschaft sowie Preisbindung bei Verlagserzeugnissen)[1] vom Kartellverbot befreit. Weiterhin sind **Vereinbarungen vom Kartellverbot freigestellt**, wenn sie folgende Voraussetzungen erfüllen (§ 2 GWB):

---

[1] Vgl. §§ 28 und 30 GWB sowie das Gesetz über die Preisbindung für Bücher (Buchpreisbindungsgesetz).

1. Die Verbraucher müssen eine angemessene Beteiligung am entstehenden Gewinn erhalten.
2. Das Kartell muss zur Verbesserung der Warenerzeugung oder -verteilung bzw. zur Förderung des technischen oder wirtschaftlichen Fortschritts beitragen.
3. Den beteiligten Unternehmen dürfen keine zusätzlichen Beschränkungen auferlegt werden, die mit der Erfüllung der eigentlichen Funktion des Kartells (siehe 2.) nichts zu tun haben.
4. Die beteiligten Unternehmen dürfen durch das Kartell nicht die Möglichkeit haben, für einen wesentlichen Teil der betreffenden Ware den Wettbewerb auszuschließen.
5. Das Kartell muss die Verordnungen der europäischen Gemeinschaft beachten.

Zur Stärkung von kleinen und mittleren Unternehmen ist unter bestimmten Bedingungen, z. B. zu Rationalisierungszwecken, außerdem die Bildung von sog. **Mittelstandskartellen** zulässig (§ 3 GWB).

3.3.4 Gemeinschaftsunternehmen

> Gründen bzw. erwerben zwei oder mehr Unternehmen zur Erreichung eines gemeinsamen Zwecks ein neues, rechtlich selbständiges Unternehmen und leiten dieses gemeinsam, spricht man von einem **Gemeinschaftsunternehmen**.

Im internationalen Bereich bezeichnet man Gemeinschaftsunternehmen auch als **Joint Venture**, wörtlich übersetzt: „gemeinsames Wagnis".

Beispiel: Ein kanadisches und ein deutsches Pharmaunternehmen arbeiten bislang nebeneinander an der Entwicklung eines neuen Diabetespräparates. Sie beenden den kostspieligen Forschungswettlauf durch Gründung eines Gemeinschaftsunternehmens, das die Aufgabe hat, die Forschungsaktivitäten fortzuführen, die Patentzulassung für das Präparat zu erreichen und das Medikament gemeinsam zu vermarkten.

Damit es sich um ein Gemeinschaftsunternehmen handelt, muss dieses unter der **gemeinsamen Leitung** der (beiden) Gesellschafter stehen. **Am Eigenkapital** des Gemeinschaftsunternehmens können die (beiden) Gesellschafterunternehmen **mit gleichen oder ungleichen Anteilen beteiligt** sein.

Für die Errichtung von Gemeinschaftsunternehmen sprechen mehrere Gründe. Im Vordergrund steht allgemein das Ziel der **Verbesserung der Rentabilität**, das entweder durch freiwillige oder durch zwangsweise Kooperation mit anderen Unternehmen verfolgt wird. Zwangsläufig ist die Gründung von Gemeinschaftsunternehmen häufig bei Investitionen im Ausland, insb. in solchen Staaten, die gesetzliche Beschränkungen bei der Beteiligung von Ausländern an nationalen Unternehmen kennen und eine Zusammenarbeit mit einheimischen Partnern fordern.

3.4 Konzentrationsformen

3.4.1 Beteiligung

> Im Zuge der **Konzentration** entsteht eine größere Wirtschaftseinheit durch Zusammenschluss mehrerer Unternehmen unter Aufgabe ihrer wirtschaftlichen oder auch rechtlichen Selbständigkeit.

Ein Aktionär ist mit dem Nennbetrag seiner Nennwertaktie[1] am Grundkapital der AG beteiligt. Mit dem Kauf der Aktie erwirbt er Gesellschafterrechte. Neben dem Recht auf Dividendenbezug, dem Bezugsrecht bei Kapitalerhöhungen und dem Recht auf anteiligen Liquidationserlös verbrieft die Stammaktie das Recht auf Stimmabgabe in der Hauptversammlung. Die Aktionäre wählen den Aufsichtsrat; der Aufsichtsrat wählt den Vorstand. Damit sichert das Stimmrecht einen **mittelbaren Einfluss** auf die **Unternehmenspolitik**. Wie stark kann ein einzelner Aktionär die Geschäftspolitik einer Aktiengesellschaft beeinflussen? Die Einflussmöglichkeiten hängen von der Höhe der Beteiligungsquote ab. Unter der Beteiligungsquote versteht man den prozentualen Anteil eines Aktionärs am (stimmberechtigten) Grundkapital der Gesellschaft. Folgende Beteiligungsquoten[2] sind von besonderer Bedeutung:

Ökonomisch wichtige Beteiligungsquoten

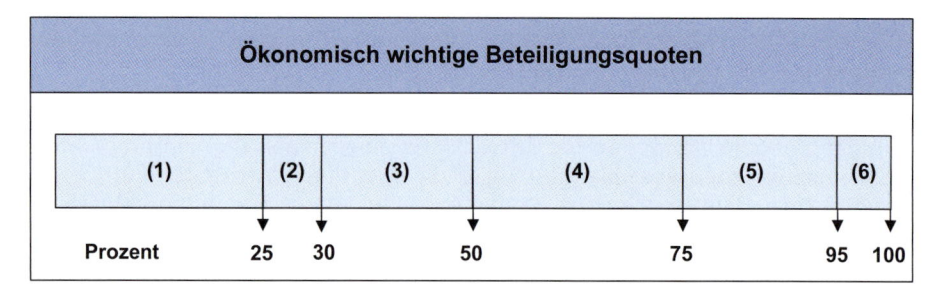

(1)	(2)	(3)	(4)	(5)	(6)
Prozent	25	30	50	75	95 100

Abb. 169: Beteiligungsquoten und Einflussmöglichkeiten

(1) Minderheitsbeteiligung

Aktionäre, die mit weniger als 25 Prozent beteiligt sind, haben nur einen geringen Einfluss, es sei denn, sie verbündeten sich in der Hauptversammlung zur Erreichung der 25-Prozent-Marke mit anderen Minderheitsaktionären.

(2) Sperrminorität

Hält ein Aktionär mehr als 25 Prozent der stimmberechtigten Anteile, kann er mit seiner Sperrminorität satzungsändernde Beschlüsse verhindern, weil die übrigen Anteilseigner zusammen keine (5) qualifizierte Mehrheit erzielen können.

(3) Kontrollbeteiligung

Verfügt ein Aktionär über mindestens 30 Prozent der Stimmrechte an einer Aktiengesellschaft, übt er nach der **Definition des Wertpapiererwerbs- und Übernahmegesetzes**[3] die Kontrolle über die Gesellschaft aus. Mit Erlangung dieser Beteiligungsquote ist

---

[1] Bei einer Stück- bzw. Quotenaktie ist er mit einem Bruchteil am Grundkapital beteiligt.
[2] Abweichende Satzungsregelungen sind möglich.
[3] Vgl. § 29 Abs. 2 WpÜG.

der Aktionär nach § 35 WpÜG verpflichtet, allen übrigen Aktionären ein **öffentliches Übernahmeangebot** zu unterbreiten. Der Gesetzgeber interpretiert diese Regelung als „Schutzvorschrift" zur Erhaltung der Unabhängigkeit von Aktiengesellschaften im Europäischen Wirtschaftsraum, denn mancher Großaktionär wird vor dem Hintergrund der damit verbundenen gesetzlichen Aktienübernahmeverpflichtung vor dem Ausbau seiner Beteiligung auf 30 Prozent zurückschrecken.

(4) Einfache Mehrheitsbeteiligung

Verfügt ein Aktionär über mehr als 50 Prozent der Anteile, kann er einen (be-)herrschenden Einfluss auf die Gesellschaft ausüben.

(5) Qualifizierte Mehrheitsbeteiligung

Verfügt ein Aktionär über mindestens 75 Prozent der Anteile, hat er das Recht, die Satzung der Gesellschaft in seinem Sinne zu ändern, Kapitalerhöhungen bzw. -herabsetzungen und die Auflösung der Gesellschaft zu beschließen.

(6) Squeeze-out

Verfügt ein Hauptaktionär über mindestens 95 Prozent der Anteile, hat er das Recht (§§ 327a, 327b AktG), Minderheitsaktionäre gegen Zahlung einer (angemessenen) Barabfindung zwangsweise aus der Gesellschaft auszuschließen.

Wird eine Beteiligung an der B AG nicht von einer Einzelperson, sondern von einem Unternehmen, der A AG, gehalten, dann hat die A AG

- **Dividendenansprüche** aus ihrer Beteiligung an der B AG und
- **Einflussmöglichkeiten** aus dem **Stimmrecht** in der Hauptversammlung der B AG.

Die Möglichkeit der Einflussnahme von der A AG auf die B AG ist dabei durch die beiden Faktoren

(1) **Leitungsabsicht** (Einfluss auf Geschäftspolitik) und
(2) **Leitungsmacht** (abhängig von der Beteiligungshöhe)

determiniert.

Ist die A AG an der B AG und die B AG an der C AG jeweils mit mehr als 50 Prozent beteiligt, kann A direkten Einfluss auf die Tochtergesellschaft B und indirekten Einfluss auf die Enkelgesellschaft C nehmen.

3.4.2 Konzern[1]

3.4.2.1 Merkmale und Ziele

Nach § 18 AktG versteht man unter einem Konzern

- den Zusammenschluss mehrerer rechtlich selbständiger Unternehmen
- unter einheitlicher wirtschaftlicher Leitung.

Einheitliche wirtschaftliche Leitung ist gegeben, wenn die Geschäftspolitik der einzelnen Konzernunternehmen koordiniert wird. Die einheitliche Leitung fasst rechtlich selbständige Unternehmenseinheiten zu einer wirtschaftlichen Einheit zusammen. Gemessen an der Bindungsintensität steht der Konzern zwischen

- dem **Kartell** (= abgestimmtes Verhalten rechtlich und wirtschaftlich selbständiger Unternehmen) und

---

[1] Zu einer ausführlichen Darstellung vgl. Theisen, M. R., Konzern, 2000.

- der **Fusion** (= Unternehmenszusammenschluss bei Aufgabe der rechtlichen und wirtschaftlichen Selbständigkeit).

Nach der **wirtschaftlichen Zielsetzung** des Unternehmenszusammenschlusses unterscheidet man in:

- **Vertikale Konzerne**
  Unternehmen aufeinanderfolgender Produktionsstufen werden zur Sicherung der Beschaffungs- und Absatzwege zusammengeschlossen.
- **Horizontale Konzerne**
  Unternehmen mit artverwandtem Leistungsangebot werden zur Erreichung von Synergieeffekten im Beschaffungs-, Produktions- bzw. Absatzbereich zusammengeschlossen.
- **Mischkonzerne**[1]
  Unternehmen verschiedener Branchen werden aus Gründen der Risikodiversifikation zusammengeschlossen.

3.4.2.2 Konzernarten

Nach dem Verhältnis der Konzernunternehmen zueinander unterscheidet man folgende Konzernarten:

```
                    Konzern
    Rechtlich selbständige Unternehmen unter einheitlicher Leitung

  (1) Unterordnungskonzern           (2) Gleichordnungskonzern
  Ein herrschendes und mindestens    Mindestens zwei voneinander
  ein abhängiges Unternehmen         unabhängige Unternehmen

 (a) Faktischer    (b) Vertrags-    (c) Eingliederungs-
     Konzern           konzern          konzern
 Beherrschung     Beherrschungs-    Eingliederungsvertrag
 durch Beteiligung vertrag
```

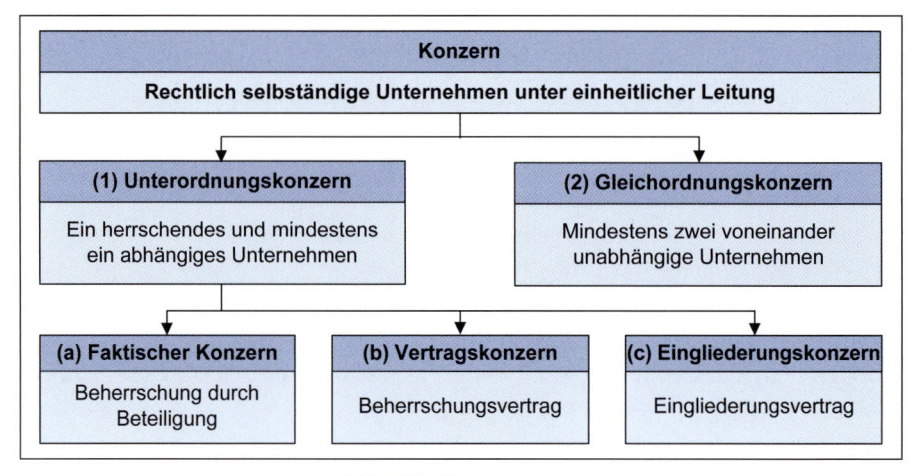

Abb. 170: Konzernarten

(1) Unterordnungskonzern

Im Unterordnungskonzern (§ 18 Abs. 1 AktG) werden ein herrschendes und (mindestens) ein abhängiges Unternehmen unter der einheitlichen Leitung des herrschenden Unternehmens zusammengefasst. Es werden drei Arten von Unterordnungskonzernen unterschieden:

---

[1] Mischkonzerne werden auch als Diversifikationskonzerne, konglomerate Konzerne oder anorganische Konzerne bezeichnet.

(a) Der **faktische Konzern** basiert auf dem Stimmrecht aus einer Mehrheitsbeteiligung. Steht z. B. die Untergesellschaft B im Mehrheitsbesitz der Obergesellschaft A, dann gilt die Vermutung der Abhängigkeit der Untergesellschaft B (§ 17 Abs. 2 AktG). Abhängige Unternehmen werden der faktischen Leitungsmacht der Obergesellschaft unterstellt (= einheitliche Leitung). Im Wege des Wahlrechts für Aufsichtsrat und Vorstand kann das herrschende Unternehmen seine Interessen durchsetzen. Das Gros der Unterordnungskonzerne beruht allein auf faktischer Beherrschung.

(b) Der **Vertragskonzern** basiert auf dem Abschluss eines sog. Beherrschungsvertrags. Mit dem Abschluss des Beherrschungsvertrags unterstellt sich die Untergesellschaft der Leitung durch die Obergesellschaft. Der Abschluss des Beherrschungsvertrags bedarf deshalb der Zustimmung der qualifizierten Mehrheit der Hauptversammlung der Untergesellschaft. Erteilt die Obergesellschaft Weisungen an die Untergesellschaft, die für diese von Nachteil sind, haben die außenstehenden Minderheitsgesellschafter Anspruch auf einen Gewinnausgleich (§ 304 AktG) bzw. Anspruch auf Abgabe ihrer Anteile gegen eine angemessene Abfindung (§ 305 AktG).

(c) Der **Eingliederungskonzern** basiert auf einer Beteiligung von mindestens 95 Prozent am Grundkapital der Untergesellschaft. Beschließt die Hauptversammlung die Eingliederung, scheiden die Minderheitsgesellschafter (sie halten 5 Prozent oder weniger des Grundkapitals der Untergesellschaft) gegen angemessene Abfindung aus der Untergesellschaft aus. Die Obergesellschaft hat die uneingeschränkte Leitungsmacht. Gleichwohl bleibt die Untergesellschaft rechtlich selbständig.

(2) Gleichordnungskonzern

Der Gleichordnungskonzern (§ 18 Abs. 2 AktG) ist von untergeordneter praktischer Bedeutung. Auch der Gleichordnungskonzern basiert auf einer einheitlichen Leitung. Diese resultiert aber nicht aus einem Abhängigkeitsverhältnis, sondern auf einer vertraglichen Absprache von (mindestens) zwei gleichrangigen Unternehmen.

3.4.2.3 Entstehung von Konzernen

Konzerne können durch Unternehmensteilung oder durch Unternehmenszusammenschluss entstehen. Im Wege der **Unternehmensteilung** wird ein Unternehmen in mehrere rechtlich selbständige Unternehmen aufgeteilt. Hinter der Unternehmensteilung, auch als **Spaltung**[1] bezeichnet, stehen meist Risikobegrenzungsabsichten: Existenzgefährdende Risiken, die bis zur Insolvenz führen können, sollen auf einen rechtlich selbständigen Teilbereich begrenzt werden.

Weitaus häufiger ist die Konzernbildung durch den **Zusammenschluss rechtlich selbständiger Unternehmen**. Der Beteiligungserwerb (englisch: **acquisition**) kann durch

- sukzessiven Aktienerwerb an der Börse,
- Direktverhandlung mit einem Großaktionär oder
- ein öffentliches Kaufangebot zu einem (über dem Börsenkurs liegenden) Kurs

erfolgen. Erfolgt der Beteiligungserwerb im (ohne) Einvernehmen mit dem Management der zu übernehmenden Gesellschaft, spricht man von einer **freundlichen (feindlichen) Übernahme**. Freundliche Übernahmen sind einfacher zu bewerkstelligen und in Deutschland die Regel.

---

[1] Vgl. ausführlich Bysikiewicz, M., Spaltung, 2009.

3.4.2.4 Organisation von Konzernen

Bezüglich der Konzernorganisation ist zwischen dem Stammhauskonzern und der Holding zu unterscheiden.

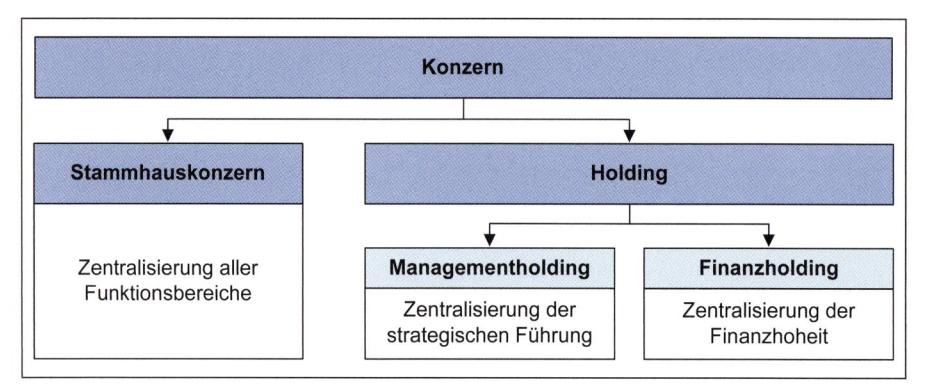

Abb. 171: Organisationsformen des Konzerns

Im **Stammhauskonzern** liegt das operative Geschäft quer durch alle Funktionsbereiche (Beschaffung, Produktion, Absatz, Investition und Finanzierung) in den Händen der Obergesellschaft. Steht an der Konzernspitze eine Holding, reduzieren sich deren Aufgaben auf die strategische Konzernverwaltung. Eine **Managementholding** erstreckt sich auf die gesamte strategische Unternehmensführung.

Als **Finanzholding** beschränkt sich die Konzernspitze auf die finanzielle Unternehmenssteuerung und die optimale Verwaltung des Beteiligungsportfolios. Beim Holdingkonzept wird also das gesamte operative Geschäft auf die nachgelagerten Konzerngesellschaften verteilt.

Vorteilhaft ist eine solche organisatorische Trennung der Einheiten wegen der mit ihr erreichbaren Stärkung von **Flexibilität** (z. B. bei Führungsentscheidungen) und der damit verbundenen höheren **Innovationsbereitschaft**. Daneben erleichtert die jeweils überschneidungsfreie Selbständigkeit auf bestimmte Geschäftsfelder beschränkte Kooperationen mit konzernfremden Unternehmen (z. B. in Form **strategischer Allianzen**).

3.4.3 Fusion

> Unter einer **Fusion** versteht man den Zusammenschluss von (mindestens) zwei rechtlich selbständigen Unternehmen, die nach der Fusionierung eine wirtschaftliche und rechtliche Einheit bilden.

Wie bei jeder anderen Unternehmensverbindung verfolgt man auch mit der Fusion das Ziel der **Steigerung** des **Shareholder Value** durch Nutzung positiver Synergieeffekte im Beschaffungs-, Produktions-, Absatz- und Finanzierungsbereich. So kann aus einer Fusion eine horizontale, eine vertikale oder eine konglomerate Unternehmensverbindung hervorgehen.

Die Fusion ist im **Umwandlungsgesetz**[1] geregelt und wird dort als **Verschmelzung** bezeichnet. Dieses Gesetz regelt den Fusionsprozess von Unternehmen verschiedener Rechtsformen, soweit sie ihren Sitz in Deutschland haben. Die größte praktische Bedeutung hat die Fusion zweier (oder mehrerer) **Aktiengesellschaften**. Auf diese praktisch wichtigste Fusionsvariante beziehen sich die folgenden Ausführungen.

Wenn mehrere Rechtsträger – im folgenden Beispiel drei Aktiengesellschaften A, B und C – fusionieren, stehen ihnen zwei verschiedene Arten der Verschmelzung offen:

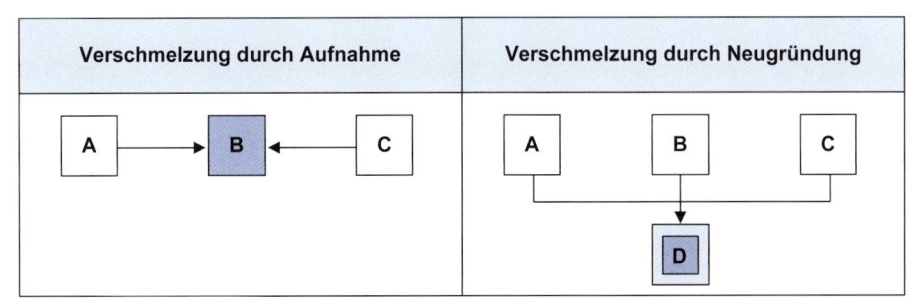

Abb. 172: Arten der Verschmelzung nach § 2 UmwG

Bei einer **Verschmelzung durch Aufnahme** behält eine der beteiligten Gesellschaften (B) ihre rechtliche Selbständigkeit. Bei einer **Verschmelzung durch Neugründung** schließen sich die untergehenden Rechtsträger (A, B und C) unter dem Dach einer neugegründeten Gesellschaft (D) zusammen.

Am Standort des übernehmenden Rechtsträgers ist die Verschmelzung ins Handelsregister einzutragen. Diese Eintragung hat nach § 20 UmwG folgende Wirkung:

- Vermögen und Schulden der übertragenden Gesellschaft gehen im Wege der Gesamtrechtsnachfolge auf die übernehmende Gesellschaft über.
- Die übertragenden Gesellschaften erlöschen.
- Die Anteilseigner der untergehenden Gesellschaften werden Anteilseigner der übernehmenden Gesellschaft.

Zur Vorbereitung einer Fusion handeln die Vorstände der beteiligten Gesellschaften einen **Verschmelzungsvertrag** aus. Wichtige Regelungsgegenstände dieses Vertrags sind

- der Verschmelzungs**zeitpunkt**
- die Folgen der Verschmelzung für die Belegschaft der untergehenden Rechtsträger (**Mitbestimmung**)
- das **Umtauschverhältnis**, zu dem die Anteilseigner der untergehenden Gesellschaften ihre Altanteile in Aktien der übernehmenden Gesellschaft einzutauschen haben.

---

[1] Vgl. §§ 2 bis 122l UmwG; zu Einzelheiten vgl. insb. Schwedhelm, R., Unternehmensumwandlung, 2016.

Die Verschmelzung kann nur zustande kommen, wenn die Hauptversammlung jeder der beteiligten Gesellschaften mindestens mit Dreiviertelmehrheit[1] zustimmt. Einer Verschmelzung (zweier) Gesellschaften geht i. d. R. ein Beteiligungserwerb voraus. Strebt die Gesellschaft A nach einer Verschmelzung mit der Gesellschaft B, kann sie den Weg einer

- **freundlichen Übernahme** (Aushandlung eines Verschmelzungsvertrags mit dem Vorstand von B)
- **feindlichen Übernahme**, d. h. Unterbreitung eines Übernahmeangebots an B-Aktionäre gegen den Widerstand des B-Vorstands

gehen. In jedem Fall kann ein Einzelaktionär oder eine Aktionärsgruppe eine **Verschmelzung verhindern**, wenn sie in der Hauptversammlung mit mehr als 25 Prozent (= **Sperrminorität**) gegen den Verschmelzungsantrag stimmt.

Kernstück jeder Verschmelzung ist das **Umtauschverhältnis**, das angibt, in welchem Verhältnis (alte) Anteile der untergehenden Gesellschaft in (neue) Anteile der übernehmenden Gesellschaft eingetauscht werden. Das Umtauschverhältnis kann nach dem Verhältnis der

- Höhe des bilanziellen Eigenkapitals
- Börsenkurse
- Unternehmenswerte

der zu verschmelzenden Gesellschaften berechnet werden. Gegen die Heranziehung des bilanziellen Eigenkapitals spricht die Tatsache, dass dieses den meist wertentscheidenden Goodwill der betroffenen Unternehmen nicht berücksichtigt. Bedenken sind auch gegen die Heranziehung der **Börsenkurse** geltend zu machen. Im Gegensatz zum bilanziellen Eigenkapital berücksichtigen sie zwar die Goodwill-Einschätzungen durch die Marktteilnehmer. Den „fairen Wert" eines Unternehmensanteils zeigen sie aber nicht an, weil u. a. nach Bekanntwerden des Fusionsvorhabens spekulative Börsentransaktionen zu Kursnotierungen führen, die den ertragsabhängigen Unternehmenswert nicht widerspiegeln.

Aus diesem Grunde wird das Umtauschverhältnis im Vorfeld einer Fusion in aller Regel auf der Basis eines **Unternehmensbewertungsgutachtens** ermittelt, in das die Werte[2] der betroffenen Unternehmen eingehen. Ein diesbezüglich relevanter Wert des Eigenkapitals zeigt den Geldbetrag, zu dem die Aktionäre ihre Eigentumsrechte an einen Dritten abgeben würden. Werden die Umtauschverhältnisse auf diesem Wege ermittelt, besteht die Aussicht, dass die Aktionäre in der Hauptversammlung der geplanten Fusion zustimmen. Beispiele zu den Möglichkeiten der Ermittlung von Unternehmensverhältnissen finden sich im zugehörigen Übungsbuch. (**ÜB 2**/70–71)

---

[1] Vgl. §65 UmwG.
[2] Vgl. S. 511 ff.

3.4.4 Wettbewerbsrechtliche Aspekte von Unternehmenskonzentrationen

Durch Konzernbildung bzw. Fusionen lassen sich i. A. positive Synergieeffekte für die zusammengeschlossenen Unternehmen erreichen. Diesem einzelwirtschaftlichen Vorteil kann ein gesamtwirtschaftlicher Nachteil gegenüberstehen: Die Konzentration von Unternehmensmacht in einer großen wirtschaftlichen Einheit kann zu einer **Einschränkung des Wettbewerbs** führen.

Deshalb unterliegen diese Formen von Unternehmenszusammenschlüssen ab einer bestimmten Größenordnung[1] der Wettbewerbskontrolle. Im Gegensatz zu Kartellen, die mit den o. g. Ausnahmen[2] grundsätzlich verboten sind, werden Unternehmenszusammenschlüsse vom GWB grundsätzlich erlaubt. Ist jedoch zu erwarten, dass eine marktbeherrschende Stellung[3] entsteht oder sich eine solche verstärkt, wird vom **Bundeskartellamt** ein Verbot erlassen, wenn nicht mit dem Zusammenschluss verbundene Wettbewerbsverbesserungen dessen Nachteile überwiegen oder Bagatellklauseln (§ 35 Abs. 2 GWB) zur Anwendung gelangen. Zwar kann ein kartellamtliches Verbot durch eine Erlaubnis des Bundesministers für Wirtschaft unter Berücksichtigung gesamtwirtschaftlicher und allgemeiner Interessen (§ 42 GWB) revidiert werden. Solche ministeriellen Genehmigungen waren aber in der Vergangenheit die Ausnahme.

Im Zuge der Globalisierung von Unternehmensverbindungen gewinnt auch die grenzüberschreitende Konzentrationskontrolle an Bedeutung. Die **Europäische Fusionskontrollverordnung**[4] unterwirft deshalb Zusammenschlüsse von gemeinschaftlicher Bedeutung (zur Abgrenzung werden verschiedene Umsatzgrößen herangezogen) einer Prüfung, ob eine beherrschende Stellung auf dem relevanten Markt begründet oder verstärkt wird.

4. Wahl des Standorts

4.1 Überblick

Die Wahl eines Standorts als geographischem Ort, an dem Produktionsfaktoren zur Erstellung betrieblicher Leistungen eingesetzt werden, stellt sich bei

- **Gründung**,
- **Standortverlagerung** oder
- **Standortspaltung**

eines Unternehmens.

Unabhängig vom Anlass zieht die Standortentscheidung i. d. R. kapitalintensive und langfristige Konsequenzen (z. B. den Aufbau von Fabriken) nach sich und ist deshalb nur schwer revidierbar.

---

[1] Vgl. § 35 GWB.
[2] Vgl. S. 246 f.
[3] Vgl. § 19 Abs. 2 und Abs. 3 GWB.
[4] Verordnung (EG) Nr. 139/2004 des Rates v. 20.01.2004 über die Kontrolle von Unternehmenszusammenschlüssen.

> Die **Standortwahl** gehört zu den **konstitutiven Führungsentscheidungen**. Aufgrund der langfristigen Wirkung und der schweren Revidierbarkeit kommt dieser Entscheidung eine besondere Bedeutung zu.

Um zu einer optimalen Lösung zu kommen, muss dabei sowohl den gegenwärtigen als auch den zukünftigen Umweltzuständen Rechnung getragen werden. Nicht jeder mögliche Standort ist für die Unternehmung gleich geeignet, sondern die natürliche und ökonomische Inhomogenität der Flächen schlägt sich in unterschiedlichen Bodenqualitäten, Transportkosten etc. nieder. Deshalb ist derjenige Ort zu wählen, der die **Differenz zwischen standortbedingten Erträgen und standortabhängigen Aufwendungen** im Hinblick auf die Einrichtung und den Betrieb des Standorts maximiert.

Einer erfolgsorientierten Standortentscheidung sind zwei **Planungsschritte** vorgeschaltet:

(1) Identifikation aller standortspezifischen Einflussgrößen auf den Erfolg der Unternehmung (**Standortfaktoren**)
(2) Erfassung und Bewertung der Ausprägungen von Standortfaktoren (Anwendung von **Entscheidungsmodellen**).[1]

Die betriebswirtschaftliche Standorttheorie befasst sich mit der Frage, wo sich das Unternehmen insgesamt (einheitlicher Standort) oder in Teilen (gespaltener Standort), z.B. im Sinne von Betriebsstätten oder Tochterunternehmen, niederlassen soll. Die betriebliche Standortwahl kann territorial wie folgt eingeengt werden:

(1) **Internationale Standortwahl**: In welchem Staat soll die Niederlassung erfolgen?
(2) **Interlokale Standortwahl**: In welcher Region innerhalb einer Volkswirtschaft wird der Betrieb errichtet oder erworben?
(3) **Lokale Standortwahl**: An welcher Stelle genau, d.h. in welcher Stadt, in welcher Straße, erfolgt die Ansiedlung des Unternehmens?[2]

Hiervon ist die **innerbetriebliche Standortwahl** abzugrenzen. Diese beschäftigt sich mit den Fragen

- einer zweckmäßigen Betriebsmittelanordnung bzw.
- der optimalen Platzierung des Warenangebots innerhalb eines Verkaufsraums.

Diese Aspekte werden in den Abschnitten „Produktion"[3] bzw. „Marketing"[4] angesprochen.

4.2 Standortfaktoren als Entscheidungskriterien

Um alle standortspezifischen Erfolgsfaktoren für einen Betrieb zu erfassen, wurden schon früh erste Systematiken ermittelt.[5] Aus denen wurden im Laufe der Zeit **Standortfaktorenkataloge** abgeleitet. In Anlehnung an die Einteilung von Behrens[6] lassen sich dabei nach einer funktionalen Gliederung Standortfaktoren, die den Gütereinsatz und solche, die den Güterabsatz betreffen, unterscheiden:

---

[1] Vgl. Hansmann, K.-W., Management, 2006, S. 107 ff.
[2] Zu Einzelheiten vgl. S. 451 f.
[3] Vgl. S. 312 f.
[4] Vgl. S. 450 f.
[5] Vgl. Weber, A., Industrien, 1909.
[6] Vgl. Behrens, K. C., Standortbestimmungslehre, 1971, S. 47 ff.

Standortfaktoren			
4.2.1	**Gütereinsatz**	**4.2.2**	**Güterabsatz**
4.2.1.1	Anlagegüter	4.2.2.1	Kunden
4.2.1.2	Material	4.2.2.2	Mitbewerber
4.2.1.3	Arbeitskräfte	4.2.2.3	Herkunfts-Goodwill
4.2.1.4	Energie		
4.2.1.5	Umwelt(-schutz)		
4.2.1.6	Staatliche Leistungen		
4.2.1.7	Steuern und Subventionen		

Abb. 173: Überblick über wichtige Standortfaktoren

4.2.1 Gütereinsatz

4.2.1.1 Anlagegüter

Entscheidend für die Eignung eines Standorts sind oft die Verfügbarkeit sowie die Lage, die Beschaffenheit und der Preis von **Immobilien**, die als Basis für Betriebsraum dienen oder bei der Urproduktion (Land- und Forstwirtschaft, Gewinnung von Bodenschätzen) einen herausragenden Produktionsfaktor darstellen. Am Beispiel von Grundstücken wird deutlich, dass bei fehlender Transportfähigkeit von Produktionsfaktoren keine **freie**, sondern eine an die Standorte **gebundene Entscheidung** vorliegt: So ist der Betrieb eines Bergwerks immer an entsprechende Vorkommen von Bodenschätzen, eine Hochseefischerei immer an einen Küstenstandort gebunden.

Bewegliche Anlagegüter (maschinelle Anlagen) spielen bei der Standortwahl i. A. nur eine geringe Rolle. Da sie überall verfügbar sind, fallen nur die unterschiedlichen Transportkosten zum Betriebsstandort ins Gewicht. Hängt das Betreiben bestimmter Anlagen (z. B. Müllverbrennungsanlagen) von Genehmigungen ab, die an verschiedenen Standorten (Staaten oder Gemeinden) in unterschiedlicher Weise erteilt werden, kann die **Betriebsgenehmigung**[1] zum entscheidenden Standortfaktor werden.

4.2.1.2 Material

Da Material in Form von Roh-, Hilfs- und Betriebsstoffen, unfertigen Erzeugnissen oder Waren transportabel ist, steht weniger die Verfügbarkeit, wohl aber die Kostenfrage im Mittelpunkt der Betrachtung. Wird das benötigte Material an unterschiedlichen Standorten zu unterschiedlichen Einstandspreisen angeboten, liegt der optimale betriebliche Standort c. p. dort, wo die Summe aus **Einstandspreis und Transportkosten** ihr Minimum erreicht. Je stärker die Transportkosten ins Gewicht fallen, desto näher rückt der betriebliche Standort an den Ursprungsort des Materials (z. B. Rohstoffvorkommen).

4.2.1.3 Arbeitskräfte

Eine Standortentscheidung ist in hohem Maße von zwei Faktoren abhängig:

(1) Steht **qualifiziertes Personal** (in ausreichendem Umfang) zur Verfügung?[2]
(2) Wie hoch sind die **Arbeitskosten** am jeweiligen Standort?

Im Hinblick auf die ausführende Arbeit muss zu (1) geprüft werden, inwieweit der lokale Arbeitsmarkt ein ausreichendes Potential qualifizierter Arbeitskräfte bereithält.

---

[1] Vgl. die Ausführungen zum Umweltschutz auf S. 277 ff.
[2] Zu Einzelheiten vgl. S. 126 ff.

Bei der Anwerbung von hochqualifizierten Mitarbeitern, insb. Führungskräften, spielen Freizeitwert und kulturelles Umfeld eines Standorts eine entscheidende Rolle.

Die zu vergleichenden Arbeitskosten (2) setzen sich zusammen aus
- dem **Direktentgelt** (Bruttostundenlohn für gelieferte Arbeit) und
- den **Personalzusatzkosten** (Arbeitgeberanteil zur Sozialversicherung, Urlaubs- und Feiertagslöhne, Urlaubs- und Weihnachtsgeld usw.).

Im statistischen Durchschnitt der verarbeitenden Industrie 2014 beziffern sich die Arbeitskosten/Std. in Deutschland West (Ost) auf 39,97 EUR (24,92 EUR). Noch größer ist das Arbeitskostengefälle im internationalen Vergleich, wie aus **Abb. 174** ersichtlich wird. Die niedrigsten Arbeitskosten/Std. haben die Philippinen mit 1,79 EUR. Im Gegensatz dazu hat Norwegen Arbeitskosten/Std. von 52,23 EUR. Das Kostengefälle beträgt somit 50,44 EUR/Std.

Land	Industrielle Arbeitskosten je Stunde (in EUR)	Land	Industrielle Arbeitskosten je Stunde (in EUR)
Norwegen	52,23	Zypern	12,94
Schweiz	50,75	Portugal	10,69
Belgien	43,12	Slowakei	9,88
Dänemark	41,95	Estland	9,38
Schweden	41,19	Tschechien	9,34
Westdeutschland	39,97	Brasilien	8,22
Frankreich	36,86	Kroatien	8,17
Finnland	36,08	Ungarn	7,58
Niederlande	35,49	Polen	7,42
Österreich	35,38	Lettland	6,09
Luxemburg	31,51	Litauen	6,07
Irland	31,26	Russland	5,55
Italien	27,79	Türkei	5,52
USA	27,30	Mexiko	5,14
Verein. Königreich	26,30	China	4,90
Kanada	26,19	Weißrussland	4,70
Ostdeutschland	24,92	Rumänien	4,19
Spanien	22,80	Bulgarien	3,15
Japan	21,85	Georgien	2,37
Korea	19,39	Ukraine	2,26
Slowenien	15,28	Moldawien	2,07
Griechenland	15,11	Philippinen	1,79
Malta	13,02		

Abb. 174: Arbeitskosten/Std. im Verarbeitenden Gewerbe (2014)[1]

---

[1] Vgl. Schröder, C., Im Westen nichts Neues. Abrufbar unter: www.iwkoeln.de (IW-Informationsdienst Nr. 45 vom 5. November 2015).

Die gravierenden Arbeitskostenunterschiede haben viele deutsche Unternehmen veranlasst, **arbeitsintensive Fertigungsprozesse** ins **Ausland** zu verlagern. Dabei müssen aber zwei Faktoren bedacht werden:
- Erstens ist in den meisten Niedriglohnländern die **Arbeitsproduktivität** (Arbeitsleistung/Std.) **niedriger** als in Deutschland.
- Zweitens treffen i. d. R. **unterschiedliche Unternehmenskulturen** aufeinander, wodurch es zu Produktivitätseinbußen kommt. (**ÜB 2**/73)

4.2.1.4 Energie

Heute geht es nicht mehr um die Frage, ob an einem bestimmten Standort genügend Energie vorhanden ist, sondern allein darum, zu welchem Preis die Energie bezogen werden kann. Energiepreise (Strom, Gas, Öl) sind fast überall politische Preise, weil einzelne Staaten den Energieverbrauch unterschiedlich besteuern (sog. Ökosteuern). Das **internationale Energiekostengefälle** gibt der Standortwahl energieintensiver Betriebe eine internationale Dimension.

4.2.1.5 Umwelt(-schutz)

Die zunehmende Beachtung des Umweltschutzes hat in den letzten Jahren dazu geführt, dass bestimmte Standorte – z. B. in der Nähe von Wohngebieten oder in Landschaftsschutzgebieten – entweder überhaupt **nicht mehr zur Verfügung stehen** oder aufgrund behördlicher Auflagen erhebliche zusätzliche **Aufwendungen** sowohl bei der Errichtung des Standorts als auch beim Betrieb verursachen. Die Erfahrung zeigt, dass manche Unternehmen neben gesetzlichen Vorschriften und behördlichen Auflagen bei der Standortwahl auch die öffentliche Meinung berücksichtigen, z. B. die mögliche Bildung von Bürgerinitiativen. So wird es immer schwieriger, Standorte für Betriebe zu finden, deren Tätigkeit als unangenehm (Müllverbrennungsanlagen, Flugplätze) empfunden wird oder als Umweltrisiko (Kraftwerke) eingestuft wird.

Die Anforderungen an den Umweltschutz sind nicht an allen potentiellen Standorten so streng wie in Deutschland. Die folglich unterschiedlich hohen Kosten für Umweltschutzmaßnahmen können einen die übrigen Faktoren überkompensierenden Einfluss haben, der zu einer Standortentscheidung für das **Ausland** führt.

4.2.1.6 Staatliche Leistungen

Die Rolle des Staates ist auf der leistenden Seite zunächst dadurch gekennzeichnet, dass er durch ein **Rechtssystem** (Garantie des Eigentums, Gewerberecht, Eindämmung der Korruption etc.) einen gesicherten wirtschaftlichen Betrieb überhaupt erst ermöglicht. Dieser Standortfaktor wird innerhalb eines Staates meist homogen sein, und auch zwischen Industrieländern sind die Unterschiede meist gering. Weniger entwickelte Länder können jedoch evtl. nicht in allen Regionen und in allen Rechtsbereichen eine hinreichende Rechtssicherheit gewährleisten.

Ein weiterer Standortfaktor ist die vom Staat bereitgestellte **Infrastruktur** (Verkehrswege, Leitungssysteme, Kommunikationsstruktur). Länder mit niedrigen Arbeitskosten verfügen häufig über eine weniger entwickelte Infrastruktur.

4.2.1.7 Steuern und Subventionen

Ein Gefälle auf

(1) nationaler Ebene und
(2) internationaler Ebene

macht Steuern und Subventionen zum Standortfaktor.

Ein (1) **nationales Steuergefälle** resultiert aus der Tatsache, dass Gemeinden bei der Grundsteuer und der Gewerbesteuer ein Hebesatzrecht haben. So liegt die effektive **Gewerbesteuerbelastung** in Deutschland meist zwischen 10 % und 20 % des Gewerbeertrags. Subventionen in Form von Steuervergünstigungen oder Investitionszulagen sollen Investitionen vor allem in strukturschwache Gebiete lenken.

Das (2) **internationale Steuergefälle** ist auf folgende Einflussfaktoren zurückzuführen:

- unterschiedliche Steuerarten
- unterschiedliche Steuerbemessungsgrundlagen
- unterschiedliche Steuersätze.

Um die tatsächliche Steuerbelastung auf internationaler Ebene vergleichbar zu machen, haben Devereux und Griffith[1] ein Konzept zur Ermittlung der „Effektiven Unternehmenssteuerbelastungen" entwickelt. Dabei wird eine standardisierte Gesamtsteuerbelastung (aus betrieblicher Gewinn- und Vermögensteuer) ins Verhältnis gesetzt zu einer standardisierten Unternehmenserfolgsgröße. Das Ergebnis ist die **prozentuale steuerliche Belastung** des (standardisierten) **Unternehmensgewinns**.

EU-Land	Effektive Steuerbelastung von Unternehmen	EU-Land	Effektive Steuerbelastung von Unternehmen
Frankreich	38,3 %	Schweden	19,4 %
Malta	32,2 %	Ungarn	19,3 %
Deutschland	**28,2 %**	Finnland	18,6 %
Griechenland	27,1 %	Polen	17,5 %
Belgien	26,7 %	Tschechien	16,7 %
Portugal	26,6 %	Kroatien	16,5 %
Luxemburg	25,5 %	Estland	15,7 %
Spanien	23,9 %	Slowenien	15,5 %
Italien	23,8 %	Zypern	15,2 %
Österreich	23,0 %	Rumänien	14,8 %
Niederlande	22,5 %	Lettland	14,3 %
Großbritannien	21,5 %	Irland	14,1 %
Dänemark	21,3 %	Litauen	13,6 %
Slowakei	19,6 %	Bulgarien	9,0 %

Abb. 175: Effektive Steuerbelastungen von Unternehmen in Europa 2015[2]

---

[1] Ausführlich zum Devereux/Griffith-Modell vgl. Spengel, C., Unternehmensbesteuerung, 2003, S. 59–90 und S. 134–139.

[2] Berechnungen des ZEW aus Spengel, C. et al., Effective Tax Levels using the Devereux/Griffith Methodology (Projekt für die EU Kommission).

Abb. 175 zeigt: Bezüglich der effektiven Unternehmenssteuerbelastung gehört Deutschland im europäischen Vergleich zur Spitzengruppe der Hochsteuerländer. Für Unternehmen, die ihren Gewinn nach Steuern maximieren wollen, stellt sich die Frage, ob sie ihren Produktionsstandort ins Ausland verlagern sollen. Erwartet man an einem Standort im Hochsteuerland Deutschland und an einem ausländischen Standort einen gleich hohen Gewinn vor Steuern, gibt es eine klare Tendenz, **Produktionsstandorte in Niedrigsteuerländer zu verlagern**. Damit wird die Steuerbelastung zum internationalen Standortfaktor. (ÜB 2/74)

4.2.2 Güterabsatz

4.2.2.1 Kunden

Besonders Handelsbetriebe sind zur **kundenorientierten Standortwahl**[1] gezwungen. Auf **Käufermärkten** erwarten die Abnehmer, dass die Ware möglichst nahe an sie herangetragen wird. Der Kunde gibt jenem Anbieter den Vorzug, dessen Warenangebot mühelos und in angenehmer Umgebung (Erlebniseinkauf) geprüft und verglichen werden kann. Vor der Standortentscheidung prüft der Betrieb die Kundendichte, die Kaufkraft und Verbrauchsgewohnheiten im jeweiligen Absatzgebiet.

4.2.2.2 Mitbewerber

Neben dem absoluten Absatzpotential sind auch die Zahl, Größe und Art der konkurrierenden Unternehmen im jeweiligen Absatzgebiet in die Überlegungen einzubeziehen. Deshalb kann man gewöhnlich davon ausgehen, dass sich Betriebe bei der Standortwahl **konkurrenzmeidend** verhalten. Diese Feststellung gilt jedenfalls für Betriebe, die Waren **des täglichen Bedarfs** (z. B. Lebensmittel) anbieten. Werden dagegen (teure) Waren des **periodischen** (z. B. Kleidung) oder **aperiodischen Bedarfs** (z. B. Möbel) angeboten, wird der Konsument verstärkt Qualitäts- und Preisvergleiche anstellen. In dieser Situation suchen die Betriebe einen **konkurrenznahen Standort**.

4.2.2.3 Herkunfts-Goodwill

Ein mittelbar absatzorientierter Einfluss auf die Standortentscheidung für Betriebe mit weitem Absatzradius kann sich schließlich durch die lange Tradition einiger Gebiete bei der Herstellung bestimmter Güter (Parmaschinken, Schweizer Uhren, Lübecker Marzipan usw.) ergeben. Je stärker das positive Image des Standorts ausstrahlt, desto eher sind Betriebe geneigt, einen solchen Produktionsstandort zu wählen.

4.3 Entscheidungsverfahren der Standortwahl

4.3.1 Quantitative Modelle

Quantitative Modelle basieren auf mathematischen Berechnungen, die den Erreichungsgrad des postulierten Ziels „Maximierung des Überschusses der standortspezifischen Erträge über die standortabhängigen Aufwendungen" ausweisen. Im einfachsten Fall handelt es sich um **Partialmodelle** zur isolierten Minimierung der Transportkosten, der Arbeitskosten, der Steuerbelastung usw. Zu bemängeln ist, dass i. d. R. nur eine Aufwandsart betrachtet und die Absatzseite ganz ausgeklammert wird.

---

[1] Vgl. hierzu die Ausführungen zur Marktsegmentierung auf S. 375 ff. und zur Wahl des Verkaufsstandorts auf S. 451 f.

Aus theoretischer Sicht lassen sich diese Mängel durch die **Totalanalyse** beseitigen, wobei im Sinne langfristiger Gewinnmaximierung für die zu vergleichenden Standorte die entscheidungsrelevanten (d. h. standortspezifischen)

- **erwarteten Erträge** (bzw. Einzahlungen)
- **erwarteten Aufwendungen** (bzw. Auszahlungen)

für einen **sehr langen Planungszeitraum** in den **Vorteilhaftigkeitsvergleich** eingehen müssen. Auch wenn dies in der Wirtschaftspraxis auf große Umsetzungsschwierigkeiten[1] stößt, kommt man bei der strategischen Standortplanung nicht umhin, diese Entscheidungsdeterminanten in die Überlegungen einzubeziehen.

4.3.2 Qualitative Modelle

Heuristisch-qualitative Entscheidungsmodelle ermöglichen zwar keine quantitativ-exakten Lösungen. Gleichwohl können sie eine wertvolle Entscheidungshilfe sein. Zu nennen ist hier der Rückgriff auf **Checklisten**, in denen KO-Kriterien berücksichtigt werden könnten, sowie **Scoring-Verfahren**[2] als formalisierte Nutzwertanalysen[3]. Beide Ansätze leiden jedoch meist an willkürlichen Gewichtungen sowie uneinheitlichen Messgrößen.

5. Liquidation

> Unter **Liquidation** versteht man die Auflösung eines Unternehmens durch Einzelveräußerung aller Vermögensgegenstände und Begleichung der Schulden.

Die Einzelveräußerung der Vermögensgegenstände hat zur Folge, dass das Unternehmen als **organisatorische Einheit zerschlagen** wird. Hierin liegt der wesentliche Unterschied zum

- Unternehmensverkauf
- Erbgang,

bei denen gewöhnlich die organisatorische Einheit fortbesteht und nur ein personeller Wechsel auf der Eigentümer- bzw. Gesellschafterebene stattfindet.

Liquidation	
freiwillige	**zwangsweise**
Bedingt durch • Erfüllung des Betriebszwecks • Beschluss der Gesellschafter	Bedingt durch • (drohende) Zahlungsunfähigkeit • Überschuldung einer Kapitalgesellschaft

Abb. 176: Arten der Liquidation

---

[1] Vgl. Hansmann, K.-W., Management, 2006, S. 108.
[2] Für ein Beispiel vgl. Hansmann, K.-W., Management, 2006, S. 109 ff.
[3] Vgl. S. 325 f.

C.5. Liquidation

Die Liquidation eines Unternehmens bezeichnet man auch als Abwicklung. Für das Ende unternehmerischer Tätigkeit kann es viele Ursachen geben. Ein wichtiges Unterscheidungsmerkmal ist die **Freiwilligkeit**.

Hauptgrund der **zwangsweisen Liquidation** ist das Unvermögen eines Unternehmens, seine Zahlungsverpflichtungen termingerecht zu erfüllen. Dies ist ein Insolvenzgrund. Vorläufer solcher Zahlungsunfähigkeit ist in aller Regel eine mehr oder weniger lange Periode der Vermögensauszehrung. Im Folgenden wird die Abwicklung

- einer **freiwilligen Liquidation**
- eines **Insolvenzverfahrens**

kurz erläutert.

5.1 Freiwillige Liquidation

Die freiwillige Liquidation erfolgt in mehreren Schritten:

Freiwillige Liquidation	
Abwicklungsbeschluss	**Durchführung der Abwicklung**
• Anteilseigner beschließen Abwicklung • Anteilseigner ernennen Abwickler	• Veräußerung aller Vermögensgegenstände • Tilgung aller Schulden • Auszahlung des Reinvermögens an Anteilseigner

Abb. 177: Freiwillige Liquidation

Im Einzelunternehmen wird der **Abwicklungsbeschluss** – formlos – vom Einzelunternehmer gefasst. In der Aktiengesellschaft ist der Abwicklungsbeschluss von der Hauptversammlung mit (mindestens) Dreiviertelmehrheit zu fassen. In Personengesellschaften gelten die einschlägigen Bestimmungen des Gesellschaftsvertrags.

In der Regel wird die Abwicklung von folgenden Personen, welche dann als **Liquidator** bzw. **Abwickler** tätig sind, durchgeführt:

- Einzelfirma: Inhaber
- KG: Komplementär(e)
- GmbH: Geschäftsführer
- AG: Vorstand.

Nach dem Abwicklungsbeschluss wird dem **Firmennamen** die Bezeichnung „i. L." (in Liquidation) hinzugefügt.

Nach Erstellung einer Liquidationseröffnungsbilanz beginnen die Abwickler mit der Veräußerung der einzelnen Vermögensgegenstände. Der dabei erzielte **Liquidationserlös** ist **vorrangig zur Schuldentilgung** zu verwenden. Ein evtl. verbleibendes Restvermögen (= Reinvermögen) wird nach Maßgabe ihrer Kapitalanteile an die Anteilseigner ausgeschüttet.

5.2 Insolvenzverfahren

Es ist problematisch, wenn ein Schuldnerunternehmen trotz Zahlungssaufforderung durch einen Gläubiger nicht zahlt. Zur **Befriedigung** seiner **Ansprüche** kann der Gläubiger **juristische Schritte** einleiten:

- Der Gläubiger erwirkt (beim zuständigen Gericht) einen **vollstreckbaren Titel**.
- Danach beauftragt der Gläubiger einen Gerichtsvollzieher mit der **Pfändung** (von Teilen) des Schuldnervermögens.
- **Öffentliche Zwangsversteigerung** des gepfändeten Vermögens.
- **Befriedigung des Gläubigers** aus dem Erlös der Zwangsversteigerung.

Gerät ein Schuldnerunternehmen in Zahlungsverzug, besteht die **Gefahr eines massenhaften Ansturms der Gläubiger** (lateinisch: concursus creditorum; deutsch: Konkurs; englisch: Run) auf das Schuldnervermögen. Dabei ist zu befürchten, dass

- langsam reagierende Gläubiger benachteiligt werden
- das Schuldnervermögen wahllos, d. h. zu Schleuderpreisen, zerschlagen wird.

Mit der Insolvenzordnung (InsO) hat sich der deutsche Gesetzgeber das **Ziel** gesetzt, im Rahmen des sog. **Insolvenzverfahrens**

- eine **Zerschlagung** des Schuldnerunternehmens nach Möglichkeit zu **verhindern**
- „die Gläubiger eines Schuldners **gemeinschaftlich** zu **befriedigen**" (§ 1 InsO).

Die **Abb. 178** zeigt den Gegenstand und die Beteiligten eines Insolvenzverfahrens.

Gegenstand des Insolvenzverfahrens:

| Vermögen des Schuldners (natürliche oder juristische Person) |

Beteiligte:

| (1) Schuldner | (2) Insolvenzgericht | (3) Gläubigerversammlung | (4) Insolvenzverwalter |

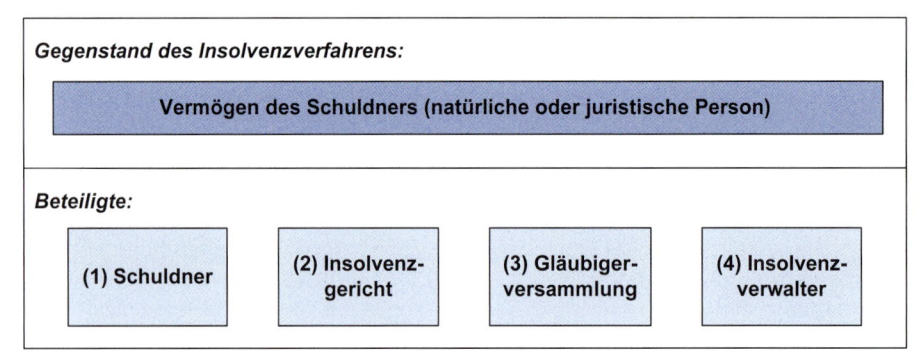

Abb. 178: Gegenstand und Beteiligte des Insolvenzverfahrens

Gründe zur Eröffnung eines Insolvenzverfahrens sind

- rechtsformunabhängig, also **für alle Unternehmen**, die **Zahlungsunfähigkeit** nach § 17 InsO
- rechtsformunabhängig die **drohende Zahlungsunfähigkeit** nach § 18 InsO
- speziell für **Kapitalgesellschaften** das Vorliegen einer **Überschuldung** nach § 19 InsO.

(1) Rechte und Pflichten des Schuldners

Der Schuldner hat das Recht – als Kapitalgesellschaft die Pflicht[1] – zur Stellung eines Insolvenzantrags beim zuständigen Amtsgericht, das man in diesem Zusammenhang

---

[1] Da die Gesellschafter einer Kapitalgesellschaft nicht mit ihrem Privatvermögen haften, hat die Kapitalgesellschaft die **Pflicht**, einen Insolvenzantrag zu stellen. Durch schnelle Einsetzung eines Insolvenzverwalters soll die noch vorhandene Vermögensmasse zur Befriedigung der Gläubiger gesichert werden.

als Insolvenzgericht bezeichnet. Gibt das Insolvenzgericht dem Antrag des Schuldners statt, **verliert** dieser die **Verfügungsmacht über sein Vermögen** (§ 80 InsO).

(2) Aufgaben des Insolvenzgerichts

Nach Eingang des Insolvenzantrags, der i. d. R. auch von einem Gläubiger gestellt werden kann, prüft das Insolvenzgericht, ob

- ein Insolvenzgrund vorliegt
- das Schuldnervermögen zur Deckung der Verfahrenskosten ausreicht.

Sind beide Bedingungen erfüllt, wird vom Insolvenzgericht

- das Insolvenzverfahren eröffnet
- eine Benachrichtigung an alle Gläubiger zur Anmeldung ihrer Forderungen versandt
- ein vorläufiger Insolvenzverwalter bestellt.

(3) Rechte der Gläubigerversammlung

Die Gläubigerversammlung ist das oberste Entscheidungsorgan im Rahmen des Insolvenzverfahrens. Die Gläubigerversammlung fasst (nach Maßgabe der Forderungshöhe einzelner Gläubiger) Beschlüsse über

- die Bestellung eines endgültigen Insolvenzverwalters
- die Annahme oder Ablehnung eines Insolvenzplans (= „Sanierungsplan")
- einen eventuellen Teilschuldenerlass
- die (vorübergehende) Bereitstellung zusätzlicher Finanzmittel zur Realisierung eines Insolvenzplans.

(4) Aufgaben des Insolvenzverwalters

Der Insolvenzverwalter hat die Pflicht, die Geschäfte so zu führen, dass den vom Insolvenzverfahren betroffenen Personen kein vermeidbarer Schaden entsteht. Der Insolvenzverwalter

- **verwaltet** das Unternehmensvermögen, indem er die laufenden Geschäfte abwickelt
- **verwertet** das Vermögen durch Verkauf des Gesamtbetriebes oder einzelner Vermögensteile
- **verteilt** (nach Abzug der Verfahrenskosten) den Verwertungserlös nach Maßgabe der Insolvenzquote (= Verwertungserlös geteilt durch die Summe der Forderungen) auf die Gläubiger.

Vor einer Liquidation der Insolvenzmasse prüft der Insolvenzverwalter die Möglichkeit zur Erhaltung des Unternehmens. Zu diesem Zweck wird ein **Insolvenzplan**[1] erstellt und den Gläubigern zur Abstimmung vorgelegt. Die Gläubiger können sich u. U. für folgende Verwertungsalternativen entscheiden:

- **Einzelveräußerung** aller Vermögensgegenstände (Liquidation)
- **Verkauf** des **Gesamtunternehmens** oder einzelner Teilbetriebe
- **Weiterführung** des (ggf. übrigen) Unternehmens durch den (die) bisherigen Eigentümer nach Maßgabe eines Sanierungsplans.[2]

Die Gläubiger werden sich für die Alternative entscheiden, von der sie das Höchstmaß an Erfüllung ihrer Zahlungsansprüche erwarten.

---

[1] Vgl. §§ 217 ff. InsO.
[2] Zur Sanierung vgl. S. 579 f.

Produktion

Inhaltsüberblick

1. Grundlagen 269
2. Produktions- und Kostentheorie 280
3. Produktionsplanung 311
4. Integration der Produktionsplanung und -steuerung 345

Dritter Abschnitt

1. Grundlagen

1.1 Begriff der Produktion

In der einschlägigen Literatur gibt es Meinungsunterschiede zur Begriffsbildung[1] der Produktion. In der **weitesten Fassung** versteht man unter Produktion jede **Kombination von Produktionsfaktoren**. Danach umfasst die Produktion den gesamten betrieblichen Leistungsprozess. Wer dieser Definition folgt, muss alles, was in einem Unternehmen geschieht, als Produktion bezeichnen. Auch der Absatz, die Investition, die Finanzierung, die Unternehmensführung (Planung, Organisation und Kontrolle) würden dazugehören. Angesichts spezifischer Probleme in den genannten Unternehmensbereichen erscheint es zweckmäßig, den **Produktionsbegriff enger** zu fassen und ihn auf die **betriebliche Leistungserstellung** zu begrenzen.

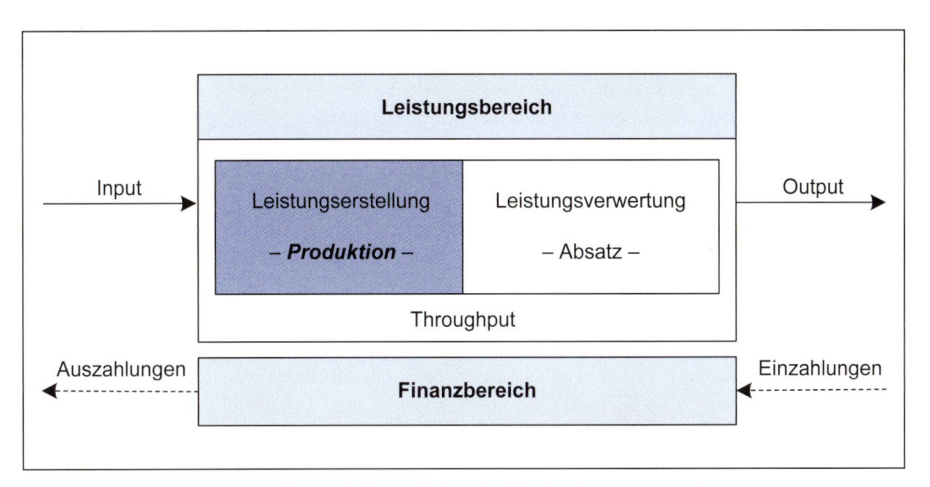

Abb. 1: Produktion als betriebliche Hauptfunktion

Die Kombination der Produktionsfaktoren, also der Input, ist für das Unternehmen mit Auszahlungen verbunden. Über die Leistungsverwertung, den Output, erwirtschaftet das Unternehmen Einzahlungen, die es zum Erwerb neuer Produktionsfaktoren verwenden kann. Dem Güterstrom (Input → Output) steht also ein gegenläufiger Finanzstrom (Auszahlung → Einzahlung) gegenüber.

Die **Koordination der Güterströme** (Input → Output) ist Gegenstand des **Leistungsbereichs**, der seinerseits in Leistungserstellung (Produktion) und Leistungsverwertung (Absatz) eingeteilt wird. Aufgabe des **Finanzbereichs** ist hingegen die **Koordination der Zahlungsströme**. Dies ist für das Unternehmen von existentieller Bedeutung, weil der Verlust der Zahlungsfähigkeit zwangsläufig das Ende der Unternehmenstätigkeit (Insolvenz) bedeutet.

Die Produktion als betriebliche Hauptfunktion lässt sich weiter unterteilen:

---

[1] Zur Begriffsbildung vgl. z. B. Bloech, J. et al., Produktion, 2014, S. 3 ff.; Corsten/Gössinger, Produktionswirtschaft, 2016, S. 1 f.

```
                          ┌─────────────────────────┐
                          │       Produktion        │
                          └─────────────────────────┘
        ┌──────────────┬──────────────┬──────────────┐
        ▼              ▼              ▼              ▼
┌──────────────┐┌──────────────┐┌──────────────┐┌──────────────┐
│(1) Beschaffung││(2) Transport ││(3) Lagerhaltung││ (4) Fertigung│
├──────────────┤├──────────────┤├──────────────┤├──────────────┤
│• Werkstoffe  ││• vom Lieferan-││• Zugangslager ││• Fertigungs- │
│• Einbauteile ││  ten zum     ││• Zwischenlager││  verfahren   │
│              ││  Betrieb     ││• Ausgangslager││• Fertigungs- │
│              ││• innerhalb   ││              ││  typen       │
│              ││  des Betriebes││              ││• Ablaufplanung│
└──────────────┘└──────────────┘└──────────────┘└──────────────┘
```

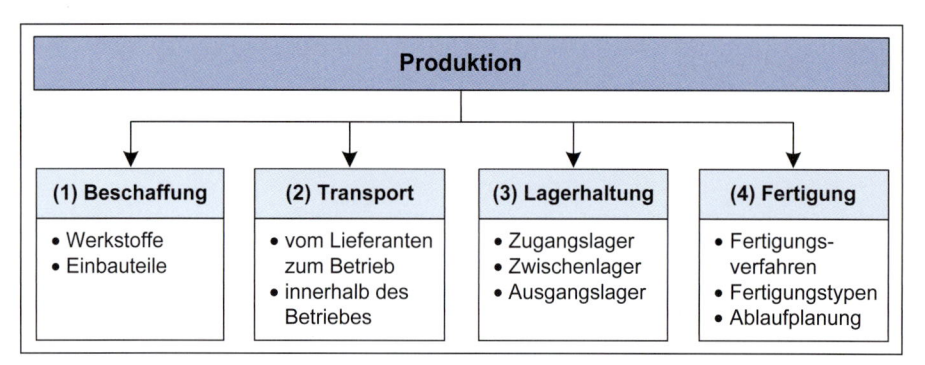

Abb. 2: Teilbereiche der Produktion

Im Rahmen der **(1) Beschaffung** geht es um die Bereitstellung von **Werkstoffen**. Prinzipiell könnte man auch die Bereitstellung von Betriebsmitteln und Arbeitskräften zur Beschaffung zählen. Weil aber der Einsatz des Faktors Arbeit völlig andere Probleme aufwirft als die Bereitstellung von Werkstoffen, behandelt ihn die Betriebswirtschaftslehre im Rahmen der **Personalwirtschaft**.[1] Ähnliches gilt für die Beschaffung von Betriebsmitteln, die wegen ihrer spezifischen Problematik unter dem Stichwort **Investition**[2] abgehandelt wird.

Der **(2) Transport** beschäftigt sich mit der Überwindung räumlicher Distanzen innerhalb eines Betriebes. Üblicherweise werden Werkstoffe im Rahmen eines Beschaffungsvorgangs in größerer Menge bereitgestellt. Zwischen Beschaffung und Fertigung kommt es also zur **(3) Lagerhaltung**. Bei der **(4) Fertigung** geht es darum, den Fluss der Werkstoffe durch die einzelnen Fertigungseinheiten (Betriebsmittel) zu koordinieren.

Welche Leistungen erstellt werden, hängt von der Art des Unternehmens ab. Gutenberg unterscheidet beispielsweise zwischen der Gewinnung von Rohstoffen in **Gewinnungsbetrieben**, der Herstellung von Erzeugnissen in **Fertigungsbetrieben**, der Bearbeitung von Rohstoffen und Fabrikaten in **Veredelungsbetrieben** und der Erbringung von Dienstleistungen durch **Dienstleistungsbetriebe**.[3] In einer noch engeren Definition, wie sie auch häufig im täglichen Sprachgebrauch Verwendung findet, wird Produktion auf die betriebliche Leistungserstellung von Fertigungsbetrieben, also die Herstellung von Erzeugnissen beschränkt. Da mit dieser Definition jedoch die Tätigkeit der Gewinnungs-, Veredelungs- und Dienstleistungsbetriebe aus dem Untersuchungsbereich ausgeschlossen wird, ist sie zu eng.

1.2 Produktion als betriebliche Hauptfunktion

1.2.1 Produktionsplanung als Partialplanung

Im vorstehenden Unterkapitel wurde die Tätigkeit eines Unternehmens in den Leistungsbereich mit den Teilbereichen Leistungserstellung und Leistungsverwertung sowie den finanzwirtschaftlichen Bereich aufgegliedert. Folgt ein Unternehmen dem

---

[1] Vgl. hierzu S. 119 ff.
[2] Vgl. hierzu S. 470 ff.
[3] Vgl. Gutenberg, E., Produktion, 1983, S. 1 ff.

Ziel der **langfristigen Gewinnmaximierung**, dann geht es darum, die Differenz zwischen Erlösen und Kosten auf lange Sicht zu maximieren. Unterstellt man, dass alle Entscheidungen im Absatzbereich bereits getroffen sind, ist die **Erlösseite konstant**, denn der für den Output erwartete Erlös ist fest vorgegeben. Zur Erreichung des Gewinnmaximums genügt es dann, die **Kosten** im Bereich der Leistungserstellung und im Finanzbereich (= Finanzierungskosten) zu **minimieren**.

Für die Erreichung seiner Ziele führt die Unternehmensleitung **Planungen** durch. Sie versucht also, künftige Entscheidungen gedanklich vorwegzunehmen. Die Summe unternehmerischer Planungen bezeichnet man als **Gesamtplan**. Planungsverfahren lassen sich danach unterscheiden, ob sie im Rahmen eines

- **Totalmodells** das gesamte Unternehmen
- **Partialmodells** einzelne Unternehmensbereiche

umfassen. Idealerweise muss die unternehmerische Planung in Form eines Totalmodells erfolgen, also gleichzeitig Leistungserstellung, Leistungsverwertung und Finanzierung umfassen, weil sonst u. U. das Oberziel, ein maximaler langfristiger Gewinn, verfehlt wird. Werden der Finanzbereich und der Produktionsbereich unabhängig voneinander (partiell) geplant, so könnte es beispielsweise sein, dass die optimalen Produktionsmengen, die dabei für den Produktionsbereich ermittelt werden, überhaupt nicht realisierbar sind, weil im Finanzierungsbereich der Kreditspielraum bereits so weit ausgeschöpft ist, dass die notwendigen Maschinen nicht mehr beschafft werden können.

Die unternehmerische Umwelt ist jedoch so komplex, dass das Idealziel einer gleichzeitigen **(simultanen) Totalplanung** im Regelfall **nicht realisierbar** ist. Das Entscheidungsfeld, d. h. die Gesamtheit aller unternehmerischen Handlungsmöglichkeiten, wird daher partialisiert (zerlegt), und die einzelnen Entscheidungsbereiche werden nacheinander **(sukzessiv)** geplant. Um dabei Abweichungen vom langfristigen Gewinnmaximum so weit wie möglich zu vermeiden, müssen die **Interdependenzen**[1] zwischen den einzelnen Planungsfeldern berücksichtigt werden. Dabei werden zunächst die Ergebnisse eines Planungsbereichs als feste Daten für die übrigen Partialplanungen berücksichtigt. So müssen beispielsweise Begrenzungen des Finanzierungsbereichs oder Absatzrestriktionen bei der Planung der Produktion als Nebenbedingungen berücksichtigt werden.

Für eine sukzessive Partialplanung ist zuerst die Frage zu beantworten, mit welchem betrieblichen Teilbereich man bei der Planung beginnen soll. Allgemein beginnt man mit der Planung im **Minimumsektor**, also in dem Bereich, in dem Engpässe am wahrscheinlichsten auftreten können. Dieses Vorgehen wird nach Gutenberg auch als **Ausgleichsgesetz der Planung**[2] bezeichnet.

Da in marktwirtschaftlichen Systemen im Regelfall das Güterangebot die Güternachfrage übersteigt, treten Engpässe häufig zuerst im Absatzbereich auf.[3] In einem solchen Fall kann zwar mehr produziert werden, und auch zusätzliche Kredite sind noch zu erhalten, eine weitere Steigerung der Absatzmengen ist jedoch nicht realisierbar. Daher ist es zweckmäßig, die betriebliche Planung mit der Absatzplanung zu beginnen.

---

[1] Vgl. Rollberg, R., Controlling, 2012, S. 55 ff.
[2] Vgl. S. 79 f.
[3] Vgl. S. 364 f.

Planungsbereich	Zielvorschrift
Unternehmensgesamtplan	**Maximiere langfristigen Gewinn!**
↓ *Minimumsektor: Absatz*	
Absatzplanung	Maximiere langfristigen Gewinn!
↓ *Datum*	
Produktionsplanung	Minimiere Kosten!
↓ *Datum*	
Investitionsplanung	Minimiere Kosten! Maximiere Kapitalwert!
↓ *Datum*	
Finanzplanung	Minimiere Kosten!

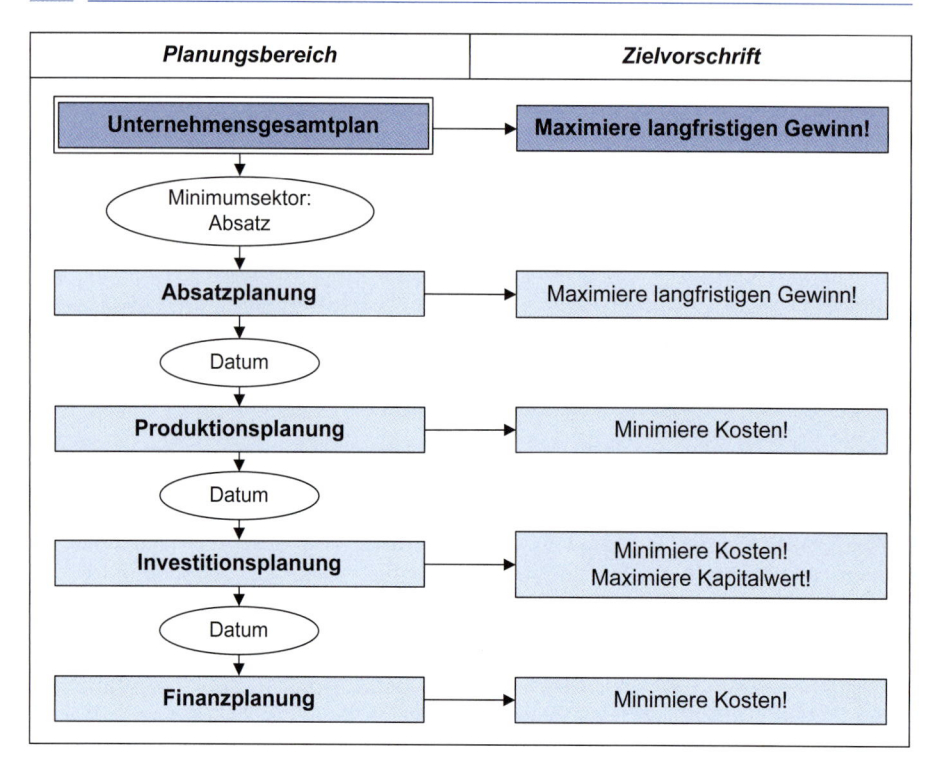

Abb. 3: Ableitung der Teilpläne aus dem Gesamtplan (Sukzessive Planung)

Im Rahmen der **Absatzplanung** wird zunächst das gewinnmaximale Absatzprogramm ermittelt. Dabei wird festgelegt, welche Produkte in welcher Menge zu welchen Preisen abzusetzen sind, damit das langfristige Gewinnmaximum erreicht wird. Auf diese Weise ist die Erlösseite determiniert.

Produktarten und -mengen der Absatzplanung sind feste Vorgaben für die **Produktionsplanung**. Bei vorgegebener Erlösseite erfolgt in diesem Planungsbereich Gewinnmaximierung über die Minimierung der Produktionskosten. Im Rahmen der Produktionsplanung wird u. a. festgelegt, welche Betriebsmittelkapazitäten benötigt werden.

An diesen Vorgaben (Daten) hat sich der Investitionsplan zu orientieren. Bei der **Investitionsplanung** geht es dann beispielsweise nur noch darum, ob ein bestimmter Kapazitätsbedarf durch fünf parallel arbeitende Kleinaggregate oder durch eine Großanlage gedeckt werden soll. In diesem speziellen Fall orientiert man die Investitionsentscheidung an den (minimalen) Kosten bzw. am minimalen Barwert der Auszahlungen für die notwendigen Kapazitäten. In der Investitionspraxis berücksichtigt man auch die Erlösseite. Zur Optimierung von Investitionsentscheidungen ermittelt man für jede Investitionsalternative den Barwert künftiger Einzahlungsüberschüsse, den man als Kapitalwert bezeichnet.

Hat sich im Rahmen der Investitionsplanung die Großanlage als optimal erwiesen, gilt die Anschaffung dieses Betriebsmittels als Datum für die **Finanzplanung**. Die Suche nach der kostengünstigsten Finanzierungsalternative ist schließlich Aufgabe der Finanzplanung.

1.2.2 Sachliche Partialisierung der Produktionsplanung

Folgt man dem obigen Vorgehen und beginnt die Planung mit dem Absatzbereich, so hat die Produktionswirtschaft die Aufgabe, Produktionsfaktoren zu beschaffen und einzusetzen **(Input)** und damit vom Absatzbereich vorgegebene Produkte in vorgegebener Menge zu erzeugen **(Output)**, wobei dieser Kombinationsprozess **(Throughput)** dem Ziel der Kostenminimierung zu folgen hat. Die **Produktionstheorie** versucht, den mengenmäßigen Zusammenhang zwischen Input und Output in Form von Produktionsfunktionen oder komplexeren Produktionsmodellen abzubilden. Die **Kostentheorie** bewertet den mengenmäßigen Input mit Preisen und sucht anschließend mit Hilfe mathematischer Kalküle nach kostenminimalen Faktoreinsatzkombinationen für die Produktion bestimmter vorgegebener Mengen. Die Produktions- und Kostentheorie stellt also die **theoretische Grundlage** praktischer Produktionsplanung dar; sie wird in Kapitel 2 ausführlich behandelt.

Die Planung des Produktionsablaufs ist sehr komplex, da unterschiedliche Entscheidungen wie z. B. über

- das Produktionsprogramm
- den innerbetrieblichen (Maschinen-)Standort
- die Reihenfolge der Auftragsbearbeitung
- die optimale Bestellmenge von Rohstoffen

getroffen werden müssen. Wegen dieser hohen Komplexität gelingt es i. d. R. nicht, den gesamten Produktionsablauf in einem einzigen Modell abzubilden und das Produktionsoptimum simultan zu bestimmen.

Die unternehmerische **Praxis** hat sich daher weitgehend von der **Produktions- und Kostentheorie gelöst** und das Teilentscheidungsfeld „Produktionsplanung" noch weiter partialisiert. Weil dabei eine Orientierung am Güterstrom (Beschaffung → Fertigung → Absatz) erfolgt, kann man diese Aufteilung auch als **sachliche Partialisierung** bezeichnen.

Die Zerlegung des Produktionsplans in einzelne Teilpläne hat den Vorteil, dass die **Anzahl** der in einem Teilplan zu optimierenden **Handlungsalternativen überschaubar** bleibt. Das übernächste Kapitel (3. Produktionsplanung) folgt in seiner Gliederung diesem sachlichen Partialisierungskonzept.

Nach dem Konzept der sukzessiven Planung wird der Unternehmensgesamtplan in **Teilpläne** (Produktionsplan, Absatzplan usw.) **zerlegt**, die ihrerseits in Unterpläne (vgl. Abb. 4) gegliedert werden. In einem zweiten Planungsschritt werden die Unterpläne wieder zu einem Teilplan und die Teilpläne zu einem Gesamtplan **zusammengeführt**. Diese zusammenführende Abstimmung ist nötig, weil die gegenseitige Abhängigkeit **(Interdependenz)** zwischen den Teilplänen berücksichtigt werden muss.

Der technische Fortschritt, von der Automatisierung über die Digitalisierung bis hin zur Vernetzung, schafft zunehmend die Möglichkeit, komplexe Probleme mit relativ geringen Planungskosten zu lösen. So ist es zu erklären, dass die

- **traditionelle Partialplanung** im Produktionsbereich durch
- simultane Planungsmodelle, sog. **Produktionsplanungs- und -steuerungssysteme** (PPS-Systeme),

umgesetzt wird. Kapitel 3 behandelt daher zunächst einzelne, sukzessiv zu lösende Teilprobleme der Produktionsplanung, während Kapitel 4 der Integration dieser Ansätze in umfassenderen PPS-Systemen gewidmet ist.

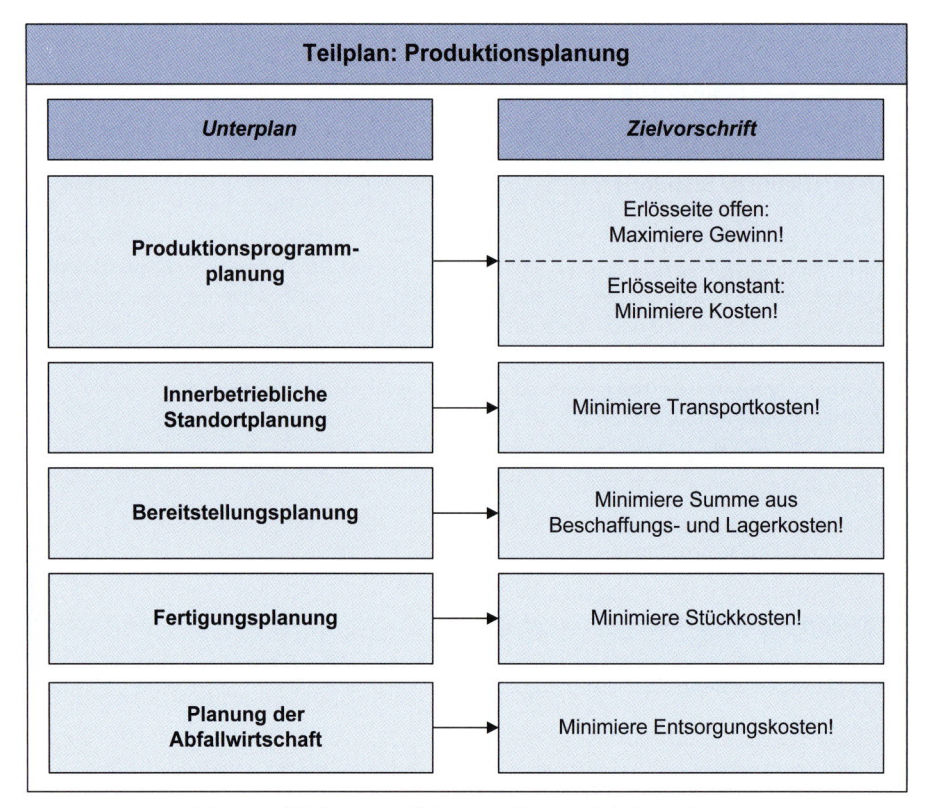

Teilplan: Produktionsplanung	
Unterplan	**Zielvorschrift**
Produktionsprogrammplanung	Erlösseite offen: Maximiere Gewinn! / Erlösseite konstant: Minimiere Kosten!
Innerbetriebliche Standortplanung	Minimiere Transportkosten!
Bereitstellungsplanung	Minimiere Summe aus Beschaffungs- und Lagerkosten!
Fertigungsplanung	Minimiere Stückkosten!
Planung der Abfallwirtschaft	Minimiere Entsorgungskosten!

Abb. 4: Sachliche Partialisierung der Produktionsplanung

1.2.3 Zeitliche Partialisierung der Produktionsplanung

Die Zerlegung von Entscheidungsfeldern erfolgt nicht nur wie vorstehend beschrieben in sachlicher, sondern auch in zeitlicher Hinsicht. Abhängig davon, wie lange ein Unternehmen an die Folgen seiner Entscheidung gebunden ist, unterscheidet man zwischen[1]

- **strategischer Planung** (5 Jahre und mehr)
- **taktischer Planung** (2 bis 5 Jahre)
- **operativer Planung** (maximal 1 Jahr).

Da die im Rahmen der langfristigen (strategischen) Planung getroffenen Entscheidungen den Unternehmer hinsichtlich seiner weiteren Entscheidungen binden, **beginnt** die **sukzessive Planung** in zeitlicher Hinsicht **mit der strategischen Rahmenplanung und endet mit der operativen Feinplanung.**

Diese Reihenfolge gilt auch im Produktionsbereich, so dass die Zerlegung der Produktionsplanung sowohl sachlichen als auch zeitlichen Kriterien folgt. Sie beginnt mit der Festlegung des **langfristigen Produktionsprogramms**, also der Festlegung, welche Produkte überhaupt mit Hilfe welcher Techniken und Maschinen produziert werden sollen. Die Darstellung der sukzessiven Produktionsplanung beginnt daher mit dem Unterkapitel 3.1 Langfristige Produktionsprogrammplanung.

---

[1] Vgl. S. 74 ff.

Sind die Entscheidungen über das langfristige Produktionsprogramm getroffen, so müssen die benötigten Betriebsmittel beschafft und finanziert werden, die notwendigen Arbeitskräfte eingestellt werden und der Standort der Maschinen unter Berücksichtigung der innerbetrieblichen Transportwege festgelegt werden. Hier findet wiederum eine Arbeitsteilung zwischen den betrieblichen Funktionsbereichen statt: Während die **innerbetriebliche Standortplanung** innerhalb des Teilbereichs „Produktionsplanung" (Unterkapitel 3.2) erfolgt, sind Entscheidungen über die konkret zu beschaffenden Betriebsmittel der überwiegend langfristig orientierten Hauptfunktion „Investition und Finanzierung" (Abschnitt 5) zuzuordnen. Die Planung der Personalkapazität ist hingegen von der „Personalwirtschaft" (Abschnitt 2, Kapitel B.5.) vorzunehmen.

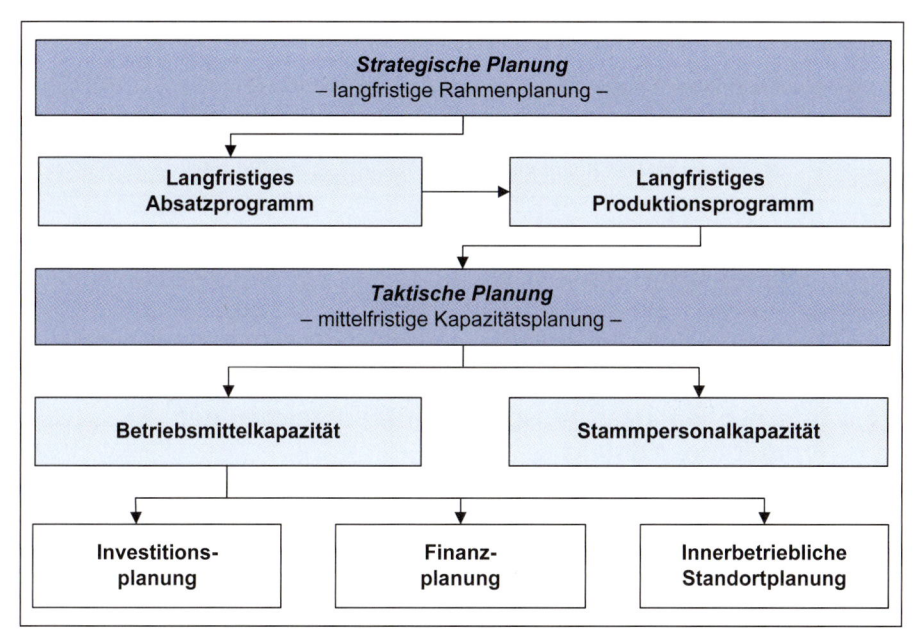

Abb. 5: Festlegung des Kapazitätsrahmens im Wege strategischer und taktischer Planung

Die Unterscheidung zwischen strategischer und taktischer Planung lässt sich am Beispiel der Automobilindustrie einfach erläutern:

(1) **Strategische Planung**: Im Wege der Marktforschung wird festgestellt, in welchen Marktsegmenten für die kommenden zehn Jahre die besten Absatzchancen liegen. Hieraus wird ein strategisches Produktportfolio entwickelt. Aus diesem Produktportfolio wird das langfristige Produktionsprogramm mit einer Grobplanung von Produktarten und -mengen abgeleitet.

(2) **Taktische Planung**: Auf der Basis langfristiger Produktionsprogrammplanung wird der langfristige Bedarf an Betriebsmitteln und Stammpersonal abgeleitet. Bei der Planung der Betriebsmittelkapazitäten stellen sich die Fragen,
- welche Betriebsmittel (Investitionsplanung),
- wo installiert (Innerbetriebliche Standortplanung),
- wie finanziert (Finanzplanung)

werden sollen.

Auf der Grundlage strategischer und taktischer Planungsvorgaben wird die **operative Produktionsplanung** durchgeführt, die in Kapitel 3 schrittweise erläutert wird.

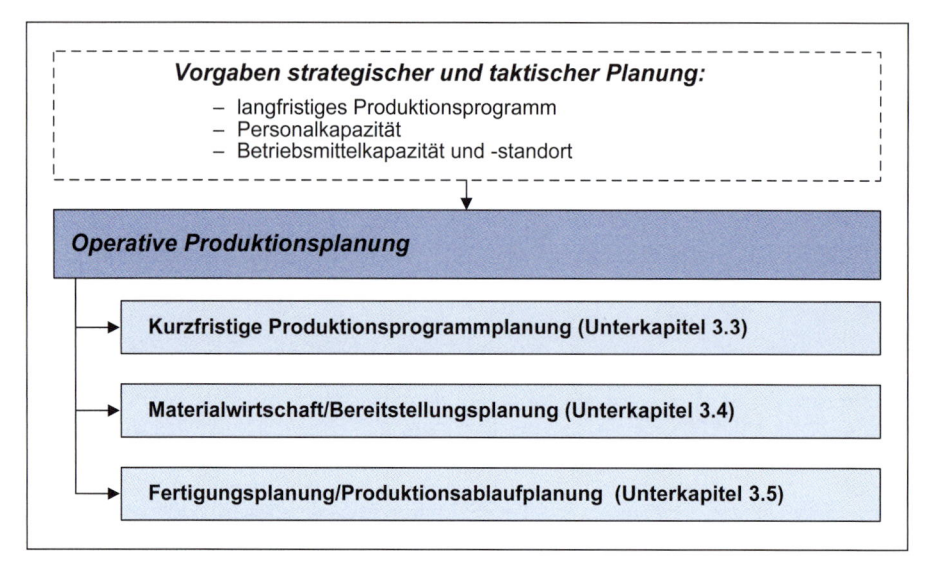

```
┌─────────────────────────────────────────────────────────────┐
│   Vorgaben strategischer und taktischer Planung:            │
│   – langfristiges Produktionsprogramm                       │
│   – Personalkapazität                                       │
│   – Betriebsmittelkapazität und -standort                   │
└─────────────────────────────────────────────────────────────┘
                              ↓
┌─────────────────────────────────────────────────────────────┐
│  Operative Produktionsplanung                               │
│                                                             │
│    → Kurzfristige Produktionsprogrammplanung (Unterkapitel 3.3) │
│                                                             │
│    → Materialwirtschaft/Bereitstellungsplanung (Unterkapitel 3.4) │
│                                                             │
│    → Fertigungsplanung/Produktionsablaufplanung (Unterkapitel 3.5) │
└─────────────────────────────────────────────────────────────┘
```

Abb. 6: Operative Produktionsplanung

1.2.4 Interdependenzen zwischen den Teilbereichen der Produktionsplanung

Abb. 7 zeigt, wie Werkstoffe (Input) im Werkstofflager (WL) gelagert und bei Bedarf zur Fertigungsstufe I transportiert werden. Die dort hergestellten Halbfabrikate werden zum Zwischenlager (ZL) transportiert und dort solange gelagert, bis sie im innerbetrieblichen Transport zur Fertigungsstufe II geschafft werden. Laufen Produktion und Absatz nicht synchron, müssen die in der Fertigungsstufe II erstellten Fertigfabrikate in das Fertigwarenlager (FL) transportiert werden. (**ÜB 3**/55–57)

```
┌─────────────────────────────────────────────────────────┐
│         Querschnittfunktion „Lagerhaltung"              │
└─────────────────────────────────────────────────────────┘
    ↓         ↓              ↓              ↓         ↓
Input                                                   Output
  → [WL] → (Fertigung I) → [ZL] → (Fertigung II) → [FL] →
    ↑         ↑              ↑              ↑         ↑
┌─────────────────────────────────────────────────────────┐
│         Querschnittfunktion „Transport"                 │
└─────────────────────────────────────────────────────────┘
```

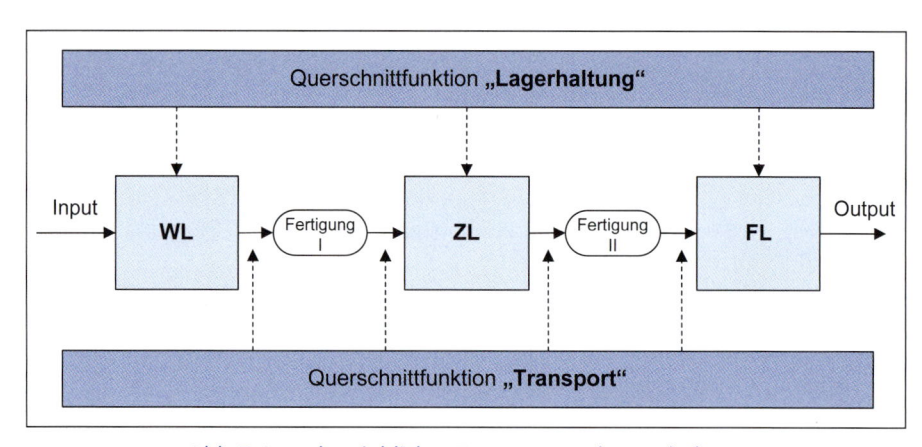

Abb. 7: Innerbetrieblicher Transport und Lagerhaltung

1. Grundlagen

Würde man Maßnahmen der Lagerung und des innerbetrieblichen Transports jedoch für jeden Teilbereich – also für die Beschaffung, für die Fertigung selbst und schließlich für den Absatz – einzeln planen, so würde das Gewinnmaximum des Unternehmens verfehlt werden. Schließlich würden in einem solchen Fall gemeinsam nutzbare, teure Ressourcen wie Lagerplätze oder Transportfahrzeuge häufig weniger effizient eingesetzt.

Es bietet sich daher an, die Teilfunktionen innerbetrieblicher Transport und Lagerwirtschaft bereichsübergreifend und simultan zu planen. Beide Aufgabenbereiche stellen dann **Querschnittfunktionen** im Betrieb dar. Am konsequentesten wird der Idee der Simultanplanung gefolgt, wenn die gesamte Organisation der Güterwirtschaft von einer einzigen Abteilung, der **Logistikabteilung**, vorgenommen wird. Die Logistikabteilung ist dann für die Koordination von Lagerhaltung und innerbetrieblichem Transport zuständig.

> Als Querschnittfunktion der Materialwirtschaft hat die **Logistik** die Aufgabe, die Lagerhaltung, die Auftragsabwicklung und das Transportwesen nach Maßgabe des ökonomischen Prinzips zu koordinieren.

1.2.5 Interdependenzen zwischen der Produktionsplanung und anderen betrieblichen Teilplänen

Bei der Erläuterung der sukzessiven Planung[1] wurde festgestellt, dass i. A. zunächst der Absatzplan verabschiedet wird. Auf der Grundlage dieser Teilplandeterminierung wird der Produktionsplan verabschiedet, aus dem wiederum der Finanzplan abgeleitet wird usw. Bei einer isolierten Partialplanung besteht die **Gefahr**, dass die wechselseitigen Abhängigkeiten unberücksichtigt bleiben, also dass die **Interdependenzen** zwischen den Teilplänen **zerschnitten** werden.

Zwischen den Teilplänen gibt es zahlreiche wechselseitige Abhängigkeiten: So kann der Finanzplan erst verabschiedet werden, wenn die Auswahl der Investitionsobjekte bekannt ist. Ob die Anschaffung einer Maschine aber vorteilhaft ist, kann erst entschieden werden, wenn man die Kapitalkosten kennt, wenn man z. B. weiß, ob der Bankkredit zu 8 % oder 10 % zu verzinsen ist.

Diesen Interdependenzen trägt man Rechnung, indem man sich um eine weitgehende **Koordination der Teilpläne**[2] bemüht. Absatz-, Produktions-, Investitions- und Finanzplan haben im ersten Planungsdurchgang nur vorläufigen Charakter. Im zweiten (und jedem weiteren) Planungsdurchgang werden die erkannten Interdependenzen berücksichtigt. Mit jedem Planungsdurchgang werden die Teilpläne konkreter, plausibler und verbindlicher.

1.3 Produktion und Umweltschutz

Konfliktbeladen ist das Verhältnis zwischen Produktionswirtschaft und Umweltschutz. Im Folgenden sollen das **Konfliktpotential**, die Konfliktlösung und ihre Konsequenzen für die Produktionsplanung kurz angesprochen werden.

---

[1] Vgl. die Darstellung in **Abb. 3** auf S. 272.
[2] Zur Koordination von Teilplänen vgl. S. 77 ff.

(1) Konflikt zwischen Produktion und Umweltschutz

Auf der einen Seite stellen die Bürger in (westlichen) Wohlstandsgesellschaften immer höhere Anforderungen an eine umweltverträgliche Produktionswirtschaft. Die **Öffentlichkeit verlangt** – dem Prinzip der **Nachhaltigkeit** folgend – den Erhalt der natürlichen Lebensgrundlagen für künftige Generationen.

Auf der anderen Seite benötigt ein Betrieb zur **Produktion**

- **käuflich erworbene Güter** (Betriebsmittel, Werkstoffe, Arbeitskraft)
- **öffentliche Güter** (Elementare Nutzungsrechte: Luft, Gewässer, Boden).

Wenn die Produktionswirtschaft in hohem Maße

- **nicht nachwachsende Rohstoffe** (z. B. Erdöl) verbraucht
- **zu produktionsbegleitender Umweltbelastung** (Abwasser, Abgas, Abfall, Lärm) führt
- **zu nachgelagerter Umweltbelastung** (Verpackungsmüll, Elektroschrott, Autowracks) beiträgt,

gerät sie in **Konflikt** mit dem gesellschaftlichen Wunsch nach umfassendem **Schutz der natürlichen Lebensgrundlagen**.

Das gesellschaftliche Bedürfnis nach Umweltschutz hat den **Gesetzgeber** auf den Plan gerufen. Mit

- **gesetzlichen Auflagen** (z. B. zum Einbau von Filteranlagen gegen Luft- und Wasserverschmutzung)
- **Abgaben** (z. B. Ökosteuern auf Mineralöl- und Stromverbrauch)

soll die produktionswirtschaftliche Umweltbelastung in Grenzen gehalten werden. Gesetzliche Auflagen und Abgaben haben eine **Lenkungswirkung**: Sie führen zu einer **Erhöhung der Produktionskosten** und sollen die Betriebe zum **Übergang auf eine umweltschonende Produktionsweise** veranlassen.

(2) Strategien zur Konfliktlösung

In Sachen Umweltschutz hat ein Unternehmen die Wahl zwischen zwei Strategien:

Betrieblicher Umweltschutz	
(a) Defensivstrategie	**(b) Offensivstrategie**
Umweltschutz als lästiger Kostenfaktor	Umweltschutz als Erlös- und Kostenfaktor
↓	↓
Kurzfristige Kostenminimierung	Langfristige Gewinnmaximierung

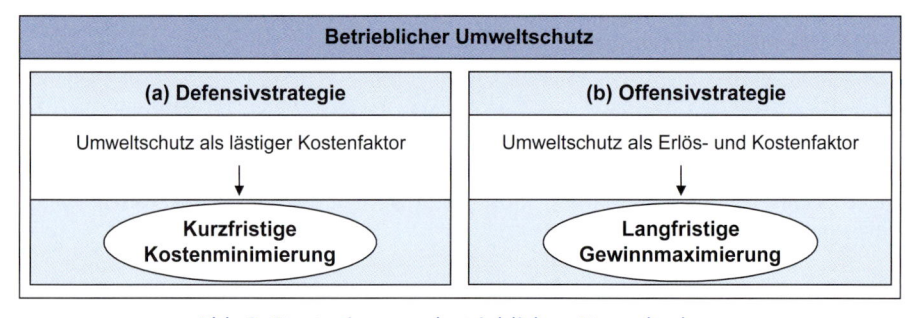

Abb. 8: Strategien zum betrieblichen Umweltschutz

(a) Defensivstrategie

Im **kurzfristigen Planungskalkül** werden die gesetzlichen Umweltschutzauflagen und Umweltschutzabgaben als Datum betrachtet. Der Betrieb entscheidet sich für die **kostengünstigste Produktionsalternative**. Das kann aber langfristig teuer werden.

1. Grundlagen

Beispiel: Nach Verschärfung der Vorschriften zur Luftreinhaltung entscheidet sich der Betrieb für den Einbau der Filtertechnik A, mit welcher der vorgeschriebene Grenzwert gerade noch eingehalten wird, denn die leistungsfähigere Anlage B wäre um 20 Prozent teurer gewesen. Nach zwei Jahren werden die Abgasnormen erneut verschärft. Die Filteranlage A entspricht nicht mehr den gesetzlichen Vorgaben und erweist sich damit als Fehlinvestition.

(b) Offensivstrategie

Der Unterschied zur Defensivstrategie liegt in der

- **Ausdehnung des Planungshorizonts** (vgl. das obige Beispiel)
- **Einbeziehung der Erlösseite**.

Die Notwendigkeit zur Einbeziehung der Erlösseite ergibt sich aus folgender Grundüberlegung: Mit dem **wachsenden Umweltbewusstsein** der Gesellschaft gehen die Nachfrager in immer stärkerem Maße dazu über, eine

- **umweltverträgliche Produktionsweise zu honorieren**
- **umweltbelastende Produktionsweise zu sanktionieren**.

Damit wird der Umweltschutz zum Imagefaktor: Unternehmen mit einem **guten Umweltimage** gewinnen **zusätzliche Nachfrager** bzw. erzielen höhere Preise für ihre Produkte.

Eine offensive Umweltstrategie ist das „Markenzeichen" des **Umweltmanagements**.[1] Beim Umweltmanagement handelt es sich um eine **Führungsaufgabe**, die weit über den Funktionsbereich der Produktion hinausgeht: Betriebliche Entscheidungen zum Umweltschutz tangieren auch die Unternehmensbereiche

- **Marketing** → Kommunikation der Umweltschutzaktivitäten an den Absatzmarkt (z. B. durch Umweltzertifizierung)
- **Investition** → hohe Kapitalbindung für langlebige Umweltschutztechnik
- **Organisation** → Konzept zur Planung und Kontrolle aller umweltrelevanten Tätigkeiten (Umweltmanagementsystem)
- **Rechnungswesen** → Umweltberichterstattung im Rahmen des Jahresabschlusses.[2]

(3) Additive versus integrierte Umweltschutzplanung

Der Unterschied zwischen diesen beiden Konzepten lässt sich so charakterisieren:

(a) Additive Umweltschutzplanung	(b) Integrierte Umweltschutzplanung
„Nachsorge"	„Vorsorge statt Nachsorge"
Kostenminimale Entsorgung in der Abfallwirtschaft	Integrierte Lösung für alle Teilbereiche der Produktion

Abb. 9: Konzepte der Umweltschutzplanung

---

[1] Zur Vertiefung vgl. Dyckhoff/Souren, Nachhaltige Unternehmensführung, 2008.
[2] Vgl. S. 745 ff.

Das **(a) additive Konzept** beschränkt sich auf eine kostengünstige Entsorgung. Beim **(b) integrierten Konzept** orientiert sich betriebliches Handeln an folgender **Prioritätenskala**

1. Umweltschäden **vermeiden**
2. Umweltschäden **vermindern**
3. Abfälle (z. B. Abwärme) **verwerten**
4. Abfälle umweltverträglich **entsorgen**.

Die folgende **Abb. 10** zeigt Beispiele zu einer ganzheitlichen, bereichsübergreifenden Umweltplanung.

Bereich	Maßnahmen (Beispiele)
Langfristige Produktionsprogrammplanung	• Wahl umweltschonender Produkte • Wahl weniger umweltbelastender Fertigungsverfahren • Umweltverträglichkeitsprüfungen
Kurzfristige Produktionsprogrammplanung	• Verschiebung von Teilaufträgen zur Vermeidung von Grenzwertüberschreitungen bei Schadstoffemissionen
Materialwirtschaft	• Beschaffung umweltschonenden Materials
Lagerhaltung	• Sichere Lagerung umweltgefährdender Stoffe • Vermeidung von Schwund
Innerbetrieblicher Transport	• Geringer Energieverbrauch bzw. geringe Emission der Transportmittel

Abb. 10: Maßnahmen zur integrierten Umweltschutzplanung

2. Produktions- und Kostentheorie

2.1 Ziele und Teilbereiche der Produktions- und Kostentheorie

Unternehmen produzieren Güter durch die Kombination oder Umwandlung anderer Güter. Die von den Unternehmen produzierten Güter bezeichnet man auch als **Produkte**, Output oder Ausbringung, die zur Produktion eingesetzten Güter als **Produktionsfaktoren**, Input oder Faktoreinsatz. Ein Möbelhersteller beispielsweise produziert Möbel **(Produkte)** durch den Einsatz von Holz, Schrauben und Leim **(Werkstoffe)**, den Einsatz von Maschinen **(Betriebsmittel)** und den Einsatz von Arbeit.

Produktionsprozess

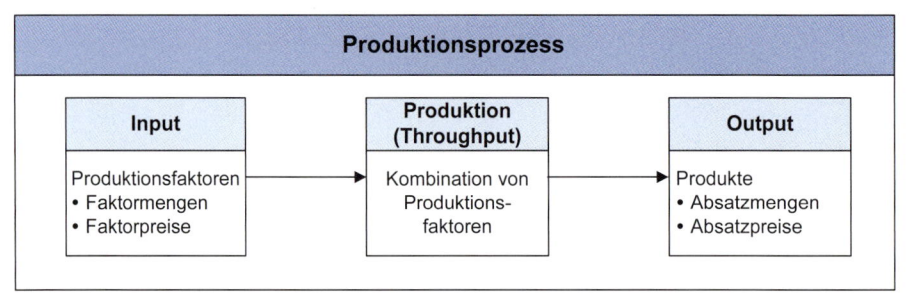

Input	Produktion (Throughput)	Output
Produktionsfaktoren • Faktormengen • Faktorpreise	Kombination von Produktionsfaktoren	Produkte • Absatzmengen • Absatzpreise

Abb. 11: Produktionsprozess

2. Produktions- und Kostentheorie

Das Ziel der **Produktionstheorie** besteht darin, die funktionalen Zusammenhänge zwischen der Menge der eingesetzten Produktionsfaktoren und der Menge der damit hergestellten Produkte (Ausbringungsmenge) aufzuzeigen.

Dem Betriebswirt genügt es nicht, Informationen über die mengenmäßigen Beziehungen zwischen Input und Output zu erhalten. Ihn interessiert nicht nur, welche Mengen an Produktionsfaktoren verbraucht wurden, sondern auch, was dieser Verbrauch und was damit die Produktion eines einzelnen Produkts kostet. Zu diesem Zweck müssen die in der Produktionstheorie ermittelten Verbrauchsmengen bewertet, also mit den Preisen der jeweiligen Produktionsfaktoren multipliziert, werden.

Das Ziel der **Kostentheorie** besteht darin, die funktionalen Beziehungen zwischen Ausbringungsmenge und den durch die Produktion entstandenen Kosten darzustellen.

Für den Möbelhersteller wäre beispielsweise die kostentheoretische Fragestellung relevant, wie sich die Gesamtkosten entwickeln, wenn die Produktionsmenge der Tische vom Typ M um 10 % erhöht wird.

2.2 Grundlagen der Produktionstheorie

2.2.1 Produktionsmodelle und Produktionsfunktionen

Untersucht wird eine einfache Produktion, bei der ein Produkt M durch die Kombination von zwei Produktionsfaktoren R_1 und R_2 produziert wird. Die täglich hergestellte Menge des Produkts M beträgt 5 Einheiten (m = 5). Weiterhin wird angenommen, dass es verschiedene (Kombinations-)Möglichkeiten gibt, 5 Einheiten M mit Hilfe der beiden Produktionsfaktoren R_1 und R_2 zu produzieren. Die nachfolgende Wertetabelle gibt alle denkbaren Kombinationen der beiden Produktionsfaktoren zur Produktion von 5 Einheiten M wieder.

Punkt	r_1	r_2	m
A	1	5	5
B	2	3	5
C	2	6	5
D	3	2	5
E	3	3	5
F	3	5	5
G	4	2	5
H	5	1	5
I	6	1	5

Abb. 12: Faktoreinsatzkombinationen

Trägt man diese möglichen Kombinationen in ein Diagramm ein, in dem auf der Abszisse der Faktoreinsatz r_1 und auf der Ordinate der Faktoreieinsatz r_2 abgetragen werden, so ergibt sich das in **Abb. 13** dargestellte Bild. (**ÜB 3/1**)

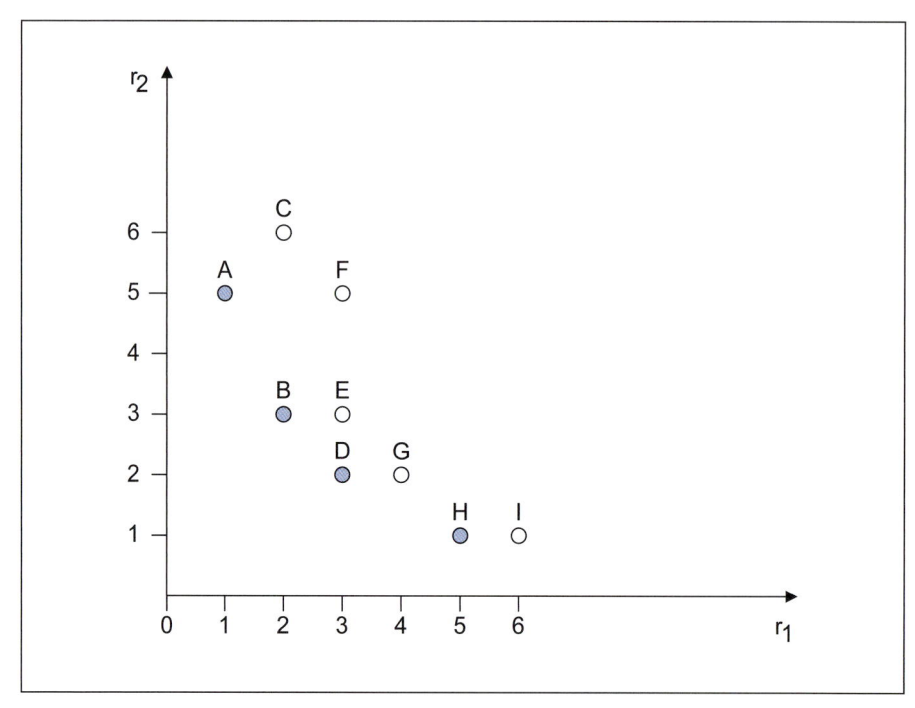

Abb. 13: Effiziente Faktoreinsatzkombinationen

Das **ökonomische Prinzip** verlangt, einen vorgegebenen mengenmäßigen Ertrag m mit so wenig Produktionsfaktoren r_1 und r_2 wie möglich herzustellen. So gesehen sind die durch einen blauen Kreis gekennzeichneten Punkte (⊙), an denen technisch effizient produziert wird, ökonomisch sinnvoller als die durch einen leeren Kreis (O) gekennzeichneten Punkte. Beispielsweise kann dieselbe Menge an Output (m = 5) sowohl durch die Kombination B mit $r_1 = 2$, $r_2 = 3$ als auch durch die Kombination C mit $r_1 = 2$, $r_2 = 6$ hergestellt werden. Würde man aber die Kombination C statt der Kombination B wählen, so würden damit 3 (= 6 – 3) Einheiten des Faktors R_2 verschwendet werden; die Produktion wäre ineffizient. Allgemein wird eine **Produktion** als **technisch effizient** bezeichnet, wenn das ökonomische Prinzip eingehalten wird, wenn also die beiden folgenden Voraussetzungen erfüllt sind:

- Es ist nicht möglich, eine gegebene Ausbringungsmenge bei Verminderung der Einsatzmenge eines Produktionsfaktors herzustellen, ohne die Einsatzmenge mindestens eines weiteren Produktionsfaktors zu erhöhen.
- Es ist nicht möglich, mit einer gegebenen Einsatzmenge jedes Produktionsfaktors eine höhere Ausbringungsmenge herzustellen.

Unterstellt man für alle Produktionsfaktoren und für die Produkte beliebige Teilbarkeit und Homogenität, so lassen sich die Beziehungen zwischen technisch effizienten Faktoreinsatzkombinationen und Ausbringungsmenge durch **Produktionsfunktionen** darstellen. Die Forderung nach **beliebiger Teilbarkeit** ist beispielsweise dann erfüllbar, wenn statt der Messung von Einheiten (Stückzahlen) eine Messung nach Gewicht, Raum- oder Flächeneinheiten erfolgt. **Homogenität** bedeutet, dass die Einheiten eines Produktionsfaktors oder eines Produkts untereinander beliebig austauschbar sein müssen. Stellt der Faktor R_1 beispielsweise Arbeitsstunden dar, so muss die Qualität einer Arbeitsstunde unabhängig davon sein, ob sie von Mitarbeiter A oder B und ob sie am Vormittag oder am Nachmittag erbracht wird.

Für das beschriebene Beispiel lässt sich folgende Produktionsfunktion aufstellen:[1]

(1) **m = f (r_1, r_2)**

> Die **Produktionsfunktion** stellt den funktionalen Zusammenhang zwischen den Faktoreinsatzmengen r_1 und r_2 (Input) sowie der Ausbringungsmenge m (Output) bei technisch effizienter Produktion dar.

Die Produktionsfunktion gibt für jede denkbare technisch effiziente Faktorkombination die Höhe der dazugehörigen Ausbringungsmenge an. Anstelle des Begriffs Produktionsfunktion wird häufig – insb. bei der Abbildung komplexer Produktionsvorgänge – der Begriff **Produktionsmodell** verwendet. Bezieht man die mehrstufige Produktion und die Produktion mehrerer Güter ein, so lassen sich die in **Abb. 14** dargestellten Arten von Produktionsmodellen unterscheiden.

Anzahl der Fertigungsstufen \ Anzahl der Produkte	ein	mehrere
eine	einstufige Einproduktmodelle	einstufige Mehrproduktmodelle
mehrere	mehrstufige Einproduktmodelle	mehrstufige Mehrproduktmodelle

Abb. 14: Arten statisch-deterministischer Produktionsmodelle

Die bisher beschriebenen Produktionsmodelle oder -funktionen sind dadurch gekennzeichnet, dass sich alle Größen (Faktoreinsatzmengen und Ausbringungsmengen) auf eine fest vorgegebene Periode beziehen. Bei dem in diesem Unterkapitel untersuchten Beispiel ist die Bezugsperiode ein Arbeitstag (m = 5/Tag). Darüber hinaus unterstellt es Sicherheit hinsichtlich der zu berücksichtigenden Daten. Es handelt sich somit um ein **statisch-deterministisches Produktionsmodell**. Wird dagegen die zeitliche Gestaltung des Produktionsablaufs mitberücksichtigt, liegt ein **dynamisches** Modell vor. Berücksichtigt man die Unsicherheit auf der Grundlage wahrscheinlichkeitstheoretischer Überlegungen, handelt es sich um ein **stochastisches** Modell. Insgesamt lassen sich die in **Abb. 15** dargestellten Fälle unterscheiden.

Die nachfolgenden Ausführungen beschränken sich auf den denkbar einfachsten Fall:[2] Auszugehen ist von einer **statisch-deterministischen** Produktion, bei der ein Produkt auf einer einzigen Produktionsstufe **(einstufiges Einproduktmodell)** mit Hilfe von **zwei Produktionsfaktoren** hergestellt wird. Es gilt somit eine einfache Produktionsfunktion vom Typ der Gleichung (1).

---

[1] Bei mehr als zwei Produktionsfaktoren gilt die Produktionsfunktion m = f ($r_1, r_2, ..., r_n$).
[2] Zu Erweiterungen vgl. Fandel, G., Produktionstheorie, 2011, S. 119 ff.

Berücksichtigung der Zeit / Zukunftsaussichten	nein	ja
sicher	statisch-deterministische Produktionsmodelle	dynamisch-deterministische Produktionsmodelle
unsicher	statisch-stochastische Produktionsmodelle	dynamisch-stochastische Produktionsmodelle

Abb. 15: Arten von Produktionsmodellen

Schon dieses einfache Modell führt zu einer gewissen Komplexität. Diese Komplexität nimmt weiter zu, wenn realistischere Fälle (Mehrproduktunternehmen, mehrstufige Fertigung, nichtlineare Produktionsbeziehungen) einbezogen werden. Die hohe Komplexität ist auch der Grund dafür, dass exakte Produktionsmodelle nur in Ausnahmefällen zur Lösung praktischer Produktionsprobleme verwendet werden. Produktionstheoretische Überlegungen sind somit in erster Linie für das Verständnis grundlegender betriebswirtschaftlicher Zusammenhänge relevant. (**ÜB 3**/1–3)

2.2.2 Substitutionalität und Limitationalität

Oben wurde die Produktionsfunktion als funktionaler Zusammenhang zwischen Input und Output bei technisch effizienter Produktion definiert. In **Abb. 13** stellen daher die ausgefüllten Punkte A, B, D und H die Produktionsfunktion dar. Berücksichtigt man zusätzlich, dass die **Produktionsfaktoren** R_1 und R_2 **beliebig teilbar** sind, so lassen sich die möglichen Faktoreinsatzkombinationen (r_1, r_2) für einen Output von m = 5 durch eine durchgezogene Linie, die sog. **Isoquante**, darstellen. Entsprechende Isoquanten lassen sich für andere Outputmengen (m = 6, m = 7 usw.) erstellen:

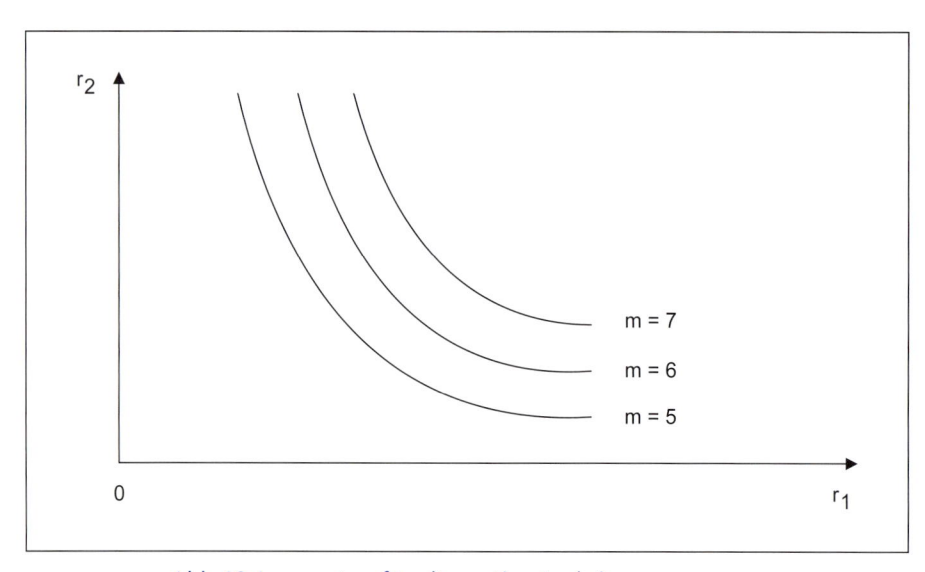

Abb. 16: Isoquanten für alternative Ausbringungsmengen

Stellt man die Ausbringungsmenge m als Senkrechte zur dazugehörigen Faktorkombination (r_1, r_2) dar, so erhält man die dreidimensionale Darstellung in **Abb. 17**, das sog. **Ertragsgebirge**. Das Ertragsgebirge zeigt für jede denkbare technisch effiziente Faktorkombination die dazugehörige Ausbringungsmenge an. (**ÜB 3/4**)

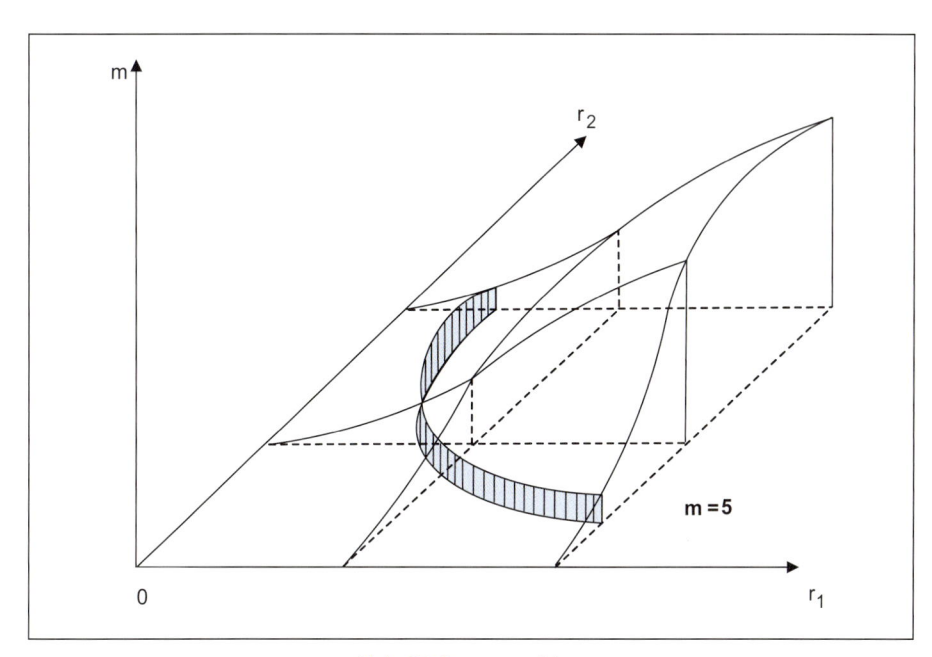

Abb. 17: Ertragsgebirge

Die bisher untersuchten Beispiele sind dadurch gekennzeichnet, dass es möglich ist, dieselbe Ausbringungsmenge durch verschiedene Kombinationen der beiden Produktionsfaktoren zu produzieren. Die Produktionsfaktoren können also im Produktionsprozess gegeneinander ersetzt, d. h. substituiert werden; es handelt sich um **substitutionale Produktionsfunktionen**. Sind die Produktionsfaktoren vollkommen gegeneinander substituierbar, könnte also auf den Einsatz des Produktionsfaktors R_1 oder R_2 vollkommen verzichtet werden, so handelt es sich um eine **alternative Substitution**. Erfordert der Kombinationsprozess dagegen – wie im Beispiel dargestellt – den Einsatz einer Mindestmenge jedes Produktionsfaktors, so handelt es sich um eine **begrenzte (periphere) Substitution**.[1]

Arbeit und Maschinenleistung sind begrenzt austauschbar. Es handelt sich um substitutionale Produktionsfaktoren. Dagegen kann der zur Möbelherstellung notwendige Werkstoffeinsatz nicht durch Arbeit substituiert werden. Man spricht hierbei von limitationalen Produktionsfaktoren. Eine **limitationale Produktionsfunktion** geht von festen Faktoreinsatzverhältnissen aus. Hier gibt es für jede Ausbringungsmenge (z. B. m = 5) nur **eine** mögliche **effiziente Faktorkombination** (z. B. $r_1 = 10$, $r_2 = 10$), so dass sich die Isoquanten in Form einzelner Punkte darstellen lassen. Die geometrische Verbindung aller effizienten Faktorkombinationen wird als **Prozessgerade** bezeichnet (**Abb. 18**).

---

[1] Vgl. Gutenberg, E., Produktion, 1983, S. 301 f. und 312.

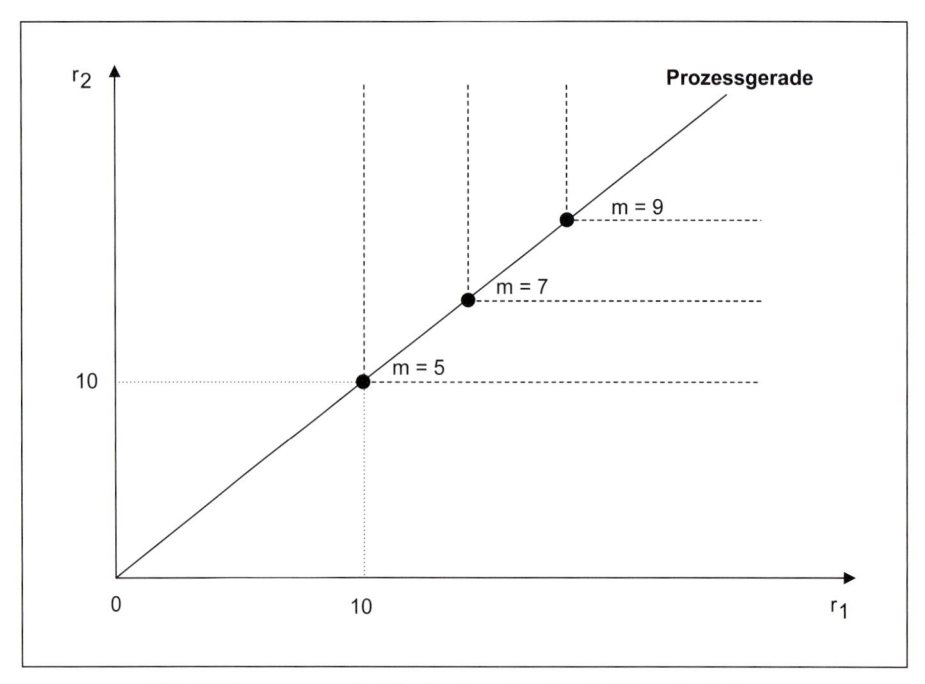

Abb. 18: Isoquanten bei limitationalen Produktionsfunktionen

Für limitationale Produktionsprozesse ist kennzeichnend, dass nicht zwischen mehreren Faktoreinsatzkombinationen (Faktorsubstitution), sondern bestenfalls zwischen mehreren Produktionsprozessen mit jeweils vorgegebenen Einsatzkombinationen – beispielsweise durch einen Wechsel der fertigenden Maschine – unterschieden werden kann **(Prozesssubstitution)**. Wird der Produktionsprozess verändert, so handelt es sich um eine **Prozessvariation**. Für den entsprechenden Produktionsprozess ergibt sich damit eine zweite Prozessgerade. Je mehr Prozessvariationen möglich sind, desto mehr Prozessgeraden existieren. Gibt es unendlich viele Prozessvariationen, so gibt es auch unendlich viele Prozessgeraden. Der Grenzfall limitationaler Produktionsfunktionen entspricht damit wieder einer substitutionalen Produktionsfunktion.

2.2.3 Partialanalyse und Totalanalyse

Das oben in **Abb. 17** dargestellte Ertragsgebirge setzt drei Größen zueinander in Beziehung: die

- Einsatzmenge des Produktionsfaktors R_1 (r_1)
- Einsatzmenge des Produktionsfaktors R_2 (r_2)
- Ausbringungsmenge m.

Mit Hilfe des Ertragsgebirges kann also eine Produktionsfunktion vom Typ (m = f (r_1, r_2)) dargestellt werden. Bei der Analyse derartiger Produktionsfunktionen können drei Arten der Betrachtung unterschieden werden:

(1) Die **Ausbringungsmenge** m wird als **konstant** $\bar{m}$ gesetzt, variabel sind die Einsatzmengen r_1 und r_2 der Produktionsfaktoren R_1 und R_2. Die Fragestellung lautet hier: Welche technisch effizienten Kombinationen der Produktionsfaktoren R_1 und R_2 erlauben die Produktion einer vorgegebenen Ausbringungsmenge $\bar{m}$?

(2) Die **Einsatzmenge eines Produktionsfaktors** – beispielsweise des Faktors R_1 – wird **konstant** gesetzt, variabel sind die Einsatzmenge des zweiten Produktionsfaktors R_2 und die Ausbringungsmenge m. Die Fragestellung lautet: Wie ändert sich die Ausbringungsmenge m in Abhängigkeit von der Einsatzmenge eines Produktionsfaktors (hier r_2), wenn die Einsatzmenge der übrigen Produktionsfaktoren (hier r_1) konstant bleibt?

(3) **Alle** drei betrachteten **Größen** (r_1, r_2 und m) sind **variabel**. Die Fragestellung lautet: Wie ändert sich die Ausbringungsmenge m, wenn die Einsatzmenge aller Produktionsfaktoren (hier r_1 und r_2) proportional (bei unveränderten Faktoreinsatzverhältnissen) verändert wird?

Aus **Abb. 17** ergibt sich, dass sich diese drei Fragestellungen als unterschiedliche Schnitte durch das Ertragsgebirge darstellen lassen. Bei **Frage (1)** wird die auf der Senkrechten (sog. Applikate) abgetragene **Ausbringungsmenge m konstant** gesetzt. Abhängig davon, in welcher Höhe die Ausbringungsmenge (z. B. mit m = 5) fixiert wird, werden horizontale Schnitte durch das Ertragsgebirge durchgeführt. Das Ertragsgebirge wird also von oben betrachtet. Genauso, wie Höhenlinien auf Landkarten die Punkte in der Ebene miteinander verbinden, in denen eine bestimmte Höhe gerade erreicht wird, entstehen bei horizontalen Schnitten durch das Ertragsgebirge Linien, die die Punkte in der Faktoreinsatzebene miteinander verbinden, in denen die betreffende Höhe der Ausbringung gerade erreicht wird. Auf diese Art entsteht das bereits bekannte Bild der Isoquanten (**Abb. 16**).

Bei **Frage (2)** wird die auf der waagerecht nach rechts verlaufenden Achse (sog. Abszisse) gemessene **Faktoreinsatzmenge r_1 konstant** gesetzt. Abhängig davon, in welcher Höhe diese Faktoreinsatzmenge fixiert wird, entstehen vom Vordergrund in den Hintergrund verlaufende vertikale Schnitte durch das Ertragsgebirge.

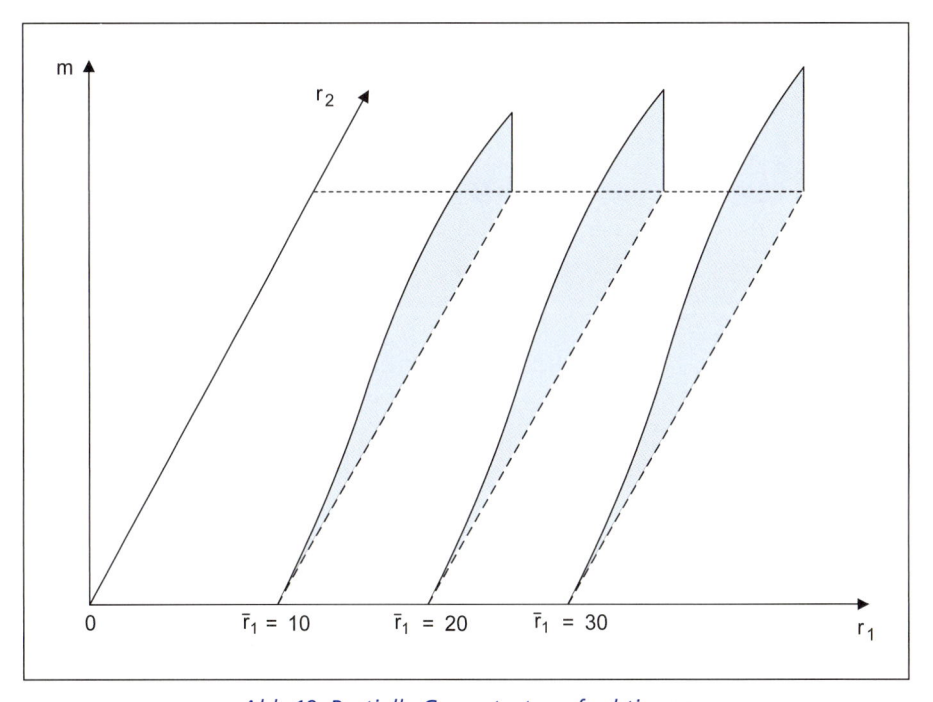

Abb. 19: Partielle Gesamtertragsfunktionen

In diesem Fall wird das Ertragsgebirge von der Seite her betrachtet.[1] Da man sich bei der Betrachtung auf die Variation nur eines Produktionsfaktors (R_2) beschränkt und die Abhängigkeit der Ausbringungsmenge von der Einsatzmenge nur dieses Produktionsfaktors untersucht, stellt man eine Partialbetrachtung an. Es wird also eine **partielle Faktorvariation** durchgeführt. Für das in **Abb. 17** dargestellte Ertragsgebirge ergeben sich beispielsweise die aus vertikalen Schnitten abgeleiteten partiellen Gesamtertragsfunktionen der **Abb. 19**.

Frage (3) schließlich betrifft Änderungen der Ausbringungsmenge in Abhängigkeit von Änderungen der Einsatzmengen aller Produktionsfaktoren. Es wird eine Totalbetrachtung vorgenommen, also eine **totale Faktorvariation** durchgeführt. Da nach der Änderung der Ausbringungsmenge in Abhängigkeit von einer proportionalen Änderung der Faktoreinsatzmengen gefragt wird, bleibt das Faktoreinsatzverhältnis $r_1 : r_2$ stets konstant. Für Fragestellung (3) wird folglich ebenfalls ein vertikaler Schnitt durch das Ertragsgebirge vorgenommen. Dieser Schnitt erfolgt jedoch im Gegensatz zur partiellen Faktorvariation (Fragestellung (2)) nicht parallel zur r_1- oder r_2-Achse, sondern vom Nullpunkt aus entlang einer Geraden, deren Verlauf vom vorgegebenen Einsatzverhältnis $r_1 : r_2$ bestimmt wird. Das Ertragsgebirge wird wie eine Torte schräg durchschnitten, wie **Abb. 20** zeigt.

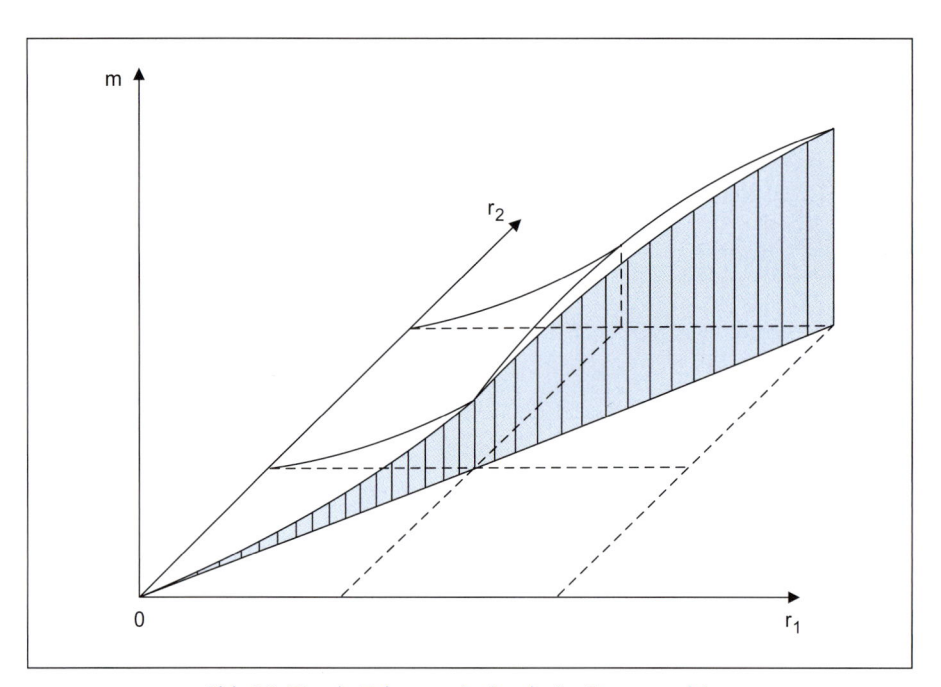

Abb. 20: Totale Faktorvariation beim Ertragsgebirge

Die Zusammenhänge zwischen den drei Fragestellungen verdeutlicht nochmals die folgende Übersicht (**Abb. 21**). (**ÜB 3/4**)

---

[1] Analog entspricht die Variation des Faktors R_1 bei Konstantsetzung des auf der sog. Ordinate abgetragenen Faktors R_2 einem Blick von vorne auf das Ertragsgebirge, also einem Schnitt von links nach rechts.

Frage-stellung	Konstant	Schnitt durch das Ertragsgebirge	Untersuchungs-gegenstand
(1)	Ausbringungsmenge (m)	horizontal	Isoquanten
(2)	Faktoreinsatzmenge (r_1 oder r_2)	vertikal, parallel zur r_2-Achse oder r_1-Achse	partielle Faktorvariation
(3)	Faktoreinsatzverhältnis ($r_1 : r_2$)	vertikal, entlang der Prozessgeraden	totale Faktorvariation

Abb. 21: Produktionstheoretische Analysebereiche

2.3 Grundlagen der Kostentheorie

2.3.1 Zusammenhang zwischen Produktions- und Kostenfunktionen

Mit Hilfe der **Produktionstheorie** gelingt es, unter einer Anzahl von technisch möglichen Produktionsprozessen die Prozesse auszuwählen, die – bezogen auf den mengenmäßigen Faktoreinsatz – hinsichtlich der Einhaltung des ökonomischen Prinzips optimal sind. Auf der Ebene der Produktionstheorie wird dem ökonomischen Prinzip dabei mit Hilfe des Effizienzkriteriums gefolgt, indem alle technisch ineffizienten (faktorverschwendenden) Produktionsprozesse ausgesondert werden.

In der **Kostentheorie** werden die zur Produktion eingesetzten Produktionsfaktoren **bewertet**, also mit den vom Markt vorgegebenen Faktorpreisen multipliziert. Das mit Hilfe der Produktionstheorie ermittelte **Mengengerüst** der Produktionsfaktoren wird von der Kostentheorie **um ein Wertgerüst ergänzt**. Genauso kann der mengenmäßige Output (die Ausbringungsmenge m) in die Wertgröße „Erlös" transformiert werden, indem die Ausbringungsmenge mit dem ebenfalls vom Markt vorgegebenen Marktpreis des Produkts multipliziert wird. Der unternehmerische **Gewinn** ergibt sich dann als Differenz zwischen den Erlösen und den Kosten.

Existieren bei substitutionalen Produktionsfunktionen – z. B. in einem Heizwerk – mehrere alternative technisch effiziente Produktionsfaktorkombinationen zur Produktion derselben Ausbringungsmenge, so sind zwar die Erlöse bei jeder Produktionsalternative gleich, die Kosten können sich jedoch unterscheiden. Damit unterscheidet sich auch der Gewinn des Unternehmens bei den einzelnen Alternativen: Er wird umso größer, je größer die Differenz zwischen Erlösen und Kosten ist, je geringer – bei gegebenen Erlösen – die Kosten sind. Aufgabe der Kostentheorie ist es in einem solchen Fall, unter den technisch effizienten Produktionsprozessen denjenigen Prozess auszuwählen, der zu minimalen Kosten führt und damit den ökonomisch effizienten Produktionsprozess darstellt **(Ziel der Kostenminimierung)**.

Die Bewertung der Produktionsfaktoren führt damit zu einer **Vereinheitlichung der Rechengrößen**: Statt den Faktorverbrauch in Stück, Kilogramm usw. für Werkstoffe und in Stunden für den Arbeits- und Betriebsmitteleinsatz anzugeben, erfolgt nunmehr die Messung einheitlich in Geldeinheiten (z. B. in EUR). Erst diese Vereinheitlichung erlaubt die Auswahl des kostenminimalen Produktionsprozesses unter mehreren technischen Möglichkeiten. Kosten lassen sich daher wie folgt definieren:

> **Kosten** sind der mit Preisen bewertete Verzehr von Produktionsfaktoren, der durch die betriebliche Leistungserstellung (und -verwertung) verursacht wird.[1]

Eine Produktionsfunktion stellt die mengenmäßigen Beziehungen zwischen Faktoreinsatzmengen und Ausbringungsmengen dar. Bewertet man die Faktoreinsatzmengen r_1, r_2, ..., r_n mit den Preisen q_1, q_2, ..., q_n, ergibt sich die **Gesamtkostenfunktion:**

(2) $\quad K = q_1 \cdot r_1 + q_2 \cdot r_2 + \ldots + q_n \cdot r_n$

Dabei stellen die Faktoreinsatzmengen r_1 bis r_n das Mengengerüst und die Preise q_1 bis q_n das Wertgerüst dar. Da die Faktoreinsatzmengen von der Ausbringungsmenge m abhängen, gibt die Kostenfunktion gleichzeitig die **Abhängigkeit der Kosten K von der Ausbringungsmenge** wieder:

(3) $\quad K = f(m)$

Der Betrieb kann sich für eine bestimmte Ausbringungsmenge entscheiden. Damit wird die Ausbringungsmenge zum betrieblichen Aktionsparameter. Die Höhe der Kosten K (**= abhängige Variable**) ist abhängig von der Ausbringungsmenge m (**= unabhängige Variable**).

2.3.2 Ableitung der Gesamtkostenfunktion

2.3.2.1 Kostenisoquanten (Isokostengeraden)

Die Gesamtkosten K sind eine Funktion der Ausbringungsmenge m (Gleichung (3)). Die Faktorpreise q_1 bis q_n gelten im Folgenden als vom Markt vorgegeben und konstant ($\bar{q}_1$ bis $\bar{q}_n$). Bei einer Produktionsfunktion vom Typ (1)[2] ist die Ausbringungsmenge m von der Höhe des Faktoreinsatzes r_1 und r_2 abhängig. Sind $\bar{q}_1$ und $\bar{q}_2$ vorgegeben, lässt sich die Gesamtkostenfunktion für eine solche Produktionsfunktion wie folgt darstellen:

(4) $\quad K = \bar{q}_1 \cdot r_1 + \bar{q}_2 \cdot r_2$

Die Gesamtkosten hängen damit von den Faktoreinsatzmengen r_1 und r_2 ab. Steht ein vorgegebenes **Kostenbudget** K^0 zur Verfügung, lässt sich das Budget in unterschiedlicher Weise auf die beiden Produktionsfaktoren R_1 und R_2 aufteilen. Wird das gesamte Budget zum Kauf des Produktionsfaktors R_1 verwendet, können damit

(5) $\quad r_1 = \dfrac{K^0}{\bar{q}_1}$

Einheiten des Produktionsfaktors R_1 erworben werden, während die Verausgabung ausschließlich für den Produktionsfaktor R_2 den Kauf von

(6) $\quad r_2 = \dfrac{K^0}{\bar{q}_2}$

Einheiten R_2 ermöglicht. Wird das Kostenbudget K^0 in unterschiedlicher Weise auf die beiden Produktionsfaktoren aufgeteilt, so können analog zu den Produktionsisoquanten die verschiedenen Kombinationen in Form von **Kostenisoquanten (Isokostengeraden)** in einem r_1-r_2-Diagramm dargestellt werden, wie **Abb. 22** zeigt.

---

[1] Zur Abgrenzung der Kosten vom Aufwand vgl. S. 638 ff.
[2] Vgl. S. 283.

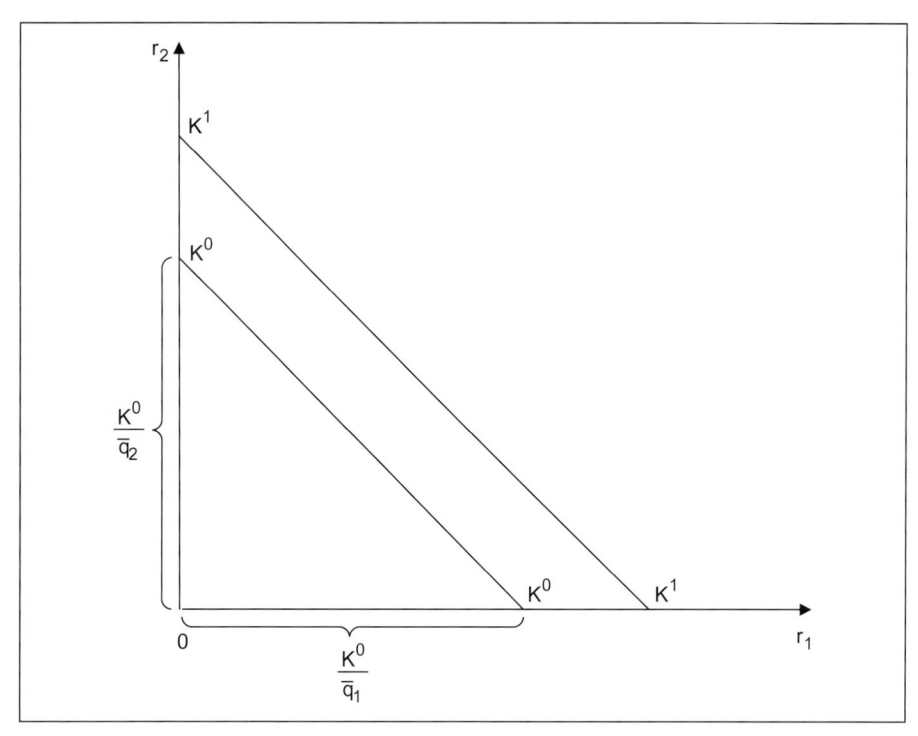

Abb. 22: Kostenisoquanten

In **Abb. 22** zeigt die Strecke $K^0 : \overline{q}_1$ auf der Abszisse die vollständige Verausgabung des Kostenbudgets K^0 für den Produktionsfaktor R_1 an, während die Strecke $K^0 : \overline{q}_2$ auf der Ordinate entsprechendes für den Faktor R_2 bezeichnet. Die **Funktionsgleichung der Kostenisoquante** lässt sich ermitteln, indem Gleichung (4) für das Kostenbudget K^0 nach r_2 aufgelöst wird:

(7) $r_2 = \dfrac{K^0}{\overline{q}_2} - \dfrac{\overline{q}_1}{\overline{q}_2} \cdot r_1$

Der **Schnittpunkt mit der Ordinate** wird durch das Verhältnis des vorhandenen Budgets K^0 und des Preises des Faktors R_2 ($\overline{q}_2$) determiniert, während die (negative) **Steigung der Kostenisoquante** durch das Verhältnis der Preise der beiden Produktionsfaktoren ($\overline{q}_1 : \overline{q}_2$) festgelegt wird. Erhöht man das Kostenbudget von K^0 auf K^1, so ändert sich der Schnittpunkt mit der Ordinate, nicht jedoch die Steigung der Kostenisoquante, denn die Erhöhung des Budgets wirkt sich nicht auf das Preisverhältnis der Produktionsfaktoren aus. Die Kostenisoquante verschiebt sich in **Abb. 22** parallel von K^0 nach K^1.

Die Steigung der Kostenisoquante verändert sich, wenn sich die Preise der Produktionsfaktoren $\overline{q}_1$ oder $\overline{q}_2$ relativ ändern. Steigt der Preis des Faktors R_1 von $\overline{q}_1^{\,0}$ auf $\overline{q}_1^{\,1}$, so verschiebt sich der Schnittpunkt der Kostenisoquante mit der Abszisse nach links (**Abb. 23**: Kostenisoquante $K^0 q_1$); steigt hingegen der Preis des Faktors R_2 auf $\overline{q}_2^{\,1}$, verschiebt sich der Schnittpunkt der Kostenisoquante mit der Ordinate nach unten (**Abb. 23**: Kostenisoquante $K^0 q_2$).

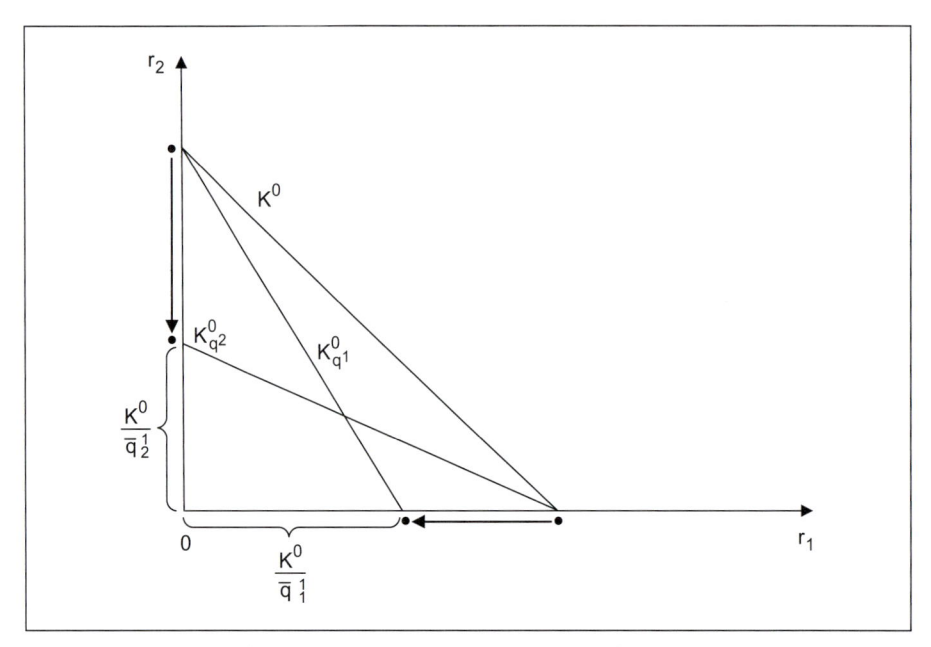

Abb. 23: Wirkung von Faktorpreisänderungen

Die Wirkung von Veränderungen der für die Kostenisoquanten relevanten Daten ist noch einmal in **Abb. 24** zusammengefasst. (**ÜB 3/10**)

Erhöhung des …	Wirkung
• **Kostenbudgets K**	Parallelverschiebung der Kostenisoquante nach rechts oben
• **Faktorpreises q_1**	Verschiebung des Schnittpunktes mit der Abszisse nach links, steilerer Verlauf der Kostenisoquante
• **Faktorpreises q_2**	Verschiebung des Schnittpunktes mit der Ordinate nach unten, flacherer Verlauf der Kostenisoquante

Abb. 24: Wirkung von Datenänderungen auf Kostenisoquanten

2.3.2.2 Kostenminimum bei substitutionalen Produktionsfunktionen

Analog dem Vorgehen bei limitationalen Produktionsbeziehungen kann auch bei substitutionalen Produktionsfunktionen das Kostenminimum ermittelt werden, indem **Produktions- und Kostenisoquanten gleichzeitig in ein r_1-r_2-Diagramm** eingezeichnet werden.

Das Kostenminimum wird dort erreicht, wo mit einem gegebenen Kostenbudget die maximale Ausbringungsmenge realisiert wird. Das ist in **Abb. 25** an der Stelle der Fall, an der die Kostenisoquante K^1 die Produktionsisoquante m^1 tangiert (Punkt A). Liegt die Produktionsisoquante höher (**Abb. 25**: m^2), so gibt es keinen Berührungspunkt zwischen ihr und der Kostenisoquante; die betreffende Ausbringungsmenge ist nicht realisierbar. Liegt die Produktionsisoquante dagegen niedriger (**Abb. 25**: m^0), so gibt es zwar zwei Schnittpunkte zwischen der Produktionsisoquante und der Kostenisoquante und damit zwei technisch mögliche Faktorkombinationen i, das so erreichte Ausbringungsniveau ist jedoch geringer. Die kostenminimale Faktoreinsatzkombination einer substitutionalen Produktionsfunktion, die sog. **Minimalkostenkombination**, ist an genau einer Stelle realisierbar, an der eine Kostenisoquante eine Produktionsisoquante gerade tangiert. Mit Hilfe der Minimalkostenkombination wird die **ökonomisch** effiziente (gleich kostengünstigste) Faktorkombination aus der Menge aller **technisch möglichen** Faktorkombinationen ausgewählt. (**ÜB 3**/11–16)

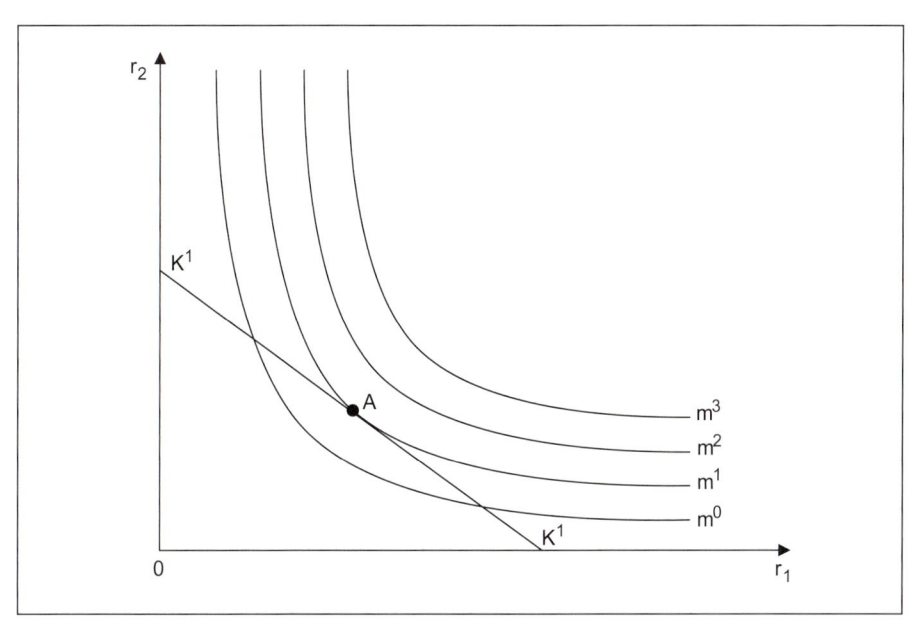

Abb. 25: Minimalkostenkombination

2.3.2.3 Ableitung langfristiger Gesamtkostenfunktionen

Am Beispiel einer **substitutionalen Produktionsfunktion** soll dargestellt werden, wie mit Hilfe der Kostenisoquanten Gesamtkostenfunktionen abgeleitet werden können.

Oben wurde festgestellt, dass es bei substitutionalen Produktionsfunktionen für eine gegebene Ausbringungsmenge genau eine Minimalkostenkombination gibt. An der betreffenden Stelle wird technisch effizient produziert und gleichzeitig die Forderung nach Kostenminimierung erfüllt. Die Minimalkosten geben dabei die für eine vorgegebene Produktionsmenge m entstehenden Kosten an. Wird jetzt die Ausbringungsmenge m variiert, so existiert für jedes mögliche m auch eine Minimalkostenkombination. Die Beziehung zwischen alternativen Ausbringungsmengen und realisierbaren Minimalkosten wird durch die **Minimalkostenlinie M** beschrieben, die als langfristige Gesamtkostenfunktion interpretiert werden kann. **Abb. 26** zeigt, wie für verschiedene Ausbringungsmengen (m^0, m^1 …) die zugehörigen Minimalkostenkombinationen und damit verschiedene Kostenbudgets (K^0, K^1 …) festgelegt werden können.

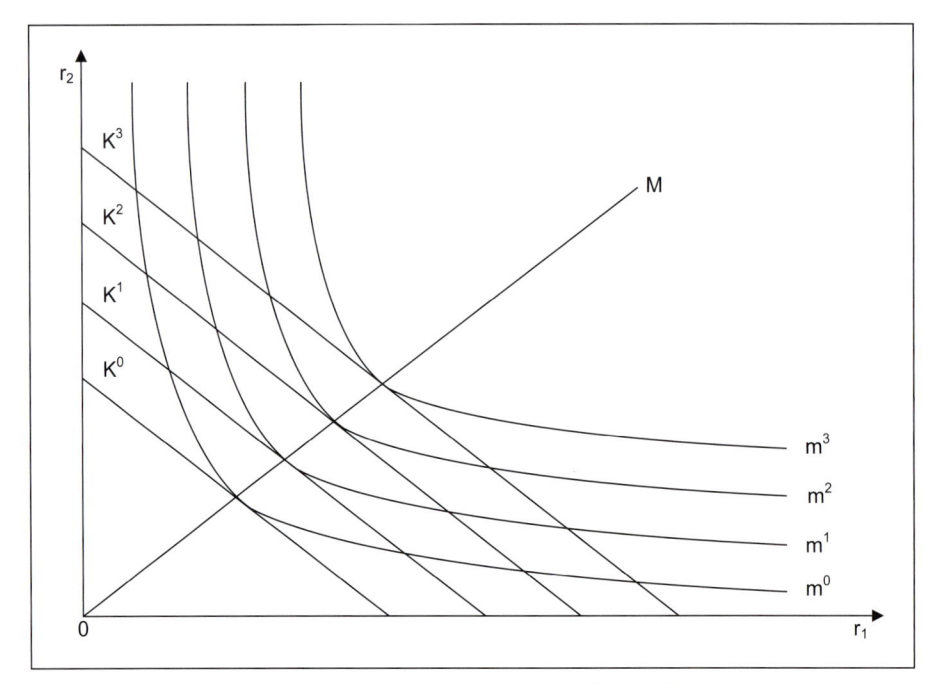

Abb. 26: Ausbringungsmenge und Minimalkostenkombination

In **Abb. 26** wird deutlich, dass bei homogenen Produktionsfunktionen alle Minimalkostenkombinationen auf derselben Linie liegen. Homogene Produktionsfunktionen sind dadurch gekennzeichnet, dass unabhängig von der Ausbringungsmenge m stets ein bestimmtes Faktoreinsatzverhältnis $R_1 : R_2$ optimal ist. Die in **Abb. 26** dargestellten Produktionsisoquanten sind aus einer **linear-homogenen Produktionsfunktion** abgeleitet: Die Verdoppelung der Faktoreinsatzmengen führt auch zur Verdoppelung der Ausbringungsmenge m, so dass die Produktionsisoquanten dieselben Abstände voneinander aufweisen. Folglich haben auch die Kostenisoquanten denselben Abstand voneinander: Die Verdoppelung der Ausbringungsmenge erfordert eine Verdoppelung der Einsatzmengen der Produktionsfaktoren und damit bei gegebenen Faktorpreisen auch eine Verdoppelung des Kostenbudgets.

Die Gesamtkostenfunktion einer linear-homogenen Produktionsfunktion verläuft damit ebenfalls **linear**. Entsprechend führen **andere typische Produktionsfunktionen** auch zu **anderen typischen Gesamtkostenkurven**. (ÜB 3/5–9)

2.3.2.4 Fixe und variable Kosten

Ehe ein Betrieb die Produktion aufnehmen kann, müssen bestimmte Grundvoraussetzungen (Kauf oder Miete von Betriebsmitteln, Aufbau einer Organisation usw.) erfüllt sein. Output setzt die Herstellung der **Betriebsbereitschaft** voraus. Die Herstellung der Betriebsbereitschaft verursacht Kosten, die man als **fixe Kosten** bezeichnet. Beispiele für fixe Kosten sind Mieten für Büroräume oder Produktionshallen, Darlehenszinsen, Geschäftsführergehälter usw.

2. Produktions- und Kostentheorie

> **Fixe Kosten,** auch Bereitschaftskosten genannt, sind der Teil der Gesamtkosten, der auch bei einer Ausbringungsmenge von Null anfällt.

Während fixe Kosten bereitschaftsabhängige Kosten sind, handelt es sich bei **variablen Kosten** um **ausbringungsmengenabhängige Kosten**. Beispiele für variable Kosten sind Werkstoffkosten und Akkordlöhne.

> **Variable Kosten,** auch Mengenkosten genannt, sind der Teil der Gesamtkosten, dessen Höhe von der Ausbringungsmenge abhängig ist.

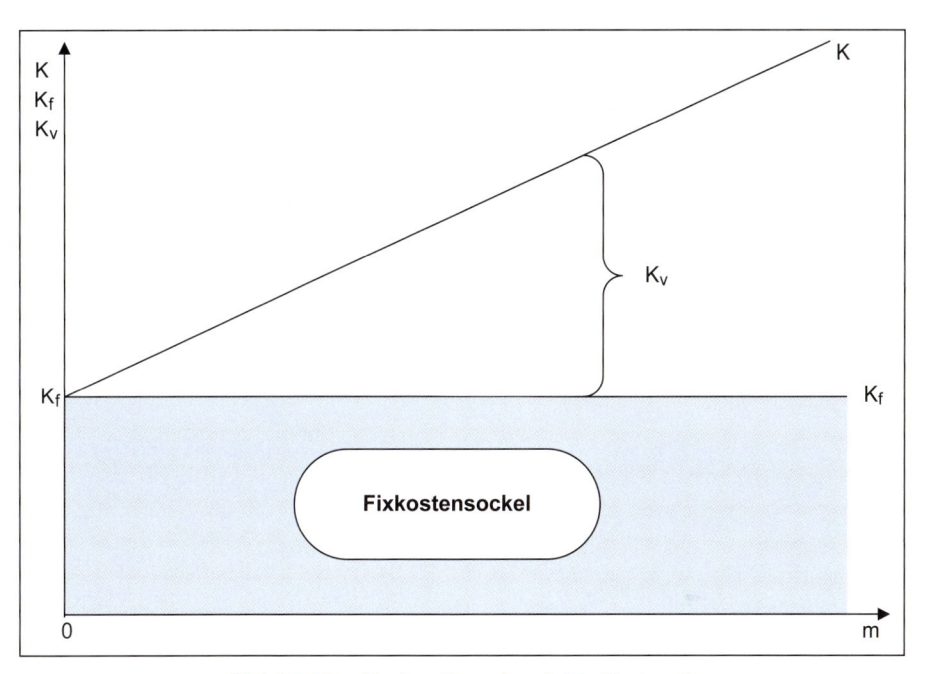

Abb. 27: Fixe Kosten K_f und variable Kosten K_v

Wie **Abb. 27** zeigt, setzen sich die Gesamtkosten K aus fixen Kosten K_f und variablen Kosten K_v zusammen. In **Abb. 27** beginnt die Gesamtkostenkurve stets auf Basis der fixen Kosten, die daher auch als **Fixkostensockel** bezeichnet werden.

Die Gesamtkosten K setzen sich aus den fixen Kosten K_f und den von der Ausbringungsmenge m abhängigen variablen Kosten $K_v(m)$ zusammen:

(8) $K = K_f + K_v(m)$
   mit: K = Gesamtkosten; K_f = fixe Kosten; $K_v(m)$ = variable Kosten.

> **Beispiel:** Bei gegebener Betriebsausstattung liegt die maximale Produktionsmenge m_{max} bei 20.000 Stück/Jahr. Die Fixkosten belaufen sich auf 100.000 GE/Jahr. Wie hoch ist der Jahreserfolg (Gewinn/Verlust), wenn die Ausbringungsmenge m gleich null ist? Antwort: Es entsteht ein Verlust von 100.000 GE.

> Bei (m = 0) gilt: **Fixkosten = Leerkosten**

Unter **Leerkosten** versteht man den Teil der Fixkosten, dem wegen mangelnder Kapazitätsauslastung keine Nutzung zugrunde liegt. **Nutzkosten** stellen den Anteil der Fixkosten dar, der für produktive Zwecke genutzt wird.

Auf Basis der Zahlenvorgaben des obigen Beispiels kann der Zusammenhang zwischen Nutzkosten K_N und Leerkosten K_L auch graphisch dargestellt werden (→ **Abb. 28**).

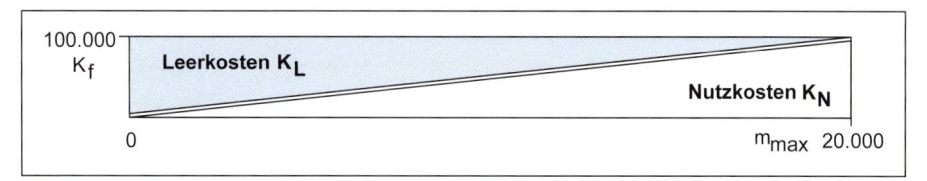

Abb. 28: Nutzkosten und Leerkosten

Außer den fixen Kosten K_f und den variablen Kosten K_v gibt es eine dritte Kostenkategorie, die man als **sprungfixe Kosten** oder intervallfixe Kosten bezeichnet.

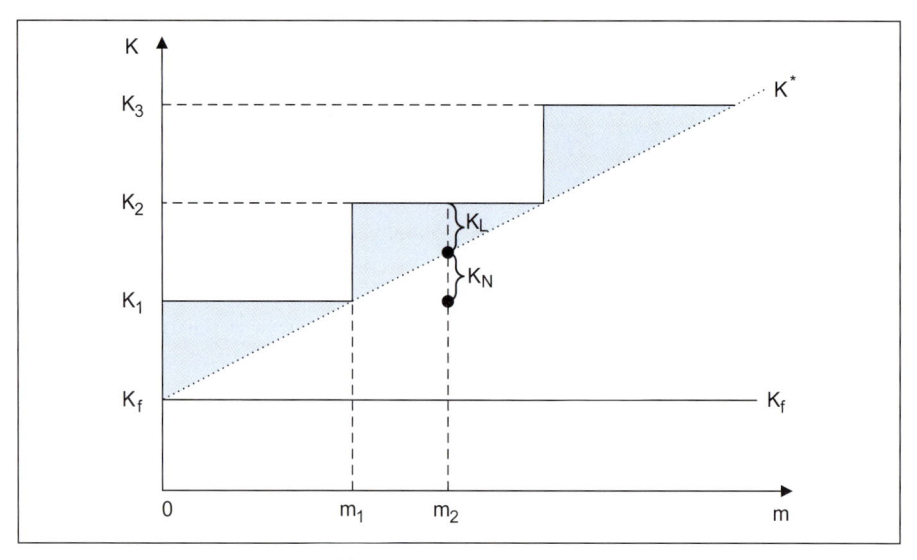

Abb. 29: Sprungfixe Kosten

Wäre der Produktionsfaktor menschliche Arbeit beliebig teilbar, würden die Lohnkosten (aufbauend auf den Fixkostensockel K_f) als variable Kosten entlang der in **Abb. 29** (gepunkteten) Kostenfunktion K^* ansteigen. Erlaubt ein Tarifvertrag aber nur die Beschäftigung von Vollzeitkräften, steigen die Kosten mit der Einstellung zusätzlicher Arbeitskräfte sprungfix von K_1 über K_2 auf K_3 usw. Bei Erhöhung der Ausbringungsmenge von m_1 auf m_2 steigen die Kosten von K_1 auf K_2. Dieser Kostenanstieg lässt sich in ökonomisch effiziente **Nutzkosten K_N** und ökonomisch ineffiziente **Leerkosten K_L**, die in **Abb. 29** farbig unterlegt sind, einteilen. (**ÜB 3/17–20**)

2.3.3 Spezielle Kostenbegriffe

Es wurde festgestellt, dass sich die Gesamtkosten K aus fixen und variablen Kosten zusammensetzen. Die in Gleichung (8) dargestellte Gesamtkostenfunktion K kann nicht nur – wie in **Abb. 27** dargestellt – einen linearen, sondern auch einen progressiven oder einen degressiven Verlauf aufweisen.

> Als **Grenzkosten K'** bezeichnet man die Kosten der jeweils letzten Produktionseinheit.

So kann man vereinfachend die Grenzkosten der 33. Produktionseinheit in der Weise ermitteln, dass man von den Gesamtkosten bei der Produktion von 33 Produkteinheiten die Gesamtkosten bei der Produktion von 32 Produkteinheiten subtrahiert. Die Grenzkostenkurve gibt die Steigung der Gesamtkostenfunktion an. Sie lässt sich ermitteln, indem die erste Ableitung der Gesamtkostenfunktion gebildet wird:

(9) $\quad K' = \dfrac{dK}{dm}$

Dabei führen **lineare** Gesamtkostenfunktionen zu konstanten Grenzkostenfunktionen, **progressiv** steigende Gesamtkostenfunktionen zu steigenden Grenzkostenfunktionen und **degressiv** steigende Gesamtkostenfunktionen zu fallenden Grenzkostenfunktionen.

> Die **Durchschnittskosten k**, die man auch als Stückkosten bezeichnet, erhält man, indem man die Gesamtkosten K durch die Ausbringungsmenge m dividiert.

(10) $\quad k = \dfrac{K}{m} = \dfrac{K_f}{m} + \dfrac{K_v}{m} = k_f + k_v$

Gleichung (10) zeigt, dass sich die Durchschnittskosten oder **Stückkosten k** aus den **fixen Stückkosten** k_f und den **variablen Stückkosten** k_v zusammensetzen.

Diese kostentheoretischen Grundbegriffe seien nachfolgend am einfachen **Beispiel einer proportionalen (linearen) Kostenfunktion mit Fixkostenblock** verdeutlicht:

(11) $\quad K = K_f + k_v \cdot m$

Die Grenzkostenfunktion für diese Gesamtkostenfunktion lautet:

(12) $\quad K' = \dfrac{dK}{dm} = k_v$

Die Grenzkosten K' sind damit bei einer proportionalen (linearen) Gesamtkostenfunktion gleich den variablen Stückkosten k_v.

Die Durchschnittskostenfunktion schließlich berechnet sich als

(13) $\quad k = \dfrac{K}{m} = \dfrac{K_f}{m} + k_v$

Da die variablen Stückkosten k_v bei einer linearen Gesamtkostenfunktion konstant sind, wird der Verlauf der Durchschnittskostenfunktion im Wesentlichen von den fixen Stückkosten k_f bestimmt. Da sich die gesamten Fixkosten K_f mit steigender Ausbringungsmenge m auf immer mehr Produkte verteilen, weist die Funktion der fixen Stückkosten und damit auch die gesamte Stückkostenfunktion mit steigender Ausbringungsmenge einen fallenden Verlauf auf. Dieser Sachverhalt wird als **Fixkostendegression** bezeichnet.

Die unterschiedlichen Kostenverläufe einer **linearen Gesamtkostenfunktion** K verdeutlicht nochmals **Abb. 30**.

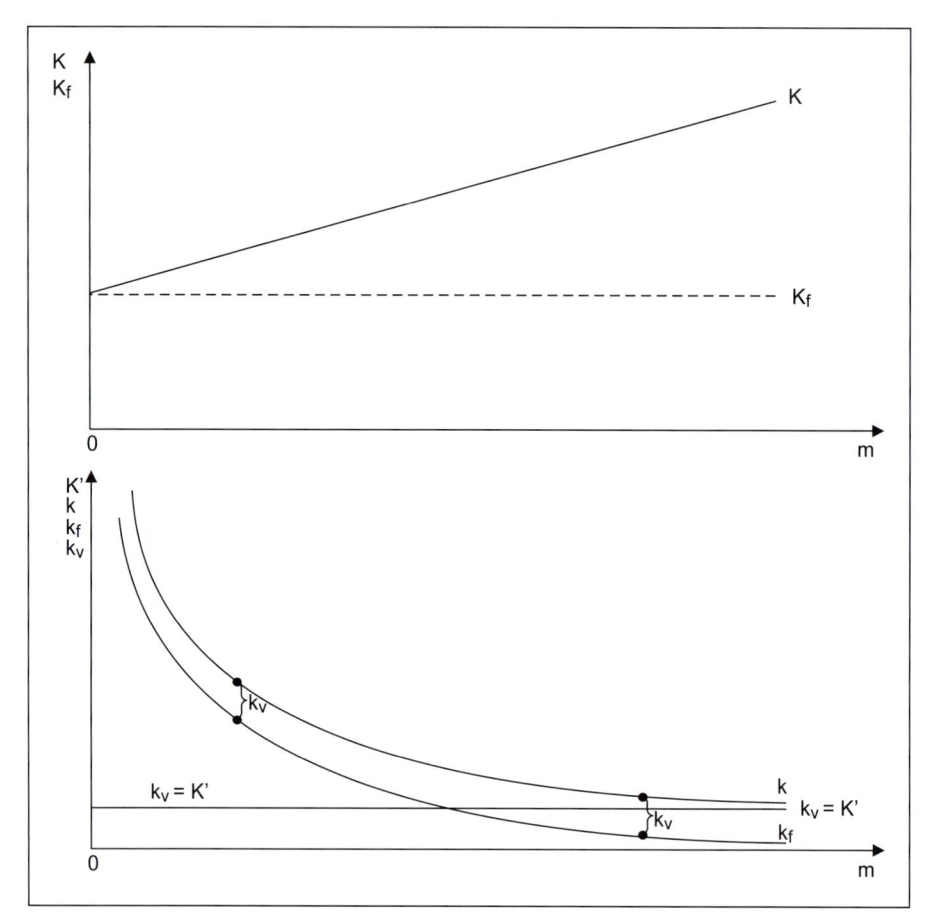

Abb. 30: Funktion der Gesamtkosten, Grenzkosten und Stückkosten

Beispiel: Ein Betrieb weist Fixkosten von K_f = 100.000 EUR und variable Stückkosten von k_v = 10 EUR bei linearem Gesamtkostenverlauf auf. Daraus lassen sich die folgenden Größen ableiten:

Kosten	Funktion	Alternative A: m_A = 2.000	Alternative B: m_B = 4.000
Gesamtkosten	K = 100.000 + 10 · m	K = 100.000 + 20.000 = 120.000	K = 100.000 + 40.000 = 140.000
Grenzkosten	K´ = 10	K´ = 10	K´ = 10
Fixe Stückkosten	k_f = (100.000 / m)	k_f = 50	k_f = 25
Variable Stückkosten	k_v = 10	k_v = 10	k_v = 10
Stückkosten	k = (100.000 / m) + 10	k = 50 + 10 = 60	k = 25 + 10 = 35

Abb. 31: Zahlenbeispiel einer Kostenfunktion

Weitere Beispiele, auch zu nichtlinearem Gesamtkostenverlauf, finden sich im zugehörigen Übungsbuch. (**ÜB** 3/17–18 und 21–24)

2.3.4 Überblick über die Bestimmungsfaktoren der Kosten

Die Gesamtkosten der Produktion werden von verschiedenen Kosteneinflussgrößen bestimmt, die auch als Kostenbestimmungsfaktoren oder **Kostendeterminanten**[1] bezeichnet werden.

> Die Kenntnis der **Kosteneinflussgrößen** gibt dem Unternehmen die Möglichkeit, die Kosten auf verschiedenen betrieblichen Ebenen im Sinne des ökonomischen Prinzips zu senken.

Kostenbestimmungsfaktoren, die das Unternehmen selbst beeinflussen kann, bezeichnet man als **Aktionsvariablen**. Faktoren, die sich einer Beeinflussung entziehen, z. B. Steuern, sind für das Unternehmen **Datum**. In **Abb. 32** wird unterschieden zwischen

(a) Aktionsvariablen im Produktionsbereich
(b) Aktionsvariablen in anderen Teilbereichen
(c) Daten.

Kostendeterminanten		
(a) Aktionsvariablen im Produktionsbereich	**(b) Aktionsvariablen in den anderen Bereichen**	**(c) Daten**
(1) Betriebsgröße	(1) Absatzpolitik	(1) Faktorpreise
(2) Produktionsprogramm	(2) Finanzierung	(2) Steuersätze
(3) Beschäftigung	(3) Forschung und Entwicklung	(3) Arbeitstage je Periode
(4) Produktionsbedingungen	…	(4) Eigenschaften der Produktionsfaktoren
(5) Faktorqualität	…	(5) Rechtliche Rahmenbedingungen
(6) Faktorpreise	…	…

Abb. 32: Kostendeterminanten

(a) Aktionsvariablen im Produktionsbereich

(1) Die **Betriebsgröße** bezeichnet die gesamte Fertigungskapazität eines Betriebes. Je größer beispielsweise ein Betrieb ist, desto höher sind die von der Produktionsmenge unabhängigen Kosten (fixe Kosten der Betriebsbereitschaft) wie Mieten oder Zinsen für die Finanzierung des Maschinenparks. Allerdings kann eine Erhöhung der Betriebsgröße auch Kosteneinsparungen – z. B. durch leistungsfähigere Maschinen – zur Folge haben. Wird die Betriebsgröße verändert, indem beispielsweise eine bestehende Produktionsstätte um eine gleichartige Produktionsstätte

---

[1] Zur Gliederung der Kostendeterminanten vgl. Gutenberg, E., Produktion, 1983, S. 344 ff. Vgl. außerdem Adam, D., Produktions-Management, 1998, S. 261 ff.

erweitert wird, handelt es sich nach Gutenberg um eine **multiple Betriebsgrößenvariation**, weil die bestehende Fertigungskapazität mit m Einheiten um eine oder mehrere gleichartige Einheiten erweitert wird. Wird dagegen im Rahmen der Veränderung der Betriebsgröße auch das Fertigungsverfahren verändert, indem man beispielsweise von arbeitsintensiver Fertigung zu maschineller Fertigung übergeht, so spricht man von **mutativen Betriebsgrößenvariationen**.[1] (**ÜB 3**/25–28)

(2) Unter dem **Produktionsprogramm** versteht man die im Verlauf einer Periode in bestimmter zeitlicher und mengenmäßiger Verteilung erzeugten Güter verschiedener Qualität. Werden beispielsweise neue Produkte in das Produktionsprogramm aufgenommen oder einzelne Produkte aus dem Produktionsprogramm eliminiert, so ändert sich die Kombination der Produktionsfaktoren und somit ändern sich die Kosten. Gleiches gilt, wenn z. B. durch eine Veränderung der Produktionsreihenfolge oder der Losgröße die Kostenstruktur des Betriebes verändert wird. Unter einer **Losgröße** versteht man die in einem Produktionsgang auf einer Maschine gefertigte Stückzahl eines Produkts, also z. B. die Auflage eines Buchs.

(3) Unter der **Beschäftigung** versteht man die von einem Betrieb in einer bestimmten Periode gefertigte Produktmenge. Setzt man die Ist-Beschäftigung in Relation zu der theoretisch maximalen Beschäftigung (Kapazität) eines Betriebes, so erhält man den **Beschäftigungsgrad**. Wird die Beschäftigung ausgedehnt, so müssen beispielsweise mehr Rohstoffe eingesetzt werden, während eine Maschine mit freien Kapazitäten noch zusätzlich genutzt werden kann, ohne dass hierfür bestimmte zusätzliche Kosten – z. B. Leasinggebühren – entstehen. Die Veränderung der Beschäftigung kann folglich zu Veränderungen der Kostenstruktur führen.

(4) Die **Produktionsbedingungen** betreffen die Gestaltung des Produktionsablaufs. Dabei wird vor allem zwischen arbeitsintensiven und maschinenintensiven (kapitalintensiven) Fertigungsverfahren unterschieden.

(5) Unter **Faktorqualitäten** versteht man die für einen speziellen Produktionsprozess relevanten Eigenschaften der Produktionsfaktoren. Wechselt man beispielsweise geringwertiges Schmieröl einer Maschine gegen hochwertiges Schmieröl aus, so erhöhen sich die Kosten durch das teure Schmieröl, während u. U. gleichzeitig die Reparaturkosten der Maschine sinken.

(6) Die **Faktorpreise** sind vom Unternehmen **teilweise beeinflussbar**. Das kann z. B. der Fall sein, wenn durch die Bestellung größerer Rohstoffmengen zwar einerseits die Beschaffungskosten für den Rohstoff durch die Gewährung größerer Mengenrabatte sinken, andererseits jedoch die Lagerkosten für den Rohstoff ansteigen.

Die vorstehend beschriebenen Kostendeterminanten stellen grundsätzlich vom Unternehmer beeinflussbare Aktionsvariablen dar. Für einzelne Entscheidungen können diese Kostendeterminanten jedoch auch den Charakter von Daten annehmen. So ist die Betriebsgröße zwar langfristig eine Aktionsvariable, kurzfristig jedoch kann sie nicht verändert werden.

(b) Aktionsvariablen in anderen betrieblichen Teilbereichen

Von den vielfältigen Gestaltungsmöglichkeiten seien beispielhaft nur drei genannt:

---

[1] Vgl. Gutenberg, E., Produktion, 1983, S. 428 ff.

(1) Durch eine Änderung der **Absatzpolitik**, z. B. die erfolgsabhängige Entlohnung von Außendienstmitarbeitern, lassen sich Kosten (und Erlöse) beeinflussen.
(2) Im **Finanzierungsbereich** können die Kapitalkosten durch eine Verringerung der Kapitalbindung, z. B. durch verkleinerte Lagerhaltung bzw. durch günstigere Zinssätze, verringert werden.
(3) Im Bereich **Forschung und Entwicklung** können Kosten durch Kooperationen mit anderen Unternehmen oder mit Forschungseinrichtungen reduziert werden.

(c) Daten

Beispielhaft seien fünf nicht beeinflussbare Determinanten genannt:
(1) in aller Regel die **Faktorpreise**, zur Ausnahme vgl. (a), (6)
(2) **Steuersätze**
(3) Anzahl der **Arbeitstage je Periode**
(4) bestimmte (häufig technische) **Eigenschaften von Produktionsfaktoren**, beispielsweise der Energieverbrauch einer Maschine
(5) **rechtliche Rahmenbedingungen** (z. B. Auflagen beim Umweltschutz).

2.4 Ausgewählte Produktions- und Kostenfunktionen

2.4.1 Ertragsgesetzliche Produktionsfunktion (Produktionsfunktion vom Typ A)

2.4.1.1 Produktionsfunktion nach dem Ertragsgesetz

Der älteste aus der Literatur bekannte Typ einer Produktionsfunktion ist die im 18. Jahrhundert von Turgot[1] für die landwirtschaftliche Produktion entwickelte und im 19. Jahrhundert von v. Thünen[2] statistisch nachgewiesene **ertragsgesetzliche Produktionsfunktion**. Turgot beobachtete in der Landwirtschaft, dass der zunehmende Einsatz des Produktionsfaktors Arbeit bei konstanten Einsatzmengen der Produktionsfaktoren Boden, Saatgut und Dünger zunächst zu steigenden und später zu abnehmenden Grenzerträgen führt. Da in einem solchen Fall die Abhängigkeit der Ausbringungsmenge von der Einsatzmenge eines Produktionsfaktors (Arbeit) bei Konstanz der übrigen Produktionsfaktoren (Boden, Saatgut und Dünger) untersucht wird, handelt es sich um einen **Fall der partiellen Faktorvariation**. Später wurden diese Erklärungsansätze von Gutenberg unter dem Namen **„Gesetz vom abnehmenden Ertragszuwachs"** oder **„Ertragsgesetz"** in die Betriebswirtschaftslehre übernommen und um den Fall der totalen Faktorvariation erweitert.[3]

Die Produktionsfunktion nach dem Ertragsgesetz lässt sich durch einen vertikalen Schnitt durch das Ertragsgebirge (vgl. **Abb. 17**) darstellen. Multipliziert man die Produktionsmenge m mit dem Stückerlös (Absatzpreis) p, erhält man den Gesamtertrag E. Wie sich unter den Produktionsbedingungen des Ertragsgesetzes der

- Gesamtertrag E
- Grenzertrag E'
- Durchschnittsertrag e

in Abhängigkeit von unterschiedlichen Einsatzmengen des variablen Faktors r_1 entwickelt, lässt sich aus **Abb. 33** ablesen:

---

[1] Turgot, A. R. J., Richesses, 1766.
[2] Thünen, J. H. v., Landwirtschaft, 1842.
[3] Vgl. Gutenberg, E., Produktion, 1983, S. 303 ff.

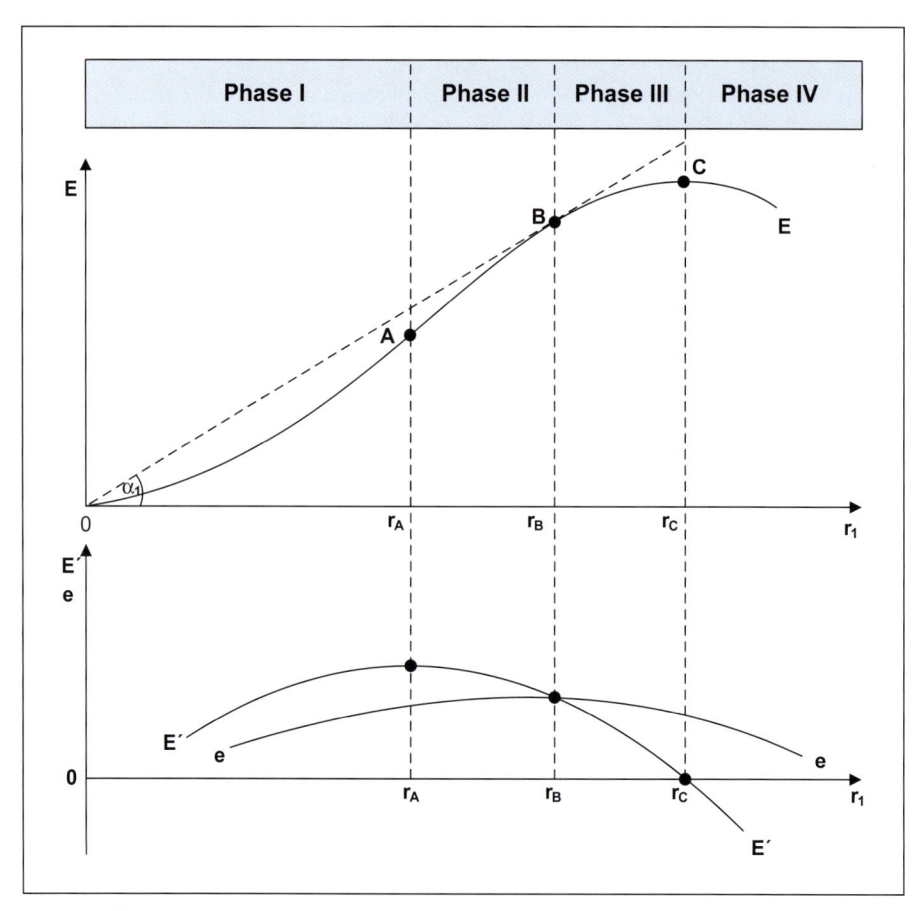

Abb. 33: Ertragsgesetzlicher Verlauf von Gesamtertrag E, Grenzertrag E' und Durchschnittsertrag e

Werden steigende Einsatzmengen r_1 des variablen Produktionsfaktors R_1 mit konstanten Einsatzmengen der übrigen Produktionsfaktoren kombiniert, zeigt die Gesamtertragsfunktion E den in der oberen Hälfte der **Abb. 33** dargestellten Verlauf. Der Verlauf der Grenzertragsfunktion E' und der Durchschnittsfunktion e ist in der unteren Hälfte der **Abb. 33** wiedergegeben.

Vom Beginn der Produktion (Nullpunkt) bis zum Wendepunkt A steigt der **Gesamtertrag E** progressiv an. Danach steigt der Gesamtertrag degressiv an und erreicht im Punkt C (Scheitelpunkt) sein Maximum. Eine darüber hinausgehende Steigerung der Einsatzmenge des variablen Faktors R_1 ist kontraproduktiv, was sich aus der Abnahme des Gesamtertrags nach dem Überschreiten des Punktes C erkennen lässt.

In Phase I, d.h. bei progressiv steigendem Gesamtertrag E, gelangt man mit zunehmender Faktoreinsatzmenge zu steigenden Grenzerträgen E'. Im Wendepunkt A erreicht der Grenzertrag E' sein Maximum. In Phase II und III sinkt der Grenzertrag E', ist aber immer noch positiv. Mit dem Überschreiten des Punktes C, d.h. mit dem beginnenden Rückgang des Gesamtertrags E, wird der Grenzertrag negativ.

Legt man vom Nullpunkt aus die Tangente an die Gesamterlösfunktion E, gelangt man im Berührungspunkt B zu jener Einsatzmenge des variablen Faktors R_1, bei welcher der Grenzertrag E' mit dem **Durchschnittsertrag e** deckungsgleich ist. Der Wert für E' und e ergibt sich aus dem Tangens des Winkels α_1. Kurz vor dem Erreichen des Punktes B liegt der Grenzertrag E' noch über, nach dem Überschreiten des Punktes B liegt der Grenzertrag E' unter dem Niveau des Durchschnittsertrags e. Anders ausgedrückt: Mit der dem Punkt B zuzurechnenden Faktoreinsatzmenge r_1 erreicht der Durchschnittsertrag e sein Maximum.

Mit Hilfe der Punkte A, B und C lässt sich die Gesamtertragsfunktion anhand eines von Gutenberg entwickelten **Vierphasenschemas** darstellen (→ **Abb. 34**). Am Ende der Phase I, dem (ersten) Wendepunkt der Gesamtertragsfunktion, erreicht der Grenzertrag E' sein Maximum, um danach wieder zu fallen. Am Ende der Phase II wird der Durchschnittsertrag e maximal. Am Ende der Phase III schließlich ist das Maximum der Gesamtertragskurve E erreicht. (**ÜB 3**/21–24)

Phase	Gesamtertrag E	Durchschnittsertrag e	Grenzertrag E'	Endpunkt der Phase
I	progressiv steigend	steigend	positiv, steigend bis Maximum	Wendepunkt E' = Maximum
II	degressiv steigend	steigend bis Maximum	positiv, fallend	e = Maximum e = E'
III	degressiv steigend bis Maximum	fallend	positiv, fallend bis 0	E = Maximum E' = 0
IV	fallend	fallend	negativ, fallend	

Abb. 34: Vierphasenschema der ertragsgesetzlichen Produktionsfunktion

2.4.1.2 Kostenfunktion nach dem Ertragsgesetz

Die Gesamtkostenfunktion K einer Produktionsfunktion vom Typ A ist durch folgende **Merkmale** gekennzeichnet:

(1) Da eine partielle Gesamtertragsfunktion mit einem variablen und einem oder mehreren fixen Produktionsfaktoren vorliegt, **beginnt** die **Gesamtkostenfunktion** nicht im Ursprung, sondern – bedingt durch die zur Herstellung der Betriebsbereitschaft entstehenden fixen Kosten – **auf dem Fixkostensockel** K_f.

(2) Der Einsatz des variablen Produktionsfaktors r_1 führt – wie **Abb. 33** zeigt – zunächst zu einer progressiven, nach dem Wendepunkt A zu einer degressiven Entwicklung des Gesamtertrags. Dem entspricht aus der Kostenperspektive ein **zunächst degressiver Gesamtkostenanstieg**. **Nach dem Wendepunkt A** steigen die Gesamtkosten dann **progressiv** an.

Die **Gesamtkostenfunktion einer ertragsgesetzlichen Produktionsfunktion** verläuft ausgehend vom Fixkostensockel K_f zunächst degressiv und anschließend progressiv, so dass sich insgesamt ein S-förmiger Kostenverlauf ergibt.

Wie sich unter den **Produktionsbedingungen des Ertragsgesetzes** die

- **Gesamtkosten K**
- **Grenzkosten K′**
- **Durchschnittskosten k**
- **variablen Stückkosten k_v**

in Abhängigkeit von der Ausbringungsmenge m entwickeln, zeigt **Abb. 35**:

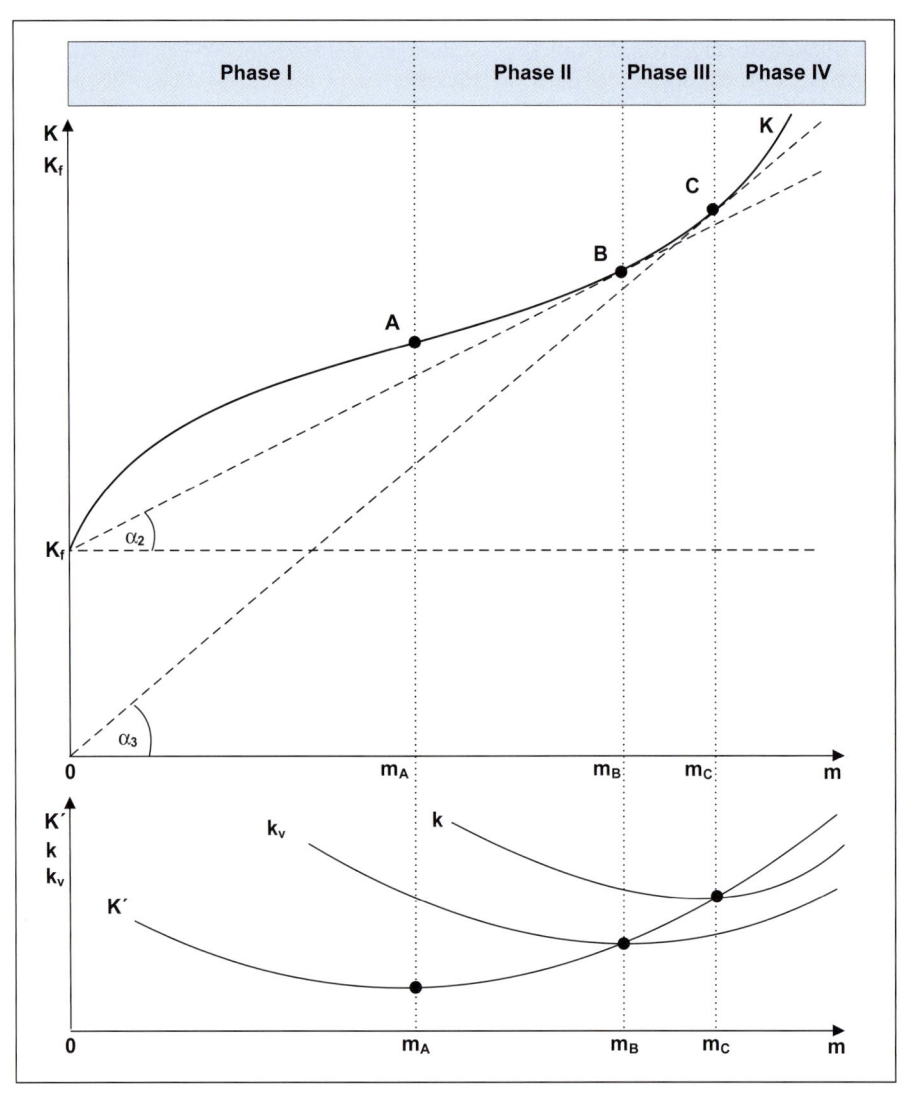

Abb. 35: Ertragsgesetzlicher Verlauf von Gesamtkosten K, Grenzkosten K′, Durchschnittskosten k und variablen Stückkosten k_v

Vom Beginn der Produktion bis zum Wendepunkt A steigen die Gesamtkosten K degressiv an. Die Grenzkosten K' fallen und erreichen am Ende der **Phase I** ihr Minimum.

Die Gesamtkosten K setzen sich aus den Fixkosten K_f und den variablen Kosten K_v zusammen. Die variablen Kosten K_v ruhen auf dem Fixkostensockel K_f. Legt man vom Ursprungspunkt der Gesamtkostenfunktion K ausgehend die Tangente an die Gesamtkostenfunktion, erhält man den Tangentialpunkt B. Die dazugehörige Ausbringungsmenge m_B markiert das Ende der **Phase II**. An dieser Stelle erreichen die variablen Stückkosten k_v ihr Minimum und sind deckungsgleich mit den (ansteigenden) Grenzkosten K'. Bei der Ausbringungsmenge m_B lässt sich der Wert für k_v und K' durch den Tangens des Winkels α_2 bestimmen.

Legt man vom Nullpunkt (sog. Koordinatenursprung) ausgehend die Tangente an die Gesamtkostenfunktion K, erhält man den Tangentialpunkt C. Die Ausbringungsmenge m_C markiert das Ende der **Phase III**. An dieser Stelle erreichen die Stückkosten k ihr Minimum und sind deckungsgleich mit den ansteigenden Grenzkosten K'. Bei der Ausbringungsmenge m_C erreichen die Stückkosten k und die Grenzkosten K' einen Wert, der dem Tangens des Winkels α_3 entspricht.

Phase	Gesamt-kosten K	variable Durchschnitts-kosten k_v	gesamte Durchschnitts-kosten k	Grenz-kosten K'	Endpunkt der Phase
I	degressiv steigend	fallend	fallend	fallend bis Minimum	Wendepunkt K' = Minimum
II	progressiv steigend	fallend bis Minimum	fallend	steigend K' ≤ k_v K' < k	k_v = Minimum k_v = K'
III	progressiv steigend	steigend	fallend bis Minimum	steigend K' ≥ k_v K' ≤ k	k = Minimum k = K'
IV	progressiv steigend	steigend	steigend	steigend K' > k_v K' ≥ k	

Abb. 36: Vierphasenschema der ertragsgesetzlichen Kostenfunktion

Wie eingangs erwähnt, entstand das Ertragsgesetz aus der Übertragung von Erfahrungen in der Landwirtschaft auf den industriellen Bereich. In der betriebswirtschaftlichen Realität können ertragsgesetzliche Produktionsfunktionen jedoch kaum beobachtet werden. Dass die S-förmige Gesamtkostenfunktion trotz dieser Praxisferne in nahezu allen Lehrbüchern zur Allgemeinen Betriebswirtschaftslehre behandelt wird, hat einen ganz praktischen Grund: Ob sich ein Unternehmer bei der Ermittlung der Preisuntergrenze für einen Auftrag an den Durchschnittskosten k oder an variablen Durchschnittskosten k_v zu orientieren hat, ist von der konkreten Entscheidungssituation[1] abhängig. In jedem Fall muss er die Zusammenhänge zwischen k, k_v und K' genau kennen. Dabei ist das in **Abb. 36** dargestellte **Vierphasenschema** eine hervorragende „Denkschule" zur Herausbildung des **Unterscheidungsvermögens von Kostengrößen**, die in der betrieblichen Praxis eine herausragende Rolle spielen. (**ÜB 3/29–32**)

---

[1] Zur Ermittlung von entscheidungsrelevanten Kosten vgl. S. 853 ff.

2.4.2 Gutenberg-Produktionsfunktion (Produktionsfunktion vom Typ B)

2.4.2.1 Ableitung der Produktionsfunktion aus Verbrauchsfunktionen

Gutenberg versuchte bei der von ihm entwickelten Produktionsfunktion vom Typ B, die Mängel der bisher behandelten Produktionsfunktion zu beseitigen. Er ging dabei von den folgenden Annahmen aus:

(1) Die Annahme weitgehender Substituierbarkeit der Produktionsfaktoren wird ersetzt durch die im industriellen Bereich vorherrschende **Limitationalität**.
(2) Bei der Behandlung der Produktionsfaktoren wird zwischen Betriebsmitteln (beispielsweise Maschinen oder Werkzeugen) und den übrigen Produktionsfaktoren – beispielsweise Rohstoffen – unterschieden. Die Betriebsmittel werden von Gutenberg als **Gebrauchsfaktoren**, die übrigen Produktionsfaktoren als **Verbrauchsfaktoren** bezeichnet. Dabei werden Produktionsfunktionen differenziert für einzelne **überschaubare Einheiten** (Arbeitsplätze oder Maschinenaggregate) ermittelt.
(3) Bei den Gebrauchsfaktoren geht Gutenberg davon aus, dass es keine unmittelbaren Beziehungen zwischen dem Input an Verbrauchsfaktoren und dem Output an Produkten gibt. Stattdessen wird angenommen, dass **sowohl** der **Verbrauch an Produktionsfaktoren als auch** der **Output von** den **technischen Eigenschaften des** untersuchten **Betriebsmittels und** von der **Intensität der Nutzung** abhängen.[1] Es bestehen somit nur **mittelbare Beziehungen** zwischen Input und Output, die sich mit Hilfe von sog. **Verbrauchsfunktionen** abbilden lassen.

Die Verbrauchsfunktionen stellen das wichtigste Instrument der von Gutenberg entwickelten Theorie dar. Der Verbrauch an Produktionsfaktoren – beispielsweise des Produktionsfaktors r_1 – ist abhängig von den mit $z_1, z_2, \ldots, z_n$ bezeichneten technischen Eigenschaften des Betriebsmittels und der Intensität d, mit der es genutzt wird. Betrachtet man z. B. einen im Betrieb eingesetzten Benzinmotor, so hängt der Verbrauch des Produktionsfaktors Benzin von technischen Eigenschaften des Motors wie Verbrennungsgrad oder Kompression und von der Drehzahl (also der Intensität) ab. Gleichzeitig bestimmen diese Faktoren auch die technische Leistung des Aggregates Benzinmotor. Stellt man in einem Diagramm den Benzinverbrauch (in g/PS · Std.) und die Leistungsabgabe (in PS) in Abhängigkeit von der Intensität (Drehzahl) gegenüber, so ergibt sich das in **Abb. 37** dargestellte Bild.

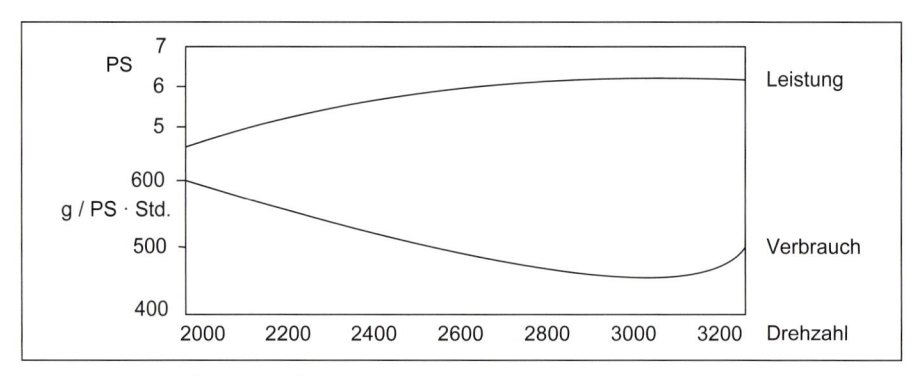

Abb. 37: Verbrauch und PS-Leistung eines Benzinmotors

---

[1] Vgl. Gutenberg, E., Produktion, 1983, S. 329 ff.

Entsprechend kann auch der Verbrauch des Benzinmotors an weiteren Produktionsfaktoren r_2, r_3, ..., r_n (Schmiermittelverbrauch, Verschleiß, Inspektions- und Instandhaltungsaufwand usw.) durch weitere Verbrauchsfunktionen dargestellt werden. Diese Verbrauchsfunktionen können auch in anderer als der in **Abb. 37** dargestellten konvexen Form verlaufen **(Abb. 38)**.

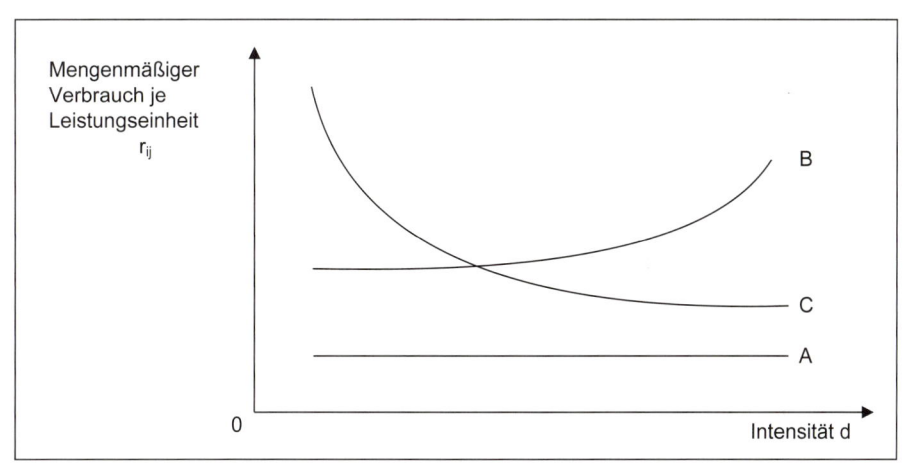

Abb. 38: Verbrauchsfunktionen

Der Verbrauch an Werkstoffen beispielsweise kann intensitätsunabhängig sein und damit den in **Abb. 38** dargestellten konstanten Verlauf **(Funktion A)** aufweisen. Ist der Verbrauch zunächst leistungsunabhängig und nach Überschreiten einer bestimmten Intensität intensitätsabhängig, ergibt sich die **Funktion B**. Bei Zeitlohnarbeit dagegen ergibt sich eine degressive Verbrauchsfunktion **(Funktion C)**.

Addiert man die Faktorverbrauchsfunktionen aller Aggregate j für jeweils einen Produktionsfaktor r_i, so erhält man die Verbrauchsmengen des jeweiligen Faktors für das gesamte Unternehmen. Addiert man weiterhin die Faktoreinsatzfunktionen für sämtliche Produktionsfaktoren und für die unmittelbar von der Ausbringungsmenge abhängigen Verbrauchsfaktoren, so erhält man schließlich die nach den Produktionsfaktoren aufgelöste **Produktionsfunktion vom Typ B**. Dabei ist die Ausbringungsmenge m von den Faktoren

- **Einsatzmenge** der Produktionsfaktoren (gemäß ihrer Verbrauchsfunktion)
- **Intensität** des Faktoreinsatzes
- **Einsatzzeit** des Faktoreinsatzes

abhängig. Damit kann, wie gleich gezeigt wird, eine Beeinflussung der Kosten durch eine mengenmäßige, eine intensitätsmäßige und eine zeitliche Anpassung erreicht werden. (**ÜB 3/33–34**)

2.4.2.2 Aus Verbrauchsfunktionen abgeleitete Kostenverläufe

Die Gesamtkostenfunktion eines Betriebes lässt sich in gewohnter Weise ermitteln, indem auf Grundlage der zuvor ermittelten Produktionsfunktion die für eine bestimmte Ausbringungsmenge anfallenden Faktorverbrauchsmengen mit ihren jeweiligen – wiederum als konstant unterstellten – Faktorpreisen bewertet werden. Abhängig vom

Verlauf der zugrunde liegenden Verbrauchsfunktionen kann die aus einer Gutenberg-Produktionsfunktion abgeleitete Gesamtkostenfunktion unterschiedliche Verläufe (linear, progressiv, degressiv oder S-förmig) aufweisen. Im Gegensatz zum Ertragsgesetz gibt es nicht einen „gesetzmäßigen", sondern einen **aus der betriebsindividuellen Produktionstechnik abgeleiteten Verlauf** der Gesamtkostenfunktion.

Soll die Ausbringungsmenge des Betriebes verändert werden, so ändern sich auch die Gesamtkosten. Im Gegensatz zu den bisher behandelten Produktionsfunktionen hängen jedoch die Gesamtkosten nicht unmittelbar von der Ausbringungsmenge ab, sondern variieren entsprechend den zugrunde gelegten Verbrauchsfunktionen. Wie festgestellt wurde, ist die Ausbringungsmenge mittelbar von den Faktoreinsatzmengen abhängig. Die Faktoreinsatzmengen wiederum variieren in Abhängigkeit von der Anzahl der zur Produktion eingesetzten Aggregate, von der Intensität und von der Einsatzzeit. Somit gibt es auch verschiedene Möglichkeiten, die Ausbringungsmenge zu verändern, also an **unterschiedliche Beschäftigungslagen** anzupassen:[1]

(1) **Quantitative Anpassung** (Anpassung der Anzahl der Aggregate)
(2) **Intensitätsmäßige Anpassung** (Anpassung der Intensität der Nutzung)
(3) **Zeitliche Anpassung** (Anpassung der Einsatzzeit der Aggregate)
(4) **Kombinierte Anpassung** (Kombination der vorstehenden Anpassungsformen).

(1) Quantitative Anpassung

Bei quantitativer Anpassung bleiben Intensität und Einsatzdauer der Aggregate unverändert, während die **Anzahl** der eingesetzten Gebrauchsfaktoren **(Betriebsmittel) verändert** wird. Kann dieselbe Leistung durch Aggregate verschiedener Kostenniveaus erbracht werden, so sollten die Aggregate mit den geringsten Produktionskosten ausgewählt werden. Diese Anpassungsart bezeichnet man als **selektive Anpassung**. Geht die Beschäftigung zurück, so werden zunächst die am unwirtschaftlichsten arbeitenden Aggregate abgeschaltet. Wird die Beschäftigung ausgedehnt, so wird das kostengünstigste der bisher nicht genutzten Aggregate eingesetzt.

(2) Intensitätsmäßige Anpassung

Bei intensitätsmäßiger Anpassung wird die Ausbringungsmenge durch Veränderung der Intensität (Leistungsabgabe pro Zeiteinheit) **bei konstanter Anzahl der eingesetzten Aggregate und konstanter Einsatzzeit** variiert. Da die Kosten von den Faktoreinsatzmengen und diese wiederum von den jeweiligen Verbrauchsfunktionen abhängen, müssen die anhand der Verbrauchsfunktionen ermittelten Faktoreinsatzmengen bewertet und anschließend die bewerteten Faktoreinsatzfunktionen addiert werden, um die Gesamtkosten eines Aggregats zu ermitteln. Die Durchschnittskosten pro Ausbringungseinheit (k) können auf ähnliche Art abhängig von der Intensität bestimmt werden, indem die Verbrauchsfunktionen direkt mit Preisen multipliziert und die sich ergebenden Funktionen addiert werden. Gleichzeitig kann, da bei sonst unveränderten Bedingungen die Ausbringungsmenge linear von der Intensität abhängt, auf der Abszisse statt der Intensität die Ausbringungsmenge abgetragen werden.

Wie **Abb. 39** entnommen werden kann, existiert ein Intensitätsgrad, an dem die Durchschnittskosten des betreffenden Aggregats minimal werden (Punkt A). Es handelt sich dabei um das Minimum der Kurve des bewerteten Gesamtfaktorverbrauchs pro Leistungseinheit, das auch als **optimaler Leistungsgrad** bezeichnet wird. Existiert ein

---

[1] Zu einer weiter gehenden Differenzierung möglicher Anpassungsarten vgl. Gutenberg, E., Produktion, 1983, S. 354 ff.; Busse von Colbe/Laßmann, Produktionstheorie, 1991, S. 262 ff.

optimaler Leistungsgrad und erfolgt eine intensitätsmäßige Anpassung, so steigen die Kosten verglichen mit anderen Anpassungsformen i. d. R. stärker an; der dann gewählte Intensitätsgrad ist unwirtschaftlich. Diese Anpassungsform kommt daher in der Realität gewöhnlich nur dann zur Anwendung, wenn aus technischen oder rechtlichen Gründen keine andere Form der Anpassung erfolgen kann.

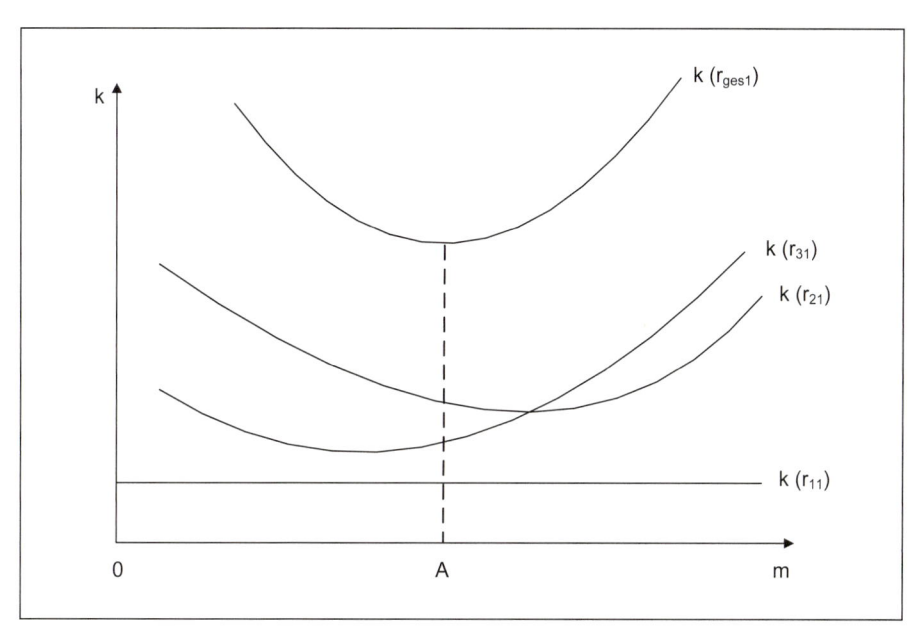

Abb. 39: Durchschnittskostenermittlung bei intensitätsmäßiger Anpassung

(3) Zeitliche Anpassung

Die zeitliche Anpassung stellt eine in der Praxis weit wichtigere Anpassungsform dar, bei der **bei unverändertem Bestand an Gebrauchsfaktoren** und **unveränderter (optimaler) Intensität** die **Einsatzzeit** der Gebrauchsfaktoren **variiert** wird. Verändern sich die Kosten je Faktoreinsatzeinheit nicht, ergibt sich daraus ein **linearer Gesamtkostenverlauf**; die Gesamtkosten verändern sich dann proportional zur Betriebszeit bzw. zur Ausbringungsmenge. Verändern sich dagegen die Preise der Produktionsfaktoren (beispielsweise durch die Zahlung von Überstundenzuschlägen) jenseits der Ausbringungsmenge m_1 in **Abb. 40**, ändert sich der Verlauf der Gesamtkostenfunktion.

Gegenüber einer Neueinstellung von Mitarbeitern hat die zeitliche Anpassung im Wege von Überstunden große Vorteile. Hierzu gehören vor allem[1] die höhere Flexibilität zur Anpassung an kurzfristige Beschäftigungsschwankungen sowie eine Vermeidung zusätzlicher Fixkosten, die bei einer Erhöhung der Personalkapazität entstehen würden.

---

[1] Vgl. Hoberg, P., Warum Überstunden so billig sind, in: Controller Magazin, 2003, S. 12 ff.

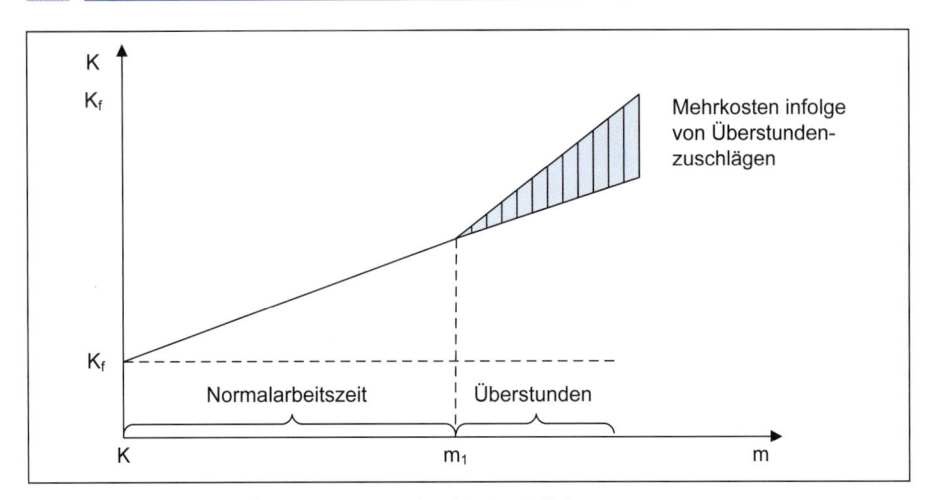

Abb. 40: Kostenverlauf bei zeitlicher Anpassung

(4) Kombinierte Anpassung

Beispiel: Ein Unternehmen erzeugt eine bestimmte Ausbringungsmenge mit der optimalen Intensität (dem optimalen Leistungsgrad) in einem Zweischichtsystem (je Schicht 8 Stunden). Aufgrund einer (nur) kurzfristig erhöhten Nachfrage soll die Beschäftigung bei einer konstanten Anzahl von Betriebsmitteln und Mitarbeitern erhöht werden.

Es ist denkbar, dass die angestrebte Beschäftigungserhöhung allein mit der zeitlichen Anpassung nicht erreicht werden kann, weil gesetzliche Grenzen (z. B. im Hinblick auf die Erbringung von Überstunden) und andere Obergrenzen (z. B. kann selbst im Schichtsystem nicht mehr als 24 Stunden pro Tag auf einer Maschine produziert werden) zu beachten sind. Eine Lösungsmöglichkeit ist deshalb die **Kombination der** vorgestellten **Anpassungsformen**. So kann im Beispiel die **zeitliche Anpassung (3)** mit einer **intensitätsmäßigen Anpassung (2)** verknüpft werden.

Die Anpassungsarten (2) und (3) gehen von einem gegebenen Bestand an Gebrauchsfaktoren (Betriebsmitteln) aus, sind also bei kurzfristigen Anpassungen der Beschäftigung relevant. Langfristig dagegen ist es auch möglich, die Anzahl der eingesetzten Betriebsmittel (Aggregate) zu erhöhen oder zu vermindern. In derartigen Fällen ändert sich der Gesamtkostenverlauf durch die **Veränderung der Betriebsgröße**. Wird die Anzahl der Gebrauchsfaktoren verändert, ohne dass dabei die Verfahrenstechnik verändert wird, spricht man von einer **multiplen Betriebsgrößenvariation**. Das ist beispielsweise dann der Fall, wenn im Betrieb bereits 10 Maschinen vom Typ X existieren und eine elfte (gleichartige) Maschine zusätzlich erworben wird. Wird dagegen die Verfahrenstechnik verändert, indem die 10 Maschinen vom Typ X ausgesondert und durch 10 leistungsfähigere und modernere Maschinen vom Typ Y ersetzt werden, handelt es sich um eine **mutative Betriebsgrößenvariation**.[1] Auch die Umstellung von arbeitsintensiven auf kapitalintensive Fertigungsverfahren bei steigender Ausbringungsmenge stellt ein Beispiel mutativer Betriebsgrößenvariation dar. (**ÜB 3/35–47**)

---

[1] Vgl. Gutenberg, E., Produktion, 1983, S. 421 ff.

3. Produktionsplanung

3.1 Langfristige Produktionsprogrammplanung

Unterkapitel 1.2 behandelte den Zusammenhang zwischen Total- und Partialplanung.[1] Dabei wurde festgestellt, dass eine Totalplanung zwar theoretisch optimal ist, häufig jedoch an der Komplexität der Praxis scheitert. Damit ist das Unternehmen darauf angewiesen, seine Entscheidungsabläufe zu zerlegen (zu partialisieren) und sukzessiv zu planen. Ausgangspunkte der sukzessiven Planung stellen dabei in sachlicher Hinsicht ein wahrscheinlicher Engpasssektor, wie z. B. der Absatzbereich, und in zeitlicher Hinsicht die langfristige Planung dar, an deren Entscheidungen die Planungen mit kürzerem Planungshorizont gebunden sind.

Die **sukzessive Produktionsplanung** beginnt man üblicherweise mit der langfristigen Produktionsprogrammplanung, denn die dabei getroffenen Entscheidungen sind Ausgangspunkt weiterer Teilplanungen im Produktionsbereich. Ist das Unternehmen auf einem Käufermarkt tätig, liegt also der Engpass beim Absatz, baut die langfristige Produktionsprogrammplanung auf der strategischen Absatzplanung auf. Die langfristige Produktionsprogrammplanung orientiert sich am Ziel langfristiger Gewinnmaximierung und erstreckt sich auf folgende Teilbereiche:

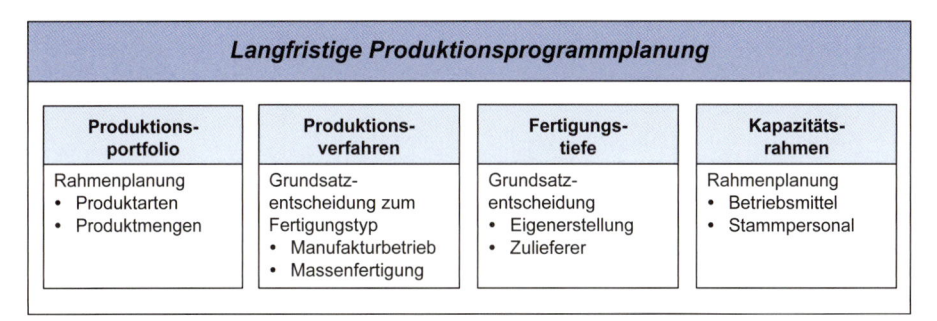

Langfristige Produktionsprogrammplanung			
Produktions-portfolio	**Produktions-verfahren**	**Fertigungs-tiefe**	**Kapazitäts-rahmen**
Rahmenplanung • Produktarten • Produktmengen	Grundsatz-entscheidung zum Fertigungstyp • Manufakturbetrieb • Massenfertigung	Grundsatz-entscheidung • Eigenerstellung • Zulieferer	Rahmenplanung • Betriebsmittel • Stammpersonal

Abb. 41: Teilbereiche langfristiger Produktionsprogrammplanung

Häufig binden Entscheidungen der langfristigen Produktionsprogrammplanung das Unternehmen für sehr lange Zeit. In der Automobilindustrie beispielsweise beträgt der Zeitraum von der Entwicklung eines bestimmten Automobiltyps bis zur Einstellung der Produktion für alle Varianten dieses Typs i. d. R. fünf bis zehn Jahre. Aus diesem Grund gehen in die Entscheidung über das langfristige Produktionsprogramm auch sehr langfristige Erwägungen ein. Dazu gehören beispielsweise

- **erwartete ökonomische und gesellschaftliche Entwicklungen** und deren Einfluss auf die künftige Nachfrage nach bestimmten Produkten (Beispiel: Zunehmendes Umweltbewusstsein führt zu verstärkter Nachfrage nach umweltfreundlichen Gütern). Hier besteht eine wichtige Aufgabe der **Marktforschung**[2] darin, diese Entwicklungen und ihre Auswirkungen möglichst genau zu prognostizieren.

---
[1] Vgl. S. 270 ff.
[2] Vgl. S. 370 ff.

- **technische Neuentwicklungen**, die beispielsweise zur Entwicklung neuer Produkte durch die Forschungs- und Entwicklungsabteilung führen.
- **Fertigungs- oder Absatzverwandtschaften**, also die Möglichkeit, bestehende Fertigungsanlagen oder Vertriebskanäle für neue Produkte nutzen zu können.
- die Verbesserung der **Risikomischung** bei Konjunktur- oder Saisonschwankungen (Beispiel: Ein Hersteller von Tennisbekleidung nimmt Skianzüge in sein Produktionsprogramm auf).

Die Entscheidungen über das langfristige Produktionsprogramm binden das Unternehmen nicht nur für viele Jahre, sondern sind auch sonst für seinen Fortbestand und seine weitere Entwicklung von ausschlaggebender Bedeutung. Die langfristige Produktionsprogrammplanung ist daher häufig Teil der **strategischen Planung**, deren Träger die oberste Unternehmensleitung ist.

3.2 Planung von innerbetrieblichem Standort und innerbetrieblichem Transport

Nach Durchführung der langfristigen Produktionsprogrammplanung sind folgende Rahmenentscheidungen getroffen:

Langfristige Planungsvorgaben
• Produktgruppen bzw. **Produktarten** • durchschnittliche **Produktionshöchstmenge** • **Produktionsverfahren** • **Kapazitätsrahmen** für Betriebsmittel und Stammpersonal

Abb. 42: Vorgaben der langfristigen Produktionsprogrammplanung

In der **strategischen Investitionsplanung** wurde bereits entschieden, **welche Betriebsmittel** (Art, Menge) im Rahmen des langfristigen Investitionsprogramms angeschafft werden sollen. Aufgabe der **langfristigen Produktionsplanung** ist, neben der (langfristigen) Produktionsprogrammplanung, die Bestimmung des **optimalen innerbetrieblichen Standorts** für jedes Betriebsmittel. Die Wahl des innerbetrieblichen Maschinenstandorts determiniert die Transportwege zwischen den Betriebsmitteln. Dabei entstehen **Transportkosten**, die **minimiert** werden müssen. Deshalb ist es sinnvoll, den innerbetrieblichen Standort und den innerbetrieblichen Transport simultan zu planen.

Bei der innerbetrieblichen Standortwahl geht es um die **räumliche Planung** von

- kompletten **Produktionsstätten** wie Fabriken und Werkstätten
- Standorten für einzelne **Betriebsmittel**
- Standorten von **Lagerplätzen** zwischen den einzelnen Fertigungsplätzen.

Wie alle unternehmerischen Entscheidungen hat sich auch die innerbetriebliche Standortwahl am Prinzip **langfristiger Gewinnmaximierung** zu orientieren. Dieses Oberziel lässt sich – unter vereinfachenden Annahmen – für die innerbetriebliche Standortwahl folgendermaßen operationalisieren:

Zielebene	Zielvorschrift
(1) Oberziel	Maximiere langfristigen Gewinn
(2) Zwischenziel (a)	Minimiere Produktionskosten
(3) Zwischenziel (b)	Minimiere Transportkosten
(4) Unterziel	Minimiere Transportwege

Abb. 43: Zielhierarchie innerbetrieblicher Standortwahl

Geht man davon aus, dass die innerbetriebliche Standortentscheidung die Erlösseite nicht tangiert, gelangt man auf Ebene (2) zur Kostenminimierung. Unterstellt man ferner, dass die Standortwahl ausschließlich die Transportkosten beeinflusst, reduziert sich das Planungsproblem auf der Ebene (3) zur Transportkostenminimierung. Geht man ferner davon aus, dass die Transportkosten pro Streckeneinheit identisch sind, gelangt man auf Ebene (4) zur Streckenminimierung. Gelten diese Annahmen, so können zur Lösung innerbetrieblicher Standortprobleme standardisierte betriebswirtschaftliche Modelle[1] auf der Basis der linearen Optimierung[2] verwendet werden.

Da die oben beschriebenen vereinfachenden Annahmen jedoch i. d. R. nicht zutreffen, muss die Praxis, will sie zu korrekten Entscheidungen kommen, häufig für jedes innerbetriebliche Standort- und Transportproblem eine individuelle Lösung suchen, ohne dabei auf betriebswirtschaftliche Standardmodelle zurückgreifen zu können.

3.3 Kurzfristige Produktionsprogrammplanung

Die langfristige Produktionsprogrammplanung hat die Aufgabe, Produktionskapazitäten zu schaffen, die den langfristigen Absatzerwartungen angepasst sind. Auf der strategischen Planungsebene wird also festgelegt, welche Jahresproduktion (gegliedert nach Produktarten und Produktmengen) während eines längeren Planungszeitraums von beispielsweise fünf Jahren realisiert werden soll. An diesem langfristigen Produktionsrahmen orientiert sich die Kapazitätsbereitstellung von Arbeitskräften und Betriebsmitteln. Rechnete man beispielsweise mit einem langfristigen Absatzvolumen m_a von 950 Einheiten pro Jahr, so legte man die Betriebsmittelkapazität auf beispielsweise 1.000 Produktionseinheiten m_p aus.

Ein Kapazitätsproblem ergibt sich dann, wenn z. B. im dritten Jahr des Fünfjahreszeitraums die Absatzmöglichkeiten die Produktionskapazität übersteigen ($m_a > 1.000$). Es entsteht ein **Produktionsengpass**. Auf der langfristigen Planungsebene löst man ein solches Engpassproblem durch eine Neuanschaffung von Betriebsmitteln. Im Rahmen kurzfristiger, operativer Produktionsprogrammplanung (z. B. quartalsweise Planung) betrachtet man den Produktionsengpass als gegeben, d. h. unabänderlich. Die kurzfristige **Produktionsprogrammplanung** hat die Aufgabe, für eine optimale Auslastung des vorhandenen Produktionsengpasses zu sorgen. Optimal ist die Nutzung des Produktionsengpasses dann, wenn unter den **gegebenen Kapazitätsrestriktionen das Gewinnmaximum erreicht** wird.

---

[1] Vgl. ausführlich Corsten/Gössinger, Produktionswirtschaft, 2016, S. 517 ff.
[2] Vgl. bereits S. 97 und S. 909 ff.

Der Periodengewinn G ist die Differenz zwischen den Gesamterlösen E und den Gesamtkosten K:

$$G = E - K$$
$$G = E - (K_v + K_f)$$

Die Gesamtkosten K setzen sich zusammen aus (mengenabhängigen) variablen Kosten K_v (z. B. Materialkosten) und (mengenunabhängigen) fixen Kosten K_f (z. B. Fremdkapitalzinsen oder Leasinggebühren). Da bei der kurzfristigen Produktionsprogrammplanung die Kapazitäten eine vorgegebene Größe sind, sind auch die Fixkosten K_f eine von der Produktionsmenge m unabhängige Größe. Damit sind die Fixkosten kurzfristig entscheidungsirrelevant. Die variablen Kosten $K_v = k_v \cdot m$ und die Erlöse $E = p \cdot m$ variieren hingegen mit der Ausbringungsmenge m.

Die Differenz zwischen dem Stückerlös (p) und den variablen Stückkosten (k_v) bezeichnet man als **Deckungsbeitrag**.

Die Zusammenhänge zwischen **Deckungsbeitragsrechnung** und Gewinnermittlung lassen sich an folgendem Beispiel demonstrieren:

Ausgangsdaten:

p	=	Erlös/Stück	10 EUR
k_v	=	variable Kosten/Stück	4 EUR
db	=	Deckungsbeitrag/Stück (p – k_v)	6 EUR
m	=	Ausbringungsmenge/Jahr	900 Stück
K_f	=	Fixkosten/Jahr	2.000 EUR

Gewinnermittlung:

G	=	E – K		= Periodengewinn
G	=	E – (K_v + K_f)		
G	=	m · p – (m · k_v + K_f)		
G	=	m · p – m · k_v – K_f		
G	=	m · (p – k_v) – K_f		
G	=	m · db – K_f		= DB – K_f = Deckungsbeitrag/Jahr – Fixkosten
G	=	900 · 6 – 2.000		
G	=	5.400 – 2.000		
G	=	+ 3.400		

Abb. 44: Verknüpfung zwischen Gewinnermittlung und Deckungsbeitragsrechnung

Würde die Ausbringungsmenge m um ein Stück erhöht (verringert), würde sich der Periodengewinn G um den Stückdeckungsbeitrag db von 6 erhöhen (verringern). Aus db · m ergibt sich DB, der Deckungsbeitrag/Periode. Für den Periodengewinn G gilt:

$$G = DB - K_f$$

Da K_f als mittel- bzw. langfristig konstante Größe kurzfristig nicht entscheidungsrelevant ist, basieren die Optimierungsmodelle für das kurzfristige Produktionsprogramm auf der Maximierung des Periodendeckungsbeitrags DB.

Der **Stückdeckungsbeitrag** db ist die **Schlüsselgröße** zur **kurzfristigen Produktionsprogrammplanung**. Die konkrete Ausgestaltung der kurzfristigen Produktionsprogrammplanung ist sowohl von der Anzahl der Produkte als auch von der Anzahl der Kapazitätsengpässe abhängig. Fünf Fälle (1) bis (5) sind zu unterscheiden:

Anzahl der Engpässe / Anzahl der Produkte	ein	zwei	mehrere
ein	(1)	(3)	(3)
mehrere	(2)	(4)	(5)

Abb. 45: Varianten kurzfristiger Produktionsprogrammplanung

Variante (1)

Das Einproduktunternehmen maximiert seinen Periodendeckungsbeitrag DB, wenn es die einzige vorhandene Maschine bis zur Kapazitätsgrenze auslastet. Bedingung: Der Deckungsbeitrag db muss positiv sein ($p > k_v$).

Variante (2)

Ein einziges Produkt durchläuft mehrere Fertigungsstufen (Betriebsmittel). Man ermittelt zunächst die Produktionskapazität auf den einzelnen Fertigungsstufen. Die Fertigungsstufe mit der geringsten Kapazität, z. B. Aggregat D, bildet den **entscheidenden Produktionsengpass**. Zur Auslastungsregel von D vgl. Variante (1).

Variante (3)

In einem Mehrproduktunternehmen liegt der Produktionsengpass beim Aggregat F. Mit beispielsweise drei Produkten lassen sich die Stückdeckungsbeiträge db_1, db_2 und db_3 erwirtschaften. Sind die Bearbeitungszeiten der drei Produkte unterschiedlich lang, ermittelt man zunächst die **Deckungsbeiträge pro Engpassbelastungseinheit** db_1/E, db_2/E und db_3/E. Definiert man die Engpassbelastungseinheit E z. B. als 60 Maschinenminuten, zeigt db/E den in einer Maschinenstunde erzielbaren Deckungsbeitrag. Man belastet dann den Engpass F vorrangig mit dem Produkt, das den höchsten Deckungsbeitrag/Stunde erwirtschaftet. Ist damit die Kapazitätsgrenze von F noch nicht erreicht, fertigt man zweitrangig das Produkt mit dem zweithöchsten db/E-Wert usw. Ein konkretes Anwendungsbeispiel findet sich im zugehörigen **Übungsbuch**. (**ÜB 3**/48–54)

Variante (4)

Ein Unternehmen fertigt zwei Produkte, von denen jedes mehrere (mindestens zwei) Fertigungsstufen, im einfachsten Fall also die Aggregate A und B durchläuft. Die Absatzmöglichkeit für beide Produkte ist größer als die Produktionskapazität von A und B. Welches Produkt soll in welcher Menge gefertigt werden?

Dieses Problem löst man mit Hilfe der linearen Optimierung. Hilfsweise kann man eine graphische Lösung herbeiführen, die im zugehörigen **Übungsbuch** beispielhaft erläutert wird. Hier kann der Lösungsweg nur ansatzweise beschrieben werden. (**ÜB 4**/4–9)

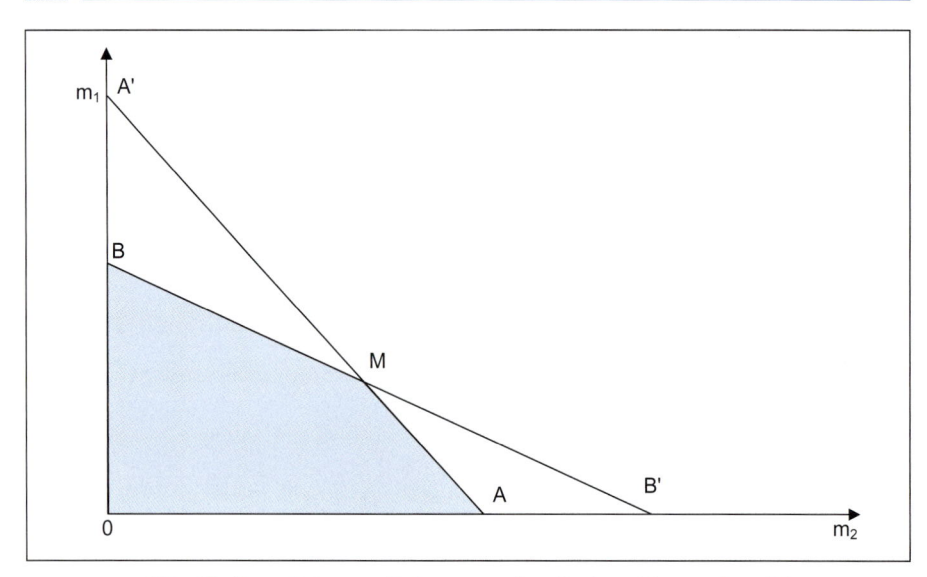

Abb. 46: Kapazitätsrestriktionen und zulässiger Lösungsbereich

Die Geraden A'A bzw. BB' markieren die **Kapazitätsrestriktionen** der Aggregate A bzw. B. Die farbig unterlegte Fläche zeigt den **zulässigen Lösungsbereich**, d.h. die Produktmengenkombinationen m_1/m_2, die realisierbar sind. Die maximalen Kapazitätsauslastungsmöglichkeiten liegen an der Linie BMA.

Zur Ermittlung der gewinnmaximalen Produktmengenkombination muss man die **Isogewinnlinie** DB kennen, deren Verlauf durch das konkrete Verhältnis der Deckungsbeiträge db_1 und db_2 bestimmt wird (vgl. **Abb. 47**).

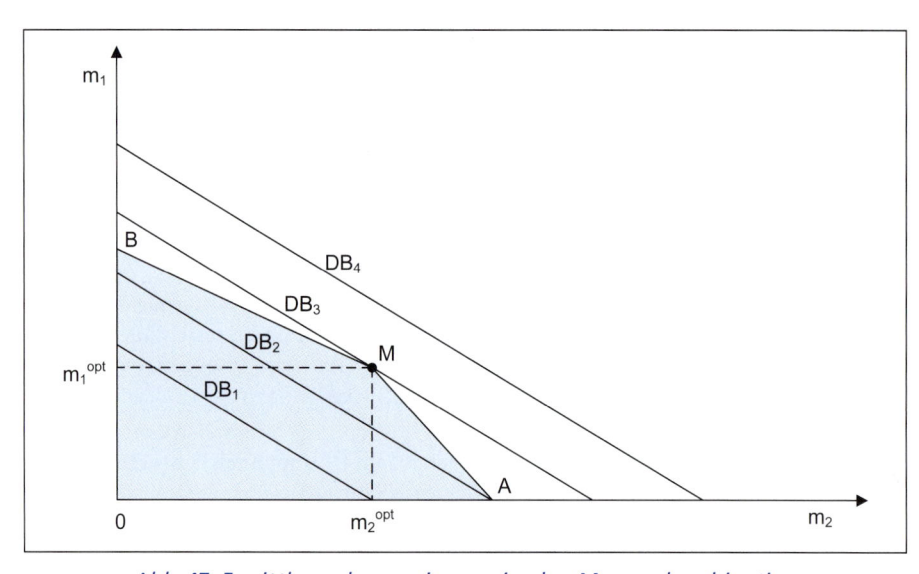

Abb. 47: Ermittlung der gewinnmaximalen Mengenkombination

Das Gewinnniveau DB_4 kann nicht realisiert werden, weil es außerhalb des Lösungsbereichs AMB liegt. Die Gewinnniveaus DB_1 bzw. DB_2 sind realisierbar, liegen aber unterhalb des Gewinnmaximums. DB_3 entspricht dem Deckungsbeitragsmaximum. Die gewinnmaximale m_1/m_2-Kombination wird durch den Punkt M markiert. Im zugehörigen Übungsbuch findet sich ein konkretes Zahlenbeispiel zur graphischen Lösung. (ÜB 4/4–6)

Variante (5)

Konkurrieren mehr als zwei Produkte um mehrere Produktionsengpässe, lässt sich die gewinnmaximale Produktmengenkombination im Wege der **linearen Optimierung** ermitteln. Dabei bedient man sich z. B. der **Simplex-Methode**, die an anderer Stelle[1] und im Übungsbuch beispielhaft erläutert wird. Die Zielfunktion (Drei-Punkt-Fall)

$$DB = db_1 \cdot m_1 + db_2 \cdot m_2 + db_3 \cdot m_3$$

ist zu maximieren, wobei die Kapazitätsrestriktionen für die Aggregate A, B, C usw. als **Nebenbedingungen** beachtet werden müssen. (ÜB 3/48–54 und ÜB 4/4–9)

3.4 Materialwirtschaft

3.4.1 Aufgaben der Materialwirtschaft

Nach Durchführung der lang- und kurzfristigen Produktionsprogrammplanung steht im Einzelnen fest, welche Produkte in welchen Mengen mit Hilfe welcher Produktionsverfahren gefertigt werden sollen. Die produktionsnotwendigen Betriebsmittel- und Personalkapazitäten stehen bereit.

Zur Produktionsaufnahme müssen die Werkstoffe beschafft werden. Aufgabe der **Materialwirtschaft**[2] ist es, auf der Grundlage des Produktionsprogramms

- die benötigten **Materialarten und -qualitäten**
- in den benötigten **Mengen**
- zur rechten **Zeit**
- am rechten **Ort**

bereitzustellen.

Bei **gegebener Qualität** der verarbeiteten Materialien kann man davon ausgehen, dass die Erlösseite des Unternehmens von den Entscheidungen der Materialwirtschaft unabhängig ist. Damit lässt sich auch in diesem Bereich der Produktionsplanung das langfristige Gewinnmaximum auf dem Weg der **Kostenminimierung** erreichen.

> Ziel der **Materialwirtschaft** ist die Minimierung aller Kosten, die mit der Beschaffung und Bereitstellung von Materialien verbunden sind.

Gegenstand der Kostenminimierung sind

- **unmittelbare Beschaffungskosten** (Materialeinkaufspreise)
- **mittelbare Beschaffungskosten** (Transportkosten)
- **Lagerkosten** (Miete, Zinsen, Lagerverwaltung u. Ä.).

---

[1] Vgl. S. 909 ff.
[2] Zu Einzelheiten vgl. Arnolds, H. et al., Materialwirtschaft, 2013; Tempelmeier, H., Material-Logistik, 2008.

Lagerkosten entstehen, wenn Werkstoffe und Einbauteile (Materialien) auf Vorrat beschafft werden. Lagerhaltung ist die Regel; vorratslose Fertigung ist die Ausnahme. **Vorratslose Faktorbeschaffung** ist problemlos möglich, wenn die Faktorbereitstellung über Versorgungsnetze (Wasser, Gas, Elektrizität, Fernwärme) erfolgt. Im Übrigen ist eine lagerlose Beschaffung von Werkstoffen und Einbauteilen nur im Falle

- **auftragsweiser Einzelfertigung**
- des **Just-in-Time-Konzepts**

möglich. Im ersten Fall verzichtet z. B. ein Heizungsinstallationsbetrieb auf Lagerhaltung und beschafft sich für jeden Auftrag die Einbauteile beim Großhändler. Im zweiten Fall bemüht sich z. B. ein Automobilhersteller um eine vollständige Synchronisierung von Beschaffung und Fertigung. Das jeweils benötigte Material wird erst unmittelbar vor Beginn der Fertigung vom Lieferanten übernommen.

> Das Ziel beim **Just-in-Time-Konzept** besteht in einer möglichst geringen – im Idealfall überhaupt keiner – Lagerhaltung und damit in der Vermeidung von Lagerkosten.

Wer glaubt, Kostenminimierung durch **Vermeidung** von **Lagerkosten**, also über vorratslose Fertigung, erreichen zu können, muss Folgendes bedenken: Bei auftragsindividueller Materialbeschaffung werden zwar Lagerkosten vermieden, dafür steigen aber die mittelbaren Beschaffungskosten (z. B. Personalkosten und Transportkosten für den Pendelverkehr zwischen Großhändler und Handwerksbetrieb). Beim Just-in-Time-Konzept werden die Lagerkosten häufig nicht vermieden, sondern nur auf die vorgelagerte Fertigungsstufe, d. h. den Zulieferbetrieb, verlagert, der seinerseits die ihm entstandenen Lagerkosten in die Materialpreise einkalkuliert.

Beschaffungsart	Vorteil	Nachteil
Fallweise Beschaffung bei Einzelfertigung	Lagerkosten sinken	mittelbare Beschaffungskosten steigen
Just-in-Time-Konzept	Lagerkosten sinken	unmittelbare Beschaffungskosten (Einkaufspreise) steigen

Abb. 48: Vor- und Nachteile vorratsloser Fertigung

Die Materialwirtschaft umfasst die in **Abb. 49** aufgeführten Teilbereiche. Streng genommen gehören die **Entscheidungen über Lagerkapazitäten und -ausstattungen** in den Bereich der **Investitionsplanung**. Gleichgültig ob ein Lager gebaut oder eine maschinelle Großanlage beschafft wird: Es handelt sich um eine langfristige Investitionsentscheidung, die durch die Investitionsrechnung fundiert wird. Gleichwohl erscheint es zweckmäßig, derartige Entscheidungen im Rahmen der Materialwirtschaft zu behandeln. Der Grund: Die von der Investitionsrechnung benötigten Planungsdaten, wie Mindestkapazität, materialgerechte Lagerausstattung und zweckmäßiger Lagerstandort, müssen von der Einkaufs- bzw. Logistikabteilung bereitgestellt werden.

Materialwirtschaft

3.4.2 Materialbedarfs-ermittlung	3.4.3 Lieferantenauswahl	3.4.4 Lagerplanung
Erwarteter Bedarf der Planperiode	Kriterien • Qualität • Preis • Zuverlässigkeit	• strategisch: Standort, Kapazität, Ausstattung • operativ: Optimierung von Bestellmengen

Abb. 49: Teilgebiete der Materialwirtschaft

3.4.2 Materialbedarfsermittlung

Im jetzigen Planungsstadium sind die lang- und kurzfristige Produktionsprogrammplanung abgeschlossen. Die zur Produktion benötigten Kapazitäten (Arbeitskräfte und Betriebsmittel) stehen bereit. Es fehlen nur noch die Materialien. Ehe eine Beschaffungsentscheidung getroffen werden kann, muss festgestellt werden,

- welche **Materialarten**
- in welchen **Mengen**

für die Planungsperiode benötigt werden. Die Berechnung des erwarteten Materialbedarfs kann erfolgen als

3.4.2.1 programmgebundene Materialbedarfsermittlung
3.4.2.2 verbrauchsgebundene Materialbedarfsermittlung.

Die Materialbedarfsplanung geht vom **Primärbedarf** aus. Als Primärbedarf bezeichnet man die geplante Produktionsmenge. Hieraus lässt sich der **Sekundärbedarf** (Bedarf an Rohstoffen und Einbauteilen) ableiten. Der Bedarf an Hilfs- und Betriebsstoffen sowie an kleinen Verschleißwerkzeugen wird als **Tertiärbedarf** bezeichnet.

> **Beispiel:** Die geplante Produktionsmenge eines Ein-Produkt-Unternehmens beträgt 10.000 Stück (Primärbedarf). Benötigt man zur Produktion einer Einheit 3 kg des Rohstoffs A und zwei Einbauteile B, lässt sich der Sekundärbedarf von A und B ermitteln.

Eine Faustregel besagt, dass der

- **Sekundärbedarf** programmgebunden (→ 3.4.2.1)
- **Tertiärbedarf** verbrauchsgebunden (→ 3.4.2.2)

ermittelt wird. Diese Verfahren werden im Folgenden kurz dargestellt.

3.4.2.1 Programmgebundene Materialbedarfsermittlung

Werden bei der Fertigung die Produktionsfaktoren in festen Relationen eingesetzt, lässt sich der Materialbedarf **technisch-analytisch** prognostizieren. Dabei stehen für die Fertigung von Produkten entweder Baupläne oder – bei chemischen Prozessen und Lebensmitteln – Rezepturen zur Verfügung, aus denen hervorgeht, aus welchen Komponenten ein Produkt besteht. Die programmgebundene Bedarfsermittlung kann daher nur funktionieren, wenn das Verhältnis zwischen In- und Output der einzelnen Fertigungsstufen eindeutig (deterministisch) festgelegt und bekannt ist. Ein solches deterministisches Verhältnis liegt beispielsweise bei der Fertigung von Automobilen vor, bei der die jeweiligen Einzelteile über die einzelnen Baugruppen (z. B. Motor, Fahrwerk, Karosserie) genau bestimmt werden können. Die programmgebundene Bedarfsermittlung wird dabei umso umfangreicher, je komplexer das zu fertigende Endprodukt ist.

Die programmgebundene Bedarfsermittlung erfolgt i. d. R. mit Hilfe von **Stücklisten**,[1] wobei insb. von Bedeutung sind:

(a) **Strukturstücklisten**
(b) **Baukastenstücklisten**
(c) **Mengenübersichtsstücklisten**.

Die **(a) Strukturstückliste** enthält eine nach Fertigungsstufen strukturierte Aufstellung aller Einzelteile eines Produkts. Bezeichnet man die beiden Produkte mit X_1 und X_2, die verwendeten Baugruppen mit großen und die in die Baugruppen eingebauten Einzelteile mit kleinen Buchstaben, dann kann die **Fertigungsstruktur** das in **Abb. 50** dargestellte Aussehen haben:

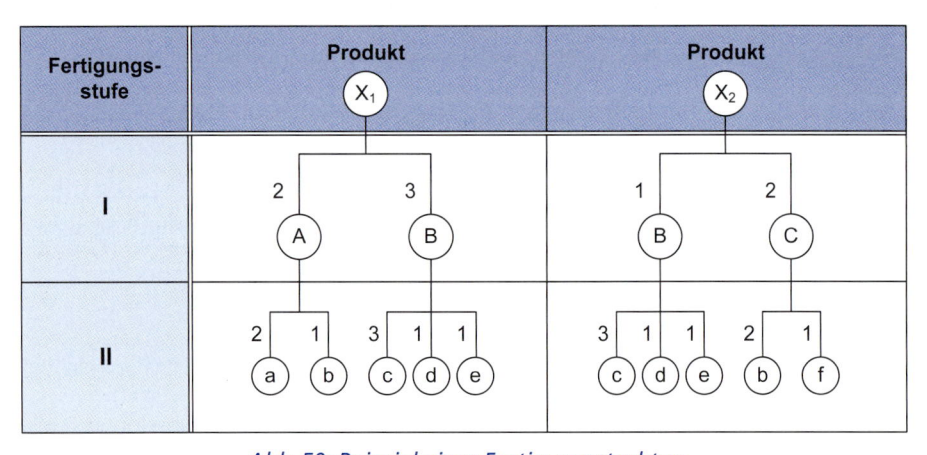

Fertigungs-stufe	Produkt X_1	Produkt X_2
I	2→A, 3→B	1→B, 2→C
II	A: 2→a, 1→b; B: 3→c, 1→d, 1→e	B: 3→c, 1→d, 1→e; C: 2→b, 1→f

Abb. 50: Beispiel einer Fertigungsstruktur

Die an den Verbindungslinien markierten Zahlen beziffern die Anzahl der Baugruppen bzw. Einzelteile. Hieraus lässt sich folgende **Strukturstückliste** ableiten:

Produkt X_1		Produkt X_2	
Code-Nr.	Menge	Code-Nr.	Menge
A	2	B	1
← a	2	← c	3
← b	1	← d	1
B	3	← e	1
← c	3	C	2
← d	1	← b	2
← e	1	← f	1

Abb. 51: Strukturstücklisten

---

[1] Zu einer ausführlichen Darstellung von Stücklisten vgl. Schneeweiß, C., Produktionswirtschaft, 2002, S. 205 ff.

Zerlegt man die Strukturstücklisten in ihre Komponenten, erhält man **(b) Baukastenstücklisten:**

Produkt X_1	
Code-Nr.	Menge
A	2
B	3

Produkt X_2	
Code-Nr.	Menge
B	1
C	2

Baugruppe A	
Code-Nr.	Menge
a	2
b	1

Baugruppe B	
Code-Nr.	Menge
c	3
d	1
e	1

Baugruppe C	
Code-Nr.	Menge
b	2
f	1

Abb. 52: Baukastenstücklisten

Der Vorteil von Baukastenstücklisten besteht insb. bei komplizierteren Fertigungsprozessen (z. B. der Fertigung von Autos) darin, dass man sie für jedes Endprodukt in unterschiedlicher Weise wie mit einem Baukastensystem kombinieren kann, ohne jedes Mal von Grund auf neue Strukturstücklisten erstellen zu müssen. So lässt sich im Beispiel die Materialplanung dadurch vereinfachen, dass man bei beiden Produkten X_1 und X_2 auf die Baugruppe B zurückgreifen kann, ohne die Einzelteile c, d, e zu spezifizieren.

Aus den Baukastenstücklisten lassen sich **(c) Mengenübersichtsstücklisten** ableiten:

Produkt X_1	
Code-Nr.	Menge
A	2
B	3
a	4
b	2
c	9
d	3
e	3

Produkt X_2	
Code-Nr.	Menge
B	1
C	2
b	4
c	3
d	1
e	1
f	2

Abb. 53: Mengenübersichtsstücklisten

Aus der Mengenübersichtsstückliste ergibt sich der konkrete Bedarf an bestimmten Komponenten für die einzelnen Produkte. Fasst man nun den Bedarf an einzelnen Komponenten für alle in einer bestimmten Produktionsperiode zu fertigenden Produkte zusammen, so erhält man den **Bruttobedarf** für die einzelnen Materialarten.

In der Praxis wird dieser Bruttobedarf häufig noch um eine Sicherheitsmarge, den **Mehrverbrauchszuschlag**, erhöht. Zieht man vom Bruttobedarf den noch vorhandenen Lagerbestand ab, so erhält man den **Nettobedarf**, wobei in der Praxis häufig eine (weitere) Sicherheitsmarge, der **Sicherheitsbestand**, berücksichtigt wird, um sich gegen kurzfristige Fehlprognosen bei der Bedarfsberechnung bzw. Lieferschwierigkeiten des Zulieferers abzusichern. (ÜB 3/63)

3.4.2.2 Verbrauchsgebundene Materialbedarfsermittlung

Statt einer programmgebundenen kann auch eine verbrauchsgebundene Bedarfsermittlung stattfinden, bei welcher der Materialbedarf nicht aus Bauplänen oder Rezepturen, sondern aus dem Verbrauch vergangener Planungsperioden ermittelt wird. Dieses Verfahren muss angewandt werden, wenn **keine exakten Beziehungen zwischen In- und Output** bestehen.

Zudem ist die verbrauchsgebundene Bedarfsermittlung dann wirtschaftlich sinnvoll, wenn die Planungskosten der aufwendigeren programmgebundenen Bedarfsplanung den damit verbundenen Nutzen übersteigen. Dies ist nicht nur beim **Tertiärbedarf** der Fall, sondern auch bei den geringwertigeren Teilen des **Sekundärbedarfs**. Was geringwertig ist, kann mit der **ABC-Analyse** (→ 3.4.2.3) identifiziert werden.

Grundlage jeder verbrauchsgebundenen Bedarfsplanung ist eine Verbrauchsstatistik vergangener Planungsperioden. Das **einfachste Vorgehen** verbrauchsgebundener Bedarfsermittlung besteht darin, den Bedarf der nächsten Periode als **Durchschnitt** vergangener Perioden zu berechnen. Wurden beispielsweise in den vergangenen fünf Planungsperioden 1.000, 800, 600, 1.200 und 1.400 Einheiten der Materialart M_1 verbraucht, so wird bei diesem Verfahren von einem Bruttomaterialbedarf von 1.000 Einheiten (= 5.000 Einheiten/5 Perioden) für die nächste Periode ausgegangen.

Offensichtlich kann dieses Verfahren jedoch zu einer Fehleinschätzung des tatsächlichen Verbrauchs führen: Ging der Verbrauch zunächst von 1.000 über 800 auf 600 Einheiten von M_1 zurück, so stieg er anschließend sprunghaft auf 1.200 und dann sogar auf 1.400 Einheiten an. Es besteht also eine gewisse Wahrscheinlichkeit, dass der steigende Trend sich fortsetzt und der tatsächliche Bruttobedarf weit über 1.000 Einheiten liegt.

Derartige Fehler lassen sich durch verfeinerte statistische Verfahren vermeiden: Im einfachsten Fall wird ein **gleitender Durchschnitt** berechnet; weiterhin werden Verfahren der **exponentiellen Glättung** oder – bei Vorliegen von Trends wie in diesem Beispiel – Verfahren der **linearen Regression** eingesetzt.[1] Die Grundproblematik der verbrauchsorientierten Bedarfsermittlung bleibt jedoch trotz verfeinerter Verfahren bestehen: Es werden Vergangenheitswerte extrapoliert, ohne die Ursachen der Verbrauchsschwankungen in der Vergangenheit (z. B. Absatzschwankungen durch Konjunkturänderungen) und mögliche zukünftige Entwicklungen (z. B. geänderte Fertigungsverfahren) zu berücksichtigen. Will man vermeiden, dass bestimmte Materialien aufgrund eines unerwartet hohen Verbrauchs plötzlich nicht mehr verfügbar sind, so müssen deshalb höhere Sicherheitsbestände vorrätig gehalten werden.

3.4.2.3 Materialklassifizierung mit Hilfe der ABC-Analyse

Die programmorientierte Bedarfsermittlung erfordert hohen Planungsaufwand und damit hohe Planungskosten. Die verbrauchsorientierten Verfahren benötigen dagegen

---

[1] Vgl. dazu ausführlich Corsten/Gössinger, Produktionswirtschaft, 2016, S. 455 ff.

zwar weniger Planungsaufwand, verlangen aber höhere Sicherheitsbestände im Lager. Höhere Sicherheitsbestände bedeuten wiederum vermehrten Lagerplatzbedarf und damit höhere Lagerkosten. Vor allen Dingen bedeuten sie jedoch höhere Finanzierungskosten, weil das im Lager gebundene Kapital „totes" Kapital ist, das Zinskosten nach sich zieht.

Die **Zinskosten** sind ein sehr wichtiger **Bestandteil** der **Lagerkosten**. Sie verhalten sich proportional zum Wert des eingelagerten Materials. Ein Unternehmen, das Gold und Kupfer verarbeitet, wird die Lagerbestände an Gold minimieren, um Zinskosten zu reduzieren. Die Sicherheitsbestände sind klein; die Materialbedarfsprognose muss präzise, d. h. programmgesteuert, sein. Bei der Einlagerung von Kupfer fallen die Zinskosten vergleichsweise weniger ins Gewicht. Hier bevorzugt man die ungenauere Prognoserechnung mit den geringeren Planungskosten (verbrauchsgebundene Prognose).

Eine **differenziertere Behandlung einzelner Materialarten** ist in vereinfachter Form möglich, wenn der **Wert einzelner Materialarten** (und damit ihre Lagerkosten) ins Verhältnis zu ihrem mengenmäßigen Bedarf (und damit ihren Planungskosten) gesetzt wird. Während dabei teurere, in geringen Mengen benötigte Materialien eher programmorientiert beschafft werden sollten (Lagerkosteneinsparung > Planungsmehrkosten), sollte die Beschaffung billiger, in großen Mengen benötigter Materialien eher verbrauchsorientiert erfolgen (Planungskosteneinsparung > Lagermehrkosten).

Eine einfache Methode der Materialklassifizierung stellt die **ABC-Analyse** dar.[1]

> Mit der **ABC-Analyse** wird das Materialsortiment in A-Güter, B-Güter und C-Güter eingeteilt. Dabei stellen A-Güter Materialien mit hohem Wertanteil, C-Güter Materialien mit niedrigem Wertanteil und B-Güter die dazwischen liegenden Güter dar.

Zunächst wird für jede Materialart ihr Periodenverbrauch in Geldeinheiten ermittelt, indem die jeweilige Periodenverbrauchsmenge mit dem jeweiligen Preis multipliziert wird. Der so ermittelte wertmäßige Verbrauch wird anschließend ins Verhältnis zum wertmäßigen Gesamtverbrauch gesetzt. Dies führt zum prozentualen Verbrauch der einzelnen Materialarten in der jeweiligen Periode. Schließlich werden die einzelnen Materialarten nach ihrem Prozentanteil am wertmäßigen Verbrauch in absteigender Reihenfolge sortiert, wie ein Beispiel im **zugehörigen Übungsbuch** zeigt. (ÜB 3/66)

Ob eine bestimmte Materialart in die A-, B- oder C-Kategorie gehört, hängt von der **Festlegung der Grenzwerte im Hinblick auf den Wertanteil** ab, die auf Konventionen beruht, letztlich also willkürlich erfolgt. Oft ergeben sich aber anhand der Rangfolge Anhaltspunkte für eine sinnvolle Festlegung der Grenzwerte. Häufig stützen sich ABC-Analysen auf folgende **Einteilungskonvention**:

Materialart	festzulegender Wertanteil in %	idealtypischer Mengenanteil in %
A-Güter	ca. 80 %	ca. 10 %
B-Güter	ca. 15 %	ca. 20 %
C-Güter	ca. 5 %	ca. 70 %

Abb. 54: ABC-Analyse

---

[1] Die ABC-Analyse kann z. B. auch im Vertrieb bei der Analyse der Kunden eingesetzt werden.

Die erste Zeile der Tabelle besagt beispielsweise, dass die Summe der A-Güter ca. 80 % des wertmäßigen Periodenbedarfs repräsentiert, ihr Anteil an der Gesamtzahl der benötigten Materialarten jedoch **idealtypisch** nur bei ca. 10 % liegt.

Die Ergebnisse der ABC-Analyse lassen sich auch graphisch, entweder in Form einer Konzentrationskurve bzw. Lorenzkurve oder als Balkendiagramm, darstellen.

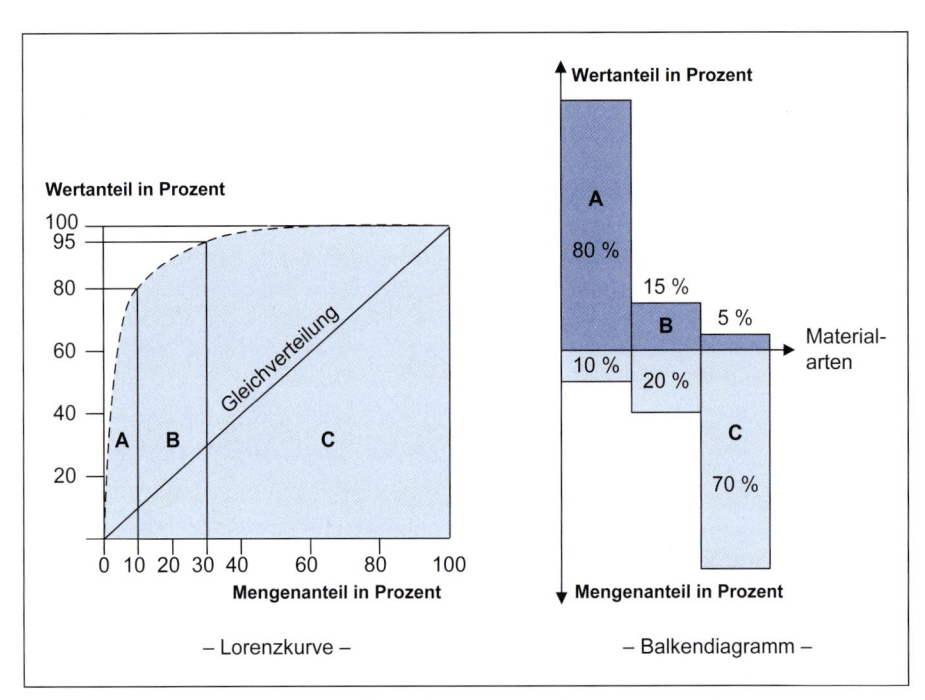

Abb. 55: Darstellung der Wert- und Mengenanteile

Nach den konventionellen Annahmen der ABC-Analyse sollen

- **A-Güter** möglichst **programmgesteuert**
- **B-Güter** mit **verbrauchsorientierten Verfahren**
- **C-Güter** auf der Grundlage **gröberer Schätzungen**

disponiert werden.

Die ABC-Analyse ist in der betrieblichen Planungspraxis weit verbreitet. Dem Vorteil der Einfachheit stehen **methodische Schwächen** gegenüber: Zu bemängeln ist beispielsweise die Tatsache, dass nicht alle Lagerkostenarten (z. B. Raumkosten) wertabhängig sind. Besonders häufig wird in der Literatur[1] die Beliebigkeit der Klassenbildung kritisiert.

3.4.3 Beschaffungsmarktforschung und Lieferantenauswahl

Steht fest, welche Materialien in welcher Menge benötigt werden, stellt sich die Frage nach der Auswahl des/der besten Lieferanten. Bei einer **kurzfristigen Beschaffungsentscheidung** lässt sich diese Frage leicht beantworten: Bei gegebener Bedarfsmenge

---

[1] Vgl. Tempelmeier, H., Material-Logistik, 2008, S. 10.

und gegebener Materialqualität sollte der Lieferant den Zuschlag erhalten, bei dem die **Beschaffungskosten** des bestellenden Unternehmens, bestehend aus

- Einkaufspreis
- Transportkosten

minimiert werden.

Die – kurzfristige – Kostenminimierung garantiert aber nicht in jedem Fall die Erreichung des **langfristigen Gewinnmaximums**. Kommt es zu Versorgungsengpässen, wird der Nachfrager das Nachsehen haben, der keine langfristige Lieferbeziehung aufgebaut, sondern von Fall zu Fall den billigsten Lieferanten ausgewählt hat. Qualitätsmerkmale gibt es nicht nur für das Material, sondern auch für die Lieferanten: Ein Großlieferant, der sich flexibel den Bedarfsschwankungen des Nachfragers anpassen kann, nimmt in der Prioritätsskala des nachfragenden Unternehmens einen höheren Stellenwert ein als ein Kleinanbieter, der bei stoßweiser Nachfrage im Saisongeschäft mangels eigener Produktionskapazität schnell in Lieferschwierigkeiten kommt.

Man sieht also, dass der Aufbau langfristiger Lieferbeziehungen notwendig und damit die **Lieferantenauswahl** ein **strategisches Entscheidungsproblem** ist. Die strategische Lieferantenauswahl, man spricht von **Beschaffungsmarketing**, vollzieht sich in zwei Stufen: Zunächst wird der **Markt sondiert** und festgestellt, welche Lieferanten für die jeweilige Materialart überhaupt in die engere Wahl kommen. Bei dieser **Vorauswahl** spielen qualitativ-technische, räumliche und quantitative, insb. kapazitätsbezogene, Lieferantenkriterien eine herausragende Rolle.

Bewertungskriterien	Gewichtungsziffer	Alternative A (B, C ...)	
		Punktzahl	Punktwert
Finanzielle Kriterien			
Einstandspreis	☐	•	◦
Transportkosten	☐	•	◦
Zahlungsbedingungen	☐	•	◦
...			
Materialqualität			
Technische Standards	☐	•	◦
Umweltverträglichkeit	☐	•	◦
...			
Lieferantenqualität			
Termintreue	☐	•	◦
Flexibilität	☐	•	◦
Innovationsfähigkeit	☐	•	◦
...			
Gesamtpunktwert			◦◦◦

Abb. 56: Lieferantenauswahlsystem

Nach dieser ersten Vorauswahl verbleiben meist fünf bis zehn oder mehr Lieferanten, die sich zum Aufbau einer langfristigen Lieferbeziehung grundsätzlich eignen. Dieser begrenzte Kreis von Kandidaten wird auf einer **zweiten Auswahlebene** einer genauen Analyse unterzogen. Dabei kann man sich eines **Scoringmodells** bedienen, d.h. eines **Punktbewertungssystems**, das etwa folgendermaßen aufgebaut ist: In der Kopfzeile werden die möglichen Lieferanten A, B, C, in der Vorspalte die möglichst überschneidungsfreien Entscheidungskriterien aufgeführt (vgl. **Abb. 56**). Ein vorrangiges (nachrangiges) Entscheidungskriterium erhält eine hohe (niedrige) Gewichtungsziffer ☐. Jeder Lieferant erhält für jedes Kriterium einen Punktwert • einer Skala, die von 1 bis 5 oder 1 bis 10 reicht. Der lieferantenindividuelle Punktwert • wird mit der Gewichtungsziffer ☐ multipliziert. Der Lieferant mit dem höchsten (gewichteten) Gesamtpunktwert ☐•☐• rangiert auf Platz 1.

Steht die Lieferantenrangreihe fest, muss entschieden werden, ob der Gesamtbedarf bei einem oder mehreren Lieferanten gedeckt werden soll. Diese Entscheidung hängt von Faktoren wie Marktmacht des Einkäufers, Marktmacht der Lieferanten, Risiko von Versorgungsengpässen (→ Risikodiversifikation) usw. ab.

3.4.4 Lagerplanung

Im Rahmen der Bedarfsermittlung wurde für jede Materialart festgestellt, wie hoch der Gesamtbedarf B für eine Planungsperiode, z. B. ein Jahr, ist. Außerdem ist entschieden, bei welchen Lieferanten das jeweilige Material eingekauft werden soll.

Offen ist jetzt noch die Frage, ob der **Periodenbedarf B** durch

- **eine große Bestellung**
- **mehrere kleine Bestellungen** (und in diesem Fall durch wie viele Bestellungen in der Periode)

gedeckt werden soll.

Im ersten Fall benötigt man große, im zweiten Fall geringere Lagerkapazitäten. Lagerhaltung verursacht Kosten, z. B. Raumkosten, Zinskosten und Versicherungskosten. Auch muss berücksichtigt werden, dass Material bei Lagerung einer Qualitätsminderung unterliegen kann. Trotzdem kann es sich kaum ein Unternehmen leisten, auf Lagerhaltung zu verzichten, weil hiermit wichtige Funktionen erfüllt werden:

(1) Die **Ausgleichsfunktion** sichert die Überbrückung von Mengen- und Zeitdifferenzen, die sich zwischen Beschaffung und Fertigung auftun.[1]
(2) Im Rahmen der **Sicherungsfunktion** werden vorsichtsbedingte Pufferbestände aufgebaut, um eventuellen Versorgungsengpässen vorzubeugen.
(3) Im Zuge der **Spekulationsfunktion** werden Lagerbestände bei drohenden Preiserhöhungen aufgestockt.
(4) Für einige Güter erfüllt die Lagerhaltung eine **Reifefunktion** (Umformungsfunktion), weil diese (wie z. B. Tabak, Holz, Wein) noch trocknen oder reifen müssen.

Ein erläuterndes Beispiel findet sich im zugehörigen Übungsbuch. (**ÜB 3**/56–57)

In Produktionsbetrieben[2] orientiert sich die Lagerhaltung an der Fertigungsabfolge:

---

[1] Nur bei leitungsgebundener Versorgung (z. B. Gas oder Wasser) entfällt die Ausgleichsfunktion.
[2] In Handelsbetrieben gibt es nur das Warenlager.

Fertigungs-prozess	●━━━━━━━━━━━━━━━━━━━━━━━━━▶			
Lagerart	Eingangslager	Handlager	Zwischenlager	Ausgangslager
Lager-gegenstand	Material	Material	Halbfabrikate	Fertigfabrikate
Lagerort	Sammellager Einkauf	vor jeweiligem Arbeitsplatz	zwischen einzelnen Fertigungs-stufen	Sammellager Verkauf

Abb. 57: Lagerarten

Im Rahmen der Lagerplanung sind
- **langfristige Entscheidungen** zum Aufbau der Lagerkapazitäten
- **kurzfristige Entscheidungen** zur Optimierung der Bestellmenge

zu treffen, die im Folgenden behandelt werden.

3.4.4.1 Langfristige Lagerkapazitätsplanung

Die langfristige Lagerplanung erstreckt sich im Wesentlichen auf die Teilbereiche Lagerkapazität, Lagerstandort und Lagerausstattung (vgl. **Abb. 58**).

Langfristige Lagerplanung		
(1) Lagerkapazität	**(2) Lagerstandort**	**(3) Lagerausstattung**
Abhängig von • Produktionsprogramm • Bestellmengenpolitik • Just-in-Time • Fläche	Abhängig von • Zentralisierung • räumlichem Ablauf der Fertigung	Abhängig von • Lagergut • Flächenverfügbarkeit

Abb. 58: Teilbereiche langfristiger Lagerplanung

Die Entscheidung über die **(1) Lagerkapazität** hängt letzten Endes von der strategischen Produktionsprogrammplanung ab, die ihrerseits den Rahmen für die Materialbedarfsplanung vorgibt.

Die Wahl des **(2) Lagerstandorts** unterliegt grundsätzlich denselben Erwägungen wie andere Entscheidungen im Bereich der innerbetrieblichen Standortwahl. Reduziert man – wie dort erläutert – das Ziel der Kostenminimierung im Produktionsbereich auf das Ziel der Minimierung der Transportwege, so können die Standardmodelle der innerbetrieblichen Standortwahl Verwendung finden. Durch die Anwendung dieser Verfahren wird der Lagerstandort so gewählt, dass die im Laufe der Planungsperiode zurückzulegenden Transportwege minimiert werden.

Sollen jedoch weitere kostenbestimmende Faktoren (Höhe der Transportkosten je transportierter Menge, Berücksichtigung der Anlieferungsmöglichkeiten an die Eingangswarenlager usw.) berücksichtigt werden, so sind umfassendere Modelle erforderlich. Das gilt insb. dann, wenn berücksichtigt wird, dass statt eines einzelnen, **zentralen** Lagers auch mehrere kleinere **dezentrale** Lager errichtet werden können. Während zentrale Lager die Lagerkosten beispielsweise durch eine erleichterte Bestandskontrolle, geringere Mindestbestände und geringeren Personalaufwand vermindern können, führen dezentrale Lager i. d. R. zu niedrigeren Transportkosten. In einem solchen Fall bedarf die Planung des Lagerstandorts eines komplexeren Planungsmodells, in dem sämtliche Kosten (z. B. auch für die Vorhaltung von Mindestbeständen) berücksichtigt werden.

Bei der **(3) Lagerausstattung und -organisation** ist abhängig von den Eigenschaften des zu lagernden Gutes festzulegen, ob die Lagerhaltung im Freien **(Freilager)**, in geschlossenen Gebäuden **(Gebäudelager)** oder in speziellen Vorrichtungen (Tank, Silo oder Bunker) erfolgen soll. Weiterhin muss entschieden werden, in welcher technischen Form die Lagerung organisiert werden soll. So kann beispielsweise das Material ohne weitere Vorrichtungen am Boden **(Bodenlagerung)** oder in Regalen gelagert werden **(Fachregallagerung)**. Regale wiederum können so gebaut werden, dass sie direkt von Gabelstaplern befahren werden können **(Einfahrregal)** oder Teil komplexer Regalsysteme – z. B. in Form von **Hochregallagern**, mit deren Hilfe die benötigte Grundfläche des Lagers verkleinert wird, – sind. Auch bei der Entscheidung für ein bestimmtes Lagersystem steht das Ziel der Minimierung der Lagerkosten unter Berücksichtigung von Be- und Entladevorgängen im Vordergrund.

3.4.4.2 Kurzfristige Bestellmengenplanung

Mit Hilfe der Materialbedarfsermittlung wurde für die einzelnen Materialarten der Gesamtbedarf B für die Planungsperiode ermittelt. Mit der Auswahl der Lieferanten wurde festgelegt, bei wem der betreffende Bedarf gedeckt werden kann. Auch Lager stehen nun mit ausreichender Kapazität und notwendiger Ausstattung zur Verfügung. Zur Bereitstellung des benötigten Materials muss nunmehr die konkrete Bestellung vorgenommen werden.

Nur in den seltensten Fällen wird die für den Planungszeitraum, z. B. ein Jahr, ermittelte **Bedarfsmenge B** auf einmal bestellt werden, da in einem solchen Fall der anfängliche Lagerbestand und somit auch die Lagerkosten zu hoch sein würden. Sinnvoller ist es, im Laufe des Jahres mehrmals – beispielsweise zu Beginn jedes Quartals – zu bestellen. Die jeweilige **Bestellmenge** und die Bedarfsmenge der Gesamtperiode fallen dabei auseinander: Wird jedes Quartal derselbe Teil des Jahresbedarfs bestellt, so beträgt die Bestellmenge ein Viertel der (jährlichen) Bedarfsmenge. Bezeichnet man mit B den mengenmäßigen Bedarf für ein Jahr, mit **m die (gleichbleibende) Bestellmenge** und mit **h die Bestellhäufigkeit**, so gilt der folgende einfache Zusammenhang zwischen Bedarfs- und Bestellmenge:

$$B = h \cdot m$$

Jenseits von **Fehlmengenkosten**, die bei unzureichender Vorratshaltung entstehen können, setzen sich die **Gesamtkosten der Beschaffung** folgendermaßen zusammen:

3. Produktionsplanung

Gesamtkosten der Beschaffung

unmittelbare Beschaffung	mittelbare Beschaffung	Lagerkosten
• Mengen • Einkaufspreise	• bestellfixe Kosten (Kosten eines Bestellvorgangs)	• Raumkosten • Versicherungskosten • Zinskosten • sonstige Kosten

Abb. 59: Gesamtkosten der Beschaffung

Die **bestellfixen Kosten** fallen bei jeder Bestellung an. Dabei spielt die Größe der Bestellung keine Rolle. Zu den bestellfixen Kosten zählen u. a. Kosten des Einkaufsvorgangs und der Warenannahme (z. B. Materialprüfung). Die **Lagerkosten** hängen hingegen unmittelbar von dem durchschnittlich im Lager befindlichen Materialbestand (durchschnittlich gebundenes Kapital) ab.

Steigende Bestellmengen (m = Menge pro Einzelbestellung) haben somit zur Folge, dass die

- **bestellfixen Kosten** pro Jahr **sinken** (weniger Einzelbestellungen)
- **Lagerkosten steigen** (erhöhter durchschnittlicher Lagerbestand).

Lagerkosten und bestellfixe Kosten weisen also eine gegenläufige Tendenz auf. Die **optimale Bestellmenge** ist die kritische Menge, bei der die **Gesamtkosten der Beschaffung** (des Jahresbedarfs) das **Minimum** erreichen. Das Grundmodell zur Ermittlung der optimalen Bestellmenge m_{opt} verwendet folgende Symbole:

B = Jahresbedarf
p = Preis pro Mengeneinheit
K_f = Bestellfixe Kosten (bestellmengenunabhängige Kosten je Bestellung)
q = Zins- und Lagerkostensatz in % des Materialwertes
K = Gesamtkosten der Beschaffungen pro Jahr
m = Bestellmenge
m_{opt} = **optimale Bestellmenge**

Gesamtkosten/Jahr		unmittelbare Beschaffungskosten/Jahr		mittelbare Beschaffungskosten/Jahr		Lagerkosten/Jahr
K	=	$B \cdot p$	+	$K_f \cdot \dfrac{B}{m}$	+	$\dfrac{m \cdot p}{2} \cdot q$

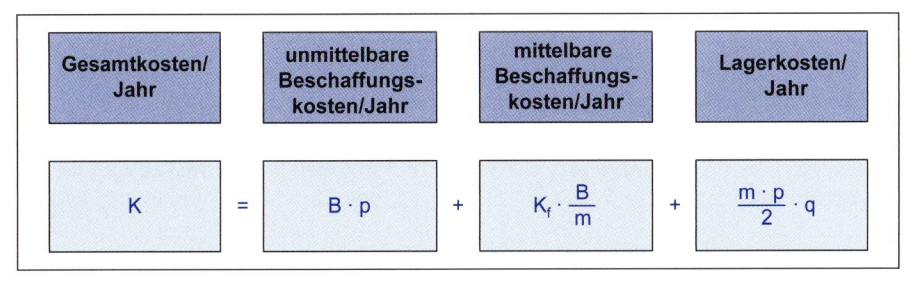

Abb. 60: Grundgleichung zur Bestimmung der optimalen Bestellmenge

Das **Kostenminimum** lässt sich **ermitteln**, indem die erste Ableitung der Kostenfunktion nach der Bestellmenge m vorgenommen und gleich null gesetzt wird:

$$\frac{dK}{dm} = -\frac{B \cdot K_f}{m^2} + \frac{p \cdot q}{2} = 0$$

Die **Formel für die optimale Bestellmenge** ergibt sich nunmehr durch Auflösung der Gleichung nach m:

$$m_{opt} = \sqrt{\frac{2 \cdot B \cdot K_f}{p \cdot q}}$$

Beispiel: Beträgt der Jahresbedarf 20.000 Stück, kostet eine Materialeinheit 200 EUR, liegen die bestellfixen Kosten pro Bestellung bei 500 EUR, die Lagerkosten bei 3 % und die Zinskosten bei 7 %, so errechnet sich die optimale Bestellmenge wie folgt:

$$m_{opt} = \sqrt{\frac{2 \cdot 20.000 \cdot 500}{200 \cdot (0,03 + 0,07)}} = 1.000 \text{ Stück}$$

Das Grundmodell der optimalen Bestellmenge geht von vielen **vereinfachenden Annahmen** aus:

(1) Die Planungsperiode beträgt 1 Jahr, der Jahresbedarf ist bekannt.
(2) Der Materialverbrauch erfolgt kontinuierlich, also in stets gleichbleibender Höhe.
(3) Die Beschaffungsgeschwindigkeit ist unendlich groß.
(4) Es gibt keinen Materialausschuss, keinen Schwund und keinen Verderb.
(5) Der Preis pro Stück ist immer gleich; er schwankt weder im Laufe des Jahres noch in Abhängigkeit von der Bestellmenge (kein Mengenrabatt).
(6) Es gibt keine finanziellen Restriktionen (beliebig hohe Kreditaufnahme ist möglich), und die Zinskosten sind stets konstant.
(7) Es gibt keine Lagerraumbeschränkungen.
(8) Die Lagerkosten fallen proportional zum Wert der Lagermenge an.
(9) Die bestellfixen Kosten sind unabhängig von der Höhe der Bestellmenge, so dass beispielsweise die Transportkosten vom Lieferanten zum Unternehmen unabhängig von der gelieferten Menge immer gleich sind.
(10) Es gibt keine Abnahmevorschriften von Seiten des Lieferanten, wie z. B. Mindestabnahmemengen.

Die Aufzählung macht deutlich, wie **weit** das Grundmodell der optimalen Bestellmenge **von der Realität entfernt** ist. Man kann versuchen, bestimmte Annahmen aufzuheben und so zu besseren Modellen zu kommen. Man bezahlt dafür jedoch mit einem höheren Planungs- und Rechenaufwand. So existieren beispielsweise Erweiterungen des Grundmodells der optimalen Bestellmenge, bei denen mengenabhängige Beschaffungskosten (Mengenrabatte), beschränkte Lagerkapazitäten oder fixe Lagerkosten berücksichtigt werden.[1] Bei noch umfassenderen Modellen werden explizit die Zeit

---

[1] Vgl. Corsten/Gössinger, Produktionswirtschaft, 2016, S. 497 ff.

(dynamisch-deterministische Modelle) oder die Unsicherheit hinsichtlich des Eintretens bestimmter zukünftiger Ereignisse (stochastische Modelle) erfasst.[1]

Häufig lohnt es sich jedoch nicht, derartig **komplizierte Modelle** zu verwenden; schließlich gelingt es nur in wenigen Fällen und das mit erheblichem Aufwand, ein tatsächlich realitätsgetreues Modell zu konstruieren. Deshalb behilft man sich mit Näherungslösungen (Heuristiken), die zwar keine optimalen, jedoch relativ gute Lösungen bei begrenztem Planungsaufwand liefern. Typische Beispiele dafür sind **flexible Bestellstrategien**, bei denen insb. das

(a) **Bestellpunktsystem**
(b) **Bestellrhythmussystem**

Anwendung finden. Beide Systeme gehen von der Grundgleichung für die Beschaffungsplanung aus, nach der der Materialbedarf B gleich dem Produkt aus **Bestellmenge m und Bestellhäufigkeit h** ist. Im Gegensatz zum Grundmodell der optimalen Bestellmenge heben sie jedoch die Annahme (2), nach der der Verbrauch während der Planungsperiode gleichmäßig erfolgt, auf. Man kennt zwar die geplante Produktionsmenge und somit auch für jede Materialart die (Jahres-)Bedarfsmenge B. Angesichts der Verbrauchsschwankungen ist aber die Lagerentnahmemenge in den einzelnen Kalenderwochen nicht prognostizierbar. Die beiden in der Praxis entwickelten Systeme gehen von einer gegebenen Bedarfsmenge B aus. Sie setzen einen der beiden Parameter m bzw. h in Abhängigkeit von den Verbrauchsschwankungen.

Beim (a) **Bestellpunktsystem** wird die Bestellmenge m – ermittelt beispielsweise mit Hilfe des Grundmodells der optimalen Bestellmenge – fixiert, der Bestellzeitpunkt jedoch zunächst offengelassen. Bestellt wird immer dann, wenn ein bestimmter **Meldebestand** als Mindestbestand des Lagers erreicht ist. Dieser Meldebestand berücksichtigt die normale Lieferzeit, während die Produktion fortgesetzt wird, und damit auch den dafür benötigten Materialbedarf. Zusätzlich wird eine Sicherheitsreserve für unerwartet höheren Verbrauch oder Lieferfristüberschreitungen eingeplant.

Beim (b) **Bestellrhythmussystem** wird der umgekehrte Weg gewählt: Die Bestellzeitpunkte und damit der Bestellrhythmus werden festgelegt, und die Bestellmenge wird in Abhängigkeit vom tatsächlichen Verbrauch variiert. Sie errechnet sich, indem bei jedem Bestellvorgang so viel bestellt wird, dass unter Berücksichtigung des jeweils noch vorhandenen Lagerbestands und der normalen Lieferfrist das Lager bis an seine Kapazitätsgrenze bzw. bis zu einem festgelegten Höchstbestand gefüllt wird. Damit können beide Systeme bei sehr geringem Planungsaufwand sowohl Verbrauchsschwankungen als auch implizit Sicherheitsbestände (eiserne Reserven), Fehlmengen oder beschränkte Lagerkapazitäten berücksichtigen und so wesentlich realitätsnähere Ergebnisse als das Grundmodell der optimalen Bestellmenge liefern. (ÜB 3/55–64)

---

[1] Vgl. Schneeweiß, C., Lagerhaltungssysteme, 1981, S. 41 ff.

3.5 Fertigungsplanung

Die Fertigungsplanung bezieht sich auf die Festlegung der Aufbauorganisation und der Ablauforganisation der Fertigung:

- Gegenstand der **Aufbauorganisation** sind die Rahmenentscheidungen zur Festlegung von **Fertigungsverfahren**. Die Entscheidungen binden das Unternehmen langfristig und werden folglich auf der **strategischen Ebene** getroffen.
- Gegenstand der **Ablauforganisation** ist die **zeitliche Optimierung** des Fertigungsablaufs. Diese Entscheidungen werden kurzfristig, d.h. auf der Basis gegebener Fertigungsverfahren und -kapazitäten, getroffen. Sie sind also auf der **operativen Ebene** angesiedelt.

3.5.1 Fertigungsverfahren

Die Festlegung des Fertigungsverfahrens und der Organisation der Fertigung erfolgt im Rahmen der **langfristigen Produktionsprogrammplanung**, da das Unternehmen auch an diese Entscheidungen langfristig gebunden ist. Die Fertigungsverfahren lassen sich nach verschiedenen Kriterien einteilen. Zunächst sollen sie danach differenziert werden, wie viele Produkte der gleichen Art nacheinander hergestellt werden:

Art des Verfahrens	Charakteristikum	Beispiel
Einzelfertigung	einzelne Stücke oder Aufträge	Maßanzug, Architektenhaus
Serienfertigung	mehrere Einheiten verschiedener Produkte auf unterschiedlichen Anlagen	PKW und LKW, Fertighaus
Sortenfertigung	mehrere Einheiten verschiedener Produkte auf gleichen Anlagen	Kollektion Wintermäntel, Bücher
Massenfertigung	sehr große Mengen eines Produktes (mehrerer Produkte) auf gleichen Anlagen	Bier, Koks

Abb. 61: Fertigungsverfahren nach Zahl der Produkte

Eine weitere Einteilung der Fertigungsverfahren richtet sich nach der **organisatorischen Gestaltung** des Fertigungsablaufs. Dabei geht es um die Frage, ob bei der Planung eher eine Orientierung an den Arbeitsgängen (Verrichtungsorientierung) oder eher am Fertigungsablauf für die einzelnen Produkte (Produkt- oder Objektorientierung) erfolgt:

Werden die Betriebsmittel im Hinblick auf die Optimierung einzelner Arbeitsgänge angeordnet, so kommt man zum Extremtyp der **Werkstattfertigung**. Dabei werden die Betriebsmittel und Arbeitsplätze nach dem **Verrichtungsprinzip** zu einzelnen Werkstätten (z.B. Tischlerei, Lackiererei oder Schlosserei) zusammengefasst.

Orientiert sich die Aufstellung der Betriebsmittel hingegen im Wesentlichen am Fertigungsablauf einzelner Produkte, gelangt man zum anderen Extremfall der **Fließfertigung**. Die Betriebsmittel und Arbeitsplätze werden hier so angeordnet, dass das einzelne Produkt die Fertigung möglichst ohne Unterbrechung und mit möglichst wenigen Zwischentransporten durchläuft. Die Planung orientiert sich hier am **Produkt- oder Objektprinzip**. Die konsequenteste Ausprägung der Fließfertigung stellt die **Fließbandfertigung** z. B. bei der Montage von Autos dar, bei der die Werkstücke mit Hilfe von Fließbändern von Arbeitsplatz zu Arbeitsplatz befördert werden.

Zwischen diesen beiden Organisationsformen der Fertigung stehen Zwischenformen wie z. B. die **Gruppenfertigung**, bei der zwar die Produktionsmittel für einzelne Fertigungsschritte ähnlich der Werkstattfertigung zu Gruppen (sog. Fließinseln) zusammengefasst werden, innerhalb der einzelnen Gruppen jedoch eine Aufstellung nach dem Arbeitsgang (Objektorientierung wie bei der Fließfertigung) erfolgt.

Stark beeinflusst wird die Fertigungsplanung auch von der Frage, ob es sich um einen **ortsgebundenen oder** um einen **nicht ortsgebundenen Fertigungstyp** handelt. Eine ortsgebundene Fertigung liegt vor, wenn nicht das Produkt zu den Betriebsmitteln, sondern die Betriebsmittel zum Produkt transportiert werden müssen. Das ist beispielsweise bei der **Baustellenfertigung** oder bei sehr großen und damit schwer beweglichen Produkten (Schiffbau, Großmaschinenbau) der Fall. Weitere Einteilungskriterien betreffen beispielsweise die Frage, ob eine auftrags- oder marktorientierte Fertigung erfolgt, ob Investitions- oder Konsumgüter gefertigt werden oder ob eher material-, arbeits- oder kapitalintensiv gefertigt wird.

Fertigungstypen lassen sich also vor allem folgendermaßen systematisieren:

Fertigungstypen		
nach Anzahl und Gleichartigkeit der gefertigten Produkte	**nach Organisation der Fertigung**	**nach Ortsabhängigkeit der Fertigung**
• Einzelfertigung • Serienfertigung • Sortenfertigung • Massenfertigung	• Werkstattfertigung • Gruppenfertigung • Fließfertigung	• ortsgebundene Fertigung • nicht ortsgebundene Fertigung

Abb. 62: Systematisierung von Fertigungstypen

Wie gelangt man zur **optimalen Gestaltung** der **Fertigungstypen**? Da die Erlösseite i. A. von der Wahl des Fertigungstyps unabhängig ist, orientiert sich die Entscheidung am **Kostenminimum**. Vergleicht man die beiden Extremtypen Werkstattfertigung und Fließfertigung, sind die in **Abb. 63** aufgeführten Kriterien zu berücksichtigen.

Zusammenfassend lässt sich etwas vereinfachend sagen, dass sich die Werkstattfertigung gegenüber der Fließfertigung durch geringere Investitions- bzw. Kapitalkosten, jedoch höhere laufende Kosten (Personalkosten, Transportkosten und Leerkosten) auszeichnet. Je höher die zu fertigende Stückzahl, desto eher lohnen auch die hohen Investitionen für eine Fließfertigung, da hierbei die höheren einmaligen Kosten innerhalb der Produktionszeit durch die geringeren laufenden Kosten überkompensiert werden.

Kriterium \ Fertigungstyp	Werkstattfertigung	Fließfertigung
Kapitalintensität und -kosten	niedrig	hoch
Personalqualifikation	hoch	niedrig
Arbeitsintensität/-belastung	hoch	niedrig
Lohnstückkosten	hoch	niedrig
Transportwege	lang	kurz
Leerkosten durch Fehl- und Wartezeiten	hoch	niedrig
Fixkostenanteil	niedrig	hoch
Flexibilität	hoch	niedrig

Abb. 63: Kostenmerkmale der Werkstatt- und Fließfertigung

Naheliegenderweise findet daher die **Fließfertigung** insb. im Bereich der **Sorten- und Massenproduktion** Anwendung, während die **Werkstattfertigung** vor allem für die **Einzel- und Serienfertigung** geeignet ist.

Bei einer Entscheidung zwischen Werkstatt- und Fließfertigung müssen auch Risikoüberlegungen angestellt werden. Häufig ergeben sich am Absatzmarkt Bedarfsverschiebungen, die schwer bzw. nicht vorhersehbar sind. Anpassungen an unerwartete Änderungen des Produktionsprogramms können bei Werkstattfertigung besser und schneller erfolgen als bei Fließfertigung. Auch konjunkturell bedingten Schwankungen der Produktionsmenge kann die Werkstattfertigung weitaus besser Rechnung tragen. Diese **Flexibilität** ist wohl der größte **Vorteil** der **Werkstattfertigung**. (ÜB 3/67–69)

3.5.2 Produktionsablaufplanung

3.5.2.1 Überblick

An dieser Stelle ist ein Planungsstadium erreicht, in dem über das Produktionsprogramm entschieden ist, die Fertigungsverfahren festliegen, die Betriebsmittel installiert und die Aufträge angenommen sind und ihrer Erledigung harren. Zu entscheiden ist jetzt die Frage, in welcher zeitlichen Abfolge die Aufträge abgewickelt werden sollen. Hat die Auftragsabfolge keinen Einfluss auf die Erlösseite, orientiert man sich am Ziel der Kostenminimierung.

Bei der Sortenfertigung, bei der eine Fertigungsstelle, z. B. eine Näherei, von mehreren Sorten, z. B. Hemden und Hosen, beansprucht wird, stellt sich die Frage, ob der gesamte Jahresbedarf an Hemden bzw. Hosen hintereinander produziert werden soll oder ob der Jahresbedarf in kleinere **Fertigungslose** zerlegt wird, die umschichtig die Fertigungsstelle durchlaufen. Dieses Problem wird unter dem Stichwort **„Optimierung der Losgrößen"** erörtert und im Unterkapitel 3.5.2.2 behandelt.

Bei der Planung der Fertigungsfolge soll im Endergebnis entschieden werden, dass beispielsweise der Auftrag A in der Fertigungsstelle F am 30. Mai von 10 Uhr bis 13 Uhr bearbeitet wird. Vorstufe zur Erreichung dieses Planungsziels ist eine **grobe Terminplanung** – noch ohne Berücksichtigung möglicher Kapazitätsengpässe. Dieser Planungsschritt wird unter dem Stichwort **„Durchlaufterminierung"** im Unterkapitel 3.5.2.3 näher betrachtet.

Im Rahmen der **Kapazitätsterminierung** (Unterkapitel 3.5.2.4) erfolgt schließlich die Abstimmung der Istkapazität mit dem Kapazitätsbedarf. Sind die Kapazitäten aufeinander abgestimmt, erfolgt eine **Terminfeinplanung**, die als Reihenfolge- oder Maschinenbelegungsplanung bezeichnet wird (Unterkapitel 3.5.2.5). Die **zeitliche Optimierung** der **Fließfertigung** wird schließlich im Unterkapitel 3.5.2.6 erläutert.

3.5.2.2 Losgrößenplanung

Bei der Sortenfertigung werden artverwandte Produkte hergestellt, welche die gleichen Betriebsmittel beanspruchen. Oben wurde das Beispiel einer Näherei erwähnt, in der Hosen und Hemden bearbeitet werden. Dabei ist zu entscheiden, ob jeweils der gesamte Jahresbedarf gefertigt wird oder ob man jeweils nur einen Monatsbedarf (Wochenbedarf) produziert, wobei der Jahresbedarf in zwölf (52) Fertigungslose zerlegt werden würde. Auch bei der damit verbundenen Festlegung der optimalen Größe des Fertigungsloses, der optimalen Losgröße, ist die Entscheidung am Ziel der **Minimierung der Produktionskosten** auszurichten. Die wichtigsten Kosten, die bei der Entscheidung zu berücksichtigen sind, sind die Rüstkosten einerseits und die Zins- und Lagerkosten andererseits.

> Unter den **Rüstkosten** versteht man alle Kosten, die durch einen Sortenwechsel verursacht werden.

Dazu gehören z. B. die **Kosten der Umrüstung** der Maschinen (durch Arbeits- oder Werkzeugeinsatz, wenn die Maschinen von der Produktion von Hosen auf die Produktion von Hemden umgestellt werden) und die durch den Produktionsausfall entstehenden indirekten Kosten in Form entgangener Gewinne, da während der Umrüstungszeit weder Hosen noch Hemden produziert und anschließend verkauft werden können **(Opportunitätskosten)**. Da die Rüstkosten bei jeder Umrüstung und damit für jedes einzelne Fertigungslos (Auflage) anfallen, werden sie auch als **auflagefixe Kosten** bezeichnet. Je seltener eine Umrüstung erfolgt und je größer damit die Fertigungslose werden, desto geringer werden die auflagefixen Kosten je produzierter Einheit. Wird jeweils der gesamte Jahresbedarf an Hosen und Hemden auf einmal produziert, sind die auflagefixen Kosten pro Stück besonders niedrig.

Auf der anderen Seite müssen sämtliche gefertigten Produkte bis zur Weiterveräußerung gelagert werden, verursachen also **Lagerkosten** und – bedingt durch das im gelagerten Material gebundene Kapital – **Zinskosten**. Erfolgt die Weiterveräußerung kontinuierlich während des Jahres, so entstehen höhere Zins- und Lagerkosten, wenn die gesamte Produktionsmenge am Jahresbeginn gefertigt und eingelagert wird, als wenn mehrmals pro Jahr kleinere Mengen gefertigt und relativ zeitnah abgesetzt werden. Sollen die Zins- und Lagerkosten pro produziertes Stück minimiert werden, so muss die jeweils gefertigte Stückzahl, also das Fertigungslos, möglichst klein sein. Im Extremfall wird jede Hose, die verkauft werden kann, unmittelbar vor dem Verkauf gefertigt und verursacht so weder Lager- noch Zinskosten. (**ÜB 3/70**)

Bei der Wahl der optimalen Losgröße ist also im Wesentlichen abzuwägen zwischen der Summe der auflagefixen Kosten einerseits, deren Reduzierung große Fertigungslose erfordert, sowie der Summe der Zins- und Lagerkosten andererseits, deren Reduzierung kleine Fertigungslose verlangt. Das einfachste Modell zur Festlegung der optimalen Losgröße ist das statische **Grundmodell der Losgrößenplanung**, auch unter dem Namen Andler'sche Losgrößenformel bekannt. Für die Darstellung dieses Modells werden folgende Symbole verwendet:

B = Jahresbedarf (Jahresabsatzmenge)
K_f = auflagefixe Kosten (Rüstkosten pro Sortenwechsel)
k_v = auflageproportionale Kosten/Stück
q = zusammengefasster Zins- und Lagerkostensatz
K = gesamte relevante Kosten der Losgrößenplanung
m = Losgröße
m_{opt} = **optimale Losgröße**

Da die **Andler'sche Losgrößenformel** stark dem Grundmodell zur Ermittlung der optimalen Bestellmenge ähnelt, kann im Wesentlichen auf die dortigen Ausführungen verwiesen werden.[1] Ähnlich wie dort ergeben sich die gesamten relevanten Kosten als Summe der auflagefixen Kosten K_f sowie der durchschnittlichen Lager- und Zinskosten.

$$K = \frac{B}{m} \cdot K_f + \frac{m \cdot k_v}{2} \cdot q$$

Wie schon bei der Berechnung der optimalen Bestellmenge lässt sich die optimale Losgröße ermitteln, indem die erste Ableitung der Kostenfunktion nach Losgröße m mit null gleichgesetzt (Ermittlung des Kostenminimums) und die entstehende Gleichung nach m aufgelöst wird:

$$m_{opt} = \sqrt{\frac{2 \cdot B \cdot K_f}{k_v \cdot q}}$$

Beispiel: Beträgt die jährliche Absatzmenge 180.000 Stück, liegen die auflagefixen Kosten bei 2.500 EUR und die Lager- und Zinskosten pro Jahr und Stück bei 9 EUR (= $k_v \cdot q$), so errechnet sich die optimale Losgröße wie folgt:

$$m_{opt} = \sqrt{\frac{2 \cdot 180.000 \cdot 2.500}{9}} = 10.000$$

Bei einem Jahresbedarf von 180.000 Stück sind die losgrößenspezifischen Stückkosten am geringsten, wenn jeweils 10.000 Stück produziert werden, bevor ein Sortenwechsel erfolgt. Insgesamt sind daher in der betreffenden Periode 18 Fertigungslose (= 180.000 Stück/10.000 Stück je Fertigungslos) zu produzieren.

Wie das Grundmodell der optimalen Bestellmenge geht auch das Grundmodell der optimalen Losgröße von einer **Fülle unrealistischer Annahmen** aus. Beispielsweise unterstellt es einen kontinuierlichen Absatz im Jahr (also z. B. kein Weihnachtsgeschäft), pro Umrüstung konstante auflagefixe Kosten und konstante Lagerkosten. Beschränkte Lagerkapazitäten werden genauso vernachlässigt wie mögliche finanzielle Restriktionen. Bessere Lösungen des Problems der optimalen Losgröße verlangen auch hier nach besseren Modellen, die z. B. mehrstufige Produktion mit oder ohne Engpässe, Bedarfsschwankungen im Zeitablauf oder eine der Höhe nach unsichere (stochastische) Jahresbedarfsmenge berücksichtigen. (**ÜB 3/71**)

---

[1] Vgl. S. 329 f.

3.5.2.3 Durchlaufterminierung

Ausgangsbasis der Durchlaufterminierung[1] sind vorgegebene Kapazitäten an Arbeitskräften und Betriebsmitteln sowie ein konkreter Auftragsbestand für den Planungszeitraum, z. B. für den Monat September. Häufig ist das Unternehmen für einzelne Aufträge an fest zugesagte Fertigstellungstermine gebunden.

> Die **Durchlaufterminierung** hat die Aufgabe, unter Beachtung technologischer Gegebenheiten der Fertigung die notwendige Bearbeitungszeit eines Auftrags zu ermitteln, damit vereinbarte Fertigstellungstermine eingehalten werden können.

Die Durchlaufterminierung ist eine – vorläufige – **Termingrobplanung**. Die Frage, ob die Fertigungskapazitäten zur Auftragsabwicklung während des Planungszeitraums ausreichen, wird zunächst ausgeblendet. Mit diesem Problem setzt sich erst das nächste Unterkapitel – 3.5.2.4 Kapazitätsterminierung – auseinander.

Ziel der Durchlaufterminierung ist die aus dem Gewinnmaximierungsprinzip abgeleitete **Kostenminimierung**. Je geringer die Durchlaufzeit für einen Auftrag ist, desto

(1) kürzer sind die Liegezeiten für Materialien und Halbfabrikate zwischen den einzelnen Fertigungsstationen **(Minimierung der Lagerkosten)**
(2) früher ist mit dem Eingang der Veräußerungserlöse zu rechnen **(Minimierung der Finanzierungskosten)**
(3) geringer ist die Gefahr des Verzugs **(Minimierung der Vertragsstrafen)**.

Somit kann die **Minimierung der Durchlaufzeiten** als operationales **Unterziel** der Durchlaufterminierung angesehen werden. Üblicher Gegenstand der Durchlaufterminierung ist ein Auftrag, der mehrere Fertigungsstufen durchläuft. So lässt sich die Durchlaufzeit auf einer Fertigungsstufe, beispielsweise der Fertigungsstufe II, nach dem in **Abb. 64** wiedergegebenen Grundmuster ermitteln. Als **Übergangszeit** ist in diesem Beispiel die Zeitspanne anzusetzen, die zwischen dem Ende der Bearbeitungszeit auf Stufe I bis zum Beginn der **Bearbeitungszeit** auf Stufe II verstreicht.

Vorgangsbezogene Durchlaufzeit (Fertigungsstufe II)	
Übergangszeit (von I nach II)	**Tatsächliche Bearbeitungszeit (Fertigungsstufe II)**
• Transportzeit • Lagerungszeit • Kontrollzeit • Rüstzeit Stufe II	Bearbeitungszeit für stufenbezogene Verrichtungen

Abb. 64: Zusammensetzung der Durchlaufzeit einer Fertigungsstufe

---

[1] Vgl. Corsten/Gössinger, Produktionswirtschaft, 2016, S. 532 ff.

Das Vorgehen bei der Durchlaufterminierung soll an einem Beispiel erläutert werden: Ein Konfektionsunternehmen hat den Auftrag, 1.000 Anzüge zu fertigen. Die Anzüge (jeweils Jackett und Hose) durchlaufen vier Fertigungsstufen. In den Fertigungsstellen (2) und (3) gibt es getrennte Arbeitsplätze für die Bearbeitung von Jacketts bzw. Hosen. H + J steht für die gemeinsame Bearbeitungszeit von Hosen und Jacketts.

Fertigungsstufe	Durchlaufzeit
(1) Zuschneiden	H + J : 2 Tage
(2) Zusammenstecken	H : 2 Tage J : 3 Tage
(3) Nähen	H : 4 Tage J : 6 Tage
(4) Bügeln	H + J : 2 Tage

Abb. 65: Durchlaufzeit (Beispiel)

Bei der Aufstellung der Durchlaufzeiten ist die logische Arbeitsfolge zu beachten, d. h. hier (1) Zuschneiden vor (2) Zusammenstecken usw. Hose und Jackett werden von einer Fertigungsstufe zur nächsten nur gemeinsam transportiert (keine Überlappung der Fertigungsstufen). Auf den einzelnen Fertigungsstufen können Hosen und Jacketts parallel bearbeitet werden. Aus **Abb. 65** lässt sich folgendes **Balkendiagramm** ableiten:

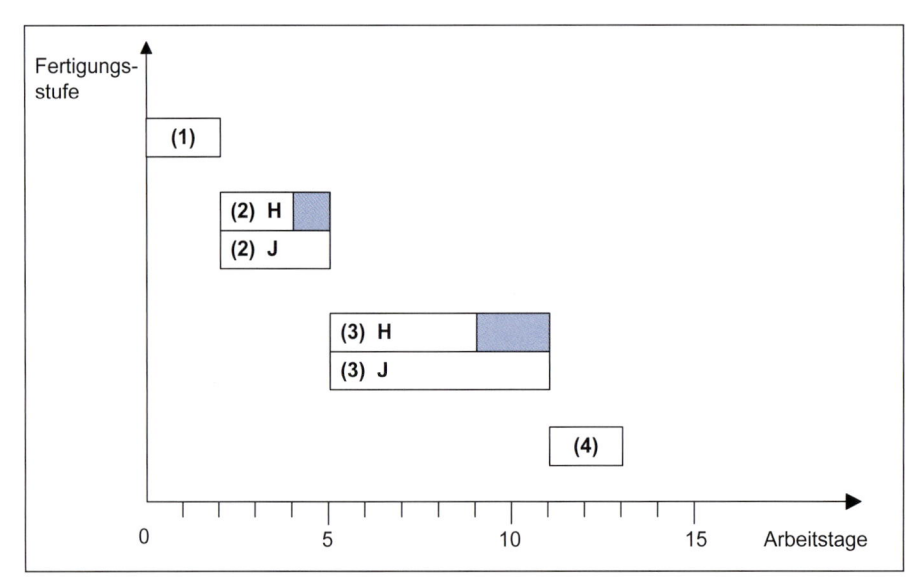

Abb. 66: Balkendiagramm mit Durchlaufzeiten

Aus **Abb. 66** wird deutlich, dass

- die **auftragsbezogene Durchlaufzeit** mindestens 13 Arbeitstage beträgt
- die Bearbeitung der Jacketts auf Stufe (2) bzw. (3) – neben der gemeinsamen Bearbeitung von Hosen und Jacketts auf den Fertigungsstufen (1) und (4) – die Durchlaufzeit determiniert **(kritischer Pfad)**
- bei der Bearbeitung von Hosen auf Stufe (2) und (3) **Pufferzeiten** (farbig unterlegte Flächen) entstehen.

Käme es auf einer Fertigungsstufe zu unerwarteten **Verzögerungen**, würde sich die auftragsbezogene Durchlaufzeit entsprechend verlängern. Ausnahme: Wenn man auf Fertigungsstufe (2) mit dem Zusammenstecken der Hosen am dritten Arbeitstag beginnt, könnte eine unerwartete Verzögerung beim Zusammenstecken der Hosen durch die Pufferzeit aufgefangen werden, ohne dass es zu einer Verzögerung bei der Abwicklung des Gesamtauftrags käme.[1]

Bei der Durchlaufterminierung wird in Vorwärts- und Rückwärtsterminierung unterschieden: Bei der **Vorwärtsterminierung** wird mit jedem Arbeitsgang zum frühestmöglichen Zeitpunkt begonnen. Im Falle der **Rückwärtsterminierung** wird der Gesamtauftrag ausgehend vom Fertigstellungstermin geplant. So beginnt man z. B. mit dem Zusammenstecken der Hosen nicht am zweiten, sondern erst am dritten Arbeitstag (= spätestmöglicher Termin). Die Pufferzeiten können also lediglich bei der Vorwärtsterminierung als **zeitliche Manövriermasse** eingesetzt werden.

Die Verwendung von Balkendiagrammen wird bei komplexeren Fertigungsprogrammen und stärkeren Abhängigkeiten der einzelnen Arbeiten voneinander schnell unübersichtlich. In der Praxis werden daher für die Planung der Durchlaufterminierung überwiegend **Netzpläne**[2] eingesetzt und mit ihrer Hilfe Pufferzeiten, kritische Wege sowie mögliche Anfangs- und Endzeitprodukte festgelegt. Bekannte Verfahren des sog. **Projektmanagements** mit Hilfe der Netzplantechnik sind beispielsweise CPM (Critical Path Method) oder PERT (Program Evaluation and Review Technique).

Stellt man fest, dass die termingerechte Fertigstellung einzelner Fertigungsaufträge nicht mehr gewährleistet ist, weil die minimale auftragsbezogene Durchlaufzeit zu lang ist, so muss geprüft werden, ob nicht die Durchlaufzeiten weiter reduziert werden können. Das kann beispielsweise geschehen, indem die Übergangszeiten bei den kritischen Aktivitäten verkürzt werden **(Übergangszeitreduktion)**, indem schon vor der endgültigen Fertigstellung des Fertigungsloses der bereits fertige Teil des Auftrags der nächsten Bearbeitungsstufe zugeführt wird **(Überlappung)** oder indem Teilaufträge auf mehrere Betriebsmittel aufgeteilt werden **(Splitting)**.

3.5.2.4 Kapazitätsterminierung

Im Zuge der Durchlaufterminierung wurde festgestellt, wie lang die Durchlaufzeiten für jeden Auftrag sind. Berücksichtigt man alle Aufträge einer Planungsperiode, z. B. eines Monats, lässt sich daraus der periodenbezogene Kapazitätsbedarf für jede Fertigungsstelle bzw. für jedes Betriebsmittel ableiten.

Bei der **Kapazitätsterminierung** erfolgen der

(1) **Abgleich** von (verfügbarer) **Istkapazität** und (benötigter) **Sollkapazität**
(2) **Ausgleich** von **Soll- und Istkapazität**.

---

[1] Analog ist die Pufferzeit auf Stufe (3) als zeitliche Manövriermasse anzusehen.
[2] Vgl. dazu Schwarze, J., Netzplantechnik, 2014.

Die **Istkapazität** wird i. d. R. auf Basis von Zeiteinheiten pro Arbeitstag ermittelt. Dabei werden zunächst „normale" Produktionsverhältnisse zugrunde gelegt. Es wird also von der Möglichkeit von Überstunden, Zusatzschichten usw. abgesehen. Allerdings sind Stillstandszeiten (z. B. für die Reinigung) zu berücksichtigen. Der Istkapazität wird anschließend der ebenfalls in Zeiteinheiten umgerechnete Kapazitätsbedarf (**Sollkapazität**) für dieselbe Planungsperiode gegenübergestellt.

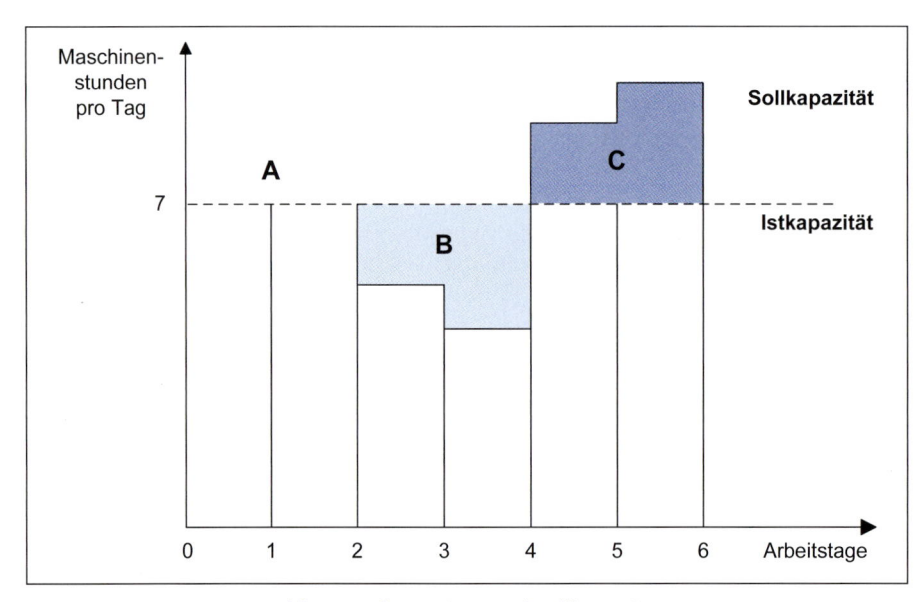

Abb. 67: Istkapazität und Sollkapazität

Beim **(1) Kapazitätsabgleich** für ein konkretes Betriebsmittel wird in **Abb. 67** von einer normalen Betriebszeit von sieben Stunden pro Tag ausgegangen. Hierbei sind drei Fälle denkbar:

A **Idealzustand:** Soll- und Istkapazität sind deckungsgleich.
B **Unterbeschäftigung:** Das Betriebsmittel ist nicht ausgelastet; es entstehen Leerkosten (z. B. anteilige Leasinggebühren).
C **Überbeschäftigung:** Ein Engpass verhindert die termingerechte Abwicklung. Deckungsbeiträge gehen verloren.

Das Gewinnmaximum wird nur erreicht, wenn die Situationen B bzw. C vermieden werden. Damit ist man bei Aufgabe **(2)**, dem **Ausgleich von Soll- und Istkapazität**. Hierbei kann man zwischen

(k) **kurzfristigen** Ausgleichsmaßnahmen auf der Basis gegebener Kapazitäten (an Betriebsmitteln und Personal) und
(l) **langfristigen** Ausgleichsmaßnahmen durch Erhöhung bzw. Reduzierung der vorhandenen Kapazitäten

unterscheiden. Zum Ausgleich von Soll- und Istkapazität kann man

(a) die Istkapazität verändern (**Kapazitätsanpassung**) oder
(b) den Kapazitätsbedarf (Sollkapazität) verändern (**Belastungsanpassung**).

Beide Möglichkeiten werden in **Abb. 68** systematisiert, wobei zwischen kurzfristigen (k) und langfristigen (l) Maßnahmen unterschieden wird.

```
                        Kapazitätsabstimmung
                ┌───────────────┴───────────────┐
        (a) Kapazitätsanpassung          (b) Belastungsanpassung
        ┌───────┴───────┐                ┌───────┴───────┐
    Kapazitäts-    Kapazitäts-        Belastungs-    Belastungs-
    erhöhung       verminderung       erhöhung       verminderung
```

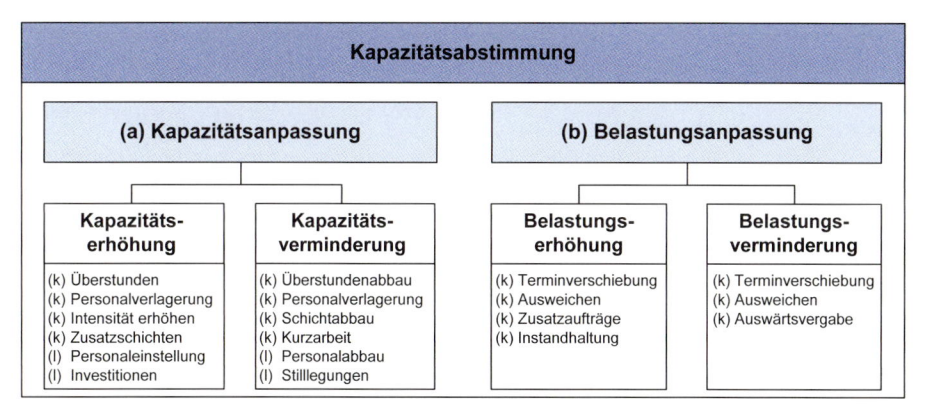

Kapazitäts-erhöhung	Kapazitäts-verminderung	Belastungs-erhöhung	Belastungs-verminderung
(k) Überstunden	(k) Überstundenabbau	(k) Terminverschiebung	(k) Terminverschiebung
(k) Personalverlagerung	(k) Personalverlagerung	(k) Ausweichen	(k) Ausweichen
(k) Intensität erhöhen	(k) Schichtabbau	(k) Zusatzaufträge	(k) Auswärtsvergabe
(k) Zusatzschichten	(k) Kurzarbeit	(k) Instandhaltung	
(l) Personaleinstellung	(l) Personalabbau		
(l) Investitionen	(l) Stilllegungen		

Abb. 68: Maßnahmen zur Kapazitätsabstimmung

Geht es im Hinblick **Abb. 67** darum, die Überbeschäftigung am 5. und 6. Arbeitstag kurzfristig abzubauen, hat das Unternehmen beispielsweise die Wahl,

(1) auszuweichen, indem Arbeiten auf den 3. bzw. 4. Arbeitstag vorverlagert werden,
(2) Überstunden anzusetzen oder
(3) Fremdaufträge zu vergeben.

Möglichkeit (1) sollte Vorrang haben, um die Unterauslastung an den Tagen 3 und 4 zu beseitigen. Scheidet diese aus organisatorischen Gründen aus, entscheidet man zwischen (2) und (3) nach dem **Kostenminimierungsprinzip**. (**ÜB 3/72**)

3.5.2.5 Reihenfolge- und Maschinenbelegungsplanung

Im Zuge der **Termingrobplanung** wurde festgelegt, in welchen Zeitabschnitten die Aufträge die einzelnen Fertigungsstellen durchlaufen sollen. Im Zuge der **Kapazitätsterminierung** wurde sichergestellt, dass die notwendigen Kapazitäten zur Verfügung stehen. Diese Entscheidungen sind **Daten für die nun folgende Terminfeinplanung**. Hier werden die Aufträge nicht mehr Werkstätten oder Fertigungsstellen, sondern einzelnen Maschinenarbeitsplätzen (Aggregaten) zugeordnet.

Reihenfolge- und Maschinenbelegungsplanung können den **Arbeitsablauf aus unterschiedlicher Perspektive** betrachten:

(1) In welcher zeitlichen Abfolge sollen die Aufträge N = 1, 2 ... n das Aggregat A durchlaufen? Die Antwort gibt das **Maschinenbelegungsdiagramm**.
(2) In welcher zeitlichen Abfolge soll der Auftrag N_1 die Aggregate A, B, C ... durchlaufen? Die Antwort gibt das **Auftragsfolgediagramm**.

Auch die **Terminfeinplanung** strebt nach **Kostenminimierung**. Lange Durchlaufzeiten bedeuten lange Liegezeiten für Materialien sowie Halbfabrikate, die zwischen den einzelnen Fertigungsstufen lagern. Mit langen Durchlaufzeiten erhöht sich die Kapitalbindung im Umlaufvermögen. Zur Minimierung der (Kapital-)Kosten strebt man folglich nach **Minimierung der Durchlaufzeiten**.

Im Folgenden werden die **Erstellung eines Auftragsfolgediagramms und** die Erstellung **eines Maschinenbelegungsdiagramms** an einem Beispiel erläutert:

- Ein Unternehmen erhält einen Gesamtauftrag G, der zu einem festen Zeitpunkt erledigt sein muss. G lässt sich technisch in die Teilaufträge (1) und (2) zerlegen.
- Beide Teilaufträge (1) und (2) beanspruchen die Aggregate A, B, C in technologisch bedingt unterschiedlicher Reihenfolge. Eine parallele Bearbeitung auf einem Aggregat ist dabei nicht möglich.
- Die Zahlen in **Abb. 69** geben die jeweilige Bearbeitungszeit in Stunden (Std.) an.

Teilauftrag \ Aggregat	A	B	C	Summe	technologische Reihenfolge
(1)	2	2	3	7	A, B, C
(2)	2	2	4	8	B, C, A

Abb. 69: Beispieldaten zur Maschinenbelegungs- und Auftragsplanung

Zur Lösung des Reihenfolgeproblems kann auf das von Akers entwickelte Verfahren zurückgegriffen werden (→ **Abb. 70**). Ziel des Verfahrens ist, den Weg zu finden, der die **kürzeste Gesamtfertigungszeit** unter Beachtung von sog. Konfliktfeldern vorgibt. Die mit A, B und C bezeichneten Konfliktfelder offenbaren, in welchen Zeitabschnitten die beiden (Teil-)Aufträge dasselbe Aggregat beanspruchen würden.

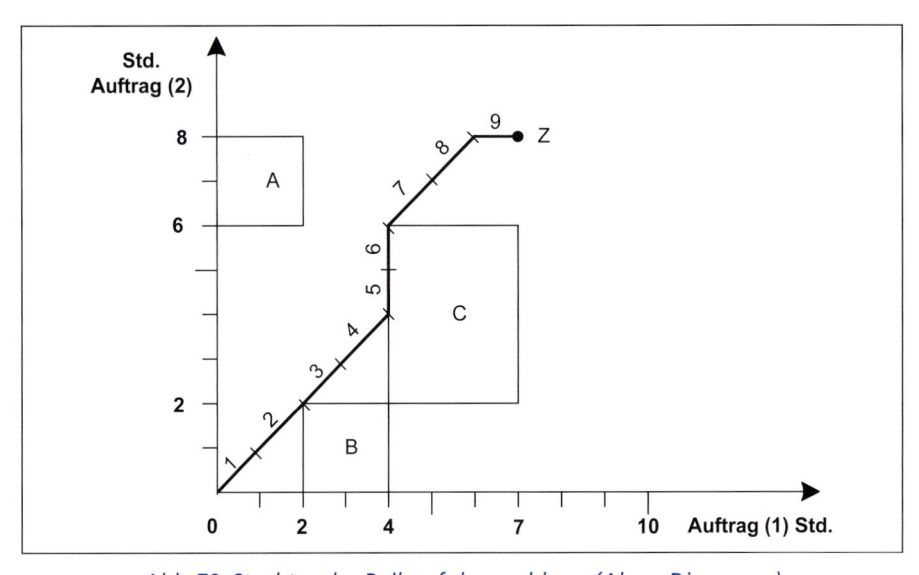

Abb. 70: Struktur des Reihenfolgeproblems (Akers-Diagramm)

Im Koordinatensystem sind hierzu im **ersten Schritt** für jeden Auftrag auf der jeweiligen Achse die Bearbeitungszeiten in der erforderlichen Reihenfolge abzutragen:

- für Auftrag (1): 2 Std. für A, dann 2 Std. für B sowie schließlich 3 Std. für C
- für Auftrag (2): 2 Std. für B, dann 4 Std. für C sowie letztlich 2 Std. für A.

Die Schnittmengen stellen die Konfliktfelder dar.

In einem **zweiten Schritt** ist der Zielpunkt Z zu ermitteln. Dieser ergibt sich als Schnittpunkt der (gesamten) Mindestbearbeitungszeit eines (Teil-)Auftrags; im Beispiel: 7 Stunden für Auftrag (1) und 8 Stunden für Auftrag (2).

Anschließend **(3. Schritt)** ist der Produktionsablauf zu bestimmen, wobei der Weg mit der geringsten Schrittzahl (wobei gilt: 1 Schritt = 1 Zeiteinheit, hier 1 Stunde) vom Koordinatenursprung zum Zielpunkt Z zu suchen ist. Die Ideallinie verläuft dabei im 45°-Winkel, sofern die gleichzeitige Bearbeitung beider Aufträge auf verschiedenen Aggregaten möglich ist. Trifft die Diagonale jedoch auf ein Konfliktfeld (hier: Konfliktfeld C), muss vom idealen Weg abgewichen werden. In solchen Fällen kann immer nur ein Auftrag bearbeitet werden. Verläuft der Weg waagerecht, ist nur die Bearbeitung von Auftrag (1) möglich (Auftrag (2) wartet); bei senkrechtem Verlauf wird lediglich Auftrag (2) bearbeitet und Auftrag (1) wartet.

Im Beispiel beträgt die Wartezeit für Auftrag (1) vor Be-/Verarbeitung durch Aggregat C zwei Stunden. Aggregat C ist somit der **Engpass**. Letztlich ist Auftrag (2) nach acht Stunden fertiggestellt, während Auftrag (1) auf dem Aggregat C noch eine Stunde bearbeitet werden muss. Die kürzeste Gesamtbearbeitungszeit beträgt neun Stunden.

Die Auftragsfolge wird üblicherweise in einem sog. **Gantt-Diagramm** dargestellt. In diesem werden auf der Vertikalen die

- Aufträge, dann handelt es sich um ein **Auftragsfolgediagramm** (→ **Abb. 71**),
- Aggregate, dann liegt ein **Maschinenbelegungsdiagramm** (→ **Abb. 72**) vor,

sowie auf der Horizontalen die Zeiteinheiten (z. B. Maschinenstunden) abgetragen.

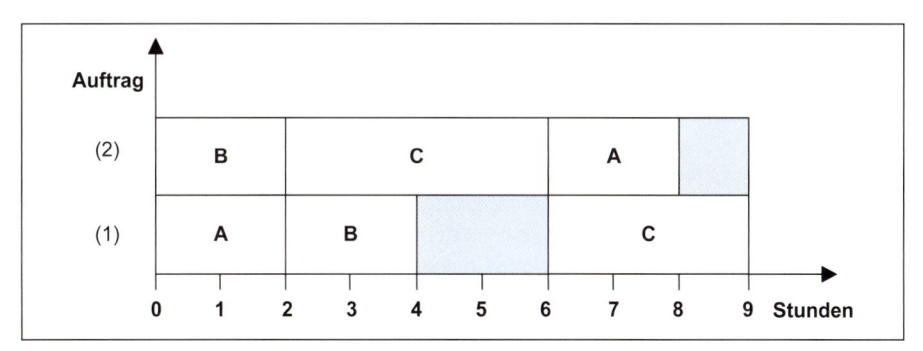

Abb. 71: Auftragsfolgediagramm (Gantt-Diagramm)

Die farbigen Flächen stehen dabei für Wartezeiten der Aufträge (→ **Abb. 71**) bzw. für Leerzeiten der Aggregate (→ **Abb. 72**). Zwecks Gewinnmaximierung müssen die Leerzeiten der Betriebsmittel minimiert werden. Will man jedoch zur Vermeidung von Leerkosten zu einer verbesserten Kapazitätsauslastung gelangen, muss man sich um zusätzliche Aufträge bemühen, wodurch sich die Durchlaufzeiten im Regelfall verlängern. Wer eine Maximierung der Kapazitätsauslastung und eine Minimierung der Durchlaufzeit anstrebt, verfolgt zwei konkurrierende Ziele und gerät in das **Dilemma der Ablaufplanung**.[1]

Graphische Lösungsverfahren haben den Vorzug, schnell und einfach relativ gute Lösungen zu erbringen und flexibel auf neue Aufträge und Auftragsstornierungen

---

[1] Vgl. hierzu Corsten/Gössinger, Produktionswirtschaft, 2016, S. 547 f.

reagieren zu können. Dafür stoßen sie bei komplexeren Problemstellungen (viele Maschinen und Aufträge, mehrere mögliche Bearbeitungsreihenfolgen) schnell an ihre Grenzen.

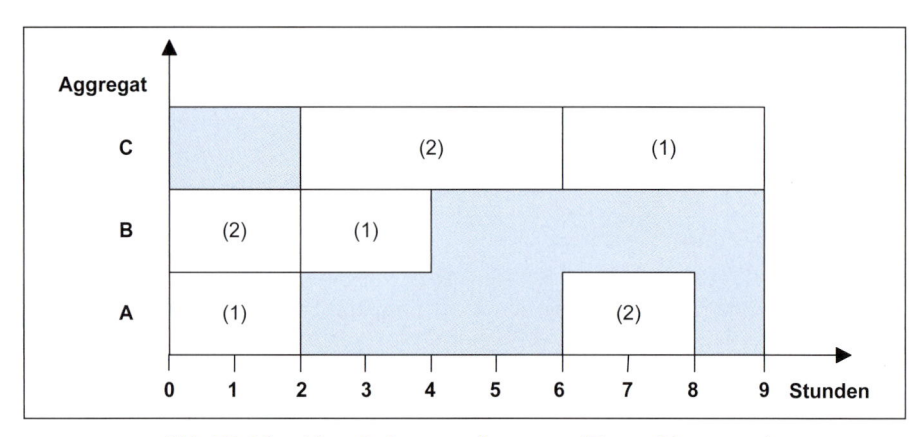

Abb. 72: Maschinenbelegungsdiagramm (Gantt-Diagramm)

Will man optimale Lösungen finden, muss man auf Verfahren der **gemischt-ganzzahligen** oder der **nichtlinearen Optimierung** zurückgreifen.[1] Diese führen jedoch bei Berücksichtigung von mehreren Maschinen und mehreren Aufträgen durch eine explosive Zunahme der zu beachtenden Nebenbedingungen und Variablen schnell zu sehr komplexen Modellen, was die Anwendbarkeit in der Praxis einschränken kann.

In der Regel kommen daher neben den bereits erwähnten Verfahren heuristische Verfahren, wie z. B. der **Johnson-Algorithmus,** oder einfache **Prioritätsregeln** zur Anwendung.[2] Prioritätsregeln bieten einfache Empfehlungen, welche Aufträge zuerst bearbeitet werden sollen. So werden z. B. mit **KOZ-Regel** (Kürzeste Operationszeit-Regel), bei der die Aufträge mit der jeweils kürzesten Bearbeitungszeit zuerst bearbeitet werden, gute Durchlaufzeiten und eine hohe Kapazitätsauslastung erreicht, während bei der Einhaltung von Lieferterminen Abstriche zu machen sind. Bei der **SZ-Regel** (Schlupfzeit-Regel) hingegen wird durch die Bevorzugung der Aufträge mit den geringsten Pufferzeiten bis zur endgültigen Fertigstellung zwar eine gute Termineinhaltung, dafür jedoch eine schlechtere Durchlaufzeit erreicht. Obwohl Prioritätsregeln „kurzsichtig" sind, da sie nur die eigene Maschine und nur den nächsten Zeitpunkt betrachten, werden sie aufgrund ihrer einfachen Anwendbarkeit und ihrer Fähigkeit, auch dynamische Reihenfolgeprobleme (Berücksichtigung neu hinzukommender oder wegfallender Aufträge) zu lösen, sogar in einigen PPS-Systemen[3] eingesetzt.

3.5.2.6 Fließbandabgleich

Im Gegensatz zur Werkstattfertigung sind bei der Fließfertigung viele Termin- und Kapazitätsplanungsprobleme durch die Vorgabe eines festen Fertigungsablaufs bereits gelöst. Den Regelfall der Fließfertigung stellt die **zeitlich gebundene Fließfertigung**

---

[1] Vgl. ausführlich Müller-Merbach, H., Optimalplanung, 1973, S. 370 ff.
[2] Vgl. Corsten/Gössinger, Produktionswirtschaft, 2016, S. 562 ff.
[3] Siehe hierzu S. 345 ff.

dar. Hierbei sind die einzelnen Stationen durch ein Transportband miteinander verbunden **(Fließbandfertigung)**.

Bei der Fließbandfertigung besteht die größte Herausforderung der Fertigungsplanung in der **Optimierung des Fließbandabgleichs**. Start- und Endtermine der Fertigung werden auch hier durch die Termingrobplanung vorgegeben. Zum Fließbandabgleich stehen somit lediglich noch zwei „Stellschrauben" zur Verfügung, die

- **Taktzeit**, mit der das Fließband weiterbewegt wird,
- **Anzahl der Arbeitsstationen**, zu denen Arbeitsschritte zusammengefasst werden.

Die Zusammenhänge werden nachfolgend an einem Beispiel erläutert. Weitere Beispiele finden sich im zugehörigen Übungsbuch. (**ÜB 3/73–77**)

> **Beispiel:** An einem Fließband wird ein Produkt in zwei Arbeitsgängen A und B gefertigt. Arbeitszeitstudien haben ergeben, dass
> - Verrichtung A 40 Sekunden/Stück
> - Verrichtung B 80 Sekunden/Stück
>
> dauert. Würde man für jede Verrichtung eine Arbeitsstation einrichten und die **Taktzeit** auf 80 Sekunden festlegen, entstünde auf der Verrichtungsstufe A bei jedem durchlaufenden Stück eine Leerzeit von 40 Sekunden. Zum optimalen Fließbandabgleich sollte man daher versuchen, Verrichtung B in zwei Arbeitsschritte B1 und B2 mit einer Dauer von je 40 Sekunden aufzuteilen. So erhält man einen optimalen Fließbandabgleich mit drei **Arbeitsstationen** A, B1 und B2 und einer Taktzeit von 40 Sekunden.

4. Integration der Produktionsplanung und -steuerung

4.1 Überblick

In Unterkapitel 1.2.1 wurde festgestellt, dass die betriebliche Planung im Idealfall im Rahmen eines **Totalmodells** erfolgt. Nur so ist gewährleistet, dass das betriebliche Oberziel, die langfristige Gewinnmaximierung, auch tatsächlich erreicht wird. Wird das Planungssystem hingegen in einzelne **Partialmodelle** zerlegt und erfolgt die Planung schrittweise **(sukzessiv)**, kann dieses Ziel verfehlt werden, weil wichtige **Interdependenzen** zwischen den Teilbereichen vernachlässigt werden.

Die unternehmerische Umwelt ist jedoch so komplex, dass die Formulierung eines Totalmodells i.d.R. nicht gelingt. Die gesamte Produktionsplanung (3. Kapitel) war deshalb von einer Zerlegung des Planungsproblems in kleinere Teilprobleme gekennzeichnet, was die Gefahr der Verfehlung des betrieblichen Oberziels mit sich bringt. Es liegt daher nahe, zu versuchen, einige dieser Teilplanungsprobleme wieder zu einem umfangreicheren Modell zu integrieren. Erreicht die Zusammenfassung von Teilmodellen eine gewisse Größenordnung, spricht man von **Produktionsplanungs- und -steuerungssystemen** oder kürzer **PPS-Systemen**.

> Im Gegensatz zur Partialplanung verfolgen **PPS-Systeme** das Ziel, über eine integrierte Mengen-, Kapazitäts-, Produktionsprogramm- und Terminplanung eine ganzheitliche computergestützte Produktion zu ermöglichen.

Dieses Ziel erreichen die seit den 1960er Jahren für die Praxis entwickelten Systeme jedoch recht unterschiedlich.[1] Zu den bekanntesten **klassischen PPS-Systemen** (→ Unterkapitel 4.2) zählen die **MRP-Systeme**. Das im Unterkapitel 4.2.3 dargestellte klassische PPS-System „MRP II" („Manufacturing Resource Planning") ist die Weiterentwicklung des Konzepts „MRP I" („Material Requirements Planning"). Die mit diesen klassischen PPS-Systemen verbundenen **Probleme** hinsichtlich der

(1) Einbindung in andere Funktionsbereiche des Unternehmens
(2) Produktionssteuerung

sollten durch die Weiterentwicklungen bzw. Konkretisierungen gelöst werden.

Zur Lösung des **Problems (1)** wurden in den 1990er Jahren die **ERP-Systeme (Enterprise Resource Planning)** entwickelt. Diese bereits an anderer Stelle beschriebenen Systeme[2] berücksichtigen nicht nur produktionsspezifische Aspekte, sondern verknüpften die bislang eigenständigen Teilsysteme anderer betriebswirtschaftlicher Funktionsbereiche (z.B. Absatz, Anlagenwirtschaft, Personalwirtschaft, Rechnungswesen) mit dem klassischen PPS-System über

- eine gemeinsame Datenbank
- betriebliche Standardsoftware.

Um das **Problem (2)** zu lösen, wurden anfänglich **Konkretisierungen** der klassischen PPS-Systeme vor allem im Hinblick auf die **Steuerungsphase** vorgenommen. Unterkapitel 4.3 gibt einen Überblick zu diesbezüglichen Konkretisierungen.

Verantwortlich für weitere Entwicklungslinien sind nicht nur die mit den klassischen PPS-Systemen bestehenden Probleme, sondern zugleich **technische Entwicklungen**. Entsprechende Konzepte werden in Unterkapitel 4.4 thematisiert.

4.2 Klassische PPS-Systeme

4.2.1 Aufbau und Funktionsweise der Grundversion

Klassische PPS-Systeme sollten den mengenmäßigen und zeitlichen Produktionsablauf auf Basis erwarteter und vorliegender Kundenaufträge sowie verfügbarer Kapazitäten planen und steuern. Die Systeme beschränkten sich dabei gewöhnlich auf die **kurzfristige Mengen- und Zeitplanung**. Das Ergebnis der strategischen Planung stellt für das operativ planende klassische PPS-System ein Datum dar.

Da die Erlösseite bereits festgelegt ist, ist ein grundlegendes **Ziel** klassischer PPS-Systeme die **Minimierung der Produktionskosten**. In der Praxis wurden aus Vereinfachungsgründen häufig daraus abgeleitete **Teilziele**, wie z.B. die

- Minimierung der Durchlaufzeiten
- Minimierung der Terminabweichungen
- Maximierung der Kapazitätsauslastung
- Minimierung der Lagerbestände,

verfolgt.

---

[1] Einen Überblick geben Herrmann/Rollberg, Produktionsplanung und -steuerung mit MRP, ERP, CIM, APS und MES, in: Business + Innovation, 2013, S. 17 ff.
[2] Vgl. S. 163 f.

4. Integration der Produktionsplanung und -steuerung

Modul	Aufgabe
(1) Grunddatenverwaltung	Integrierte Verwaltung aller Planungsdaten
(2) Produktionsprogrammplanung	Ermittlung des Primärbedarfs an Endprodukten
(3) Mengenplanung	Materialbedarfsermittlung Bestellmengenplanung Losgrößenplanung
(4) Termin- und Kapazitätsplanung	Durchlaufterminierung Kapazitätsterminierung
(5) Werkstattsteuerung	Auftragsveranlassung
(6) Betriebsdatenerfassung	Auftragsüberwachung
(7) Vertriebssteuerung	Steuerung Produktdistribution

Abb. 73: PPS-Module

Ein PPS-System besteht aus Komponenten, sog. **Modulen**. Die typischen Module sind in **Abb. 73** dargestellt. Im Allgemeinen ist die Grundstruktur der PPS-Systeme zwar ähnlich, bei der konkreten Ausgestaltung spielen jedoch Branche, Betriebsgröße und Fertigungstyp eine große Rolle. Schließlich wird ein großer Hersteller von Massenware, der auf eine Fließbandfertigung zurückgreift, mit völlig anderen Planungsproblemen konfrontiert als ein kleiner, spezialisierter Nischenanbieter, der auftragsbezogene Einzel- und Kleinserienfertigung betreibt.

Die Aufgabenbereiche der Module eines klassischen PPS-Systems lassen sich wie folgt spezifizieren:[1]

(1) Praktisch alle PPS-Systeme verfügen über eine integrierte **Grunddatenverwaltung**. Durch die Integration werden die durch eine Mehrfacherfassung von Daten entstehende Mehrarbeit und Fehler, die auf einem inkonsistenten Datengerüst beruhen, vermieden. Die Grunddatenverwaltung stellt u.a. die in **Abb. 74** dargestellten **Informationen zum Abruf** bereit.

(2) Mit Hilfe der **Produktionsprogrammplanung** wird der Primärbedarf an Endprodukten nach Art, Menge und Termin festgelegt. Je nachdem, ob eine auftragsbezogene Fertigung oder eine anonyme Massenfertigung erfolgt, unterstützt die EDV die Planung des Produktionsprogramms durch Daten der Kundenauftragsverwaltung oder durch Absatzprognosen. Oft wird der aus dem geplanten Produktionsprogramm abgeleitete Primärbedarf von der Vertriebsabteilung vorgegeben.

(3) Ausgehend vom ermittelten Primärbedarf an Endprodukten erfolgt in der **Mengenplanung** eine Ermittlung des Bedarfs an Zwischenprodukten und Werkstoffen. Grundsätzlich erfolgt die Bedarfsermittlung mit Hilfe von **Stücklisten**.[2] Während bei der **Bruttobedarfsermittlung** der Gesamtbedarf festgelegt wird, sind bei der **Nettobedarfsermittlung** die verfügbaren Lagerbestände zu berücksichtigen. Anschließend werden die **optimale Bestellmenge**[3] und die **optimalen Losgrößen**[4] der einzelnen Fertigungslose ermittelt. Die Größe eines Fertigungsloses wirkt sich

---
[1] Vgl. ausführlich z. B. Corsten/Gössinger, Produktionswirtschaft, 2016, S. 585 ff.
[2] Vgl. S. 319 ff.
[3] Vgl. S. 328 ff.
[4] Vgl. S. 335 f.

auf die Bearbeitungsdauer der einzelnen Fertigungsgänge aus. Dies sind also Rahmendaten für den nächsten Planungsschritt, die Terminplanung.

Information	Beispiele
Absatzbezogene Daten	Kundenstammdaten Auftragsbestand Verkaufszahlen
Beschaffungsbezogene Daten	Lieferantenstammdaten Lieferkapazitäten Lieferkonditionen
Teilestammdaten	Technische Daten der Vor-, Zwischen- und Endprodukte (z. B. Maße) Wirtschaftliche Daten der Produktion (Kosten, Preise)
Erzeugnisstrukturdaten	Baukastenstücklisten Rezepturen Strukturstücklisten
Arbeitsplandaten	Fertigungsablauf je Produkt Betriebsmittelbedarf Fertigungszeiten
Betriebsmitteldaten	Kapazitäten Rüstzeiten Kosten je Maschinenstunde

Abb. 74: Grunddaten eines PPS-Systems

(4) Bei der **Termin- und Kapazitätsplanung** steht das Zeitmanagement im Vordergrund. Ausgehend von den geplanten Fertigstellungsterminen sollen die Starttermine für die jeweiligen Fertigungsaufträge ermittelt werden. Für diesen Zweck werden die innerhalb der **Durchlaufterminierung** beschriebenen Instrumente eingesetzt.[1] Dabei geht man von **geplanten Durchlaufzeiten** aus. Obwohl diese auf Erfahrungen basieren, enthalten sie im gesamten Planungskonzept die größten Unsicherheiten, weil sie sich zu einem erheblichen Teil aus kaum vorhersagbaren Übergangszeiten zusammensetzen.

Vor Abschluss der Terminplanung muss überprüft werden, ob auch **ausreichende Kapazitäten** zur Verfügung stehen. Kapazitätsüber- oder -unterdeckungen können u. a. durch Lagerhaltung, Überstunden, den Einsatz von Ausweichaggregaten oder eine Erhöhung von Produktionsintensitäten ausgeglichen werden. Notfalls müssen einzelne Aufträge in die Zukunft verschoben werden. Hier greifen PPS-Systeme auf die Verfahren der **Kapazitätsterminierung** zurück.[2]

Das Ergebnis der Termin- und Kapazitätsplanung ist gewöhnlich noch weit von einem optimalen Plan entfernt, weil das Ziel der meisten PPS-Systeme nur darin besteht, einen mit den Kapazitäten übereinstimmenden (zulässigen) Produktionsplan zu finden. Je ungenauer dabei die Kapazitätsgrobplanung im Bereich der Produktionsprogrammplanung war, desto umfangreicher ist der Planungsaufwand im Rahmen des Kapazitätsabgleichs.

---

[1] Vgl. S. 337 ff.
[2] Vgl. S. 339 ff.

(5) Die Termin- und Kapazitätsplanung beendet i. d. R. die Planungsarbeit eines PPS-Systems. Mit der nun erfolgenden Erteilung von Fertigungsaufträgen an die einzelnen Werkstätten, der **Werkstattsteuerung**, beginnt der Einsatz der **Steuerungskomponente** eines PPS-Systems. Voraussetzung für die Auftragsfreigabe ist, dass die benötigten Werkstoffe und Betriebsmittel verfügbar sind. Ist dies der Fall, wird der Fertigungsauftrag freigegeben und in die Warteschlangen vor den Betriebsmitteln eingereiht. Die **Reihenfolge- und Maschinenbelegungsplanung**[1] erfolgt nicht mehr im PPS-System, sondern dezentral auf Meister- oder Disponentenebene. Dabei wird für einen kurzfristigen Planungszeitraum festgelegt, welche Maschinen in welcher Reihenfolge durch die einzelnen Fertigungsaufträge belastet werden.

(6) Eine zuverlässige Werkstattsteuerung ist nur gewährleistet, wenn in ausreichendem Maße Rückmeldungen über den Fortschritt der Aufträge sowie über den Zustand der Betriebsmittel erfolgen. Dieser Informationsrückfluss wird als **Betriebsdatenerfassung** bezeichnet. Zeigt die Betriebsdatenerfassung z. B. Produktionsrückstände oder Anlagenausfälle an, gehen diese Informationen, zusammen mit den Daten aus dem Planungsbereich, in die kurzfristige Detailplanung des PPS-Systems ein.

(7) In einigen PPS-Systemen werden die Daten über fertiggestellte Produktmengen schließlich direkt der **Vertriebssteuerung** übergeben. Dort werden dann z. B. Verpackungseinheiten oder Touren zusammengestellt, oder es wird im Rahmen der Auftragsfertigung eine Mitteilung über die Fertigstellung des Produkts an den Kunden vorbereitet. (**ÜB 3/78**)

4.2.2 Beurteilung der Grundversion

PPS-Systeme wurden in der Praxis zunächst mit dem Ziel entwickelt, durch den Rückgriff auf eine gemeinsame Datenbasis (integrierte Datenverwaltung) Planungsfehler zu vermeiden, die sich durch ein inkonsistentes Datengerüst ergeben. Die besonderen **Stärken** von klassischen PPS-Systemen liegen somit im Bereich der **Verwaltung umfangreicher Datenmengen** und der Lösung von klar strukturierten, quantitativen Problemen wie z. B. der Ermittlung der optimalen Losgröße. Eher „unscharfe", schwer quantifizierbare Problemstellungen wie die langfristige Produktionsprogrammplanung lassen sich hingegen mit klassischen PPS-Systemen nicht lösen.

Das Konzept der sukzessiven Planung der einzelnen Teilbereiche wurde letztlich weitgehend beibehalten. Mit traditionellen PPS-Systemen kann deshalb das Oberziel, die Maximierung des langfristigen Gewinns, verfehlt werden. Das verdeutlichen die **Schwächen traditioneller PPS-Systeme**:

- Es wird – beispielsweise bei der Kapazitätsplanung – weitgehend auf **Rückkopplungen** zwischen den einzelnen Modulen **verzichtet**.
- Aus der Partialisierung von Entscheidungen auf einer Planungsebene resultieren Abweichungen vom Optimum durch die **Vernachlässigung von Interdependenzen**. Ergebnisse anderer Teilplanungen werden als Datum angesehen, während sie in Wirklichkeit indirekt von den Ergebnissen der eigenen Planung abhängen. So wird etwa die optimale Losgröße für jeden einzelnen Fertigungsschritt bei gegebenen Rahmendaten (z. B. Lagerplatz) separat festgelegt, ohne die Veränderung der knappen Kapazitäten „Lagerplatz" durch die eigene Planung zu beachten.

---

[1] Vgl. S. 341 ff.

- Statt aufwendigerer betriebswirtschaftlicher Verfahren, die zu besseren Ergebnissen führen würden, werden häufig nur **einfache Heuristiken** eingesetzt.
- Die tatsächlichen Durchlaufzeiten weichen häufig von den bei der Durchlaufterminierung zugrunde gelegten durchschnittlichen Durchlaufzeiten ab. Dadurch stimmen auch die Ergebnisse des Kapazitätsabgleichs nicht mehr, was zu einer Verlängerung der realen Durchlaufzeiten führen kann. Da dieses Risiko den Anwendern eines PPS-Systems bekannt ist, neigen sie dazu, Fertigungsaufträge sicherheitshalber frühzeitig freizugeben, wodurch die Warteschlangen vor den einzelnen Fertigungsstellen sich vergrößern und sich die tatsächliche Durchlaufzeit noch weiter erhöht. Dieser sich selbst verstärkende Prozess wird als **Durchlaufzeit-Syndrom** bezeichnet.

4.2.3 MRP II („Manufacturing Resource Planning")

„MRP II" kann als ausgefeiltes klassisches PPS-System betrachtet werden, das gegenüber der Grundversion auf jeder Planungsstufe **Kapazitätsrestriktionen** berücksichtigt. Zudem folgt MRP II der Idee der **hierarchischen Planung**, bei der die Planung von der strategischen bis hin zur operativen Ebene erfolgt. Das System berücksichtigt neben der operativen Produktionsprogrammplanung also auch die **strategische Ebene** sowie die **sehr kurzfristige Reihenfolge- und Maschinenbelegungsplanung**. Diese theoretische Stärke ist jedoch gleichzeitig eine praktische Schwäche: Zum einen benötigt ein MRP II-System sehr genaue Daten wie z.B. detaillierte mittelfristige Absatzpläne. Diese Daten sind häufig auf strategischer Ebene noch nicht in der gewünschten Genauigkeit bekannt. Zum anderen reagiert es durch die Einbeziehung der Reihenfolge- und Maschinenbelegungsplanung sehr empfindlich auf kurzfristige Störungen, wie z.B. auf Maschinenausfälle und den Ausfall von Materiallieferungen.

4.3 Konkretisierungen der klassischen PPS-Systeme

Bedeutende Konkretisierungen der klassischen PPS-Systeme hinsichtlich der im Grundmodell schwach ausgeprägten Steuerungsphase stellen folgende Konzepte dar, die nachfolgend kurz erläutert werden:[1]

4.3.1 Belastungsorientierte Auftragsfreigabe (BORA)
4.3.2 Kanban-Verfahren
4.3.3 Fortschrittszahlenkonzept.

4.3.1 Belastungsorientierte Auftragsfreigabe (BORA)

Im Rahmen der Darstellung traditioneller PPS-Systeme wurde bereits auf das **Durchlaufzeit-Syndrom** hingewiesen, das zu einer Verlängerung der Durchlaufzeiten der einzelnen Produkte und somit über steigende Zins- und Lagerkosten zu einer Erhöhung der Produktionskosten führt. Ursache dieses Phänomens sind im Wesentlichen ein ungenauer Kapazitätsabgleich und die Verwendung geschätzter (durchschnittlicher) Durchlaufzeiten. Dieses Problem soll mit der belastungsorientierten Auftragsfreigabe (BORA) gelöst werden.

---

[1] Vgl. ausführlich Corsten/Gössinger, Produktionswirtschaft, 2016, S. 598 ff. und S. 615 ff.

Hierbei werden in einem ersten Schritt **(Auftragsauswahl)** jene Aufträge identifiziert, die am dringlichsten sind. Dabei geht man von geplanten Durchlaufzeiten aus und vergleicht diese mit der noch zur Verfügung stehenden Zeit (Rückwärtsterminierung). Als Ergebnis dieses Vergleichs erhält man entweder einen zeitlichen Verzug oder einen Puffer. Für die Aufträge mit dem größten Verzug muss in einem zweiten Schritt die **Freigabeprüfung** erfolgen. Hierzu wird für jede Maschine ein Belastungskonto geführt. Vor der Freigabe eines Auftrags ist zu überprüfen, ob hiermit auf einem Belastungskonto eine bestimmte **Belastungsschranke** nicht überschritten wird.

4.3.2 Kanban-Verfahren

Die Konkretisierung des klassischen PPS-Systems durch das in Japan entwickelte Kanban-Verfahren besteht darin, dass die Fertigungssteuerung umgedreht wird. Die Werkstücke warten nicht entsprechend dem Produktionsfluss vor dem nächsten Betriebsmittel auf die Weiterbearbeitung **(Bringprinzip)**, sondern der Produktionsanreiz geht von der nachgelagerten Produktionsstufe aus **(Holprinzip)**. Diese entnimmt aus dem Pufferlager einen Behälter mit Vorprodukten. Bei der Entnahme wurden ursprünglich die an den Behältern angebrachten **Laufkarten** (japanisch: Kanban) abgelöst und in die Box der jeweiligen Fertigungsstelle, die diese Vorprodukte herstellt, gelegt. Ein Kanban diente somit als Fertigungsauftrag und war Namensgeber dieses Verfahrens. Neu produzierte Vorprodukte werden wieder in Behältern im Pufferlager mit einem Kanban versehen und zur weiteren Entnahme bereitgestellt.

Voraussetzungen für den Einsatz des Kanban-Verfahrens sind geringe Bedarfsschwankungen bei hohem Wiederholungsgrad der Fertigung und möglichst konstante Losgrößen. Deshalb ist das Kanban-System besonders für die Massen- und Sortenfertigung geeignet. Der Einsatz setzt weiterhin eine sofortige Qualitätskontrolle, die räumliche Nähe der aufeinanderfolgenden Produktionsstellen und ein leistungsfähiges Transportsystem voraus.

Durch das Kanban-Verfahren können Lagerbestände reduziert werden, weshalb es unmittelbar mit den Begriffen Just-In-Time[1] und Lean Production, der „schlanken Produktion", verbunden ist.

> In enger Fassung versteht man unter **Lean Production** die konsequente Ausrichtung von Produktionsprozessen am ökonomischen Prinzip.

Lean Production strebt also nach **Kostenminimierung** durch Aufdeckung von Unwirtschaftlichkeiten. Auf heiß umkämpften **Käufermärkten** herrscht aber nicht nur ein scharfer **Preis-**, sondern auch ein nachhaltiger **Qualitäts- und Innovationswettbewerb**. Deshalb wurde Lean Production zu einem funktionsübergreifenden Führungskonzept, dem Lean Management,[2] weiterentwickelt.

> **Lean Management** strebt nach optimaler Befriedigung der Nachfragerwünsche durch Kostensenkung sowie durch Steigerung von Produktqualität und Service.

---

[1] Vgl. S. 318.
[2] Vgl. ausführlich Rollberg, R., Lean Management, 1996, S. 96 ff.

Lean Management (→ **Abb. 75**) ist ein umfassendes Führungskonzept zur **gleichzeitigen Erreichung von Kostensenkungen und Qualitätssteigerungen** nach dem Motto „Bessere Produkte müssen nicht teurer sein".

Lean Management		
(1) Aufdecken von Kostensenkungspotentialen	(2) Qualitätssicherungssysteme	(3) Anpassung der Organisationsstrukturen

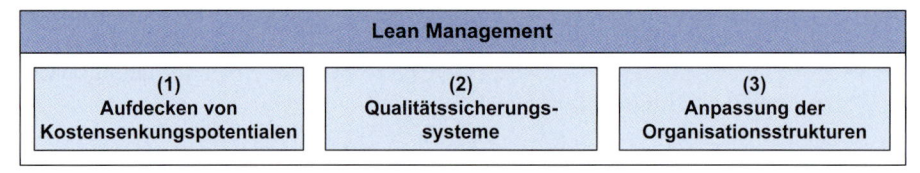

Abb. 75: Hauptelemente des Lean Managements

(1) Die **Aufdeckung von Kostensenkungspotentialen** stützt sich vor allem auf
- den Abbau überflüssiger Lagerbestände im
  - Materiallager → Produktion Just-in-Time
  - Zwischenlager → Holprinzip nach Kanban
  - Endlager → auftragsweise Fertigung
- den Abbau von Leer- und Rüstzeiten bei Betriebsmitteln
- die Vermeidung überflüssiger Transporte.

(2) **Qualitätssicherungssysteme**

An die Stelle nachgelagerter Qualitätskontrolle tritt ein umfassendes Qualitätssicherungssystem. Es wird als **Total Quality Management**[1] bezeichnet, weil alle Unternehmensbereiche und Mitarbeiter in **präventive Maßnahmen** zur **Verbesserung von Produktionsprozessen und Produktionsergebnissen** einbezogen werden. Ein bekanntes Verfahren zur Qualitätssicherung ist **Kaizen**[2] als umfassendes Konzept zur Verbesserung von Produkten und Prozessen in kleinsten Schritten durch engagierte Mitarbeiter.

(3) **Anpassung der Organisationsstrukturen zur Erreichung von (1) und (2)**

Zur Rationalisierung in allen Produktionsbereichen und zur Implementierung eines effizienten Qualitätsverbesserungssystems bedarf es eines hohen Mitarbeiterengagements. Lean Management setzt eine Delegation von Kompetenz und Verantwortung auf nachgelagerte Hierarchieebenen voraus. Im Idealfall mutiert der Mit*arbeiter* zum Mit*denker*. Die Delegation von Aufgaben erlaubt den Abbau von Hierarchieebenen und führt – ganz im Sinne des Lean Managements – zu einer **schlankeren Organisationsstruktur**.

4.3.3 Fortschrittszahlenkonzept

Beim **Fortschrittszahlenkonzept**[3] wird der gesamte Produktionsbereich in einzelne **Kontrollblöcke** eingeteilt. So kann beispielsweise eine einzelne Werkstatt, eine Fertigungsstraße oder auch eine einzelne Maschine einen Kontrollblock bilden. Jeder Kontrollblock lässt sich durch eine bestimmte Menge Input von Materialien und Vorprodukten und eine bestimmte Menge Output an dort erstellten Zwischen- oder Fertigfabrikaten kennzeichnen. Die kumulierte Menge der einzelnen Input- und Outputgüter bezeichnet man als **Fortschrittszahl**.

---

[1] Vgl. Corsten/Gössinger, Produktionswirtschaft, 2016, S. 221 ff.
[2] Vgl. Zollondz, H.-D., Qualitätsmanagement, 2006, S. 242 ff.
[3] Vgl. ausführlich Vahrenkamp, R., Produktionsmanagement, 2008, S. 335.

Im Rahmen der Produktionsplanung werden Sollfortschrittszahlen, welche die angestrebten Produktionsmengen für die verschiedenen Kontrollblöcke repräsentieren, vorgegeben. Die Abstimmung der verschiedenen Kontrollblöcke erfolgt dadurch, dass die Ausgangsfortschrittszahlen (Outputfortschrittszahlen) eines Kontrollblocks mit den Eingangsfortschrittszahlen (Inputfortschrittszahlen) des nachfolgenden Kontrollblocks verglichen werden. Bildet man für einen Kontrollblock die Differenz aus Output- und Inputfortschrittszahl, erhält man unter Beachtung eventueller Anfangsbestände und technologischer Mengeneinsatzverhältnisse den Umlaufbestand in diesem Kontrollblock. Vergleicht man schließlich die Sollfortschrittszahlen mit den Istfortschrittszahlen, d. h. dem tatsächlichen Produktionsfortschritt, kann festgestellt werden, ob gegenüber der Planung ein Vorlauf oder ein Rückstand besteht.

4.4 Erweiterungen der klassischen PPS-Systeme

Die rasante **Weiterentwicklung der Informationstechnologie** hat in

- Planung
- Steuerung
- Kontrolle

produktionswirtschaftlicher Prozesse deutliche Spuren hinterlassen. Die Entwicklung und die technische Implementierung entsprechender IT-Programme ist Sache der (Wirtschafts-)Informatiker. Als Anwender der Programme interessieren sich Betriebswirte weniger für deren Aufbau, sondern vor allem für die Frage, inwieweit sich durch den **Programmeinsatz Kosten senken** bzw. **Erlöse steigern** lassen.

Aus der Vielzahl informationstechnischer Erweiterungen klassischer PPS-Systeme können in einem einführenden Lehrbuch zur Allgemeinen Betriebswirtschaftslehre nur die wichtigsten Konzepte herausgegriffen werden (→ **Abb. 76**). Den drei genannten **Erweiterungskonzepten** ist gemeinsam: Die Realisierung des jeweiligen Konzepts **setzt das Bestehen eines funktionstüchtigen PPS-Systems voraus**.

Erweiterungen der klassischen PPS-Systeme		
4.4.1 CIM-Konzept	**4.4.2 APS**	**4.4.3 Industrie 4.0**
Verknüpfung des PPS-Systems mit primär technischen Funktionen	Wechselseitige Verknüpfung des PPS-Systems mit anderen Planungsmodulen bei Ausrichtung an unternehmensübergreifender Wertschöpfungskette	Unternehmensübergreifende internetbasierte Vernetzung von Systemen sowie von Betriebsmitteln, Werkstoffen/Einbauteilen und Produkten

Abb. 76: Bedeutende Erweiterungen klassischer PPS-Systeme

4.4.1 CIM-Konzept (Computer Integrated Manufacturing)

Ausgangsbasis des in den 1980er Jahren entwickelten **CIM-Konzepts (Computer Integrated Manufacturing)**[1] ist das Ziel, durch Integration der technischen und betriebswirtschaftlichen Datenverwaltung überflüssige Organisationsarbeiten und Planungsfehler zu vermeiden. Gleichzeitig können auf dieser Datenbasis Programme (Funktionen) wie z. B. eine vollautomatische Werkzeugmaschinensteuerung installiert werden **(Vorgangsintegration)**, die bisher Insellösungen darstellten. Die Daten- und die Vorgangsintegration ermöglichen durch die vermehrte Berücksichtigung von Interdependenzen eine Verbesserung der betriebswirtschaftlichen Zielerreichung.

CIM-Konzept
– Ablaufschema –

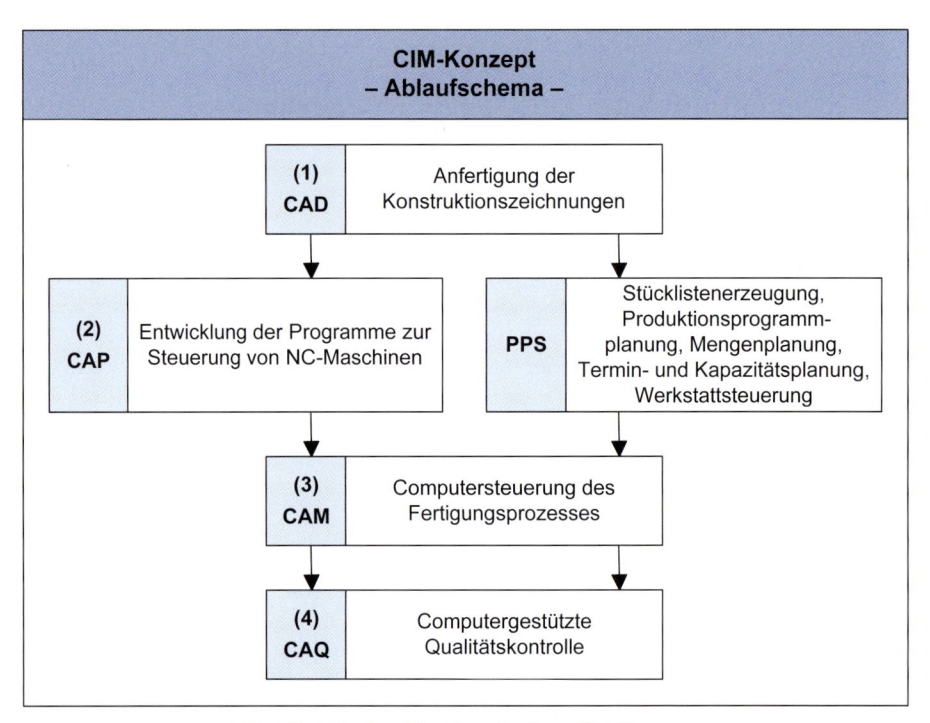

- (1) CAD — Anfertigung der Konstruktionszeichnungen
- (2) CAP — Entwicklung der Programme zur Steuerung von NC-Maschinen
- PPS — Stücklistenerzeugung, Produktionsprogrammplanung, Mengenplanung, Termin- und Kapazitätsplanung, Werkstattsteuerung
- (3) CAM — Computersteuerung des Fertigungsprozesses
- (4) CAQ — Computergestützte Qualitätskontrolle

Abb. 77: Arbeitsablauf nach dem CIM-Konzept

Das CIM-Konzept verknüpft das bereits erläuterte **PPS-System**[2] mit primär technischen Funktionen (→ **Abb. 77**), welche nachfolgend erläutert werden:

(1) **„Computer Aided Design"-Programme (CAD-Programme)** dienen der Anfertigung von Konstruktionszeichnungen als Basis von Konstruktionsberechnungen. Durch graphische Darstellungen direkt auf dem Bildschirm ersetzen CAD-Programme Reißbrett, Bleistift und Zirkel. Neben der zweidimensionalen Darstellung (z. B. für Schaltpläne) ermöglichen die Systeme auch eine dreidimensionale Wiedergabe, z. B. zur Konstruktion von Automodellen.

---

[1] Vgl. ausführlich Rollberg, R., Lean Management, 1996, S. 105 ff.
[2] Vgl. S. 346 ff.

4. Integration der Produktionsplanung und -steuerung

(2) **„Computer Aided Planning"-Programme (CAP-Programme)** werden zur Werkstoffauswahl, der Erstellung von Arbeits- und Montageplänen sowie der Entwicklung von Programmen für die Maschinensteuerung verwendet. Im Arbeitsplan werden Arbeitsvorgangsfolge, Maschinenauswahl, Bearbeitungszeit, notwendige Rüstvorgänge und zu verwendende Werkzeuge festgelegt.

(3) **„Computer Aided Manufacturing"-Programme (CAM-Programme)** werden zur Steuerung von Werkzeugmaschinen eingesetzt. Bei NC-Maschinen (Numerical Control) erfolgt die Steuerung der Werkzeuge nicht manuell, sondern über Datenträger. Das Einspannen bzw. Umrüsten der Werkzeuge und das Einrichten des Werkstücks werden jedoch noch manuell durchgeführt. Eine Weiterentwicklung stellen CNC-Systeme (Computerized Numerical Control) dar. Hierbei werden die Steuerungsdaten ohne Umweg über Datenträger unmittelbar vom Computer an die Maschine weitergegeben. Erfolgen auch der Werkzeugwechsel und das Einrichten des Werkstücks, der Transport zwischen den einzelnen Maschinen, das Bereitstellen der Rohlinge und ggf. die Endkontrolle computergesteuert, handelt es sich um ein flexibles Fertigungssystem (FFS).

(4) Als **„Computer Aided Quality Assurance" (CAQ)** werden computerunterstützte Maßnahmen zur Überprüfung der Qualität aller Arbeitsvorgänge von der Produktentwicklung bis zum Vertrieb verstanden. Hierzu zählen vor allem Prüfprogramme (z. B. mit der Ziehung von Zufallsstichproben) und Messsysteme, die feststellen können, ob bei der Fertigung von Werkstücken bestimmte Toleranzgrenzen überschritten werden (Ausschusserfassung).

Im Idealfall bestehen zwischen den einzelnen CIM-Komponenten maschinelle Schnittstellen, wie das nachfolgende Beispiel zeigt.

> **Beispiel:** In der Tischlerei „HOBELMANN & SÖHNE" wird aus der im CAD entwickelten Konstruktionszeichnung für das Modell „N" einer Fertigtür mit Zarge automatisch ein Programm für die Maschinen (CAP) abgeleitet. Auf Basis dieses Programms wird die konkrete Produktion abgerufen und umgesetzt (CAM). Parallel dazu werden aus der CAD-Konstruktion die Stücklisten erstellt und darauf aufbauend der Arbeitsplan entwickelt (CAP). Somit liegen alle notwendigen Daten vor, um im Rahmen eines flexiblen Fertigungssystems, das auch die Qualitätssicherung umfasst (CAQ), eine ausschließlich computergesteuerte Produktion der Türen durchzuführen.

Dieser geschilderten Idealsituation steht oftmals eine Vielzahl von praktischen Hindernissen gegenüber. So gibt es in vielen Betrieben zahlreiche Tätigkeiten, die nicht vollautomatisch durchgeführt werden können. Zudem können die Plandaten der Termin- und Ablaufplanung bei mehrstufiger Produktion in den wenigsten Fällen eingehalten werden, so dass unvermeidlich Stillstandszeiten für die flexiblen Fertigungssysteme eintreten, weil entsprechende Vorprodukte fehlen. (**ÜB 3/79**)

4.4.2 Advanced Planning System (APS)

Arbeiten Unternehmen, die in einem stufenweisen Fertigungsprozess an der Herstellung eines Produkts beteiligt sind, enger zusammen, wird von **Netzwerken** gesprochen. Diesbezügliche unternehmensübergreifende Wertschöpfungsketten werden als **Supply Chain** bezeichnet. Planungsaufgaben im Hinblick auf solche unternehmensübergreifenden Wertschöpfungsketten können

(1) **horizontal nach betrieblichen Funktionsbereichen** (z. B. Beschaffung, Produktion und Absatz)
(2) **vertikal nach der Fristigkeit der Planung** (z. B. lang- und mittelfristig)

unterteilt werden. Kombiniert man horizontale und vertikale Aspekte zu einer Matrix, resultieren hieraus verschiedene Planungsaufgaben, die Basis für eine Modularisierung sein können (→ **Abb. 78**). Hierzu gehören z. B. das langfristig ausgerichtete und funktionsübergreifende Modul „Strategische Netzwerkplanung" sowie die kurzfristig ausgerichteten Module „Transportplanung", welche unternehmensübergreifend ausgerichtet sind, und „Produktionsfeinplanung", welches auf Unternehmensebene dem PPS-System klassischer Interpretation zuzurechnen ist.

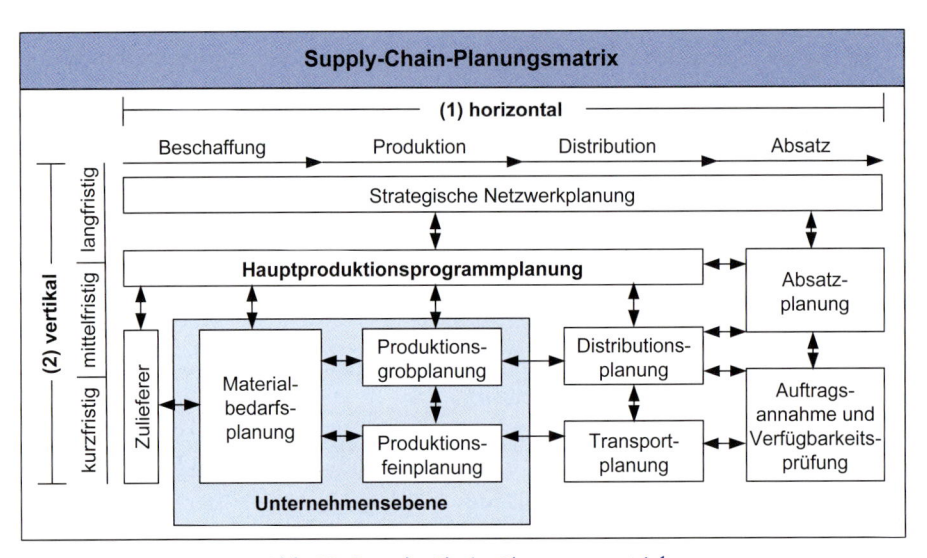

Abb. 78: Supply-Chain-Planungsmatrix[1]

Seit dem Ende der 1990er Jahre werden Softwaresysteme entwickelt, welche die in **Abb. 78** dargestellten **Planungsmodule miteinander verknüpfen**. Die Hauptprogrammplanung umfasst nicht nur die Produktionsplanung im eigenen Unternehmen, sondern schließt u. a. Zulieferbetriebe in die (unternehmensübergreifende) Produktionsplanung und -steuerung ein. So entsteht ein **Advanced Planning System**[2] (APS), das gegenüber klassischen PPS-Systemen folgende **Vorteile** aufweist:

- Da die einzelnen Planungsmodule durch ihre Verknüpfungen sowohl horizontal als auch vertikal Rückkopplungen zulassen, können **potentielle Engpässe** und sich ergebende andere Restriktionen bei der Planung **berücksichtigt** werden.
- Erhöhte Rechnerleistungen erlauben, dass auf den einzelnen Planungsstufen auf unterschiedliche **mathematische Verfahren** (z. B. gemischt-ganzzahlige Optimierung, Metaheuristiken) zurückgegriffen wird.

---

[1] In Anlehnung an Herrmann/Rollberg, Produktionsplanung und -steuerung mit MRP, ERP, CIM, APS und MES, in: Business + Innovation, 2013, S. 19.

[2] Vgl. ausführlich Corsten/Gössinger, Produktionswirtschaft, 2016, S. 604 ff.

APS ermöglicht eine Verbesserung der Planungsgrundlagen (→ Vermeidung von Planungsfehlern) und eine Beschleunigung der Durchlaufzeiten (→ Kostensenkungen). **APS-Anwender** können also ihre **Wettbewerbsfähigkeit steigern** und ihre Gewinnaussichten verbessern.

4.4.3 Industrie 4.0

Das Schlagwort „Industrie 4.0"[1] soll, nach

1. der Erfindung und dem Einsatz der Dampfmaschine in der Produktion
2. der arbeitsteiligen Massenproduktion mit Hilfe elektrischer Energie (→ Fließbandproduktion)
3. dem Einsatz von Robotern bzw. der Automatisierung der Produktion,

auf die sog. **4. industrielle Revolution** hinweisen, welche durch die Digitalisierung ausgelöst wurde. Demgegenüber wird diesbezüglich im angloamerikanischen Raum vom **Internet der Dinge** gesprochen. Das Konzept Industrie 4.0 steht für die

- auf der **Digitalisierung** basierende
- **Vernetzung** von
    o Werkstoffen
    o Produkten
    o Betriebsmitteln
    o Personen
    o Wertschöpfungsketten
- in **Echtzeit**.

Grundlagen dieser Idee sind somit die oben dargestellten **APS**, weil sich die Vernetzung auf eine unternehmensübergreifende Wertschöpfungskette bezieht, sowie die **MES (Manufacturing Execution Systems)**. Letztere werden ebenfalls bereits seit Ende der 1990er Jahre entwickelt. Ein MES kann die mangelhaft ausgeprägte Steuerungskomponente eines PPS-Systems ersetzen und somit verbessern. Die technischen Möglichkeiten lassen es dabei zu, dass die Datenerfassung, -verarbeitung und -übermittlung in Echtzeit erfolgt. So kann auf Eilaufträge und Störungen unmittelbar reagiert werden, was den Produktionsablauf insgesamt reibungsloser verlaufen lässt.

Unabhängig von einem MES liegen die betriebswirtschaftlichen **Vorteile einer Kommunikation in Echtzeit** auf der Hand:

(a) Kostensenkungen
(b) Erlössteigerungen

führen zur Gewinnmaximierung, wie die folgenden Beispiele zeigen.

> **Beispiel zu (a):** Durch das unverhoffte Aufziehen einer Schlechtwetterfront im Gangesdelta wird der Ablauf eines Südostasienflugs mit planmäßigem Zwischenstopp in Kalkutta gestört. Die **Echtzeitübermittlung** der Messwerte aus dem Cockpit gibt der Leitzentrale der Fluggesellschaft die Möglichkeit, nach Maßgabe des noch vorhandenen Kerosinvorrats nach einem passenden Ausweichflughafen zu suchen und dort die notwendigen Schritte zur unerwarteten Zwischenlandung und zur Betankung des Flugzeugs in die Wege zu leiten. Durch die damit verbundene Verkürzung der Aufenthaltsdauer werden Flughafengebühren reduziert.

---

[1] Vgl. ausführlich z. B. Obermaier, R. (Hrsg.), Industrie 4.0, 2016; Corsten/Gössinger, Produktionswirtschaft, 2016, S. 612 ff.

Beispiel zu (b): Die Echtzeitkommunikation eines Online-Reiseveranstalters mit seinen Geschäftspartnern, also mit Vertragshotels und Kunden, gibt dem Reiseanbieter die Möglichkeit, durch plötzliche Stornierung unverhofft freigewordene Bettenkapazitäten buchstäblich in letzter Sekunde an interessierte Spätbucher weiterzugeben. Sowohl beim Reiseveranstalter als auch bei den Vertragshotels können Erträge erwirtschaftet werden, die es ohne Echtzeitkommunikation nicht gegeben hätte.

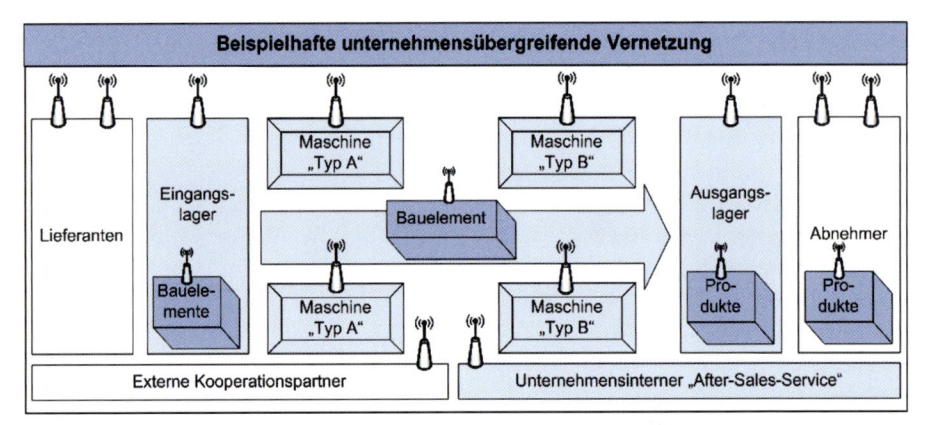

Abb. 79: Modellhafte Darstellung einer unternehmensübergreifenden Vernetzung

Mit **Industrie 4.0** werden unternehmensübergreifende Wertschöpfungsketten bezeichnet, in denen moderne elektronische Kommunikationsmedien eine Vernetzung – also eine „drahtlose" Kommunikation – von Betriebsmitteln, Werkstoffen (z. B. Bauteilen) und Produkten ermöglichen.

Das Konzept Industrie 4.0 ist bisher weitgehend „Zukunftsmusik" bzw. Vision – selten Realität. Es beinhaltet u. a.:

- **Vernetzung:**[1] Es ist eine unternehmensübergreifende Kommunikations- und Infrastruktur mit Speicher-, Zugriffs- und Datenverarbeitungsmöglichkeit zu schaffen.
- **Digitalisierung:** Zur Identifikation sind die Betriebsmittel sowie die Produkte und Bauteile mit Barcodes bzw. sog. Funketiketten zu versehen.
- **Steuerung:** Diese erfolgt nicht über einen zentralen Computer, sondern über miteinander vernetzte (oft mobile) Geräte und andere Betriebsmittel.
- **Informationssammlung:** Die Erhebung von Prozess- und Sensordaten entlang der unternehmensübergreifenden Wertschöpfungskette erfolgt in Echtzeit.
- **Strukturierte Datenanalyse:** Immer größere Speicherkapazitäten ermöglichen, die im System anfallenden großen Datenvorräte („Big Data") zu speichern. Mit immer leistungsfähigerer Hard- und Software werden diese systematisch(er) ausgewertet.

Die **Vorteile dieser vernetzten Produktion** können beispielhaft an einer unternehmensübergreifenden Wertschöpfungskette dargestellt werden (→ **Abb. 80**). Zur Veranschaulichung wird nachfolgend auf den fiktiven Aufzughersteller „Hoch hinaus AG" zurückgegriffen, welche annahmegemäß in neue Technologien im Hinblick auf Industrie 4.0 investiert hat.

---

[1] Vgl. zu den diesbezüglichen Anforderungen bereits S. 165 und S. 168 f.

4. Integration der Produktionsplanung und -steuerung

```
┌─────────────────────────────────────────────────────────────┐
│           Unternehmensübergreifende Wertschöpfungskette      │
├──────────────┬──────────────────┬──────────────┬────────────┤
│  Zulieferer  │   Informationen  │   Betrieb    │ Informationen │ Kunde │
│              │   ←──────────→   │              │ ←──────────→  │       │
│              │    Güterstrom    │              │  Güterstrom   │       │
│     (2)      │    ──────────▶   │     (1)      │  ──────────▶  │  (3)  │
└──────────────┴──────────────────┴──────────────┴───────────────┴───────┘
```

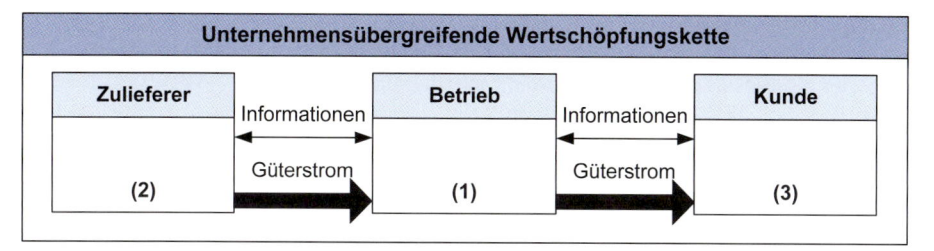

Abb. 80: Unternehmensübergreifende Wertschöpfungskette bei Industrie 4.0

Beispiel zu (1): In der **Produktion** der „Hoch hinaus AG" kommt ein flexibles Fertigungssystem zum Einsatz. Dabei „kommunizieren" die Betriebsmittel und Bauteile miteinander. Hierzu wurden diese mit Funketiketten ausgestattet. Die notwendigen Bauteile werden bei Bedarf durch die Fertigungsmaschinen angefordert. Für nicht automatisierte Tätigkeiten fordern die Maschinen geeignete Arbeitskräfte an. Die Maschinen werden bei Bedarf per Datenfernübertragung umgestellt, weshalb die **Kostenvorteile der Massenfertigung auch bei der Einzelfertigung** angestrebt werden können.

(1) **Betriebsintern** können sich aus Industrie 4.0 folgende Vorteile ergeben:
- schnellerer Durchfluss der Komponenten
- geringere Personalkosten aufgrund geringeren Personalbedarfs
- geringere Materialkosten durch geringere Ausschussquote
- Kostenvorteile durch verringerte Rüstzeiten und Rüstkosten.

Der effizientere Einsatz von Material und Arbeitskräften sowie die verkürzten Produktionszeiten führen zu **Kostensenkungen**, weshalb es c. p. zu einer **Gewinnsteigerung** kommt.

Beispiel zu (2): Die **Bestellprozesse** der „Hoch hinaus AG" laufen automatisch ab. Bei einem bestimmten Lagermindestbestand für das Bauelement A wird automatisch eine Bestellung initiiert. Hierzu werden systemseitig die Fertiglagermengen und die Preisangebote der drei qualitätssichernden Lieferanten überprüft, mit denen eine Rahmenvereinbarung besteht. Anschließend wird bei einem Lieferanten die Bestellung bzw. oftmals sogar die Produktion des Bauelements automatisch ausgelöst.

(2) Die **Einbeziehung von Zulieferern** kann folgende Vorteile nach sich ziehen:
- Verlagerung der Vorratshaltung auf Zulieferer
- geringere Vorratsbeschaffung
- Auslagerung von Teilprozessen auf einen Produzenten mit Spezialkompetenz (→ Lean Production)
- Begünstigung der Arbeitsteilung durch Wegfall von Informationshindernissen.

Der **Betrieb** und die **Zulieferer** können sich auf ihre **Kernkompetenzen** konzentrieren. Der Wegfall der Informationsbarrieren führt dazu, dass ein Auftrag zur Erstellung und Lieferung von Komponenten automatisch beim günstigsten Zulieferer landet. Durch **Kostensenkungen** kommt es zur **Gewinnsteigerung**.

Beispiel zu (3): Auch der **Kundenservice** der „Hoch hinaus AG" basiert auf einer Vernetzung. Die Leistungs- und Verschleißdaten der bei den Kunden installierten Aufzüge werden in Echtzeit abgerufen. Nehmen diese bestimmte „Problemwerte" an, sendet die „Hoch hinaus AG" unmittelbar einen Techniker zum Kunden.

(3) Aus der **Einbeziehung von Kunden** können u.a. folgende Vorteile resultieren:
- Erhöhung des Kundennutzens, weil neben den Produkten Dienstleistungen angeboten werden, welche einen Mehrwert schaffen
- Berücksichtigung spezieller Kundenwünsche (teilweise nach Auftragseingang) in Echtzeit
- Steigerung der Kundenbindung und Kundenzufriedenheit bei vermeintlich personenbezogener Spezialanfertigung
- Absatzerhöhungen, wenn Initialzündung nicht vom Kunden, sondern vom Lieferanten ausgeht.

Durch die (Echtzeit-)Einbeziehung von Kunden(-wünschen) erhöht sich die Kundenzufriedenheit, was i.d.R. zu **steigenden Umsatzerlösen** und damit zu **steigenden Gewinnen** führt.

Insgesamt wird Industrie 4.0 zu einer **verstärkten Arbeitsteilung** führen. Die Unternehmen konzentrieren sich auf ihre Kernkompetenzen, was eine **Verkürzung der innerbetrieblichen Wertschöpfungskette** nach sich zieht. Die aus der Umsetzung von Industrie 4.0 erwarteten **Kostenvorteile** basieren auf einer **Rationalisierung** der Prozesse. Damit wird sich die Arbeitswelt verändern. Die schon heute erkennbare **Spaltung des Arbeitsmarktes** wird sich weiter vertiefen, denn

- ein **verschärfter Fachkräftemangel** im Segment der **Hochqualifizierten**
- eine **erhöhte Arbeitslosigkeit** im Segment der **Geringqualifizierten**

sind zu erwarten. Besonders gesucht werden Spezialisten, die in einer hochtechnisierten Arbeitswelt mit der Konzeption, Disposition und Pflege eines Industrie-4.0-Systems betraut werden können. Weitaus größer wird vermutlich die Zahl derer sein, deren „einfache Arbeitsplätze" der Rationalisierung zum Opfer fallen werden.

> **Beispiel: Auf dem Werksgelände** der „Hoch hinaus AG" kommen zum Transport zwischen den einzelnen Montageplätzen „fahrerlose" LKW zum Einsatz, weshalb die Tätigkeiten der bisherigen Fahrer wegfallen.

Die **Vernetzung** stellt zudem die Basis für eine verbesserte **Datenanalyse** und somit für eine **höhere Transparenz** im Hinblick auf die Prozesse dar. Auch sollte es möglich sein, auf veränderte Rahmenbedingungen schneller zu reagieren. Bei allen Vorteilen muss aber beachtet werden, dass die Vernetzung mit hohen **Einführungskosten und** mit **Folgekosten**, z.B. im Hinblick auf die System- und Datenpflege, verbunden ist.

Vernetztes arbeitsteiliges Wirtschaften in einer Industrie-4.0-Welt ist mit großen Chancen (→ Kostensenkung, → Steigerung der Wettbewerbsfähigkeit), aber auch mit erheblichen Risiken verbunden: Als unternehmensübergreifendes Kommunikationskonzept setzt Industrie 4.0 eine **Standardisierung und Harmonisierung der Prozesse** voraus. Dabei wird es zwangsläufig zum **Austausch betriebsinterner Daten** zwischen den an der Wertschöpfungskette beteiligten Unternehmen kommen.

Mit der **Datenweitergabe** an Zuliefererbetriebe gehen vor allem hochinnovative Unternehmen ein **großes Risiko** ein: Sie verlieren das alleinige „Herrschaftswissen" über ihre betriebsinternen Daten. Ein Unternehmer, der sein Know-how mit Dritten teilen muss, kann seinen Wettbewerbsvorsprung schnell verlieren. Die zwangsläufige Datenweitergabe kann potentielle **Konkurrenten** auf den Plan rufen, die das erfolgreiche **Geschäftsmodell eines Netzwerkpartners kopieren**. Die Rechtsordnung muss Vorkehrungen zum Schutz betriebsinterner Daten schaffen. Gleichzeitig muss jedes Unternehmen des Netzwerks Zugriffsbeschränkungen implementieren, die permanent anzupassen und zu überwachen sind.

Marketing

Inhaltsüberblick

1. Grundlagen 363
2. Marketingziele und Marketingplanung 368
3. Marktforschung 370
4. Marketinginstrumente im Überblick 389
5. Produktpolitik 391
6. Preispolitik 409
7. Kommunikationspolitik 433
8. Distributionspolitik 447
9. Marketing-Mix 460

Vierter Abschnitt

1. Grundlagen

1.1 Bedeutungsgewinn des Marketings

Jeder Betrieb ist eingebettet in ein System von Märkten.[1] Auf dem **Beschaffungsmarkt** agiert er als Nachfrager von Arbeitskräften, Betriebsmitteln und Werkstoffen. Auf dem **Geld- und Kapitalmarkt** tritt der Betrieb i.d.R. als Nachfrager von Eigen- und Fremdkapital auf. Verfügt er über Liquiditätsüberschüsse, findet man ihn auf der Anbieterseite des Kapitalmarktes. Am **Absatzmarkt** betätigt sich der Betrieb als **Anbieter von Gütern und Dienstleistungen**.

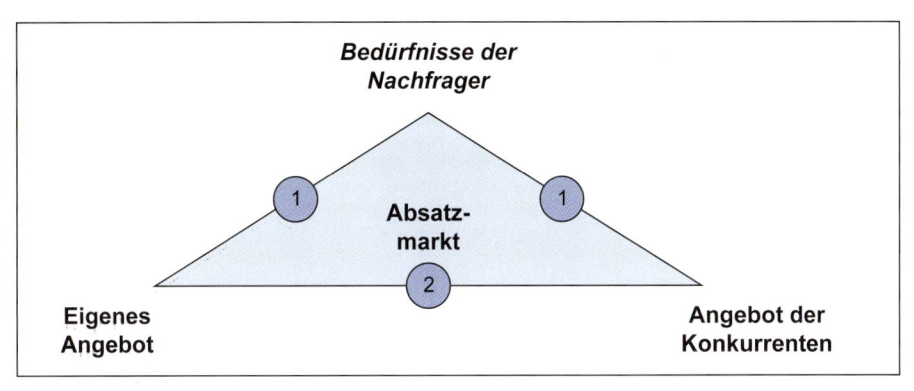

Abb. 1: Determinanten des Absatzmarktes

Der **Absatzmarkt** lässt sich als Dreieck darstellen, das durch die Eckpunkte „Bedürfnisse der Nachfrager", „Eigenes Angebot" und „Angebot der Konkurrenten" markiert wird. **Die Bedürfnisse der Nachfrager** stehen nicht zufällig **an der Spitze** dieses Dreiecks. Orientierungspunkte für das eigene Angebot sind in erster Linie die Nachfragerbedürfnisse und in zweiter Linie die Angebote der Konkurrenz.

Im marktwirtschaftlichen Wettbewerb wetteifern das eigene Angebot und die Konkurrenzangebote um die Gunst der Nachfrager. Dabei setzt der Staat einen Ordnungsrahmen, den die Marktteilnehmer einzuhalten haben. Die Vorschriften des Gesetzgebers betreffen die Beziehungen zwischen

1. **Anbietern und Nachfragern** (z.B. Vorschriften zum Verbraucherschutz)
2. **konkurrierenden Anbietern** (z.B. das Verbot von Absprachen zur Einschränkung des Wettbewerbs).[2]

Betriebliche Tätigkeit ist ein sich ständig wiederholender Prozess aus

- **Leistungserstellung** (→ **Produktion**)
- **Leistungsverwertung** (→ **Absatz**).

Fragen der Leistungserstellung (→ Beschaffung von Produktionsfaktoren, Faktorkombination/Fertigung) wurden im Dritten Abschnitt „Produktion" behandelt. Zur

---

[1] Vgl. **Abb. 1** auf S. 28.
[2] Vgl. zum Gesetz gegen Wettbewerbsbeschränkungen (GWB) z.B. S. 246 f.

Leistungsverwertung, die Gegenstand dieses Abschnitts ist, gehört nach **traditioneller Auffassung** die

- **Suche nach Abnehmern**
- **physische Distribution der produzierten Güter**.

Diese herkömmliche – produktionsorientierte – Sichtweise unternehmerischer Tätigkeit wurde durch eine marktorientierte Perspektive in den Hintergrund gedrängt. Der **Wechsel von der Produktions- zur Marktperspektive** vollzog sich mit dem Übergang

- von der **Knappheitswirtschaft** (der Nachkriegsjahre)
- zur **Überflussgesellschaft** (in westlichen Industriestaaten).

Auf ungesättigten Märkten (**Verkäufermärkten**) dominiert eine produktionsorientierte Denkweise: Wie lässt sich die Produktion ausdehnen? Lassen sich durch Produktionssteigerung die Stückkosten bzw. die Grenzkosten senken?

Auf gesättigten Märkten (**Käufermärkten**) stellt sich eine verkaufsorientierte Denkweise ein. Die Kernfrage lautet: **Wie kann man Absatzwiderstände überwinden?**

Merkmal	Verkäufermarkt	Käufermarkt
Wirtschaftliches Entwicklungsstadium	Knappheitswirtschaft	Überflussgesellschaft
Verhältnis Angebot zu Nachfrage	Nachfrage > Angebot (Nachfrageüberhang), Nachfrager aktiver als Anbieter	Angebot > Nachfrage (Angebotsüberhang), Anbieter aktiver als Nachfrager
Engpassbereich der Unternehmung	Beschaffung und/oder Produktion	Absatz
Primäre Anstrengung der Unternehmung	Rationelle Erweiterung der Beschaffungs- und Produktionskapazität	Weckung von Nachfrage und Schaffung von Präferenzen für eigenes Angebot

Abb. 2: Verkäufermarkt und Käufermarkt

Auf **Verkäufermärkten** herrscht **Güterknappheit**. Die Nachfrager müssen mit einer Rationierung der abgegebenen Gütermenge rechnen. Ganz anders sind die Verhältnisse auf einem **Käufermarkt**. Die Anbieter stehen in scharfem **Wettbewerb** und buhlen um die **Gunst der Kunden**. Fallbeispiele finden sich im zugehörigen Übungsbuch. (ÜB 4/1–2)

Mit dem **unternehmerischen Verhalten in einer Wettbewerbswirtschaft** hat sich die angelsächsische Literatur viel früher und viel intensiver auseinandergesetzt als das deutsche Schrifttum. Während man in der deutschen Betriebswirtschaftslehre früher vom Absatz sprach, hat sich heute auch im deutschen Sprachgebrauch die internationale Bezeichnung „**Marketing**" auf breiter Front durchgesetzt.

Je schärfer der **Wettbewerb**, desto größer die unternehmerischen Anstrengungen zur Sicherung der eigenen Wettbewerbsposition. Märkte sind keine Erbhöfe. Sie wollen erobert und verteidigt werden. Die dabei einzusetzenden Mittel bezeichnet man als absatzpolitische Instrumente oder einfach als **Marketinginstrumente**. In der angelsächsischen Literatur spricht man von den **vier Ps**.

- **Produktpolitik** (Product)
- **Preispolitik** (Price)
- **Kommunikationspolitik/Werbung** (Promotion)
- **Distributionspolitik** (Place → Ort des Verkaufs)

> Unter **Marketing** versteht man die Planung und Kontrolle aller Unternehmensaktivitäten, die durch zielkonformen Einsatz der Marketinginstrumente auf eine Verbesserung der eigenen Marktposition ausgerichtet sind.

Kurz gesagt: Das **Marketing** hat die **Aufgabe, Absatzwiderstände zu brechen**. Grundlegende Voraussetzung für unternehmerischen Markterfolg ist ein gutes Preis-Leistungs-Verhältnis, also eine gezielte **Produkt- und Preispolitik**. Darüber hinaus geht es um eine gezielte Kundenansprache, die darauf angelegt ist, schlummernde Kundenwünsche zu wecken (→ **Kommunikationspolitik/Werbung**).

Auf Käufermärkten ist der **Kunde König**. Er hat es nicht nötig, dem Anbieter nachzulaufen, sondern er erwartet, dass man das **Angebot** an ihn heranträgt, ihm sozusagen **zu Füßen legt**. Dies ist die Aufgabe der **Distributionspolitik**. Zum besseren Verständnis der „Marketingphilosophie" seien dem Leser die beiden wichtigsten Marketingmaximen mit auf den Weg gegeben.

> **Marketingmaximen**
> (1) Versuche nicht zu verkaufen, was du schon produziert hast, sondern produziere nur, was sich verkaufen lässt.
> (2) Warte nicht darauf, dass der Kunde seinen Bedarf anmeldet, sondern wecke Bedürfnisse, die der Kunde unbewusst in sich trägt.

1.2 Konsumgütermarketing – Investitionsgütermarketing

Allgemein gesagt verfolgt das Marketing das Ziel, Absatzwiderstände durch den Einsatz der Marketinginstrumente zu überwinden. Hierbei sehen sich die Anbieter von

- **Konsumgütern** (z. B. Lebensmittel, Bekleidung oder Unterhaltungselektronik)
- **Investitionsgütern** (z. B. Industrieausrüstung, Zulieferteile, Flugzeuge und Frachtschiffe)

vor unterschiedliche Herausforderungen gestellt. Die Verschiedenartigkeit des Leistungsangebots hat zur Entwicklung **zweier Marketingkonzepte** geführt, die man als

- **Konsumgütermarketing** (Business-to-Consumer-Marketing)[1]
- **Investitionsgütermarketing**[2] (Business-to-Business-Marketing)

bezeichnet. Eine **Kurzcharakteristik** beider Marketingkonzepte enthält **Abb. 3**.

Die Unterschiede zwischen Konsumgütermarketing (KGM) und Investitionsgütermarketing (IGM) führen zu einem differenzierten Einsatz der Marketinginstrumente, wie folgende beispielhafte Kurzerläuterung zeigt:

---

[1] Zur systematischen Einordnung vgl. **Abb. 114** auf S. 174.
[2] Zur Vertiefung vgl. Backhaus/Voeth, Industriegütermarketing, 2014.

Merkmal	Konsumgütermarketing	Investitionsgütermarketing
Leistungsempfänger	Privathaushalte, Endverbraucher	Organisationen, Betriebe, öffentliche Einrichtungen
Transaktionsmerkmale	• große Nachfragerzahl • kleiner Umsatz/Einkauf • kurze Einkaufsintervalle	• kleine Nachfragerzahl • großer Umsatz/Einkauf • lange Einkaufsintervalle
Art der Leistung	oft Massenprodukte	kundenspezifische Individuallösungen
• Entscheidungsträger • Entscheidungsstruktur • Entscheidungsfindung	meistens Einzelpersonen einfach strukturiert rational, oft emotional	meistens Kollektiventscheidungen komplex rational, sorgfältig prüfend

Abb. 3: Konsumgütermarketing und Investitionsgütermarketing

- **Produktpolitik**: herausragende Stellung der Markenbildung im KGM; herausragende Stellung des Kundendienstes im IGM
- **Kommunikationspolitik**: Massenwerbung im KGM; Einzelansprache bzw. Fachmessen im IGM
- **Distributionspolitik**: Vertrieb über stationären Handel/Internet im KGM, über persönlichen Verkauf im IGM vorherrschend.

Gemessen am gesamtwirtschaftlichen Umsatz kommt dem Investitionsgütermarketing eine weitaus größere Bedeutung zu als dem Konsumgütermarketing. Trotzdem konzentrieren sich fast alle Marketinglehrbücher auf die Abhandlung des Konsumgütermarketings. Auch das vorliegende Buch folgt dieser Übung und verweist zum Investitionsgütermarketing auf das Standardwerk von Backhaus/Voeth.

1.3 Ziele, Daten und Instrumente im Überblick

Unternehmensziele, Daten (→ Marktforschung) und sog. Marketinginstrumente sind die konstitutiven Elemente der Absatzplanung.

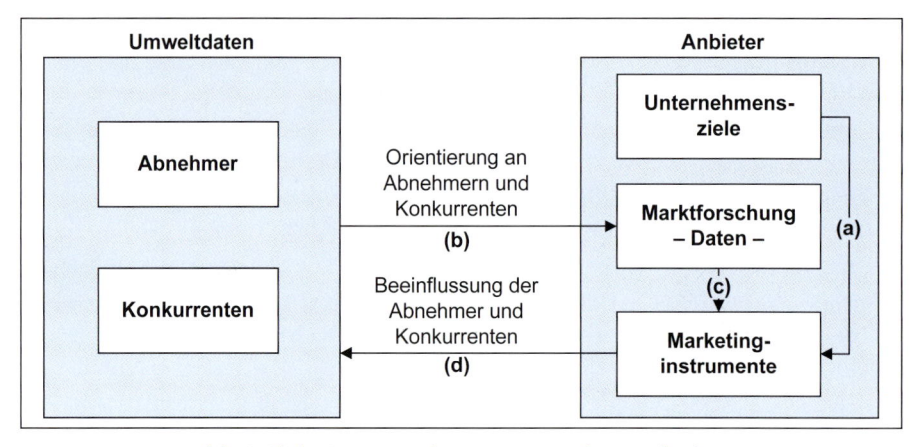

Abb. 4: Ziele, Daten und Instrumente des Marketings

1. Grundlagen

(a) Zur Erreichung der **Unternehmensziele** sind die oben angesprochenen Marketinginstrumente planvoll einzusetzen. Die Auswahl dieser Instrumente hängt nicht nur von den Zielen, sondern auch von den Umweltdaten ab **(c)**.
(b) Die **Marktforschung** hat die Aufgabe, die benötigten **Umweltdaten** (über das Marktverhalten der Abnehmer und Konkurrenten) **bereitzustellen**.
(c) Unternehmensziele (a) und Marktforschungsergebnisse (b) bestimmen die **Auswahl** der einzusetzenden **Marketinginstrumente**.
(d) Mit dem Einsatz der Marketinginstrumente will der Anbieter das Verhalten der **Abnehmer, aber auch das der Konkurrenten beeinflussen**.

Der ständig wachsende Wettbewerbsdruck zwingt Unternehmen zum Handeln:
(1) **Sorgfältige Marktforschung** (→ Erkundung der Marktverhältnisse) und darauf aufbauender
(2) **Einsatz der Marketinginstrumente** sind die **Schlüssel zum Markterfolg**.

(1) Markforschung

Im Mittelpunkt der Marktforschung stehen die

- **Erkundung der Nachfragerwünsche**
- **Analyse des Käuferverhaltens**
- **Marktsegmentierung**.

Diese Sachverhalte werden im übernächsten **Kapitel 3. Marktforschung** behandelt. Zur Marktsegmentierung vorab nur so viel: Im Zuge der Marktsegmentierung wird die Vielzahl individueller Nachfrager(wünsche) in möglichst homogene Kundenklassen (= Marktsegmente) zerlegt. Die Marktsegmentierung ist Voraussetzung zur gezielten Marktbearbeitung.

(2) Marketinginstrumente

Auf heißumkämpften Märkten genügt es nicht mehr, den Bedarf der Nachfrager zu erforschen und sich diesem Bedarf mit dem Einsatz der Instrumente anzupassen. Es geht vielmehr darum, Kaufmotive zu untersuchen und durch geeignete Maßnahmen **Bedürfnisse zu wecken**, deren sich die Nachfrager möglicherweise gar nicht bewusst sind. Vor allem das subjektive Erscheinungsbild eines Produkts und eine attraktive Werbung sollen Kaufimpulse auslösen und den **Absatzerfolg steigern**.

Nach Kuß/Kleinaltenkamp[1] stützt sich das Marketing auf folgende Eckpfeiler:

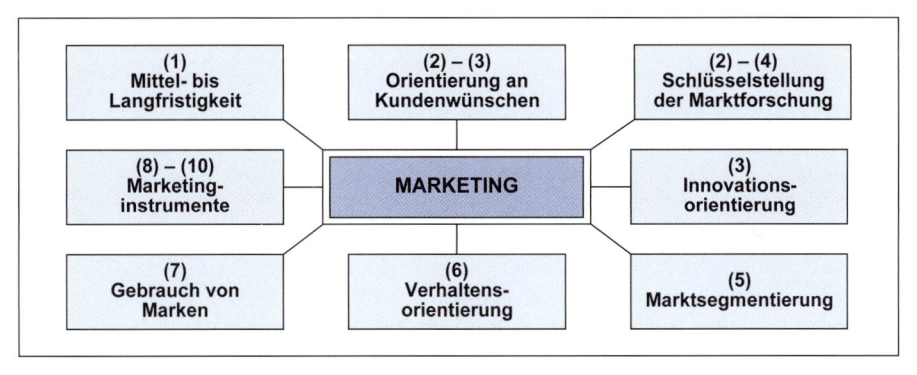

Abb. 5: Eckpfeiler des Marketings

---

[1] Vgl. Kuß/Kleinaltenkamp, Marketing-Einführung, 2013, S. 12.

Will ein Unternehmen mit dem Einsatz seiner Marketinginstrumente erfolgreich sein, muss es eine Reihe marketingspezifischer Fragen beantworten:

Marketingspezifische Fragestellungen

(1) Mit welchen Marketingaktivitäten erreichen wir das Ziel langfristiger Gewinnmaximierung?
(2) Welche Bedürfnisse haben aktuelle und potentielle Nachfrager?
(3) In welche Richtung laufen künftig die Käuferwünsche?
(4) Was bieten unsere Konkurrenten, was können wir besser?
(5) Auf welche Käuferschicht (Marktsegment) sollen wir uns konzentrieren?
(6) Wie verhalten sich Nachfrager, und wie steigert man ihre Kaufbereitschaft?
(7) Mit welcher Marke kann man Kunden an sich binden und die Konkurrenz ausstechen?
(8) Mit welchem Produkt/Sortiment ist die Marktlücke zu schließen?
(9) Lässt sich der Markterfolg durch Preisgestaltung, Werbung u. Ä. steigern?
(10) Auf welchem Vertriebsweg lassen sich Kunden am besten erreichen?

Abb. 6: Grundsatzfragen des Marketings

Antworten auf diese Fragen (1) bis (10) findet man in unterschiedlichen Teilgebieten des Marketings.

2. Marketingziele und Marketingplanung

Der **Unternehmensgesamtplan** ist auf das **oberste Unternehmensziel**, die **langfristige Gewinnmaximierung**, ausgerichtet. Zur Lösung der überaus komplexen Planungsaufgabe **zerlegt man den Gesamtplan** in

- **zeitlicher Hinsicht** (lang-, mittel- und kurzfristiger Plan)
- **sachlicher Hinsicht** (Produktions-, Absatz-, Investitions- und Finanzierungsplan).

2.1 Fristigkeit der Marketingplanung

Auch bei der Marketingplanung unterscheidet man zwischen einer strategischen, einer taktischen und einer operativen Planungsebene.[1] Dabei ist das **strategische Marketing** von **herausragender Bedeutung**. Hierfür gibt es mehrere Gründe:

- **Langfristige Gewinnmaximierung** setzt langfristige Planung voraus.
- **Dynamische Marktentwicklungen** durch
  o veränderte Kundenwünsche
  o veränderte politische Rahmenbedingungen (z. B. Deregulierung der Kommunikationsmärkte, Regulierung des Energiemarktes)
  o verschärfte Konkurrenz (z. B. durch ausländische Wettbewerber)
  o technische Neuerungen (z. B. Kommunikationstechnologien)

erfordern eine langfristig vorausschauende Marketingplanung, **die künftige Entwicklungen antizipiert**.

---

[1] Vgl. S. 74.

Die strategische Absatzplanung gehört zu den wichtigsten Führungsaufgaben eines Unternehmens. Im Rahmen einer Situationsanalyse beurteilt man die

- erwartete Entwicklung der **Kundenwünsche**
- erwartete Entwicklung der **Konkurrenzsituation**
- erwartete Veränderung der **gesellschaftspolitischen Rahmenbedingungen**
- **Kernkompetenzen des eigenen Unternehmens**.

Im Zuge einer darauf aufbauenden **Geschäftsfeldplanung** geht es um die Schaffung eines eigenen Wettbewerbsvorsprungs. Man besetzt das Geschäftsfeld (Marktsegment), auf welchem man einen **Wettbewerbsvorsprung** für das eigene Unternehmen vermutet, und strebt dort nach der **Marktführerschaft**.

Strategisches Marketing ist eine Führungsaufgabe. **Strategiewechsel,** d. h. eine

- **vollständige Abkehr von angestammten Geschäftsfeldern**
- **Entwicklung von Kernkompetenzen auf neuen Geschäftsfeldern**,

sind möglich, wie zahlreiche praktische Beispiele zeigen.

> **Beispiele:** Umstellung vom
> - Kaffeeröster (Tchibo) zum Trendprodukt-Filialisten
> - Reifenhersteller (Continental) zum Technologiekonzern
> - Mischkonzern (Linde) zum führenden Anbieter von Industriegasen
> - Stahlproduzenten (Preussag) zum Touristikunternehmen (TUI).

Die Unterschiede zwischen strategischer, taktischer und operativer Marketingplanung lassen sich am Beispiel der Produktpolitik eines Automobilunternehmens erläutern. Die in **Abb. 7** genannten Beispiele lassen die unterschiedliche zeitliche Bindungswirkung erkennen.

Marketingplanung		
strategisch	**taktisch**	**operativ**
Soll das bisherige Oberklasse-Marktsegment um Kleinwagen erweitert werden?	Wie soll zwei Jahre vor einem Modellwechsel die Ausstattung verbessert werden?	Soll eine Trendfarbe in das Lackierungsprogramm aufgenommen werden?

Abb. 7: Marketingplanung (Beispiel: Automobilunternehmen)

2.2 Zielhierarchie im Marketing

Ein Unternehmen wird üblicherweise eingeteilt in Funktionsbereiche (Produktion, Absatz, Investition und Finanzierung usw.). Die Unternehmensleitung orientiert sich am obersten **Unternehmensziel** (langfristige Gewinnmaximierung). Das Unternehmensziel wird in Funktionsbereichsziele zerlegt. In **Abb. 8** wird dabei das Absatzziel weiter aufgegliedert. Das **Absatzziel** kann darin bestehen, den eigenen Marktanteil unter Beachtung des Gewinnmaximierungsprinzips in der Planungsperiode um zwei Prozentpunkte zu erhöhen.

4. Abschnitt: Marketing

```
Oberziel  ──►  Unternehmensziel
                – Langfristige Gewinnmaximierung –

Funktions-      Produktions-   Absatz-      Finanzierungs-   Investitions-
bereichs-  ──►  ziele          ziele        ziele            ziele
ziele

Produkt-        Ziel           Ziel         Ziel             …
gruppen-   ──►  Produktgruppe 1 Produktgruppe 2 Produktgruppe 3
ziele

Funktions-      Produktpolitische  Preispolitische  Werbepolitische  Vertriebspolitische
ziele      ──►  Ziele              Ziele            Ziele            Ziele

Operationale    Unterziel 1    Unterziel 2   Unterziel 3
Unterziele ──►
```

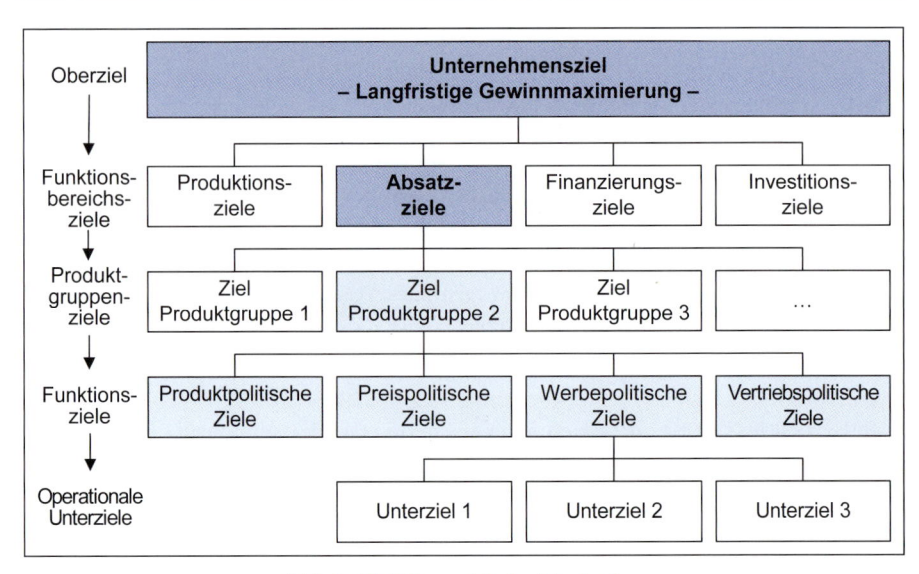

Abb. 8: Zielhierarchie im Marketing

Im Rahmen einer Matrixorganisation kann der Absatzbereich nach Produktgruppen aufgeteilt werden, die jeweils von einem Produktmanager geleitet werden. Das **Produktgruppenziel 2** kann dann z. B. lauten, einen Beitrag von 30 Prozent zum geplanten Jahresgewinn zu leisten. Auf der operationalen Ebene werden hieraus Unterziele abgeleitet. So kann ein werbepolitisches Unterziel vorgeben, mit einer gezielten Werbekampagne 10 Prozent Neukunden zu gewinnen.

Gegenstand **operativer Marketingplanung** ist die Festlegung von

- **Absatzprogramm** (Produktpalette/Sortiment)
- **Absatzmengen**
- **Absatzpreisen**

für das kommende Geschäftsjahr. Die Planung von Absatzmengen und Absatzpreisen für einzelne Produkte setzt die

- **Kenntnis der Marktlage** (→ Kapitel 3. Marktforschung)
- **Festlegung des Marketing-Mix** (→ Kapitel 4. Marketinginstrumente)

voraus. Zum Marketing-Mix gehört neben der Preisoptimierung die optimale Gestaltung der Produkte, der Werbung und der Vertriebswege.

3. Marktforschung

3.1 Ziele und Aufgaben der Marktforschung

Wer als Anbieter das Ziel langfristiger Gewinnmaximierung erreichen will, muss sorgfältig prüfen, wie er die Marketinginstrumente vor dem Hintergrund der vorgefundenen Marktsituation einsetzen soll.

3. Marktforschung

> Unter **Marktforschung** versteht man die systematische Erhebung und Auswertung von Marktdaten zur Fundierung von Marketingentscheidungen.

Gegenstand der Marktforschung[1] (im weiteren Sinne) ist die Sammlung und Auswertung entscheidungsrelevanter Marketinginformationen, die sich in unternehmensinterne und unternehmensexterne Daten einteilen lassen (→ **Abb. 9**).

(1) Unternehmens-interne Informationen	Unternehmensexterne Informationen (Umweltinformationen)		
• Beschaffungs-möglichkeiten • Produktions-kapazitäten • Kosten/Erlöse • Gewinnmarge	**(2) Rahmen-bedingungen** • wirtschaftliche • rechtliche • gesellschaftliche	**(3) Marktteilnehmer** • Nachfrager • Konkurrenten • Absatzmittler (Handel)	**(4) Marktreaktionen** Wirkung der Marketinginstru-mente auf einzelne Marktteilnehmer

Abb. 9: Marktforschung als Informationssammlung

(1) Unternehmensinterne Informationen

Die **Marktforschung**, die man auch als **Marketingforschung** bezeichnet, erfasst vorwiegend unternehmensexterne Daten. Will man Fehlentscheidungen vermeiden, muss man auch unternehmensinterne Daten berücksichtigen.

Die **Kosten- und Erlösrechnung** liefert produktspezifische Informationen zur Höhe der Stückerlöse und der (variablen) Stückkosten. Daraus lassen sich **produktspezifische Deckungsbeiträge** bzw. **Gewinnmargen** ableiten. Margenschwache Produkte bzw. Verlustartikel stellen den Marketingmanager vor die Wahl zwischen Produktverbesserung oder Produktionseinstellung.

(2) Rahmenbedingungen

Änderungen der wirtschaftlichen, rechtlichen und gesellschaftlichen Rahmenbedingungen haben meist weitreichende Folgen für das Marketing eines Unternehmens.

> **Beispiele:**
> - Bei **nachlassendem Wirtschaftswachstum** (→ Anstieg der Arbeitslosigkeit, Sinken verfügbarer Einkommen) hat ein Konsumgüterproduzent **kaum Möglichkeiten**, eine (kosteninduzierte) **Preissteigerung** am Markt durchzusetzen.
> - Eine **Änderung rechtlicher Rahmenbedingungen** (→ z. B. Mineralölsteuer-erhöhung, verschärfte Abgasvorschriften) führt häufig zur Produktinnovation (→ leichtere Fahrzeuge, Elektroautos).
> - Eine **Änderung gesellschaftlicher Rahmenbedingungen** (→ rückläufige Geburtenrate, Überalterung der Bevölkerung) ist schlecht für das Geschäft von Kinderwagenherstellern, aber gut für das Geschäft von Pflegedienstleistern.

---

[1] Vgl. weiterführend Berekoven/Eckert/Ellenrieder, Marktforschung, 2009; Kuß/Wildner/Kreis, Marktforschung, 2014.

(3) Marktteilnehmer

Anbieter, Nachfrager und Absatzmittler (Handel) sind die „Spieler" auf dem Absatzmarkt. In diesem Zusammenhang sucht der Anbieter A des Produkts P (z. B. ein Autohersteller) eine Antwort auf folgende Fragen:

- Wie viele Nachfrager interessieren sich für das Produkt P (→ **Marktpotential**)?
- Wie viele Einheiten von P werden insgesamt abgesetzt (→ **Marktvolumen**)?
- Wie groß ist der Anteil des Anbieters A am Marktvolumen von P (→ **Marktanteil**)?

Der **Marktanteil** ist ein wichtiger **Indikator zur Beurteilung der Marktmacht** eines Anbieters. Ein erläuterndes Zahlenbeispiel zum Marktpotential, Marktvolumen und Marktanteil findet sich im zugehörigen Übungsbuch. (**ÜB 4/3**)

PKW-Neuzulassungen 2015 in Deutschland				
Marktvolumen 2015		**Stück**		**Prozent**
Neuzulassungen in Deutschland		3.206.042		100,0
davon deutsche Hersteller		2.054.553		64,1
Marktanteile deutscher Hersteller 2015				
	Prozent			Prozent
Audi	8,4		**Opel**	7,2
BMW	7,8		**Porsche**	0,9
Ford	7,0		**Volkswagen**	21,4
Mercedes	8,9			

Abb. 10: Marktvolumen und Marktanteile[1]

(4) Marktreaktionen

Wer die Durchschlagskraft einzelner Marketinginstrumente prognostizieren will, muss wissen, wie Nachfrager (und Konkurrenten) auf

- eine Produktinnovation
- eine Preisänderung
- einen groß angelegten Werbefeldzug u. Ä.

reagieren. Zur Prognose derartiger Marktreaktionen muss man sich mit den

- **psychologischen Determinanten** von Kaufentscheidungsprozessen (→ Unterkapitel „**3.2 Käuferverhalten**")
- **Persönlichkeitsmerkmalen** (Alter, Geschlecht, sozialer Status) der potentiellen Käufer (→ Unterkapitel „**3.3 Marktsegmentierung**")

auseinandersetzen.

3.2 Käuferverhalten

Erfolgreich ist ein Unternehmen erst dann, wenn ein Kunde die **angebotene Ware** nicht nur anschaut, sondern **tatsächlich kauft**. Deshalb bemüht sich das Marketing um die Erforschung des Käuferverhaltens.

---

[1] Zur Datenbasis siehe www.kba.de.

3. Marktforschung

> Die **Erforschung des Käuferverhaltens** dient der Beantwortung folgender Fragen: Wer kauft was? Wie und wann wird gekauft? Wo und warum wird gekauft?

Der **Homo oeconomicus**, eine von der Wirtschaftstheorie entwickelte Kunstfigur, strebt nach Nutzenmaximierung, indem er – in der Rolle des Käufers – die Vorteilhaftigkeit einzelner Angebote **sorgfältig prüft** und sich dann – nach dem Rationalprinzip – für die Alternative mit dem **günstigsten Preis-Leistungs-Verhältnis** entscheidet.

> Den vor dem Kaufakt liegenden geistigen Vorgang des Suchens, Prüfens und Abwägens (= Vorteilhaftigkeitskalkül) bezeichnet man als **kognitiven Prozess**.

Kaufhandlungen werden aber nicht nur durch kontrollierende **Rationalität**, sondern auch durch seelische Vorgänge gesteuert (→ **Emotionen**), die man als **aktivierende Prozesse** bezeichnet. Ob beim Erwerb eines Produkts (oder einer Dienstleistung) eher

- kognitive Prozesse (→ prüfender Verstand, rationales Verhalten)
- aktivierende Prozesse (→ Gefühle, Emotionen, Affekt)

im Vordergrund stehen, ist im Wesentlichen abhängig von der

3.2.1 **Art des Kaufobjekts** (im Extremfall: Brautkleid oder Arbeitskleidung)
3.2.2 **Persönlichkeitsstruktur des Käufers** (emotional oder rational).

3.2.1 Unterschiedliche Kaufobjekte

Je nach Art des Kaufobjekts unterscheidet man vier Typen von Kaufentscheidungen (**Abb. 11**). Ein erläuterndes Beispiel findet sich im Übungsbuch. (**ÜB 4/17**)

Rationalität / Emotion	niedrig	hoch
hoch	**(1) Impulsive Kaufentscheidung** Glühwein auf dem Weihnachtsmarkt; Modeschmuck	**(2) Extensive Kaufentscheidung** Eigenheim; Segelboot; Zwei-Karat-Brillant
niedrig	**(3) Habitualisierte Kaufentscheidung** Lebensmittel des täglichen Bedarfs	**(4) Limitierte (primär rationale) Kaufentscheidung** Lebensversicherung; Heizölbestellung

Abb. 11: Typen von Kaufentscheidungen

(1) **Impulsive Kaufentscheidungen**: Große Emotion, aber wenig prüfender Verstand, weil Geldausgabe niedrig.
(2) **Extensive Kaufentscheidung**: Große Emotion, sorgfältige Prüfung, weil Geldausgabe hoch.
(3) **Habitualisierte Kaufscheidung**: Gewohnheitskäufe mit kleinem Geldbetrag.
(4) **Limitierte Kaufentscheidung**: Emotionslos mit begrenztem Prüfungsaufwand, weil Leistungsangebot leicht vergleichbar.

3.2.2 Unterschiedliche Käufertypen

Rationale Käufertypen treffen ihre Kaufentscheidungen eher mit dem Kopf (→ kognitiver Prozess), emotionale Typen folgen ihrem „Bauchgefühl" (→ aktivierender Prozess). Ob „**Kopf oder Bauch**": **Kaufentscheidungsprozesse** spielen sich im **Organismus** eines Käufers ab.

Die **Marketinginstrumente** (z. B. Sonderangebote oder verführerische Werbebotschaften) lassen sich als **Stimuli** betrachten, die den Kaufinteressenten schließlich zum „Gang an die Ladenkasse" bewegen sollen. Dabei lassen sich typenspezifische Verhaltensmuster unterscheiden. So fühlt sich der

- **rationale Typ** eher vom **attraktiven Sonderangebotspreis**
- **emotionale Typ** eher von der **aktivierenden Werbebotschaft**

angesprochen. Zur Untersuchung des typenspezifischen Käuferverhaltens hat die Marketingliteratur[1] zwei Modelle entwickelt:

(1) **Stimulus-Response-Modell (S-R-Modell)**
(2) **Stimulus-Organismus-Response-Modell (S-O-R-Modell)**.

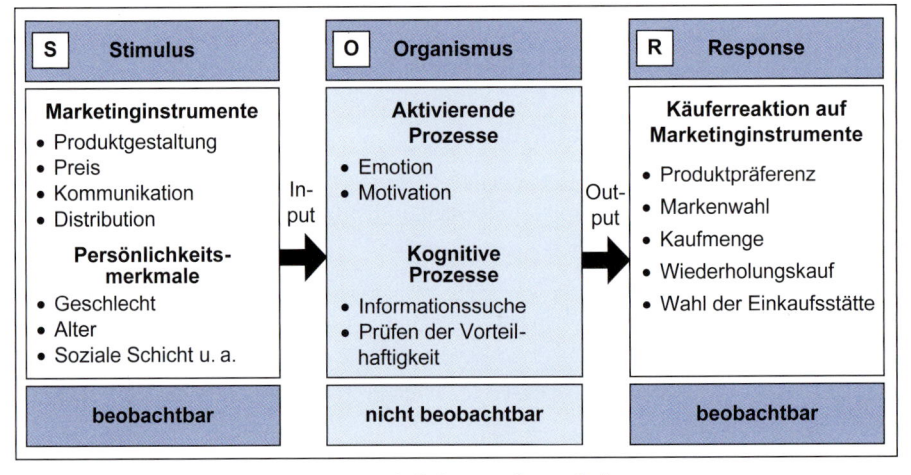

S Stimulus	O Organismus	R Response
Marketinginstrumente • Produktgestaltung • Preis • Kommunikation • Distribution **Persönlichkeitsmerkmale** • Geschlecht • Alter • Soziale Schicht u. a.	**Aktivierende Prozesse** • Emotion • Motivation **Kognitive Prozesse** • Informationssuche • Prüfen der Vorteilhaftigkeit	**Käuferreaktion auf Marketinginstrumente** • Produktpräferenz • Markenwahl • Kaufmenge • Wiederholungskauf • Wahl der Einkaufsstätte
beobachtbar	nicht beobachtbar	beobachtbar

Abb. 12: Modell des Käuferverhaltens

(1) Stimulus-Response-Modell (S-R-Modell)

Im Rahmen eines S-R-Modells, auch Reiz-Reaktions-Modell genannt, will man feststellen, wie

- **einzelne Käufergruppen** (geschichtet nach Geschlecht, Alter usw.)
- **auf verschiedenartige Marketinginstrumente** (→ Stimuli, Reize) mit ihrem
- **Einkaufsverhalten** (→ Response, Reaktion)

reagieren. Dabei beschränkt man sich auf eine **Beobachtung**[2] des Käuferverhaltens. Die im Organismus ablaufenden Prozesse werden nicht hinterfragt und als sog. **Black-Box** (in **Abb. 12** hellblau unterlegt) **ausgeblendet**.

---

[1] Vgl. Meffert/Burmann/Kirchgeorg, Marketing, 2015, S. 96 ff. und die dort angegebene Literatur.
[2] Zur Beobachtung vgl. S. 380 ff.

(2) Stimulus-Organismus-Response-Modell (S-O-R-Modell)

Auch in diesem Modell möchte man feststellen, wie einzelne Nachfragergruppen auf unterschiedliche Marketing-Stimuli reagieren. Dabei versucht man aber, **Einblick in die Black-Box**, also in den menschlichen Organismus, zu nehmen. Man beschränkt sich nicht auf die Beobachtung des Kaufverhaltens. Vielmehr versucht man, im Rahmen der **Befragung**[1] festzustellen, welche **Gefühle und Gedanken** die Probanden zum Kauf bzw. Nichtkauf veranlasst haben.

3.3 Marktsegmentierung

Auf umkämpften Käufermärkten haben Anbieter nur dann eine Marktchance, wenn sie mit ihrem Leistungsangebot den Kundenwünschen gerecht werden. Je nach Leistungsart reicht die Palette von einheitlichen bis zu stark differenzierten Kundenwünschen.

	Art des Gutes	Kundenwunsch	Beispiel
(1)	homogen	einheitlich	Heizöl
(2)	nahezu homogen	leicht differenziert	Eier
(3)	heterogen	stark differenziert	Urlaubsreisen

Abb. 13: Kundenwünsche nach Leistungsdifferenzierung – Beispiele –

(1) Homogenes Gut

Bei einem homogenen Gut (→ keine qualitativen Unterschiede bei verschiedenen Angeboten) wie Heizöl begegnen die Anbieter einem **einheitlichen Kundenwunsch**: Gefragt ist ein möglichst niedriger Preis. Resultat: In einem margenschwachen Geschäft sind die Anbieter einem **harten Preiswettbewerb** ausgesetzt.

(2) Nahezu homogenes Gut

Früher betrachtete man Eier als homogenes Gut. Heute bedienen die Eierproduzenten mindestens **zwei Marktsegmente**:

- **Preisbewusste Verbraucher** bevorzugen Eier aus **Käfighaltung**.
- **Gesundheitsbewusste Verbraucher** bevorzugen **Bioeier**.

Darauf reagieren die Eierproduzenten mit einer Leistungs- und Preisdifferenzierung.

(3) Heterogenes Gut

Fragt man die Menschen nach ihren Wünschen zur Urlaubsgestaltung, erhält man höchst unterschiedliche Antworten. Die Palette der Urlaubswünsche reicht von der Rucksacksafari über den Billigaufenthalt im türkischen Zwei-Sterne-Hotel, die Flugreise in die Karibik, die Kur in einem Heilbad bis zur Kreuzfahrt auf einem Luxusliner oder zur Golftour in die Vereinigten Arabischen Emirate. Hinter diesen stark differenzierten Urlaubswünschen stehen Kundengruppen, die sich nach verschiedenen Merkmalen wie Alter, Familienstand, Einkommensklasse usw. einteilen lassen.

Die **verschiedenen Kundengruppen**, die man als **Marktsegmente** bezeichnet,

---

[1] Zu den Möglichkeiten der Befragung vgl. S. 379 f.

- haben **unterschiedliche Bedürfnisse** (→ Produktdifferenzierung)
- haben **unterschiedliche Reisebudgets** (→ Preisdifferenzierung)
- sind durch **unterschiedliche Werbemedien** erreichbar.

Fazit: Anbieter sind zwar bestrebt, auf **verschiedenartige Kundenwünsche** einzugehen, können aber aus Kostengründen **nicht jeden Einzelkunden als „Solitär"** behandeln. Darum bilden sie verschiedene Nachfragerklassen (→ Marktsegmente), deren Angehörige (annähernd) gleiche Wünsche und Einkaufsgewohnheiten haben.

> Im Wege der **Marktsegmentierung** unterteilt man die Gesamtheit der Nachfrager in möglichst homogene Käufergruppen (Segmente), um den Markt durch gezielte Käuferansprache effizient bearbeiten zu können.

Die Marktsegmente sollen

- **in sich möglichst homogen** (z. B. Kunden einer Altersgruppe) sein
- **im Vergleich untereinander klar unterscheidbar** sein.

Die Bildung der Marktsegmente erfolgt nach Personen- und Verhaltensmerkmalen:[1]

A. Personenmerkmale	B. Verhaltensmerkmale
☐ **demographische** • Geschlecht • Alter • Familienstand/Haushaltsgröße • Wohnsitz (Land, Region, Stadt) • Religion ☐ **sozio-ökonomische** • Einkommensklasse • Beruf • Bildungsgrad	☐ **geistig-psychische** • rational-abwägend • emotional-impulsiv ☐ **lebensstilbezogene** • sparsam (preisbewusst) • qualitätsbewusst • konsumorientiert • markentreu • prestigebewusst • traditionsbewusst • modebewusst-trendig
Vorteil (+) / Nachteil (−)	**Vorteil (+) / Nachteil (−)**
+ Merkmale leicht erfassbar − kein Direktbezug zu Marketinginstrumenten	+ Direktbezug zu Marketinginstrumenten − Merkmale schwer erfassbar

Abb. 14: Kriterien zur Marktsegmentierung

Die Marktsegmentierung erfolgt in drei Arbeitsschritten:

(1) Erhebung der A. Personenmerkmale und B. Verhaltensmerkmale
(2) Verknüpfung der A. Personenmerkmale und B. Verhaltensmerkmale
(3) Bildung der Marktsegmente, Entwicklung einer Marktbearbeitungsstrategie

(1) Zur Erhebung von **A. Personenmerkmalen** (→ z. B.: Wie viele Rentner/Singles leben im Großraum München?) kann man auf **öffentlich verfügbare Daten** (→ statistische Angaben) zurückgreifen.

(2) Zur **Verknüpfung von A. Personen- mit B. Verhaltensmerkmalen** (z. B.: Welche Rolle spielt bei Ihrem Einkauf der Produktpreis/die Produktqualität?) befragt man unterschiedliche Nachfragergruppen. Der in **Abb. 18** wiedergegebene **Fragenkatalog** zeigt die Verknüpfung von Personen- und Verhaltensdaten.

---

[1] Vgl. hierzu ausführlich Kotler/Armstrong/Wong/Saunders, Marketing, 2011, S. 464 ff.

(3) **Abgrenzbare Marktsegmente** ergeben sich, wenn sich die **Verhaltensmuster** der Personengruppen **unterscheiden**. Welches Personenmerkmal hat den stärksten Einfluss auf die Bildung abgrenzbarer Marktsegmente? Die größte Bedeutung hat vermutlich die **Marktsegmentierung nach unterschiedlichen Einkommensklassen**.

> **Beispiel:** Mit verschiedenartigen Markenklassen sollen Nachfrager unterschiedlicher Einkommensschichten umworben werden. Mit sog. Billigmarken will man die untere Einkommensschicht, mit Premiummarken die gehobene Einkommensklasse und mit Nobelmarken die oberste Einkommensklasse erreichen.

Je nach Resultat der Marktsegmentierung lassen sich unterschiedliche **Marktbearbeitungsstrategien** ableiten. Dabei sind die in **Abb. 15** aufgeführten **Grundtypen** zu unterscheiden.

Marktbearbeitungsstrategie		
(1) undifferenzierte	**(2) konzentrierte**	**(3) differenzierte**
„Massenmarkt" einheitliches Angebot für alle Nachfrager	„Nischenmarkt" spezifisches Angebot für *eine* Gruppe	„Klassenmarkt" spezielle Angebote für *verschiedene* Gruppen

Abb. 15: Marktbearbeitungsstrategie – Typenbildung

(1) Undifferenzierte Marktbearbeitungsstrategie

Bei homogenen Produkten (z. B. Benzin, Zucker oder Zement) entwickeln die Nachfrager keine Produktpräferenzen. Auf dem **Massenmarkt** kommt es dann zu einem **harten Preiswettbewerb**. Zur Festigung ihrer Wettbewerbsposition streben Anbieter nach einer **Produktionsausweitung** (z. B. durch Unternehmenszukäufe). Hierdurch versucht man im Wege der Stückkostendegression, die **Stückkosten zu senken** und damit die **Gewinnmargen zu steigern**.

Auf Massenmärkten gelingt es nur wenigen Anbietern, die **Gewinnmarge durch Markenbildung zu verbessern**. Prominentestes Beispiel ist Coca-Cola. „*Ein* Erfrischungsgetränk für *alle* Altersklassen und für *alle* Gesellschaftsschichten", so oder ähnlich kann man das Markenmotto umschreiben.

(2) Konzentrierte Marktbearbeitungsstrategie

Unternehmen, die sich mit einem **stark spezialisierten Angebot** auf die Bearbeitung **eines einzigen Marktsegments** beschränken, bezeichnet man als **Nischenanbieter**. Der Nischenanbieter ist kein „Mauerblümchen". Als Spezialist hebt er sich vom Konkurrenzangebot ab und erreicht damit bessere Gewinnmargen.

> **Beispiele:** Es gibt Transportunternehmen, die sich auf kundenspezifische Beförderungsleistungen (z. B. Behindertentaxis, Kunsttransporte) spezialisiert haben.
>
> Aus der Reisebranche ist der Reiseveranstalter Studiosus-Reisen zu nennen, der sich auf Reiseangebote an das „Bildungsbürgertum" im mittleren und oberen Einkommenssegment konzentriert.

(3) Differenzierte Marktbearbeitungsstrategie

Mit speziellen Angeboten für verschiedene Marktsegmente kann ein Unternehmen „zwei Fliegen mit einer Klappe schlagen":

- Größen- und Kostenvorteile auf der Produktionsseite
- Wettbewerbsvorteile durch kundenspezifische Angebote auf der Absatzseite

> **Beispiel:** Der **VW-Konzern** liefert das Paradebeispiel für den Welterfolg einer differenzierten Marktbearbeitungsstrategie. Mit **acht PKW-Marken** (Audi, Bentley, Bugatti, Lamborghini, Porsche, Seat, Skoda und Volkswagen) hat sich das Unternehmen zum (zweit-)größten PKW-Produzenten der Welt entwickelt. Die Produktpalette reicht vom Einsteigermodell (unter 10.000 EUR) bis zur Luxusklasse zum Preis von 250.000 EUR und mehr. Zur differenzierten Marktbearbeitungsstrategie gehört nicht nur die **Produkt- und Preisdifferenzierung**, sondern auch eine **differenzierte Kundenansprache**: Vertragshändler, die mehrere Konzernmarken anbieten, sind verpflichtet, die verschiedenen Marken an verschiedenen, unterschiedlich „aufgemachten" Verkaufsstandorten zu präsentieren.

Im **folgenden Unterkapitel** werden die **Instrumente der Marktforschung** vorgestellt. Dem Arbeitsablauf der Marktforschung hätte es entsprochen

- **zuerst** die **Instrumente** der Informationssammlung und
- **danach** die **Marktsegmentierung** auf der Basis der erhobenen Daten

zu behandeln. Die Umkehrung dieser Reihenfolge lässt sich didaktisch begründen: Den Einsatz der Datenerhebungsverfahren kann man besser verstehen, wenn man zuvor den **Erhebungszweck**, das ist die **Marktsegmentierung**, kennengelernt hat.

3.4 Verfahren der Datenerhebung

Die Marktforschung hat eine Servicefunktion für das Marketing: Mit ihrer Datensammlung und -auswertung sollen Marketingentscheidungen fundiert werden. Bei der **Datenerhebung** unterscheidet man zwischen **zwei Forschungsansätzen**.

> Als **Sekundärforschung** (Desk Research) gilt die Sammlung bereits vorhandener Daten. Als **Primärforschung** (Field Research) bezeichnet man die Suche nach bislang nicht verfügbaren Informationen.

Die Erhebung vorhandener Daten verursacht einen geringeren Zeitaufwand und geringere Kosten als die Suche nach bisher nicht verfügbaren Informationen. Darum **beginnt der Marktforscher** mit der – einfachen – Erhebung von **Sekundärdaten** und wendet sich, wenn notwendig, erst im zweiten Schritt der aufwendigen Primärforschung zu. **Abb. 16** gibt einen Überblick über die im Folgenden zu behandelnden Marktforschungsverfahren.

3.4.1 Sekundärforschung	3.4.2 Primärforschung
• **Innerbetriebliche Quellen** (Data-Warehouse) • **Außerbetriebliche Quellen** (öffentlich verfügbare Informationen u. Ä.)	3.4.2.1 Befragung 3.4.2.2 Beobachtung 3.4.2.3 Experiment 3.4.2.4 Panel 3.4.2.5 Testmarkt

Abb. 16: Verfahren der Marktforschung

3.4.1 Sekundärforschung

Die Sekundärforschung basiert auf der Sammlung innerbetrieblicher und außerbetrieblicher Daten:

Sekundärdaten	
innerbetriebliche	**außerbetriebliche**

• **Umsatz gegliedert nach**
  ○ Produktart
  ○ Absatzgebiet
  ○ Kunde
• **Kostendaten**
  ○ Herstellkosten
  ○ Vertriebskosten
• **Außendienstberichte**
	• **Amtliche Statistik**
	• **Andere Institutionen** wie
	  ○ Bundesbank
	  ○ Wirtschaftsforschungsinstitute u. Ä.
	• **Kommerzielles Datenangebot**
	  durch Marktforschungsinstitute

Abb. 17: Gegenstand der Sekundärforschung

Verfügt das Unternehmen über ein institutionalisiertes Informationssystem, können **innerbetriebliche Daten** als Berichte aus dem **Data-Warehouse**[1] abgerufen werden.

Die Sammlung zusätzlicher **außerbetrieblicher Daten** beginnt meist mit dem Einsatz einer Internetsuchmaschine. Außerbetriebliche Daten können als

- **frei verfügbare Informationen** (z. B. amtliche Statistik) unentgeltlich gesammelt
- **kommerzielles Datenangebot** (→ Marktforschungsinstitute) käuflich erworben

werden.

> **Beispiel:** Große Marktforschungsinstitute erheben regelmäßig (z. B. über Scannerkassen) die Umsätze gängiger Konsumgüter (gegliedert nach Marken), so dass ein Markenartikelhersteller gegen Entgelt z. B. Informationen zum Umsatz der eigenen Marke und der Konkurrenzmarken abfragen kann.

3.4.2 Primärforschung

3.4.2.1 Befragung

In der Marketingpraxis ist die Befragung das gebräuchlichste Instrument zur Deckung des Informationsbedarfs eines Anbieters.

> Die **Befragung** ist das gebräuchlichste Informationsbeschaffungsverfahren zur Lösung eines Marketingproblems (→ Optimierung der Marketinginstrumente).

Befragungen können vom Anbieter in Eigenregie oder von einem Marktforschungsunternehmen durchgeführt werden. Dabei werden

- **einfache Sachverhalte** meist in **Eigenregie**
- **komplexe Sachverhalte** meist von professionellen **Marktforschungsunternehmen**

---

[1] Vgl. hierzu S. 166 f.

abgefragt. Befragungen zur Kundenzufriedenheit, z. B. die Hotelgästebefragung am Ende eines Urlaubs, werden üblicherweise in Eigenregie durchgeführt.

Die Marktforschungspraxis hat – je nach Untersuchungszweck – verschiedenartige Befragungskonzepte entwickelt.[1] Die **bekannteste Form** ist die **Repräsentativbefragung**: Nicht die Gesamtheit der potentiellen Nachfrager, sondern **eine repräsentative Stichprobe**, üblicherweise 1.000 bis 2.000 Personen, wird zu ihren **Einstellungen und Wünschen befragt**.

Eine Befragung kann mündlich, telefonisch, schriftlich oder als Online-Befragung durchgeführt werden. Ein **standardisierter Fragenkatalog**[2] ist **zweistufig aufgebaut**:

A. Untersuchungsgegenstand	
Fragen	**Ergebnisskala**
• zur Dringlichkeit des Bedarfs	☐ ☐ ☐ ☐ ☐
• zu Erfahrungen mit dem eigenen Produkt X	☐ ☐ ☐ ☐ ☐
• zum Vergleich mit Konkurrenzprodukten Y und Z	☐ ☐ ☐ ☐ ☐
o bezüglich Qualität	☐ ☐ ☐ ☐ ☐
o bezüglich Preis	☐ ☐ ☐ ☐ ☐
• zur Einkaufshäufigkeit	☐ ☐ ☐ ☐ ☐
• zur Reaktion auf Preisänderungen usw.	☐ ☐ ☐ ☐ ☐
B. Personenangaben	
Fragen	
zu Geschlecht, Alter, Familienstand, Beruf, Bildungsgrad, verfügbarem Einkommen usw.	

Abb. 18: Grundstruktur eines Fragenkatalogs

Bei der Auswertung der Fragenkataloge kommt es darauf an, die **Antworten zum Untersuchungsgegenstand** (Teil A) zu den **Angaben zur Person** (Teil B) in **Beziehung zu setzen**.

> **Beispiel:** Gelangt der Anbieter eines kleinen, aber hochpreisigen Sport-Coupés zu der Information, dass ein solches Produkt am ehesten bei jungen Singles mit hohem Bildungsgrad und hohem verfügbaren Einkommen „ankommt", hat er seine für die Marktsegmentierung entscheidende Zielgruppe identifiziert.

Mit ihrem Streben nach Beschreibung der angebotsspezifischen Zielgruppe folgt die standardisierte Repräsentativbefragung dem **deskriptiven Marktforschungsansatz**. (**ÜB 4/10**)

3.4.2.2 Beobachtung

Wer als „Marktforscher" das Geschehen auf einem Wochenmarkt beobachtet, kann feststellen, wie

- **Menschen** (Anbieter und Nachfrager) agieren
- **Transaktionen** die Verkaufstische der Anbieter leeren und im Gegenzug die Kasse füllen.

---

[1] Zu einzelnen Formen der Befragung vgl. Kuß/Wildner/Kreis, Marktforschung, 2014, S. 80 ff.; Meffert/Burmann/Kirchgeorg, Marketing, 2015, S. 148 ff.

[2] Zum Aufbau und zur Auswertung vgl. Homburg, C., Marketingmanagement, 2015, S. 308 ff.

Unter **Beobachtung** versteht man die systematische Erfassung wahrnehmbaren Geschehens durch Personen oder technische Hilfsmittel.

Aus dieser Definition folgt: Marktgeschehen lässt sich entweder durch Personen oder durch technische Einrichtungen (z. B. Kameras) beobachten.

Beobachtung	
persönliche	**apparative**
(1) teilnehmende • Testkäufer • Testverkäufer u. a. **(2) nichtteilnehmende** • Kaufverhaltensbeobachtung • Passantenfrequenzmessung u. a.	**(3) Feldbeobachtung** • Videoaufzeichnung • interne Frequenzmessung • Scannerkasse u. a. **(4) Laborbeobachtung** • Blickaufzeichnung • Hautwiderstandsmessung u. a.

Abb. 19: Möglichkeiten der Beobachtung

(1) Teilnehmende Beobachtung

Bei der teilnehmenden Beobachtung ist der **Beobachter als Akteur** in den Beobachtungsvorgang einbezogen. Als **(Test-)Käufer** getarnt – z. B. als Restauranttester –, macht er sich ein Bild von der Leistungsfähigkeit des Bedienungspersonals.

Rollentausch: Als **(Test-)Verkäufer** getarnt, beobachtet der Vertriebsmitarbeiter des Markenartikelproduzenten A an einem Verkaufsstand in einem Warenhaus, mit welchen Argumenten sich der umworbene Kunde zum Kauf der A-Marke bewegen lässt.

(2) Nichtteilnehmende Beobachtung

Hier bleibt der Beobachter in der **Rolle des unbeteiligten Dritten**. Als „Zaungast" macht sich der **Beobachter ein Bild vom Kaufverhalten** des Kunden. Er will feststellen, ob der Kunde

- spontan zugreift oder kritisch (das Preis-Leistungs-Verhältnis) prüft
- nach Beratung durch das Verkaufspersonal verlangt u. Ä.

Beispiel: Zur Ermittlung der attraktivsten Einzelhandelsstandorte messen Einzelhandelsfilialisten die **Passantenfrequenz** in (laufstarken) Fußgängerzonen oder fragen diese Werte bei Citymaklern[1] ab, die solche Frequenzmessungen in regelmäßigen Zeitabständen durchführen.

(3) Feldbeobachtung

Die Feldbeobachtung findet im **natürlichen Umfeld** des (potentiellen) Nachfragers statt, i. d. R. an dem Ort, wo die Kaufentscheidung getroffen wird. Wichtige Instrumente der Feldbeobachtung sind in Verkaufsstellen installierte

---

[1] Vgl. z. B. www.jll.de.

- **Kameras** → sie registrieren Kundenbewegungen im Ladenlokal und Verweildauern an einzelnen Verkaufsplätzen
- **elektronische oder mechanische Durchgangskontrollen** → sie messen die Kundenfrequenz
- **Scannerkassen** → sie zeigen an, in welcher Höhe und in welcher Artikelzusammenstellung der einzelne Kunde Einkäufe getätigt hat.

Die **Scannerkasse leistet vielfältige Informationsdienste** zur Optimierung der Marketinginstrumente. Mit Scannerkassendaten lassen sich folgende Fragen beantworten:

- Welche Artikel hat der Kunde in seinem „Warenkorb"? Welchen Einfluss hat dieser „Absatzverbund" auf die Sortimentsoptimierung?
- Wie beeinflusst eine „Preisknülleraktion" für Artikel A den Abverkauf der anderen Sortimentsartikel B bis Z?
- Zu welcher Tageszeit machen wir den höchsten Umsatz? Lohnt sich eine Verlängerung der Ladenöffnungszeiten?

(4) Laborbeobachtung

Untersucht man das Nachfragerverhalten unter künstlich geschaffenen Bedingungen, spricht man von Laborbeobachtungen. Wichtige Anwendungsbeispiele der Laborbeobachtung sind die **Blickaufzeichnung** und die **Hautwiderstandsmessung**. Beide Verfahren werden im Rahmen von Werbepretests zur Überprüfung der Wirksamkeit einer konkret geplanten Werbemaßnahme eingesetzt.

3.4.2.3 Experiment

Im Rahmen einer **Beobachtung** – z. B. durch den Einsatz von Scannerkassen – kann man Absatzdaten erfassen. Das Ergebnis einer solchen Erhebung für den Markenartikel M kann beispielsweise lauten

- **Absatzmenge Artikel M im Mai**:   8.000 Stück
- **Absatzmenge Artikel M im Juni**: 10.000 Stück.

Die Beobachtung (der Absatzzahlen) beschränkt sich auf die **Sammlung von Fakten**. Man beschreibt einen Istzustand. Die Marktforscher sprechen von einem **deskriptiven Forschungsdesign**. (ÜB 4/10)

Ein **kausalanalytisches Forschungsdesign** geht einen wesentlichen Schritt weiter: Man nimmt die Änderung der Absatzmenge nicht nur zur Kenntnis, sondern man **fragt im Rahmen eines sog. Experiments nach den Ursachen** der Absatzmengenänderung. Im obigen Fallbeispiel könnte die Erhöhung der Absatzmenge des Markenartikels M auf verschiedene Ursachen zurückzuführen sein: auf eine Werbeaktion für M, eine Änderung der Verpackung von M, eine Preiserhöhung beim Konkurrenzprodukt oder einfach auf besseres Einkaufswetter im Monat Juni.

Will ein Anbieter den Einsatz seiner Marketinginstrumente optimieren, muss er die Wirkung der einzelnen Instrumente prognostizieren. Ob veränderte Produktgestaltung, eine Preisänderung oder eine produktspezifische Werbeaktion – in jedem Fall muss festgestellt werden, welchen Einfluss der Einsatz des einzelnen Marketinginstruments auf das Absatzergebnis E hat. Es geht also um die **Ermittlung einer Ursache-Wirkungsbeziehung** zwischen dem

- **Einsatz eines einzelnen Marketinginstruments** → **unabhängige Variable** und der
- **Änderung der Ergebnisgröße (Absatzmenge)** → **abhängige Variable**.

Im Rahmen eines **Experiments** will man feststellen, in welchem Ausmaß der Einsatz der unabhängigen Variablen (z. B. Preisänderung als Ursache) zu einer Änderung der abhängigen Variablen (z. B. Absatzmenge als Wirkung) führt.

Experimente basieren auf der **Ceteris-Paribus-Bedingung**: Die Feststellung, eine Preissenkung habe eine Erhöhung der Absatzmenge um 2.000 Stück verursacht, ist nur dann statthaft, wenn **zwei „Welten"** miteinander verglichen werden, die sich lediglich in **einem einzigen Merkmal – z. B. der Preissenkung – unterscheiden**, die im Übrigen aber völlig identisch sind. (ÜB 4/13)

Der Aufbau eines Experiments lässt sich am Beispiel eines sog. Store-Tests beschreiben: Beim **Store-Test** wird der **Abverkauf eines Produkts in Testläden** – meist 10 an der Zahl – **ermittelt**. Im Zuge des Experiments wird z. B. das Produkt M in der

- **Versuchsgruppe** (10 Testläden V) zum Preis von 9 EUR/Stück
- **Kontrollgruppe** (10 Testläden K) zum Preis von 10 EUR/Stück

angeboten. Ein erläuterndes Zahlenbeispiel findet sich im Übungsbuch. (ÜB 4/14–16)

Store-Test-Experiment
Beispiel: Der Markenartikel M wird der Versuchsgruppe V zum ermäßigten Preis von 9 EUR/Stück, der Kontrollgruppe K zum bisherigen Preis von 10 EUR/Stück angeboten.

Versuchsgruppe V	Kontrollgruppe K
Neue Marketingsituation – neuer Preis: 9 EUR/Stück –	**Bisherige Marketingsituation** – alter Preis: 10 EUR/Stück –
Beobachtung in 10 V-Läden	Beobachtung in 10 K-Läden
Absatzergebnis E_V	Absatzergebnis E_K

Wirksamkeit der Einzelaktion (Preissenkung) = $E_V - E_K$

Abb. 20: Grundstruktur eines Experiments

Der **gleichzeitige Einsatz der Versuchs- und der Kontrollgruppe** macht es möglich,
- die während des **Versuchszeitraums eintretende Änderung externer Rahmenbedingungen** (z. B. Wetter, Konjunktur, Konkurrenzaktionen)
- im Sinne der Ceteris-Paribus-Bedingung weitgehend zu neutralisieren.

Im Fallbeispiel in **Abb. 20** wurde der Preis als unabhängige Variable eingesetzt (→ **Preistest**). Experimente können nach dem gleichen Grundmuster auch als
- **Produkttest** (→ Produktgestaltung als unabhängige Variable) oder als
- **Werbetest** (→ Werbeaktion als unabhängige Variable) ausgestaltet werden.

Die Aussagekraft eines Experiments steht und fällt mit dem Ausschluss von Störfaktoren, also mit dem Ausschluss aller Faktoren, die außer der Experimentiergröße (z. B. Absatzpreis) die Ergebnisgröße E beeinflussen.

3.4.2.4 Panel

Zu den wichtigsten Aufgaben des Marketings gehört die Erstellung von Absatzprognosen. Solche Absatzprognosen setzen Kenntnisse über die **Marktentwicklung in der Vergangenheit** voraus. Marktuntersuchungen entlang der Zeitachse – z. B. die Erhebung von Umsätzen oder Marktanteilen – bezeichnet man als **Längsschnittanalysen**.

Eine **Befragung oder Beobachtung** liefert immer nur eine **Momentaufnahme** zu einem **bestimmten Zeitpunkt**. Wiederholt man die Befragung bzw. die Beobachtung in regelmäßigen Zeitabständen, erhält man Einblicke in die **Marktentwicklung**. Solche **regelmäßigen Erhebungen** zum gleichen Sachverhalt bezeichnet man als **Panels**.

> Ein **Panel** hat die Aufgabe, durch regelmäßige Erhebungen (gleiche Fragen, gleicher Befragtenkreis) Marktentwicklungen aufzuzeigen.

Panelerhebungen bieten dem einzelnen Anbieter, insb. den Anbietern von Markenartikeln, wertvolle **Informationen über den Zustand und die Entwicklung**

- von **Absatzmenge, Umsatz, Marktanteil**
- von **Preisen** der eigenen und der Konkurrenzmarken
- des **Käuferverhaltens** (Wiederkaufverhalten, Markenwechsel, Kaufhäufigkeit)
- der einzelnen **Marktsegmente** (Rentner, Singles, Familien, Akademiker)
- der **bevorzugten Einkaufsstätte** (Facheinzelhandel, Discounter, Warenhäuser).

Das Panel ist die wohl komplizierteste und kostspieligste Form der Informationsbeschaffung im Marketing. Panels werden von **professionellen Marktforschungsinstituten** betrieben. Marktführer in Deutschland sind

- Gesellschaft für Konsumforschung (www.gfk.de)
- The Nielsen Company GmbH (www.nielsen.de),

die interessierten Unternehmen die gewünschten Paneldaten gegen Entgelt zur Verfügung stellen. Paneldaten können auf zwei Wegen erhoben werden, als

- Einkaufsdaten beim Endabnehmer → **Verbraucherpanel**
- Verkaufsdaten beim Vertriebspartner → **Handelspanel**.

Das **Scannerpanel** ist eine Sonderform des Handelspanels, die immer mehr an Bedeutung gewinnt.

(1) Verbraucherpanel	(2) Handelspanel	(3) Scannerpanel
Direkte Erfassung der Einzeleinkäufe beim Endverbraucher	Indirekte Absatzermittlung über Inventurdaten	Direkte Absatzermittlung über Datenerhebung an der Scannerkasse

Abb. 21: Panelarten

(1) Verbraucherpanel

Die Panelteilnehmer, üblicherweise 2.000 bis 10.000 registrierte Verbraucher (Einzelpersonen, Haushalte), liefern regelmäßig **Informationen über ihre Einkäufe** (Tag, Ort,

Umfang, Artikel, Hersteller/Marke). Die Datenerfassung erfolgt über Erhebungsbögen oder persönliche Handscanner[1], mit denen die Testpersonen ausgestattet sind.

(2) Handelspanel

Bei den Panelteilnehmern, üblicherweise etwa 1.000 Handelspartner, wird aus den Lagerabgängen (= Anfangsbestand + Zugang – Endbestand) der **Absatz für die einzelnen Produkte**, gegliedert nach Hersteller bzw. Marke, abgeleitet.

(3) Scannerpanel

An der **Scannerkasse** werden die **Umsätze für einzelne Artikel**, gegliedert nach Hersteller bzw. Marke, erfasst. Das Scannerpanel liefert dem Hersteller die genauesten Informationen zur Entwicklung der Marktanteile konkurrierender Marken und zur Beurteilung der Marktstärke einzelner Vertriebspartner bzw. Verkaufsstandorte.

3.4.2.5 Testmarkt

Im Gegensatz zu Labortests, die das Konsumentenverhalten unter künstlich geschaffenen Bedingungen, also im Labor, untersuchen, handelt es sich beim Testmarkt um ein **Feldexperiment**. Der Testmarkt ist eine repräsentative Teilmenge des Gesamtmarktes. Der Testmarkt ist so abzugrenzen, dass er ein **wirklichkeitsgetreues Abbild des Gesamtmarktes** liefert. In Abhängigkeit vom Informationsbedarf unterscheidet man zwei Arten von Testmarktforschung. Beim

- **Produktmarkttest**[2] soll vor einer Entscheidung über die Markteinführung die Akzeptanz neuer Produkte
- **Instrumentmarkttest** soll der Einfluss einzelner Marketinginstrumente auf die Nachfragemenge

überprüft werden. Die drei wichtigsten Testmarktkonzepte sind in **Abb. 22** enthalten.

(1) Regionaler Testmarkt	(2) Store-Test	(3) Mikro-Testmarkt

• zeitlich begrenzt
• regional begrenzt
  (z. B. Saarland)
	• zeitlich begrenzt
	• begrenzt auf 10 bis 20 Endverkaufsstellen
		• zeitlich unbegrenzt
		• örtlich begrenzt
		  (z. B. Haßloch)

Abb. 22: Testmarktkonzepte

(1) Regionaler Testmarkt

Auf einem mit dem Gesamtmarkt strukturgleichen Teilmarkt testet man vor Markteinführung eines neuen Produkts dessen Marktgängigkeit.

(2) Store-Test

In (etwa 10) ausgewählten Testgeschäften beobachtet man während des Testzeitraums, wie die Nachfrager auf den Einsatz einzelner Marketinginstrumente reagieren.

---

[1] Zu Einzelheiten vgl. Esch/Herrmann/Sattler, Marketing, 2013, S. 120.
[2] Vgl. S. 398.

(3) Mikro-Testmarkt

Die Gesellschaft für Konsumforschung betreibt in **Haßloch/Pfalz** einen Mikro-Testmarkt unter der Bezeichnung **Behavior Scan**. Dieser auf Dauer eingerichtete Testmarkt basiert auf einem **Verbundsystem zur Erforschung des Käuferverhaltens**. Im Rahmen des Behavior Scan lassen **3.000 Haushalte** gegliedert nach

- Altersgruppen
- Einkommensgruppen
- Haushaltsgröße

ihre Einkäufe mittels einer „Kundenkarte" an den Scannerkassen der angeschlossenen Endverkaufsstellen registrieren. Zum Verbundsystem gehört das Kabelfernsehen. Dabei kann man den Werbespot eines (Markenartikel-)Herstellers an einen Teil der 3.000 Testhaushalte ausstrahlen und anschließend an der Scannerkasse beobachten, in welchem Ausmaß

- der beworbene Artikel
- von der umworbenen Kundengruppe (Versuchsgruppe)

stärker nachgefragt wird als von der nicht umworbenen Kundengruppe (Vergleichs- bzw. Kontrollgruppe). (ÜB 3/11–12)

3.5 Datenauswertung

Marktforschung ist ein zweistufiger Prozess: Der **Datenerhebung folgt die Datenauswertung**. Mit der Auswertung der gesammelten Daten verfolgt man zwei Ziele:

Verwendung von Markforschungsdaten	
3.5.1 Planungsgrundlage für • Produktpolitik • Preispolitik • Kommunikationspolitik • Distributionspolitik	3.5.2 Absatzprognose: Schätzung von Absatzmengen für die kommende(n) Planungsperiode(n)

Abb. 23: Zweckorientierte Auswertung von Marktforschungsdaten

3.5.1 Planungsgrundlage für die Marketingpolitik

Vor der Abgabe einer Absatzprognose muss im Rahmen der Marketingpolitik festgelegt werden, welche Produkte zu welchen Preisen mit welchem Werbemitteleinsatz auf welchem Vertriebsweg abgesetzt werden sollen. Die Entscheidung über den Einsatz dieser Marketinginstrumente beruht auf

- **qualitativen Daten** → Meinungsäußerungen von Kunden, Außendienstmitarbeitern, Vertriebspartnern usw.
- **quantitativen Daten** → messbarer Wirkungszusammenhang (= Marktreaktionsfunktion) zwischen Instrumenteneinsatz (z. B. Preisermäßigung) und Ergebnis (z. B. Absatzmengensteigerung).

Die beiden gängigsten „Spielarten" der **Marktreaktionsfunktion** sind die Preis-Absatz-Funktion und die Werbewirkungsfunktion.

Preis-Absatz-Funktion | Werbewirkungsfunktion

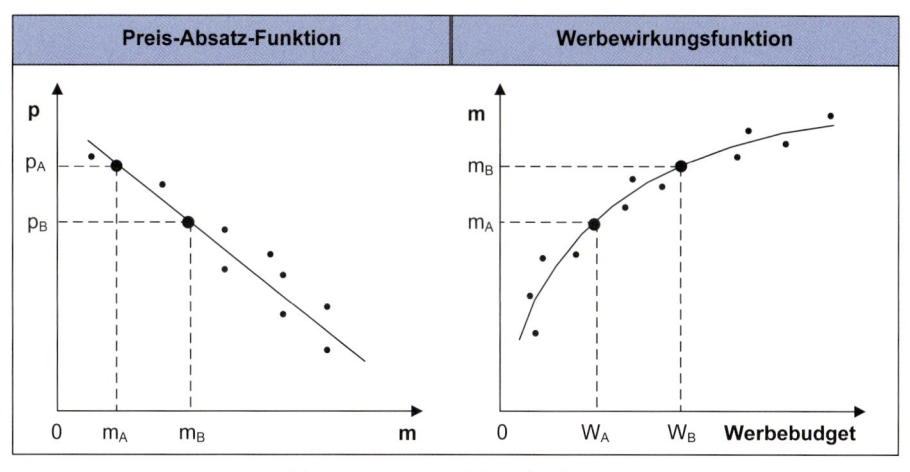

Abb. 24: Marktreaktionsfunktionen

Konfrontiert man auf einem **Testmarkt** (→ Store-Test[1]) eine Versuchsgruppe von Nachfragern mit einer **Preissenkung** von p_A auf p_B (→ linke Seite der **Abb. 24**), kann man beispielsweise feststellen, dass die abgesetzte Menge von m_A auf m_B steigt. Wiederholt man dieses Experiment mit alternativen Preisforderungen, erhält man Preis-Mengen-Kombinationen, die im linken Teil der **Abb. 24** als Punkte dargestellt sind. Legt man durch dieses Streudiagramm eine Gerade in der Form, dass der Abstand der Punkte zu dieser Geraden möglichst klein wird, erhält man die **Preis-Absatz-Funktion**, die an anderer Stelle ausführlich behandelt wird.[2] Ein erläuterndes Zahlenbeispiel findet sich im zugehörigen Übungsbuch. (**ÜB 4**/13–16)

Analog zu einem solchen Preistest kann man einen **Werbetest** durchführen: Setzt man die Versuchsgruppe einer **zusätzlichen Werbemaßnahme aus**, durch die sich das Werbebudget von W_A auf W_B erhöht (→ rechte Seite der **Abb. 24**), kann man beispielsweise feststellen, dass sich die abgesetzte Menge von m_A auf m_B erhöht. Auch hier führt die Wiederholung des Experiments mit alternativen Werbemaßnahmen (Werbebudgets) zu verschiedenen Werbekosten-Mengen-Kombinationen, die im rechten Teil der **Abb. 24** durch Punkte markiert sind, aus denen sich die Werbewirkungsfunktion[3] ableiten lässt.

3.5.2 Absatzprognose

Hat das Unternehmen seinen Plan zum Einsatz der Marketinginstrumente erstellt, kann es im zweiten Schritt eine Absatzprognose abgeben.

> Unter einer **Absatzprognose** versteht man die aus Vergangenheitsdaten und Zukunftserwartungen abgeleitete Schätzung der künftigen Absatzmenge auf der Basis eines verabschiedeten Marketingaktionsplans (→ Marketing-Mix).

Absatzprognosen werden üblicherweise für das kommende Geschäftsjahr abgegeben, können aber auch für längere oder kürzere Planungszeiträume erstellt werden. **Aus-**

---

[1] Zu dieser Form des Experiments vgl. S. 383.
[2] Zur Preis-Absatz-Funktion vgl. ausführlich S. 412 ff.
[3] Vgl. Meffert/Burmann/Kirchgeorg, Marketing, 2015, S. 577 ff.

gangspunkt zur Erarbeitung einer Absatzprognose sind die **Absatzmengen der Vorperioden**, die im Rahmen einer Längsschnittstudie als **Zeitreihe** aufgezeichnet werden.

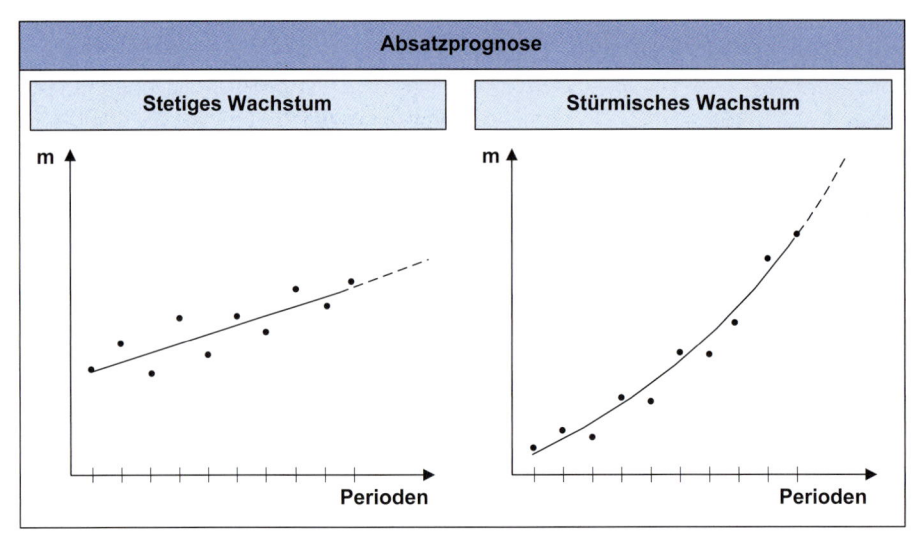

Abb. 25: Aus Vergangenheitsdaten abgeleitete Absatzprognose

In **Abb. 25** sind die Absatzmengen m der vergangenen zehn Perioden als Punkte auf der Zeitachse dargestellt. Aus dem so entstehenden Streudiagramm lässt sich für die Vergangenheit ein Absatztrend (→ durchgezogene Linie) ableiten. Würde man den **Absatztrend der Vergangenheit unbesehen in die Zukunft fortschreiben** (→ gestrichelte Linie), machte man einen großen **Planungsfehler**, denn die Trendfortschreibung geht von der irrigen Annahme aus, dass die Marktkräfte in der Zukunft genau die gleiche Wirkung entfallen wie in der Vergangenheit.

Eine **sachgerechte Absatzprognose** basiert auf drei Eckpunkten. Dabei handelt es sich um die

- **bisherige Absatzentwicklung** (→ Ausgangslage)
- **Veränderung unternehmensexterner Rahmenbedingungen**, z. B.
  o Verbesserung/Verschlechterung des Konsumklimas
  o Erhöhung/Verringerung verfügbarer Einkommen
  o Wegfall bisheriger/Auftreten neuer Konkurrenten u. a.
- **Veränderung der unternehmensinternen Ausgangslage**, z. B.
  o eigene Produktinnovationen
  o Weitergabe von Rationalisierungsvorteilen in Form von absatzsteigernden Preissenkungen
  o Erschließung neuer Vertriebswege u. a.

Beispiel: Ein Hersteller hochwertiger Schokolade (aus Plantagenkakao) hat seine Produkte bislang über den Facheinzelhandel für 2,40 EUR/Stück vertrieben. Entschließt sich dieser Hersteller, seine Schokolade in Zukunft unter einem Zweitmarkennamen über einen Lebensmitteldiscounter für 1,30 EUR/Stück zu verkaufen, kann er u. U. mit einer Vervielfachung seiner bisherigen Absatzmenge rechnen.

Besonders **gefährlich** ist die **Fortschreibung des bisherigen Absatztrends im Fall eines stürmischen Wachstums in der Vergangenheit**, wie es in **Abb. 25**, rechte Hälfte, dargestellt ist. Mögen die Zuwachsraten der Vergangenheit noch so beeindruckend sein: Irgendwann tritt eine **Marktsättigung** ein, weil (fast) alle potentiellen Nachfrager mit dem Trendartikel versorgt sind.

Die **Absatzprognose** ist eine **Mengenprognose**. Bezieht man die erwarteten Absatzpreise in die Planüberlegungen ein, gelangt man zum **Absatzplan**. Auf Käufermärkten, auf denen der betriebliche Engpass nicht im Produktions-, sondern im Absatzbereich liegt, ist der Absatzplan der Dreh- und Angelpunkt zur Erstellung eines Unternehmensgesamtplans.[1]

4. Marketinginstrumente im Überblick

Auf Käufermärkten[2] sind die Absatzwiderstände sehr groß. Wer als Anbieter Gewinne maximieren will, muss besser sein als seine Konkurrenten. Mit dem **Einsatz der Marketinginstrumente** versucht ein Anbieter, seine Konkurrenten „in den Schatten zu stellen" und damit **Absatzwiderstände** zu **überwinden**.

4.1 Marktwirtschaftlicher Wettbewerb

> Marktwirtschaftlicher **Wettbewerb** entsteht, wenn mindestens zwei Anbieter mit einem günstigen Preis-Leistungs-Verhältnis um die Gunst der Nachfrager werben.

Wie aber gewinnt ein Anbieter die Gunst der Nachfrager? Er muss die Kundenwünsche besser erfüllen als seine Konkurrenten.

Die Nachfrager wollen ihren Nutzen maximieren. Zu diesem Zweck streben sie nach einem optimalen Preis-Leistungs-Verhältnis. Dabei macht es einen großen Unterschied, ob die konkurrierenden Anbieter mit

- **homogenen Gütern** (z. B. Heizöl, Zement, Zucker)
- **heterogenen Gütern** (z. B. Schmuck, Kleidung, Urlaubsreisen)

um die Gunst der Käufer werben. (**ÜB 4/20, 28**)

Homogene Güter	Heterogene Güter
Einheitliches Leistungsangebot	Differenziertes Leistungsangebot
↓	↓
Leistungsdifferenzierung unmöglich	Leistungsdifferenzierung möglich
↓	↓
Preiswettbewerb	**Produktwettbewerb**

Abb. 26: Preis- und Produktwettbewerb

[1] Vgl. S. 271 f.
[2] Vgl. S. 364.

Nach Gewinnmaximierung strebende Anbieter versuchen, dem **Preiswettbewerb** auszuweichen, weil Kampfpreise immer zu Lasten der Gewinnmargen gehen.

Zur Vermeidung des Preiswettbewerbs weckt ein Anbieter bei potentiellen Nachfragern
- **sachliche Präferenzen durch ein passgenaues Güterangebot**
- **persönliche Präferenzen durch einen guten Service**.

Durch **Schaffung sachlicher und persönlicher Präferenzen** können sich Anbieter dem harten Preiswettbewerb (ein Stück weit) entziehen.

Beispiel: Ein Bäcker, der in einem Stadtteil mit drei anderen Backbetrieben in scharfem Wettbewerb steht, kann durch gute Produktqualität und Frische (→ sachliche Präferenzen) einerseits und frühe Ladenöffnung, freundliche Bedienung und Lieferung frei Haus (→ persönliche Präferenzen) seinen Marktanteil erhöhen.

4.2 Vier klassische Marketinginstrumente

Je schärfer der Wettbewerbsdruck auf Käufermärkten, desto größer sind die **Absatzwiderstände** und desto wichtiger wird der wohlüberlegte **Einsatz der Marketinginstrumente**.

In der Marketingliteratur begegnet man vier klassischen Marketinginstrumenten, die man auch als absatzpolitische Instrumente bezeichnet (→ **Abb. 27**).

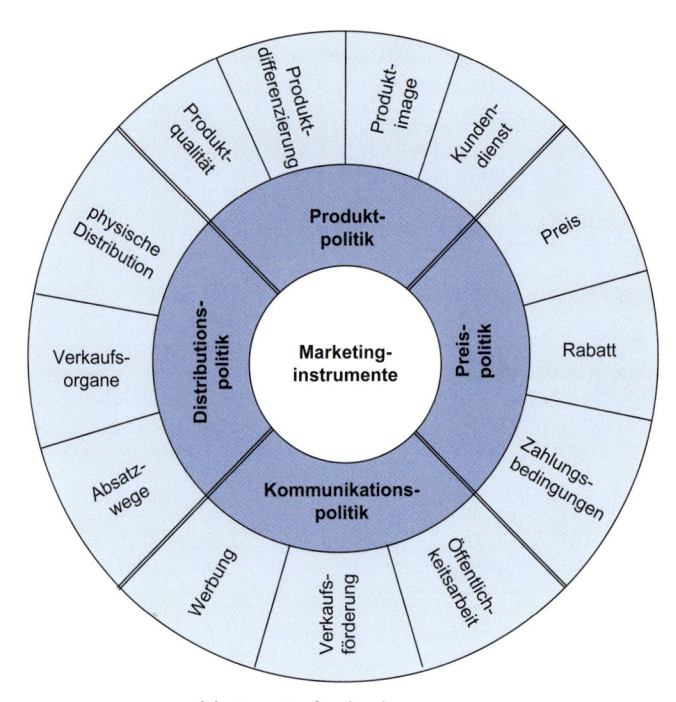

Abb. 27: Marketinginstrumente

Die **Produktpolitik** steht nicht zufällig an der Spitze dieser Aufzählung. Ihre Aufgabe ist es, ein an den Bedürfnissen der Nachfrager orientiertes Angebot zu konzipieren. Daher wird die Produktpolitik als das „Herz des Marketings" bezeichnet.[1]

Ziel der Produktpolitik ist es, sich positiv vom Konkurrenzangebot abzuheben. Man setzt alles daran, das eigene Angebot zu einem „Gut eigener Art" zu machen, denn Produktheterogenität enthebt den Anbieter der „Tortur" des Preiswettbewerbs.

Die **Preispolitik** ist ursprünglich aus der volkswirtschaftlichen Preistheorie in die Betriebswirtschaftslehre übertragen worden. Im Rahmen der Preispolitik werden Preissenkungen als absatzförderndes Instrument betrachtet. Dadurch treten die Anbieter in einen Preiswettbewerb, den sie – wegen des Drucks auf die Gewinnmargen – eigentlich vermeiden wollen. Deshalb bevorzugt die Wirtschaftspraxis i. d. R. die anderen Marketinginstrumente.

Im Zentrum der **Kommunikationspolitik** steht die Werbung. Mit der Werbung verfolgt ein Anbieter häufig das Ziel, ein homogenes Gut als Produkt eigener Art (Markenartikel) erscheinen zu lassen. So möchte man sich dem harten Preiswettbewerb entziehen, der auf den Märkten für homogene Massengüter herrscht.

Durch eine effiziente **Distributionspolitik** möchte ein Anbieter erreichen, dass seine Produkte zur rechten Zeit am rechten Ort verfügbar sind. Man will dem Kunden die Ware „zu Füßen legen" und so einen Wettbewerbsvorsprung erreichen.

Die vier klassischen Marketinginstrumente werden in den folgenden Kapiteln 5. bis 8. dargestellt. Nur wenn die **vier Marketinginstrumente**

- **zielgerecht ausgewählt,**
- **sorgfältig aufeinander abgestimmt** und
- **wohldosiert eingesetzt werden,**

kann der einzelne Anbieter das Ziel langfristiger Gewinnmaximierung erreichen. Dieser Aspekt wird im Kapitel „9. Marketing-Mix" behandelt. (**ÜB 4/2, 20–21 und 32**)

5. Produktpolitik

5.1 Ziele und Teilbereiche der Produktpolitik

Der Wettbewerb auf Käufermärkten läuft nach folgendem Schema ab: Die Nachfrager streben nach Nutzenmaximierung, d. h. bei gegebenem Preis entscheiden sie sich für das Leistungsangebot, das ihren individuell verschiedenen Bedürfnissen am weitesten entgegenkommt. Ein Anbieter kann sich also im marktwirtschaftlichen Wettbewerb (bei gegebenen Absatzpreisen) nur dann behaupten, wenn sein **Leistungsangebot** für den einzelnen Nachfrager **attraktiver ist als die alternativen Konkurrenzangebote**.

> Unter **Produktpolitik** versteht man alle Maßnahmen zur Steigerung der eigenen Wettbewerbsposition durch ein attraktives Leistungsangebot.

Attraktiv ist ein Leistungsangebot dann, wenn es die **Nutzenerwartungen** eines Individuums in höchstem Maße erfüllt. Dabei unterscheidet man zwischen materiellen (→ Grundnutzen) und immateriellen (→ Zusatznutzen) Nutzenkomponenten (**Abb. 28**).

---

[1] Vgl. Meffert/Burmann/Kirchgeorg, Marketing, 2015, S. 361.

Produktnutzen	
Grundnutzen – materiell –	**Zusatznutzen** – immateriell –
Physikalische Eigenschaften • qualitätvoll • funktionstüchtig **Ökonomische Eigenschaften** • reparaturunanfällig • sparsam im Verbrauch • wertbeständig u. a.	**Individualnutzen** • gutes Design • prestigeträchtige Marke u. a. **Kollektivnutzen** Produktion unter Beachtung gesellschaftlicher Ansprüche

Abb. 28: Komponenten des Produktnutzens

An dieser Stelle lohnt sich ein Verweis auf die **Bedürfnispyramide**[1] von Maslow: In einer **Knappheitswirtschaft** erschöpft sich Produktpolitik im Streben nach bestmöglicher **Befriedigung physiologischer Bedürfnisse**: Nahrungsmittel müssen satt machen und Schuhe müssen haltbar sein. (**ÜB 4/22**)

Mit **wachsendem Wohlstand** einer Gesellschaft wird die Befriedigung des Grundnutzens zur Selbstverständlichkeit. Der Wettbewerb verlagert sich mehr und mehr auf die **Befriedigung des Zusatznutzens**. Ein ansprechendes Design und eine **prestigeträchtige Marke** zielen auf das **Marktsegment einkommensstarker Nachfrager**.

Anders als in Entwicklungsländern ist in Wohlstandsgesellschaften die Sehnsucht nach einer **besseren und gerechteren Welt** stark verbreitet. Dieses Marktsegment bedienen die Anbieter mit dem Werbeargument einer **umwelt- und sozialverträglichen Produktionsweise**.

Auch die Produktpolitik orientiert sich am Oberziel langfristiger Gewinnmaximierung. Dabei muss der Marketingmanager folgende **Teilgebiete** bearbeiten:

(1) Produktqualität	(2) Produktdifferenzierung
Qualität, Innovation	nach Marktsegmenten

Produktpolitik
Optimale Leistung bei gegebenem Preis

(3) Produktimage	(4) Kundendienst
Design, Marke	Garantie, Service

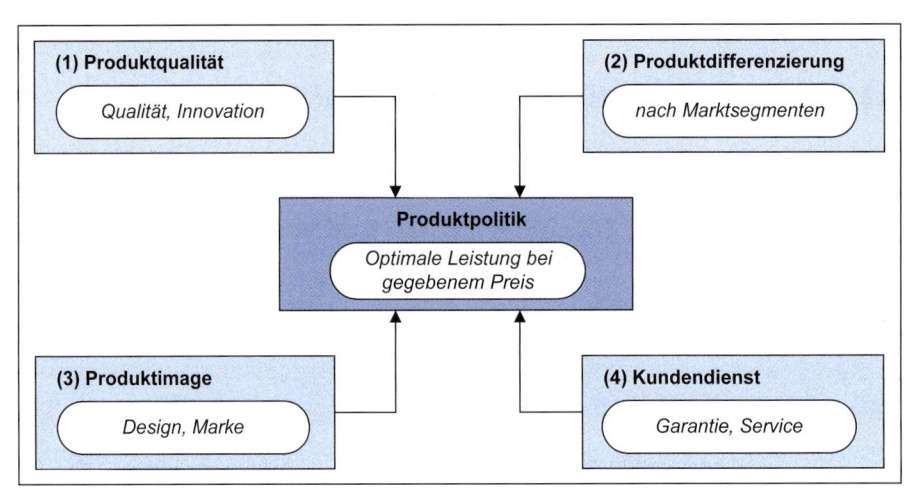

Abb. 29: Teilgebiete der Produktpolitik

---

[1] Vgl. S. 138 f.

Der Darstellung dieser vier Politikfelder sei folgender **Kurzüberblick** vorangestellt:

(1) Produktqualität

Im Zentrum der Produktpolitik steht der Qualitätswettbewerb. Dabei bringt es der technische Fortschritt mit sich, dass gute Produkte durch neuere, bessere Produkte vom Markt verdrängt werden. Folglich geht es bei der **Qualitätsverbesserung** auch immer um **Produktinnovationen** und **Produktvariationen**.

(2) Produktdifferenzierung

Im marktwirtschaftlichen Wettbewerb haben die Nachfrager die Möglichkeit, ihren **individuellen Wünschen Geltung** zu verschaffen. Darauf reagieren die Anbieter mit einem differenzierten Leistungsangebot, das auf das jeweilige Marktsegment[1] zugeschnitten ist.

(3) Produktimage

Studien zum Kaufverhalten zeigen, dass Kaufentscheidungen nicht nur mit dem Kopf, sondern auch „mit Bauchgefühl" getroffen werden. Folglich bestimmen nicht nur objektivierbare Nutzenkriterien (→ Qualitätsmerkmale), sondern auch **emotionale Momente** wie Design, Verpackung und Markenimage die Produktauswahl.

(4) Kundendienst

Die Käufer von Gebrauchsgütern (z. B. Haushaltsgeräte, Unterhaltungselektronik) erwarten eine

- **einfache Handhabung**
- **langlebige Funktionstüchtigkeit**.

Damit werden Garantie und Service zu einem wichtigen Verkaufsargument.

5.2 Produktqualität

Nachfrager wollen ihren Nutzen maximieren, streben also nach dem **bestmöglichen Preis-Leistungs-Verhältnis**:

$$\frac{\text{Leistung}}{\text{Preis}} \to \max!$$

Im Gegensatz zum eindeutigen Preis ist die Leistung ein mehrdimensionaler Begriff. Die vom Käufer erwartete Leistung lässt sich (→ **Abb. 28**) in

- **materiellen Nutzen** (→ Grundnutzen)
- **immateriellen Nutzen** (→ Zusatznutzen)

zerlegen.

> **Beispiel:** Ein Autokäufer will einen fahrbaren Untersatz erwerben, der ihn sicher und sparsam von A nach B transportiert (→ Grundnutzen). Bestimmend ist aber in den meisten Fällen der Zusatznutzen: Der Käufer entscheidet sich für die Herstellermarke und das Modell, dessen Design seinem Geschmack und seinem Bedürfnis nach Außendarstellung am ehesten entspricht.

---

[1] Zur Marksegmentierung vgl. S. 375 ff.

Je besser die **Produktqualität** und je raffinierter das Design, desto höher sind die **Produktionskosten**, desto höher ist folglich auch der **Produktpreis**.

Im Zuge der **Marktsegmentierung** kann die Gesamtheit der Nachfrager **nach verfügbarem Einkommen** geschichtet werden. Damit muss ein Anbieter zunächst die Entscheidung treffen, ob er sein Produkt im

- **obersten Preissegment** → prestigeträchtige Luxusgüter
- **gehobenen Preissegment** → Premiumqualität
- **unteren Preissegment** → noch akzeptable Qualität

positionieren will.

Produktqualität ist der Oberbegriff für verschiedene Produkteigenschaften. Im Zuge der Produktpolitik stellt sich also zuerst die Frage, welche Qualitätsmerkmale ein Produkt aufweisen muss. Informationen zu **bevorzugten Produkteigenschaften** erhält man durch eine **Befragung der jeweiligen Zielgruppe** für das obere, das mittlere und das untere Preissegment.

Auch wenn es einem Anbieter gelungen ist, ein **innovatives Produkt** erfolgreich im Markt zu positionieren, kann er sich eines **dauerhaften Markterfolgs nicht sicher** sein. Die Konkurrenz schläft nicht und wird immer versuchen, das etablierte Produkt mit einer neuen Produktidee vom Markt zu verdrängen.

Ebenso wie Menschen haben auch **Produkte** eine **begrenzte Lebenserwartung**. Dass Marken wie Coca-Cola oder Nivea auf eine „Lebensdauer" von mehr als 100 Jahren zurückblicken können, dass das Lehrbuch, in dem Sie gerade lesen, seit mehr als

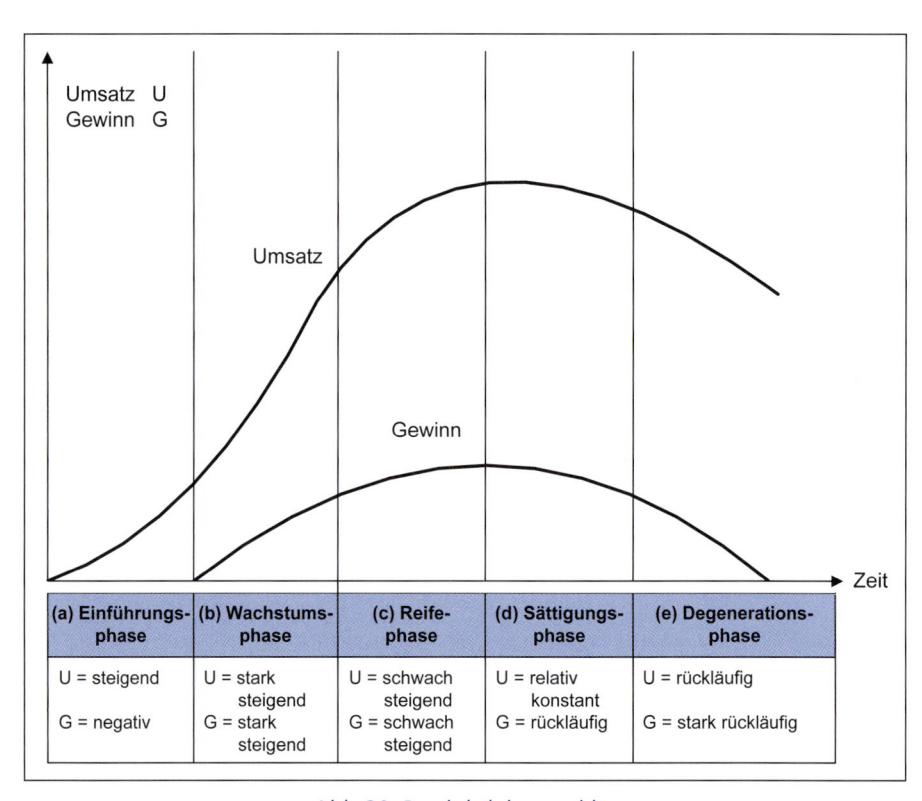

(a) Einführungs-phase	(b) Wachstums-phase	(c) Reife-phase	(d) Sättigungs-phase	(e) Degenerations-phase
U = steigend G = negativ	U = stark steigend G = stark steigend	U = schwach steigend G = schwach steigend	U = relativ konstant G = rückläufig	U = rückläufig G = stark rückläufig

Abb. 30: Produktlebenszyklus

50 Jahren seine Marktstellung erfolgreich behauptet, ist nicht die Regel, sondern die absolute Ausnahme.

Ähnlich wie ein Mensch, dessen Kräfte nach der Geburt ständig zunehmen und nach Überschreiten des Lebenszenits kontinuierlich abnehmen, so lassen sich bei einem Produkt **nach der Markteinführung zunächst steigende**, danach aber (mit dem Erreichen der sog. Sättigungsphase) **abnehmende Umsätze** verzeichnen. Die Marketingliteratur bezeichnet dieses Phänomen als **Produktlebenszyklus**, dessen Verlauf bezüglich der Umsatz- und Gewinnentwicklung in **Abb. 30** wiedergegeben wird.

Anknüpfend an den idealtypischen Verlauf des Produktlebenszyklus unterscheidet die Marketingliteratur zwischen drei produktpolitischen Grundsatzentscheidungen (→ **Abb. 31**).

Produktinnovation	Produktvariation	Produkteliminierung
Entwicklung und Markteinführung völlig neuer Produkte	Anpassung „erneuerungsbedürftiger" Produkte an veränderte Kundenwünsche	Streichung von „Verlustbringern" aus dem Produktionsprogramm

Abb. 31: Produktpolitische Grundsatzentscheidungen

Eine **Produktvariation** ist angesagt, sobald der Umsatz mit einem Produkt „Ermüdungserscheinungen" zeigt (→ Reifephase, Sättigungsphase in **Abb. 30**). Eine **Produkteliminierung** wird – meist nach erfolgloser Produktvariation – spätestens dann unausweichlich, wenn die Weiterführung der Produktion zu Verlusten führen würde (→ Degenerationsphasen in **Abb. 30**). Zahlenbeispiele zur Produkteliminierung finden sich im zugehörigen Übungsbuch (**ÜB 4/24–25**). Die beiden folgenden Unterkapitel 5.2.1 und 5.2.2 geben einen kurzen Einblick[1] in die Probleme der Produktinnovation und der Produktvariation. Im zugehörigen Übungsbuch wird am Beispiel gezeigt, welche Marketinginstrumente typischerweise in den einzelnen Lebensphasen eingesetzt werden. (**ÜB 4/23**)

5.2.1 Produktinnovation

Trifft ein neues Produkt exakt den Wunsch der Nachfrager, kann es sich sehr schnell zum „Verkaufsschlager" entwickeln. Aber mit innovativen Produkten verhält es sich ähnlich wie mit Lorbeeren: Man darf sich nicht auf ihnen ausruhen. Das Ziel langfristiger Gewinnmaximierung kann ein Unternehmen nur dann erreichen, wenn es in seiner Abteilung für „Forschung und Entwicklung" den technischen Fortschritt vorantreibt. Vor allem in der (forschenden) **Pharmaindustrie entscheidet die (erfolgreiche) Produktinnovation über Sein oder Nichtsein.**

> **Beispiel:** Die Spitzenprodukte der Pharmahersteller bezeichnet man als Blockbuster. Das sind Präparate mit einem Jahresumsatz von mehr als 1 Mrd. US-Dollar. Die Kehrseite dieser Erfolgsmedaille: Nach einer Verlautbarung des Verbands forschender Pharmaunternehmen[2] aus dem Jahr 2011 dauert die Entwicklung eines Präparats mit einem neuen Wirkstoff durchschnittlich 13 Jahre und kostet 1,0 bis 1,6 Mrd. US-Dollar.

---

[1] Zu Einzelheiten vgl. Meffert/Burmann/Kirchgeorg, Marketing, 2015, S. 371 ff.
[2] Vgl. www.vfa.de.

Allgemein lässt sich sagen: Die **Entwicklung neuer Produkte** ist

- **zeitaufwendig** und
- **kostspielig**.

Eine Produktinnovation lässt sich als **Investitionsvorhaben** mit den Merkmalen

- **hoher Kapitaleinsatz**
- **langfristige Kapitalbindung**
- **ungewisser Investitionserfolg**

interpretieren. Auf Meldungen zu gelungenen bzw. misslungenen Produktinnovationen reagiert die Aktienbörse sofort.

> **Beispiel:** Der Bayer-Konzern erwirtschaftete in seiner Pharmasparte (2015) einen Umsatz von ca. 15,3 Mrd. EUR bei einem Aufwand für Forschung und Entwicklung von etwa 2,3 Mrd. EUR. Die Nachricht, dass einem in der Endphase der Produktentwicklung stehenden Präparat, einem sog. Hoffnungsträger, die endgültige Arzneimittelzulassung erteilt/verweigert wurde, kann an der Börse erfahrungsgemäß mit einem Kursgewinn bzw. Kursrückgang von 2 bis 3 Prozent quittiert werden. Dies entspricht für den Bayer-Konzern einer Zunahme/Abnahme der Börsenkapitalisierung von fast 2 bis 3 Mrd. EUR.

Produktinnovation ist ein langwieriger Entwicklungsprozess, der mit der Entwicklung von Produktideen beginnt und – im günstigen Fall – mit der Markteinführung endet. Vor der Markteinführung liegen die **Arbeitsschritte: (1) Produktidee, (2) Vorauswahl, (3) Produktentwicklung und (4) Markttest (Endauswahl).**

(1) Entwicklung von Produktideen

Ausgangspunkte der Entwicklung von Produktideen sind

- **Bedürfnisse und Wünsche der Nachfrager**
- **technische Kernkompetenz (→ Know-how) des Produzenten**.

Informationen zu den Kundenwünschen erhält man durch den eigenen Außendienst, die Vertriebspartner und die Marktforschung. (ÜB 4/31)

(2) Vorauswahl von Produktideen

Bestenfalls möchte man das neue Produkt in einem Marktumfeld platzieren, in dem die

- **Nachfrage sehr stark**
- **Konkurrenz sehr schwach**

ist. Hierzu hat die Marketingliteratur[1] die **(a) Produktlückenanalyse** und die **(b) Marktnischenanalyse** entwickelt, die am Beispiel der Entwicklung eines neuen PKW-Modells erläutert werden sollen.

(a) Produktlückenanalyse: Im Rahmen der **Marktforschung** stellt man zunächst durch Befragung eines repräsentativen Verbraucherquerschnitts fest, welches Image die bereits angebotenen Automarken bei den Nachfragern haben. In unserem Beispiel werden die Automarken nur nach den Merkmalen „Sportlichkeit" und „Wirtschaftlichkeit" differenziert (siehe **Abb. 32**). Markiert man die Automarken A, B, C … im Koordinatensystem jeweils mit einem Kreuz (x), kann man leicht zwei unbesetzte Felder I und II ausmachen, die als **Produktlücke** bezeichnet werden. Damit ist ein erster Schritt zur Auffindung einer Marktnische getan.

---

[1] Vgl. Kuß/Kleinaltenkamp, Marketing-Einführung, 2013, S. 169 ff.

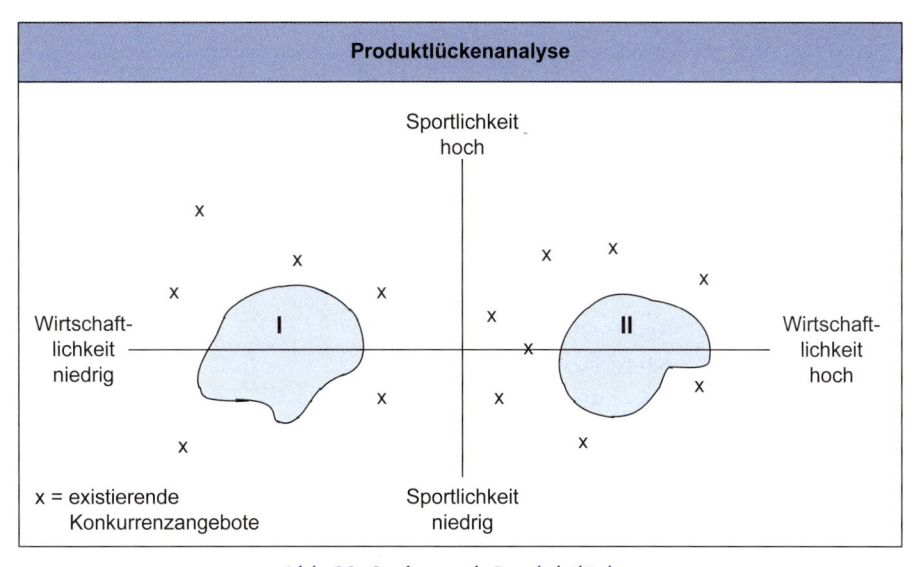

Abb. 32: Suche nach Produktlücken

(b) Marktnischenanalyse: In einem zweiten Schritt fragt man die Verbraucher, welche Idealvorstellungen sie von einem Produkt haben. Dabei werden die Verbraucher nach soziodemographischen und anderen Merkmalen in relevante Käufergruppen – **Marktsegmente** – eingeteilt. Im Beispielfall werden die nach **Alter, Geschlecht, Einkommen** usw. geschichteten Nachfragergruppen befragt, wie sportlich bzw. wie sparsam ihr „Idealauto" sein sollte. Nach dieser Befragung lassen sich die **Nachfragergruppen als Punkte (•)** in einem gemeinsamen Merkmalsraum eintragen:

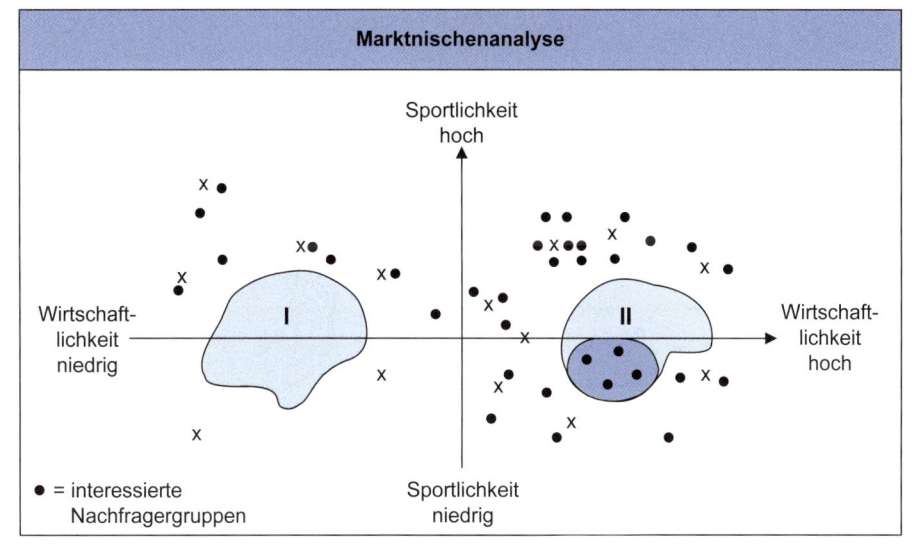

Abb. 33: Suche nach Marktnischen

Der in **Abb. 33** dargestellte Merkmalsraum zeigt, dass

- die **Produktlücke I** für die Produktpositionierung **uninteressant** ist, weil es hier keine Nachfrage gibt
- die beiden unterhalb der Produktlücke I angesiedelten Marken sehr schlecht im Markt liegen, weil deren Produktmerkmale nicht gefragt sind
- im unteren Teil der Produktlücke II eine **Marktnische** besteht, die **mittelblau** dargestellt ist
- alle übrigen Marken (insb. die oberhalb der Produktlücke II angesiedelten Marken) sehr gut positioniert sind.

(3) Produktentwicklung im engeren Sinne

Die Produktentwicklung hat eine

- **technische Komponente** → Versuchsreihen, Entwicklung eines Prototyps
- **ökonomische Komponente** → Festlegung von Produktpreis, Verpackung, Vertriebsform usw.

(4) Test der Marktgängigkeit

Vor einer endgültigen Entscheidung zur Markteinführung ist zu beantworten:

- **Wie reagieren Nachfrager** (→ Testkäufer) **auf das neue Produkt?**
- **Welche Marketinginstrumente** (→ Preistest/Werbetest) **sollen eingesetzt werden?**

Zur Beantwortung dieser Fragen werden die oben dargestellten Instrumente der **Markforschung** (→ Befragung, Beobachtung, Experiment, Testmarkt, Store-Test) eingesetzt.

Wichtige **Entscheidungskriterien auf einem Testmarkt** sind die

- **Versuchsrate** (→ relative Anzahl der Testkäufe)
- **Wiederkaufsrate** (→ relative Anzahl der Wiederholungskäufe).

Testmarktinformationen zum Verhältnis von Erstkäufen und Wiederholungskäufen sind eine wichtige Entscheidungshilfe (vgl. **Abb. 34**).

Versuchs-rate	Wieder-kaufsrate	Urteil über		Entscheidung des Unternehmens
		Produkt	Marketing-konzept	
hoch	hoch	gut	gut	**Produkt einführen**
hoch	niedrig	schlecht	gut	**Produktidee ändern oder aufgeben**
niedrig	hoch	gut	schlecht	**Marketingkonzept, insb. Werbung verbessern**
niedrig	niedrig	schlecht	schlecht	**Produktidee aufgeben**

Abb. 34: Systematik von Testmarktergebnissen[1]

Unternehmen können mit dem Blick auf neue Produkte **drei Strategien** verfolgen:

---

[1] In Anlehnung an Kuß/Kleinaltenkamp, Marketing-Einführung, 2013, S. 201.

(1) Kopiervariante

Man verzichtet auf die Entwicklung neuer Produkte. Sobald ein neues Konkurrenzprodukt auf den Markt kommt, greift man die vom Konkurrenten realisierte Idee auf und bemüht sich um technische Verbesserungen. **Vor- und Nachteile**: Eingesparte Forschungs- und Entwicklungskosten, niedrige Angebotspreise, geringes Risiko, zu später Markteintritt, schlechtes Image als „Nachahmer".

> **Beispiel:** Nach Ablauf des Patentschutzes für ein medizinisches Präparat tritt ein Generikahersteller mit einem deutlich billigeren „Nachahmerpräparat" in den Markt ein.

(2) Innovationsvariante

Eine eigene Abteilung „Forschung und Entwicklung" bemüht sich – gestützt von der Marktforschung als Datenlieferant – permanent um die Entwicklung neuer Produkte. **Vor- und Nachteile**: Vorsprung beim Markteintritt, gutes Image als innovationsfreudiges Unternehmen, hohe Entwicklungskosten, hohe Kosten für fehlgeschlagene Projekte, hohe Angebotspreise (Beispiel: forschende Pharmaunternehmen).

(3) Kaufvariante

(Groß-)Unternehmen verzichten teilweise auf selbständige Forschung und Entwicklung. Sie verschaffen sich neue Produkte, indem sie (Klein-)Unternehmen aufkaufen, die bei der Produktinnovation erfolgreich waren. **Vor- und Nachteile**: Geringes Risiko, hoher Kapitalbedarf (Beispiel: Großkonzerne wie etwa General Electric).

5.2.2 Produktvariation

Ein Blick auf den idealtypischen Verlauf des Produktlebenszyklus (vgl. **Abb. 35**) zeigt die Wirkungsweise dynamischer Marktkräfte.

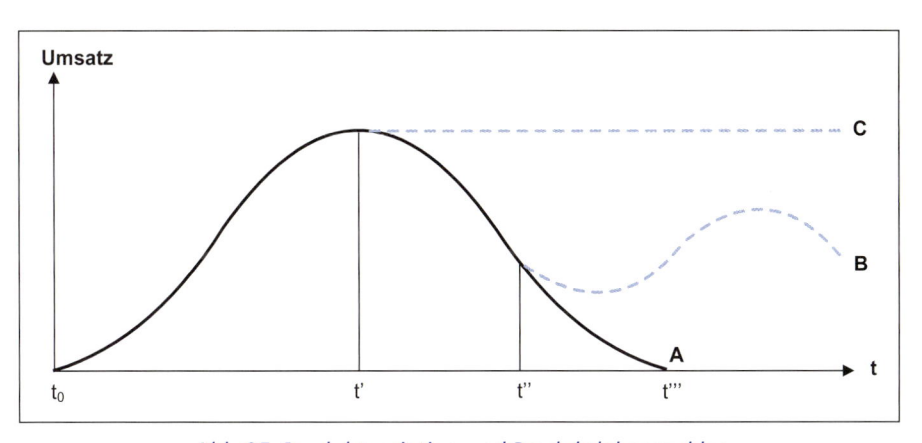

Abb. 35: Produktvariation und Produktlebenszyklus

Ein in t_0 am Markt eingeführtes Produkt P erfreut sich bei den Nachfragern steigender Beliebtheit. Dies ist erkennbar an den **bis t' kontinuierlich steigenden Umsätzen**. Nach t' ist mit **rückläufigen Umsätzen** zu rechnen, weil Nachfrager zunehmend zu besseren (innovativeren) Konkurrenzprodukten abwandern. In dieser Situation hat der Anbieter des Produkts P z. B. drei **produktpolitische Optionen**:

A – Unveränderte Fortführung des Produkts P

Nach t' verliert das Produkt P kontinuierlich Marktanteile. Spätestens in t''' wird es ganz vom Markt genommen.

B – Einmalige Produktvariation in t''

Aufgeschreckt durch rückläufige Umsätze entschließt sich der Anbieter zu einer einmaligen, umfassenden Produktvariation. Dabei werden

- **technische Produkteigenschaften**
- **äußeres Erscheinungsbild** (Design)
- **Verpackung**

des Produkts P so **verändert**, wie es den Kundenwünschen entspricht. Die einmalige Produktvariation, die man auch als **Produktrelaunch** bezeichnet, führt erfahrungsgemäß zu einer kurzzeitigen Wiederbelebung des Umsatzes (→ gestrichelte Linie B).

C – Kontinuierliche Produktvariation

Wer ein Produkt erfolgreich am Markt positioniert hat, sollte mit der Produktvariation nicht bis t'' warten. Spätestens in t' muss sich der Anbieter mit der Frage kontinuierlicher Produktinnovation auseinandersetzen. Dabei ist zwischen

- **tatsächlicher** (technischer) **Produktverbesserung**
- **imaginärer** (kommunizierter) **Produktverbesserung**

zu unterscheiden. Zahlreiche Beispiele aus der Markenartikelwerbung (z. B. für Waschmittel) zeigen, dass es entscheidend darauf ankommt, bei den Nachfragern den Eindruck eines qualitativ verbesserten Produkts entstehen zu lassen. Auf diesem Wege kann man **Marktanteile halten** (→ gestrichelte Linie C).

5.3 Produktdifferenzierung

In **Zeiten der Güterknappheit** haben die Anbieter leichtes Spiel. Sie bringen **ein einziges Produkt** auf den Markt, das ihnen förmlich aus den Händen gerissen wird.

> **Beispiel I:** Etwa 20 Jahre lang – vom Ende des zweiten Weltkriegs bis in die 60er Jahre des vergangenen Jahrhunderts – bestand das PKW-Angebot von VW aus **einem einzigen Typ**, dem **legendären VW-Käfer**. In den 50er Jahren erreichte VW mit seinem Käfer in Deutschland einen **Marktanteil** von mehr als **50 Prozent**.

> **Beispiel II:** Heute agiert der VW-Konzern auf einem **gesättigten Markt**. Die Nachfrager sind wählerisch und zwingen die Anbieter, auf **individuelle Kundenwünsche** einzugehen. Deshalb vereint der VW-Konzern unter seinem Dach acht PKW-Marken. Mit einem Produktionsprogramm von ca. **50 Modellreihen** erreicht man in Deutschland einen **Marktanteil** von fast **40 Prozent**.

Mit der **Produktdifferenzierung** möchte ein Anbieter spezifischen Kundenwünschen gerecht werden und unterschiedliche Marktsegmente bedienen.

Am Beispiel des PKW-Marktes lassen sich Ziel und Ergebnis der Produktdifferenzierung anschaulich beschreiben: Mit einem **stark differenzierten Produktionsprogramm** möchte ein Anbieter **unterschiedliche Marktsegmente abdecken**. Je nach verfügbarem Einkommen und bevorzugten Produkteigenschaften (→ sparsam im Verbrauch, sportlich, umweltfreundlich, prestigeträchtig) kann der Nachfrager das für ihn passende Produkt auswählen.

Bei der Erstellung eines **Produktionsprogramms (Abb. 36)** unterscheidet man zwischen
- **Programmbreite** (→ Anzahl eigenständiger Produkte)
- **Programmtiefe** (→ Anzahl einzelner Produktvarianten)

Produktionsprogramm – Beispiel Mercedes –							
Produkt			Programmtiefe				
A-Klasse	A 180	A 200	A 220	A 250		
B-Klasse	B 180	B 200	B 220	B 250		
C-Klasse	C 180	C 200	C 220	C 250	C 300	C 350
E-Klasse	E 200	E 220	E 250	E 300	E 400	E 500
S-Klasse	S 350	S 400	S 500			

(Programmbreite: vertikal)

Abb. 36: Struktur eines Produktionsprogramms (Vereinfachtes Beispiel: Mercedes Limousinen)

Für jeden Anbieter stellt sich die Frage nach der **optimalen Größe des Produktionsprogramms**. Für ein möglichst
- **großes Programm** plädiert die Marketing-Abteilung (→ **Umsatzmaximierung**)
- **kleines Programm** mit großen Stückzahlen plädiert die Fertigung (→ **Stückkostenminimierung** durch Großserienfertigung).

Die Optimierung des Produktionsprogramms hat sich aber nicht an Umsatzmaximierung oder Stückkostenminimierung, sondern allein am **Ziel langfristiger Gewinnmaximierung** zu orientieren. Das gewinnmaximale Produktionsprogramm liegt üblicherweise zwischen dem kostenorientierten Minimalprogramm und dem umsatzorientierten Maximalprogramm.

Auch für den **Handel** stellt sich die Frage nach der optimalen Größe der Angebotspalette. Man spricht – analog zum Produktionsprogramm – von
- **Sortimentsbreite** (→ Anzahl verschiedenartiger Warengruppen)
- **Sortimentstiefe** (→ Anzahl unterschiedlicher Artikel innerhalb einer Warengruppe).

Auch hier gilt: Die Vorhaltung eines großen Sortiments ist für die Nachfrager attraktiv, für den Anbieter aber sehr teuer. Aus der Kombination von Sortimentsbreite und Sortimentstiefe lassen sich **verschiedene Einzelhandelstypen** (→ **Abb. 37**) ableiten.

Sortiment	breit	schmal
tief	unüblich (einige Internetanbieter)	Fachhandel
flach	Warenhäuser	Discounter

Abb. 37: Sortimentstypen

Die **Lebensmitteldiscounter** sind die **tonangebenden Anbieter**, weil ein

- **schmales/flaches Sortiment**
- geringe **„Handlungskosten"** verursacht und
- **aggressive Niedrigpreispolitik** ermöglicht.

Der **Internethandel** kann mit einem großen Sortiment (breit und tief) aufwarten, weil der **Kostenfaktor** einer physischen Warenpräsentation **entfällt**.

Grundsätzlich sollte ein Artikel nur dann im **Sortiment** gehalten werden, wenn er einen **positiven Ergebnisbeitrag**[1] ($\rightarrow$ positiver Deckungsbeitrag $p > k_v$) liefert. **Ausnahme**: Ein „Verlustartikel" ($\rightarrow$ negativer Deckungsbeitrag $p < k_v$) sollte dann im Sortiment gehalten werden, wenn er in einem starken **Absatzverbund** zu anderen margenstarken Artikeln ($\rightarrow p > k_v$) steht.

Scannerkassen erfassen die Artikelzusammensetzung einzelner Einkäufe ($\rightarrow$ Warenkörbe). Damit liefern sie Informationen zum **Absatzverbund** ($\rightarrow$ Zusammensetzung eines Warenkorbs). Scannerkassen leisten also einen wesentlichen **Informationsbeitrag zur Optimierung des Sortiments**. Beispiele zur Programm- und Sortimentspolitik finden sich im zugehörigen Übungsbuch. (**ÜB 4**/24–27)

5.4 Produktimage

Die obigen Ausführungen zum Käuferverhalten[2] haben gezeigt, dass **Kaufentscheidungsprozesse** von

- **prüfendem Verstand** (rationalem Verhalten)
- **Gefühlen und Emotionen**

begleitet werden. Somit ist es nicht verwunderlich, dass Anbieter versuchen, ihren Produkten ein positives Image zu verleihen.

> Mit einem **positiven Produktimage** lassen sich Absatzwiderstände auf der emotionalen Ebene abbauen.

Zur Erzeugung eines positiven Produktimages bedienen sich die Anbieter der Instrumente „Design", „Verpackung" und „Markenbildung".

Produktimage		
5.4.1 Design	**5.4.2 Verpackung**	**5.4.3 Marke**
Tatsächliche Produktgestaltung	Gestaltung der „Produkthülle"	Erzeugung eines imaginären Produktbildes
Anwendung: Kleidung, Möbel, Autos u. a.	**Anwendung:** Kosmetikartikel, Nahrungsmittel u. a.	**Anwendung:** Alle Markenartikel

Abb. 38: Instrumente zur Imageförderung

---

[1] Zum Deckungsbeitrag vgl. S. 314.
[2] Vgl. S. 372 ff.

5.4.1 Design

Produkte mit einem guten Design sind eine Wohltat für das Auge: Besonders in einer Wohlstandsgesellschaft sind (kaufkräftige) Nachfrager bereit, für Produkte mit einem **guten Design** einen **höheren Preis** zu zahlen.

Besonders bei Produkten im **gehobenen und obersten Preissegment** (z. B. Audi, Porsche, Apple) orientieren sich Designer nicht an kurzlebigen Modetrends. Vielmehr ist man bemüht, den Luxusprodukten durch Stetigkeit im Design ein **unverwechselbares Profil** zu geben.

5.4.2 Verpackung

Beginnen wir mit einem imaginären Ortswechsel: Sie sitzen nicht über einem trockenen Lehrbuch, sondern an einem heißen Sommertag in einem Strandcafé und Sie haben Durst. Fragen Sie die Bedienung nach einem koffeinhaltigen Erfrischungsgetränk? Natürlich nicht. Sie bestellen einfach eine „Cola", denn schon vor dem Betreten des Lokals hatten Sie die längsgerillte Flasche mit dem weltberühmten weißen Schriftzug auf rotem Grund vor ihrem geistigen Auge. Das Beispiel zeigt: Verpackung (hier: taillierte Flasche) und Marke (hier: Coca-Cola als Schriftzug auf rotem Grund) bilden eine Einheit und haben maßgeblichen Einfluss auf die Kaufentscheidung. Ohne Übertreibung kann man sagen: Eine wohldurchdachte **Verpackungs- und Markenpolitik** ist fester **Bestandteil eines erfolgreichen Marketings**.

Aufgrund ständig steigender (Bedienungs-)Personalkosten hat sich die Selbstbedienung als kostengünstige Vertriebsform durchgesetzt. Die **Verpackung** muss auf die Bedingungen des Selbstbedienungshandels ausgerichtet sein, weil sie die frühere **Beratungs- und Bereitstellungsfunktion des Bedienungspersonals ersetzen** muss.

Aufgaben der Verpackung		
Schutzfunktion	**Informationsfunktion**	**Animationsfunktion**

Vermeidung von
• Schwund
• Beschädigung
• Verderb
auf dem Weg zum Endabnehmer
	• Angaben zu
	  o Produktinhalt
	  o Produktherkunft
	  o Produktgebrauch
	  o Verbraucherschutz
	• Strichcode für Scannerkasse
	• QR-Code
		Kaufimpuls durch
		• attraktive Gestaltung
		• bekanntes Markenlogo
		auslösen

Abb. 39: Aufgaben der Verpackung

Welche dieser drei Verpackungsfunktionen hat die **größte Bedeutung im Marketing**? Es ist die Animationsfunktion. Während bei der

- **Schutzfunktion technische Aspekte**
- **Informationsfunktion vor allem gesetzliche Vorgaben**

zu beachten sind, ist die **Animationsfunktion entscheidend für den Markterfolg** vieler Produkte, wie die folgenden Ausführungen zur Markenbildung zeigen.

5.4.3 Marke

Seit vielen Jahren lässt sich zweierlei beobachten: Erstens wird der **Wettbewerb** (Stichworte: Globalisierung, Internethandel) immer härter. Zweitens haben die **Markenartikelhersteller** eine weitaus **bessere „Überlebenschance"** als die Anbieter anonymer Produkte.

> Die **Marke** ist ein Erkennungszeichen, das Nachfrager veranlassen soll, dem markierten Produkt beim Einkauf den Vorzug zu geben.

In der Marketingliteratur erlangt das Thema „Markenführung" einen immer höheren Stellenwert. In einem einführenden Lehrbuch zur Allgemeinen Betriebswirtschaftslehre[1] reicht es aus, sich auf vier wichtige Fragen zu konzentrieren:

Markenartikel
5.4.3.1 Warum bevorzugen Kunden Markenartikel?
5.4.3.2 Warum gibt es Herstellermarken und Handelsmarken?
5.4.3.3 Warum reicht das Markenspektrum von „Billigmarken" bis zu „Nobelmarken"?
5.4.3.4 Wie funktionieren Markenbildung und Markenführung?

Abb. 40: Vier Fragen zum Thema „Marke"

5.4.3.1 Wertschätzung von Marken

Die Zeiten, da die Nachfrager ihren Bedarf bei ortsansässigen Produzenten decken konnten, gehören längst der Vergangenheit an. Globalisierte Massenproduktion führt zu einer **Entfremdung zwischen Anbietern** und **Nachfragern**, zu anonymen Massenmärkten. Die Nachfrager sehen sich vor dem Problem, „die Katze im Sack zu kaufen" und suchen nach vertrauten Einkaufsmöglichkeiten. Dem **Vertrauensbedarf der Nachfrager** begegnen die Anbieter mit der **Markenbildung**.

Der Markenartikelhersteller verbürgt sich für die gleichbleibende Qualität der angebotenen Produkte. Die **Marke** ist also eine **Qualitätsgarantie**. Für diese Garantieleistung zahlt der Kunde bereitwillig einen **Mehrpreis**.

Nicht nur für die Nachfrager, auch für die Anbieter hat die Markenbildung große **Vorteile**: Der **Anbieter** eines Markenartikels hat ein **Alleinstellungsmerkmal**. Damit gewinnt er an Marktmacht, denn seine monopolähnliche Stellung verschafft ihm einen **Preiserhöhungsspielraum**. Ein weiterer Vorteil: Der Markenartikelhersteller kann den kostengünstigen Vertriebsweg des **Internethandels** nutzen, denn die Bekanntheit der Marke erlaubt dem Nachfrager den **„Blindkauf"** ohne Inaugenscheinnahme der Ware beim örtlichen Einzelhandel.

5.4.3.2 Herstellermarken und Handelsmarken

Die Marke ist ein Nutzungsrecht, das allein dem Rechteinhaber zusteht. Mit der **Marke gewinnt der Rechteinhaber Marktmacht.**

---

[1] Zur Vertiefung vgl. Esch, F.-R., Markenführung, 2014.

Markenklasse	Herstellermarke	Handelsmarke
Rechteinhaber	Hersteller	Handelskette
Ziel des Rechteinhabers	Sogwirkung im Absatzkanal	Unabhängigkeit von Markenartikelherstellern

Abb. 41: Herstellermarken und Handelsmarken

Je bekannter der Markenartikel, desto größer ist die Marktmacht des Herstellers. Der Einzelhändler ist, ob er will oder nicht, gezwungen, die bei den Nachfragern beliebte Marke in sein Sortiment aufzunehmen (→ Sogwirkung im Absatzkanal). Mit seiner großen Marktmacht kann der Markenartikelhersteller dem Handel seine Bedingungen diktieren. Gegen das **Marktdiktat der Hersteller** setzen sich Einzelhandelsketten und Warenhäuser (z. B. Rewe, Edeka, C&A, Kaufhof) mit der Etablierung von **Handelsmarken** zur Wehr.

5.4.3.3 Kundenwünsche und Markenspektrum

Die Marke ist nicht nur – wie oben gesagt – eine Qualitätsgarantie. Sie ist auch ein **Leistungsversprechen** zur **Erfüllung segmentspezifischer Kundenwünsche.** Dabei ist besonders an die Marktsegmente

- preisbewusster
- qualitätsbewusster
- prestigebewusster

Nachfrager zu denken.

Markenklasse	(1) „Billigmarke"	(2) „Premiummarke"	(3) „Nobelmarke"
Marktsegment	Preissensible Nachfrager	Qualitätsbewusste Nachfrager	Prestigebewusste Nachfrager
Beispiele	Ryanair IKEA „gut & günstig" Aldi	Lindt Miele Mercedes Bogner	Harley Davidson Rolex Rolls-Royce Prada
Geschäftsmodell	niedriger Preis höchste Stückzahl	gehobener Preis hohe Stückzahl	Spitzenpreis niedrige Stückzahl

Abb. 42: Markenklassifizierung

(1) „Billigmarke"

Die meisten Kunden wollen preisgünstig einkaufen. Entsprechend groß ist das preissensible Marktsegment, das mit sog. Billigmarken bedient wird. Es ist kein Zufall, dass im Segment der attraktiven „Billigmarken" die **Handelsmarken stark vertreten** sind. Das hat zwei Gründe: Erstens ist der Werbeaufwand weitaus geringer als bei Herstellermarken. Zweitens sind die Gewinnmargen deutlich niedriger als bei Herstellermarken aus dem Premiumsegment. Trotzdem garantieren auch die „Billigmarken" die Einhaltung von Qualitätsstandards. Das gilt für sog. **No Names** (z. B. „gut & günstig") ebenso wie für Artikel, die unter dem Firmennamen einer Handelskette (z. B. Aldi) vertrieben werden.

(2) „Premiummarke"

Hintergrund der „Premiummarken" ist das Versprechen gleichbleibender, gehobener Produktqualität. Im Gegenzug erhalten die Hersteller – alle „Premiummarken" sind Herstellermarken – einen **höheren Produktpreis**. Damit erwirtschaften die Hersteller eine höhere Gewinnmarge und haben die Möglichkeit, bei zahlungskräftigen Nachfragern eine **Qualitätsgarantierente** abzuschöpfen.

(3) „Nobelmarke"

Nobelmarkenhersteller bedienen die prestigebewussten Nachfrager. Gegenstand der Bildung von „Nobelmarken" sind alle Produkte, die der **Selbstdarstellung kaufkräftiger Nachfrager** dienen (z. B. Kleidung, Uhren, Schmuck oder Autos). Der „Jetset" zahlt Spitzenpreise. Die Nobelmarkenhersteller erzielen die **höchsten Gewinnmargen** und können – auf einem kleinen Markt – eine **Prestigerente** abschöpfen.

5.4.3.4 Entwicklungsphasen der Markenpolitik

Entwicklungsphasen der Markenpolitik		
Ziel: Langfristige Gewinnmaximierung durch Stärkung der eigenen Wettbewerbsposition		
(1) Markenbildung	**(2) Markenführung**	**(3) Markenverwertung**
• Hohe Attraktivität für 　○ Erstkäufer 　○ Wiederholungskäufer • Markenregister • Markenmerkmale • Marke als Investitionsprojekt	• Pflege des Markenimages • Markentypologie 　○ Einzelmarken 　○ Produktgruppenmarken 　○ Firmenmarken • Erweiterte Nutzung	• Marken-Cash-Flow • Markenwert • Markentransfer • Markenstreben

Abb. 43: Entwicklungsphasen der Markenpolitik

(1) Markenbildung

Markenregister: Der Hersteller eines Markenartikels hat das alleinige Recht, die Marke zu nutzen und aus seinem **„Markenmonopol"** Mehrerlöse zu schöpfen. Rechtsschutz erlangt der Hersteller erst nach Eintragung der Marke in das Markenregister. Das Markenregister wird vom Deutschen Patent- und Markenamt (DPMA)[1] geführt.

Registrierung von Produktmarken
(1) **Antrag beim DPMA auf Eintragung ins Markenregister**
(2) **Eintragung eines produkt- oder firmenspezifischen Markenzeichens**
(3) **Eintragung des Markenrechteinhabers** (Person oder Unternehmen)
(4) **Ausschließliches Nutzungsrecht** durch den Inhaber für 10 Jahre; Verlängerung möglich
(5) **Schadenersatzpflicht** bei Rechtsverletzung (→ **Markenpiraterie**)

Abb. 44: Rechtlicher Rahmen der Markenbildung

---

[1] Zum deutschen Markenrecht (Markengesetz) vgl. www.dpma.de.

Markenmerkmale: Die Markenbildung ist für einen Hersteller ein zeitraubendes, kostspieliges Verfahren. Der damit verbundene Aufwand lohnt sich nur dann, wenn die Aussicht besteht, die Marke auf Dauer am Markt zu etablieren. Aus diesem Sachverhalt lassen sich folgende Markenmerkmale ableiten:

- **Erkennbarkeit** → der Markenartikel muss sich durch Namensgebung, Markenlogo und Produktaufmachung (Form, Farbe) von Konkurrenzprodukten unterscheiden.
- **Beständigkeit** → Produktgestaltung, Produktqualität und Preisgestaltung sollten lange beibehalten, keineswegs aber verschlechtert werden.
- **Bekanntheit** → feste Verankerung im Bewusstsein breiter Nachfragerkreise z. B. durch kontinuierliche Markenartikelwerbung.

(2) Markenführung

Nach (erfolgreicher) Einführung einer Marke geht es darum, den Markenartikel möglichst lange am Leben zu halten, um den **Auszahlungsüberschuss** der **Einführungsphase** durch **markenbedingte Mehrerlöse** zu kompensieren. Hierzu dienen

- **Imagepflege**: Zur Pflege des Markenimages müssen die Produktqualität gesichert bzw. gesteigert werden und durch entsprechende Kommunikationsanstrengungen (→ Werbung, Mundpropaganda) die Attraktivität der Marke gestärkt werden.
- **Markentypologie**: Die Marketingliteratur unterscheidet zwischen
  - **Einzelmarken** für ein einziges Produkt (z. B. Jägermeister)
  - **Produktgruppenmarken** für mehrere (artverwandte) Produkte (z. B. Nivea, Haribo oder Suchard)
  - **Firmenmarken** für die ganze Produktpalette eines Unternehmens (z. B. Bayer, Bosch, Siemens, VW).
- **Nutzungserweiterung**: Nach erfolgreicher Etablierung einer Marke (z. B. Automarke „Porsche" oder Zigarrenmarke „Davidoff") kann der Markeninhaber die **Marke auf artverschiedene Produkte** (im obigen Beispiel auf Sonnenbrillen oder Herrenparfüm) **übertragen**. Im Falle der Nutzungserweiterung muss der Hersteller darauf achten, dass das Markenimage nicht verwässert wird.

(3) Markenverwertung

Für den Inhaber einer etablierten Marke gibt es (mindestens) **zwei Verwendungsalternativen**: Er kann die Marke weiterhin in **Eigenregie nutzen (vermarkten)** oder er kann sie (zusammen mit seinem Unternehmen oder losgelöst vom Unternehmen) **verkaufen**.

- **Marken-Cash-Flow**: Der Marken-Cash-Flow lässt sich definieren als **Saldo** zwischen
  - **markenspezifischen Einzahlungen** (markenbedingter Mehrerlös = Preis eines Markenartikels – Preis eines vergleichbaren No-Name-Konkurrenzprodukts)
  - **markenspezifischen Auszahlungen** (= Auszahlungen für Marken-Marktforschung, für Eintragung ins Markenregister, für markenspezifische Werbung).
  Üblicherweise ist der Marken-Cash-Flow in der Einführungsphase negativ. Nach erfolgreicher Markenetablierung (→ steigender Umsatz) wird er dann positiv.
- **Markenwert**: Der Markenwert ist ein **immaterieller Vermögensgegenstand**. In der Theorie lässt sich der Markenwert nach dem Konzept des Zukunftserfolgswertes[1] als **Barwert der künftigen Marken-Cash-Flows** ermitteln. Ein Berechnungsbeispiel findet sich im zugehörigen Übungsbuch. (**ÜB 4/29–30**)

---

[1] Vgl. S. 512 ff.

Weil die Prognose der **Marken-Cash-Flows mit großer Unsicherheit** behaftet ist, führen die von verschiedenen Instituten ermittelten Markenwertrankings zu sehr unterschiedlichen Ergebnissen. Im Jahr 2015 galten folgende Firmenmarken als die wertvollsten der Welt: Apple, Google, Coca-Cola und Microsoft. Die ausgewiesenen Markenwerte[1] liegen dabei zwischen 170 und 67 Mrd. US-Dollar.

- **Markentransfer**: Will der Inhaber einer erfolgreichen Marke „Kasse machen", kann er das **Markenrecht losgelöst vom Unternehmen** verkaufen (Beispiel: Verkauf der Marke „Quelle" an die Otto-Gruppe).

Üblicherweise wird die Marke zusammen mit dem als Markeninhaber eingetragenen Unternehmen verkauft. Für den Investor ist der **Markenerwerb** häufig das **ausschlaggebende Argument zum Unternehmenskauf**.

> **Beispiele**: Die Firma Tchibo (Maxingvest AG) erwarb eine Mehrheitsbeteiligung an der Beiersdorf AG, um an die weltbekannten Marken „Nivea" und „Tesa" zu kommen. Für die Kraft-Foods-Deutschland war der Erwerb der Marken „Suchard" und „Jacobs-Kaffee" der ausschlaggebende Faktor zur Unternehmenstransaktion mit der Unternehmerfamilie Jacobs.

- **Markensterben**: Kann sich eine Marke am Markt nicht etablieren, hat man es mit einer Fehlinvestition zu tun. Die Weiterführung der Marke ist unvorteilhaft und der Markenverkauf ist aussichtslos. Die schwächliche Marke „stirbt einen stillen Tod".

5.5 Kundendienst

Will man den Kundendienst als absatzfördernde Maßnahme würdigen, muss man zunächst zwischen

- **Verbrauchsgütern** (z. B. Lebensmitteln)
- **Gebrauchsgütern** (z. B. Haushaltsgeräten, Autos)

unterscheiden. An beide Güterkategorien stellen die Nachfrager unterschiedliche Anforderungen: Von Lebensmitteln erwarten sie einen Genuss im Augenblick des Konsums. Von **technischen Gebrauchsgütern** erwartet der Käufer die **volle Funktionstüchtigkeit über einen möglichst langen Nutzungszeitraum**. Sollte es doch zu Funktionsstörungen kommen, verlangt der Kunde eine

- **Garantieübernahme** durch den Hersteller (auch nach Ablauf der Garantiefrist)
- **Serviceleistung** zur schnellen Behebung des Schadens.

Nachfrager verlangen von einem Anbieter nicht Produkte oder Dienstleistungen, sondern Problemlösungen. Der Käufer eines PC ist i. d. R. nicht zufriedengestellt, wenn ihm „zwei Kisten Hardware über den Ladentisch geschoben werden". Neben dieser Hauptleistung erwartet er vom Hersteller bzw. vom Einzelhändler **Nebenleistungen im Bereich von Garantie und Service**. Besonders begehrt sind die Nebenleistungen dann, wenn sie unentgeltlich zur Verfügung gestellt werden.

Der Kundendienst hat die Aufgabe

- den Kunden **beim Kaufentscheidungsprozess** fachkundig zu **unterstützen** (Auswahl der bedarfsgerechten Lösung),
- eine **reibungslose Funktion** des Gerätes während der gesamten Nutzungsdauer zu gewährleisten und
- am Ende der Nutzungsdauer die **Entsorgung** des Altgerätes sicherzustellen.

---

[1] Vgl. www.bestglobalbrands.com.

Schon diese Aufzählung macht deutlich, dass Kundendienstleistungen weniger im Konsumgütersektor als vielmehr im Bereich komplizierter, langlebiger **technischer Geräte**, insb. im Bereich der **Investitionsgüterhersteller**, nachgefragt werden. Je teurer und spezialisierter das Gerät ist, desto größer wird die Bedeutung der Kundendienstpolitik als absatzpolitisches Instrument. (**ÜB 4/79**)

6. Preispolitik

6.1 Ziele und Teilbereiche der Preispolitik

> Oberstes **Ziel der betrieblichen Preispolitik** ist die Ermittlung des optimalen (= gewinnmaximalen) Angebotspreises.

Auf umkämpften Märkten geraten Anbieter schnell in ein **preispolitisches Dilemma:**
- Preiserhöhung → Gewinnmarge wächst, aber Absatzmenge schrumpft
- Preissenkung → Absatzmenge wächst, aber Gewinnmarge schrumpft.

Als Instrumente der Preispolitik gelten in der Praxis:

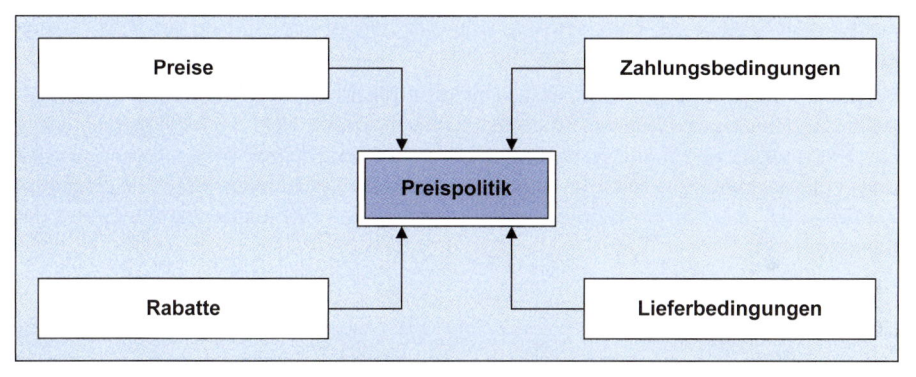

Abb. 45: Instrumente der praktischen Preispolitik

Differenzierte Rabatte, Zahlungs- und Lieferbedingungen erlauben eine **differenzierte Marktbearbeitung**. Ein Markt, auf dem nur der Preis variiert wird, ist sehr transparent, er neigt c.p. zur Vollkommenheit. Mit den anderen drei preispolitischen Aktionsparametern wollen die Anbieter die **Märkte unübersichtlich machen**. Auf diese Weise erzeugt man unvollkommene Märkte, auf denen sich höhere Gewinne erwirtschaften lassen. Eine Preispolitik, die neben dem Preis auch die Instrumente Rabatte, Zahlungs- und Lieferbedingungen optimiert, wird in der Marketingliteratur häufig als **Konditionenpolitik** bezeichnet.

6.2 Preispolitik in Theorie und Praxis

Preispolitische Entscheidungen sind in der Wirtschaftspraxis mit großen Risiken behaftet, denn der Anbieter kann nur schwer voraussagen, wie die Nachfrager auf eine

Preisänderung reagieren. Zur Lösung dieses Problems hat die Volkswirtschaftslehre vor etwa 200 Jahren die **klassische Preistheorie** entwickelt, die auf den **Grundannahmen des vollkommenen Marktes** beruht.

Vollkommener Markt
(a) Alle Nachfrager streben nach dem **Nutzenmaximum**, alle Anbieter nach dem **Gewinnmaximum**.
(b) **Homogenitätsbedingung**: Angebot homogener Güter. Nachfrager haben keine sachlichen oder persönlichen Präferenzen für ein bestimmtes Angebot.
(c) **Vollständige Markttransparenz**: Alle Nachfrager haben vollständige Informationen (vor allem über die Preisforderungen einzelner Anbieter).
(d) **Reaktionsgeschwindigkeit**: Alle Marktteilnehmer reagieren unendlich schnell auf eine Änderung der Marktgegebenheiten (z. B. Preiserhöhungen/Preissenkungen).

Abb. 46: Bedingungen des vollkommenen Marktes

Auf einem vollkommenen Markt gibt es einen einheitlichen Marktpreis. Ein einzelner Anbieter hat keinen autonomen Preisspielraum. Würde er den Angebotspreis auch nur marginal erhöhen, würden alle Nachfrager schlagartig zur Konkurrenz abwandern. (**ÜB 4**/18, 21)

Potentielle Käufer finden heutzutage wichtige Marktinformationen (z. B. Angebotspreise und Bezugsquellen) im Internet. Dadurch erhöht sich die Markttransparenz. Der Wettbewerbsdruck steigt, denn mit erhöhter Markttransparenz nähert man sich dem vollkommenen Markt. Am **schärfsten** ist der **Wettbewerb bei vollkommener Konkurrenz**, d.h. dort, wo eine Vielzahl von kleinen Anbietern um die Gunst der Kunden wirbt.

Anbieter \ Nachfrager	viele Kleine	wenige Mittelgroße	ein Großer
viele Kleine	vollkommene Konkurrenz	Angebots-oligopol	Angebots-monopol
wenige Mittelgroße	Nachfrage-oligopol	bilaterales Oligopol	beschränktes Angebotsmonopol
ein Großer	Nachfrage-monopol	beschränktes Nachfragemonopol	bilaterales Monopol

Abb. 47: Marktformenschema

Die in der Praxis vorherrschenden Massenmärkte sind auf der Nachfragerseite durch das **Auftreten vieler „kleiner" Nachfrager** (**Abb. 47**, Zeile 1) gekennzeichnet. So gesehen begegnet man – in Abhängigkeit von der Zahl der Anbieter – den in **Abb. 48** aufgeführten Marktformen:

6. Preispolitik

Marktform	Marktanteil eines Anbieters	Praktisches Beispiel
Angebots-monopol	90 – 100 Prozent	staatliches Lotteriemonopol, Netzmonopol eines Wasserversorgers
Angebots-oligopol	10 – 20 Prozent	Mineralölkonzerne: Aral/BP, Shell, Jet, Total, Esso
vollkommene Konkurrenz	< 0,01 Prozent	ca. 20.000 Bäckereien in Deutschland

Abb. 48: Marktformen-Marktanteile (Beispiele)

> Der Marktanteil ist der wichtigste Indikator zur Messung der **Marktmacht** eines Anbieters.

Im Beispiel der **Abb. 48** hat der einzelne Bäcker den **geringsten Marktanteil** und ist damit dem **schärfsten Wettbewerbsdruck** ausgesetzt. (ÜB 4/19)

Die in **Abb. 48** verwendete Bezeichnung „vollkommene Konkurrenz" wäre nur dann zutreffend, wenn es sich bei den angebotenen Backwaren (Brot, Brötchen, Kuchen) um homogene Produkte handelte. In der Realität versuchen aber die einzelnen Bäcker, sich durch

- **besondere Produkteigenschaften**, wie individuelle Rezeptur, Frische und Qualität, (→ **sachliche Präferenzen**)
- **besondere Serviceleistungen** (→ **persönliche Präferenzen**)

vom Konkurrenzangebot abzuheben.

Eine Marktverfassung mit

- **zahllosen kleinen Anbietern, die mit der**
- **Schaffung persönlicher und sachlicher Präferenzen**

um die Gunst der Kunden werben, bezeichnet man als **unvollkommene Konkurrenz** oder als **polypolistische Konkurrenz**. Hierfür hat Erich Gutenberg ein preistheoretisches Modell entwickelt, das im Unterkapitel 6.4 vorgestellt wird. (ÜB 4/28)

6.3 Preispolitik im Rahmen der klassischen Preistheorie

6.3.1 Grundlagen der Preistheorie

Preispolitische Modelle basieren – wie alle Modelle – auf einer vereinfachten Abbildung der Wirklichkeit. Vereinfachung und Schematisierung sind die gemeinsamen Kennzeichen aller preispolitischen Modelle.

(1) Struktur von Angebot und Nachfrage

Die Struktur von Angebot und Nachfrage wird im sog. **Marktformenschema** (→ **Abb. 47**) zusammengefasst. Daraus hat man je ein preispolitisches Modell für

- das (Angebots-)**Monopol**,
- das (Angebots-)**Oligopol** und
- die **vollkommene Konkurrenz** entwickelt.

(2) Marktverhalten der Konkurrenten

In der Marketingpraxis gibt es vereinzelte Versuche, den eigenen Marktanteil durch eine **(aggressive) Preissenkung** zu erhöhen. Ist der Wettbewerb extrem stark, wird sich aber ein Anbieter hüten, einen Preiskampf vom Zaun zu brechen. Der Anbieter verhält sich also konkurrenzgebunden. Kann jedoch der Anbieter im Fall einer **(moderaten) Preissenkung** damit rechnen, dass die Konkurrenten ihre Angebotspreise unverändert lassen, hat er einen autonomen Preisspielraum.

(3) Marktverhalten der Nachfrager

Bei der Ermittlung des gewinnmaximalen Absatzpreises muss der Anbieter das Nachfragerverhalten berücksichtigen. Hierbei interessiert vor allem die Frage, **wie die Nachfrager auf Änderungen des Angebotspreises reagieren**. Normalerweise können die Anbieter davon ausgehen, dass infolge einer Preiserhöhung (Preissenkung) die nachgefragte Menge abnimmt (zunimmt). Wenn eine Preisänderung von beispielsweise 10 Prozent eine prozentual stärkere (schwächere) Änderung der Nachfragemenge nach sich zieht, spricht man von einer elastischen (unelastischen) Nachfrage.

Unter der **Elastizität der Nachfrage** η versteht man das Verhältnis

- einer **relativen Nachfrageänderung** (Wirkungsgröße) zur
- verursachenden **prozentualen Preisänderung** (Einflussgröße).

Der Elastizitätskoeffizient η ist i. d. R. negativ, denn es kommt durch eine

- **Preissenkung** zu einer **größeren Absatzmenge**
- **Preiserhöhung** zu einer **geringeren Absatzmenge**.

> **Beispiel:** Wenn eine zehnprozentige Preiserhöhung eine fünfzigprozentige Senkung der Absatzmenge nach sich zieht, ist $\eta = -5$; die **Nachfrage ist elastisch**. Führt die zehnprozentige Preisänderung dagegen zu einer Änderung der Nachfragemenge um nur zwei Prozent, ist $\eta = -0{,}2$; die **Nachfrage ist unelastisch**.
>
> Zur einfacheren Handhabung wird der negative Elastizitätskoeffizient durch ein eingefügtes Minuszeichen zu einem positiven Wert [ ] umdefiniert. Aus $\eta = -1$ wird dann $[\eta] = 1$.

$$\eta = \frac{\Delta m}{m} : \frac{\Delta p}{p} = \frac{p}{m} \cdot \frac{\Delta m}{\Delta p}$$

$[\eta] = \infty$	$[\eta] = 1$	$[\eta] = 0$
Schon die kleinste Preisänderung verursacht eine extrem starke Änderung der Nachfragemenge.	Eine Preisänderung um x Prozent verursacht eine gleich starke Veränderung der Nachfragemenge.	Eine Preisänderung verursacht keinerlei Änderung der Nachfragemenge.

Abb. 49: Elastizität der Nachfrage

Ob und wie stark sich infolge einer Preisänderung der Umsatz erhöht oder verringert, hängt von der Elastizität der Nachfrage ab. Allgemein gilt:

Elastizität Preis- änderung	[η] > 1	[η] =1	1 > [η] > 0
Preiserhöhung	Umsatz sinkt	Umsatz konstant	Umsatz steigt
Preissenkung	Umsatz steigt	Umsatz konstant	Umsatz sinkt

Abb. 50: Elastizität der Nachfrage und deren Auswirkung auf den Umsatz

Die klassische Preistheorie arbeitet mit der **Fiktion des vollkommenen Marktes**. Die Elastizität der Nachfrage wird als bekannt vorausgesetzt. Damit gilt auch die Preis-Absatz-Funktion als gegeben.

> Die **Preis-Absatz-Funktion** der klassischen Preistheorie zeigt, welche Gesamtmenge auf einem vollkommenen Markt zu alternativen Einheitspreisen abgesetzt werden kann.

Die Preis-Absatz-Funktion kann einen linearen oder einen nichtlinearen Verlauf haben. Im folgenden Beispiel wird gemäß **Abb. 51** ein **linearer Verlauf** unterstellt.

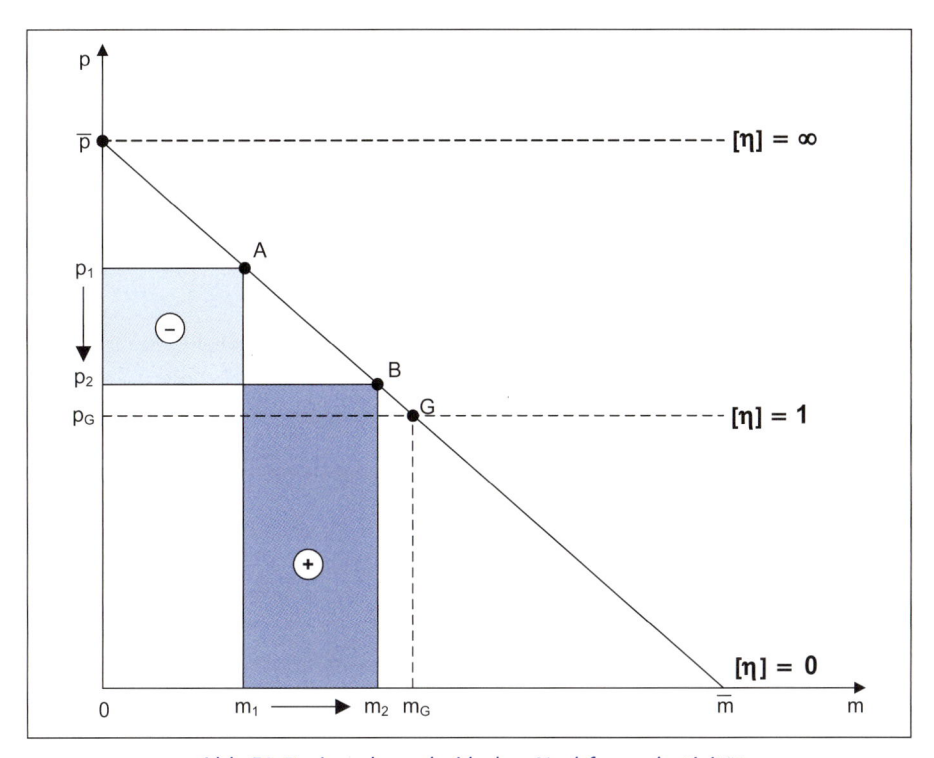

Abb. 51: Preissenkung bei hoher Nachfrageelastizität

Zur Erklärung der Abhängigkeit der **Gesamtabsatzmenge** m von der Preisgestaltung p sind folgende Punkte bemerkenswert:

- Den Preis $\bar{p}$ bezeichnet man als **Prohibitivpreis**: zu diesem Preis lässt sich kein einziges Stück absetzen.
- Die Menge $\bar{m}$ bezeichnet man als **Sättigungsmenge**: in so reichem Maße verfügbar ist das angebotene Gut für die Nachfrager wertlos geworden.
- Zum Preis p_G kann die Menge m_G abgesetzt werden. Bei diesem Preisniveau ist die **Nachfrageelastizität [η] = 1**.
- Werden vom Preisniveau p_G ausgehend die Preise erhöht, **steigt** die **Nachfrageelastizität** an, bis sie beim Preisniveau $\bar{p}$ den Extremwert ∞ erreicht.
- Werden vom Preisniveau p_G ausgehend die Preise schrittweise gesenkt, **sinkt** die **Nachfrageelastizität** von [η] = 1 in Richtung [η] = 0.
- Beim Preis p_1 wird ein **Marktvolumen** von $p_1 \cdot m_1$ erreicht, in **Abb. 51** ist das die Fläche mit den Eckpunkten p_1, A, m_1 und 0.
- Bei einer **Preissenkung** im Bereich **elastischer Nachfrage** von p_1 auf p_2 in **Abb. 51** steigt die Absatzmenge vom m_1 auf m_2. Diese Preissenkung führt zu einem höheren Gesamtumsatz (Fläche: p_2, B, m_2 und 0), denn der mengenbedingte Umsatzzuwachs (blaue Fläche) ist größer als die preisbedingte Umsatzeinbuße (hellblaue Fläche).
- Wird im Bereich **unelastischer Nachfrage** eine **Preissenkung** vom p_3 nach p_4 vollzogen (vgl. **Abb. 52**), geht der Gesamtumsatz von der Fläche p_3, C, m_3 und 0 auf die Fläche p_4, D, m_4 und 0 zurück. Die Umsatzeinbuße (hellblaue Fläche) ist größer als der mengeninduzierte Umsatzzuwachs (blaue Fläche).

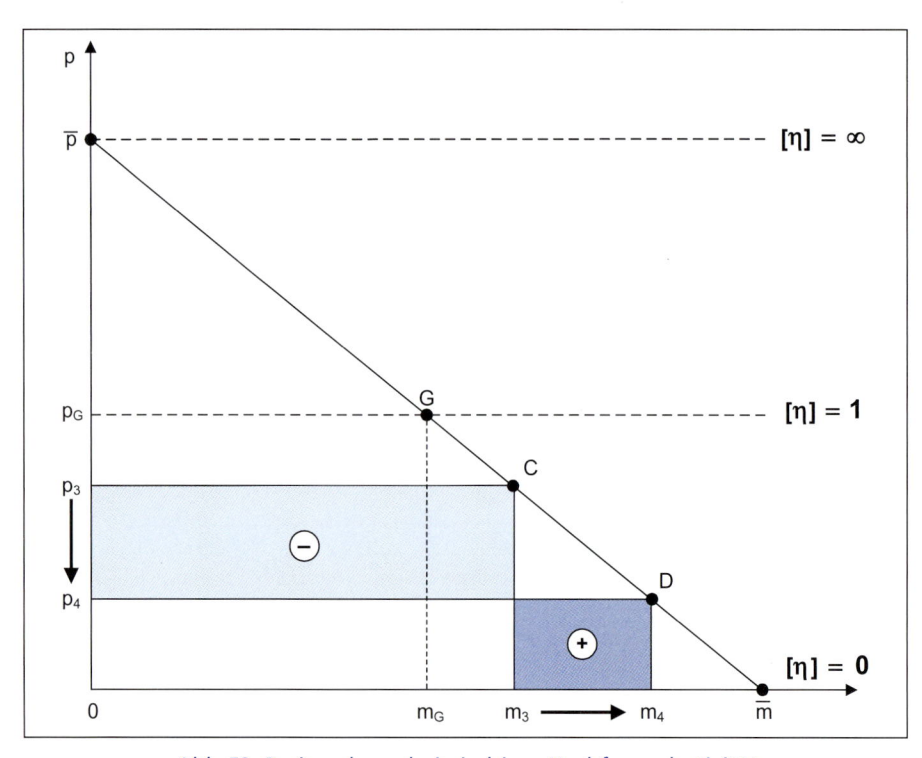

Abb. 52: Preissenkung bei niedriger Nachfrageelastizität

Die **Preis-Absatz-Funktion**, wie sie in **Abb. 51** und **Abb. 52** dargestellt ist, bezieht sich nicht auf ein Einzelunternehmen, sondern auf den **Gesamtmarkt**. Folglich zeigt das Produkt p · m nicht den unternehmensspezifischen Umsatz, sondern das gesamte Marktvolumen an. Für einzelwirtschaftliche Zwecke liegt der Erklärungswert dieses Modells in folgender Erkenntnis: Für ein nach Gewinnmaximierung strebendes Unternehmen sind **Preissenkungen im Bereich unelastischer Nachfrage sinnlos**, weil die damit einhergehende Vergrößerung der Umsatzmenge einerseits zu Mehrkosten, andererseits zu einer Verringerung der Umsatzerlöse führt.[1]

Umgekehrt gilt: Im Bereich **unelastischer Nachfrage** (vgl. **Abb. 52**) können **Preiserhöhungsspielräume** (von p_4 nach p_3) **genutzt** werden, weil der Umsatzerlös per Saldo steigt und die Kosten durch den Mengenrückgang (von m_4 nach m_3) sinken.

Will sich ein Unternehmen

- **dem Preis(senkungs)-Wettbewerb entziehen** und
- **Preiserhöhungsspielräume ausnutzen,**

sollte es sich nach Möglichkeit auf einem Markt positionieren, auf dem die Elastizität der Nachfrage gering ist, denn dort führt eine Preiserhöhung zu einem relativ geringen Nachfragerückgang. Aber wo findet man derart preisunelastische Nachfragebedingungen? Hierzu gibt es folgende Anhaltspunkte:

- je höher das **Einkommen der Nachfrager**
- je stärker die persönliche **Präferenz der Nachfrager für einen einzelnen Anbieter**
- je **schwieriger der Wechsel** von einem Anbieter zum anderen
- je **geringer die Möglichkeit**, das (verteuerte) Produkt durch ein Alternativprodukt **zu substituieren**,

desto geringer ist die Elastizität der Nachfrage und desto eher lassen sich Preiserhöhungsspielräume ausschöpfen.

Gewöhnlich zeigt die Preis-Absatz-Funktion den in **Abb. 51** bzw. **Abb. 52** angedeuteten Verlauf: **Je höher der Preis, desto kleiner die absetzbare Menge**. Nur in **Ausnahmefällen** steigt die Absatzmenge mit steigendem Preis:

(1) **Veblen-Effekt**: Der Einzelne möchte durch aufwendigen Konsum auffallen, wobei die Aufwendigkeit der Güter am Preis gemessen wird (es wird mehr gekauft, nur weil der Preis höher ist).
(2) **Snob-Effekt**: Der Snob möchte sich von der Masse abheben und Güter besitzen, die andere nicht besitzen (es wird mehr gekauft, weil andere weniger kaufen).
(3) **Mitläufer-Effekt**: Personen in gesellschaftlich herausgehobener Position werden zu Meinungsführern (es wird trotz steigenden Preises mehr gekauft, weil andere auch mehr kaufen).
(4) **Preis als Qualitätsmaßstab**: Von einem hohen (niedrigen) Preis wird auf eine hohe (geringe) Qualität geschlossen (es wird gekauft, nur weil der Preis höher ist).

Die Angehörigen dieser vier Nachfragergruppen sind für die Anbieter von besonderem Interesse. Wem es durch ein spezifiziertes Angebot gelingt, sich eines dieser attraktiven Marktsegmente zu erschließen, entzieht sich dem harten Preiswettbewerb mit seinem unerbittlichen Druck auf die Gewinnmargen. (**ÜB 4**/33–35)

---

[1] Vgl. hierzu die Erlösfunktion des Monopolisten in **Abb. 54**.

6.3.2 Preisbildung im Monopol

> Von einem **Angebotsmonopol** spricht man, wenn sehr viele Wirtschaftssubjekte ein homogenes Gut nachfragen, das von einem einzigen Unternehmen angeboten wird.

Der Monopolist kann eine autonome Preispolitik betreiben: Er beherrscht den Markt, denn es gibt keine Konkurrenz, die das gleiche Gut anbietet. Die Nachfrager haben allenfalls die Möglichkeit, auf Substitutionsgüter (z. B. Solarenergie statt Gas) auszuweichen, was man als **Substitutionskonkurrenz** bezeichnet. (ÜB 4/36)

Weil sich im Monopolfall die gesamte Nachfrage auf einen einzigen Anbieter konzentriert, ist die auf den Gesamtmarkt bezogene Preis-Absatz-Funktion identisch mit der einzelwirtschaftlichen Nachfragefunktion, der sich der Monopolist gegenübergestellt sieht. Diese Preis-Absatz-Funktion ist in **Abb. 54** durch die Strecke AB abgebildet.

Wie kann ein Monopolist bei gegebener Preis-Absatz-Funktion und gegebener Kostenfunktion[1]

- seinen gewinnmaximalen Angebotspreis p_c
- seine gewinnmaximale Angebotsmenge m_c

ermitteln? Eine Antwort auf diese Frage sollen das Zahlenbeispiel in **Abb. 53** und die graphische Darstellung in **Abb. 54** liefern.

1		2	3			4
Preis-Absatz-Funktion		Erlös	Kosten K = 10 + 2 · m			Gewinn
Preis p	Menge m	E	K_f	K_v	K	G
10	0	0	10	0	10	− 10
9	1	9	10	2	12	− 3
8	2	16	10	4	14	+ 2
7	3	21	10	6	16	+ 5
6	**4**	**24**	**10**	**8**	**18**	**+ 6**
5	5	25	10	10	20	+ 5
4	6	24	10	12	22	+ 2
3	7	21	10	14	24	− 3
2	8	16	10	16	26	− 10
1	9	9	10	18	28	− 19
0	10	0	10	20	30	− 30
G = E − K E = p · m		K_f = fixe Kosten K_v = variable Kosten	K = K_f + K_v			

Abb. 53: Gewinnmaximum des Monopolisten (Beispiel)[2]

Im Fallbeispiel der **Abb. 53** erreicht der Monopolist

- den gewinnmaximalen Angebotspreis p_c = 6 Geldeinheiten
- die gewinnmaximale Angebotsmenge m_c = 4 Stück.

---

[1] Zur Preis-Absatz-Funktion vgl. S. 413; zur Kostenfunktion vgl. S. 849 f.
[2] In enger Anlehnung an Meffert/Burmann/Kirchgeorg, Marketing, 2015, S. 493.

6. Preispolitik

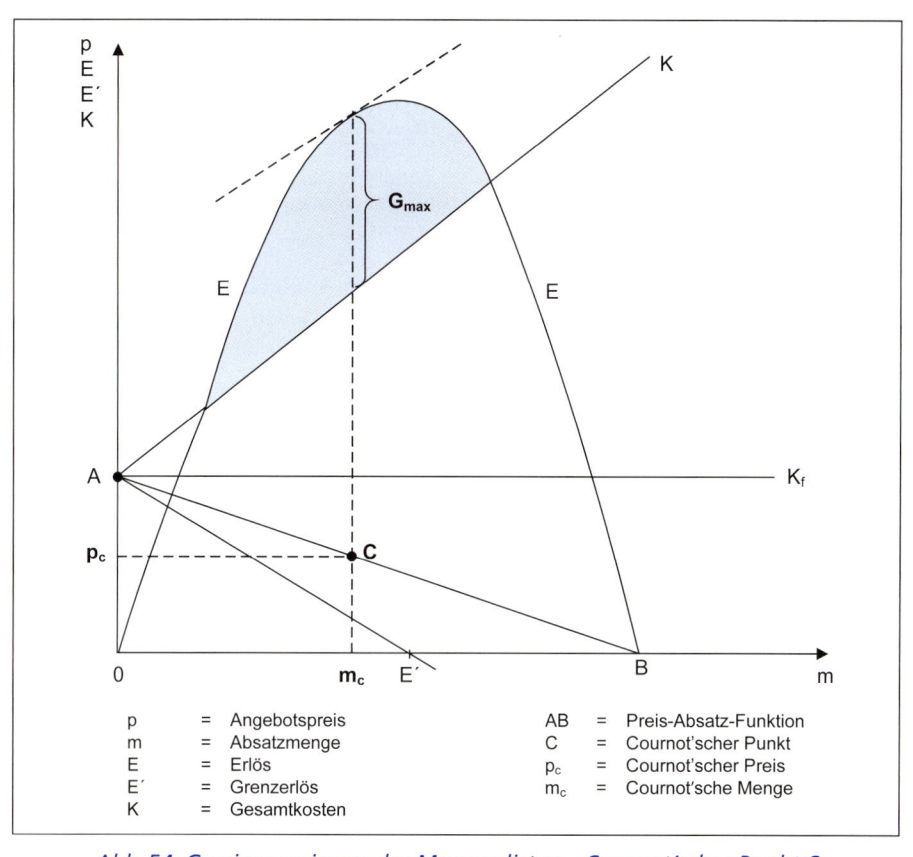

Abb. 54: Gewinnmaximum des Monopolisten – Cournot'scher Punkt C

p = Angebotspreis	AB	= Preis-Absatz-Funktion
m = Absatzmenge	C	= Cournot'scher Punkt
E = Erlös	p_c	= Cournot'scher Preis
E' = Grenzerlös	m_c	= Cournot'sche Menge
K = Gesamtkosten		

Zu dem in der **Abb. 54** markierten **Punkt C**, der als **Cournot'scher Punkt** bezeichnet wird, gelangt man in folgenden Schritten:

(1) Gegeben ist die (lineare) **Preis-Absatz-Funktion** als Gerade AB (vgl. Spalte 1 in **Abb. 53**).
(2) Aus der Preis-Absatz-Funktion AB lässt sich die (glockenförmige) **Erlösfunktion E** (vgl. Spalte 2 in **Abb. 53**) ableiten.
(3) Gegeben ist die **Gesamtkostenfunktion K** (vgl. Spalte 3 in **Abb. 53**).
(4) Die **Gewinnzone** (hellblau) zeigt die Höhe des Gewinns (vgl. Spalte 4 in **Abb. 53**) bei alternativen Absatzmengen (G = E – K).
(5) Das **Gewinnmaximum** G_{max} liegt dort, wo der positive Abstand zwischen der Erlösfunktion E und der Kostenfunktion K am größten ist (vgl. p_c = 6 in **Abb. 54**).
(6) Der auf der Preis-Absatz-Funktion gelegene **Cournot'sche Punkt** C markiert
 - **die gewinnmaximale Absatzmenge** m_c
 - **den gewinnmaximalen Angebotspreis** p_c.

Den durch eine zusätzliche Mengeneinheit erzielbaren Erlöszuwachs bezeichnet man als **Grenzerlös E'**. Der Grenzerlös lässt sich im Zahlenbeispiel der **Abb. 53** durch schrittweise Differenzbildung in Spalte 2 ablesen. In **Abb. 54** ist zu erkennen, dass der Grenzerlös E' nach Überschreiten der umsatzmaximalen Absatzmenge, also bei zurückgehendem Umsatz, negativ wird. (**ÜB** 4/37–43)

6.3.3 Preisbildung im Oligopol

> Stehen wenige große Anbieter einer Vielzahl von Nachfragern gegenüber, spricht man von einem **Angebotsoligopol**.

Meistens sind es **fünf bis zehn** (seltener bis zwanzig) **Anbieter**, die als Oligopolisten den Gesamtmarkt, also das Marktvolumen, unter sich aufteilen. Beherrschen nur **zwei Anbieter** den Markt, spricht man von einem **Dyopol** bzw. **Duopol**.

Der Monopolist hat bei seiner Preispolitik nur das Verhalten der Nachfrager zu berücksichtigen. Im Gegensatz zum Monopolisten muss ein Oligopolist vor einer geplanten Preisänderung neben

- **Reaktionen der Nachfrager** auch
- **Reaktionen seiner Konkurrenten**

in Rechnung stellen.

> **Beispiel:** Fünf Oligopolisten bieten ein homogenes Gut zu einem einheitlichen Marktpreis an. Die Marktanteile der einzelnen Anbieter sind etwa gleich groß. Einer der Anbieter trägt sich mit dem Gedanken, seinen Angebotspreis um 10 Prozent zu senken, um den eigenen Marktanteil zu Lasten seiner Konkurrenten zu steigern. Ob er sein Ziel erreicht, hängt davon ab, ob die Konkurrenten ihrerseits mit einer Preissenkung reagieren.

Zur Beschreibung des **Konkurrenzverhaltens im Oligopol** hat die Marketingliteratur drei Grundannahmen entwickelt.

Preispolitisches Verhalten eines Oligopolisten		
(1) Kampfverhalten	(2) Wirtschaftsfriedliches Verhalten	(3) Koalitionsverhalten
Aggressive Preissenkung zur Steigerung des eigenen Marktanteils	Moderate Preispolitik zur Vermeidung von preispolitischen Konkurrenzreaktionen	Stillschweigende Übereinkunft zur gemeinsamen Preiserhöhung
„Ruinöser Wettbewerb"	„Status quo der Marktanteile"	„Preisabsprachen"

Abb. 55: Verhaltensannahmen im Oligopolfall

Fragt man nach dem preispolitischen Verhalten in der Wirtschaftspraxis, gelangt man zu folgendem Befund:

(1) **Kampfverhalten** ist die große **Ausnahme**. Jeder Oligopolist weiß, dass er mit einer aggressiven Preissenkung keine Steigerung des eigenen Marktanteils erreichen kann, weil seine Konkurrenten die drohende Abwanderung der Nachfrager mit einer Herabsetzung ihres eigenen Angebotspreises beantworten würden. Kampfverhalten mündet leicht in ruinösen (Preis-)Wettbewerb, den alle Oligopolisten vermeiden möchten.

(2) Wirtschaftsfriedliches Verhalten bevorzugen Oligopolisten, die **heterogene Güter** anbieten. Bestes Beispiel ist das Konkurrenzverhalten der beiden Flugzeugkonzerne Boeing und EADS, die als Dyopol (Zwei-Anbieter-Fall) den Weltmarkt für Großraumflugzeuge untereinander aufteilen. An die Stelle des Preiswettbewerbs tritt der Produktwettbewerb: Nicht der Preis, sondern die **Produktqualität** (Sicherheit, Komfort, Sparsamkeit) ist das ausschlaggebende Verkaufsargument.

(3) Koalitionsverhalten wird vorzugsweise von den Anbietern **homogener Güter** praktiziert. Bestes Beispiel sind die Mineralölkonzerne. In Deutschland haben die fünf führenden Konzerne (Aral/BP, Shell, Jet, Total und Esso) einen Marktanteil von etwa 70 Prozent. Sobald ein Anbieter seinen Kraftstoffpreis an der Zapfsäule verändert, ziehen die Konkurrenten binnen weniger Stunden nach. Zwar sind Preisabsprachen nach dem Gesetz gegen Wettbewerbsbeschränkungen (GWB) verboten. Solange aber die oligopolistische Preispolitik nicht auf einer förmlichen Absprache, sondern auf stillschweigender Übereinkunft beruht, haben die Kartellbehörden kaum eine Handhabe, diese Form kollektiver Preispolitik zu unterbinden. (**ÜB 4**/44–46)

6.3.4 Preisbildung bei vollkommener Konkurrenz

> Wenn sich auf einem vollkommenen Markt sehr viele (kleine) Anbieter und sehr viele (kleine) Nachfrager begegnen, spricht man von **vollkommener Konkurrenz** oder auch von **atomistischer Konkurrenz**.

Angebot und Nachfrage bestimmen den Marktpreis p_M eines (homogenen) Gutes. In **Abb. 56** bildet sich der Marktpreis p_M im Schnittpunkt der gesamtwirtschaftlichen Angebotsfunktion AA und der gesamtwirtschaftlichen Nachfragefunktion NN.

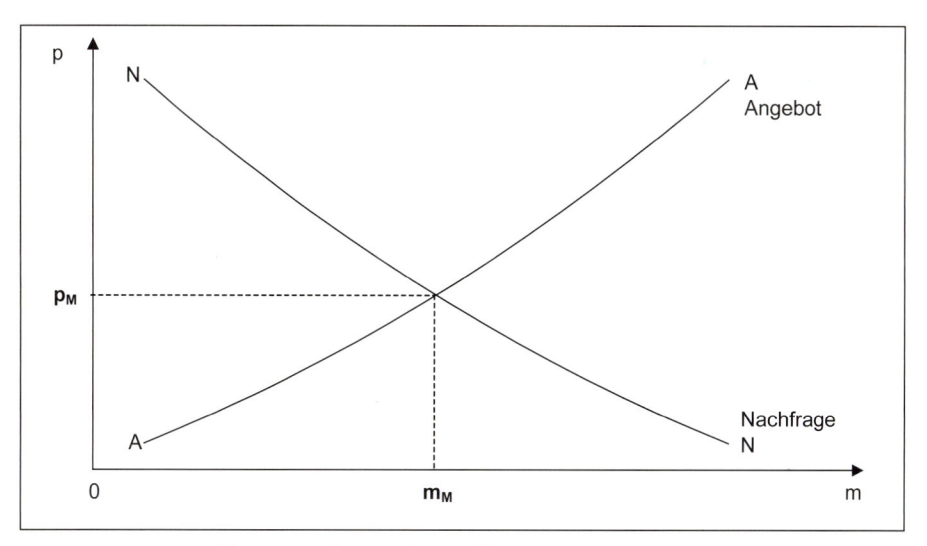

Abb. 56: Marktpreis bei vollkommener Konkurrenz

> **Beispiel:** In Periode 01 fördern viele kleine Goldminenbetreiber die Jahresproduktion m_M von insgesamt 80 Mio. Unzen Gold zu Tage. Der aktuelle Marktpreis p_M liegt bei 1.500 US-Dollar/Unze. Das gesamte Marktvolumen m_M teilen Hunderte von Produzenten unter sich auf, von denen jeder nur einen sehr kleinen Marktanteil hat.

Vollkommene Konkurrenz bedeutet:
(1) Verlangt der Anbieter eines homogenen Gutes einen **über p_M liegenden Preis**, **verliert er alle seine Kunden**.
(2) Verlangt er einen **unter dem Marktpreis p_M liegenden Preis**, gewinnt er zwar die **gesamte Nachfrage**. Diese kann er aber angesichts seiner **knappen Produktionskapazität gar nicht befriedigen**.
(3) Der einzelne kleine Anbieter hat keinen Freiraum zur autonomen Preispolitik. Der **einheitliche Marktpreis p_M ist für den Einzelanbieter ein Datum**.

Ein einzelner Anbieter kann eine **Verbesserung** seiner **Gewinnmarge** nicht über eine Preiserhöhung, sondern nur durch **Kostensenkungen** erreichen. Da alle Anbieter nach Gewinnmaximierung streben, sind sie ständig um Kostensenkungen bemüht. Nutznießer dieses Rationalisierungswettbewerbs sind die Nachfrager, denen die Kostensenkungen der Produzenten durch Qualitätsverbesserungen bzw. durch Preissenkungen zugutekommen. **Marktwirtschaftlicher Wettbewerb** ist deshalb so effizient, weil sich das eigennützige Gewinnstreben der Anbieter in **gemeinnützige Wohlfahrt** (kostenoptimale Güterversorgung) für die Nachfrager verwandelt.

Wie jedes andere Unternehmen erreicht auch der Anbieter bei vollkommener Konkurrenz sein Gewinnmaximum dort, wo die Differenz zwischen den Erlösen E und den Kosten K am größten ist. Beim Versuch zur **Bestimmung der gewinnmaximalen Angebotsmenge** m gehen die preistheoretischen Modelle von einem

- **linearen Gesamtkostenverlauf mit Fixkostenblock**
- **S-förmigen Gesamtkostenverlauf mit Fixkostenblock**

aus. In beiden Fällen hat die Erlösfunktion E ($E = p_M \cdot m$) einen linearen Verlauf.

6.3.4.1 Linearer Gesamtkostenverlauf

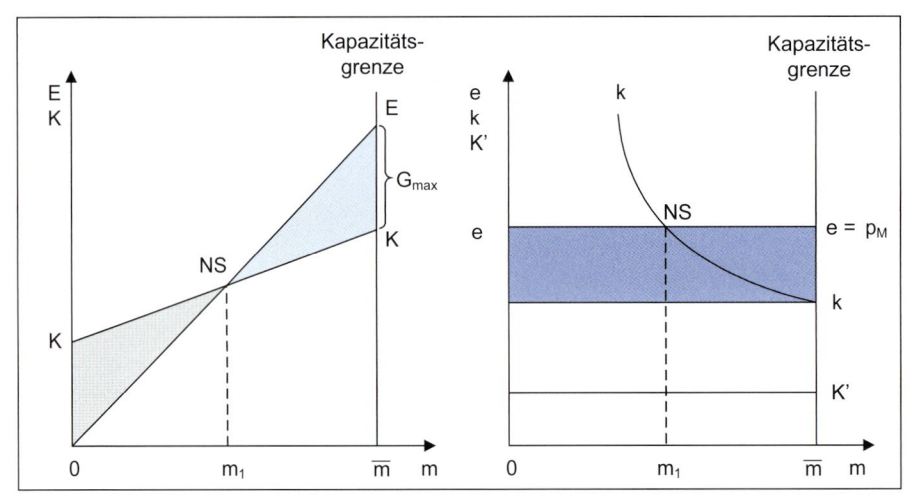

Abb. 57: Gewinnmaximum bei linearem Gesamtkostenverlauf

Auf der **linken Seite** der **Abb. 57** wird die gewinnmaximale Ausbringungsmenge $\overline{m}$ durch die Gegenüberstellung von Erlösfunktion E und Kostenfunktion K ermittelt. Bei einer Ausbringungsmenge von m = 0 entsteht ein Verlust in Höhe der fixen Kosten K_f.

Bis zur Angebotsmenge m_1 sind die Gesamtkosten K höher als die Gesamterlöse E. Die **Verlustzone** ist grau unterlegt. Mit der Angebotsmenge m_1 erreicht der Anbieter die sog. **Nutzschwelle NS**. Erhöht er seine Absatzmenge um ein einziges Stück, gelangt er in die **Gewinnzone**, die hellblau unterlegt ist. Bei Ausweitung seiner Absatzmenge bis zur **Kapazitätsgrenze ($\overline{m}$) erreicht er das Gewinnmaximum**.

Auf der **rechten Seite** der **Abb. 57** erfolgt die Gewinnermittlung durch **Abgleich**
- des **Stückerlöses e**, der dem Marktpreis p_M entspricht, und
- der **Stückkosten k**.

Die Nutzschwelle NS liegt dort, wo e = k, d. h. bei der Angebotsmenge m_1. Das Gewinnmaximum wird durch die Fixkostendegression an der Kapazitätsgrenze mit der Angebotsmenge $\overline{m}$ erreicht. Multipliziert man den dort erreichten Stückgewinn (e − k) mit der **Angebotsmenge $\overline{m}$**, erhält man den **Maximalgewinn**, der als blaue Fläche abgebildet ist.

6.3.4.2 S-förmiger Gesamtkostenverlauf

Die folgenden Ausführungen zur Ermittlung der **gewinnmaximalen Angebotsmenge $\overline{m}$** gehen aus von einer
- **linearen Erlösfunktion $E = p_M \cdot m$**
- **S-förmigen Gesamtkostenfunktion K** (vgl. **Abb. 35** auf S. 304) mit **Fixkosten**.

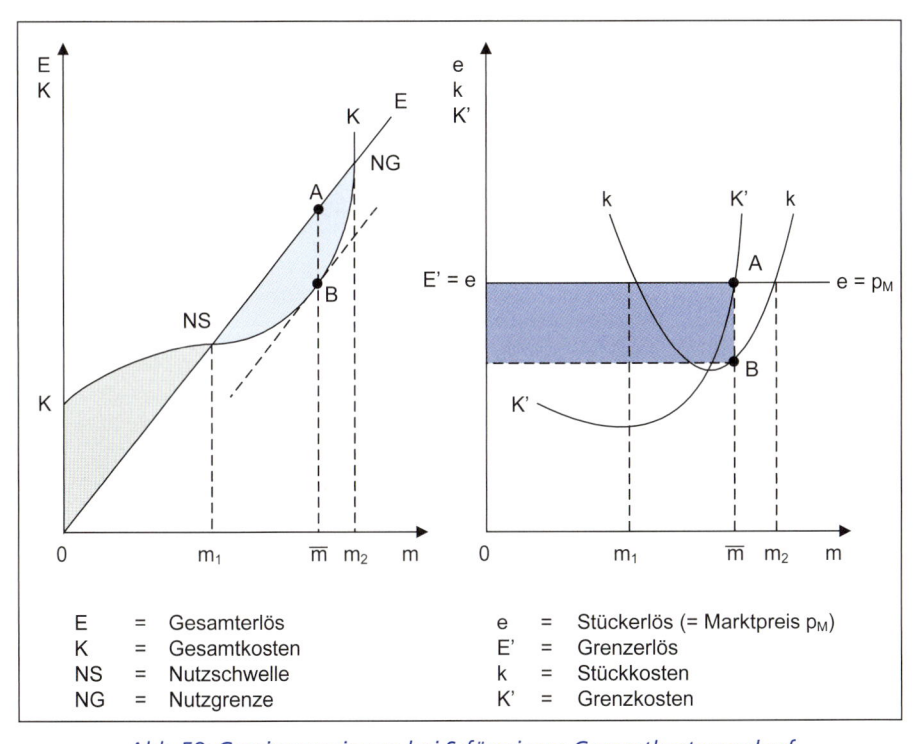

Abb. 58: Gewinnmaximum bei S-förmigem Gesamtkostenverlauf

Aus der **linken Seite** der **Abb. 58** lassen sich folgende Schlüsse ziehen: Bei einer Angebotsmenge von m = 0 entsteht ein Verlust in Höhe der fixen Kosten K_f. Die Verlustzone ist grau dargestellt. Die **Gewinnzone** (hellblau)

- beginnt an der **Nutzschwelle NS** mit der Menge m_1
- endet an der **Nutzgrenze NG** mit der Menge m_2.

Das **Gewinnmaximum** wird durch die **Strecke AB** beschrieben. Es liegt dort, wo der Abstand zwischen Erlös- und Kostenfunktion am größten ist. Die gewinnmaximale Angebotsmenge liegt bei $\overline{m}$. Dabei wird unterstellt, dass bei $\overline{m}$ die Kapazitätsgrenze noch nicht erreicht ist.

Auf der **rechten Seite** der **Abb. 58** wird die gewinnmaximale Ausbringungsmenge $\overline{m}$ im Wege der Stückbetrachtung ermittelt. Der Stückerlös e, der zugleich Grenzerlös (E') ist, entspricht dem Marktpreis p_M.

Für den Anbieter ist es vorteilhaft, die Angebotsmenge so lange zu erhöhen, wie die Grenzkosten K' noch unter dem Stückerlös e liegen. Würde die Angebotsmenge über $\overline{m}$ ausgedehnt, wäre der Kostenbeitrag der nächsten Mengeneinheit (K') größer als der zugehörige Erlösbeitrag (e = E'). Die Strecke AB symbolisiert hier den Stückgewinn (g = e – k) bei gewinnmaximaler Angebotsmenge $\overline{m}$, für die E' = K' gilt. Der zugehörige (maximale) Gesamtgewinn wird als blaue Fläche abgebildet. (**ÜB 4/47–53**)

6.4 Preisbildung bei unvollkommener Konkurrenz (Gutenberg-Modell)

Die **klassische Preistheorie** hat Modelle zur Optimierung der Preispolitik entworfen, wie sie oben für den Fall des Monopols (→ Unterkapitel 6.3.2), des Oligopols (→ Unterkapitel 6.3.3) und der vollkommenen Konkurrenz (→ Unterkapitel 6.3.4) vorgestellt wurden. Gemeinsam ist allen drei Modellen die **Grundannahme der Existenz eines vollkommenen Marktes**. Hierbei wird unterstellt, dass

- ein **homogenes Gut** angeboten wird,
- die Nachfrager **vollständige Marktinformationen** haben und
- **unendlich schnell** auf die Preisänderung eines Anbieters (durch Zu- bzw. Abwanderung) **reagieren**.

In der **Wirtschaftspraxis** sind **vollkommene Märkte** die **große Ausnahme** (→ Devisenmarkt, Aktienmarkt, Rohstoffmärkte).

Jenseits des Finanz- und Rohstoffmarktes begegnen sich Anbieter und Nachfrager auf mehr oder weniger **unvollkommenen Märkten**. Warum ist das so? Die Antwort ist einfach: Weil die meisten angebotenen Güter und Dienstleistungen eben nicht homogen, sondern heterogen sind und weil die Nachfrager, sei es aus

- **Unkenntnis** (→ mangelnder Marktinformation)
- **Vertrautheit** mit dem bisher gekauften Produkt
- **Bequemlichkeit** (→ Transaktionskosten durch den Wechsel des Anbieters),

auf mäßige Preisänderungen gar nicht bzw. auf größere Preisänderungen mit zeitlicher Verzögerung reagieren. Es ist das Verdienst von Erich Gutenberg[1], die Preistheorie an die Wirtschaftspraxis angenähert zu haben. Das Gutenberg-Modell widmet sich der Preispolitik bei polypolistischer Konkurrenz.

---

[1] Vgl. ausführlich Gutenberg, E., Absatz, 1984, S. 233 ff.

Wird ein heterogenes Gut von vielen (kleinen) Marktteilnehmern angeboten bzw. nachgefragt, spricht man von atomistischer Konkurrenz auf unvollkommenen Märkten, die nach Gutenberg als **polypolistische Konkurrenz** bezeichnet wird.

Im Zentrum des Gutenberg-Modells steht die **doppelt geknickte Preis-Absatz-Funktion**, die im Folgenden kurz vorgestellt werden soll.

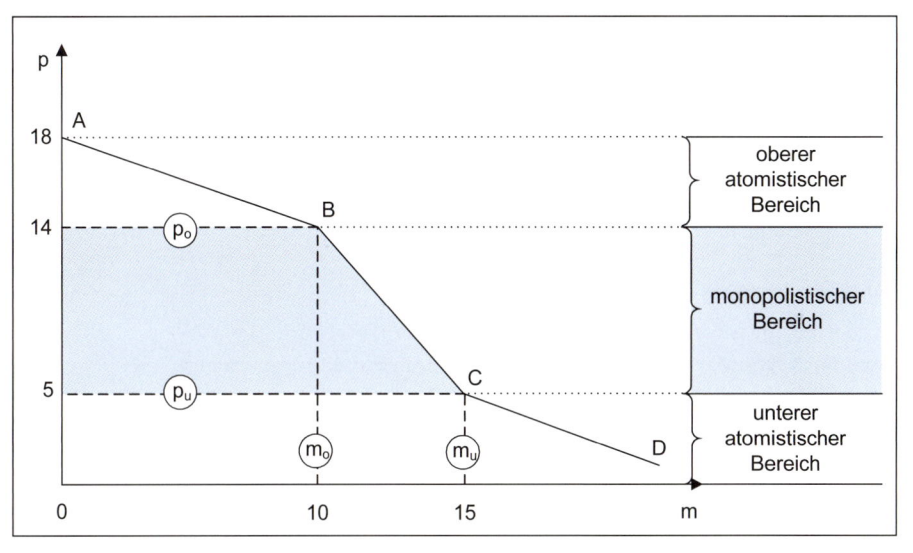

Abb. 59: Doppelt geknickte Preis-Absatz-Funktion

Die doppelt geknickte Preis-Absatz-Funktion lässt sich in **drei Abschnitte** unterteilen:

(1) Monopolistischer Bereich

Zwischen der unteren Preisgrenze p_u und der oberen Preisgrenze p_o existiert **kein nennenswerter Preiswettbewerb** mit anderen Konkurrenten. Der (kleine) polypolistische Anbieter agiert in dieser Preiszone wie ein Monopolist. Er kann im Beispiel der **Abb. 59** seinen Preis $p_u = 5$ GE auf $p_o = 14$ GE erhöhen, ohne eine entsprechend hohe Kundenabwanderung zur Konkurrenz befürchten zu müssen, wie der vergleichsweise moderate Rückgang der Absatzmenge von $m_u = 15$ auf $m_o = 10$ zeigt.

Diese **preispolitische Unabhängigkeit** hat sich der Polypolist durch die Schaffung
- **sachlicher Präferenzen** (→ Produktqualität, Produktimage, Markenbildung)
- **persönlicher Präferenzen** (→ Service, persönliche Kontaktpflege)

erkämpft. Beide Komponenten zusammengenommen bezeichnet Gutenberg als **akquisitorisches Potential**, das einen Übergang vom homogenen zum heterogenen Güterangebot erlaubt. Je stärker das akquisitorische Potential eines Anbieters, desto größer ist der Preisspielraum im monopolistischen Bereich.

(2) Oberer atomistischer Bereich

Mit dem Überschreiten der oberen Preisgrenze p_o verliert das akquisitorische Potential seine Bindekraft. **Erhöht** ein Anbieter seinen Preis über p_o, muss er damit rechnen, dass seine **Kunden** scharenweise **zur Konkurrenz abwandern**.

(3) Unterer atomistischer Bereich

Senkt dagegen der Polypolist seine **Preisforderung** unter p_u, kann er damit rechnen, schon mit einer geringfügigen Preissenkung einen **großen Nachfragezuwachs** zu erreichen, weil Nachfrager ihren bisherigen Anbietern den Rücken zukehren.

Auch bei unvollkommener Konkurrenz lässt sich die **gewinnmaximale Angebotsmenge** durch Gegenüberstellung der Erlöse E und der Kosten K bzw. der Grenzerlöse E' und der Grenzkosten K' ermitteln. Üblicherweise erreicht der polypolistische Anbieter das Gewinnmaximum innerhalb des monopolistischen Bereichs, also zwischen der Angebotsmenge m_o und m_u. (ÜB 4/54–56)

6.5 Preispolitik in der betrieblichen Praxis

Im Zentrum der betrieblichen Preispolitik steht die **Suche nach dem gewinnmaximalen Angebotspreis**. Die Bestimmung des optimalen Angebotspreises stellt die Unternehmensleitung bzw. den Marketingmanager vor eine riesengroße Herausforderung: Ist der **Preisansatz**

- zu niedrig, verzichtet man auf einen Teil der Gewinnmarge
- zu hoch, wandern die Nachfrager in Scharen zur Konkurrenz ab.

Die oben dargestellte **Preistheorie** macht sich die Sache einfach: In den preispolitischen Modellen wird die **Preis-Absatz-Funktion** als **bekannt** vorausgesetzt. Damit lässt sich zeigen, ob eine Preiserhöhung bzw. eine Preissenkung zu einer Gewinnsteigerung oder zu einer Gewinnminderung führt. Die Preistheorie ist **didaktisch wertvoll**, aber **praktisch untauglich**, denn in der Wirtschaftspraxis hat ein Anbieter bestenfalls eine schemenhafte Vorstellung vom Verlauf „seiner" Preis-Absatz-Funktion.

Es wurde schon mehrfach hervorgehoben: Unternehmen sind gut beraten, dem Preiswettbewerb auszuweichen und stattdessen auf dem Feld des Produktwettbewerbs um die Gunst der Nachfrager zu kämpfen. Aber auch beim Produktwettbewerb bleibt der Preis ein wichtiger Wettbewerbsparameter: Selbst die Anbieter

- heterogener Güter (z. B. Reiseveranstalter)
- nahezu homogener Güter mit eigenem Markenimage (z. B. Reifen-, Bier- oder Kaffeeproduzenten)

müssen damit rechnen, dass die Nachfrager Preisvergleiche anstellen, indem sie die Frage nach der Angemessenheit des Preis-Leistungs-Verhältnisses stellen.

> Das Nachfragerurteil zur Angemessenheit des **Preis-Leistungs-Verhältnisses** ist die maßgebliche Orientierungsmarke zur betrieblichen Preispolitik.

Auf dem **Weg zur langfristigen Gewinnmaximierung** müssen Unternehmensleitung und Marketingmanager eine Antwort auf vier wichtige Fragen finden:

6.5.1 Welche **Preisstrategie** (Hochpreis oder Niedrigpreis) ist **langfristig vorteilhaft**?

6.5.2 Welche **Orientierungsgrößen** sollen zur Bestimmung des gewinnmaximalen Preises herangezogen werden?

6.5.3 Sollen unterschiedliche Marktsegmente mit **differenzierten Preisforderungen** bearbeitet werden?

6.5.4 Gibt es Möglichkeiten zur „**verschleierten**" **Preisdifferenzierung**?

Preispolitik			
6.5.1 strategische	taktische		
	6.5.2 Preisfindung	6.5.3 Preisdifferenzierung	6.5.4 Konditionen
• Niedrigpreis • Hochpreis • Penetrationspreis • Abschöpfungspreis	• kostenorientiert • nachfrageorientiert • konkurrenzorientiert	• regional • zeitlich • gruppenspezifisch • mengenmäßig	• Rabatte • Boni • Zahlungsbedingungen

Abb. 60: Strategische und taktische Preispolitik

6.5.1 Strategische Preispolitik

Taktische Preispolitik ist Aufgabe des Marketingmanagements, das seine preispolitischen Entscheidungen **nach Maßgabe der aktuellen Marktlage** trifft.

> Gegenstand **strategischer Preispolitik** sind preispolitische Grundsatzentscheidungen, die wegen ihrer großen Tragweite von der Unternehmensleitung getroffen werden.

Im Kern geht es dabei um die Frage, ob sich ein Unternehmen mit seinem Angebot im **Hoch-** oder im **Niedrigpreissegment** positionieren soll. (ÜB 4/63)

Preisstrategien

① **Niedrigpreisstrategie** (z. B. Champagner von Aldi)
② **Hochpreisstrategie** (z. B. Nobelchampagner Veuve Clicquot)
③ **Durchdringungsstrategie** (z. B. Toyota-Lexus)
④ **Abschöpfungsstrategie** (z. B. Flachbildschirmgeräte)

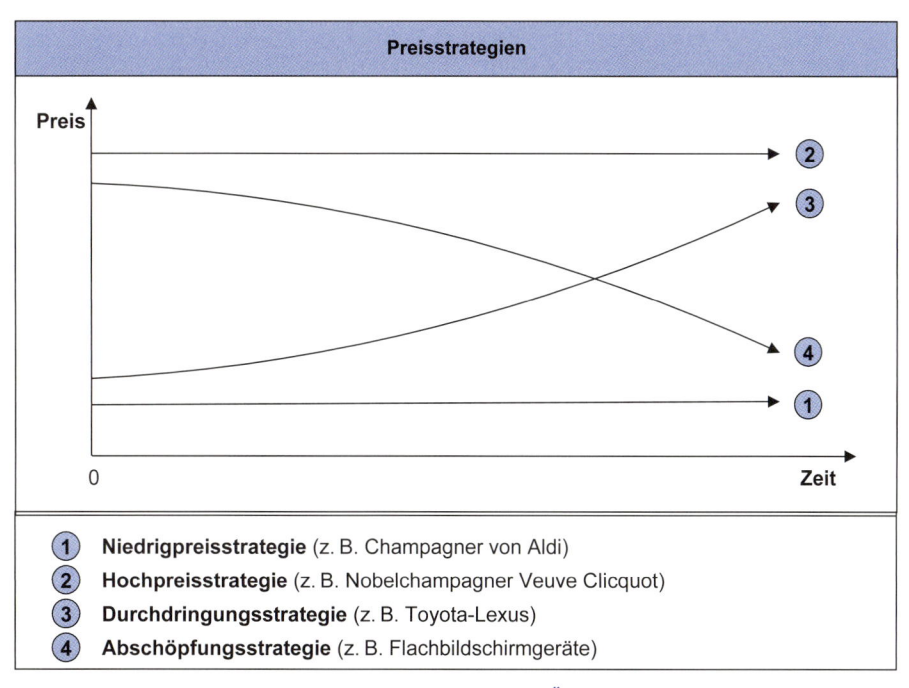

Abb. 61: Preisstrategien im Überblick

(1) Niedrigpreis- versus (2) Hochpreisstrategie

Jedes Unternehmen muss die Grundsatzentscheidung treffen, ob es

- **Massenartikel zu Niedrigpreisen** (→ Promotionspreise)
- **Luxusartikel zu Hochpreisen** (→ Prämienpreise)

auf den Markt bringen will.

Preisstrategie / Merkmal	Prämienpreis	Promotionspreis
Art des Gutes	Luxusartikel	Massenprodukt
Käuferschicht	prestigebewusst	preisbewusst
Marktsegment	(klein) „Nischenmarkt"	(groß) „Massenmarkt"
Geschäftsmodell	hoher Stückgewinn, kleine Stückzahlen	kleiner Stückgewinn, hohe Stückzahlen
Bevorzugtes absatzpolitisches Instrument	Markenbildung durch • Produktgestaltung • Werbung	Niedrigpreis
Vertriebsweg	Exklusivgeschäfte	Niedrigpreisläden
Beispiele	Parfüm, Haute Couture, Luxusautos, Luxusuhren	Butter, T-Shirts, Billiguhren

Abb. 62: Prämienpreise und Promotionspreise

Der Prämienpreis-Anbieter findet seine Kunden im **Qualitäts-** bzw. im **Prestigesegment**. Mit seinem „Preisaufschlag" gelingt es ihm, eine **Qualitätsgarantierente** bzw. eine **Prestigerente**[1] abzuschöpfen.

(3) Durchdringungs- versus (4) Abschöpfungsstrategie

> Man spricht von einer **Durchdringungsstrategie** (→ Penetrationsstrategie), wenn ein Anbieter mit einer eigenen Produktentwicklung in einen Markt mit fest etablierten Konkurrenzprodukten eintritt und versucht, mit einem Niedrigpreis Kunden von den bisherigen Anbietern abzuziehen.

Ist das neu eingeführte Produkt den etablierten Produkten qualitätsmäßig ebenbürtig oder sogar überlegen, kann der **Produktpreis schrittweise erhöht** und an das Konkurrenzpreisniveau herangeführt werden. Als Beispiel für eine gelungene Durchdringungspreisstrategie führen Kuß/Kleinaltenkamp[2] den Massenhersteller Toyota an, der sein Oberklassemodell „Lexus" mit niedrigen Einführungspreisen erfolgreich am US-Markt etablierte.

---

[1] Vgl. S. 405 f.
[2] Vgl. Kuß/Kleinaltenkamp, Marketing-Einführung, 2013, S. 279.

6. Preispolitik

> Eröffnet ein Anbieter mit einer Produktinnovation einen völlig neuen Markt, kann er als „Innovationsmonopolist" eine **Abschöpfungspreisstrategie** verfolgen.

Die **erhöhte Gewinnmarge** lässt sich als Pionierrente interpretieren, die umso schneller **abschmilzt**, je eher **Nachahmer Konkurrenzprodukte** auf den Markt bringen.

Preisstrategie Merkmal	Durchdringungspreis	Abschöpfungspreis
Einstiegspreis	niedrig	hoch
Marktanteil im Zeitverlauf	steigend	sinkend
Anfängliche Gewinnmarge	niedrig	hoch
Gewinnmarge im Zeitverlauf	wachsend	schrumpfend
Amortisation der Forschungs- und Entwicklungskosten	langsam über Mengenwachstum	schnell über hohe Gewinnmarge
Charakteristikum	„Marathonläufer"	„Sprinter"

Abb. 63: Durchdringungs- und Abschöpfungspreis

6.5.2 Orientierungsgrößen zur Preisfindung

Hat ein Anbieter seine preispolitische Grundsatzentscheidung (→ Hochpreis- oder Niedrigpreispolitik) getroffen, geht es im Unternehmensalltag darum, den **gewinnmaximalen Angebotspreis für**

- ein einzelnes Produkt
- einen abnehmerspezifischen Auftrag

zu finden. Die Bestimmung des „richtigen" Angebotspreises ist für jedes Unternehmen von existentieller Bedeutung. Wie kann sich der Marketingmanager an den gewinnmaximalen Angebotspreis herantasten? In der Marketingliteratur[1] werden (mindestens) die folgenden drei **Orientierungsgrößen zur Preisfindung** diskutiert:

6.5.2.1 die eigenen Selbstkosten
6.5.2.2 das Nachfragerurteil zum Preis-Leistungs-Verhältnis
6.5.2.3 der Konkurrenzpreis.

6.5.2.1 Kostenorientierte Preisfindung

Langfristige Gewinnmaximierung orientiert sich an der Grundgleichung:

$$G = E - K$$

$$G = (m \cdot p) - K$$

Zur Ermittlung des Stückgewinns g gilt dann:

$$g = p - k$$

---

[1] Zur Vertiefung vgl. Meffert/Burmann/Kirchgeorg, Marketing, 2015, S. 482 ff.

> **Beispiel:** Bei Gesamtkosten K in Höhe von 5 Mio. EUR/Jahr und einer Produktionsmenge m von 50.000 Stück/Jahr kommt ein Hersteller von Rollkoffern auf Selbstkosten[1] k in Höhe von 100 EUR/Stück (= K / m = 5.000.000 / 50.000).

> Bei **kostenorientierter Preisfindung** ermittelt man den „richtigen" Angebotspreis als Summe aus den Selbstkosten zuzüglich eines angemessenen Gewinnzuschlags, also p = k + g.

> **Beispiel:** Bei Selbstkosten k in Höhe von 100 EUR/Stück gelangt der Rollkofferanbieter zum „richtigen" Angebotspreis von 115 EUR bzw. 140 EUR, je nachdem, ob er einen Gewinnzuschlag von 15 Prozent bzw. von 40 Prozent für angemessen hält.

Aber welcher Gewinnzuschlag ist angemessen? Die kostenorientierte Preisermittlung ist zwar einfach zu handhaben, **hält** aber einer **kritischen Überprüfung nicht stand**.[2]

Erster Kritikpunkt: In den stückbezogenen Selbstkosten k sind anteilige Fixkosten k_f enthalten. Dabei gilt: Je kleiner die Absatzmenge m, desto höher sind c. p. die **fixen Stückkosten k_f**. Bei rückläufiger Nachfrage führt die kostenorientierte Preisfindung in einen Teufelskreis: verringerte Nachfragemenge m_1 → erhöhte Stückkosten k → erhöhte Preisforderung p → verringerte Nachfragemenge m_2 usw. Wie sich ein Unternehmen **„aus dem Markt herauskalkuliert"** zeigt ein Zahlenbeispiel im zugehörigen Übungsbuch. (**ÜB 4**/57–58)

Zweiter Kritikpunkt: Im planwirtschaftlichen Wirtschaftssystem werden Absatzpreise aus Selbstkosten abgeleitet. Im marktwirtschaftlichen Wettbewerb ergeben sich Marktpreise aus dem Zusammentreffen von Angebot und Nachfrage. Zum **„richtigen" Angebotspreis** gelangt man nicht durch Kostenorientierung, sondern durch Erkundung[3] der

- **Kundenreaktionen auf alternative Angebotspreise**
- **Preisforderungen für maßgebliche Konkurrenzprodukte.**

Aus den Selbstkosten lässt sich zwar nicht der „richtige" Angebotspreis, wohl aber die Preisuntergrenze (PUG) ableiten.

> Die **Preisuntergrenze** ist ein Indifferenzpreis; sie markiert jenen Absatzpreis, bei dem es für den Anbieter gleichgültig ist, ob er eine Gütereinheit verkauft oder nicht.

Erfolgt der Verkauf gerade zur Preisuntergrenze, ist der Verkaufserfolg definitionsgemäß gleich Null. Bei der Bestimmung von Preisuntergrenzen muss man den Zeitaspekt berücksichtigen:

- Langfristig kann ein Betrieb nur existieren, wenn seine Erlöse E (mindestens) die Gesamtkosten K decken. **Langfristig** gilt für das Betriebsminimum: E = K und somit eine **langfristige Preisuntergrenze** in Höhe der Selbstkosten k.
- Die Durchschnittskosten k setzen sich aus variablen und fixen Bestandteilen zusammen, also $k = k_v + k_f$. Kurzfristig sind die fixen Kosten nicht abbaubar. Der Fixkostenanteil ist also kurzfristig entscheidungsirrelevant. Damit reduziert sich die **kurzfristige Preisuntergrenze** auf die **variablen Stückkosten k_v**.

---

[1] Siehe hierzu S. 894 f.
[2] Vgl. Diller, H., Preispolitik, 2008, S. 309 ff.
[3] Vgl. Simon/Fassnacht, Preismanagement, 2008, S. 191.

Preisuntergrenze (PUG)	
langfristige PUG	kurzfristige PUG
gesamte Stückkosten k	variable Stückkosten k_v

Abb. 64: Lang- und kurzfristige Preisuntergrenze

> **Beispiel:** Eine Getränkehandlung G rechnet für einen Kasten Bier mit Selbstkosten k von 7 EUR/Stück. Diese Selbstkosten setzen sich aus variablen Stückkosten k_v = 4 EUR und fixen Stückkosten (→ anteilige Ladenmiete) von k_f = 3 EUR zusammen. Bietet ein benachbarter Konkurrenzbetrieb das gleiche Produkt im Rahmen einer Aktionswoche zu einem Preis p von 5 EUR/Stück an, sollte G seinen Angebotspreis p zwecks Verlustminimierung ebenfalls reduzieren, denn seine **kurzfristige Preisuntergrenze** liegt bei EUR 4 EUR/Stück, weil das Ladenlokal kurzfristig nicht gekündigt werden kann, weshalb die **Fixkosten kurzfristig entscheidungsirrelevant** sind.

6.5.2.2 Nachfrageorientierte Preisfindung

Kostenorientierte Preisbildung macht die Selbstkosten zum Maßstab der Preisermittlung. Das ist der falsche Ansatz. Ob sich potentielle Nachfrager **zum Kauf eines Produkts entschließen**, ist

- **nicht von der Höhe der Herstellkosten,** sondern
- **allein von der Höhe des Nutzens abhängig,**

den das Produkt dem Kaufinteressenten verspricht.

> Im Zuge **nachfrageorientierter Preisbildung** will ein Anbieter vorab in Erfahrung bringen, mit welcher Nachfragemenge (m_1, m_2, m_3 ...) die Kaufinteressenten auf alternative Preisforderungen (p_1, p_2, p_3 ...) reagieren.

Nachfrageorientierte Preisbildung orientiert sich also am Verlauf der Preis-Absatz-Funktion[1], die in der klassischen Preistheorie als bekannt vorausgesetzt wird. In der Wirtschaftspraxis ist die – **näherungsweise** – **Ermittlung von Preis-Absatz-Funktionen** ein mühsames Unterfangen. Informationen zu alternativen Preis-Mengen-Relationen soll die Marktforschung liefern. Der Marktforscher erkundet die Kaufbereitschaft der relevanten Nachfragergruppe bei alternativen Preisforderungen. Das Ergebnis seiner Recherche sind Preis-Mengen-Relationen, die er – Punkt für Punkt – in ein **Diagramm mit den Koordinaten**

- Preisforderung p
- Nachfragemenge m

einträgt. So entwickelt er – schrittweise – eine Preis-Absatz-Funktion, wie sie an anderer Stelle[2] dargestellt wurde.

Am **kostengünstigsten** ist die Informationsbeschaffung durch eine **Konsumentenbefragung**. Einen Kurzüberblick über wichtige Befragungsarten liefert **Abb. 65**.

---

[1] Zum Aufbau einer Preis-Absatz-Funktion vgl. S. 413 f.
[2] Vgl. die empirische Ermittlung einer Preis-Absatz-Funktion auf S. 387, **Abb. 24**, linke Seite.

Befragungsart	Fragestellung
Preiseinschätzungs-Test	Wie viel darf das vorgegebene Gut X nach Ihrer Meinung kosten?
Preis-Reaktions-Test	Halten Sie die Preise p_1, p_2, p_3 ... für das Gut X für • zu niedrig • angemessen • zu hoch?
Preis-Kaufbereitschafts-Test	Sind Sie bereit, das Gut X zum Preis von p_1, p_2, p_3 ... in nächster Zeit zu kaufen?
Preisklassen-Test	Bei welchem Höchstpreis p_1, p_2, p_3 ... würden Sie das Gut X noch kaufen? Bei welchem Niedrigpreis p_1, p_2, p_3 ... beginnen Sie, an der Produktqualität zu zweifeln?

Abb. 65: Arten der Konsumentenbefragung

Weitaus kostspieliger – aber auch zuverlässiger – ist die Informationsbeschaffung im Wege des **Preisexperiments**. Hierzu verweisen wir auf die obigen Ausführungen zu Preisexperimenten im Wege des

- **regionalen Testmarktes**
- **Store-Tests**
- **Mikro-Testmarktes**.

6.5.2.3 Konkurrenzorientierte Preisfindung

Will ein Anbieter seine Konkurrenten übertreffen, muss er mit

- einer **höheren Produktqualität** (→ Produktwettbewerb)
- einem **günstigeren Absatzpreis** (→ Preiswettbewerb)

auf den Markt treten.

Im Zuge **konkurrenzpreisorientierter Preisbildung** vergleicht ein Anbieter das Preis-Leistungs-Verhältnis seines Produkts P mit dem Preis-Leistungs-Verhältnis der maßgebenden Konkurrenzprodukte.

In diesem Zusammenhang spielt das Angebot des Marktführers als Referenzprodukt eine herausragende Rolle, wie das Beispiel aus dem Marktsegment „PKW – Untere Mittelklasse" in **Abb. 66** zeigt.

Orientierung am Konkurrenzpreis		
Konkurrenzprodukt Markenimage (−)	Referenzprodukt – Marktführer –	Konkurrenzprodukt Markenimage (+)
Skoda Octavia	VW Golf	Audi A3
Leitpreis (−) ca. 10 Prozent	Leitpreis (ca. 19.000 EUR)	Leitpreis (+) ca. 10 Prozent

Abb. 66: Beispiel zur Konkurrenzpreisorientierung

6.5.3 Preisdifferenzierung

Anbieter, die im Zuge der Konsumentenbefragung bzw. der Beobachtung des Konsumentenverhaltens Marktforschung betrieben haben, werden häufig feststellen, dass die Nachfragergruppe A die Angemessenheit des Preises anders beurteilt als die Gruppe B oder dass die Nachfragergruppe C auf Preisänderungen empfindlicher reagiert als die Gruppe D. Folglich kann man den Preis bzw. die **Preisempfindlichkeit einzelner Käufergruppen** als **Marktsegmentierungskriterium** heranziehen.

> Mit einer **gruppenspezifischen Preisdifferenzierung** verfolgt ein Anbieter das Ziel, sich (jenseits des „Normalmarktes" mit „Normalpreisen") zusätzliche Marktsegmente (z. B. Käufer mit geringerem Einkaufsbudget) zu erschließen.

In der Marketingpraxis sind folgende Formen der Preisdifferenzierung vorherrschend:

Art der Differenzierung	Beispiele
gruppenspezifisch	Preisermäßigung für Jugendliche, Senioren, Familien usw.
räumlich	unterschiedliche PKW-Preise im In- bzw. Ausland
nach Abnahmemenge	Preisermäßigung für Großpackungen, Vielflieger, Monatskarte, Jahresabonnement
zeitlich	Preisermäßigung für Nachtstrom, Frühbucher, Last-Minute-Reisen, Vor- und Nachsaison sowie Wochenenden im Hotelgewerbe

Abb. 67: Arten der Preisdifferenzierung

Mit der **zeitlichen Preisdifferenzierung** verfolgen Anbieter das Ziel, zu einer **gleichmäßigen Kapazitätsauslastung** zu kommen. (ÜB 4/59–62)

6.5.4 Konditionenpolitik

6.5.4.1 Rabatte und Boni

Im Zentrum der Konditionenpolitik steht die Rabattgewährung. Zieht man vom Listenpreis den Rabatt ab, gelangt man zum Nettopreis.

> Der **Rabatt** ist ein indirekter Preisnachlass, der eine kundenspezifische Marktbearbeitung erlaubt.

Bei der Rabattpolitik unterscheidet man zwischen
- **Wiederverkäuferrabatten**
- **Verbraucherrabatten**.

Die Höhe des **Verbraucherrabatts** ist von der jeweiligen Verhandlungssituation (Wichtigkeit des Kunden, Höhe der Handelsspanne usw.) abhängig.

Im Rahmen des **Wiederverkäuferrabatts** begegnet man folgenden Rabattarten:

Rabattart	Charakteristikum
Funktionsrabatt	Vergütung von Leistungen, die vom Groß- bzw. Einzelhandel übernommen werden. Äquivalent für die Übernahme von • Lagerhaltung • Warenpräsentation • Kundenbetreuung
Mengenrabatt	• auf Einzelbestellmenge: Preisnachlass für Großmengen zwecks Vermeidung mehrfacher auftragsfixer Kosten bei wiederholter Lieferung von Kleinmengen • auf Periodenbestellmenge: „Erziehung" des Kunden zur Lieferantentreue
Zeitrabatt	• Einführungsrabatt • Auslaufrabatt • Nebensaisonrabatt

Abb. 68: Arten des Wiederverkäuferrabatts

Eine Sonderform des Mengenrabatts ist der **Bonus**, der dem Abnehmer am **Periodenende** gutgeschrieben wird, wenn ein bestimmtes Umsatzvolumen erreicht wurde.

Die **Preisermäßigung** ist das schlagkräftigste Instrument zur **Belebung der Nachfrage** in wirtschaftlich schwierigen Zeiten. Dabei steht ein Anbieter vor der **Wahl** zwischen einer

- **direkten Preisermäßigung** (→ Senkung des Listenpreises)
- **indirekten Preisermäßigung** (→ Einräumung von Rabatten).

Der Vorteil der **direkten Preisermäßigung** liegt in der hohen **Signalwirkung** auf dem Absatzmarkt. Der Vorteil der indirekten Preisermäßigung liegt im höheren Flexibilitätsgrad. (**ÜB 4/64**)

Kundenspezifische Flexibilität	Zeitliche Flexibilität
Das Rabattsystem ermöglicht eine differenzierte und intransparente Preispolitik gegenüber Abnehmern von unterschiedlicher Wichtigkeit.	Ein Rabatt (als zeitlich befristeter Preisnachlass) lässt sich leichter zurücknehmen als eine Reduzierung des Listenpreises.

Abb. 69: Vorteile des Rabatts gegenüber der direkten Preisermäßigung

6.5.4.2 Zahlungsbedingungen

Groß- und Einzelhandel halten ein großes Lager vor, das durch Eigen- bzw. Fremdkapital finanziert werden muss. Besonders Abnehmer mit einer großen Marktmacht (z. B. Lebensmitteldiscounter) verlangen von den Produzenten die Einräumung weitreichender Zahlungsziele. So entsteht der Lieferantenkredit.[1] Vor allem in Zeiten konjunktureller Flaute, in denen die meisten Marktteilnehmer knapp bei Kasse sind, ist

---

[1] Zu dieser Finanzierungsform vgl. S. 550 f.

die Einräumung großzügiger **Lieferantenkredite** ein schlagkräftiges Instrument zur **Belebung der Nachfrage**. Nimmt ein Abnehmer das komfortable Zahlungsziel nicht in Anspruch, erhält er als Kompensation einen Preisnachlass in Form des **Skontoabzugs**.

7. Kommunikationspolitik

7.1 Ziele und Teilbereiche der Kommunikationspolitik

Man stelle sich vor: Ein Unternehmen offeriert
- **qualitativ hochwertige Produkte zu**
- **sehr günstigen Preisen.**

Ist damit der Markterfolg des Anbieters garantiert? Nicht unbedingt. Umsatz und Gewinn macht das Unternehmen nur dann, wenn potentielle Nachfrager von der Existenz des attraktiven Angebots Kenntnis erlangen. An dieser Stelle tritt die Kommunikationspolitik[1] auf den Marketingplan.

> Die **Kommunikationspolitik** hat die Aufgabe, potentiellen Abnehmern Botschaften zu übermitteln, die geeignet sind, Absatzwiderstände zu überwinden.

Wer hohe Umsätze machen will, muss auf Käufermärkten hohe Absatzwiderstände überwinden. Die obigen Ausführungen[2] zum Käuferverhalten haben gezeigt, dass der **Kaufentscheidungsprozess** teilweise von
- **rationalen Überlegungen** (→ kognitive Prozesse)
- **Emotionen** (→ aktivierende Prozesse)

begleitet wird. Dieser „Doppelbödigkeit" des Käuferverhaltens trägt die Kommunikationspolitik Rechnung (vgl. **Abb. 70**).

Aufgabe der Kommunikationspolitik	
Absatzwiderstände überwinden durch	
Information	Animation
Angaben zu • Produkteigenschaften • Preis • Bedienung, Service • Bezugsquelle usw.	• Erzeugung einer positiven Einstellung beim Nachfrager • Nachfrager sollen den Wunsch verspüren, das Produkt zu besitzen.
(1) Informierende Werbung	**(2) Aktivierende Werbung**

Abb. 70: Kommunikationspolitik durch Information und Animation

---

[1] Zur Vertiefung vgl. Bruhn, M., Kommunikationspolitik, 2015.
[2] Vgl. S. 372 ff.

(1) **Informierende Werbebotschaften** richten sich an den kritischen Verstand der Kaufinteressenten. Kaufentscheidend sind sie beim **Erwerb** technisch (rechtlich) **komplexer Produkte** (z. B. Solaranlagen, Elektroautos, Lebensversicherungen).

(2) **Aktivierende Werbebotschaften** sollen die Gefühlsebene der Käufer treffen. Kaufentscheidend sind sie vor **allem beim Erwerb von Lifestyle-Produkten** (z. B. Luxusuhren, Luxusautos, Kleidung, Modeartikeln), von Urlaubsreisen und – in abgeschwächter Form – beim Kauf von Markenartikeln des täglichen Bedarfs.

In der Marketingliteratur[1] gliedert man die Kommunikationspolitik in **vier Teilbereiche**, die in den folgenden Unterkapiteln 7.2 bis 7.5 behandelt werden (→ **Abb. 71**).

Teilbereich	Teilaufgabe
7.2 (Media-)Werbung	Durch Werbung in verschiedenen Medien, z. B. Zeitschriften oder Fernsehen, sollen Nachfrager zum Kauf angeregt werden.
7.3 Verkaufsförderung	Durch gezielte Maßnahmen am Ort des Verkaufs sollen Abnehmer zum Kauf angeregt werden.
7.4 Öffentlichkeitsarbeit	Die Einstellung der Öffentlichkeit zum Anbieterunternehmen soll positiv beeinflusst werden.
7.5 Persönlicher Verkauf	Ein schlagkräftiger Außendienst soll den Kunden im direkten Gespräch informieren und zum Kauf anregen.

Abb. 71: Teilbereiche der Kommunikationspolitik

Der Darstellung in den folgenden Unterkapiteln 7.2 bis 7.5 sei folgende **Kurzcharakterisierung** vorangestellt:

7.2 (Media-)Werbung: Der **Schwerpunkt der Kommunikationspolitik** liegt auf dem Gebiet der Werbung. Das gilt für Praxis und Wissenschaft gleichermaßen: Der Löwenanteil des Kommunikationsbudgets besteht aus Kosten für die Werbung. Auch in den Lehrbüchern zum Marketing nimmt die Behandlung der Werbung den breitesten Raum ein.

7.3 Verkaufsförderung: Die insb. im Konsumgüterbereich zu beobachtende **Werbeflut** beeinträchtigt die Effizienz der einzelnen Werbemaßnahmen. Das hat zur Folge, dass viele Anbieter ihre absatzfördernden Bemühungen in die Bereiche der anderen Kommunikationsinstrumente verlagern. Die Verkaufsförderung (Sales promotions) stützt sich im Wesentlichen auf eine **direkte Beeinflussung** von Absatzmittlern (→ Handel) und Endverbrauchern.

7.4 Öffentlichkeitsarbeit: Je wohlhabender eine Gesellschaft ist, desto anspruchsvoller sind die Nachfrager. Die Anbieter müssen dem Nachfragerwunsch nach
- Produkten mit einem günstigen Preis-Leistungs-Verhältnis und
- Produktionsbedingungen, die sich an hohen Umwelt- und Gesellschaftsstandards orientieren,

gleichermaßen gerecht werden. Zur Überwindung von Absatzwiderständen gehören somit auch Botschaften zur **Herstellung eines positiven Unternehmensimages** (→ Public Relations).

---

[1] Vgl. z. B. Kuß/Kleinaltenkamp, Marketing-Einführung, 2013, S. 220 ff.; Homburg, C., Marketingmanagement, 2015, S. 755 ff.

7.5 Persönlicher Verkauf: Je höher die Anschaffungskosten sind, desto höher ist üblicherweise der Absatzwiderstand. Bei solchen „Großverkäufen" (z. B. Fertighäuser, Kunstgegenstände) muss der Verkäufer im persönlichen Gespräch **Überzeugungsarbeit** leisten.

7.2 Werbung

> Unter **klassischer Werbung** versteht man die Ansprache potentieller Kunden mit Hilfe von Massenkommunikationsmitteln (z. B. Printmedien, Fernsehen, Internet) mit dem Ziel, Absatzwiderstände durch Produktinformation und Käuferanimation zu überwinden.

Den Gesamtkomplex (klassischer) Werbung gliedern Marketingpraktiker in der ihnen eigenen griffigen Sprache in die „**fünf Ws**" und geben damit eine Unterteilung in die folgenden fünf Unterkapitel vor:

Werbeplanung und -kontrolle
7.2.1 **W**erbeziele (→ Festlegung der Werbeziele)
7.2.2 **W**erbebudget (→ Festlegung des Gesamtaufwands für die Werbung)
7.2.3 **W**erbeträger (→ Verteilung des Budgets auf einzelne Werbeträger)
7.2.4 **W**erbebotschaft (→ Inhaltliche Gestaltung der Werbung)
7.2.5 **W**erbewirkungskontrolle (→ War die Werbung erfolgreich?)

Abb. 72: Arbeitsschritte der Werbeplanung und -kontrolle

7.2.1 Ziele und Zielgruppen

Werbeplanung und -kontrolle erfolgen in einem mehrstufigen Prozess. Im **ersten Schritt** gilt es, die Ziele und Zielgruppen (→ Adressaten) der Werbung festzulegen. Die folgenden Ausführungen beschäftigen sich mit

(1) Operationalen Werbezielen
(2) Ökonomischen und außerökonomischen Werbezielen
(3) Zielgruppen der Werbung.

(1) Operationale Werbeziele

Aus dem unternehmerischen Oberziel langfristiger Gewinnmaximierung lassen sich stufenweise operationale Werbeziele ableiten (vgl. **Abb. 73**).

Rang (Geltungsbereich)	Zielvorschrift
• **Oberziel** (Gesamtunternehmen)	Langfristige Gewinnmaximierung
• **Zwischenziel** (Marketing)	• Absatzwiderstände auf Käufermärkten überwinden • Marktanteil z. B. um zwei Prozent steigern

• **Unterziele** (Werbeabteilung)	Absatzsteigerung durch ansprechende Werbebotschaften
	• Positive Käufereinstellung erreichen
	• Bekanntheitsgrad des Angebots steigern
	  (→ Erstkäufer gewinnen)
	• Kundentreue stärken
	  (→ Wiederholungskäufer gewinnen)
	• Konkurrenzprodukte „überflügeln"

Abb. 73: Ableitung operationaler Werbeziele

(2) Ökonomische und außerökonomische Werbeziele

Ökonomische Werbeziele sind auf den unmittelbaren Vollzug einer Kaufhandlung gerichtet. Zielgröße ist der realisierte Gewinn, der realisierte Umsatz, der realisierte Marktanteil u. Ä. Außerökonomische Werbeziele – zuweilen auch als kommunikative Werbeziele bezeichnet – stehen nur in mittelbarem Bezug zur Kaufhandlung. Sie tragen der Tatsache Rechnung, dass positive Werbewirkungen schon im Vorstadium des Kaufs eintreten können.

Werbeziele		
Ökonomische	Außerökonomische	
	psychologische	streutechnische
Zielgrößen: • Gewinn • Umsatz • Marktanteil … … …	**Zielgrößen:** • Aufmerksamkeit • Gedächtniswirkung • Gefühlswirkung • Präferenzbildung … …	**Zielgrößen:** • Zahl erreichbarer Personen • Zahl tatsächlicher Informationskontakte … … …

Abb. 74: Ökonomische und außerökonomische Werbeziele

Ökonomische Werbeziele haben den **Vorteil**, dass sich die Zielgröße der Werbung auf direktem Wege aus der unternehmerischen Zielsetzung der langfristigen Gewinnmaximierung ableiten lässt. Dennoch finden außerökonomische Werbeziele in der Marketingpraxis stärkere Beachtung. Literatur und Praxis sehen den **Nachteil** ökonomischer Werbeziele in der Tatsache, dass sich die **ökonomischen Wirkungen der Werbung**

- **nicht isolieren lassen**, weil Gewinne, Umsatz, Marktanteil u. Ä. durch alle vier absatzpolitischen Instrumente (Marketing-Mix) beeinflusst werden und
- **nicht periodengerecht abgrenzen lassen**.

Letzteres bezieht sich auf den sog. **Carry-Over-Effekt**. Gemeint ist eine Werbewirkungsverzögerung, wonach der gewünschte **Kaufakt** nicht in der Werbeperiode – hier wurde nur Aufmerksamkeit oder Interesse geweckt –, sondern erst in einer **späteren Periode** ausgelöst wird.

Außerökonomische Werbeziele wie

- Erzeugung von Aufmerksamkeit
- Verankerung der Werbebotschaft im Gedächtnis
- Erzeugung einer positiven Grundeinstellung zum Werbeobjekt

haben den **Vorteil**, dass sich der Zielerreichungsgrad durch Befragung, Beobachtung und Experiment mehr oder weniger genau messen lässt. Damit öffnet man eine Tür zur Werbewirkungskontrolle, die an späterer Stelle[1] erläutert wird.

(3) Zielgruppen der Werbung

Können Sie sich vorstellen, dass ein Hersteller von Rheumadecken für seine Produkte in einer Jugendzeitschrift wirbt? Natürlich nicht, denn die Zielgruppe (→ das Marktsegment) des Rheumadeckenherstellers deckt sich nicht mit dem Leserkreis der Jugendzeitschrift.

Verallgemeinernd lässt sich sagen: Klassische Werbung stützt sich auf Massenkommunikationsmittel. Da das **ökonomische Prinzip** auch beim **Einsatz des knappen Werbebudgets** zu beachten ist, muss sich die geplante **Werbeaktion passgenau** auf die **Zielgruppe** (des beworbenen Produkts) **konzentrieren**. (ÜB 4/66 und 69–70)

> **Beispiel:** Ein Anbieter von Jagdgewehren kann mit einer vergleichsweise billigen Anzeige in der Fachzeitschrift „Wild und Hund" u. U. einen größeren Werbeerfolg erzielen, als mit einer teuren Anzeige im „Spiegel" oder im „Stern".

7.2.2 Höhe des Werbebudgets

Dem ersten Schritt der Werbeplanung (→ Festlegung der Werbeziele) folgt als **zweiter Schritt** die Bestimmung der **Höhe des gesamten Werbebudgets**. Dabei ist ein funktionaler Zusammenhang zu beachten:

> Je anspruchsvoller die Werbeziele sind, desto höher muss c. p. das **Werbebudget** sein.

Zur Bestimmung der Werbebudgethöhe kann man sich unterschiedlicher Verfahren bedienen.[2]

Optimale Höhe des Werbebudgets	
7.2.2.1 Analytischer Ansatz	**7.2.2.2 Praktikerverfahren**
+ sachlogisch richtig − schwer durchführbar	+ einfach durchführbar − sachlogisch lückenhaft

Abb. 75: Verfahren zur Festlegung des Werbebudgets

---

[1] Vgl. S. 443 ff.
[2] Zur Vertiefung vgl. Meffert/Burmann/Kirchgeorg, Marketing, 2015, S. 577 ff.

7.2.2.1 Analytischer Ansatz

Zur analytischen Bestimmung der Budgethöhe stützt man sich auf eine **Werbewirkungsfunktion**, wie sie beispielhaft auf der rechten Seite der **Abb. 24** (S. 387) wiedergegeben ist. Kennt man den **funktionalen Zusammenhang** zwischen

- **Budgethöhe WA** (→ Werbeaufwand WA) und
- **Werbeertrag WE** (→ werbebedingter Mehrerlös),

kann man die optimale Höhe des Werbebudgets berechnen.

> Eine **Erhöhung des Werbebudgets** ist solange zweckmäßig, wie der Grenzertrag der Werbung (ΔWE) größer ist als die Grenzkosten der zugehörigen Werbemaßnahme (ΔWA).

Bezeichnet man mit

ΔWA_i die Kosten einer zusätzlichen Werbemaßnahme i
Δm_i die werbebedingte Erhöhung der Absatzmenge m_i
p den (konstanten) Absatzpreis/Stück
k_v die variablen Kosten/Stück,

dann muss gelten:

> | Grenzertrag der Werbung | ≥ | Grenzkosten der Werbung |
> |---|---|---|
> | $(p - k_v) \cdot \Delta m_i$ | ≥ | ΔWA_i |

Die mit einer Werbemaßnahme i verbundenen Aufwendungen WA_i lassen sich hinreichend genau beziffern. Dagegen stößt die Ermittlung des **werbebedingten Mehrerlöses** WE_i auf **große praktische Schwierigkeiten**: Es ist kaum möglich, die Veränderung der Absatzmenge (Δm) auf eine konkrete Werbemaßnahme zurückzuführen. Zu viele **Störfaktoren** wie

- Wirkung der übrigen Marketinginstrumente
- verändertes Nachfragerverhalten
- verändertes Konkurrenzverhalten

sind im Spiel. Ein einfaches Zahlenbeispiel findet sich im zugehörigen Übungsbuch. (**ÜB 4**/32, 68)

7.2.2.2 Praktikerverfahren

Zwei Verfahren zur Festlegung des Werbebudgets sind in der Marketingpraxis besonders gebräuchlich:

- **Orientierung am Umsatz oder Gewinn**
  Noch immer ist die Orientierung am Umsatz das **gängigste Verfahren** zur Festlegung der Höhe des Werbebudgets. Bei diesem Verfahren wird das Werbebudget nach einem zuvor festgelegten Prozentsatz vom Umsatz oder Gewinn bemessen. Gegen diese Vorgehensweise können **zwei Kritikpunkte** ins Feld geführt werden: Erstens lässt sich der „richtige" **Prozentsatz** nur **willkürlich** schätzen. Zweitens wirkt das **Verfahren prozyklisch**: Statt bei schlechter Geschäftslage (→ rückläufiger Umsatz bzw. Gewinn) den Werbeetat zu kürzen, wäre es vernünftiger, durch verstärkte Werbeanstrengungen das Geschäft wiederanzukurbeln.

- **Orientierung am Konkurrenzbudget**
  Mit der Orientierung am Werbeverhalten der Konkurrenz verfolgt ein Anbieter das Ziel, den eigenen Marktanteil konstant zu halten. Aber auch an diesem Praktikerverfahren lässt sich **Kritik** üben: Die Budgetplanung der Konkurrenz ist nicht nur schwer zu ermitteln, sondern sie kann genauso desolat sein wie die eigene Planung. Somit besteht die Gefahr einer **Orientierung an der Desorientierung**.

7.2.3 Verteilung des Werbebudgets

Steht das Werbebudget der Höhe nach fest, muss es im **dritten Planungsschritt** unter sachlichen und zeitlichen Gesichtspunkten aufgeteilt werden. Dieser Vorgang wird als **Streuplanung** bezeichnet. Dabei sind folgende Arbeitsschritte einzuhalten:

Aufteilung des Werbebudgets (z. B. 5 Mio. EUR/Jahr)
7.2.3.1 Aufteilung auf zu bewerbende Produkte
7.2.3.2 Aufteilung auf Werbeträgergruppen
7.2.3.3 Aufteilung auf einzelne Werbeträger
7.2.3.4 Zeitliche Verteilung

Abb. 76: Arbeitsschritte zur Aufteilung des Werbebudgets

7.2.3.1 Aufteilung auf Produkte

Im ersten Schritt ist das Werbebudget auf die zu bewerbenden Produkte aufzuteilen. Dabei unterscheidet man zwischen

- **Einführungswerbung** (für neue Produkte)
- **Dauerwerbung** (z. B. für Markenartikel).

Darüber hinaus kann das Werbebudget zur Imagewerbung (→ **Firmenwerbung**) eingesetzt werden.

7.2.3.2 Aufteilung auf Werbeträgergruppen

Die zur Wahl stehenden Werbeträger lassen sich in **drei** große **Gruppen** einteilen:
- **Printmedien**: Der Werbetreibende hat z. B. die Wahl zwischen Tageszeitungen und (Fach-)Zeitschriften.
- **Elektronische Medien:** Rundfunksender, Fernsehanstalten und eine Vielzahl von Internetanbietern stellen bedeutende Werbealternativen zur Verfügung.
- **Sonstige Medien:** Hierunter fallen z. B. die verschiedensten Formen der Außenwerbung oder die Trikotwerbung bei Spitzensportlern.

Im Zuge der **Intermediaselektion** stellt sich die Frage, welche Art von Werbeträgern das Unternehmen vorzugsweise einsetzen soll. Bei der **Optimierung des Werbeträgereinsatzes** sind (mindestens) folgende **Entscheidungskriterien**[1] **zu beachten:**

---

[1] Zu Vor- und Nachteilen einzelner Medien vgl. Kuß/Kleinaltenkamp, Marketing-Einführung, 2013, S. 238 ff.

Werbeträgermerkmale
• **Reichweite** (→ Anzahl maximal erreichbarer Personen)
• **Übermittlungsart** (→ Schrift, Ton, farbige Bilder, bewegliche Bilder)
• **Erzeugung von Aufmerksamkeit** (→ Information durch Schriftzeichen, Emotion durch Bilder)
• **Streuverluste** (→ Zahl erreichbarer Personen > Anzahl tatsächlicher Werbekontakte)
• **Kongruenz** (→ Kreis erreichbarer Personen sollte der Zielgruppe entsprechen)
• **Kosten** (→ dauerhafte Außenwerbung: billig; kurzer Fernsehspot: teuer)

Abb. 77: Kriterien zur Werbeträgerauswahl

7.2.3.3 Aufteilung auf einzelne Werbeträger

Hat sich ein Unternehmen für den Einsatz eines Werbeträgers, z. B. für den Einsatz von Printmedien, entschieden, geht es im nächsten Schritt – der **Intramediaselektion** – um die Frage, in welcher Tageszeitung, Wochenzeitung oder Fachzeitschrift die Werbeanzeigen geschaltet werden sollen.

Die **Auswahl des günstigsten Werbeträgers** kann im Rahmen von

- **Optimierungsmodellen**
- **heuristischen Verfahren** (Praktikerverfahren)

erfolgen.

Im Zuge des **Optimierungsmodells** vergleicht man für jede Werbeträgeralternative i

- den **werbeträgerspezifischen Werbeertrag** WE_i mit
- dem **werbeträgerspezifischen Werbeaufwand** WA_i.

$$(WE_i - WA_i) \rightarrow max!$$

Während sich der Werbeaufwand WA_i recht genau bestimmen lässt, ist der Werbeertrag WE_i kaum messbar. So kann es nicht verwundern, dass sich die Marketingpraxis **heuristischen Planungsverfahren** zuwendet. Hierbei trägt man der Tatsache Rechnung, dass sich der dem Einsatz des Werbeträgers i zurechenbare Werbeertrag nicht messen lässt. An die Stelle des Werbeertrags treten **Hilfsgrößen**, die Auskunft über positive Werbewirkungen geben sollen (siehe **Abb. 78**).

Werbeerfolg	
Positivkomponente	**Negativkomponente**
Indirekte Messung	**Direkte Messung**
• Verbreitungsgrad des Mediums • Reichweite des Mediums • Kontaktwahrscheinlichkeit • Werbeträgerimage	• Werbeaufwand WA_i

Abb. 78 : Werbeerfolgsfaktoren bei heuristischer Mediaselektion

Das erste Indiz zur hilfsweisen Beurteilung des Werbeertrags ist der **Verbreitungsgrad des Mediums**. Bei Printmedien versteht man hierunter die Auflage, bei elektronischen Medien die Zahl der Empfangsgeräte im Sendegebiet. Je größer der Verbreitungsgrad eines Mediums, desto erfolgversprechender ist c. p. die Werbung. Je größer der Verbreitungsgrad, desto teurer ist gewöhnlich auch die Belegung einer Anzeigenseite bzw. die Belegung von 30 Sekunden Sendezeit. Zur Bestimmung der relativen Vorteilhaftigkeit des Werbeträgers ermittelt man deshalb den sog. Tausenderpreis bzw. Tausenderkontaktpreis (TKP).

> Der **Tausenderpreis** ist eine Kosten-Nutzen-Relation, die den Werbeaufwand (→ Kosten) ins Verhältnis zur Zahl erreichbarer Personen (→ Nutzen) setzt.

Tausenderpreis	
Printmedien	**Elektronische Medien**
$\dfrac{\text{Werbekosten/Ganzseite}}{\text{Auflagenhöhe}} \cdot 1.000$	$\dfrac{\text{Werbekosten/30 Sekunden}}{\text{Anzahl der Empfangsgeräte}} \cdot 1.000$

Abb. 79: Tausenderpreis Kosten-Nutzen-Relation

> **Beispiel:** Eine ganzseitige Farbanzeige in einer auflagenstarken Zeitung kostet 50.000 bis 100.000 EUR, ein Fernsehspot von 30 Sekunden Dauer kostet – je nach Sendezeitpunkt – etwa 10.000 bis 50.000 EUR.

Indiz für den Werbeerfolg ist nicht nur die Reichweite eines Mediums, sondern auch die Intensität, mit der das Medium genutzt wird. Da eine Fachzeitschrift i. A. viel intensiver gelesen wird als eine große Publikumszeitschrift, ist die **Kontaktwahrscheinlichkeit**, d. h. die Wahrscheinlichkeit, dass der Leser mit der Werbebotschaft des Anbieters in Kontakt kommt, bei der Fachzeitschrift c. p. größer.

7.2.3.4 Zeitliche Verteilung

Über den Werbemitteleinsatz muss auch in **zeitlicher Hinsicht** entschieden werden. Die Frage des Werbezeitpunktes stellt sich besonders bei Saisonartikeln. Aber auch bei der Werbung für Ganzjahresartikel ist die Wahl des Werbezeitpunktes wichtig, wie der Blick auf

- die **Werbeflaute in den Ferienmonaten**
- unterschiedliche **Fernseheinschaltquoten zu unterschiedlichen Sendezeiten**

belegt.

Schließlich muss ein Unternehmen die Anzahl der **Werbewiederholungen** festlegen. Für eine (kontinuierliche) Wiederholung der Werbung sprechen mindestens zwei **Gründe**: Erstens wird die Werbebotschaft beim Empfänger erst nach mehrmaliger Wiederholung verinnerlicht. Zweitens setzen Markenartikelhersteller, die ihre Zielgruppe zur Markentreue „erziehen" wollen, auf kontinuierliche Wiederholungswerbung. Wer **Wiederholungskäufer** gewinnen will, kann **auf Werbewiederholung nicht verzichten**.

7.2.4 Gestaltung der Werbebotschaft

Hat sich die Marketingabteilung für einen bestimmten Werbeträger, z. B. die Ausstrahlung eines Werbespots in der ARD, entschieden, geht es im **vierten Planungsschritt** um die **optimale Gestaltung der Werbebotschaft**.[1] Die Werbebotschaft eines Anbieters muss bei den Adressaten ankommen, mental verarbeitet werden und schließlich zum Kauf des beworbenen Produkts führen. In der traditionellen Marketingliteratur wird der psychische Prozess zwischen

- **erstem Kontakt mit dem Werbeträger** und
- **endgültigem Kaufakt**

als Stufenmodell beschrieben. Das bekannteste **Stufenkonzept**[2] ist das **AIDA-Schema**, das den mentalen Prozess vom ersten Werbekontakt bis zum Kaufakt umschreibt:

- **A**ttention (Aufmerksamkeit erzeugen)
- **I**nterest (Interesse am Angebot wecken)
- **D**esire (Kaufwunsch entstehen lassen)
- **A**ction (Aktion = Kauf ausführen).

Mit der Gestaltung der Werbebotschaft muss man zwei **Hindernisse überwinden:**

(1) **Marktübersättigung** (→ Konkurrenzangebote sind – nahezu – identisch)
(2) **Reizüberflutung** (→ eigene Werbebotschaft geht im „Werberummel" unter).

(1) Marktübersättigung

Inhaltlich geht es darum, die Zielgruppe von der Besonderheit, der Vorziehenswürdigkeit, des eigenen Angebots zu überzeugen. Hat man durch

- **Befragung** die von der Zielgruppe bevorzugten Produkteigenschaften ermittelt und ist man bei der
- **Produktentwicklung** den Kundenwünschen gefolgt,

muss man in der Werbung die **kaufrelevanten Produkteigenschaften herausstellen**.

(2) Reizüberflutung

Mit fortschreitender Verbreitung von Massenkommunikationsmitteln sind die Verbraucher einer ständig wachsenden Reizüberflutung ausgesetzt. Damit wird es immer schwerer, die Werbebotschaft „an den Mann (oder die Frau) zu bringen". Die Werbebotschaft muss

- **kurz und prägnant**
- **informativ bzw. animierend**
- **glaubwürdig**

sein. Ist auch nur eine dieser drei Bedingungen nicht erfüllt, landet die teure Werbebotschaft auf dem immer größer werdenden Berg von „Informationsmüll".

Dass die Werbebotschaft **knapp und einprägsam** sein soll, versteht sich angesichts der nach Sekunden(bruchteilen) bemessenen Aufnahmebereitschaft der umworbenen Personen fast von selbst. Das „zeitliche Aufmerksamkeitsbudget", also die Zeitspanne, in welcher der (kaufauslösende) Funke überspringen muss, ist bei **emotional gesteuerten Kaufprozessen** besonders klein.

---

[1] Zu Einzelheiten vgl. Homburg, C., Marketingmanagement, 2015, S. 785 ff.
[2] Zur Kritik am Stufenkonzept vgl. Esch/Herrmann/Sattler, Marketing, 2013, S. 263 f.

Emotionale Werbung	Informative Werbung
„Konsumgut" (z. B. Hautcreme)	„Investitionsgut" (z. B. Solaranlage)
Geringe Aufmerksamkeit	Hohe Aufmerksamkeit
Aktivierende Prozesse im Vordergrund	Kognitive Prozesse im Vordergrund
Emotionale Signale (Bilder, Farben, Musik u. a.)	Informative Signale (Technische Daten, Garantieleistung, Preis, Bezugsquelle u. a.)
Häufige Wiederholung nötig	Sporadische Werbung möglich

Abb. 80: Emotionale und informative Werbung

In der Marketingpraxis begegnet man fast immer **Mischformen von emotionaler und informativer Werbung**. Typisches Beispiel ist die Werbung der Automobilhersteller, die gleichermaßen

- **die Sinne** (→ Freiheitsdrang, Freude an gutem Design und schneller Fortbewegung)
- **den kontrollierenden Verstand** (→ Kraftstoffverbrauch, Schadstoffausstoß)

anspricht. Im Gegensatz zur emotionalen Werbung spielt die Glaubwürdigkeit bei informativer Werbung eine herausragende Rolle. (**ÜB 4**/71–73)

7.2.5 Werbewirkungskontrolle

Ein **Werbefeldzug** ist immer eine **Investition in die Zukunft**. Das werbende Unternehmen leistet Auszahlungen für Werbung WA und erwartet im Gegenzug werbebedingte Mehrerlöse WE. Nachträglich betrachtet war ein Werbefeldzug W_i dann erfolgreich, wenn

> **Barwert WE_i > Barwert WA_i**

Eine analytische Werbewirkungskontrolle auf investitionstheoretischer Grundlage scheitert aber in der Marketingpraxis an **mangelnder Bestimmbarkeit der werbebedingten Mehrerlöse WE_i**.

> Ziel der **Werbewirkungskontrolle** ist die Überprüfung der Effizienz des Werbemitteleinsatzes **WA**.

Das ist leichter gesagt als getan. Einem US-Manager wird das Bonmot zugeschrieben: „Wir wissen genau, dass wir die Hälfte unseres Werbebudgets zum Fenster hinauswerfen. Wir wissen nur nicht welche Hälfte". Nach Berechnungen[1] des Zentralverbands der deutschen Werbewirtschaft verzeichnet man in Deutschland

- etwa 25 Mrd. EUR/Jahr als Werbegesamtaufwand, davon
- etwa 15 Mrd. EUR/Jahr als Werbeeinnahmen (netto) diverser Werbeanbieter.

Für das einzelne werbetreibende Unternehmen steht also viel Geld auf dem Spiel. Eine direkte Messung der Werbewirkung über den werbebedingten Mehrerlös WE ist nur in

---

[1] Vgl. www.zaw.de.

den seltensten Fällen möglich.[1] Deshalb hat sich die Marketingpraxis auf eine **indirekte Messung der Werbewirkung** verlegt.

Werbewirkungskontrolle		
(1) Apparative Beobachtung	**(2) Befragung**	**(3) Mikro-Testmarkt**
• Blickaufzeichnung • Hautwiderstandsmessung	• leichte Erinnerung? • verbesserte Einstellung?	z. B. Behavior Scan der GfK

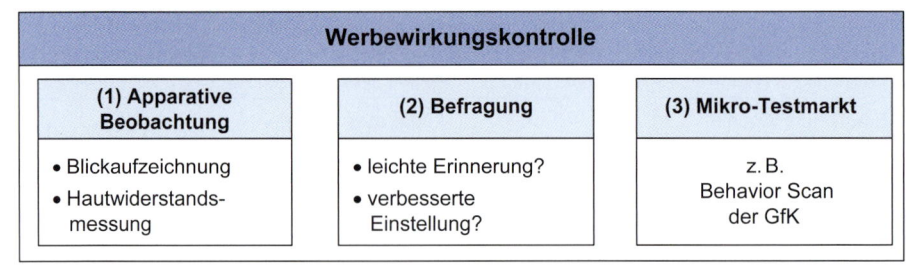

Abb. 81: Instrumente der Werbewirkungskontrolle

(1) Apparative Beobachtung

Im Versuchslabor werden Testpersonen mit alternativen Werbebotschaften konfrontiert.[2] Ein Blickaufzeichnungsgerät registriert die Augenbewegung der Testpersonen. Dabei stellt man fest, welche Teile einer Werbevorlage wahrgenommen werden und welche nicht. So lässt sich die kognitive Wahrnehmung alternativer Werbevorlagen kontrollieren. Neben der Hautwiderstandsmessung können im Versuchslabor die Atemfrequenz und der Pulsschlag gemessen werden. Damit kann man die emotionale Reaktion der Testpersonen auf unterschiedlich konzipierte Werbevorlagen feststellen. Vom **Umfang emotionaler Bewegung** schließt man auf das **Ausmaß (kauf-)aktivierender Prozesse**.

(2) Befragung

Im Zuge einer Befragung will man nachträglich feststellen, ob sich die

- Befragten an die **Werbebotschaft erinnern**
- **Einstellung** zum beworbenen Produkt **zum Positiven geändert** hat.

Mit einer Befragung lassen sich sowohl kognitive als auch emotionale Werbewirkungen kontrollieren.

(3) Mikro-Testmarkt

Mit dem Behavior Scan der GfK lässt sich der unmittelbare Einfluss einer Werbebotschaft auf das Kaufverhalten der Testpersonen feststellen. Damit ist der Mikro-Markttest das genaueste, aber auch das teuerste Verfahren zur Kontrolle der Werbewirkung.

Wie schon an anderer Stelle[3] gezeigt, vergleicht man bei diesem Verfahren per Scannerkasse das unterschiedliche Einkaufsverhalten der

- **Versuchsgruppe** (→ Empfänger der Werbebotschaft im Kabelfernsehen) und
- **Kontrollgruppe** (→ Nichtempfänger der Werbebotschaft im Kabelfernsehen).

---

[1] Zur Begründung vgl. S. 438.
[2] Vgl. Kroeber-Riel/Gröppel-Klein, Konsumentenverhalten, 2013.
[3] Vgl. S. 382 f.

Bei der Werbewirkungskontrolle unterscheidet man zwischen

- **Werbepretest** (→ Kontrolle der Werbewirkung, bevor die Werbung breitflächig im Markt geschaltet wird)
- **Werbeposttest** (→ Kontrolle nach Realisierung der Werbemaßnahme).

Der Werbepretest hat große Vorteile: Die Ergebnisse des **Pretests** erlauben eine (schrittweise) Verbesserung der Werbebotschaften. Damit **bewahren** sie das **Unternehmen vor hohen Geldausgaben für wirkungslose Werbeaktionen.** (ÜB 4/74)

7.3 Verkaufsförderung

> Ziel der **Verkaufsförderung** (Sales Promotion) ist es, durch kurzfristig wirkende Sonderaktionen die Absatzmenge zu erhöhen.

Unentschlossene Kaufinteressenten sollen – häufig in direktem persönlichen Kontakt – zum (Spontan-)Kauf veranlasst werden. Auf einen kurzen Nenner gebracht lassen sich klassische Werbung und Verkaufsförderung folgendermaßen unterscheiden:

- **Werbung:** Massenansprache – geringe Stimulation des Individuums
- **Verkaufsförderung:** gezielte Ansprache – hohe Stimulation des Individuums.

Primärer Adressat der Verkaufsförderung ist der **Endverbraucher**. Ihm soll das Gefühl vermittelt werden, gerade jetzt eine günstige Einkaufsgelegenheit nutzen zu können (→ Verbraucher-Promotions). Daneben kann ein Hersteller seine verkaufsfördernden Aktivitäten auch an die Absatzmittler adressieren. Man spricht dann von Außendienst-Promotions bzw. von Händler-Promotions.

Verkaufsförderung gegenüber		
(1) Außendienst	**(2) Handel**	**(3) Endverbrauchern**
• Mitarbeiterschulungen • Prämien • Präsentationsmaterial	• Sonderrabatt • Sonderverkaufsstand • „Regalmiete"	• Aktionspreise • Probepackung • „Zugabe"

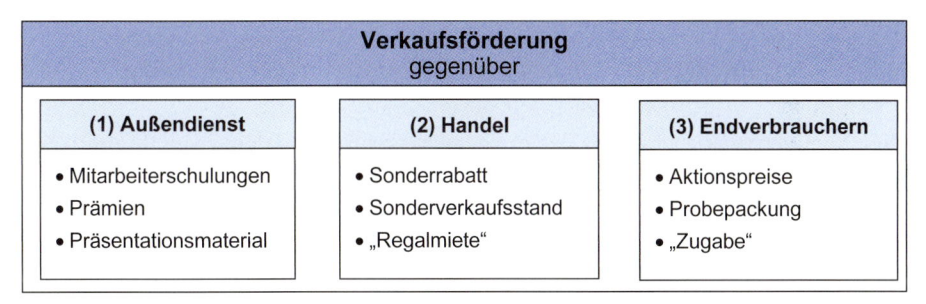

Abb. 82: Instrumente der Verkaufsförderung

Bei **(1) Außendienst-Promotions** werden die Firmenvertreter durch Prämienanreize, Schulungen und Präsentationsmaterial angehalten, einen bestimmten Artikel forciert „in den Absatzkanal zu drücken".

Der **(2) Handel** soll mit zeitlich befristeten **Sonderrabatten** einen Anreiz zur Erhöhung der Bestellmenge erhalten. Für die Einräumung frequenzstarker Sonderverkaufsstände und attraktiver Regalplätze erhält der Handel eine **Sondervergütung** („Regalmiete").

Am stärksten verbreitet ist die Verkaufsförderung gegenüber den **(3) Endverbrauchern**. Mit einem zeitlich befristeten „Superangebot" (kleiner Preis oder größere Packung) will man zögernde Nachfrager zum Zugreifen veranlassen.

7.4 Öffentlichkeitsarbeit

In einer Wohlstandsgesellschaft erwarten die Nachfrager zweierlei:
- **Produkte** mit einem **günstigen Preis-Leistungs-Verhältnis**
- **Produzenten**, die gängigen **gesellschaftlichen Normvorstellungen entsprechen**.

Erfüllt ein Unternehmen diese Normvorstellungen der Gesellschaft nicht, hat es ein schlechtes **Image**. Unternehmen mit guten Produkten und schlechtem Image haben am Absatzmarkt nur begrenzte Chancen. Daraus folgt: Strebt ein Anbieter nach **langfristiger Gewinnmaximierung** muss er durch

- **klassische Werbung** das Erscheinungsbild seiner Produkte
- **Öffentlichkeitsarbeit** sein Unternehmensimage

optimieren. Wer auf funktionierenden Märkten Gewinne maximieren will, muss sich mit den Bedürfnissen der Stakeholder auseinandersetzen. Die Nachfrager erwarten „gutes" Unternehmenshandeln im Sinne der **Corporate Social Responsibility**. Danach kann das Unternehmen zur Imageverbesserung folgende Botschaften kommunizieren:

Öffentlichkeitsarbeit
– Public Relations –

- **Produktion in Deutschland**
  - Schaffung von Arbeits- und Ausbildungsplätzen in Deutschland
  - Zahlung von Steuern in Deutschland
- **Hohe Sozialstandards** (→ kein Lohndumping)
- **Umweltverträgliche Produktionstechnik** (z.B. Verwendung nachwachsender Rohstoffe)
- **Sponsoring** (finanzielle Unterstützung förderungswürdiger Projekte)

Abb. 83: Imageverbesserung durch Öffentlichkeitsarbeit (Beispiele)

Die Öffentlichkeitsarbeit dient der Imageverbesserung und folgt dem **Motto**: „Tue Gutes und rede darüber".

7.5 Persönlicher Verkauf

Als Distribution bezeichnet man den Weg eines Produkts vom Hersteller zum Endverbraucher. Dabei entstehen Distributionskosten. Extrem niedrige Distributionskosten fallen im Internethandel an. Dagegen ist der persönliche Verkauf die

- **effektivste Variante**
- **teuerste Variante**

des **Leistungstransfers**. Durch den persönlichen Verkauf entstehen beim Anbieter hohe Personalkosten. Persönlicher Verkauf als kostenträchtige Kommunikationsform hat sich überall dort durchgesetzt, wo ein Geschäftsabschluss ohne

- **intensive Produktberatung** (z. B. bei Investitionsgütern)
- **vertrauensbildende Überzeugungsarbeit** (z. B. beim Angebot von Segelyachten oder Kunstgegenständen)

nicht zustande käme.

8. Distributionspolitik

8.1 Ziele und Teilbereiche der Distributionspolitik

Moderne, arbeitsteilige Volkswirtschaften sind gekennzeichnet durch
- **zentrale Produktion in großer Serie** (Großbetriebe)
- **dezentralen Verbrauch in kleinen Wirtschaftseinheiten** (private Haushalte).

Der Absatzerfolg eines Produktionsbetriebes hängt nicht nur von der Qualität und vom Preis der Produkte, sondern auch von der Fähigkeit des Produzenten ab, die eigenen Leistungen in bedarfsgerechter Form möglichst nahe an die Nachfrager heranzutragen. Dabei müssen die Anbieter auf Käufermärkten davon ausgehen, dass die **Nachfrager keine eigenen Beschaffungsanstrengungen** unternehmen, sich also weitgehend passiv verhalten.

> Die **Distributionspolitik** hat die Aufgabe, den Weg eines Gutes vom Hersteller zum Endabnehmer (Transformation) kundenfreundlich zu gestalten.

Distributionspolitik bedeutet weitaus mehr als Gütertransport von A nach B. Distribution bedeutet vielmehr, ein (Industrie-)Produkt zur **kundengerechten Bedürfnisbefriedigung** zu transformieren.

Transformation	Die Produktionsleistung muss ...
• **räumliche** • **zeitliche** • **quantitative** • **qualitative**	– am Ort der Nachfrage verfügbar sein. – jederzeit, d.h. unabhängig vom Produktionszeitpunkt, verfügbar sein. – in bedarfsgerechten (Klein-)Mengen verfügbar sein. – in bedarfsgerechten Leistungsbündeln verfügbar sein (z.B. Benzin + Reiselektüre + Reiseproviant an der Tankstelle).

Abb. 84: Leistungstransformation im Rahmen der Distributionspolitik

Gegenstand der Distributionspolitik ist die **Optimierung des Distributionssystems** mit den Elementen akquisitorische und logistische Distribution:

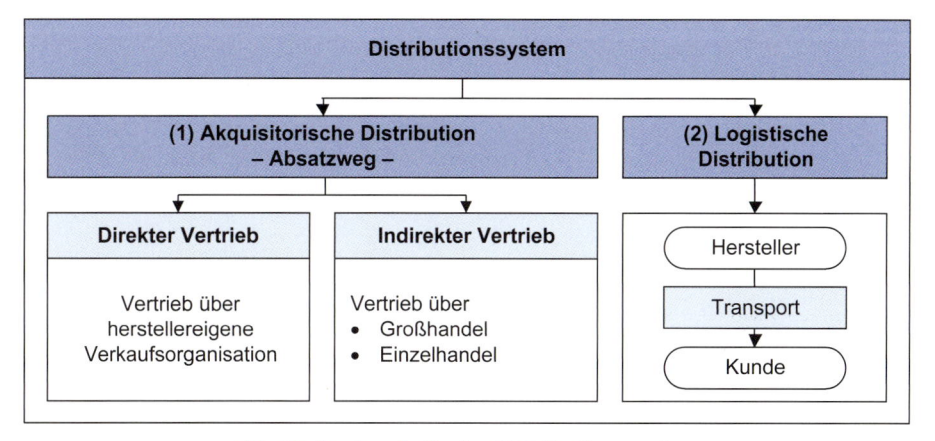

Abb. 85: Bestandteile des Distributionssystems

(1) Akquisitorische Distribution

Der Hersteller steht vor der Wahl, seine Produkte

- **in Eigenregie zu vermarkten** (z. B. direkter Vertrieb durch Außendienstmitarbeiter)
- **über den Groß- und Einzelhandel abzusetzen** (indirekter Vertrieb).

Im Rahmen der strategischen Planung entscheidet sich der Hersteller für den Vertriebsweg, der langfristig den höchsten Gewinn verspricht. Zur Ermittlung des optimalen Vertriebsweges muss der Hersteller die vertriebswegabhängigen Größen

- **absetzbare Menge m**
- **erzielbarer Verkaufspreis p**
- **Vertriebskosten K_{Vertr}**

im Entscheidungskalkül berücksichtigen.

> **Beispiel:** Beim Vertrieb über Discounter kann ein Konsumgüterproduzent zwar eine große Menge absetzen, muss aber im Gegenzug niedrigere Händlerabgabepreise akzeptieren als beim Vertrieb über den Facheinzelhandel.

(2) Logistische Distribution

Hat sich ein Hersteller im Zuge langfristiger Planung für einen Vertriebsweg entschieden, muss er nach der kostengünstigsten Alternative zur Auslieferung der Ware suchen. Hierbei sind **Transportkosten** und ggf. Kosten für Zwischenlager zu berücksichtigen.

Die folgenden Ausführungen befassen sich zunächst mit der Distributionspolitik aus der Sicht des Einzelhandels (Unterkapitel 8.2). Danach werden die akquisitorische Distribution aus der Sicht des Herstellers (Unterkapitel 8.3) und die logistische Distribution (Unterkapitel 8.4) behandelt. (**ÜB 4**/75–83)

8.2 Distributionspolitik aus der Sicht des Einzelhandels

8.2.1 Distributionswünsche der Nachfrager

In der Praxis ist der indirekte Absatzweg die vorherrschende Vertriebsform. Der Vertriebsweg, den man in der Marketingliteratur meist als **Absatzkanal** bezeichnet, läuft dabei üblicherweise vom Hersteller über den Groß- und Einzelhandel zum Endabnehmer (vgl. **Abb. 86**).

Marktteilnehmer	Hersteller	Groß-handel	Einzel-handel	End-abnehmer
Weg ☐ des Produkts ■ der Distributions- wünsche	☐ ■	☐ ■	☐ ■	☐ ■

Abb. 86: Endabnehmerwünsche im Absatzkanal

Anbieter haben nur dann Erfolg, wenn sie auf die Wünsche ihrer Kunden eingehen. Kunde des Herstellers ist der Großhändler. Muss sich also der Hersteller nur nach den Wünschen des Großhändlers richten? Das wäre zu kurz gedacht. Im Zentrum der Distributionspolitik stehen die Wünsche des Endabnehmers, denn der Endabnehmer bezahlt die „Endrechnung".

> Der Einzelhandel richtet sich nach den **Wünschen des Verbrauchers** und reicht diese Wünsche über den Großhandel an den Hersteller weiter.

Die Distributionswünsche der Nachfrager sind von vielfältigen Faktoren abhängig. Drei besonders wichtige Determinanten seien hier hervorgehoben:

Determinante	Distributionswünsche
Nachfrager	• Senioren: Lieferung frei Haus • Autofahrer: Kundenparkplatz • Berufstätige: Abendeinkauf
Produkt	• Heizkessel: Service durch Handwerker vor Ort • Taxifahrt: Tag und Nacht verfügbar
Verbrauchs-gelegenheit	• Champagner zu Hause: Sonderangebot vom Discounter • Champagner außer Haus: Ambiente im Nobellokal

Abb. 87: Determinanten von Distributionswünschen

Der Einzelhandel hat eine jahrhundertealte Tradition. Sein Bemühen, auf diverse Distributionswünsche der Nachfrager einzugehen, hat zur Bildung verschiedenartiger institutioneller Einzelhandelsformen geführt. Die verschiedenen **Betriebstypen des Einzelhandels**[1] können an dieser Stelle nicht dargestellt werden. Stattdessen soll anhand einiger Beispiele gezeigt werden, welche institutionellen Distributionsformen sich aus diversen Distributionswünschen der Endabnehmer entwickelt haben:

Distributionswünsche	Institutionelle Distributionsformen
Kurze Wege Schnelle Wege	• „Tante-Emma-Laden" im Wohngebiet (Kleineinkäufe) • Verbrauchermarkt am Verkehrsknotenpunkt (Großeinkäufe)
Schneller Einkauf Gute Beratung Ständige Verfügbarkeit Kostengünstiger Einkauf Kaufentscheidung zu Hause Kauf an einem Ort Große Auswahl Erlebniseinkauf	• Selbstbedienung • Bedienung im Fachgeschäft • Automatenverkauf • Discountgeschäft • Haustürverkauf; Versandhandel; Online-Vertrieb • Warenhaus; Einkaufszentrum • Fachgeschäft; Spezialgeschäft • Einkaufszentrum; Großstadtpassage

Abb. 88: Distributionswünsche und Distributionsformen

---

[1] Vgl. hierzu Homburg, C., Marketingmanagement, 2015, S. 1010 ff.

Ein Fallbeispiel findet sich im zugehörigen Übungsbuch. (**ÜB 4**/82)

Den diversen Distributionswünschen begegnet der Einzelhandel vor allem durch

8.2.2 spezifische **Arten der Warenpräsentation**
8.2.3 gezielte Wahl seines **Standorts**.

Diese beiden Gestaltungselemente der Distributionspolitik des Einzelhandels sollen im Folgenden behandelt werden.

8.2.2 Wahl der Präsentationsform

Durch aufwendige Warenpräsentation, z. B. in einem Juweliergeschäft, werden Kaufanreize geweckt. Eine gehobene Geschäftsausstattung führt zu einer

- **Verbesserung der Erlösseite**
- **Verschlechterung der Kostenseite.**

Konsumgüter mit niedrigem Prestigeprofil (→ **Massengüter**) werden aus Kostengründen vorzugsweise in **nüchtern ausgestatteten Verkaufsräumen** angeboten. Im Gegensatz dazu setzen die Anbieter von Luxuswaren auf eine nobel wirkende Geschäftsausstattung. Ein gehobenes Ambiente hebt die Stimmung der Kunden und fördert den Umsatz.

Art des Gutes	Massengüter	Luxusgüter
Beispiele	• Lebensmittel • Kühlschränke • Drogerieartikel	• Edelkonfektion • Schmuck • Designermöbel
Merkmale: Prestigewert Produktinformation durch Qualitätsunterschiede Preisempfindlichkeit Sortimentstiefe Selbstbedienung Ladengestaltung Erlebniseinkauf Handelsspanne Einzelhandelstyp	 gering Werbung klein groß flach ja nüchtern nein klein • Discounter • Verbrauchermarkt	 hoch Verkaufsgespräch groß klein sehr tief nein aufwendig ja groß • Fachgeschäft • Edelboutique

Abb. 89: Präsentationsform von Massen- und Luxusgütern

Ob ein Artikel für ein Einzelhandelsunternehmen zum „Renner" oder zum „Penner" wird, hängt oft auch von der **Platzierung innerhalb des Verkaufsraums** ab. Von Bedeutung ist hierbei

- der **Standort des Regals**
- der **Standort im Regal**
- die zugebilligte **Fläche im Regal**.

Unter den Markenartikelherstellern herrscht ein starker Wettbewerb um die attraktivsten Regalflächen im Einzelhandel. Häufig müssen sich Hersteller die **begehrtesten Verkaufsplätze** (z. B. in Kassennähe) mit der Einräumung einer **höheren Handelsspanne** (= Ladenverkaufspreis – Händlereinkaufspreis) **erkaufen**.

8.2.3 Wahl des Standorts

Marktwirtschaftlicher Wettbewerb ist immer ein Suchprozess nach besseren Lösungen. Anbieter sind ständig auf der Suche nach Marktlücken. Zur Schließung bislang unentdeckter **Marktlücken entwickeln**

- Hersteller neue Produkte
- Handelsbetriebe neue Verkaufsstandorte.

Große Handelsketten wollen ihren Marktanteil durch die Eröffnung neuer Verkaufsstandorte steigern. Dabei gilt es, die Standorte mit der besten Entwicklungsperspektive ausfindig zu machen. Zur Standortbewertung stehen zwei verschiedene Verfahren zur Wahl:

(1) Quantitatives Verfahren (Kapitalwertmodell)

Bei diesem Verfahren sind die am jeweiligen Verkaufsstandort A, B, C zu erwartenden Ein- und Auszahlungen zu prognostizieren und auf den Gegenwartszeitpunkt t_0 abzuzinsen. Die **Kapitalwertmethode** zur Standortbewertung findet in der **Praxis kaum Anwendung**, denn es ist nicht möglich, die standortabhängigen **Umsatzerlöse** für einen **langen Zeitraum genau zu prognostizieren**.

(2) Stufenwertzahlverfahren (Praktikermodell)

Zur Standortbewertung bevorzugt die Marketingpraxis das Stufenwertzahlverfahren. Es handelt sich um eine Variante des **Scoringmodells**, dessen Grundkonzept an anderer Stelle[1] beschrieben wurde.

Die an einem neuen Einzelhandelsstandort zu erwartenden Umsatzerlöse sind von verschiedenen Faktoren abhängig: Verkaufsfläche, Einwohnerzahl, Kaufkraft/Einwohner und Passantenfrequenz am Mikrostandort sind wichtige Standortfaktoren. Zur Beurteilung alternativer Einzelhandelsstandorte **werden den einzelnen Standortfaktoren gewichtete Punktwerte zugeordnet**. Ein erläuterndes Zahlenbeispiel findet sich im zugehörigen Übungsbuch. (**ÜB 4/83**)

Kann man den **Gesamtpunktwert** als **Umsatzindikator** ansehen, müssen ihm als negative Entscheidungskomponente die standortabhängigen Kosten, insb. der **Mietaufwand**, gegenübergestellt werden. Die Monatsmiete für ein etwa 100 qm großes Ladenlokal streut zwischen 500 EUR (ländlicher Raum) und 25.000 EUR (Spitzenlage in der Fußgängerzone einer Großstadt). In ähnlicher Streubreite können sich die Gesamtpunktwerte einzelner Standorte bewegen.

Je nach Betriebstyp und Branche verfolgt der Einzelhandel unterschiedliche **Standortstrategien**: In **räumlicher Hinsicht** unterscheidet man Einzelhandelsbetriebe, die

- **laufstarke Citylagen**
- **verkehrsgünstige Stadtrandlagen**

bevorzugen.

---

[1] Vgl. S. 325 f.

Zur letzten Gruppe gehören Anbieter mit großem Verkaufsflächenbedarf bzw. Anbieter, die sperrige Produkte an Selbstabholer verkaufen. Zu diesem Typ gehört – als Extrembeispiel – das Möbelhaus IKEA, dessen deutsches Distributionsnetz aus knapp 50 Verkaufsstellen besteht, die weitmaschig über ganz Deutschland verteilt sind.

Ob der Einzelhandel bei der Standortwahl die **Konkurrenz sucht oder** die **Konkurrenz meidet**, hängt von der Art der angebotenen Güter ab. Dabei kann man von folgender Regel ausgehen:

- **Anbieter homogener Produkte meiden die Nähe der Konkurrenz**
- **Anbieter heterogener Produkte suchen die Nähe der Konkurrenz**.

Anbietertyp	Lauflage	Verkehrsgünstige Lage
Konkurrenzgebunden (heterogene Güter)	• Juweliere • Designermöbelgeschäfte • Antiquariate usw.	• Gebrauchtwagenhandel • Billigmöbelgeschäft usw.
Konkurrenzscheu (homogene Güter)	• Geschäfte des täglichen Bedarfs • Bäckereien • Telefonläden • Apotheken usw.	• Tankstellen • Verbrauchermärkte • Baumärkte • Gartencenter usw.

Abb. 90: Standorttypologie

Das **Gros der Anbieter** sucht **laufstarke Citystandorte**. Dabei ist der Citystandort für den Einzelhandel umso attraktiver, je mehr Anbieter mit einer starken Sogwirkung im Sinne von Passantenfrequenz, vor allem Warenhäuser, Multimedia-Anbieter und Lebensmittelmärkte, dort bereits ansässig sind. Anbieter, die selbst keinen Kundenlauf erzeugen, diesen aber benötigen (z. B. Systemgastronomie, Telefonläden, Facheinzelhandel), suchen die Nähe solcher Publikumsmagneten.

8.3 Distributionspolitik aus der Sicht des Herstellers

Einzelhändler und Hersteller haben nur Erfolg, wenn sie auf die Distributionswünsche der Endabnehmer eingehen (vgl. **Abb. 86**). Für den Einzelhändler ist das vergleichsweise einfach, denn er steht in direktem **Kontakt zum Endabnehmer**. Für den Hersteller ist das ungleich schwerer, denn zwischen dem Hersteller und den Endabnehmern liegt ein mehr oder weniger langer Absatzkanal.

> Der **Absatzkanal** beschreibt den Weg eines Produkts vom Hersteller zum Endabnehmer unter Einbeziehung der an der Transformation beteiligten Vertriebsorgane.

Im Absatzkanal sind verschiedene **Distributionsorgane** wie
- **Vertriebsmitarbeiter des Herstellers**
- **Handelspartner**
- **Spediteure** u. a.

tätig.

8. Distributionspolitik

Sein Gewinnmaximierungsziel kann der Hersteller nur erreichen, wenn die **Distributionsorgane zu partnerschaftlicher Zusammenarbeit mit dem Hersteller bereit** sind. Lässt man die logistische Distribution (Spediteure u.a.) außen vor, unterscheidet die Marketingliteratur[1] zwischen **drei Klassen von Distributionsorganen**:

Absatzweg	Direkter Absatz		Indirekter Absatz
	(1) Herstellereigene Organe	**(2) Absatzhelfer**	**(3) Absatzmittler**
Distributions-organe	• Reisende • Verkaufsniederlassungen • Online-Vertrieb	• Handelsvertreter • Kommissionäre • Auktionen • (Franchising)	• Großhandel • Einzelhandel • (Franchising)
Herstellereinfluss auf Distributions-organe	hoch ─────────────────────────────── niedrig		

Abb. 91: Distributionsorgane

(1) **Herstellereigene Distributionsorgane** geben den Produzenten die Möglichkeit, den Absatzweg ganz nach eigenen Wünschen zu gestalten, weil die einzelnen Funktionsträger **weisungsgebunden** sind.
(2) **Absatzhelfer** sind rechtlich selbständig und im Auftrag des Herstellers tätig (**weisungsgebunden**), ohne Eigentum an der Ware zu erwerben.
(3) **Absatzmittler** sind nicht nur rechtlich, sondern auch wirtschaftlich selbständig, weil sie als Käufer der Ware die **volle Verfügungsmacht** eines Eigentümers erlangen.

Der Franchise-Nehmer hat eine Zwitterstellung zwischen Absatzhelfer und Absatzmittler und wird gesondert erläutert.[2]

Sollte sich ein Hersteller bei der Gestaltung seines Absatzkanals auf herstellereigene Organe, auf Absatzhelfer oder auf Absatzmittler (siehe **Abb. 91**) stützen? Die allgemeine Antwort lautet: Zur **optimalen Gestaltung des Absatzkanals** orientiert sich der Hersteller an seinen **Distributionszielen**.

Oberziel:	Langfristige Gewinnmaximierung
Distributionsziele:	(1) Minimale Distributionskosten (2) Maximale Distributionsquote (→ maximaler Marktanteil) (3) Maximale Distributionssicherheit

Abb. 92: Distributionsziele eines Herstellers

Bei isolierter Betrachtung jedes einzelnen Distributionsziels kommt man zu folgendem Ergebnis:

---

[1] Vgl. Homburg, C., Marketingmanagement, 2015, S. 864 ff.
[2] Vgl. S. 456.

(1) Minimale Distributionskosten

Der Hersteller muss folgende Kostenalternativen vergleichen:

- **Herstellereigene Organe**: Vertriebskosten = Personal- und Sachkosten für eigene Vertriebsorgane
- **Absatzhelfer**: Vertriebskosten = Entgelt für Absatzhelfer
- **Absatzmittler**: Vertriebskosten = Rabatte für Groß- und Einzelhandel, insb. der Preisnachlass für den Einzelhandel (→ Handelsspanne).

(2) Maximale Distributionsquote

Jeder Hersteller möchte mit seinem Produkt einen **möglichst hohen Marktanteil** erreichen. Hierbei gibt die Distributionsquote Auskunft über die marktmäßige Verbreitung eines Markenprodukts. Zur Erhöhung ihres Marktanteils kooperieren Hersteller vorzugsweise mit umsatzstarken Einzelhandelsketten (z. B. Lebensmitteldiscountern).

> **Beispiel:** Eine Distributionsquote von 70 Prozent für die Marke X besagt, dass die Marke X in sieben von zehn in Frage kommenden Endverkaufsstellen des Absatzgebietes angeboten wird.

(3) Maximale Distributionssicherheit

Zur Sicherung eines hohen Marktanteils sind Hersteller auf **zuverlässige Vertriebspartner** angewiesen. Der Einfluss des Herstellers auf die Distributionsorgane (vgl. **Abb. 91** unten) ist ausschlaggebend für die Distributionssicherheit. Einzelhandelsketten, die ihre Lieferanten jederzeit austauschen können, haben eine große Marktmacht und bieten dem Hersteller deshalb nur ein geringes Maß an Distributionssicherheit. Ein Beispiel findet sich im zugehörigen Übungsbuch. (**ÜB 4**/75–76)

Bei genauerem Hinsehen stellt man fest, dass ein Hersteller bei der Optimierung seiner **Distributionsziele** schnell in einen **Zielkonflikt** gerät.

> **Beispiel:** Ein mittelständischer Süßwarenhersteller kann mit einem der führenden Lebensmitteldiscounter eine auf zwölf Monate befristete Vereinbarung zum Vertrieb seines Hauptprodukts treffen. Für diese Vertriebsoption spricht die Möglichkeit einer Verdreifachung der Absatzmenge. Gegen diese Vertriebsvariante spricht der vom Discounter ausgelöste Druck auf den Herstellerabgabepreis einerseits und die kurz befristete Distributionssicherheit andererseits.

8.3.1 Wahl zwischen direktem und indirektem Absatz

Soll ein Hersteller sich für den direkten oder den indirekten Absatzweg entscheiden? Die Möglichkeiten eines Produzenten, den Absatzkanal nach Belieben zu gestalten, sind begrenzt. Der Großhandel und insb. der Einzelhandel repräsentieren ein Distributionssystem mit gewachsenen Strukturen. Ist es dem **Einzelhandel** – wie oben dargestellt – gelungen,

- sein **Sortiment** und dessen **Präsentation** optimal zu gestalten und
- die **nachfragestarken Distributionsstandorte** zu besetzen,

verfügt er über eine erhebliche **Marktmacht**. Deshalb ist mancher Hersteller regelrecht gezwungen, den indirekten Absatzweg zu beschreiten, auch wenn dieser Weg mit einer **geringeren Distributionssicherheit** (→ Abhängigkeit vom Einzelhandel) verbunden ist.

8. Distributionspolitik

Absatzweg	Direkter Absatz	Indirekter Absatz
Vorteile	• großer Einfluss auf den Absatzkanal • direkter Zugang zu Kundeninformationen • Unabhängigkeit vom Handel	• hohe Distributionsquote • geringe Kapitalbindung • Handel übernimmt Sortimentsbildung • Handel ist bestens über Kundenwünsche informiert
Bestimmungsgründe der Alternativenwahl • produktspezifische	• erklärungsbedürftige Produkte • sortimentsungebundene Produkte	• „problemlose" Markenartikel • sortimentsgebundene Produkte
• nachfragespezifische	• wenige Großabnehmer	• viele Kleinabnehmer
• anbieterspezifische	• monopolähnliche Stellung als Spezialhersteller	• breiter Bekanntheitsgrad als Markenartikelhersteller

Abb. 93: Vorteile und Bestimmungsgründe der Absatzalternative

Direkte bzw. indirekte Absatzwege zeichnen sich durch die in **Abb. 93** aufgeführten Vorteile und Bestimmungsgründe der Alternativenwahl aus. Die Markenartikelhersteller des Konsumgüterbereichs wählen fast ausnahmslos den indirekten Absatzweg. Den Weg des direkten Absatzes gehen dagegen vorzugsweise Anbieter von Investitionsgütern. (ÜB 4/77–80)

8.3.2 Gestaltungsmöglichkeiten bei indirektem Absatz

Wenn es einem Hersteller gelingt, seine Erzeugnisse über ein dichtmaschiges Händlernetz abzusetzen, kann er mit einer hohen Distributionsquote rechnen. Um diese **Distributionsquote langfristig zu sichern**, wird der Hersteller versuchen, die **Abhängigkeit** vom Einzelhandel zu reduzieren. Welche distributionspolitischen Maßnahmen die Hersteller zu diesem Zweck ergreifen, ist von der **Marktmacht der beteiligten Parteien** abhängig. Drei Typen lassen sich unterscheiden:

(1) Dominante Handelsstufe

Im Extremfall steht ein relativ unbekannter mittelständischer Hersteller einem international agierenden Handelskonzern (z. B. Aldi, Lidl, Metro) gegenüber. Besonders stark ist die Konzentration im Lebensmitteleinzelhandel, in dem die führenden fünf Einzelhandelsfilialisten in Deutschland mehr als 50 Prozent des Gesamtumsatzes auf sich vereinigen. In einer solchen Marktkonstellation hat der mittelständische **Hersteller keinerlei Einfluss auf die Vertriebsbedingungen im Absatzkanal.**

(2) Ausgewogenes Machtverhältnis

Hersteller und Einzelhandel kooperieren auf partnerschaftlicher Basis: Der

- Hersteller sorgt für gute Produktpolitik und Markenartikelwerbung
- Einzelhandel sorgt für Sortimentsoptimierung und „Kundendienst".

Man bezeichnet diese Arbeitsteilung als **vertikales Marketing**.

(3) Dominante Produktionsstufe

Wenn ein namhafter Markenartikelhersteller viele (kleine) Einzelhandelsfachgeschäfte beliefert, hat er – ähnlich wie ein Monopolist – die Gestaltungshoheit im Absatzkanal. **Dominante** (Markenartikel-)**Hersteller** verfügen über eine große **Marktmacht**. Damit haben sie reichlich Gelegenheit, den Einzelhandel an sich zu binden und so ihre Distributionssicherheit zu erhöhen. Zu diesem Zweck schließen sie Rahmenvereinbarungen mit den mittelständischen Absatzmittlern. Drei wichtige **Vertragstypen**[1] sollen hier kurz vorgestellt werden.

Vertragshändler (mit mehreren Marken) – unabhängig –	**Vertragshändler** (fixiert auf eine Marke) – abhängig –	**Franchise-Nehmer** – unselbständig –
Händler muss • Mindestumsatz garantieren • Reparatur- und Kundendienst übernehmen	Händler muss • Mindestumsatz garantieren • Reparatur- und Kundendienst übernehmen	• Franchise-Nehmer nutzt Marke und Geschäftskonzept des Franchise-Gebers • Franchise-Nehmer zahlt Nutzungsentgelt • Franchise-Geber hat Kontroll- und Weisungsrecht
Charakteristikum Vertragshändler darf Marken verschiedener Hersteller anbieten	*Charakteristikum* Vertragshändler darf keine anderen Herstellermarken anbieten	*Charakteristikum* Franchise-Nehmer ist ein „Niemand", er erscheint nach außen als Niederlassung des Franchise-Gebers
Beispiele: Einzelhandel mit • Uhren • Fernsehgeräten verschiedener Markenhersteller	*Beispiele:* • Gaststätten mit Brauereibindung • Vertragshändler der Autobranche (z.B. Porsche)	*Beispiele:* • Systemgastronomie (z.B. McDonald's) • Autovermietung (z.B. Hertz, Avis)

Abb. 94: Herstellerdominanz im Absatzkanal

Während Vertragshändler unter eigenem Namen am Markt agieren, treten Franchise-Nehmer nicht in Erscheinung. Vielmehr sehen die Endabnehmer im Franchise-Unternehmen eine Niederlassung eines (meist) international agierenden Markenunternehmens. Der **Franchise-Nehmer ist völlig unselbständig** und rückt in die Rolle eines Absatzhelfers bei direktem Vertrieb.

8.3.3 Gestaltungsmöglichkeiten bei direktem Absatz

Bei direktem Absatz (vgl. **Abb. 91**) vertreibt ein Hersteller seine Produkte über

- **eigene Verkaufsorgane** (z.B. Reisende, Verkaufsniederlassungen, E-Commerce)
- **Absatzhelfer** (z.B. Handelsvertreter, Kommissionäre, Franchise-Nehmer).

Nachdem das Franchising oben beschrieben wurde, stehen nachfolgend die Vertriebsmöglichkeiten über herstellereigene Verkaufsorgane im Mittelpunkt.

---

[1] Zu Einzelheiten vgl. Meffert/Burmann/Kirchgeorg, Marketing, 2015, S. 537 ff.

8. Distributionspolitik

(1) Reisende im Außendienst

Dieser Vertriebsweg ist sehr personalintensiv. Entsprechend hoch sind die Vertriebskosten. Meist sind es Hersteller von **erklärungsbedürftigen Investitionsgütern** (z. B. Großrechenanlagen), die diesen **teuren Vertriebsweg** beschreiten.[1] (ÜB 4/81)

(2) Verkaufsniederlassungen

Viele Markenartikelhersteller vertreiben ihre Produkte über ein firmeneigenes Filialnetz (z. B. Tchibo: Röstkaffee; Fielmann: Brillen). Besonders große, aufwendig gestaltete Niederlassungen werden als **Flagship Stores** bezeichnet (z. B. Adidas, Apple). Eine Sonderform des herstellereigenen Direktvertriebs ist der **Fabrikverkauf**. Am Produktionsstandort bietet der Hersteller „Restposten" zu besonders günstigen Preisen an. Für die Nachfrager ist es attraktiv,

- **Qualitäts- und Nobelmarken zu**
- **günstigen Preisen**

erwerben zu können. Aus diesem Dualziel der Nachfrager entwickelte sich ein weiterer Vertriebsweg: das **Factory Outlet**. Markenartikelhersteller, besonders aus der Bekleidungs-, Sportartikel- und Schuhindustrie, mieten im sog. Factory Outlet Center Verkaufsflächen an, auf denen sie **Trendartikel und Designerware** zu besonders günstigen Preisen anbieten.

Vorteile für Nachfrager	Vorteile für Anbieter
• Erfüllung von Prestigebedürfnissen • „Schnäppchenjagd" mit Rabatt • Erlebniseinkauf mit Unterhaltungswert und gastronomischem Angebot im „Outlet Center"	• Händlerrabatt entfällt • direkter Kundenkontakt • Abverkauf von Restposten • Absatzverbund mit anderen Markenartikelherstellern

Abb. 95: Vorteile von Factory-Outlet-Zentren

(3) Online-Vertrieb

Der Vertrieb von Waren und Dienstleistungen via Internet[2] ist ein wichtiger Bestandteil des umfassenderen E-Commerce, der an anderer Stelle behandelt wurde.[3]

> Unter **Online-Vertrieb** versteht man die digitale Anbahnung und ggf. Ausführung von Transaktionen (via Internet).

Der Vertrieb über das Internet beschränkt sich längst nicht mehr auf

- **Buchungen in der Touristik** (Urlaubsreisen, Flug- und Bahntickets)
- **Online-Banking und Direktversicherungen**
- **Gebrauchtwagenkauf und Wohnungssuche** (Scout 24).

Fast alle Anbieter von Gütern und Dienstleistungen nutzen heute den Online-Vertrieb als besonders **kostengünstigen Absatzkanal**.

---

[1] Vgl. Albers, S., Entscheidungshilfen, 1989; zum Industriegütermarketing vgl. Backhaus/Voeth, Industriegütermarketing, 2014.
[2] Zur Vertiefung vgl. Becker, J., Marketing-Konzeption, 2013, S. 635 ff.
[3] Vgl. S. 173 ff.

Zwar verursacht die Einrichtung einer Online-Verkaufsplattform hohe einmalige Kosten. Trotzdem lohnt sich die Investition in den Online-Vertrieb, wie ein Alternativenvergleich zeigt. Die

- **laufenden Online-Vertriebskosten sind niedriger als**
- **Vertriebskosten im Einzelhandel (Ladenmiete, Personalkosten).**

Die Vorteile des Online-Einkaufs bringen die meisten Nachfrager auf einen kurzen Nenner:

> **Online-Einkauf** ist informativ, bequem, zeit- und ortsunabhängig, billig und schnell.

Zwischen den charakteristischen Merkmalen „informativ" und „billig" gibt es einen sachlichen Zusammenhang: Das Internet liefert **sekundenschnell Informationen** über

- **gewünschte Produkteigenschaften**
- **Angebotspreise konkurrierender Anbieter.**

Dadurch kommt es zu hoher Markttransparenz, scharfem Wettbewerb und tendenziell sinkenden Angebotspreisen. Der Online-Verkauf wächst jährlich mit hohen Zuwachsraten. Damit kommt es zu einem **Verdrängungswettbewerb gegenüber dem Einzelhandel.**

> **Beispiel:** Im Buchhandel wächst der Marktanteil des Online-Vertriebs kontinuierlich an. Auf der anderen Seite müssen einzelne kleine Buchhandlungen schließen und Megabuchhändler ihre Verkaufsflächen teilweise halbieren.

8.3.4 Mehrkanal-Vertrieb

Nachdem die einzelnen Varianten des direkten und indirekten Vertriebs (vgl. **Abb. 91**) vorgestellt wurden, muss vor einem Missverständnis gewarnt werden: Bei der Optimierung ihrer Distributionspolitik entscheiden sich die meisten Hersteller nicht für einen einzigen Vertriebsweg, sondern sie **nutzen mehrere Vertriebswege nebeneinander**. Ein Beispiel für einen solchen Mehrkanal-Vertrieb[1] liefert die Verlagsbranche:

Mehrkanal-Vertrieb				
Hersteller (Verlag)	Amazon	Groß-handel	Einzel-handel	Endabnehmer

Abb. 96: Mehrkanal-Vertrieb eines Buchverlags

---

[1] Ein anschauliches Beispiel zum Mehrkanal-Vertrieb von Adidas findet sich bei Meffert/Burmann/Kirchgeorg, Marketing, 2015, S. 527 ff.

Die Marketingliteratur charakterisiert die Gestaltung des Absatzkanals als strategisch-konstitutive Entscheidung. Daraus darf man aber nicht den Schluss ziehen, dass die Festlegung auf einen Vertriebsweg ewig Bestand hat. Der allgemeine Strukturwandel, also

- **technische Neuerungen** (z. B. IT-Fortentwicklung)
- **gesellschaftliche Entwicklungen** (z. B. Senioren als Nachfrager)
- **rechtliche Änderungen** (z. B. Innenstadt-Fahrverbote, City-Maut),

zwingt die Hersteller, ihr Vertriebssystem laufend an die veränderten Verhältnisse anzupassen.

8.4 Optimierung der logistischen Distribution

Auf Käufermärkten können die Nachfrager ihre Ansprüche durchsetzen. Sie verlangen nicht nur eine hohe Produktqualität zum günstigen Preis. Sie erwarten auch, dass die erworbenen Produkte

- **in bedarfsgerechter Menge**
- **zur rechten Zeit**
- **am rechten Ort**

bereitgestellt werden.

> Die **Distributionslogistik** hat die Aufgabe, den physischen Transport der Produkte vom Hersteller zum Endabnehmer zu regeln.

Vordergründig betrachtet verfolgt ein Hersteller mit seiner Distributionslogistik[1] das Ziel der **Kostenminimierung**, indem er das preiswerte Transportmittel (z. B. Schiff) dem teuren Transportmittel (z. B. Eilversand per Kurierdienst) vorzieht.

Die Realität sieht anders aus: Die Endabnehmer wollen die Ware – wenn es sich um Güter des täglichen Bedarfs handelt – sofort in Besitz nehmen. Die **schnelle Verfügbarkeit** der Ware **stärkt die Wettbewerbsposition** des Anbieters und fördert den Umsatz. Das **Ziel langfristiger Gewinnmaximierung** lässt sich dabei aber nur erreichen, wenn für die in Frage kommenden **Logistikalternativen** ein Abgleich zwischen

- **Distributionsnutzen** (→ logistikabhängiger Erlös)
- **Distributionskosten** (→ logistikabhängige Transport- und Lagerkosten)

vorgenommen wird.

Im **Investitionsgütermarketing** ist der Direktvertrieb vorherrschend. Die Logistik liegt im **Verantwortungsbereich des Herstellers**.

Im **Konsumgütermarketing** dominiert der indirekte Vertriebsweg. Dabei hat der

- **Großhandel die Lagerhaltung auf regionaler Ebene**
- **Einzelhandel die Lagerhaltung auf lokaler Ebene**

zu verantworten.

---

[1] Zur Vertiefung vgl. Homburg, C., Marketingmanagement, 2015, S. 904 ff.

9. Marketing-Mix

9.1 Optimierung der Marketinginstrumente

In den vorangegangenen Kapiteln erhielt der Leser einen Überblick über die Einsatzmöglichkeiten der vier **Marketinginstrumente**. Nunmehr stellt sich die Frage nach der **verbundmäßigen Optimierung** dieser Instrumente.

> Die am Unternehmensziel orientierte Optimierung des Zusammenspiels der einzelnen Marketinginstrumente bezeichnet man als **Marketing-Mix**.

Mit dem Einsatz der Marketinginstrumente verfolgt ein Anbieter das Ziel

- **Absatzwiderstände abzubauen** (→ Marketingziel) um
- **letztlich das Ziel langfristiger Gewinnmaximierung** (→ oberstes Unternehmensziel) zu erreichen.

Mit dem Marketing-Mix verhält es sich ähnlich wie mit einem Medikamenten-Mix, der zur Heilung einer Krankheit eingesetzt wird: Beim Einsatz der Mittel kann es zu positiven, aber auch zu negativen Kombinationseffekten kommen.

Marketing-Mix	
(1) Positive Kombination	**(2) Negative Kombination**
• Preissenkung • Werbeaktion mit Hinweis auf Preisvorteil	• neue aufwendige Verpackung • kostenbedingte Preiserhöhung • Vertriebswechsel vom Fachhandel zum Discounter

Abb. 97: Kombinationseffekte beim Marketing-Mix (Beispiele)

Im **Fall (1)** entsteht ein positiver Kombinationseffekt (→ Synergieeffekt), denn der marktmäßige Erfolg aus einer auf breiter Front kommunizierten Preissenkung ist größer als die Summe der Einzelerfolge aus Preissenkung und Werbung.

Im **Fall (2)** ist es umgekehrt: Wer mit dem Wechsel zum Discountvertrieb seinen Marktanteil erhöhen will, muss mit einem preisgünstigen Angebot aufwarten. Also ist die Umstellung auf die aufwendige Verpackung kontraproduktiv.

Daraus folgt: Wer **isolierte Entscheidungen** über den Einsatz der Marketinginstrumente trifft, läuft Gefahr, das **Gewinnmaximum zu verfehlen**. Der Marketingverantwortliche muss deshalb die (positiven und negativen) Verbundeffekte berücksichtigen.[1]

Eine allgemein gültige Aussage über den richtigen, d. h. gewinnmaximalen Marketing-Mix ist nicht möglich. Maßgeblich sind die Rahmenbedingungen des jeweiligen Einzelfalls. Von großer Bedeutung ist dabei die **Zielgruppe potentieller Käufer**, die der Anbieter erreichen möchte. **Abb. 98** zeigt beispielhaft, mit welchem Marketing-Mix **preisbewusste, qualitätsbewusste bzw. prestigebewusste Nachfrager** angesprochen werden können.

---

[1] Zu den Problemen einer (simultanen) Marketing-Mix-Planung vgl. Berndt, R., Marketingstrategie und Marketingpolitik, 2005, S. 346 ff. und Tomczak/Kuß/Reinecke, Marketingplanung, 2014, S. 195 ff.

Zielgruppe	Preisbewusste Nachfrager	Qualitätsbewusste Nachfrager	Prestigebwusste Nachfrager
Produkt-politik	• solide Qualität • sparsame Verpackung • Kostenvorteil durch große Serie	• Premiumqualität als Verkaufsargument • gediegene Verpackung • gutes Design	• Exklusivität einer Nobelmarke • geringe Stückzahl auf Nischenmarkt
Preis-politik	• Niedrigpreispolitik • Preis als Hauptverkaufsargument	• gehobenes Preissegment • passend zum Image als Premiummarke	• Spitzenpreise • je höher der Preis, desto größer das Prestige
Kommunikations-politik	• Niedrigpreis als wichtigste Werbebotschaft • „Mac Geiz"	• breit angelegte Werbung zur Erzeugung von Markentreue	• gezielte Werbung • vorzugsweise Printmedien mit Upper-Class-Lesern
Vertriebs-politik	• großflächiger Einzelhandel • Fachmärkte • Discounter	• flächendeckendes Angebot • gehobener Fachhandel	• Angebot an Treffpunkten des Jetsets • z. B. Sylt, Monte Carlo

Abb. 98: Marketing-Mix für unterschiedliche Zielgruppen

Der Anbieter einer **Premiummarke** kann sein Geschäftsfeld mit dem **Übergang zur Mehrmarkenstrategie** ausweiten. Man versucht, mit der

- **Premiummarke** qualitätsbewusste Nachfrager (→ hohe Gewinnmarge, kleines Absatzvolumen)
- **Zweitmarke** preisbewusste Nachfrager (→ geringe Gewinnmarge, hohes Absatzvolumen)

zu erreichen. Mit der Bearbeitung verschiedener Marktsegmente im **Mehrkanalvertrieb erweitert** der Markenartikelhersteller sein **Gewinnpotential**.

9.2 Grundsätze zum Marketing-Mix

Zwecks **langfristiger Gewinnmaximierung** sollte man sich in der Marketingabteilung eines Unternehmens an folgenden **Leitlinien** orientieren:
(1) Oberstes Marketingprinzip: Immer an die Kunden(-wünsche) denken.
(2) Der Kunde ist König, denn alle Anbieter wetteifern um die Gunst der Kunden.
(3) Marktforschung ist ganz wichtig, denn durch sie gewinnt man Informationen über Kundenwünsche und Konkurrenzangebote.
(4) Bei homogenen Gütern ist der Preiswettbewerb c. p. schärfer als bei heterogenen Gütern.
(5) Je schärfer der Preiswettbewerb, desto geringer sind c. p. die Gewinnchancen.
(6) Als Nischenanbieter hat man gute Chancen, sich dem harten Preiswettbewerb der Massenmärkte zu entziehen.
(7) Mit guter Produktgestaltung und geschickter Werbung steigert man das Produktimage und schafft ein „Produkt eigener Art".
(8) Information und Animation sind die tragenden Säulen erfolgreicher Werbung.
(9) Wer auf lange Sicht Gewinne maximieren will, muss Qualitätsversprechen einhalten („Aldi-Prinzip").
(10) Stärker noch als die unterschiedlich hohen Distributionskosten bestimmen die Distributionswünsche die Auswahl des Vertriebsweges.

Investition und Finanzierung

Inhaltsüberblick

1. Grundlagen 465
2. Investitionsplanung und Investitionsrechnung 470
3. Unternehmensbewertung 511
4. Grundlagen der Finanzplanung 523
5. Quellen der Außenfinanzierung 532
6. Mittelbare Finanzierung über Fondsgesellschaften 561
7. Kapitalerhöhung und Kapitalherabsetzung 569
8. Quellen der Innenfinanzierung 581
9. Optimierung der finanzierungspolitischen Instrumente 593

Fünfter Abschnitt

1. Grundlagen

Der Leser versetze sich in Gedanken 500 Jahre zurück: Ein Kaufmann in Antwerpen kauft ein Handelsschiff, heuert eine Mannschaft an und stellt eine Kollektion exportfähiger Waren zusammen. Man nennt das heute: Bereitstellung von Produktionsfaktoren oder einfach **Input**.

Der Kaufmann lässt das Schiff beladen, erteilt dem Kapitän Aufträge hinsichtlich des Ziels, der Route sowie der Art und Menge der in Indien einzukaufenden Gewürze. Er stattet das Schiff mit Proviant aus und betet für eine glückliche Rückkehr. Das nennt man heute **Leistungserstellungsprozess**.

Nach zwei Jahren kehrt das Schiff vollbeladen mit Gewürzen zurück. Die Waren werden entladen und finden reißenden Absatz. Das nennt man heute: **Output** oder Leistungsverwertung.

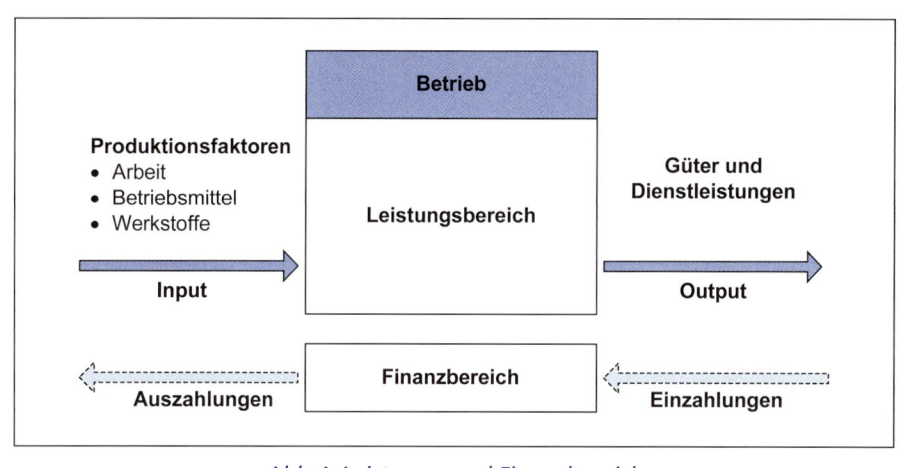

Abb. 1: Leistungs- und Finanzbereich

In entgegengesetzter Richtung zum
- **Güterstrom** (Input/Output) verläuft der
- **Geldstrom** (Einzahlungen/Auszahlungen).

Wie **Abb. 1** zeigt, ist **unternehmerische Tätigkeit** durch folgenden **Wertekreislauf** bestimmt: Geld (Anfangskapital), Input, Leistungserstellung, Output, Geld (Endkapital). Die Größe des unternehmerischen Erfolgs misst man als Differenz zwischen Endkapital und Anfangskapital.

Wird das Unternehmen nach Beendigung der Expedition liquidiert, wird das vorhandene Geld als Endkapital ausgeschüttet. Wird das Unternehmen – wie es der sog. Going-Concern-Annahme entspricht – fortgeführt, steht das am Ende des ersten Leistungszyklus vorhandene Geld für eine Fortführung des Leistungsprozesses zur Verfügung.

Die zweckmäßige **Gestaltung des Finanzbereichs** wird in der Literatur unter den Stichworten Investition und Finanzierung abgehandelt. Diese Thematik ist Gegenstand des vorliegenden fünften Abschnitts dieses Buchs. Als **Investition** bezeichnet man ganz allgemein die **Verwendung finanzieller Mittel**. In unserem Eingangsbeispiel ist die Beschaffung des Handelsschiffs der klassische Fall einer Investition mit den markanten Merkmalen: **hoher Kapitalbedarf** und **langfristige Kapitalbindung**.

Man kann aber auch die ganze Expedition als Investitionsobjekt auffassen. Dabei lässt sich jede Investition als zeitliche Abfolge von Zahlungsvorgängen betrachten. Wie bei fast allen Investitionen steht auch hier am Anfang eine Auszahlung (Anschaffung Schiff, Heuer, Proviant, Waren), der zu späteren Zeitpunkten Einzahlungen (Verkaufserlöse der Waren, ggf. auch des Schiffs) folgen. Damit gelangt man zu folgender Definition:

> Von einer **Investition** spricht man, wenn die heutige Hingabe von Geld (= Auszahlung) in der Absicht erfolgt, mit dem Mitteleinsatz einen höheren Geldrückfluss (= Einzahlungen) in Zukunft zu erreichen.

Mit jeder Investitionsentscheidung stellt sich zwangsläufig die Finanzierungsfrage:

> Unter **Finanzierung** versteht man die Bereitstellung finanzieller Mittel, die zur Durchführung einer Investition benötigt werden.

Investitions- und Finanzierungsentscheidungen sind **untrennbar miteinander verbunden**. Jeder – vorsichtige – Häuslebauer weiß: Mit dem Erdaushub beginnt man erst, wenn die Gesamtkosten (= Investitionsvolumen) prognostiziert sind und die Finanzierung gesichert ist.

Zeitpunkt	Geschäftsvorfall aus Sicht des Unternehmens	Investitionsseite (Leistungssaldo)	Finanzierungsseite
t_0	• Bereitstellung Startkapital durch Kapitalgeber E_0 • Realisierung Investition A_0	– 1.000	+ 1.000
t_2	• Geldzufluss ($E_2 + L_2 - A_2$) • Geldabfluss an Kapitalgeber	+ 1.400	– 1.400

Abb. 2: Struktur des Zahlungsstroms

Der obige Fall der Handelsexpedition lässt sich beispielhaft mit Zahlen unterlegen, die in **Abb. 2** zusammengefasst werden: Bei Beginn der Expedition, also in t_0, ist der Leistungssaldo, also die Differenz von Einzahlungen und Auszahlungen, negativ. Es gibt eine Anfangsauszahlung A_0 in Höhe von – 1.000. In t_2, also am Ende der Expedition, gibt es Einzahlungen E_2 in Form von Verkaufserlösen der Waren. Fallen zu diesem Zeitpunkt auch Auszahlungen, z. B. durch Verkaufsspesen, an, bezeichnet man sie mit A_2.

1. Grundlagen

Wird auch das Schiff in t_2 verkauft, bezeichnet man den Liquidationserlös mit L_2. Der Leistungssaldo[1] in t_2, also $(E_2 + L_2 - A_2)$, beziffere sich in unserem Beispiel auf + 1.400.

Zur Finanzierung der Expedition muss in t_0 ein Startkapital von 1.000 bereitgestellt werden. Hat der Kaufmann sein Unternehmen gerade erst gegründet, muss das zur Investition benötigte Kapital von außen in den Betrieb eingebracht werden. Man nennt das **Außenfinanzierung**. Bringt er das benötigte Startkapital aus seinem eigenen Privatvermögen ein, handelt es sich um Eigenkapital; man spricht von **Eigenfinanzierung**. Muss er sich Kapital leihen, handelt es sich um Fremdkapital bzw. eine **Fremdfinanzierung**. Das eingebrachte Startkapital ist aus der Sicht des Unternehmens auf jeden Fall eine Einzahlung, die mit dem Vorzeichen + zu versehen ist.

In t_2 ergibt sich aus investitionstheoretischer Sicht eine Einzahlung (Kapitalrückfluss) von + 1.400. Wird das Unternehmen in t_2 eingestellt, wird das vorhandene Endvermögen von 1.400 an den oder die Kapitalgeber (Eigen- und Fremdkapitalgeber) zurückgezahlt. Für das Unternehmen ist dies mit einer Auszahlung von – 1.400 verbunden.

Abb. 2 macht deutlich: **Investition und Finanzierung sind zwei Seiten ein und derselben Medaille.** Eine Investition ist durch einen Zahlungsstrom gekennzeichnet, der mit einer Auszahlung beginnt und dem später Einzahlungen bzw. Einzahlungsüberschüsse folgen. Dagegen beginnt die Finanzierung mit einer entsprechenden Einzahlung und endet mit einer Auszahlung (an die Kapitalgeber). „Investition und Finanzierung unterscheiden sich … also nur durch das Vorzeichen der ersten Zahlung"[2].

Im obigen Beispiel erhält der Unternehmer bei Beendigung seiner Tätigkeit in t_2 als Eigenkapitalgeber vom Unternehmen eine Zahlung von 1.400. Dieser Betrag setzt sich aus:

- **Eigenkapitalrückzahlung** von 1.000
- **Eigenkapitalzuwachs** (= Gewinn) von 400

zusammen. Der **Gewinn** von 400 kann als Entgelt für die

- **Kapitalbereitstellung** von 1.000
- **Übernahme des unternehmerischen Verlustrisikos** (z. B. Totalverlust beim Untergang des Schiffes)

angesehen werden.

Geht man davon aus, dass die unternehmerische Tätigkeit nach Beendigung der Expedition in t_2 nicht eingestellt wird, kann der vorhandene Barmittelbestand in Höhe von 1.400 zur Finanzierung einer zweiten Expedition oder einer anderen Investition (z. B. Bau eines Lagerhauses) eingesetzt werden. Zwischen der ersten Investition in t_0 und der zweiten Investition in t_2 gibt es einen markanten Unterschied: Die Geldmittel zur Finanzierung der Investition kamen im

- ersten Fall in t_0 von Kapitalgebern außerhalb des Unternehmens (**= Außenfinanzierung**)
- zweiten Fall in t_2 aus dem betrieblichen Umsatzprozess (**= Innenfinanzierung**).

Der fünfte Abschnitt dieses Lehrbuchs befasst sich mit dem Zusammenwirken von Investitions- und Finanzierungsentscheidungen. Im Folgenden sollen die verschiedenen „Spielarten" von Investition und Finanzierung kurz erläutert werden. Gleichzeitig soll ein knapper inhaltlicher Ausblick auf die Folgekapitel gegeben werden.

---

[1] Es wird unterstellt, dass alle Zahlungen am Ende der Periode 2, also in t_2, anfallen.
[2] Schneider, D., Investition, 1992, S. 21.

Bei der **Gliederung** von **Investitionsalternativen** unterscheidet man zwischen folgenden Sachverhalten **(Abb. 3)**:

```
                          Investitionsarten

      Sach-                  Finanz-              Immaterielle
   investitionen          investitionen           Investitionen
        ↓                      ↓                       ↓
   Erwerb von              Erwerb von              Erwerb von
   • Grundstücken          • Wertpapieren          • Patenten
   • Maschinen             • Beteiligungen         • Konzessionen

                          Unternehmenskauf
```

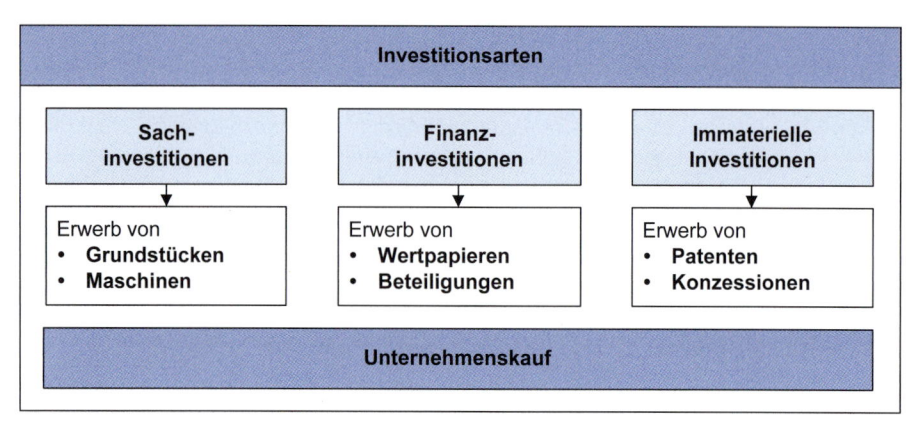

Abb. 3: Arten von Investitionen

Unternehmen tätigen Sach-, Finanz- oder immaterielle Investitionen in der Hoffnung auf

- **Geldrückflüsse** (Einzahlungen), welche die
- **Auszahlungen** für die Investition übersteigen.

Stehen mehrere, sich gegenseitig ausschließende Investitionsprojekte zur Wahl, gilt es, das Investitionsprojekt zu finden, das den größten Zuwachs an Shareholder Value (= Reinvermögensmehrung) in Aussicht stellt. Die damit einhergehende **Investitionsrechnung** wird im **2. Kapitel** dargestellt.

Als **Investition** kann auch der **Erwerb eines ganzen Unternehmens** angesehen werden. Der Käufer übernimmt dabei ein Vermögenskonglomerat, das aus Sach-, Finanz- und immateriellen Vermögensteilen besteht. Dabei richtet sich der vom Käufer bewilligte Kaufpreis nicht nach dem Substanzwert dieses Vermögenskonglomerats, sondern nach den Ertragsaussichten des Unternehmens, die man unter dem Begriff „Zukunftserfolgswert" zusammenfasst. Aspekte der **Unternehmensbewertung** werden im **3. Kapitel** thematisiert.

Der **Zusammenhang zwischen Investitions- und Finanzierungsvorgängen** lässt sich auch durch eine schematisierte Bilanz darstellen:

Aktiva	Bilanz	Passiva
Investitionsbereich		Kapitalbereich
Zahlungsbereich		

Abb. 4: Investitions- und Finanzierungszusammenhang

1. Grundlagen

Zum **Zahlungsbereich** gehören jederzeit verfügbare Geldbestände, also Kasse und Sichtguthaben. Alle übrigen Vermögenswerte, also Vorräte, Sachanlagen usw., werden dem **Investitionsbereich** zugeordnet. Der **Kapitalbereich** setzt sich aus Eigen- und Fremdkapitalpositionen zusammen.

Außenfinanzierung

Durch eine Eigenkapitaleinlage bzw. eine Kreditaufnahme vergrößert sich der Kapitalbereich. Entsprechend wächst der Zahlungsbereich.

Beim **Barkauf** eines Investitionsobjekts kommt es zu einem **Aktivtausch**: Der Investitionsbereich wird größer, der Zahlungsbereich wird kleiner. Bei einem **kreditfinanzierten Kauf** kommt es zu einer sog. **Bilanzverlängerung** durch Ausweitung des Investitionsbereichs und des Kapitalbereichs.

Innenfinanzierung

Durch **Barverkauf** eines Gegenstands aus dem Investitionsbereich (z. B. einer Maschine) kommt es zu einem **Aktivtausch** zugunsten des Zahlungsbereichs. Durch diese Desinvestition erhöhen sich der Zahlungsmittelbestand und damit das Innenfinanzierungsvolumen.

Umfinanzierung

Durch einen **Passivtausch**, z. B. Einlösung von Lieferantenverbindlichkeiten bei gleichzeitiger Aufnahme eines Darlehens, ändert sich die Kapitalbereitstellung nicht im Volumen, wohl aber in der Struktur.

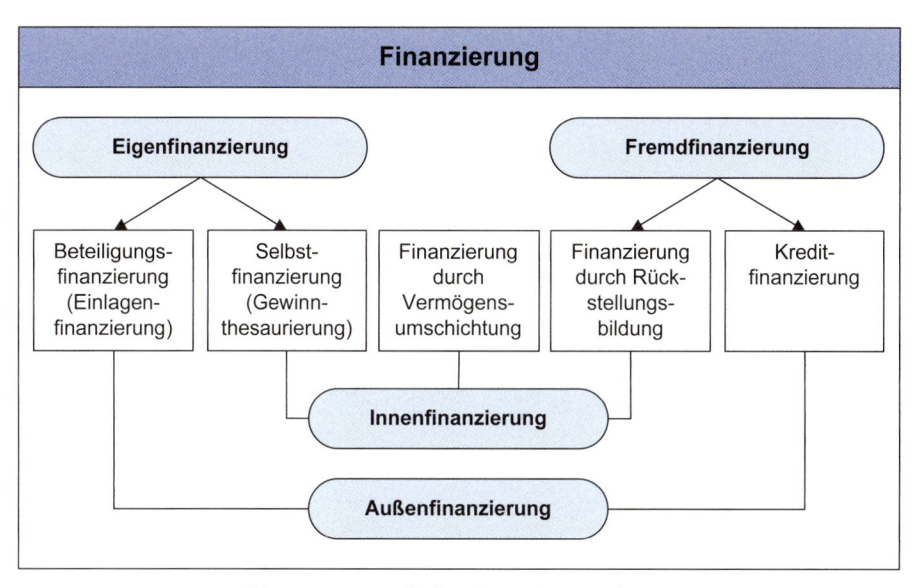

Abb. 5: Systematik der Finanzierungsformen

Finanzierung bedeutet: **Bereitstellung von Geld zur Durchführung einer Investition**. Die **Abb. 5** unterteilt die Gesamtheit aller Finanzierungsmöglichkeiten nach zwei unterschiedlichen Kriterien: Unterschieden nach

- der **Rechtsstellung der Kapitalgeber** folgt die Einteilung **Eigenfinanzierung/ Fremdfinanzierung**

- der **Herkunft der Mittel** folgt die Einteilung **Innenfinanzierung/Außenfinanzierung**.

Die **Außenfinanzierung** wird weiter behandelt im

- **5. Kapitel:** Quellen der Außenfinanzierung
- **6. Kapitel:** Mittelbare Finanzierung über Fondsgesellschaften
- **7. Kapitel:** Kapitalerhöhung und Kapitalherabsetzung.

Im Gegensatz zur Außenfinanzierung, bei der dem Unternehmen zusätzliche Finanzmittel von außen zugeführt werden, beruht die **Innenfinanzierung** auf der Verhinderung eines Zahlungsmittelabflusses aus dem Unternehmen. Die damit einhergehende **Erweiterung des Zahlungsbereichs** kann durch

- **Einbehaltung von Gewinnen**
- **Bildung von Rückstellungen**
- **Vermögensumschichtung** (vom Investitionsbereich zum Zahlungsbereich)

erfolgen. Eine Finanzierung aus Vermögensumschichtung lässt sich weder der Eigen- noch der Fremdfinanzierung zuordnen. Der **Finanzierung aus Vermögensumschichtung** begegnet man z. B. in Form

- des **Verkaufs von Gegenständen** des Sach- oder Finanzanlagevermögens
- der **Finanzierung aus Abschreibungen**.

Die verschiedenen Formen der Innenfinanzierung werden im **8. Kapitel** behandelt.

Im marktwirtschaftlichen Wettbewerb streben Unternehmen nach langfristiger Gewinnmaximierung, bei gleichzeitiger Wahrung des finanziellen Gleichgewichts. Eine nachhaltige Störung des finanziellen Gleichgewichts führt meistens zur Zahlungsunfähigkeit und damit in die Insolvenz[1], d. h. zum Ende unternehmerischer Tätigkeit. Die **Finanzplanung** hat die Aufgabe, die **Zahlungsfähigkeit des Unternehmens zu sichern**. Die damit zusammenhängenden Probleme werden im **4. Kapitel** behandelt.

Sind die unternehmerischen Entscheidungen in den übrigen Planungsbereichen, also in der Absatz-, Beschaffungs-, Produktions- und Investitionsplanung, gefallen, kommt es bei der **Finanzierungsplanung** darauf an, die **Kosten** und die **Risiken** der zur Wahl stehenden Finanzierungsalternativen gegeneinander **abzuwägen**. Zu diesem Zweck widmet sich das abschließende **9. Kapitel** dem Problemkomplex der **Optimierung der finanzierungspolitischen Instrumente**.

2. Investitionsplanung und Investitionsrechnung

2.1 Grundlagen

Die Investitionsplanung ist Bestandteil der Unternehmensgesamtplanung. Gegenstand der Investitionsplanung ist die

- **Optimierung** der Investitionsentscheidung
- **Realisierung** des Investitionsprojekts
- **Kontrolle** der Investitionsdurchführung.

---

[1] Zur Insolvenz vgl. S. 262 ff.

2. Investitionsplanung und Investitionsrechnung

Der Investitionsplanung kommt **in Theorie und Praxis große Bedeutung** zu, weil Investitionsentscheidungen i. d. R. mit

- **hohem Kapitaleinsatz**
- **langfristiger Kapitalbindung**
- **weitreichenden Wirkungen** in andere Unternehmensbereiche

verbunden sind. Zum letzten Punkt: Wenn bei der Investitionsplanung die künftigen Folgen einer Investition im Produktions-, Absatz- und Finanzierungsbereich nicht berücksichtigt werden, ist die Gefahr der **Fehlinvestition** sehr groß.

> Von einer **Fehlinvestition** spricht man dann, wenn die tatsächlichen Kapitalrückflüsse so weit hinter den ursprünglichen Erwartungen zurückbleiben, dass sich der Investor nachträglich betrachtet mit der Nichtdurchführung der Investition besser gestellt hätte.

Wie jede Planung ist auch die Investitionsplanung ein stufenweiser Prozess, der sich – wie in **Abb. 6** dargestellt – in folgende Planungsschritte[1] einteilen lässt:

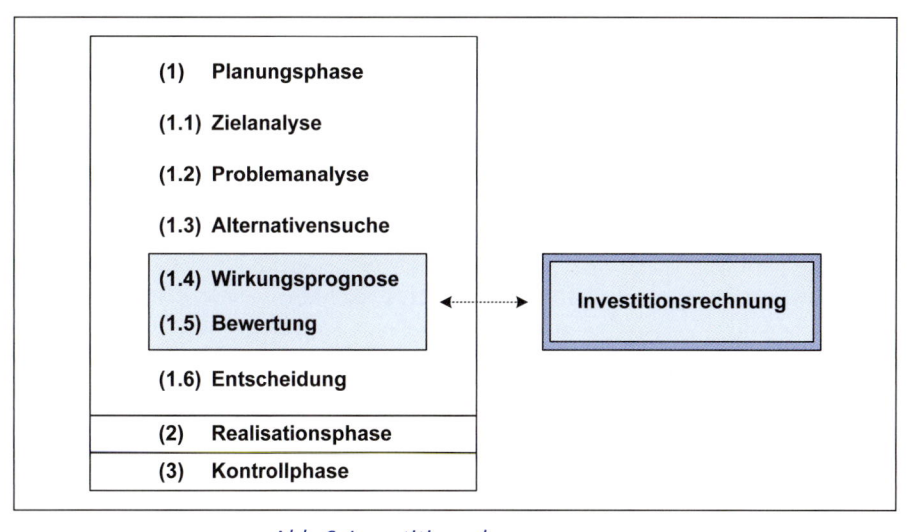

Abb. 6: Investitionsplanungsprozess

(1) Planungsphase

(1.1) Zielanalyse

Unter den von einem Unternehmen verfolgten **monetären** Zielen nimmt die langfristige Gewinnmaximierung eine herausragende Stellung ein. Daneben verfolgen Unternehmen **nichtmonetäre Ziele**, wie das Streben nach Macht, Sicherheit, sozialer Anerkennung, Traditionspflege usw. Unternehmerische Planungsrechnungen orientieren sich vorzugsweise an monetären Zielvorgaben, während nichtmonetäre Nebenziele oft nur unbewusst oder als Nebenbedingungen berücksichtigt werden.

---

[1] Nach weit verbreiteter Auffassung gehören die Realisationsphase und die Kontrollphase nicht mehr zum Planungsprozess. Wegen ihrer Rückwirkungen auf den Planungsprozess werden sie aber hier in die Betrachtung einbezogen.

Die folgenden Schritte der Investitionsplanung orientieren sich ausschließlich am Ziel der langfristigen Gewinnmaximierung. Erst im Zuge der endgültigen „(1.6) Entscheidung" werden die infrage kommenden Alternativen auch unter nichtmonetären Gesichtspunkten betrachtet.

(1.2) Problemanalyse

Im Zuge der Problemanalyse verschafft sich der Investor Klarheit über die Unternehmens- und Umweltsituation, die ihn zu einer Investitionsentscheidung drängt. Für ein Unternehmen, das auf hohen Liquiditätsüberschüssen sitzt, in seiner angestammten Sparte aber keine Chancen sieht, stellt sich die Investitionsproblematik ganz anders dar als für einen erfindungsreichen Jungunternehmer, der sich mit innovativen Investitionen interessante Marktnischen erschließen könnte, der in Kreditgesprächen aber immer wieder erfährt, dass Kreativität einen geringen Beleihungswert hat.

(1.3) Alternativensuche

Der eben angesprochene Jungunternehmer möchte Sachinvestitionen tätigen, hat aber kein Geld. Das hochliquide Unternehmen hat Geld, aber keine (erfolgversprechenden) Sachinvestitionsalternativen. Hier bleibt oft nur der Ausweg in Finanzinvestitionen.

Im Mittelpunkt der Literatur zur Investitionsplanung und -rechnung stehen **Sachinvestitionen**.[1] Sie lassen sich unterteilen in:

- **Ersatzinvestitionen**
- **Rationalisierungsinvestitionen**
- **Erweiterungsinvestitionen**

Die beiden letztgenannten Investitionsvarianten haben kapazitätserhöhende Wirkung, wodurch sich die Erlösseite der Unternehmung verändert. Bei **Ersatzinvestitionen** kann man sich dagegen auf einen Vergleich der Auszahlungen bzw. Kosten zwischen Alt- und Neuanlage beschränken, weil die **Erlösseite konstant** bleibt.

Planung ist immer mit Kosten verbunden. Die Anzahl der im Planungsprozess berücksichtigten Investitionsalternativen hat entscheidenden Einfluss auf die Höhe der Planungskosten. In der Planungspraxis wird man sich bei der Alternativensuche (und -bewertung) einschränken. Durch die **Nichtberücksichtigung** von **Investitionsalternativen** spart man einerseits Planungskosten, andererseits nimmt man **suboptimale Lösungen** in Kauf.

(1.4) Wirkungsprognose

Investitionsentscheidungen haben vielfältige Wirkungen, z. B. auf die Produktionstechnik, die Umwelt, die Beanspruchung der Arbeitnehmer usw. Im Investitionskalkül bleiben diese Investitionswirkungen – zunächst – unberücksichtigt. Im Vordergrund steht die Frage, wie sich die geplante Investition auf die Zielgröße, den langfristigen Gewinn, auswirkt. Will man die **gewinnmäßigen Auswirkungen** einer Investition messen, braucht man ähnlich wie bei der Temperaturmessung einen Bezugswert, einen Nullpunkt, einen Eichstrich. Als Eichstrich zur Messung der Investitionswirkungen gilt üblicherweise die **Unterlassensalternative**, d.h. die Nichtdurchführung der Investition. Je nach Lage der Dinge kann die Unterlassensalternative im Nichtstun oder im Unterlassen der Investition bei anderweitiger Anlage der knappen Geldmittel, z. B. einer Geldanlage am Kapitalmarkt, gesehen werden.

---

[1] Sachinvestitionen werfen bezüglich ihrer Bewertung, insb. bei der Abgrenzung der Zahlungsströme, weitaus größere Probleme auf als Finanzinvestitionen.

(1.5) Bewertung

Hat man ihre gewinnmäßigen Wirkungen erst einmal ermittelt, ist es verhältnismäßig einfach, die Investitionsalternativen $I_1, I_2 \ldots I_n$ zu bewerten. Im Falle einer reinen Ersatzinvestition, bei der die Investitionsentscheidung keinen Einfluss auf die Erlösseite hat, weil diese im Realisierungsfall (Neuanlage) genauso aussieht wie bei der Unterlassensalternative (Altanlage), können die Bewertungsziffern aus der Negativkomponente (Kosten bzw. Auszahlungen) abgeleitet werden.

Ist dagegen von der Investitionsentscheidung auch die Erlösseite betroffen, muss der Differenzwert zwischen positiver Erfolgskomponente (Erträge, Einzahlungen) und negativer Erfolgskomponente (Kosten, Auszahlungen) als Bewertungsziffer herangezogen werden.

> Die **Investitionsrechnung** hat die Aufgabe, die finanziellen Wirkungen einer geplanten Investition zu prognostizieren und die dabei gewonnenen monetären Daten so zu verdichten, dass eine zielkonforme Investitionsentscheidung getroffen werden kann.

Die Investitionsrechnung ist damit ein wichtiger Baustein der Investitionsplanung. Die Investitionsrechnung steht sowohl in der Unternehmenspraxis als auch in der einschlägigen Literatur[1] im Mittelpunkt der Investitionsplanung. Dieser Tatsache trägt auch das vorliegende Lehrbuch Rechnung: In den folgenden beiden Unterkapiteln werden die Verfahren der statischen, vor allem aber der dynamischen Investitionsrechnung ausführlich behandelt.

(1.6) Entscheidung

Mit der Entscheidung für eine der Investitionsalternativen $I_1, I_2 \ldots I_n$ endet der Planungsprozess im engeren Sinne. Die Entscheidung wird einerseits nach den Ergebnissen der **Investitionsrechnung**, d.h. nach den aus der monetären Zielgröße abgeleiteten Wertziffern, andererseits unter **Hinzuziehung nichtmonetärer Beurteilungsmaßstäbe** getroffen. So kann es z.B. durchaus vorkommen, dass sich ein Traditionsunternehmen für eine Betriebserweiterung am angestammten Standort entscheidet, obwohl die Investitionsrechnung die Gründung einer Betriebsstätte in einem Niedriglohnland als die gewinnträchtigere Investitionsalternative ausweist.

(2) Realisationsphase

In der Realisationsphase geht es darum, das in Stufe 1.6 verabschiedete Investitionsprojekt unter **Einhaltung** der technischen Standards und des geplanten **Finanz- und Zeitrahmens** zu realisieren.

(3) Kontrollphase

Während der Investitionsdauer hat der Investor Gelegenheit, die in der Bewertungsphase geplanten Erfolgsbeiträge mit den tatsächlich eingetretenen Erfolgsbeiträgen zu vergleichen. Ein solcher **Soll-Ist-Vergleich** ist in zweifacher Hinsicht wichtig: Einerseits kann man bei negativen Istabweichungen versuchen, beim konkreten Investitionsobjekt **gegenzusteuern**. Zweitens befähigen der Soll-Ist-Vergleich und die mit ihm verbundene Abweichungsanalyse den Investor bei künftigen Investitionsbeurteilungen zu einer **besseren Prognose**.

Bisher wurde nur die **Optimierung von Einzelprojekten**, also die in **Abb. 7** dargestellte Planungsebene (3), behandelt. Fasst man die in einem Jahr zu realisierenden Investitionsprojekte (Planungsebene 3) zusammen, erhält man das **Investitionsbudget**.

---

[1] Zur Vertiefung vgl. für viele andere Kruschwitz, L., Investitionsrechnung, 2014.

Planungsebene	Planungsgegenstand
(1) strategisch	Erstellung eines langfristigen Investitionsplans (5 bis 10 Jahre)
(2) taktisch/operativ	Verabschiedung eines einjährigen Investitionsplans — **Investitionsbudget**
(3) taktisch/operativ	Entscheidung über einzelne Investitionsprojekte: I_1, I_2, I_3, I_4

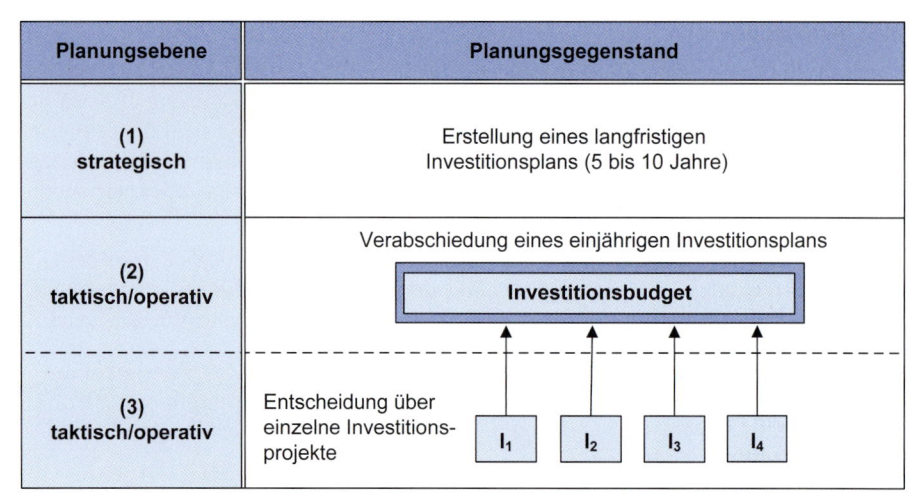

Abb. 7: Ebenen der Investitionsplanung

Das Investitionsbudget muss mit der Finanzplanung abgestimmt sein. Es ist der Schlussstein der **einjährigen Investitionsplanung** (Ebene 2). Der **langfristige Investitionsplan** (Ebene 1) ist ein strategischer Rahmenplan, der für die taktisch-operative Planungsebene Vorgabecharakter hat. Der strategische Investitionsplan (1) wird von der Unternehmensleitung verabschiedet. Die taktisch-operative Planung auf Jahresebene (Ebene 2 und 3) liegt auf der Funktionsbereichsebene (Anlagenwirtschaft/Finanzen).

2.2 Investitionsrechnung im Zahlungstableau

Die Investitionsrechnung (Wirtschaftlichkeitsrechnung) hat die Aufgabe, den künftigen Investitionserfolg zu prognostizieren und zu bewerten. Zum Zweck der Vorteilhaftigkeitsbeurteilung bedient man sich in der Unternehmenspraxis verschiedener Verfahren, d. h. der

- **statischen Investitionsrechnung**
- **dynamischen Investitionsrechnung**,

die in den nächsten beiden Unterkapiteln dargestellt werden. Diese beiden unterschiedlichen Verfahren der Investitionsrechnung kann man besser verstehen, wenn man alle aus einem Investitionsprojekt resultierenden Ein- und Auszahlungen in einer Tabelle, einer Art Kontokorrent, zusammenfasst.

Erstellt man dieses Zahlungstableau ex post, erhält man eine Ergebnisrechnung mit tatsächlich realisierten Zahlungen. Da eine Investitionsrechnung vor der Investitionsentscheidung zu erstellen ist, muss man in einer **Ex-ante-Rechnung** folgende **Werte für die einzelnen Perioden t = 1 ... n der Investition prognostizieren**

- die Einzahlungen E_t
- die Auszahlungen A_t
- die Investitionsdauer n
- den Liquidationserlös der Anlage L_n
- den Kalkulationszinsfuß/-satz i.

2. Investitionsplanung und Investitionsrechnung

Die Einzahlungen E_t basieren bei einer Sachinvestition im Wesentlichen auf Umsatzerlösen, die Auszahlungen A_t auf Zahlungen für Lohn, Material, Energie, Reparaturen usw. In investitionsrechnerischen Modellen wird üblicherweise unterstellt, dass die Ein- bzw. Auszahlungen jeweils zum Periodenende anfallen.

Die in t_0 anfallende Anschaffungsauszahlung A_0 für das Investitionsprojekt ist in jedem Fall bekannt. In einem **Modell unter Sicherheit**, von dem das folgende Beispiel ausgeht, gelten auch die Größen E_t, A_t, n, L_n und i als in t_0 bekannt.

Zeitpunkt	t_0	t_1	t_2
Anschaffungsauszahlung A_0	– 1.000		
Einzahlungen E_t		+ 500	+ 900
Auszahlungen A_t		– 400	– 200
Liquidationserlös L_n			+ 600
Kreditaufnahme	+ 1.000		
Kredittilgung			– 1.000
Fremdkapitalzins i		10 Prozent	
Investitionsdauer n		2 Jahre	

Abb. 8: Ausgangsdaten Investitionsprojekt I

Das Projekt ist vollständig fremdfinanziert; der Kredit wird in t_2 zurückgezahlt. Aus diesen (sicheren) Erwartungsgrößen lässt sich folgendes Zahlungstableau ableiten:

Zeitpunkt	Zahlungsvorgang	Betrag
t_0	Geldzufluss Kreditaufnahme (Einzahlung)	+ 1.000
t_0	Anschaffungsauszahlung A_0	– 1.000
t_1	E_1	+ 500
t_1	A_1	– 400
t_1	Fremdkapitalzinsen (Auszahlung in Periode 1)	– 100
t_1	Bestand Schulden (–) / Guthaben (+)	0
t_2	E_2	+ 900
t_2	A_2	– 200
t_2	Fremdkapitalzinsen (Auszahlung in Periode 2)	– 100
t_2	Liquidationserlös L_n	+ 600
t_2	Kredittilgung (Auszahlung)	– 1.000
t_2	**Bestand Schulden (–) / Guthaben (+)**	**+ 200**

Abb. 9: Zahlungstableau Investitionsprojekt I

Im obigen Beispiel reichen die Einzahlungen (E_t, L_n) aus, die laufenden Auszahlungen A_t, die Fremdkapitalzinsen und die Kredittilgung abzudecken. Darüber hinaus steht dem Investor in t_2 ein Guthaben von 200 zur Verfügung.

Wie steht es um die Vorteilhaftigkeit dieses Investitionsprojekts? Der Investor hat kein Eigenkapital eingesetzt. Sein Reinvermögen in t_0 war also null. Sein Reinvermögen in t_2 beträgt + 200. Im Reinvermögenszuwachs (= Gewinn) von + 200 konkretisiert sich der Investitionserfolg. Geht man von einem festen Reinvermögen (= Eigenkapital) in t_0 aus und stellt man diesem EK_0 das Eigenkapital am Ende des Investitionszeitraums EK_n gegenüber, beziffert sich der **Investitionserfolg** Δ_I auf:

$$\Delta_I = EK_n - EK_0$$

Ausgehend vom Ziel der **langfristigen Gewinnmaximierung** geht es bei Investitionsentscheidungen darum, die Größe Δ_I zu maximieren, denn Δ_I zeigt an, welchen Wertbeitrag das Investitionsobjekt I zur **Steigerung des Shareholder Value**, also zur Eigenkapitalmehrung, leistet. Da aber das zu Beginn des Planungszeitraums vorhandene Eigenkapital EK_0 eine konstante Größe ist, gelangt man auf zwei Wegen zur optimalen Investitionsentscheidung: Zum einen über die Gewinnmaximierung (Δ_I max!), zum anderen über die **Endvermögensmaximierung** (EK_n max!).[1]

Auch im Falle der Eigenfinanzierung lässt sich die Vorteilhaftigkeit einer Investition durch ein Zahlungstableau ermitteln. In diesem Zusammenhang stellt sich für den Eigenkapitaleinsatz die Opportunitätskostenfrage. Zur Lösung dieses Problems findet sich ein Beispiel im zugehörigen Übungsbuch. (**ÜB 5/20–21**)

2.3 Statische Verfahren der Investitionsrechnung

2.3.1 Überblick

Eine Optimierung von Investitionsentscheidungen ist – wie oben gezeigt wurde – mit Hilfe eines vollständigen Zahlungstableaus möglich, wenn die Investitionsdauer sowie die Höhe und der Zeitpunkt aller investitionsrelevanten Ein- und Auszahlungen prognostiziert werden können. Um diesen in der Tat beachtlichen Prognoseaufwand zu vermeiden, hat die Unternehmenspraxis **vereinfachte Rechenverfahren** entwickelt, die in der Literatur[2] unter der Bezeichnung „Praktikerverfahren", „Hilfsverfahren der Praxis" oder „statische Investitionsrechnung" behandelt werden.

Mit Hilfe der statischen Verfahren will man **Investitionswahlentscheidungen optimieren**. Man möchte also feststellen, ob die zu beurteilende Investition I günstiger ist als die Unterlassensalternative (Ja-/Nein-Entscheidung) bzw. welches von mehreren sich gegenseitig ausschließenden Projekten $I_1, I_2 \ldots I_n$ das vorteilhafteste ist. Sollte sich im Folgenden herausstellen, dass die statischen Verfahren bei geringerem Prognoseaufwand (= Planungskosten) immer zum gleichen Optimierungsergebnis kommen wie das exakte, weil zielkonforme Zahlungstableau, wären sie das effizientere Rechenverfahren.

Hinsichtlich der verwendeten Rechengrößen und der Anzahl der Planungsperioden (Jahre) unterscheidet man folgende Verfahren:

---

[1] Zum weitergehenden Zusammenhang zwischen Entnahmestrom sowie Gewinn- und Endvermögensmaximierung vgl. Kruschwitz, L., Investitionsrechnung, 2014, S. 11 ff.

[2] Zu den statischen Verfahren vgl. insb. Blohm/Lüder/Schaefer, Investition, 2012, S. 130 ff.

Statische Verfahren	Rechengrößen	Anzahl der Planungsperioden
2.3.2 Kostenvergleichsrechnung	Kosten	eine
2.3.3 Gewinnvergleichsrechnung	Kosten und Erlöse	eine
2.3.4 Rentabilitätsvergleichsrechnung	Kosten und Erlöse	eine
2.3.5 Amortisationsrechnung	Einzahlungen und Auszahlungen	mehrere, maximal n

Abb. 10: Charakteristika statischer Verfahren der Investitionsrechnung

Die statischen Verfahren erfreuen sich in der Praxis noch immer großer Beliebtheit, obwohl sie wegen ihrer Fehleranfälligkeit in zunehmendem Maße durch die dynamischen Verfahren verdrängt werden. Mit Ausnahme der Amortisationsrechnung gewinnen sie ihre Planungsgrößen aus der Kosten- und Erlösrechnung (seltener aus dem externen Rechnungswesen). Die drei einperiodigen Verfahren stützen sich bei der Investitionsbeurteilung auf die Auswertung der Rechengrößen einer Periode. Dies ist entweder das erste Jahr der Nutzungsdauer oder eine – fiktive – **Repräsentativperiode**, welche z. B. im Rahmen einer Durchschnittsbetrachtung ermittelt werden kann. (**ÜB** 5/1–5)

2.3.2 Kostenvergleichsrechnung

Die Kostenvergleichsrechnung will vorzugsweise die Frage nach der **Vorteilhaftigkeit** einer **Ersatzinvestition** (Vergleich: Altanlage/Neuanlage) beantworten. Darüber hinaus will sie Auskunft über die Vorteilhaftigkeit mehrerer **vergleichbarer Erweiterungsinvestitionen** geben. Dabei soll sich der Investor für die Anlage mit den minimalen Kosten[1] entscheiden. Die Beschränkung auf den Kostenvergleich setzt die Entscheidungsirrelevanz der Erlösseite voraus; die **Erlöse** müssen also bei allen betrachteten Investitionsalternativen **gleich hoch** sein.

Kostenart	Anlage I_1	Anlage I_2
1. Aufwandsgleiche Betriebskosten	...	...
1.1 Personalkosten	...	...
1.2 Reparaturkosten	...	...
1.3 Energiekosten	...	...
1.4 Materialkosten	...	...
1.5 Raumkosten usw.	...	...
2. Kalkulatorische Abschreibungen	...	...
3. Kalkulatorische Zinsen	...	...
Gesamtkosten	K_1	K_2

Abb. 11: Schema der Kostenvergleichsrechnung

---

[1] Beim angestrebten Kostenminimum kann es sich um einen Vergleich auf Stückkostenbasis oder auf Jahreskostenbasis handeln.

Beim Vorteilhaftigkeitsvergleich der Anlagen I_1 und I_2 vergleicht man die mit dem Anlageneinsatz einhergehenden Kostenwerte K_1 und K_2 nach dem Schema in **Abb. 11**.

Mit Hilfe der kalkulatorischen Abschreibung will man den Wertverzehr an der jeweiligen Anlage berücksichtigen.[1] Dabei geht man von einem kontinuierlichen Wertverzehr aus. Im einfachsten Fall ermittelt man die kalkulatorische Abschreibung wie folgt:

$$\text{Kalkulatorische Abschreibung} = \frac{A_0}{n}$$

Unabhängig von der Eigen- bzw. Fremdfinanzierung ermittelt man kalkulatorische Zinsen nach der Durchschnittsmethode.[2] Diese werden also nach Maßgabe des durchschnittlich gebundenen Kapitals ermittelt, im einfachsten Fall als:

$$\text{Kalkulatorische Zinsen} = \frac{A_0}{2} \cdot i$$

Wer eine Investitionsentscheidung nach diesem Rechenverfahren trifft, geht ein erhebliches Risiko ein: Er kennt zwar die kostengünstigste Alternative, weiß aber nicht, ob die erzielbaren Erlöse zur Kostendeckung ausreichen. (**ÜB 5/1**)

2.3.3 Gewinnvergleichsrechnung

Ist der bewertete Output der zu vergleichenden Investitionsprojekte $I_1, I_2 \ldots I_n$ nicht identisch, sind die Ergebnisse der Kostenvergleichsrechnung unbrauchbar. Die Erlösseite muss berücksichtigt werden. Darum bemüht sich die Gewinnvergleichsrechnung.

Nach der Gewinnvergleichsrechnung ermittelt man für die Investitionsalternativen $I_1, I_2 \ldots I_n$ die jeweiligen **Gewinne für eine repräsentative Periode** $G_1, G_2 \ldots G_n$. Die Gewinndefinition lautet:

$$G = E - K$$

wobei E für die dem Projekt zurechenbaren Erlöse einer Periode steht und die Kosten K nach dem in **Abb. 11** dargestellten Schema zu ermitteln sind.

Wird nur ein einziges Projekt beurteilt, entscheidet man sich für die Realisierung, wenn der ermittelte Gewinnwert G positiv ist bzw. wenn er einen gewünschten Mindestgewinn übersteigt. Hat man zwischen mehreren konkurrierenden Projekten $I_1, I_2 \ldots I_n$ zu wählen, entscheidet man sich für das Projekt mit dem höchsten Gewinnwert G, sofern dieser positiv ist. (**ÜB 5/2**)

2.3.4 Rentabilitätsvergleichsrechnung

Werden im Wege der Gewinnvergleichsrechnung die beiden Alternativen I_1 und I_2 verglichen, wobei $G_1 = +\ 300$ und $G_2 = +\ 320$, so kann man sich nicht ohne weiteres

---

[1] Vgl. hierzu S. 867 ff.
[2] Vgl. hierzu S. 871 ff.

für I_2 entscheiden, wenn der erforderliche Kapitaleinsatz A_0 mit $A_0^1 = 5.000$ und $A_0^2 = 10.000$ stark differierende Werte ausweist. Dieser Kapitaldifferenzierung möchte die Rentabilitätsrechnung gerecht werden. Sie setzt deshalb eine korrigierte Gewinngröße G_p (pagatorischer Gewinn) ins Verhältnis zum durchschnittlich gebundenen Kapital, so dass sich eine Rentabilitätskennziffer ergibt, die in ihrem Aufbau der Gesamtkapitalrentabilität[1] ähnelt:

$$\text{Rentabilität } r = \frac{\text{korrigierter Gewinn } G_p}{\text{durchschn. gebundenes Kapital}} \; [\%]$$

Wie bei der Steuerungsgröße der Gewinnvergleichsrechnung bezieht sich die Gewinngröße auf eine repräsentative Periode. Zwischen der originären Gewinngröße G und der korrigierten Gewinngröße G_p besteht folgender Zusammenhang:

$$\begin{array}{l} \text{originärer Gewinn } G \\ + \text{ kalkulatorische Zinsen } \frac{A_0}{2} \cdot i \\ \hline = \text{ korrigierter Gewinn } G_p \end{array}$$

Der **korrigierte Gewinn G_p** ist also der Gewinn vor Abzug von Fremdkapital- bzw. kalkulatorischen Eigenkapitalzinsen. Bei vollständiger Eigenfinanzierung ist der korrigierte Gewinn G_p das Entgelt, welches der Unternehmer für die Bereitstellung von Eigenkapital und die damit verbundene Übernahme des Unternehmerrisikos erhält.[2] Wie bei der Darstellung der Kostenvergleichsrechnung gezeigt wurde, entspricht die **durchschnittliche Kapitalbindung** im einfachsten Fall der halben Anschaffungsauszahlung, also $(A_0 : 2)$.

Im Zuge der Rentabilitätsvergleichsrechnung vergleicht man die projektabhängige Rentabilität r mit der vom Investor gewünschten Mindestverzinsung i. Ist r größer als i, wird die Investition realisiert. Die **gewünschte Mindestverzinsung i** kann als **Kalkulationszinsfuß**, d. h. als Kapitalkostenäquivalent, interpretiert werden. (ÜB 5/3–4)

2.3.5 Amortisationsrechnung

Als einziges der Praktikerverfahren schaut die Amortisationsrechnung – auch **Pay-off-Methode** genannt – über den Tellerrand einer repräsentativen Einzelperiode hinaus. Ein weiterer Unterschied besteht darin, dass die Amortisationsrechnung nicht mit den Rechengrößen der Kosten- und Erlösrechnung, sondern mit **Ein- und Auszahlungen** E_t und A_t arbeitet. Der Einzahlungsüberschuss einer Periode, also $E_t - A_t$, wird im Folgenden mit dem Symbol EÜ bezeichnet.

Eine „**Normalinvestition**" ist idealtypisch dadurch gekennzeichnet, dass nach dem Investitionszeitpunkt t_0 mit seiner Auszahlung A_0 nur noch positive Einzahlungsüberschüsse EÜ anfallen. Weisen die prognostizierten EÜ-Werte im Zeitverlauf keine großen Schwankungen auf, kann man für EÜ, wie im Folgenden dargestellt, von einem repräsentativen Periodendurchschnittswert ausgehen.

---

[1] Zur Ermittlung der Gesamtkapitalrentabilität vgl. S. 39.
[2] So gesehen enthält der originäre Gewinn G nur die Prämie für die Übernahme des Unternehmerrisikos.

Die Amortisationsrechnung will feststellen, wie viele Perioden es dauert, bis sich die **Anschaffungsauszahlung A_0** durch Kapitalrückflüsse EÜ **amortisiert** hat. Liegen z. B. die jährlichen Einzahlungsüberschüsse bei 25.000 und beträgt die Anschaffungsauszahlung A_0 100.000, dann beziffert sich die Amortisationsdauer auf vier Jahre:

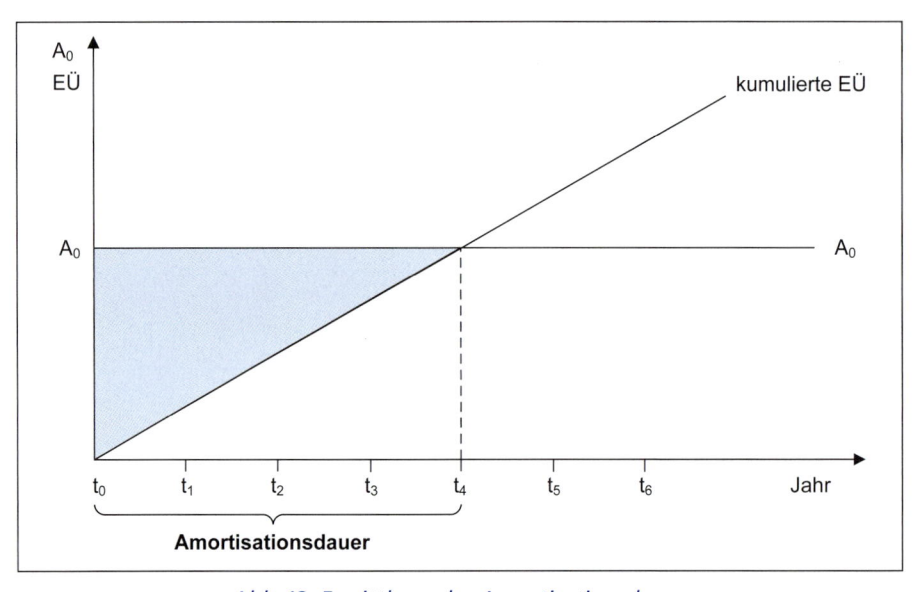

Abb. 12: Ermittlung der Amortisationsdauer

In weiten Bereichen der Unternehmenspraxis herrscht die Vorstellung, dass eine Investition ein Fehlschlag ist, wenn sie vor Erreichen der Amortisationsdauer, also im farbigen Bereich, abgebrochen werden muss. Hat der Investor dagegen erst einmal den vom Ende der Amortisationsdauer markierten Schwellenwert überschritten, betritt er nach landläufiger Vorstellung die ersehnte Gewinnzone. Der **risikoscheue Investor** ist bei vordergründiger Betrachtungsweise daran interessiert, Investitionen mit möglichst **kurzer Amortisationsdauer** zu tätigen, um nur möglichst schnell aus der Gefahrenzone zu kommen. Bei diesem Praktikerverfahren vergleicht der Investor die errechnete Amortisationsdauer mit einer **Soll-Amortisationsdauer**. Liegt die errechnete Amortisationsdauer unter der subjektiv gewünschten Soll-Amortisationsdauer, wird die Investition durchgeführt. (**ÜB 5/5**)

2.3.6 Zusammenfassende Kritik

Statisch einperiodige Investitionsrechnungen gehen von einer
- **fiktiven Jahres-Abrechnungsperiode**
- **periodisierten Erfolgsgröße (Kosten/Erlöse/Gewinne)**

aus. An diesen beiden Merkmalen statischer Rechenverfahren lässt sich die zusammenfassende Kritik[1] festmachen.

---

[1] Zur Vertiefung vgl. Kruschwitz, L., Investitionsrechnung, 2014, S. 29 ff.

Wer im Interesse der Planungsbequemlichkeit die Rechnung auf eine **repräsentative Einzelperiode** bezieht, bezahlt mit einem schwerwiegenden Verzicht auf Planungsgenauigkeit. Welche Einzelperiode des Planungszeitraums repräsentativ sein soll, lässt sich auf zweifachem Weg bestimmen: entweder nach subjektivem Ermessen, zu Deutsch: **willkürlich**, oder durch gezielte Auswahl bei der Beurteilung der **Ergebnisziffern aller Planeinzelperioden**. Der erste Weg ist indiskutabel, der zweite plausibel, aber trotzdem problematisch. Zum einen geht ein Großteil der Planungsbequemlichkeit verloren, wenn ohnehin alle Planperioden analysiert werden. Zum anderen ist man auch hierbei vor Fehlentscheidungen nicht sicher, wie folgendes Beispiel einer Gewinnvergleichsrechnung zeigt:

Investition \ Periode	1	2	3	4	Durchschnittsgewinn
I_1	100	500	900	1.300	**+ 700**
I_2	1.300	900	500	80	**+ 695**

Abb. 13: Beispiel einer Gewinnvergleichsrechnung

Berechnet man den Gewinn der repräsentativen Einzelperiode als Durchschnittsgewinn, muss man sich für I_1 entscheiden. Betrachtet man aber die zeitliche Struktur der Gewinnziffern und unterstellt, dass der geplante Gewinn pro Periode mit dem Einzahlungsüberschuss pro Periode identisch ist, wird man sich für I_2 entscheiden, weil man für hohe Rückflüsse in der **Gegenwart** eine größere **Präferenz** hat als für hohe Rückflüsse in einer ferneren Zukunft. Man kann es auch so sagen: Der statische Charakter der Rechnungen vernachlässigt die intertemporären Ergebnisunterschiede, die – wie man im nächsten Unterkapitel sehen kann – bei den dynamischen Verfahren der Investitionsrechnung durch die Berücksichtigung von Zins und Zinseszins erfasst werden.

Ein weiteres Manko der einperiodigen Verfahren liegt in der Auswahl der **Rechengrößen Kosten/Erlöse** (bzw. Gewinne). Es gibt

- **Kosten, die nicht auszahlungsgleich** (z. B. Abschreibungen)
- **Erlöse, die nicht einzahlungsgleich** (z. B. Warenverkäufe auf Ziel)

sind. Bei der Erläuterung des vollständigen Zahlungstableaus[1] wurde gezeigt, dass nur das Rechnen mit Ein- und Auszahlungen zu zielkonformen Investitionsentscheidungen führt. Die Fehleranfälligkeit der einperiodigen Verfahren lässt sich in dem Maße mindern, wie es gelingt, Kosten und Erlöse in die Größen Ein- bzw. Auszahlungen zu überführen. Wer sich aber im Interesse der Planungsgenauigkeit dieser Mühe unterzieht, kann von vornherein mit E_t und A_t, also mit dem vollständigen Zahlungstableau oder mit den dynamischen Verfahren rechnen, die im Folgenden dargestellt werden.

Abschließend ein Wort zur **Amortisationsrechnung**: Es wurde bereits festgestellt, dass risikoscheue Anleger bei vordergründiger Betrachtung Investitionen mit kurzer Amortisationszeit bevorzugen, weil sie möglichst schnell aus der verlustträchtigen

---

[1] Vgl. S. 474 ff.

Gefahrenzone in die sichere Gewinnzone kommen wollen. Als Instrument zur **Risikobegrenzung** ist sie aber – wie das Beispiel im zugehörigen Übungsbuch (**ÜB 5**/5) demonstriert – nur **wenig geeignet**, weil sich gerade Investitionen mit einem geringen Risiko durch eine lange Amortisationsdauer auszeichnen.

2.4 Dynamische Verfahren der Investitionsrechnung

2.4.1 Überblick

Die dynamischen Verfahren der Investitionsrechnung verfolgen im Prinzip das gleiche Ziel wie das prospektive Zahlungstableau und wie die statischen Verfahren: Sie wollen Aussagen über die Vorteilhaftigkeit einer anstehenden Investitionsentscheidung machen.

Im Gegensatz zu den einperiodig-statischen Verfahren wollen die dynamischen Verfahren, die man auch als finanzmathematische Verfahren bezeichnet, die finanziellen Auswirkungen einer Investitionsentscheidung über den gesamten Investitionszeitraum t_0 bis t_n erfassen und auswerten. Wie schon an anderer Stelle erläutert, manifestieren sich die **finanziellen Investitionswirkungen** in folgenden Größen:

A_0 Anschaffungsauszahlung in t_0
E_t Einzahlung zum Zeitpunkt t (Periodenende)
A_t Auszahlung zum Zeitpunkt t (Periodenende)
n   Anzahl der Nutzungsdauerperioden
L_n Liquidationserlös zum Ende der Nutzungsdauer
i   Kalkulationszinsfuß.

Grundlage der Vorteilhaftigkeitsberechnung ist also der für die **Nutzungsdauer zu prognostizierende Zahlungsstrom**. Anders als beim vollständigen Zahlungstableau, in welchem man Fremdkapitalaufnahme, -tilgung und -zinsen explizit als Auszahlungen erfasst, werden diese Größen bei den im Folgenden darzustellenden dynamischen Verfahren implizit, d. h. außerhalb der Zahlungsreihe, berücksichtigt.

Die folgende Erläuterung der dynamischen Verfahren knüpft an das Beispiel aus den **Abb. 8** und **Abb. 9** an. Der Zahlungsstrom des zu beurteilenden Investitionsprojekts lässt sich auch als Säulendiagramm **(Abb. 14)** darstellen.

Da man Geldmittel verzinslich anlegen kann, ist dem Investor ein Kapitalrückfluss E_t zum Zeitpunkt t_1 lieber als ein gleichhoher Kapitalrückfluss in t_2. Daraus folgt: **Zahlungen**, die zu **unterschiedlichen Zeitpunkten** anfallen, darf man nicht „einfach so" addieren bzw. subtrahieren. Will man sie vergleichbar machen, muss man die Zeitpräferenz des Investors berücksichtigen, die sich im **Zinsfaktor** i niederschlägt. Unmittelbar verrechenbar und damit vergleichbar sind nur die Zahlungen, die sich auf ein und denselben Zeitpunkt beziehen. Die übrigen Zahlungen werden vergleichbar gemacht, indem man sie auf einen einzigen Zeitpunkt bezieht (gewöhnlich t = 0 oder t = n), wozu man sich der Aufzinsung bzw. der Abzinsung bedient.

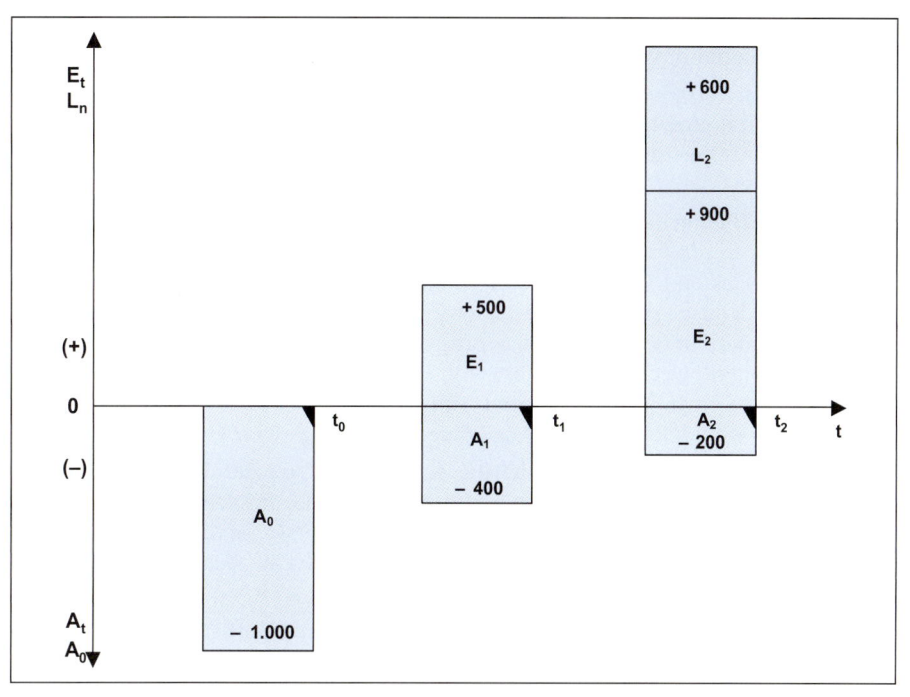

Abb. 14: Struktur des Zahlungsstroms des Investitionsprojekts I

Im **Kalkulationszinsfuß** i manifestiert sich – allgemein gesprochen – die **gewünschte Mindestverzinsung** des Investors; sie entspricht den Kapitalkosten. Die Kapitalkosten hängen bei

- **Fremdfinanzierung** vom **Fremdkapitalzins** (Sollzins)
- **Eigenfinanzierung** von **entgangenen Erträgen aus alternativer Eigenkapitalanlage** (Habenzins)

ab.

> Nach dem Opportunitätskostenkonzept entsprechen die **Eigenkapitalzinsen** dem entgangenen Ertrag aus der optimalen, risikoadäquaten Alternativanlage des Eigenkapitals.

In der Realität ergeben sich zwei Probleme: Erstens weichen Soll- und Habenzinsen bezogen auf ein Planungsjahr voneinander ab. Zweitens ist jeder dieser beiden Zinssätze während der Investitionsdauer Schwankungen unterworfen. Beide Phänomene erschweren die Wirtschaftlichkeitsrechnung mit Hilfe der dynamischen Verfahren. Deshalb baut das gängige **Grundmodell der Investitionsrechnung** auf einer vereinfachenden Annahme auf: Es wird unterstellt, dass der Investor

- während des **gesamten Planungszeitraums**
- jeden **beliebigen Geldbetrag**
- zu einem **einheitlichen Zinssatz** i

ausleihen bzw. anlegen kann. Das im Folgenden darzustellende Grundmodell basiert auf dieser Prämisse des sog. **vollkommenen Kapitalmarktes**.

Abschließend soll der Leser einen kurzen Ausblick auf die kommenden Ausführungen erhalten: Die Verfahren der dynamischen Investitionsrechnung, also die

2.4.2.2 Kapitalwertmethode
2.4.2.3 Annuitätenmethode
2.4.2.4 Methode des internen Zinsfußes

werden im Rahmen des Grundmodells dargestellt und erläutert (→ 2.4.2). Hierbei geht es um sog. **Wahlentscheidungen**, also um die Frage, ob eine Einzelinvestition vorteilhaft ist, bzw. um die Frage, welches von mehreren sich gegenseitig ausschließenden Investitionsprojekten $I_1, I_2 \ldots I_n$ das vorteilhafteste ist. Dabei wird von einem Modell unter Sicherheit ausgegangen, es wird also unterstellt, dass alle künftigen Zahlungen in t_0 bekannt sind. In einem zweiten Schritt wird die Annahme aufgegeben, dass die Anzahl der Nutzungsjahre n in t_0 feststeht. Damit steht das **Problem der optimalen Nutzungsdauer** einer Investition zur Diskussion (→ 2.4.3). In einem dritten Schritt wird das Grundmodell um die **Einbeziehung von Ertragsteuern** erweitert (→ 2.4.4).

Leider entspricht die Wirklichkeit der Investitionsplanung nicht den Annahmen des Grundmodells. Investitionsentscheidungen lassen sich nicht durch isolierte Beurteilung eines Investitionsprojekts optimieren. Dieser Tatsache versucht die **Investitionsprogrammplanung**, bei der Bündel von Investitionsprojekten auf den Prüfstand gestellt werden, Rechnung zu tragen (→ 2.4.5).

Weiterhin muss man sich von der modellmäßigen Illusion der Investitionsentscheidung unter Sicherheit verabschieden. Dabei können in einem einführenden Lehrbuch die Möglichkeiten zur **Berücksichtigung der Unsicherheit** nur kurz angesprochen werden (→ 2.5). Schließlich soll die Frage der Unternehmensbewertung behandelt werden (→ 3.). Dabei wird sich zeigen, dass die **Unternehmensbewertung** – theoretisch – als Anwendungsfall der dynamischen Investitionsrechnung betrachtet werden kann. (**ÜB 5**/20–21)

2.4.2 Grundmodell der dynamischen Investitionsrechnung

Wie in **Abb. 14** gezeigt, lassen sich die finanziellen Auswirkungen einer Investition als Zahlungsstrom auf der Zeitachse abbilden. Dabei macht es für einen Investor einen großen Unterschied, ob ein Kapitalrückfluss E_t in Höhe von beispielsweise 1.000 am Ende der ersten Periode (t_1) oder am Ende der dritten Periode (t_3) zu erwarten ist. Der Kapitalrückfluss in t_1 hat für den Empfänger einen höheren Stellenwert, weil er den Betrag von 1.000 zwischen t_1 und t_3 zu Zins und Zinseszins anlegen könnte.

> Bei der **dynamischen Investitionsrechnung** müssen Zahlungen, die zu unterschiedlichen Zeitpunkten anfallen, durch Aufzinsung bzw. Abzinsung auf einen einheitlichen Zeitpunkt vergleichbar gemacht werden.

Die finanzmathematischen Grundlagen der dynamischen Investitionsrechnung werden im Folgenden kurz vorgestellt.

2.4.2.1 Finanzmathematische Grundlagen

Die in **Abb. 17** bis **Abb. 20** aufgeführten Zinstabellen enthalten Aufzinsungsfaktoren, Abzinsungsfaktoren, Rentenbarwertfaktoren und Annuitätenfaktoren (Wiedergewinnungsfaktoren), mit deren Anwendung sich **unterschiedliche** ökonomische **Fragestellungen** beantworten lassen:

2. Investitionsplanung und Investitionsrechnung

Aufzinsungs-faktor	Abzinsungs-faktor	Rentenbar-wertfaktor	Annuitäten-faktor
$(1 + i)^t$	$\dfrac{1}{(1 + i)^t}$	$\dfrac{(1 + i)^n - 1}{i \cdot (1 + i)^n}$	$\dfrac{i \cdot (1 + i)^n}{(1 + i)^n - 1}$
Welchen Endwert hat eine gegenwärtige Zahlung Z_0 zum künftigen Zeitpunkt t?	Welchen Gegenwartswert (Z_0) hat eine künftig (im Zeitpunkt t) anfallende Zahlung Z_t?	Welchen Gegenwartswert hat eine n Jahre gezahlte gleichbleibende jährliche Rente R?	Wie hoch ist die jährliche Rente R, die n Jahre aus einem Gegenwartswert Z_0 gezahlt werden kann?

Abb. 15: Zinsfaktoren

Aus **Abb. 15** und den folgenden **Abb. 17** bis **Abb. 20** kann man erkennen:
- Der **Abzinsungsfaktor** ist der Kehrwert des Aufzinsungsfaktors.
- Der **Rentenbarwertfaktor** (z. B. für eine zehnjährige Rente) ist das Resultat der aufaddierten Abzinsungsfaktoren (der Perioden 1 bis 10).
- Der **Annuitätenfaktor** ist der Kehrwert des Rentenbarwertfaktors.

Die in **Abb. 16** aufgeworfenen Fragen lassen sich bei einem angenommenen

Kalkulationszinsfuß von 10 Prozent

unter Heranziehung der Zinstabellen aus **Abb. 17** bis **Abb. 20** folgendermaßen beantworten:

Ökonomische Fragestellung	Resultat
Aufzinsungsfaktor	
Wie hoch ist der Endwert eines in t_0 verfügbaren Betrags Z_0 = 1.000 in t_1 oder t_2 oder t_3?	1.000 · 1,100 = **1.100** 1.000 · 1,210 = **1.210** 1.000 · 1,331 = **1.331**
Abzinsungsfaktor	
Wieviel zahlt ein Investor in t_0 für das Recht, einen Betrag von 1.000 in t_1 oder t_2 oder t_3 zu erhalten?	1.000 · 0,909 = **909** 1.000 · 0,826 = **826** 1.000 · 0,751 = **751**
Rentenbarwertfaktor	
Wieviel zahlt ein Investor in t_0 für das Recht, drei Jahre lang eine Rente von 1.000 / Jahr zu erhalten?	1.000 · 2,487 = **2.487**
Annuitätenfaktor	
Welchen gleichbleibenden Jahresbetrag kann ein Investor ausgezahlt bekommen, wenn er in t_0 eine Einmalzahlung Z_0 = 1.000 für zwei oder drei Jahre verrenten lässt?	1.000 · 0,576 = **576** 1.000 · 0,402 = **402**

Abb. 16: Zinsfaktoren – Anwendungsbeispiele

Weitere Beispiele findet der Leser im zugehörigen Übungsbuch. (**ÜB** 5/6–19)

5. Abschnitt: Investition und Finanzierung

Aufzinsungsfaktoren									
Jahre	3 %	4 %	5 %	6 %	7 %	8 %	9 %	10 %	12 %
1	1,030	1,040	1,050	1,060	1,070	1,080	1,090	1,100	1,120
2	1,061	1,082	1,103	1,124	1,145	1,166	1,188	1,210	1,254
3	1,093	1,125	1,158	1,191	1,225	1,260	1,295	1,331	1,405
4	1,126	1,170	1,216	1,262	1,311	1,360	1,412	1,464	1,574
5	1,159	1,217	1,276	1,338	1,403	1,469	1,539	1,611	1,762
6	1,194	1,265	1,340	1,419	1,501	1,587	1,677	1,772	1,974
7	1,230	1,316	1,407	1,504	1,606	1,714	1,828	1,949	2,211
8	1,267	1,369	1,477	1,594	1,718	1,851	1,993	2,144	2,476
9	1,305	1,423	1,551	1,689	1,838	1,999	2,172	2,358	2,773
10	1,344	1,480	1,629	1,791	1,967	2,159	2,367	2,594	3,106
15	1,558	1,801	2,079	2,397	2,759	3,172	3,642	4,177	5,474
20	1,806	2,191	2,653	3,207	3,870	4,661	5,604	6,727	9,646
25	2,094	2,666	3,386	4,292	5,427	6,848	8,623	10,835	17,000

Abb. 17: Aufzinsungsfaktoren

Abzinsungsfaktoren									
Jahre	3 %	4 %	5 %	6 %	7 %	8 %	9 %	10 %	12 %
1	0,971	0,962	0,952	0,943	0,935	0,926	0,917	0,909	0,893
2	0,943	0,925	0,907	0,890	0,873	0,857	0,842	0,826	0,797
3	0,915	0,889	0,864	0,840	0,816	0,794	0,772	0,751	0,712
4	0,888	0,855	0,823	0,792	0,763	0,735	0,708	0,683	0,636
5	0,863	0,822	0,784	0,747	0,713	0,681	0,650	0,621	0,567
6	0,837	0,790	0,746	0,705	0,666	0,630	0,596	0,564	0,507
7	0,813	0,760	0,711	0,665	0,623	0,583	0,547	0,513	0,452
8	0,789	0,731	0,677	0,627	0,582	0,540	0,502	0,467	0,404
9	0,766	0,703	0,645	0,592	0,544	0,500	0,460	0,424	0,361
10	0,744	0,676	0,614	0,558	0,508	0,463	0,422	0,386	0,322
15	0,642	0,555	0,481	0,417	0,362	0,315	0,275	0,239	0,183
20	0,554	0,456	0,377	0,312	0,258	0,215	0,178	0,149	0,104
25	0,478	0,375	0,295	0,233	0,184	0,146	0,116	0,092	0,059

Abb. 18: Abzinsungsfaktoren

Rentenbarwertfaktoren									
Jahre	3 %	4 %	5 %	6 %	7 %	8 %	9 %	10 %	12 %
1	0,971	0,962	0,952	0,943	0,935	0,926	0,917	0,909	0,893
2	1,913	1,886	1,859	1,833	1,808	1,783	1,759	1,736	1,690
3	2,829	2,775	2,723	2,673	2,624	2,577	2,531	2,487	2,402
4	3,717	3,630	3,546	3,465	3,387	3,312	3,240	3,170	3,037
5	4,580	4,452	4,329	4,212	4,100	3,993	3,890	3,791	3,605
6	5,417	5,242	5,076	4,917	4,767	4,623	4,486	4,355	4,111
7	6,230	6,002	5,786	5,582	5,389	5,206	5,033	4,868	4,564
8	7,020	6,733	6,463	6,210	5,971	5,747	5,535	5,335	4,968
9	7,786	7,435	7,108	6,802	6,515	6,247	5,995	5,759	5,328
10	8,530	8,111	7,722	7,360	7,024	6,710	6,418	6,145	5,650
15	11,938	11,118	10,380	9,712	9,108	8,559	8,061	7,606	6,811
20	14,877	13,590	12,462	11,470	10,594	9,818	9,129	8,514	7,469
25	17,413	15,622	14,094	12,783	11,654	10,675	9,823	9,077	7,843

Abb. 19: Rentenbarwertfaktoren

Annuitätenfaktoren										
Jahre	3 %	4 %	5 %	6 %	7 %	8 %	9 %	10 %	12 %
1	1,030	1,040	1,050	1,060	1,070	1,080	1,090	1,100	1,120
2	0,523	0,530	0,538	0,545	0,553	0,561	0,568	0,576	0,592
3	0,354	0,360	0,367	0,374	0,381	0,388	0,395	0,402	0,416
4	0,269	0,275	0,282	0,289	0,295	0,302	0,309	0,315	0,329
5	0,218	0,225	0,231	0,237	0,244	0,250	0,257	0,264	0,277
6	0,185	0,191	0,197	0,203	0,210	0,216	0,223	0,230	0,243
7	0,161	0,167	0,173	0,179	0,186	0,192	0,199	0,205	0,219
8	0,142	0,149	0,155	0,161	0,167	0,174	0,181	0,187	0,201
9	0,128	0,134	0,141	0,147	0,153	0,160	0,167	0,174	0,188
10	0,117	0,123	0,130	0,136	0,142	0,149	0,156	0,163	0,177
15	0,084	0,090	0,096	0,103	0,110	0,117	0,124	0,131	0,147
20	0,067	0,074	0,080	0,087	0,094	0,102	0,110	0,117	0,134
25	0,057	0,064	0,071	0,078	0,086	0,094	0,102	0,110	0,127

Abb. 20: Annuitätenfaktoren

2.4.2.2 Kapitalwertmethode

Die Kapitalwertmethode ist das gängigste Verfahren zur Beurteilung von Investitionsprojekten. Zur Ermittlung des Kapitalwertes K_0 werden die zu **unterschiedlichen Zeitpunkten** erwarteten Zahlungen durch **Abzinsung auf t_0 vergleichbar** gemacht.

> Der **Kapitalwert K_0** ergibt sich aus dem Barwert aller einem Investitionsvorhaben zurechenbaren Einzahlungen (E_t) und Auszahlungen (A_t).

Ausgehend von einem

- **Kalkulationszinsfuß i**
- **Investitionszeitraum**, der vom Entscheidungszeitpunkt t_0 bis t_n, also bis zum Investitionsende reicht,

hat die Kapitalwertformel in einfachster Schreibweise folgendes Aussehen:

$$K_0 = \sum_{t=0}^{n}(E_t - A_t) \cdot \frac{1}{(1+i)^t}$$

Zur besseren praktischen Handhabbarkeit wird die Kapitalwertformel folgendermaßen umgeformt:

(1) Der **Abzinsungsfaktor** $1:(1+i)^t$ lässt sich schreiben als $(1+i)^{-t}$.
(2) Die in t_0 zu leistende **Anschaffungsauszahlung A_0** wird **separiert**, d.h. vor das Σ-Zeichen gezogen, so dass die **Abzinsung** sich auf den **Zeitraum von t_1 bis t_n** erstreckt.
(3) Die in t_n anfallenden Zahlungen der letzten Investitionsperiode[1] werden zerlegt in die laufenden Zahlungen ($E_n - A_n$) und den **separat** erfassten **Liquidationserlös L_n**.

---

[1] Der separate Ausweis des Liquidationserlöses L_n erleichtert die Berücksichtigung von Gewinnsteuern im Investitionskalkül. Vgl. S. 495 ff.

Nach diesen Modifikationen erhält die Kapitalwertformel K_0 folgendes Aussehen:

$$K_0 = -A_0 + \sum_{t=1}^{n}(E_t - A_t) \cdot (1+i)^{-t} + L_n(1+i)^{-n}$$

Der Kapitalwert K_0 (vgl. **ÜB 5/22–24**) ergibt sich also aus:

+	Barwert aller laufenden Zahlungssalden ($E_t - A_t$)
	Barwert des Liquidationserlöses L_n
=	**Zukunftserfolgswert** künftiger Zahlungen
–	Anschaffungsauszahlung A_0
=	**Kapitalwert K_0**

Abb. 21: Kapitalwert und Zukunftserfolgswert

Das Grundmodell zur Kapitalwertermittlung geht von der – **wirklichkeitsfremden** – **Annahme** aus, dass

- **zum einheitlichen Kalkulationszinsfuß i**
- zu jedem beliebigen Zeitpunkt $t_1, t_2 \ldots t_n$
- beliebig große Beträge als Guthaben angelegt bzw. als Kredit aufgenommen

werden können. Im folgenden Beispiel ist unter Heranziehung der Zinstabellen aus **Abb. 17** bis **Abb. 20** für **alternative Kalkulationszinsfüße** der **Kapitalwert** zu **ermitteln**.

Da im Beispiel aus **Abb. 22** die laufenden Einzahlungsüberschüsse ($E_t - A_t$) in allen vier Perioden des Investitionszeitraums die gleiche Höhe haben, kann der Barwert ($E_t - A_t$) mit Hilfe des Rentenbarwertfaktors (RBF) errechnet werden. Der einmalig in t_4 anfallende Liquidationserlös L_4 ist mit dem Abzinsungsfaktor (AZF) zu diskontieren.

Der Beispielfall in **Abb. 22** zeigt folgendes **Ergebnis**:

(1) Je **höher** der **Kalkulationszinsfuß**, desto **geringer** ist der **Barwert** einer künftigen Zahlung, was sich am Barwert des Liquidationserlöses L_4 besonders leicht erkennen lässt.
(2) Ein Investitionsvorhaben sollte nur durchgeführt werden, wenn der errechnete **Kapitalwert positiv** ist.
(3) Bei einem **negativen Kapitalwert** wird der Investor die Investition **unterlassen**, bei $K_0 = 0$ ist er entscheidungsindifferent.
(4) Zu einem positiven Kapitalwert gelangt man nur, wenn der Barwert der erwarteten Kapitalrückflüsse **(= Zukunftserfolgswert) höher** ist als die **Anschaffungsauszahlung** A_0.
(5) Ein **positiver** (negativer) Kapitalwert zeigt, welche **Reinvermögensmehrung** (Reinvermögensminderung) bezogen auf den Zeitpunkt t_0 aus dem Investitionsprojekt erwartet werden kann.
(6) Mit **steigenden Kapitalkosten i verringert** sich c.p. der **Kapitalwert** K_0.
(7) **Steigende Kapitalkosten** bremsen die **Investitionstätigkeit** der Unternehmen.

Kapitalwertermittlung

Ausgangsdaten:
- n = Investitionsdauer 4 Jahre
- A_0 = 10.000 GE
- $(E_t - A_t)$ = 2.500 GE (jährlich gleichbleibend)
- L_4 = 2.340 GE
- i = (a) 6%, (b) 8%, (c) 10%

(a) Kapitalwert (bei i = 0,06)

	Barwert lfd. Zahlungen $(E_t - A_t) \cdot$ RBF		
	(2.500) · 3,465	=	8.663
+	Barwert Liquidationserlös $L_4 \cdot$ AZF		
	(2.340) · 0,792	=	1.853
	Zukunftserfolgswert		10.516
−	Anschaffungsauszahlung A_0		− 10.000
=	**Kapitalwert (bei i = 0,06)**	+ 516	+ 516

(b) Kapitalwert (bei i = 0,08)

	Barwert lfd. Zahlungen (2.500) · 3,312	=	8.280
+	Barwert L_4 (2.340) · 0,735	=	1.720
	Zukunftserfolgswert		10.000
−	Anschaffungsauszahlung A_0		− 10.000
=	**Kapitalwert (bei i = 0,08)**	0	Null

(c) Kapitalwert (bei i = 0,10)

	Barwert lfd. Zahlungen (2.500) · 3,170	=	7.925
+	Barwert L_4 (2.340) · 0,683	=	1.598
	Zukunftserfolgswert		9.523
−	Anschaffungsauszahlung A_0		− 10.000
=	**Kapitalwert (bei i = 0,10)**	− 477	− 477

Abb. 22: Einfluss der Finanzierungskosten auf die Vorteilhaftigkeit einer Investition

Auch wenn das hier vorgestellte Kapitalwertmodell wegen seiner stark vereinfachenden Annahmen nicht ohne weiteres praktiziert werden kann, hat es doch einen großen **methodischen Vorteil**: Streben Unternehmer nach Maximierung des Shareholder Value, kann bei Anwendung der Kapitalwertmethode eine direkte Verknüpfung zwischen

- dem unternehmerischen Oberziel und
- einer einzelnen Investitionsentscheidung

verwirklicht werden, denn der **Kapitalwert K_0** beziffert exakt den Betrag, um den sich der **Shareholder Value** bei Durchführung der Investition erwartungsgemäß **ändert**.

2.4.2.3 Annuitätenmethode

Nach den Prämissen des Grundmodells basiert auch dieses Rechenverfahren auf der Annahme eines vollkommenen Kapitalmarktes (i = Sollzins = Habenzins) und der Unterstellung, dass während des Planungszeitraums keine Zinsschwankungen auftreten. Die Kapitalwertmethode weist den Investitionserfolg als Vermögenszuwachs ($K_0 > 0$) bzw. Vermögensabnahme ($K_0 < 0$) bezogen auf den Zeitpunkt t_0 aus.

Jetzt wird unterstellt, dass ein Investor den investitionsbedingten **Vermögenszuwachs für Konsumzwecke** entnehmen möchte. Im Beispielfall einer zweijährigen Investitionsdauer sind **drei typische Fälle** denkbar: Der Investor möchte den investitionsbedingten Vermögenszuwachs

- in voller Höhe in t_0 als Kapitalbarwert
- in voller Höhe in t_2 als Kapitalendwert
- in gleichen Raten an den jeweiligen Periodenenden, also in t_1 bzw. t_2 als Annuität,

entnehmen. Für diese drei Entnahmealternativen kann er drei Arten von Investitionsrechnungen vornehmen:

Entnahmezeitpunkt	Entnahmebetrag	Geeignete Investitionsrechnung
t_0	K_0	Kapitalwertmethode
t_2	$K_0 \cdot (1 + i)^2$	Vollständiges Zahlungstableau
t_1, t_2	$a_1 = a_2$	Annuitätenmethode

Abb. 23: Eignung von Investitionsrechnungen

Bei der Annuitätenmethode geht es darum, einen auf t_0 bezogenen Betrag K_0 umzurechnen in eine **gleichbleibende nachschüssige Periodenzahlung a**, die als **Annuität** (Rente) bezeichnet wird. Bezeichnet man den (positiven) Kapitalwert mit K_0 und den gesuchten Entnahmebetrag im Zwei-Perioden-Fall mit a_1 und a_2, dann lässt sich das Umrechnungsproblem folgendermaßen abbilden:

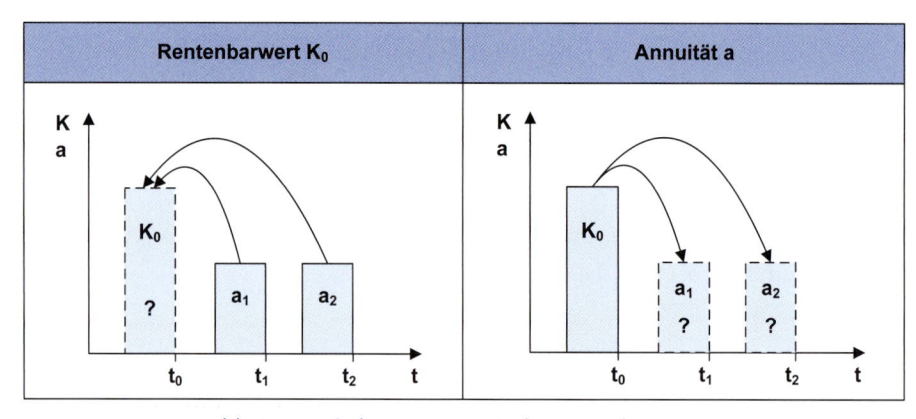

Abb. 24: Ermittlung von Kapitalwert und Annuität

Im linken Teil der **Abb. 24** ist
- gegeben: gleichbleibende Zahlung (Rente) a_1, a_2
- gesucht: Barwert der Rente K_0.

Im rechten Teil der **Abb. 24** ist
- gegeben: Kapitalwert K_0
- gesucht: gleichbleibender Entnahmebetrag (Annuität) a_1, a_2.

Beispiel Rentenbarwert K_0

Gegeben: $i = 0{,}10$
$a_1, a_2 = 576$ GE

Gesucht: K_0

Der Rentenbarwertfaktor (RBF) 10 Prozent/2 Jahre beziffert sich lt. Zinstabelle auf 1,736.

$K_0 = a \cdot RBF$
$\mathbf{K_0} = 576 \cdot 1{,}736 = \mathbf{1.000}$

Beispiel Annuität a_1, a_2

Gegeben: $i = 0{,}10$
$K_0 = 1.000$ GE

Gesucht: a_1, a_2

Der Annuitätenfaktor (ANF) 10 Prozent/2 Jahre beziffert sich lt. Zinstabelle auf 0,576.

$a = K_0 \cdot ANF$
$\mathbf{a} = 1.000 \cdot 0{,}576 = \mathbf{576}$

Lässt ein Investitionsvorhaben (bezogen auf t_0) eine Reinvermögensmehrung K_0 in Höhe von 1.000 GE erwarten, kann der Investor statt der Anfangsentnahme $K_0 = 1.000$ eine ratenweise Entnahme a_1, a_2 von jeweils 576 tätigen. In einem Zahlungstableau lässt sich folgende Proberechnung aufmachen:

Zeitpunkt	Zahlungsvorgang	Betrag
t_0	Anfangskapital K_0	+ 1.000
t_1 t_1	Zinsgutschrift für Periode 1 Entnahme a_1	+ 100 − 576
t_1	Bestand (Guthaben +)	+ 524
t_2 t_2	Zinsgutschrift für Periode 2 Entnahme a_2	+ 52 − 576
t_2	Endbestand	0

Abb. 25: Kapitalwert und Annuität im Zahlungstableau

Wie die Kapitalwertrechnung lässt sich also auch die Annuitätenrechnung in ein vollständiges Zahlungstableau integrieren. Nach der Annuitätenmethode gilt eine Einzelinvestition I als **vorteilhaft, wenn a > 0**. Wer mit diesem Vorteilhaftigkeitskriterium arbeitet, gelangt immer **zum gleichen Optimierungsergebnis wie nach** dem **vollständigen Zahlungstableau oder** nach der **Kapitalwertmethode**.

Steht der Investor vor der Frage, welche von mehreren sich gegenseitig ausschließenden Investitionsalternativen $I_1, I_2 \ldots I_n$ er realisieren soll, dann sollte er sich im Falle einer **übereinstimmenden Nutzungsdauer** für die **Alternative mit der höchsten Annuität** entscheiden, sofern diese positiv ist. Rangentscheidungen nach der Annuitätenmethode führen unter diesen Bedingungen zum gleichen Ergebnis wie das Rechnen mit Kapitalwerten.

Haben die Investitionsalternativen **unterschiedliche Nutzungsdauern**, darf die Annuität nicht auf eine Nutzungsdauer n, sondern sie muss auf den einheitlichen Planungszeitraum T bezogen werden. Das Kapitalwertkriterium ist der Annuitätenmethode unter diesen Bedingungen überlegen.

Abschließend soll versucht werden, die Annuität als Kennziffer der Vorteilhaftigkeit von Investitionen ökonomisch zu interpretieren. Eine **positive Annuität a** zeigt,

- welchen gleichbleibenden Jahresbetrag der Investor im Investitionszeitraum als Erfolgsrate entnehmen kann, ohne sein ursprüngliches Reinvermögen zu dezimieren
- um welchen gleichbleibenden Jahresbetrag die objektbezogenen Einzahlungsüberschüsse im „Krisenfall" absinken könnten, ohne dass das Investitionsprojekt unvorteilhaft wird.

Dagegen zeigt eine **negative Annuität a** z. B. an, mit welchem jährlichen Subventionsbetrag die öffentliche Hand ein an sich unvorteilhaftes Investitionsobjekt – z. B. einen einzurichtenden Arbeitsplatz – bezuschussen müsste, damit sich die Investitionsmaßnahme für das Unternehmen gerade noch lohnt. (**ÜB 5**/14–15 und 25–26)

2.4.2.4 Methode des internen Zinsfußes

Eine Investition mit einem **Kapitalwert von null** bringt dem Investor bei Fremdfinanzierung keinen Reinvermögenszuwachs. Die Einzahlungsüberschüsse reichen lediglich aus, die Anschaffungsauszahlung zu kompensieren und die Finanzierungskosten zu decken. Das **investierte Kapital verzinst sich gerade zum Kalkulationszinsfuß**.[1]

Eine Investition mit einem positiven (negativen) Kapitalwert verzinst sich dagegen zu einem Zinssatz, der über (unter) dem Kalkulationszinsfuß liegt.

> Der **interne Zinsfuß r** zeigt an, zu welchem Prozentsatz sich das in einem Investitionsprojekt gebundene Kapital verzinst.

Zur **Ermittlung des internen Zinsfußes r** zieht man die Formel[2] zur Ermittlung des Kapitalwertes K_0 heran und setzt dabei

- die Rentabilitätsgröße r an die Stelle des kalkulatorischen Zinskostensatzes i
- die Kapitalgröße K_0 gleich null.

---

[1] Bei Eigenfinanzierung erwirtschaftet der Investor einen Reinvermögenszuwachs in Höhe der optimalen, risikoadäquaten Alternativanlage des Eigenkapitals (i). Einen darüber hinausgehenden Reinvermögenszuwachs gibt es nicht.

[2] Vgl. S. 487 ff.

2. Investitionsplanung und Investitionsrechnung

$$0 = -A_0 + \sum_{t=1}^{n}(E_t - A_t)\cdot(1+r)^{-t} + L_n(1+r)^{-n}$$

Löst man diese Gleichung nach r auf, erhält man die gewünschte Information über die **Rentabilität des Investitionsobjekts**. Dabei lässt sich r gewöhnlich nicht exakt ermitteln. Die Erläuterung einer brauchbaren **Näherungslösung** findet sich im zugehörigen Übungsbuch. (**ÜB 5/27**) Dort wird gezeigt, dass die exemplarische Investition einen internen Zinsfuß von 19,13 Prozent aufzuweisen hat. Die Investition verzinst sich also mit annähernd 20 Prozent, während die Kapitalkosten nur etwa halb so hoch sind (i = 0,10).

Zur Beurteilung der Vorteilhaftigkeit einer einzelnen Investition vergleicht man im Rahmen einer Kosten-Nutzen-Analyse

- die **interne Verzinsung r (Investitionsnutzen)** mit
- dem **Kapitalzinsfuß i (Kapitalkosten)**.

Die Entscheidungsregel lautet:

> r > i → **Investition vorteilhaft**
> r = i → **Entscheidungsindifferenz**
> r < i → **Investition unvorteilhaft**

Stehen mehrere sich gegenseitig ausschließende Investitionsobjekte zur Wahl, sollte sich der Investor für das Objekt mit dem **höchsten internen Zinsfuß entscheiden**. Voraussetzung ist aber, dass r > i.

Versucht man, den internen Zinsfuß **ökonomisch** zu **interpretieren**, kann er als „Rendite" der Investition angesehen werden. Er ähnelt damit der Gesamtkapitalrentabilität, die an anderer Stelle behandelt wurde. Bei **vollständiger Eigenfinanzierung** zeigt r die Verzinsung des eingesetzten Eigenkapitals. Bei **vollständiger Fremdfinanzierung** gibt r den Zinsfuß an, bis zu dem der Kreditgeber die Zinsen anheben könnte, ohne dass das Projekt für den Investor unrentabel wird.

In der einschlägigen Literatur ist die Methode der internen Zinsfüße nicht ohne Kritik geblieben.[1] Die kritischen Einwendungen an diesem Rechenverfahren sind von der Struktur des Zahlungsstroms eines Investitionsobjekts abhängig.

Bei einem Investitionsobjekt kann der Zahlungsstrom Schwankungen unterliegen. Einem Einzahlungsüberschuss (+) in Periode 3 kann ein Auszahlungsüberschuss (–) in Periode 4 folgen usw. Je **häufiger** das **Vorzeichen** des Zahlungsstroms **wechselt**, desto **problematischer** wird der interne Zinsfuß als Vorteilhaftigkeitskriterium. Es kommt bei solchen Investitionsobjekten häufig vor, dass sich

- überhaupt kein interner Zinsfuß ermitteln lässt **(Nichtexistenz)** oder dass sich
- aus der obigen Definitionsgleichung mehrere interne Zinsfüße **(Mehrdeutigkeit)** ermitteln lassen.

---

[1] Vgl. dazu z. B. Hering, T., Investitionstheorie, 2015, S. 102 ff.; Mindermann, T., Investitionsrechnung, 2015, S. 46 ff.

Eine **"Normalinvestition"** ist dadurch charakterisiert, dass es nach der Anschaffungsauszahlung (–) nur noch zu **einem Vorzeichenwechsel** kommt. Die Serie der Einzahlungsüberschüsse (+) darf nicht unterbrochen werden. Das Problem der Nichtexistenz taucht hier nicht auf. Für jedes Investitionsobjekt lässt sich also **ein konkreter interner Zinsfuß** ermitteln.

Laufen beim Vergleich mehrerer sich gegenseitig ausschließender Investitionsobjekte die Reihe der Kapitalwerte und der internen Zinsfüße ohne Rangverschiebung konform, gibt es kein Problem. Es kann aber auch anders kommen:

Beispiel:
- **Investitionsalternative:** Objekt A oder Objekt B
- **Kalkulationszinsfuß:** i = 0,10
- **Kriterium Kapitalwert:** $K_A > K_B$; $K_A, K_B > 0$
- **Kriterium interner Zinsfuß:** $r_A < r_B$; $r_A, r_B > i$

Abb. 26: Kapitalwert oder interner Zinsfuß

Wer nach der Kapitalwertmethode rechnet, hat sich für A, wer nach der Methode der internen Zinsfüße rechnet, hat sich für B zu entscheiden. Es stellen sich zwei Fragen:

(1) Welches Rechenverfahren ist richtig?
(2) Warum kommen beide Verfahren zu unterschiedlichen Ergebnissen?

Zu Frage (1): Der **Kapitalwert** ist das **richtige Vorteilhaftigkeitskriterium**. Die Methode des internen Zinsfußes führt zu unzweckmäßigen Rechenergebnissen und ist abzulehnen. Den Grund für die Ablehnung liefert die Antwort auf Frage (2): Die Kapitalwertmethode geht davon aus, dass die Kapitalrückflüsse zum Kalkulationszinsfuß, hier also zu 10 Prozent, angelegt werden. Die Methode des internen Zinsfußes geht dagegen von der spezifischen **Wiederanlageprämisse** aus. Danach wird unterstellt, dass die Kapitalrückflüsse **zum internen Zinsfuß** verzinst werden. In unserem Beispiel bedeutet das: Die Rückflüsse aus der Sachinvestition B (A) werden zum Zinssatz r_B (r_A) angelegt. Diese Prämisse ist bei einer Finanzinvestition vielleicht realistisch, bei einer individuellen Sachinvestition aber völlig unrealistisch. Überzeugender erscheint da die Anlageprämisse[1] der Kapitalwertmethode: Rückflüsse aus den Objekten A bzw. B werden zum (einheitlichen) Kalkulationszinsfuß i verzinst. Ein erläuterndes Zahlenbeispiel findet sich im zugehörigen Übungsbuch. (**ÜB 5/16–17 und 27–28**)

2.4.3 Optimale Nutzungsdauer

Die **technische Nutzungsdauer** einer Maschine kann man durch ständige Unterhaltungsmaßnahmen und den Ersatz ganzer Bauteile beliebig verlängern. Das ist in aller Regel aber unwirtschaftlich.

Die **wirtschaftliche Nutzungsdauer** löst sich vom technischen Aspekt. Man fragt jetzt: Welche Nutzungsdauervariante leistet den höchsten Beitrag zum Ziel langfristiger Gewinnmaximierung? Hierbei kommt der Kapitalwert „ins Spiel".

---

[1] Die modellmäßige Annahme eines einheitlichen Soll- und Habenzinses i liegt allerdings auch ein gutes Stück von der Kapitalmarktrealität entfernt.

Das Konzept der **wirtschaftlichen Nutzungsdauer** gebietet, die Investition zu beenden, sobald der Kapitalwert K_0 sein Maximum erreicht hat.

Beispiel: Die Anschaffungsauszahlung A_0 für eine maschinelle Anlage beträgt 1.700 GE. Die technische Nutzungsdauer beträgt maximal sechs Jahre. Die jährlichen Einzahlungsüberschüsse $E_t - A_t$ sowie der zu unterschiedlichen Zeitpunkten erzielbare Liquidationserlös L_n sind in **Abb. 27** angegeben. Bei einem Kalkulationszinsfuß i = 0,10 lassen sich mit Hilfe der Zinstabelle[1] die Kapitalwerte K_0 für unterschiedliche Nutzungsdaueralternativen ermitteln.

Zeitpunkt	t_0	t_1	t_2	t_3	t_4	t_5	t_6
A_0	−1.700						
$E_t - A_t$		300	450	640	350	400	250
L_n		1.500	1.450	1.375	1.250	1.000	800
K_0		− 64	+ 143	+ 458	+ 518	+ 534	+ 506

Abb. 27: Kapitalwert bei einmaliger Investition

Der **optimale Ersatzzeitpunkt** ist mit dem Kapitalwertmaximum (+ 534) in t_5 erreicht. Würde die Anlage um ein weiteres Jahr genutzt, würde sich der Ergebnisbeitrag der Anlage um 28 GE verringern. Ein weiteres Zahlenbeispiel findet sich im zugehörigen Übungsbuch. (**ÜB 5/29**)

2.4.4 Investitionsmodelle zur Berücksichtigung von Gewinnsteuern

Das deutsche Steuerrecht kennt mehrere **gewinnabhängige Steuern** (Ertragsteuern). Zu ihnen gehören

- die Einkommensteuer
- die Körperschaftsteuer und
- die Gewerbesteuer.[2]

In der dynamischen Investitionsrechnung können Steuerzahlungen unter der Auszahlungsgröße A_t und Steuererstattungen unter der Einzahlungsgröße E_t erfasst werden. Trotz dieser klaren Zuordnung ist die Berücksichtigung gewinnabhängiger Steuern im Investitionskalkül mit großen Problemen verbunden.

Will man den **tatsächlichen Einfluss** der Gewinnsteuern auf die Vorteilhaftigkeit einer Einzelinvestition erfassen, muss man die künftige Steuerbelastung im Wege der **Veranlagungssimulation** für jede Planungsperiode ermitteln. Diese Vorgehensweise ist **zeitraubend**, weil die Gewinnsteuerbemessungsgrundlagen nicht einheitlich definiert und zudem (teilweise) interdependent sind. Darüber hinaus bereitet eine exakte Zurechnung der anteiligen Gewinnsteuerbelastung auf ein einzelnes Investitionsobjekt bei

---

[1] Vgl. S. 486.
[2] Zur Kurzcharakteristik der Ertragsteuern vgl. S. 226 ff. Zu den steuerlichen Einzelheiten vgl. Scheffler, Besteuerung, 2012, S. 30 ff.

- Personenunternehmen wegen des progressiven Einkommensteuertarifs
- Kapitalgesellschaften wegen der Besteuerungsunterschiede für ausgeschüttete und thesaurierte Gewinne

größte Probleme.[1]

Hat man die anteilige Gewinnsteuerbelastung eines zu beurteilenden Investitionsobjekts im Wege der Veranlagungssimulation prognostiziert, kann man ein **vollständiges Zahlungstableau** erstellen, in dem die Realisierungsvariante mit der Unterlassensalternative verglichen wird.[2]

Die **Veranlagungssimulation** führt zu relativ exakten Planungsergebnissen, ist aber mit hohem Planungsaufwand verbunden. Man hat deshalb nach Wegen zur vereinfachten, modellmäßigen Berücksichtigung von Steuern im Investitionskalkül gesucht. Das bekannteste und einfachste Rechenverfahren ist das sog. **Standardmodell mit Gewinnsteuern**. Dieses Modell lässt sich – verkürzt – so charakterisieren:

- Mit einer abgewandelten Form der **Kapitalwertmethode** ermittelt man K_S, den **Kapitalwert nach Steuern**.
- Auf einem **vollkommenen Kapitalmarkt** herrscht ein einheitlicher Kalkulationszinsfuß i.
- Es gibt nur eine einzige **allgemeine Gewinnsteuer**, die alle Anlagemöglichkeiten im betrieblichen und privaten Bereich mit einem proportionalen Steuertarif erfasst.
- **Steuerzahlungen** sind jeweils zum **Periodenende** zu leisten. Bei **Verlusten** (V) leistet das Finanzamt eine (unbegrenzte) **Steuerrückzahlung** in Höhe von s · V zum Ende der Verlustperiode.

Bezeichnet man die Gewinnsteuerbelastung einer Planperiode t mit S_t, dann erfasst man den Zahlungsstrom des (betrieblichen) Investitionsobjekts mit:

$$E_t - A_t - S_t$$

Dem zu beurteilenden Investitionsobjekt werden also Zahlungen nach **Abzug von Gewinnsteuern** zugerechnet.

Die am Periodenende fällige Gewinnsteuerzahlung S_t ist das Produkt aus der Steuerbemessungsgrundlage B_t und dem Gewinnsteuersatz s, also:

$$S_t = B_t \cdot s$$

Dabei wird die Gewinnsteuerbemessungsgrundlage B_t – anders als bei der Veranlagungssimulation – nicht nach dem real geltenden Steuerrecht ermittelt. Man unterstellt vielmehr, dass

$$B_t = E_t - A_t - AfA_t$$

Man geht also von der wirklichkeitsfernen Fiktion aus, dass die Gewinnsteuerbemessungsgrundlage dem Einzahlungsüberschuss abzüglich der steuerlichen Abschreibungen AfA_t entspricht.

---

[1] Zur ausschüttungsabhängigen Steuerbelastung bei Kapitalgesellschaften vgl. S. 230 ff.
[2] Zur Vorgehensweise vgl. Kruschwitz, L., Investitionsrechnung, 2014, S. 127 ff.

Der Vorteilhaftigkeitsvergleich zwischen Realisieren und Unterlassen würde **verzerrt**, wenn

- **Nettoerträge** der betrieblichen Investition ($E_t - A_t - S_t$) mit
- **Bruttoerträgen** der alternativen Kapitalanlage (**i**)

verglichen würden. Die **Nettoerträge** der (betrieblichen) Investition müssen vielmehr an den **Nettokapitalkosten** gemessen werden. Als **Kalkulationszinsfuß im Steuerfall** i_S gilt deshalb:

$$i_S = i \cdot (1 - s)$$

Gehen wir davon aus, dass der Kalkulationszinsfuß vor Steuern 10 Prozent beträgt (i = 0,10) und der Tarif der allgemeinen Gewinnsteuer bei 40 Prozent liegt (s = 0,40): Bei Fremdfinanzierung können die **Fremdkapitalzinsen** als **steuermindernder Aufwand** geltend gemacht werden. Die Kapitalkosten nach Abzug von Steuern belaufen sich deshalb auf 6 Prozent (= **Nettokapitalkosten**), denn es gilt: $i_s = 0{,}1 \cdot (1 - 0{,}4) = \mathbf{0{,}06}$.

Wird das Investitionsvorhaben hingegen ausschließlich mit **Eigenkapital** finanziert, stellt der Investor folgende vereinfachende Überlegung an: Beim Unterlassen der Investition wird das verfügbare Eigenkapital zu 10 Prozent brutto am Kapitalmarkt angelegt. Auch diese **Eigenkapitalverzinsung** wird von der allgemeinen Gewinnsteuer von 40 Prozent getroffen. Der **Nettoertrag** der „Unterlassensalternative" liegt also bei 6 Prozent. Bei Durchführung der betrieblichen Investitionsalternative verzichtet der Investor auf den Nettoertrag der „Unterlassensalternative". Seine **Nettokapitalkosten** liegen also auch im Falle der Eigenfinanzierung bei 6 Prozent.

Sowohl bei Eigen- wie bei Fremdfinanzierung sind die Nettozahlungsströme der (betrieblichen) Investition also mit dem **Nettokalkulationszinsfuß** i_S zu diskontieren.

Wenn im Folgenden die Formel zur Ermittlung des Nettokapitalwertes K_S entwickelt wird, soll zunächst von der Existenz eines **Veräußerungserlöses L_n** der ausscheidenden Altanlage **abgesehen** werden.

In **Abb. 28** wird zusammenfassend gezeigt, wie sich der Kapitalwert vor Steuern K zum **Kapitalwert nach Steuern K_S** transformieren lässt.

			(ohne Steuern)
	$K = \sum_{t=1}^{n} (E_t - A_t)$	$\cdot (1 + i)^{-t}$	$- A_0$
			(mit Steuern)
(1)	$K_s = \sum_{t=1}^{n} (E_t - A_t - S_t)$	$\cdot (1 + i_s)^{-t}$	$- A_0$
(2)	$K_s = \sum_{t=1}^{n} (E_t - A_t - s \cdot B_t)$	$\cdot (1 + i_s)^{-t}$	$- A_0$
(3)	$K_s = \sum_{t=1}^{n} [E_t - A_t - s \cdot (E_t - A_t - AfA_t)]$	$\cdot (1 + i_s)^{-t}$	$- A_0$

Abb. 28: Kapitalwert nach Steuern (ohne Veräußerungserlös L_n)

Die Gleichung in Zeile (3) zeigt die **gängige Formel** zur Berechnung des Kapitalwertes nach Steuern, wenn es keinen **Veräußerungserlös L_n** am Ende der Nutzungsdauer gibt.

Werden bei einer Sachinvestition planmäßige Periodenabschreibungen AfA_t in Ansatz gebracht, verringert sich der **Restbuchwert RBW_t** um die bis zum Zeitpunkt t vorgenommenen Periodenabschreibungen. Eine Anlage mit Anschaffungskosten von 1.000, die über fünf Jahre linear abgeschrieben wird, steht am Ende der vierten Periode mit $RBW_4 = 200$ (= 1.000 − 4 · 200) zu Buche. Wird die Anlage in t_4 veräußert, erhält man den Veräußerungserlös L_4, der größer, gleich oder geringer sein kann als der Restbuchwert RBW_4.

Am Ende der Nutzungsdauer können bei Berücksichtigung des Veräußerungserlöses L_n folgende Fälle eintreten:

Annahme	Steuerwirkung	
$L_n = RBW_n$	erfolgsneutral	→ keine Steuerauswirkung
$L_n > RBW_n$	Veräußerungsgewinn	→ Steuerbelastung in n steigt
$L_n < RBW_n$	Veräußerungsverlust	→ Steuerbelastung in n sinkt

Abb. 29: Steuerwirkung im Veräußerungsfall

Es gilt also:

Veräußerungserfolg: $(L_n - RBW_n)$

Steuer auf Veräußerungserfolg: $s \cdot (L_n - RBW_n)$

Steuerbarwert: $s \cdot (L_n - RBW_n) \cdot (1 + i_s)^{-n}$

Nettobarwert aus Veräußerung: $[L_n - s \cdot (L_n - RBW_n)] \cdot (1 + i_s)^{-n}$

Unter Berücksichtigung des **Veräußerungserlöses L_n** setzt sich der Kapitalwert nach Steuern (K_s) aus drei Komponenten zusammen:

(1) Barwert lfd. Einzahlungsüberschüsse nach Abzug von Steuern
(2) + Barwert des Liquidationserlöses L_n nach Abzug von Steuern
(3) − Anschaffungsauszahlung A_0.

Diese drei Kapitalwertkomponenten werden zur **Formel des Kapitalwertes nach Steuern (K_s)** zusammengefasst.

$$K_s = \sum_{t=1}^{n}\left[E_t - A_t - s \cdot (E_t - A_t - AfA_t)\right] \cdot (1+i_s)^{-t} \quad (1)$$
$$+ \left[L_n - s \cdot (L_n - RBW_n)\right] \cdot (1+i_s)^{-n} \quad (2)$$
$$- A_0 \quad (3)$$

Im zugehörigen Übungsbuch findet sich ein Anwendungsbeispiel zur Ermittlung des Kapitalwertes nach Steuern. Dabei wird auch das **Steuerparadoxon**,[1] wonach der Nettokapitalwert mit steigendem Steuersatz steigt, erläutert. (**ÜB 5**/31–34)

Der hohe Abstraktionsgrad des **Standardmodells** mit Gewinnsteuern hat Vor- und Nachteile. Der **Vorteil** besteht darin, dass

---

[1] Vgl. hierzu Schneider, D., Investition, 1992, S. 246 ff.

- die Querbeziehungen zwischen der Besteuerung des zu beurteilenden Investitionsobjekts und der **Vergleichsalternative** (Verzinsung zum Kalkulationszinsfuß) **transparent** gemacht werden
- der Einfluss unterschiedlicher **steuerlicher Abschreibungen** auf die Vorteilhaftigkeit der Investition mit einfachen Mitteln (vgl. die Aufgabe im zugehörigen Übungsbuch) errechnet werden kann.

Der **Nachteil** der modellmäßigen Abstraktion ist die **Entfernung** vom **geltenden Ertragsteuerrecht**. Je höher die Gewinnsteuerbelastung und je gewichtiger das zu beurteilende Investitionsvorhaben, desto eher lohnt sich der hohe Planungsaufwand der Veranlagungssimulation. (**ÜB 5**/31–34)

2.4.5 Weiterentwicklungen des Grundmodells der Investitionsrechnung

Das **Grundmodell** der Investitionsrechnung[1] wird wegen seiner realitätsfernen Vereinfachungen heftig kritisiert. Die wichtigsten Kritikpunkte sind:

(1) Es gibt **keinen vollkommenen Kapitalmarkt**, auf dem beliebige Beträge zum einheitlichen Zinsfuß geliehen bzw. angelegt werden können.
(2) Es ist **schwer**, in vielen Fällen unmöglich, einer zu beurteilenden Sachinvestition anteilige **Auszahlungen**, vor allem aber anteilige **Einzahlungen zuzuordnen**.
(3) Es gibt **keine vollkommene Voraussicht**. Investitionen sind mit Unsicherheit behaftet.

Diese drei Kritikpunkte veranlassten die einschlägige Literatur zur Weiterentwicklung der Investitionsrechnung. An dieser Stelle wollen wir uns mit den Konsequenzen aus den ersten beiden Kritikpunkten auseinandersetzen. Möglichkeiten zur Berücksichtigung der Unsicherheit bei Investitionsentscheidungen – Kritikpunkt (3) – werden im nächsten Unterkapitel (→ 2.5) aufgegriffen.

Entfällt die Annahme eines vollkommenen Kapitalmarktes – Kritikpunkt (1) –, ist der **Kalkulationszinsfuß kein Datum** mehr. Die Annäherung der Investitionsrechnung an die Realität hat ihren Preis: **Investitionsentscheidungen** können – anders als im Grundmodell – **nicht** mehr **isoliert** getroffen werden. Je niedriger die Finanzierungskosten i, desto höher wird c. p. das Investitionsvolumen. Je erfolgversprechender („rentabler") die Investitionsprojekte, desto höher wird c. p. das Fremdfinanzierungsvolumen, weil Investitionen mit hoher interner Verzinsung auch bei teurer Kreditaufnahme noch lohnenswert sind.

Dieser Interdependenz von Investitions- und Finanzierungsentscheidungen versucht das sog. **Dean-Modell**,[2] das schon zu Beginn der fünfziger Jahre des vergangenen Jahrhunderts entwickelt wurde, auf einfachste Weise Rechnung zu tragen. Das Dean-Modell basiert auf folgender Erfahrung: Die in ein Investitionsprogramm aufzunehmenden einzelnen Investitionsobjekte haben eine unterschiedliche **interne Verzinsung**. Die verschiedenen Finanzierungsalternativen sind mit unterschiedlichen **Finanzierungskosten** verbunden. Dean sortiert die Investitions- und Finanzierungsalternativen nach ihrer **Vorziehenswürdigkeit**: Er erstellt eine **Rangreihe** (→ Abb. 30) der

- **Investitionsobjekte nach abnehmendem internen Zinsfuß r**
- **Finanzierungsalternativen nach zunehmenden Finanzierungskosten i.**

---

[1] Vgl. S. 483 ff.
[2] Zum Dean-Modell vgl. Hax, H., Investitionstheorie, 1993, S. 62 ff.

Investitions- und Finanzierungsalternative		
Investitions-alternativen I	Investitions-betrag A_0	interner Zinsfuß r
1	100	0,18
2	200	0,15
3	100	0,12
4	300	0,10
5	200	0,06
Finanzierungs-alternativen F	Kredit-volumen	Finanzierungs-kosten i
A	600	0,06
B	400	0,08
C	300	0,12

Abb. 30: Investitions- und Finanzierungsalternativen

In den Investitionsalternativen (Finanzierungsalternativen) manifestiert sich die Kapitalnachfrage (das Kapitalangebot). Graphisch lässt sich dieser Zusammenhang folgendermaßen darstellen (→ **Abb. 31**):

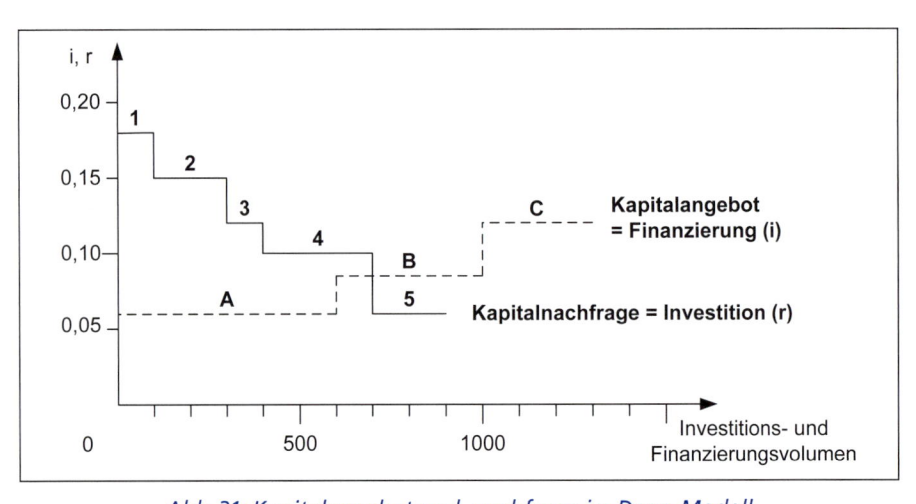

Abb. 31: Kapitalangebot und -nachfrage im Dean-Modell

Die **ersten drei Investitionsobjekte** sind zu realisieren, weil deren interne Verzinsungen (0,18; 0,15; 0,12) die Finanzierungskosten der günstigsten Finanzierungsalternative A (0,06) übersteigen und innerhalb des Finanzierungsvolumens von A liegen: 100 + 200 + 100 = 400 < 600.

Das **vierte Investitionsobjekt** kann noch realisiert werden, weil

- **seine interne Verzinsung r** (10 Prozent) über
- **den zugehörigen Finanzierungskosten i** (6 bzw. 8 Prozent)

liegt. Die Realisierung des **fünften Investitionsobjekts** führt zu einem negativen Grenzgewinn, weil die Finanzierungskosten die interne Verzinsung übersteigen.

Das Dean-Modell hat große **Vorteile:**
- Es berücksichtigt die **Kapitalmarktrealität** weitaus besser als das Grundmodell, weil es ohne die wirklichkeitsfremde Vorgabe eines (einheitlichen) Kalkulationszinsfußes auskommt.
- Anders als die nachfolgend beschriebenen simultanen Planungsmodelle ist es **rechentechnisch leicht** zu handhaben.

Diese Planungsbequemlichkeit hat ihren Preis. Die **Kritik** an diesem Modell konzentriert sich vor allem auf zwei Punkte:
- Unternehmerische Tätigkeit setzt permanente Zahlungsbereitschaft[1] voraus. Als statisches Modell beschränkt sich das Dean-Modell auf eine Zeitpunktbetrachtung und **vernachlässigt** mögliche **Auszahlungsüberschüsse im Zeitverlauf**.
- Die impliziete Annahme, dass **Kapitalrückflüsse** aus den geplanten Investitionen zu deren **internem Zinsfuß** angelegt werden können, ist i. d. R. **unrealistisch**.

Das Dean-Modell kann keine exakte, sondern nur eine näherungsweise Antwort auf die Frage nach der Vorteilhaftigkeit einer Investition bzw. eines Investitionsprogramms geben. Als **heuristisches Planungsverfahren** führt es nicht zu optimalen, wohl aber zu **guten** oder **befriedigenden Planungsergebnissen**. (ÜB 5/50)

Diesen methodischen Nachteil wollen die **exakteren Verfahren** der **Investitionsprogrammplanung** beseitigen. Hierzu zählen **simultane Ansätze zur Planung von**

(1) **Investitions- und Finanzierungsprogrammen**
(2) **Investitions-, Finanzierungs- und Produktionsprogrammen**.

Diese beiden Arten simultaner Investitionsprogrammplanung können in einem einführenden Lehrbuch zur Betriebswirtschaftslehre nur kurz skizziert werden:[2]

(1) Bei der **simultanen Investitions- und Finanzierungsplanung** wird ein LP-Ansatz[3] formuliert, in dem möglichst alle Investitions- und Finanzierungsalternativen des Unternehmens Berücksichtigung finden. Als **Zielkriterium** kann das Endvermögen oder der Kapitalwert benutzt werden, um das optimale Investitions- und Finanzierungsprogramm zu ermitteln, das den **höchsten Gewinn** verspricht. Die **Nebenbedingungen** umfassen die Liquiditäts- und Projektmengenrestriktionen. Die Ergebnisse der Produktions- sowie der Absatzplanung werden dabei als Datum vorausgesetzt.

(2) Demgegenüber schließen die **Ansätze simultaner Investitions-, Finanzierungs- und Produktionsplanung** den Produktionsbereich mit ein. Dies erhöht die Realitätsnähe des Modells. Die **Nebenbedingungen** umfassen neben den Liquiditäts- und Produktionsbedingungen auch die Absatzhöchstmengen.

Die simultanen Planungsmodelle können Objekte mit verschiedenen Startzeitpunkten und unterschiedlicher Dauer berücksichtigen. Sie unterliegen aber der **Kritik**, dass sie mit einem **hohen Informationsbeschaffungs- und Rechenaufwand** verbunden sind. Deshalb haben sich in der **Praxis** der Investitionsplanung bisher **nicht durchsetzen** können: Zu gering ist der Nutzen aus der größeren Planungsgenauigkeit gemessen an den zusätzlichen Planungskosten. Die Praxis der Investitionsplanung wird sich bei Abwägung von Planungsnutzen und Planungskosten auch weiterhin auf **heuristische Näherungslösungen** konzentrieren.

---

[1] Wer die Zahlungsfähigkeit verliert, muss Insolvenz anmelden. Vgl. S. 264 f.
[2] Siehe weiterführend Blohm/Lüder/Schaefer, Investition, 2012, S. 269 ff. sowie Kruschwitz, L., Investitionsrechnung, 2014, S. 211 ff.
[3] Vgl. hierzu S. 97 und S. 909 ff.

2.5 Investitionsrechnung bei unsicheren Erwartungen

Investitionsrechnungen erfassen die erwarteten finanziellen Konsequenzen einer anstehenden Investitionsentscheidung. Zur informatorischen Unterstützung dieser Entscheidung werden im Rahmen der Investitionsrechnung Inputgrößen zu einer Ergebnisgröße verdichtet, die als Entscheidungskriterium dient. Bei der Kapitalwertmethode[1] gelten

- die Zahlungen ($E_t - A_t$), die Nutzungsdauer n und der Kalkulationszinsfuß i als **Inputgrößen**
- der Kapitalwert K_0 als **Ergebnisgröße**.

Die bisher dargestellten Verfahren der Investitionsrechnung waren deterministische Modellrechnungen: Die finanziellen Konsequenzen einer Investitionsentscheidung – also die Inputgrößen – galten als bekannt und sicher. Folglich konnte auch die Ergebnisgröße nur einen einzigen – sicheren – Wert annehmen. Der Ergebniswert, also beispielsweise der Kapitalwert, der entweder positiv oder negativ ist, erlaubte eine eindeutige Aussage über die Vorteilhaftigkeit der Investition.

Die **Investitionswirklichkeit** sieht anders aus. Die Inputgrößen (E_t, A_t, n und i) können nicht mit Sicherheit prognostiziert werden. So sind beispielsweise die künftigen Einzahlungen von der konjunkturellen Entwicklung und die künftigen Auszahlungen von der Entwicklung der Lohnkosten bzw. der Rohstoffpreise auf dem Weltmarkt abhängig. Für die Zukunft sind also **verschiedene Umweltzustände** denkbar, welche die Inputgrößen in vielfacher Weise beeinflussen.

Umweltzustand	Inputprößen	Ergebnisgröße
U_1	E_t A_t n i	K_1
U_2	E_t A_t n i	K_2

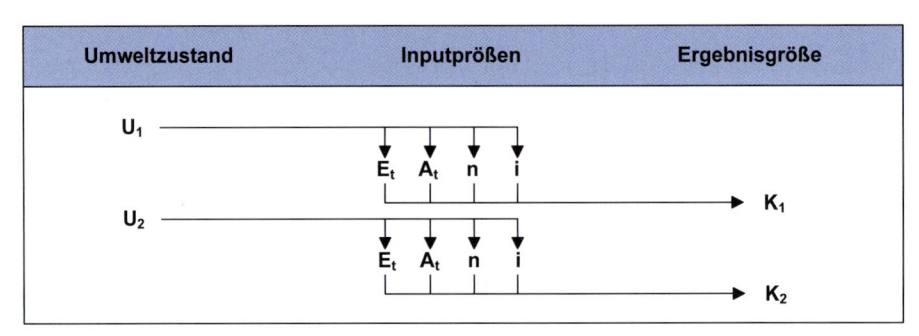

Abb. 32: Abhängigkeit der Ergebnisgröße von Inputgrößen und vom Umweltzustand

Aus jedem Umweltzustand resultiert eine bestimmte Wertkonstellation für die Inputgrößen. Je größer die Zahl alternativer Umweltzustände $U_{1,2,...u}$, desto größer die Bandbreite möglicher Kapitalwerte $K_{1,2,...u}$. Bei dem in **Abb. 32** dargestellten Fall resultieren die beiden Kapitalwerte K_1 und K_2 aus der Inputgrößenkonstellation der Umweltzustände U_1 und U_2. Die Kapitalwerte K_1 und K_2 können verschieden sein, sie können aber auch gleich hoch sein. Eine Betragsgleichheit kann sich aus kompensatorischen Effekten bei den Inputgrößen ergeben. Wie ist das zu erklären? Markiert beispielsweise U_2 im Vergleich zu U_1 eine **schlechtere Konjunkturlage**, kann dies mit einem

---

[1] Die folgenden Ausführungen beziehen sich vorzugsweise auf dieses Verfahren der Investitionsrechnung.

- Rückgang der Einzahlungen E_t (K → **sinkt**)
- Rückgang der Auszahlungen A_t und der Finanzierungskosten i (K → **steigt**)

verbunden sein.

Es kann aber auch vorkommen, dass aus U_1 ein positiver Kapitalwert K_1, aus U_2 ein negativer Kapitalwert K_2 resultiert. Aus der Unsicherheit über den künftigen Umweltzustand ergibt sich dann ein **Investitionsrisiko**.

Die Unsicherheit über das Eintreten künftiger Umweltzustände führt zu **mehrwertigen Investitionsergebnissen**. Man spricht von **stochastischen Investitionsmodellen**. Mit diesem Modelltyp beschäftigen sich die folgenden Ausführungen. Dabei wird gezeigt, wie

2.5.1 Korrekturverfahren
2.5.2 Sensitivitätsanalysen
2.5.3 Risikoanalysen
2.5.4 Entscheidungsbaumverfahren
2.5.5 portfoliotheoretische Ansätze

der Problematik des Investitionsrisikos begegnen. Bei dieser Gelegenheit wird man an eine alte Erfahrung erinnert: Einfache Planungsrechnungen sind zwar billig, aber ungenau. Anspruchsvolle Planungsrechnungen sind genauer, dafür aber zeitraubender und damit teurer.

2.5.1 Korrekturverfahren

Bei den Korrekturverfahren handelt es sich um **einfache Faustregeln** zur Bewältigung des Investitionsrisikos. Für jede der oben genannten Inputgrößen E_t, A_t, n und i wird zunächst ein Wert prognostiziert. Der ursprüngliche Prognosewert wird dann nach dem **Prinzip der Vorsicht** mit einem Zuschlag bzw. Abschlag versehen.

prognostizierte Inputgröße	Sicherheitskorrektur	korrigierte Inputgröße
E_t	wird verringert	E_t^*
A_t	wird erhöht	A_t^*
n	wird verkürzt	n^*
i	wird erhöht	i^*

Abb. 33: Zu- und Abschläge beim Korrekturverfahren

Alle Korrekturen laufen in eine Richtung: Sie **dezimieren** den **Kapitalwert**. Dabei bemüht man sich, die Zu- und Abschläge so zu bemessen, dass man im Rahmen der Investitionsrechnung mit einwertigen, sicheren Inputdaten rechnen kann, ohne sich dem Risiko einer Fehlinvestition auszusetzen. Zu diesem Zweck kann man eine, mehrere oder alle Inputgrößen korrigieren. Wichtig ist nur, dass die Korrekturen so bemessen werden, dass der errechnete Kapitalwert auch unter ungünstigsten Umweltbedingungen mindestens erwirtschaftet werden kann. Je größer die Sicherheitsabschläge, desto sicherer erreicht man dieses Ziel.

Dieses **heuristische Planungsverfahren** ist einfach und kostengünstig, weist aber erhebliche **Mängel** auf:

- pauschale Unsicherheitsberücksichtigung **ohne Ursachenanalyse**
- Gefahr der **Doppelerfassung** von Unsicherheit (z. B. Kürzung von E_t, Erhöhung von i)
- beim **verengten Blick** auf die **ungünstigste Zukunftsentwicklung** werden u. U. lukrative Investitionsalternativen „totgerechnet".

Der Anwendungsbereich der Korrekturverfahren beschränkt sich auf kleinere Investitionsvorhaben, bei denen sich ein höherer Planungsaufwand nicht lohnt.

2.5.2 Sensitivitätsanalyse

Die Sensitivitätsanalyse setzt dort an, wo die deterministischen Verfahren der Investitionsrechnung enden. Sie stellt somit eine Ergänzung dieser Verfahren dar. Die Sensitivitätsanalyse beruht auf der Annahme, dass die Werte der **Inputgrößen** um einen (unter der Annahme von Sicherheit) prognostizierten Wert **schwanken** können. Ausgehend von diesem ersten Prognosewert der Inputgrößen sollen durch systematische Variation der Werte zwei Fragen beantwortet werden:

(1) **Welche Inputgrößen beeinflussen** die Höhe der **Ergebnisgröße besonders** stark?
(2) **Innerhalb welcher Grenzen können** die Werte der **Inputgrößen schwanken**, ohne dass eine zuvor getroffene Vorteilhaftigkeitsentscheidung geändert werden muss? Hierbei werden die Werte der Inputgrößen als kritische Werte bezeichnet, bei denen sich die Vorteilhaftigkeit ändert, also z. B. das Vorzeichen des Kapitalwertes wechselt, oder sich die Rangfolge der Investitionsalternativen ändert.

Bei der **ersten Fragestellung** der Sensitivitätsanalyse werden die Werte einzelner oder mehrerer[1] Inputgrößen variiert. Sollte sich herausstellen, dass die Ergebnisgröße bei Variation der Werte der Inputgrößen nur sehr **geringen Schwankungen** unterliegt, kann im konkreten Einzelfall die **Unsicherheit** bei der Investitionsrechnung **vernachlässigt** werden. Sind die Schwankungen dagegen relativ groß, gibt die Sensitivitätsanalyse gute Anhaltspunkte darüber, welche Inputgrößen vorrangig für die instabile Vorteilhaftigkeitskennziffer (z. B. Kapitalwert) verantwortlich sind. Durch eine weitere Analyse der die Höhe der Inputgrößen bestimmenden Einflussfaktoren kann der Investor die Risikostruktur besser erkennen. Diese Kenntnis verhilft ihm u. U. zur – partiellen – Beherrschung der Unsicherheit.

Mit der **zweiten Fragestellung** soll untersucht werden, wie stabil eine Entscheidung gegenüber Änderungen der Unternehmensumwelt ist. Die Höhe des internen Zinsfußes[2] stellt beispielsweise den **kritischen Wert** für die Inputgröße „Kalkulationszins" einer Investitionseinzelentscheidung dar. Solange der Kalkulationszinsfuß i unter dem internen Zinsfuß r liegt, ist der Kapitalwert einer Investition c. p. positiv. Übersteigt er dagegen den internen Zinsfuß, wird der Kapitalwert c. p. negativ. Nehmen wir an, das Investitionsobjekt I lasse eine interne Verzinsung von 20 % erwarten. Der Investor rechnet für den „Normalfall" mit Kapitalkosten von 10 %. Er erwartet, dass die Kapitalkosten im günstigsten (ungünstigsten) Fall auf 7 % fallen (13 % steigen) können. Diese Zinsänderungen haben keinen Einfluss auf die Vorteilhaftigkeit der Investition.

---

[1] Die weiteren Ausführungen beziehen sich der Einfachheit halber ausschließlich auf die Variation der Werte einer einzelnen Inputgröße. Die gleichzeitige Variation mehrerer Inputgrößen stellt aber methodisch keinen Unterschied dar. Vgl. zur multiplen Sensitivitätsanalyse z. B. Kruschwitz, L., Investitionsrechnung, 2014, S. 312 ff.

[2] Vgl. S. 493.

Die Sensitivitätsanalyse stellt keine Entscheidungsregel dar. Sie liefert keinen Hinweis darauf, welche Investitionsalternative zu wählen ist. Mit ihr kann aber der Einfluss der Unsicherheit über die zukünftige Umweltsituation auf die anstehende Investitionsentscheidung ausgelotet werden. Insofern liefert sie einen guten Beitrag zur Berücksichtigung der Unsicherheit. (**ÜB 5**/35)

2.5.3 Risikoanalyse

Während bei der Sensitivitätsanalyse das Augenmerk auf den Inputfaktoren liegt, untersucht die Risikoanalyse die Risikostruktur der Ergebnisgröße. Mit Hilfe der Risikoanalyse soll durch kombinierte Variation der Inputgrößen eine **Wahrscheinlichkeitsverteilung** der **Ergebnisgröße** ermittelt werden. Hierzu stehen drei Lösungsansätze zur Verfügung:

- **Vollenumeration**
- **analytische Verfahren**
- **Simulation.**

Die folgende Beschreibung der Risikoanalyse beschränkt sich aus Gründen der didaktischen Vereinfachung auf das Verfahren der Vollenumeration, da das praktische Anwendungsfeld der analytischen Verfahren wegen ihrer zum Teil recht restriktiven Annahmen sehr beschränkt ist und die Simulation keinen großen methodischen Unterschied zur Vollenumeration aufweist.[1]

Die Vorgehensweise bei der **Vollenumeration** wird im Folgenden am Beispiel einer einfachen Kapitalwertermittlung beschrieben. Der Kapitalwert soll nach der bekannten Formel[2] aus den Inputgrößen Einzahlungen E_t, Auszahlungen A_t, Nutzungsdauer n und Kalkulationszinsfuß i berechnet werden. Zur weiteren Vereinfachung sei unterstellt, dass die Werte der Inputgrößen von sechs denkbaren zukünftigen Entwicklungen der Unternehmensumwelt U abhängen und dass der Investor in der Lage sei, Eintrittswahrscheinlichkeiten w für die jeweiligen Umweltzustände anzugeben. Errechnet man für alle denkbaren Umweltzustände den Kapitalwert, erhält man eine Wahrscheinlichkeitsverteilung, d.h. eine Aussage darüber, mit welcher Wahrscheinlichkeit ein bestimmter Kapitalwert zu erwarten ist. Für eine Investitionsalternative kann die Wahrscheinlichkeitsverteilung des Kapitalwertes beispielsweise folgendes Aussehen haben:

Umweltzustand	U_1	U_2	U_3	U_4	U_5	U_6
relative Eintrittswahrscheinlichkeit w	0,10	0,15	0,25	0,25	0,20	0,05
erwarteter Kapitalwert	– 100	– 25	0	+ 150	+ 200	+ 300

Abb. 34: Beispiel einer Wahrscheinlichkeitsverteilung des Kapitalwertes

Aus der Wahrscheinlichkeitsverteilung lässt sich das Risikoprofil der Investitionsalternative ableiten. Aus dem Risikoprofil kann abgelesen werden, mit welcher Wahrscheinlichkeit mindestens ein bestimmter Kapitalwert erzielt wird.

---

[1] Vgl. zu Einzelheiten der beiden Verfahren z.B. Franke/Hax, Finanzwirtschaft, 2009, S. 253 ff.

[2] Vgl. S. 487 f.

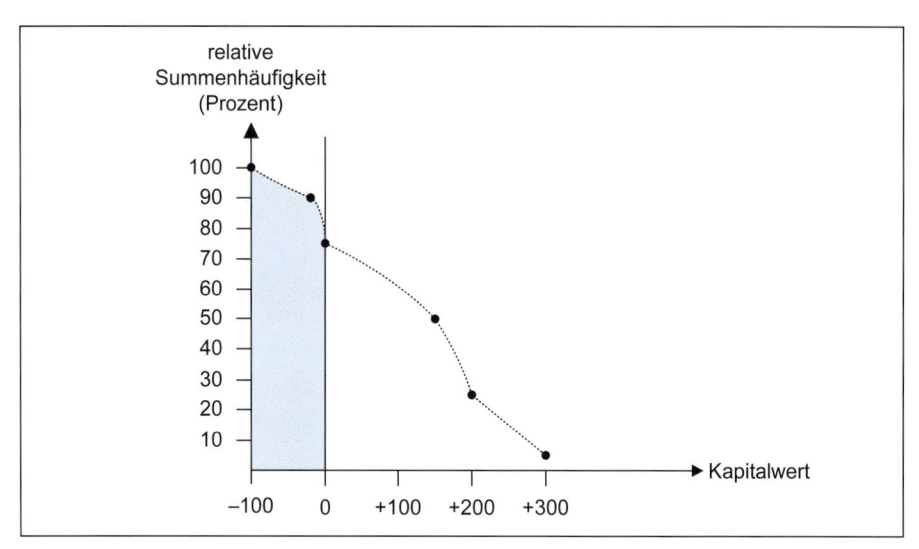

Abb. 35: Beispiel eines diskreten Risikoprofils

Abb. 35 zeigt, dass bei der betrachteten Investitionsalternative mit einer Wahrscheinlichkeit von 75 % ein positiver Kapitalwert erwartet werden kann. Der Wahrscheinlichkeitswert von 75 % ergibt sich dabei aus der Summe der Eintrittswahrscheinlichkeit der vier Kapitalwerte in **Abb. 34**, die kein negatives Vorzeichen haben. Zwar sind die meisten Kapitalwerte der Ergebnisverteilung der betrachteten Investitionsalternative positiv, doch besteht die Gefahr, dass bei Eintritt der Umweltzustände U_1 und U_2 kein positiver Kapitalwert erzielt werden kann. Die Eintrittswahrscheinlichkeit für ein negatives Ergebnis beträgt 25 % (0,10 + 0,15). Die Aussicht, mit **25 % Wahrscheinlichkeit im negativen Bereich** (farbig unterlegt) zu landen, mag für den

- **risikofreudigen Investor** kein Investitionshindernis
- **risikoscheuen Investor** Grund zur Ablehnung der Investition

sein. In jedem Fall leistet das Risikoprofil mit seinem Bezug zur subjektiven Risikoneigung eine wertvolle, weil transparente, Entscheidungshilfe.

Das Beispiel in **Abb. 36** geht davon aus, dass ein Unternehmer über drei sich gegenseitig ausschließende Sachinvestitionen A, B und C zu entscheiden hat. Die Höhe des erwarteten Kapitalwertes ist davon abhängig, welcher von vier möglichen Umweltzuständen U_1 bis U_4 eintritt. Die zugehörigen Eintrittswahrscheinlichkeiten w_1 bis w_4 sind bekannt und betragen jeweils 25 %.

Umwelt-zustand	U_1	U_2	U_3	U_4	Erwartungswert μ
w	0,25	0,25	0,25	0,25	
A	+ 120	+ 110	+ 90	+ 80	+ 100
B	+ 350	+ 150	0	− 100	+ 100
C	+ 900	+ 100	− 100	− 400	+ 125

Abb. 36: Ergebnismatrix (Kapitalwerte) für drei alternative Investitionen

Ist der Investor **risikoneutral**, entscheidet er sich nach dem **μ-Prinzip**[1] für das Projekt C mit dem höchsten Erwartungswert. Ist der Investor dagegen **risikoscheu**, kann er z. B. nach dem **(μ, σ)-Prinzip**[2] entscheiden: Zur Messung des Risikos wird die gewichtete Standardabweichung σ herangezogen. Diese verdeutlicht die Streuung der umweltabhängigen Einzelergebnisse um den Erwartungswert μ. Im zugehörigen Übungsbuch finden sich Beispiele zur rechnerischen Ermittlung von σ. (**ÜB 5**/37)

Nach der **(μ, σ)-Regel** entscheidet sich ein risikoscheuer Unternehmer

(1) bei gleichem Erwartungswert μ für die Alternative mit der geringeren Standardabweichung (= Risiko);
(2) bei gleicher Standardabweichung für die Alternative mit dem höchsten Erwartungswert.

Im Beispiel der **Abb. 36** ist $\sigma_A < \sigma_B < \sigma_C$. Nach der (μ, σ)-Regel (a) gibt der Investor der Investition A den Vorzug vor B. Damit scheidet B aus der Betrachtung aus. Vergleicht der Investor jetzt die Investitionen

A (niedriger Erwartungswert, geringes Risiko) und
C (hoher Erwartungswert, hohes Risiko),

hilft die (μ, σ)-Regel nicht weiter. Eine theoretische Lösungsmöglichkeit bietet das **Bernoulli-Prinzip**[3], welches allerdings die Quantifizierung der subjektiven Risikoneigung in Form einer Risikopräferenzfunktion voraussetzt.

Die Risikoanalyse wird überwiegend positiv beurteilt und ist auch in der Praxis, insb. zur Beurteilung von Großprojekten, beliebt. Die vorgebrachte Kritik richtet sich hauptsächlich auf die Ermittlung der Werte der Inputgrößen und ihrer Eintrittswahrscheinlichkeiten. Da es sich bei ihnen um Prognosen handelt, sind sie stets subjektiv geprägt und nur schwer objektiv überprüfbar. Dieses Problem lässt sich aber bei einem zukunftsorientierten Verfahren kaum umgehen. (**ÜB 5**/37 und 75)

2.5.4 Entscheidungsbaumverfahren

Das Entscheidungsbaumverfahren lässt sich am besten an einem Beispiel erklären, wobei in **Abb. 37** ein Entscheidungsbaum mit einfacher Grundstruktur ausgewählt wird. In t_0 ist die **Investitionsentscheidung E_0** zu treffen. Bei einer Entscheidung für

- **Investitionsvariante 1** hat man mit einer Anschaffungsauszahlung $A_{0,1}$
- **Investitionsvariante 2** hat man mit einer Anschaffungsauszahlung $A_{0,2}$

zu rechnen. Aus Gründen der didaktischen Vereinfachung wird im Folgenden nur die Entscheidungskette betrachtet, die sich dem Investor eröffnet, wenn in t_0 die Variante 1 gewählt wird.

Der Anschaffungsauszahlung $A_{0,1}$ steht in t_1 ein **Investitionsresultat R_1** gegenüber. Als Investitionsresultat wird hier der in t_1 erwartete Einzahlungsüberschuss (als Barwert

---

[1] Vgl. S. 91 f.
[2] Vgl. S. 92.
[3] Vgl. S. 92.

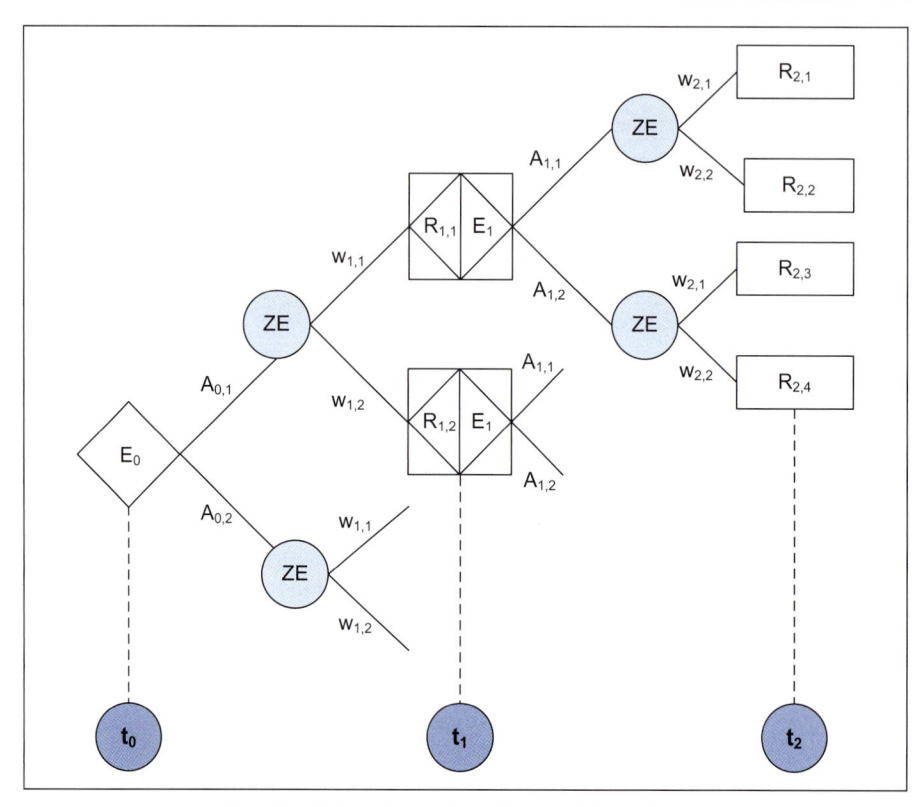

Abb. 37: Teilstruktur eines Entscheidungsbaums

abgezinst auf t_0) betrachtet. Das in t_1 (Ende der Periode 1) erzielbare Resultat R_1 ist davon abhängig, wie sich die Unternehmensumwelt in der Periode 1 entwickelt. Der **Zufallsereignisknoten ZE** stellt die Weiche in zwei mögliche Umweltzustände:

- In unserem Beispiel kann sich die Konjunktur und damit die Produktnachfrage in Periode 1 **gut entwickeln**. Dann wird das günstige Resultat $R_{1,1}$ erwartet.
- Entwickeln sich Konjunktur und Absatzzahlen hingegen **ungünstig**, wird ein schlechteres Resultat $R_{1,2}$ erwartet.

Die geschätzte **Eintrittswahrscheinlichkeit** für die gute (schlechte) Konjunktur in Periode 1 wird mit $w_{1,1}$ ($w_{1,2}$) bezeichnet.

Die weitere Beschreibung des Entscheidungsbaums setzt im Knoten $R_{1,1}$ an, d.h. wir gehen im Folgenden von der Konstellation

- Investitionsvariante 1 mit der Anschaffungsauszahlung $A_{0,1}$
- gute Konjunktur in Periode 1 mit der Eintrittswahrscheinlichkeit $w_{1,1}$

aus und richten den planerischen Blick von t_0 auf den Zeitpunkt t_1. Im Zeitpunkt t_1 hat der Investor die Möglichkeit, auf die Entwicklung der Umwelt in der Periode 1 zu reagieren. Er hat die Folgeentscheidung E_1 (= Entscheidung im Zeitpunkt t_1) zu treffen. Mit der Folgeentscheidung mag der Investor vor die Wahl gestellt sein, in t_1

- mit einer Erweiterungsinvestition seine Produktionskapazitäten auszubauen und die Anschaffungsauszahlung[1] $A_{1,1}$ zu tätigen oder
- eine mit der Anschaffungsauszahlung $A_{1,2}$ verbundene Werbekampagne zu starten, um die Verkaufszahlen der hergestellten Produkte zu erhöhen.

Das am Ende der Periode 2 erwartete Resultat R_2 (= in t_2 erwarteter Einzahlungsüberschuss abgezinst auf t_0) ist von der Umweltsituation in Periode 2 abhängig. Auch hier zeigt der Zufallsereignisknoten ZE, ob die Umweltsituation günstig (Eintrittswahrscheinlichkeit $w_{2,1}$) oder weniger günstig ($w_{2,2}$) ist.

In **Abb. 38** sind für t_2 die Resultatsvarianten $R_{2,1}$ bis $R_{2,4}$ aufgeführt. Sie beruhen auf folgenden Voraussetzungen:

Folgeinvestition in t_1	Umwelt Periode 2	Resultat t_2
Erweiterungsinvestition	günstig	$R_{2,1}$
Erweiterungsinvestition	ungünstig	$R_{2,2}$
Werbekampagne	günstig	$R_{2,3}$
Werbekampagne	ungünstig	$R_{2,4}$

Abb. 38: Ergebnistableau (Ausschnitt)

Es wird deutlich, dass sich schon bei Wahl der Handlungsalternative 1 in t_0 und bei Eintritt der günstigen Umweltsituation in Periode 1 für t_2 vier Resultatsvarianten ergeben. Unterstellt man, dass

- in t_0 bzw. t_1 jeweils zwei Handlungsalternativen und
- in Periode 1 bzw. 2 ein Zufallsereignisknoten mit jeweils zwei möglichen Umweltzuständen

existieren, erhält man für t_2 schon 16 Resultatsvarianten.

Jeder **Pfad** durch den **Entscheidungsbaum**, d. h. jeder Weg vom Entscheidungsknoten E_0 bis zu den Resultatsvarianten der letzten Periode, entspricht einer möglichen vollständigen **Entscheidungsfolge**. Jede dieser Entscheidungsfolgen umfasst die ursprüngliche Investition in t_0 und alle **zustandsabhängigen Folgeentscheidungen**. Es gilt nun, im Planungszeitpunkt t_0 die Entscheidungsfolge zu finden, die dem Investor den höchsten Zielbeitrag verspricht.

Mit Hilfe des **Roll-Back-Verfahrens** kann das Entscheidungsproblem gelöst werden. Ausgehend von den Resultaten der letzten Periode (im Beispiel t_2) ist für jeden Entscheidungsknoten der letzten Periode der Zielbeitrag aller Handlungsalternativen zu ermitteln. Als Entscheidungskriterium kann z. B. der **Erwartungswert des Kapitalwertes** dienen. Im obigen Beispiel wäre dann der ersten Handlungsalternative des Knotens $R_{1,1}/E_1$ (= Erweiterungsinvestition) das gewogene Mittel der Resultate $R_{2,1}$ und $R_{2,2}$ zuzuordnen. Als Gewichtungsfaktoren dienen dabei die Eintrittswahrscheinlichkeiten der Umweltzustände $w_{2,1}$ und $w_{2,2}$. Bei der weiteren Betrachtung wird für jeden Entscheidungsknoten nur noch die Alternative, die den höchsten Zielbeitrag verspricht, berücksichtigt. Die schlechteren Alternativen eines Entscheidungsknotens fallen aus der Betrachtung heraus.

---

[1] Die in t_1 anfallende Anschaffungsauszahlung ($A_{1,1}$ bzw. $A_{1,2}$) wird mit dem jeweiligen Betrag angegeben. Dabei handelt es sich um einen auf t_0 abgezinsten Auszahlungsbarwert.

Nachdem für jeden Entscheidungsknoten der letzten Periode die optimale Folgeentscheidung gefunden wurde, sind die Alternativen der Vorperiode – im Beispiel die Alternativen der Periode 1 (Entscheidungsknoten E_0) – in gleicher Weise zu bewerten. Die Vorteilhaftigkeit der Alternativen der Periode 1 hängt aber u. a. auch von den Entscheidungen ab, die erst in der Folgeperiode zu treffen sind. Daher ist, neben den Resultaten der Periode 1, der Zielbeitrag der optimalen Folgeentscheidungen bei der Bewertung zu berücksichtigen. Auch für die Periode 1 ist die Handlungsalternative zu ermitteln, die den höchsten Zielbeitrag verspricht.

Erstreckt sich das Entscheidungsproblem über mehr als zwei Perioden, wird dieses Vorgehen solange wiederholt, bis der Entscheidungsknoten E_0 erreicht ist. Für jeden Entscheidungsknoten wird die optimale Alternative bestimmt, so dass die optimale Entscheidungsfolge am Ende der Prozedur feststeht. Im zugehörigen Übungsbuch befindet sich ein geschlossenes Beispiel, welches den Lösungsweg des Entscheidungsbaumverfahrens noch einmal verdeutlicht. (**ÜB 5/36**)

2.5.5 Portfoliotheoretische Ansätze

Die bisher beschriebenen Verfahren dienen der Berücksichtigung von Unsicherheit bei der isolierten Beurteilung einzelner Investitionsobjekte bzw. -ketten. Der Einfluss der einzelnen Investitionsobjekte auf die **Risikostruktur des gesamten Unternehmens** kann dabei allerdings nicht dargestellt werden. Da sich aber das Risiko des Gesamtunternehmens durch **gezielte Diversifikation**[1] verringern lässt, sollte dieser Aspekt bei der Beurteilung von Investitionsalternativen nicht vernachlässigt werden.

Einzelne Investitionsalternativen können durchaus einen unterschiedlichen Einfluss auf die Risikostruktur des Gesamtunternehmens haben. Dies gilt z. B. für einen Hersteller von Lastkraftwagen. Der Erfolg seines Unternehmens unterliegt u. a. dem Risiko, dass die Verkehrspolitik eine Verlagerung des Güterverkehrs von der Straße auf die Schiene (Instrumente: Mineralölsteuer, Mauterhöhung) anstrebt. Werden Mineralölsteuern und die Maut in Zukunft drastisch erhöht, dürfte das Transportvolumen auf den Straßen und damit der Bedarf an LKW sinken, die Nachfrage nach Schienenfahrzeugen dürfte dagegen steigen.

Erweitert der LKW-Hersteller seine Fertigungsstraße zur LKW-Produktion, kann sich diese Investition dann als Fehlinvestition erweisen, wenn sich der Güterverkehr auf die Schienen verlagert, da die neu aufgebauten Kapazitäten wegen der sinkenden Nachfrage nach LKW nicht ausgelastet werden können. Investiert er dagegen in einen neuen Geschäftszweig „Schienenfahrzeuge", kann er sich gegen das von der Verkehrspolitik ausgehende **Risiko weitgehend immunisieren**: Bei einer Erhöhung von Steuern und Abgaben sinken zwar die Absatzzahlen und damit auch die Kapitalrückflüsse aus der LKW-Produktion; gleichzeitig ist aber eine Erhöhung der Absatzzahlen und Kapitalrückflüsse aus der Schienenfahrzeugproduktion zu erwarten.

Je dynamischer die Unternehmensumwelt ist, desto mehr trägt eine gezielte Diversifikation zur Minderung des Investitionsrisikos eines Unternehmens bei. Dieser **risikomindernde Effekt der Diversifikation** kann mit Hilfe der portfoliotheoretischen Ansätze erfasst werden, die an anderer Stelle genauer erläutert werden.[2] Sie helfen somit bei der Beurteilung der Wirkung einzelner Investitionsobjekte auf die Risikostruktur des Gesamtunternehmens.

---

[1] Vgl. zur Risikodiversifikation S. 240 f.
[2] Vgl. S. 616 ff.

3. Unternehmensbewertung

3.1 Grundlagen

Was veranlasst den Betriebswirt, sich mit den Fragen der Unternehmensbewertung zu beschäftigen? Man denkt zunächst nur an den Kauf bzw. Verkauf eines Unternehmens. Daneben gibt aber es eine Vielzahl weiterer **Bewertungsanlässe**, die in solche mit und ohne Eigentümerwechsel eingeteilt werden kann (→ **Abb. 39**).

Anlässe zur Unternehmensbewertung	
mit Eigentümerwechsel	ohne Eigentümerwechsel
– Kauf/Verkauf/Spaltung/Fusion	– Sanierung
– Erbauseinandersetzung	– Kreditwürdigkeitsprüfung
– Eintritt/Ausscheiden eines Gesellschafters einer Personengesellschaft	– wertorientiertes Controlling

Abb. 39: Anlässe zur Unternehmensbewertung (Beispiele)

Beim **Eigentümerwechsel** geht es vornehmlich um die Frage, welchen Preis der neue Eigentümer zahlen bzw. der alte Eigentümer erhalten sollte. Mit der Bewertung soll so z. B. festgestellt werden, ob die vorgeschlagenen Preise angemessen sind.

Anders ist es in den Fällen **ohne Eigentümerwechsel**: Bei der Sanierung haben die Gesellschafter zu entscheiden, ob sie eine Kapitalgesellschaft durch Zuführung weiteren Haftungskapitals vor der Insolvenz retten wollen. Hierzu sollten sie den Unternehmenswert kennen. Das gilt auch für eine Hausbank, die vor der Frage steht, ob sie sich mit einem Großkredit in einem stark verschuldeten Unternehmen engagieren soll.

Aber selbst bei einem konkreten Anlass können sich verschiedene Werte für ein Unternehmen ergeben. Schließlich ist ein **Bewertungsergebnis** immer **vom Bewertungszweck abhängig**. Bei Bewertungsanlässen, die mit einem Eigentumswechsel verbunden sind, kann eine Unternehmensbewertung folgende Zwecke erfüllen:[1]

(1) **Entscheidungsfunktion**
(2) **Argumentationsfunktion**
(3) **Vermittlungsfunktion**.

(1) **Entscheidungsfunktion**

Kauf- oder Verkaufsinteressenten müssen wissen, ob eine geplante Transaktion vorteilhaft ist. Ein potentieller Käufer (Verkäufer) muss hierzu einen Unternehmenswert im Sinne eines maximal zahlbaren (mindestens erzielbaren) Preises ermitteln. Da ein solcher Wert die Grenze für die Entscheidung „Kauf oder Nichtkauf" („Verkauf oder Nichtverkauf") bildet, wird er als **Entscheidungswert W** bzw. Grenzpreis bezeichnet.

Der potentielle **Verkäufer V** wird nur verkaufen, wenn man sich auf einen Preis P einigt, der über dem für ihn maßgeblichen Entscheidungswert W_V (→ **Preisuntergrenze**) liegt. Der potentielle Käufer K wird nur kaufen, wenn der ausgehandelte Preis P unter dem für ihn maßgeblichen Entscheidungswert W_K (→ **Preisobergrenze**) liegt. Es ist also

---

[1] Vgl. Matschke/Brösel, Unternehmensbewertung, 2013.

jeweils der individuelle Entscheidungswert W_V bzw. W_K zu ermitteln. Hierzu sollten die Bewerter möglichst auf investitionstheoretische Modelle zurückgreifen.

> Der **Wert eines Gutes** ist abhängig vom Nutzen, den es einem Bewertungssubjekt stiftet.

> **Beispiel:** Ein Unternehmer V verkauft sein traditionsreiches Unternehmen U an K für 4 Mio. EUR. V ist aufgrund seiner technischen Vorbildung nicht in der Lage, die Herausforderungen von „Industrie 4.0" zu meistern. Er ermittelt für U einen W_V von 3,5 Mio. EUR. K ist technisch versiert und plant, U an die aktuellen Anforderungen anzupassen. Aufgrund der Synergie von Tradition und Zukunftsorientierung ermittelt er einen W_K von 5 Mio. EUR. Der Preis von 4 Mio. EUR ist für V und für K vorteilhaft.

Eine Transaktion kommt nur zustande, wenn ein **Einigungsbereich** besteht, also wenn $W_V < W_K$ gilt. Aber auch dann muss es nicht zur Einigung kommen, denn rational handelnde Verhandlungspartner werden ihre Entscheidungswerte nicht kommunizieren. Ob ein Einigungsbereich existiert, muss in der Verhandlung erst ausgelotet werden.

(2) Argumentationsfunktion

> **Beispiel:** Abweichend vom vorangegangenen Beispiel können sich die Verhandlungsparteien nicht auf einen Preis einigen, denn V fordert in der Verhandlung für U 5,5 Mio. EUR, während K höchstens 5 Mio. EUR (W_K) zu zahlen bereit ist. Um den Preis zu drücken, bringt K die Einschaltung eines Gutachters ins Spiel.

Bei Unternehmenstransaktionen ist es üblich, dass eine Verhandlungspartei einen Gutachter engagiert, der die Partei in den Verhandlungen unterstützen soll. Von einer Seite in die Verhandlung eingebrachte Gutachten dienen also ausschließlich der **Argumentationsunterstützung**. Solche **Argumentationswerte** sind umso nützlicher, je glaubwürdiger der Gutachter ist und je beliebter das Bewertungsverfahren ist.

(3) Vermittlungsfunktion

In der Vermittlungsfunktion wird ein **unabhängiger Gutachter** für beide Kontrahenten tätig. Dieser hat als **Vermittler** die Aufgabe, den iustum pretium, den **„angemessenen Preis"**, zu ermitteln. Dabei wird der Gutachter zunächst den Einigungsbereich ausloten, indem er die Eckwerte W_V und W_K ermittelt. Dann wird er innerhalb dieses Bereichs einen sog. **Schiedswert** bzw. **Arbitriumwert** als Einigungsbasis vorschlagen.

> **Beispiel:** Bei einer geplanten Fusion kann ein Wirtschaftsprüfer beauftragt werden, einen Vorschlag für das Aktienumtauschverhältnis zu machen.

3.2 Investitionstheoretisches Konzept „Zukunftserfolgswert"

Eine Investition ist die Hingabe von Geld heute in Erwartung von (höheren) Geldrückflüssen in der Zukunft. So gesehen ist auch ein **Unternehmen ein Investitionsobjekt**: Der Käufer zahlt heute den Kaufpreis A_0, weil er hofft, dass der Barwert der Kapitalrückflüsse ($E_t - A_t$) die Anschaffungsauszahlung A_0 übertrifft. Die Investition „Unternehmenskauf"[1] lohnt sich nach dem Kapitalwertkriterium[2] nur dann, wenn der

---
[1] Nachfolgend wird vereinfachend nur die Sicht eines potentiellen Käufers eingenommen.
[2] Vgl. hierzu S. 487 f.

Zukunftserfolgswert ZEW, d. h. der **Barwert aller künftigen Einzahlungsüberschüsse** ($E_t - A_t$), größer ist als die Anschaffungsauszahlung A_0. Und sie ist zumindest nicht nachteilig, wenn der Kapitalwert K_0 nicht negativ ist. Somit muss also gelten:

$$K_0 = \sum_{t=1}^{n}(E_t - A_t) \cdot (1+i)^{-t} + L_n \cdot (1+i)^{-n} - A_0$$

$$K_0 = \underbrace{\text{Zukunftserfolgswert}} - A_0$$

Abb. 40: Investitionstheoretisches Fundament der Unternehmensbewertung

Im Unterschied zur klassischen Investition, z. B. dem Kauf einer Maschine, steht beim Unternehmenskauf die Anfangsauszahlung A_0, also der **Kaufpreis des Unternehmens**, nicht fest, sondern er ist **verhandelbar**. Der Kaufinteressent muss also die potentiellen Preise A_0 in der Verhandlung mit seinem Zukunftserfolgswert ZEW abgleichen. Er sollte sich im Sinne der in **Abb. 40** dargestellten Zusammenhänge nur dann zum Kauf entschließen, wenn:

$$A_0 \leq ZEW$$

Der Zukunftserfolgswert ZEW mutiert zum Entscheidungswert des Unternehmens:

> Der **Entscheidungswert** (Grenzpreis) des Unternehmens ist aus Sicht eines potentiellen Käufers der maximal zahlbare Preis für das Unternehmen.

Die investitionsorientierte Unternehmensbewertung ist vor allem durch drei Merkmale gekennzeichnet. Sie erfolgt

(1) **zukunftsorientiert**
(2) **subjektbezogen**
(3) im Sinne einer **Gesamtbewertung**.

(1) Zukunftsorientierung

Es sind nicht die Zahlungsüberschüsse oder Gewinne vergangener Perioden, sondern **erwartete Zukunftserfolge** zu diskontieren. Wie ist der Zukunftserfolg zu definieren? Der Unternehmenskäufer erwartet, dass seinem Haushalt künftige Einzahlungen E_t aus dem Unternehmen zufließen. Es kann auch vorkommen, dass Zahlungen in umgekehrter Richtung fließen: Der Unternehmer (Gesellschafter) leistet eine Privateinlage (beteiligt sich an einer Kapitalerhöhung). Aus der Sicht des Unternehmerhaushalts ist das eine Auszahlung A_t. Zur Ermittlung des Zukunftserfolgswertes diskontiert man also den **erwarteten Nettoentnahmestrom** ($E_t - A_t$). Beim Nettoentnahmestrom kann es sich um eine variierende oder eine feste Größe (= Rente) handeln.

Der Käufer eines Unternehmens kommt nicht nur in den Genuss des erwarteten Nettoentnahmestroms ($E_t - A_t$), sondern er kann auch einen späteren **Liquidationserlös L_n** vereinnahmen, denn irgendwann wird jedes Unternehmen verkauft oder liquidiert. Darum ist bei der Zukunftserfolgswertermittlung der Barwert des späteren Verkaufs- oder Liquidationserlöses als werterhöhende Komponente zu berücksichtigen (→ **Abb. 40**).

(2) Subjektivität

Die Zukunftserfolge eines Unternehmens sind **abhängig von der Managementqualifikation des Unternehmers**. Wenn also ein zum Verkauf stehendes eigentümergeführtes Unternehmen von fünf verschiedenen Kaufinteressenten bewertet wird, dann werden sich fünf verschiedene, subjektive Zukunftserfolgswerte ergeben. Derjenige Kaufinteressent wird einen besonders hohen Zukunftserfolgswert ermitteln, der aufgrund subjektiver Fähigkeiten und Erwartungen c. p. mit besonders

- hohen Einzahlungen E_t
- geringen Auszahlungen A_t
- hohen Veräußerungserlösen L_n
- langer Unternehmensdauer n
- geringem Kalkulationszinsfuß i

rechnet. Wer hohe Einzahlungsüberschüsse ($E_t - A_t$) erwirtschaften kann und dank günstiger Fremdfinanzierungsmöglichkeiten mit geringen Zinskosten rechnet, gilt als guter Unternehmer. Soll der Unternehmenskauf mit **Eigenkapital** finanziert werden, leitet der Kaufinteressent den für ihn maßgeblichen **Kalkulationszinsfuß** i als Opportunitätskostensatz aus der – entgangenen – Verzinsung jener Kapitalanlage ab, die durch den Unternehmenskauf unmöglich gemacht wird (**Opportunitätskostenprinzip**). Gleichgültig ob Eigen- oder Fremdfinanzierung: der Kalkulationszinsfuß ist immer ein individueller, d. h. **subjektbezogener Kapitalkostensatz**. Berechnungsbeispiele finden sich im zugehörigen Übungsbuch. (**ÜB 5/38–39**)

Verhandelt der Verkäufer V mit allen fünf Kaufinteressenten K, wird vermutlich jener Bewerber zum Zuge kommen, der für sich den höchsten Zukunftserfolgswert (= subjektive Preisobergrenze) ermittelt hat. Bei ungehindertem Marktmechanismus haben Unternehmen die Tendenz, **zum besten Wirt** zu **wandern**. Die Vermögenstransaktion von V zu K kommt zustande, wenn $ZEW_K > ZEW_V$ gilt, wenn also K das Unternehmen besser bewirtschaftet als der bisherige Eigentümer V. Die Volkswirtschaftslehre bezeichnet diesen Marktmechanismus als **Allokationsprozess**.

(3) Gesamtbewertung

Eine Bewertung kann grundsätzlich erfolgen im Sinne einer

- Einzelbewertung
- Gesamtbewertung.

Der **Einzelbewertungsgrundsatz** gilt für den handelsrechtlichen Jahresabschluss.[1] Bei einem Unternehmenserwerb soll das Unternehmen aber als Einkommensquelle für den Erwerber dienen. Maßgeblich für den Unternehmenswert – egal ob es, wie hier, um den Unternehmenswert aus Sicht des Eigners oder um den Unternehmensgesamtwert geht – ist deshalb nicht die Summe der Einzelwerte der Vermögensgegenstände, sondern der **Wert der Einkommensquelle**. Im Sinne des Grundsatzes der **Gesamtbewertung** werden so die Synergien (Verbundeffekte) zwischen den Vermögensgegenständen erfasst.

Die **Stärke** des vorgestellten Bewertungskonzepts liegt in der **investitionstheoretisch** überzeugenden **Fundierung**, die **Schwäche** in der Bewältigung des **Informationsproblems**. Diesem Einwand begegnet zwar jede dynamische Investitionsrechnung, bei der Unternehmensbewertung wiegt er aber aus zwei Gründen besonders schwer:

---

[1] Vgl. S. 663.

Zeitliche Extension	Sachliche Extension
teilweise sehr lange Laufzeit der Unternehmung – länger als bei sonstigen Sachinvestitionen	hohes Investitionsvolumen; schwierig zu prognostizierende Kapitalrückflüsse und Kalkulationszinsfüße

Abb. 41: Besondere Schwierigkeiten der Zukunftserfolgswertermittlung

Um die **Unsicherheit der Zukunft** zu berücksichtigen, ist zu empfehlen, diese im Bewertungsergebnis offenzulegen. Hierzu kann z. B. auf die Sensitivitätsanalyse oder die Risikoanalyse zurückgegriffen werden.[1] Dies schafft eine transparente Entscheidungsgrundlage. Der Zukunftserfolgswert ist dann keine eindimensionale Größe (kein Punktwert), sondern kann beispielsweise als Bandbreite dargestellt werden.

3.3 Discounted-Cash-Flow-Methode

3.3.1 Praxis der Unternehmensbewertung

Der Zukunftserfolgswert ist ein investitionstheoretisch tragfähiges Konzept zur Unternehmensbewertung. Die Anwendungsschwierigkeiten liegen in der Prognose zukünftiger Einzahlungsüberschüsse ($E_t - A_t$) und der Kalkulationszinsfüße. Um diese Probleme zu überwinden, greift die Bewertungspraxis überwiegend auf verschiedene Varianten der sog. Discounted-Cash-Flow-Methode (**DCF-Methode**) zurück.[2]

Hierbei handelt es sich – wie bei der Zukunftserfolgswertmethode – um ein Vorgehen, welches auf der **Barwertermittlung** basiert. Die DCF-Methode unterscheidet sich vom Zukunftserfolgswertverfahren jedoch hauptsächlich in folgenden Punkten:[3]

(1) Die **Erfolgsgröße** wird aus Ertrags- und Aufwandsgrößen des externen Rechnungswesens[4] abgeleitet.
(2) Der **risikoabhängige Kapitalisierungszinssatz** wird aus dem CAPM[5] abgeleitet.

Zu beachten ist, dass unterschiedliche Eingangsdaten auch zu unterschiedlichen Ergebnissen führen. Das Ziel der Bewertung ist die **Ermittlung eines sog. Marktwertes des Eigenkapitals** (UW^{EK}). Hierzu zieht man vom Unternehmensgesamtwert UGW (= Marktwert des Gesamtkapitals) den Marktwert des Fremdkapitals (UW^{FK}) ab.[6]

3.3.2 Ermittlung der Erfolgsgröße

Die Kapitalgeber erwarten von einem Unternehmen ein Entgelt für die Kapitalbereitstellung. In einer **einfachen Welt ohne Steuern** erhalten die

- **Fremdkapitalgeber** die vertraglich vereinbarten **Zinsen (FKZ)**.
- **Eigenkapitalgeber** (risikoabhängige) **Gewinnausschüttungen (G)**.

---
[1] Vgl. hierzu bereits S. 504 ff.
[2] Vgl. z. B. Copeland/Koller/Murrin, Unternehmenswert, 2002, S. 107 ff.
[3] Aufgrund dieser Pauschalisierungen steht die DCF-Methode in der Kritik. Vgl. Matschke/Brösel, Unternehmensbewertung, 2013, S. 26 ff.; Hering, Unternehmensbewertung, 2014.
[4] Vgl. hierzu S. 633 ff.
[5] Vgl. hierzu S. 621 ff.
[6] Ein solches Vorgehen wird als Bruttomethode bezeichnet. Die folgenden Ausführungen konzentrieren sich auf die in der Praxis vorherrschende Bruttomethode.

Damit entspricht der künftige **Bruttogewinn BG$_t$** der Summe aus dem künftigen Jahresgewinn G$_t$ und den künftigen Zinszahlungen/Jahr FKZ$_t$:

$$BG_t = G_t + FKZ_t$$

Um das Verständnis zu erleichtern, wird im Folgenden unterstellt, dass es während des Prognosezeitraums keine Kapitalveränderungen gibt. Der Unternehmensgesamtwert UGW entspricht dann dem Barwert der künftigen Bruttogewinne BG$_t$:

$$UGW = Barwert\ BG_t = \sum_{t=1}^{n}(G_t + FKZ_t)\cdot(1+i)^{-t}$$

Ein entscheidendes **Problem** der Unternehmensbewertung besteht nun darin, den von Eigen- und Fremdkapitalgebern **entziehbaren Entnahmestrom**, hier also BG$_t$, zu **prognostizieren**. Dieses Prognoseproblem versuchen die Anwender der DCF-Methode durch eine Näherungslösung zu überwinden: Sie leiten den für die Kapitalgeber

- zu erwartenden Entnahmestrom BG$_t$
- aus den **Plan-GuV** künftiger Perioden,

ab. Zu diesem Zweck müssen die Ertrags- bzw. Aufwandsgrößen der Plan-GuV künftiger Perioden in einen entziehbaren Geldbetrag, also in Zahlungsgrößen[1], transformiert werden.

Bei diesem Transformationsprozess leistet das **Cash-Flow-Konzept**[2] wertvolle Dienste: Zieht man vom Gesamtaufwand einer Periode den Aufwand ab, der in dieser Periode nicht zahlungswirksam ist, kann man retrograd die Höhe der Auszahlungen bestimmen. Allerdings lässt sich in der Praxis eine exakte Abgrenzung von Aufwand (Ertrag) und Auszahlung (Einzahlung) nicht erreichen. Deshalb liefert dieses Konzept mit dem **Cash Flow** nur einen mehr oder weniger groben **Näherungswert** des zukünftigen Einzahlungsüberschusses.

In einem einführenden Lehrbuch ist es angebracht, ein **vereinfachtes (Free-)Cash-Flow-Konzept**[3] zur Unternehmensbewertung beispielhaft vorzustellen **(Abb. 42)**.

	Ergebnis vor Zinsen und Steuern (EBIT)[4]	920
−	Unternehmenssteuern	− 120
=	Ergebnis vor Zinsen	800
+ (−)	Abschreibungen (Zuschreibungen)	+ 120
+ (−)	Bildung (Auflösung) langfristiger Rückstellungen	+ 80
=	**Brutto Cash Flow**	**+ 1.000**
− (+)	Investitionen (Desinvestitionen) Anlagevermögen	− 600
− (+)	Erhöhung (Minderung) Umlaufvermögen	− 100
=	**Free Cash Flow (FCF)**	**+ 300**

Abb. 42: Vereinfachtes Free-Cash-Flow-Konzept

---

[1] Zur Unterscheidung von Erfolgs- und Zahlungsgrößen vgl. S. 633 ff.
[2] Vgl. S. 527 f. und S. 641 ff.
[3] Zur präziseren Ermittlung vgl. Copeland/Koller/Murrin, Unternehmenswert, 2002, S. 425.
[4] Zum EBIT vgl. S. 738.

3. Unternehmensbewertung

Ausgangsgröße zur **Ermittlung des sog. Free Cash Flows** (FCF) ist das Ergebnis vor Zinsen und Steuern (EBIT), von dem die Unternehmenssteuern[1] (z. B. die Gewerbesteuer) abzuziehen sind. Auf dieser Basis ist dann der **Brutto Cash Flow** (BCF) zu ermitteln.

> **Beispiel:** Beträgt das Ergebnis vor Abzug von Fremdkapitalzinsen 800 und ist mit einer Periodenabschreibung von 120 und einer Erhöhung der langfristigen Rückstellungen um 80 zu rechnen, dann ist ein BCF von 1.000 zu erwarten.

Vom BCF sind die Beträge abzuziehen, die zur Finanzierung von Investitionen in das Anlage- und Umlaufvermögen benötigt werden, um schließlich den FCF zu ermitteln. Hingegen werden Beträge aus Verkäufen von Gegenständen des Anlage- und des Umlaufvermögens zum BCF hinzugerechnet.

> **Fortführung des Beispiels:** Zieht man vom BCF (1.000) die Beträge ab, die zur Finanzierung von Anlageinvestitionen (600) und von Lagerbestandserhöhungen (100) benötigt werden, verbleibt ein FCF von 300. Dieser Betrag steht erwartungsgemäß zur Gewinnausschüttung und zur Zahlung von Fremdkapitalzinsen zur Verfügung.

> Der **Free Cash Flow** (FCF) ist jener Geldbetrag, der zur Befriedigung ihrer Zahlungsansprüche (Fremdkapitalzinsen und Gewinnausschüttungen) an die Kapitalgeber gezahlt werden kann.

Zur Ermittlung des Unternehmensgesamtwertes UGW mit der DCF-Methode müssen die für den Planungszeitraum erwarteten Bruttogewinne BG_t (= FCF_t) diskontiert werden. Bei der **Prognose der künftigen FCF$_t$** werden verschiedene Faktoren berücksichtigt, die den künftigen Unternehmenserfolg beeinflussen. Hierzu gehören u. a. die

- **Wachstumsrate des Umsatzes**
- **Entwicklung der Umsatzrentabilität**
- **Synergieeffekte aus dem Unternehmenszusammenschluss**.

Als praxisorientiertes Bewertungsverfahren arbeitet die DCF-Methode mit einem überschaubaren **Detailplanungszeitraum von 5 bis 10 Jahren**. Für diesen Detailplanungszeitraum werden die erwarteten FCF_t konkret aus der jeweiligen Plan-GuV abgeleitet. Der jenseits des Detailplanungshorizonts (z. B. ab t_{10}) zu erwartende FCF wird pauschaliert: Man unterstellt z. B., dass auch nach t_{10} der geplante FCF_{10} erwirtschaftet wird. Anstelle eines geplanten Liquidationserlöses L geht der **Barwert** einer **ewigen Rente** in Höhe von FCF_{10} in die Ermittlung des Unternehmensgesamtwertes UGW ein. Ein Berechnungsbeispiel findet sich im zugehörigen Übungsbuch. (**ÜB 5/44**)

3.3.3 Ermittlung des Kalkulationszinsfußes

Wie jede Investition so ist auch der Kauf eines Unternehmens mit erheblichen Risiken verbunden: Es ist unsicher, ob die prognostizierten Zukunftserfolge ($E_t - A_t$ bzw. FCF_t) auch tatsächlich erwirtschaftet werden können. Rechnung tragen können Investoren dem **Investitionsrisiko** bei der Bewertung u. a. durch[2]

- **Abschläge** vom erwarteten Erfolg ($E_t - A_t$ bzw. FCF_t)
- Zuschläge zum **Kalkulationszinsfuß** i.

---

[1] Zur Berücksichtigung von Steuern vgl. Ballwieser/Hachmeister, Unternehmensbewertung, 2016, S. 141 ff.
[2] Vgl. S. 503 f.

Die Korrekturgröße unterliegt allerdings subjektivem Ermessen. An dieser Stelle bemüht sich die DCF-Methode um Objektivierung: Bei

- **geringem Investitionsrisiko** wird ein **niedriger Kalkulationszinsfuß**
- **höherem Investitionsrisiko** wird ein **erhöhter Kalkulationszinsfuß**

zur Diskontierung herangezogen. Dabei soll ein **risikoadäquater Zinssatz** (für Eigen- bzw. Fremdkapital) aus dem Capital Asset Pricing Model (CAPM)[1] abgeleitet werden. Der Zinssatz lässt sich in einem vereinfachten Ansatz[2] wie folgt bestimmen:

(1) Zur Ermittlung des Unternehmensgesamtwertes UGW ist der **Free Cash Flow** FCF_t mit dem unternehmensspezifischen Kapitalkostensatz i_G zu **diskontieren**.

(2) Der **Kapitalkostensatz** i_G wird als **gewogener durchschnittlicher Zinssatz** aus den risikoadjustierten Verzinsungswünschen der Fremdkapitalgeber (i_F) und der Eigenkapitalgeber (i_E) abgeleitet (→ **Abb. 43**). Der Mischzinssatz i_G wird auch als Weighted Average Cost of Capital (**WACC**) bezeichnet.

$$i_G = i_E \cdot \frac{EK}{GK} + i_F \cdot \frac{FK}{GK}$$

i_G	=	Gesamtkapitalkostensatz der Unternehmung
i_E	=	Eigenkapitalkostensatz der Unternehmung
i_F	=	Fremdkapitalkostensatz der Unternehmung
$\frac{EK}{GK}$	=	Eigenkapitalquote
$\frac{FK}{GK}$	=	Fremdkapitalquote

Abb. 43: Ermittlung der Kapitalkosten (i_G; WACC)

(3) Annahmegemäß soll die **Kapitalquote** (EK/GK; FK/GK) während des gesamten Planungszeitraums **konstant** bleiben.

(4) Der **Fremdkapitalkostensatz** i_F ergibt sich aus dem risikolosen Basiszins i_B (Pure Rate) von z. B. 4 Prozent, der um einen unternehmensspezifischen Risikozuschlag für Fremdkapitalaufnahme von z. B. 2 Prozent zu erhöhen ist.

(5) Der **Eigenkapitalkostensatz** i_E wird nach dem CAPM ermittelt:

$$i_E = i_B + \underbrace{\beta \cdot (\mu_M - i_B)}_{\text{Risikoprämie}}$$

Als Restbetragsbeteiligte tragen die Eigenkapitalgeber ein höheres Risiko als die Fremdkapitalgeber mit ihren vertraglich gesicherten Verzinsungsansprüchen. Deshalb erwarten sie eine höhere Risikoprämie als die Fremdkapitalgeber.

---

[1] Zu Einzelheiten der Zinssatzermittlung nach dem CAPM vgl. S. 621 ff.
[2] Hierbei werden Ertragsteuerwirkungen vernachlässigt.

Die von den Eigenkapitalgebern geforderte Risikoprämie setzt sich nach dem CAPM aus zwei Komponenten zusammen, dem
- **allgemeinen Marktrisiko** mit dem Faktor ($\mu_M - i_B$)
- **unternehmensspezifischen Risiko**, symbolisiert durch Faktor β **(Beta-Faktor)**.

> **Beispiel:** Liegen der risikolose Basiszins i_B bei 4 % und die Verzinsung der Marktportfolios μ_M bei 9 %, wird für die Übernahme des systematischen Marktrisikos (z. B. des allgemeinen Konjunkturrisikos) eine Prämie ($\mu_M - i_B$) von 5 % erwartet.

Die unternehmensspezifische Konjunkturanfälligkeit des zu bewertenden Unternehmens wird im **Beta-Faktor** gemessen. Konjunktursensitive Unternehmen (z. B. Automobilindustrie) haben einen Beta-Faktor > 1, konjunkturunabhängige Unternehmen (z. B. Grundnahrungsmittel) einen Beta-Faktor < 1.

> **Fortführung des Beispiels:** Liegt der Beta-Faktor des zu bewertenden Unternehmens bei 1,2, beziffern sich die **geforderte Risikoprämie** auf 6 % [= 1,2 · (9 − 4)] und die **gewünschte Eigenkapitalverzinsung i_E** auf 10 % (= 4 + 6).

Der praktischen Anwendung des CAPM stehen zahlreiche Hindernisse[1] im Wege. Deshalb ist die Bewertungspraxis bei der Bemessung der Zinsfaktoren i_F und i_E auf **subjektive Schätzungen** angewiesen, die sich u. a. an Kapitalmarktdaten der Vergangenheit und damit an einer **marktmäßigen Risikoklassifizierung** orientieren.

3.3.4 Ermittlung des Marktwertes des Eigenkapitals

Der Unternehmensgesamtwert UGW entspricht dem Marktwert des Gesamtkapitals GK. Er setzt sich also folgendermaßen zusammen:

UGW	=	UW^{EK}	+	UW^{FK}
Marktwert des Gesamtkapitals	=	Marktwert des Eigenkapitals	+	Marktwert des Fremdkapitals

Die verschiedenen Varianten des DCF-Verfahrens verfolgen das Ziel, den **Marktwert des Eigenkapitals UW^{EK}** zu ermitteln. Dabei können zwei Wege beschritten werden:
- die **Bruttomethode (Entity-Methode)**
- die **Nettomethode (Equity-Methode)**.

Beide Methoden sollten zum selben Unternehmenswert UW^{EK} führen. Die **Bruttomethode** hat die größere praktische Bedeutung. Danach wird der Marktwert des Eigenkapitals UW^{EK} in mehreren Schritten festgestellt. Erstens lässt sich der Unternehmensgesamtwert UGW durch Diskontierung des Free Cash Flow[2] ermitteln:

$$UGW = \sum_{t=1}^{n} \frac{FCF_t}{(1+i_G)^t}$$

Anschließend wird der **Marktwert des Fremdkapitals UW^{FK}** – im vereinfachten Modell (ohne Ertragsteuern) – durch **Diskontierung der Fremdkapitalzinsen FKZ** bestimmt:

---

[1] Vgl. Ballwieser/Hachmeister, Unternehmensbewertung, 2016, S. 103 ff.
[2] Aus Vereinfachungsgründen werden hier FCF jenseits des Planungshorizonts vernachlässigt.

$$UW^{FK} = \sum_{t=1}^{n} \frac{FKZ_t}{(1+i_F)^t}$$

Schließlich gilt für den Marktwert des Eigenkapitals UW^{EK}:

$$UW^{EK} = UGW - UW^{FK}$$

$$UW^{EK} = \sum_{t=1}^{n} \frac{FCF_t}{(1+i_G)^t} - \sum_{t=1}^{n} \frac{FKZ_t}{(1+i_F)^t}$$

Nach der **Nettomethode** wird der Marktwert des Eigenkapitals UW^{EK} ermittelt, indem man die Nettozahlungen an die Eigenkapitalgeber mit dem Eigenkapitalkostensatz i_E diskontiert. Ein Beispiel findet sich im zugehörigen Übungsbuch. (**ÜB 5/44–45**)

3.4 Herkömmliche Verfahren der Unternehmensbewertung

Das **investitionstheoretische Konzept der Unternehmensbewertung** hat sich seit den 1960er Jahren durchgesetzt. Demgegenüber gingen die bis dahin vorherrschenden **herkömmlichen Verfahren** (→ Abb. 44) von der Vorstellung aus, dass ein Unternehmen einen objektiven Wert habe, der für jedermann die gleiche Höhe hat.

Herkömmliche Bewertungsverfahren		
3.4.1 Ertragswert	**3.4.2 Substanzwert**	**3.4.3 Kombinationswert**
Barwert der „Normalgewinne" (diskontiert zum landesüblichen Zins)	Teilreproduktionswert (abgeleitet aus den Einzelposten der Bilanz)	Kombination aus Ertragswert und Substanzwert

Abb. 44: Herkömmliche Bewertungsverfahren im Überblick

3.4.1 Ertragswertverfahren

Auch das Ertragswertverfahren herkömmlicher Prägung fußte auf dem Barwertkriterium: Gewinne G wurden mit dem Kalkulationszinsfuß i diskontiert. Ausgangspunkt zur Prognose der Zukunftsgewinne G waren die **Gewinne der Vergangenheit**. Häufig begnügte man sich damit, zur Ermittlung von G aus den Gewinngrößen der letzten fünf Perioden einen einfachen Durchschnitt zu bilden. Der Zukunftsgewinn G sollte den **„normalen" Erfolg** bei „normaler" Unternehmerleistung abbilden.

Als Kalkulationszinsfuß galt der sog. **landesübliche Zins** (Zins für langfristige Staatsanleihen). Da eine Investition in ein Unternehmen riskanter ist als der Erwerb von Staatsanleihen, erhöhte man den Diskontierungszins häufig um einen Risikozuschlag.

Rechnete man mit einer **endlichen Lebensdauer** des Unternehmens, konnte man zur Ermittlung des Ertragswertes EW einen fiktiven Liquidationserlös L_n berücksichtigen:

$$EW = \sum_{t=1}^{n} G_t (1+i)^{-t} + L_n (1+i)^{-n}$$

Häufig ermittelte man den Ertragswert EW unter zwei vereinfachenden Annahmen:
- G bleibt in Zukunft konstant (Rente);
- die Lebensdauer des Unternehmens ist unendlich.

Der Ertragswert EW entspricht dann dem **Barwert** einer **ewigen Rente**:

$$EW = \frac{G}{i}$$

War das zu bewertende Unternehmen teilweise mit Fremdkapital finanziert, wurden zur Ermittlung des Unternehmensgesamtwertes nicht die Nettogewinne G, sondern die Bruttogewinne BG diskontiert. Dabei galt:

$$BG = G + FKZ$$

In formaler Hinsicht ähneln sich Ertragswert und Zukunftserfolgswert: Beide Werte repräsentieren den Barwert des Unternehmenserfolgs. Die große **Schwäche** des herkömmlichen **Ertragswertverfahrens** liegt aber in seinem

- unreflektierten Rückgriff auf „normale" Vergangenheitsgewinne
- **Verzicht** auf Berücksichtigung **individueller bzw. risikoabhängiger Finanzierungskosten**.

Damit ist das Ertragswertverfahren zur Ermittlung einer Preisobergrenze für den Käufer (Preisuntergrenze für den Verkäufer) ungeeignet. (**ÜB 5**/40)

3.4.2 Substanzwertverfahren

Bei den barwertorientierten Verfahren zur Unternehmensbewertung muss man die künftige Ertragslage prognostizieren. Dieser Problematik gingen die Anhänger des Substanzwertverfahrens aus dem Weg. Das Substanzwertverfahren arbeitet mit der Fiktion, man könne das **zu bewertende Unternehmen identisch nachbauen**. Ein solcher Substanzwert ist ein Rekonstruktionswert bzw. **Reproduktionswert**.

Zur Ermittlung des Reproduktionswertes

- konzentrierte man sich auf das **betriebsnotwendige Vermögen**
- berücksichtigte man nur die **bilanzierungsfähigen Wirtschaftsgüter**,
- die man einzeln mit Wiederbeschaffungskosten bewertete.

> **Beispiel:** Der Ertragswert eines Unternehmens beträgt 1.000 GE. Der nach dem Einzelbewertungsgrundsatz ermittelte Substanzwert (= Teilreproduktionswert) beziffert sich auf 800 GE.

Üblicherweise ist der Ertragswert eines Unternehmens höher als der Teilreproduktionswert. Der Grund: Zum Teilreproduktionswert kann man ein technisches Gebilde auf der grünen Wiese rekonstruieren. Zu einem Unternehmen, das sich am Markt behaupten und Gewinne erwirtschaften soll, gehört weitaus mehr als die Rekonstruktion einer Produktionsanlage: Technisches Know-how, eine reibungslose Organisation, geschultes, motiviertes Personal, die Kenntnis günstiger Bezugsquellen, ein gutes Produktimage und ein hoher Bekanntheitsgrad am Markt, ein fester Kundenstamm, Produktionsgeheimnisse usw. beeinflussen die Ertragsaussichten und damit den Unternehmenswert. Diese Faktoren gehören zum selbstgeschaffenen, also dem **originären Firmenwert**, der auch als Geschäftswert oder Goodwill bezeichnet wird.

Zur Feststellung des **Vollreproduktionswertes** müsste neben dem Teilreproduktionswert der originäre Firmenwert betragsmäßig ermittelt werden. Dabei gibt es ein **Problem**: Der originäre Firmenwert besteht aus einem **Konglomerat immaterieller Vermögenspositionen**, die sich einer Einzelbewertung entziehen. Aus diesem Grund darf der originäre Firmenwert in der Bilanz nicht ausgewiesen werden.[1]

Will man trotzdem eine Vorstellung von der Höhe des originären Firmenwertes gewinnen, geht man den Weg über die indirekte Wertermittlung:

> Der **originäre Goodwill** ergibt sich aus dem Unterschied zwischen Ertragswert und Substanzwert (Teilreproduktionswert).

In der modernen Bewertungslehre wird, wie oben gezeigt, anstelle des herkömmlichen Ertragswertes der Zukunftserfolgswert verwendet.

Den Zusammenhang zwischen den Bestandteilen des Substanzwertes und dem Ertragswert macht **Abb. 45** deutlich. Unter der Annahme der Veräußerung des nicht-betriebsnotwendigen Vermögens müssten für den „Nachbau" der materiellen Bestandteile des Unternehmens 800 aufgewendet werden. Beziffert sich der Ertragswert auf 1.000, hat das Unternehmen einen originären Firmenwert (Goodwill) von 200.

	Wiederbeschaffungswerte des bilanzierten Vermögens (soweit betriebsnotwendig)	1.120
−	Schulden	− 400
+	Liquidationswert des nicht-betriebsnotwendigen Vermögens	+ 80
	Substanzwert (Teilreproduktionswert)	**800**
+	Originärer Firmenwert	+ 200
=	**Ertragswert**	**1.000**

Abb. 45: Substanz-, Ertrags- und Firmenwert (Beispiel)

Die herkömmlichen Bewertungsverfahren basieren auf folgender Überlegung: Der Substanzwert (= Teilreproduktionswert) ist zu niedrig, weil er den werterhöhenden Firmenwert völlig vernachlässigt. Der Ertragswert erschien den Anhängern der traditionellen Bewertungspraxis als zu hoch, weil

- sich **der vom bisherigen Eigentümer geschaffene Firmenwert** nach dessen Ausscheiden bald **verflüchtigen** könne
- die den Teilreproduktionswert übersteigenden (Ertrags-)Wertkomponenten im **marktwirtschaftlichen Wettbewerb** einem **hohen Schwundrisiko ausgesetzt** seien.

Deshalb versuchte man, den „objektiven Unternehmenswert" nach schematischen Regeln zwischen Substanzwert und Ertragswert anzusiedeln. (**ÜB 2**/51 und **5**/41)

3.4.3 Kombinationsverfahren

Beim sog. **Mittelwertverfahren** wird der Unternehmenswert UW^{EK} als Mittelwert zwischen Ertrags- und Substanzwert gebildet.

---

[1] Vgl. S. 682 f. und S. 776.

$$UW^{EK} = \frac{\text{Ertragswert} + \text{Substanzwert}}{2}$$

Das **Verfahren der Übergewinnkapitalisierung** geht von der Vorstellung aus, dass ein Unternehmen – auf einem zur Vollkommenheit tendierenden Kapitalmarkt – langfristig nur einen Normalgewinn als Verzinsung des Substanzwertes (SW) erwirtschaften kann. Zieht man vom nachhaltig erwarteten Zukunftserfolg G den Normalgewinn, man meint damit die „landesübliche Verzinsung des Substanzwertes", ab, erhält man den sog. Übergewinn:

$$\begin{array}{r}\text{Erwarteter Zukunftsgewinn G}\\-\text{ Normalgewinn (SW} \cdot \text{i)}\\\hline \text{Übergewinn}\end{array}$$

Da der Übergewinn als flüchtige Größe angesehen wird, diskontierte man ihn mit einem **erhöhten Kalkulationszinsfuß**. Je höher der Risikozuschlag, desto kleiner ist der Anteil des originären Firmenwertes, der in den Unternehmenswert UW^{EK} Eingang findet. Zahlenbeispiele zu den Kombinationsverfahren finden sich im dazugehörigen Übungsbuch. (**ÜB 5**/42–43)

4. Grundlagen der Finanzplanung

4.1 Finanzplanung als betriebliche Teilplanung

Produktions-, Absatz-, Investitions- und Finanzierungsentscheidungen sind eng miteinander verbunden. Die starke gegenseitige Abhängigkeit erfordert aus theoretischer Sicht eine gleichzeitige Optimierung aller Entscheidungen, also eine simultane Planung. Eine **simultane Unternehmensplanung scheitert** in der Realität jedoch an der Vielzahl der zu berücksichtigenden Entscheidungsalternativen.

Eine Zerlegung (Partialisierung) des Unternehmensgesamtplans in einzelne Teilpläne ist deshalb in der Planungspraxis unausweichlich. Im Zuge **sukzessiver Planung** werden die Teilpläne nacheinander erstellt. Es handelt sich in einem ersten Planungsdurchlauf um **vorläufige Teilpläne**. Dabei ist zu erwarten, dass die Teilpläne nicht auf Anhieb zusammenpassen. Deshalb werden sie in einem zweiten (dritten usw.) Planungsdurchlauf koordiniert. Nach Abschluss der **Koordinationsphase** erhält man **endgültige Teilpläne**, die sich zu einem stimmigen Unternehmensgesamtplan zusammenfassen lassen.

Vor dem Start des ersten Planungsdurchlaufs beruht die Finanzplanung auf einer vorläufigen Verabschiedung der Produktions-, Absatz- und Investitionsentscheidungen. Neben dem Produktions- und Absatzplan ist auch der **Investitionsplan** ein (**vorläufiges**) **Datum**.

Aufgabe der sich anschließenden **Finanzplanung** ist die **Optimierung** des[1]

- **Kapitalbereichs**
- **Zahlungsbereichs**.

---

[1] Vgl. **Abb. 4** auf S. 468.

Dabei kann man sich nicht gleich auf die Suche nach der kostengünstigsten Finanzierungsquelle für die geplanten Investitionsvorhaben begeben. Vorher ist zu prüfen, ob für die Planungsperiode das vorläufig geplante Investitionsvolumen mit dem vorhandenen Finanzierungspotential überhaupt realisiert werden kann. Im Allgemeinen steht man vor der Notwendigkeit, beide Teilpläne abzustimmen. Folgende Situationen sind denkbar:

Ausgangssituation: Ungleichgewicht	Investitionsvolumen ist größer als Finanzierungspotential	Investitionsvolumen ist kleiner als Finanzierungspotential
Anpassungsmaßnahmen	• Erschließung zusätzlicher Finanzierungsquellen • Verzicht auf Investitionsprojekte	• Abbau des Finanzierungspotentials (z. B. Kredittilgung) • Zusätzliche Investitionsprojekte (z. B. Finanzinvestitionen)

Abb. 46: Grobabstimmung von Investitions- und Finanzplan

Bei sukzessiver Planung müssen also die Interdependenzen zwischen den Planungsbereichen durch den Abgleich der Teilpläne weitgehend berücksichtigt werden.

4.2 Ziele der Finanzplanung

Das Subziel eines Teilplans ist immer aus dem für das Gesamtunternehmen geltenden Oberziel abzuleiten. Welches **Subziel der Finanzplanung** lässt sich aus dem Oberziel „langfristige Gewinnmaximierung" herleiten? Bei vordergründiger Betrachtung könnte man meinen: Die Erlösseite ist von der Wahl der Finanzierungsalternative i. A. unabhängig. Daraus folgt: Wer die kostengünstigsten Finanzierungsalternativen wählt, gelangt zum langfristigen Gewinnmaximum.

Allerdings kann sich die Finanzplanung nicht allein auf die Kapitalkostenminimierung beschränken. Wenn ein Unternehmen nicht mehr in der Lage ist, seinen laufenden Zahlungsverpflichtungen nachzukommen, bedeutet das in aller Regel das Ende unternehmerischer Tätigkeit.[1] Langfristige Gewinnmaximierung gebietet also

- **Kapitalkostenminimierung** bei
- **Sicherung der Zahlungsbereitschaft** (strikte Nebenbedingung).

Das finanzielle Gleichgewicht eines Unternehmens ist gesichert, wenn über alle (infinitesimal kleinen) Planungsperioden gilt: **Einzahlungen ≥ Auszahlungen**. Gäbe es vollkommene Voraussicht, könnte sich die Finanzplanung zur Wahrung des finanziellen Gleichgewichts darauf beschränken, die künftigen Ein- und Auszahlungen nach der obigen Bedingung zu koordinieren.

---

[1] Zur Insolvenz vgl. S. 264 f.

4. Grundlagen der Finanzplanung

In der Realität gibt es aber keine vollkommene Voraussicht. Die Finanzplanung muss der **Unsicherheit** Rechnung tragen, dass

- tatsächliche Einzahlungen < geplante Einzahlungen
- tatsächliche Auszahlungen > geplante Auszahlungen

sein können. Zur Schließung **drohender Deckungslücken** muss also die Finanzplanung Liquiditätsvorsorge betreiben. Dabei kann **Liquidität** unterschiedlich interpretiert werden (→ **Abb. 47**).

Liquidität	
Liquidität als Eigenschaft eines Wirtschaftssubjekts	**Liquidität als Eigenschaft eines Vermögensgegenstands**
Während eines **Zeitraums** ist ein Unternehmen liquide, wenn es alle Zahlungsverpflichtungen betrags- und termingerecht erfüllt.	Zu einem **Zeitpunkt** verfügt ein Unternehmen über hohe (geringe) Bestände an Liquidität.

Abb. 47: Zeitraum- und zeitpunktbezogene Liquidität

Bei einer **Zeitpunktbetrachtung** zeigt die **Liquidität** die **Geldnähe** eines Vermögensgegenstands. Vermögensgegenstände lassen sich nach abnehmender Liquidität (= Geldnähe) folgendermaßen sortieren:

- Kasse, Bank (Sichtguthaben)
- Forderungen aus Lieferungen und Leistungen
- Warenbestände, Fertigfabrikate
- Halbfabrikate
- Maschinen usw.

Bei vollkommener Voraussicht benötigt man keine Zahlungsmittelbestände, sofern Ein- und Auszahlungen koordiniert sind. Bei **Planungsunsicherheit** ist das anders: Unternehmen, die über ein starkes **Liquiditätspolster**, also über einen großen Zahlungsbereich verfügen, können **unvorhergesehene Zahlungsmitteldefizite** durch einen Rückgriff auf den vorhandenen Pufferbestand **ausgleichen**. Hohe Zahlungsmittelbestände haben den

- **Vorteil guter Vorsorge gegen das Insolvenzrisiko**
- **Nachteil fehlender Verzinsung**.

Sie sind der Nebenbedingung des Gewinnstrebens (= Wahrung des finanziellen Gleichgewichts) zuträglich, sind aber der Zielgröße „Gewinn" abträglich.

Eine Finanzplanung, die Gewinnmaximierung und finanzielles Gleichgewicht im Auge behalten will, steht also vor der Aufgabe,

- die **günstigste Finanzierungsalternative**
- das **optimale Liquiditätspolster**

ausfindig zu machen. Bei gegebenen Zahlungsstromerwartungen hängt die Wahl des optimalen Liquiditätspolsters ab von

- der **Risikoneigung** des Unternehmers
- den **Kapitalkosten** (Zinsentgang bei Kassenhaltung).

Die geplanten Einzahlungen (E_t) und Auszahlungen (A_t) ergeben sich aus den geplanten Produktions-, Absatz- und Investitionsentscheidungen. Diese Entscheidungen haben folgenden Einfluss auf den Zahlungsmittelbestand:

$E_t > A_t \rightarrow$ Zahlungsmittelbestand steigt
$E_t < A_t \rightarrow$ Zahlungsmittelbestand sinkt.

Die geplanten Produktions-, Absatz- und Investitionsentscheidungen beeinflussen also den geplanten Zahlungsmittelbestand (ZMB). Dieser kann, muss aber nicht, mit dem gewünschten Zahlungsmittelbestand (subjektive Risikoneigung; Kapitalkosten) übereinstimmen, wie **Abb. 48** zeigt.

geplanter ZMB ist gleich gewünschter ZMB	geplanter ZMB ist größer als gewünschter ZMB	geplanter ZMB ist kleiner als gewünschter ZMB
Idealliquidität	**Überliquidität**	**Unterliquidität**
Anpassungsmaßnahmen: keine	*Anpassungsmaßnahmen:* • zusätzliche Sachinvestitionen • zusätzliche Finanzinvestitionen • Kapitalrückzahlung	*Anpassungsmaßnahmen:* • Streichung von geplanten Investitionen • Auflösung vorhandener Investitionen • Kapitalzuführung

Abb. 48: Anpassungsmaßnahmen zur Optimierung der Zahlungsmittelbestände

Die **Subziele der Finanzplanung** lassen sich folgendermaßen zusammenfassen:
1. Verhindere **Unterliquidität** (Minimiere Insolvenzrisiko)!
2. Wähle die **kostenminimale** Finanzierungsalternative!
3. Verhindere **Überliquidität** (Minimiere Zinsverlust)!

4.3 Instrumente der Finanzplanung

Wer Planungsinstrumente beschreiben will, muss die Planungsgrundlagen kennen. Grundlage der Finanzplanung sind vorläufig geplante Produktions-, Absatz- und Investitionsentscheidungen. Diese führen zu geplanten Ein- und Auszahlungen, deren Saldo den Zahlungsmittelbestand zum Ende der Planperiode verändert.

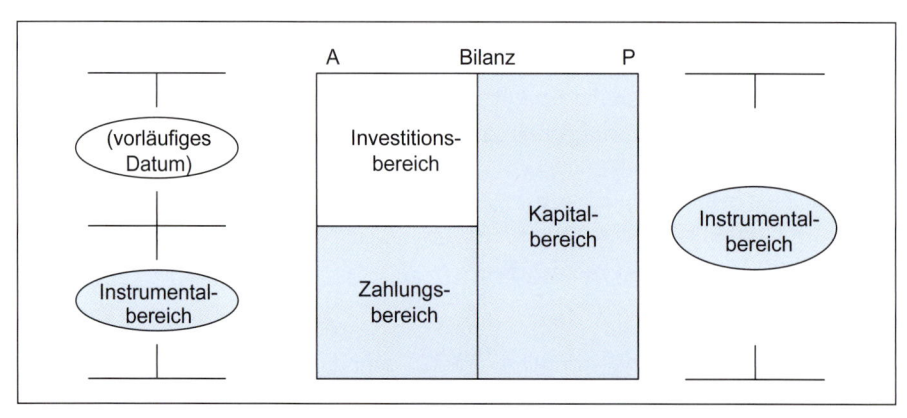

Abb. 49: Daten und Instrumente der Finanzplanung

4. Grundlagen der Finanzplanung

Die Finanzplanung erstreckt sich auf die Optimierung der Außen- und der Innenfinanzierung. Sieht man – einfachheitshalber – von der Möglichkeit der Rückstellungsbildung ab, gilt:

> **Außenfinanzierung = optimale Gestaltung des Kapitalbereichs**

Zur **Optimierung der Außenfinanzierung** gehören die

- Charakteristik verschiedener Formen der Einlagenfinanzierung
- Charakteristik verschiedener Formen der Kreditfinanzierung
- Optimierung der Relation zwischen Einlagen- und Kreditfinanzierung.

Diese Fragenkomplexe werden in den folgenden Kapiteln 5. und 9. ausführlich thematisiert.

Bei der Frage nach der **optimalen Innenfinanzierung** hat man vom Umstand vorläufig geplanter Produktions-, Absatz- und Investitionsentscheidungen auszugehen. Der Saldo aus geplanten Ein- und Auszahlungen erhöht (vermindert) den geplanten Zahlungsmittelbestand. Deckt sich zum Ende der Zahlungsperiode der geplante Zahlungsmittelbestand mit dem gewünschten Liquiditätspotential, bedarf es keiner weiteren Finanzplanung. Produktions-, Absatz-, Investitions- und Finanzplan sind abgestimmt und können endgültig verabschiedet werden.

Führt dagegen der Saldo aus geplanten Ein- und Auszahlungen zu einem geplanten Zahlungsmittelbestand, der die gewünschte Liquidität überschreitet (unterschreitet), muss die **Überliquidität (Unterliquidität)** durch geeignete Anpassungsmaßnahmen, wie sie in **Abb. 48** kurz dargestellt wurden, aufgehoben werden. Der **Zahlungsbereich** wird hier zum **Instrumentalbereich** der Finanzplanung.

Wer das künftige Innenfinanzierungsvolumen über die **Prognose** laufender **Ein-** und **Auszahlungen** ermitteln will, muss sich auf einen **kurzen Planungszeitraum** beschränken. Schon bei mittelfristiger Planung (1 bis 5 Jahre) ist die Schätzung laufender Ein- und Auszahlungen sehr fehleranfällig. Notgedrungen begnügt sich die Praxis bei der **mittelfristigen Finanzplanung** mit einer gröberen und somit **ungenaueren Planungsrechnung**. Es handelt sich hierbei um die Prognose des sog. Cash Flows.

In der unternehmerischen Planungspraxis ist es üblich, Planbilanzen und Planerfolgsrechnungen aufzustellen. Letztere sind aufgebaut wie eine Gewinn- und Verlustrechnung (GuV). Im Gegensatz zur üblichen GuV erstrecken sie sich aber nicht auf die abgelaufene, sondern auf eine künftige Periode. Solche Planerfolgsrechnungen beziehen sich üblicherweise auf ein Jahr und werden meist für einen mittleren Planungszeitraum (bis zu 5 Jahren) erstellt.

Der **Cash Flow** wird auf Basis einer Planerfolgsrechnung (Plan-GuV) ermittelt, indem aus

- **erwarteten Erträgen künftige Einzahlungen**
- **erwarteten Aufwendungen künftige Auszahlungen**

abgeleitet werden. Unter dem finanzwirtschaftlichen Cash Flow versteht man

- den erwarteten Mittelrückfluss aus dem Umsatzprozess,
- der nicht in Kürze zu Auszahlungen führt.

Das **einfachste Modell zur Cash-Flow-Berechnung** in **Abb. 50** geht von folgenden **Annahmen**[1] aus:

(1) Alle Erträge der Plan-GuV sind einzahlungswirksam.
(2) Alle Aufwendungen der Plan-GuV sind auszahlungswirksam mit Ausnahme
   - der bilanziellen Abschreibungen/Zuschreibungen
   - der Bildung/Auflösung (langfristiger) Rückstellungen.

	Gewinn lt. GuV
+/–	Abschreibungen/Zuschreibungen
+/–	Bildung/Auflösung langfristiger Rückstellungen[2]
=	**Operativer Cash Flow**

Abb. 50: Ermittlung des Cash Flows aus lfd. Geschäftstätigkeit

Zieht man vom operativen Cash Flow die anstehende(n)
- Gewinnsteuerzahlung und
- Gewinnausschüttungen

ab, erhält man den **Cash Flow nach Steuern und Ausschüttungen**. Dieser sog. **Netto Cash Flow** ist eine gute Näherungsgröße zur Bestimmung des **Innenfinanzierungsvolumens**. (ÜB 5/47)

Bei der Behandlung der **Innenfinanzierung** (Kapitel 8) folgt dieses Lehrbuch der gängigen Finanzierungsliteratur[3] und gliedert diesen Problembereich nach

8.2 **Finanzierung durch Gewinnthesaurierung** (Selbstfinanzierung),
8.3 **Finanzierung durch Bildung langfristiger Rückstellungen** und
8.4 **Finanzierung aus Abschreibungen**.

Ergänzt wird diese Kapiteleinteilung um die Finanzierung aus **Vermögensumschichtungen** (→ 8.5). Hier kann man beispielsweise an die Freisetzung finanzieller Mittel durch Veräußerung einer Beteiligung denken. Durch solche operativen Maßnahmen kann das Innenfinanzierungsvolumen kurzfristig erhöht werden. (ÜB 5/46–48)

4.4 Fristigkeit der Finanzplanung

Aufgabe der Finanzplanung ist es, die kostengünstigsten Finanzierungsinstrumente auszuwählen und gleichzeitig die künftigen Zahlungsströme so zu koordinieren, dass weder Über- noch Unterliquidität entsteht.

Damit orientiert sich die Finanzplanung an den Größen **Rentabilität und Liquidität**. Wie jede Planung vollzieht sich auch die Finanzplanung auf einer langfristigen (strategischen), einer mittel- und einer kurzfristigen Zeitebene. Je **kürzer** der **Planungszeitraum**, desto **detaillierter** und sicherer werden die Prognoserechnungen. Nur die

---

[1] Vgl. S. 641 ff.
[2] Kurzfristige Rückstellungen werden nicht berücksichtigt, weil sie schon in Kürze zu Auszahlungen führen.
[3] Vgl. Perridon/Steiner/Rathgeber, Finanzwirtschaft, 2012, S. 502 ff.

kurzfristige Finanzplanung (bis 12 Monate) mit ihren hohen Anforderungen an die Prognosegenauigkeit leistet sich den großen Planungsaufwand einer Einzahlungs-/Auszahlungsprognose. Die mittel- und langfristige Planung basieren dagegen auf gröberen Planungsdeterminanten.

Die langfristige Finanzplanung (über 5 Jahre hinaus) ist eine **strategische Rahmenplanung**. Ihre Ergebnisse sind als **Vorgaben** für die mittelfristige Finanzplanung (1–5 Jahre) anzusehen. Die Resultate der mittelfristigen Finanzplanung gelten ihrerseits als – vorläufiges – Datum für die kurzfristige Finanzplanung (bis 12 Monate).

4.4.1 Langfristige Finanzplanung

Ausgangsgrößen **(Daten)** der langfristigen Finanzplanung sind

(1) das vorhandene **Eigenkapital** und seine langfristige Entwicklung,
(2) der **Tätigkeitsbereich** des Unternehmens und
(3) die geplante **Betriebsgröße**.

Aus den Datenbereichen (2) und (3) wird der strategische Absatz-, Produktions- und Investitionsplan abgeleitet. Der **strategische Investitionsplan** gibt das **Investitionsvolumen** in seiner Größenordnung vor. Gleichzeitig determiniert er die **Dauer** der **Vermögensbindung**. So verursachen z. B. Investitionen im Sachanlagevermögen eines Bergbauunternehmens eine langfristige, Investitionen im Umlaufvermögen eines Handelsbetriebs eine kurzfristige Mittelbindung. Rahmenmäßig vorgegeben ist also das

- **Eigenkapital auf der Passivseite**
- **Investitionsvolumen und die Investitionsdauer auf der Aktivseite**

der Bilanz. Als Instrument der strategischen Finanzplanung verbleibt die optimale Gestaltung der (übrigen) Passivseite. Hierbei geht es z. B. um die Frage, ob die Differenz zwischen dem langfristig geplanten Investitionsvolumen und dem (langfristig geplanten) Eigenkapital eher durch **langfristige oder durch kurzfristige Kredite** gedeckt werden soll.

Bei der Beantwortung dieser Frage muss man nicht nur die Höhe der **Kapitalkosten**, sondern auch die langfristige **Versorgungssicherheit** auf den Kreditmärkten beachten. Die Anbieter von Fremdkapital haben subjektive Vorstellungen darüber, wann eine Unternehmensfinanzierung als solide bzw. als risikoreich oder sogar unsolide anzusehen ist. Diese Vorstellungen finden ihren Niederschlag in sog. Finanzierungsregeln, die im 9. Kapitel behandelt werden.

4.4.2 Mittelfristige Finanzplanung

Ausgangsdatum der mittelfristigen Finanzplanung ist der strategische Investitions- und Finanzplan. Daraus wird für den mittelfristigen **Planungszeitraum von 1 bis 5 Jahren** das in den einzelnen Teilperioden gewünschte Investitionsvolumen abgeleitet. Dieses gewünschte Investitionsvolumen ist ein (vorläufiges) Datum.

Gegenstand der mittelfristigen Finanzplanung ist die Frage, wie das gewünschte Investitionsvolumen finanziert werden soll. Dabei stellen sich folgende Teilfragen:

(1) Soll **Eigen- oder Fremdfinanzierung** vorgenommen werden?
(2) Soll **lang- oder kurzfristiges Fremdkapital** aufgenommen werden?
(3) Kann der Kapitalbedarf aus dem **Innenfinanzierungsvolumen** gedeckt werden?

Eine näherungsweise Antwort auf die Frage (3) liefert die oben dargestellte Cash-Flow-Prognose. Reichen die internen und externen Finanzierungsmittel zur Realisierung des vorläufig geplanten Investitionsvolumens nicht aus, muss der mittelfristige Investitionsplan revidiert werden. (**ÜB 5/47–48**)

4.4.3 Kurzfristige Finanzplanung

Wichtigstes Anliegen der kurzfristigen Finanzplanung ist die **Vermeidung** von **Unter- und Überliquidität**. Zur Ermittlung der „richtigen" Liquidität geht die Planungspraxis zwei Wege:

- Ermittlung von **Liquiditätskennziffern**
- Erstellung eines **Finanzplans**.

Bei der Ermittlung von Liquiditätskennziffern (→ **Abb. 51**) fragt man, wie weit die **vorhandene Liquidität zur Abdeckung der kurzfristigen Verbindlichkeiten ausreicht**:

	Liquiditätskennziffern	
Liquidität 1. Grades	$\dfrac{\text{Zahlungsmittel (ZM)}}{\text{kurzfr. Verbindlichkeiten}}$	[%]
Liquidität 2. Grades	$\dfrac{\text{ZM + kurzfr. Forderungen (kF)}}{\text{kurzfr. Verbindlichkeiten}}$	[%]
Liquidität 3. Grades	$\dfrac{\text{ZM + kF + Vorräte}}{\text{kurzfr. Verbindlichkeiten}}$	[%]

Abb. 51: Liquiditätskennziffern

Zur Einschränkung des Insolvenzrisikos sind die **Liquiditätskennziffern wenig geeignet**. Der Grund: Die Kennziffern sind auf einen **Zeitpunkt bezogen**. Selbst wenn die Liquidität 3. Grades > 100 Prozent ist, kann es zu Zahlungsschwierigkeiten kommen: Kurz nach dem kritischen Stichtag wird ein langfristiges Darlehen zur Rückzahlung fällig. Zur Wahrung des finanziellen Gleichgewichts benötigt man einen Anschlusskredit oder ein Aktivum, das sich kurzfristig flüssigmachen lässt.

Im Gegensatz zu den **statischen Liquiditätskennziffern** berücksichtigt der **Finanzplan als dynamische Rechnung**, die auf einen **Planungszeitraum** von 1 bis 12 Monaten bezogen ist, alle künftigen Ein- und Auszahlungen. Der zukunftsbezogene Finanzplan muss folgende Bedingungen erfüllen:

- **Vollständigkeitsprinzip**: Alle erwarteten Ein- und Auszahlungen sind zu erfassen.
- **Bruttoprinzip**: Ein- und Auszahlungen dürfen nicht saldiert werden.
- Prinzip der **Termingenauigkeit**: Die Zahlungen sollten möglichst tageweise zugeordnet werden.
- Prinzip der **Betragsgenauigkeit**: Die Zahlungen sollten möglichst exakt, in der Tendenz aber eher zu pessimistisch als zu optimistisch, geschätzt werden.

Abb. 52 zeigt die **Grundstruktur** eines **Finanzplans**. Als Zeitintervalle in der Kopfzeile können Tage, Wochen, Dekaden oder Monate angenommen werden. Bei allen Betragsangaben handelt es sich um **prognostizierte Größen**.

	Zeitintervall	1	2	3	...
	Einzahlungen	800	400	750	
−	Auszahlungen	− 650	− 500	− 900	
=	**Saldo**	+ 150	− 100	− 150	
	Zahlungsmittel AB	+ 100	+ 250	+ 150	
+/−	Saldo	+ 150	− 100	− 150	
=	**Zahlungsmittel EB**	+ 250	+ 150	0	

Abb. 52: Grobstruktur eines zukunftsbezogenen Finanzplans

Hinter dem hier skizzierten übersichtlichen Finanzplan für das Gesamtunternehmen stehen **Teilfinanzpläne** für einzelne Geschäftssparten. In diesen Teilplänen werden die **Ein-** und **Auszahlungen** stärker **spezifiziert**.[1] Die Einzahlungen reichen von Umsatzerlösen über Zinseinnahmen, Kreditaufnahmen bis zu Einzahlungen aus der Veräußerung von Sach- oder Finanzanlagen. Als Auszahlungen kommen Zahlungen für die Beschaffung von Produktionsfaktoren, Steuerzahlungen, Kredittilgungen, Finanzinvestitionen usw. in Betracht.

Bei der **Analyse** des **Finanzplans** hat man vor allem auf folgende Punkte zu achten:

(1) Salden mit durchweg negativen (positiven) Vorzeichen signalisieren die Tendenz zu **struktureller Unterliquidität (Überliquidität)**.
(2) Das Vorliegen einer Unter- bzw. Überliquidität lässt sich durch den **Vergleich** der im Finanzplan ausgewiesenen **Zahlungsmittelbestände** mit der Sollgröße einer **gewünschten Liquidität** feststellen.
(3) Je nach Dauer und Ausmaß erfordern Unter- bzw. Überliquidität **Anpassungsmaßnahmen** zur Sicherung der Liquidität bzw. Rentabilität.[2]
(4) Die planmäßigen Anfangs- bzw. Endbestände an **Zahlungsmitteln** dürfen **niemals negativ** werden.
(5) Die **gewünschte Liquidität** als vorsichtsbedingter Pufferbestand sollte die **Richtschnur** für die geplanten Zahlungsmittelbestände sein. Hohe und/oder langanhaltende Abweichungen von der subjektiv gewünschten Liquidität erfordern entsprechende **Anpassungsmaßnahmen**.

Auch im Rahmen der kurzfristigen Finanzplanung stehen die schon oben beschriebenen Anpassungsmaßnahmen zur Verfügung. Liegt der geplante Zahlungsmittelbestand unter dem gewünschten Liquiditätsbestand, sind Mittel zuzuführen oder freizusetzen. Liegt der Endbestand dagegen für längere Zeit über der gewünschten Liquidität, sollte nach einer rentableren Verwendung der Überschüsse gesucht werden. Ziel der kurzfristigen Finanzplanung sollte somit sein, den Zahlungsmittelbestand möglichst konstant auf dem Niveau der gewünschten Liquidität zu halten.

Auch bei der kurzfristigen Finanzplanung ist das Prinzip der **rollenden Planung** sinnvoll anwendbar. So lässt sich beispielsweise ein Planungszeitraum von einem Jahr in zwölf Monate, diese wiederum in jeweils drei Dekaden einteilen. Die Planung für die ersten drei Dekaden ist eine **Feinplanung**, die Planung für die folgenden Monate eine weniger exakte **„Grobplanung"**. Nach Ablauf der ersten (zweiten) Dekade wird die Feinplanung auf die vierte (fünfte) Dekade ausgedehnt. Auch ein „rollender" Finanzplan ist nach den soeben beschriebenen Aspekten zu analysieren. (**ÜB 5**/46 und 48)

---

[1] Vgl. Perridon/Steiner/Rathgeber, Finanzwirtschaft, 2012, S. 668 ff.
[2] Vgl. zu den möglichen Maßnahmen **Abb. 48** auf S. 526.

5. Quellen der Außenfinanzierung

5.1 Grundlagen

Unternehmen im marktwirtschaftlichen Wettbewerb verfolgen üblicherweise das Ziel langfristiger **Gewinnmaximierung** bzw. der Maximierung des Shareholder Value. Dabei ist als **Nebenbedingung** die **Aufrechterhaltung der Zahlungsbereitschaft** zu beachten, denn Insolvenz bedeutet das Ende unternehmerischer Tätigkeit.

Betrachtet man die

- Erlöse
- operativen Aufwendungen

als gegeben, dann lässt sich aus dem Oberziel der Maximierung des Shareholder Value das finanzwirtschaftliche Teilziel der **Minimierung der Kapitalkosten** ableiten.[1] Dabei setzen sich die Kosten für die gesamte Kapitalbereitstellung zusammen aus

- der gewünschten Mindestverzinsung der Eigenkapitalgeber
- den vertraglich garantierten Zinsen für die Fremdkapitalgeber.

Die Finanzierungsplanung hat u. a. die Aufgabe, das optimale Mischungsverhältnis zwischen Eigenkapital und Fremdkapital ausfindig zu machen. Dieses Problem wird unter der Überschrift „Optimierung der Kapitalstruktur" an anderer Stelle[2] behandelt. In den folgenden Ausführungen geht es allein um die Beschreibung der einzelnen Instrumente der Eigen- und Fremdfinanzierung.

Die Instrumente der Außenfinanzierung kann man sich am einfachsten vergegenwärtigen, wenn man sich die Grobstruktur der **Passivseite der Bilanz** mit den Posten

- Eigenkapital
- langfristiges Fremdkapital
- kurzfristiges Fremdkapital

vor Augen führt. Die Reihenfolge, in welcher diese Kapitalposten aufgeführt sind, hat Methode: In zeitlicher Abfolge sind zunächst die vertraglich fixierten Zahlungsansprüche aus kurzfristiger und danach aus langfristiger Fremdkapitalbereitstellung zu bedienen. Die Zahlungsansprüche der Eigenkapitalgeber sind nicht vertraglich fixiert und können erst beim Verkauf bzw. bei der Liquidation[3] des Unternehmens realisiert werden. In diesem Sinne bezeichnet Stützel die

- Fremdkapitalgeber als **Festbetragsbeteiligte**
- Eigenkapitalgeber als **Restbetragsbeteiligte**.

Die ökonomischen Unterscheidungsmerkmale zwischen Eigen- und Fremdkapital lassen sich am einfachsten am Beispiel der beiden Prototypen „Aktie" und „Anleihe" veranschaulichen (→ **Abb. 53**).

---

[1] Vgl. hierzu S. 181.
[2] Vgl. S. 599 ff.
[3] Vgl. S. 262 ff.

Merkmal	Fremdkapital (Anleihe)	Eigenkapital (Aktie)
Kapitalrückfluss bei Liquidation	vorrangig aus Vermögensmasse **(Festbetrag)**	nachrangig aus Vermögensmasse **(Restbetrag)**
Vergütungsanspruch	FKZ vertraglich fixiert **(Festbetrag)**	Dividende erfolgsabhängig **(Restbetrag)**
Leitungsanspruch für Kapitalgeber	nein	ja, indirekt über HV und AR
zeitliche Verfügbarkeit für Kapitalnehmer	befristet	unbefristet

Abb. 53: Ökonomische Unterscheidungsmerkmale von Eigen- und Fremdkapital

Die Unterscheidung zwischen Fest- und Restbetragsbeteiligten macht sich auch bei der **Vergütung für die Kapitalbereitstellung** bemerkbar: Die Fremdkapitalgeber erhalten ein Fixum: die vertraglich vereinbarten Fremdkapitalzinsen (FKZ). Die Eigenkaptalgeber erhalten in guten Jahren eine hohe, in schlechten Jahren eine geringe oder überhaupt keine Dividende.

Unterschiede gibt es auch hinsichtlich der **Möglichkeit einer Einflussnahme auf unternehmerische Entscheidungen**: Im Gegensatz zu Fremdkapitalgebern, die keine Leitungsansprüche geltend machen können, haben Aktionäre (indirekte) Mitwirkungsrechte über die Hauptversammlung (HV) und den Aufsichtsrat (AR).

Plakativ lässt sich zur Unterscheidung von Eigenkapital (EK) und Fremdkapital (FK) aus Kapitalgebersicht konstatieren:

EK: hohes Risiko, hohe Chance, Leitungsanspruch
FK: geringes Risiko, geringe Chance, kein Leitungsanspruch.

Bei der Gegenüberstellung von Anleihe und Aktie entsteht ein kontrastreiches Schwarz-Weiß-Bild. In Wirklichkeit gibt es Schattierungen, die von hell bis dunkel reichen. Die folgenden Ausführungen über die einzelnen Instrumente der Eigen- und Fremdfinanzierung werden zeigen, dass auch

- Eigenfinanzierungsinstrumente mit reduziertem Risiko-Chancen-Profil
- Fremdfinanzierungsinstrumente mit eigenkapitalähnlichem Risiko-Chancen-Profil

existieren.

5.2 Eigenfinanzierung (Beteiligungsfinanzierung)

5.2.1 Überblick

> Eine **Beteiligungsfinanzierung** liegt vor, wenn einem Unternehmen Eigenkapital von außen zugeführt wird.

Aus der Sicht eines Eigenkapitalgebers, z. B. eines Aktionärs, kann die Eigenkapitalbereitstellung, d. h. der Erwerb einer Aktie, als Investition angesehen werden. Aus der Sicht des Unternehmens hat das bereitgestellte Eigenkapital folgende Funktionen:

Eigenkapitalfunktionen
(1) Finanzierungsbasis
(2) Maßgröße der Kreditwürdigkeit
(3) Verlustauffangpotential
(4) Bezugsgröße zur Erfolgsverteilung

Abb. 54: Funktionen des Eigenkapitals

Allgemein lässt sich sagen:

(1) Ohne Eigenkapital erhält man kein Fremdkapital und es gibt keine Möglichkeit zu unternehmerischer Tätigkeit.
(2) Je höher das Eigenkapital, desto größer ist c. p. die Kreditwürdigkeit.
(3) Je höher das Eigenkapital, desto länger ist das Unternehmen c. p. in der Lage, eine „Durststrecke" anhaltender Verluste zu überstehen.
(4) Bei der Zuordnung von Gewinn bzw. Verlust auf die Anteilseigner spielt die Bezugsgröße „Eigenkapitalanteil" die entscheidende Rolle.

Art und Umfang der Eigenkapitalzuführung ist abhängig von der Rechtsform und der Größe des Unternehmens. Weil die rechtsformabhängigen Modalitäten der Eigenkapitalzuführung schon an anderer Stelle behandelt wurden, sind sie im Folgenden nur noch kurz anzusprechen.

Will man die Finanzierungsmöglichkeiten eines Unternehmens beurteilen, stellt sich vorrangig die Frage, ob das betreffende Unternehmen Zugang zur Börse hat. Im Gegensatz zu allen anderen Unternehmen können sog. Publikumsgesellschaften das benötigte Kapital durch die Ausgabe börsennotierter Aktien einsammeln. Die folgenden Ausführungen werden zeigen, dass diese börsenfähigen Unternehmen wesentlich bessere Kapitalbeschaffungsmöglichkeiten haben als nichtbörsenfähige Unternehmen.

5.2.2 Beteiligungsfinanzierung nichtbörsenfähiger Unternehmen

Alle **nichtbörsenfähigen Unternehmen**, von der Einzelfirma über die Personengesellschaften und die GmbH bis hin zur Familien-AG, stehen bei der Beschaffung von Eigenkapital vor einem **Dilemma**: Bei einer Finanzierung aus einem

- **geschlossenen Gesellschafterkreis** ist die Eigenkapitalaufnahmemöglichkeit auf die bisherigen Gesellschafter begrenzt
- **offenen Gesellschafterkreis** können zwar zusätzliche Eigenkapitalquellen erschlossen werden, müssen aber die Verfügungsrechte und Leitungskompetenzen in aller Regel mit neu hinzutretenden Gesellschaftern geteilt werden.

5. Quellen der Außenfinanzierung

Da in solchen Fällen die Unternehmensleitung in aller Regel auf einem engen persönlichen Vertrauensverhältnis der Gesellschafter beruht, scheut man vor der Aufnahme Außenstehender zurück. Die damit einhergehende **Begrenzung von Eigenkapitalbeschaffungsmöglichkeiten** versuchen manche nichtbörsenfähigen Unternehmen durch die Einschaltung einer Kapitalbeteiligungsgesellschaft[1] zu überwinden.

5.2.3 Beteiligungsfinanzierung börsenfähiger Unternehmen

5.2.3.1 Aktien als handelbare Beteiligungstitel

Üblicherweise ist unternehmerische Tätigkeit verbunden mit
- hohem Eigenkapitaleinsatz
- vollem Verlustrisiko (auch im Hinblick auf das Privatvermögen)
- langfristiger Kapitalbereitstellung
- Übernahme der Leitungsverantwortung.

Viele Eigenkapitalgeber können diese Bedingungen nicht erfüllen. Wollen sie trotzdem an unternehmerischen Gewinnchancen partizipieren, können sie Aktien eines börsenfähigen Unternehmens erwerben. Die Beteiligung an einer börsennotierten AG oder KGaA hat für den (Klein-)Anleger große Vorteile:

Vorzüge börsennotierter Aktien
(1) Geringer Mindestkapitaleinsatz
(2) Begrenzte Haftung der Aktionäre
(3) Keine Leitungsverantwortung der Aktionäre
(4) Hohe Fungibilität/Handelbarkeit
(5) Hohe Transparenz

Abb. 55: Vorzüge börsennotierter Aktien aus Anlegersicht

(1) Anleger können frei entscheiden, ob sie eine einzige Aktie oder eine Vielzahl von Aktien über die Börse erwerben möchten.
(2) Das maximale Verlustrisiko des Aktionärs ist (bei voll eingezahltem Grundkapital) auf den Einstandspreis begrenzt.
(3) Das Aktienengagement erfordert keine unternehmerische Leitungskompetenz.
(4) Leichter Ein- und Ausstieg durch den Handel an der Börse.
(5) Strenge Rechnungslegungsvorschriften[2] sorgen für Transparenz und begrenzen mit anderen Schutzvorschriften des AktG das Anlagerisiko des Aktionärs.

Eine Unternehmensbeteiligung durch den Erwerb börsennotierter Aktien bietet für risikoempfindliche Kleinanleger große Vorteile. Sie honorieren die Vorzüge der Aktienbeteiligung mit vergleichsweise moderaten Mindestverzinsungsansprüchen.

Akquirieren Unternehmen das benötigte Eigenkapital durch die Ausgabe börsennotierter Aktien, müssen sie zwar die strengen (und kostspieligen) Anforderungen der Börsenzulassung[3] erfüllen, können sich aber im Gegenzug den **Vorteil** vergleichsweise **niedriger Kapitalkosten** zunutze machen.

---

[1] Vgl. hierzu die Ausführungen über Private Equity auf den S. 564 ff.
[2] Vgl. hierzu S. 661 ff.
[3] Zu Einzelheiten vgl. www.deutsche-boerse.de.

5.2.3.2 Ausgestaltungsmerkmale von Aktien

Aktien lassen sich nach verschiedenen Merkmalen unterscheiden. Als Einteilungsergebnis erhält man **Aktien verschiedener Gattungen**:

Merkmal	(1) Aufteilung des Grundkapitals	(2) Art der Übertragbarkeit	(3) Umfang der Aktionärsrechte
Aktien-gattungen	• Nennwertaktien • Stückaktien	• Inhaberaktien • Namensaktien	• Stammaktien • Vorzugsaktien

Abb. 56: Aktiengattungen

(1) Nennwertaktien – Stückaktien

Nennwertaktien beinhalten einen **betragsmäßigen Anteil** am Grundkapital der Aktiengesellschaft. Der Nennbetrag/Aktie muss mindestens einen Euro betragen (§ 8 AktG). Höhere Aktiennennbeträge müssen auf volle Euro lauten.

Stückaktien verkörpern einen Bruchteil am Grundkapital. Beziffert sich das Grundkapital auf beispielsweise 3 Mio. EUR und wurden 1 Mio. Stückaktien ausgegeben, dann ist eine Aktie mit einem Anteil von einem Millionstel am Grundkapital beteiligt. Der – rechnerische – Aktiennennbetrag beziffert sich somit auf 3 EUR/Stück.

(2) Inhaberaktien – Namensaktien

Inhaberaktien lassen sich – ähnlich wie eine Banknote – ohne Namensnennung von einer Person auf eine andere Person übertragen. Die **Namen der Aktieninhaber** sind der Gesellschaft **nicht bekannt**.[1] Von einer Aktienübertragung erfährt sie ebenfalls nichts. In Publikumsaktiengesellschaften mit oftmals mehreren hunderttausend Aktionären ist die Inhaberaktie der Regelfall.

Namensaktien sind der gesetzliche Regelfall (§ 10 AktG). Sie lauten auf den Namen des Aktionärs, der in das Aktienbuch der Gesellschaft einzutragen ist. Verkauft der Aktionär V seine Namensaktie an den Aktionär K, muss die Gesellschaft eine **Umschreibung im Aktienbuch** vornehmen. Damit ist dem Vorstand der Gesellschaft immer bekannt, in wessen Händen sich die Aktien und damit die Stimmrechte befinden.

Eine **Sonderform** ist die **vinkulierte Namensaktie**. Dabei wird die Übertragung der Namensaktie an die Zustimmung der Gesellschaft (§ 68 AktG) gebunden. Auf diese Weise kann verhindert werden, dass Außenstehende durch Aktienerwerb (maßgeblichen) Einfluss auf die Gesellschaft gewinnen. Häufig machen Familien-Aktiengesellschaften von der satzungsmäßigen Möglichkeit der Vinkulierung (= Fesselung) von Namensaktien Gebrauch.

(3) Stammaktien – Vorzugsaktien

Wie schon an anderer Stelle[2] erläutert, verkörpert die **Stammaktie** ein

- Stimmrecht in der Hauptversammlung
- Bezugsrecht bei der Ausgabe von Aktien oder Wandelanleihen
- Recht auf Teilhabe am Liquidationserlös
- Recht auf Bezug von Dividenden.

---

[1] Erst nach dem Überschreiten gesetzlich fixierter Beteiligungsquoten müssen Anteilseigner der Gesellschaft eine Mitteilung machen. Vgl. z. B. § 20 AktG und § 21 WpHG.
[2] Vgl. S. 219.

Dabei erhält jeder Stammaktionär die gleiche Dividende pro Aktie: In ertragsstarken Jahren erhält er einen hohen, in schwächeren Jahren einen geringeren Betrag, in Verlustjahren gar nichts.

> **Vorzugsaktien** gewähren dem Aktionär eine Vorzugsstellung beim Dividendenbezug.

Dabei stellt sich die Frage, aus welchem **Grund** den Vorzugsaktionären gegenüber den Stammaktionären beim Dividendenbezug ein **Vorzugsrecht** eingeräumt wird. Zwei Fälle sind denkbar: Zum einen gewährt die **stimmrechtslose Vorzugsaktie** (§ 139 AktG) dem Aktionär eine Vorzugsstellung beim Dividendenbezug als Kompensation für seinen Verzicht auf die Ausübung des Stimmrechts in der Hauptversammlung. Zum anderen ist die Vorzugsdividende ein **Lockmittel**, um Aktionäre im **Sanierungsfall** zum Erwerb neu ausgegebener Aktien zu bewegen: Um überhaupt eine Chance zu haben, neue Aktien zu einem über dem Nennwert liegenden Kurs zu platzieren, muss die (notleidende) Gesellschaft den potentiellen Geldgebern ein lukratives Angebot in Form einer Vorzugsdividende unterbreiten.

5.3 Fremdfinanzierung (Kreditfinanzierung)

5.3.1 Überblick

Dass die Fremdfinanzierung für fast alle Unternehmen ein unverzichtbares Finanzierungsinstrument ist, hat im Wesentlichen drei Ursachen:

(1) Deckung langfristigen Kapitalbedarfs

Ist das Volumen der vorteilhaften Investitionsmöglichkeiten größer als das verfügbare Eigenkapital, muss die Finanzierungslücke durch die Aufnahme von langfristigem Fremdkapital gedeckt werden.

(2) Liquiditätsoptimierung

Fremdfinanzierung ist elastischer als Eigenfinanzierung. Kurzfristige Cash-Flow-Schwankungen können zur Über- bzw. zur Unterliquidität führen. Derartige Schwankungen können durch Tilgung bzw. Aufnahme kurzfristigen Fremdkapitals ausgeglichen werden.

(3) Kapitalkostenminimierung

Üblicherweise ist Eigenkapital teurer als Fremdkapital. Durch Beimischung von Fremdkapital lassen sich dann die Kapitalkosten senken.[1]

Durch die in **Abb. 57** aufgeführten Einteilungsmerkmale kann man die Gesamtmenge „Fremdkapital" in unterschiedliche Teilmengen aufteilen.

Die folgenden Ausführungen sind der Beschreibung langfristiger (→ 5.3.2) und kurzfristiger (→ 5.3.3) Fremdfinanzierungsmöglichkeiten gewidmet. Zum Abschluss (→ 5.3.4) werden Sonderformen der Fremdfinanzierung, sog. Kreditsubstitute (z. B. Leasing und Factoring/Forfaitierung), behandelt.

---

[1] Zum optimalen Verschuldungsgrad vgl. S. 603 ff.

Herkunft des Fremdkapitals

- Bankdarlehen
- Gesellschafterdarlehen
- Lieferantenkredit
- Kundenanzahlung

- Sonstige Dritte
  - Inhaber von Anleihen
  - Förderprogramme der öffentlichen Hand

Rechtliche Sicherung des Fremdkapitals

- Gesicherte Kredite
  - Hypothekarkredit
  - Lieferantenkredit mit Eigentumsvorbehalt
  - Avalkredit
- Ungesicherte Kredite (Blankokredit)

Dauer der Kapitalüberlassung

- Kurzfristige Kredite   (bis max. 1 Jahr)
- Mittelfristige Kredite   (1 bis 5 Jahre)
- Langfristige Kredite   (5 Jahre und länger)

Abb. 57: Einteilungsmöglichkeiten des Fremdkapitals

5.3.2 Langfristige Fremdfinanzierung

Die meisten Formen der langfristigen Fremdfinanzierung lassen sich auf die rechtliche Konstruktion des Darlehensvertrags zurückführen. Das Darlehen beruht auf einem schuldrechtlichen Vertrag: Der Darlehensgeber schuldet dem Darlehensnehmer die Auszahlung des Darlehens. Im Gegenzug verpflichtet sich der Darlehensnehmer zur

- fristgerechten Rückzahlung (Tilgung)
- Zahlung von Darlehenszinsen in vereinbarter Höhe.

Der **Darlehensvertrag** kann entweder eine ratenweise Tilgung oder eine Einmalrückzahlung am Ende der Darlehenslaufzeit (Endfälligkeit) vorsehen.

5.3.2.1 Langfristige Bankdarlehen

Im Bereich langfristigen Fremdkapitals ist das langfristige Bankdarlehen die **Hauptfinanzierungsquelle** kleiner und mittelgroßer Unternehmen **(KMU)**. Der langfristige Bankkredit dient der Finanzierung langfristig gebundenen Vermögens, wie beispielsweise Grundstücke und Gebäude oder maschinelle Anlagen. Sobald die Kapitalrückflüsse (Cash Flows) aus diesen Investitionen nicht mehr ausreichen, die vereinbarten Zins- und Tilgungszahlungen an den Darlehensgeber zu leisten, ist das finanzielle Gleichgewicht des Darlehensnehmers akut gestört.

Die **Höhe des Darlehenszinses** ist abhängig von der

- Laufzeit des Darlehens
- Kapitalmarktsituation bei Vertragsabschluss
- Bonität des Schuldners[1].

---

[1] Vgl. hierzu die Ausführungen auf S. 609 ff.

In den meisten Fällen machen Banken die Vergabe langfristiger Darlehen von der **Stellung von Sicherheiten** abhängig. Hierfür kommt die Verpfändung von Finanzanlagen, die Stellung von Bürgschaften[1] oder die Bestellung einer Hypothek bzw. einer Grundschuld auf ein Grundstück des Kreditnehmers infrage. Im letztgenannten Fall spricht die Finanzierungspraxis von einem Hypothekarkredit.

5.3.2.2 Gesellschafterdarlehen

Weil KMU nur in beschränktem Umfang Kreditsicherheiten stellen können, sind ihre Möglichkeiten langfristiger Fremdfinanzierung (mittels Bankdarlehen) sehr begrenzt. Aus diesem Grunde haben sie oftmals nur die Wahl, in die

- kurzfristige Fremdfinanzierung
- Eigenfinanzierung

auszuweichen. Das Gesellschafterdarlehen kann aus zwei Gründen als Alternative zur Eigenfinanzierung angesehen werden.

Aus haftungsrechtlichen Gründen ist es für beschränkt haftende Gesellschafter, also für Kommanditisten und GmbH-Gesellschafter, vorteilhafter, der Gesellschaft statt voll haftenden Eigenkapitals ein Darlehen zu geben. Der Grund liegt auf der Hand: Als Darlehensgeber können sie **im Insolvenzfall** grundsätzlich **Gläubigeransprüche** geltend machen, als Eigenkapitalgeber ist ihnen diese Möglichkeit versperrt.

Auch aus **steuerlichen Gründen** kann die Bereitstellung eines Gesellschafterdarlehens u. U. vorteilhaft sein. Das ist dann der Fall, wenn die

- Zinszahlungen des Unternehmens als steuerliche Betriebsausgabe von der Steuerbemessungsgrundlage abzugsfähig sind
- prozentuale Ertragsteuerbelastung im Unternehmen höher als die prozentuale Einkommensteuerbelastung beim Gesellschafter ist.

Die Möglichkeiten zur Nutzung solcher Steuervorteile sind durch „Abwehrmaßnahmen"[2] des deutschen Steuergesetzgebers sehr begrenzt.

5.3.2.3 Schuldscheindarlehen

Kleine und mittelgroße Unternehmen beschaffen sich langfristiges Fremdkapital über einen Kredit bei ihrer Hausbank. Großunternehmen steht darüber hinaus zur langfristigen Fremdfinanzierung der Weg über ein Schuldscheindarlehen offen.

> Das **Schuldscheindarlehen** ist ein langfristiger Großkredit, der bonitätsstarken Großunternehmen von institutionellen Kapitalgebern (Kapitalsammelstellen) zur Verfügung gestellt wird.

Der Kreditnehmer bestätigt den Empfang des Darlehens auf einem Schuldschein. Der **Schuldschein** ist ein Zahlungsbeleg, kein Wertpapier. Hierin liegt der wesentliche Unterschied zur unten zu behandelnden Anleihe (Teilschuldverschreibung), die als Wertpapier an der Börse gehandelt wird.

---

[1] Von Gesellschaftern einer GmbH wird häufig die Stellung einer selbstschuldnerischen Bürgschaft verlangt.
[2] Zu Einzelheiten vgl. Kußmaul, H., Steuerlehre, 2014, S. 208 ff.

Merkmale von Schuldscheindarlehen	
Kreditgeber	Kapitalsammelstellen (z. B. Lebensversicherungsunternehmen und Pensionskassen)
Kreditnehmer	Bonitätsstarke Großunternehmen (hochklassiges Rating)
Sicherstellung	Erstrangige Grundschuld
Kreditvolumen	Etwa ab 1 Mio. EUR aufwärts
Laufzeit	Etwa 5 bis 15 Jahre
Fungibilität (Übertragbarkeit)	Nicht gegeben; Forderungsabtretung im Einzelfall möglich, aber selten
Zinskosten	Etwa ¼ bis ½ Prozent über Kapitalmarktzinssatz
Nebenkosten	Einmalige NK bei Kreditaufnahme: ca. 1 bis 2 Prozent Fortlaufende NK in der Folgezeit: keine

Abb. 58: Merkmale von Schuldscheindarlehen

Versicherungsunternehmen, insb. Lebensversicherungsunternehmen, stehen vor der Aufgabe, die von ihren Kunden vereinnahmten Prämienzahlungen profitabel anzulegen. Zum Schutz der Versicherungsnehmer darf das Versicherungsunternehmen die Prämiengelder nur in risikoarme, im Fachjargon: „deckungsstockfähige", Kapitalanlagen leiten. Aus diesem Grund können Schuldscheindarlehen nur mit erstrangiger Grundschuldabsicherung an bonitätsstarke Großunternehmen vergeben werden.

Das Schuldscheindarlehen dient der Finanzierung langfristiger Großinvestitionen, die im Einzelfall einen Finanzierungsbedarf von 30 oder 50 Mio. EUR haben können. Meistens wird in solchen Fällen eine Bank oder ein Finanzmakler als **Kreditvermittler** zwischen dem Kreditnehmer und den Kreditgebern geschaltet. Der Kreditvermittler hat die Aufgabe der

- Losgrößentransformation
- Fristentransformation,

d.h. er muss das kleinteilige, zum Teil kürzerfristige Kapitalangebot verschiedener Versicherungen mit dem großvolumigen, langfristigen Kapitalbedarf des Kreditnachfragers in Einklang bringen. Bei der Fristentransformation wird zwischen

- **direktem Revolvingsystem**
- **indirektem Revolvingsystem**

unterschieden. Beim direkten (indirekten) Revolvingsystem wird das Risiko der Anschlussfinanzierung vom Kreditnehmer (Kreditvermittler) getragen.

Finanztitel haben dann eine hohe **Fungibilität**, wenn es sich – wie bei Teilschuldverschreibungen (= Anleihen) – um standardisierte Produkte handelt, die an der Börse gehandelt werden. Als **Individualprodukt** ist der Schuldschein nicht börsenfähig. Wegen dieses Mankos erwarten die Kapitalgeber einen Zinsaufschlag auf den (anleiheüblichen) Kapitalmarktzins.

Die Vorteile des Schuldscheindarlehens im Vergleich zum Bankdarlehen liegen vor allem im **(volumenbedingten) Zinskostenvorteil**. Der Vorteil gegenüber der Anleihefinanzierung liegt in der **Vermeidung der Börsenzulassungsprozedur**. Im Gegensatz zur Schuldscheinfinanzierung muss bei der Anleihefinanzierung mit einmaligen Nebenkosten von 4 bis 5 Prozent und fortlaufenden Nebenkosten von 1 bis 2 Prozent des nominellen Anleihebetrags gerechnet werden.

5.3.2.4 Anleihen

Großunternehmen, vor allem börsennotierte Kapitalgesellschaften, haben die Möglichkeit, langfristiges Fremdkapital durch die Ausgabe von Anleihen aufzunehmen.

> Die **Anleihe** ist ein verbrieftes Schuldversprechen, wonach sich der Kreditnehmer verpflichtet, dem Kapitalgeber das überlassene Kapital zuzüglich vertraglich vereinbarter Zinsen termingerecht zurückzuzahlen.

Neben dem Begriff Anleihe sind auch die Bezeichnungen **Schuldverschreibungen, Obligationen, Industrieobligationen oder Bond** gebräuchlich. Die Anleihe bezieht sich auf den Gesamtbetrag des Kredits, beispielsweise 100 Mio. EUR. Sie wird zerlegt in sog. Teilschuldverschreibungen mit einem Nennwert von 100, 500 oder 1.000 EUR/Stück. So entsteht ein Wertpapier, das an der Börse zum jeweiligen Tageskurs gehandelt wird.

Die börsennotierte Anleihe hat für Kapitalgeber und Kapitalnehmer große **Vorteile**.

Vorteile der Finanzierung durch Anleihen	
Kreditgeber	**Kreditnehmer**
• Kleiner Sparer erwirbt Zahlungsansprüche gegenüber potenten Großunternehmen • Liquide Kapitalanlage durch börsentägliche Veräußerungsmöglichkeit	• Langfristiger Großkredit von vielen Kleinanlegern • Niedrige Zinskosten durch direkten Zugang zum Kapitalgeber

Abb. 59: Vorteile der Finanzierung durch Anleihen

Wie jeder Kreditgeber trägt auch der Anleihegläubiger das Kreditausfallrisiko. Dabei leisten aber folgende Faktoren einen Beitrag zur Begrenzung des Kreditausfallrisikos:
- Klassifizierung des Ausfallrisikos durch Ratingagenturen
- Kreditunterlegung durch Grundpfandrechte
- Zahlungsgarantie durch Konzernmutter des kreditnehmenden Unternehmens
- Finanzierungsklauseln, d.h. vertragliche Zusicherung der Einhaltung z.B. einer Mindesteigenkapitalquote.

Die **Begrenzung des Kreditausfallrisikos** honorieren die Kapitalgeber mit einer **Reduzierung ihrer Verzinsungsansprüche**.

Der **Prototyp** der Anleihe ist die Festzinsanleihe, die den Festbetragsbeteiligten einen vertraglich vereinbarten Verzinsungsanspruch garantiert. Abweichend von diesem Prototyp hat die Finanzierungspraxis **Sonderformen** entwickelt, um differenzierten Wünschen der Kapitalmarktteilnehmer zu genügen.

Arten von Anleihen	
Anleihetypen	**Charakteristikum**
(1) Festzinsanleihe	Zinsgarantie bis zur Endfälligkeit
(2) Zinsvariable Anleihe	Anpassung an Änderungen des Marktzinses
(3) Nullkuponanleihe	Verschiebung der Zinszahlung bis zur Endfälligkeit
(4) Doppelwährungsanleihe	Verringerung des Wechselkursrisikos für international tätige Unternehmen
(5) Gewinnanleihe	(Begrenzte) Partizipation der Gläubiger am Unternehmenserfolg
(6) Wandelanleihe	dto.
(7) Optionsanleihe	dto.

Abb. 60: Arten von Anleihen

Im Folgenden werden die verschiedenen Anleihetypen kurz vorgestellt.[1]

(1) Festzinsanleihe

Bei der Festzinsanleihe (Straight Bond) ist das Unternehmen verpflichtet, dem Anleihegläubiger den vertraglich vereinbarten Zins bis zum Ende der Laufzeit zu zahlen.

Determinanten einer Festzinsanleihe	
Kurse	Nennbetrag; Emissionskurs und Rückzahlungskurs (pari, unter pari, über pari)
Zinssatz	Prozentsatz vom Nennbetrag (= Nominalzins)
Laufzeit	Langfristig (i. d. R. 5 bis 30 Jahre)
Zinstermin	Halbjährlich, meist jährlich (nachschüssig)
Tilgung	Meist zum Ende der Laufzeit, sonst ratenweise
Kündigung	Vorzeitige Kündigung nur durch den Schuldner möglich, sofern im Emissionsprospekt vorgesehen

Abb. 61: Determinanten einer Festzinsanleihe

Eine Anleihe kann zum (a) Nennbetrag (sog. Pari-Emission; z. B. 1.000 EUR) oder zu einem (b) darüber bzw. (c) darunter liegenden Kurs ausgegeben werden. Im Fall (b) spricht man von einer **Überpari-Emission**. Der Überpari-Wert wird als Aufgeld oder **Agio** bezeichnet. Im Fall (c) spricht man von einer **Unterpari-Emission**. Der Unterpari-Betrag wird als Abgeld oder **Disagio** bezeichnet.

Die Höhe des Nominalzinses ist abhängig von der

- Kapitalmarktsituation zum Zeitpunkt der Emission
- Laufzeit der Anleihe
- Bonität des Schuldnerunternehmens.

---

[1] Zu Einzelheiten vgl. Perridon/Steiner/Rathgeber, Finanzwirtschaft, 2012, S. 431 ff.

Bei einer Unterpari-(Überpari-)Emission liegt die Effektivverzinsung über (unter) dem Nominalzins. Ein Beispiel findet man im zugehörigen Übungsbuch. (**ÜB 5**/57)

Der Kapitalgeber kann die Anleihe vor Endfälligkeit an der Börse verkaufen, aber nicht kündigen. Üblicherweise hat auch das Schuldnerunternehmen kein Recht zur vorzeitigen **Kündigung**. Gleichwohl kann ein Kündigungsrecht des Schuldners vertraglich vereinbart werden. Eine vorzeitige Kündigung kann für das Schuldnerunternehmen zweckmäßig sein, wenn der Kapitalmarktzins unter den Nominalzins gesunken ist. In der Kapitalmarktpraxis sind die Gläubiger nur dann zur Hinnahme eines Kündigungsrechts der Schuldner bereit, wenn der Emissionsprospekt eine „Kündigungshinnahmeprämie" z. B. in Form einer Überpari-Rückzahlung enthält.

(2) Zinsvariable Anleihe

Wenn nach der Emission einer Festzinsanleihe der Marktzins steigt, hat der Anleihegläubiger das Nachsehen: Der Kurswert seiner Anleihe sinkt unter den Nennbetrag bzw. den Ausgabekurs. Die Höhe des Kursverlustes ist abhängig von der

- Höhe der Marktzinssteigerung
- Dauer der Restlaufzeit.

Ein Zahlenbeispiel findet man im zugehörigen Übungsbuch. (**ÜB 5**/56)

Bei einer variabel verzinslichen Anleihe (Floating Rate Note; FRN) kann es solche Kursverluste nicht geben, weil der Anleihezins in regelmäßigen Zeitabständen, d. h. quartalsweise oder halbjährlich, an das aktuelle Marktzinsniveau angepasst wird.

Der Anleihezins eines solchen Floaters setzt sich dabei aus

- dem **Referenzzins** (Geldmarktzinssatz aus Interbankenhandel)
- einem **unternehmensspezifischen Risikozuschlag** von 1/8 Prozent und mehr

zusammen. Als Referenzzinssatz wird z. B. der EURIBOR (Euro Interbank Offered Rate) oder der LIBOR (London Interbank Offered Rate) herangezogen.

Die zinsvariable Anleihe hat für beide Vertragspartner **Vorteile**: Der **Kapitalnehmer** kann sich zum vergleichsweise niedrigen Geldmarktzins (zuzüglich Risikozuschlag) verschulden und hat die Chance, seine Finanzierungskosten bei rückläufigen Zinsen weiter senken zu können. Die **Kapitalgeber** haben die Chance, im Falle eines Marktzinsanstiegs eine höhere Verzinsung zu erhalten.

In der Finanzierungspraxis wird die zinsvariable Anleihe häufig mit einer **Zinsschranke** versehen. Eine zum Schutz der Kapitalgeber eingezogene Zinsuntergrenze bezeichnet man als **Floor**, eine zum Schutz der Kapitalnehmer vereinbarte Zinsobergrenze nennt man **Cap**.

(3) Nullkuponanleihe

Die Nullkuponanleihe (**Zero Bond**) ist dadurch gekennzeichnet, dass das Schuldnerunternehmen keine jährlichen Zinszahlungen während der Laufzeit der Anleihe zu leisten hat. Zins und Zinseszins werden (zusammen mit dem Tilgungsbetrag) am Ende der Laufzeit geleistet. Die Nullkuponanleihe kann als

- Zuwachsanleihe (Ausgabekurs: 100 Prozent des Nennbetrags; Rückzahlungskurs: aufgezinster Betrag)
- echte Nullkuponanleihe (Ausgabekurs: abgezinster Betrag; Rückzahlungskurs: 100 Prozent des Nennbetrags)

ausgestattet sein.

Bei einer Laufzeit von 10 Jahren und einem (unveränderten) Marktzins von 6 Prozent hat eine echte Nullkuponanleihe bei einem Rückzahlungsbetrag von 10.000 EUR folgenden Kursverlauf:

Echte Nullkuponanleihe					
Zeit-punkt		Betrag	Zeit-punkt		Betrag
t_0	Ausgabekurs	5.584			
t_1	Kurswert	5.919	t_6	Kurswert	7.921
t_2	Kurswert	6.274	t_7	Kurswert	8.396
t_3	Kurswert	6.651	t_8	Kurswert	8.900
t_4	Kurswert	7.050	t_9	Kurswert	9.434
t_5	Kurswert	7.473	t_{10}	**Rückzahlungsbetrag**	**10.000**

Abb. 62: Kursverlauf einer Nullkuponanleihe

Im obigen Beispielfall wird die Anleihe mit einem Wertabschlag in Höhe von 4.416 EUR begeben, was einem **Disagio** von 44,16 Prozent entspricht. Dieses Disagio ist das **Äquivalent** für das Fehlen einer **laufenden Verzinsung**.

Die Nullkuponanleihe hat **Vorteile** für beide Vertragsparteien: Das Schuldnerunternehmen verschiebt die Zinszahlung auf das Laufzeitende. Die Kapitalgeber sind der Sorge um die Wiederanlage laufender Zinszahlungen enthoben.

(4) Doppelwährungsanleihe

Wie bei der oben erläuterten Festzinsanleihe sind auch bei einer Doppelwährungsanleihe vor der Anleiheemission

- die Laufzeit
- der Ausgabekurs
- der Zinssatz
- der Rückzahlungskurs

festzulegen. Die Besonderheit der Doppelwährungsanleihe besteht darin, dass

- der **Ausgabekurs und die Zinszahlungen in A-Währung**
- die **Rückzahlung in B-Währung**,

abgerechnet werden. So kann es vorkommen, dass eine US-Konzernmutter zur Finanzierung einer Großinvestition ihrer deutschen Tochtergesellschaft eine Anleihe in Euro emittiert, die Zinszahlungen in Euro leistet und die Tilgung am Ende der Laufzeit in heimischer Währung, also in US-Dollar, erbringt.

Chancen und Risiken einer Wechselkursänderung liegen dann beim **Anleihezeichner**. Müssen zum Emissionszeitpunkt für 1 EUR 1,25 USD bezahlt werden, beträgt der rechnerische Rückzahlungsbetrag einer 1.000 EUR-Anleihe 1.250 USD. Rechnet man für die Zukunft eher mit rückläufigen als mit steigenden USD-Kursen, kann das Emissionsunternehmen versuchen, deutsche Kapitalanleger mit einem Rückzahlungskurs oberhalb der gegenwärtigen Kursparität, also beispielsweise mit einem Rückzahlungskurs von 1.300 USD, zum Kauf der Doppelwährungsanleihe zu bewegen. Mit einer solchen Vereinbarung erhält der Anleihekäufer eine Prämie (im Beispiel 50 EUR) für die Übernahme des Wechselkursrisikos.

(5) Gewinnanleihe

Die Gewinnanleihe (Participation Bond) ist ein Wertpapier, das seinem Inhaber die **Gläubigerrechte** einer Obligation, bezüglich der Teilhabe am Gewinn, aber auch **aktionärsähnliche Rechte** einräumt. Die Konzeption der Gewinnanleihe lässt sich an folgendem Beispiel erläutern: Statt des marktüblichen Anleihezinssatzes von beispielsweise 6 Prozent erhält der Gläubiger eine

- **garantierte Mindestverzinsung** von beispielsweise 3 Prozent
- **vom Unternehmensgewinn abhängige Zusatzzahlung**,

so dass seine Gesamtverzinsung in ertragsschwachen (ertragsstarken) Jahren unter (über) dem marktüblichen Anleihezins liegt. Die Gewinnanleihe eignet sich zur Fremdkapitalbeschaffung sanierungsbedürftiger Unternehmen, denen es schwerfällt, die Zahlung des Kapitalmarktzinses zu garantieren. Deutsche Unternehmen machen von dieser Finanzierungsmöglichkeit kaum Gebrauch.

Da den **Eignern** durch die Ausgabe von Gewinnanleihen Dividende „genommen" wird (→ **Kapitalverwässerung**), hat der deutsche Gesetzgeber zu deren **Schutz** in § 221 AktG detaillierte **Vorkehrungen** getroffen.[1]

(6) Wandelanleihe

Die Wandelanleihe (Convertible Bond) ist ein mit einem Zusatzrecht ausgestattetes Gläubigerpapier.

> Die **Wandelanleihe** ist eine Anleihe, die dem Inhaber neben den Gläubigerrechten (auf Zins- und Tilgungszahlungen) das Sonderrecht auf einen Umtausch der Anleihe in Aktien einräumt.

Der Inhaber des Papiers ist nicht gezwungen, dieses (Sonder-)Recht auszuüben. Im Falle der Nichtausübung behält er auch nach Ablauf der Wandlungsfrist den Status des Gläubigers. Ob der Inhaber der Wandelanleihe zu einem späteren Zeitpunkt von seinem Umtauschrecht[2] Gebrauch macht, hängt von der Entwicklung des Aktienkurses ab. Der Umtausch in Aktien ist vorteilhaft, wenn der Aktienkurs einen kritischen Wert, in der **Abb. 63** als Wandlungspreis bezeichnet, übersteigt. Macht der Inhaber der Wandelanleihe von seiner Umtauschoption Gebrauch,

- kommt es auf der **Gesellschaftsebene** zu einem **Passivtausch von Fremdkapital** (Anleihen) **in Eigenkapital** (Aktien)
- **wird aus dem Gläubiger ein Aktionär**, der seine bisherigen Zins- und Tilgungsansprüche (Gläubigerrechte) eintauscht gegen ein Dividendenbezugsrecht sowie eine Beteiligung am Unternehmensvermögen und am Unternehmenswachstum (Aktionärsrechte) erhält.

Wie bei jeder „normalen" Anleihe werden auch bei einer Wandelanleihe **vor der Emission** die **Vertragsbedingungen festgelegt**. Bei der Wandelanleihe setzen sich die Vertragsbedingungen aus den

- Anleihebedingungen des Gläubigerpapiers
- speziellen Umtauschbedingungen (von Anleihen in Aktien)

zusammen, wie die beispielhafte Übersicht in **Abb. 63** zeigt.

---

[1] Diese Maßnahmen entsprechen denen bei der Ausgabe von Wandelanleihen, weshalb wir auf die diesbezüglichen Ausführungen auf S. 546 verweisen.

[2] Nach § 192 AktG ist auch die „umgekehrte Wandelanleihe" zulässig, bei welcher der AG das Recht eingeräumt wird, den Umtausch zu verlangen.

Vertragsbedingungen einer Wandelanleihe	
Anleihebedingungen	**Umtauschbedingungen**
Volumen: 100 Mio. EUR Nennwert/Stück: 1.000 EUR Laufzeit: 15 Jahre (t_0 bis t_{15}) Nominalzins: 4,5 Prozent Ausgabekurs: 1.000 EUR/St. Rückzahlung: 1.000 EUR/St.	**Wandlungsfrist:** • Beginn 01.01.06 • Ende 31.12.09 **Wandlungsverhältnis:** 1 Wandelanleihe gegen 20 Aktien **Zuzahlung:** 10 EUR/Aktie **Wandlungspreis:** 60 EUR/Aktie

Abb. 63: Emissionsbedingungen einer Wandelanleihe (Beispiel)

Als **Wandlungsfrist** (Umtauschfrist) bezeichnet man den Zeitraum, innerhalb dessen der Anleiheinhaber seine Umtauschoption wahrnehmen kann. Das **Wandlungsverhältnis** gibt an, wie viele Aktien gegen Hingabe einer Teilschuldverschreibung, die im Beispielfall einen Nennwert von 1.000 EUR hat, bezogen werden können. Im Beispielfall wird beim Bezug einer Aktie von der Gesellschaft eine **Zuzahlung**[1] in Höhe von 10 EUR erhoben. Im obigen Beispiel erhält man 20 Aktien gegen Hingabe einer Wandelanleihe (Nennwert 1.000 EUR), was einem Betrag von 50 EUR/Aktie (= 1.000 EUR/20 Aktien) entspricht. Zusammen mit der Zuzahlung von 10 EUR gelangt man zu Anschaffungskosten von 60 EUR/Aktie. Diesen Betrag bezeichnet man als **Wandlungspreis**.

Es sei angenommen, dass der Aktienkurs zum Zeitpunkt der Emission der Wandelanleihe in t_0 bei 48 EUR liegt. Steigt der Aktienkurs bis zum Ende der Wandlungsfrist auf einen Wert von beispielsweise 75 EUR, erzielt der Anleiheinhaber durch Umtausch einen Gewinn von (75 EUR – 60 EUR =) 15 EUR. Je besser die Entwicklung des Börsenkurses, umso größer der Umtauschgewinn. Um in den Genuss solcher Chancen zu gelangen, begnügt sich der Inhaber der Wandelanleihe mit einer Verzinsung, im Beispielfall 4,5 Prozent, die unter dem fristadäquaten Kapitalmarktzins von beispielsweise 6 Prozent liegt.

Aus der Sicht des Emissionsunternehmens ist die Wandelanleihe folgendermaßen zu beurteilen: Ihr **Vorteil** liegt in der **kostengünstigen** Möglichkeit langfristiger **Fremdfinanzierung**. Der **Nachteil** für die Altaktionäre besteht in der Möglichkeit einer **Kapitalverwässerung**, die dann eintritt, wenn Inhaber von Wandelanleihen zu Aktionären werden und am auszuschüttenden Gewinn partizipieren.

Zum **Schutz der Altaktionäre** wurden in § 221 AktG folgende Vorkehrungen getroffen:
- Die Ausgabe von Wandelanleihen setzt einen qualifizierten **Hauptversammlungsbeschluss** (Dreiviertelmehrheit) der **Altaktionäre** voraus.
- Die Altaktionäre haben ein **Vorzugsrecht zum Bezug der Wandelanleihe**.

Mit dem Beschluss der Hauptversammlung zur Ausgabe einer Wandelanleihe ist auch ein Beschluss zur bedingten Kapitalerhöhung[2] nach § 192 AktG zu fassen. Soweit die Inhaber der Wandelanleihe von ihrem Umtauschrecht Gebrauch machen, mutiert die bedingte Kapitalerhöhung zur tatsächlichen Kapitalerhöhung.

---

[1] Bei der Regelung von Zuzahlungen hat das Emissionsunternehmen weitgehende vertragliche Gestaltungsmöglichkeiten, vgl. Wöhe/Bilstein/Ernst/Häcker, Unternehmensfinanzierung, 2009, S. 296 f.

[2] Vgl. S. 573 ff.

(7) Optionsanleihe

> Die **Optionsanleihe** (Warrant Bond) ist eine Anleihe, die dem Inhaber seine Gläubigerrechte auf Zins- und Tilgungszahlungen bewahrt und die ihm zusätzlich das im Optionsschein verbriefte Recht auf den Bezug von Aktien zum Optionspreis einräumt.

Die Gemeinsamkeit zwischen Wandel- und Optionsanleihe liegt im Recht des Anleiheinhabers zum Bezug von Aktien. Der Unterschied zwischen beiden Anleiheformen liegt – sofern das jeweilige Recht wahrgenommen wird – im Fortbestand des Gläubigerpapiers:

- Wandelanleihe: Der Fremdkapitalgeber wird zum Eigenkapitalgeber.
- Optionsanleihe: Der Fremdkapitalgeber bleibt Fremdkapitalgeber und wird **zusätzlich** Eigenkapitalgeber.

Aus Gesellschaftssicht bedeutet dies: Bei der Wandelanleihe kommt es zum Passivtausch (von Fremd- in Eigenkapital), bei der Optionsanleihe kommt es zu einer **Bilanzverlängerung** (Fremdkapital plus Eigenkapital).

Der Zeichner einer Optionsanleihe erwirbt zwei Anspruchsrechte (Anleihe cum), die an der Börse getrennt gehandelt werden können: Die **Anleihe** (ex Optionsschein) **und** den **Optionsschein** (Warrant). Liegt der Aktienkurs der Gesellschaft vor der Emission der Optionsanleihe (wie im obigen Beispiel der Wandelanleihe) bei 48 EUR/Aktie, kann die Optionsanleihe folgendermaßen ausgestattet sein:

Vertragsbedingungen einer Optionsanleihe	
Anleihebedingungen	**Optionsbedingungen**
Volumen: 100 Mio. EUR Nennwert/Stück: 1.000 EUR Laufzeit: 15 Jahre (t_0 bis t_{15}) Nominalzins: 4,5 Prozent Ausgabekurs: 1.000 EUR/St. Rückzahlung: 1.000 EUR/St.	**Optionsschein:** Jeder Teilschuldverschreibung (Nennwert 1.000 EUR) sind 10 Optionsscheine beigefügt. **Optionsfrist:** 01.01.06 bis 31.12.09 **Optionsverhältnis:** Bezug von 1 Aktie pro Optionsschein **Optionspreis:** 60 EUR/Aktie

Abb. 64: Emissionsbedingungen einer Optionsanleihe (Beispiel)

Liegt der Kurs der Aktie während der Optionsfrist über (unter) 60 EUR, wird der Inhaber des Optionsscheins sein Optionsrecht (nicht) ausüben. Gegenüber gewöhnlichen Anleihen bieten Wandel- und Optionsanleihen (bei günstiger Kursentwicklung) Anleihekäufern die Chance preiswerten Aktienerwerbs. Weil sie diesen Vorzug mit einer Reduzierung ihrer Zinsansprüche honorieren, kann sich die Aktiengesellschaft auch mit der Optionsanleihe eine kostengünstige Finanzierungsquelle erschließen.

Allerdings besteht für die Altaktionäre auch bei der Optionsanleihe die Gefahr der **Kapitalverwässerung**. Deshalb hat das AktG die gleichen Schutzvorkehrungen getroffen wie bei der Wandelanleihe.

5.3.2.5 Genussscheine

> Der **Genussschein** ist ein Wertpapier eigener Art, angesiedelt zwischen Aktie und Anleihe.

Anders als bei Aktien und Anleihen gibt es keine gesetzlichen Vorschriften zur Ausgestaltung von Genussscheinen. Diese können von Unternehmen beliebiger Rechtsform ausgegeben werden.

Genussscheinkapital ist ein typisches Beispiel für **Mezzanine-Kapital**, d. h. für ein Finanzierungsinstrument, das typische Merkmale von Eigen- und Fremdkapital aufweist (→ **Hybridkapital**). Ob das Genussscheinkapital im konkreten Einzelfall ökonomisch eher dem Eigen- oder eher dem Fremdkapital zuzuordnen ist, hängt von der individuellen vertraglichen Ausgestaltung des Genussscheins ab.

Unter Rückgriff auf die in **Abb. 53** aufgeführten Bestimmungsmerkmale von Eigen- und Fremdkapital lassen sich die vertraglichen Gestaltungsmöglichkeiten eines Genussscheins folgendermaßen umreißen:

Merkmal	Fremdkapitalcharakter	Eigenkapitalcharakter
Kapitalrückfluss bei Liquidation	Vertraglich fixierter Festbetrag	*oder* Teilhabe an Vermögensmehrung bzw. -minderung
Vergütungsanspruch	Vertraglich fixierter Festbetrag (Ausnahme)	*oder* Beteiligung am Gewinn oder Beteiligung an Gewinn und Verlust
Zeitliche Verfügbarkeit für Kapitalnehmer	terminiert: kurzfristig bis langfristig	*oder* zeitlich unbegrenzt
Leitungsanspruch für Kapitalgeber	kein Stimmrecht in der Hauptversammlung	

Abb. 65: Gestaltungsmöglichkeiten von Genussscheinen

Die Ausgestaltungsmöglichkeiten des Genussscheins reichen vom Anleihecharakter (Festzinsanspruch, fester Rückzahlungsanspruch) bis zum Aktienprofil (Beteiligung an Gewinn und Verlust und am Vermögenszuwachs). Von der Stammaktie unterscheidet sich der Genussschein dann nur noch durch den **Ausschluss des Stimmrechts** in der Hauptversammlung.

In der Regel partizipieren die Genussscheininhaber am Gewinn, seltener auch am Verlust. Durch die Zahlungsansprüche der Genussscheininhaber verringern sich die Dividendenansprüche der Aktionäre. Zum **Schutz der Aktionäre** wird die Ausgabe von Genussscheinen nach §221 AktG von einem mit Dreiviertelmehrheit gefassten Hauptversammlungsbeschluss abhängig gemacht.

Im Vergleich zu Anleihen und Aktien sind Genussscheine ein **teures Finanzierungsinstrument**. Trotzdem kann ihre Ausgabe vorteilhaft sein. Besonders deutlich wird dies in **Sanierungsfällen**, bei denen eine Aktienausgabe

- über pari wirtschaftlich unmöglich
- unter pari rechtlich unzulässig

ist. Darüber hinaus gelingt eine Sanierung[1] häufig nur deshalb, weil Gläubiger auf (einen Teil ihrer) Forderungen verzichten und sich im Gegenzug mit Genussscheinkapital entschädigen lassen.

Bei entsprechender Ausstattung (Beteiligung am Gewinn/Verlust und am Liquidationserlös) ähneln Genussscheine **stimmrechtslosen Vorzugsaktien**.[2] Sie werden dann auch als **Partizipationsscheine** bezeichnet.

5.3.3 Kurz- und mittelfristige Fremdfinanzierung

Die Kapitalbereitstellung ist bei

- kurzfristiger Fremdfinanzierung auf bis zu zwölf Monate
- mittelfristiger Fremdfinanzierung auf zwei bis fünf Jahre

befristet. Die Kurzbeschreibung der kurz- und mittelfristigen Finanzierungsinstrumente orientiert sich an folgender Gliederung:

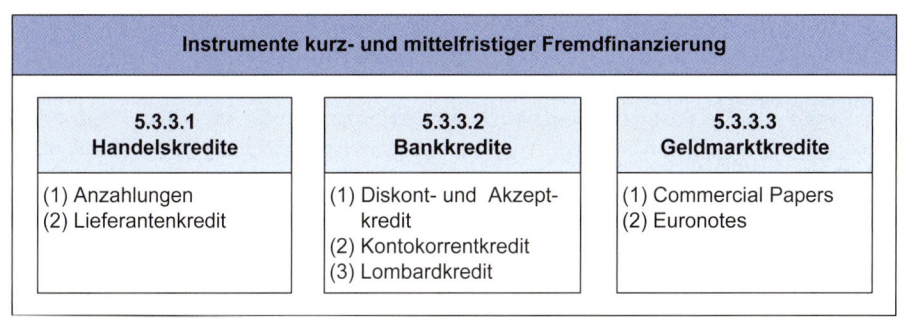

Instrumente kurz- und mittelfristiger Fremdfinanzierung		
5.3.3.1 Handelskredite	**5.3.3.2 Bankkredite**	**5.3.3.3 Geldmarktkredite**
(1) Anzahlungen (2) Lieferantenkredit	(1) Diskont- und Akzeptkredit (2) Kontokorrentkredit (3) Lombardkredit	(1) Commercial Papers (2) Euronotes

Abb. 66: Instrumente kurz- und mittelfristiger Fremdfinanzierung

5.3.3.1 Handelskredite

Als Handelskredite bezeichnet man solche Kredite, die das Unternehmen von seinen Handelspartnern, also von Kunden und Lieferanten, erhält.

(1) Anzahlungen

Im Baugewerbe, im Großanlagenbau und im Schiffbau ist es üblich, dass der Kunde bei Auftragserteilung eine Anzahlung leistet. Die Höhe der Anzahlung ist abhängig von der Marktmacht der Verhandlungspartner. Im Extremfall leistet der Kunde eine Anzahlung in Höhe des Gesamtkaufpreises.

Für den Auftragnehmer hat die Kundenanzahlung den Vorteil der

---

[1] Vgl. hierzu S. 579 f.
[2] Vgl. hierzu S. 536 f.

- Minderung des Abnahmerisikos
- Minderung des Forderungsausfallrisikos
- Finanzierungshilfe (Mittelzufluss vor fertigungsbedingtem Mittelabfluss).

Wird im Gegenzug für die Anzahlung keine Kaufpreisreduzierung vereinbart, kann die Anzahlung als **zinslose Fremdkapitalbereitstellung** angesehen werden.

(2) Lieferantenkredit

Zu einem Lieferantenkredit kommt es dann, wenn der Lieferant seinem Abnehmer ein Zahlungsziel einräumt. In der Praxis liegt das Zahlungsziel meist bei 30 Tagen.

Hat der Abnehmer eine große Nachfragemacht – man denkt dabei schnell an große Lebensmittelfilialisten oder die Geschäftsbeziehung zwischen einem internationalen Automobilkonzern und seinem mittelständischen Zulieferbetrieb – kann der Lieferbetrieb zur Einräumung eines weitaus längeren Zahlungsziels von beispielsweise 90 Tagen gezwungen werden.

Gelingt es dem Abnehmer, das Zahlungsziel gegenüber dem Lieferanten bis zum eigenen Warenverkauf (und Geldeingang) auszudehnen,

- kann der Lieferantenkredit aus dem erzielten Verkaufserlös getilgt werden
- übernimmt der Lieferant die **Finanzierungsfunktion** für die gesamten gelieferten **Waren**.

In der Wirtschaftspraxis ist der Lieferantenkredit sehr beliebt, weil er

- **einfach und formlos** (ohne Kreditantrag und förmliche Kreditwürdigkeitsprüfung) erreichbar ist
- **scheinbar zinslos** bereitgestellt wird.

Der Schein der Zinslosigkeit trügt. Auch der Lieferantenkredit hat seinen Preis, denn seine Inanspruchnahme bedeutet: Verzicht auf Skontoabzug. Die Kosten des Lieferantenkredits sind **Opportunitätskosten**, die sich hinter dem **entgangenen Skontoabzug S** verbergen.

Die auf ein Jahr (360 Tage) bezogenen Zinskosten i des Lieferantenkredits lassen sich nach folgender Formel berechnen:

Zinskosten des Lieferantenkredits

$$i = \frac{S}{100 - S} \cdot \frac{360}{z - s} \ [\%]$$

Legende:
S = Skontosatz; s = Skontofrist in Tagen; z = Zahlungsziel in Tagen

Abb. 67: Zinskosten des Lieferantenkredits

Die Beispiele im zugehörigen Übungsbuch (**ÜB** 5/58) zeigen, dass der „normale" Lieferantenkredit (30 Tage Zahlungsziel) mit einem Jahreszins von weit über 30 Prozent sehr teuer ist, dass aber Nachfrager mit großer Marktmacht das Zahlungsziel auf 90 Tage steigern und damit die Kreditkosten auf unter 10 Prozent senken können. Grundsätzlich sollte ein eingeräumter Skontoabzug also immer ausgenutzt werden (→ **Verzicht auf Lieferantenkredit**).

Zur **Sicherung seines Zahlungsanspruchs** kann der Lieferant (alternativ oder kombiniert) bei Einräumung eines Zahlungsziels zwei Wege, den Weg über den

- **Eigentumsvorbehalt**
- **Wechselkredit**,

beschreiben. Beim **Eigentumsvorbehalt** behält der Lieferant das Eigentum an der gelieferten Ware bis zu deren restloser Bezahlung. Beim **Wechselkredit** akzeptiert der Abnehmer durch sog. **Querschreiben** einen Wechsel.[1]

> Der **Wechsel** ist eine Schuldurkunde, die den Wechselschuldner zu unbedingter, fristgerechter Bezahlung eines bestimmten Geldbetrags an den Inhaber der Urkunde verpflichtet.

Der Wechsel ist ein abstraktes Schuldversprechen, d.h. vom Wechselschuldner wird der Wechselbetrag als unanfechtbare Verbindlichkeit anerkannt. Die Unterlegung der Lieferantenverbindlichkeit durch einen Wechsel hat für den Lieferanten zwei Vorteile:

(1) Zahlt der Abnehmer nicht termingerecht, geht der Wechsel zu Protest; dank der sog. Wechselstrenge macht der Lieferant mit dem Kunden **„kurzen Prozess"**.
(2) **Refinanzierungsmöglichkeit** des Lieferanten durch Weitergabe des Wechsels an seine Hausbank. Die Modalitäten einer solchen Refinanzierung werden im Folgenden unter der Überschrift „Diskont- und Akzeptkredit" kurz behandelt.

5.3.3.2 Bankkredite

(1) Diskont- und Akzeptkredite

> Kauft eine Bank vom Wechseleinreicher einen zu einem späteren Zeitpunkt fälligen Wechsel, zahlt sie dem Wechseleinreicher den Barwert, d.h. die Wechselsumme abzüglich Wechseldiskont, aus. Diesen Ankauf bezeichnet man als **Diskontkredit**.

Da der Diskontkredit **in der Wirtschaftspraxis nur noch** eine **untergeordnete Rolle** spielt, soll sein Zustandekommen ganz kurz an folgenden Beispielschritten erläutert werden (→ **Abb. 68**):

1. Am 01.04. akzeptiert der Kunde K einen vom Lieferanten L ausgestellten Wechsel mit einer Wechselsumme von 100 GE und der Fälligkeit 30.06.
2. Am 03.04. reicht L den (Besitz-)Wechsel seiner Hausbank B zum Diskont ein.
3. Am 03.04. zahlt die Bank B nach Abzug des Diskonts von 2 GE den **Barwert von 98 GE** an den Wechseleinreicher L aus.
4. Zum Fälligkeitstermin (30.06.) legt die Bank B dem Wechselschuldner K den Wechsel zur Zahlung vor.
5. Bei ordnungsgemäßer Abwicklung zahlt K am 30.06. 100 GE an den Wechselinhaber, die Bank B.
6. Würde K am 30.06. nicht an die Bank zahlen, kann die Bank vom Wechseleinreicher L eine Zahlung aus sog. **Indossamentverbindlichkeiten** von 100 GE verlangen.

---

[1] Zu Einzelheiten vgl. Wöhe/Bilstein/Ernst/Häcker, Unternehmensfinanzierung, 2009, S. 355 ff.

Diskontkredit

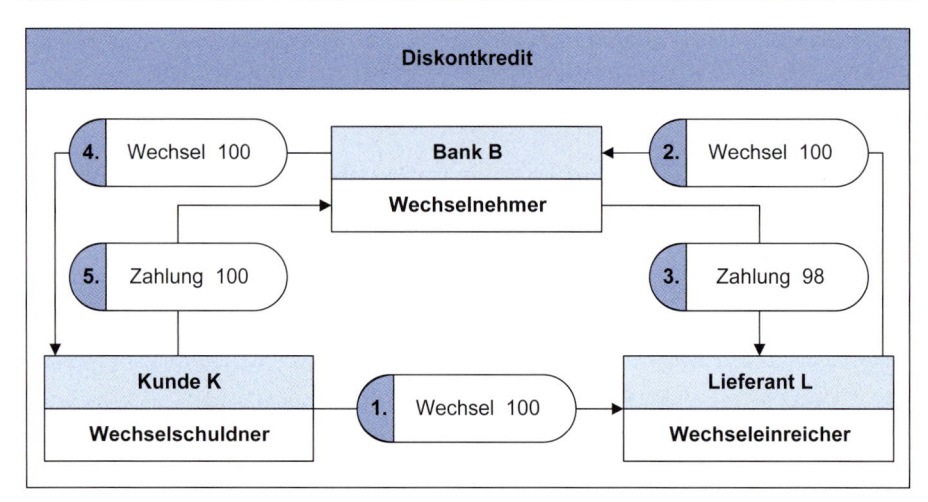

4. Wechsel 100	Bank B / Wechselnehmer	2. Wechsel 100
5. Zahlung 100		3. Zahlung 98
Kunde K / Wechselschuldner	1. Wechsel 100	Lieferant L / Wechseleinreicher

Abb. 68: Ablaufschema eines Diskontkredits

Zur Diskontierung des Wechsels zieht die Bank den **Diskontierungszinsfuß** heran. Dieser Diskontierungszinsfuß setzt sich aus

- dem **Basiszins**, d. h. dem Hauptreferenzzinsfuß der Europäischen Zentralbank, und
- einem bonitätsabhängigen **Risikozuschlag** von 1 bis 2 Prozent

zusammen. Damit ist der Diskontkredit weitaus kostengünstiger als der im Folgenden darzustellende Kontokorrentkredit.

Bei **Akzeptkrediten** akzeptiert die Bank einen von ihrem Kunden, einem Unternehmen, ausgestellten Wechsel. Die Bank wird dadurch zum Wechselschuldner. Das Unternehmen kann diesen Wechsel als Besitzwechsel an einen Dritten weitergeben. Ein Akzeptkredit kommt vor allem im **internationalem Warenverkehr** zum Einsatz, wenn der im Ausland ansässige Lieferant Zweifel an der Zahlungsfähigkeit/Zahlungswilligkeit seines deutschen Abnehmers hat: Der deutsche Abnehmer reicht dann das Bankakzept an Zahlungs statt an den ausländischen Lieferanten weiter. Bei Wechselvorlage zahlt die Bank an den ausländischen Lieferanten die Wechselsumme aus. Eine derartige Abwicklung von Auslandsgeschäften bezeichnet man als **Rembourskredit**. (**ÜB 5**/59)

(2) Kontokorrentkredite

Jeder Betrieb verfügt über (mindestens) ein Girokonto, über das (alle) Ein- und Auszahlungen des laufenden Geschäftsverkehrs gebucht werden. Durch

- unerwartete Auszahlungen (z. B. Steuernachzahlung)
- unvorhersehbare Einzahlungsausfälle (Forderungsausfälle)

kann es zu Liquiditätsengpässen kommen.

> Der **Kontokorrentkredit** hat die Aufgabe, unerwartete Liquiditätsengpässe durch die Möglichkeit zur Überziehung des Bankkontos auszugleichen.

Dabei darf das Kontokorrentkonto nicht in beliebiger Höhe überzogen werden. Die Überziehungsgrenze bezeichnet man als **Kreditlinie**, die mit der Bank als Rahmenvereinbarung vorab individuell auszuhandeln ist. Neben den Kontoführungsgebühren (und der in manchen Fällen berechneten Bereitstellungsprovision für die Kreditlinie) berechnet die Bank

- **Sollzinsen** für Kredite innerhalb der Kreditlinie
- eine zusätzliche **Überziehungsprovision**, soweit die Kreditlinie (ausnahmsweise) überschritten wird.

Die Höhe der Sollzinsen und der Überziehungsprovision sind Ergebnis individueller Vereinbarung zwischen dem Kunden und der Bank.

Der **Kontokorrentkredit** ist verhältnismäßig **teuer**. Der vereinbarte Sollzins liegt – je nach Bonität und Verhandlungsmacht des Kunden – um 3 bis 6 Prozent über dem jeweiligen Geldmarksatz (EURIBOR). Trotz vergleichsweise hoher Kosten ist der Kontokorrentkredit weit verbreitet, denn er hat gewichtige **Vorteile**:

(1) Sicherung der Zahlungsfähigkeit bei liquiditätsmäßiger Spitzenbelastung
(2) Sicherung einer Liquiditätsreserve bei nicht ausgeschöpfter Kreditlinie.

In der Finanzierungspraxis begegnet man dem Kontokorrentkredit als

- **ungesichertem Kredit** (Blankokredit)
- **gesichertem Kredit**.

Zur Sicherung des Kontokorrentkredits kann der Bank ein Faustpfand übertragen werden. In diesem Fall rückt der Kontokorrentkredit in die Nähe des Lombardkredits.

(3) Lombardkredite

> Als **Lombardkredit** bezeichnet man ein kurzfristiges Bankdarlehen, das sich die Bank durch die Verpfändung marktgängiger Vermögensgegenstände sichern lässt.

Als Pfandobjekte können folgende Vermögensgegenstände des Schuldners herangezogen werden:

- Wertpapiere (z. B. Anleihen, Aktien, Besitzwechsel)
- Forderungen
- Edelmetalle
- Waren.

Der Warenlombard bleibt dabei die Ausnahme, da die Verpfändung im Sinne des **Faustpfands** eine Übergabe an den Sicherungsnehmer (Bank) voraussetzt. Bei der Ermittlung des notwendigen Sicherungsvolumens werden die Pfandobjekte nicht mit ihrem Nominalwert oder Kurs, sondern nur mit ihrem **Beleihungswert** (= Nominalwert bzw. Kurs – Wertabschlag) angesetzt. Die Höhe des jeweiligen **Wertabschlags** ist abhängig von der Marktgängigkeit und (bei börsennotierten Wertpapieren) von der Volatilität, d. h. der Kursschwankungsbreite, der Titel.

Obwohl mit dem Kontokorrentkredit und mit dem Lombardkredit oftmals der Einkauf von Roh-, Hilfs- und Betriebsstoffen sowie Waren finanziert wird, spricht man in beiden Fällen auch vom **Betriebsmittelkredit**.

5.3.3.3 Geldmarktkredite

Langfristiges Fremdkapital beschaffen sich börsenfähige Großunternehmen durch die Emission von Anleihen am Kapitalmarkt. Dagegen ist der **Geldmarkt** das Finanzmarktsegment, auf dem Banken und Großunternehmen **kurzfristige Geldaufnahmen/ Geldanlagen** tätigen können. Aus dem Spektrum kurz- (bis mittel-)fristiger Geldmarktinstrumente sollen an dieser Stelle die (1) Commercial Papers und die (2) Euronotes kurz vorgestellt werden.

(1) Commercial Papers

> **Commercial Papers** sind Schuldverschreibungen mit kurzer Laufzeit, die von bonitätsstarken Großunternehmen als nichtbörsennotierte Wertpapiere am Geldmarkt platziert werden.

Die wichtigsten **Merkmale von Commercial Papers** sind:
- Wertpapiere ohne spezielle Besicherung
- hervorragendes Schuldnerrating als Emissionsvoraussetzung
- Laufzeit von 7 Tagen bis maximal 2 Jahren (Papiere mit einer Laufzeit von 2 bis 4 Jahren bezeichnet man als Medium Term Notes)
- Verzinsung zum Geldmarktsatz (EURIBOR) zuzüglich eines bonitätsabhängigen Risikozuschlags
- meist keine Börsennotierung; Privatplatzierung bei großen institutionellen Anlegern (z. B. Versicherungen)
- Abzinsungspapier (indirekte Zinszahlung analog zur Nullkuponanleihe)[1].

Die kurzfristige Fremdkapitalbeschaffung durch Ausgabe eines einzelnen Commercial Paper kann erweitert werden zum Commercial-Paper-Programm.

> Unter einem **Commercial-Paper-Programm** versteht man eine Rahmenvereinbarung zwischen einem Großunternehmen (Emittent) und einem Arrangeur (Bank/Bankenkonsortium), wonach sich dieser bemüht, mittelfristig mehrere Tranchen von Commercial Papers des Emittenten am Geldmarkt zu platzieren.

Die wichtigsten **Merkmale eines CP-Programms** sind:
- **mittlere Programmlaufzeit** (1 bis 7 Jahre)
- Aufteilung in **Tranchen** (Einzelemissionen)
- **Laufzeit** einer **Einzelemission** (7 Tage bis 2 Jahre)
- **Mindestvolumen** einer **Einzelemission** bei 2,5 Mio. EUR
- **Mindestvolumen** des **Programms** bei 50 bis 100 Mio. EUR
- Arrangeur erhält **Provision** für Platzierung jeder Einzelemission
- Unternehmen hat das **Recht, nicht** die **Pflicht**, zur Emission geplanter Tranchen
- Arrangeur übernimmt **keine Platzierungsgarantie**.

CP-Programme haben zwei große **Vorteile: Fremdkapital wird flexibel** nach Bedarf zu günstigen Zinskonditionen bereitgestellt. Die ökonomische Besonderheit liegt in der **Fristentransformation**. Gegenstand des CP-Programms ist ein revolvierender Kredit **(Roll-over-Kredit)**: Der Emittent verschuldet sich zu niedrigen Geldmarktkonditionen. Finanziert er mit diesem kurzfristigen Kapital Investitionen mit mittlerer oder langer Laufzeit, trägt er das Risiko der Zinsänderung und der Anschlussfinanzierung. Deshalb bezeichnet man CP-Programme als **Schönwetterkredite**.[2]

(2) Euronotes

Bonitätsstarke Großunternehmen können ihren kurzfristigen Kapitalbedarf auch durch die Ausgabe von Euronotes decken. Euronotes sind Geldmarktpapiere, die weitestgehend Commercial Papers gleichen. Hauptunterscheidungsmerkmal ist das Platzierungsrisiko. Das **Platzierungsrisiko** wird bei

- **Commercial Papers vom Emittenten**

---

[1] Zur Nullkuponanleihe vgl. S. 543 f.
[2] Vgl. Wöhe/Bilstein/Ernst/Häcker, Unternehmensfinanzierung, 2009, S. 366 ff.

- **Euronotes vom Arrangeur** (Bank/Bankenkonsortium)

getragen. Kann die geplante Emission von Euronotes am Markt nicht untergebracht werden, erfüllt die Bank ihre Platzierungsgarantie durch

- die Übernahme nicht verkaufter Papiere oder
- die Bereitstellung eines ersatzweisen Stand-by-Kredits.

Die Übernahme des Platzierungsrisikos lässt sich die Bank durch eine gesonderte Gebühr vergüten. Im Vergleich zu Commercial Papers sind Euronotes für den Kapitalnehmer das **risikoärmere**, aber auch das **teurere Finanzierungsinstrument**.

5.3.4 Kreditsubstitute

Den nachfolgend dargestellten Finanzierungsinstrumenten fehlt es an der üblichen Rechtsgrundlage, dem Schuldverhältnis zwischen Kreditnehmer und Kreditgeber. Trotzdem werden diese **Sonderformen** hier vorgestellt, denn durch ihren Einsatz kann sich eine **Kreditaufnahme erübrigen**. Man spricht deshalb auch von **Kreditsubstituten**.

5.3.4.1 Avalkredite

> Im Rahmen eines **Avalkredits** übernimmt eine Bank die Bürgschaft, für die Zahlungsverpflichtungen eines Unternehmens einzustehen, die dieses Unternehmen gegenüber einem Dritten hat.

Bei der Übernahme der **Bürgschaft** fließt kein Geld. Mit der Bürgschaft leiht die Bank dem zahlungsverpflichteten Unternehmen bis zur Fälligkeit der Verbindlichkeit nur ihre Bonität. Deshalb wird der Avalkredit auch als **Kreditleihe** bezeichnet. Häufig werden in der Finanzierungspraxis aktuelle (oder künftige) Zahlungsansprüche von

- Finanzbehörden
- ausländischen Großlieferanten
- Vermietern (anstelle der Mietkaution)

durch ein Bankaval abgesichert. Als Gegenleistung für die Übernahme der Ausfallbürgschaft erhält die Bank eine Avalprovision, die – je nach Ausfallrisiko – zwischen 0,5 Prozent und 3 Prozent p. a. (per annum ≙ pro Jahr) betragen kann.

5.3.4.2 Factoring und Forfaitierung

> Unter **Factoring** versteht man den Ankauf von Forderungen durch einen Factor.

Als Forderungskäufer (**Factor**) fungiert i. d. R. ein spezialisiertes Finanzierungsinstitut, seltener eine Bank. Die Forderungsübertragung an den Käufer hat für den Verkäufer mehrere **Vorteile:** Der Käufer übernimmt die Finanzierungsfunktion (Mittelbereitstellung vor Fälligkeit der Forderungen), die Dienstleistungsfunktion (Verwaltung und Überwachung des Forderungsbestands) und – im Falle des sog. **echten Factorings** – das Forderungsausfallrisiko.

Für die Übernahme dieser Funktionen berechnet der Factor eine Übernahmegebühr. So werden üblicherweise für

- die **Finanzierungsfunktion** banktübliche Zinsen in Höhe des Kontokorrentsatzes
- die **Dienstleistungsfunktion** 0,5 bis 2,5 Prozent des Forderungsvolumens
- das **Forderungsausfallrisiko** je nach statistischer Ausfallwahrscheinlichkeit 0,2 bis 2 Prozent des Forderungsvolumens

erhoben. Bleibt das Forderungsausfallrisiko – ausnahmsweise – beim Forderungsverkäufer, spricht man von **unechtem Factoring**.

> Einen Forderungsverkauf aus dem Exportgeschäft bezeichnet man als **Forfaitierung**.

Bei der Forfaitierung tritt der inländische Lieferant seine Forderungen, die er gegenüber seinem ausländischen Abnehmer hat, an die Finanzierungsgesellschaft (Forfaiteur) ab. Der Forfaiteur übernimmt üblicherweise keine Dienstleistungsfunktion, wohl aber das Forderungsausfallrisiko.

5.3.4.3 Asset-Backed-Securities (ABS)

> **Asset-Backed-Securities** entstehen durch die Verbriefung von Forderungen, die durch Verkauf an einen Fonds aus der Bilanz des Gläubigerunternehmens ausgelagert werden.

Gegenstände der Auslagerung und Fondsbildung können sein

- Forderungen aus Lieferungen und Leistungen
- erwartete Mieteinnahmen bzw. Leasinggebühren
- erwartete Zinseinnahmen einer Hypothekenbank
- erwartete Gebühreneinnahmen (z. B. einer Telefongesellschaft) u. v. a.

Am Beispiel der ABS lässt sich erkennen, wie an sich nichtmarktgängige (Finanz-)Aktiva durch Fondsbildung und Verbriefung in **handelbare Wertpapiere** transformiert werden können. Dieses **Verbriefungsprinzip** wird im Fachjargon als **Securitization** bezeichnet.

Die Laufzeit der ausgegebenen **forderungsbesicherten Wertpapiere** ist abhängig von der **Selbstliquidationsperiode**[1] der im Fonds angesammelten Finanzaktiva. Da die Kapitalanleger, d.h. die potentiellen Käufer der Fondsanteile, unterschiedliche Risiko- und Zeitpräferenzen haben, werden die Fondsbetreiber, die man auch als **Zweckgesellschaften** bezeichnet, zur Befriedigung **unterschiedlicher Kundenwünsche** Fondsanteile mit

- **kurz- oder mittelfristiger Laufzeit**
- **niedrigem, mittlerem oder höherem Risikoprofil**

anbieten. Diese Zweckgesellschaften haben große Ähnlichkeit mit **Hedgefonds**, die an anderer Stelle[2] behandelt werden: Sie werden in der Rechtsform der limited partnership betrieben, haben kaum Eigenkapital und verlegen ihren Firmensitz in Offshore-Gebiete, um sich einer hohen Besteuerung und strenger nationalstaatlicher Finanzmarktaufsicht zu entziehen.

Bei der Zusammenfassung von Finanzaktiva zu einem Fondsvermögen ist das **Homogenitätsprinzip** zu beachten, d. h. die im jeweiligen Fonds zusammengefassten

---

[1] Unter der Selbstliquidationsperiode versteht man den Zeitraum, während dessen ein Vermögensgegenstand bei normalem Geschäftsverlauf wieder zu Geld wird.

[2] Vgl. S. 568 f.

Forderungstranchen sollen möglichst die gleiche Laufzeit und das gleiche Ausfallrisiko haben.

Der ABS-Funktionsmechanismus lässt sich an einem vereinfachenden Beispiel erläutern. In diesem schematischen Beispiel wird unterstellt, dass ein Großunternehmen XY in t_0 Forderungen mit einem Nennwert von 100 Mio. EUR in einen Fonds auslagert. Die Forderungen sollen nach einem Jahr, also in t_1, fällig werden.

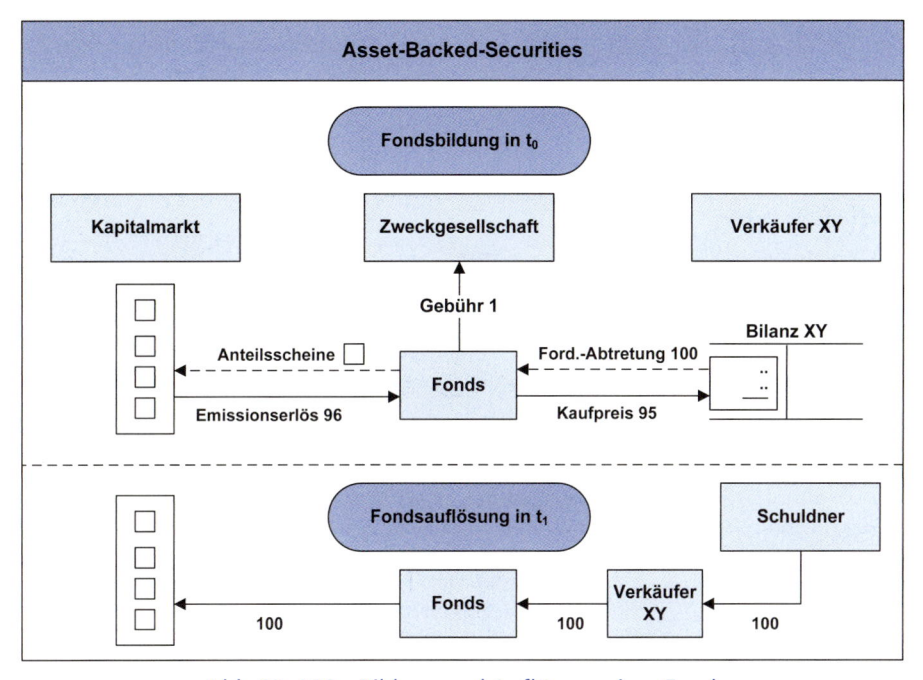

Abb. 69: ABS – Bildung und Auflösung eines Fonds

Im Zuge der **Fondsbildung in t_0** überträgt das verkaufende Unternehmen XY seinen Forderungsbestand (Nennwert 100 Mio. EUR) und erhält im Gegenzug 95 Mio. EUR Verkaufserlös vom Fondsbetreiber, der Zweckgesellschaft. Der Fondsbetreiber platziert – meist in Form einer Privatplatzierung – Anteilsscheine □ am Kapitalmarkt mit einem Emissionserlös von insgesamt 96 Mio. EUR. Die Zweckgesellschaft erhält eine Gebühr von 1 Mio. EUR (Transaktionskosten und Gewinn).

Anders als beim Factoring verbleiben Verwaltung und Inkasso der Forderungen beim Forderungsverkäufer XY. Bei Zahlungseingang leitet XY 100 Mio. EUR an den Fonds weiter. Mit der Weiterleitung dieses Geldbetrags an die Inhaber der Fondsanteile □ kommt es zur **Fondsauflösung in t_1**.

Kurz zusammengefasst funktioniert der ABS-Finanzierungsmechanismus für Forderungen mit **bester Schuldnerbonität** wie folgt: Die Anteilsscheine sind für die Käufer eine risikoarme Kapitalanlage, die zum jeweiligen Geldmarktsatz (EURIBOR), im obigen Beispiel 4 Prozent, verzinst wird. Der Verkäufer der Forderungen zahlt für die einjährige Kapitalbereitstellung etwa 5 Prozent. Zu so **günstigen Kapitalkosten** ist eine Zwischenfinanzierung im Rahmen des Factorings üblicherweise nicht zu haben, weil sich der Factor i. d. R. zu banküblichen Zinsen und nicht zu Geldmarktkonditionen refinanziert. Angesichts der hohen auflagefixen Kosten (z. B. für die Strukturierung des Fondsvermögens, die Verbriefung und die Einschaltung einer Ratingagentur) ist das ABS-System nur bei großen **Transaktionsvolumina** vorteilhafter als das Factoring.

Besteht das Fondsvermögen aus einem Konglomerat von Forderungen mit **zweit- oder gar drittklassiger Schuldnerbonität**, vergrößern sich für die Käufer der Fondsanteile die Chancen und die Risiken. Auf die Inhaber solcher Fondsanteile wartet

- eine **höhere Rendite**
- ein **höheres Risiko**,

denn Forderungsausfälle gehen voll zu Lasten der Kapitalgeber und können im Extremfall zu einem Totalverlust des eingesetzten Kapitals führen.

5.3.4.4 Leasing

Die flüssigen Mittel zur **Finanzierung einer Investition** können aus drei verschiedenen **Quellen** stammen:

- vorhandene, frei verfügbare liquide Mittel
- Zuführung zusätzlichen Eigenkapitals
- Zuführung zusätzlichen Fremdkapitals.

Sollten alle drei Finanzierungsquellen erschöpft sein, bietet sich als vierte Finanzierungsalternative das Leasing an. Der benötigte Anlagegegenstand wird nicht gekauft, sondern gemietet.

> Unter **Leasing** versteht man die mittel- bis langfristige Überlassung von Anlagegegenständen gegen Zahlung eines Nutzungsentgelts, das man als Leasinggebühr bezeichnet.

Während der Käufer einer Anlage den Kaufpreis auf einem Schlag finanzieren muss, hat das Leasing den Vorteil einer **zeitlich gestreckten Liquiditätsbelastung**: Die Leasingraten lassen sich aus dem laufenden Cash Flow finanzieren, was in der Leasingbranche unter dem Motto **"Pay as you earn"** als Vorteil herausgestellt wird.

Zur Einführung[1] in die Leasingthematik sind folgende Aspekte anzusprechen:

(1) Leasingobjekte und Leasinggeber
(2) Modalitäten von Leasingverträgen
(3) Leasing im Investitionskalkül
(4) Vor- und Nachteile des Leasings.

(1) Leasingobjekte und Leasinggeber

In der Praxis können sich Leasingverträge auf die Vermietung von

- beweglichen Anlagegütern (maschinelle Anlagen, Fahrzeuge, Flugzeuge u. Ä.)
- Grundstücken und Gebäuden (Immobilienleasing)
- Universal- oder Individualgütern

richten. **Universalgüter** (z. B. Nutzfahrzeuge) können während ihrer betriebsgewöhnlichen Nutzungsdauer nacheinander an verschiedene Leasingnehmer vermietet werden. **Individualgüter** (z. B. die Fertigungsstraße eines Automobilherstellers) werden nach den speziellen Wünschen eines Leasingnehmers gebaut. Man spricht in diesem Zusammenhang von **Spezial-Leasing**. Eine Variante des Spezial-Leasings ist das sog.

---

[1] Zur weiterführenden Literatur vgl. Wöhe/Bilstein/Ernst/Häcker, Unternehmensfinanzierung, 2009, S. 318 ff.

Sale and lease back: Zur Mobilisierung von Liquiditätsreserven veräußert ein Unternehmen einen werthaltigen Gegenstand (meist eine betrieblich genutzte Immobilie) an eine Kapitalanlagegesellschaft. Gleichzeitig wird ein meist langfristiger Leasingvertrag abgeschlossen: Der Verkäufer nutzt den Gegenstand weiter und zahlt die vertraglich vereinbarten Leasingraten an den Leasinggeber.

Als Eigentümer und Financier eines Anlagegegenstands erbringt der **Leasinggeber** eine (Finanz-)Dienstleistung zwischen dem Hersteller/Verkäufer und dem Nutzer eines Leasinggegenstands. Dabei unterscheidet man zwischen

- **direktem Leasing** (bei dem der Hersteller gleichzeitig Leasinggeber ist)
- **indirektem Leasing** (bei dem als Leasinggeber eine Finanzierungsgesellschaft fungiert).

In manchen Branchen ist das direkte Leasing sehr stark verbreitet. So machen beispielsweise Produzenten von Fahrzeugen der Mittel- und Oberklasse (Firmenwagen) oder von IT-Anlagen einen Großteil ihres Umsatzes mit dem Leasing ihrer eigenen Produkte. Leasing ist für solche Hersteller ein eigenständiger Absatzkanal.

(2) Modalitäten von Leasingverträgen

In Literatur und Praxis unterscheidet man zwischen zwei Arten von Leasingverträgen:

- **Operate Leasing** als kurzfristig kündbarer Mietvertrag
- **Finanzierungsleasing** als Mietvertrag mit einer langfristigen Bindung des Leasingnehmers.

Leasing	
Operate Leasing	**Finanzierungsleasing**
• Universalgüter • Kurzfristig kündbar • Teilamortisationsvertrag • Investitionsrisiko trägt der Leasinggeber	• Universal- oder Individualgüter • Unkündbar während der Grundmietzeit • Meist Vollamortisationsvertrag • Investitionsrisiko trägt i. d. R. der Leasingnehmer

Abb. 70: Arten von Leasingverträgen

Operate Leasingverträge sind „normale Mietverträge" im Sinne der §§ 535 ff. BGB. Der Leasingnehmer hat das **Recht zu kurzfristiger Kündigung** des Vertrags. Wird das Produktionsmittel (z. B. wegen rückläufiger Nachfrage) nicht mehr benötigt oder kommt eine neue, technisch leistungsfähigere Anlage auf den Markt, kündigt der Leasingnehmer den Vertrag. Das **Investitionsrisiko** liegt allein beim **Leasinggeber**. Kündigt der Leasingnehmer schon nach kurzer Zeit den Vertrag, reichen die (wenigen) vereinnahmten Leasingraten nicht aus, die Anschaffungs- und Finanzierungskosten beim Leasinggeber zu decken. Man spricht in diesem Zusammenhang von einem **Teilamortisationsvertrag**. Im Falle kurzfristiger Kündigung durch den Leasingnehmer muss sich der Leasinggeber um eine Anschlussvermietung bemühen oder das Leasingobjekt anderweitig (z. B. durch Veräußerung) verwerten. Aus diesem Grunde kommen für das Operate Leasing nur Universal-, aber keine Individualgüter in Betracht.

Finanzierungsleasing ist dadurch gekennzeichnet, dass die Grundmietzeit, d.h. die fest vereinbarte Vertragslaufzeit, in aller Regel mehr als die Hälfte der wirtschaftlichen Nutzungsdauer des Leasingobjekts umfasst. Beim Finanzierungsleasing ist der Vertrag üblicherweise so gestaltet, dass die während der **Grundmietzeit** vom Leasinggeber vereinnahmten **Leasingraten** ausreichen, seine **Anschaffungs-**, seine **Finanzierungs-** und seine **Verwaltungskosten** zu **decken**. Ist dies der Fall, spricht man von einem **Vollamortisationsvertrag**. Damit liegt das **Investitionsrisiko beim Leasingnehmer**: Der Mieter trägt die Verantwortung für die Verschlechterung bzw. für die Erhaltung des Leasingobjekts und für die Erwirtschaftung von Cash Flows zur Amortisation der Anschaffungs- und Finanzierungskosten.

Hat der **Leasingnehmer** die Anschaffungs- und die Finanzierungskosten durch Zahlung der Leasingraten während der Grundmietzeit vollständig oder fast vollständig amortisiert, **erhält** er **am Ende der Grundmietzeit** für den Rest der wirtschaftlichen Nutzungsdauer üblicherweise ein

- **Kaufoptionsrecht**, d.h. das Recht zum Erwerb des Leasingobjekts zu einem „Vorzugspreis", oder
- **Verlängerungsoptionsrecht**, d.h. das Recht zur Weiternutzung zu einer erheblich reduzierten Leasingrate (Anerkennungsgebühr).

Ein sehr niedriger Kaufpreis bzw. eine sehr niedrige Leasingrate sind Indizien dafür, dass es sich bei dem betreffenden Leasingvertrag nicht um einen Mietvertrag im traditionellen Sinne, sondern um einen Finanzierungsvertrag handelt, der einem Ratenkaufvertrag sehr nahe kommt.

(3) Leasing im Investitionskalkül

Hat sich ein Unternehmen für eine Investition entschieden, sieht es sich häufig vor die Finanzierungsalternative Kauf mit Kreditfinanzierung oder Leasing gestellt. Zur Ermittlung der günstigsten Bereitstellungsalternative ist ein Vorteilhaftigkeitsvergleich anzustellen. Dieser beruht auf einer Gegenüberstellung von

- **Barwert aller durch den Kredit-Kauf verursachten Zahlungen**
- **Barwert aller mit dem Leasing verbundenen Zahlungen**.

Im einfachsten Fall[1] vergleicht man den Barwert aller Zins- und Tilgungszahlungen bei Kredit-Kauf mit dem Barwert aller Leasingraten. Ein Beispiel findet sich im zugehörigen Übungsbuch. (**ÜB 5/60**)

(4) Vor- und Nachteile des Leasings

Eine Wirtschaftlichkeitsrechnung führt in aller Regel zu dem Ergebnis, dass für einen Investor der Kreditkauf kostengünstiger ist als das Leasing.

Die starke praktische Verbreitung des Leasings lässt sich folgendermaßen erklären:

- **Preisvorteile für Leasinggeber**: Verglichen mit dem Einzelinvestor können große Leasinggesellschaften als Großabnehmer meist mit geringeren Anschaffungskosten, höheren Restwerterlösen und geringeren Zinskosten kalkulieren.
- **Finanzwirtschaftliche Vorteile für Leasingnehmer**: Vereinfachte Investitionsrechnung durch Ansatz festgeschriebener (meist konstanter) Leasingraten. Wegfall bürokratischer Formalitäten im Rahmen der Kreditwürdigkeitsprüfung.

Als Fazit bleibt festzuhalten: Leasing ist zwar teurer, in der organisatorischen Umsetzung aber einfacher als der fremdfinanzierte Kauf. (**ÜB 5/60–62**)

---

[1] Zur Vertiefung vgl. Kruschwitz, L., Investitionsrechnung, 2014, S. 148 ff.

6. Mittelbare Finanzierung über Fondsgesellschaften

6.1 Aufgaben und Arten der Finanzierung durch Fonds

Bei der obigen Darstellung der Außenfinanzierung wurde unterstellt, dass **einzelne Kapitalanbieter** einem Unternehmen finanzielle Mittel in Form von
- **Eigenkapital** (Beteiligungsfinanzierung)
- **Fremdkapital** (Kreditfinanzierung)

überlassen. In der Wirtschaftspraxis läuft der **Kapitaltransfer** vom Kapitalanbieter zum kapitalsuchenden Unternehmen häufig über einen Dritten, den man als **Finanzintermediär** bezeichnet. Dabei kann es sich beispielsweise um ein Kreditinstitut handeln, das die Einlagen seiner Sparer (Passivgeschäft) im Rahmen des Aktivgeschäfts an kreditsuchende Unternehmen weitergibt. Als Mittler zwischen Kapitalanbietern und Kapitalnachfragern spielen Fonds eine zunehmend wichtige Rolle.

> Von einem **Fonds** spricht man, wenn mehrere Kapitalgeber Geldmittel aufbringen, um sie für einen gemeinsamen Anlagezweck einzusetzen.

Das Geschäftsmodell der Finanzierung durch Einschaltung von Fonds lässt sich folgendermaßen darstellen:

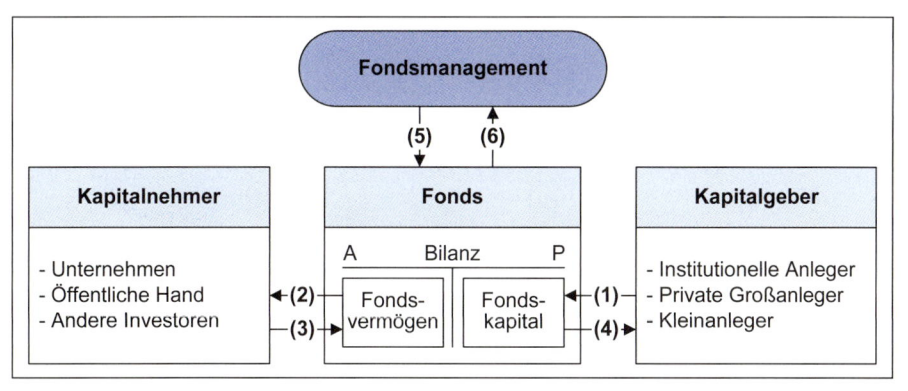

Abb. 71: Fonds als Mittler zwischen Kapitalgebern und Kapitalnehmern

(1) Institutionelle (z. B. Versicherungen oder Pensionsfonds) oder private Kapitalanleger stellen dem Fonds Anlagekapital zur Verfügung.
(2) Der Fonds leitet das Anlagekapital an Kapitalnachfrager weiter. Als Gegenleistung erhält der Fonds z. B. Unternehmensbeteiligungen (Aktienfonds), das Eigentum an einer Immobilie (Immobilienfonds), festverzinsliche Wertpapiere (Rentenfonds) oder Finanzderivate u. Ä. (Hedgefonds).
(3) Als laufenden Kapitalrückfluss erhält der Fonds Dividenden, Mieterlöse, Zinsgutschriften u. Ä. Am Ende der Investitionsdauer erhält er Einzahlungen aus der Veräußerung von Fondsvermögen(-steilen).
(4) Der Fonds leitet die Kapitalzuflüsse aus (3) an die Kapitalgeber weiter.

(5) Das Fondsmanagement hat die Aufgabe, den Fonds so zu verwalten, dass die Kapitalgeber den größtmöglichen Nutzen aus ihrer Kapitalanlage ziehen können.

(6) Als Entschädigung für seine dispositive Tätigkeit erhält das Fondsmanagement eine Verwaltungsgebühr, die aus den Fondserträgen zu decken ist. Darüber hinaus erhält das Fondsmanagement meist noch ein erfolgsabhängiges Honorar.

Für die Kapitalanleger hat die **Fondsbildung** große **Vorteile**:

- **Kapitalbündelung**: Erst durch Ansammlung vieler kleiner Anlagebeträge können Unternehmensbeteiligungen erworben oder Großbauprojekte realisiert werden.
- **Risikostreuung** wird erreicht, wenn nicht eine, sondern mehrere Unternehmensbeteiligungen (Großbauprojekte) zum Fondsportfolio gehören.[1]
- **Expertenwissen** wird vom Fondsmanagement bereitgestellt, das die Aufgabe hat, die Märkte zu beobachten und das Fondsvermögen durch die Wahl lukrativer Investitionsobjekte und geeigneter Ein- bzw. Ausstiegszeitpunkte zu optimieren.

> Als **Grundregel einer jeden Kapitalanlage** gilt, dass sich eine höhere Rendite nur unter Inkaufnahme eines größeren Risikos erzielen lässt.

Dies gilt auch für die Kapitalbereitstellung unter Einschaltung von Fonds. Um unterschiedlichen Risikoeinstellungen der Kapitalanbieter gerecht zu werden, hat die Fondsbranche Fondstypen entwickelt, von denen sich drei wichtige „Spielarten" auf den Koordinaten „Mögliche Rendite" und „Risiko" folgendermaßen abbilden lassen:

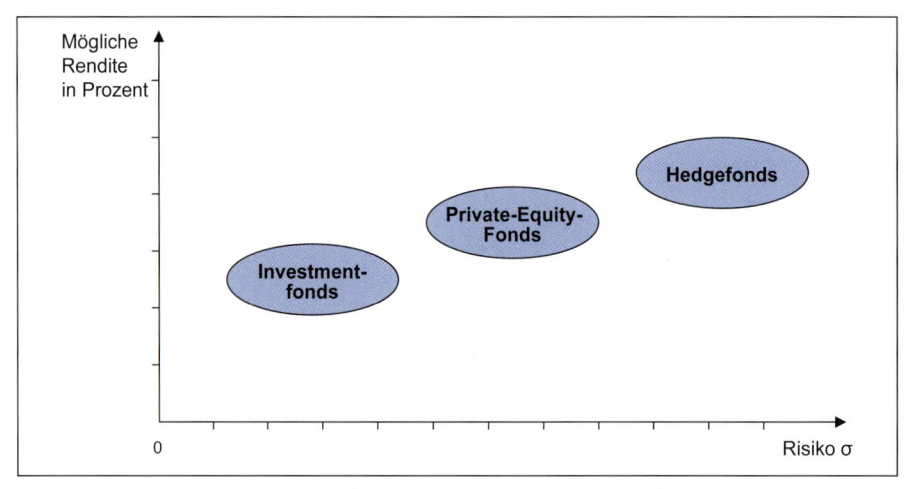

Abb. 72: Chancen-Risiko-Profil von Fonds

Marktwirtschaftlicher Wettbewerb führt zu **optimaler Befriedigung der Nachfragerbedürfnisse**. Auf Gütermärkten wird dieses Ziel durch eine bedarfsorientierte Produktdifferenzierung erreicht. Ähnlich ist es auf den Märkten für Finanzprodukte: Die Angebotspalette reicht vom börsennotierten Investmentfonds für (tendenziell) risikoscheue Anleger bis zum Hedgefonds für renditehungrige Anleger, die ein entsprechend hohes Risiko in Kauf zu nehmen bereit sind.

---

[1] Eine noch weitergehende Risikostreuung will man durch sog. Mischfonds erreichen, die das Fondsvermögen teils in Aktien, teils in festverzinslichen Wertpapieren anlegen.

6. Mittelbare Finanzierung über Fondsgesellschaften

Eine klare gegenseitige **Abgrenzung** der drei genannten **Fondstypen** stößt auf große Schwierigkeiten, weil sich deren Geschäftsfelder teilweise überschneiden. Auf Basis der Risikoklassifizierung in **Abb. 72** lassen sich die drei Fondstypen anhand einzelner Merkmale folgendermaßen charakterisieren:

Fondstyp Merkmale	6.2 Investmentfonds	6.3 Private-Equity-Fonds	6.4 Hedgefonds
Fondsvermögen	• Börsengängige Wertpapiere • Geldmarktanlagen • Immobilien u. Ä.	Beteiligungen an nicht-börsennotierten Unternehmen (z. B. KMU)	• Riskante Finanzinstrumente • Spekul. Beteiligungen an börsennotierten Unternehmen
Anlagehorizont	lang-, mittel- oder kurzfristig	mittelfristig (3 bis 7 Jahre)	meist kurzfristig
Fondsgesellschaft - Domizil - Rechtsform	Inland bzw. EU-Staat; Kapitalgesellschaft	Inland oder Ausland; Kommanditgesellschaft	Offshore-Gebiet; limited partnership
Börsentägliche Kursnotierung	ja[1]	nein	nein
Regulierung durch Aufsichtsbehörden	stark	schwach	schwach
Anlegerschutz	hoch entwickelt durch Bankenaufsicht	unterentwickelt; nur Prospekthaftung	unterentwickelt; nur Prospekthaftung

Abb. 73: Typische Merkmale verschiedener Fondstypen

6.2 Klassische Investmentfonds

> Klassische Investmentfonds legen das Fondsvermögen nach dem Grundsatz der Risikostreuung an und verbriefen die Kapitaleinlagen der Investmentsparer in **Investmentanteilen**, die börsentäglich gehandelt werden.

Die gesetzlichen Regelungen zu den „klassischen Investmentfonds" finden sich in Deutschland im Kapitalanlagegesetzbuch (KAGB). Das Fondsmanagement liegt dabei in den Händen einer sog. **Kapitalverwaltungsgesellschaft**.

Klassische Investmentfonds haben für **risikoscheue Kapitalanleger** viele **Vorteile**:

- Fondsvermögen wird in vorher festgelegte **Anlagebereiche mit** relativ **niedrigem Risikoprofil** investiert (z. B. Geldmarkttitel, Rentenpapiere, Immobilien)
- Fondsvermögen unterliegt dem **Grundsatz der Risikodiversifikation**
- weitreichendes **Verbot** risikosteigernder **Fremdkapitalaufnahme** zur Finanzierung des Fondsvermögens
- fondsverwaltende Kapitalverwaltungsgesellschaft unterliegt der Überwachung durch die **Bankenaufsicht**[2]
- börsentägliche Kursnotierung der Investmentanteile erlaubt den Anteilseignern den **jederzeitigen Ein- und Ausstieg**.

---

[1] Bei der Kursnotierung von Investmentzertifikaten handelt es sich nicht um Börsenkurse, sondern um börsentägliche Kursberechnungen durch die jeweilige Fondsgesellschaft.

[2] Die Überwachung obliegt der Bundesanstalt für Finanzdienstleistungsaufsicht (BaFin).

Die starke Reglementierung klassischer Investmentfonds durch nationale Aufsichtsbehörden hat für die Kapitalgeber Vor- und Nachteile. Der Vorteil liegt in der Risikobegrenzung durch weitreichenden Anlegerschutz. Die **Kehrseite** der Risikobegrenzung liegt in der **Reduzierung** der **Renditeaussichten** durch die Einschränkung auf risikoarme Anlagen und die Beschränkung der Fremdfinanzierung.

Sofern solche Investmentfonds in Aktien investieren, spielen sie für die Finanzierung börsennotierter Aktiengesellschaften eine zunehmend wichtige Rolle. Allerdings hat die Beteiligungsfinanzierung über **Aktienfonds** einen nennenswerten Einfluss auf die Corporate Governance[1]: Als Großanbieter von Eigenkapital können die wenigen Investmentgesellschaften ihre gesetzlichen **Kontroll- und Mitwirkungsrechte** viel besser wahrnehmen als das schlecht organisierte Gros der vielen Kleinaktionäre.

6.3 Private-Equity-Fonds

6.3.1 Geschäftsmodell von Private-Equity-Fonds

> **Private-Equity-Fonds** verwenden das Fondsvermögen zum Erwerb von Beteiligungen an meist nichtbörsennotierten Unternehmen mit dem Ziel, den Wert der Beteiligung zu steigern und diese nach 3 bis 7 Jahren gewinnbringend weiterzuveräußern.

Private-Equity-Fonds (PEF) sind weltweit tätig. In Deutschland domizilierende PEF werden meist in der Rechtsform der Kommanditgesellschaft (KG) bzw. der GmbH & Co. KG betrieben. Als korrespondierende Rechtsform im angelsächsischen Wirtschaftsraum kann die Limited Partnership[2] angesehen werden.

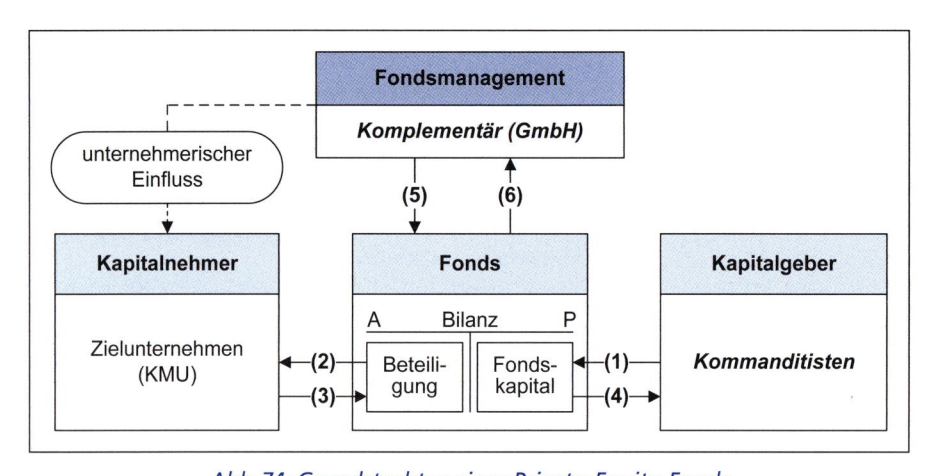

Abb. 74: Grundstruktur eines Private-Equity-Fonds

---

[1] Vgl. S. 62 ff.
[2] Dabei entsprechen die Limited Partner den Kommanditisten, der General Partner dem Komplementär.

(1) Das **Fondskapital** wird meist **von vermögenden Privatanlegern** oder institutionellen Anlegern aufgebracht. Als Kommanditisten haften sie nur bis zur Höhe ihrer Einlage. Der Anlagehorizont (= Zeitspanne bis zum erwarteten Kapitalrückfluss) beträgt etwa 3 bis 7 Jahre. Anders als bei klassischen Investmentanteilen gibt es keinen geregelten Markt zur vorzeitigen Rückgabe von PEF-Anteilen.
(2) Mit dem eingesammelten Kapital **erwirbt der PEF** insb. **Beteiligungen** an verschiedenen klein- und mittelständischen Unternehmen (KMU). Mit der Streuung des Anlagekapitals auf verschiedene KMU wird das Anlagerisiko reduziert.
(3) Der **Kapitalrückfluss in das Fondsvermögen** erfolgt durch jährliche Gewinnausschüttung, vor allem aber durch den Veräußerungserlös bei Beteiligungsverkauf.
(4) Als Rendite aus ihrer Kapitalanlage **erwarten die Inhaber** der Fondsanteile laufende **Gewinnausschüttungen**, vor allem aber einen möglichst großen **Vermögenszuwachs durch Veräußerung** der Beteiligung.
(5) Das **Fondsmanagement** liegt in den Händen der **Private-Equity-Gesellschaft**. Meist handelt es sich um eine GmbH, die als Komplementärin die Funktion des vollhaftenden Kapitalgebers übernimmt. Zu den Aufgaben des Fondsmanagements (Private-Equity-Gesellschaft) gehören die
  - Auswahl erfolgversprechender Zielunternehmen (= Kaufobjekte)
  - vertragliche Abwicklung des Beteiligungserwerbs
  - Wertsteigerung der Beteiligung durch **Einflussnahme auf die Geschäftsführung und -entwicklung des Zielunternehmens**
  - Wertrealisierung durch bestmögliche Veräußerung der Beteiligung nach einer Investitionsdauer von 3 bis 7 Jahren.
(6) Als Vergütung für ihre dispositive Tätigkeit erhält die **Private-Equity-Gesellschaft** eine **laufende Verwaltungsgebühr** und ein von der Höhe des Veräußerungsgewinns (= Verkaufserlös – Anschaffungskosten der Beteiligung) abhängiges **Erfolgshonorar**.

Mit ihrer Eigenkapitalzuführung in nichtbörsennotierte Unternehmen gehen Private-Equity-Gesellschaften ein erhebliches **finanzielles Risiko** ein. Besonders groß ist dieses Risiko dann, wenn sich das Zielunternehmen zum Zeitpunkt der Beteiligung in der Verlustzone befindet und eine baldige Verbesserung der Ertragslage keineswegs sicher ist. Derartig riskante Kapitalengagements sind die Domäne von Venture-Capital-Gesellschaften.

> **Venture-Capital-Gesellschaften** beteiligen sich an jungen, innovativen, risikoreichen Unternehmen, nehmen dabei bewusst die Anlaufverluste der „Gründerjahre" in Kauf und stellen den kaufmännisch meist unerfahrenen Unternehmensgründern ihre Managementerfahrung zur Verfügung.

Damit folgen Venture-Capital-Gesellschaften dem gleichen Geschäftsmodell wie Private-Equity-Gesellschaften: Sie übernehmen in dem kapitalsuchenden Unternehmen nicht nur das Kapitalausfallrisiko, sondern sie stellen bei Bedarf auch Managementexpertise zur Verfügung. Der gleichzeitige **Transfer** von
- Risikokapital
- Managementkompetenz

wird in der Literatur treffend als **„intelligentes Eigenkapital"**[1] bezeichnet.

---

[1] Vgl. Jesch, T. A., Private Equity, 2004, S. 21.

6.3.2 Wertsteigerungsstrategie von Private-Equity-Gesellschaften

Private-Equity-Gesellschaften verfolgen ein klar definiertes **Ziel**: Sie erwerben Beteiligungen an nichtbörsennotierten Unternehmen, um diese Beteiligungen mittelfristig mit möglichst großem Gewinn weiterzuveräußern. Folglich halten Private-Equity-Gesellschaften vorzugsweise nach solchen Unternehmen Ausschau, die ein Wertsteigerungspotential erkennen lassen. Ein **Wertsteigerungspotential** ist dann gegeben, wenn durch

- Verbesserung der Unternehmensstrategie
- Verbesserung der Unternehmensstrukturen und -prozesse

eine **Steigerung des Shareholder Value**[1], d.h. des Wertes des Eigenkapitals, erreicht werden kann. So ist es zu erklären, dass die Prüfung eines Beteiligungserwerbs mit der **Schwachstellenanalyse des Übernahmekandidaten** beginnt: Je größer die gegenwärtigen Schwachstellen des Zielunternehmens, desto größer ist für die Private-Equity-Gesellschaft die Chance, den „fußkranken" Übernahmekandidaten nach einem „Fitnessprogramm", d.h. **durch Optimierung der Unternehmensstrukturen und -prozesse**, wieder „auf die Beine zu bringen". Eine solche Schwachstellenanalyse umfasst im Wesentlichen folgende Bereiche:

Mögliche Schwachstellen von Zielunternehmen		
1. Management	**2. Operatives Geschäft**	**3. Finanzbereich**
(1.1) Nachfolgeprobleme (1.2) Führungsdefizite	(2.1) Produktionsdefizite (2.2) Marketingdefizite	(3.1) Unterfinanzierung (3.2) Überfinanzierung

Abb. 75: Schwachstellenanalyse von Zielunternehmen

Zur Behebung solcher Defizite können Private-Equity-Gesellschaften folgende **Instrumente** einsetzen:

(1.1) Nachfolgeprobleme treten häufig in eigentümergeführten KMU auf, wenn kein Familienmitglied die Unternehmensleitung übernehmen kann. Hier stellt die Private-Equity-Gesellschaft das Beteiligungskapital und löst die Nachfolgefrage durch ein **Management Buy-Out** (MBO), wobei vorhandene leitende Mitarbeiter die Geschäftsführung übernehmen, oder durch ein **Management Buy-In** (MBI), bei dem die Private-Equity-Gesellschaft einen externen Manager in das Zielunternehmen holt.

(1.2) Führungsdefizite in einem eigentümergeführten KMU sind auf unzureichende Managementqualifikationen des Inhabers zurückzuführen. Solche Defizite lassen sich in der Unternehmensstrategie, im operativen Geschäft oder im Finanzbereich lokalisieren. Zur Lösung solcher Probleme erarbeitet die Private-Equity-Gesellschaft mit dem Inhaber des Zielunternehmens einen Geschäftsplan und stellt ihm u. U. eine Führungskraft ihres Vertrauens zur Seite.

---

[1] Zur Shareholder-Value-Maximierung vgl. S. 178 ff.

(2.1) Defizite im Produktionsbereich sind auf veraltete Produktionstechnik, ineffiziente Produktionsabläufe, Überkapazitäten u. Ä. zurückzuführen. Zur Ergebnisverbesserung wird die Private-Equity-Gesellschaft ein Investitions- bzw. Kostensenkungsprogramm auflegen. Besonders die Versuche, **Personalkosten abzubauen** durch

- Rationalisierungsinvestitionen
- Kündigungen
- Standortverlagerungen in Niedriglohnländer,

haben Private-Equity-Gesellschaften in Deutschland **öffentliche Kritik** eingebracht.

(2.2) Defizite im Marketing können die Private-Equity-Gesellschaft veranlassen, im Zielunternehmen auf eine

- Erschließung neuer Märkte
- Sortimentsbereinigung
- Produktinnovation

oder andere absatzpolitische Maßnahmen hinzuwirken.

(3.1) Unterfinanzierung liegt vor, wenn in einem KMU anstehende Auszahlungen nicht durch

- vorhandene Liquidität
- zusätzliche Kreditaufnahme
- zusätzliche Eigenkapitaleinlage durch den bisherigen Inhaber

abgedeckt werden können. Da die Kreditvergabe der Banken nach Basel II bzw. III zunehmend restriktiv[1] gehandhabt wird, muss die Finanzierungslücke durch zusätzliches Eigenkapital geschlossen werden. Oft ist der Beteiligungserwerb durch die Private-Equity-Gesellschaft die letzte Möglichkeit zum **Abwenden der Insolvenz**.

(3.2) Überfinanzierung liegt vor, wenn ein

- profitables Unternehmen
- mit einem hohen Cash Flow
- zu viel teures Eigenkapital
- statt billigerem Fremdkapital

einsetzt. Derart konservativ finanzierte Unternehmen sind begehrte Kaufobjekte für Private-Equity-Gesellschaften: Der Kaufpreis wird zum großen Teil mit Krediten finanziert, die aus dem Cash Flow des übernommenen Unternehmens mit Zins- und Tilgungszahlungen bedient werden müssen. Ein Zahlenbeispiel für eine solche Unternehmenstransaktion, die man als **Leveraged Buy-Out** (LBO) bezeichnet, findet sich im zugehörigen Übungsbuch. (**ÜB 5/63**)

Der **Vorteil** eines Leveraged Buy-Out liegt in der Steigerung des Shareholder Value, die auf die

- **Substitution von teurem Eigenkapital**
- **durch billiges Fremdkapital**

zurückzuführen ist. Dem Vorteil gesteigerter Rentabilität steht der **Nachteil** erhöhten Risikos gegenüber. Ein Leveraged Buy-Out basiert auf einer

- Erhöhung des Verschuldungsgrades
- zusätzlichen Belastung des Cash Flows durch Zins- und Tilgungszahlungen,

wodurch sich die **Krisenanfälligkeit** des Unternehmens **erhöht**.

---

[1] Vgl. S. 609 ff.

6.4 Hedgefonds

> **Hedgefonds** sind eher schwach regulierte Investmentfonds, deren Kapital von risikofreudigen Anlegern zur Verfügung gestellt wird, um mit einem spekulativen Investment nach kurzer Haltedauer einen möglichst hohen Veräußerungsgewinn und damit eine höhere Rendite zu erzielen.

Hedgefonds haben ihren Sitz meist in **Offshore-Gebieten** (z. B. Kaimann-Inseln, Bahamas, Kanalinseln), weil sie dort ihr risikoreiches Geschäft

- ohne staatliche Bankenaufsicht
- in einer Steueroase

betreiben können.

Jenseits ihres gemeinsamen Ziels der Wertsteigerung der Fondsanteile unterscheiden sich Hedgefonds von Private-Equity-Fonds durch ein(e)

(1) kürzere Anlagedauer
(2) breiteres Anlagespektrum
(3) riskantere Geschäftsstrategie.

(1) Die **Anlagedauer** eines Hedgefonds ist kurzfristig ausgerichtet. Das zeitliche Spektrum reicht von wenigen Tagen (z. B. bei Devisenspekulationen) bis zu mehreren Monaten (z. B. bei spekulativen Unternehmensbeteiligungen).

(2) Das **Anlagespektrum** eines Hedgefonds kann sich auf

- Devisen
- Rohstoffe
- unterbewertete Aktien
- Terminkontrakte u. v. a.

erstrecken. Unter **Terminkontrakten** versteht man dabei Handelsgeschäfte mit Wertpapieren, Devisen oder Waren, bei denen die Erfüllung des Vertrags zu einem späteren als dem Abschlusszeitpunkt erfolgt, wobei allerdings der Preis des Objekts bei Vertragsabschluss festgelegt wird. Der Abschluss von Termingeschäften gibt Hedgefonds die Möglichkeit, auch in Zeiten rückläufiger Börsenkurse für die Fondsanleger eine positive Rendite zu erwirtschaften.[1]

Wegen der besonderen Bedeutung für die Unternehmensfinanzierung ist im Folgenden auf das **Anlagesegment „Erwerb unterbewerteter Aktien"** näher einzugehen. Das Geschäftsmodell des Hedgefonds funktioniert dabei folgendermaßen:

- Erwerb einer größeren Beteiligung[2] an einer für unterbewertet gehaltenen Publikumsaktiengesellschaft
- Einflussnahme auf die Unternehmensleitung mit dem Ziel der Steigerung des Shareholder Value
- Gewinnbringender Verkauf der Beteiligung nach erfolgreicher Wertsteigerungsstrategie.

Das strategische Ziel des Hedgefonds ist die kurzfristige Steigerung des Shareholder Value durch Änderung von Unternehmensstrukturen oder -prozessen.

---

[1] Zu Einzelheiten vgl. Perridon/Steiner/Rathgeber, Finanzwirtschaft, 2012, S. 181 ff. und die dort angegebene Literatur.

[2] Treten mehrere Hedgefonds beim gleichen Zielunternehmen auf, kann ein Beteiligungserwerb im einstelligen Prozentbereich zur Zielerreichung genügen.

Maßnahmen zur Steigerung des Shareholder Value
• Veräußerung einzelner Unternehmensteile • Zerschlagung oder Spaltung des Unternehmens • Verhinderung einer geplanten (für unvorteilhaft gehaltenen) Fusion • Erzwingung einer (für vorteilhaft gehaltenen) Fusion • Änderung der Unternehmensstrategie • Auswechseln des Managements • Kapitalrückzahlung an Aktionäre

Abb. 76: Beispiele der Einflussnahme durch Hedgefonds

Hedgefonds sind ein wichtiges Instrument der **Corporate Governance**: Eine Unternehmensleitung, welche die langfristigen Shareholderinteressen vernachlässigt und Wertsteigerungspotentiale nicht erkennt, muss damit rechnen, durch das Auftreten von Hedgefonds „auf (Wertsteigerungs-)Kurs" gebracht zu werden.

(3) Die **riskantere Geschäftsstrategie** von Hedgefonds zeigt sich vor allem bei der Finanzierung. Das Investitionsrisiko liegt in der Spekulation auf kurzfristige Wertänderungen. Trotz hoher Verlustgefahr (bei Fehlspekulation) werden solche Geschäfte zu großen Teilen fremdfinanziert. Zur Minimierung der Zinskosten werden die benötigten Kredite häufig in einer abwertungsverdächtigen Niedrigzinswährung aufgenommen. Mit der Aufnahme eines niedrigverzinslichen Geldmarktkredits in einer fremden Währung (**Carry Trade**[1]) ist der Hedgefonds drei Risiken ausgesetzt, dem

- **Wertänderungsrisiko** der Vermögensanlage
- **Zinsänderungsrisiko**
- **Wechselkursrisiko**.

Jedes dieser drei Risiken kann für sich genommen bei einem Hedgefonds zu großen Verlusten führen. Kumuliert ein Hedgefonds alle drei Risiken, müssen die Fondsbeteiligten u. U. mit einem Totalverlust ihres Kapitaleinsatzes rechnen.

Häufig tragen einzelne Hedgefonds die finanzielle Verantwortung für milliardenschwere Finanztransaktionen. Im Gegensatz zu klassischen Investmentfonds betreiben sie ein spekulatives Aktivgeschäft auf einer **schmalen Basis haftenden Eigenkapitals**. Das Risiko ist groß, das Verlustauffangpotential ist klein. Vor diesem Hintergrund warnen Kapitalmarktfachleute vor der Möglichkeit des Zusammenbruchs eines Hedgefonds und der damit einhergehenden Gefahr einer Kettenreaktion auf dem internationalen Kapitalmarkt.

7. Kapitalerhöhung und Kapitalherabsetzung

7.1 Effektive und nominelle Eigenkapitaländerungen

Im 5. Kapitel „Quellen der Außenfinanzierung" wurde gezeigt, auf welchen Wegen Unternehmen verschiedener Größe und Rechtsform Eigen- bzw. Fremdkapital beschaffen können. In den folgenden Ausführungen geht es um die Frage, aus welchen

---

[1] Streng genommen versteht man unter einem Carry Trade die Kreditaufnahme in einem Niedrigzinsland und Anlage der Mittel in einem Land mit hohen Kapitalmarktzinsen.

Anlässen und unter welchen formellen Bedingungen Unternehmen verschiedener Rechtsformen zu einer

- Eigenkapitalerhöhung
- Eigenkapitalherabsetzung

gelangen.

Üblicherweise dient eine (effektive) **Eigenkapitalerhöhung** der Beschaffung finanzieller Mittel zur Finanzierung von Investitionen. Durch den Mittelzufluss auf der Aktivseite und die Eigenkapitalerhöhung auf der Passivseite kommt es zu einer **Bilanzverlängerung**.

Im Gegenzug führt die Entnahme finanzieller Mittel durch Eigenkapitalgeber – bei Personengesellschaften spricht man von Privatentnahmen – zu einer (effektiven) **Eigenkapitalherabsetzung** und damit zu einer **Bilanzverkürzung**.

Art	Kapitalerhöhung	Kapitalherabsetzung
effektive	**Mittelzufluss** (Bilanzverlängerung)	**Mittelabfluss** (Bilanzverkürzung)
nominelle	**EK-Umschichtung** (Erhöhung des gezeichneten Kapitals; Passivtausch)	**EK-Umschichtung** (Verminderung des gezeichneten Kapitals; Passivtausch)

Abb. 77: Formen der (Eigen-)Kapitalerhöhung und -herabsetzung

Effektiven Eigenkapitaländerungen, d.h. der Mittelzuführung bzw. dem Mittelabfluss, kann man in Unternehmen aller Rechtsformen begegnen. Dagegen sind **nominelle Eigenkapitalveränderungen** ein Spezifikum von **Kapitalgesellschaften**. Woran liegt das? Anders als in einer Einzelfirma oder in einer OHG haften die Eigenkapitalgeber von Kapitalgesellschaften nur bis zur Höhe des satzungsmäßig festgeschriebenen „Gezeichneten Kapitals", das in der GmbH als Stammkapital und in der AG als Grundkapital bezeichnet wird. Weil die Gläubiger einer Kapitalgesellschaft keinen Zugriff auf das Privatvermögen der Gesellschafter haben, hat die Rechtsordnung zum **Schutz der Fremdkapitalgeber**[1] Vorschriften zum Erhalt eines Mindesthaftungsvermögens (Aktivseite der Bilanz) erlassen. Zu diesem Zweck hat der Gesetzgeber in Höhe des

- **Stammkapitals** einer GmbH
- **Grundkapitals** einer AG

eine **Ausschüttungssperre** verhängt.[2]

> Unter einer **nominellen Kapitalerhöhung** versteht man die Umschichtung von frei verfügbarem Eigenkapital (Gewinnrücklagen) in ausschüttungsgesperrtes Eigenkapital (Grundkapital oder Stammkapital).

---

[1] Vgl. S. 655 f.
[2] Vgl. S. 716.

Im Zuge einer nominellen Kapitalerhöhung ändert sich zwar die Zusammensetzung, nicht aber die Höhe des bilanzierten Eigenkapitals (Passivtausch). Auf der Aktivseite der Bilanz gibt es keine Bewegung.

> Unter einer **nominellen Kapitalherabsetzung** versteht man die (teilweise) Auflösung des Eigenkapitalpostens „Grundkapital" bzw. „Stammkapital" zur Abdeckung eines Verlustes.

Auch in diesem Fall fließen keine Finanzmittel. Die **nominelle Kapitalherabsetzung** dient nur dem Zweck des **buchtechnischen Verlustausgleichs**. Die Gesamthöhe des Eigenkapitals bleibt unverändert.

7.2 Kapitalerhöhung

Nach der Gründung eines Unternehmens kann dessen Eigenkapitalbasis durch
- Thesaurierung von Gewinnen (Innenfinanzierung)
- weitere Eigenkapitaleinlagen (Außenfinanzierung)

erhöht werden.

Unternehmenswachstum wird durch eine (Eigen-)Kapitalerhöhung finanziert, wenn die Möglichkeiten der Innenfinanzierung[1] bzw. der Kreditfinanzierung[2] ausgeschöpft (oder weniger vorteilhaft) sind. Zur differenzierteren Analyse der **Kapitalerhöhungsmotive** wird auf die Ausführungen zur Kapitalerhöhung bei Aktiengesellschaften verwiesen (siehe Unterkapitel 7.2.2.1).

7.2.1 Kapitalerhöhung bei Einzelfirmen und Personengesellschaften

Zwei Fälle sind zu unterscheiden: Die Zuführung zusätzlichen Eigenkapitals durch

(1) den/die bisherigen Eigenkapitalgeber
(2) die Aufnahme neuer Gesellschafter.

Kapitalerhöhung bei Personenunternehmen		
Einzelfirma	**Offene Handelsgesellschaft**	**Kommanditgesellschaft**
(1) Privateinlage (2) Aufnahme eines stillen Gesellschafters	(1) Bisherige Gesellschafter erhöhen ihre Eigenkapitaleinlage (2) Aufnahme neuer Gesellschafter	

Abb. 78: Kapitalerhöhung bei Einzelfirmen und Personengesellschaften

Die Einlage des **stillen Gesellschafters** S erhöht das Eigenkapital der Einzelfirma. Aus der Sicht Dritter (also im **Außenverhältnis**) nimmt der Einzelunternehmer E eine Privateinlage vor. Die Nichtsichtbarkeit von S für Außenstehende wird als „still" bezeichnet. Die Ansprüche von S beschränken sich auf das **Innenverhältnis** zu E.

---

[1] Vgl. S. 581 ff.
[2] Vgl. S. 537 ff.

Unproblematisch ist die Kapitalerhöhung bei **Personengesellschaften**, wenn alle Gesellschafter im proportionalen Verhältnis ihrer bisherigen Kapitaleinlage an der Kapitalerhöhung teilnehmen. Erfolgt dagegen die Kapitalerhöhung durch die Aufnahme neuer Gesellschafter, hat dies Einfluss auf die Zuordnung von Gewinnen bzw. Verlusten sowie von stillen Rücklagen auf die einzelnen Gesellschafter.

7.2.2 Kapitalerhöhung bei Aktiengesellschaften[1]

7.2.2.1 Ziele der Kapitalerhöhung

Eine **materielle Kapitalerhöhung** führt zu einer Bilanzverlängerung, denn es kommt auf der

- **Aktivseite** zu einem **Zufluss finanzieller Mittel**
- **Passivseite** zu einer **Erhöhung des Eigenkapitals**.

Statt der Bareinlage kann auch eine Sacheinlage geleistet werden. Die Sacheinlage kann durch eine Einbringung einzelner Vermögensgegenstände oder ganzer Betriebe geleistet werden. Den letztgenannten Fall bezeichnet man als **Verschmelzung durch Aufnahme**, wobei die Aktionäre des untergehenden Unternehmens U Aktien des übernehmenden Unternehmens O erhalten.

Motive von Kapitalerhöhungen können sein:

(1) Krisenbewältigung	(2) Unternehmenswachstum	(3) Senkung der Kapitalkosten	(4) Verpflichtungen gegenüber Dritten
Zuführung finanzieller Mittel zur Vermeidung von Zahlungsunfähigkeit	Zuführung finanzieller Mittel zur Finanzierung von (Groß-)Investitionen	Senkung der • Fremdkapitalkosten • Eigenkapitalkosten	Erfüllung von Aktienbezugsansprüchen Dritter

Abb. 79: Motive zur Kapitalerhöhung

(1) Krisenbewältigung

Sowohl Zahlungsunfähigkeit als auch Überschuldung zwingen eine Kapitalgesellschaft zur Anmeldung der Insolvenz. Eine (Bar-)Kapitalerhöhung, die auf der Aktivseite die Liquidität und auf der Passivseite das Eigenkapital erhöht, ist vielfach das letzte Mittel zur Vermeidung einer Insolvenz.

(2) Unternehmenswachstum

Häufig erreicht der operative Cash Flow[2], d.h. das über den laufenden Umsatz erwirtschaftete Innenfinanzierungsvolumen, nicht aus, um Großinvestitionen zu finanzieren. Eine solche Finanzierungslücke kann durch eine Kapitalerhöhung geschlossen werden.

---

[1] Zur Kapitalerhöhung bei einer GmbH vgl. Coenenberg/Haller/Schultze, Jahresabschluss, 2016, S. 341 f.

[2] Zum Cash Flow vgl. S. 527 f. und S. 641 ff.

(3) Senkung der Kapitalkosten

Eine Kapitalerhöhung führt c. p. zu einem Ansteigen der Eigenkapitalquote und damit zu einer Verbesserung der Kreditwürdigkeit, die häufig von Rating-Agenturen gemessen wird. Mit einem verbesserten Rating[1] sinken die Kosten der Fremdfinanzierung. Denkbar ist auch eine Senkung der Eigenkapitalkosten: Gelingt es einem Unternehmen auf dem Gipfel einer Börsenhausse junge Aktien zum Spitzenkurs von 200 statt zum „Normalkurs" von 100 an die Börse zu bringen, halbiert es c. p. seine (als Prozentwert gemessenen) Eigenkapitalkosten.

(4) Verpflichtungen gegenüber Dritten

Häufig wird Inhabern einer Anleihe oder Mitarbeitern eines Unternehmens durch vertragliche Vereinbarung das Recht zum Bezug von Aktien zu einem vorher bestimmten Kurs eingeräumt. Die wichtigsten Optionsfälle sind:

- **Wandelanleihe**[2] (Convertible Bonds), die vom Inhaber der Anleihe in Aktien getauscht werden können.
- **Optionsanleihe**[3] (Warrant Bonds), die den Inhaber der Anleihe zum zusätzlichen Bezug von Aktien berechtigen.
- **Aktienoptionsrechte**[4] (Stock Options), die (leitenden) Mitarbeitern als Bestandteil leistungsorientierter Entlohnung eingeräumt werden.

In allen drei Fällen ist die Aktiengesellschaft verpflichtet, den Optionsberechtigten auf deren Wunsch zu einem vorher vereinbarten Zeitpunkt Aktien des eigenen Unternehmens zum vertraglich vereinbarten Kurs zu liefern. Die Einlösung dieser Verpflichtung erfolgt über eine Kapitalerhöhung.

7.2.2.2 Formen der Kapitalerhöhung

Das deutsche Aktienrecht unterscheidet vier Formen der Kapitalerhöhung:

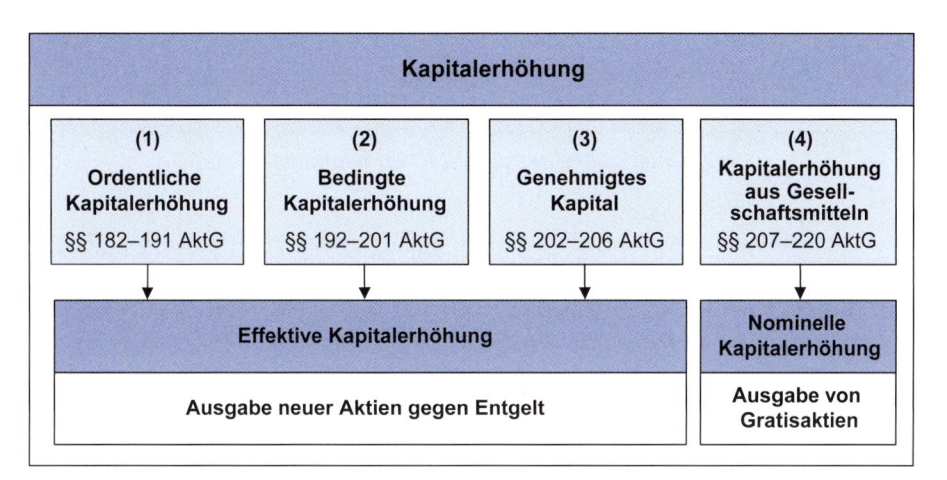

Abb. 80: Formen der Kapitalerhöhung

---

[1] Zum Rating vgl. S. 609 ff.
[2] Vgl. S. 545 f.
[3] Vgl. S. 547.
[4] Vgl. S. 146 ff.

Bei den **Formen (1) bis (3)** der Kapitalerhöhung entrichten die Übernehmer der neuen Aktien ein **Entgelt** in Form von

- Bareinlagen
- Sacheinlagen
- Eintausch von Wandelobligationen.

Im Zuge der Kapitalerhöhung aus Gesellschaftsmitteln – **Form (4)** – werden im Wege des Passivtausches Gewinnrücklagen in Grundkapital umgewandelt. Das bilanzierte Eigenkapital bleibt unverändert.

Alle vier Varianten der Kapitalerhöhung sind an folgende Bedingungen geknüpft:

- Beschluss der **Hauptversammlung** (HV) mit mindestens **Dreiviertelmehrheit** des dort vertretenen Aktienkapitals
- Eintragung des HV-Beschlusses ins Handelsregister.

Die Besonderheiten der vier Kapitalerhöhungsvarianten werden im Folgenden kurz erläutert.

(1) Ordentliche Kapitalerhöhung

Hat die Hauptversammlung eine ordentliche Kapitalerhöhung mit (mindestens) Dreiviertelmehrheit beschlossen, können im Umfang der Kapitalerhöhung neue Aktien ausgegeben werden. Mit der Ausgabe der neuen Aktien wird üblicherweise ein Bankenkonsortium beauftragt.

Ordentliche Kapitalerhöhung		
Bisheriges Grundkapital	(EUR)	100 Mio.
Kapitalerhöhung 20%	(EUR)	20 Mio.
Nennbetrag/Aktie	(EUR)	10,00
Ausgabe neuer Aktien	(Stück)	2 Mio.
Bezugsverhältnis a (alte Aktien)/n (neue Aktien)	a/n	5/1
Bisheriger Börsenkurs/Aktie (K_a)	(EUR)	120,00

Abb. 81: Beispiel einer ordentlichen Kapitalerhöhung

Eine Ausgabe der jungen Aktien unter pari, d. h. unter dem Nennbetrag (im Beispiel 10 EUR/Aktie), ist nach §9 AktG nicht zulässig.

Den Ausgabekurs der neuen Aktien kann man als Emissionskurs K_e bezeichnen. Als **Orientierungsgröße zur Festsetzung des Emissionskurses** wird in der Literatur stellenweise auf den Bilanzkurs bzw. den korrigierten Bilanzkurs verwiesen. Beispiele zur Berechnung beider Kurse finden sich im zugehörigen Übungsbuch. (**ÜB 5/51**)

$$\text{Bilanzkurs} = \frac{\text{bilanzielles Eigenkapital (b. EK)}}{\text{Zahl der Aktien}}$$

$$\text{korrigierter Bilanzkurs} = \frac{\text{b. EK + stille Rücklagen}}{\text{Zahl der Aktien}}$$

Zur Festsetzung des optimalen Emissionskurses sind diese bilanztechnischen Wertgrößen kaum geeignet. Hilfreicher ist folgende Grundüberlegung: Da die emittierende Aktiengesellschaft einerseits an einem möglichst hohen Mittelzufluss interessiert ist, wird sie bestrebt sein, den Emissionskurs der neuen Aktien (K_e) möglichst nahe an den aktuellen Börsenkurs K_a heranzuführen. Andererseits muss der **Emissionskurs K_e** mehr oder weniger deutlich unter dem Börsenkurs der Altaktien K_a liegen, weil den Kapitalanlegern ein Kaufanreiz geboten werden muss. Im Folgenden wird unterstellt, dass sich die Gesellschaft angesichts des aktuellen Börsenkurses für einen Emissionskurs K_e von 102 EUR/Stück entscheidet, womit gilt:

$$K_e = 102\ \text{EUR/Aktie}$$

Gelingt es der Gesellschaft, 2 Mio. Stück neue Aktien zum Emissionskurs von 102 EUR/Stück zu platzieren, lautet der Buchungssatz:[1]

Bank	204 Mio.	an	Grundkapital	20 Mio.
			Kapitalrücklage	184 Mio.

Werden 2 Mio. Stück neue Aktien zum Emissionskurs K_e in Höhe von 102 EUR/Stück ausgegeben, haben die Altaktionäre, die u. U. zum alten Börsenkurs K_a = 120 EUR/Stück eingestiegen sind, ein zweifaches Problem: Die nun hinzutretenden Aktionäre

- **schwächen** mit ihren **Stimmrecht** die Stellung der Altaktionäre in der Hauptversammlung
- sind durch den **geringeren Einstandskurs** (ungerechtfertigterweise) begünstigt.

Die Rechtsstellung der Altaktionäre soll im Falle einer Kapitalerhöhung durch das gesetzliche **Bezugsrecht** gesichert werden, welches ihnen ein Vorkaufsrecht für die neuen Aktien einräumt.

Das Bezugsrecht[2] kann nach Maßgabe des Bezugsverhältnisses a/n ausgeübt werden. Im obigen Beispiel hat also der Inhaber von fünf Altaktien das vorzugsweise Recht zum Bezug einer neuen Aktie.

Will ein Altaktionär sein Recht auf den Erwerb neuer Aktien nicht ausüben, kann er sein Bezugsrecht während der Dauer des Bezugsrechtshandels an der Börse verkaufen. Im obigen Beispiel ist der rechnerische Wert des Bezugsrechts B folgendermaßen zu ermitteln:

$$B = \frac{K_a - K_e}{\frac{a}{n} + 1} = \frac{120 - 102}{\frac{5}{1} + 1} = 3\ \text{EUR/St.}$$

Abb. 82: Rechnerischer Wert des Bezugsrechts

---

[1] Vgl. S. 719.
[2] Vgl. § 186 Abs. 1 AktG.

Nach Abschluss des Bezugsrechtshandels werden alte Aktien und junge Aktien zum neuen **Einheitskurs K_n** gehandelt. Der rechnerische Kurs K_n

$$K_n = K_a - B = 120 - 3 = 117 \text{ EUR/Aktie}$$

entspricht dem alten Aktienkurs K_a, verringert um den Wert des Bezugsrechts B („ex Bezugsrecht"). Ein erläuterndes Zahlenbeispiel findet sich im zugehörigen Übungsbuch. (**ÜB 5**/51–54)

(2) Bedingte Kapitalerhöhung

Vorrangiges Ziel einer ordentlichen Kapitalerhöhung ist die Kapitalbeschaffung zur Finanzierung des Unternehmenswachstums. Mit einer bedingten Kapitalerhöhung wird ein ganz anderes Ziel verfolgt:

> Die **bedingte Kapitalerhöhung** hat den Zweck, mögliche Aktienbezugsansprüche Dritter durch Ausgabe neuer Aktien zu erfüllen.

Die **bedingte Kapitalerhöhung** darf nur beschlossen werden zur **Einlösung von Aktienbezugsrechten**

- aus Wandel- oder Optionsanleihen
- der Aktionäre einer bei einer Unternehmensübernahme untergehenden Gesellschaft
- von Arbeitnehmern (Belegschaftsaktien) und Mitgliedern der Geschäftsführung.

Die bedingte Kapitalerhöhung ist von der Hauptversammlung (mindestens) mit Dreiviertelmehrheit zu beschließen. Sie führt nur dann zur Ausgabe neuer Aktien, wenn die anspruchsberechtigten Dritten von ihrem Aktienbezugsrecht Gebrauch machen. Ein **Bezugsrecht** für Altaktionäre ist **ausgeschlossen**. Altaktionäre werden im Unterschied zur ordentlichen Kapitalerhöhung für die Verwässerung ihrer Rechte nicht entschädigt.

(3) Genehmigtes Kapital

Die Hauptversammlung kann mit (mindestens) Dreiviertelmehrheit den Vorstand einer Aktiengesellschaft ermächtigen, bei Bedarf neue Aktien auszugeben. Diese Ermächtigung des Vorstands ist in mehrfacher Hinsicht eingeschränkt:

- Maximalbetrag: die Hälfte des bisherigen Grundkapitals
- Maximalzeitraum: fünf Jahre
- Zustimmung des Aufsichtsrates zur Durchführung der Kapitalerhöhung.

Das genehmigte Kapital gibt dem Vorstand die Möglichkeit, bei

- günstigen Investitionsmöglichkeiten (z. B. Unternehmenskauf) schnell zuzugreifen
- hohen Börsenkursen ohne lange Vorlaufzeit neue Aktien zu hohen Emissionskursen zu platzieren.

Wie der Kontokorrentkredit bei der Fremdfinanzierung so verschafft das genehmigte Kapital dem Unternehmen **Flexibilität** bei der **Eigenfinanzierung**.

(4) Kapitalerhöhung aus Gesellschaftsmitteln

Anders als in den Fällen (1) bis (3) fließen dem Unternehmen bei dieser Form der Kapitalerhöhung **keine Geldmittel** zu. Es handelt sich also nicht um eine effektive, sondern nur um eine nominelle Kapitalerhöhung.

> Bei der **Kapitalerhöhung aus Gesellschaftsmitteln** werden Gewinnrücklagen (oder Kapitalrücklagen) in Grundkapital umgebucht, so dass sich zwar die Zusammensetzung, nicht aber die Höhe des Eigenkapitals ändert.

Auch diese Form der Kapitalerhöhung ist von der Hauptversammlung mit (mindestens) Dreiviertelmehrheit zu beschließen. Im folgenden vereinfachenden Beispiel wird eine Erhöhung des Grundkapitals um 50 Prozent unterstellt:

Kapitalerhöhung aus Gesellschaftsmitteln		vorher	nachher
* (in Mio. EUR)			
Grundkapital*		100	150
Kapitalrücklage*		20	20
Gewinnrücklagen*		80	30
Eigenkapital insgesamt*		**200**	**200**
Bezugsverhältnis	2 : 1		
Börsenkurs der alten Aktien		120 EUR	
Börsenkurs der neuen Aktien			80 EUR

Abb. 83: Beispiel einer Kapitalerhöhung aus Gesellschaftsmitteln

Bei einem Bezugsverhältnis 2 : 1 erhält der Inhaber zweier Aktien unentgeltlich eine weitere Aktie. Solche Aktien bezeichnet man irreführenderweise als **Gratisaktien**. Die Bezeichnung **Berichtigungsaktie** trifft den ökonomischen Sachverhalt besser: Lag der Börsenkurs der Altaktien im obigen Beispiel bei 120 EUR, dann wird die Aktie nach Durchführung der Kapitalerhöhung c. p. mit einem Kurs von 80 EUR notiert. An die Stelle von zwei Altaktien à 120 EUR treten drei neue Aktien à 80 EUR. Dem Aktionär wird also nichts geschenkt, denn 2 · 120 EUR = 3 · 80 EUR.

Trotzdem bietet die Kapitalerhöhung aus Gesellschaftsmitteln mehrere Vorteile:

- **Gläubiger** haben mehr Sicherheit, wenn ausschüttungsfähige Gewinnrücklagen in nichtausschüttungsfähiges Grundkapital verwandelt werden. Mit steigender Sicherheit werden sie u. U. ihre **Verzinsungsansprüche reduzieren**.
- **Aktionäre** können mit einem **Anstieg** des **Shareholder Value** rechnen, wenn die Fremdkapitalkosten sinken.
- Die **Aktiengesellschaft** hat den Vorteil, im Rahmen einer (anschließenden) ordentlichen Kapitalerhöhung (scheinbar) billigere **Aktien leichter platzieren** zu können.

7.3 Kapitalherabsetzung

Eine **effektive Kapitalherabsetzung** ist mit einer Rückzahlung an die Eigenkapitalgeber verbunden. Auf der Aktivseite der Bilanz verringert sich das Vermögen, auf der Passivseite schrumpft das Verlustauffangpotential (= Eigenkapital). Eine **nominelle Kapitalherabsetzung** stellt hingegen lediglich eine Umschichtung im Eigenkapital dar.

7.3.1 Kapitalherabsetzung bei Einzelfirmen und Personengesellschaften

In Einzelfirmen liegt die Kapitalherabsetzung (= Privatentnahme) im freien Ermessen des Unternehmers. In Personengesellschaften ist die Möglichkeit der Kapitalentnahme durch einzelne Gesellschafter im Gesellschaftsvertrag geregelt. Aus **Gläubigersicht** ist eine effektive Kapitalherabsetzung durch vollhaftende Eigenkapitalgeber **unproblematisch**, weil diese Eigner ohnehin mit ihrem Privatvermögen haften.

7.3.2 Kapitalherabsetzung bei Aktiengesellschaften

Bei einer **effektiven Kapitalherabsetzung**, kommt es zu
- einem **Mittelabfluss von der Gesellschaft** an die Aktionäre (Aktivseite)
- einer **Verringerung des Eigenkapitals** = Verlustauffangpotentials (Passivseite).

Damit wird Gesellschaftsvermögen dem Gläubigerzugriff entzogen. Da Aktionäre nicht mit ihrem Privatvermögen haften, muss ein **strenger Gläubigerschutz** durch die
- **Benachrichtigung der Gläubiger**
- **Befriedigung der Gläubigeransprüche durch die Gesellschaft**

gesichert werden. Dies wird durch Vorschriften des AktG erreicht.

Bei einer **nominellen Kapitalherabsetzung** geht es darum, einen bereits eingetretenen Eigenkapitalschwund (= Bilanzverlust) durch den Buchungsvorgang

> Grundkapital an Bilanzverlust
> Kapitalrücklagen

bilanztechnisch zu bereinigen. Es ist also eine rein buchungstechnische Maßnahme, welche die Gläubigerposition kaum verschlechtert. Gemäß §233 AktG genügt ein **gemilderter Gläubigerschutz** in Form einer Beschränkung künftiger Ausschüttungen.

Kapital- herabsetzung	(1) Ordentliche §§ 222–228 AktG	(2) Vereinfachte §§ 229–236 AktG	(3) Einziehung von Aktien §§ 237–239 AktG
Zweck	• Verlustabdeckung • **Kapitalrückzahlung**	• Verlustabdeckung	• Verlustabdeckung • **Kapitalrückzahlung**
Gläubigerschutz	streng	gemildert	streng
Verfahren	• Nennbetrags- herabsetzung oder • Zusammenlegung von Aktien	Verlustabdeckung durch Auflösung freier Rücklagen hat Vorrang	Aktieneinziehung • zwangsweise oder • durch Rückkauf Herabsetzung des Grundkapitals um den Nennwert eingezogener Aktien
Voraus- setzungen	• ¾-Mehrheit HV • Zweckangabe • Eintragung ins HR	• ¾-Mehrheit HV • Vorrangige Auflösung von Rücklagen • Eintragung ins HR	Spezifische Regelungen in § 237 AktG

Abb. 84: Formen der Kapitalherabsetzung

(1) Die **ordentliche Kapitalherabsetzung** ist mit (mindestens) Dreiviertelmehrheit von der Hauptversammlung (HV) zu beschließen. Im HV-Beschluss muss der Zweck der Kapitalherabsetzung angegeben werden, damit die Gläubiger erfahren, ob es sich um eine effektive Kapitalherabsetzung (mit Rückzahlung des Kapitals an die Aktionäre) oder nur um eine nominelle Kapitalherabsetzung (freiwerdendes Grundkapital deckt Bilanzverlust) handelt. Soll das Grundkapital beispielsweise um 20 Prozent herabgesetzt werden, kann dieses Ziel erreicht werden durch

- ein Herabstempeln des Aktiennennwertes (von z. B. 5 auf 4 EUR/Stück) oder
- eine Zusammenlegung von Aktien (vier neue Aktien gegen Hingabe von fünf alten Aktien).

(2) Die **vereinfachte Kapitalherabsetzung** dient allein der Abdeckung bereits entstandener Verluste (= **nominelle Kapitalherabsetzung**). Vor einer solchen Herabsetzung des Grundkapitals sind zuerst freie Rücklagen (= andere Gewinnrücklagen) und danach gesetzliche und Kapitalrücklagen, soweit sie zehn Prozent des herabgesetzten Grundkapitals übersteigen, zur buchtechnischen Abdeckung eines Bilanzverlustes heranzuziehen.

(3) Zur **Kapitalherabsetzung durch Einziehung von Aktien** gibt es zwei Durchführungswege: Die Einziehung von Aktien kann

- **zwangsweise** (sofern die Satzung das vorsieht)
- **durch Rückkauf seitens der Gesellschaft** (jederzeit)

erfolgen. Werden beispielsweise eine Mio. Stück Aktien (Nennbetrag 5 EUR/Stück) zum Börsenkurs von 2 EUR/Stück zurückgekauft, kann ein Bilanzverlust in Höhe von 3 Mio. EUR ausgeglichen werden, denn zu buchen ist:

Grundkapital	5 Mio.	an	Bank	2 Mio.
			Bilanzverlust	3 Mio.

Damit steht hinter diesem Aktienrückkauf eine Kapitalrückzahlung an Aktionäre (2 Mio. EUR) und eine **Verlustabdeckung** (3 Mio. EUR).

7.4 Sanierung: Eigenkapitaländerungen und Restrukturierung

Ein Unternehmen kann aus vielfältigen Gründen in eine existenzbedrohende Lage geraten. Die häufigsten **Ursachen** einer **Unternehmenskrise** sind

- **Managementfehler**
- **Absatzschwierigkeiten**
- **Unterfinanzierung**.

Der Unternehmenskrise geht i. d. R. eine (meist mehrjährige) Periode hoher Verluste voraus, die ihren markanten bilanzmäßigen Niederschlag sehr häufig in einer sog. Unterbilanz findet.

> Als (Unternehmens-)**Sanierung** bezeichnet man ein Bündel finanzwirtschaftlicher und leistungswirtschaftlicher Maßnahmen zur Rettung eines Unternehmens vor der Insolvenz.

Einen knappen Einblick in **finanz- und leistungswirtschaftliche Sanierungsmaßnahmen** gibt die folgende (beispielhafte) Übersicht:[1]

Sanierung	
Finanzwirtschaftliche Maßnahmen	**Leistungswirtschaftliche Maßnahmen**
Stärkung der Finanzkraft durch • zusätzliches Eigenkapital • zusätzliches Gesellschafterdarlehen • Stundung von Verbindlichkeiten • Reduktion von Verbindlichkeiten (teilweiser Forderungsverzicht von Gläubigern) • Aufnahme neuer Kredite	• Veräußerung von Anlagevermögen • Abverkauf hoher Lagerbestände • Straffung des Produktionsprogramms • Personalabbau • verbessertes Marketing • effizienteres Controlling • Änderung von Organisationsstrukturen

Abb. 85: Sanierungsmaßnahmen

Die Erfolgsaussichten einer Sanierung hängen in erster Linie von der Wirksamkeit geplanter leistungswirtschaftlicher Maßnahmen ab. An dieser Stelle ist nur auf die finanzwirtschaftliche Sanierung näher einzugehen. Die **Bereitstellung zusätzlichen Eigenkapitals** ist häufig die **Grundvoraussetzung jeder Sanierung**, denn Fremdkapitalgeber machen ihren Sanierungsbeitrag meistens von einer solchen Vorleistung der Eigenkapitalgeber abhängig.

Wird eine Aktiengesellschaft zum Sanierungsfall, kann sie sich zusätzliches Eigenkapital durch Ausgabe neuer Aktien im Rahmen einer ordentlichen Kapitalerhöhung beschaffen. Hierbei gibt es aber ein Problem: Häufig liegt der Börsenkurs einer sanierungsbedürftigen Aktiengesellschaft unter dem Aktiennennwert. Einerseits ist eine Ausgabe von (neuen) Aktien unter Nennwert, die sog. **Unterpari-Emission** von Aktien, nach §9 Abs. 1 AktG **verboten**. Andererseits wird der Kapitalmarkt eine Kapitalerhöhung nicht akzeptieren, wenn der Emissionskurs zwar dem Nennwert entspricht, aber oberhalb des aktuellen Börsenkurses liegt.

Zur Lösung dieses Problems kann die Hauptversammlung eine

- **Kapitalherabsetzung** mit anschließender
- **Kapitalerhöhung**

beschließen.

> **Beispiel:** Liegt der Nennbetrag einer Aktie beispielsweise bei 10 EUR/Stück, der Börsenkurs aber nur bei 6,50 EUR/Stück, kann der Nennwert mittels Kapitalherabsetzung durch „Herunterstempeln" z.B. auf 5 EUR/Stück gesenkt werden. Das freiwerdende Grundkapital reduziert den Bilanzverlust. Anschließend kann eine Kapitalerhöhung zu einem **Emissionskurs über pari**, z.B. 6 EUR/Stück, durchgeführt werden.

Ein erläuterndes Zahlenbeispiel findet sich im zugehörigen Übungsbuch. (**ÜB 5/55**)

---

[1] Zu Einzelheiten vgl. Feldbauer-Durstmüller/Schlager, Krisenmanagement, 2002.

8. Quellen der Innenfinanzierung

8.1 Grundlagen

Jede Finanzierungsmaßnahme führt zu einer Ausweitung des Kapitalbereichs, wie er in **Abb. 49** dargestellt ist. Im Gegensatz zur Außenfinanzierung fließen dem Betrieb im Rahmen der Innenfinanzierung die Finanzmittel nicht über die Finanzmärkte zu. Die zur Verfügung stehenden Mittel werden vielmehr vom Betrieb selbst über den betrieblichen Umsatzprozess erwirtschaftet. Notwendige Voraussetzung der Innenfinanzierung ist somit, dass durch den **Umsatzprozess** ein **Zahlungsmittelüberschuss** erzielt wird. Dies bedeutet, dass dem Zufluss liquider Mittel kein oder ein geringerer Mittelabfluss gegenübersteht.

Bei der Darstellung der Innenfinanzierung macht die Literatur üblicherweise einen didaktischen Umweg. Sie erfasst das Innenfinanzierungsvolumen einer Periode nicht direkt durch die Gegenüberstellung periodenbezogener Ein- und Auszahlungen. Sie geht stattdessen den indirekten Weg über die Gewinn- und Verlustrechnung, wobei sie **Erträge** und **Aufwendungen** auf ihre **Zahlungswirksamkeit** überprüft.

Der Periodengewinn ist der Saldo aus Erträgen und Aufwendungen. Unterstellt man, dass in der gleichen Periode

- alle Erträge zu Einzahlungen
- alle Aufwendungen zu Auszahlungen

führen, so würde der gesamte bilanzielle Gewinn dem Betrieb in liquider Form zur Verfügung stehen. Diese liquiden Mittel könnten in voller Höhe an die Gesellschafter ausgeschüttet werden. Wird allerdings nicht der gesamte Gewinn an die Gesellschafter ausgezahlt, verbleibt ein Teil der erwirtschafteten Finanzmittel im Betrieb, der sie frei nutzen kann. Der **einbehaltene** Teil des **Gewinns** beschreibt in diesem Fall das Innenfinanzierungsvolumen der Periode. Diese Form der Finanzierung aus nicht abgeführten Gewinnen wird als **Selbstfinanzierung** bezeichnet.

Das **Innenfinanzierungsvolumen** einer Periode **erhöht sich**, wenn **nicht alle Aufwendungen** in der gleichen Periode, sondern erst in der Zukunft **auszahlungswirksam** sind. Bleibt die Annahme der Zahlungswirksamkeit der Erträge bestehen, so stehen diesem Mittelzufluss Aufwendungen gegenüber, die den Zahlungsmittelbestand nicht sofort reduzieren. Bis zum späteren Zeitpunkt der Auszahlung ist dieser Betrag für den Betrieb im Rahmen der Finanzplanung frei disponierbar. Der Zeitraum zwischen Aufwandsverrechnung und Auszahlung beträgt u. U. mehrere Jahre, so dass ein beachtliches Finanzierungspotential aufgebaut werden kann. Als typisches Beispiel für das zeitliche Auseinanderfallen von Aufwandsverrechnung und Auszahlung ist die **Bildung langfristiger Rückstellungen**[1] zu nennen. Das **Innenfinanzierungsvolumen** wird folglich durch die Dotierung von Rückstellungen **erhöht**.

Der Selbstfinanzierung und der Finanzierung aus Rückstellungen ist gemeinsam, dass sich c. p. der Zahlungsmittelbestand erhöht. Dieser Vermögensmehrung steht eine zusätzliche Kapitalbindung auf der Passivseite der Bilanz gegenüber. So führt die

- **Selbstfinanzierung zur Erhöhung des Eigenkapitals**
- **Bildung von Rückstellungen zur Erhöhung des Fremdkapitals**.

In beiden Fällen verlängert sich die Bilanz (→ **Abb. 86**).

---

[1] Vgl. zur Bildung von Rückstellungen in der Bilanz S. 727 ff.

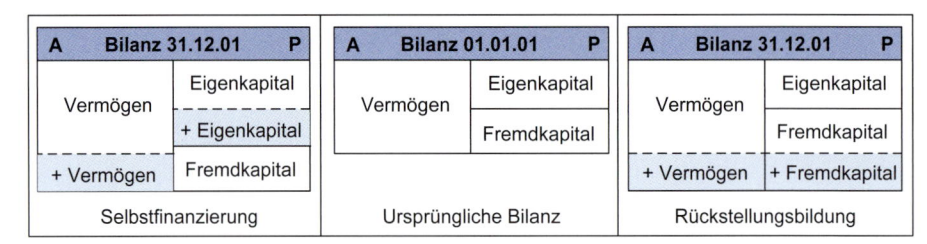

A	Bilanz 31.12.01	P		A	Bilanz 01.01.01	P		A	Bilanz 31.12.01	P
Vermögen	Eigenkapital			Vermögen	Eigenkapital			Vermögen	Eigenkapital	
	+ Eigenkapital				Fremdkapital				Fremdkapital	
+ Vermögen	Fremdkapital							+ Vermögen	+ Fremdkapital	
	Selbstfinanzierung				Ursprüngliche Bilanz				Rückstellungsbildung	

Abb. 86: Innenfinanzierung durch zusätzliche Kapitalbindung

Die zweite große Aufwandsposition, die **nicht auszahlungswirksam** ist, sind die **Abschreibungen**. Im Gegensatz zur Bildung von Rückstellungen erhöht sich bei der Verrechnung von Abschreibungen die Bilanzsumme aber nicht. Es wird kein zusätzliches Kapital gebunden. Vielmehr beruht die Finanzierungswirkung der Abschreibungen[1] auf einem **Aktivtausch**, d. h. auf einer **Vermögensumschichtung**.

Durch die Produktion von Gütern nutzen sich maschinelle Anlagen ab. Der Maschineneinsatz führt bei den Aggregaten zu einer Wertminderung, die über Abschreibungen erfasst wird, und bei den hergestellten Produkten zu einer Wertsteigerung. Buchtechnisch vermindern die Abschreibungen den Wert der Maschinen und erhöhen – im Rahmen der Aktivierung von Herstellungskosten – den Wert der Produkte. Wenn es gelingt, einen kostendeckenden Preis zu erzielen, wird auch der Wertverzehr an den maschinellen Anlagen vom Markt vergütet, und die Abschreibungsgegenwerte fließen dem Betrieb über den Verkaufspreis in liquider Form zu. Der Finanzierungseffekt der Abschreibungen entfaltet sich somit stufenweise:

- Teile des **liquiditätsfernen Anlagevermögens** werden im Wege von
- **Abschreibungen** in
- **liquiditätsnahes Umlaufvermögen** (Fertigerzeugnisse)

übertragen. Durch den Verkauf der Produkte wird der Investitionsbereich zugunsten des Finanzbereichs verringert. Der Kapitalbestand auf der Passivseite der Bilanz bleibt durch diese Transaktionen unberührt.[2]

Neben den planmäßigen Vermögensumschichtungen durch Abschreibungen besteht die Möglichkeit, das Innenfinanzierungsvolumen kurzfristig durch **andere Vermögensumschichtungen**, wie z. B. die Veräußerung von nicht benötigtem Sachvermögen oder Rationalisierungsmaßnahmen, zu erhöhen. Bei der Veräußerung von Vermögensgegenständen ist der Finanzierungseffekt offensichtlich. Aus dem Verkauf fließen dem Betrieb direkt Zahlungsmittel zu. **Sachvermögen** wird somit in **Geldvermögen** umgewandelt.

Rationalisierungsmaßnahmen können z. B. die Lagerhaltung betreffen. Wenn es gelingt, die Lagerhaltung effizienter zu gestalten, kann langfristig der durchschnittliche Lagerbestand und damit auch die durchschnittliche Kapitalbindung innerhalb der Vorräte reduziert werden. Unterstellt man, dass der Kapitalbereich unverändert bleiben soll, so folgt aus der Reduktion des Investitionsbereichs eine Ausweitung des Finanzbereichs. Es liegt also auch hier ein Aktivtausch vor. (**ÜB 5/47**)

---

[1] Vgl. zu Abschreibungen im externen Rechnungswesen S. 696 ff.
[2] Der Kapitalbereich bleibt nur unberührt, wenn durch den Verkauf der Produkte keine Gewinne erzielt werden. Sobald Gewinne realisiert werden können, vergrößert sich auch der Kapitalbereich.

Vermögens-umschichtung	Aktivtausch	Abschreibungen	planmäßige Kapitalfreisetzung
		andere Vermögens-umschichtungen	außerplanmäßige Kapitalfreisetzung

Abb. 87: Innenfinanzierung durch Vermögensumschichtung

8.2 Selbstfinanzierung

8.2.1 Formen der Selbstfinanzierung

Die Innenfinanzierung aus zurückbehaltenem (thesauriertem) Gewinn wird als **Selbstfinanzierung** bezeichnet.

Das Selbstfinanzierungspotential steigt also in dem Maße, in dem die Gesellschafter – wissentlich oder unwissentlich – auf eine Gewinnausschüttung verzichten.

Literatur und Praxis machen eine Trennung zwischen

- offener Selbstfinanzierung
- stiller Selbstfinanzierung.

Den Unterschied zwischen beiden Formen der Selbstfinanzierung kann man sich an folgendem Beispiel klar machen: Ein Unternehmen erzielt einen **tatsächlichen Gewinn** von 500. **Ausschüttungsrichtgröße** für die Gesellschafter ist der **ausgewiesene Gewinn**. Annahmegemäß beanspruchen die Gesellschafter die Hälfte des ausgewiesenen Gewinns als Ausschüttung. Wird der tatsächlich erzielte Gewinn in voller Höhe (500) im Jahresabschluss ausgewiesen, verbleiben **nach Ausschüttung** 250 zur **offenen Selbstfinanzierung**.

Will der Vorstand des Unternehmens das Selbstfinanzierungspotential weiter ausdehnen, geht er den Weg der **stillen Selbstfinanzierung**. Zu diesem Zweck bildet er z. B. durch Unterbewertung von Vermögensteilen in der Bilanz eine stille Rücklage von 200. Der tatsächliche Gewinn beträgt nach wie vor 500, der ausgewiesene Gewinn 300. Der ausgewiesene Gewinn wird zur Hälfte ausgeschüttet (→ **Abb. 88**).

Gewinnverwendung		Innenfinanzierung	
Tatsächlicher Gewinn	500		
– Bildung stiller Rücklagen	200	200	Stille Selbstfinanzierung
Ausgewiesener Gewinn	300		+
– Gewinnausschüttung	150		
Thesaurierter Gewinn	150	150	Offene Selbstfinanzierung

Abb. 88: Offene und stille Selbstfinanzierung

8.2.2 Offene Selbstfinanzierung

Offene Selbstfinanzierung hat einen (bilanziellen) **Doppeleffekt**: Durch Gewinnthesaurierung wird

- das **Eigenkapital gestärkt** (Passivseite)
- der **Zahlungsmittelbestand** durch Ausschüttungsverzicht **erhöht** (Aktivseite).

Der Doppeleffekt der Risikovorsorge durch Stärkung des Eigenkapitals und Erhöhung der Liquidität lässt sich auch durch eine Eigenkapitalzuführung im Wege der Außenfinanzierung erreichen.[1]

Benötigt ein Unternehmen zur Durchführung einer Investition flüssige Mittel und will es außerdem – aus Gründen der Risikovorsorge – seine Eigenkapitalbasis stärken, stehen ihm also drei **Finanzierungswege** offen:

(1) **Einlagenfinanzierung** durch Eigenkapitalzuführung von außen
(2) **Offene Selbstfinanzierung** durch Gewinnthesaurierung
(3) **Gewinnausschüttung mit anschließender Wiedereinlage** des ausgeschütteten Betrags.

Die Alternative (3) wird als **Schütt-aus-hol-zurück-Verfahren** bezeichnet.

Einen **steuerlichen Einfluss** auf die Wahl der **günstigsten Finanzierungsalternative** gibt es dann, wenn es Unterschiede in der steuerlichen Belastung thesaurierter und ausgeschütteter Gewinne gibt, wie das folgende Beispiel zeigt: Ausgangspunkt ist ein Gewinn vor Steuern von 100, der im Fall der

- Thesaurierung mit 35 Prozent Steuern ($s_T = 0{,}35$)
- Ausschüttung mit dem persönlichen Steuersatz des Empfängers, hier: alternativ $s_A = 0{,}25$, $s_A = 0{,}35$ oder $s_A = 0{,}45$

belastet wird.

Gewinnverwendung / Gewinnbesteuerung	Thesaurierung	Gewinnausschüttung		
	$s_T = 0{,}35$	$s_A = 0{,}25$	$s_A = 0{,}35$	$s_A = 0{,}45$
Gewinn vor Steuern	100	100	100	100
Steuer	− 35	− 25	− 35	− 45
Verfügbare Mittel nach Steuern	65	75	65	55

Abb. 89: Steuerbelastungsvergleich Thesaurierung versus Schütt-aus-hol-zurück

Im obigen Beispiel ist das Schütt-aus-hol-zurück-Verfahren günstiger als die Gewinnthesaurierung, wenn der Steuersatz für ausgeschüttete Gewinne s_A bei 25 Prozent liegt. Allgemein lässt sich sagen:

> Mittelbereitstellung im Wege des **Schütt-aus-hol-zurück-Verfahrens** kann nur vorteilhaft sein, wenn $s_A < s_T$, also ausgeschüttete Gewinne geringer besteuert werden als thesaurierte Gewinne.

Nach geltendem deutschen Ertragsteuerrecht werden Gewinne einer Kapitalgesellschaft im

- Thesaurierungsfall mit 29,83 Prozent Steuern
- Ausschüttungsfall mit 48,33 Prozent Steuern

---

[1] Siehe S. 534 ff.

8. Quellen der Innenfinanzierung

belastet.[1] **Gegenwärtig** ist also die **offene Selbstfinanzierung günstiger** als das Schütt-aus-hol-zurück-Verfahren.

8.2.3 Stille Selbstfinanzierung

Gelingt es einem Unternehmen, am Markt Preise zu realisieren, die über den Kosten liegen, erwirtschaftet es Gewinn. Werden im Rahmen der Bilanzerstellung durch die bewusste Nutzung bilanzpolitischer Möglichkeiten stille Rücklagen gebildet, verkürzt dies den Gewinnausweis. Nur der ausgewiesene Gewinn fungiert als Ausschüttungsrichtgröße. Bei Verkürzung des Gewinnausweises kommt es zur stillen Selbstfinanzierung in Höhe der stillen Rücklagen.

Die verschiedenen Möglichkeiten zur Bildung stiller Rücklagen[2] reduzieren – bei gegebenen Einzahlungsüberschüssen – das Ausschüttungsvolumen, wodurch sich das Innenfinanzierungspotential – für Außenstehende nicht erkennbar – erhöht.

Im folgenden Beispiel wird unterstellt, dass

- ein Einzelunternehmen eine **stille Rücklage von 1.000** bildet
- bei einem Ertragsteuersatz von 38 Prozent die Bildung der stillen Rücklage steuerlich anerkannt wird
- der ausgewiesene Gewinn immer in voller Höhe ausgeschüttet wird.

In diesem Fall **verhindert** die Bildung der **stillen Rücklage** einen **Geldabfluss** an

- den **Fiskus** in Höhe von **380** und
- die **Gesellschafter** in Höhe von **620**.

Durch die Bildung der stillen Rücklage erhöht sich das Innenfinanzierungsvolumen um 1.000. Aufgaben im zugehörigen Übungsbuch erläutern die Finanzierungswirkung bei alternativen Ausschüttungsquoten. (**ÜB 5/64–65**)

Stille Rücklagen haben eine begrenzte Lebensdauer. Steht hinter der stillen Rücklage die Unterbewertung einer Wertpapierposition, kommt es – spätestens – beim Verkauf der Wertpapiere zur erfolgswirksamen **Auflösung** der **stillen Rücklage**. Bei Auflösung der stillen Rücklage erhöht sich der ausgewiesene Gewinn in unserem Beispiel um 1.000. In der Auflösungsperiode **erhöht** sich die **Ertragsteuerbelastung** um 380 und die **Gewinnausschüttung** um 620.

Man kann es auch so sehen: Für die Zeitdauer zwischen Bildung (t_0) und Auflösung (t_n) der stillen Rücklage haben das Finanzamt und die Gesellschafter dem Unternehmen einen zinslosen Zahlungsaufschub eingeräumt. Der **Vorteil** der **stillen Selbstfinanzierung** für das Unternehmen liegt auf der Hand: Zwischen t_0 und t_n hat sich die

- **Liquidität** durch verhinderten Geldabfluss und
- **Rentabilität** durch zinslose Kapitalüberlassung

erhöht.

8.2.4 Beurteilung der Selbstfinanzierung

Beurteilt man die Alternativen zur Selbstfinanzierung nach ihrer Finanzierungswirkung, können Unterschiede festgestellt werden. Eine offene Selbstfinanzierung kann nur aus dem Gewinn nach Steuern betrieben werden, d. h. der thesaurierte Betrag ist

---

[1] Zu den Grundannahmen und weiteren Einzelheiten vgl. S. 230 ff.
[2] Vgl. S. 235 und S. 821 ff.

stets durch Ertragsteuerzahlungen dezimiert. Dagegen mindert die stille Selbstfinanzierung schon die Bemessungsgrundlage der Ertragsteuern, so dass der einbehaltene Betrag nicht durch Steuern gekürzt ist. Folglich kann die **stille Selbstfinanzierung** die **größere Finanzierungswirkung** entfalten.

Beiden Formen der **Selbstfinanzierung** ist eine Reihe von **Vorteilen** gemeinsam. Unter anderem sind zu nennen:[1]

(1) Aus einer Selbstfinanzierung resultieren in der Zukunft **keine Zins- und Tilgungszahlungen**. Die zukünftige Liquiditätslage des Betriebes wird somit nicht beeinflusst.

(2) Da sich Kreditgeber bei der Kreditgewährung häufig an der Kapitalstruktur eines Betriebes orientieren, **erhöht** die durch die Selbstfinanzierung bewirkte Stärkung des Eigenkapitals die **Kreditwürdigkeit** und verringert somit die Krisenanfälligkeit des Betriebes. Zukünftige Liquiditätsengpässe können also leichter durch die Zuführung von Fremdkapital beseitigt werden.

(3) Die Mittel aus der Selbstfinanzierung unterliegen keiner Zweckbindung und können auch zur **Finanzierung risikoreicher Investitionen** herangezogen werden.

Diesen Vorteilen stehen aber auch die **Nachteile** der **Selbstfinanzierung** gegenüber. Durch die fehlenden Zinszahlungen wird die Selbstfinanzierung leicht als kostenlose Finanzierungsalternative angesehen. Dies ist allerdings ein Trugschluss. Bei der Entscheidung über die Verwendung finanzieller Mittel sind alle möglichen Anlagealternativen, also auch solche außerhalb des Betriebes, zu berücksichtigen. Versprechen die Investitionsalternativen innerhalb des Betriebes nicht mindestens die **Renditen** der **außerbetrieblichen Alternativen**, sollte der Gewinn vernünftigerweise ausgeschüttet und zur lukrativeren Investition außerhalb des Betriebes verwendet werden.

8.3 Finanzierung aus Rückstellungen

Rückstellungen sind für ungewisse, zukünftige Verpflichtungen zu bilden und dienen der periodengerechten Aufwandsverrechnung. Der Finanzierungseffekt von Rückstellungen liegt darin, dass in einer Periode Aufwand verrechnet wird, der erst in einer späteren Periode zu Auszahlungen führt. Notwendige Voraussetzung dafür, dass die Bildung von Rückstellungen tatsächlich einen Finanzierungseffekt entfaltet, ist allerdings, dass die Gegenwerte der Aufwendungen verdient wurden. Den verrechneten Aufwendungen müssen also einzahlungswirksame Erträge in zumindest gleicher Höhe gegenüberstehen. Ein Teil der erwirtschafteten Finanzmittel kann so durch die Rückstellungsbildung im Betrieb gehalten werden und steht vom Zeitpunkt der Aufwandsverrechnung bis zur tatsächlichen Auszahlung zur freien Verfügung. Fällt der Grund für die Rückstellungsbildung ganz oder teilweise fort, sind die **Rückstellungen** erfolgswirksam **aufzulösen**. Auch in diesem Fall **endet** der durch sie erzielte **Finanzierungseffekt**.

Die Finanzierungswirkung einer steuerlich zulässigen Rückstellungsbildung beruht auf einer

- **Verringerung von Ertragsteuerzahlungen**
- **Verringerung von Gewinnausschüttungen**.

---

[1] Vgl. Perridon/Steiner/Rathgeber, Finanzwirtschaft, 2012, S. 508 f.

Die Bildung von Rückstellungen von beispielsweise 1.000 erfolgt durch die Verrechnung von nicht zahlungswirksamem Aufwand. Werden die Rückstellungen auch steuerlich anerkannt, verringert sich in der Periode der Rückstellungsbildung durch die Erhöhung der Aufwendungen c. p. der zu versteuernde Gewinn und damit auch die Steuerzahlung. Bei einem Ertragsteuersatz von beispielsweise 38 Prozent vermindert sich die Steuerbelastung in der Periode der Rückstellungsbildung um 380. Die **eingesparte Ertragsteuerzahlung erhöht** das **Innenfinanzierungsvolumen**.

Rückstellungsbildungen führen bei gleichbleibenden Steuersätzen nicht zu einem endgültigen Steuerausfall. Die aus der Aufwandsverrechnung resultierende Steuerminderung wird durch die Bildung einer Rückstellung lediglich zeitlich vorgezogen, so dass in einer **späteren Periode** mit einer **erhöhten Steuerzahlung** zu rechnen ist. Per Saldo bleibt die **gesamte Steuerlast gleich**. Da aber die **Steuerstundung** für den Betrieb **zinslos** ist, entsteht für den Betrieb neben der Finanzierungswirkung der Rückstellungsbildung ein positiver Rentabilitätseffekt, wenn die verfügbaren Mittel rentabel investiert werden.

Orientiert sich die Gewinnausschüttung am ausgewiesenen Gewinn, tritt neben die Verringerung der Steuerzahlungen ein weiterer Finanzierungseffekt. Durch die Bildung von Rückstellungen verringert sich der ausgewiesene Gewinn nach Steuern um 620. Unter den gegebenen Bedingungen **verhindert** die **Rückstellungsbildung** eine **Gewinnausschüttung** von 620. Dies ist der **Beitrag der Gesellschafter** zur Erhöhung des Innenfinanzierungsvolumens.

Der **Finanzierungseffekt** der Bildung von Rückstellungen ist **vom Ausschüttungsverhalten** der Gesellschaft **abhängig**: Wird der ausgewiesene Gewinn üblicherweise thesauriert, käme es ohne Bildung der Rückstellung zur offenen Selbstfinanzierung in Höhe von 620. Der Finanzierungseffekt der Rückstellungsbildung beschränkt sich dann auf die Verschiebung der Gewinnsteuerzahlung von 380.

Unabhängig von der Gewinnverwendung hängt das **Finanzierungsvolumen der Rückstellungsbildung** grundsätzlich von zwei **Faktoren** ab:
- Höhe der Rückstellung
- Dauer der Kapitalbindung durch die Rückstellungsbildung

Pauschal kann gesagt werden, dass der Finanzierungseffekt umso größer ist, je höher der Betrag und je länger die Dauer der Kapitalbindung der Rückstellungsbildung ist. Als Paradebeispiel für **langfristige Rückstellungen**, die zusätzlich ein hohes Finanzierungsvolumen darstellen, können die **Pensionsrückstellungen** genannt werden.

Die Bildung einer Pensionsrückstellung und deren Finanzierungswirkung lassen sich an einem vereinfachten Beispiel beschreiben:

Nach dem Schema in **Abb. 90** lässt sich die **jährliche** gleichbleibende (annuitätische) **Zuführung A zu einer Pensionsrückstellung** in drei Schritten berechnen.

(1) Die (zwischen t_{11} und t_{25} zu leistenden) Pensionszahlungen P werden auf den Zeitpunkt des Ruhestandsbeginns (t_{10}) mit dem Kalkulationszinsfuß (6 Prozent) abgezinst. Das Ergebnis ist **X**, der **Barwert der erwarteten Pensionszahlungen P bezogen auf t_{10}**.

(2) Im zweiten Schritt wird der auf t_{10} bezogene Barwert X auf t_0, den Zeitpunkt der Pensionszusage, abgezinst. Das Ergebnis ist **Y**, der **Barwert der erwarteten Pensionszahlungen P bezogen auf t_0**.

Pensionsrückstellung

t_0	Zeitpunkt der Pensionszusage an Arbeitnehmer AN
t_{10}	AN tritt in den Ruhestand
t_{11}	Erste Pensionszahlung P_1 an AN
t_{25}	Letzte Pensionszahlung P_{15} an AN
t_1	Erste Zuführung A_1 zur Pensionsrückstellung
t_{10}	Letzte Zuführung A_{10} zur Pensionsrückstellung

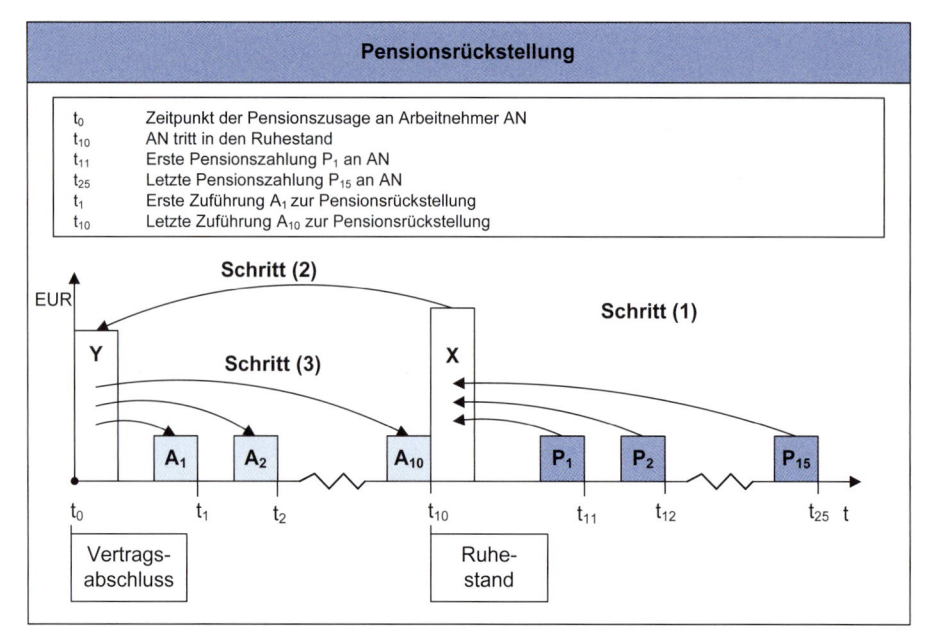

Abb. 90: Bildung und Auflösung einer Pensionsrückstellung

(3) Mit Hilfe des Annuitätenfaktors[1] leitet man aus dem Barwert Y einen gleich bleibenden Betrag, **die Annuität A** für den Zeitraum vom Vertragsabschluss (t_0) bis zum Eintritt in den Ruhestand (t_{10}) ab. Die Annuität A markiert die jährliche Zuführung zur Pensionsrückstellung.

Ein Berechnungsbeispiel findet sich im zugehörigen Übungsbuch. (**ÜB 5/71**)

In **Abb. 90** ist der zeitliche Unterschied zwischen den

- **Perioden der Aufwandsverrechnung** (t_1 bis t_{10})
- **Perioden der tatsächlichen Auszahlungen** (t_{11} bis t_{25})

klar zu erkennen. Bei gegebener Auszahlung P ist der Finanzierungseffekt der Rückstellungsbildung abhängig vom zeitlichen Versatz zwischen Aufwandsverrechnung (hellblau) und Auszahlungsstrom (mittelblau).

Wie groß die praktische Bedeutung der Rückstellungen als Finanzierungsinstrument ist, zeigt folgender Vergleich: Bei deutschen Unternehmen machen die Rückstellungen etwa 16 Prozent, das ausgewiesene Eigenkapital macht demgegenüber etwa 28 Prozent der Bilanzsumme aus.[2] (**ÜB 5/71–73**)

8.4 Finanzierung aus Abschreibungen

Ein Produktionsbetrieb benötigt zur Herstellung seiner Erzeugnisse einen Faktoreinsatz in Form von menschlicher Arbeit, Rohstoffen und Maschinen in Höhe von insgesamt 700. Hat er die erstellten Fertigfabrikate zum Periodenende für 1.000 (bar) verkauft, ergibt sich im konkreten Beispielfall die in **Abb. 91** dargestellte GuV.

---

[1] Vgl. die Zinstabellen auf S. 486 f.
[2] Vgl. die Aufstellung auf S. 595.

S		GuV		H
Personalaufwand	350	Umsatzerlöse		1.000
Rohstoffaufwand	150			
Abschreibungsaufwand	**200**			
Gewinn	**300**			
	1.000			1.000

Abb. 91: Beziehung zwischen Gewinn (300) und Cash Flow (500)

Unterstellt man, dass
- die **Umsatzerlöse zu Einzahlungen**
- der **Personal- und Rohstoffaufwand** (in Höhe von 500) **zu Auszahlungen**

geführt hat, beträgt der **Einzahlungsüberschuss** der Periode **500**. Dieser wird als Cash Flow[1] bezeichnet und ist in **Abb. 91** hellblau markiert. Der **Cash Flow** entspricht
- einem Gewinn von 300
- verdienten Abschreibungsgegenwerten von 200.

War der Bestand liquider Mittel am Periodenanfang gleich null, hat er sich zum Periodenende um den Betrag des erwirtschafteten Cash Flows auf 500 erhöht. Diese **Erhöhung der finanziellen Mittel um 500** beruht auf einer
- **Selbstfinanzierung** (= einbehaltener Gewinn) von 300
- **Finanzierung aus verdienten Abschreibungsgegenwerten** von 200.

Hat die maschinelle Anlage Anschaffungskosten A von 1.000 und eine Nutzungsdauer n von 5 Jahren und wird die lineare Jahresabschreibung in Höhe von 200 stets durch Erlöse gedeckt, stehen am Ende des ersten (zweiten usw.) Jahres flüssige Mittel aus Abschreibungsgegenwerten von 200 (400 usw.) zur Verfügung. Zum Ende des fünften Jahres sind dann Abschreibungsgegenwerte von 1.000 zurückgeflossen, so dass aus diesem Betrag die Ersatzinvestition finanziert werden kann. Bis zum Zeitpunkt der Ersatzbeschaffung in t_5 können die verdienten Abschreibungsgegenwerte ertragbringend (z. B. als Finanzinvestition) angelegt werden. Es ist dann Aufgabe der mittelfristigen Finanzplanung, dafür zu sorgen, dass zum Ersatzzeitpunkt t_5 genügend Mittel zur Ersatzbeschaffung zur Verfügung stehen. (**ÜB 5**/66–68)

Sofern also dem Unternehmen über die Umsatzerlöse liquide Mittel als Abschreibungsgegenwerte zufließen, sind zwei **Effekte** der sog. **Abschreibungsverrechnung** zu unterscheiden:

(1) **Kapitalfreisetzungseffekt**
(2) **Kapazitätserweiterungseffekt**.

(1) Der **Kapitalfreisetzungseffekt** erwächst daraus, dass die **Ersatzinvestitionen nicht sofort** getätigt werden müssen. Die erwirtschafteten Abschreibungsgegenwerte fließen dem Betrieb aber während der gesamten Nutzungsdauer eines Wirtschaftsgutes zu und können bis zur Auszahlung für die Ersatzinvestition frei genutzt werden.

---

[1] Zum Cash Flow vgl. S. 527 f. und S. 641 ff.

> **Beispiel:** Ein Betrieb beschafft mit Mitteln aus der Außenfinanzierung in fünf aufeinanderfolgenden Jahren je eine Maschine zum Preis von 1.000 (→ **Abb. 92**). Die Nutzungsdauer beträgt jeweils fünf Jahre. Die Abschreibung erfolgt in konstanten Quoten (linear) und beträgt somit je Maschine p. a. 200. Die verrechneten Abschreibungen entsprechen dem Wertminderungsverlauf und werden über den Markt verdient.

Maschinen \ Jahr	1.	2.	3.	4.	5.	6.	7.
1	200	200	200	200	200	200	200
2		200	200	200	200	200	200
3			200	200	200	200	200
4				200	200	200	200
5					200	200	200
Abschreibung/Jahr	200	400	600	800	1.000	1.000	1.000
Bestand liquider Mittel	200	600	1.200	2.000	3.000	3.000	3.000
− **Reinvestition**	–	–	–	–	−1.000	−1.000	−1.000
Freigesetzte Mittel	**200**	**600**	**1.200**	**2.000**	**2.000**	**2.000**	**2.000**

Abb. 92: Kapitalfreisetzungseffekt

Das ursprünglich in den Maschinen **gebundene Kapital** wird in **disponibles Kapital** (liquide Mittel) **umgewandelt**. Dieses kann für die **Ersatzinvestition** genutzt werden, denn im 6. Jahr muss die 1. Maschine ersetzt werden, im 7. Jahr die 2. Maschine usw.

(2) Ein Spezialfall des Kapitalfreisetzungseffekts ist der **Kapazitätserweiterungseffekt**. Hierbei wird unterstellt, dass die freigesetzten Mittel sofort in **identische Maschinen** investiert werden. So kann die **Periodenkapazität erweitert** werden, ohne dass Kapital von außen notwendig wäre. Dieser Effekt wird in der Literatur als **Ruchti-Effekt** bzw. Lohmann-Ruchti-Effekt bezeichnet.

> Im Zuge des **Kapazitätserweiterungseffekts** lässt sich die Periodenkapazität, nicht aber die Totalkapazität erhöhen.

> **Beispiel:** Am Anfang der Periode 1 werden zu je 10.000 GE fünf fremdfinanzierte Maschinen erworben. Bei fünf Jahren Nutzungsdauer rechnet man für jede Maschine mit einer Totalkapazität von 10.000 Std. (= 5 Jahre · 2.000 Betriebsstunden p. a.). Die linearen Abschreibungen werden am Markt verdient und stehen am Periodenende in liquider Form zur Verfügung. Sie werden Jahr für Jahr zum Erwerb artgleicher Maschinen genutzt (→ **Erweiterungsinvestition**).

Die **Periodenkapazität PK** ergibt sich aus den in einer Periode von den vorhandenen Maschinen abrufbaren Leistungseinheiten. Diese beträgt in der 1. Periode 10.000 Betriebsstunden (= 5 Maschinen · 2.000 Std.). Die **Totalkapazität TK** entspricht der Summe der in sämtlichen Maschinen steckenden Leistungseinheiten. Am Ende der 1. Periode beträgt diese 50.000 Betriebsstunden (→ **Abb. 93**) und ergibt sich aus:

5 Maschinen mit Restnutzungsdauer 4 Jahre: 5 Stück · 2.000 Std. · 4 Jahre) = 40.000 Std.
1 Maschine mit Restnutzungsdauer 5 Jahre: 1 Stück · 2.000 Std. · 5 Jahre) = 10.000 Std.

8. Quellen der Innenfinanzierung

Kapazitätserweiterungseffekt							
Anschaffungskosten/Maschine 10.000 GE				Periodenkapazität (PK) je Maschine in Std. 2.000			
Nutzungsdauer (Jahre) 5				Totalkapazität (TK) einer neuen Maschine in Std. 10.000			
Abschreibung/Jahr und Maschine 2.000 GE							
Periode	Anzahl Maschinen	Abschreibung (GE)	Erweiterungs-investition (GE)	Liquide Mittel (GE)	PK gesamt (Std.)	TK gesamt (Std.)
1	5	10.000	10.000	–	10.000	50.000
2	6	12.000	10.000	2.000	12.000	48.000
3	7	14.000	10.000	6.000	14.000	44.000

Abb. 93: Kapazitätserweiterungseffekt

Zu Beginn der Periode 2 sind sechs Maschinen im Einsatz; die **Periodenkapazität PK wächst** auf 12.000 Std. Am Ende der Periode 2 wird eine 7. Maschine angeschafft. Die Totalkapazität von 48.000 Std. berechnet sich zu diesem Zeitpunkt wie folgt:

5 Maschinen mit Restnutzungsdauer 3 Jahre: 5 Stück · 2.000 Std. · 3 Jahre) = 30.000 Std.
1 Maschine mit Restnutzungsdauer 4 Jahre: 1 Stück · 2.000 Std. · 4 Jahre) = 8.000 Std.
1 Maschine mit Restnutzungsdauer 5 Jahre: 1 Stück · 2.000 Std. · 5 Jahre) = 10.000 Std.

Am Ende der Periode 2 stehen zudem liquide Mittel in Höhe von 2.000 zur Verfügung. Da diese ein Kapazitätspotential darstellen, gelangt man zu einer (**konstanten**) fiktiven **Totalkapazität** von 50.000 Betriebsstunden (= 48.000 + 2.000). (**ÜB 5/69–70**)

8.5 Finanzierung aus außerplanmäßigen Vermögensumschichtungen

> Mit **außerplanmäßigen Vermögensumschichtungen**, die jenseits des normalen Umsatzprozesses durchgeführt werden, verfolgt ein Unternehmen das Ziel, seine Liquidität zu erhöhen und seine Rentabilität zu steigern.

Durch eine außerplanmäßige Vermögensumschichtung wird dem Betrieb kein neues Kapital von außen zugeführt. Es erfolgt vielmehr eine **Reduktion** des **Investitionsbereichs** zugunsten des Finanzbereichs (→ Aktivtausch).

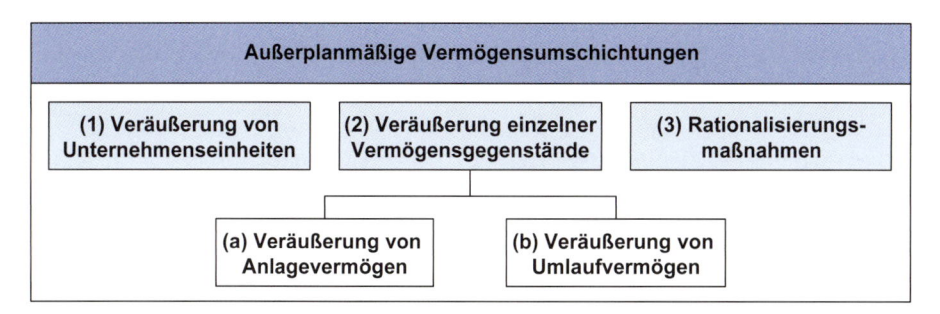

```
                 Außerplanmäßige Vermögensumschichtungen
        ┌──────────────────────┬──────────────────────┬──────────────────────┐
        │ (1) Veräußerung von  │ (2) Veräußerung      │ (3) Rationalisierungs-│
        │ Unternehmenseinheiten│ einzelner            │ maßnahmen            │
        │                      │ Vermögensgegenstände │                      │
        └──────────────────────┴──────────┬───────────┴──────────────────────┘
                                 ┌────────┴────────┐
                        (a) Veräußerung von   (b) Veräußerung von
                        Anlagevermögen        Umlaufvermögen
```

Abb. 94: Arten außerplanmäßiger Vermögensumschichtungen

(1) Veräußerung von Unternehmenseinheiten

Unternehmen sind keine starren Gebilde. Sie versuchen vielmehr permanent, sich

- **veränderten Marktbedingungen** durch
- **Umstrukturierung ihrer Geschäftsfelder**

anzupassen. Ziel dieses Umstrukturierungsprozesses ist die **Steigerung des Shareholder Value**[1] durch die Erhöhung der eigenen Profitabilität. So kann es zweckmäßig sein, die eigene Unternehmenssparte B zu veräußern, um mit dem erzielten Verkaufserlös in eine Erweiterung der lukrativeren Unternehmenssparte A zu investieren oder um mit den flüssigen Mitteln die Abfindung der Aktionäre eines übernommenen Unternehmens zu finanzieren.

(2) Veräußerung einzelner Vermögensgegenstände

Die eben erläuterte Veräußerung ganzer Unternehmenseinheiten ist Gegenstand strategischer Unternehmensplanung. Demgegenüber gehört die Veräußerung einzelner

(a) **Posten des Anlagevermögens zur taktischen Finanzplanung**
(b) **Posten des Umlaufvermögens zur operativen Finanzplanung**.

(a) **Gegenstände des Anlagevermögens** werden veräußert, um

- ein **anderes Investitionsprojekt** zu finanzieren
- im Wege einer **Sanierung Mittel zur Kredittilgung** zu beschaffen.

Bevorzugte Veräußerungsobjekte sind nichtbetriebsnotwendige Teile des Anlagevermögens wie Finanzanlagen oder Vorratsgrundstücke. Bei weiter gehendem Mittelbedarf können auch betriebsnotwendige Anlagen im Wege des Sale-and-Lease-back-Verfahrens veräußert und zurückgemietet werden. Hierzu eignen sich besonders gut einzelveräußerbare Immobilien wie Verwaltungsgebäude, Gebäude mit Bank- oder Kaufhausfilialen u. Ä. Liegt der Buchwert der veräußerten Vermögensgegenstände unter dem Verkaufserlös, wird die Mittelfreisetzung um Ertragsteuerzahlungen gekürzt.

(b) **Gegenstände des Umlaufvermögens**, z. B. Warenvorräte oder Forderungen aus Lieferungen und Leistungen, werden üblicherweise im Rahmen des **normalen Umsatzprozesses kurzfristig „zu Geld gemacht"**. Eine vorzeitige Veräußerung solcher Gegenstände hat meist das Ziel, einen unerwartet aufgetretenen **akuten Liquidationsengpass zu überwinden**. Zur Beschaffung der notwendigen Mittel eignen sich Factoring und Forfaitierung[2] sowie die Veräußerung von Wertpapieren des Umlaufvermögens.

(3) Rationalisierungsmaßnahmen

Rationalisierungsmaßnahmen sind dadurch gekennzeichnet, dass nach ihrer Umsetzung eine gegebene Leistung mit geringerem Arbeits-, Zeit- und (oder) Kapitalaufwand erbracht werden kann. Der Finanzierungseffekt der Rationalisierungsmaßnahmen liegt somit darin, dass die leistungsbedingte **Bindung finanzieller Mittel reduziert** wird.

Als Beispiele für Rationalisierungsmaßnahmen können genannt werden:

- Verringerung der Lagerhaltung durch Just-in-Time-Anlieferung der Rohstoffe
- Verbesserung der Abstimmung im Produktionsbereich (Reduzierung der Zwischenlagerbestände).

---

[1] Vgl. S. 178 ff.
[2] Vgl. S. 555 f.

Diese Maßnahmen führen dazu, dass weniger Kapital im Umlaufvermögen gebunden wird. Es werden Mittel freigesetzt, die z. B. für neue Investitionen oder zur Tilgung von Krediten genutzt werden können. Unterstellt man, dass das Kapital konstant bleiben soll, haben alle Rationalisierungsmaßnahmen, bei denen Kapital freigesetzt wird, einen Aktivtausch zur Folge. Gelingt es zusätzlich, die freigesetzten Mittel rentabel zu investieren, verbessert sich außerdem die Ertragslage des Betriebes.

9. Optimierung der finanzierungspolitischen Instrumente

9.1 Ziele und Instrumente der Optimierung

Die Optimierung der finanzierungspolitischen Instrumente orientiert sich an einem Subziel, das aus dem betrieblichen Oberziel der langfristigen Gewinnmaximierung abzuleiten ist. Geht man davon aus, dass die Auswahl der Finanzierungsmittel keinen Einfluss auf die Erlösseite hat, reduziert sich das **finanzierungspolitische Subziel** auf die

- **Minimierung der Finanzierungskosten** unter der
- **Nebenbedingung** der Wahrung des **finanziellen Gleichgewichts** (Wahrung der Zahlungsfähigkeit).

Die zur Finanzierung eingesetzten Instrumente wurden dem Leser ausführlich vorgestellt. Im 5. Kapitel wurden die Instrumente der Außenfinanzierung, im 8. Kapitel wurden die Instrumente der Innenfinanzierung behandelt. Dabei wurden bereits Aussagen zur Vorteilhaftigkeit einzelner Innenfinanzierungsformen (insb. der Selbstfinanzierung) gemacht. Dagegen ist die Frage der Optimierung der Außenfinanzierungsinstrumente bisher weitgehend offengeblieben. Somit konzentrieren sich die folgenden Ausführungen auf die **kostenminimale Gestaltung der Außenfinanzierung** unter der Nebenbedingung der Wahrung des finanziellen Gleichgewichts.

Ein Blick auf die Passivseite der Bilanz[1] lässt erkennen, welche Instrumente in Form von Eigenkapital oder Fremdkapital zur Außenfinanzierung eingesetzt werden. Die Gliederung des Kapitals in Eigenkapital auf der einen Seite und verschiedene Positionen des Fremdkapitals (langfristige Darlehen, kurzfristige Darlehen, Lieferantenverbindlichkeiten usw.) bezeichnet man als Kapitalstruktur. Die Optimierung der Außenfinanzierung ist also gleichbedeutend mit der **Optimierung der Kapitalstruktur**.

Das folgende Unterkapitel 9.2 „Finanzierungsregeln und Kapitalstruktur" betrachtet die Kapitalstruktur nicht unter Kostenminimierungsaspekten, sondern im Hinblick auf die langfristige Einhaltung der Nebenbedingung „Wahrung des finanziellen Gleichgewichts". Das Unterkapitel 9.3 „Optimierung der Kapitalstruktur" will die Frage beantworten, bei welcher Relation von Fremd- und Eigenkapital die Finanzierungskosten minimiert werden. Anschließend werden im Unterkapitel 9.4 Fragen der Bonität des Schuldners und im Unterkapitel 9.5 die Dauer der Zinsfestschreibung als Kapitalkosteneinflussgrößen behandelt. Schließlich stellt sich im Unterkapitel 9.6 „Kapitalmarktmodell" die Frage, welchen Preis Unternehmen mit unterschiedlicher Risikostruktur für die Bereitstellung von Eigenkapital an die Gesellschafter zahlen müssen.

---

[1] Vgl. S. 686.

9.2 Finanzierungsregeln und Kapitalstruktur

9.2.1 Überblick

Die Wahrung des finanziellen Gleichgewichts ist Voraussetzung für unternehmerische Tätigkeit. Bei Zahlungsunfähigkeit ist ein Insolvenzantrag zu stellen. In der Regel ist der „Weg" zur **Insolvenz** ein schleichender Prozess:

- Das Unternehmen macht über mehrere Jahre Verluste. Das Eigenkapital ist aufgezehrt. Es droht Überschuldung.
- Eine Kapitalzuführung von außen scheitert einerseits an mangelnden Eigenmitteln, andererseits an mangelnder Kreditfähigkeit gegenüber Fremdkapitalgebern.
- Schließlich kommt es zur Zahlungsunfähigkeit und damit zur **Insolvenz**.

Die Finanzierungsregeln richten sich auf die **optimale Gestaltung** der **Kapitalstruktur**. Ausgangspunkt ist ein gegebenes Investitionsprogramm und somit eine gegebene Vermögensstruktur. **Ziel der Finanzierungsregeln** ist es,

- bei gegebener Vermögensstruktur
- die Kapitalstruktur so zu gestalten, dass
- die **Zahlungsfähigkeit langfristig gesichert** ist.

Man unterscheidet zwischen der vertikalen Finanzierungsregel, welche die Passivseite der Bilanz isoliert betrachtet, und horizontalen Finanzierungsregeln, die eine Beziehung zwischen der Vermögensstruktur (Aktivseite) und der Kapitalstruktur (Passivseite) herstellen (→ **Abb. 95**).

Finanzierungsregeln		
vertikale	horizontale	
„Vertikale Kapitalstrukturregel"	„Goldene Bankregel" „Goldene Finanzierungsregel"	„Goldene Bilanzregel"
EK : FK = 1 : 1 oder EK : FK = 1 : 2 oder EK : FK = 1 : 3	Fristenkongruenz: Dauer der Mittelbindung kleiner/gleich Dauer der Mittelverfügbarkeit	EK ≥ AV oder EK + langfr. FK ≥ AV oder EK + langfr. FK ≥ AV + langfr. UV
FK = Fremdkapital AV = Anlagevermögen		
EK = Eigenkapital UV = Umlaufvermögen		

Abb. 95: Finanzierungsregeln (Überblick)

9.2.2 Vertikale Finanzierungsregel

In ihrer strengsten Form verlangt die vertikale Kapitalstrukturregel, dass das Eigenkapital mindestens so hoch sein soll wie das Fremdkapital. In abgemilderter Form hält man ein Kapitalstrukturverhältnis von

EK : FK = 1 : 1 für erstrebenswert,
EK : FK = 1 : 2 für solide,
EK : FK = 1 : 3 für noch zulässig.

9. Optimierung der finanzierungspolitischen Instrumente

Wirtschaftszweig	Jahr	Bilanzsumme in Mrd. EUR	Eigenkapital	Fremdkapital		
				Verbindlichkeiten	Rückstellungen	insgesamt
			in % der Bilanzsumme			
Alle Unternehmen	2011	3.566,4	27,4	54,9	16,9	71,8
	2013	3.779,7	28,4	54,8	16,1	70,9
Verarbeitendes Gewerbe	2011	1.545,6	30,7	49,8	19,3	69,1
	2013	1.659,8	31,6	50,0	18,1	68,1
Baugewerbe	2011	174,0	13,7	76,3	9,8	86,1
	2013	190,0	14,5	75,7	9,6	85,3
Großhandel (ohne Handel mit Kraftfahrzeugen)	2011	337,2	28,7	59,9	11,1	71,0
	2013	340,4	30,4	58,6	10,7	69,3
Einzelhandel (ohne Handel mit Kraftfahrzeugen)	2011	171,1	21,5	69,8	7,9	77,7
	2013	177,4	23,5	67,7	7,9	75,6

Abb. 96: Kapitalstruktur deutscher Unternehmen nach ausgewählten Wirtschaftszweigen[1]

[1] Quelle: Sonderveröffentlichung 5 der Deutschen Bundesbank, Dezember 2015 (www.bundesbank.de).

Die **Mängel** einer solchen Normierung liegen auf der Hand:

- In ihrer starren Verallgemeinerung ist die vertikale Kapitalstrukturregel unbrauchbar. **Branchenzugehörigkeit** und Vermögenszusammensetzung werden **vernachlässigt**. Ein anlagenintensiver Produktionsbetrieb bedarf einer anderen Kapitalstruktur als ein vorratsintensiver Handelsbetrieb.
- In der Praxis wird die Regel nicht eingehalten. Aus **Abb. 96** lässt sich erkennen, dass deutsche Unternehmen durchschnittlich nur zu ca. **28 Prozent** mit **Eigenkapital** finanziert sind.
- Erstrebenswert ist – bei konstantem Risiko – eine Kapitalstruktur, bei der die durchschnittlichen **Kapitalkosten** minimiert werden.

Ungeachtet dieser Kritik hat die vertikale Kapitalstrukturregel mit ihrer Mindestanforderung an die Eigenkapitalausstattung der Unternehmen auch einen **Vorteil**: Je höher die Eigenkapitalquote, desto größer ist c. p. die Kreditwürdigkeit des Unternehmens. Je höher das **Eigenkapital**, desto länger kann ein Unternehmen **Verluste verkraften**, ohne die Gläubiger in ihren Zahlungsansprüchen zu gefährden. (ÜB 5/75)

9.2.3 Horizontale Finanzierungsregeln

Die **goldene Finanzierungsregel** fordert eine **Fristenkongruenz** zwischen der Mittelbindung auf der Aktivseite und der Kapitalverfügbarkeit auf der Passivseite. Weil sie im Bankgewerbe entstanden ist, heißt sie auch **goldene Bankregel**. Hier besagt die goldene Finanzierungsregel, dass die Bank kurzfristig hereingenommene Kundengelder (Passivgeschäft) nur kurzfristig ausleihen darf (Aktivgeschäft). Würde sie Dreimonatsgelder ihrer Kunden auf drei Jahre ausleihen, hätte sie das Problem der **Anschlussfinanzierung**. Fordern die Kunden nach drei Monaten ihr Kapital zurück und findet die Bank keine neuen Kreditgeber, käme es zur Zahlungsunfähigkeit der Bank.

Die goldene Finanzierungsregel lässt sich auf andere Wirtschaftsbereiche nicht ohne weiteres übertragen. Es fehlt an der banküblichen Querbeziehung zwischen Aktiv- und Passivgeschäft. Auf der Aktivseite der Bilanz einer „Nichtbank" steht z. B. eine maschinelle Anlage A_1 mit einer Nutzungsdauer von zwei Jahren neben einer Anlage A_2 mit einer Nutzungsdauer von 20 Jahren. Welche von beiden Anlagen mit Eigenkapital oder langfristigem bzw. kurzfristigem Fremdkapital finanziert wurde, lässt sich in aller Regel nicht feststellen. An dieser Stelle setzt die goldene Bilanzregel an.

> Die **goldene Bilanzregel** zielt auf die Fristenkongruenz von Finanzmittelbindung auf der Aktivseite und Finanzmittelverfügbarkeit auf der Passivseite.

Goldene Bilanzregel	
Anlagevermögen	Eigenkapital
	Fremdkapital langfristig
Umlaufvermögen langfristig	
Umlaufvermögen kurzfristig	Fremdkapital kurzfristig

Abb. 97: Goldene Bilanzregel (weite Fassung)

Mangels genauer Zurechenbarkeit von einem einzelnen Aktivum zum jeweiligen Passivum beschränkt man sich hierbei also auf eine **pauschalisierte Fristenkongruenz**: Langfristig gebundenes Vermögen soll langfristig, kurzfristig gebundenes Vermögen darf kurzfristig finanziert werden. In ihrer weitesten Fassung besagt die goldene Bilanzregel (→ **Abb. 97**), dass Anlagevermögen und langfristig gebundenes Umlaufvermögen – z. B. eiserne Bestände – mit Eigenkapital bzw. langfristigem Fremdkapital finanziert sein müssen. Nur das kurzfristig gebundene Umlaufvermögen darf mit kurzfristigem Kapital finanziert werden.

9.2.4 Beurteilung der Finanzierungsregeln

Als theoretisch nicht abgesicherte Faustformel ist die goldene Bilanzregel – wie auch die anderen Finanzierungsregeln – in der einschlägigen Literatur[1] heftiger Kritik ausgesetzt. Diese **Kritik** lässt sich im Wesentlichen zu zwei Punkten zusammenfassen:

(1) Die **Einhaltung** der Finanzierungsregeln garantiert nicht unbedingt die Zahlungsfähigkeit.
(2) Die **Missachtung** der Finanzierungsregeln führt nicht zwangsläufig zur Zahlungsunfähigkeit.

Beispiel zu (1): Auch ein Unternehmen, das die Finanzierungsregeln eingehalten hat, kann zahlungsunfähig werden, wenn

- ein Großkunde Insolvenz anmeldet und umfangreiche Forderungen nicht eingetrieben werden können oder wenn
- unerwartet große Schadenersatzansprüche an das Unternehmen gestellt werden.

Beispiel zu (2): Auch bei geringer Eigenkapitalausstattung und Missachtung der Fristenkongruenzregel kann ein Unternehmen zahlungsfähig bleiben, wenn die notwendige Anschlussfinanzierung durch Aufnahme neuer Kredite gesichert werden kann.

Damit kommt man zu einem Paradoxon: Ein Unternehmen darf sich über die Finanzierungsregeln hinwegsetzen, wenn die **Kreditwürdigkeit gewahrt** und eine **Anschlussfinanzierung** ermöglicht ist. Aber: Bei der Kreditwürdigkeitsprüfung eines Unternehmens achten die potentiellen Kreditgeber – auch – auf die Einhaltung der Finanzierungsregeln.

> Die **Bedeutung der Finanzierungsregeln** resultiert nicht aus der theoretischen Begründbarkeit, sondern aus der Praxis der Kreditwürdigkeitsprüfung.

Für ein Unternehmen kommt es also nicht so sehr darauf an, die schematischen Regeln auf Punkt und Komma einzuhalten. Vielmehr geht es darum, bei gegebener Vermögensstruktur die Kapitalstruktur so zu gestalten, dass die potentiellen Kreditgeber – sie heißen nicht von ungefähr „Gläubiger" – an die Solvenz des Unternehmens glauben. Die Begrenzung des Verschuldungsgrades und fristgerechte Finanzierung steigern c. p. die Kreditwürdigkeit und dienen somit der **strategischen Finanzplanung**.[2]

---

[1] Vgl. Wöhe/Bilstein/Ernst/Häcker, Unternehmensfinanzierung, 2009, S. 38 f.; Brösel, G., Bilanzanalyse, 2014, S. 38 f.
[2] Ähnlich Franke/Hax, Finanzwirtschaft, 2009, S. 103 ff.

9.3 Optimierung der Kapitalstruktur

9.3.1 Finanzierungstheoretische Grundlagen

Im Unterkapitel 9.3 steht die Suche nach der optimalen Kapitalstruktur einer Unternehmung im Mittelpunkt. Ausgehend von

- einem gegebenen Investitionsprogramm I
- mit einem gegebenen Kapitalbedarf A_0 und
- gegebenen Kapitalrückflüssen $E_t - A_t$

stellt sich die Frage, in welchem Maße der Kapitalbedarf A_0 durch Eigenkapital (EK) oder Fremdkapital (FK) gedeckt werden soll. Der Kapitalbedarf A_0 ist also betragsgleich mit dem bereitzustellenden Gesamtkapital GK. Die Relation zwischen Fremdkapital und Eigenkapital wird dabei bezeichnet als:

$$\text{Verschuldungsgrad } v = \frac{FK}{EK} \, [\%]$$

Die periodischen Kapitalrückflüsse $E_t - A_t$ werden üblicherweise als **Bruttogewinn BG** bezeichnet. Zieht man vom Bruttogewinn die Fremdkapitalzinsen ab, erhält man den Nettogewinn. Der **Nettogewinn G** fließt den Eigentümern als Entschädigung für die Bereitstellung des Eigenkapitals zu.

Beziffert sich der jährliche Bruttogewinn BG auf 100 und das gesamte Investitionsvolumen A_0 (= GK) auf 1.000, erwirtschaftet das eingesetzte Gesamtkapital eine Verzinsung (Rendite) r_{GK} von 10 Prozent/Jahr. Der Kapitalertrag r_{GK} darf nicht verwechselt werden mit den Verzinsungswünschen der Kapitalgeber. Bei diesen handelt es sich aus der Sicht des Unternehmens um Kapitalkosten. Bezeichnet man die **gewünschte Mindestverzinsung**

- der Eigenkapitalgeber mit i_E
- der Fremdkapitalgeber mit i_F,

kann sich folgende Konstellation ergeben:

Kapitalmarktkonstellation	A	B
Verzinsungsansprüche der Kapitalgeber:		
• Eigenkapitalkosten i_E (Prozent)	8	14
• Fremdkapitalkosten i_F (Prozent)	6	11
Kapitalertrag im Unternehmen r_{GK} (Prozent)	10	10

Abb. 98: Kapitalkosten und Kapitalertrag

Ein Unternehmen will ein Investitionsprogramm I realisieren, bei dem sich der Kapitaleinsatz GK mit 10 Prozent/Jahr verzinst. In der A-Situation wird es keine Probleme haben, Eigen- und Fremdkapital zu akquirieren, weil die erwarteten Kapitalerträge höher sind als die gewünschte Mindestverzinsung (= Kapitalkosten). In der B-Situation reichen die **Kapitalerträge** von 10 Prozent zur Deckung der **Kapitalkosten** nicht aus. Das Investitionsprogramm I kann bei dieser Konstellation nicht realisiert werden.

9. Optimierung der finanzierungspolitischen Instrumente

Die Höhe der gewünschten Mindestverzinsung i_E (i_F) richtet sich nach den entgangenen Erträgen aus risikoadäquaten alternativen Anlagemöglichkeiten für Eigenkapital (Fremdkapital).

In **Abb. 98** (Situation A) waren die Kosten für Eigenkapital (Fremdkapital) auf 8 (6) Prozent beziffert worden. Aus der Sicht des Unternehmens – es handele sich um eine Publikumsaktiengesellschaft – hängen die **durchschnittlichen Kapitalkosten** i vom Verschuldungsgrad v ab. Finanziert der Vorstand das Investitionsprogramm I nicht vollständig mit Eigenkapital (v = 0), sondern zu 75% mit Fremdkapital (v = 3), kann er die durchschnittlichen Kapitalkosten i von 8 auf 6,5 Prozent senken:

v	i_E	i_F	i
0	8	–	8
1	8	6	7
3	8	6	6,5

Abb. 99: Durchschnittliche Kapitalkosten i und Verschuldungsgrad v

In den obigen Beispielen sind die **Mindestverzinsungsansprüche der Eigenkapitalgeber höher als die der Fremdkapitalgeber**. Wie ist dieser Unterschied zu erklären? Der aus einem Investitionsprogramm I erwartete Kapitalrückfluss BG, also der Bruttogewinn (Gewinn + Fremdkapitalzinsen), mit dem die Eigen- und Fremdkapitalgeber für die Kapitalbereitstellung entlohnt werden, ist nicht sicher, sondern **unsicher**.[1] Wenn im obigen Beispiel ein Bruttogewinn von 100 unterstellt wurde, dann soll es sich bei diesem Betrag unter Risikogesichtspunkten um den Erwartungswert[2] des Bruttogewinns handeln. Dieser Erwartungswert des Bruttogewinns BG wird aus den zufallsabhängigen Größen $BG_{1, 2 \ldots n}$ gebildet.

Eintrittswahrscheinlichkeit	w_1	w_2	Erwartungswert
	0,60	0,40	BG
Bruttogewinn $BG_{1,2}$	+ 300	– 200	+ 100

Abb. 100: Erwartungswert des Bruttogewinns

Tritt der ungünstige Umweltzustand 2 ein, resultiert aus dem Investitionsprogramm I ein jährlicher Bruttoverlust $BG_2 = -200$. Wie werden Eigen- bzw. Fremdkapitalgeber von diesem Verlustrisiko betroffen? Zur Beantwortung dieser Frage kann man beispielhaft von einem Verschuldungsgrad v = 1 ausgehen. Das Investitionsprogramm ist also zu 500 mit Eigenkapital, zu 500 mit Fremdkapital finanziert. Die Fremdkapitalgeber haben einen einklagbaren Anspruch auf die Zahlung jährlicher Fremdkapitalzinsen (500 · 0,06) von 30. Daraus resultiert sogar ein Nettoverlust G von – 230. Dieser geht voll zu Lasten der Eigenkapitalgeber. Zunächst tragen also die Eigenkapitalgeber das volle Investitionsrisiko. Nach zwei Verlustjahren hat sich das Eigenkapital von ursprünglich + 500 (zweimal um – 230) auf + 40 verringert. Kommt es im dritten Jahr erneut zu einem Nettoverlust von – 230, kann das Eigenkapital diesen Verlust nur noch teilweise auf-

---
[1] Zur Berücksichtigung der Unsicherheit bei Investitionsentscheidungen vgl. S. 502 ff.
[2] Zur Ermittlung des mathematischen Erwartungswertes vgl. S. 89 f.

fangen. Das Unternehmen ist überschuldet. Die Fremdkapitalgeber müssen im dritten Jahr mit einem Forderungsausfall von 190 rechnen. Zusammenfassend lässt sich sagen:

- Die **Eigenkapitalgeber** tragen ein **größeres Risiko** als die Fremdkapitalgeber, weil Verluste – zunächst – ausschließlich von den Eigenkapitalgebern zu tragen sind.
- Haben die bisherigen Verluste das Vermögen V so weit dezimiert, dass V ≤ FK, steht also kein Eigenkapital mehr als Verlustauffangpotential zur Verfügung, treffen darüber hinausgehende **Verluste** die **Fremdkapitalgeber**.
- Je **höher** der **Verschuldungsgrad** v, je kleiner also der Anteil des Eigenkapitals am Gesamtkapital, desto größer wird das **Risiko** des **Vermögensverlustes** für Eigen- und Fremdkapitalgeber.

> Je höher das von den **Eigen- und Fremdkapitalgebern** übernommene Risiko, desto höher sind ihre **Verzinsungswünsche** i_E bzw. i_F.

Neben einer Prämie für die Risikoübernahme fordern die Kapitalgeber ein Entgelt für den Konsumverzicht (→ **Abb. 101**). Der Grund: Für Wirtschaftssubjekte hat gegenwärtiger Konsum i. A. einen höheren Nutzen als künftiger Konsum.

Risikoloser Zins (Pure Rate)
Entgelt für gegenwärtigen Konsumverzicht
Risikozuschläge
Entgelt für Geldentwertungs- und Zinsänderungsrisiko
Entgelt für Bonitätsrisiko
– Existentielles Risiko
– Kapitalstrukturrisiko

Abb. 101: Zinskostenbestandteile

> Die **Pure Rate** ist der Preis, den die Kapitalanleger in einer Welt ohne Risiko als Ausgleich für ihren Konsumverzicht fordern.

Dieser **risikolose Basiszins** dürfte sich auf etwa 2 bis 3 Prozent pro Jahr beziffern. Darüber hinaus fordern die Kapitalgeber ein Entgelt für die Übernahme diverser Risiken. Mit zunehmender Geldentwertung steigen ihre Zinsforderungen. Erwarten sie für die Zukunft einen **Anstieg** der **Inflationsraten**, sind künftige Zinssteigerungen vorprogrammiert. Folglich verlangen die Kapitalgeber bei langfristigen Kapitalanlagen ein zusätzliches Entgelt für das künftige **Geldentwertungs- und Zinsänderungsrisiko**.[1]

Abb. 100 hat deutlich gemacht, dass hinter dem Erwartungswert des Bruttogewinns (BG = + 100) eine zufallsabhängige Streuung möglicher Bruttogewinne (BG_1 = + 300; BG_2 = – 200) steht. Die Unsicherheit künftiger Bruttogewinne bezeichnet man als existentielles Risiko. Je größer die **Streuung** der **Bruttogewinne**, desto höher ist das **existentielle Risiko**[2] und der von den Kapitalgebern geforderte Risikozuschlag.

---

[1] Zum Zinsänderungsrisiko vgl. S. 612 ff.
[2] Zum existentiellen bzw. systematischen Risiko vgl. S. 625 f.

9. Optimierung der finanzierungspolitischen Instrumente

Ist das Unternehmen ausschließlich mit Eigenkapital finanziert, ist das sog. **Kapitalstrukturrisiko** gleich null. Das **Bonitätsrisiko** ist dann mit dem existentiellen Risiko identisch. Nimmt das Unternehmen Fremdkapital auf, erhöht sich das Bonitätsrisiko um das hinzutretende Kapitalstrukturrisiko. Mit zunehmendem **Verschuldungsgrad v** werden die unsicheren Bruttogewinne BG durch den Vorwegabzug sicherer Fremdkapitalzinsen (FKZ) belastet. Je höher der Verschuldungsgrad v, desto unsicherer werden die den Eigenkapitalgebern zustehenden Nettogewinne G (G = BG – FKZ) und desto höher wird der in den Zinssatz einkalkulierte Zuschlag für die Übernahme des Kapitalstrukturrisikos.[1]

Bei der Gewinnmaximierung nehmen Unternehmenswerte eine zentrale Stellung ein (→ **Shareholder Value**). Geht man im einfachsten Fall davon aus, dass die künftigen Bruttogewinne BG in Form einer **ewigen Rente** anfallen, wird der **Unternehmensgesamtwert** (UGW) wie folgt ermittelt:

$$UGW = \frac{BG}{i}$$

Bei einem (ewigen) Bruttogewinn BG von 100 und einem Kapitalkostensatz i von 8 Prozent (5 Prozent) gelangt man zu einem Unternehmensgesamtwert UGW von 1.250 (2.000). Der Zusammenhang liegt auf der Hand:

> Je geringer die Kapitalkosten i, desto höher ist c. p. der **Gesamtwert des Unternehmens UGW**.

Oben wurde festgestellt, dass der Kapitalkostensatz i (auch) vom Verschuldungsgrad v der Unternehmung abhängt; es gilt also i = f (v). Aus der Sicht der Unternehmensleitung – z. B. des Vorstands einer Publikumsaktiengesellschaft – liegt der **optimale Verschuldungsgrad** dort, wo die **Kapitalkosten i** ihr **Minimum** erreichen: Bei gegebenem Bruttogewinn BG erreicht man den maximalen Unternehmensgesamtwert UGW bei geringstmöglichen Kapitalkosten i. (**ÜB 5**/75–76)

Aus der Sicht der Anteilseigner liegt der optimale Verschuldungsgrad dort, wo der **Wert ihres Gesamtvermögens** (= Privatvermögen + Unternehmenswert aus Eignersicht) das **Maximum** erreicht. Im zugehörigen Übungsbuch wird an einem einfachen Beispiel gezeigt, dass die Maximierung des Unternehmensgesamtwertes auch zur Maximierung des Vermögens der Anteilseigner führt. (**ÜB 5**/78)

Es ist also gleichgültig, ob die Optimierung des Verschuldungsgrades aus der Unternehmenssicht oder aus der Sicht der Eigenkapitalgeber betrieben wird: Der optimale Verschuldungsgrad v* erfüllt gleichzeitig folgende Bedingungen:

> i → min!
> UGW → max!
> Gesamtvermögen der Eigner → max!
> → langfristige Gewinnmaximierung

---

[1] Zum Kapitalstrukturrisiko vgl. S. 608 f. Je höher der Verschuldungsgrad und somit die Gefahr der Überschuldung (Vermögen < Fremdkapital), umso höher ist auch die Risikoprämie, welche die Gläubiger verlangen.

9.3.2 Leverage-Effekt

> Der **Leverage-Effekt** beschreibt die Hebelwirkung des Fremdkapitals, wonach mit vermehrtem Einsatz von Fremdkapital – unter günstigen Bedingungen – eine Erhöhung der Eigenkapitalrentabilität erreicht werden kann.

Zur Erläuterung des Leverage-Effekts geht das folgende Beispiel von einem Unternehmen aus, das über ein vorgegebenes Eigenkapital EK in Höhe von 1.000 verfügt und das bei zusätzlicher Fremdkapitalaufnahme FK zu einem Kreditzins i_F von 6 Prozent Investitionen in beliebiger Höhe tätigen kann, die eine interne Verzinsung r_{GK} von 10 Prozent abwerfen.

EK	=	1.000
I	=	Investitionsvolumen unbegrenzt
r_{GK}	=	Gesamtkapitalrentabilität 10 Prozent
FK	=	Aufnahmemöglichkeit unbegrenzt
GK	=	EK + FK
i_F	=	Fremdkapitalzins 6 Prozent
v	=	Verschuldungsgrad $\frac{FK}{EK}$
r_{EK}	=	vom Verschuldungsgrad abhängige Eigenkapitalrentabilität

Aus der Grundgleichung $r_{GK} \cdot GK = r_{EK} \cdot EK + i_F \cdot FK$ lässt sich folgende **Leverage-Formel** ableiten:

$$r_{EK} = r_{GK} + (r_{GK} - i_F) \cdot v$$

Nach den Vorgaben des obigen Beispiels lässt sich mit zunehmender Fremdkapitalaufnahme ein **positiver Leverage-Effekt** (linke Hälfte der **Abb. 102**) erreichen.

Eigenkapitalrentabilität in Abhängigkeit vom Verschuldungsgrad v				
$\frac{FK}{EK} = v$	Positiver Leverage-Effekt $r_{GK} > i_F$		Negativer Leverage-Effekt $r_{GK} < i_F$	
v	$r_{GK} + (r_{GK} - i_F) \cdot v =$	r_{EK}	$r_{GK} + (r_{GK} - i_F) \cdot v =$	r_{EK}
0	0,10 + (0,10 – 0,06) · 0 =	**0,10**	0,06 + (0,06 – 0,10) · 0 =	**0,06**
1	0,10 + (0,10 – 0,06) · 1 =	**0,14**	0,06 + (0,06 – 0,10) · 1 =	**0,02**
2	0,10 + (0,10 – 0,06) · 2 =	**0,18**	0,06 + (0,06 – 0,10) · 2 =	**– 0,02**
3	0,10 + (0,10 – 0,06) · 3 =	**0,22**	0,06 + (0,06 – 0,10) · 3 =	**– 0,06**

Abb. 102: Positiver und negativer Leverage-Effekt (Zahlenbeispiel)

Solange $r_{GK} > i_F$ (positiver Leverage-Effekt), können Investoren mit zunehmender Kreditaufnahme ihre Eigenkapitalrentabilität steigern, weil sie die positive Differenz $(r_{GK} - i_F)$ als Zusatzgewinn vereinnahmen können. Gilt hingegen $\mathbf{r_{GK} < i_F}$ kommt es zu einem **negativen Leverage-Effekt**, der im obigen Beispiel mit steigender Verschuldung v zu sinkender und schließlich sogar zu negativer Eigenkapitalrentabilität führt.

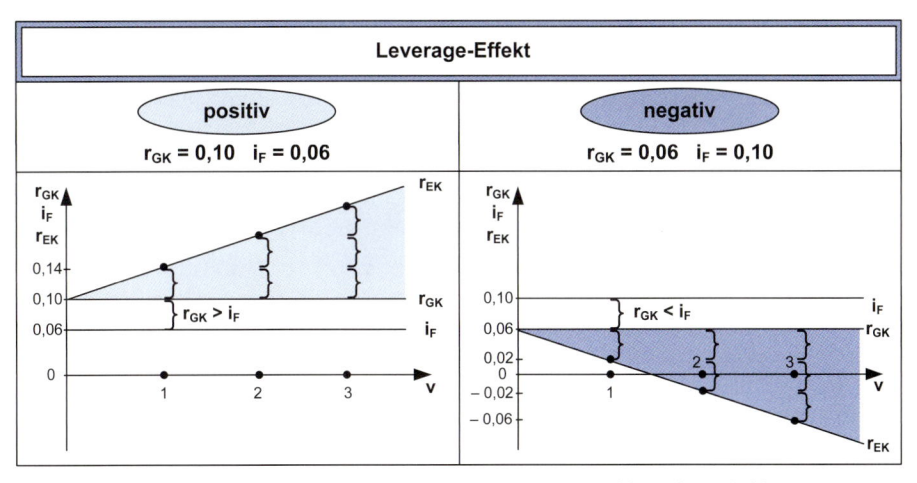

Abb. 103: Positiver und negativer Leverage-Effekt (Graphik)

Bei

- **positivem Leverage-Effekt** haben die EK-Geber mit steigendem Verschuldungsgrad v einen **Zugewinn** an Rentabilität in Höhe der hellblau unterlegten Fläche
- **negativem Leverage-Effekt** haben die EK-Geber bei steigendem Verschuldungsgrad eine **Rentabilitätseinbuße** in Höhe der mittelblau unterlegten Fläche.

Allgemein lässt sich sagen: Wer als Investor die Eigenkapitalrentabilität durch die **Steigerung des Verschuldungsgrades** erhöhen will, spielt ein **riskantes Spiel**. Selbst wenn die Gesamtkapitalrentabilität r_{GK} anfänglich größer ist als der Fremdkapitalzins i_F, muss der Investor immer damit rechnen, dass sich das günstige Ausgangsverhältnis $r_{GK} > i_F$ zu seinen Ungunsten verschiebt wenn,

- die **Gesamtkapitalrentabilität** r_{GK} bei schlechter Geschäftslage **sinkt**
- die Fremdkapitalzinsen i_F infolge einer **Marktzinserhöhung** steigen
- die Fremdkapitalgeber ihre **Verzinsungsansprüche** i_F **steigern**, weil das Schuldnerunternehmen seinen **Verschuldungsgrad v erhöht**.

Der letztgenannte Punkt, der Zusammenhang zwischen Verschuldungsgrad und Kapitalkosten, wird im Folgenden näher erläutert.

9.3.3 Traditionelle These zur optimalen Kapitalstruktur

Wie alle Kapitalstrukturmodelle möchte auch die jetzt vorzustellende „traditionelle These"[1] die Frage beantworten, in welchem Maße die Aufnahme von Fremdkapital aus der Sicht eines Unternehmens bzw. seiner Anteilseigner vorteilhaft ist. Dabei ist von einem gegebenen Investitionsprogramm I auszugehen. Damit liegt der gesamte Kapitalbedarf GK fest. Der Bruttogewinn BG, d. h. der zur Entschädigung der Eigen- und Fremdkapitalgeber verfügbare Betrag, also die Summe aus Gewinn und Fremdkapitalzinsen, ist als Erwartungswert gegeben. In der Regel geht man davon aus, dass der Bruttogewinn in Form einer ewigen Rente anfällt. Das Leverage-Modell geht von einem gegebenen Eigenkapitaleinsatz und der Möglichkeit der Aufnahme zusätzlichen

---

[1] Vgl. hierzu ausführlich Perridon/Steiner/Rathgeber, Finanzwirtschaft, 2012, S. 528 ff.

Fremdkapitals aus. Die traditionelle These dagegen geht von einem **gegebenen Gesamtkapital** und **sukzessiver Substitution von Eigenkapital durch Fremdkapital** aus.

Die traditionelle These zum optimalen Verschuldungsgrad ist durch zwei **Merkmale** gekennzeichnet:

(1) Optimalitätskriterium ist das **Minimum** der durchschnittlichen **Kapitalkosten i** bzw. das **Maximum des Gesamtwertes** der Unternehmung UGW.
(2) Die **Änderung des Verschuldungsgrades** v wird die **Mindestverzinsungsansprüche** der Eigen- und Fremdkapitalgeber in bestimmter Weise **beeinflussen**.

Um die Wirkungsweise des Optimalitätskriteriums in einem einfachen Beispiel vorführen zu können, wird die Verhaltensannahme (2) der traditionellen These zunächst ignoriert. Es wird zunächst unterstellt, dass die Mindestverzinsungsansprüche der Kapitalgeber unabhängig vom Verschuldungsgrad sind. Diese – vorläufige – didaktische Vereinfachung eröffnet die Möglichkeit, die Gemeinsamkeiten des hier vorzustellenden UGW-Maximierungsansatzes mit der einfachsten Version des (positiven) Leverage-Effekts (vgl. **Abb. 103**) aufzuzeigen.

Gegeben:

Gesamtkapitalbedarf GK	1.000
Bruttogewinn (Erwartungswert) BG	100
Gesamtkapitalrentabilität (Prozent) r_{GK}	10
Eigenkapitalkosten (Prozent) i_E	10
Fremdkapitalkosten (Prozent) i_F	6

Gesucht:

Durchschnittliche Kapitalkosten i abhängig von Verschuldungsgrad v

$$\text{Gesamtwert der Unternehmung UGW} = \frac{BG}{i}$$

$$\text{Optimaler Verschuldungsgrad } v^* = \frac{FK^*}{EK^*}$$

v	0	1	2	3	4	5
i_E (%)	10	10	10	10	10	10
i_F (%)	–	6	6	6	6	6
i (%)	10,00	8,00	7,33	7,00	6,80	6,66
UGW	**1.000**	**1.250**	**1.364**	**1.429**	**1.471**	**1.500**

Abb. 104: Gesamtwert der Unternehmung bei verschuldungsgradunabhängigen Verzinsungsansprüchen

Wird das Unternehmen ausschließlich mit Eigenkapital finanziert (v = 0), beträgt der Gesamtwert 1.000. Mit zunehmender Aufnahme von Fremdkapital gelingt es,

- die durchschnittlichen Kapitalkosten i zu senken bzw.
- den Gesamtwert der Unternehmung UGW zu steigern.

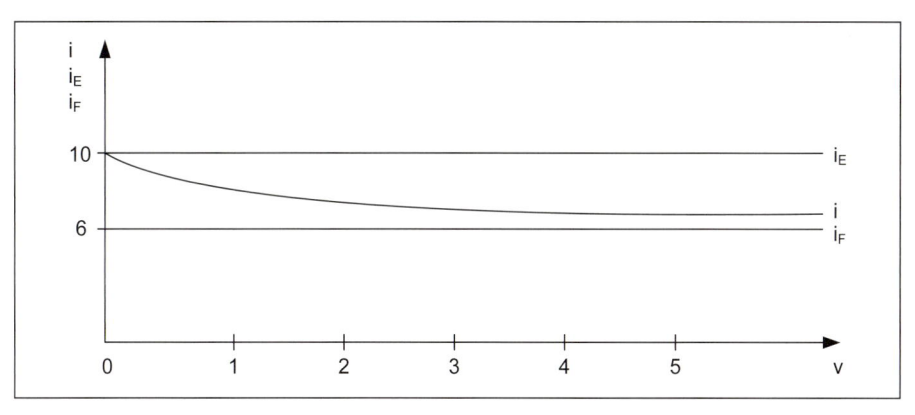

Abb. 105: Durchschnittliche Kapitalkosten i bei verschuldungsgradunabhängigen Verzinsungsansprüchen

Der Unternehmensgesamtwert UGW darf dabei nicht mit dem in der Bilanz ausgewiesenen Gesamtkapital (= 1.000) gleichgesetzt werden. Die Zusammenhänge zwischen beiden Größen werden im zugehörigen Übungsbuch erläutert. (**ÜB 5/82**)

Das hier vorgestellte **Wertmaximierungsmodell** kommt zum **gleichen Ergebnis** wie das einfache **Leverage-Modell** in **Abb. 104**: Der optimale Verschuldungsgrad liegt im Unendlichen. Dieses Ergebnis ist auf die einheitlichen Grundannahmen beider Modelle zurückzuführen:

(1) i_F **ist kleiner als** i_E **bzw.** r_{GK} **und**
(2) i_F **ist unabhängig von der Höhe des Verschuldungsgrades v.**

Die Annahme (2) wird jetzt aufgegeben. An ihre Stelle setzt die **traditionelle These** folgende **Prämissen**, die auch in **Abb. 106** verdeutlicht werden:

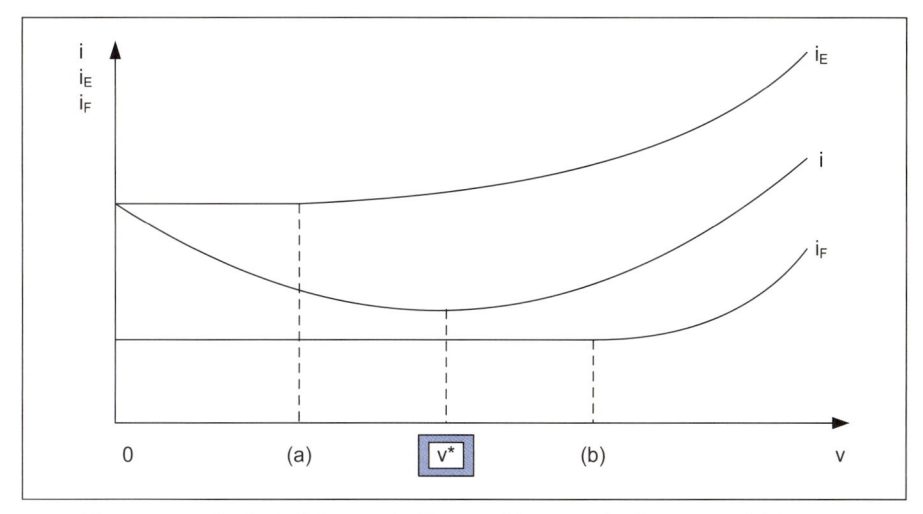

Abb. 106: Durchschnittliche Kapitalkosten i bei verschuldungsgradabhängiger Verzinsung

- Ausgehend von **vollständiger Eigenfinanzierung (v = 0)** reagieren weder Eigen- noch Fremdkapitalgeber auf eine schrittweise, aber moderate Erhöhung des Verschuldungsgrades.
- Überschreitet der Verschuldungsgrad die **kritische Schwelle (a)**, beginnen die **Eigenkapitalgeber** das verschuldungsgradabhängige Verlustrisiko zu fürchten. Folglich berücksichtigen sie in ihrer Mindestzinsforderung i_E eine verschuldungsgradabhängige Risikoprämie.
- Beim Verschuldungsgrad (a) verspüren die Fremdkapitalgeber noch kein Verlustrisiko. Im Verschuldungsintervall (a) bis (b) gehen sie davon aus, dass drohende Verluste vom Eigenkapital aufgefangen werden können. Erst beim **Verschuldungsgrad (b)** sehen sich die **Fremdkapitalgeber** in ihren Zins- und Tilgungsansprüchen bedroht. Folglich sanktionieren sie eine weitere Erhöhung des Verschuldungsgrades mit einer Anhebung ihrer Mindestverzinsungsansprüche i_F.

Nach der traditionellen These liegt der **optimale Verschuldungsgrad v*** dort, wo die Funktion der **durchschnittlichen Kapitalkosten i ihr Minimum** erreicht.

> Bei gegebenem Bruttogewinn BG erreicht man den **maximalen Unternehmensgesamtwert UGW** beim optimalen Verschuldungsgrad v*, bei dem die durchschnittlichen Gesamtkapitalkosten i am niedrigsten sind.

Im zugehörigen Übungsbuch findet sich ein Beispiel zur Berechnung des optimalen Verschuldungsgrades v*. (**ÜB 5**/78)

Zwischen 0 und v* sinken die durchschnittlichen Kapitalkosten i, weil die zunehmende Beimischung von billigem Fremdkapital dominiert. Wird der Verschuldungsgrad **über v*** hinaus angehoben, dominiert die bei (a) bzw. (b) einsetzende Erhöhung der Verzinsungsansprüche der Eigen- bzw. Fremdkapitalgeber.

Die traditionelle These geht davon aus, dass die verschuldungsgradabhängige Erhöhung der Kapitalkosten i_E bzw. i_F vom Markt vorgegeben wird. In der **Realität** wird es aber **schwierig** sein, die **kritischen Verschuldungsschwellen** (a) bzw. (b) sowie die danach einsetzende Kapitalkostenerhöhung exakt zu bestimmen. Anders als im Modell sind die Eigenkapitalanbieter (Fremdkapitalanbieter) keine homogene Gruppe mit einheitlichen Risikopräferenzen. Deshalb kann man auch nicht von einheitlichen Mindestverzinsungsansprüchen ausgehen. (**ÜB 5**/77–78)

9.3.4 Modigliani-Miller-These

Nach der „traditionellen These" gibt es einen optimalen Verschuldungsgrad. Er liegt dort, wo die durchschnittlichen Kapitalkosten i ihr Minimum bzw. der Unternehmensgesamtwert UGW sein Maximum erreicht.

Im Grunde genommen stellen Modigliani und Miller in ihrem grundlegenden Aufsatz[1] die gleiche Frage wie die Vertreter der traditionellen These. Sie lautet: Kann bei

- **gegebenem Investitionsprogramm** einer Unternehmung und somit bei
- **gegebenem Gesamtkapitalbedarf** und
- **gegebenen Bruttogewinnen BG**
- durch eine **Variation des Verschuldungsgrades** (sukzessiven Ersatz von Eigenkapital durch Fremdkapital)
- der sog. **Marktwert eines Unternehmens maximiert** werden?

---

[1] Vgl. Modigliani/Miller, The Cost of Capital, Corporation Finance and the Theory of Investment, in: The American Economic Review, 1958, S. 261 ff.

> Als **Bruttogewinn BG** gilt auch hier der Geldbetrag (G + FKZ), den die Eigen- und Fremdkapitalgeber als Entgelt für die Kapitalbereitstellung (EK + FK) zu erwarten haben.

Entscheidungskriterium ist also auch für Modigliani und Miller das Minimum von i bzw. Maximum von UGW. Die Antwort auf die obige Frage ist unter dem Namen Modigliani-Miller-These (**MM-These** bzw. **MM-Theorem**) in die Literatur eingegangen:

- Der Marktwert des Unternehmens UGW ist unabhängig vom Verschuldungsgrad v.
- Die durchschnittlichen Kapitalkosten i sind für jeden denkbaren Verschuldungsgrad konstant.
- Die gewünschte Mindestverzinsung des Eigenkapitals i_E erhöht sich mit steigendem Verschuldungsgrad v.

Der MM-These liegen allerdings **modellmäßige Annahmen** zugrunde, die sich – verkürzt – so zusammenfassen lassen:

(1) Kapitalanleger haben die Wahl
- **Forderungstitel** zu erwerben (= Fremdkapital bereitzustellen) oder
- **Beteiligungstitel** zu erwerben (= Eigenkapital bereitzustellen).
Für Forderungstitel (Beteiligungstitel) erhalten sie als Vergütung Fremdkapitalzinsen (Dividenden).
(2) Es gibt einen **vollkommenen Kapitalmarkt**, auf dem Privatanleger und Unternehmen beliebige Kapitalbeträge in unbegrenzter Höhe zu einem einheitlichen Zinssatz i_F (**Sollzins = Habenzins**) anlegen oder ausleihen können.
(3) Für Fremdkapitalgeber existiert **kein Forderungsausfallrisiko**. Der Erwerb von Forderungstiteln ist also risikolos. Die gewünschte Mindestverzinsung für Fremdkapital i_F ist entsprechend niedrig und verschuldungsgradunabhängig.
(4) Der von den Unternehmen erwirtschaftete Bruttogewinn BG unterliegt dem **allgemeinen Geschäftsrisiko**. Hohes (geringes) Geschäftsrisiko zeigt sich in einer starken (schwachen) Streuung der Bruttogewinne um ihren Erwartungswert.
(5) Unternehmen mit gleichem Streuungsmaß der Bruttogewinne werden zu **einer Risikoklasse** zusammengefasst.
(6) Je riskanter die Bereitstellung von Eigenkapital, desto höher ist die in den Verzinsungsanspruch (= Kapitalkosten) einkalkulierte Risikoprämie. Dabei können die Eigenkapitalkosten eines Unternehmens als linear ansteigende Funktion des Verschuldungsgrades v dargestellt werden.

Nach der MM-These gibt es **keinen optimalen Verschuldungsgrad**. Den Zusammenhang zwischen

- durchschnittlichen Kapitalkosten i,
- Fremdkapitalkosten i_F,
- Eigenkapitalkosten i_E und
- Verschuldungsgrad v

für Unternehmen der Risikoklasse X zeigt **Abb. 107**.

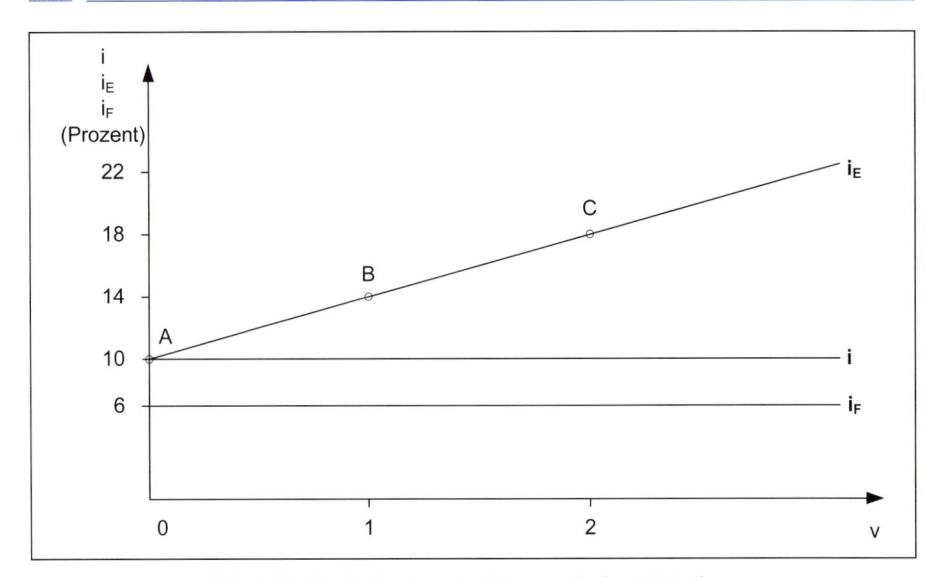

Abb. 107: Kapitalkostenstruktur nach der MM-These

Beispielhaft lässt sich die MM-These folgendermaßen erklären: Am Markt für Forderungstitel lässt sich **ein risikofreier Einheitszins i_F** erwirtschaften, der im Beispiel 6 Prozent beträgt. Möglich ist eine Alternativanlage in Beteiligungstiteln einer vorgegebenen Risikoklasse.

Der Anleger kann sich in der Risikoklasse X an einem unverschuldeten Unternehmen A beteiligen (v = 0). Hier ist FK = 0, so dass die durchschnittlichen Kapitalkosten i den Eigenkapitalkosten i_E entsprechen. Beteiligt sich der Anleger an A, partizipiert er am **allgemeinen Geschäftsrisiko**. Im Beispielfall **(Abb. 107)** verlangt er hierfür einen Risikozuschlag von 4 Prozent (i – i_F). Würde sich der Anleger an einem Unternehmen in der höheren Risikoklasse Y oder Z beteiligen, wäre der Abstand zwischen i und i_F größer.

Stattdessen kann sich der Anleger auch an einem mehr oder weniger verschuldeten Unternehmen C oder B beteiligen, die – wie bei A – der Risikoklasse X angehören. Neben dem allgemeinen Geschäftsrisiko hat er jetzt auch ein **Kapitalstrukturrisiko** zu tragen. Je größer das Verschuldungsgradrisiko, desto höher ist die diesbezüglich in die Eigenkapitalkosten i_E einkalkulierte Risikoprämie.

Nach der MM-These gilt:

$$i_F < i < i_E \text{ für } v > 0$$
$$i_F < i = i_E \text{ für } v = 0$$
$$i_E = i + (i - i_F) \cdot v$$

Der Marktwert des Unternehmens UGW setzt sich zusammen aus dem Marktwert des Eigenkapitals UW^{EK} und dem Marktwert des Fremdkapitals UW^{FK}. Diese drei Marktwerte lassen sich – bei unendlicher Lebensdauer – folgendermaßen ermitteln:

Marktwert UGW des Unternehmens (des Gesamtkapitals)	Marktwert des Eigenkapitals UW^{EK}	Marktwert des Fremdkapitals UW^{FK}
BG	BG – FKZ	FKZ
i	i$_E$	i$_F$

Abb. 108: Marktwert und Kapitalkosten

Nach der MM-These lässt sich der Marktwert der Unternehmung durch Beimischung billigen Fremdkapitals nicht steigern, weil mit wachsendem Kapitalstrukturrisiko die Mindestverzinsungsansprüche i$_E$ der Eigenkapitalgeber steigen.

Im MM-Modell können sich private Anleger am Kapitalmarkt zu gleichen Konditionen verschulden wie Unternehmen. Für einen Anleger macht es also keinen Unterschied, ob er sich mit einem gegebenen Eigenkapitalbetrag X am verschuldeten Unternehmen B beteiligt oder ob er sich selbst am Kapitalmarkt verschuldet, um sich am unverschuldeten Unternehmen A zu beteiligen. Im zugehörigen Übungsbuch wird am konkreten Zahlenbeispiel der Zusammenhang zwischen der Indifferenz des Anlegers gegenüber A und B und der Irrelevanzthese[1] erläutert. (**ÜB 5/83**)

> Die MM-These wird auch als **Irrelevanzthese** bezeichnet, weil Modigliani und Miller behaupten, dass der Verschuldungsgrad für den Marktwert des Unternehmens nicht relevant, also irrelevant, ist.

In **praktischer Hinsicht** stößt die MM-These auf **Kritik**, weil sie auf wirklichkeitsfremden Annahmen (z. B. vollkommener Kapitalmarkt, kein Forderungsausfallrisiko für Fremdkapitalgeber) beruht. Wegen der wirklichkeitsnäheren Grundannahmen erscheint die traditionelle These der Finanzierungspraxis glaubwürdiger.

In **theoretischer Hinsicht** hat das MM-Modell großen **Zuspruch** gefunden. So wird es bei der marktabhängigen Bewertung unterschiedlicher Risiken im Rahmen der modernen Finanzierungstheorie[2] berücksichtigt. (**ÜB 5/81–83**)

9.4 Bonitätsrisiko und Finanzierungskosten

Wie wirkt sich die Bonität des Schuldners auf die Finanzierungskosten aus? Unternehmen sind bestrebt, ihren Fremdkapitalbedarf zu möglichst günstigen Zinskonditionen zu decken. Dabei müssen die kreditsuchenden Unternehmen Folgendes bedenken: Potentielle Kreditgeber sind mehrheitlich risikoscheu. Treten die Unternehmen A und B als Kreditnachfrager auf, bevorzugen die Kapitalanbieter c. p. den Kreditnehmer mit der besseren Bonität.

> Als **Bonitätsrisiko** bezeichnet man die Möglichkeit, dass ein Kreditnehmer seinen künftigen Zahlungsverpflichtungen (Zinsen und Tilgung) nicht nachkommen will oder nicht nachkommen kann.

Je schlechter die **Bonität** eines Schuldners, je höher das Kreditausfallrisiko, desto größer wird die **„Gefahrenzulage"**, die der Fremdkapitalgeber als **Risikoprämie** in seine

---

[1] Vgl. hierzu das erläuternde Beispiel bei Schmidt/Terberger, Investitions- und Finanzierungstheorie, 1997, S. 253 ff.
[2] Vgl. S. 615 ff.

Zinsforderung i_F einkalkuliert. Wollen Unternehmen zu günstigen Konditionen Kredite aufnehmen, also ihren Fremdfinanzierungskostensatz i_F gering halten, müssen sie dem Kapitalmarkt glaubwürdig versichern, dass sie über eine hohe Bonität verfügen.

Wie gelangt man zu einem Urteil über die Bonität eines potentiellen Schuldners? Informationen über die Schuldnerbonität lassen sich auf zwei Wegen erreichen:

Kreditfinanzierung	
Kapitalmarktanleihe	**Bankkredit**
Externe Bonitätseinstufung durch **Ratingagentur**	Interne Bonitätseinstufung durch **Kreditinstitut**

Abb. 109: Bonitätseinstufung bei Kreditfinanzierung

Beim Bankkredit liegt die Bonitätsprüfung in den Händen des Kreditinstituts und wird **Kreditwürdigkeitsprüfung** genannt. Will sich ein Unternehmen dagegen langfristiges Fremdkapital über die Ausgabe von börsennotierten Anleihen verschaffen, benötigt es zur Börsenzulassung die **Bonitätseinstufung durch eine Ratingagentur**. In beiden Fällen erfolgt die Bonitätseinstufung durch Messung des Schuldners an qualitativen und quantitativen Risikomerkmalen:

Risikomerkmale eines Kreditnehmers	
qualitativ	**quantitativ**
• Marktumfeld und Wettbewerbsposition • Qualität der Unternehmensführung • Qualität des Risikoüberwachungssystems u. Ä.	Finanzwirtschaftliche Kennzahlen • Verschuldungsgrad • Vermögensstruktur • erwartete Cash Flows • erwartete Profitabilität u. Ä.

Abb. 110: Risikomerkmale (Auswahl) zur Kreditwürdigkeitsprüfung

Bei einer Fremdfinanzierung über den **Kapitalmarkt** erwarten die Anleihekäufer, dass im Emissionsprospekt eine Aussage zur Bonitätseinstufung des Schuldners gemacht wird. Zu diesem Zweck beauftragt das Schuldnerunternehmen eine **Ratingagentur** mit der Durchführung der Bonitätsprüfung. Zwei der weltweit führenden Ratingagenturen sind Standard & Poor's (S & P) und Moody's Investors Service (Moody's), deren Ratingskalen in **Abb. 111** enthalten sind.

Zwischen den Ratingklassen BBB und BB (Baa und Ba) verläuft eine markante **Trennungslinie**. Anleihen, die unterhalb dieses Investmentgrades klassifiziert sind, werden von institutionellen Anlegern (Investmentfonds, Pensionskassen, Versicherungen) gemieden. Anleihen mit der Klassifizierung CCC bis D werden im Fachjargon als **Junk Bonds** (Ramschanleihen) bezeichnet.

Das Ratingergebnis hat einen starken Einfluss auf die Kosten der Fremdfinanzierung. Gemessen an einer AAA-Klassifizierung musste ein mit BBB klassifiziertes Schuldnerunternehmen in der jüngeren Vergangenheit einen Zinsaufschlag von durchschnittlich 1,5 Prozentpunkten (bei einer Streuung von 1,0 bis 2,0 Punkten) in Kauf nehmen.

Ratingsymbol		Ratingurteil
S & P	Moody´s	
AAA	Aaa	extrem starke Zinszahlungs- und Tilgungskraft des Emittenten
AA	Aa	sehr starke Zinszahlungs- und Tilgungskraft des Emittenten
A	A	gute Zinszahlungs- und Tilgungskraft; der Schuldner ist aber anfälliger für negative Wirtschaftsentwicklungen als mit AAA (Aaa) oder AA (Aa) bewertete Emittenten
BBB	Baa	ausreichende Zahlungsfähigkeit; bei negativer Wirtschafts- oder Umfeldentwicklung kann die Zinszahl ungs- und Tilgungsfähigkeit stärker beeinträchtigt werden als in höheren Ratingklassen
BB	Ba	noch ausreichende Zinszahlungs- und Tilgungsfähigkeit; es sind aber Gefährdungselemente vorhanden, die zu Abstufungen führen können
B	B	derzeit noch ausreichende Zahlungsfähigkeit; starke Gefährdungselemente vorhanden
CCC	Caa	starke Tendenz zu Zahlungsschwierigkeiten
CC C		hohe Wahrscheinlichkeit des Zahlungsausfalls
	Ca	in Zahlungsverzug
CI		ausstehende Zinszahlungen
D	C	Emittent zahlungsunfähig
+/–	1,2,3	Feinabstufung innerhalb der Kategorien

Abb. 111: Ratingurteile für langfristige Schuldverschreibungen

Bei einer Finanzierung durch **Darlehenskredite** trägt die Gläubigerbank das Kreditausfallrisiko. Je höher dieses Ausfallrisiko, je schlechter also die Bonität des Schuldnerunternehmens, desto größere Anforderungen stellt die Bankenaufsicht an die Risikovorsorge durch das Kreditinstitut.

Ein wichtiges Instrument zur **Risikovorsorge in Kreditinstituten** ist die sog. **Eigenkapitalunterlegung**.

Beispiel: Hat eine Bank einem Firmenkunden ein Darlehen von 1 Mio. GE gewährt (Aktivgeschäft) und liegt das statistische Kreditausfallrisiko in der Risikoklasse dieses Kunden bei 8 Prozent, dann sollte diesem Risiko durch ein (zusätzliches) Eigenkapital in Höhe von 80.000 GE Rechnung getragen werden.

Diesem Grundgedanken:

Eigenkapital = Verlustauffangpotential[1]

folgen die Eigenkapitalvorschriften für Banken, die unter den Schlagworten „Basel II" und „Basel III" bekannt sind.

---

[1] Vgl. S. 658 und S. 715 ff.

Es gilt der Grundsatz: Je schlechter die **Bonität** des Kreditnachfragers, desto höher das **Risikogewicht** und desto höher die Anforderung an das Mindesteigenkapital. Vereinfacht lässt sich die Eigenkapitalvorschrift – ohne Berücksichtigung des sog. Kapitalerhaltungspuffers in Höhe von 2,5 % – so darstellen:

Kreditvolumen x **Risikogewicht** x **8 Prozent** = **Mindesteigenkapital**

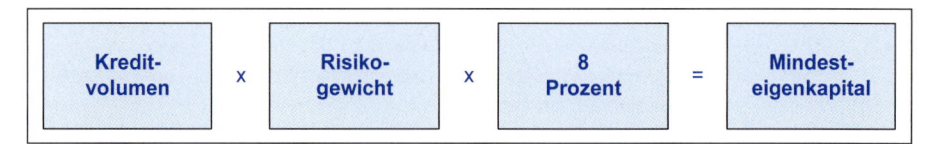

Abb. 112: Eigenkapitalanforderung an Banken im Hinblick auf das Kreditrisiko

Das unternehmensspezifische Kreditausfallrisiko wird durch das **Risikogewicht** gemessen. Die kreditsuchenden Unternehmen werden auf Basis eines bankeninternen oder – seltener – auf Basis eines bankenexternen Ratings verschiedenen Risikogewichtsklassen (z. B. 0,1; 0,2; 0,5; 1,0 oder 1,5) zugeordnet.

> **Beispiel:** Bei einem Risikogewicht von 1,0 muss die Bank für ein zusätzliches Darlehensgeschäft von 1 Mio. EUR ein zusätzliches Eigenkapital (= Verlustauffangpotential) von 80.000 EUR vorhalten.

Bei der Finanzierung ihres Aktivgeschäfts wechselt die Bank in die Rolle des Kapitalnachfragers. Dabei macht sie die gleiche Erfahrung wie jedes andere kapitalsuchende Unternehmen: Die Eigenkapitalgeber fordern eine höhere Mindestverzinsung (i_E) als die Fremdkapitalgeber (i_F). Für die Kapitalkosten gilt also $i_E > i_F$. Daraus folgt für die Kreditvergabe: Hat ein Kreditnachfrager eine **schlechte Bonität**, muss die Bank das Aktivgeschäft mit einem hohen Anteil an teurem Eigenkapital finanzieren. Im zugehörigen Übungsbuch wird am vereinfachten Beispiel gezeigt, wie sich unterschiedliche Bonitätsgrade auf die **Höhe der Darlehenszinsen** auswirken. (**ÜB 5/79–80**)

Ob externes Rating durch eine Ratingagentur oder interne Kreditwürdigkeitsprüfung: Die Kosten für die Aufnahme von Fremdkapital sind von der Bonität des jeweiligen Schuldners abhängig. Bei der Beurteilung der Schuldnerbonität spielt der Verschuldungsgrad des Unternehmens[1] eine bedeutende Rolle. Bei **steigendem Verschuldungsgrad** unterstellt die

- **traditionelle These** steigende Fremdfinanzierungskosten i_F
- **Modigliani-Miller-These** konstante Fremdfinanzierungskosten i_F.

Die obigen Ausführungen haben gezeigt, dass die Annahmen der traditionellen These der Kapitalmarktrealität viel besser gerecht werden.

9.5 Zinsänderungsrisiko und Finanzierungskosten

Unter dem Stichwort „Optimierung der Kapitalstruktur" (→ 9.3) und „Bonitätsrisiko und Finanzierungskosten" (→ 9.4) wurde oben gezeigt, welchen Einfluss das Bonitätsrisiko, insb. aber das Kapitalstrukturrisiko, auf die Höhe der Finanzierungskosten ausübt. Im Folgenden soll gezeigt werden, wie das Zinsänderungsrisiko die Finanzierungskosten beeinflusst.

---

[1] Vgl. die Ausführungen zu Finanzierungsregeln und Kapitalstruktur S. 594 ff.

In Unterkapitel 9.3.1 wurde festgestellt, dass die Höhe der Zinsforderungen u. a. von den Inflationserwartungen der Kapitalanbieter abhängt. Je größer die Gefahr künftiger Geldentwertung, desto höher ist der geforderte Zuschlag für das **Zinsänderungsrisiko**.

Üblicherweise muss ein Schuldner X bei gegebener Bonität Y für einen Kredit mit langfristiger Zinsfestschreibung von z. B. 10 Jahren einen höheren Jahreszins bezahlen als für einen kurzfristigen Kredit. Die **Zinsstrukturkurve** zeigt beispielhaft die Höhe des Zinssatzes i_F in Abhängigkeit von der Dauer der Zinsbindung (→ **Abb. 113**).

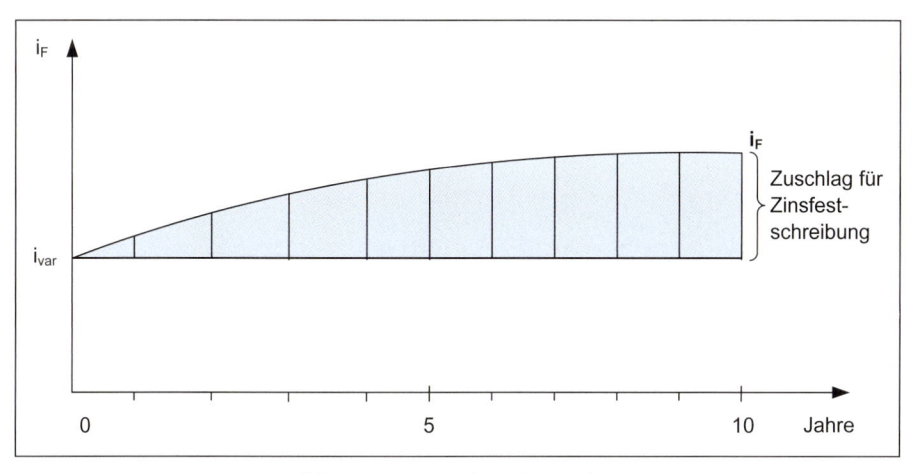

Abb. 113: „Normale" Zinsstruktur

Ist ein variabler, d. h. täglich änderbarer, Jahreszinssatz i_{var} vereinbart, ist das Zinsänderungsrisiko für die Fremdkapitalgeber gleich null. Die Senkrechten in der unterlegten Fläche zeigen den jeweiligen **Zinszuschlag**, den die Fremdkapitalgeber **für die Übernahme des Zinsänderungsrisikos** verlangen.

Wenn ein Kredit mit kurzfristiger Zinsbindung billiger ist als ein Kredit mit langfristiger Zinsbindung, liegt der Gedanke nahe,

- langfristigen Kapitalbedarf durch
- langfristigen Kredit mit
- kurzfristiger Zinsbindung

zu decken, was man als **Roll-over-Kredit** oder revolvierenden Kredit bezeichnet.

Ziel des kreditsuchenden Unternehmens ist die **Minimierung der Finanzierungskosten auf lange Sicht**. Ob sich dieses Ziel durch den Roll-over-Kredit erreichen lässt, ist nicht von der im Entscheidungszeitpunkt t_0 geltenden Zinsstruktur, sondern von der weiteren Entwicklung des Kapitalmarktzinses abhängig.

Will man – vage – Prognosen über die künftige Zinsentwicklung abgeben, lohnt es sich, einen Blick auf die Zinsentwicklung der Vergangenheit zu werfen. In **Abb. 114** ist der langfristige Kapitalmarktzins (Effektivverzinsung von Bundesanleihen mit einer Restlaufzeit von 10 Jahren) dargestellt.

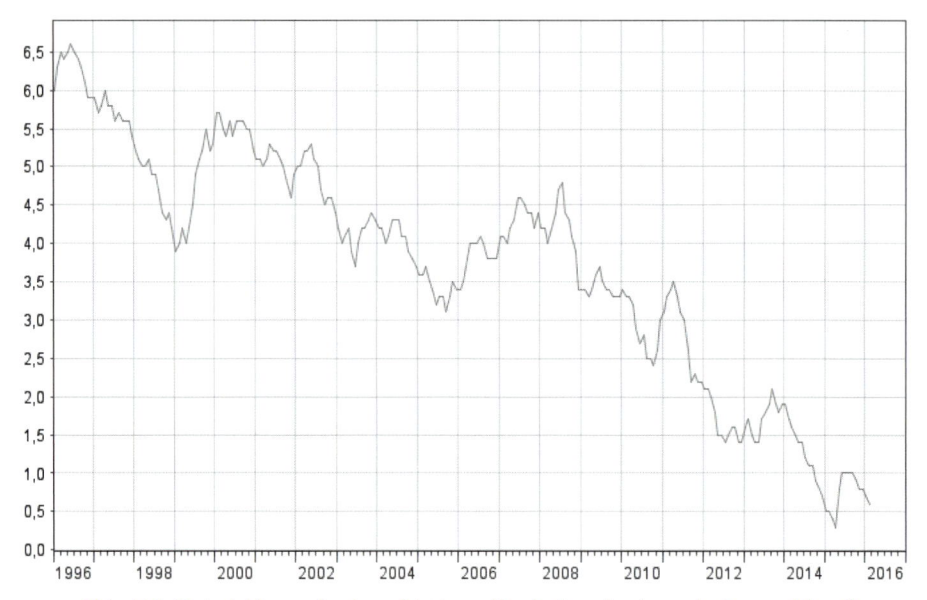

Abb. 114: Entwicklung des langfristigen Kapitalmarktzinses in Deutschland[1]

Die Zinsentwicklung zeigt, dass der **langfristige Kapitalmarktzins**
- etwa bei 6 Prozent sein **Maximum** bzw.
- etwa bei 0,5 Prozent sein **Minimum** erreicht und dass
- intertemporär **zyklische Zinsschwankungen** mit einer Hoch- und einer Niedrigzinsphase zu verzeichnen sind.

Geht man davon aus, dass sich derartige Schwankungen zwischen Hoch- und Niedrigzinsphase auch in Zukunft wiederholen werden, erhält man aus der Vergangenheit vage Anhaltspunkte für die Prognose der künftigen Zinsentwicklung.

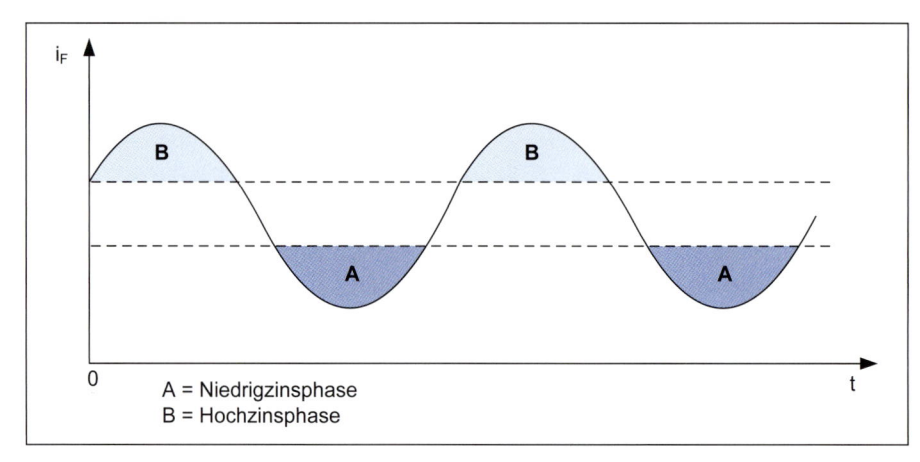

Abb. 115: Schema von Hoch- und Niedrigzinsphasen

---

[1] Deutsche Bundesbank Statistiken, Zeitreihe BBK01.WU8608: Umlaufsrenditen inländ. Inhaberschuldverschreibungen/Mittlere Restlaufzeit von über 9 bis einschl. 10 Jahren/Monatswerte, 1996 bis 2016 (www.bundesbank.de).

In **schematisierter Form** lässt sich der **Zinszyklus** wie in **Abb. 115** darstellen. Die Empfehlung zur Dauer der Zinsfestschreibung des langfristigen Kredits hängt davon ab, ob sich das kreditsuchende Unternehmen zum Entscheidungszeitpunkt t_0 gerade in einer Niedrig- oder in einer Hochzinsphase befindet.

Entscheidungszeitpunkt t_0	
Niedrigzinsphase A	**Hochzinsphase B**
Langfristige Zinsbindung für gesamte Investitionsdauer	(1) Zunächst kurzfristige Zinsbindung zum Erreichen der Niedrigzinsphase (2) Danach langfristige Zinsbindung für restliche Investitionsdauer

Abb. 116: Zinsbindung in Niedrig- und Hochzinsphase

Bei den in **Abb. 116** enthaltenen Empfehlungen handelt es sich um grobe **Faustregeln**, die eine genaue Vorteilhaftigkeitsberechnung nach Maßgabe des langfristigen Finanzierungskostenminimums (= minimaler Barwert der Fremdkapitalzinsen) nicht ersetzen können.

9.6 Kapitalmarktmodell

9.6.1 Grundlagen

Das Kapitalmarktmodell ist ein schwer zu durchdringendes theoretisches Konstrukt. Die folgenden Ausführungen richten sich vorrangig an Leser mit dem Studienschwerpunkt Finanzwirtschaft, die sich mit den Grundbegriffen der Kapitalmarkttheorie vertraut machen möchten.

Jeder rational handelnde Kapitalgeber lässt sich die Übernahme von Risiko vergüten. Je höher das zusätzlich zu übernehmende Risiko eingeschätzt wird, desto höhere Zuschläge zum Basiszinssatz (Pure Rate) werden verlangt.[1] Bei der Ermittlung der durchschnittlichen Kapitalkosten i wurde bislang unterstellt, dass die Zinssätze für Fremdkapital i_F und Eigenkapital i_E vom Markt vorgegeben sind. Mit Hilfe kapitalmarkttheoretischer Modelle soll nun untersucht werden, wie auf **vollkommenen Kapitalmärkten** die **Risikoübernahme bewertet** wird, um dann Ansätze aufzuzeigen, mit denen die Werte für i_F und i_E aus einem Modell heraus ermittelt und erklärt werden können. Zwar ist das Kapitalmarktmodell vorrangig zur Bewertung von Wertpapieren entwickelt worden; die aus ihm gewonnenen Erkenntnisse werden aber in Theorie und Praxis auf risikobehaftete Investitionen übertragen.[2] Somit bietet es eine (wenn auch umstrittene) Möglichkeit, den risikoabhängigen Kalkulationszinssatz für alle Investitionsobjekte bei Unsicherheit abzuleiten.

Bevor erklärt werden kann, wie sich auf vollkommenen Kapitalmärkten Preise für riskante Anlagen bilden, muss gezeigt werden, wie sich rational handelnde Anleger

---
[1] Vgl. zu den Zinsbestandteilen S. 600.
[2] Die folgenden Ausführungen beschränken sich einfachheitshalber auf die Analyse von Wertpapieren.

am Kapitalmarkt verhalten. Im Rahmen des Kapitalmarktmodells wird das Anlegerverhalten mit Hilfe der Portfoliotheorie erklärt. Daher ist im Folgenden zunächst die Portfoliotheorie zu erläutern, bevor das eigentliche Kapitalmarktmodell, das Capital Asset Pricing Model (CAPM), erörtert wird. Während die Portfoliotheorie zeigen will, wie ein risikoaverser Anleger bei gegebener Rendite sein Risiko minimieren kann, bemüht sich das CAPM, die Preismechanismen, d.h. den Zusammenhang von Renditeforderung und Risiko, auf Kapitalmärkten zu erklären.

Portfoliotheorie und **CAPM** beruhen auf einer Reihe von gemeinsamen **Annahmen**.[1] Die wichtigsten sind:

(1) Es gibt einen **vollkommenen Kapitalmarkt unter Risiko**, auf dem der freie Kapitalverkehr nicht durch Transaktionskosten, Steuern oder andere Kapitalmarktbeschränkungen behindert wird.

(2) Das **Volumen aller am Markt gehandelten Wertpapiere ist gegeben**; jedes Wertpapier ist unendlich teilbar, d.h. man könnte z.B. auch ein Hundertstel einer Aktie kaufen.

(3) Die Marktteilnehmer handeln **rational und sind risikoscheu**.

Lassen sich alle Wertpapiere durch die **Erwartungswerte der Renditen** μ und durch die Streuung σ der Renditen um die Erwartungswerte hinreichend genau beschreiben, kann die **Streuung σ als Risikomaß** angesehen werden.[2] Wertpapiere mit einer schwachen Streuung der Renditen um den Erwartungswert μ stellen für den Investor weniger riskante Positionen dar als Wertpapiere, deren Renditen stark streuen. In einer solchen Situation kann der Investor seine **Entscheidung** nach der **(μ, σ)-Regel** treffen. Er wird bei gleichem Rendite-Erwartungswert μ die Alternative mit dem geringsten Risiko (der geringsten Streuung σ) oder bei gleichem Risiko (bei gleicher Streuung σ) die Alternative mit dem höchsten Rendite-Erwartungswert μ wählen. Im Folgenden wird unterstellt, dass die Investoren sich nach der (μ, σ)-Regel entscheiden.

9.6.2 Portfoliotheorie

Die grundlegende Struktur der Portfoliotheorie[3] soll an einem einfachen Beispiel erklärt werden. Die hieraus gewonnenen Erkenntnisse werden dann auf komplexere, realitätsnähere Anwendungsfelder übertragen.

Ein Investor besitzt beispielsweise einen bestimmten Geldbetrag A_0, den er vollständig für die Dauer einer Periode in Wertpapieren anlegen will. Ihm stehen dafür nur die Aktien zweier Unternehmen (A und B) zur Auswahl. Für die beiden Aktien seien der Erwartungswert der Rendite[4] μ und die Streuung σ der Renditen um den Erwartungswert bekannt:

---

[1] Vgl. zu den einzelnen Annahmen z.B. Swoboda, P., Finanzierung, 1994, S. 75f.
[2] Zur Ermittlung vgl. S. 88ff.
[3] Die Portfoliotheorie geht auf H.M. Markowitz zurück. Vgl. Markowitz, H.M., Portfolio Selection, in: Journal of Finance, 1952, S. 77ff. Eine umfassende Einführung in die Portfoliotheorie findet sich bei Franke/Hax, Finanzwirtschaft, 2009, S. 317ff.
[4] Die Rendite einer Aktie ergibt sich aus: $\frac{\text{Dividende} + \text{Kursänderung}}{\text{Anfangsauszahlung } A_0}$.

Aktie	A	B
Ertragswert der Rendite μ	0,12	0,08
Streuung σ	8	4

Abb. 117: Beispiel Rendite-Risiko-Relationen zweier Aktien

Der Investor hat somit folgende drei Handlungsalternativen:
(1) **Anlage des gesamten Betrags in A-Aktien**
(2) **Anlage des gesamten Betrags in B-Aktien**
(3) **Bildung eines Portfolios** (Portefeuilles) aus beiden Aktien, d. h. er legt einen Teilbetrag in A-Aktien an, der Restbetrag wird in B-Aktien investiert.

Wegen des Risikos ($\sigma = 8$) der Rendite kann sich der Anleger nicht ohne weiteres für die höherrentierliche A-Aktie entscheiden. Die höhere Rendite erkauft er sich mit der Übernahme eines höheren Risikos. Eine eindeutige Entscheidung nach der (μ, σ)-Regel ist nicht möglich.[1]

Im Folgenden interessiert die Frage, wie sich

- **Rendite**[2] und
- **Risiko**

entwickeln, wenn A- und B-Aktien in einem Portfolio gemischt werden. Hinsichtlich der Rendite fällt die Antwort leicht: Die **Rendite des Portfolios** entspricht dem gewogenen arithmetischen Mittel der Aktienrenditen. Wird also im obigen Beispiel der Anlagebetrag A_0 jeweils zur Hälfte in A-Aktien ($\mu_A = 0{,}12$) und B-Aktien ($\mu_B = 0{,}08$) investiert, beziffert sich die Rendite des Portfolios auf 10 Prozent (= $0{,}10 = 0{,}5 \cdot 0{,}12 + 0{,}5 \cdot 0{,}08$). Dagegen ist keineswegs ausgemacht, dass auch das **Portfolio-Risiko σ** dem gewogenen arithmetischen Mittel der Einzelrisiken entspricht.[3] Im obigen Beispiel trägt ein gleichgewichtetes A-B-Portfolio nur dann die Risikoziffer 6, wenn die A- und B-Aktien vollständig positiv korreliert sind.

Wie ist das zu verstehen? Das Ergebnis einer Investition oder eines ganzen Unternehmens ist davon abhängig, welcher zufallsbedingte Umweltzustand U eintritt. Dabei ist es denkbar, dass sich die Ergebnisse zweier Unternehmen A und B bei einem Wechsel von U_1 nach U_2 gleichförmig oder gegenläufig entwickeln.

Bei Änderung der Umweltsituation entwickeln sich die Ergebnisse von A und B:	Korrelationskoeffizient k
vollständig gleichförmig	k = + 1
mehr oder weniger gleichförmig	0 < k < + 1
völlig unabhängig	k = 0
mehr oder weniger gegenläufig	– 1 < k < 0
vollständig gegenläufig	k = – 1

Abb. 118: Korrelationskoeffizient + 1 bis – 1

---

[1] Vgl. bereits S. 507.
[2] Im Folgenden wird zur Vereinfachung statt vom Erwartungswert der Rendite nur noch von der Rendite eines Wertpapiers gesprochen.
[3] Vgl. zur mathematischen Herleitung der Rendite und des Risikos eines Wertpapierportfolios z. B. Steiner/Uhlir, Wertpapieranalyse, 2001, S. 137 ff.

Der Unterschied zwischen positiver und negativer **Korrelation** lässt sich an folgendem Beispiel erklären: Zur künftigen Energiegewinnung können Kernkraftwerke Y und Kohlekraftwerke Z eingesetzt werden. Außerdem gibt es für abgebrannte Kernbrennstäbe eine Wiederaufbereitungsanlage X. Für die Zukunft gebe es nur ein einziges Risiko, das sich in zwei denkbaren Umweltzuständen manifestiert. Die Gesellschaft entscheidet sich

- U_1 gegen Kernkraft und nimmt den CO_2-Ausstoß in Kauf
- U_2 gegen den CO_2-Ausstoß und nimmt das Kernkraftrisiko in Kauf.

Ein Anleger, der bereits Anteile an der Wiederaufbereitungsanlage X hält, hat die Möglichkeit, entweder Anteile am Kernkraftwerk Y oder am Kohlekraftwerk Z beizumischen. X und Y sind vollständig positiv korreliert (k = + 1): Tritt U_1 (U_2) ein, bringen beide Anteile Verlust (Gewinn). Dagegen sind X und Z vollständig negativ korreliert (k = – 1): Tritt U_1 ein, bringt X Verlust und Z Gewinn; tritt U_2 ein, bringt X Gewinn und Z Verlust. Allgemein lässt sich also sagen: Je stärker der Korrelationskoeffizient zweier Portfolio-Anteile von + 1 abweicht, desto besser lässt sich das **Portfolio-Risiko** durch **Diversifikation vermindern**. Wäre der theoretisch mögliche Extremwert eines Korrelationskoeffizienten von k = – 1 realisierbar – was praktisch nicht möglich ist –, könnte das Risiko des Portfolios – wie gleich gezeigt wird – restlos wegdiversifiziert werden.

Zurück zum Ausgangsbeispiel: Welche Rendite und welches Risiko der Investor mit seinem Aktienkauf realisieren kann, hängt von zwei Faktoren ab: Zum einen ist entscheidend, wie der Investor sein Geld anlegt, also die Frage, ob er ausschließlich die Aktien eines Unternehmens kauft oder ob er ein Portfolio aus beiden Wertpapieren bildet. Zum anderen ist entscheidend, in welchem Maß die Renditen der beiden Aktien miteinander korrelieren.

Portfoliostruktur		Erwartungswert der Portfoliorendite	Risiko des Portfolios (σ_p) in Abhängigkeit vom Korrelationskoeffizienten k				
a_1	a_2	μ_p	k = + 1,0	k = + 0,5	k = 0	k = – 0,5	k = – 1,0
0,00	1,00	0,120	8,0000	8,0000	8,0000	8,0000	8,0000
0,10	0,90	0,116	7,6000	7,4081	7,2111	7,0086	6,8000
0,20	0,80	0,112	7,2000	6,8352	6,4498	6,0399	5,6000
0,30	0,70	0,108	6,8000	6,2865	5,7271	5,1069	4,4000
0,40	0,60	0,104	6,4000	5,7689	5,0596	4,2332	3,2000
0,50	0,50	0,100	6,0000	5,2915	4,4721	3,4641	2,0000
0,60	0,40	0,096	5,6000	4,8662	4,0000	2,8844	0,8000
0,70	0,30	0,092	5,2000	4,5078	3,6878	2,6230	0,4000
0,80	0,20	0,088	4,8000	4,2332	3,5777	2,7713	1,6000
0,90	0,10	0,084	4,4000	4,0596	3,6878	3,2741	2,8000
1,00	0,00	0,080	4,0000	4,0000	4,0000	4,0000	4,0000

Abb. 119: Rendite und Risiko eines Portfolios bei unterschiedlichen Korrelationskoeffizienten (tabellarisch)

9. Optimierung der finanzierungspolitischen Instrumente

In **Abb. 119** sind in Anlehnung an den Zwei-Wertpapier-Fall aus **Abb. 117** die Rendite-Risiko-Relationen verschiedener Portfoliostrukturen beispielhaft für fünf **unterschiedliche Korrelationskoeffizienten** wiedergegeben. In der ersten Spalte wird die Aufteilung der Finanzmittel beschrieben. Hierbei geben die Werte von a_1 (a_2) den Anteil der B-Aktien (A-Aktien) am Portfolio wieder. Der zweiten Hauptspalte ist die Portfoliorendite μ_P zu entnehmen, die letzten fünf Spalten beschreiben das Portfoliorisiko in Abhängigkeit von der Portfoliozusammensetzung und dem Korrelationskoeffizienten.

Betrachtet man die letzten fünf Spalten der **Abb. 119**, ist zu erkennen, dass die Streuung der Portfoliorenditen σ_P vom Wert des Korrelationskoeffizienten abhängt. Überträgt man die Werte aus **Abb. 119** in ein Koordinatensystem, ergibt sich das in **Abb. 120** dargestellte Bild.

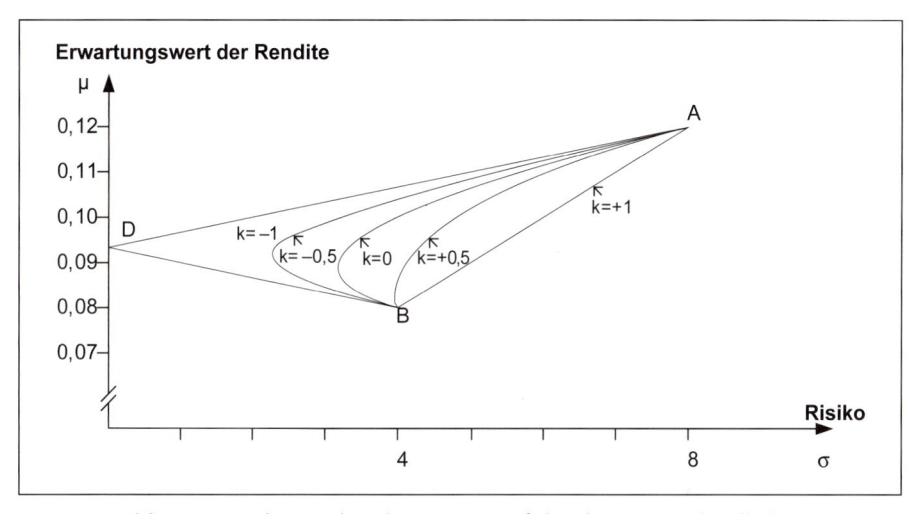

Abb. 120: Rendite und Risiko eines Portfolios bei unterschiedlichen Korrelationskoeffizienten (graphisch)

Die Punkte A und B verdeutlichen die Fälle, in denen der Investor ausschließlich die Aktien eines Unternehmens erwirbt. **Punkt A** gibt die Rendite-Risiko-Relation wieder, die der Anleger erzielen kann, wenn er seinen gesamten Anlagebetrag A_0 in A-Aktien investiert. Kauft er ausschließlich A-Aktien, kann er die höchste Rendite erzielen. Diese hohe Rendite erkauft er sich allerdings mit der Übernahme des höchsten Risikos. Der Zusammenhang von höchster Rendite und höchstem Risiko wird durch die Lage des Punktes A deutlich: A ist der Punkt, der am weitesten vom Koordinatenursprung entfernt liegt.

Punkt B symbolisiert den Fall, dass der Investor ausschließlich B-Aktien kauft. Er trägt im Punkt B zwar ein deutlich geringeres Risiko als im Punkt A, die erzielbare Rendite ist allerdings auch geringer als im Punkt A. Die Minderung des Risikos wird somit durch eine Minderung der Rendite erkauft.

Jede der fünf **Linien**, welche die Punkte A und B verbinden, stellt mögliche **Rendite-Risiko-Relationen** eines Portfolios aus den Aktien A und B bei alternativen Korrelationskoeffizienten dar. Die Lage der Linien verdeutlicht die Wirkung der Diversifikation,

d. h. der Risikostreuung durch Bildung eines Mischportfolios. Während bei vollständig positiver Korrelation (k= + 1) das Risiko des Portfolios noch genau dem gewogenen Durchschnitt der Einzelrisiken der beiden Aktien entspricht, ist bei allen anderen Werten des Korrelationskoeffizienten eine risikomindernde Wirkung zu sehen. Das Risiko des Portfolios ist in diesen Fällen stets kleiner als der gewogene Durchschnitt der Einzelrisiken.

Im Extremfall (Punkt D in **Abb. 120**) ist bei **vollständig negativer Korrelation** (k = – 1) eine vollständige Eliminierung des Portfoliorisikos möglich. Jeder rational handelnde Anleger würde es vorziehen, ein Portfolio zu halten, dessen Zusammensetzung dem Punkt D entspricht, als seinen gesamten Anlagebetrag in B-Aktien zu investieren. Im Punkt D ist das Risiko kleiner (gleich null) und die Rendite höher als im Punkt B. Punkt D dominiert den Punkt B eindeutig.

Die Wirkung der Diversifikation ist abhängig vom Grad der Korrelation:

- Sobald die Renditen der Aktien **nicht vollkommen positiv** miteinander **korreliert** sind, ist **Diversifikation sinnvoll**.
- Je **näher der Wert des Korrelationskoeffizienten an – 1** liegt, desto **größer** ist die risikomindernde **Wirkung der Diversifikation** und desto größer ist auch die Möglichkeit, dass das Portfoliorisiko unter das Risiko der risikoärmeren Einzelinvestition – im Beispiel B-Aktien – sinkt.

Man unterscheidet in der Portfoliotheorie zwischen

- **zulässigen Portfolios**
- **effizienten Portfolios**
- **optimalen Portfolios**.

Zur Erläuterung dieses Zusammenhangs wird beispielhaft die zum Korrelationskoeffizienten k = – 0,5 gehörige Portfoliolinie aus **Abb. 120** in **Abb. 121** übertragen. Zulässig sind alle Portfolios, die sich der Investor aufgrund der Marktsituation und seines Anlagebetrags zusammenstellen kann. Im hier beschriebenen Zwei-Wertpapier-Fall liegen alle **zulässigen Portfolios** auf der **Linie AB'DB**.

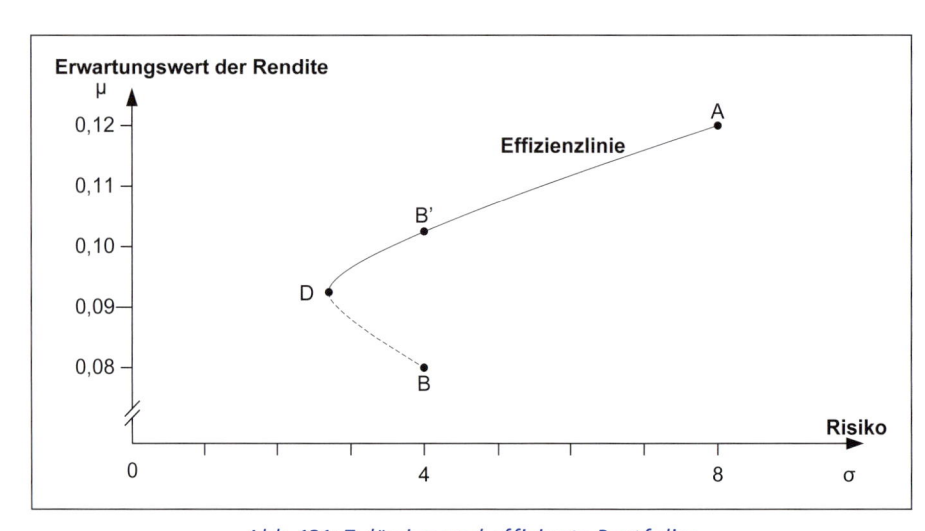

Abb. 121: Zulässige und effiziente Portfolios

Effizient sind solche Portfolios, die nicht von anderen Portfolios dominiert werden, d. h. für **effiziente Portfolios** gilt: Es gibt kein Portfolio, das

- bei gleicher Rendite μ ein geringeres Risiko σ
- bei gleichem Risiko σ eine höhere Rendite μ
- bei geringerem Risiko σ eine höhere Rendite μ

hat. In **Abb. 121** liegen alle effizienten Portfolios auf der durchgezogenen **Linie AB'D**. Sie wird als **Effizienzlinie** bezeichnet. Alle Portfolios auf der gestrichelten Linie DB sind ineffizient, sie werden von den effizienten Portfolios dominiert. So hat z. B. das Portfolio B' bei gleichem Risiko eine höhere Rendite als das Portfolio B. Rational handelnde Anleger würden B' eindeutig präferieren.

Auf der Effizienzlinie liegen alle Mischvarianten aus A- und B-Aktien (= Portfolios), die für einen rational handelnden, risikoaversen Anleger infrage kommen. Welcher Punkt der Effizienzlinie repräsentiert aber das **optimale Portfolio**? Die Frage lässt sich nicht eindeutig beantworten: Unter den risikoscheuen Anlegern gibt es graduelle Unterschiede im Ausmaß der Risikoaversion. Ein extrem risikoscheuer Kapitalanleger K_1 wird das Portfolio D realisieren. Hier erreicht das Portfoliorisiko σ_p sein Minimum. Mit abnehmender Risikoaversion werden sich die Kapitalanleger K_2 oder K_3 auf der Effizienzlinie von D in Richtung A bewegen. Erst die Kenntnis der individuellen **Risikonutzenfunktion** des jeweiligen Kapitalanlegers K erlaubt die modellmäßige Bestimmung des individuellen Optimalportfolios.

Die Portfoliotheorie vermittelt gute Einblicke in das Anlageverhalten risikoscheuer Anleger. Ihre praktische Anwendbarkeit dürfte allerdings beschränkt sein.[1] Das Hauptproblem des Portfoliomodells liegt in der Schätzung der Korrelationskoeffizienten. Zum einen sind die Werte schwer zu ermitteln, zum anderen benötigt man bei größeren Entscheidungsproblemen als dem zuvor dargestellten Zwei-Wertpapier-Fall eine sehr hohe Zahl von Korrelationskoeffizienten. (**ÜB 5/84**)

9.6.3 Capital Asset Pricing Model (CAPM)

Das zentrale Element der Kapitalmarkttheorie ist das auf die Arbeiten von Lintner, Mossin und Sharpe[2] zurückgehende Capital Asset Pricing Model (CAPM).

> Unter stark vereinfachenden Modellannahmen erklärt das **Capital Asset Pricing Model (CAPM)**, welchen Preis Investoren im Kapitalmarktgleichgewicht für die Übernahme von Risiko fordern.

Das CAPM dient also der modellmäßigen Ableitung von Preisen für risikobehaftete Anlagen. Zwar ist das CAPM anlegerorientiert, da aber die Renditeforderungen der Investoren auf der Unternehmensseite den Kosten der Kapitalbeschaffung entsprechen, ist es denkbar, die aus dem CAPM abgeleiteten Erkenntnisse auf die Ermittlung der Kapitalkosten bei Risiko zu übertragen.

Zusätzlich zu den in den Vorbemerkungen getroffenen Annahmen gelten die folgenden **Prämissen**:

---

[1] Vgl. zur Kritik an der Portfoliotheorie z. B. Franke/Hax, Finanzwirtschaft, 2009, S. 329.
[2] Vgl. Sharpe, W. F., Portfolio, 1970, S. 77 ff. Eine gute Einführung in das CAPM ist z. B. bei Steiner/Uhlir zu finden. Vgl. Steiner/Uhlir, Wertpapieranalyse, 2001, S. 186 ff.

(1) Alle Marktteilnehmer verhalten sich im Sinne der Portfoliotheorie, d. h. sie sind **risikoavers** und **investieren** ihr Kapital ausschließlich **in effiziente Portfolios**.
(2) Alle Marktteilnehmer haben dieselben Erwartungen über das Risiko und die Rendite aller Wertpapiere. Die **Erwartungen der Anleger** sind somit **homogen**.
(3) Neben mehreren verschiedenen riskanten Wertpapieren bietet der Kapitalmarkt die Möglichkeit, zu einem **einheitlichen Basiszinssatz i_B unbeschränkt risikolos Geld anzulegen oder Kredite aufzunehmen**. Der Zinssatz für die risikolose Anlage am Kapitalmarkt liegt unter dem des risikoärmsten Wertpapierportfolios und entspricht dem Basiszinssatz (Pure Rate).

Bisher wurde unterstellt, dass der Kapitalmarkt nur aus zwei riskanten Wertpapieren besteht. Die Annahme, dass am Kapitalmarkt mehr als zwei riskante Wertpapiere existieren, ändert nichts an der grundlegenden Modellstruktur. Die Bildung von Portfolios und die risikomindernde Wirkung der Diversifikation ist auch bei mehr als zwei Wertpapieren möglich. Zwar liegt die Menge aller **zulässigen Portfolios** nicht mehr auf einer Linie, sondern **innerhalb einer Fläche**, die hier interessierende Menge der **effizienten Portfolios** liegt aber weiterhin auf einer **Kurve**.

In **Abb. 122** sei die fett gezeichnete Verbindungslinie der Punkte A, C, M und D die **Effizienzlinie**. Auf ihr liegen annahmegemäß alle **effizienten Portfolios**, die bei gegebener Kapitalausstattung der Anleger durch Mischung der riskanten Wertpapiere realisiert werden können. Zur Veranschaulichung kann man sich jeden beliebigen Punkt auf der Effizienzlinie als Wertpapierfonds vorstellen, dessen Fondsvermögen in spezieller Weise auf die verschieden riskanten Wertpapiere verteilt ist. Da die Investoren annahmegemäß homogene Erwartungen haben, ist die Effizienzlinie für alle Investoren gleich. Sie beschreibt somit alle effizienten Portfolios des gesamten Kapitalmarktes.

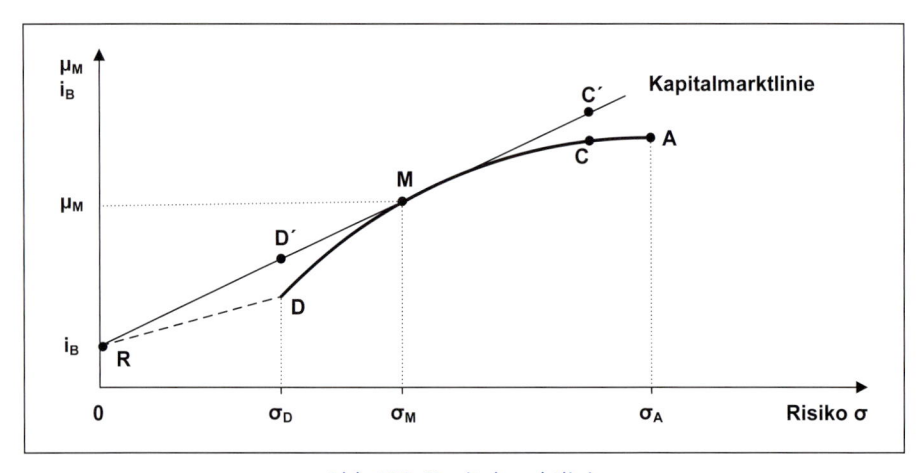

Abb. 122: Kapitalmarktlinie

Führt man die Möglichkeit der **risikolosen Geldanlage** in die Betrachtung ein, stehen den Investoren verschiedene Anlagealternativen offen. Extrem risikoscheue Investoren legen ihr gesamtes Geld risikolos an und erzielen eine sichere Rendite in Höhe der Pure Rate (i_B). Diese Position beschreibt Punkt R in **Abb. 122**. Weniger risikoscheue Investoren können ihr gesamtes Geld ausschließlich in effiziente Wertpapierportfolios anlegen oder ein Mischportfolio bilden. Ein solches **Mischportfolio** entsteht, wenn der

Investor sein Gesamtkapital aufteilt und einen Teil in die risikolose Anlage R, das Restkapital in eines der riskanten Wertpapierportfolios auf der Effizienzlinie investiert. Die Rendite-Risiko-Relationen dieser Anlagealternativen werden durch Linien beschrieben, die im Punkt R beginnen und durch die die verschiedenen Wertpapierportfolios repräsentierenden Punkte auf der Effizienzlinie laufen. Die Linie RD steht z. B. für die Rendite-Risiko-Relationen aller Kombinationsmöglichkeiten der risikolosen Anlage R mit dem Wertpapierportfolio D.

Vergleicht man die Punkte D und D' miteinander, ist leicht zu erkennen, dass der Punkt D' bei gleichem Risiko eine höhere Rendite als D verspricht. Das Wertpapierportfolio D wird von dem Mischportfolio D' dominiert und ist somit nicht mehr effizient. Ist ein Investor bereit, Risiko in Höhe von σ_D zu übernehmen, wird er sein gesamtes Kapital nicht in das Wertpapierportfolio D investieren, sondern ein Mischportfolio bilden, das in der durch Punkt D' beschriebenen Relation aus der risikolosen Anlage und dem Wertpapierportfolio M besteht.

Die Strecke RM in **Abb. 122** liegt links oberhalb des Abschnitts DM der Effizienzlinie. Das bedeutet, dass bei gegebenem Kapitalbestand der Investoren die **Mischung** von **risikoloser Anlage** mit dem **Portfolio M** jedes denkbare Portfolio auf diesem Abschnitt der Effizienzlinie und damit auch jedes andere Mischportfolio hinsichtlich der Kriterien Rendite und Risiko **dominiert**. Rational handelnde Investoren werden somit ihren gesamten Anlagebetrag in **Mischportfolios** investieren, die sich aus

- der **risikolosen Anlage R** und
- dem **Wertpapierportfolio M**

zusammensetzen. Nur wenn ein Investor Risiko in Höhe von σ_M übernehmen möchte, ist es sinnvoll, das gesamte Kapital ausschließlich in ein reines Wertpapierportfolio – in das Portfolio M – zu investieren.

Bisher wurde die Möglichkeit der **Kreditaufnahme zum Zinssatz i_B** vernachlässigt. Möchte ein Anleger ein höheres Risiko als σ_M übernehmen, kann er ohne Kreditaufnahme z. B. das Portfolio C realisieren. Die Verlängerung der Strecke RM zeigt allerdings, dass der Anleger bei gleichem Risiko seine Renditeerwartungen steigern kann, wenn er sein gesamtes Kapital in M investiert und zusätzlich einen Kredit aufnimmt, um auch das Fremdkapital in M zu investieren. Durch die **Hebelwirkung der Verschuldung** könnte er dann z. B. den Punkt C' realisieren. Im Punkt C' ist bei gleichem Risiko die Rendite höher als in C. Die **Abb. 122** zeigt, dass auch jedes rechts von M auf der Effizienzlinie liegende Portfolio (und damit auch jedes andere Mischportfolio) von einer mit Eigen- und Fremdkapital finanzierten Investition in das Wertpapierportfolio M dominiert wird.

Das Portfolio M wird durch den Tangentialpunkt der Geraden aus R mit der Effizienzkurve beschrieben und als Marktportfolio bezeichnet.

> Das **Marktportfolio M** ist eine Mischung aller am Kapitalmarkt gehandelten riskanten Wertpapiere und spiegelt in seiner Zusammensetzung das Marktgewicht (Börsenkapitalisierung) der einzelnen Papiere am Gesamtmarkt wider.

Den Marktteilnehmern stehen somit folgende **Anlagemöglichkeiten** offen (→ **Abb. 122**):

(1) **Anlage** des verfügbaren **Eigenkapitals zum risikolosen Zins i_B** (Punkt R).

(2) **Anlage** des verfügbaren Eigenkapitals in einer **Mischung aus risikoloser Anlage i_B und dem Marktportfolio M** (Strecke RM).
(3) **Anlage** des verfügbaren Eigenkapitals **im Marktportfolio M** (Punkt M).
(4) **Anlage** des verfügbaren **Eigenkapitals** und Aufnahme von **Fremdkapital** zum Zinssatz i_B zur Investition in das **Marktportfolio M** (Kapitalmarktlinie rechts oberhalb von M).

Die konkrete Wahl der Anlagemöglichkeit ist abhängig vom **Ausmaß** der **Risikoaversion** des jeweiligen Anlegers. Der extrem risikoscheue Anleger wählt die Alternative (1). Mit zunehmender Risikobereitschaft beschreiten die Anleger einen Pfad steigenden Risikos (und steigender Renditeerwartung), der durch die Anlagestationen (2), (3) und (4) markiert wird. Die Zusammensetzung des Marktportfolios bleibt dabei aber stets konstant. Ein Blick auf **Abb. 122** verdeutlicht, dass die **Zusammensetzung des Marktportfolios** nur durch **zwei Faktoren** bestimmt wird: durch die Höhe der Pure Rate i_B und die Lage der Effizienzlinie. Die Risikoneigung des einzelnen Investors hat keinen Einfluss auf die Struktur des Marktportfolios. Diese Unabhängigkeit der Zusammensetzung des Marktportfolios von der Risikoneigung der einzelnen Investoren wird als **Tobin-Separation** bezeichnet.[1]

Besteht die Möglichkeit, risikolos Geld anzulegen und zum gleichen Zinssatz i_B Kredite aufzunehmen, liegen alle effizienten Mischportfolios auf der Linie, die durch die Punkte R, D', M und C' verläuft. Diese bildet jetzt die Effizienzlinie und wird als **Kapitalmarktlinie** bezeichnet. Sie ist noch einmal in **Abb. 123** dargestellt.

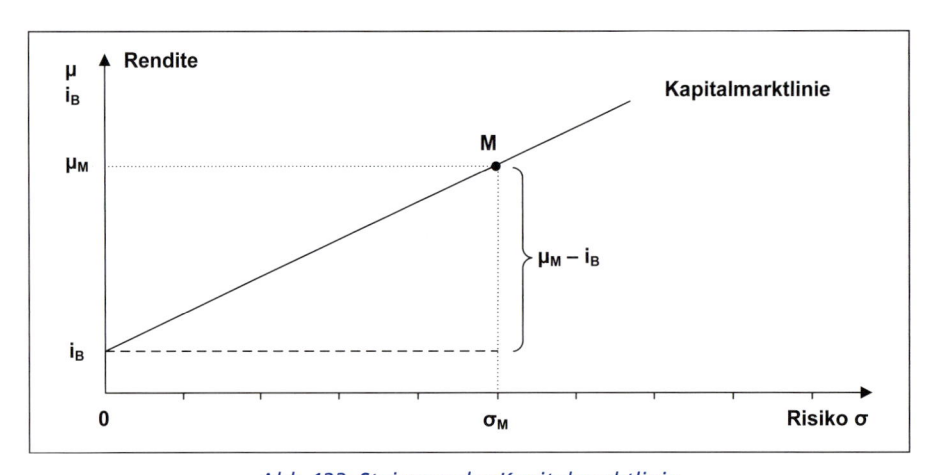

Abb. 123: Steigung der Kapitalmarktlinie

Die **Steigung der Kapitalmarktlinie** gibt Auskunft über den **Preis**, der am Kapitalmarkt **für die Übernahme einer zusätzlichen Risikoeinheit** verlangt wird. Sie stellt somit eine Beziehung zwischen Rendite und Risiko dar. Aus dem Verlauf der Kapitalmarktlinie lassen sich zwei Folgerungen ableiten:

(1) Zwischen **Rendite** und **Risiko** besteht im Kapitalmarktgleichgewicht ein **linearer** Zusammenhang.
(2) Die Übernahme jeder zusätzlichen Risikoeinheit wird mit einer **Risikoprämie** in Höhe von

---

[1] Vgl. Schmidt/Terberger, Investitions- und Finanzierungstheorie, 1997, S. 334 ff.

$$\frac{\mu_M - i_B}{\sigma_M}$$

vergütet.

Die von einem Investor P erzielbare Rendite μ_P ist abhängig von seiner persönlichen Risikoeinstellung. Die persönliche Risikobereitschaft lässt sich durch σ_P, d. h. die Anzahl der persönlich tolerierten Risikoeinheiten σ, messen. Für die persönlich erzielbare Rendite μ_P gilt deshalb

$$\mu_P = i_B + \frac{\mu_M - i_B}{\sigma_M} \cdot \sigma_P$$

Beispiel: Die Pure Rate (i_B) betrage 2 Prozent. Das Marktportfolio M habe eine Rendite μ_M von 12 Prozent und ein Risiko σ_M von 5 Risikoeinheiten (RE). Für die Übernahme von 5 RE gewährt der Markt einen Risikozuschlag ($\mu_M - i_B$) von 10 Prozent. Eine RE wird mit 2 Zinspunkten honoriert. Ist σ_P gleich 2, dann ist also ein Anleger bereit, zwei RE zu übernehmen. In diesem Fall kann er eine Rendite μ_P von 6 Prozent (= 2 % + 2 % · 2) erwarten.

Die Kapitalmarktlinie stellt eine allgemeine Beziehung zwischen Rendite und Risiko im Kapitalmarktgleichgewicht her. Sie zeigt, wie Risiko am Kapitalmarkt unter den unterstellten Bedingungen bewertet wird. Die Kapitalkosten eines einzelnen Unternehmens innerhalb des Marktportfolios lassen sich mit ihr allerdings nicht ohne weiteres herleiten. Daher soll im Folgenden das Konzept der Wertpapierlinie beschrieben werden, das in der Praxis oft zur Bestimmung der Kapitalkosten herangezogen wird.

Die Höhe der **Kapitalkosten** eines Unternehmens hängt davon ab, wie hoch die Investoren das **Risiko** einschätzen, das ein finanzielles Engagement in dieses Unternehmen in sich birgt. Bevor die konkreten Kapitalkosten eines Unternehmens bestimmt werden können, ist somit zunächst ein geeignetes Risikomaß zu suchen.

Die Portfoliotheorie hat gezeigt, dass durch gezielte Diversifikation Teile des Gesamtrisikos der einzelnen Wertpapiere wegdiversifiziert werden können. Der Teil des Risikos eines Wertpapiers, der durch Diversifikation eliminiert werden kann, wird als **unsystematisches Risiko** bezeichnet, der Teil, der auch durch gezielte Diversifikation nicht beseitigt werden kann, wird als **systematisches Risiko** bezeichnet. Der Prototyp des systematischen Risikos ist das allgemeine Konjunkturrisiko.

Auf einem vollkommenen Kapitalmarkt braucht ein Anleger das **unsystematische Risiko** nicht zu tragen, weil er es durch Diversifikation beseitigen kann.

Da die Anleger das unsystematische Risiko nicht tragen müssen, wird es am Kapitalmarkt auch **nicht** extra **vergütet**. Der Kapitalmarkt gewährt keine Prämie für ein unnötigerweise übernommenes Risiko. Somit ist das unsystematische Risiko für die weitere Ableitung der Kapitalkosten ohne Relevanz.

Selbst bei vollständiger Diversifikation ist die Rendite eines Portfolios nicht sicher. Sie unterliegt immer noch dem systematischen Risiko. Das Marktportfolio – als Leser kann man sich darunter einfachheitshalber die im Deutschen Aktienindex DAX zusammengefassten Aktien vorstellen – ist ein gut diversifiziertes Portfolio. Seine Rendite unterliegt daher ausschließlich dem systematischen Risiko. Da das Marktportfolio aus allen am Markt gehandelten riskanten Wertpapieren gebildet wird, ist das **Risiko** des **Marktportfolios** gleich dem **systematischen Risiko** des gesamten Marktes. Stellvertretend für das systematische Risiko seien hier die Veränderung der Konjunktur oder der politischen „Großwetterlage" genannt. Im Marktportfolio sind Titel enthalten, die sehr sensibel auf Veränderungen der Konjunktur reagieren, z. B. die Aktien von Herstellern von Luxusautomobilen, und Titel, die auf Änderungen der Konjunktur weniger reagieren, z. B. Aktien von Versorgungsunternehmen.

> Der **Beta-Wert**[1] (β-Wert) einer Aktie ist ein standardisiertes Maß für die Korrelation eines bestimmten Wertpapiers mit dem Marktportfolio.

Der Beta-Wert beschreibt also, wie stark die Rendite des jeweiligen Wertpapiers bei Schwankungen der Renditen des Marktportfolios reagiert. Der Beta-Wert stellt somit das relevante Risikomaß für die weitere Untersuchung dar.

Das **Marktportfolio** hat definitionsgemäß ein **Beta** von **eins**. Konjunkturanfällige Werte haben ein Beta > 1, weniger konjunkturanfällige Werte ein Beta < 1. Ist eine Anlage risikolos, hat sie ein Beta von Null. Ein Beispiel findet sich im Übungsbuch. (**ÜB 5/85**) Stellt man eine Beziehung zwischen dem Beta eines Wertpapiers als Risikomaß und seiner Rendite her, so erhält man die **Wertpapierlinie**[2] (→ **Abb. 124**).

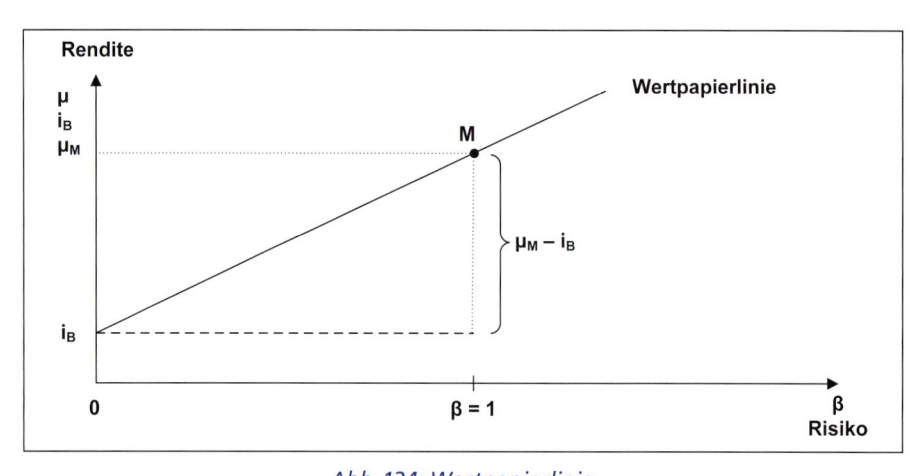

Abb. 124: Wertpapierlinie

Je höher der **Betawert** einer Aktie, desto höher ist das systematische Risiko der Aktie. Je höher das Risiko einer Aktie eingeschätzt wird, umso höhere **Risikozuschläge** werden am Kapitalmarkt verlangt. Formal lautet die entsprechende **Gleichung der Wertpapierlinie**:

---

[1] Vgl. zum Beta-Wert z. B. Franke/Hax, Finanzwirtschaft, 2009, S. 272 ff.
[2] Vgl. zur mathematischen Herleitung der Wertpapierlinie z. B. Perridon/Steiner/Rathgeber, Finanzwirtschaft, 2012, S. 275 ff.

$$\mu_P = i_B + (\mu_M - i_B) \cdot \beta_P$$

Die Renditeforderungen der Kapitalgeber und damit die Kapitalkosten eines Unternehmens sind unmittelbar aus dieser Gleichung abzulesen. Solange die Vergabe von Fremdkapital für die Kapitalgeber kein Risiko in sich birgt, entspricht der Kostensatz für Fremdkapital der Pure Rate i_B. Die **Kosten für Eigenkapital** übersteigen in diesem Fall die Fremdkapitalkosten um den **Risikozuschlag** $(\mu_M - i_B) \cdot \beta_P$. Die Höhe des Risikozuschlags hängt somit vom Beta des jeweiligen Unternehmens (β_P) ab.

In Anlehnung an das obige Beispiel gelten folgende Daten:

$i_B = 0{,}02$; $\mu_M = 0{,}12$;
risikoarmes Unternehmen A: $\beta_A = 0{,}6$;
risikoreiches Unternehmen B: $\beta_B = 1{,}4$.

Die Kosten der Eigenkapitalbeschaffung lassen sich nach der obigen Formel folgendermaßen berechnen:

Unternehmen	i_B	+	$(\mu_M - i_B)$	·	ß	=	Eigenkapitalkosten
A	0,02	+	(0,12 − 0,02)	·	0,6	=	**8 Prozent**
B	0,02	+	(0,12 − 0,02)	·	1,4	=	**16 Prozent**

Abb. 125: Ermittlung von Eigenkapitalkosten in Abhängigkeit vom Risikofaktor Beta

Die wichtigsten **Folgerungen**, die aus dem **CAPM** gezogen werden können, sind:

(1) Bei der Bewertung einzelner Unternehmen innerhalb des Marktportfolios ist nicht das gesamte Risiko des Unternehmens relevant, sondern nur sein systematisches Risiko.
(2) Zwischen dem Risikomaß Beta für das systematische Risiko und der Rendite besteht ein linearer Zusammenhang. Die Risikoprämie beträgt $(\mu_M - i_B) \cdot \beta_P$.

Die **Kritik** am CAPM richtet sich hauptsächlich gegen die Prämissen des Modells.[1] Die Annahme, dass der Zinssatz der risikolosen Geldanlage und der Zinssatz für die Kreditaufnahme identisch seien, entspricht nicht der Realität. In der Regel liegen die Kreditzinsen stets über den Guthabenzinsen. Auch die Annahmen, dass alle Anleger identische Erwartungen haben und das Marktportfolio halten, sind gleichermaßen realitätsfern. Es wird keine zwei Anleger geben, welche die zukünftige Entwicklung des Kapitalmarktes gleich einschätzen. Somit werden die Investoren auch kein identisches Marktportfolio bilden. Die genannten Kritikpunkte machen deutlich, dass das CAPM das tatsächliche Anlegerverhalten nicht realitätsgetreu abbildet. Dennoch werden in der Praxis mit Hilfe des CAPM aus einem Gleichgewichtsmodell heraus Aussagen über die Beziehung von Risiko und Rendite abgeleitet. Abgesehen von den realitätsfernen Prämissen ist das Modell schließlich in sich logisch konsistent, d.h. die abgeleiteten Aussagen sind aus dem Modell heraus begründbar. (**ÜB 5/84–85**)

---

[1] Vgl. zur Kritik am CAPM insb. Schneider, D., Investition, 1992, S. 510 ff.; Hering, T., Investitionstheorie, 2015, S. 303 ff.

Betriebswirtschaftliches Rechnungswesen

Inhaltsüberblick

A. Grundlagen des Rechnungswesens 631
1. Aufgaben und Gliederung des betriebswirtschaftlichen Rechnungswesens 631
2. Grundbegriffe des Rechnungswesens 633

B. Jahresabschluss 645
1. Grundlagen des Jahresabschlusses 646
2. Grundsätze ordnungsmäßiger Buchführung und Bilanzierung 670
3. Bilanz 680
4. Erfolgsrechnung 731
5. Erweiterter Jahresabschluss für Kapitalgesellschaften 740
6. Prüfung und Offenlegung 750
7. Internationaler Jahresabschluss 754
8. Konzernabschluss 792
9. Bilanzpolitik und Bilanzanalyse 811

C. Kostenrechnung 841
1. Grundlagen der Kostenrechnung 841
2. Kostenartenrechnung 858
3. Kostenstellenrechnung 874
4. Kostenträgerrechnung 890
5. Kostenrechnungssysteme 898
6. Kurzfristige Erfolgsrechnung 900
7. Plankostenrechnung 912
8. Strategisch ausgerichtete Verfahren der Kostenrechnung 927

Sechster Abschnitt

Das betriebswirtschaftliche Rechnungswesen ist ein **Informationsanbieter**, der seine Leistungen an verschiedene Informationsnachfrager abgibt. Dabei erwarten die Informationsadressaten bedarfsgerechte Informationen. Das betriebswirtschaftliche Rechnungswesen hat die **Aufgabe** der

- Erfassung, Speicherung und Verarbeitung
- quantitativer Unternehmensdaten für
- vergangene oder künftige Abrechnungszeiträume.

Die folgenden Ausführungen zum betriebswirtschaftlichen Rechnungswesen sind in drei Unterabschnitte aufgeteilt:

A. Grundlagen des Rechnungswesens
B. Jahresabschluss
C. Kostenrechnung

An die Stelle der Einteilung in „Jahresabschluss" und „Kostenrechnung" tritt häufig die Einteilung „Externes Rechnungswesen" und „Internes Rechnungswesen".

A. Grundlagen des Rechnungswesens

Inhaltsüberblick

1. Aufgaben und Gliederung des betriebswirtschaftlichen Rechnungswesens . . 631
2. Grundbegriffe des Rechnungswesens 633

1. Aufgaben und Gliederung des betriebswirtschaftlichen Rechnungswesens

1.1 Rechnungswesen als Bestandteil des betrieblichen Informationssystems

Die **Informationsadressaten** des betriebswirtschaftlichen Rechnungswesens lassen sich je **nach** ihrer **Zugehörigkeit zur Unternehmensführung** in
- **interne Adressaten** (das Management selbst)
- **externe Adressaten** (Gläubiger, Aktionäre, Arbeitnehmer, Finanzbehörden u. a.)

einteilen. Dieser Adressatenorientierung entsprechend unterscheidet man in einer „klassischen" Grobeinteilung zwischen externem und internem Rechnungswesen (→ **Abb. 1**).

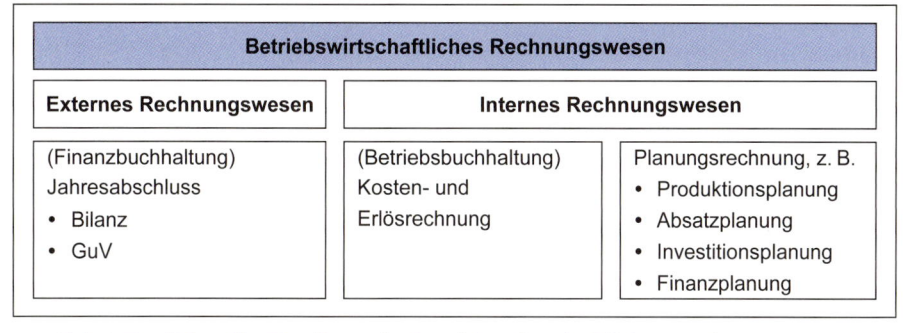

Betriebswirtschaftliches Rechnungswesen		
Externes Rechnungswesen	**Internes Rechnungswesen**	
(Finanzbuchhaltung) Jahresabschluss • Bilanz • GuV	(Betriebsbuchhaltung) Kosten- und Erlösrechnung	Planungsrechnung, z. B. • Produktionsplanung • Absatzplanung • Investitionsplanung • Finanzplanung

Abb. 1: Traditionelle Einteilung des betriebswirtschaftlichen Rechnungswesens

Nach traditioneller Einteilung wird das **externe Rechnungswesen** mit der Finanzbuchhaltung und der Jahresabschlusserstellung, das **interne Rechnungswesen** mit der Kosten- und Erlösrechnung gleichgesetzt. Bei etwas erweiterter Interpretation wird auch die Planungsrechnung, die sich auf die betrieblichen Funktionsbereiche Beschaffung, Produktion, Absatz, Investition und Finanzierung erstreckt, zum internen Rechnungswesen gezählt. Der traditionellen Einteilung folgend wird im Unterabschnitt B. „Jahresabschluss" und im Unterabschnitt C. „Kostenrechnung" ausführlich behandelt. Um dem besonderen Informationsanliegen eines einführenden Lehrbuchs gerecht zu werden, sollen vorab die wesentlichen Unterschiede zwischen externem und internem Rechnungswesen im Rahmen eines Kurzporträts charakterisiert werden.

1.2 Externes Rechnungswesen

Aus dem externen Rechnungswesen erwarten die (externen) Informationsadressaten von der Unternehmensleitung Antwort auf folgende Fragestellungen:

Externe Adressaten	Fragestellungen
Gläubiger	*Wie sicher ist der Kredit in Zukunft?* Informationen über das Schuldnerunternehmen: • Höhe des Vermögens • Höhe der Schulden • Gewinn oder Verlust
Anteilseigner „Kleinaktionäre"	*Wie hoch sind aktuelle und künftige Erfolge?* Informationen über: • Gewinn oder Verlust • Erfolgspotentiale
Finanzbehörden	*Wie hoch sind die zu zahlenden Steuern?* Informationen über: • Bemessungsgrundlage der Gewinnsteuern • Bemessungsgrundlage der Umsatzsteuer

Abb. 2: Informationsbedürfnisse externer Adressaten

Das externe Rechnungswesen setzt folgende Informationsinstrumente ein:
- **Finanzbuchhaltung** zur Dokumentation aller Geschäftsvorfälle
- **Bilanz** zur Information über Vermögen, Schulden und Reinvermögen
- **GuV** zur Information über Umsatz, andere Erträge, Aufwand und Erfolg.

Die externen Jahresabschlussadressaten müssen von der Unternehmensleitung **zutreffend** über die Vermögens-, Schulden- und Erfolgslage **informiert** werden. Dieses Problem hat den Gesetzgeber auf den Plan gerufen: Über die einschlägigen **gesetzlichen (Schutz-)Vorschriften** erhält die Unternehmensleitung klare **Vorgaben** zur Erstellung des handelsrechtlichen und des steuerrechtlichen Jahresabschlusses. Der Jahresabschluss wird im folgenden Unterabschnitt B. ausführlich dargestellt.

1.3 Internes Rechnungswesen

Anders als das gesetzlich geregelte externe Rechnungswesen, ist das interne Rechnungswesen eine völlig **freiwillige Veranstaltung**. Beim internen Rechnungswesen sind gesetzliche Vorschriften überflüssig, weil der Informationsempfänger (= Unternehmensleitung) vor bewussten Falschinformationen durch den Informationslieferanten (= Unternehmensleitung) nicht geschützt zu werden braucht.

1.3.1 Kosten- und Erlösrechnung

Die Kosten- und Erlösrechnung ist eine **kurzfristige Rechnung** (Planungszeitraum: maximal ein Jahr) auf der Basis gegebener Kapazitäten. Die Kosten- und Erlösrechnung hat (ex ante) eine **Entscheidungsfunktion** und (ex post) eine **Kontrollfunktion**:

A.2. Grundbegriffe des Rechnungswesens

Kosten- und Erlösrechnung	
(1) Entscheidungsfunktion *ex ante*	**(2) Kontrollfunktion** *ex post*
Prognose der Selbstkosten zur Optimierung kurzfristiger • Produktionsentscheidungen • Absatzentscheidungen	Überprüfung geplanter Kostenansätze aus (1) zur Kontrolle der Wirtschaftlichkeit getroffener Entscheidungen

Abb. 3: Aufgaben der Kosten- und Erlösrechnung

Die in Unterabschnitt C. behandelte Kosten- und Erlösrechnung wird unterteilt in

- Kostenartenrechnung
- Kostenstellenrechnung
- Kostenträgerrechnung
- Kurzfristige Erfolgsrechnung.

1.3.2 Planungsrechnung

Die Planungsrechnung liefert quantitative Informationen zur

- Produktionsplanung
- Absatzplanung
- Investitionsplanung
- Finanzplanung.

Dabei kommt es zu einer Überschneidung zwischen Kosten- und Planungsrechnung: Die Aufgabe der kurzfristigen **Produktions- und Absatzplanung** (auf der Basis gegebener Kapazitäten) wird von der (Plan-)Kostenrechnung wahrgenommen.

Im Gegensatz dazu basiert die **Investitions- und Finanzplanung** auf einer eigenständigen Planungsrechnung. Die Grundzüge der Investitions- und Finanzplanung wurden im Abschnitt 5 „Investition und Finanzierung" dargestellt. Der wesentliche Unterschied zwischen der Kosten- und Erlösrechnung auf der einen und der Investitions- und Finanzplanung auf der anderen Seite liegt in ihrem **Rückgriff auf unterschiedliche Rechengrößen**. Diese Unterschiede werden im folgenden Kapitel dargestellt. (ÜB 6/1–4)

2. Grundbegriffe des Rechnungswesens

Das betriebswirtschaftliche Rechnungswesen will seine Adressaten mit **brauchbaren Planungsziffern** versorgen. Brauchbar sind die Ziffern dann, wenn sie sich **am Informationsbedarf des jeweiligen Adressaten orientieren**. Hieraus ergibt sich folgende Gedankenkette:

- Die Planungsaufgabe bestimmt den Informationsbedarf.
- Der Informationsbedarf bestimmt die benötigten Rechengrößen.

(1) Informationen für die Finanzplanung

Die Unternehmensleitung will wissen: Welche Vorkehrungen müssen zur Sicherung künftiger Zahlungsfähigkeit getroffen werden? Informationsebene sind die Mittelzuflüsse und Mittelabflüsse der Planperiode.

Rechnungsgrößen	Einzahlungen und Auszahlungen

(2) Informationen für die Investitionsplanung

Das Management will wissen: Lohnt sich die Realisierung des Investitionsprojekts I? Informationsebene ist der Barwert der erwarteten Ein- und Auszahlungen.

Rechnungsgrößen	Einzahlungen und Auszahlungen

(3) Informationen für externe (Bilanz-)Adressaten

Gläubiger und Anteilseigner wollen wissen: Wie erfolgreich war das Unternehmen in der abgelaufenen Periode? Welche Erfolgsaussichten bietet die Zukunft? Informationsebene zur Erfolgsermittlung ist die gesamte Reinvermögensänderung (= Eigenkapitaländerung) der abgelaufenen Periode. Reinvermögensmehrungen bezeichnet man als Erträge, Reinvermögensminderungen als Aufwendungen.

Rechnungsgrößen	Erträge und Aufwendungen

(4) Informationen für die kurzfristige Produktions- und Absatzplanung

Die Unternehmensleitung will wissen: Wie vorteilhaft ist eine kurzfristig wirksame betriebliche Einzelmaßnahme, z. B. die Annahme eines Zusatzauftrags? Hierbei interessiert den Planer nicht der Gesamterfolg des Unternehmens, sondern nur der Erfolgsbeitrag, der durch die Realisierung der betrieblichen Einzelaktion verursacht wird. Informationsebene ist der **betriebsbedingte** Erfolg als Differenz zwischen Erlösen (+) und Kosten (–).

Rechnungsgrößen	Erlöse und Kosten

Die einzelnen Teilbereiche des betriebswirtschaftlichen Rechnungswesens arbeiten also mit **unterschiedlichen Rechengrößen**, die häufig in der einschlägigen Literatur als „Grundbegriffe des Rechnungswesens" bezeichnet werden:

Teilgebiete des Rechnungswesens			
(1) Finanzrechnung	(2) Investitionsrechnung	(3) Jahresabschluss	(4) Kosten- und Erlösrechnung
+ Einzahlungen – Auszahlungen	+ Einzahlungen – Auszahlungen	+ Erträge – Aufwendungen	+ Erlöse – Kosten
Grundbegriffe des Rechnungswesens			

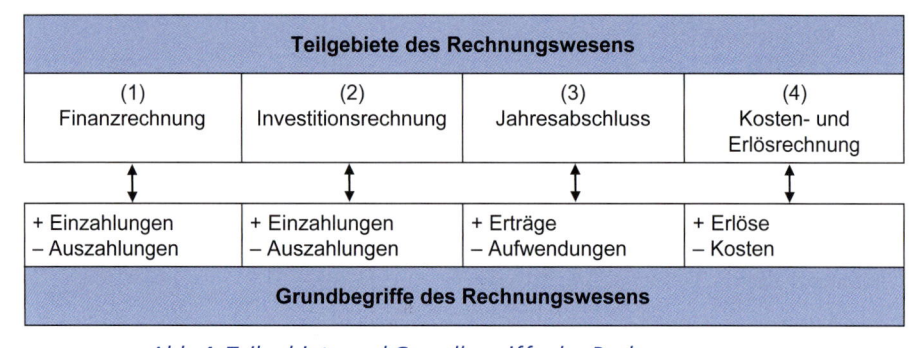

Abb. 4: Teilgebiete und Grundbegriffe des Rechnungswesens

Ein viertes Begriffspaar ist zu nennen: Einnahmen und Ausgaben. In der Planungsrechnung spielt dieses Begriffspaar nur eine untergeordnete Rolle. Im Folgenden sollen die einzelnen Begriffspaare kurz erläutert werden.

2.1 Einzahlungen – Auszahlungen

Man bezeichnet als
- **Einzahlungen** den Zufluss liquider Mittel.
- **Auszahlungen** den Abfluss liquider Mittel.

Unter liquiden Mitteln versteht man die Summe an Bargeld und verfügbaren Sichtguthaben. Die so definierten **Zahlungsmittel** sind eine **Bestandsgröße**, die durch die beiden **Stromgrößen** Einzahlungen bzw. Auszahlungen verändert wird.

Die **Investitionsrechnung** und die **Finanzplanung** basieren auf Einzahlungen und Auszahlungen. In Mehrperiodenmodellen wie der dynamischen Investitionsrechnung[1] werden zu unterschiedlichen Zeitpunkten anfallende Zahlungen durch Abzinsung vergleichbar gemacht.

2.2 Einnahmen – Ausgaben

Zum Verständnis dieses Begriffspaares muss man auf eine andere **Bestandsgröße**, das **Geldvermögen**, zurückgreifen:

	Zahlungsmittelbestand
+	Forderungen
–	Verbindlichkeiten
=	**Geldvermögen**

Die Bestandsgröße „Geldvermögen" wird durch Einnahmen erhöht, durch Ausgaben verringert. Damit können die **Stromgrößen** Einnahmen und Ausgaben auf folgende Sachverhalte zurückzuführen sein:

Zunahme des Geldvermögens		**Abnahme des Geldvermögens:**	
	Zahlungsmittelzufluss		Zahlungsmittelabfluss
+	Erhöhung von Forderungen	+	Verminderung von Forderungen
+	Verminderung von Schulden	+	Erhöhung von Schulden
=	**Einnahmen**	=	**Ausgaben**

Abb. 5: Einnahmen und Ausgaben als Geldvermögensänderung

Konkrete Beispiele zur Begriffsabgrenzung von
- Einzahlungen, Einnahmen, Erträgen, Erlösen
- Auszahlungen, Ausgaben, Aufwendungen, Kosten

finden sich im zugehörigen Übungsbuch. (**ÜB 6/1–3**)

---
[1] Vgl. S. 484 ff.

2.3 Erträge – Aufwendungen

Dieses Begriffspaar ist von zentraler Bedeutung für die Erfolgsermittlung im Rahmen des **externen Jahresabschlusses**. Wie der Jahresabschluss selbst, so ist auch die Definition von Erträgen und Aufwendungen sehr stark durch Rechtsnormen (z. B. zur Abschreibung oder zur Bildung von Rückstellungen) geprägt.

Stromgröße (+)	Bestandsgröße	Stromgröße (–)
↓	Zahlungsmittelbestand	↓
Wert aller erbrachten Leistungen der Periode	+ Forderungen – Verbindlichkeiten	Wert aller verbrauchten Leistungen der Periode
=	= Geldvermögen	=
Ertrag	+ Sachvermögen	**Aufwand**
↑		↑
Reinvermögensmehrung	**Reinvermögen**	Reinvermögensminderung

Abb. 6: Erträge und Aufwendungen als Reinvermögensänderung

In der **GuV** wird der Ertrag (Aufwand) gegliedert nach Ertragsarten (Aufwandsarten) ausgewiesen. Die Differenz zwischen Ertrag und Aufwand bezeichnet man als **Gesamtergebnis**, welches die **Bestandsgröße** Reinvermögen (= Eigenkapital) verändert. Mit dem Ausweis des Gesamtergebnisses zeigt die GuV, welche

- Reinvermögensmehrung bzw. Eigenkapitalmehrung (Gewinn) oder
- Reinvermögensminderung bzw. Eigenkapitalminderung (Verlust)

der Betrieb erwirtschaftet hat.

Um die **künftige Ertragslage** besser beurteilen zu können, interessieren sich Kapitalanleger, z. B. Aktionäre, für den

- nachhaltig erzielbaren Erfolg
- aus dem Kerngeschäft.

Zu diesem Zweck unterscheidet man zwischen ordentlichen und neutralen Erfolgskomponenten:

Ordentlicher Ertrag	–	Ordentlicher Aufwand	=	Ordentliches Ergebnis
Neutraler Ertrag	–	Neutraler Aufwand	=	Neutrales Ergebnis
Ertrag	–	**Aufwand**	=	**Gesamtergebnis**

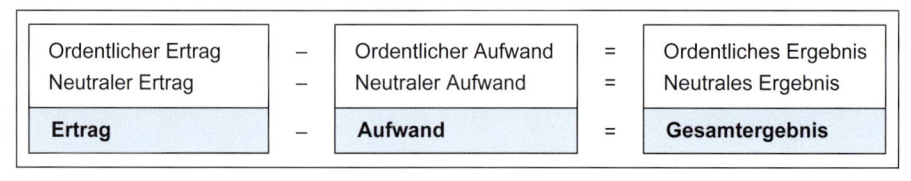

Abb. 7: Ordentliches und neutrales Ergebnis

Das **ordentliche Ergebnis** soll das **nachhaltig erzielbare Ergebnis** aus dem **Kerngeschäft** abbilden. Im **neutralen Ergebnis** werden dagegen

- **betriebsfremde** und
- **zufallsbedingte**

Erfolgskomponenten zusammengefasst:

A.2. Grundbegriffe des Rechnungswesens

Ertrag			
neutraler Ertrag			ordentlicher Ertrag
betriebsfremd (1)	außergewöhnlich (2)	periodenfremd (bewertungsbed.) (3)	nachhaltig; Kerngeschäft (4)

Aufwand			
neutraler Aufwand			ordentlicher Aufwand
betriebsfremd (1)	außergewöhnlich (2)	periodenfremd (bewertungsbed.) (3)	nachhaltig; Kerngeschäft (4)

Abb. 8: Aufwands- und Ertragsklassifizierung nach dem Erfolgsspaltungskonzept

Beispielhaft lassen sich – unter Fortführung der Nummerierung aus **Abb. 8** – folgende Erträge und Aufwendungen nennen:

	Erträge	*Klassifizierung*		Aufwendungen
(1)	Spekulationsgewinne	– neutral –	(1)	Spekulationsverluste
(2)	Schuldenerlass	– neutral –	(2)	Brandkatastrophe
(3)	Anlagenverkauf über dem Buchwert	– neutral –	(3)	Anlagenverkauf unter dem Buchwert
(4)	• Umsatzerlöse • Bestandsmehrung an Fertigfabrikaten	– ordentlich –	(4)	• Personalaufwand • Materialaufwand • Energieaufwand

Abb. 9: Neutrale und ordentliche Aufwendungen und Erträge

Das **ordentliche**, d. h. das nachhaltig erzielbare, Ergebnis aus dem Kerngeschäft ergibt sich nach Abspaltung **neutraler** Erträge und Aufwendungen. Ergebnisse aus **(1)** Spekulationsgeschäften bleiben unberücksichtigt, weil sie mit dem Betriebszweck nichts zu tun haben. Selten vorkommende **(2)** zufallsbedingte Erfolgskomponenten (z. B. Brandschäden) werden ebenfalls ausgeklammert. Veräußerungsgewinne(-verluste) beim Anlagenverkauf sind darauf zurückzuführen, dass in den Vorperioden zu hoher (zu geringer) Abschreibungsaufwand verrechnet wurde. Dieser **(3)** periodenfremde (bewertungsbedingte) Aufwand/Ertrag bleibt bei der Ermittlung des ordentlichen Ergebnisses ebenfalls unberücksichtigt.

2.4 Erlöse – Kosten

Eine auf Erlösen und Kosten basierende Rechnung dient der **internen Unternehmenssteuerung** auf der Basis gegebener Produktionskapazitäten. Kosten und Erlöse sind folgendermaßen definiert:

- **Kosten** = Bewerteter Verzehr von Gütern und Dienstleistungen, der durch die betriebliche Leistungserstellung verursacht wird.
- **Erlöse**[1] = Wert aller erbrachten Leistungen im Rahmen der typischen betrieblichen Tätigkeit.

Das **wesentliche Unterscheidungsmerkmal** zwischen Aufwand/Kosten bzw. Ertrag/Erlösen ist die **Betriebsbedingtheit**:

	Wertmehrung		Wertminderung
Ertrag	= **jeder** Wertzuwachs der Periode	Aufwand	= **jede** Wertminderung der Periode
Erlöse	= **betriebszweckbezogener** Wertzuwachs	Kosten	= **betriebszweckbezogene** Wertminderung

Abb. 10: Wertmehrungen und Wertminderungen

Die Differenz zwischen Ertrag und Aufwand bezeichnet man als **Gesamtergebnis** (= **gesamte Reinvermögensänderung**). Dagegen nennt man die Differenz zwischen Erlösen und Kosten **Betriebsergebnis** (= **betriebsbedingte Reinvermögensänderung**). So führen Spekulationsgewinne und -verluste zwar zu einer positiven bzw. negativen Reinvermögensänderung. Das Betriebsergebnis bleibt hiervon aber unberührt, weil solche Geschäftsvorfälle jenseits des eigentlichen Betriebszwecks (Kerngeschäft) liegen.

Die **Unterscheidung zwischen Aufwand** (= jeglicher Wertverzehr) **und Kosten** (= betriebsbedingter Wertverzehr) ist ein konstitutives Merkmal der Kostenrechnung. Einigkeit herrscht in der Literatur über folgende Grobeinteilung:

Aufwand		
Neutraler Aufwand	Zweckaufwand	
	Grundkosten	Kalkulatorische Kosten
	Kosten	

Abb. 11: Grobabgrenzung von Aufwand und Kosten

Dem neutralen Aufwand stehen keine Kosten gegenüber. Der betriebszweckbezogene Aufwand hat Kostencharakter und wird als Zweckaufwand bezeichnet. Unter der Bezeichnung Grundkosten findet der Zweckaufwand Eingang in die Kostenrechnung. Rechnet man zu den Grundkosten die kalkulatorischen Kosten hinzu, erhält man die Gesamtkosten.

Eine **präzise Abgrenzung** resultiert aus den einzelnen Bestandteilen von

- **neutralem Aufwand**
- **kalkulatorischen Kosten**.

Folgende Abgrenzung ist in der Literatur[2] weit verbreitet:

---

[1] Die frühere Bezeichnung „Leistungen" wird häufig durch die Bezeichnung „Erlöse" ersetzt.

[2] Vgl. z. B. Schweitzer, M. et al., Kostenrechnung, 2016, S. 39 ff.

Neutraler Aufwand			Zweckaufwand		
(1)	(2)	(3)			
			Grundkosten	Kalkulatorische Kosten	
				(4) (5) (6)	

Abb. 12: Detailabgrenzung von Aufwand und Kosten

(1) **Betriebsfremder Aufwand** liegt vor, wenn Aufwand überhaupt keine Beziehung zur betrieblichen Leistungserstellung hat (z. B. Spekulationsverluste, Spende an das Rote Kreuz).

(2) **Außergewöhnlicher Aufwand** liegt vor, wenn der Wertverzehr zwar durch die Erstellung der Betriebsleistung verursacht worden ist, aber so außergewöhnlich ist, dass er als „Zufallsgröße" nicht in die Selbstkosten der betreffenden Periode einbezogen werden sollte. Beispiele sind Feuer- und Sturmschäden, Verluste aus Bürgschaften, Forderungsausfall gegenüber einem Großabnehmer u. a.

(3) **Bewertungsbedingter Aufwand** liegt vor, wenn der Aufwand zwar der Art, nicht aber der Höhe nach kostengleich ist. Typisches Beispiel sind Abschreibungen. Zur Berücksichtigung der Anlagenabnutzung werden in der Kostenrechnung kalkulatorische Abschreibungen angesetzt, die sich am tatsächlichen Wertverzehr der Periode orientieren. Dagegen bemisst man den Abschreibungsaufwand in der Bilanz und in der GuV häufig unter bilanzpolitischen Aspekten, d. h. zum Zweck eines möglichst hohen oder niedrigen Erfolgsausweises. Beträgt der unter bilanzpolitischen Aspekten angesetzte Abschreibungsaufwand 800, die kalkulatorische Abschreibung aber nur 500, beziffert sich der bewertungsbedingte neutrale (Mehr-)Aufwand (= Aufwand, aber keine Kosten) auf 300.

(4) **Kalkulatorische (Mehr-)Abschreibungen** sind die korrespondierende Größe zur eben behandelten Ziffer **(3)**. Beträgt die bilanzielle Abschreibung 350, die tatsächliche Wertminderung (= kalkulatorische Abschreibung) aber 500, dann wird die kalkulatorische Abschreibung mit einem Anteil von 350 den Grundkosten subsumiert, während die Mehr-Abschreibung von 150 unter Ziffer **(4)** zu rubrizieren ist.

(5) **Kalkulatorische Wagnisse** entspringen dem kostenrechnerischen Grundgedanken, aperiodisch auftretenden, zufallsbedingten Wertverzehr zeitlich zu glätten. Ist z. B. die Knallkörperfabrikation mit sporadischen Explosionsschäden verbunden, wird in der GuV die Periode mit außergewöhnlichem Aufwand (vgl. Ziffer **(2)**) belastet, in welcher der Schaden entstanden ist. Dagegen wird in der Kostenrechnung der sporadische Wertverzehr im Wege der Durchschnittsbildung gleichmäßig auf mehrere Abrechnungsperioden verteilt. Nur dieser „periodisierte Durchschnittsaufwand" findet als kalkulatorisches Wagnis Eingang in die Kostenrechnung.

(6) **Zusatzkosten** sind solche Kosten, denen in der GuV überhaupt kein Aufwand gegenübersteht. Beispiele für solche Zusatzkosten sind
- kalkulatorische Eigenkapitalzinsen
- kalkulatorische Miete
- kalkulatorischer Unternehmerlohn.

Diese Kostenarten sind nicht mit Aufwand verbunden. Sie beruhen nicht auf Auszahlungen, sondern auf entgangenen Erträgen und entsprechen damit dem **Opportunitätskostengedanken**.

Hinsichtlich der kalkulatorischen Kosten unterscheidet man zwischen

- **Zusatzkosten**, denen gar kein Aufwand
- **Anderskosten**, denen Aufwand in anderer Höhe

gegenübersteht.

(6) Zusatzkosten beruhen auf entgangenen Erträgen aus dem Einsatz von Faktoren des Unternehmers (Arbeitskraft, Eigenkapital, Räume). **(4)** Kalkulatorische Abschreibungen und **(5)** kalkulatorische Wagniskosten stellen dagegen Anderskosten dar. (**ÜB 6/1–2**)

2.5 Gesamtergebnis – Betriebsergebnis

Das betriebswirtschaftliche Rechnungswesen befriedigt externe und interne Informationsbedürfnisse. Die **externe Erfolgsrechnung** bezeichnet man als GuV, die **interne Erfolgsrechnung** als Betriebsergebnisrechnung oder kurzfristige Erfolgsrechnung.

In der GuV wird das **Gesamtergebnis** ausgewiesen, das sich aus dem ordentlichen und dem neutralen Ergebnis zusammensetzt. Das in der GuV ausgewiesene Gesamtergebnis zeigt (jenseits von Privateinlagen und -entnahmen) die

- **gesamte Reinvermögensmehrung** (Gewinn)
- **gesamte Reinvermögensminderung** (Verlust)

der Periode.

Will man feststellen, ob sich die betriebliche Tätigkeit in der abgelaufenen Periode „gelohnt" hat, muss man sich über die Höhe des **Betriebsergebnisses** informieren.

	Ertrag		3.250
–	Aufwand	–	2.000
	Gesamtergebnis	**+**	**1.250**
–	neutrales Ergebnis	–	250
	ordentliches Ergebnis	+	1.000
–	Zusatzkosten		
	• Kalkulatorische Eigenkapitalzinsen	–	600
	• Kalkulatorischer Unternehmerlohn	–	180
	• Kalkulatorische Miete	–	150
	Betriebsergebnis	**+**	**70**

Abb. 13: Gesamtergebnis und Betriebsergebnis (Beispiel)

Im obigen Beispiel ist der Unternehmer um 1.250 „reicher" geworden. Zieht man davon das neutrale Ergebnis ab, verbleibt eine (betriebsbedingte) Reinvermögensmehrung in Höhe von 1.000.

Als Alternative zur betrieblichen Tätigkeit hätte der Unternehmer sein Eigenkapital, seine eigene Arbeitskraft und seine zum Privatvermögen gehörenden Räume zur Erzielung von Zinseinkünften (600), Arbeitseinkünften (180) und Mieteinkünften (150) einsetzen können. Gemessen an dieser Alternativverwendung knapper Produktionsfaktoren hat sich seine finanzielle Lage durch die betriebliche Tätigkeit nur um +70 verbessert.

Im Gesamtergebnis von 1.250 sind also folgende Erfolgskomponenten enthalten:
- Entschädigung für nichtbetriebszweckbezogene Tätigkeit 250
  (z. B. Spekulationsgewinne)
- Entschädigung für Eigenkapitalbereitstellung 600
- Entschädigung für eigene Arbeit 180
- Entschädigung für eigene Räume 150
- **Entschädigung für Übernahme des unternehmerischen Risikos** **70**

Der **Betriebsgewinn** ist also ein Restgewinn **(Residualgewinn)**, mit dem der Markt – in guten Jahren – die Übernahme **des unternehmerischen Risikos** honoriert.

2.6 Cash-Flow-Rechnung

Die Aufrechterhaltung der Zahlungsbereitschaft ist die Grundvoraussetzung für unternehmerische Tätigkeit. Ein **Unternehmen** ist **erfolgreich**, wenn die Erträge die Aufwendungen übersteigen, und es ist **zahlungsfähig**, wenn die Einzahlungen größer sind als die Auszahlungen.

Ertragskraft		Finanzkraft
Ertrag		Einzahlungen aus lfd. Geschäftstätigkeit
– Aufwand	–	Auszahlungen aus lfd. Geschäftstätigkeit
= **Gesamtergebnis**	=	**Operativer Cash Flow**

Abb. 14: Maßgrößen der Ertrags- und Finanzkraft

Ein positiver (negativer) operativer **Cash Flow** ist gleichbedeutend mit einem Einzahlungsüberschuss (Auszahlungsüberschuss) der Periode aus der laufenden Geschäftstätigkeit. Durch ein positives Gesamtergebnis erhöht sich das Reinvermögen, durch einen positiven Cash Flow erhöht sich der Zahlungsmittelbestand. Der operative Cash Flow, also der Zahlungsstrom der Periode, kann auf direktem oder auf indirektem Wege bestimmt werden (→ **Abb. 15**).

Cash Flow		
Direkte Ermittlung		Indirekte Ermittlung
		(alle) Erträge
	–	(alle) Aufwendungen
		Gewinn/Verlust
Zahlungswirksame Erträge	–	Zahlungsunwirksame Erträge
– Zahlungswirksame Aufwendungen	+	Zahlungsunwirksame Aufwendungen
Operativer Cash Flow		**Operativer Cash Flow**

Abb. 15: Direkte/indirekte Cash-Flow-Ermittlung

Hinter der **direkten** Cash-Flow-Ermittlung steht eine betriebsinterne Rechnung: Erträge werden nur insoweit berücksichtigt, als sie zu Einzahlungen der Periode geführt haben. So bleiben Erträge aus Zielverkäufen außen vor. Demgegenüber sind Aufwendungen nur zu erfassen, wenn sie auszahlungswirksam sind. Aufwand durch Verbrauch von Rohstoffen, die in der Vorperiode angeschafft und bezahlt wurden, bleibt unberücksichtigt.

Von größerer praktischer Bedeutung ist die **indirekte** Cash-Flow-Ermittlung. Hierbei wird der Cash Flow aus dem (publizierten) Jahresabschluss abgeleitet. Das hat den Vorteil, dass sich auch externe Interessenten, z. B. Bilanzanalysten, ein Bild von der Finanzkraft des Unternehmens machen können. Der **Nachteil** dieser Ermittlungsmethode liegt in ihrer Ungenauigkeit: Der Cash Flow lässt sich durch Außenstehende nur **näherungsweise ermitteln**. Deshalb werden als zahlungsunwirksame Aufwendungen meist nur die Abschreibungen und die Erhöhungen der (langfristigen) Rückstellungen berücksichtigt; als zahlungsunwirksame Erträge sind oftmals nur die Zuschreibungen und die Minderungen der (langfristigen) Rückstellungen von Externen identifizierbar.

Die indirekte Cash-Flow-Ermittlung lässt sich am besten an einem Beispiel erläutern. Annahmegemäß setzt sich der Personalaufwand aus Lohn- und Gehaltszahlungen von 400 und Zuführungen zur Pensionsrückstellung in Höhe von 120 zusammen.

	GuV		Cash-Flow-Ermittlung	
	Umsatzerlöse	1.600		1.600
+	sonstige betriebliche Erträge	+ 400		+ 400
−	Materialaufwand	− 500		− 500
−	Personalaufwand	− 520		− 400
−	Abschreibungen	− 480		
−	sonstiger betrieblicher Aufwand	− 200		− 200
	Gewinn	**+ 300**	**Operativer Cash Flow**	**+ 900**

Abb. 16: Vereinfachte Cash-Flow-Ermittlung aus der GuV

Die **vereinfachte Cash-Flow-Ermittlung** in **Abb. 16** stützt sich auf folgende **Fiktion**: Mit Ausnahme der Zuführung zur Pensionsrückstellung und der Abschreibung sind

- alle Aufwendungen auszahlungswirksam,
- alle Erträge einzahlungswirksam.

Nur unter dieser Bedingung kann man sagen: In der abgelaufenen Periode wurde im laufenden Geschäft ein Einzahlungsüberschuss in Höhe von 900 Geldeinheiten (GE) erwirtschaftet. Dieser Cash Flow wurde in der rechten Spalte der **Abb. 16** auf direktem Wege ermittelt. Geht man vom Gewinn lt. GuV aus, lässt sich der Cash Flow des Beispiels in der **Abb. 16** auch so (also auf indirektem Wege) ermitteln:

	Gewinn lt. GuV	300
+	Abschreibungen	480
+	Erhöhung von Rückstellungen	120
=	**Operativer Cash Flow**	**900**

Der Cash Flow ist ein **Indikator für die Finanzkraft** des Unternehmens. Er kann zur

- Finanzierung von neuen Anlageinvestitionen
- Schuldentilgung

herangezogen werden. Unterstellt man der Einfachheit halber, dass das Unternehmen keine Auszahlungen in Form von Gewinnsteuern und von Gewinnausschüttungen zu leisten hat, dann ist der **operative Cash Flow** gleichbedeutend mit dem **Innenfinanzierungsvolumen** des Unternehmens.

Ein stark vereinfachtes Beispiel kann den Zusammenhang zwischen

- Mittelherkunft aus laufender Geschäftstätigkeit
- Mittelverwendung im Investitions- und Finanzierungsbereich

verdeutlichen.

Operativer Cash Flow		Cash Flow aus der Investitionstätigkeit		Cash Flow aus der Finanzierungstätigkeit	
Zahlungswirksamer Ertrag	2.000	Einzahlungen aus Anlagenverkauf	200	Einzahlungen aus Kreditaufnahme	120
– Zahlungswirksamer Aufwand	– 1.100	– Auszahlungen für Anlagenkauf	– 700	– Auszahlungen für Kredittilgung	– 480
Mittelzufluss aus der lfd. Geschäftstätigkeit	**+ 900**	**Mittelabfluss aus der Investitionstätigkeit**	**– 500**	**Mittelabfluss aus der Finanzierungstätigkeit**	**– 360**

Abb. 17: Verwendung des operativen Cash Flows

Im Beispiel der **Abb. 17** wurde der operative Cash Flow von 900 GE einerseits für Investitionszwecke (500 GE), andererseits zur Schuldentilgung (per Saldo 360 GE) verwendet. Dem Mittelzufluss von 900 GE steht ein Mittelabfluss von 860 GE gegenüber. Der Zahlungsmittelbestand hat sich im Laufe der Periode um 40 GE (= 900 GE – 860 GE) erhöht. Die Verknüpfung dieser drei Zahlungsbereiche bezeichnet man als Kapitalflussrechnung, die an anderer Stelle[1] ausführlicher erläutert wird. Weitere Beispiele befinden sich im zugehörigen Übungsbuch. (**ÜB 6**/4, 64 und 68)

---

[1] Vgl. S. 747 ff.

B. Jahresabschluss

Inhaltsüberblick

1. Grundlagen des Jahresabschlusses 646
2. Grundsätze ordnungsmäßiger Buchführung und Bilanzierung 670
3. Bilanz 680
4. Erfolgsrechnung 731
5. Erweiterter Jahresabschluss für Kapitalgesellschaften 740
6. Prüfung und Offenlegung 750
7. Internationaler Jahresabschluss 754
8. Konzernabschluss 792
9. Bilanzpolitik und Bilanzanalyse 811

> Der **Jahresabschluss** hat die Aufgabe, die wirtschaftlichen Vorgänge (Geschäftsvorfälle) eines Unternehmens in einem komprimierten Zahlenwerk zu dokumentieren.

Das komplexe Thema „Jahresabschluss" lässt sich in vier Problemfelder einteilen:

Einzelabschluss nach HGB

Von kleinen Einzelfirmen abgesehen ist jedes deutsche Unternehmen verpflichtet, Bücher zu führen und einen Jahresabschluss nach HGB zu erstellen. Ein solcher handelsrechtlicher Jahresabschluss für ein einzelnes Unternehmen kann als Einzelabschluss bezeichnet werden und setzt sich (mindestens) aus einer Bilanz sowie einer Gewinn- und Verlustrechnung (GuV) zusammen. Großunternehmen, meist in der Rechtsform einer börsennotierten AG geführt, müssen auch eine Kapitalflussrechnung, einen Eigenkapitalspiegel und einen Anhang sowie – neben dem Jahresabschluss – einen Lagebericht erstellen. Außerdem sind sie zur Prüfung und Offenlegung von Jahresabschluss und Lagebericht verpflichtet. Das Gesamtgebiet des Einzelabschlusses nach HGB wird in den Kapiteln 1. bis 6. behandelt.

Internationaler Jahresabschluss

So wie deutsche Unternehmen ihren Jahresabschluss nach den Rechtsnormen des HGB erstellen, so müssen englische, französische u. a. Unternehmen ihren Jahresabschluss nach den Rechtsnormen ihres Sitzstaates erstellen. Da sich die nationalen Jahresabschlussnormen vielfach unterscheiden, ähnelt der Vergleich von deutschen und englischen Jahresabschlüssen – überspitzt gesagt – dem sprichwörtlichen Vergleich von Äpfeln und Birnen. Da der internationale Kapitalmarkt jedoch auf der Basis vergleichbarer Jahresabschlüsse besser funktionieren soll, wurden parallel zu den nationalstaatlichen Rechnungslegungsvorschriften (→ HGB) internationale Rechnungslegungsvorschriften entwickelt, die sog. International Financial Reporting Standards (→ IFRS), die in Kapitel 7. behandelt werden.

Konzernabschluss

Konzerne bestehen aus einem Mutterunternehmen und Tochterunternehmen, deren Zahl bei einem Weltkonzern (wie beispielsweise Siemens) in die Hunderte gehen kann. Jedes dieser Unternehmen ist verpflichtet einen Einzelabschluss nach HGB zu erstellen. Zur Vermittlung eines Einblicks in die wirtschaftliche Lage der Gesamteinheit „Konzern" ist die Konzernmutter verpflichtet, alle Einzelabschlüsse zu einem

Konzernabschluss zusammenzufassen. Die damit verbundenen Probleme werden in Kapitel 8. behandelt.

Bilanzpolitik und Bilanzanalyse

Einen Schwerpunkt der Bilanzierung stellt die Frage nach dem richtigen Wertansatz für Vermögen und Schulden dar. Niemand kann jedoch genau vorhersagen, ob Forderungen in voller Höhe eingehen oder ob die drohende Zahlungsverpflichtung aus einem anhängigen Schadenersatzprozess rechtswirksam wird oder nicht. Daraus entsteht ein Ermessensspielraum, der das Unternehmen in die Lage versetzt, **Bilanzpolitik** zu betreiben, sich also mit einem optimistisch gefärbten „rosa" Jahresabschluss oder mit einem pessimistisch getönten „grauen" Abschluss zu präsentieren. Aufgabe der von außenstehenden Experten betriebenen **Bilanzanalyse** ist es, den bilanzpolitischen Schleier zu lüften und die Grau- bzw. Rosatönung aus dem Jahresabschluss herauszufiltern. Bilanzpolitik und Bilanzanalyse sind Gegenstand des abschließenden Kapitels 9.

1. Grundlagen des Jahresabschlusses

Das externe Rechnungswesen hat die Aufgabe, unternehmensexterne Adressaten, also die **Jahresabschlussadressaten**, die man üblicherweise als Bilanzadressaten bezeichnet, über die wirtschaftliche Lage des Unternehmens zu **informieren**.

Der Jahresabschluss wird von der Unternehmensleitung erstellt. Meistens verfolgt die Unternehmensleitung andere Ziele als die Bilanzadressaten. Deshalb hat der Gesetzgeber, insb. im **Handelsgesetzbuch (HGB)**, detaillierte Rechnungslegungsvorschriften zum **Schutz der Bilanzadressaten** erlassen.

Der handelsrechtliche Jahresabschluss besteht aus verschiedenen Einzelbestandteilen, die allesamt aus der **Finanzbuchhaltung**, d. h. der Buchung aller Geschäftsvorfälle auf Bilanz- und Erfolgskonten, abzuleiten sind.

Finanzbuchhaltung (Aktiv-, Passiv-, Aufwands- und Ertragskonten)			
Bilanz	**GuV**	**Kapitalfluss-rechnung**	**Eigenkapital-spiegel**
Vermögen – Schulden = Eigenkapital (EK)	Erträge – Aufwendungen = Erfolg	AB Zahlungsmittel + Einzahlungen – Auszahlungen = EB Zahlungsmittel	AB Eigenkapital + Zugänge – Abgänge = EB Eigenkapital

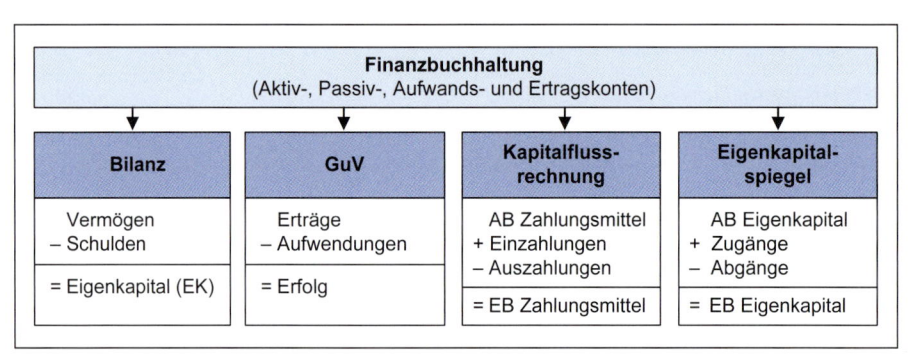

Abb. 18: Kernelemente des handelsrechtlichen Jahresabschlusses

Die folgenden Ausführungen befassen sich mit
- der Kurzdarstellung von Bilanz, GuV, Kapitalflussrechnung und Eigenkapitalspiegel
- den Aufgaben des Jahresabschlusses (Adressatenschutz, Dokumentations-, Informations- und Zahlungsbemessungsfunktion)

- der Einschränkung der Informationsfunktion wegen unsicherer Zukunftserwartungen
- den Grundprinzipien des handelsrechtlichen Jahresabschlusses
- den gesetzlichen Vorschriften im Überblick.

Bilanz und **GuV** sind **Grundelemente** des **Jahresabschlusses**. Unternehmen, die den Kapitalmarkt in Anspruch nehmen (das sind vor allem Publikumsaktiengesellschaften), müssen darüber hinaus eine Kapitalflussrechnung und einen Eigenkapitalspiegel erstellen.[1] Ein Zahlenbeispiel zur Erläuterung der Zusammenhänge dieser vier Jahresabschlusskomponenten findet sich im Übungsbuch. (**ÜB 6**/11–13)

1.1 Formalaufbau der Bilanz und Bilanzarten

Jeder buchführungspflichtige Kaufmann ist nach §240 HGB verpflichtet, zu Beginn seines Handelsgewerbes und zu jedem folgenden Bilanzstichtag ein Inventar zu erstellen, worin er die einzelnen Vermögensgegenstände VG_1, VG_2, ..., VG_n und die einzelnen Schulden S_1, S_2, ..., S_n mengen- bzw. art- und wertmäßig zu verzeichnen hat.

VG_1 VG_2 : VG_n	Einzelne Vermögensgegenstände mengen-, art- und wertmäßig	... ...
I. Vermögen		**1.000**
S_1 S_2 : S_n	Einzelne Schulden art- und wertmäßig	... ...
II. Schulden		**700**
III. Reinvermögen (I. – II.)		**300**

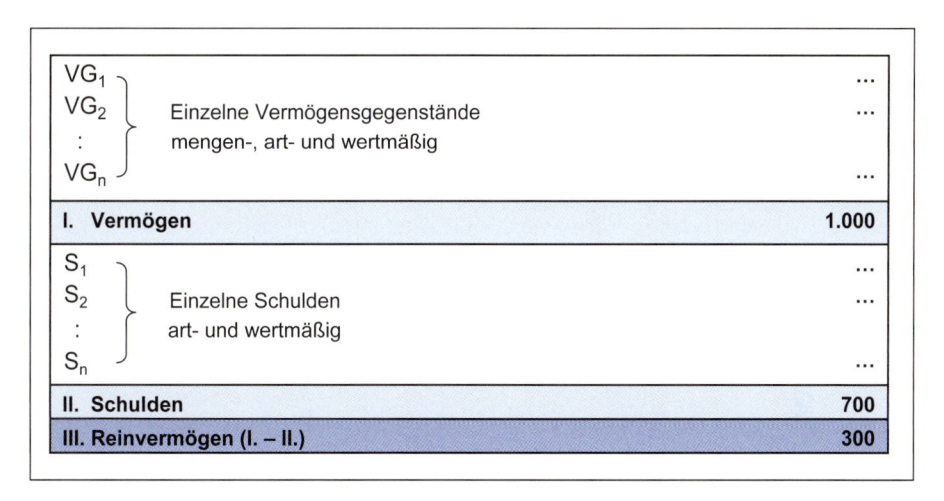

Abb. 19: Inventar zum 31.12.01 (Beispiel)

Das **Inventar** wird nicht in Konto-, sondern in **Staffelform** erstellt. Zieht man vom Gesamtbetrag „I. Vermögen" den Gesamtbetrag „II. Schulden" ab, erhält man als Differenzbetrag das „III. Reinvermögen". Das Reinvermögen wird auch als Eigenkapital bezeichnet.

Die **Bilanz** wird aus dem **Inventar abgeleitet**. Dabei werden in der Bilanz

(1) keine mengenmäßigen Angaben gemacht
(2) verschiedene Vermögensgegenstände (Schulden) von gleicher Risikostruktur zu einem Bilanzposten zusammengefasst
(3) Vermögen einerseits sowie Eigenkapital und Schulden andererseits einander gegenübergestellt.

---

[1] Zu Einzelheiten vgl. S. 747 ff.

Bei der Postenbildung (2) kann man beispielsweise verschiedene maschinelle Anlagen zum Posten „Sachanlagen" zusammenfassen. Analog kann man Schulden bei verschiedenen Lieferanten zum Posten „Verbindlichkeiten aus Lieferungen und Leistungen" zusammenziehen.

Bei Bildung solcher Bilanzpositionen lässt sich das schematisierte Inventar (Staffelform) aus **Abb. 19** in folgende Bilanz (Kontoform) überführen:

Aktiva		Bilanz zum 31.12.01	Passiva
Anlagevermögen		**Eigenkapital**	300
Sachanlagen	350		
Finanzanlagen	250		
Umlaufvermögen		**Fremdkapital**	
Vorräte	100	Verbindlichkeiten gegenüber	
Forderungen	180	Kreditinstituten	470
Kassenbestand, Guthaben bei		Verbindlichkeiten aus	
Kreditinstituten	120	Lieferungen und Leistungen	230
	1.000		**1.000**

Abb. 20: Bilanz zum 31.12.01 (Beispiel)

> Zum **Anlagevermögen** gehören alle Gegenstände, die dem Betrieb auf **Dauer** zu dienen bestimmt sind.

Das ist bei Vorräten oder Forderungen aus Lieferungen und Leistungen nicht der Fall. Sie gehören zum Umlaufvermögen.

> Zum **Umlaufvermögen** gehören die flüssigen Mittel und alle Vermögensgegenstände, die durch den Umsatzprozess möglichst bald verflüssigt werden sollen.

Schwierigkeiten bei der Zuordnung zum Anlage- bzw. Umlaufvermögen können sich bei Finanztiteln ergeben: Hat das Unternehmen einen Teil seiner flüssigen Mittel in festverzinsliche Anleihen investiert, die aus Renditeerwägungen langfristig gehalten werden sollen, gehören die Titel in den Posten „Finanzanlagen". Handelt es sich dagegen bei den Wertpapieren um eine – verzinslich angelegte – Liquiditätsreserve, die demnächst zur Finanzierung einer Großinvestition aufgelöst werden soll, sind die Titel dem Posten „Wertpapiere des Umlaufvermögens" zuzuordnen.

Die **Aktivseite** der Bilanz zeigt die **Mittelverwendung**. Der Bilanzleser sieht, in welche Vermögenspositionen das verfügbare Gesamtkapital (1.000 GE) investiert wurde (→ **Investition**).

Die **Passivseite** zeigt die **Mittelherkunft**. Im Fall der **Abb. 20** ist zu erkennen, dass zur **Finanzierung** des Unternehmensvermögens von 1.000 GE der oder die Eigentümer (Eigenkapitalgeber) 300 GE, die Gläubiger (Fremdkapitalgeber) 700 GE zur Verfügung gestellt haben.

Wird das in **Abb. 20** vorgestellte Unternehmen – freiwillig oder zwangsweise – liquidiert, sind die Zahlungsansprüche (700 GE) der **Gläubiger vorab** aus dem Liquidationserlös zu **befriedigen**, wie folgendes Beispiel zeigt:

B.1. Grundlagen des Jahresabschlusses

Vorrang der Gläubiger	Fall (a)	Fall (b)	Fall (c)
Liquidationserlös aus Unternehmensvermögen − Befriedigung der Gläubiger	1.000 − 700	1.200 − 700	600 − 600
= Auszahlung an die Eigentümer	300	500	0

Abb. 21: Kapitalrückzahlung bei Liquidation (Beispiel)

Der Fall (a) ist unproblematisch: Der Liquidationserlös entspricht den bilanzierten Buchwerten des Vermögens. An die Gläubiger (Eigentümer) fließen Geldmittel in Höhe des bilanzierten Fremdkapitals (Eigenkapitals). Fall (b) und (c) machen die unterschiedliche Rechtsstellung der Kapitalgeber deutlich: Die Fremdkapitalgeber sind **Festbetragsbeteiligte**, deren Zahlungsanspruch vertraglich fixiert ist. Die Eigenkapitalgeber sind **Restbetragsbeteiligte**, auf welche die Chancen (Fall b) bzw. die Risiken (Fall c) unternehmerischer Tätigkeit voll durchschlagen.

Handelt es sich beim liquidierten Unternehmen um ein **Personenunternehmen**, können die Gläubiger im Fall (c) versuchen, ihren Restanspruch (100 GE) durch Vollstreckung in das **Privatvermögen** der voll haftenden Eigenkapitalgeber zu befriedigen.

Handelt es sich beim liquidierten Unternehmen dagegen um eine **Kapitalgesellschaft**, deren Gesellschafter ihre vertragliche Eigenkapitaleinlage voll eingezahlt hatten, bleibt der Restzahlungsanspruch der Gläubiger in Höhe von 100 GE unbefriedigt. Die Kapitalgesellschaft als juristische Person haftet zwar unbegrenzt mit ihrem gesamten Vermögen; es haften aber nicht die Gesellschafter mit ihrem Privatvermögen. Folglich tragen die Gläubiger einer Kapitalgesellschaft c. p. ein höheres Risiko als die Gläubiger einer Nichtkapitalgesellschaft. Daraus folgt: Weil die **Gläubiger** einer Kapitalgesellschaft c. p. **stärker gefährdet** sind als die Gläubiger einer Nichtkapitalgesellschaft, ist die **Kapitalgesellschaft strengeren Bilanzierungsvorschriften** unterworfen.

> **Bilanzen** als Gegenüberstellung von Vermögen auf der einen und Kapital (Eigen- und Fremdkapital) auf der anderen Seite haben die Aufgabe, die Bilanzadressaten über die Vermögens- und Finanzlage des Unternehmens zu informieren.

Allein schon die Unterschiedlichkeit der Informationsanlässe (z. B. Unternehmensgründung oder Unternehmensliquidation), aber auch die Verschiedenartigkeit der Bilanzadressaten (z. B. kreditgebende Banken, Finanzbehörden), führt zu einer Vielzahl von Bilanzierungsvarianten.

In der **Abb. 22** wird versucht, Bilanzen nach fünf verschiedenen Merkmalen zu systematisieren und das Einteilungsergebnis als Bilanzarten im Überblick darzustellen. Das Schaubild[1] kann nur horizontal, also zeilenweise, gelesen werden.

Nach der **(1) Häufigkeit der Bilanzerstellung** unterscheidet man **zwischen laufenden Bilanzen** und **Sonderbilanzen**. Die laufenden Bilanzen (Sonderbilanzen) bezeichnet man auch als ordentliche (außerordentliche) Bilanzen. Gegenstand der weiteren Ausführungen ist die praktisch bedeutendste Bilanzart: die Jahresbilanz.

Nach dem **(2) Adressatenkreis** unterscheidet man zwischen **internen Bilanzen**, welche die Unternehmensleitung für eigene Informationszwecke erstellt, und **externen Bilanzen**, die an Außenstehende (Gläubiger, Anteilseigner, Finanzbehörden, Belegschaft und

---

[1] In Anlehnung an Wöhe, G., Bilanzierung, 1997, S. 40.

Systematisierungs-merkmal	Bilanzarten									
(1) Häufigkeit der Bilanzerstellung	laufende Bilanzen			Sonderbilanzen						
	Monatsbilanz	Quartalsbilanz	Jahresbilanz	Gründungsbilanz	Umwandlungsbilanz	Fusionsbilanz	Auseinandersetzungs-bilanz	Sanierungsbilanz	Insolvenzbilanz	
(2) Adressatenkreis und Bilanzierungsanlass	externe Bilanzen						interne Bilanzen			
	gesetzl. vorgeschr. Bilanzen			vertragl. vereinbarte Bilanzen			freiwillig erstellte Bilanzen			
(3) gesetzlich vorge-schriebene Bilanzen	laufende Bilanzen			Sonderbilanzen						
	Handels-bilanz		Steuer-bilanz	wie oben						
(4) Zahl der bilanzieren-den Unternehmen	Einzelbilanz			Gemeinschafts-bilanz			konsolidierte Bilanz (Konzernbilanz)			
(5) Zeitbezug	Zeitpunktbilanz (Beständebilanz)				Zeitraumbilanz (Veränderungsbilanz)					

Abb. 22: Bilanzarten

interessierte Öffentlichkeit) gerichtet sind. Entsprechend ihrer weitaus größeren Verbreitung werden im Folgenden nur externe Bilanzen behandelt. Die Pflicht zur Erstellung einer externen Bilanz kann sich entweder aus gesetzlichen Vorschriften (z. B. dem HGB oder EStG) oder aus einer vertraglichen Vereinbarung (z. B. mit der kreditgebenden Hausbank) ergeben.

(3) Gesetzlich vorgeschrieben sind die **Handelsbilanz**, die **Steuerbilanz** und die verschiedenen Arten der Sonderbilanzen. Der Schwerpunkt der folgenden Ausführungen liegt eindeutig bei der Handelsbilanz. Die Steuerbilanz ist eine aus der Handelsbilanz abgeleitete Bilanz. Die Wertansätze der Steuerbilanz sind mit denen der Handelsbilanz identisch, es sei denn, abweichende steuerliche Regelungen verlangen (zwingend oder wahlweise) einen abweichenden Wertansatz. Dieser als „Maßgeblichkeitsprinzip" bezeichnete Grundsatz des deutschen Ertragsteuerrechts ist in § 5 Abs. 1 EStG verankert. Wichtige Abweichungen der Steuerbilanz von der Handelsbilanz werden an späterer Stelle erläutert.[1]

Nach der **(4) Zahl der bilanzierenden Unternehmen** unterscheidet man zwischen Einzelbilanzen, Gemeinschaftsbilanzen und konsolidierten Bilanzen (Konzernbilanzen). Von untergeordneter Bedeutung sind die **Gemeinschaftsbilanzen** (Generalbilanzen). Sie werden von Unternehmen erstellt, die sich bei Wahrung ihrer rechtlichen und wirtschaftlichen Selbständigkeit in einer Kooperationsform (z. B. Interessengemeinschaft) zusammengefunden haben. Im Folgenden werden schwerpunktmäßig die mit

---
[1] Vgl. S. 667 ff.

der Erstellung von **Einzelbilanzen** verbundenen Probleme erörtert. Ihnen kommt die größte praktische Bedeutung zu. Bilden mehrere rechtlich selbständige Unternehmen eine wirtschaftliche Einheit, spricht man von einem Konzern. Jedes zum Konzern gehörende Unternehmen hat eine Einzelbilanz zu erstellen. Bei der Ableitung der **Konzernbilanz** aus den Einzelbilanzen sind die konzerninternen Verflechtungen im Wege der Konsolidierung zu eliminieren. Die damit verbundenen Spezialprobleme werden in Kapitel 8. behandelt.

Hinsichtlich des **(5) Zeitbezugs** wird in Zeitpunkt- und Zeitraumbilanzen unterschieden. Eine auf den Bilanzstichtag bezogene Bilanz weist Bestandsgrößen (Vermögen, Schulden und Eigenkapital) aus. Diese Bilanz bezeichnet man als **Zeitpunktbilanz** oder Beständebilanz. Diese gängige Form der Bilanz steht im Vordergrund der Darstellung dieses Lehrbuchs. Eine **Zeitraumbilanz** bezieht sich auf einen Zeitraum, i. d. R. ein Jahr, und weist Stromgrößen aus. Hiermit sollen Bilanzadressaten über

- Herkunft
- Verwendung

finanzieller Mittel während des Betrachtungszeitraums informiert werden. Solche Bilanzen werden auch als **Kapitalflussrechnungen** bezeichnet, die entweder vergangenheitsorientiert sind und somit auf Istgrößen basieren oder die als Zukunftsrechnungen auf Plangrößen beruhen. Die einfachste Variante der Zeitraumbilanz ist die Veränderungs- bzw. Bewegungsbilanz, die nach folgendem Schema aufgebaut ist:

Veränderungsbilanz 01.01.01 bis 31.12.01	
Mittelverwendung	**Mittelherkunft**
Aktivzunahmen	Passivzunahmen
Passivabnahmen	Aktivabnahmen

Abb. 23: Grundstruktur einer Veränderungsbilanz

Ein erläuterndes Beispiel zum Informationsziel und Informationsgehalt einer Veränderungsbilanz findet sich im zugehörigen Übungsbuch. (**ÜB 6/67**)

Die obigen Ausführungen haben gezeigt, dass die Bilanzierungsproblematik ein vielschichtiges Thema ist. Diese Tatsache zwingt ein einführendes Lehrbuch zur Allgemeinen Betriebswirtschaftslehre zur Schwerpunktbildung. Den folgenden Lehrbuchausführungen liegt die nach den Vorschriften des HGB erstellte Jahresbilanz zugrunde. Aspekte der Steuerbilanz werden nur am Rande behandelt. (**ÜB 6/5–10**)

1.2 Formalaufbau der Erfolgsrechnung

Den Periodenerfolg unternehmerischer Tätigkeit misst man im externen Rechnungswesen an der Veränderung des Reinvermögens (Eigenkapitals):
- **Gewinn** = Reinvermögenszuwachs ($EK_1 - EK_0$ = positiv)
- **Verlust** = Reinvermögensminderung ($EK_1 - EK_0$ = negativ).

Man bezeichnet diese Form der Erfolgsermittlung als **einfache Distanzrechnung**. Es handelt sich hierbei um einen **Bestandsgrößenvergleich**.

A	Bilanz 31.12.00	P
Vermögen$_0$ 1.000	FK$_0$	700
	EK$_0$	300

A	Bilanz 31.12.01	P
Vermögen$_1$ 1.200	FK$_1$	700
	EK$_1$	500

Abb. 24: Gewinnfall (EK$_1$ – EK$_0$ = + 200)

A	Bilanz 31.12.00	P
Vermögen$_0$ 1.000	FK$_0$	700
	EK$_0$	300

A	Bilanz 31.12.01	P
Vermögen$_1$ 900	FK$_1$	700
	EK$_1$	200

Abb. 25: Verlustfall (EK$_1$ – EK$_0$ = – 100)

Im Fall der **Abb. 25** hat ein Verlust von 100 GE das Eigenkapital zum Periodenende dezimiert; da das Vermögen V_1 zum Zeitpunkt t_1 immer noch größer ist als die Schulden (FK$_1$), bleibt das Eigenkapital positiv. Fällt das Vermögen zum Zeitpunkt t_1 auf einen Wert, der niedriger ist als die Schulden FK$_1$, spricht man von **Überschuldung**. Das Reinvermögen zum Zeitpunkt t_1 wird negativ (→ **Abb. 26**). Das Eigenkapital EK$_1$ wird auf der Aktivseite ausgewiesen. Bei Eintritt der Überschuldung (Vermögen < FK) ist eine Kapitalgesellschaft zur Insolvenzanmeldung gezwungen.

A	Bilanz 31.12.00	P
Vermögen$_0$ 1.000	FK$_0$	700
	EK$_0$	300

A	Bilanz 31.12.01	P
Vermögen$_1$ 450	FK$_1$	700
EK$_1$ 250		

Abb. 26: Verlustfall (EK$_1$ – EK$_0$ = – 550) mit Überschuldung

Eine weitere Vermögensauszehrung und damit eine noch stärkere Gefährdung der Zahlungsansprüche der Fremdkapitalgeber soll so vermieden werden.

Die Erfolgsermittlung im Wege der Distanzrechnung ist rechentechnisch einfach, aber wenig informativ. Soll die Erfolgsrechnung nicht nur über die Höhe, sondern auch über die Komponenten des Periodenerfolgs informieren, bedient man sich einer Zeitraumrechnung, die als **Gewinn- und Verlustrechnung** (GuV) bezeichnet wird. Die positive (negative) Erfolgskomponente nennt man Ertrag (Aufwand).

Ertrag	(Wertzuwachs innerhalb der Periode)
– **Aufwand**	(Wertminderung innerhalb der Periode)
= **Erfolg**	(Reinvermögensänderung der Periode)

B.1. Grundlagen des Jahresabschlusses

Angenommen ein Handelsbetrieb hat neben dem „ordentlichen" Handelsgeschäft in der Periode 01 auch eine zum Betriebsvermögen gehörende Wertpapierposition für 320 GE veräußert, die ursprünglich für 200 GE erworben worden war. Bei diesem Geschäft ergaben sich also „sonstige betriebliche Erträge" von 120 GE. Erstellt man für Periode 01 die **GuV in Kontoform**, kann sich z. B. folgendes Bild ergeben:

Soll	Gewinn- und Verlustrechnung Periode 01			Haben
Wareneinsatz	700	Umsatzerlöse		1.000
Personalaufwand	220	Sonstige betriebliche Erträge		120
Gewinn	200			
	1.120			**1.120**

Abb. 27: Gewinn- und Verlustrechnung in Kontoform

Die **GuV in Staffelform** ermöglicht in besonders anschaulicher Weise die sog. **Erfolgsspaltung**: Durch entsprechende Anordnung der Aufwendungen und Erträge kann das Gesamtergebnis (+ 200 GE) in ein betriebsbezogenes Ergebnis (+ 80 GE) und ein betriebsfremdes bzw. zufallsbedingtes Ergebnis (+ 120 GE) aufgeteilt werden. Wegen dieses höheren **Informationsgehaltes** sah sich der Gesetzgeber veranlasst, für **Kapitalgesellschaften** in §275 HGB die **GuV in Staffelform vorzuschreiben**. (**ÜB** 6/6, 61–62)

	Gewinn- und Verlustrechnung Periode 01	
	Umsatzerlöse	1.000
–	Wareneinsatz	– 700
–	Personalaufwand	– 220
=	**Ergebnis aus dem Handelsgeschäft**	**80**
+	sonstige betriebliche Erträge (Gewinn aus Wertpapierverkauf)	+ 120
=	**Gesamtergebnis (Gewinn)**	**200**

Abb. 28: Gewinn- und Verlustrechnung in Staffelform

1.3 Formalaufbau der Kapitalflussrechnung und des Eigenkapitalspiegels

Nichts fürchten die Bilanzadressaten so sehr wie die Insolvenz „ihres" Unternehmens. Bei der zwangsweisen Liquidation[1] verlieren in aller Regel die

- Eigenkapitalgeber ihre Eigenkapitaleinlage
- Gläubiger den Großteil ihres Fremdkapitaleinsatzes
- Beschäftigten ihren Arbeitsplatz
- Finanzämter (Staat) einen potenten Steuerzahler.

> Alle Bilanzadressaten erwarten aus dem handelsrechtlichen Jahresabschluss Informationen zur **Früherkennung von Insolvenzgefahren**.

---

[1] Zu Einzelheiten vgl. S. 264 f.

Das deutsche Insolvenzrecht unterscheidet im Wesentlichen zwei **Tatbestandsmerkmale**, von denen jeder für sich ausreicht, ein **Insolvenzverfahren** auszulösen:

(a) Zahlungsunfähigkeit (gilt für alle Unternehmen)
Das Schuldnerunternehmen wird insolvent, wenn es die fälligen Zahlungsansprüche seiner Gläubiger nicht erfüllen kann, weil der vorhandene Anfangsbestand an Zahlungsmitteln ZM_{AB} und die laufenden Einzahlungen der Periode EZ (voraussichtlich) nicht ausreichen, die in der Periode fälligen Zahlungsansprüche (Auszahlungen AZ aus Unternehmenssicht) der Gläubiger einzulösen.

(b) Überschuldung (gilt nur für Kapitalgesellschaften)
Sobald das Vermögen einer Kapitalgesellschaft nicht mehr ausreicht, die vorhandenen Verbindlichkeiten zu decken, wenn also das Eigenkapital (EK) negativ wird, muss die Unternehmensleitung – wie im Fall (a) – beim zuständigen Amtsgericht einen Insolvenzantrag stellen.

Insolvenz	Ende bisheriger unternehmerischer Tätigkeit	
Grund	(a) Zahlungsunfähigkeit	(b) Überschuldung
Tatbestandsmerkmal	$AZ > (EZ + ZM_{AB})$	$EK < 0$
Informationslieferant	Kapitalflussrechnung	Eigenkapitalspiegel

Abb. 29: Kapitalflussrechnung und Eigenkapitalspiegel als Informationslieferant zur Insolvenzprophylaxe

In der **Kapitalflussrechnung** wird der Zahlungsstrom einer Abrechnungsperiode ermittelt. Die Differenz zwischen Einzahlungen EZ und Auszahlungen AZ bezeichnet man **als Cash Flow**[1], der positiv oder negativ sein kann. Außerdem wird in der Kapitalflussrechnung der Zahlungsmittelbestand am Periodenanfang (ZM_{AB}) und am Periodenende (ZM_{EB}) ausgewiesen.

	Kapitalflussrechnung	
	EZ (Einzahlungen der Periode)	800
−	**AZ** (Auszahlungen der Periode)	− 920
=	**Cash Flow** (hier: Auszahlungsüberschuss der Periode)	− 120
+	ZM_{AB} (Zahlungsmittelbestand am Periodenanfang)	+ 200
=	ZM_{EB} (Zahlungsmittelbestand am Periodenende)	80

Abb. 30: Beispiel einer Kapitalflussrechnung

Das stark vereinfachte Beispiel[2] in **Abb. 30** verweist auf eine **bedenkliche Finanzlage**: Käme es in der Folgeperiode erneut zu einem Auszahlungsüberschuss von 120 GE, müsste das Unternehmen wegen Zahlungsunfähigkeit Insolvenz anmelden.

---

[1] Zur Cash-Flow-Ermittlung vgl. S. 641 ff.
[2] Zur vertieften Erläuterung der Kapitalflussrechnung vgl. S. 747 ff.

Der **Eigenkapitalspiegel** liefert Informationen über die Eigenkapitalentwicklung während der Abrechnungsperiode. Das stark vereinfachte Beispiel eines Eigenkapitalspiegels[1] in **Abb. 31** verweist auf ein **ertragsschwaches Unternehmen**, das nicht in der Lage war, die Dividendenausschüttung des abgelaufenen Jahres zu verdienen. (**ÜB 6**/63–75 und 67–69)

	Eigenkapitalspiegel	
	EK_{AB} (Eigenkapital am Periodenanfang)	200
+	Zugänge (Gewinn der Periode)	+ 20
−	Abgänge (Dividendenzahlung der Periode)	− 70
=	EK_{EB} (Eigenkapital am Periodenende)	150

Abb. 31: Beispiel eines Eigenkapitalspiegels

1.4 Aufgaben des Jahresabschlusses

1.4.1 Schutz der Bilanzadressaten

> Zu den **Bilanzadressaten** rechnet man alle Personen und Institutionen (= Stakeholder), deren wirtschaftliche Lage durch die Entscheidungen der Unternehmensleitung beeinflusst werden kann.

Dabei unterscheidet man zwischen internen und externen Bilanzadressaten:

Interne Bilanzadressaten	Externe Bilanzadressaten	
	Kapitalgeber	**Andere Adressaten**
• Unternehmensleitung • Großaktionäre	• Gläubiger • Kleinaktionäre	• Mitarbeiter • Finanzamt • Lieferanten • Öffentlichkeit

Abb. 32: Interne und externe Bilanzadressaten

Zu den externen Bilanzadressaten rechnet man alle Interessenten, die keinen direkten Zugang zu unternehmensinternen Informationen haben. Mit seinen Rechnungslegungsvorschriften will der Gesetzgeber die

- **internen Bilanzadressaten** zur **Selbstinformation** zwingen
- **externen Bilanzadressaten** vor **Falschinformation** durch die Unternehmensleitung **schützen**.

Alle Bilanzadressaten haben ein Interesse am Fortbestand des Unternehmens. Der Jahresabschluss soll die **externen Bilanzadressaten** in die Lage versetzen, sich ein **Urteil** über

---

[1] Zur vertieften Erläuterung des Eigenkapitalspiegels vgl. S. 749.

- das **Insolvenzrisiko**
- die **Ertragskraft**

des Unternehmens zu bilden.

> Vorrangiges **Ziel des HGB** ist der Schutz der Gläubiger und der Kleinaktionäre eines Unternehmens.

Die **Besteuerungsansprüche** des Bilanzadressaten „Finanzamt" werden durch

- die **handelsrechtlichen Rechnungslegungsvorschriften**,
- **ergänzt** durch Spezialvorschriften in **einschlägigen Steuergesetzen**,

gesichert.

1.4.2 Funktionen des Jahresabschlusses

Die Rechnungslegungsvorschriften des HGB sollen drei Teilaufgaben abdecken:

Gesetzlicher Schutz der Bilanzadressaten		
(1) Dokumentationsfunktion	**(2) Zahlungsbemessungsfunktion**	**(3) Informationsfunktion**
Aufzeichnung aller Geschäftsvorfälle im Rahmen der gesetzlichen Buchführungspflicht nach § 238 HGB	Ermittlung des Jahresgewinns zur Bemessung von • Dividendenzahlungen • Steuerzahlungen • Mitarbeiterbeteiligungen	Information der Bilanzadressaten über die • Vermögenslage • Finanzlage • Ertragslage

Abb. 33: Funktionen des Jahresabschlusses

(1) Dokumentationsfunktion

Durch die **Aufzeichnung aller Geschäftsvorfälle** des abgelaufenen Geschäftsjahres wird betriebliches Handeln kontrollierbar gemacht. Strafbare Handlungen (z. B. Unterschlagungen oder Schmiergeldzahlungen) sowie Fehlentscheidungen der Unternehmensleitung können nachträglich aufgedeckt werden.

(2) Zahlungsbemessungsfunktion

Fast alle Bilanzadressaten haben Zahlungsansprüche gegenüber dem Unternehmen. Man unterscheidet zwischen vertraglich fixierten und gewinnabhängigen Ansprüchen:

Bilanzadressaten	Zahlungsansprüche	
	vertraglich fixierte	**gewinnabhängige**
Darlehensgeber	Zinsen/Tilgung	
Lieferanten	Rechnungsbetrag	
Aktionäre		Dividende
Arbeitnehmer	Lohn/Gehalt	Gewinnbeteiligung
Finanzverwaltung		Ertragsteuern

Abb. 34: Zahlungsansprüche der Bilanzadressaten

B.1. Grundlagen des Jahresabschlusses

Die Kompetenz zur Erstellung des Jahresabschlusses liegt in den Händen der Unternehmensleitung. Zum Schutz der Bilanzadressaten bedarf es klarer und eindeutiger gesetzlicher Gewinnermittlungsvorschriften. Damit will der Gesetzgeber verhindern, dass die Unternehmensleitung die **Zahlungsansprüche** der Aktionäre, der gewinnbeteiligten Arbeitnehmer oder der Finanzbehörden durch **einen zu niedrigen Gewinnausweis**[1] unterläuft.

(3) Informationsfunktion

Eine weitere bedeutende Aufgabe des handelsrechtlichen Jahresabschlusses ist die **Unterrichtung der Bilanzadressaten**, insb. der Gläubiger und der (Klein-)Aktionäre.

Grundvoraussetzung unternehmerischer Tätigkeit ist die Verfügbarkeit von Eigen- und Fremdkapital. Das Wort „Kredit" ist aus dem Lateinischen *credere* abgeleitet und bedeutet „glauben" bzw. „vertrauen". Um festzustellen, welchem Unternehmen sie ihr Geld anvertrauen können, benötigen potentielle Kapitalgeber **Informationen** über

- das **Insolvenzrisiko**
- die **Ertragskraft**

des kapitalsuchenden Unternehmens. Diese Informationen soll der handelsrechtliche Jahresabschluss liefern. Dabei stellt sich die Frage nach dem **Informationsgehalt** einzelner **Jahresabschlussgrößen**. Diese Frage soll am Beispiel einer (einfach strukturierten) Bilanz einer Kapitalgesellschaft beantwortet werden:

Aktiva		Bilanz der X-AG zum 01.01.01	Passiva	
Immaterielles Vermögen (Patente)	30	Eigenkapital		25
Sachanlagen	50	Fremdkapital		
Finanzanlagen	20	(Darlehensverbindlichkeiten)		75
	100			**100**

Abb. 35: Bilanz einer Kapitalgesellschaft (Beispiel)

Die Darlehensgläubiger haben Zahlungsansprüche in Höhe von 75 GE, die früher oder später fällig werden. Fragt man in einer Anfängervorlesung „Womit haftet eine Kapitalgesellschaft gegenüber ihren Gläubigern?", erhält man sehr häufig die Antwort: „Mit dem Eigenkapital". Das ist falsch. Wie jede andere Person haftet auch die juristische Person „Kapitalgesellschaft" mit ihrem gesamten Vermögen. Das **Vermögen** der Kapitalgesellschaft hat mehrere **Funktionen**. Es ist

- **Schuldendeckungspotential**
- **Haftungspotential**
- **Ertragspotential**.

Insbesondere die Aktionäre betrachten das Vermögen als Ertragspotential: Sachanlagen, Finanzanlagen und Patente können als Quellen zur Erwirtschaftung von Erträgen interpretiert werden.

Abschließend stellt sich die Frage nach dem **Informationsgehalt** der Jahresabschlussgrößen **Vermögen, Eigenkapital, Gewinn und Verlust**.

---

[1] Zum verkürzten Gewinnausweis durch Bildung stiller Rücklagen vgl. S. 660 f.

Art der Jahresabschlussgröße	Ökonomische Funktion der Jahresabschlussgröße
Vermögen	Schuldendeckungspotential, Haftungspotential, Ertragspotential
Eigenkapital	Verlustauffangpotential
Gewinn	Stärkung des Verlustauffangpotentials
Verlust	Reduzierung des Verlustauffangpotentials

Abb. 36: Ökonomischer Informationswert wichtiger Jahresabschlussgrößen

Bei der Beurteilung der Kredit- bzw. Vertrauenswürdigkeit eines Unternehmens spielt die Jahresabschlussgröße Eigenkapital eine herausragende Rolle. Je größer das **Eigenkapital** eines Unternehmens, desto größer ist c. p. seine **finanzielle Widerstandskraft** im Hinblick auf das unternehmerische Verlustrisiko.

> Das Eigenkapital fungiert als **Verlustauffangpotential** bzw. als Risikopuffer.

Geht man im Beispielfall der **Abb. 35** von einem Jahresverlust in Höhe von 5 GE aus, dann kann die X-AG eine „Durststrecke" von fünf Jahren überstehen, ehe sie wegen Überschuldung einen Insolvenzantrag stellen muss.

1.5 Einfluss subjektiver Erwartungen auf Bilanzierung und Erfolgsausweis

Erfolgsermittlung ist einfach, wenn man den Totalerfolg vor Augen hat.

> Der **Totalerfolg** ist die auf die gesamte Lebensdauer des Unternehmens (= Totalperiode) bezogene Reinvermögensänderung.

Da am Ende unternehmerischer Tätigkeit (Unternehmensverkauf oder Liquidation) auf der Vermögensseite nur Geldbestände ausgewiesen werden, ist die Vermögensbewertung völlig unproblematisch. Begleicht man am Ende der Totalperiode mit dem vorhandenen Barvermögen die Schulden, erhält man als Rest ein eindeutig bezifferbares Reinvermögen. Der **Totalerfolg** wird **ex post** errechnet. Seine Ermittlung bereitet deshalb **keine Schätzungsprobleme**.

Die Aufgabe des externen Rechnungswesens besteht darin, die Bilanzadressaten nicht erst bei Liquidation eines Unternehmens, sondern laufend, zumindest jährlich, über den Erfolg unternehmerischer Tätigkeit zu unterrichten. Die a priori unbekannte Totalperiode wird in Teilperioden (Jahre) zerlegt. Dabei entsteht folgendes Problem: Zum Ende jeder **Teilperiode** ist eine Bilanz zu erstellen. Auf der Aktivseite werden Grundstücke, immaterielle Anlagen, maschinelle Anlagen u. Ä. ausgewiesen. Anders als bei Kassenbeständen und Bankguthaben lässt sich der Wert dieser Vermögensgegenstände nicht exakt ermitteln. Das **Unsicherheitsproblem** steht eindeutiger Wertermittlung im Wege. Zwischen extrem positiver und extrem negativer Zukunftseinschätzung eröffnet sich eine breite **Wertskala alternativer Wertansätze** für die einzelnen Vermögensgegenstände.

Ähnliches gilt für die Passivseite der Bilanz. Man denke nur an die Möglichkeit eines schwebenden Prozesses. Dessen Ausgang ist unsicher. Der optimistische Unternehmer geht von einem Prozessgewinn aus. Bei pessimistischer Sichtweise geht man aber von einem negativen Gerichtsurteil aus und bildet eine Rückstellung (→ Fremdkapitalgeber), wodurch sich der Eigenkapital- und der Erfolgsausweis verringern.

1.5.1 Optimistisch bzw. pessimistisch getönter Jahresabschluss

Unsichere Zukunftserwartungen geben **Raum für optimistische bzw. pessimistische Einschätzungen**, die auch in der Bilanzierung ihren Niederschlag finden. Dabei muss sich der Leser des Jahresabschlusses über eines im Klaren sein: Der Bilanzausweis ist ein **unzulängliches Abbild der Realität** und darf nicht mit ihr verwechselt werden. Ein stark optimistisch (pessimistisch) bilanzierendes Unternehmen wird

- das Vermögen
- das Reinvermögen
- den Erfolg

mit einem Betrag ausweisen, der über (unter) dem „tatsächlichen" Wert liegt. Den Ausweis „tatsächlicher" Werte darf der Bilanzleser nicht erwarten, weil niemand diese Werte kennt. Die Konsequenzen optimistischer bzw. pessimistischer Bilanzierung lassen sich im graphischen Überblick folgendermaßen darstellen:

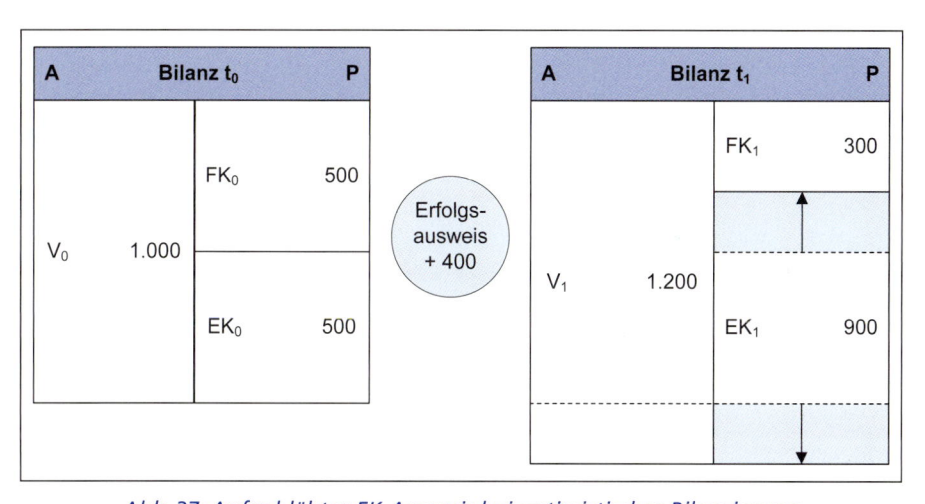

Abb. 37: Aufgeblähter EK-Ausweis bei optimistischer Bilanzierung

Optimistische Bilanzierung, bildlich gesprochen ein „rosa getönter" Abschluss, führt zu einer **Aufblähung des Eigenkapitalausweises**, die in **Abb. 37** durch die farbig unterlegte Fläche abgebildet wird. Die untere (obere) farbig unterlegte Fläche zeigt die Wirkung der **Vermögensüberbewertung (Schuldenunterbewertung)**.

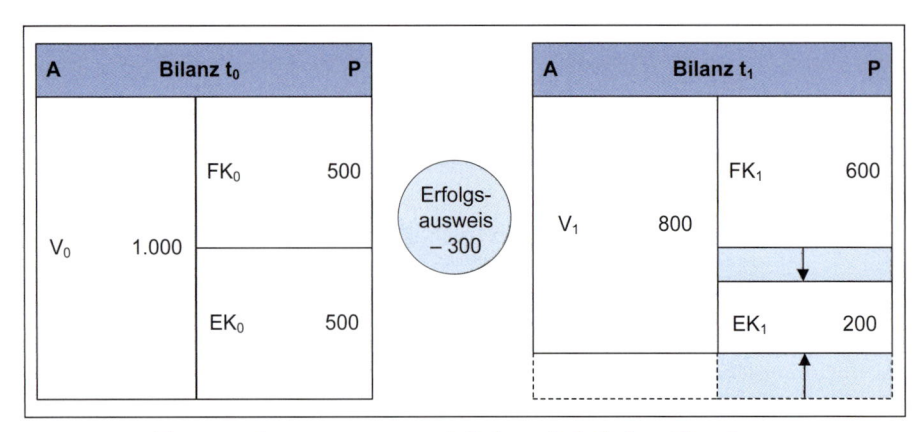

Abb. 38: Verkürzter EK-Ausweis bei pessimistischer Bilanzierung

Pessimistische Bilanzierung, also ein „grau getönter" Abschluss, ist verbunden mit der
- Unterbewertung von Vermögen
- Überbewertung von Schulden.

Durch diese beiden bilanziellen Bewertungsmaßnahmen wird der Eigenkapitalausweis – bildlich ausgedrückt – zusammengepresst. Die farbig unterlegten Flächen der **Abb. 38** markieren den Umfang der **Verkürzung des Eigenkapitalausweises**.

Optimistische Bilanzierung	Pessimistische Bilanzierung
• Überbewertung des Vermögens • Unterbewertung der Schulden	• Unterbewertung des Vermögens • Überbewertung der Schulden
Überhöhter EK-Ausweis	Verkürzter EK-Ausweis
Überhöhter Erfolgsausweis	Verkürzter Erfolgsausweis

Abb. 39: Erfolgsausweis bei optimistischer bzw. pessimistischer Bilanzierung

1.5.2 Stille Rücklage und stille Last

Optimistische Bilanzierung (→ **Abb. 37**) ist mit der Bildung einer stillen Last, pessimistische Bilanzierung (→ **Abb. 38**) ist mit der Bildung einer stillen Rücklage verbunden.

> Wird das Eigenkapital durch Überbewertung von Vermögen bzw. durch Unterbewertung von Schulden aufgebläht, spricht man von einer **stillen Last**.

> **Stille Rücklagen** (auch stille Reserven genannt) entstehen durch eine bilanzielle Unterbewertung von Vermögen bzw. durch Überbewertung von Schulden, wobei der Eigenkapitalausweis verringert wird.

Stille Rücklage und stille Last ergeben sich somit aus der Gegenüberstellung von Bilanzausweis (→ Buchwert) und „tatsächlichem Wert". Greift man zurück auf die Fallbeispiele in **Abb. 37** und **Abb. 38**, erhält man folgende Werte:

Wert	Optimistische Bilanzierung					Pessimistische Bilanzierung				
	Vermögen	−	Schulden	=	Eigenkapital	Vermögen	−	Schulden	=	Eigenkapital
Tatsächlicher Wert	1.000	−	500	=	**500**	1.000	−	500	=	**500**
Bilanzansatz	1.200	−	300	=	**900**	800	−	600	=	**200**
	Stille Last			=	**400**	**Stille Rücklage**			=	**300**

Abb. 40: Stille Rücklage und stille Last

An dieser Stelle gelangt man zur Kernfrage des externen Rechnungswesens. Sie lautet: Welches **Interesse** haben die wichtigsten **Bilanzadressaten**, also Gläubiger und Kleinaktionäre, an einer

- **optimistischen Bilanzierung** mit Bildung stiller Lasten bzw.
- **pessimistischen Bilanzierung** mit Bildung stiller Rücklagen?

Diese Frage soll im folgenden Unterkapitel beantwortet werden.

1.6 Bilanzierungsgrundsätze zum Schutz der Bilanzadressaten

Der handelsrechtliche Jahresabschluss hat die Aufgabe, den Kapitalgebern **nützliche Informationen zur Fundierung ihrer Anlageentscheidungen** zu liefern. Hierbei haben Eigen- und Fremdkapitalgeber (teilweise) unterschiedliche Informationsinteressen:

Informationsintentionen	Gläubiger	Aktionäre
Informationsinteresse	Wie hoch ist das zu erwartende Kreditausfallrisiko?	Wie groß ist der zu erwartende Anlageerfolg?
Relevante Jahresabschlussgrößen	• Vermögen (Schuldendeckungspotential) • Liquide Mittel (Liquidität) • Gewinn/Verlust (Ertragslage) • Eigenkapital (Risikopuffer)	• Vermögen (Ertragspotential) • Gewinn/Verlust (Ertragslage)

Abb. 41: Informationsbedürfnisse der Kapitalgeber

Somit benötigen die

- **Gläubiger** im Rahmen der Kreditwürdigkeitsprüfung Informationen zur
  ○ **Schuldendeckungskontrolle** (= Abgleich von Vermögen und Schulden)
  ○ **Ertragslage** (= Ergebnisentwicklung im Zeitverlauf)
- **(Klein-)Aktionäre** Informationen zur
  ○ **Vermögenslage** (= Vermögen als Ertragspotential)
  ○ **Ertragslage** (= Ergebnisentwicklung im Zeitverlauf)

Dem Informationsinteresse der Bilanzadressaten will das HGB mit seinem obersten Bilanzierungsgrundsatz gerecht werden:

> Nach der **Generalnorm des HGB** (§ 264 Abs. 2) soll der Jahresabschluss ein den tatsächlichen Verhältnissen entsprechendes Bild der Vermögens-, Finanz- und Ertragslage der Kapitalgesellschaft vermitteln.

Einen Einblick in die tatsächliche Vermögens- und Ertragslage kann man aber vom handelsrechtlichen Jahresabschluss wegen der Unsicherheit künftiger Marktentwicklungen nicht erwarten. Ein **vom (unbekannten) „tatsächlichen" Wert abweichender Bilanzansatz** führt entwerder zur Bildung einer **stillen Rücklage** oder zur Bildung einer **stillen Last**.

Die Frage, ob die **Bildung stiller Rücklagen** oder die **Bildung stiller Lasten das „kleinere Übel"** sei, steht im Mittelpunkt der Bilanztheorie.[1] Dabei unterscheidet man zwischen

- **statischer Bilanztheorie** (→ Jahresabschluss als zeitpunktbezogenes Informationsinstrument)
- **dynamischer Bilanztheorie** (→ Jahresabschluss als zeitraumbezogenes Informationsinstrument).

	Jahresabschlussaufgaben	
Informationsziel	Schuldendeckungskontrolle	Vergleichbarkeit der Periodenerfolge
Bilanzauffassung	statisch	dynamisch
Interessierte Bilanzadressaten	Gläubiger	Gläubiger, Aktionäre
Adressateninteresse an • stillen Rücklagen • stillen Lasten	ja nein	nein nein
Vorherrschender Bilanzierungsgrundsatz	**Vorsichtsprinzip**	**Prinzip periodengerechter Gewinnermittlung**

Abb. 42: Bilanzierungsgrundsätze zum Schutz der Bilanzadressaten

> Nach **statischer Bilanzauffassung** dominiert im Jahresabschluss die Bilanz als Zeitpunktrechnung, die zum Bilanzstichtag das Schuldendeckungspotential korrekt ausweisen soll.

Um die Gläubiger vor unangenehmen Überraschungen zu schützen, sollte das HGB seine Bilanzierungsvorschriften am **Vorsichtsprinzip** orientieren: Danach sind

- **Vermögensposten** eher zu niedrig als zu hoch (→ **Niederstwertprinzip**)[2]
- **Schulden** eher zu hoch als zu niedrig (→ **Höchstwertprinzip**)[2]

auszuweisen. Im Klartext: Im Sinne einer **vorsichtigen Schuldendeckungskontrolle** ist die **Bildung stiller Rücklagen** erwünscht.

---

[1] Zur Bilanztheorie vgl. das grundlegende Werk von Moxter, A., Bilanztheorie, 1984.
[2] Zum Niederstwertprinzip und Höchstwertprinzip vgl. S. 675 f.

> Nach **dynamischer Bilanzauffassung** dominiert im Jahresabschluss die GuV als Zeitraumrechnung. Vermögen und Schulden sollen so bewertet werden, dass der ausgewiesene Periodenerfolg (= ausgewiesene Reinvermögensänderung) die tatsächliche Ertragskraft widerspiegelt.

Ein guter **Einblick** in die **längerfristige Ertragsentwicklung** ist nur bei Vergleichbarkeit der ausgewiesenen Periodenergebnisse möglich. Stille Rücklagen und stille Lasten lassen sich nicht mit dem Prinzip periodengerechter Gewinnermittlung vereinbaren. Ein Zahlenbeispiel findet sich im zugehörigen Übungsbuch. (**ÜB 6/14**)

Zusammenfassend lässt sich festhalten: Im handelsrechtlichen Jahresabschluss ist

- die **Bildung stiller Lasten strengstens untersagt**
- die **Bildung stiller Rücklagen** nach dem
  - **Vorsichtsprinzip erwünscht**
  - **Prinzip periodengerechter Gewinnermittlung unerwünscht**
- **Rechtssicherheit** nur durch **nachprüfbare Wertansätze** erreichbar.

Oberziel	Schutz der Bilanzadressaten		
Bilanzierungsgrundsätze	**Vorsichtsprinzip** → stille Rücklagen erwünscht	**Prinzip periodengerechter Gewinnermittlung** → stille Rücklagen unerwünscht	**Prinzip der Nachprüfbarkeit** → nachprüfbare Wertansätze erwünscht
Konkrete Vorschriften	Einzelnormen §§ 238–342e HGB		

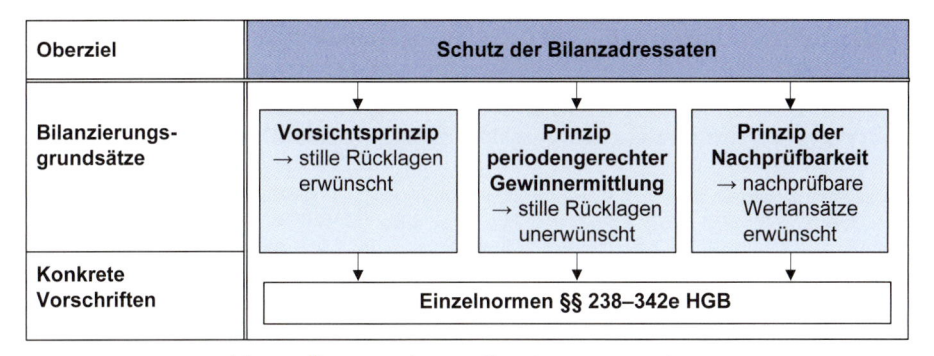

Abb. 43: Übergeordnete Bilanzierungsgrundsätze

Die beiden oben erläuterten Bilanzierungsgrundsätze, also das

- **Vorsichtsprinzip**
- **Prinzip periodengerechter Gewinnermittlung**,

können ihre adressatenschützende Funktion nur erfüllen, wenn sie **vom Prinzip der Nachprüfbarkeit begleitet** werden. Schließlich setzt Rechtssicherheit die Nachprüfbarkeit der Bilanzansätze voraus. Der wohl wichtigste Bestandteil des Prinzips der Nachprüfbarkeit ist das Prinzip der Einzelbewertung.

> Das **Prinzip der Einzelbewertung** besagt, dass in der Bilanz nur die einzeln veräußerbaren Vermögensgegenstände auszuweisen und einzeln zu bewerten sind.

Aus Gründen der Kontrollierbarkeit der Wertansätze ist auf der Aktivseite

- **nicht der subjektiv ermittelte, risikobehaftete Zukunftserfolgswert**[1], sondern
- **ein Konglomerat einzeln veräußerbarer Vermögensgegenstände** (z. B. Grundstücke, Maschinen, Vorräte, Forderungen)

als Unternehmensvermögen auszuweisen.

---

[1] Zur Ermittlung des Zukunftserfolgswertes vgl. S. 512 ff. Siehe auch S. 180 ff.

Abschließend ist auf einen Zielkonflikt innerhalb der Bilanzierungsgrundsätze hinzuweisen. **Abb. 43** zeigt, dass die **Bildung stiller Rücklagen** nach dem

- **Vorsichtsprinzip erwünscht**
- **Prinzip periodengerechter Gewinnermittlung unerwünscht**

ist. In Anlehnung an die internationalen Rechnungslegungsvorschriften wurden auch im HGB die Möglichkeiten zur Bildung stiller Rücklagen Zug um Zug eingeschränkt. Damit hat das **Prinzip periodengerechter Gewinnermittlung fast den gleichen Stellenwert** wie das nach wie vor dominierende Prinzip kaufmännischer Vorsicht.

1.7 Gesetzliche Rechnungslegungsvorschriften im Überblick

1.7.1 Handelsrechtliche Vorschriften

Das Betreiben eines Endlagers für radioaktive Abfälle unterliegt wegen des höheren Gefährdungspotentials einer schärferen gesetzgeberischen Regulierung und Kontrolle als das Betreiben einer Deponie für Grünabfälle. Nach dem gleichen Prinzip arbeitet der Gesetzgeber im Hinblick auf den Jahresabschluss. Je

- **höher** das vom Unternehmen ausgehende **Risikopotential**, desto
- **strenger** sind die **gesetzlichen Vorgaben zum Jahresabschluss**.

Risikomerkmal	Risikobeurteilung durch Bilanzadressaten
Rechtsform	Kapitalgesellschaften (1) sind c. p. riskanter als Personenunternehmen (2) • Gläubiger: Kein Zugriff auf Privatvermögen bei (1) • Gesellschafter: Geringere Mitwirkungs- und Informationsbefugnisse bei (1).
Unternehmensgröße	Je größer das Unternehmen, desto schwerer wiegt c. p. das Risiko des • Kapitalverlustes für Kapitalgeber • Arbeitsplatzverlustes für die Belegschaft.
Kapitalmarktorientierung	Wegen unzureichender Einflussmöglichkeiten eines Kleinanlegers auf die Unternehmensleitung bedürfen die • Inhaber börsennotierter Aktien • Inhaber börsennotierter Unternehmensanleihen verstärkten Schutzes.
Branche	Branchen mit hohem Gefährdungspotential für die Gesamtwirtschaft (z. B. Kreditinstitute, Versicherungen) unterliegen verstärkter branchenspezifischer Regulierung.

Abb. 44: Risikomerkmale und Schutz der Bilanzadressaten

Abb. 45 zeigt, in welchem Maße diese Risikomerkmale den deutschen Handelsgesetzgeber zu unterschiedlich strengen Jahresabschlussvorschriften veranlasst haben. Die **strengsten Rechnungslegungsvorschriften** gelten für kapitalmarktorientierte Gesellschaften. Darunter versteht man **Unternehmen**, die

- Aktien
- Unternehmensanleihen

ausgegeben haben, die an der Börse gehandelt werden (§ 264d HGB).

JA-Komponente	Umfang des handelsrechtlichen Jahresabschlusses (JA)							
Eigenkapital-spiegel								✓
Kapitalfluss-rechnung								✓
Prüfung						✓	✓	✓
Lagebericht						✓	✓	✓
Offenlegung				stark vereinfacht	vereinfacht	✓	✓	✓
Anhang					vereinfacht	✓	✓	✓
GuV			✓	stark vereinfacht	vereinfacht	✓	✓	✓
Bilanz			✓	stark vereinfacht	vereinfacht	✓	✓	✓
Unternehmens-merkmale	Kleine EF	Sonstige		„Kleinste"	Kleine	Mittel-große	Große	Kapital-marktorien-tierte
	Nicht-kapitalgesellschaften		Kapitalgesellschaften					

Abb. 45: Gestufte Vorschriften zum handelsrechtlichen Jahresabschluss

Kleine Einzelfirmen (EF)

Kleine Einzelkaufleute sind von der Buchführungspflicht (§ 241a HGB) und von der Pflicht zur Erstellung eines Jahresabschlusses (§ 242 Abs. 4 HGB) befreit. Als klein gilt eine Einzelfirma, wenn an zwei aufeinander folgenden Abschlussstichtagen der

- **Umsatzerlös nicht mehr als 600.000 EUR**
- **Jahresüberschuss (Gewinn) nicht mehr als 60.000 EUR**

pro Jahr beträgt. Kleine Einzelkaufleute ermitteln ihren Jahreserfolg im Rahmen einer steuerlichen Einnahmen-Überschussrechnung.[1]

Sonstige Nicht-Kapitalgesellschaften

Große Einzelfirmen und Personengesellschaften müssen einen einfachen Jahresabschluss mit den Bestandteilen

- **Bilanz**
- **Gewinn- und Verlustrechnung**

erstellen. Die grundlegenden, für alle Kaufleute geltenden Jahresabschlussvorschriften sind in §§ 238–263 HGB enthalten.

---

[1] Vgl. hierzu S. 668 ff.

Kapitalgesellschaften

Wegen des erweiterten Schutzbedürfnisses von Gläubigern und (Klein-)Aktionären müssen Kapitalgesellschaften[1] bei der Erstellung des Jahresabschlusses neben den

- **allgemeinen Rechnungslegungsvorschriften für alle Kaufleute** (§§ 238–263 HGB)
- **Spezialvorschriften für Kapitalgesellschaften** (§§ 264–289a HGB)

beachten. Dabei gilt der Grundsatz:

> Je größer die Kapitalgesellschaft, desto komplexer und restriktiver sind die **Jahresabschlussvorschriften**.

Maßgebend für die Größeneinordnung ist die Überschreitung der in den §§ 267 f. HGB festgeschriebenen Beträge von (mindestens) zwei der drei Größenkriterien

- **Bilanzsumme**
- **Umsatzerlöse p. a.**
- **Arbeitnehmer** im Jahresdurchschnitt

an zwei aufeinander folgenden Stichtagen.

Größen-merkmale:	große Kapital-gesellschaften	mittelgroße Kapital-gesellschaften	kleine Kapital-gesellschaften	„kleinste" Kapital-gesellschaften
Bilanzsumme in EUR	> 20 Mio.	> 6 Mio. ≤ 20 Mio.	≤ 6 Mio.	≤ 350.000
Umsatzerlöse in EUR	> 40 Mio	> 12 Mio. ≤ 40 Mio.	≤ 12 Mio.	≤ 700.000
Arbeitnehmer	> 250	> 50 ≤ 250	≤ 50	≤ 10
Erleichterungen:	keine	siehe unten	siehe unten	siehe unten
Gliederungsschema • Bilanz • GuV	detailliertes Schema • Bilanz § 266 HGB • GuV § 275 HGB	wie große Kapitalgesellschaft	verkürztes Schema	stark verkürztes Schema
Umfang des Anhangs	komplette Erläuterungen und Ergänzungen nach §§ 284–285 HGB	teilweise Freistellung von Berichtspflichten § 288 Abs. 2 HGB	weitgehende Freistellung von Berichtspflichten § 288 Abs. 1 HGB	keine Berichtspflicht
Lagebericht	Berichtspflicht nach § 289 HGB	Berichtspflicht nach § 289 HGB	keine Berichtspflicht	keine Berichtspflicht
Prüfungspflicht	Prüfungspflicht des JA und des Lageberichts nach § 316 Abs. 1 HGB	wie große Kapitalgesellschaft	keine	keine

Abb. 46: Größenklassen und größenabhängige Erleichterungen für Kapitalgesellschaften

[1] Wegen des Fehlens einer natürlichen Person als voll haftender Gesellschafter wird die GmbH & Co. KG gemäß § 264a HGB den Kapitalgesellschaften gleichgestellt. Die für Kapitalgesellschaften geltenden Rechnungslegungsvorschriften haben auch Gültigkeit für Genossenschaften und gemäß PublG für Großunternehmen in anderer Rechtsform.

Neben der Erstellung einer Bilanz und einer GuV schreibt das HGB für den Jahresabschluss von **großen Kapitalgesellschaften** das Folgende vor (→ **Abb. 46**):

- Erstellung eines **Anhangs** zur Erläuterung von Bilanz und GuV (§§ 284–288 HGB)
- Erstellung eines **Lageberichts** zur Beschreibung des Geschäftsverlaufs und der Geschäftserwartungen (§ 289 HGB)
- **Prüfung des Jahresabschlusses** durch einen Wirtschaftsprüfer zur Stärkung der Glaubwürdigkeit der externen Rechnungslegung (§§ 316–324a HGB)
- **Offenlegung des Jahresabschlusses** zur Adressateninformation (§§ 325–329 HGB)
- **Kapitalmarktorientierte Unternehmen** müssen (§ 264 Abs. 1 HGB) zudem in
  - der **Kapitalflussrechnung** über die Entwicklung liquider Mittel berichten
  - einem **Eigenkapitalspiegel** die Eigenkapitalzugänge und -abgänge darstellen.

In **Abb. 46** finden sich außerdem die wesentlichen Erleichterungen für „**kleinste**", kleine und mittelgroße Kapitalgesellschaften.

Schließlich wird in **Abb. 47** ein schematischer Überblick über die handelsrechtlichen Rechnungslegungsvorschriften (Drittes Buch des HGB) gegeben. Von Bedeutung für die späteren Ausführungen sind die in der unteren Zeile enthaltenen

- **Jahresabschlussvorschriften für alle Unternehmen** (hellblau markiert)
- **Zusatzvorschriften für Kapitalgesellschaften** (mittelblau markiert).

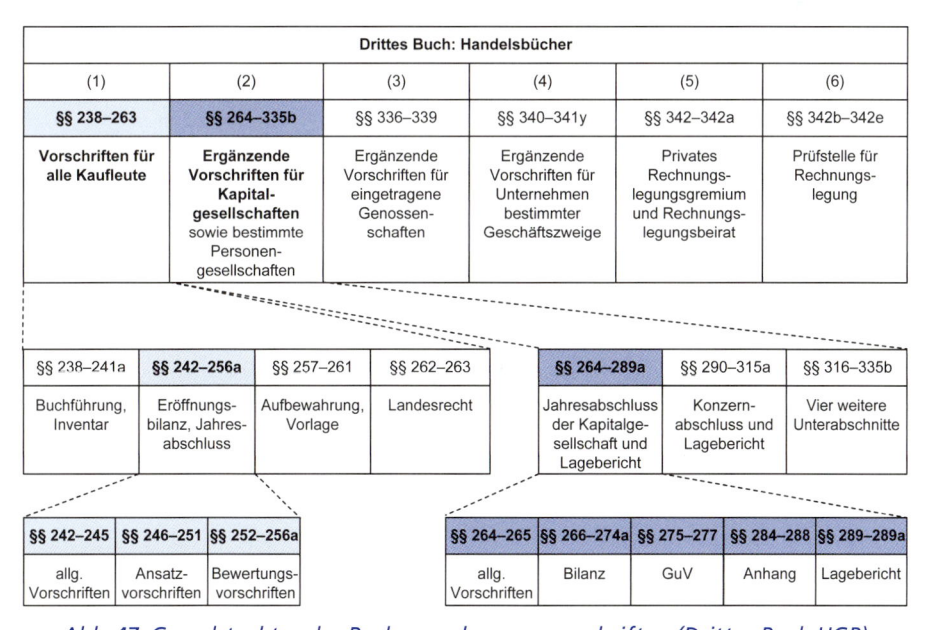

Drittes Buch: Handelsbücher					
(1)	(2)	(3)	(4)	(5)	(6)
§§ 238–263	§§ 264–335b	§§ 336–339	§§ 340–341y	§§ 342–342a	§§ 342b–342e
Vorschriften für alle Kaufleute	Ergänzende Vorschriften für Kapitalgesellschaften sowie bestimmte Personengesellschaften	Ergänzende Vorschriften für eingetragene Genossenschaften	Ergänzende Vorschriften für Unternehmen bestimmter Geschäftszweige	Privates Rechnungslegungsgremium und Rechnungslegungsbeirat	Prüfstelle für Rechnungslegung

§§ 238–241a	§§ 242–256	§§ 257–261	§§ 262–263	§§ 264–289a	§§ 290–315a	§§ 316–335b
Buchführung, Inventar	Eröffnungsbilanz, Jahresabschluss	Aufbewahrung, Vorlage	Landesrecht	Jahresabschluss der Kapitalgesellschaft und Lagebericht	Konzernabschluss und Lagebericht	Vier weitere Unterabschnitte

§§ 242–245	§§ 246–251	§§ 252–256a		§§ 264–265	§§ 266–274a	§§ 275–277	§§ 284–288	§§ 289–289a
allg. Vorschriften	Ansatzvorschriften	Bewertungsvorschriften		allg. Vorschriften	Bilanz	GuV	Anhang	Lagebericht

Abb. 47: Grundstruktur der Rechnungslegungsvorschriften (Drittes Buch HGB)

1.7.2 Steuerrechtliche Vorschriften

Die steuerrechtlichen Rechnungslegungsvorschriften dienen vor allem der Ermittlung der Bemessungsgrundlagen für die Ertragsbesteuerung, d. h. für die

- **Einkommensteuer** für Einzelfirmen und Personengesellschaften
- **Körperschaftsteuer** für Kapitalgesellschaften
- **Gewerbesteuer** für alle Gewerbebetriebe.

Da sowohl die Vorschriften zur Ermittlung der Körperschaftsteuer- als auch der Gewerbesteuerbemessungsgrundlage auf Vorschriften des Einkommensteuergesetzes (EStG) Bezug nehmen, beschränken sich die folgenden Ausführungen auf eine kurze Vorstellung der einschlägigen Rechnungslegungsvorschriften zur einkommensteuerlichen Gewinnermittlung. Je nach Betriebsart und Betriebsgröße unterscheidet das Einkommensteuergesetz drei Verfahren zur steuerlichen Gewinnermittlung.

Betriebe		
(1) Große Kaufleute	**(2) Große Nichtkaufleute**	**(3) Kleinbetriebe**
Buchführungspflicht	Buchführungspflicht	Keine Buchführungspflicht
Derivative Steuerbilanz	Originäre Steuerbilanz	Keine Steuerbilanz
Betriebsvermögens-vergleich nach § 5 EStG	**Betriebsvermögens-vergleich nach § 4 Abs. 1 EStG**	**Einnahmen-Über-schussrechnung § 4 Abs. 3 EStG**

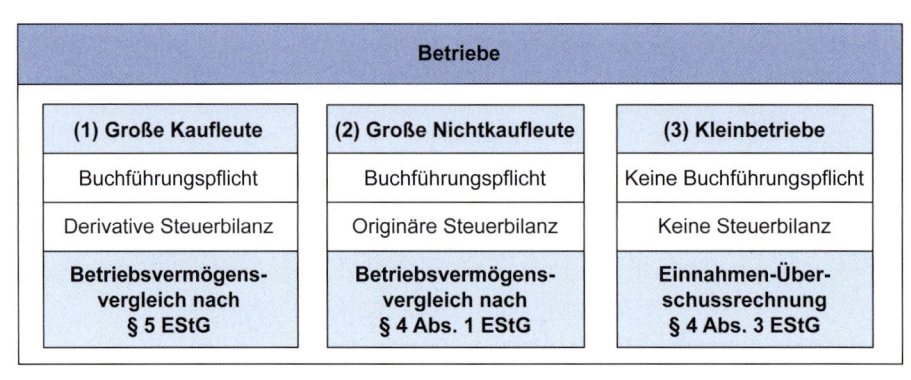

Abb. 48: Verfahren zur steuerlichen Erfolgsermittlung

(1) Erfolgsermittlung für große Kaufleute nach § 5 EStG

Nach handelsrechtlichen Vorschriften ist i. d. R. jeder Kaufmann verpflichtet

- **Bücher zu führen** (§ 238 HGB)
- ein **Inventar** zu erstellen (§ 240 HGB)
- eine **Bilanz** und eine **GuV** zu erstellen (§ 242 HGB).

Die steuerlichen Erfolgsermittlungsvorschriften nach § 5 EStG gelten für alle großen Kaufleute, die nach HGB zur Buchführung und der Erstellung eines handelsrechtlichen Jahresabschlusses verpflichtet sind. Der steuerliche Periodenerfolg wird durch einen sog. Betriebsvermögensvergleich (§ 4 Abs. 1 EStG) ermittelt:

Schema des steuerlichen Betriebsvermögensvergleichs
Reinvermögen lt. Steuerbilanz am Periodenende
− Reinvermögen lt. Steuerbilanz am Periodenanfang
+ Wert der Entnahmen
− Wert der Einlagen
= **Steuerpflichtiger Periodenerfolg**

Abb. 49: Steuerliche Gewinnermittlung durch Betriebsvermögensvergleich

Die Steuerbilanz ist eine aus der Handelsbilanz abgeleitete Bilanz.

> Nach dem **Maßgeblichkeitsprinzip** sind die Wertansätze der Handelsbilanz in die Steuerbilanz zu übernehmen, es sei denn, abweichende steuerliche Regelungen veranlassen einen anderen Wertansatz.

Der vom **Vorsichtsprinzip** dominierte **handelsrechtliche Jahresabschluss** gestattet (in begrenztem Umfang) die Bildung stiller Rücklagen. Der Steuergesetzgeber will aber verhindern, dass Ertragsteuerzahlungen in die Zukunft verschoben werden. Zu diesem Zweck muss er die **Übernahme stiller Rücklagen aus der Handelsbilanz unterbinden**. Deshalb hat er in den §§ 4–7 EStG vom HGB abweichende Ansatz- und Bewertungsvorschriften verankert.

(2) Erfolgsermittlung für große Nichtkaufleute nach § 4 Abs. 1 EStG

Diese steuerliche Erfolgsermittlungsvariante ist praktisch von untergeordneter Bedeutung. Sie fungiert als Lückenfüller zwischen den in **Abb. 48** dargestellten Varianten (1) und (3), denn sie gilt nur für Betriebe, die

- **keine Kaufmannseigenschaft** haben (z. B. ein Kiosk oder eine Landwirtschaft) und somit nach HGB nicht buchführungspflichtig sind, die aber
- nach der Höhe ihres Umsatzes bzw. ihres Gewinns **nicht** zu den **Kleinbetrieben** nach Kategorie (3) zählen.

Für diese Betriebe verordnet das Steuerrecht (§ 141 AO) eine eigenständige Buchführungspflicht und eine Erstellung einer eigenständigen (originären) Steuerbilanz. Im Übrigen wird der steuerliche Periodenerfolg unter Beachtung der strengen steuerlichen Ansatz- und Bewertungsvorschriften (§§ 4–7 EStG) nach dem in **Abb. 49** dargestellten Ermittlungsschema berechnet.

(3) Erfolgsermittlung für Kleinbetriebe nach § 4 Abs. 3 EStG

Kleinbetriebe sind von der

- **steuerlichen Buchführungspflicht**
- **Erstellung einer Steuerbilanz**

befreit. Zu den Kleinbetrieben gehören alle Betriebe, die keines der beiden Größenmerkmale überschreiten:

- **Gewinn**/Jahr: 60.000 EUR
- **Umsatz**/Jahr: 600.000 EUR.

Kleinbetriebe ermitteln ihren steuerlichen Periodengewinn nicht als Reinvermögenszuwachs, sondern durch Gegenüberstellung von Betriebseinnahmen und Betriebsausgaben. Diese Form der steuerlichen Gewinnermittlung wird als **Einnahmen-Überschussrechnung**[1] bezeichnet. Dabei gilt das sog. **Zuflussprinzip**:

Einnahmen-Überschussrechnung nach § 4 Abs. 3 EStG		
Grundsatz: Betriebseinnahme (BE) ist jeder Geldzufluss Betriebsausgabe (BA) ist jeder Geldabfluss		
Ausnahmen: Anschaffungskosten langlebiger Anlagegüter Abschreibung auf langlebige Anlagegüter Buchwert bei Verkauf langlebiger Anlagegüter Kredittilgung Kreditaufnahme	≠ = = ≠ ≠	BA BA BA BA BE

Abb. 50: Steuerliche Erfolgsermittlung für Kleinbetriebe

---

[1] Zu Einzelheiten vgl. Kußmaul, H., Steuerlehre, 2014, S. 16 ff.

Neben Kleinbetrieben ermitteln auch Freiberufler (z. B. Ärzte, Architekten und Anwälte) ihren steuerlichen Jahreserfolg im Wege der Einnahmen-Überschussrechnung.

Die Erfolgsermittlung durch Einnahmen-Überschussrechnung und Betriebsvermögensvergleich führen zu unterschiedlichen Periodenergebnissen, aber zum gleichen Gesamtergebnis für die Totalperiode. Die Einnahmen-Überschussrechnung hat den **Vorteil geringeren Arbeitsaufwands**. Dem steht aber als **Nachteil** die große Gefahr der **Verletzung des Prinzips periodengerechter Gewinnermittlung** gegenüber. Ein vergleichendes Beispiel findet sich im zugehörigen Übungsbuch. (**ÜB 6**/9–10)

2. Grundsätze ordnungsmäßiger Buchführung und Bilanzierung

2.1 Überblick

Die Rechnungslegung nach Handels- und Steuerrecht basiert auf vielen Einzelvorschriften, die im Wesentlichen im HGB und im EStG fixiert sind. Neben diesen konkreten gesetzlichen Einzelvorschriften müssen

- **Grundsätze ordnungsmäßiger Buchführung** (GoB)
- von jedem buchführungspflichtigen Kaufmann
- bei der **Verbuchung der Geschäftsvorfälle** (§ 238 Abs. 1 HGB) und
- beim **handelsrechtlichen Jahresabschluss** (§ 243 Abs. 1 HGB) sowie
- bei der **Erstellung der Steuerbilanz** (§ 5 Abs. 1 EStG)

beachtet werden. Dabei haben die GoB die **Aufgabe, gesetzliche Regelungslücken auszufüllen.** Sie stehen neben und über den kodifizierten Vorschriften.

In der betriebswirtschaftlichen Literatur[1] war lange Zeit umstritten, ob die GoB auf

- **induktivem Wege** (aus der tatsächlichen Übung „ehrbarer Kaufleute") oder
- **deduktivem Wege** (aus der Zielsetzung der Rechnungslegung)

abzuleiten seien. Längst hat die deduktive Ermittlungsmethode klar die Oberhand gewonnen: Buchführungspraktiken und Wertansätze in der Bilanz gelten nur dann

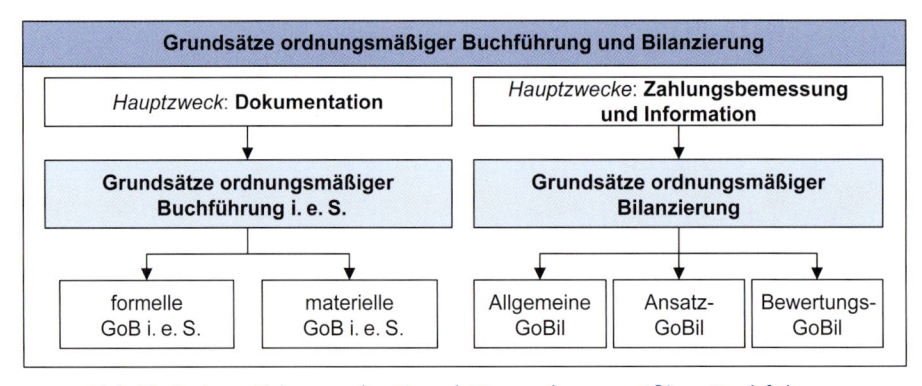

```
             Grundsätze ordnungsmäßiger Buchführung und Bilanzierung
    ┌──────────────────────────────────┬──────────────────────────────────┐
    │  Hauptzweck: Dokumentation       │  Hauptzwecke: Zahlungsbemessung  │
    │                                  │               und Information    │
    └──────────────┬───────────────────┴──────────────┬───────────────────┘
                   ▼                                  ▼
    ┌──────────────────────────────────┬──────────────────────────────────┐
    │ Grundsätze ordnungsmäßiger       │ Grundsätze ordnungsmäßiger       │
    │ Buchführung i. e. S.             │ Bilanzierung                     │
    └──────┬────────────────┬──────────┴────┬──────────┬────────┬─────────┘
           ▼                ▼               ▼          ▼        ▼
       formelle         materielle      Allgemeine  Ansatz-  Bewertungs-
       GoB i. e. S.     GoB i. e. S.    GoBil       GoBil    GoBil
```

Abb. 51: Systematisierung der Grundsätze ordnungsmäßiger Buchführung und Bilanzierung

---

[1] Vgl. Leffson, U., Buchführung, 1987, S. 28 ff.

B.2. Grundsätze ordnungsmäßiger Buchführung und Bilanzierung

als **GoB-konform**, wenn sie der **adressatenbezogenen Funktionen (Dokumentation, Zahlungsbemessung, Information)** des Jahresabschlusses entsprechen.

Als Quellen zur Interpretation und Weiterentwicklung der GoB kommen dabei in Betracht:

(1) die **praktische Übung** ordentlicher Kaufleute
(2) die **Rechtsordnung** (Handelsrecht, Steuerrecht, Rechtsprechung)
(3) **Erlasse und Gutachten** von Behörden, Kammern und Verbänden
(4) die **wissenschaftliche Diskussion**, die sich an den Adressateninteressen orientiert.

Die für die **Buchhaltung und Inventur geltenden GoB i. e. S.** bezwecken die lückenlose und sachgerechte Dokumentation aller Geschäftsvorfälle. Die **Grundsätze ordnungsmäßiger Bilanzierung (GoBil)** gelten für die Erstellung des Jahresabschlusses. Mit der Einhaltung der Grundsätze ordnungsmäßiger Bilanzierung soll – neben der Zahlungsbemessungsfunktion – die Informationsfunktion erfüllt werden, wonach der Jahresabschluss ein den tatsächlichen Verhältnissen entsprechendes Bild der Vermögens-, Finanz- und Ertragslage zu vermitteln hat.

2.2 Grundsätze ordnungsmäßiger Buchführung im engeren Sinne

Vorrangige Aufgaben der GoB i. e. S. sind,
- die Dokumentation des Geschäftsablaufs zu sichern und
- die Buchführung vor Verzerrungen und Verfälschungen zu bewahren.

Die Buchführung soll „so beschaffen sein, daß sie einem sachverständigen Dritten innerhalb angemessener Zeit einen Überblick über die Geschäftsvorfälle und über die Lage des Unternehmens vermitteln kann" (§ 238 Abs. 1 HGB).

```
                Grundsätze ordnungsmäßiger Buchführung i. e. S.
                        │                              │
                Formelle GoB                    Materielle GoB
                        │                              │
         Klarheit und Übersichtlichkeit      Vollständigkeit und Richtigkeit
```

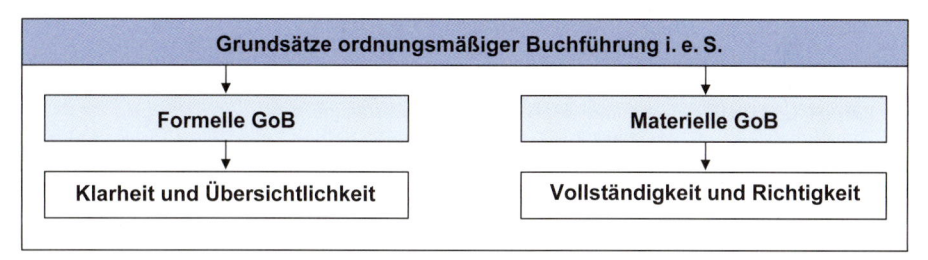

Abb. 52: Formelle und materielle GoB

Klarheit und Übersichtlichkeit (§ 239 Abs. 2 HGB) verlangen, dass die Bücher und sonstigen Aufzeichnungen

- nach einem geordneten Kontenplan
- in einer lebenden Sprache
- nach dem Belegprinzip (keine Buchung ohne Beleg)
- mit Erkennbarkeit nachträglicher Veränderungen
- nach dem Grundsatz der Einzelerfassung und Nachprüfbarkeit

zu führen sind. In einem erweiterten Verständnis sind auch die zeitnahe Verbuchung und die Einhaltung der gesetzlichen Aufbewahrungsfristen als formelle Grundsätze einzustufen.

Der Grundsatz der **Vollständigkeit und Richtigkeit** gebietet, dass
- alle **Geschäftsvorfälle lückenlos erfasst** und verbucht,
- **keine Buchungen fingiert** und
- alle Geschäftsvorfälle auf den **zutreffenden Konten** verbucht

werden.

2.3 Grundsätze ordnungsmäßiger Bilanzierung

Mit der Verordnung von Grundsätzen ordnungsmäßiger Bilanzierung will der Gesetzgeber vor allem den **Informationswert des Jahresabschlusses** im Interesse der Bilanzadressaten **erhöhen**. Die folgenden Ausführungen sollen einen knappen Überblick über die wichtigsten Bilanzierungsgrundsätze geben. Dabei werden allgemeine Grundsätze, Ansatzgrundsätze und Bewertungsgrundsätze angesprochen.

2.3.1 Allgemeine Grundsätze

Unabhängig von der Rechtsform des Unternehmens müssen alle buchführungspflichtigen Kaufleute bei der Erstellung des Jahresabschlusses die GoB beachten (§ 243 Abs. 1 HGB).

Grundsatz	Inhalt	HGB
(1) Der Jahresabschluss hat den GoB zu entsprechen	Alle kodifizierten (im Gesetz enthaltenen) und nicht kodifizierten GoB sind zu beachten.	§ 243 Abs. 1
(2) Generalnorm für Kapitalgesellschaften	Der Jahresabschluss hat ein den tatsächlichen Verhältnissen entsprechendes Bild der Vermögens-, Finanz- und Ertragslage zu vermitteln.	§ 264 Abs. 2
(3) Klarheit und Übersichtlichkeit	Insb. Beachtung der Gliederungsvorschriften der Bilanz und Erfolgsrechnung sowie klarer Aufbau von Anhang und Lagebericht.	§ 243 Abs. 2
(4) Bilanzwahrheit	Die Bilanzansätze sollen nicht nur rechnerisch richtig, sondern auch geeignet sein, den jeweiligen Bilanzzweck zu erfüllen.	nicht kodifiziert
(5) Einhaltung der Aufstellungsfristen	• Mittelgroße und große Kapitalgesellschaften innerhalb von 3 Monaten des folgenden Geschäftsjahres. • „Kleinste" und kleine Kapitalgesellschaften innerhalb von 6 Monaten des folgenden Geschäftsjahres. • Nichtkapitalgesellschaften innerhalb angemessener Frist (max. 12 Monate).	§ 264 Abs. 1 Satz 3 § 264 Abs. 1 Satz 4 § 243 Abs. 3

Abb. 53: Allgemeine Grundsätze ordnungsmäßiger Bilanzierung im Überblick

Bei vordergründiger Betrachtung scheint der Grundsatz der **Bilanzwahrheit** am ehesten geeignet, den gewünschten „true and fair view" zu vermitteln. Bei näherem Hinsehen erweist sich aber dieser Grundsatz als **nicht praktikabel**. Eine wahre Bilanz kann es schon deshalb nicht geben, weil es angesichts der Unsicherheit der Zukunft keine eindeutigen Maßstäbe zur richtigen Vermögensbewertung gibt.

Zur Operationalisierung zerlegt man den Grundsatz der Bilanzwahrheit in die Grundsätze

(1) Richtigkeit
(2) Willkürfreiheit.

Nach dem **(1) Grundsatz der Richtigkeit** muss der Jahresabschluss unter Beachtung der übrigen GoB aus dem richtigen Zahlenmaterial erstellt werden. Dabei sind die Positionen der Bilanz und der GuV inhaltlich zutreffend zu bezeichnen. Die Jahresabschlussangaben können wegen des Unsicherheitsproblems zwar

- nicht objektiv richtig, wohl aber
- intersubjektiv nachprüfbar sein.

Nach dem **(2) Grundsatz der Willkürfreiheit** müssen die in der Bilanz enthaltenen Prognosewerte – z. B. zu Rückstellungen – der inneren Überzeugung des Kaufmanns entsprechen. Bewusste Über- bzw. Unterbewertungen sind unzulässig. Wünschenswert ist eine Bilanzierung, die den Zielen der Bilanzadressaten gerecht wird.

2.3.2 Ansatzgrundsätze

Unter Ansatzgrundsätzen versteht man die Grundsätze zur **Bilanzierung dem Grunde nach**. Die wichtigsten Grundsätze enthält folgende Übersicht:

Grundsatz	Inhalt	HGB
(1) Bilanzidentität	Identität der Eröffnungsbilanz mit der Schlussbilanz des Vorjahres.	§ 252 Abs. 1 Nr. 1
(2) Vollständigkeit	Ausweis sämtlicher Vermögensgegenstände, Schulden, Rechnungsabgrenzungsposten, Aufwendungen, Erträge sowie bei Kapitalgesellschaften aller Pflichtangaben im Anhang und Lagebericht.	§ 246 Abs. 1 §§ 284, 285 sowie 289
(3) Verrechnungsverbot (Saldierungsverbot, Bruttoprinzip)	Keine Aufrechnung zwischen • Aktiv- und Passivposten • Aufwendungen und Erträgen.	§ 246 Abs. 2
(4) Darstellungsstetigkeit (formelle Bilanzkontinuität)	Die Form der Darstellung, insb. die Gliederung der Bilanz und GuV, ist beizubehalten.	§ 265 Abs. 1

Abb. 54: Ansatzgrundsätze im Überblick

Mit dem **Verrechnungsverbot** will der Gesetzgeber eine unverkürzte Jahresabschlussinformation sicherstellen. Wäre es gestattet, Forderungen mit Verbindlichkeiten bzw. Zinserträge mit Zinsaufwendungen zu verrechnen, hätten die Bilanzadressaten nur einen eingeschränkten Einblick in die Vermögens-, Finanz- und Ertragslage.

Durch die **formelle Bilanzkontinuität** wird eine wichtige Voraussetzung zur **Vergleichbarkeit aufeinanderfolgender Jahresabschlüsse** geschaffen. So wird den Bilanzadressaten ein Urteil zur Unternehmensentwicklung im Zeitverlauf ermöglicht.

2.3.3 Bewertungsgrundsätze

Im Folgenden werden jene Grundsätze ordnungsmäßiger Bilanzierung vorgestellt, die sich mit Bewertungsfragen befassen. Diese Grundsätze werden häufig auch als **Bewertungsprinzipien** bezeichnet. Wie **Abb. 55** zeigt, ist ein Großteil dieser Bewertungsprinzipien in § 252 HGB verankert.

	Grundsatz	**Inhalt**	**HGB**
Vorsichtsprinzip	(1) **Vorsichtsprinzip**	Eher pessimistische Bewertung bei Unsicherheit • Realisationsprinzip • Niederstwertprinzip • Höchstwertprinzip • Imparitätsprinzip	§ 252 Abs. 1 Nr. 4
Periodengerechte Gewinnermittlung	(2) **Periodenabgrenzung**	Aufwendungen und Erträge des Geschäftsjahres sind unabhängig von den Zeitpunkten der entsprechenden Zahlungen im Jahresabschluss zu berücksichtigen.	§ 252 Abs. 1 Nr. 5
	(3) **Unternehmensfortführung**	Bewertung und Abschreibung unter dem Gesichtspunkt der Weiterführung des Betriebes (Going-Concern-Prinzip), nicht der Liquidation	§ 252 Abs. 1 Nr. 2
	(4) **Bewertungsstetigkeit** (materielle Bilanzkontinuität)	Die auf den vorhergehenden Jahresabschluss angewandten Bewertungsmethoden sind beizubehalten.[1]	§ 252 Abs. 1 Nr. 6
	(5) **Methodenbestimmtheit**	Vermögensgegenstände und Schulden sind nach bestimmten Bewertungsmethoden zu bewerten. Zwischenwerte zwischen Wertansätzen alternativ zulässiger Methoden sind nicht erlaubt.	nicht kodifiziert
Nachprüfbarkeit	(6) **Einzelbewertung**	Vermögensgegenstände und Schulden sind einzeln zu bewerten, soweit nicht Ausnahmen zulässig sind.	§ 252 Abs. 1 Nr. 3
	(7) **Anschaffungskostenprinzip** (Prinzip nomineller Kapitalerhaltung)	Die Anschaffungs- bzw. Herstellungskosten bilden die obere Grenze der Bewertung und für die Bemessung der Gesamtabschreibungen. Höhere Wiederbeschaffungskosten dürfen nicht berücksichtigt[2] werden.	§ 253 Abs. 1

Abb. 55: Bewertungsprinzipien im Überblick

---

[1] Neben der Bewertungsstetigkeit und der bereits dargestellten Darstellungs- bzw. Ausweisstetigkeit (vgl. S. 673 f.) ist die Ansatzstetigkeit (§ 246 Abs. 3 Satz 1 HGB) zu beachten.
[2] Zu Ausnahmen vgl. S. 712 f.

B.2. Grundsätze ordnungsmäßiger Buchführung und Bilanzierung

Die handelsrechtlichen Bewertungsprinzipien sind übergeordnete Grundsätze zur Bewertung der Aktiva und Passiva. Sie haben damit entscheidenden Einfluss auf die Höhe des

- ausgewiesenen Eigenkapitals
- ausgewiesenen Periodenerfolgs.

Die verschiedenen Bewertungsprinzipien des HGB lassen sich auf die oben vorgestellten **Bilanzierungsgrundsätze**[1]

- **Vorsichtsprinzip**
- **Prinzip periodengerechter Gewinnermittlung**
- **Prinzip der Nachprüfbarkeit**

zurückführen. In der Vorspalte von **Abb. 55** ist vermerkt, aus welchem Bilanzierungsgrundsatz jedes der Bewertungsprinzipien abzuleiten ist.

(1) Vorsichtsprinzip

Oberster Bewertungsgrundsatz ist das Vorsichtsprinzip, das häufig auch als **Gläubigerschutzprinzip** bezeichnet wird. Um die Gläubiger (im Krisenfall) vor unangenehmen Überraschungen zu bewahren, sollen

- **Vermögensgegenstände** eher zu niedrig als zu hoch **(Niederstwertprinzip)**
- **Schulden** eher zu hoch als zu niedrig **(Höchstwertprinzip)**

bewertet werden (pessimistische Bilanzierung → **Abb. 38**).

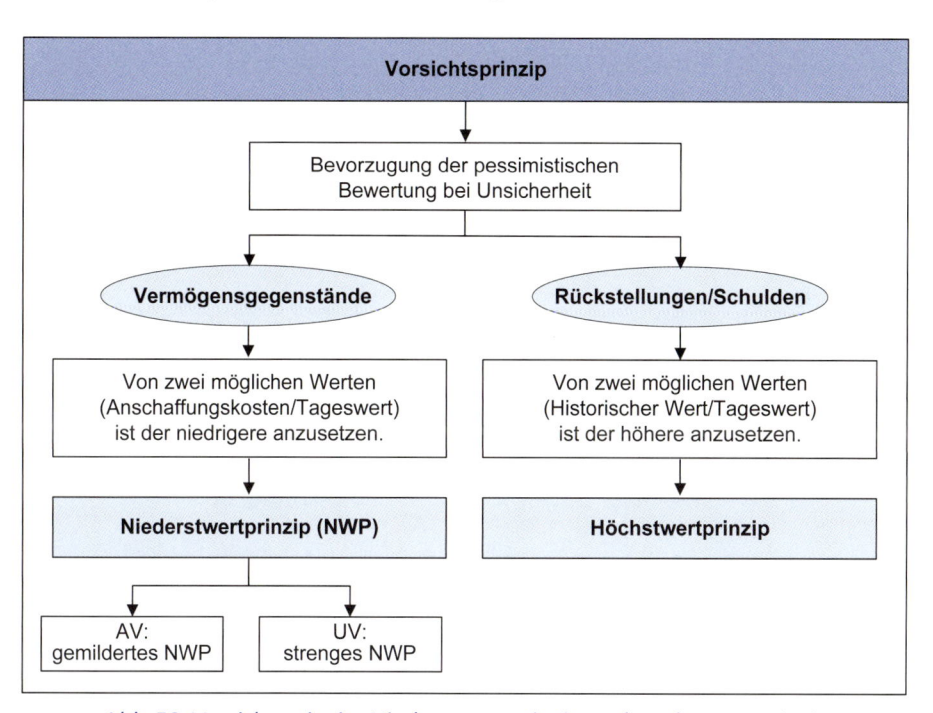

Abb. 56: Vorsichtsprinzip, Niederstwertprinzip und Höchstwertprinzip

---

[1] Vgl. S. 662 ff.

Für Vermögensgegenstände bilden die Anschaffungs- bzw. Herstellungskosten die Obergrenze der Bewertung (§ 253 Abs. 1 HGB). Steigt der Tageswert über die Anschaffungskosten, müssen die Anschaffungskosten als Bilanzansatz beibehalten werden.

> Das **Realisationsprinzip** gebietet, über die Anschaffungskosten hinausgehende Wertsteigerungen von Vermögensgegenständen erst dann als Ertrag zu erfassen, wenn sie durch Umsatz realisiert sind.

Sinkt der Tageswert von Vermögensgegenständen unter die Anschaffungs- bzw. Herstellungskosten, droht also aufgrund von Wertminderungen ein Verlust, dann gebietet das Niederstwertprinzip den Ansatz des niedrigeren Tageswertes. Dabei ist zwischen dem gemilderten und dem strengen Niederstwertprinzip zu unterscheiden:

- **Strenges Niederstwertprinzip im Umlaufvermögen** (§ 253 Abs. 4 HGB)
  Der niedrigere Tageswert muss in jedem Fall angesetzt werden.
- **Gemildertes Niederstwertprinzip im Anlagevermögen** (§ 253 Abs. 3 HGB):
  ○ **Voraussichtlich dauernde Wertminderung** → niedrigerer Zeitwert (31.12.)
  ○ **Voraussichtlich vorübergehende Wertminderung**
     □ Finanzanlagen → Anschaffungskosten oder niedrigerer Zeitwert (31.12.)
     □ Sonstiges AV → (fortgeführte) Anschaffungskosten

Auf der Passivseite führt das Vorsichtsprinzip zum **Höchstwertprinzip**: Verbindlichkeiten und Rückstellungen sind eher zu hoch als zu niedrig zu bewerten. Steigt z. B. eine ausländische Währung im Kurs, dann ist eine langfristige Fremdwährungsverbindlichkeit zum höheren Tageswert zu bewerten.

Gemessen an den Anschaffungs- bzw. Herstellungskosten (100) kann es im Zeitablauf, gemessen am Tageswert TW, zu Wertsteigerungen (TW = 120) bzw. Wertminderungen (TW = 85) kommen. Die bilanzielle Behandlung ist in **Abb. 57** skizziert.

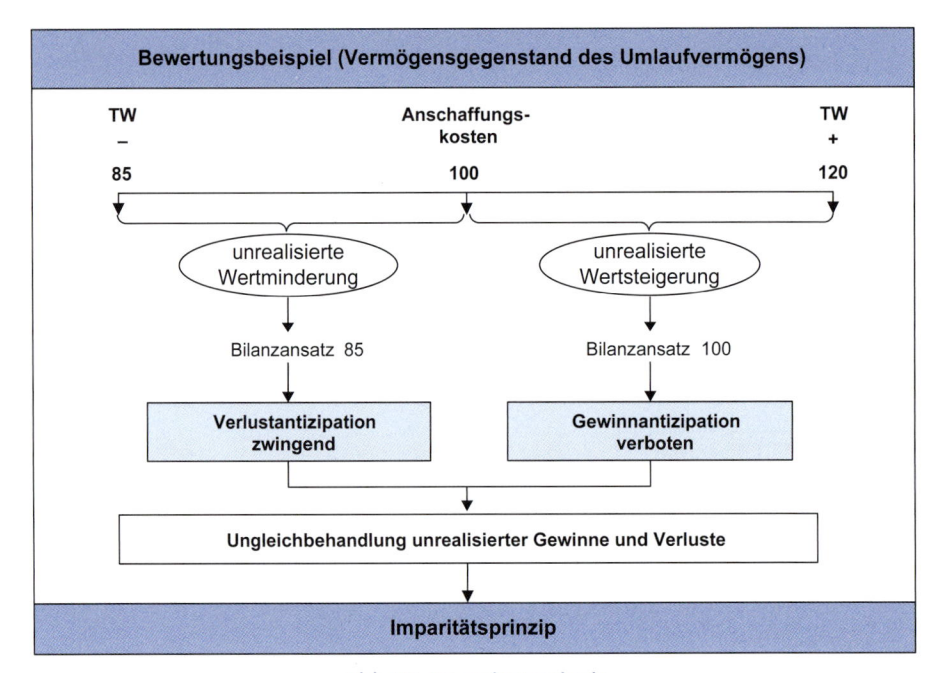

Abb. 57: Imparitätsprinzip

B.2. Grundsätze ordnungsmäßiger Buchführung und Bilanzierung

(2) Periodenabgrenzung

Der Periodenerfolg entspricht dem Saldo aus Erträgen und Aufwendungen. Erträge müssen nicht unbedingt mit Einzahlungen übereinstimmen (Beispiel: Warenverkauf auf Ziel), Aufwendungen (z. B. Abschreibungsaufwand, Aufwandverrechnung im Zuge der Rückstellungsbildung) nicht unbedingt mit Auszahlungen.

(3) Unternehmensfortführung (Going-Concern-Prinzip)

Mit diesem Prinzip will das HGB den Ausweis vergleichbarer Periodenergebnisse erreichen. Besonders das Sachanlagevermögen soll nicht unter Liquidations-, sondern unter Fortführungsgesichtspunkten bewertet werden.

> **Beispiel:** Ein Automobilhersteller errichtet eine Fertigungsstraße, die speziell auf den Bau eines neuen Fahrzeugtyps ausgelegt ist, der dort sechs Jahre lang produziert werden soll. Die Anschaffungskosten der Fertigungsstraße belaufen sich auf 120 Mio. EUR, ihr Liquidationswert liegt am Ende des ersten Nutzungsjahres bei 6 Mio. EUR. Unter **Liquidationsgesichtspunkten** müssten
> - im ersten Jahr 95 Prozent
> - in den fünf Folgejahren jeweils ein Prozent
>
> der Anschaffungskosten als Abschreibungsaufwand verrechnet werden.

Zur Wahrung des **Prinzips periodengerechter Gewinnermittlung** wählt das Bilanzrecht einen anderen Weg: Man geht von der Fortführung der Unternehmenstätigkeit aus und verteilt den Gesamtaufwand (= Anschaffungskosten) nutzungsadäquat oder zu gleichen Teilen auf die einzelnen Perioden der geplanten Nutzungsdauer. Man bezeichnet dieses Abschreibungskonzept als **Verteilungsabschreibung**.

Eine Vermögensbewertung unter Fortführungsaspekten hat nur dann zu unterbleiben, wenn im Einzelfall in Kürze mit einer Einzelveräußerung oder mit der Unternehmensliquidation zu rechnen ist. Dann sind Einzelveräußerungswerte anzusetzen.

(4) Bewertungsstetigkeit (materielle Bilanzkontinuität)

Das HGB gewährt den bilanzierenden Unternehmen Freiräume bei der Wahl der Bewertungs- bzw. Abschreibungsmethoden. So steht es den Unternehmen beispielsweise frei, maschinelle Anlagen linear oder degressiv[1] abzuschreiben. Durch die Wahl des Abschreibungsverfahrens kann die Unternehmensleitung (über einen höheren oder niedrigeren Abschreibungsbetrag) den Ausweis des Periodenerfolgs beeinflussen. So könnte ein Unternehmen bestrebt sein, eine schlechte Ertragslage zu verschleiern, indem es zu einem anderen Abschreibungsverfahren übergeht, das eine geringere Aufwandsverrechnung zulässt, als das bisherige Verfahren. Mit der Verankerung des Prinzips der Bewertungsstetigkeit (= **materielle Bilanzkontinuität**) werden solche **Erfolgsausweismanipulationen unmöglich** gemacht, denn das bereits angewandte Verfahren ist beizubehalten.

(5) Methodenbestimmtheit

Auch dieses Bewertungsprinzip steht im Dienste periodengerechter Gewinnermittlung. Der Versuch eines Unternehmens, einen Periodenerfolg exakt in Höhe des Vorjahresergebnisses (von beispielsweise 1 Mio. EUR) auszuweisen, indem man bei der Ermittlung des Abschreibungsaufwands einen Zwischenwert aus degressiver und linearer Abschreibung ansetzt, verstößt gegen die Grundsätze ordnungsmäßiger Bilanzierung und ist damit rechtswidrig.

---

[1] Vgl. S. 699 ff.

(6) **Einzelbewertung**

Der Wert eines Unternehmens kann im Wege der

- **Einzelbewertung** als **Substanzwert**[1]
- **Gesamtbewertung** als **Zukunftserfolgswert**[2]

ermittelt werden. Der Zukunftserfolgswert entspricht dem Geldbetrag, den ein potentieller Erwerber unter der Annahme (unsicherer) Zukunftserfolge maximal für ein zum Verkauf stehendes Unternehmen bezahlen würde. Dabei entspricht der Zukunftserfolgswert dem Konzept der Gesamtbewertung.

Bewertungskriterien	Einzelbewertung	Gesamtbewertung
Bewertungsziel	Ermittlung des Schuldendeckungspotentials für den möglichen Krisenfall der Einzelveräußerung (Liquidation)	Ermittlung des erfolgsabhängigen Wertes eines auf Dauer angelegten (florierenden) Unternehmens
Bewertungsgegenstand	Verkehrsfähige, d. h. einzeln veräußerbare Sachen und Rechte	Erwartete, unsichere Zukunftserfolge (→ Barwert der Zukunftserfolge)
Vorteile (+) **Nachteile** (–)	+ Marktrelevanz im Krisenfall + gute Kontrollierbarkeit – mangelnde Aussagekraft für florierende Unternehmen	+ subjektiv, die Synergien berücksichtigend – unzureichende Kontrollierbarkeit

Abb. 58: Einzel- und Gesamtbewertung

Bilanzielle **Einzelbewertung** hat den Nachteil, dass der „tatsächliche" Wert eines Unternehmens (z. B. Coca Cola) als Summe einzelner Vermögensgegenstände (Gebäude, maschinelle Anlagen u. Ä.) nur unzureichend abgebildet wird, denn der **selbst geschaffene Firmenwert**, zu dem u. a. der Markenname gehört, darf **nicht bilanziert** werden. Aus Gründen der Rechtssicherheit, d. h. der **Nachprüfbarkeit** von Jahresabschlussangaben, beschränkt sich das deutsche Bilanzrecht auf den Ausweis einzeln verwertbarer Vermögensgegenstände.

(7) **Anschaffungskostenprinzip (Prinzip nomineller Kapitalerhaltung)**

Die Gewinnermittlung nach Handels- und Steuerrecht folgt dem **Prinzip nomineller Kapitalerhaltung**. Jede Mehrung des nominellen Reinvermögens gilt als Gewinn:

Nominalgewinn
Nominelles Eigenkapital t_1 – Nominelles Eigenkapital t_0
= (Nominal-)Gewinn der Periode 01

---

[1] Vgl. S. 521 f.
[2] Vgl. S. 512 ff.

B.2. Grundsätze ordnungsmäßiger Buchführung und Bilanzierung

Demgegenüber liegt nach dem Gewinnermittlungskonzept der **Substanzerhaltung** ein Gewinn erst dann vor, wenn sich die Vermögenssubstanz (mengenmäßig) vermehrt hat. Geht man von der **Annahme konstanter Wiederbeschaffungspreise** für

- abgesetzte Waren
- verbrauchte Rohstoffe
- eingesetzte maschinelle Anlagen

aus, führt das Gewinnermittlungskonzept der nominellen Kapitalerhaltung zum **gleichen Erfolgsausweis** wie das Gewinnermittlungskonzept der Substanzerhaltung.

In Zeiten schleichender Geldentwertung muss man aber von steigenden Wiederbeschaffungskosten für die verbrauchten Produktionsfaktoren ausgehen. Nach Auffassung der Substanzerhaltungstheoretiker setzt sich dann der nach dem Konzept der nominellen Kapitalerhaltung ermittelte Gewinn aus zwei Komponenten zusammen, dem

- **Scheingewinn** (unechter Gewinn)
- **Umsatzgewinn** (echter Gewinn).

Beispiel		GE
Umsatzerlös		*400*
Faktoreinsatz (Anschaffungskosten)		*240*
Faktoreinsatz (Wiederbeschaffungskosten)		*300*
Gewinnermittlung nach nomineller Kapitalerhaltung:		
Umsatzerlös	400	
– Anschaffungskosten	240	
= **Nominalgewinn**		**160**
Gewinnermittlung nach Substanzerhaltung:		
Umsatzerlös	400	
– Wiederbeschaffungskosten	300	
= **Umsatzgewinn (echter Gewinn)**		**100**
Wiederbeschaffungskosten	300	
– Anschaffungskosten	240	
= **Scheingewinn (unechter Gewinn)**		**60**

Abb. 59: Nominalgewinn, Umsatzgewinn und Scheingewinn

Nach Handels- und Steuerrecht ist – gemäß dem Prinzip nomineller Kapitalerhaltung – der Faktoreinsatz (Wareneinsatz, bilanzielle Abschreibung) zu Anschaffungskosten zu bewerten. Dabei nimmt man in Kauf, dass der Nominalgewinn (160 GE) das Unternehmen in Form von

- Ertragsteuerzahlungen an das Finanzamt
- Dividendenzahlungen an die Aktionäre

verlässt. Zur Wiederbeschaffung der verbrauchten Produktionsfaktoren stehen dann nur 400–160 = 240 GE zur Verfügung. Weil aber zur Wiederbeschaffung der verbrauchten Produktionsfaktoren 300 GE benötigt werden, ist eine Erhaltung der Unternehmenssubstanz nicht möglich. Nach Auffassung der Substanzerhaltungstheoretiker ließe sich dieses Problem vermeiden, wenn nur der Umsatzgewinn (100 GE) als besteuerungs- und ausschüttungsfähig behandelt werden würde.

Warum beharren Handels- und Steuerrecht auf dem **Prinzip nomineller Kapitalerhaltung**? Aus Gründen der **Willkürfreiheit und Nachprüfbarkeit**. Anschaffungskosten sind – anhand von Belegen – eindeutig feststellbar. Kämen dagegen bei der Gewinnermittlung künftige Wiederbeschaffungskosten ins Spiel, wäre der Manipulation des Erfolgsausweises durch hohe oder niedrige Schätzwerte der Wiederbeschaffungskosten (z. B. maschineller Anlagen) Tür und Tor geöffnet. (**ÜB 6**/20–21)

3. Bilanz

Der wohl bedeutendste Bestandteil des handelsrechtlichen Jahresabschlusses ist die Bilanz. Die bei der Bilanzerstellung auftretenden Probleme lassen sich in drei Fragen zusammenfassen:

1. **Welche Sachverhalte** sind zu bilanzieren?
2. **Unter welcher Position** sind die zu bilanzierenden Sachverhalte auszuweisen?
3. **In welcher Höhe** sind die zu bilanzierenden Sachverhalte auszuweisen?

Diese Fragen liefern den Leitfaden durch die folgenden Ausführungen: Im Unterkapitel „**3.1 Inhalt der Bilanz**" geht es um den Bilanzumfang (Bilanzierung dem Grunde nach). Im Unterkapitel „**3.2 Gliederung der Bilanz**" geht es um die Abgrenzung der Bilanzposten und die Reihenfolge ihres Ausweises. Im Unterkapitel „**3.3 Bewertungsprinzipien und Bewertungsmaßstäbe**" werden die Bewertungsmaßstäbe (Anschaffungskosten, Herstellungskosten usw.) dargestellt. Danach werden Ansatz- und Bewertungsvorschriften für ausgewählte Aktiva bzw. Passiva näher erläutert.

3.1 Inhalt der Bilanz

Welche Sachverhalte gehören in eine Bilanz? Diese Frage ist in zwei Schritten zu beantworten. Zunächst ist zu klären, welche Sachverhalte überhaupt bilanzierungsfähig sind. In diesem Zusammenhang spricht man von **abstrakter Bilanzierungsfähigkeit**. Anschließend ist die Frage (**konkrete Aktivierungsfähigkeit**) zu beantworten, inwieweit das HGB die bilanzierungsfähigen Sachverhalte umgesetzt hat in konkrete

- Aktivierungsgebote, -verbote oder -wahlrechte.
- Passivierungsgebote, -verbote oder -wahlrechte.

3.1.1 Bilanzierungsfähigkeit

Unter abstrakter Bilanzierungsfähigkeit versteht man die Eignung eines Sachverhalts, als Aktivum bzw. Passivum in die Bilanz aufgenommen zu werden. Letzten Endes entscheidet der Bilanzzweck darüber, welche Sachverhalte zu bilanzieren sind.

Da die **Schuldendeckungskontrolle** das primäre Informationsziel der Gläubiger darstellt (→ **Abb. 42**), muss die Bilanz

- **alle Vermögensgegenstände** (= Schuldendeckungspotential)
- **alle Schulden** (= Anspruchspotential der Gläubiger)

des Unternehmens enthalten.

Vermögensgegenstände, die im Eigentum Dritter stehen oder die zum Privatvermögen des Unternehmers gehören, haben keinen Platz in der Bilanz. Im Gegenzug sind auch die Verbindlichkeiten Dritter und private Schulden des Unternehmers nicht passivierungsfähig. Bürgt das bilanzierende Unternehmen für die Verbindlichkeiten Dritter, dann sind solche **Eventualverbindlichkeiten** nicht in der Bilanz, sondern **unter der Bilanz** (§ 251 HGB) bzw. bei Kapitalgesellschaften im Anhang (§ 268 Abs. 7 HGB) **anzugeben**.

Aktivierungsfähig sind **alle Vermögensgegenstände**. Aber was ist ein Vermögensgegenstand? Das Bilanzierungsschema für Kapitalgesellschaften (§ 266 Abs. 2 HGB) führt zwar als Aktivposten wichtige Beispiele für Vermögensgegenstände auf, aber eine eigene gesetzliche Definition des Begriffs „Vermögensgegenstand" gibt es nicht. Darum muss der Begriff des Vermögensgegenstands aus dem primären Informationsziel „Schuldendeckungskontrolle" abgeleitet werden. Dabei sind die drei in **Abb. 60** aufgeführten Definitionsmerkmale[1] von entscheidender Bedeutung.

(1) Werthaltigkeit	(2) Einzelverwertbarkeit	(3) Selbständige Bewertbarkeit
Werthaltige Sachen und Rechte, über die ausschließlich das Unternehmen verfügen kann	Möglichkeit der • Einzelveräußerung • Nutzungsüberlassung bei Fortbestand des Unternehmens	Anschaffungs- bzw. Herstellungskosten lassen sich dem Gegenstand eindeutig zuordnen

Abb. 60: Aktivierungsvoraussetzungen für Vermögensgegenstände

Das Kriterium der **(1) Werthaltigkeit** erfüllen
- **materielle Gegenstände** (z. B. Grundstücke, Maschinen)
- **immaterielle Gegenstände** (z. B. Patente, Firmenwert)

gleichermaßen.

Das Kriterium der **(2) Einzelverwertbarkeit** ist bei Patenten (beim Geschäfts- oder Firmenwert) erfüllt (nicht erfüllt, denn der Geschäfts- oder Firmenwert ist integrativer Bestandteil eines fortbestehenden Unternehmens).

Das Kriterium **(3) selbständige Bewertbarkeit** steht im Dienst der Kontrollierbarkeit der Bilanzansätze. Die mit der Schaffung eines (selbst erstellten) Patents verbundenen Herstellungsaufwendungen dürfen nur dann aktiviert werden, wenn sie sich als
- **produktspezifische Entwicklungskosten (= Aktivum)** klar von
- **allgemeinen Forschungskosten (= Aufwand)**

abgrenzen[2] lassen.

Passivierungsfähig sind **alle Schulden**. Zu den Schulden zählen die
- (sicheren) **Verbindlichkeiten**
- (unsicheren) **Rückstellungen**.

Verzeichnet man auf der Aktivseite die aktivierungsfähigen Vermögensgegenstände und auf der Passivseite die passivierungsfähigen Schulden, ergibt sich als Saldo das Eigenkapital, das im Normalfall (Überschuldungsfall) auf der Passivseite (Aktivseite) der Bilanz ausgewiesen ist.

---

[1] Zur abstrakten Aktivierungsfähigkeit vgl. Coenenberg/Haller/Schultze, Jahresabschluss, 2016, S. 79 ff.

[2] Zu Einzelheiten vgl. S. 705 f.

Gibt es in Grenzfällen Zweifel an der Aktivierungs- bzw. Passivierungsfähigkeit eines Tatbestands, leistet das **Vorsichtsprinzip** eine Entscheidungshilfe. Im Zweifelsfall sollte auf eine Aktivierung verzichtet, eine Passivierung aber vollzogen werden.

3.1.2 Konkrete Aktivierungsvorschriften

Nach dem abstrakten Bilanzierungsgrundsatz hat die Aktivseite nicht mehr, aber auch nicht weniger als sämtliche (materielle und immaterielle; entgeltlich erworbene und selbst erstellte) Vermögensgegenstände auszuweisen. Dieser abstrakte **Bilanzierungsgrundsatz** wird im geltenden deutschen Handelsrecht in zwei entscheidenden Punkten **durchbrochen**. Der Wunsch nach

(1) **Rechtssicherheit und Kontrollierbarkeit** führt zur **Einschränkung**
(2) **periodengerechter Gewinnermittlung** führt zur **Ausdehnung**

des Kreises aktivierungsfähiger Sachverhalte.

(1) **Kontrollierbarkeit** der Jahresabschlussangaben schafft **Rechtssicherheit** für die Bilanzadressaten. Alle entgeltlich erworbenen Vermögensgegenstände sind aktivierungspflichtig, weil deren Anschaffungskosten durch Rechnungsbeleg kontrollierbar sind. Vergleichsweise unproblematisch ist auch die Aktivierung selbst erstellter materieller Vermögensgegenstände zu Herstellungskosten.

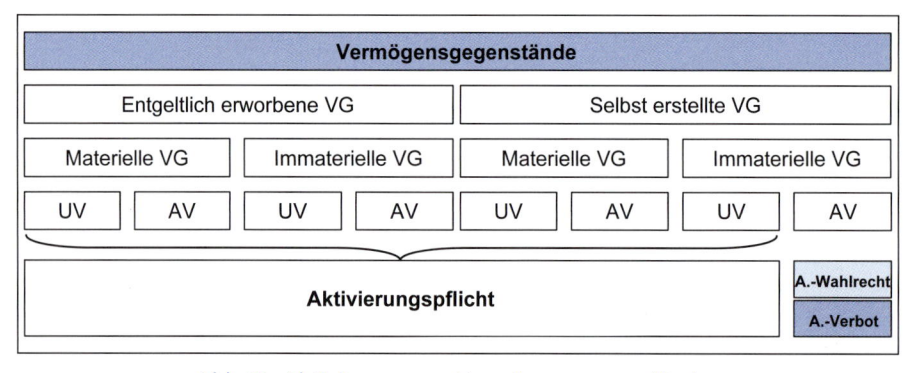

Vermögensgegenstände							
Entgeltlich erworbene VG				Selbst erstellte VG			
Materielle VG		Immaterielle VG		Materielle VG		Immaterielle VG	
UV	AV	UV	AV	UV	AV	UV	AV
Aktivierungspflicht						A.-Wahlrecht	
						A.-Verbot	

Abb. 61: Aktivierung von Vermögensgegenständen

Das **Problem der Nachprüfbarkeit** des Wertansatzes stellt sich in aller Schärfe bei **selbst erstellten immateriellen Vermögensgegenständen des Anlagevermögens**. Ist der dem Unternehmen entstandene **Herstellungsaufwand einem Einzelprojekt**

- **hinreichend genau zurechenbar** (Beispiele: Herstellungskosten für Patente oder Software, produktspezifische Entwicklungskosten) gilt ein **Aktivierungswahlrecht** (§ 248 Abs. 2 Satz 1 HGB)
- **nicht genau zurechenbar** (Beispiele: Aufwendungen zur Mitarbeiterqualifikation, zum Aufbau einer Organisation, eines Kundenstamms oder zur Schaffung einer Marke) gilt ein **Aktivierungsverbot** (§ 248 Abs. 2 Satz 2 HGB).

(2) **Periodengerechte Gewinnermittlung** liegt im Interesse der Bilanzadressaten. Nach deutschem Handelsrecht soll der Jahresabschluss beide Aufgaben erfüllen: die nach statischer Bilanzauffassung vorrangige Schuldendeckungskontrolle und die nach dynamischer Bilanzauffassung vorrangige periodengerechte Gewinnermittlung.

Aktivierungsgebote	HGB

• „Sämtliche" Vermögensgegenstände (VG)
   ◦ alle materiellen VG
   ◦ alle entgeltlich erworbenen immateriellen VG
   ◦ alle selbst geschaffenen immateriellen VG des Umlaufvermögens
• Entgeltlich erworbener Firmenwert
• Transitorische Rechnungsabgrenzungsposten (RAP)
	(§ 246 Abs. 1)
	(§ 246 Abs. 1)
	
	(§ 246 Abs. 1)
	(§ 250 Abs. 1)

Aktivierungswahlrechte	
• Disagio bei Kreditaufnahme als RAP aktiv • Selbst geschaffene immaterielle VG des Anlagevermögens, soweit produktspezifische Entwicklungskosten • Aktive latente Steuern (bei Kapitalgesellschaften)	(§ 250 Abs. 3) (§ 248 Abs. 2, § 255 Abs. 2a) (§ 274 Abs. 1)
Aktivierungsverbote	
• Gründungsaufwendungen • Aufwendungen für die Eigenkapitalbeschaffung • Aufwendungen für den Abschluss von Versicherungsverträgen • Aufwendungen für selbst geschaffene Marken, Kundenlisten u. Ä. • Selbst geschaffene immaterielle VG des Anlagevermögens, soweit Forschungskosten	(§ 248 Abs. 1) (§ 248 Abs. 1) (§ 248 Abs. 1) (§ 248 Abs. 2) (§ 255 Abs. 2a)

Abb. 62: Wichtige Aktivierungsvorschriften des HGB im Überblick

Obwohl es sich **nicht** um **Vermögensgegenstände** im oben beschriebenen Sinne handelt, verordnet das HGB für

- den **entgeltlich erworbenen Firmenwert**[1]
- **transitorische Rechnungsabgrenzungsposten**
- **das Disagio bei Kreditaufnahme**[2]
- **aktive latente Steuern**

eine Aktivierungspflicht bzw. ein Aktivierungswahlrecht. Der aktivierte Sachverhalt stellt kein Schuldendeckungspotential dar. Mit der Aktivierung verfolgt man – wie an späterer Stelle gezeigt wird – das Ziel, durch sachgerechte Aufwandverrechnung vergleichbare Periodenergebnisse auszuweisen.

Dagegen will das HGB mit den **Aktivierungsverboten** den Ausweis eines **vorsichtig ermittelten Schuldendeckungspotentials** erreichen.

3.1.3 Konkrete Passivierungsvorschriften

Nach dem abstrakten Bilanzierungsgrundsatz hat die Passivseite nicht mehr, aber auch nicht weniger als **sämtliche Schulden** und – als Saldo zwischen Vermögen und Schulden – das Eigenkapital auszuweisen. Dabei setzen sich die auszuweisenden Schulden zusammen aus

(1) sicheren Verbindlichkeiten gegenüber Dritten
(2) ungewissen Verbindlichkeiten gegenüber Dritten **(Rückstellungen)**.

---

[1] Zu Einzelheiten vgl. S. 706 ff.
[2] Zu Einzelheiten vgl. S. 725 f.

Passivierungsgebote	HGB
• Sichere Verbindlichkeiten	(§ 246 Abs. 1)
• Verbindlichkeitsrückstellungen (= alle ungewissen Verbindlichkeiten gegenüber Dritten)	(§ 249 Abs. 1)
• Bestimmte Aufwandsrückstellungen	(§ 249 Abs. 1)
○ unterlassene Instandhaltung (geplant im 1. bis 3. Monat der Folgeperiode)	
○ unterlassene Abraumbeseitigung (geplant in der Folgeperiode)	
• Transitorische Rechnungsabgrenzungsposten	(§ 250 Abs. 2)
• Passive latente Steuern (bei Kapitalgesellschaften)	(§ 274 Abs. 1)
• Eigenkapital (Vermögen > Schulden)	(§ 247 Abs. 1)
Passivierungsverbote	
• Andere als die in § 249 Abs. 1 genannten Rückstellungen	(§ 249 Abs. 2)

Abb. 63: Wichtige Passivierungsvorschriften des HGB im Überblick

Sichere (ungewisse) Verbindlichkeiten müssen unter der Passivposition „Verbindlichkeiten" („Rückstellungen") ausgewiesen werden. Mit der Passivierung dieser beiden Sachverhalte ist dem Anliegen der statischen Bilanzauffassung nach **vollständigem Schuldenausweis** Genüge getan.

Mit seinen konkreten Passivierungsvorschriften geht das HGB einen Schritt weiter. Indem es für

- **bestimmte Aufwandsrückstellungen**
- **passive Rechnungsabgrenzungsposten**
- **passive latente Steuern**

ein Passivierungsgebot verordnet, folgt es der dynamischen Bilanzauffassung, d. h. dem Verlangen nach **periodengerechter Gewinnermittlung.**

3.2 Gliederung der Bilanz

Der Jahresabschluss dient der Information der Bilanzadressaten. Zu diesem Zweck muss er klar und übersichtlich sein (§ 243 Abs. 2 HGB). Die (teilweise) sehr detaillierten **Bilanzgliederungsvorschriften** des HGB sind als **Mindeststandard** zur Vermittlung eines guten Einblicks in die Vermögens- und Finanzlage des Unternehmens zu interpretieren.

3.2.1 Gliederungsprinzipien

Die Bilanzposten der Aktiv- bzw. Passivseite lassen sich nach unterschiedlichen Gesichtspunkten anordnen. Von besonderer Bedeutung ist eine Gliederung nach

(1) dem **Liquiditätsprinzip**
(2) dem **Prozessgliederungsprinzip**
(3) den **Rechtsverhältnissen**
(4) dem **Fristigkeitsprinzip**.

Das **(1) Liquiditätsprinzip** dominiert die Gliederung der Aktivseite. Nach diesem Grundsatz soll jene Vermögensposition an der Spitze (am Schluss) der Aktivposten aufgeführt werden, deren Liquidierung in einer sehr fernen (nahen) Zukunft liegt.

Diesem Prinzip gehorchend wird zunächst das Anlagevermögen (= Vermögensgegenstände, die auf Dauer dem Betrieb zu dienen bestimmt sind), danach das Umlaufvermögen bilanziert. Zahlungsmittelbestände (Kasse und Sichtguthaben) schließen im Umlaufvermögen den Reigen der bilanzierten Vermögensgegenstände ab.

Das **(2) Prozessgliederungsprinzip** folgt dem Wertekreislauf: Rohstoffe – Halbfabrikate – Fertigfabrikate – Forderungen – Zahlungsmittel. Nach diesem Prinzip ist das Umlaufvermögen gegliedert.

Die **(3) Rechtsverhältnisse** der Kapitalbereitstellung bestimmen die Grobgliederung der Passivseite: Zuerst wird das Eigenkapital (= Risikokapital), danach das Fremdkapital (= Kapital mit festem Rückzahlungsanspruch) ausgewiesen. Die Rückstellungen werden zwischen Eigenkapital und Verbindlichkeiten aufgeführt. Als ungewisse Verbindlichkeiten gegenüber Dritten sind sie dem Fremdkapital zuzuordnen.

Das **(4) Fristigkeitsprinzip** ordnet das ausgewiesene Kapital nach der Dauer der Verfügbarkeit: An der Spitze steht das Eigenkapital, das dem Unternehmen auf unbeschränkte Zeit zur Verfügung steht. Am Schluss sollen die Verbindlichkeiten mit dem kürzesten Zahlungsziel stehen.

3.2.2 Gliederungsschema

Unter einem Gliederungsschema soll hier die mehr oder weniger detaillierte **gesetzliche Vorgabe zur Bilanzgliederung** verstanden werden. Bei den gesetzlichen Gliederungsschemata spielen die

- Rechtsform
- Größe
- Branchenzugehörigkeit

des jeweiligen Unternehmens eine besondere Rolle. **Branchenspezifische Gliederungsvorschriften** gelten z. B. für Versicherungsunternehmen und Kreditinstitute. Im Übrigen unterscheiden die gesetzlichen Gliederungsvorschriften zwischen

- Nichtkapitalgesellschaften und
- Kapitalgesellschaften und gleichgestellten Unternehmen (§ 264a HGB, § 1 PublG).

Nichtkapitalgesellschaften sind nach § 247 Abs. 1 HGB verpflichtet, „das Anlage- und das Umlaufvermögen, das Eigenkapital, die Schulden sowie die Rechnungsabgrenzungsposten gesondert auszuweisen und hinreichend aufzugliedern."

Für **Kapitalgesellschaften**, bestimmte Personengesellschaften (§§ 264a–c HGB) und Großunternehmen im Sinne des Publizitätsgesetzes ist im § 266 HGB das in **Abb. 64** dargestellte Mindestgliederungsschema kodifiziert.

Ein verkürztes Gliederungsschema **gilt für**

- **kleinste Kapitalgesellschaften** (nur Bilanzposten mit Großbuchstaben → **Abb. 64**)
- **kleine Kapitalgesellschaften** (nur Bilanzposten mit Großbuchstaben und römischen Ziffern → **Abb. 64**).

Übersteigt der Jahresfehlbetrag (= Verlust einer Kapitalgesellschaft) das am Periodenanfang vorhandene Eigenkapital, muss zum Jahresende ein **negatives Eigenkapital** ausgewiesen werden. Dies ist als „Nicht durch Eigenkapital gedeckter Fehlbetrag" als letzter Posten auf der Aktivseite auszuweisen (§ 268 Abs. 3 HGB).

Bilanzgliederungsschema für Kapitalgesellschaften gem. § 266 HGB	
Aktivseite gem. § 266 Abs. 2 HGB	**Passivseite gem. § 266 Abs. 3 HGB**

A. **Anlagevermögen:**
  I. **Immaterielle Vermögensgegenstände:**
    1. selbst geschaffene gewerbliche Schutzrechte und ähnliche Rechte und Werte;
    2. entgeltlich erworbene Konzessionen, gewerbliche Schutzrechte und ähnliche Rechte und Werte sowie Lizenzen an solchen Rechten und Werten;
    3. Geschäfts- oder Firmenwert;
    4. geleistete Anzahlungen;
  II. **Sachanlagen:**
    1. Grundstücke, grundstücksgleiche Rechte und Bauten einschließlich der Bauten auf fremden Grundstücken;
    2. technische Anlagen und Maschinen;
    3. andere Anlagen, Betriebs- und Geschäftsausstattung;
    4. geleistete Anzahlungen und Anlagen im Bau;
  III. **Finanzanlagen:**
    1. Anteile an verbundenen Unternehmen;
    2. Ausleihungen an verbundene Unternehmen;
    3. Beteiligungen;
    4. Ausleihungen an Unternehmen, mit denen ein Beteiligungsverhältnis besteht;
    5. Wertpapiere des Anlagevermögens;
    6. sonstige Ausleihungen.
B. **Umlaufvermögen:**
  I. **Vorräte:**
    1. Roh-, Hilfs- und Betriebsstoffe;
    2. unfertige Erzeugnisse, unfertige Leistungen;
    3. fertige Erzeugnisse und Waren;
    4. geleistete Anzahlungen;
  II. **Forderungen und sonstige Vermögensgegenstände:**
    1. Forderungen aus Lieferungen und Leistungen;
    2. Forderungen gegen verbundene Unternehmen;
    3. Forderungen gegen Unternehmen, mit denen ein Beteiligungsverhältnis besteht;
    4. sonstige Vermögensgegenstände;
  III. **Wertpapiere:**
    1. Anteile an verbundenen Unternehmen;
    2. sonstige Wertpapiere;
  IV. **Kassenbestand, Bundesbankguthaben, Guthaben bei Kreditinstituten und Schecks.**
C. **Rechnungsabgrenzungsposten**
D. **Aktive latente Steuern**
E. **Aktiver Unterschiedsbetrag aus der Vermögensverrechnung**
	A. **Eigenkapital:**
	  I. Gezeichnetes Kapital;
	  II. Kapitalrücklage;
	  III. **Gewinnrücklagen:**
	    1. gesetzliche Rücklage;
	    2. Rücklage für Anteile an einem herrschenden oder mehrheitlich beteiligten Unternehmen;
	    3. satzungsmäßige Rücklagen;
	    4. andere Gewinnrücklagen;
	  IV. Gewinnvortrag/Verlustvortrag;
	  V. Jahresüberschuss/Jahresfehlbetrag.
	B. **Rückstellungen:**
	  1. Rückstellungen für Pensionen und ähnliche Verpflichtungen;
	  2. Steuerrückstellungen;
	  3. sonstige Rückstellungen.
	C. **Verbindlichkeiten:**
	  1. Anleihen;
	  2. Verbindlichkeiten gegenüber Kreditinstituten;
	  3. erhaltene Anzahlungen auf Bestellungen;
	  4. Verbindlichkeiten aus Lieferungen und Leistungen;
	  5. Verbindlichkeiten aus der Annahme gezogener Wechsel und der Ausstellung eigener Wechsel;
	  6. Verbindlichkeiten gegenüber verbundenen Unternehmen;
	  7. Verbindlichkeiten gegenüber Unternehmen, mit denen ein Beteiligungsverhältnis besteht;
	  8. sonstige Verbindlichkeiten.
	D. **Rechnungsabgrenzungsposten**
	E. **Passive latente Steuern**

Abb. 64: Bilanzgliederungsschema für Kapitalgesellschaften nach § 266 HGB

Eventualverbindlichkeiten sind **außerhalb der Bilanz** („unter dem Strich" bzw. bei Kapitalgesellschaften im Anhang) auszuweisen. Ein Beispiel zum Bilanzgliederungsschema befindet sich im zugehörigen Übungsbuch. (**ÜB 6**/91)

3.2.3 Zusätzliche Vorschriften zur Verbesserung des Einblicks in die Vermögens- und Finanzlage

In § 265 HGB sind zahlreiche Einzelvorschriften zur verbesserten Unterrichtung der Bilanzadressaten enthalten. Hervorzuheben sind hier das Prinzip der formellen Bilanzkontinuität (§ 265 Abs. 1 HGB) und die Verpflichtung, für jeden Bilanzposten auch den Vorjahresbetrag anzugeben (§ 265 Abs. 2 HGB).

3.2.3.1 Einblick in die Vermögenslage

Bilanzadressaten wollen nicht nur über den Wert, sondern auch über die Altersstruktur der Anlagen unterrichtet werden. Hierzu müssen große und mittelgroße Kapitalgesellschaften nach § 284 Abs. 3 HGB im Anhang einen **Anlagespiegel** (auch Anlagegitter genannt) erstellen, wie er auszugsweise und beispielhaft in **Abb. 65** dargestellt ist.

Bilanz-posten	Anlagespiegel											
	AHK					Abschreibungen					RBW	
	01.01.	Zu-gänge	Ab-gänge	Umbu-chungen	31.12.	01.01.	Zu-gänge	Zu-schreibung	Ab-gänge	31.12	Vor-jahr	lfd. Jahr
(1)	(2)	(3)	(4)	(5)	(6)	(7)	(8)	(9)	(10)	(11)	(12)	(13)
... Techn. Anlagen ...	... 800 ...	... + 80 ...	... – 60 ...	... + 40 ...	... 860 ...	... 350 ...	... + 100 ...	... – 30 ...	... – 50 ...	... 370 ...	... 450 ...	... 490 ...

Abb. 65: Anlagespiegel (Auszug) nach § 284 Abs. 3 HGB

Der Anlagespiegel hat in Spalte **(1)** jeden **Einzelposten des Anlagevermögens** aufzunehmen. In den übrigen Spalten sollten folgende Sachverhalte angegeben werden:

(2) kumulierte (kum.) Anschaffungs- und Herstellungskosten (AHK) der zu Periodenbeginn verfügbaren Vermögensgegenstände (VG)
(3) Zugänge des Geschäftsjahres zu AHK
(4) Abgänge des Geschäftsjahres zu AHK
(5) Umbuchungen zu AHK (z. B. von „Anlagen im Bau" zu „technische Anlagen")
(6) kum. AHK der zu Periodenende verfügbaren VG [= (2) + (3) – (4) ± (5)]
(7) kum. Abschreibungen der zu Periodenbeginn verfügbaren VG
(8) Abschreibungen (planmäßig und außerplanmäßig) im laufenden Geschäftsjahr
(9) Zuschreibungen des Geschäftsjahres (= wertmäßige Erhöhung durch Rückgängigmachung außerplanmäßiger Abschreibungen einer Vorperiode)
(10) kum. Abschreibungen der Anlagenabgänge der Periode
(11) kum. Abschreibungen der am Jahresende verfügbaren VG [= (7) + (8) – (9) – (10)]
(12) Restbuchwert (RBW) am Vorjahresende [= (2) – (7)]
(13) RBW am Ende des lfd. Geschäftsjahres [= (6) – (11)].

Zu den wichtigsten Informationen, die ein Bilanzadressat dem Anlagespiegel entnehmen kann, gehören der Einblick in die Altersstruktur (2) vs. (7) bzw. (6) vs. (11) sowie in die Fluktuation im Anlagenbestand (3) bzw. (4). Ein erläuterndes Beispiel findet sich im zugehörigen Übungsbuch. (**ÜB 6**/66)

3.2.3.2 Einblick in die Finanzlage

Die **Zahlungsfähigkeit** eines Unternehmens hängt in hohem Maße davon ab, wann und in welchem Umfang mit einem

- **Mittelzufluss aus fälligen Forderungen**
- **Mittelabfluss aus fälligen Verbindlichkeiten**

zu rechnen ist. Zur Verbesserung des Einblicks in die Finanzlage schreibt § 268 HGB Kapitalgesellschaften vor, bei jedem Posten den Betrag der

- **Forderungen** mit einer **Restlaufzeit von mehr als einem Jahr**
- **Verbindlichkeiten** mit einer **Restlaufzeit von weniger als einem Jahr**

gesondert auszuweisen. Zudem müssen mittelgroße und große Kapitalgesellschaften nach § 285 Nr. 2 HGB im Anhang für jeden Posten der Verbindlichkeiten den

- Betrag mit einer **Restlaufzeit** von mehr als **fünf Jahren**
- Betrag, der durch **Pfandrechte** gesichert ist, sowie die Art der Sicherheiten

angeben.

Bilanz-posten	Gesamt betrag	Restlaufzeit			gesicherter Betrag	Art der Sicherheiten
		≤ 1 Jahr	1–5 Jahre	> 5 Jahre		
...	...	...	...	...	...	–
Verbindl. ggü. Kreditinstituten	800	80	500	220	440	Grundschuld
...	...	...	...	...	...	–

Abb. 66: Verbindlichkeitenspiegel (Auszug)

Die notwendigen Pflichtangaben können in einem Verbindlichkeitenspiegel zusammengefasst werden. Dieser liefert dem Bilanzanalysten die notwendigen Informationen zur Analyse der Kapitalstruktur.

3.3 Bewertungsprinzipien und Bewertungsmaßstäbe

3.3.1 Bewertungsprinzipien

Gläubigerschutz ist das oberste Anliegen[1] deutschen Handelsrechts. Bei der Bewertung der Aktiva und Passiva ist das Vorsichtsprinzip (§ 252 Abs. 1 Nr. 4 HGB) zu beachten. Das **Vorsichtsprinzip** gebietet,

- **Vermögensgegenstände** eher zu niedrig als zu hoch (**Niederstwertprinzip**)
- **Verbindlichkeiten** eher zu hoch als zu niedrig (**Höchstwertprinzip**)

zu bewerten. Die Einhaltung des Niederstwertprinzips bei der Vermögensbewertung bzw. des Höchstwertprinzips bei der Schuldenbewertung führt zum gewünschten Ziel:

---

[1] Zur Vereinbarkeit des Vorsichtsprinzips mit dem (fast gleichrangigen) Streben nach periodengerechter Gewinnermittlung vgl. S. 661 ff.

Der **Eigenkapitalbestand** und somit auch die Eigenkapitalveränderung (= Erfolg) der Periode **wird eher zu niedrig als zu hoch** ausgewiesen.[1]

Nach dem Niederstwertprinzip müssen bei der Bewertung von Vermögensgegenständen zu jedem Bilanzstichtag zwei Werte miteinander verglichen werden: der historische Wert (sog. Buchwert) und der aktuelle Wert am Bilanzstichtag (→ **Abb. 67**).

```
                    Bewertungsmaßstäbe
                    /                \
        (historischer Wert)    (aktueller Wert am Bilanzstichtag)
                ↓                        ↓
            Basiswert                Vergleichswert
            ├─ Anschaffungskosten    ├─ Börsen- oder Marktpreis
            ├─ Herstellungskosten    └─ beizulegender Wert
            └─ fortgeführte Anschaffungs-
               bzw. Herstellungskosten
```

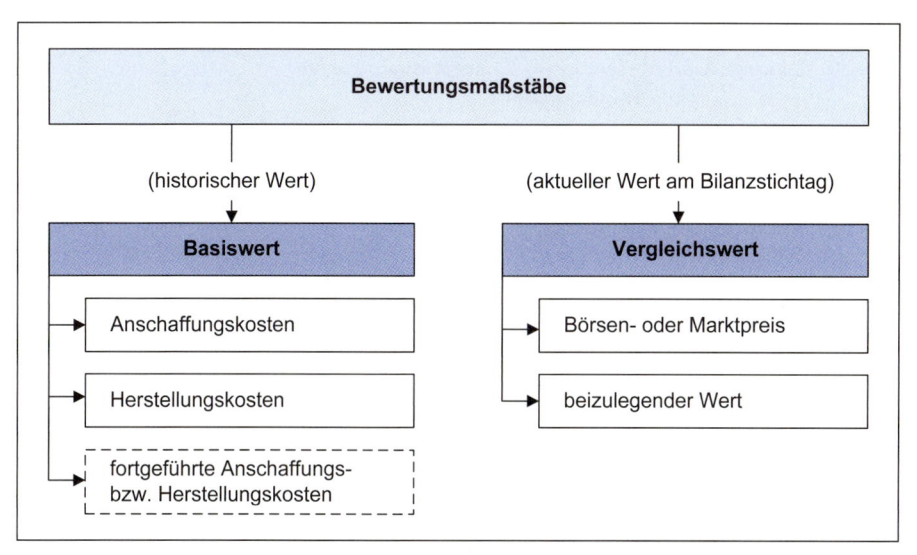

Abb. 67: Wertvergleich für Vermögensgegenstände nach dem Niederstwertprinzip

Als **Basiswert** fungieren historische Anschaffungskosten bzw. Herstellungskosten (AHK). Käuflich erworbene (selbst erstellte) Vermögensgegenstände werden bei ihrer Aufnahme ins Betriebsvermögen zu AHK bewertet und bilanziert.

Vermögensgegenstände (z. B. maschinelle Anlagen), deren Nutzung zeitlich begrenzt ist, müssen nach §253 Abs. 3 HGB planmäßig abgeschrieben werden. Den um planmäßige Abschreibungen verminderten Basiswert bezeichnet man als **fortgeführte Anschaffungs- bzw. Herstellungskosten**.

Zu jedem **Bilanzstichtag** ist ein **Niederstwerttest** durchzuführen. Als Vergleichswert wird der aktuelle Börsen- oder Marktpreis, ersatzweise der sog. beizulegende Wert herangezogen.

In §253 HGB sind die in **Abb. 68** aufgeführten Bewertungs- und Abschreibungsvorschriften enthalten.

(1) Aus Gründen kaufmännischer Vorsicht **verbietet** das **HGB** grundsätzlich[2] einen Wertansatz oberhalb der AHK, denn ein solcher Bilanzansatz würde zum **Ausweis unrealisierter (= unsicherer) Gewinne** führen.

(2) Zur Berücksichtigung des planbaren Wertverzehrs **müssen abnutzbare Vermögensgegenstände des Anlagevermögens** (z. B. maschinelle Anlagen) **planmäßig abgeschrieben** werden. Die um planmäßige Abschreibung verminderten AHK bezeichnet man als fortgeführte AHK.

---

[1] Vgl. die graphische Darstellung pessimistischer Bilanzierung in **Abb. 38** auf S. 660.
[2] Zur Ausnahmeregelung für Kreditinstitute vgl. S. 713.

Bewertungs- und Abschreibungsvorschriften

(1) Anschaffungs- bzw. Herstellungskosten (AHK) bilden die Wertobergrenze
(2) Planmäßige Abschreibung abnutzbarer Anlagegegenstände ist zwingend
(3) Strenges Niederstwertprinzip im Umlaufvermögen (UV) → apl. Abschreibung in jedem Fall zwingend
(4) Gemildertes Niederstwertprinzip im Anlagevermögen (AV)
 - dauernde Wertminderung → Abschreibungszwang
 - vorübergehende Wertminderung
   ◦ Finanzanlagen → Abschreibungswahlrecht
   ◦ Übriges AV → Abschreibungsverbot
(5) Wertaufholungsgebot (= Zuschreibungspflicht) im AV und UV, wenn Grund für apl. Abschreibung nach (3) oder (4) entfallen ist.

Abb. 68: Bewertungsregeln (§ 253 HGB) im Überblick

(3) Vermögensgegenstände des Umlaufvermögens (z. B. Waren oder Forderungen aus Lieferungen und Leistungen) sollen in möglichst kurzer Zeit durch Umsatz realisiert, d. h. „zu Geld gemacht" werden. Beträgt der Buchwert zum Bilanzstichtag 31.12.01 z. B. 100 GE und zeichnet sich eine Wertminderung ab, ist also in der kommenden Periode 02 mit einem Geldrückfluss (z. B. 80 GE) zu rechnen, **muss zwecks Verlustantizipation** zu Lasten der Periode 01 eine **außerplanmäßige Abschreibung** in Höhe des Differenzbetrags (hier: 20 GE) vorgenommen werden.

(4) Vermögensgegenstände des Anlagevermögens (z. B. Grundstücke oder Finanzanlagen) **sollen langfristig im Betriebsvermögen gehalten** werden. Ob eine **Verlustantizipation** durch Verrechnung einer apl. Abschreibung notwendig ist oder nicht, hängt entscheidend ab von der erwarteten Dauer der Wertminderung:

- Nur bei einer **voraussichtlich dauernden Wertminderung** ist mit der Realisierung eines Verlustes zu rechnen. Nur in diesem Fall ist eine **apl. Abschreibung zwingend erforderlich**.
- Bei einer **voraussichtlich vorübergehenden Wertminderung** ist eine **apl. Abschreibung verboten**. Durch die apl. Abschreibung (in Periode 01) und die (beim Wiederansteigen des beizulegenden Wertes) folgende Zuschreibung (z. B. in Periode 03) wäre die Vergleichbarkeit der Periodenerfolge 01, 02 und 03 gestört.
- Nur für **Finanzanlagen** ist eine apl. Abschreibung bei voraussichtlich vorübergehender Wertminderung erlaubt. Das hat folgenden Grund: Gerät ein Unternehmen unverhofft in eine **finanzielle Schieflage**, muss es zur **Aufrechterhaltung seiner Zahlungsfähigkeit** kurzfristig finanzielle Mittel mobilisieren. Dabei greift man in der Praxis häufig zum **Verkauf von Finanzanlagen**, denn das operative Geschäft kann auch ohne Finanzanlagen fortgeführt werden. Eine Verlustantizipation durch **apl. Abschreibung** ist im Falle von Finanzanlagen **zulässig**, da die **Notwendigkeit eines unerwartet schnellen Verkaufs** nicht ausgeschlossen werden kann.

(5) Kommt es nach einer **apl. Abschreibung** (in Periode 01) zu einer **Werterholung** (z. B. in Periode 03), schreibt § 253 Abs. 5 HGB eine **Zuschreibung** auf den neuen beizulegenden Stichtagswert[1] **zwingend** vor. Ohne diese Zuschreibung käme es zu einer offen-

---

[1] Falls der beizulegende Wert höher ist als die AHK, fungieren die AHK als Wertobergrenze.

sichtlichen Unterbewertung von Vermögensteilen. Mit seinem **Wertaufholungsgebot** möchte das HGB im Interesse eines unverfälschten Einblicks in die Vermögenslage des Unternehmens die **offensichtliche Bildung stiller Rücklagen unterbinden**.

3.3.2 Bewertungsmaßstäbe

Bei der Bilanzierung von **Vermögensgegenständen**[1] unterscheidet man zwischen

- **Zugangsbewertung** → erstmalige Aktivierung zu Anschaffungs- bzw. Herstellungskosten
- **Folgebewertung** → Bewertung am Bilanzstichtag nach Maßgabe des Niederstwertprinzips, also zum Börsen- oder Marktpreis bzw. zum beizulegenden Wert.

Dagegen erfolgt die Zugangs- und Folgebewertung von **Verbindlichkeiten** stets zum **Erfüllungsbetrag**. Im Folgenden sollen diese Wertmaßstäbe kurz vorgestellt werden.

3.3.2.1 Anschaffungskosten

Anschaffungskosten sind die Aufwendungen, die geleistet werden müssen, um einen Vermögensgegenstand zu erwerben und ihn in einen betriebsbereiten Zustand zu versetzen (§ 255 Abs. 1 HGB).

	Beispiel:	
	Anschaffungspreis	112
−	Anschaffungspreisminderung	− 10
+	Anschaffungsnebenkosten	+ 15
+	nachträgliche Anschaffungskosten	+ 3
=	**Anschaffungskosten**	**120**

Abb. 69: Ermittlung von Anschaffungskosten

Die einzelnen Komponenten lassen sich folgendermaßen erläutern:
- **Anschaffungspreis** ist der Nettorechnungspreis (ohne Umsatzsteuer).
- **Anschaffungspreisminderungen** sind Rabatte, Skonti oder Boni.
- **Anschaffungsnebenkosten** sind Aufwendungen, die beim Erwerber anfallen, um den Vermögensgegenstand in einen betriebsbereiten Zustand zu versetzen. Beispiele sind Transportaufwand, Transportversicherung, Zölle, Montagekosten (bei Maschinen) bzw. Grunderwerbsteuer, Maklergebühren, Grundbuchgebühren (bei Grundstücken).
- **Nachträgliche Anschaffungskosten** liegen vor, wenn nach Inbetriebnahme des Gegenstands weitere Zahlungen in Form von nachträglichen Korrekturen des Anschaffungspreises bzw. der Anschaffungsnebenkosten zu leisten sind.

Mit dem Gebot zur **Aktivierung der Anschaffungsnebenkosten** gibt das HGB dem
- **Prinzip periodengerechter Gewinnermittlung Vorrang** vor dem
- **Prinzip kaufmännischer Vorsicht** (→ möglichst niedriger Wertansatz für Vermögensgegenstände).

---

[1] Vgl. bereits **Abb. 67**.

Beziffern sich die Anschaffungsnebenkosten auf 5 Mio. GE und beträgt die Nutzungsdauer der Anlage 10 Jahre, würden im Falle der

(1) **Nichtaktivierung** einmalig 5 Mio. GE als Aufwand der Anschaffungsperiode
(2) **Aktivierung** 0,5 Mio. GE als Mehrabschreibung eines jeden Nutzungsjahres

verrechnet. Bei (1) **Nichtaktivierung der Anschaffungsnebenkosten** wäre die **Vergleichbarkeit der Periodenergebnisse erheblich gestört**. (ÜB 6/15–16)

3.3.2.2 Herstellungskosten

Selbst erstellte Vermögensgegenstände (Halb- und Fertigfabrikate, selbst erstellte Anlagegegenstände) sind zu Herstellungskosten zu bewerten.

> **Herstellungskosten** sind die Aufwendungen, die durch den Verbrauch von Gütern und die Inanspruchnahme von Diensten für die Herstellung eines Vermögensgegenstands, seine Erweiterung oder für eine über seinen ursprünglichen Zustand hinausgehende wesentliche Verbesserung entstehen (§ 255 Abs. 2 HGB).

Das Problem der Ermittlung bilanzieller Herstellungskosten stellt sich bei der Bewertung von Fertigfabrikaten immer dann, wenn die produzierte Menge x_p die abgesetzte Menge x_a übersteigt: $x_p > x_a$, wenn also ein Teil der produzierten Menge x_p auf Lager genommen wird. Bei der Ermittlung bilanzieller Herstellungskosten verdienen zwei Aspekte besondere Aufmerksamkeit:

(1) Das HGB spricht von Herstellungskosten, meint aber in Wirklichkeit **Herstellungsaufwand**, denn **kalkulatorische Kosten**[1] **sind nicht aktivierungsfähig**.

(2) Der mit der Herstellung der Fertigfabrikate verbundene Herstellungsaufwand für x_p ist nach § 255 Abs. 2 HGB teilweise mit einem
- **Aktivierungsgebot** ($\rightarrow$ Material- und Fertigungskosten)
- **Aktivierungswahlrecht** ($\rightarrow$ Verwaltungsgemeinkosten)
- **Aktivierungsverbot** ($\rightarrow$ Vertriebskosten)

belegt.

Das folgende, stark vereinfachte Zahlenbeispiel soll zeigen, dass der Wertansatz zu Herstellungskosten den

- **Erfolgsausweis der Einzelperioden beeinflusst**
- **Erfolgsausweis der Totalperiode nicht berührt.**

Ausgangsbeispiel zur Bewertung von Fertigfabrikaten		
	Periode 01	Periode 02
Produzierte Menge x_p	1.000 Stück	–
Abgesetzte Menge x_a	–	1.000 Stück
Gesamter Aufwand für x_p	1.200 EUR	–
Umsatzerlöse für x_a	–	2.000 EUR

Abb. 70: Zwei-Perioden-Beispiel (Totalerfolg = 800 EUR)

---

[1] Zum Begriff der kalkulatorischen Kosten vgl. S. 638 f. und S. 866 ff.

Der in Periode 01 anfallende Produktionsaufwand für x_p in Höhe von 1.200 EUR verteilt sich annahmegemäß zu gleichen Teilen auf die folgenden zwölf Aufwandsarten:

Aktivierungsregel § 255 HGB	Aufwandsart		Betrag
Aktivierungspflicht	(1)	Materialeinzelkosten	100
Aktivierungspflicht	(2)	Fertigungseinzelkosten	100
Aktivierungspflicht	(3)	Sondereinzelkosten der Fertigung	100
Aktivierungspflicht	(4)	Angemessene Teile der notwendigen Materialgemeinkosten	100
Aktivierungspflicht	(5)	Angemessene Teile der notwendigen Fertigungsgemeinkosten	100
Aktivierungspflicht	(6)	Angemessene Teile des Wertverzehrs des AV	100
A Wertuntergrenze			**600**
Aktivierungswahlrecht	(7)	Kosten der allgemeinen Verwaltung	100
Aktivierungswahlrecht	(8)	Aufwendungen für betriebliche Sozialeinrichtungen	100
Aktivierungswahlrecht	(9)	Aufwendungen für freiwillige soziale Leistungen	100
Aktivierungswahlrecht	(10)	Aufwendungen für betriebliche Altersversorgung	100
Aktivierungswahlrecht	(11)	Produktbezogene Fremdkapitalkosten	100
B Wertobergrenze			**1.100**
Aktivierungsverbot	(12)	Vertriebskosten	100

Abb. 71: Herstellungskosten nach Handels- und Steuerrecht

Das **Aktivierungswahlrecht** für die Aufwandkomponenten (7) bis (11) eröffnet einen **bilanzpolitischen Spielraum** zur Gestaltung des Erfolgsausweises:

A Bilanzausweis zum 31.12.01 (Wertuntergrenze)		600	
Erfolgsausweis	Periode 01	Periode 02	Totalperiode
Umsatzerlöse	–	2.000	2.000
– Produktionsaufwand für x_p	– 1.200	–	– 1.200
+ Bestandserhöhung Fertigfabrikate	+ 600	–	+ 600
– Bestandsminderung Fertigfabrikate	–	– 600	– 600
Erfolg	**– 600**	**+ 1.400**	**+ 800**
B Bilanzausweis zum 31.12.01 (Wertobergrenze)		1.100	
Erfolgsausweis	Periode 01	Periode 02	Totalperiode
Umsatzerlöse	–	2.000	2.000
– Produktionsaufwand für x_p	– 1.200	–	– 1.200
+ Bestandserhöhung Fertigfabrikate	+ 1.100	–	+ 1.100
– Bestandsminderung Fertigfabrikate	–	– 1.100	– 1.100
Erfolg	**– 100**	**+ 900**	**+ 800**

Abb. 72: Bilanzpolitischer Spielraum durch Aktivierungswahlrecht

Verzichtet ein Unternehmen bei der Bewertung der Fertigfabrikate auf die Ausübung des **Aktivierungswahlrechts** (→ Fall A), kommt es beim

- **Vermögensausweis zum 31.12.01** zu einer Unterbewertung (→ **Bildung einer stillen Rücklage**) in Höhe von 500 EUR
- **Erfolgsausweis für Periode 01** zu einer **Verlustantizipation** in Höhe von 500 EUR

Weitere Beispiele finden sich im zugehörigen Übungsbuch. (**ÜB 6**/17–18 und 33)

3.3.2.3 Börsenkurs, Marktpreis und beizulegender Wert

Bei der Bewertung von Vermögensgegenständen ist das Niederstwertprinzip zu beachten: Den historischen Anschaffungs- bzw. Herstellungskosten ist als Vergleichswert der **aktuelle Wert am Bilanzstichtag** gegenüberzustellen (→ **Abb. 67**). Als aktueller Vergleichsmaßstab fungiert nach § 253 Abs. 3 und 4 HGB der Börsenkurs, der Marktpreis oder (ersatzweise) der beizulegende Wert.

Als **Börsenpreis** gilt der an einer amtlichen Börse oder im Freiverkehr ermittelte Kurs. Dieser Vergleichswert findet vor allem bei der Bewertung börsennotierter Wertpapiere Anwendung.

Der **Marktpreis** ist der Preis, der an einem Markt für Waren einer bestimmten Gattung (z. B. Edelsteine oder landwirtschaftliche Produkte) zu einem bestimmten Zeitpunkt gezahlt wird. Marktunvollkommenheiten sorgen für ein Auseinanderfallen von Beschaffungsmarktpreisen und Absatzmarktpreisen.

Zur Ermittlung des Vergleichswertes gelten folgende Regeln (→ **Abb. 73**): Für Gegenstände, die **regelmäßig wiederbeschafft** werden müssen (z. B. Roh-, Hilfs- und Betriebsstoffe), ist der Stichtagswert vom **Beschaffungsmarkt** abzuleiten. Hier werden die **Wiederbeschaffungskosten** (= Wiederbeschaffungspreise + Nebenkosten) angesetzt.

Für Gegenstände, die **nicht wiederbeschafft** werden können (betriebsindividuelle Halb- oder Fertigfabrikate) bzw. nicht wiederbeschafft werden sollen (Überbestände an Roh-, Hilfs- und Betriebsstoffen) ist der Stichtagswert vom **Absatzmarkt** abzuleiten. Hier werden die Veräußerungspreise abzüglich noch anfallender Aufwendungen angesetzt, was man als **verlustfreie Bewertung** bezeichnet.

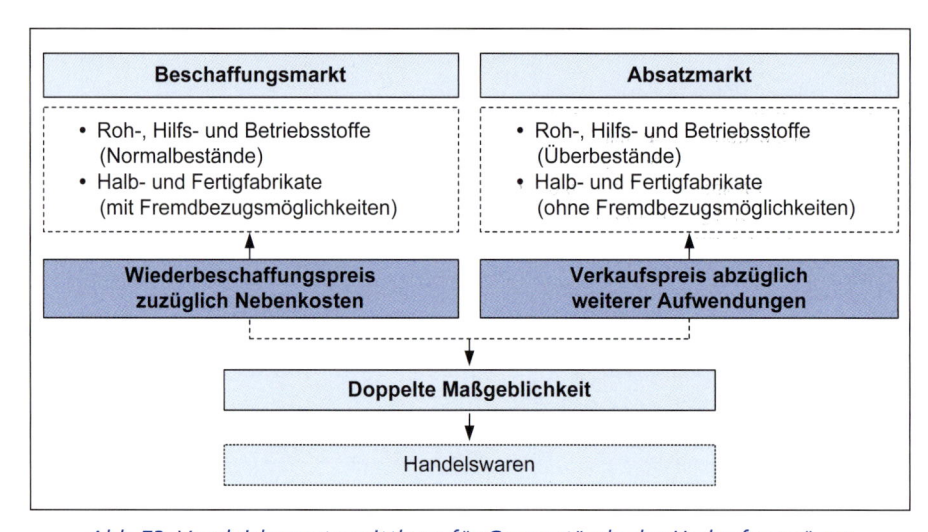

Abb. 73: Vergleichswertermittlung für Gegenstände des Umlaufvermögen

Für **Handelswaren** gilt die aus dem Vorsichtsprinzip abgeleitete **doppelte Maßgeblichkeit**: Bei der Feststellung des aktuellen Stichtagswertes ermittelt man sowohl die Wiederbeschaffungskosten als auch die erwarteten Veräußerungspreise abzüglich noch anfallender Aufwendungen. Der niedrigere von beiden Werten ist als maßgeblicher Vergleichswert den historischen Anschaffungskosten gegenüberzustellen.

Das **Konzept verlustfreier Bewertung** lässt sich an folgendem Beispiel erklären:

Vorsichtig geschätzter Verkaufspreis (für Juni 02)	1.000
− Erlösschmälerungen (z. B. Skonto)	− 30
− Verpackungskosten und Ausgangsfrachten	− 50
− sonstige Vertriebskosten	− 10
− noch anfallende Verwaltungskosten	− 8
− Kapitaldienstkosten	− 22
= **Vergleichswert am Bilanzstichtag** (31.12.01)	880

Abb. 74: Verlustfreie Bewertung

Liegen die Herstellungskosten des auf Lager befindlichen Produkts im Beispielfall bei 900 EUR, ist zum Bilanzstichtag (31.12.01) auf den Wert von 880 EUR abzuschreiben. Wird das Produkt in der Folgeperiode tatsächlich für 1.000 EUR verkauft und entsteht Aufwand in der prognostizierten Höhe (120 EUR), ist die Transaktion in der Folgeperiode 02 „verlustfrei", genauer gesagt erfolgsneutral.

Ist ein Börsen- oder Marktpreis nicht festzustellen, fungiert der **beizulegende Wert** als Vergleichswert zum Bilanzstichtag. Dieser unbestimmte Wertbegriff ist nach den Grundsätzen ordnungsmäßiger Buchführung aus den Verhältnissen am Beschaffungs- bzw. Absatzmarkt abzuleiten. Der beizulegende Wert orientiert sich damit an den **Wiederbeschaffungskosten** bzw. an den Ergebnissen aus **verlustfreier Bewertung**. (**ÜB 6/19**)

3.3.2.4 Erfüllungsbetrag

Verbindlichkeiten sind nach § 253 Abs. 1 HGB zum Erfüllungsbetrag zu bewerten.

> Unter dem **Erfüllungsbetrag** versteht man den Geldbetrag, den ein Schuldnerunternehmen aufwenden muss, um sich seiner Verpflichtung gegenüber dem Gläubiger zu entledigen.

Bei **Geldleistungsverpflichtungen** (z. B. Darlehensverbindlichkeiten) entspricht der Erfüllungsbetrag i. d. R. dem **Rückzahlungsbetrag**. Etwas schwieriger gestaltet sich die bilanzielle Bewertung von

- **ungewissen Verbindlichkeiten** (= Rückstellungen)
- **Sachleistungsverpflichtungen**.

Hier ist der Erfüllungsbetrag **nach vernünftiger kaufmännischer Beurteilung zu schätzen**.

Verbindlichkeiten sind bei der Zugangs- wie auch bei der Folgebewertung zum Erfüllungsbetrag anzusetzen. Trotz ihrer einheitlichen Bezeichnung als „Erfüllungsbetrag" können **historischer Ausgangswert und aktueller Wert am Bilanzstichtag voneinander abweichen.** Eine Neubewertung zum Bilanzstichtag kann wegen

- **Tilgungszahlungen** bei Darlehensverbindlichkeiten
- **Wechselkursänderungen** bei Fremdwährungsverbindlichkeiten
- einer **Neueinschätzung des Prozessrisikos** bei Prozesskostenrückstellungen

notwendig werden.

3.4 Abschreibungen und Zuschreibungen

3.4.1 Wertverzehr und Abschreibungen

Wird ein Vermögensgegenstand angeschafft, fließen in Höhe der Anschaffungskosten liquide Mittel ab. An ihre Stelle tritt ein Posten des Anlage- oder Umlaufvermögens, der zu Anschaffungskosten bilanziert wird. Es handelt sich um einen Aktivtausch, also um einen erfolgsneutralen Vorgang.

Kommt es zu einem späteren Zeitpunkt zu einer **Wertsteigerung**, darf eine Zuschreibung (= Ertrag) nicht vorgenommen werden, weil die Anschaffungs- bzw. Herstellungskosten nach § 253 Abs. 1 HGB die Wertobergrenze bilden. Kommt es zu einem späteren Zeitpunkt zu einer **Wertminderung**, muss (darf) nach dem strengen (gemilderten) Niederstwertprinzip eine **Abschreibung** vorgenommen werden.

> Von **Abschreibung** spricht man, wenn eine Wertminderung bei Vermögensgegenständen als Aufwand in der GuV verrechnet wird.

Wertverzehr kann unterschiedliche Ursachen haben, die in **Abb. 75** stichwortartig wiedergegeben sind. Dabei wird zwischen vorhersehbarem, planmäßigem (pl.) Wertverzehr und unerwartetem, außerplanmäßigem (apl.) Wertverzehr unterschieden.

Verbrauchsbedingter (technischer) Wertverzehr	
• technischer Verschleiß bei masch. Anlagen (Abnutzung durch Gebrauch)	pl.
• natürlicher Verschleiß bei Gebäuden (Witterungseinfluss)	pl.
• Substanzverringerung (z. B. Kiesabbau)	pl.
• Katastrophen (z. B. Feuer- oder Unfallschaden)	apl.
Wirtschaftlich bedingter Wertverzehr	
• Fehlinvestition (mangelnde Kapazitätsauslastung bei Maschinen)	apl.
• Sinkende Wiederbeschaffungskosten (z. B. Kursrückgang bei Wertpapieren)	apl.
• Bonitätsverlust eines Schuldners (bei Forderungen)	apl.
• Nachfragerückgang (bei Warenvorräten)	apl.
Zeitablaufbedingter Wertverzehr	
• Ablauf befristeter Nutzungsrechte (z. B. bei Patenten)	pl.

Abb. 75: Wertminderungsursachen

Vorhersehbarer, **planmäßiger Wertverzehr** stellt sich bei allen **Vermögensgegenständen** ein, deren **Nutzung zeitlich begrenzt** ist. Beispiele sind maschinelle Anlagen, Gebäude und Patente. Solche Vermögensgegenstände gehören ausnahmslos zum Anlagevermögen. Dem planmäßigen Wertverzehr trägt man durch **planmäßige Abschreibung** Rechnung. In der **Steuerbilanz** bezeichnet man die planmäßige Abschreibung als **Absetzung für Abnutzung (AfA)**.

Nicht vorhersehbarer, **außerplanmäßiger Wertverzehr** kann bei **allen Vermögensgegenständen** – also bei abnutzbaren und bei nichtabnutzbaren (z. B. Forderungen, Wertpapiere, Warenvorräte, Rohstoffe) – eintreten. Dem außerplanmäßigen Wertverzehr trägt man durch **außerplanmäßige Abschreibungen** Rechnung.

Ob planmäßige oder außerplanmäßige Abschreibung: In beiden Fällen wird der Wertansatz eines Aktivums um den Abschreibungsbetrag A verringert. Gleichzeitig verringert sich der Erfolgsausweis um diesen Abschreibungsaufwand A. (**ÜB 6/22–24**)

3.4.2 Planmäßige Abschreibungen

3.4.2.1 Aufgaben und Inhalt

> Bei Vermögensgegenständen des Anlagevermögens, deren Nutzung zeitlich begrenzt ist, sind die Anschaffungs- oder die Herstellungskosten um **planmäßige Abschreibungen** zu vermindern. Der Plan muss die Anschaffungs- oder Herstellungskosten auf die Geschäftsjahre verteilen, in denen der Vermögensgegenstand voraussichtlich genutzt werden kann (§ 253 Abs. 3 HGB).

Mit dieser Abschreibungsvorschrift möchte der Gesetzgeber erreichen, dass der zu Anschaffungs- bzw. Herstellungskosten bewertete Nutzenvorrat in ökonomisch plausiblen Quoten (= jährliche Abschreibungsbeträge) auf die Nutzungsdauer verteilt wird. **Zweck** planmäßiger Abschreibung ist

- der **richtige (vorsichtige) Vermögensausweis** (statische Bilanzauffassung)
- die **periodengerechte Erfolgsermittlung** (dynamische Bilanzauffassung).

Im Konfliktfall hat eine Abschreibungsbemessung, die sich am Ziel periodengerechter Gewinnermittlung orientiert, Vorrang. Man spricht deshalb auch von einer **Verteilungsabschreibung**.

Bei Aktivierung eines abnutzbaren Vermögensgegenstands ist ein Abschreibungsplan zu erstellen. Im **Abschreibungsplan** sind die **Abschreibungsbasis**, die **Nutzungsdauer** und das **Abschreibungsverfahren** festzulegen. Aus dem Abschreibungsplan lassen sich für den jeweiligen Gegenstand die

- Abschreibungsbeträge künftiger Geschäftsjahre
- Restbuchwerte künftiger Bilanzstichtage

ableiten. Ist an einem späteren Bilanzstichtag der Restbuchwert (= fortgeführte Anschaffungs- oder Herstellungskosten) höher als der beizulegende Stichtagswert (Wiederbeschaffungskosten), muss u. U. eine außerplanmäßige Abschreibung verrechnet werden. Dadurch würde die Vergleichbarkeit der Periodenergebnisse gestört. Um dies zu verhindern, sollte man bei der Erstellung des Abschreibungsplans das **Vorsichtsprinzip** walten lassen: Die Wahl

- einer **kürzeren Nutzungsdauer**
- eines **Abschreibungsverfahrens mit hohen Anfangsquoten**

führt zu niedrigeren Restbuchwerten und macht künftige außerplanmäßige Abschreibungen unwahrscheinlicher.

3.4.2.2 Abschreibungsbasis

Abschreibungsbasis sind die **Anschaffungs- bzw. Herstellungskosten**. Ist von Anfang an mit einem nennenswerten **Restverkaufserlös** der abzuschreibenden Anlage zu rechnen, gilt für die Handels- und Steuerbilanz: Abschreibungsbasis = Anschaffungskosten − Restverkaufserlös.

Die handelsrechtliche **Abschreibungspraxis** geht grundsätzlich von **ungekürzten Anschaffungs- bzw. Herstellungskosten** aus. Diese Praxis erklärt sich aus dem Prognoseproblem einer zuverlässigen Bestimmung des Restverkaufserlöses einerseits und dem Vorsichtsprinzip andererseits.

3.4.2.3 Nutzungsdauer

Begrifflich muss man zwischen

(1) technischer Nutzungsdauer
(2) optimaler Nutzungsdauer
(3) wirtschaftlicher Nutzungsdauer

unterscheiden. Durch Wartung und wiederholte Erneuerung von Einbauteilen kann die **(1) technische Nutzungsdauer** extrem ausgedehnt werden, was unter wirtschaftlichen Gesichtspunkten unzweckmäßig sein kann. Unter investitionstheoretischen Kriterien geht die **(2) optimale Nutzungsdauer**[1] in jener Periode zu Ende, in welcher der Kapitalwert sein Maximum erreicht. In der Praxis lässt sich dieses Nutzungsdaueroptimum nur schwer vorausberechnen.

Die für die Erstellung des Abschreibungsplans maßgebliche **(3) wirtschaftliche Nutzungsdauer** ist ein praktischer Näherungswert an die optimale Nutzungsdauer. Anhaltspunkte zur Prognose der wirtschaftlichen Nutzungsdauer liefern

- **betriebsindividuelle Erfahrungen**
- **Herstellerangaben**
- **AfA-Tabellen**.

Die AfA-Tabellen der Finanzverwaltung geben für einzelne Anlagegegenstände betriebsgewöhnliche Nutzungsdauern vor, die allerdings nur zur Berechnung der steuerlichen Abschreibung bindend sind.

Dem Vorsichtsprinzip folgend ist die **Nutzungsdauer eher zu kurz** als zu lang zu schätzen. Dies gilt besonders für Anlagegegenstände (z. B. im Bereich der Informationstechnik), die einem starken technischen Fortschritt ausgesetzt sind.

Anlagegegenstände sind **grundsätzlich pro rata temporis**, d. h. monatsanteilig, abzuschreiben.

Mit Ablauf der planmäßigen Nutzungsdauer ist ein Anlagegegenstand auf den Erinnerungswert von 1 EUR abgeschrieben. Wird der Gegenstand auch in der Folgeperiode weitergenutzt, dürfen keine weiteren Abschreibungen als Aufwand verrechnet werden. Im Gegensatz zur Kostenrechnung gilt in der Finanzbuchhaltung der Grundsatz, dass die Summe der Abschreibungsbeträge die Anschaffungs- bzw. Herstellungskosten nicht übersteigen darf.

---

[1] Vgl. S. 494 f.

Stellt sich zu einem späteren Zeitpunkt heraus, dass die ursprünglich prognostizierte Nutzungsdauer nicht erreicht werden wird, ist ein **neuer Abschreibungsplan** zu erstellen. Dabei ist

- der nach altem Abschreibungsplan erreichte Restbuchwert
- auf die verkürzte Restnutzungsdauer zu verteilen.

Einer nachträglichen Verlängerung der Nutzungsdauer sind dagegen – aus Gründen kaufmännischer Vorsicht – sehr enge Grenzen gesetzt.

3.4.2.4 Abschreibungsverfahren

Die jährlichen Abschreibungsraten lassen sich zeitabhängig oder leistungsabhängig ermitteln. Hierzu wurden die in **Abb. 76** dargestellten Abschreibungsverfahren entwickelt.

```
                        Abschreibungsverfahren
                               │
              ┌────────────────┴────────────────┐
                    Zeitabschreibung                 (5) Leistungs-
                                                      abschreibung
   ┌──────────┬───────────────────────┬──────────┐
   (1) Lineare    Degressive Abschreibung    (4) Progressive
   Abschreibung  (2) arithmetisch-  (3) geometrisch-   Abschreibung
                 degressiv          degressiv
```

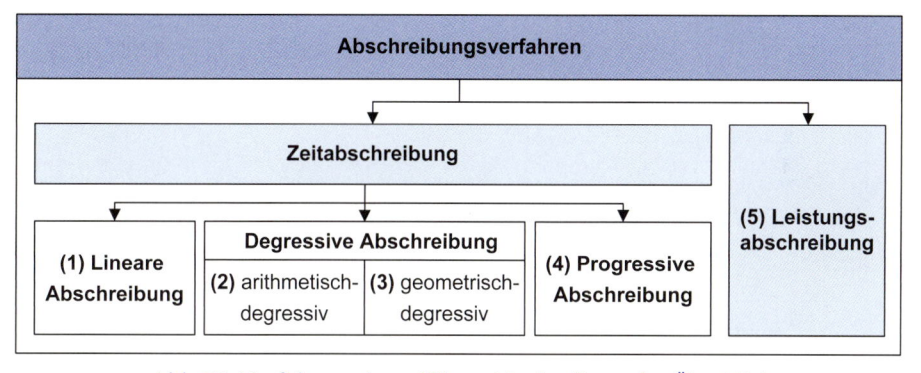

Abb. 76: Verfahren planmäßiger Abschreibung im Überblick

Die einfachste Form der Zeitabschreibung ist die lineare Abschreibung. Hierbei wird die Abschreibungsbasis in gleichbleibenden Jahresraten auf die Nutzungsdauer verteilt. Die degressive (progressive) Abschreibung verteilt das Abschreibungsvolumen in fallenden (steigenden) Jahresraten. Die verschiedenen Zeitabschreibungsverfahren führen zu unterschiedlichen Restbuchwerten, wie das Beispiel in **Abb. 77** zeigt.

(1) Lineare Abschreibung

Der Vorteil dieses Abschreibungsverfahrens besteht in der Verrechnung gleichbleibenden Periodenaufwands (240 EUR). Die Vergleichbarkeit der Periodenergebnisse wird nicht gestört. Die lineare Abschreibung ist **handels- und steuerrechtlich zulässig**.

(2) Geometrisch-degressive Abschreibung

Die Erfahrung der Investitionspraxis zeigt, dass der Wert eines Anlagegutes gleich nach der Anschaffung drastisch fällt, wogegen er zum Ende der Nutzungsdauer nur noch langsam abnimmt. Die degressive Abschreibung trägt einem solchen Restwertverlauf am ehesten Rechnung.

Der **Vorteil** degressiver Abschreibung liegt aus statischer Sicht in einem vorsichtigen, an die Verkehrswerte angenäherten Vermögensausweis. Der **Nachteil** dieses Verfahrens liegt aus dynamischer Sicht in der Möglichkeit eines verzerrten Erfolgsausweises: In den Anfangsperioden wird ein zu geringes, in den Endperioden wird ein zu hohes Jahresergebnis ausgewiesen.

Planmäßige Abschreibung									
Beispiel planmäßiger Abschreibung: Anschaffungskosten in t_0 1.200 EUR Planmäßige Nutzungsdauer 5 Jahre RBW = Restbuchwert in EUR A = jährlicher Abschreibungsbetrag in EUR									
Zeitpunkt	(1) lineare Abschreibung		(2a) geometrisch-degressive A. 40%		(2b) geometrisch-degressive A. 20%		(3) arithmetisch-degressive A.		(4) arithmetisch-progressive A.	
	RBW	A	RBW	A	RBW	A	RBW	A	RBW	A
t_0	1.200		1.200		1.200		1.200		1.200	
		240		480		240		400		80
t_1	960		720		960		800		1.120	
		240		288		192		320		160
t_2	720		432		768		480		960	
		240		172		154		240		240
t_3	480		260		614		240		720	
		240		104		123		160		320
t_4	240		156		491		80		400	
		240		62		98		80		400
t_5	0		94		393		0		0	

Abb. 77: Zeitabschreibungsverfahren

Die geometrisch-degressive Abschreibung ist für bewegliche Wirtschaftsgüter **handelsrechtlich zulässig, steuerrechtlich (unter fiskalischem Aspekt) unerwünscht**.[1] Handelsrechtlich ist der Abschreibungsprozentsatz so zu bemessen, dass der jährliche Abschreibungsbetrag dem jährlichen Wertverzehr möglichst nahe kommt.

Beim geometrisch-degressiven Verfahren ist eine **vollständige Abschreibung nicht möglich**. Die Abschreibungspraxis hilft sich durch einen **Übergang zur linearen Abschreibungsmethode**. Der Methodenwechsel findet im Sinne kaufmännischer Vorsicht in der Periode statt, in der die gleichmäßige Verteilung des Restbuchwertes (= lineare Methode) eine höhere Jahresabschreibung ergibt als die Fortführung der geometrischen Abschreibung. Im Beispiel der **Abb. 77** ist bei geometrisch-degressiver Abschreibung zu 40 Prozent in t_3 ein Restbuchwert von 260 EUR erreicht. Schreibt man diesen Restbuchwert linear auf die Restnutzungsdauer von zwei Jahren ab, ergibt sich ein Abschreibungsbetrag A von 130 EUR pro Jahr. Bei Fortführung der geometrisch-degressiven Methode wären in der vierten Periode nur 104 EUR abzuschreiben. Deshalb erfolgt der Wechsel zur linearen Methode in der vierten Periode.

(3) Arithmetisch-degressive Abschreibung

Auch dieses Verfahren zeichnet sich durch eine hohe Aufwandsverrechnung in den Anfangsperioden aus. Man gelangt auch hier sehr schnell zu niedrigen Restbuchwer-

---

[1] In Ausnahmesituationen erlaubt der Steuergesetzgeber die degressive Abschreibung als Investitionsanreiz zur Bekämpfung einer Rezession.

ten, womit dem Gläubigerschutzgedanken Rechnung getragen wird. Bei arithmetisch-degressiver Abschreibung, die man auch als digitale Abschreibung bezeichnet, werden die Abschreibungsbeträge A nach folgendem Schema ermittelt: Man errechnet zunächst den Degressionsbetrag als Quotienten aus Anschaffungswert (hier 1.200 EUR) und der Summe der Ordnungszahlen der Nutzungsjahre (hier 5 Jahre):

$$\text{Degressionsbetrag} = \frac{1.200\ \text{EUR}}{1+2+3+4+5} = 80\ \text{EUR}$$

Den Abschreibungsbetrag des ersten (zweiten) Jahres erhält man, indem man den Degressionsbetrag mit der Ordnungsnummer des letzten (zweitletzten) Nutzungsjahres multipliziert:

    1. Jahr 80 EUR · 5 = 400 EUR
    2. Jahr 80 EUR · 4 = 320 EUR usw.

Die arithmetisch-degressive Abschreibung ist **handelsrechtlich zulässig, aber steuerrechtlich unzulässig.**

(4) Progressive Abschreibung

Eine progressive Abschreibung ist die Umkehrvariante degressiver Abschreibung: Die Abschreibungsbeträge sind in den Anfangsperioden sehr gering. Der Restbuchwert liegt anfangs auf hohem Niveau und sinkt erst zum Ende der Nutzungsdauer kräftig ab. Damit steht die Restbuchwertentwicklung gewöhnlich in krassem Gegensatz zur tatsächlichen Zeitwertentwicklung in der Investitionspraxis.

In der Regel **widerspricht** die progressive Abschreibung dem **Prinzip vorsichtiger Bewertung.** Als **handelsrechtliches** Abschreibungsverfahren ist sie nur in **eng begrenzten Ausnahmefällen**[1] zulässig. **Steuerrechtlich** ist sie **unzulässig.**

(5) Leistungsabschreibung

Bei diesem Abschreibungsverfahren werden nicht zeitabhängige, sondern leistungsabhängige Abschreibungsquoten ermittelt. Zu diesem Zweck wird die Periodenleistung zur Gesamtleistung in Beziehung gesetzt. Als Leistungsgrößen kommen produzierte Stückzahlen, gefahrene Kilometer, Maschinenstunden u. Ä. in Betracht. Belaufen sich die Anschaffungskosten eines LKW auf 200.000 EUR und die erwartete Gesamtlaufleistung auf 200.000 km, dann sind bei einer Laufleistung von 27.000 km in der ersten Nutzungsperiode 27.000 EUR Abschreibungsaufwand zu verrechnen.

Dieses Abschreibungsverfahren ist **handelsrechtlich** und – für bewegliche Anlagegüter – auch **steuerrechtlich zulässig.** Gleichwohl lassen sich bei diesem Verfahren **zwei Nachteile** nicht übersehen:

- Erstens ist es sehr schwer, die erwartete Gesamtkapazität zu prognostizieren.
- Zweitens ist dieses Verfahren nicht in der Lage, zeitabhängigen Verschleiß zu erfassen. Von einem Vermögensgegenstand, der in einer Periode nicht genutzt wird, keinerlei Wertminderung abzuschreiben, ist aus Sicht eines zutreffenden Vermögensausweises sicher nicht gerechtfertigt. (**ÜB 6**/25)

---

[1] Vgl. Baetge/Kirsch/Thiele, Bilanzen, 2014, S. 277.

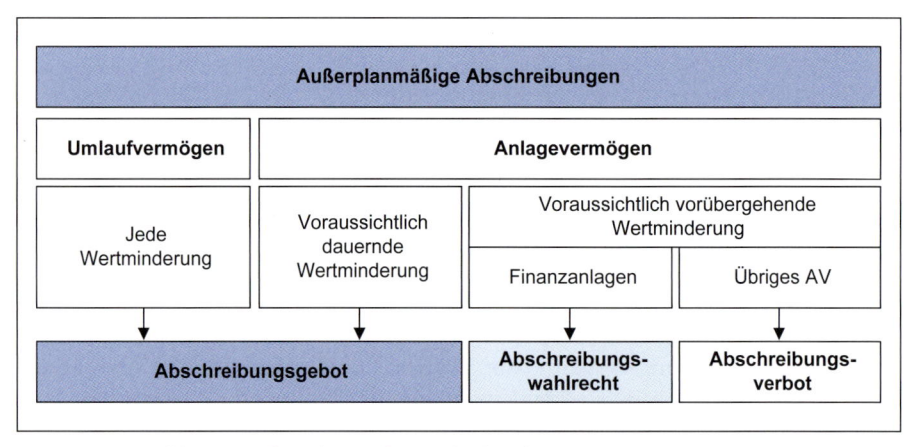

3.4.3 Außerplanmäßige Abschreibungen

Nach dem Niederstwertprinzip muss zu jedem Bilanzstichtag der bisherige Buchwert eines Vermögensgegenstands mit dem aktuellen Stichtagswert (= Börsen- oder Marktpreis bzw. beizulegender Wert) verglichen werden. Das Problem **außerplanmäßiger Abschreibung** stellt sich nur dann, **wenn der aktuelle Wert unter dem bisherigen Buchwert** liegt.

> **Außerplanmäßige Abschreibungen** haben die Aufgabe, unerwartete Wertminderungen (→ aktueller Wert am Bilanzstichtag < bisheriger Buchwert) von Vermögensgegenständen des Anlage- und Umlaufvermögens in Bilanz und GuV zu berücksichtigen.

Außerplanmäßige Abschreibungen dienen

- dem **vorsichtigen Ausweis des Schuldendeckungspotentials** (→ statische Bilanzauffassung)
- der **Antizipation von Aufwand** (→ dynamische Bilanzauffassung).

Außerplanmäßige Abschreibungen			
Umlaufvermögen	Anlagevermögen		
Jede Wertminderung	Voraussichtlich dauernde Wertminderung	Voraussichtlich vorübergehende Wertminderung	
		Finanzanlagen	Übriges AV
Abschreibungsgebot	Abschreibungsgebot	Abschreibungswahlrecht	Abschreibungsverbot

Abb. 78: Außerplanmäßige Abschreibungen nach § 253 HGB

Da im **Anlagevermögen bei kurzzeitiger Wertminderung** eine Verlustrealisation nicht zu erwarten ist, verordnet das HGB ein **Abschreibungsverbot**. Das Abschreibungswahlrecht für **Finanzanlagen** ist als Ausnahmeregelung anzusehen, deren Grund an anderer Stelle[1] erläutert wurde.

In der **Steuerbilanz** bezeichnet man die außerplanmäßige Abschreibung als Teilwertabschreibung. Sie kann nach § 6 Abs. 1 EStG nur dann verrechnet werden, wenn eine **dauerhafte Wertminderung** zu erwarten ist.

Bei **abnutzbaren Gegenständen des Anlagevermögens** wirft eine außerplanmäßige Abschreibung ein besonderes Problem auf (vgl. **Abb. 79**):

Durch die außerplanmäßige Abschreibung verringern sich der Restbuchwert und damit auch das verbleibende Potential planmäßiger Abschreibungen. Aus diesem Grunde muss der **ursprüngliche Abschreibungsplan geändert** werden. (**ÜB 6/26 und 28**)

---

[1] Vgl. S. 690.

Außerplanmäßige Abschreibung einer maschinellen Anlage							
Beispiel:							
t_2: Restbuchwert RBW in EUR (= fortgeführte AHK)						720	
t_2: aktueller Wert am Bilanzstichtag in EUR						450	
Variante (a): Erwartetes Ende der Nutzungsdauer						t_5	
Variante (b): Erwartetes Ende der Nutzungsdauer						t_4	

Zeitpunkt	alter A.-Plan		apl. Abschreibung	(a) neuer A.-Plan		(b) neuer A.-Plan	
	RBW	A		RBW	A	RBW	A
t_0	1.200						
		240					
t_1	960						
		240					
t_2	(720)		– 270	450		450	
		(240)			150		225
t_3	(480)			300		225	
		(240)			150		225
t_4	(240)			150		0	
		(240)			150		
t_5	(0)			0			

Abb. 79: Änderung des Abschreibungsplans

3.4.4 Zuschreibungen

Das HGB hat die Möglichkeiten zur Wertzuschreibung stark eingeschränkt, denn Wertzuschreibungen gefährden das aus dem Gläubigerschutzprinzip abgeleitete Streben nach

- **vorsichtigem Vermögensausweis**
- **vorsichtigem Erfolgsausweis**.

Wie eine Abschreibung eine Wertminderung, so setzt eine Zuschreibung eine **Wertsteigerung** voraus. Dabei muss man zwischen absoluten und relativen Wertsteigerungen unterscheiden.

Absolute Wertsteigerung	Relative Wertsteigerung
Aktueller Wert am Bilanzstichtag > AHK	Wertaufholung, d. h. Wertanstieg nach vormaliger apl. Abschreibung
Zuschreibungsverbot[1] (§ 253 Abs. 1 HGB)	**Wertaufholungsgebot**[2] (§ 253 Abs. 5 HGB)

Abb. 80: Wertaufholungsgebot

---

[1] Zur Ausnahmeregelung der Wertpapierbewertung durch Kreditinstitute vgl. S. 713.
[2] Für einen derivativen Geschäfts- oder Firmenwert besteht hingegen ein Wertaufholungsverbot.

Beispiel: Wertpapiere des Anlagevermögens

Anschaffungskosten (AK)	(01.04.01)	1.000 EUR
Börsenkurs	(31.12.01)	800 EUR
Börsenkurs	(31.12.02)	1.120 EUR

In der Bilanz zum 31.12.01 werden die Finanzanlagen nach einer apl. Abschreibung von 200 EUR zum Börsenkurs von 800 EUR ausgewiesen. Im Jahresabschluss zum 31.12.02 ist nach dem Wertaufholungsgebot eine Wertzuschreibung in Höhe von 200 EUR auf 1.000 EUR zwingend vorgeschrieben. Dadurch soll eine bewusste Bildung stiller Rücklagen unterbunden werden.

Etwas schwieriger gestaltet sich

- die **Wertaufholung**
- bei **abnutzbaren Vermögensgegenständen**
- nach dem **Wegfall des Grundes einer früheren apl. Abschreibung**.

Zuschreibung einer maschinellen Anlage

Beispiel (Fortsetzung aus **Abb. 79**):

t_2: apl. Abschreibung (270 EUR) auf beizulegenden Wert 450 EUR
t_4: Grund für apl. Abschreibung in t_2 entfällt

Zeitpunkt	Alter Abschreibungsplan		apl. Abschreibung	Zuschreibung	Neuer Abschreibungsplan	
	RBW	A	A	Z	RBW	A
t_0	1.200					
		240				
t_1	960					
		240				
t_2	(720)		– 270		450	
		(240)				150
t_3	(480)				300	
		(240)				150
t_4	(240)	◄		+ 90	► 240	
		(240)				240
t_5	(0)				0	

Abb. 81: Rückkehr in den alten Abschreibungsplan bei Wertaufholung

Stellt sich in t_4 heraus, dass der Grund für die apl. Abschreibung in t_2 entfallen ist, kehrt man (durch eine Zuschreibung von 90 EUR) in den ursprünglichen Abschreibungsplan mit einem Restbuchwert von 240 EUR zurück. (**ÜB 6/27**)

3.5 Bilanzierung und Bewertung ausgewählter Aktiva

3.5.1 Selbst erstellte immaterielle Anlagegegenstände

Das vom Gläubigerschutzprinzip dominierte HGB stellt strenge Anforderungen an die Aktivierungsfähigkeit eines Vermögensgegenstands. Die drei Ansatzkriterien: Werthaltigkeit, Einzelverwertbarkeit und selbständige Bewertbarkeit und deren strenge Auslegung haben zur Folge, dass für selbst erstellte immaterielle Vermögensgegenstände des Anlagevermögens immer dann ein **Aktivierungsverbot** (§ 248 Abs. 2 Satz 2 HGB) gilt, wenn der dem Unternehmen entstandene

- Herstellungsaufwand
- einem Einzelprojekt
- nicht genau zurechenbar

ist. Abweichend von diesem Aktivierungsverbot räumt das HGB in § 248 Abs. 2 Satz 1 ein **Aktivierungswahlrecht** für immaterielle Projekte ein, bei denen der Herstellungsaufwand **hinreichend genau zurechenbar** ist. In **Abb. 82** wird zwischen

- Forschungsaufwand (700)
- Entwicklungsaufwand (500)

unterschieden. Dabei wird gezeigt, wie sich der aktivierbare Entwicklungsaufwand vom nicht aktivierbaren Forschungsaufwand unterscheidet und welchen **Einfluss** die **Aktivierung des Entwicklungsaufwands auf den Erfolgsausweis in der GuV** hat.

Aufwand für Forschung und Entwicklung (insgesamt)			1.200
• Grundlagenforschung • Suche nach neuen Erkenntnissen • Wirtschaftlicher Nutzen ungewiss		• Produktentwicklung • Entwicklung verbesserter Produktionsverfahren • Wirtschaftlicher Nutzen wahrscheinlich	
Forschungsaufwand	700	Entwicklungsaufwand	500
S	GuV		H
Entwicklungsaufwand	500	Aktivierte Eigenleistung	500
Forschungsaufwand	700	Verlust	700
	1.200		1.200

Abb. 82: Abgrenzung von Forschungs- und Entwicklungsaufwand (Beispiel)

Produktentwicklungen, z. B. die Entwicklung, Erprobung und Patentierung eines neuen Medikaments, können sich über **mehrere Jahre** erstrecken. In solchen Fällen erfolgt die Aktivierung unter dem Posten „**Selbst geschaffene gewerbliche Schutzrechte und ähnliche Rechte und Werte**" in einzelnen Etappen, wie **Abb. 83** zeigt.

Bei dem patentierten selbst entwickelten Medikament handelt es sich im Beispielfall um einen Vermögensgegenstand, dessen (ausschließliche) Nutzung auf die Patentlaufzeit von 20 Jahren begrenzt ist. Daraus ergibt sich bei linearer Abschreibung ein Abschreibungsbetrag von 100 pro Nutzungsjahr.

Bilanzierung und Bewertung selbst erstellter immaterieller Anlagegegenstände			
Beispiel: Selbst geschaffenes medizinisches Präparat Entwicklungsphase Perioden 01 bis 03 Patentierung und Vertriebszulassung am 05.01.04 Patentschutz (→ Nutzungsdauer) 20 Jahre			
		Bilanzausweis	
Entwicklungsphase:		Stichtag	Betrag
Entwicklungskosten Periode 01	600	31.12.01	**600**
Entwicklungskosten Periode 02	900	31.12.02	**1.500**
Entwicklungskosten Periode 03	500	31.12.03	**2.000**
Verwertungsphase:	GuV-Ausweis		
Abschreibungsaufwand Periode 04	**– 100**	31.12.04	**1.900**
Abschreibungsaufwand Periode 05 usw.	**– 100**	31.12.05	**1.800**

Abb. 83: Selbst erstellte immaterielle Anlagegegenstände

Anknüpfend an das Zahlenbeispiel in **Abb. 83** erhöht sich (im Vergleich zur sofortigen Aufwandsverrechnung)

- durch Aktivierung der Entwicklungskosten
- der Erfolgsausweis der Periode 01 (02; 03) um 600 (900; 500).

Bei einer Kapitalgesellschaft gelangt man zu folgender Gedankenkette: **Aktivierung von Entwicklungskosten → Erfolgsausweis steigt → Gewinnausschüttungspotential steigt → Dividendenzahlung verringert Haftungssubstanz zur Schuldendeckung → Gefährdung der Gläubiger**. Um eine Gefährdung der Gläubiger auszuschließen, wurde in §268 Abs. 8 HGB eine **Ausschüttungssperre im Hinblick auf frei verfügbare Rücklagen** verordnet. So dürfen von einer Kapitalgesellschaft Gewinne grundsätzlich nur dann ausgeschüttet werden, wenn der Betrag frei verfügbarer Rücklagen mindestens so groß ist wie der Aktivposten der selbst geschaffenen immateriellen Anlagewerte.

3.5.2 Entgeltlich erworbener Geschäfts- oder Firmenwert

Der **Kaufpreis** für ein Unternehmen setzt sich aus **zwei Wertkomponenten**, dem

(1) Zeitwert der übernommenen Aktiva abzüglich der übernommenen Schulden (= **Substanzwert**)
(2) Mehrwert für den guten Ruf eines ertragsstarken Unternehmens (= **entgeltlich erworbener Geschäfts- oder Firmenwert**),

zusammen. Beim entgeltlich erworbenen Firmenwert handelt es sich um einen immateriellen Wert. Gegen seine Aktivierung spricht einerseits seine mangelnde Wertbeständigkeit, andererseits die Unmöglichkeit der Einzelverwertbarkeit. Trotzdem ist der

- entgeltlich erworbene (derivative) Geschäfts- oder Firmenwert
- als fingierter Vermögensgegenstand (§246 Abs. 1 HGB)
- mit zeitlich begrenzter Nutzungsdauer

aktivierungspflichtig.

Entgeltlich erworbener Geschäfts- oder Firmenwert
(1) Zugangsbewertung zu Anschaffungskosten
(2) Planmäßige Abschreibung über erwartete Nutzungsdauer bzw. 10 Jahre
(3) Apl. Abschreibung bei voraussichtlich dauernder Wertminderung
(4) Wertaufholung nach § 253 Abs. 5 HGB verboten

Abb. 84: Bilanzierungsvorschriften für den entgeltlich erworbenen Geschäfts- oder Firmenwert

Die **(1) Anschaffungskosten** des Geschäfts- oder Firmenwertes ermittelt man nach folgendem Schema:

Gezahlter Kaufpreis			400
Zeitwert der übernommenen Aktiva		750	
− Wert der übernommenen Schulden		− 430	
Wert des übernommenen Eigenkapitals		320	− 320
Anschaffungskosten des Geschäfts- oder Firmenwertes			**80**

Abb. 85: Anschaffungskosten des Geschäfts- oder Firmenwertes (Beispiel)

Mit dem Aktivierungsgebot für den entgeltlich erworbenen Geschäfts- oder Firmenwert verfolgt § 246 Abs. 1 HGB das Ziel, den **Kauf eines Unternehmens** im Jahresabschluss des Käufers **erfolgsneutral auszuweisen**. Das folgende Beispiel geht vom Kauf eines eigenfinanzierten Unternehmens aus. Ein Beispiel zum Fremdfinanzierungsfall ist im zugehörigen Übungsbuch enthalten. (**ÜB 6/29–30**)

Entgeltlich erworbener Geschäfts- oder Firmenwert			
Beispiel:			
K erwirbt Unternehmen V zum Kaufpreis von			670
− Zeitwert der übernommenen Aktiva Sachvermögen$_V$			520
Bezahlter Geschäfts- oder Firmenwert			**150**

Bilanzen vor Übernahme von V durch K:					
A	Bilanz K	P	A	Bilanz V	P
Bank$_K$ 1.000	EK$_K$	1.000	Sachvermögen$_V$ 400	EK$_V$	400

A	Bilanz K (nach Übernahme von V)		P
Geschäfts- oder Firmenwert	150	Eigenkapital	1.000
Sachvermögen$_V$	520		
Bank	330		
	1.000		1.000

Abb. 86: Aktivierung des entgeltlich erworbenen Geschäfts- oder Firmenwertes

Der Geschäfts- oder Firmenwert (z. B. übernommener Kundenstamm oder Innovationspotential) ist nur „begrenzt haltbar". Deshalb unterliegt er – wie in **Abb. 84** dargestellt – **(2) planmäßiger Abschreibung** während der vorsichtig zu prognostizierenden Nutzungsdauer. Ist eine verlässliche Prognose nicht möglich, muss der Geschäfts- oder Firmenwert über zehn Jahre abgeschrieben werden. Bei unerwartet negativer Entwicklung (z. B. Abwanderung von Großkunden) ist eine **(3) apl. Abschreibung** zwingend erforderlich. Bei anschließend positiver Entwicklung (z. B. Rückkehr der Großkunden) ist eine **(4) Wertaufholung** verboten.

3.5.3 Vorratsvermögen

Nach dem Prinzip der Einzelbewertung (§ 252 Abs. 1 Nr. 3 HGB) sind Vermögensgegenstände zum Bilanzstichtag einzeln zu erfassen und zu bewerten. Eine solche Einzelbewertung ist einerseits sehr genau, andererseits sehr zeitaufwendig und teuer. Deshalb lässt das HGB aus **Vereinfachungsgründen** in bestimmten Fällen eine **Festbewertung** zu.

Davon zu unterscheiden sind die Gruppenbewertung und die Verbrauchsfolgebewertung. Diese beiden Verfahren werden dann eingesetzt, wenn für einen Endbestand **gleichartiger Vorräte** zum Bilanzstichtag **keine effektiven Anschaffungs- bzw. Herstellungskosten** ermittelt werden können.

Merkmale	Festbewertung	Gruppenbewertung	Verbrauchsfolgebewertung
Rechtsgrundlage	§ 240 Abs. 3 HGB	§ 240 Abs. 4 HGB	§ 256 HGB
Bewertungsgegenstände	• Roh-, Hilfs- und Betriebsstoffe • Sachanlagen	gleichartiges • Vorratsvermögen • bewegliches Vermögen	gleichartiges Vorratsvermögen
Wertgröße	Festwert	gewogener Durchschnittswert	Verbrauchsfolgewert
Ziel des Verfahrens	Bilanzansatz	Ermittlung fiktiver Anschaffungskosten	

Abb. 87: Bewertungsvereinfachung im Überblick

3.5.3.1 Festbewertung

Die Festbewertung lässt sich am einfachsten an einem Beispiel erklären: Geschirr und Gläser gehören in der Gastronomie zum Anlagevermögen. Glasbruch ist an der Tagesordnung und wird von Zeit zu Zeit durch Neuanschaffungen ersetzt. Streng genommen müsste

- der Glasbruch als Aufwand verbucht und
- jede Ersatzbeschaffung als Zugang aktiviert

werden. Bei der Festbewertung dagegen

- fingiert man einen gleichbleibenden Bestand und
- verbucht die Ersatzbeschaffung als Aufwand.

Wichtige **Anwendungsvoraussetzungen** sind:
- regelmäßige Ersetzung der Gegenstände
- Festwert ist gemessen am Gesamtwert von untergeordneter Bedeutung
- geringe Mengen- und Wertschwankungen.

In Zeitintervallen von drei Jahren wird der Festwert durch Inventur überprüft. Unter diesen Bedingungen ist das Verfahren handels- und steuerrechtlich zulässig.

3.5.3.2 Bewertung gleichartiger Vorräte

Nach dem Niederstwertprinzip müssen zu jedem Bilanzstichtag die historischen Anschaffungskosten (bzw. Herstellungskosten) mit dem aktuellen Wert am Bilanzstichtag verglichen werden. Werden
- gleichartige Vorräte
- zu unterschiedlichen Preisen beschafft und
- gemeinsam gelagert,

lassen sich für den Endbestand keine tatsächlichen, sondern nur **fiktive Anschaffungskosten** ermitteln.

Angenommen ein Edelmetallkontor kauft im Laufe einer Periode vier Kilobarren Gold zu unterschiedlichen Preisen. Gegen Ende der Periode wird einer der Kilobarren für 16.500 GE verkauft. Wie hoch ist der Erfolg?

S	Warenkonto		H
1. Zugang 1 kg	14.000	Wareneinsatz 1 kg	15.000
2. Zugang 1 kg	14.500		
3. Zugang 1 kg	16.000	Endbestand 3 kg	45.000
4. Zugang 1 kg	15.500		
	60.000		**60.000**

Abb. 88: Warenkonto mit gleichartigen Vorräten (Durchschnittsmethode)

Bewertet man Wareneinsatz und Endbestand zu durchschnittlichen Anschaffungskosten (= **Gruppenbewertung**) wie in **Abb. 88**, beziffert sich der Wareneinsatz auf 15.000 GE (= 60.000 / 4) und der Erfolg auf 1.500 GE (= 16.500 – 15.000).

Bewertungsverfahren	Durchschnitt	Fifo	Lifo
Wareneinsatz	15.000	14.000	15.500
fiktive Anschaffungskosten des Endbestands	45.000	46.000	44.500
Zulässigkeit Handelsbilanz	ja	ja	ja
Zulässigkeit Steuerbilanz	ja	nein	ja

Abb. 89: Bewertungsmöglichkeiten gleichartiger Vorräte (Ergebnisse; Zulässigkeit)

Nach § 256 HGB sind zur Ermittlung fiktiver Anschaffungskosten gleichartiger Vorräte statt der Anwendung der Durchschnittsmethode zwei **Verbrauchsfolgefiktionen** zulässig:

- **Fifo** (first in – first out): zuerst: fiktiver Verkauf des Anfangsbestands bzw. des ersten Zugangs
- **Lifo** (last in – first out): zuerst: fiktiver Verkauf des letzten Zugangs.

Bezogen auf das Beispiel aus der **Abb. 88** führen Durchschnittsmethode und Verbrauchsfolgeunterstellungen zu den in **Abb. 89** dargestellten Ergebnissen.

Gerade in einem einführenden Lehrbuch muss mit Nachdruck darauf hingewiesen werden: Beim Festwertverfahren wird der endgültige Bilanzansatz ermittelt. Bei den Verfahren zur Bewertung gleichartiger Vorräte werden zunächst nur die **fiktiven Anschaffungskosten** des Endbestands ermittelt. Diese sind nach dem Niederstwertprinzip mit dem Wert am Bilanzstichtag (Marktpreis oder **beizulegender Wert**) **zu vergleichen**: Wendet das bilanzierende Unternehmen die Durchschnittsmethode (Fifo-Methode) an und beträgt der aktuelle Wert beispielsweise 45.600 GE, dann beziffert sich der Bilanzansatz auf 45.000 GE (45.600 GE).

Verfolgt ein Unternehmen das bilanzpolitische Ziel eines niedrigen Vermögens- und Erfolgsausweises, wird es in Zeiten kontinuierlich **steigender Preise** die **Lifo-Methode** wählen. Bei langjähriger Anwendung können mit dieser Methode in größerem Umfang **stille Rücklagen** gebildet werden. (**ÜB 6/34–39**)

3.5.4 Forderungen

> Eine **Forderung** ist ein rechtlicher Anspruch auf eine Einzahlung in der Zukunft.

Bei erstmaliger Bilanzierung (= **Zugangsbewertung**) sind Forderungen zu Anschaffungskosten zu bewerten. Im Regelfall[1] entsprechen die **Anschaffungskosten** dem **Nennwert** der Forderung. Am Bilanzstichtag sind Forderungen nach dem Niederstwertprinzip auf ihre Werthaltigkeit zu prüfen und ggf. auf den niedrigen Wert am Bilanzstichtag abzuschreiben. Damit verfolgt auch die **Forderungsbewertung** zum Bilanzstichtag zwei **Ziele**:

(1) **vorsichtiger Vermögensausweis** (statische Bilanzauffassung)
(2) **periodengerechte Gewinnermittlung** (dynamische Bilanzauffassung).

Forderungen		
Forderungen aus Lieferungen und Leistungen	Forderungen aus Ausleihungen	
	Darlehensforderungen (unverbrieft)	Anleihen (verbrieft)
UV	UV oder AV	UV oder AV

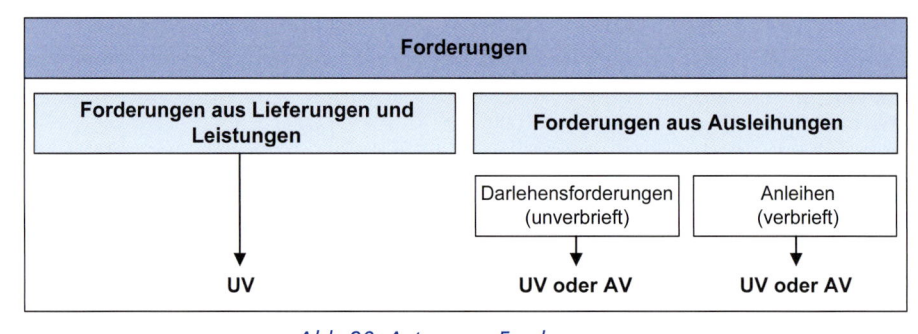

Abb. 90: Arten von Forderungen

---

[1] In Ausnahmefällen erfolgt die Zugangsbewertung zum Auszahlungsbetrag. Vgl. S. 713 f.

Die folgenden Ausführungen befassen sich mit der Bilanzierung von
- **Forderungen aus Lieferungen und Leistungen**
- **Darlehensforderungen**.

Die Bilanzierung und Bewertung von Anleihen wird im folgenden Unterkapitel „3.5.5 Wertpapiere" behandelt.

Forderungen aus Lieferungen und Leistungen gehören zum Umlaufvermögen (UV). Ihre Anschaffungskosten entsprechen dem Nettorechnungsbetrag zuzüglich Umsatzsteuer.

Hinter der Abschreibung einer Darlehensforderung können unterschiedliche Wertminderungsursachen stehen:

3.5.4.1 Mangelnde Bonität des Schuldners (→ **zweifelhafte Forderungen**)
3.5.4.2 Mangelnde Verzinslichkeit (→ **niedrigverzinsliche Forderungen**)
3.5.4.3 Mangelnde Devisenkursstabilität (→ **Fremdwährungsforderungen**).

3.5.4.1 Zweifelhafte Forderungen

Nach dem Prinzip der **Einzelbewertung** ist jede Forderung auf ihr individuelles Ausfallrisiko zu überprüfen. Zweifelhafte Forderungen sind auf den Betrag des **wahrscheinlichen Zahlungseingangs abzuschreiben**. Die Abschreibung dient erstens der vorsichtigen Vermögensbewertung und zweitens der Verlustantizipation.

Setzt sich der Forderungsbestand aus vielen kleinen Einzelforderungen (z. B. bei einem Versandhaus) zusammen, ist eine Einzelbewertung und **Einzelabschreibung** nicht möglich. Unter Rückgriff auf Erfahrungssätze des eigenen Unternehmens bzw. der Branche lässt sich in solchen Fällen ein statistisch belegbares Ausfallrisiko (z. B. Forderungsausfallquote 4 Prozent vom Forderungsbestand) ermitteln. In solchen Fällen erfolgt die Forderungsabschreibung als **Pauschalwertberichtigung**.

In der **Praxis** begegnet man einer **Kombination von Einzel- und Pauschalabschreibung**.[1] Das spezielle Kreditrisiko wird bei (großen) Forderungen im Wege der Einzelabschreibung erfasst. Soweit die Forderungen nicht einzeln abgeschrieben wurden (= Restbestand scheinbar sicherer Forderungen), erfolgt eine Pauschalabschreibung.

3.5.4.2 Niedrigverzinsliche Forderungen

Üblicherweise sind Darlehensforderungen zu verzinsen. Eine Darlehensforderung mit einem Nennbetrag von 1.000 EUR und einem **Nominalzins** von 6 Prozent könnte – bei tadelloser Bonität des Schuldners – zu 1.000 EUR abgetreten werden (= Marktpreis der Forderung), wenn der **fristadäquate Marktzins** ebenfalls 6 Prozent beträgt.

Kapitalmarktzinsen unterliegen erfahrungsgemäß mehr oder weniger starken Schwankungen im Zeitverlauf.[2]

> Von einer niedrigverzinslichen Forderung spricht man, wenn der fristadäquate Marktzins den vertraglich vereinbarten Nominalzins einer Forderung übersteigt.

Niedrigverzinsliche Forderungen können nur mit einem Barwertabschlag abgetreten werden. Wenn nach der Vergabe eines Darlehens mit fest vereinbartem Nominalzins

---
[1] Vgl. Döring/Buchholz, Buchhaltung, 2015, S. 126 ff.
[2] Vgl. hierzu die Entwicklung der Kapitalmarktzinsen S. 615.

- der Marktzins den Nominalzins übersteigt,
- sinkt der Barwert (= beizulegender Wert) der Forderung unter den Anschaffungswert (= Nennbetrag) der Forderung.

> Zur Ermittlung des **Barwertes einer Forderung** werden die künftigen Zins- und Tilgungszahlungen mit dem fristadäquaten Marktzins diskontiert.

Hat man eine Forderung wegen Niedrigverzinslichkeit auf den geringeren Marktwert abgeschrieben, kommt es in den **Folgeperioden** zu einer **schrittweisen Annäherung des Barwertes** an den **(höheren) Rückzahlungsbetrag**. Ein erläuterndes Zahlenbeispiel zur Abschreibung und anschließenden Zuschreibungen (= Wertaufholung) niedrigverzinslicher Forderungen findet sich im zugehörigen Übungsbuch. (**ÜB** 6/31–32)

3.5.4.3 Fremdwährungsforderungen

Fremdwährungsforderungen sind in Euro zu bilanzieren. Ihre Zugangsbewertung erfolgt zu Anschaffungskosten, wobei der Fremdwährungsbetrag zum Devisenkurs des Zugangstags in Euro umzurechnen ist. Kommt es in der Folgezeit zu **Wechselkursänderungen**, **verändert** sich auch der **beizulegende Wert** der Fremdwährungsforderung. Zur Folgebewertung von Fremdwährungsforderungen unterscheidet § 256a HGB zwischen

- **langfristigen Forderungen (Restlaufzeit > 1 Jahr)**
- **kurzfristigen Forderungen (Restlaufzeit ≤ 1 Jahr)**.

Bei der Folgebewertung **langfristiger Fremdwährungsforderungen** gilt das **Niederstwertprinzip**. Die Anschaffungskosten der Fremdwährungsforderung bilden die Wertobergrenze. Demnach sind

- wechselkursbedingte **Wertsteigerungen nicht zu berücksichtigen**
- wechselkursbedingte **Wertminderungen** durch **Abschreibung** auf den niedrigeren beizulegenden Wert zu erfassen.

Langfristige Fremdwährungsforderungen stehen also unter dem Diktat vorsichtiger Bewertung. Im Gegensatz dazu sollen **kurzfristige Fremdwährungsforderungen** immer zum **aktuellen Wert** (→ Bewertung zum aktuellen Devisenkurs) bilanziert werden. Somit ist bei

- steigendem Devisenkurs eine Wertzuschreibung
- fallendem Devisenkurs eine Abschreibung

vorzunehmen. Daraus folgt: Das **Realisationsprinzip** (→ Anschaffungskosten = Wertobergrenze) wird **im Falle kurzfristiger Fremdwährungsforderungen** in § 256a HGB **über Bord geworfen**. Bei kurzfristigen Fremdwährungsforderungen ist mit einer zeitnahen Realisierung von Wechselkursgewinnen zu rechnen. Deshalb schreibt das HGB statt des vorsichtigen Vermögensausweises den aktuellen Vermögensausweis vor. Ein erläuterndes Zahlenbeispiel findet sich im zugehörigen Übungsbuch. (**ÜB** 6/40–41)

3.5.5 Wertpapiere

Hält ein Unternehmen (börsennotierte) Wertpapiere, kann es sich um Aktien oder um Anleihen handeln. Ob die Wertpapiere dem **Anlagevermögen** oder dem **Umlaufvermögen** zuzuordnen sind, hängt von der **beabsichtigten Haltedauer** ab.

Der Wertansatz in der Bilanz ist unproblematisch, da sich sowohl die Zugangsbewertung als auch die Folgebewertung am jeweiligen Börsenkurs orientiert. Für Wertpapiere des Anlage- bzw. Umlaufvermögens gelten die allgemeinen Bewertungsgrundsätze des §253 HGB, wie folgende Übersicht zeigt:

Bewertungsgrundsätze für Wertpapiere
(1) Zugangsbewertung zu Anschaffungskosten (Börsenkurs am Anschaffungstag)
(2) Anschaffungskosten bilden die Wertobergrenze

(3) Folgebewertung bei rückläufigem Börsenkurs
• Umlaufvermögen: strenges Niederstwertprinzip → Abschreibungszwang
• Anlagevermögen: gemildertes Niederstwertprinzip
  • voraussichtlich dauerhafte Wertminderung → Abschreibungszwang
  • voraussichtlich vorübergehende Wertminderung
    → Ausnahme: Abschreibungswahlrecht

(4) Folgebewertung bei späterer Kurserholung → Wertaufholungsgebot (Obergrenze: Anschaffungskosten)

Abb. 91: Bewertungsgrundsätze für Wertpapiere

Die Zusammenfassung der Bewertungsgrundsätze in **Abb. 91** macht deutlich: Auch dann, wenn sich ein höherer Wert am Bilanzstichtag durch Börsenkurse dokumentieren lässt, hält das HGB an seiner obersten Bewertungsmaxime, dem Vorsichtsprinzip, fest und verbietet den Ausweis unrealisierter Kursgewinne.

Eine **Ausnahmeregelung** vom Verbot des Ausweises unrealisierter Wertsteigerungen ist in §340e Abs. 3 HGB verankert: Danach sind alle **Kreditinstitute** verpflichtet, ihre im **Handelsbestand gehaltenen Wertpapiere** zum **beizulegenden Zeitwert** (abzüglich eines Risikoabschlags) zu bewerten. Die Anschaffungskosten bilden also nicht mehr die Wertobergrenze. Dem Gesetzgeber ist in diesem Fall der Einblick in die aktuelle Vermögenslage wichtiger als der vorsichtige Vermögens- und Erfolgsausweis.

Abschließend ist auf die Besonderheiten der Bilanzierung von **Zerobonds** hinzuweisen, die man auch als Nullkuponanleihen[1] bezeichnet. Es handelt sich hierbei um Schuldverschreibungen, die nicht kontinuierlich verzinst wurden. Das **Zinsäquivalent** besteht für den Anleiheinhaber im **Wertzuwachs**

- vom **niedrigen Ausgabebetrag** (Barwert)
- zum **höheren Rückzahlungsbetrag** (= Nennwert) bei Endfälligkeit.

Beispiel: Ein Unternehmen erwirbt in t_0 einen Zerobond, der in t_5 zum Nennwert von 1.000 GE zurückgezahlt wird. Bei einem Marktzins i von 6 Prozent liegt der Barwert BW des Zerobonds in t_0 bei 747 GE. Zur Barwertermittlung bedient man sich des Rentenbarwertfaktors RBF:

$$BW = 1.000 \text{ GE} \cdot RBF = 1.000 \text{ GE} \cdot 0{,}747 = 747 \text{ GE}.$$

---

[1] Vgl. S. 543 f.

Wertverlauf eines Zerobonds

Laufzeit: 5 Jahre
Marktzins: 6 Prozent
Rückzahlungsbetrag in t_5: 1.000

Zeitpunkt	Barwert	Barwertanstieg
t_0	747	
		45
t_1	792	
		48
t_2	840	
		50
t_3	890	
		53
t_4	943	
		57
t_5	1.000	

Abb. 92: Wertverlauf eines Zerobonds

Beim Erwerb in t_0 lautet der erfolgsneutrale Buchungssatz:

| Wertpapiere | an | Bank | 747 |

In den Folgeperioden muss eine **Wertzuschreibung** (Zinserträge) in **Höhe des jeweiligen Barwertanstiegs** vorgenommen werden. Eine einmalige Wertzuschreibung bei Endfälligkeit (253 GE) würde dem Prinzip periodengerechter Erfolgsermittlung widersprechen. (**ÜB 6/54**)

3.5.6 Latente Steuern

Im **Bilanzgliederungsschema**[1] für **Kapitalgesellschaften** erscheinen (nach dem Rechnungsabgrenzungsposten)
- „**D. Aktive latente Steuern**" als zweitletzter Posten auf der Aktivseite
- „**E. Passive latente Steuern**" als letzter Posten auf der Passivseite.

Aktive latente Steuern sind kein Vermögensgegenstand. Damit fehlt ihnen die Eigenschaft des Schuldendeckungspotentials. Analog gilt: Passive latente Steuern sind keine Verbindlichkeiten. Der Ausweis latenter Steuern in einem aktiven bzw. passiven Bestandskonto hat vielmehr den Zweck

- periodengerechter Gewinnermittlung in der GuV
- sachgerechten Ausweises des Eigenkapitals in der Bilanz.

Die Bilanzierung **latenter Steuern** ist die wohl **schwierigste Jahresabschlussaufgabe**. Ein Lehrbuch zur Einführung in die Allgemeine Betriebswirtschaftslehre muss sich deshalb mit einem Verweis auf die weiterführende Literatur[2] begnügen.

---

[1] Vgl. S. 686.
[2] Vgl. z. B. Schildbach/Stobbe/Brösel, Jahresabschluss, 2013, S. 212 ff., S. 240 ff. und S. 398 ff.

3.6 Bilanzierung und Bewertung ausgewählter Passiva

3.6.1 Eigenkapital

Der Bilanzausweis des Eigenkapitals verdient in dreifacher Hinsicht Beachtung:

(1) Hoher Informationswert

Kein anderer Bilanzposten hat für die Bilanzadressaten einen so hohen Informationsgehalt wie der Ausweis des Eigenkapitals. Ein **hoher Eigenkapitalausweis** signalisiert c. p.

- **geringe Krisenanfälligkeit** wegen eines hohen Verlustauffangpotentials
- **hohe Kreditwürdigkeit** wegen geringer Überschuldungsgefahr.

(2) Kein Bewertungsproblem

Bei allen Bilanzposten (Ausnahme: flüssige Mittel) stellt sich das Problem der „richtigen" Folgebewertung zum Bilanzstichtag. Eine Ausnahme macht der Bilanzposten Eigenkapital: Eine Bewertung zum 31.12. ist nicht erforderlich. Die Höhe des auszuweisenden Eigenkapitals ergibt sich zwangsläufig als Saldo aus den Wertansätzen für die übrigen aktiven und passiven Bilanzposten.

(3) Differenzierter Ausweis bei Kapitalgesellschaften

Einzelunternehmen und Personengesellschaften können (durch Einlagen und Entnahmen) frei über ihr (sonst variables) Eigenkapital verfügen. Dagegen gibt es für die Gesellschafter einer Kapitalgesellschaft

- Eigenkapitalposten zur freien Verfügung → **variables Eigenkapital**
- Eigenkapitalposten mit Verfügungsbeschränkung → **festes Eigenkapital**.

3.6.1.1 Bilanzausweis bei Einzelunternehmen und Personengesellschaften

In der Bilanz eines Einzelunternehmens erscheint ein einziger Eigenkapitalposten. Im Eigenkapitalkonto kann es zu

- internen Veränderungen (Gewinn/Verlust)
- externen Veränderungen (Einlagen/Entnahmen)

kommen. Der Bilanzposten „**Eigenkapital**" ist **variabel** (→ Abb. 93).

Eigenkapital	
Entnahmen	**Anfangsbestand**
Verlust	Einlagen
Endbestand	Gewinn

Abb. 93: Zugänge und Abgänge bei Eigenkapital

Der Einzelunternehmer kann in beliebigem Umfang (Privat-)Entnahmen tätigen, auch wenn das **Eigenkapital** dadurch einen **negativen Wert** annimmt. Eine gesetzliche Beschränkung der Entnahmemöglichkeiten ist nicht erforderlich, weil der Einzelunternehmer auch mit seinem Privatvermögen haftet.
Personengesellschaften führen für jeden Gesellschafter ein gesondertes Eigenkapitalkonto. Auch hier sind die Eigenkapitalkonten variabel. Durch Verlustzuweisungen und Entnahmen kann es zu **negativen Eigenkapitalkonten** kommen. (**ÜB** 6/6 und 8)

3.6.1.2 Bilanzausweis bei Kapitalgesellschaften

(1) Sicherung eines Mindestkapitals

Zur Befriedigung ihrer Zahlungsansprüche gegenüber einer Kapitalgesellschaft können Gläubiger nur auf das Vermögen der Gesellschaft zurückgreifen. Eine Vollstreckung in das Privatvermögen der Gesellschafter ist ihnen verwehrt. Könnten die Gesellschafter einer Kapitalgesellschaft in beliebigem Umfang Entnahmen aus dem Gesellschaftsvermögen tätigen, hätte das fatale Konsequenzen für die Gläubiger **(Abb. 94)**.

Insolvenzgefährdung durch Eigenkapitalentnahmen

A	Bilanz einer Kapitalgesellschaft		P
Vermögen	80	Fremdkapital	70
		Eigenkapital	10
	Δ 20		Δ 20
	100		100

- Verringerte Liquidität Δ 20 → Insolvenzgefahr wegen Schwächung der Zahlungsfähigkeit
- Verringertes Verlustauffangpotential Δ 20 → Insolvenzgefahr wegen steigender Überschuldungsgefahr

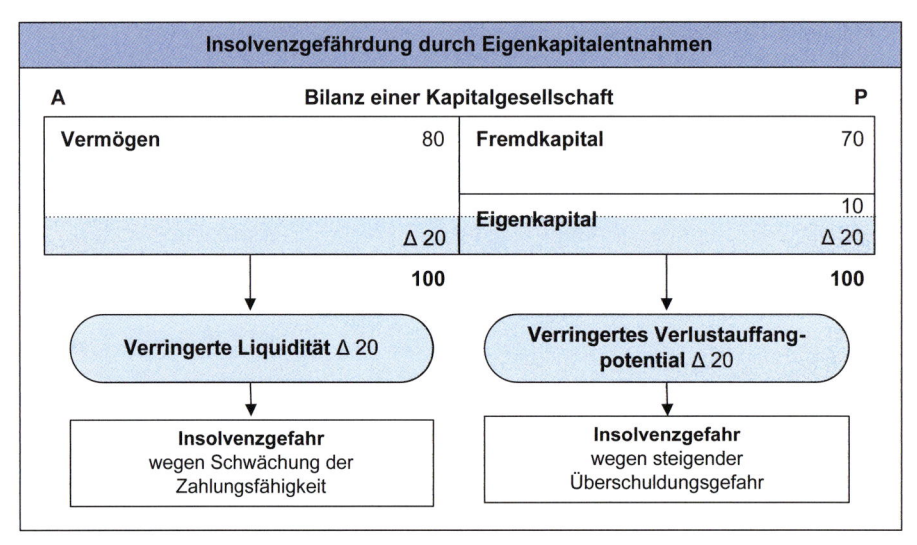

Abb. 94: Insolvenzgefährdung wegen drohender Zahlungsunfähigkeit bzw. drohender Überschuldung

Wird das Schuldendeckungspotential (ursprüngliches Vermögen 100) einer Kapitalgesellschaft durch Zahlungen an die Gesellschafter verringert (in **Abb. 94**: –20), steigt die Insolvenzgefahr. Zum **Schutz der Gläubiger einer Kapitalgesellschaft** hat der Gesetzgeber verschiedene Vorkehrungen getroffen, die allesamt auf die **Sicherung eines Mindesteigenkapitals** hinauslaufen. Ein Blick auf **Abb. 94** macht deutlich: Da der Gesetzgeber die Erwirtschaftung von Gewinnen bzw. die Vermeidung von Verlusten nicht verordnen kann, lässt sich ein **Mindesteigenkapitalbestand** nur durch gesetzliche Vorschriften zur

- Mindesteinlage bei Gründung einer Gesellschaft
- Beschränkung von Ausschüttungen (= Entnahmen) aus
  - vorhandenem Eigenkapital
  - erwirtschaftetem Jahresgewinn

erreichen. Die gesetzliche (oder satzungsmäßige) Beschränkung der Entnahmemöglichkeiten wird als **Ausschüttungssperrfunktion** bezeichnet.

(2) Eigenkapitalposten im Überblick

Die gesetzlichen Vorschriften zur Mindesteinlage und zur Entnahmebeschränkung führen zwangsläufig dazu, dass das **Eigenkapital einer Kapitalgesellschaft** nicht in einem einzigen, sondern in **verschiedenen Bilanzposten** (mit jeweils unterschiedlichen Verfügungsmöglichkeiten) ausgewiesen wird.

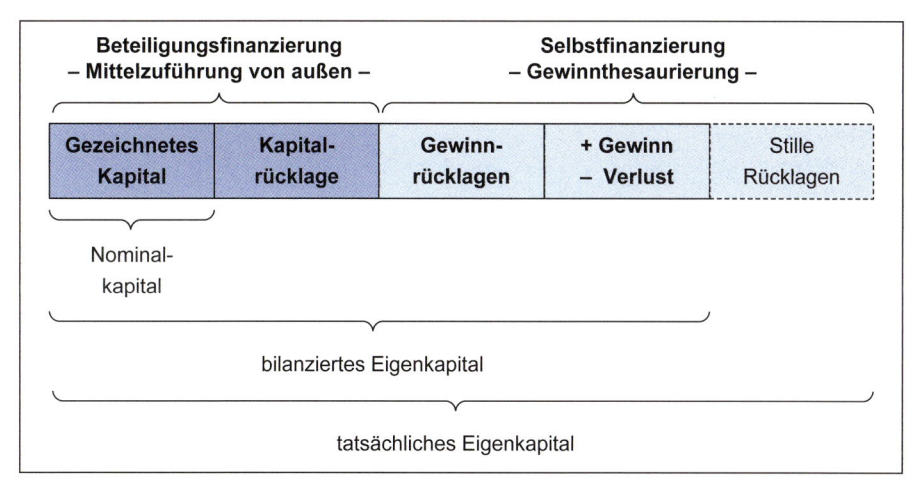

Abb. 95: Eigenkapital einer Kapitalgesellschaft (Grobgliederung)

Eigenkapitalbildung kann durch
- Außenfinanzierung (= **Beteiligungsfinanzierung**)
- Innenfinanzierung (= **Selbstfinanzierung**)

erreicht werden (→ **Abb. 95**). Im Falle der Selbstfinanzierung werden Gewinne in ertragsstarken Jahren thesauriert (= Eigenkapitalzugang). Die thesaurierten Gewinne werden im Eigenkapitalposten „Gewinnrücklagen" (nach Gesellschafterbeschluss) bzw. „Gewinnvortrag" (vor Gesellschafterbeschluss) gespeichert. Das Verlustauffangpotential erhöht sich. In späteren Verlustjahren kommt es dann zu einem entsprechenden Rückgang des Eigenkapitalpostens „Gewinnrücklagen".

Zählt man zum bilanzierten Eigenkapital die stillen Rücklagen[1] hinzu, erhält man das tatsächliche Eigenkapital.

Bei der Aufschlüsselung des Bilanzpostens „Eigenkapital" folgt das gesetzliche Mindestgliederungsschema[2] der in **Abb. 95** dargestellten Grobgliederung. Dabei wird der Posten „Gewinnrücklagen" weiter untergliedert (→ **Abb. 96**).

A. Eigenkapital

I. Gezeichnetes Kapital
II. Kapitalrücklage
III. Gewinnrücklagen
 1. gesetzliche Rücklage
 2. Rücklage für Anteile an einem herrschenden oder mehrheitlich beteiligten Unternehmen
 3. satzungsmäßige Rücklagen
 4. andere Gewinnrücklagen
IV. Gewinnvortrag/Verlustvortrag
V. Jahresüberschuss/Jahresfehlbetrag

Abb. 96: Eigenkapitalausweis einer Kapitalgesellschaft (§ 266 HGB)

---

[1] Zur Bildung und Auflösung stiller Rücklagen vgl. S. 821 ff.
[2] Vgl. S. 686.

Ehe die wichtigsten Eigenkapitalposten näher erläutert werden, soll Studienanfängern zum leichteren Verständnis der komplexen Ausweisvorschriften eine **Kurzbeschreibung** zu den einzelnen Posten geliefert werden:

Gezeichnetes Kapital

Nennbetrag (= Nominalkapital) der Eigenkapitaleinlage der Gesellschafter.

Kapitalrücklage

Eigenkapitalposten zur Aufnahme eines Aufgeldes bei der Emission von Aktien (Ausgabekurs/Aktie > Nennbetrag/Aktie).

Gesetzliche Rücklage

Eigenkapitalposten zur Aufnahme einer gesetzlich verordneten Gewinnthesaurierung („Gesetzliche Zwangssparkasse").

Rücklage für Anteile an einem herrschenden ... Unternehmen

Sicherung der Gläubiger einer Konzerntochter, die Anteile an ihrer Konzernmutter erworben hat, durch Zwangsthesaurierung von Gewinnen der Konzerntochter.[1]

Satzungsmäßige Rücklagen

Eigenkapitalposten zur Aufnahme einer in der Gesellschaftssatzung verankerten Gewinnthesaurierung („Freiwillige Selbstverpflichtung zur Nichtausschüttung").

Andere Gewinnrücklagen

Eigenkapitalposten zur Aufnahme freiwilliger Gewinnthesaurierung, sog. freie Rücklage.

Gewinnvortrag/Verlustvortrag

Gewinnvortrag = nicht verwendeter Gewinn des Vorjahres; die folgende Hauptversammlung hat über Ausschüttung oder Thesaurierung zu entscheiden. Verlustvortrag = nicht ausgeglichener Verlust des Vorjahres (= negativer Eigenkapitalposten).

Jahresüberschuss/Jahresfehlbetrag

Jahresüberschuss = Gewinn des laufenden Geschäftsjahres, über dessen Verwendung die Hauptversammlung (AG) bzw. die Gesellschafterversammlung (GmbH) entscheidet. Jahresfehlbetrag = Verlust des laufenden Geschäftsjahres (= negatives Eigenkapital).

Den in **Abb. 96** dargestellten Bilanzausweis bezeichnet man als **Eigenkapitalausweis vor Ergebnisverwendung**. Dabei werden die **Eigenkapitalposten I bis IV** mit ihren **Jahresanfangsbeständen** ausgewiesen. Der nachfolgende Posten V zeigt das Jahresergebnis, also als

- **Jahresüberschuss** die **Eigenkapitalmehrung**
- **Jahresfehlbetrag** die **Eigenkapitalminderung**

des zum 31.12. abgeschlossenen Geschäftsjahres. Erst die nächste Hauptversammlung entscheidet (unter Beachtung der gesetzlichen Vorschriften) über die Ausschüttung (→ Dividendenzahlung) bzw. Thesaurierung (→ Rücklagenbildung) des Jahresüberschusses.

---

[1] Zur Vertiefung vgl. Buchholz, R., Jahresabschluss, 2016, S. 123 ff.

(3) Gezeichnetes Kapital und Kapitalrücklage

Unter dem gezeichneten Kapital versteht man den Teil des Eigenkapitals, zu dessen Einzahlung sich die Gesellschafter einer Kapitalgesellschaft verpflichtet haben. Ist das gezeichnete Kapital voll eingezahlt, sind die Gesellschafter von einer weitergehenden Haftung für die Verbindlichkeiten der Gesellschaft freigestellt (§ 272 Abs. 1 HGB).

Bei der AG wird das gezeichnete Kapital als Grundkapital, bei der GmbH[1] als Stammkapital bezeichnet. Zur Sicherung eines Mindesthaftungsvermögens muss das

- **Grundkapital** mindestens 50.000 EUR (§ 7 AktG)
- **Stammkapital** mindestens 25.000 EUR (§ 5 Abs. 1 GmbHG)

betragen. Der Mindestnennwert einer einzelnen Aktie bzw. eines Stammkapitalanteils beträgt 1 EUR. Multipliziert man den **Nennwert/Aktie** mit der Anzahl der ausgegebenen Aktien, erhält man den zu passivierenden Nennwert des **Grundkapitals**.

Bei der Aktienemission muss man zwischen dem Nennbetrag/Aktie (z. B. 5 EUR) und dem Ausgabekurs/Aktie (z. B. 15 EUR) unterscheiden. Den Differenzbetrag (im Beispielfall 10 EUR/Aktie) bezeichnet man als Aufgeld oder **Aktienagio**. Bei der Ausgabe von Aktien wird der Nennbetrag in das gezeichnete Kapital, das Aufgeld in die Kapitalrücklage eingestellt, wie **Abb. 97** zeigt.

Über das **gezeichnete Kapital** und die **Kapitalrücklage** hat der Gesetzgeber eine **Ausschüttungssperre** verhängt. Zur Erhaltung eines Mindesthaftungsvermögens sind Gewinnausschüttungen nur zu Lasten des Eigenkapitalpostens „Andere Gewinnrücklagen" erlaubt.

Gezeichnetes Kapital und Kapitalrücklage (Volleinzahlung)			
Beispiel:			
Aktienausgabe	1 Mio. Stück		
Nennwert/Stück	5 EUR		
Ausgabekurs/Stück	15 EUR		

A	Bilanz einer AG (in Mio. EUR)		P
Bank	15	Gezeichnetes Kapital	5
		Kapitalrücklage	10
	15		15

Abb. 97: Bildung einer Kapitalrücklage

Bei Gründung einer AG oder einer GmbH müssen die Gesellschafter mindestens ein Viertel des gezeichneten Kapitals als Bareinlage leisten. In einem solchen Fall ist der nicht eingeforderte Kapitalbetrag direkt vom Posten „Gezeichnetes Kapital" abzusetzen **(Abb. 98)**. Die **ausstehenden Einlagen auf das gezeichnete Kapital** können von der Gesellschaft zu einem späteren Zeitpunkt eingefordert werden.

---

[1] Neben der regulären GmbH (Mindeststammkapital 25.000 EUR) existiert eine „GmbH im Kleinformat", die sog. Unternehmergesellschaft nach § 5a GmbHG (Mindeststammkapital 1 EUR). Zum Schutz der Gläubiger ist eine gesetzliche Rücklage aus künftigen Jahresüberschüssen zu bilden. Siehe S. 224 f.

Gezeichnetes Kapital und Kapitaleinlage (Teileinzahlung)		
Beispiel:		
Aktienausgabe 1 Mio. Stück	Ausgabekurs/Stück	15 EUR
Nennwert/Stück 5 EUR	Soforteinzahlung/Stück	12 EUR

A	Bilanz einer AG (in Mio. EUR)		P
Bank	12	Gezeichnetes Kapital 5	
		– nicht eingefordertes Kapital – 3	
		Eingefordertes Kapital 2	2
		Kapitalrücklage	10
	12		12

Abb. 98: Ausweis ausstehender Einlagen

Im Gegensatz zu den Gewinnrücklagen, die den variablen Teil des Eigenkapitals ausmachen, stellen die Posten **„Gezeichnetes Kapital"** und **„Kapitalrücklage"** Festkapital dar, denn es darf im normalen Geschäftsbetrieb nicht zur Ausschüttung herangezogen werden. Eine Änderung ist unter strengen Auflagen nur im Rahmen einer Kapitalerhöhung bzw. einer Kapitalherabsetzung[1] möglich.

Einem **Sonderfall** der buchmäßigen Anpassung des gezeichneten Kapitals begegnet man im Zusammenhang mit dem **Erwerb eigener Anteile**. Kauft eine Gesellschaft eigene Aktien (z. B. zur Vorbereitung einer Unternehmensübernahme oder zur Weitergabe an Belegschaftsmitglieder), findet eigentlich ein Aktivtausch statt: An die Stelle abfließender finanzieller Mittel tritt als neuer Vermögensgegenstand der Posten „Eigene Aktien". Gerät aber die Gesellschaft nach dem Aktienerwerb in eine **ernsthafte Krise**, sind die **eigenen Aktien u. U. wertlos**: Der scheinbar harmlose Aktivtausch entpuppt sich nachträglich als gläubigergefährdender Tatbestand.

Zum **Schutz der Gläubiger** setzt der Gesetzgeber (§ 272 Abs. 1a HGB) an die Stelle des Aktivtausches die zwingende Vorschrift zur **Bilanzverkürzung**. Da sich der Kaufpreis der eigenen Aktien aus dem Nennbetrag und einem Aufgeld zusammensetzt, lautet der Buchungssatz beim **Erwerb eigener Aktien**:

Gezeichnetes Kapital *(Nennbetrag)*	an	*(Kaufpreis)* **Bank**
Andere Gewinnrücklagen *(Aufgeld)*		

Werden die **eigenen Aktien** zu einem späteren Zeitpunkt – aus welchem Grund auch immer – **wieder verkauft**, kommt es nach § 272 Abs. 1b HGB zu einer Bilanzverlängerung über folgenden Buchungssatz:

Bank *(Verkaufspreis)*	an	*(Nennbetrag)* **Gezeichnetes Kapital**
		(Aufgeld) **Andere Gewinnrücklagen**

Übersteigt der Verkaufspreis den ursprünglichen Einstandspreis, ist der Mehrerlös in die Kapitalrücklage einzustellen. Zahlenbeispiele zum Erwerb und zur Wiederveräußerung eigener Aktien finden sich im zugehörigen Übungsbuch. (**ÜB 6/49–50**)

---

[1] Zur Kapitalerhöhung und Kapitalherabsetzung vgl. S. 569 ff.

(4) Gesetzliche Rücklage

Die Funktion der gesetzlichen Rücklage lässt sich an einem Beispiel beschreiben: Angenommen eine neugegründete Aktiengesellschaft emittiert 4 Mio. Aktien zum Nennbetrag von 5 EUR. Es werden 40 Mio. EUR Fremdkapital aufgenommen. In den ersten drei Perioden werden hohe Gewinne (Jahresüberschüsse) erwirtschaftet und in voller Höhe ausgeschüttet. In der vierten Periode entsteht ein Verlust von 1 Mio. EUR. Die Bilanz zum 31.12.04 hätte folgendes Aussehen:

Aktiva	Bilanz zum 31.12.04 (in Mio. EUR)		Passiva
Diverse Aktiva	59	Gezeichnetes Kapital	20
		Jahresfehlbetrag	− 1
		Verbindlichkeiten	40
	59		59

Abb. 99: Bilanz mit Jahresfehlbetrag und ohne gesetzliche Rücklage

Der Jahresfehlbetrag ist nicht durch Rücklagen gedeckt. Ohne einen gesetzlichen Zwang zur Bildung von Rücklagen wäre die Verlustauffangfunktion des Eigenkapitals auf das Grundkapital beschränkt. Aus Gründen des **Gläubigerschutzes** zwingt der Gesetzgeber alle Aktiengesellschaften zur **Risikovorsorge**. § 150 Abs. 1 und 2 AktG schreibt allen Aktiengesellschaften[1] die **Bildung einer gesetzlichen Rücklage** vor: Solange Kapitalrücklage und gesetzliche Rücklage nicht 10 Prozent des Grundkapitals betragen, müssen 5 Prozent des (um einen eventuellen Verlustvortrag aus dem Vorjahr gekürzten) Jahresüberschusses in die gesetzliche Rücklage eingestellt werden.

Ebenso wie bei der **Kapitalrücklage** handelt es sich bei der **gesetzlichen Rücklage** um einen Eigenkapitalposten, der nicht zur Gegenbuchung von Entnahmen (= Dividendenzahlungen) herangezogen werden darf.

In beiden Fällen wird
- durch **gesetzlichen Zwang**
- ein **zusätzliches Verlustauffangpotential** geschaffen und
- mit einer **Ausschüttungssperre** belegt.

Kapitalrücklage und gesetzliche Rücklage dürfen **im Wesentlichen nur zur Verlustabdeckung** aufgelöst werden. Soweit beide Posten zusammen 10 Prozent des Grundkapitals nicht übersteigen, sind Verluste (Jahresfehlbetrag bzw. Verlustvortrag)
- **vorrangig** aus anderen **Gewinnrücklagen**
- **nachrangig** aus der **Kapitalrücklage und der gesetzlichen Rücklage**

abzudecken (§ 150 Abs. 3 AktG).

Der über 10 Prozent des Grundkapitals hinausgehende Teil dieser beiden Rücklagenposten darf zur
- Verlustabdeckung
- Kapitalerhöhung aus Gesellschaftsmitteln[2]

herangezogen werden (§ 150 Abs. 4 AktG).

---

[1] Die GmbH braucht keine gesetzliche Rücklage zu bilden.
[2] Zur Umwandlung von Rücklagen in Grundkapital vgl. S. 577 f.

(5) Satzungsmäßige Rücklagen

Die Satzung einer AG bzw. der Gesellschaftsvertrag einer GmbH kann **bindende Regelungen** zur Rücklagenbildung beinhalten. Die danach zu bildenden Gewinnrücklagen bezeichnet man als satzungsmäßige bzw. statutarische Rücklagen.

Ob die satzungsmäßigen Rücklagen zweckgebunden (z. B. Substanzerhaltungsrücklage) oder zweckfrei sind, bleibt der einzelnen Satzungsregelung überlassen. Unabhängig von einer Zweckbindung kann die Satzung vorsehen, dass

- nach Einstellung in die gesetzliche Rücklage
- Teile des Jahresüberschusses in die satzungsmäßige Rücklage

einzustellen sind.

Auch für die Auflösung dieser Rücklage sind die satzungsmäßigen Bestimmungen maßgebend. Sieht die Satzung nur eine Auflösung zwecks Verlustabdeckung vor, ist auch dieser Eigenkapitalposten mit einer **Ausschüttungssperre** belegt.

(6) Andere Gewinnrücklagen

Im Gegensatz zu gesetzlichen und satzungsmäßigen Rücklagen handelt es sich bei „anderen Gewinnrücklagen" um freiwillig gebildete Rücklagen. Deshalb werden „andere Gewinnrücklagen" häufig auch als **„freie Rücklagen"** bezeichnet.

Der **Jahresüberschuss** ist der Gewinn nach Steuern. Aus dem Jahresüberschuss sind – wie oben gezeigt – nach Gesetz und Satzung bestimmte Teile in bestimmte Gewinnrücklagen einzustellen. Für den verbleibenden, frei verfügbaren Jahresüberschuss gibt es zwei **Verwendungsmöglichkeiten**, die

- **Ausschüttung** (→ den auszuschüttenden Gewinn nennt man „Bilanzgewinn")
- **Thesaurierung** (→ Einstellung in „andere Gewinnrücklagen").

Die **Einstellung** in „andere Gewinnrücklagen" erfolgt aus der freien Verfügungsmasse des Jahresüberschusses. Der verbleibende Rest wird den Aktionären als Bilanzgewinn zur Ausschüttung angeboten. Über die Verwendung des Bilanzgewinns entscheidet die Hauptversammlung. Dabei hat sie nach § 58 Abs. 3 AktG drei miteinander kombinierbare Verwendungsmöglichkeiten:

Bilanzgewinn		
Ausschüttung	Einstellung in Gewinnrücklagen	Gewinnvortrag (in neues Geschäftsjahr)

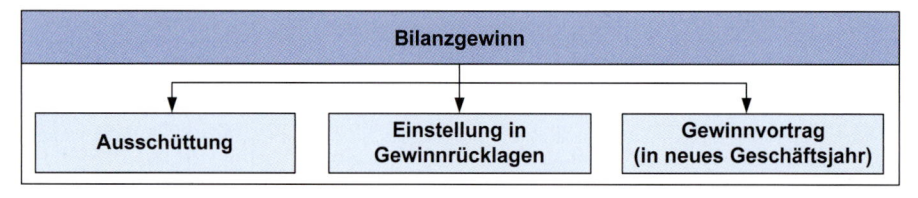

Abb. 100: Verwendung des Bilanzgewinns durch die Hauptversammlung

Im Normalfall stellen Vorstand und Aufsichtsrat den Jahresabschluss fest. Dabei dürfen sie maximal 50 Prozent des korrigierten Jahresüberschusses in „andere Gewinnrücklagen" einstellen (§ 58 Abs. 2 AktG). Die Hauptversammlung darf aus dem ihr angebotenen Bilanzgewinn weitere **Beträge in die Gewinnrücklagen einstellen** (§ 58 Abs. 3 AktG).

Stattdessen kann sie den Bilanzgewinn ganz oder teilweise in die nächste Abrechnungsperiode vortragen. Der **übertragene Teil des Bilanzgewinns** aus Periode 01 erscheint als **„Gewinnvortrag"** in Periode 02. Entsteht in Periode 02 ein Verlust (Jahresfehlbetrag), wird der Gewinnvortrag zur Verlustabdeckung herangezogen. Schließt Periode 02 mit einem Gewinn (Jahresüberschuss) ab, muss der Gewinnvortrag in den Bilanzgewinn der Periode 02 eingerechnet werden, so dass die Hauptversammlung erneut über seine Verwendung zu entscheiden hat.

Die korrespondierende Größe zum Gewinnvortrag ist der Verlustvortrag. Entsteht z. B. in Periode 02 ein Jahresfehlbetrag von 800 EUR, der gegen einen Gewinnvortrag (aus Periode 01) von 100 EUR und Gewinnrücklagen von 500 EUR verrechnet werden kann, dann verbleibt in Periode 02 ein Bilanzverlust von – 200 EUR. **Dieser Bilanzverlust aus Periode 02** wird als **Verlustvortrag** (– 200 EUR) in **Periode 03** übertragen, in der er mit einem eventuellen Jahresüberschuss aus Periode 03 zu verrechnen ist.

Die **Auflösung „anderer Gewinnrücklagen"** ist für folgende Zwecke denkbar:
- Verlustabdeckung
    - laufender Jahresfehlbetrag
    - Verlustvortrag aus dem Vorjahr
- Ausschüttung von Dividende in gewinnlosen Jahren
- Überführung in gezeichnetes Kapital.[1]

Abb. 101 zeigt beispielhaft und in vereinfachter Form[2] die Verwendung des Jahresüberschusses einer Aktiengesellschaft (Feststellung des Jahresabschlusses durch Vorstand und Aufsichtsrat).

Ergebnisverwendung (Periode 02)			
Beispiel: Jahresüberschuss (Periode 02) Einstellung in satzungsmäßige Rücklagen Fall (a): Verlustvortrag aus Periode 01 Fall (b): Gewinnvortrag aus Periode 01		200 20 40 50	
Fall:		**(a)**	**(b)**
Jahresüberschuss (Periode 02) – Verlustvortrag (aus Periode 01)		200 – 40	200 –
Bemessungsgrundlage (BMG) I – Einstellung in gesetzliche Rücklage (5 % von BMG I)		160 – 8	200 – 10
Korrigierter Jahresüberschuss (BMG II) – Einstellung in andere Gewinnrücklagen (max. 50 % von BMG II)		152 – 76	190 – 95
Bemessungsgrundlage III – Einstellung in satzungsmäßige Rücklagen		76 – 20	95 – 20
Bemessungsgrundlage IV + Gewinnvortrag (aus Periode 01)		56 –	75 + 50
Bilanzgewinn		**56**	**125**

Abb. 101: Verwendung des Jahresüberschusses einer Aktiengesellschaft

---

[1] Zur Kapitalerhöhung aus Gesellschaftsmitteln vgl. S. 577 f.
[2] Zum vollständigen Schema vgl. Coenenberg/Haller/Schultze, Jahresabschluss, 2016, S. 356.

(7) Eigenkapitalausweis vor bzw. nach Ergebnisverwendung

Das Eigenkapital einer Kapitalgesellschaft kann
- (1) vor Ergebnisverwendung
- (2) nach teilweiser Ergebnisverwendung
- (3) nach vollständiger Ergebnisverwendung

ausgewiesen werden. Anknüpfend an das Zahlenbeispiel der **Abb. 101** (Fall a) werden alle drei Ausweisalternativen in **Abb. 102** beispielhaft dargestellt.

Alternativen zum Eigenkapitalausweis einer AG			
Eigenkapitalausweis einer AG	(1)	(2)	(3)
I. Grundkapital	1.000	1.000	1.000
II. Kapitalrücklage	50	50	50
III. Gewinnrücklagen			
1. Gesetzliche Rücklage	10	18	18
2. Satzungsmäßige Rücklage	15	35	35
3. Andere Gewinnrücklagen	25	101	101
Verlustvortrag	– 40	0	–
IV. Jahresüberschuss	200	–	–
V. Bilanzgewinn	–	56	–
Eigenkapital insgesamt	1.260	1.260	1.204
Verbindlichkeiten gegenüber Kreditinstituten	340	340	340
Sonstige Verbindlichkeiten	–	–	56
Passiva insgesamt	1.600	1.600	1.600

Abb. 102: Eigenkapitalausweis vor (1), nach teilweiser (2) bzw. nach vollständiger (3) Ergebnisverwendung

(1) Der Eigenkapitalausweis vor Ergebnisverwendung erfasst die **Jahresanfangsbestände** der Gewinnrücklagen sowie den Jahresanfangsbestand des Gewinnvortrags bzw. des Verlustvortrags. Die Verwendung des Jahresüberschusses wird erst in der Folgeperiode – z. B. durch Einstellung in Gewinnrücklagen – gebucht. Diese Form des Eigenkapitalausweises entspricht dem Bilanzgliederungsschema des §266 Abs. 3 HGB.

(2) Der Eigenkapitalausweis nach teilweiser Ergebnisverwendung (§268 Abs. 1 HGB) entspricht der **gängigen Bilanzierungspraxis** von Kapitalgesellschaften. Die Gewinnverwendungsrechnung wird zum Bilanzstichtag durchgeführt. Als Gewinnrücklagen werden nicht die Jahresanfangs-, sondern die **Jahresendbestände** – vor Verwendung des Bilanzgewinns – ausgewiesen. Im Beispielfall wird der Jahresüberschuss von 200 EUR auf die verschiedenen mit einem Pfeil markierten Gewinnrücklagen verteilt. Außerdem wird der Verlustvortrag (– 40 EUR) abgedeckt. Als Rest verbleibt ein **Bilanzgewinn** von 56 EUR. Über dessen Verwendung befindet die Hauptversammlung in der Folgeperiode.

In Verlustjahren wird ein Jahresfehlbetrag durch Auflösung von Gewinnrücklagen abgedeckt. Der nicht abgedeckte Jahresfehlbetrag wird zum Periodenende als Bilanzverlust ausgewiesen und als Verlustvortrag in die Folgeperiode übertragen.

(3) Der Eigenkapitalausweis nach vollständiger Ergebnisverwendung (§ 268 Abs. 1 HGB) unterscheidet sich von der Ausweisversion (2) nur in einem einzigen Punkt: Der zur Ausschüttung bestimmte Gewinnanteil wird nicht als Eigenkapitalposten „Bilanzgewinn", sondern als Fremdkapitalposten ausgewiesen. Rechtlich gesehen stellt die künftige Dividendenzahlung eine Verbindlichkeit der Kapitalgesellschaft (juristische Person) gegenüber ihren Anteilseignern dar. (**ÜB 6**/42–51)

3.6.2 Verbindlichkeiten

Für die Bilanzierung von Verbindlichkeiten gilt
- **Passivierungspflicht für sämtliche Verbindlichkeiten** (§ 246 Abs. 1 HGB)
- **Gliederung** (= Zuordnung zu einzelnen Bilanzposten) (§ 266 Abs. 3 HGB)
- **Bewertung zum Erfüllungsbetrag** (§ 253 Abs. 1 HGB).

Die Bewertung von Geldleistungsverpflichtungen wirft üblicherweise keine Probleme auf, denn der **Erfüllungsbetrag**[1] entspricht (z. B. bei einer Darlehensverbindlichkeit) dem vertraglich vereinbarten **Rückzahlungsbetrag**. Einer näheren Erläuterung bedürfen jedoch folgende Sonderfälle:

Bilanzierung und Bewertung von Verbindlichkeiten

(1) Aktivierungswahlrecht für das **Disagio** (§ 250 Abs. 3 HGB)
(2) Ansatz von **Rentenverpflichtungen** zum Barwert (§ 253 Abs. 2 HGB)
(3) Bewertung von **Fremdwährungsverbindlichkeiten**
  (a) **langfristige** – nach dem Höchstwertprinzip
  (b) **kurzfristige** – nach dem totalen Fair-Value-Prinzip
(4) Ansatz von **Zerobond-Verpflichtungen** zum Ausgabebetrag mit sukzessiver Aufzinsung

Abb. 103: Sonderfälle der Bilanzierung von Verbindlichkeiten

---

(1) Ein **Disagio**, auch Damnum genannt, liegt vor, wenn der an den Kreditnehmer ausgezahlte Ausgabebetrag kleiner ist als der Rückzahlungsbetrag. Das Disagio kann im Jahr der Darlehensaufnahme

(a) erfolgswirksam
(b) erfolgsneutral (durch Aktivierung als Rechnungsabgrenzungsposten)

verrechnet werden (→ **Abb. 104**).

Im Fall der Aktivierung des Disagios ist der aktive Rechnungsabgrenzungsposten planmäßig über die Darlehenslaufzeit abzuschreiben. Mit der Möglichkeit zu **zeitlich gestreckter Aufwandsverrechnung** entspricht man den Anforderungen des **Prinzips periodengerechter Gewinnermittlung**. (ÜB 6/55)

---

[1] Vgl. S. 695 f.

Bilanzielle Behandlung eines Disagios

Beispiel eines endfälligen Darlehens:

Rückzahlungsbetrag (= Nennbetrag)	1.000
Ausgabebetrag	960
Nominalzins (Prozent)	6
Laufzeit (Jahre)	4

(a) Nichtaktivierung des Disagios

Buchungssatz bei Darlehensaufnahme in t_0

Bank	960	an	Darlehensverbindlichkeiten	1.000
Sonst. betr. Aufwand	40			

Erfolgsausweis	Periode	01	02	03	04
Zinsaufwand		60	60	60	60
Sonst. betr. Aufwand		40	–	–	–

(b) Aktivierung des Disagios

Buchungssatz bei Darlehensaufnahme in t_0

Bank	960	an	Darlehensverbindlichkeiten	1.000
aktiver RAP	40			

Erfolgsausweis	Periode	01	02	03	04
Zinsaufwand		60	60	60	60
Abschreibung des aktiven RAP		10	10	10	10

Abb. 104: Bilanzielle Behandlung des Disagios

(2) **Rentenverpflichtungen** entstehen z. B. beim Kauf eines Grundstücks auf Rentenbasis. Solche Rentenverpflichtungen sind nach § 253 Abs. 2 HGB zum Barwert zu passivieren. Als Diskontierungszinsfuß ist der fristadäquate Marktzinssatz heranzuziehen (= durchschnittlicher Marktzins der vergangenen sieben Geschäftsjahre, ermittelt und bekannt gegeben von der Deutschen Bundesbank). Ein erläuterndes Zahlenbeispiel findet sich im zugehörigen Übungsbuch. (**ÜB 6**/58)

(3) **Fremdwährungsverbindlichkeiten** unterliegen einem Kursänderungsrisiko. Wenn die Fremdwährung im Kurs steigt (sinkt), erhöht (verringert) sich gerechnet in EUR der Wert der Verbindlichkeit.

(a) **Langfristige Fremdwährungsverbindlichkeiten** sind nach dem Höchstwertprinzip zu bilanzieren. Kursschwankungen führen zwar zu einem höheren, niemals aber zu einem geringeren Wertansatz für die Verbindlichkeit. (**ÜB 6**/57)

(b) **Kurzfristige Fremdwährungsverbindlichkeiten**, d.h. Verbindlichkeiten mit einer Restlaufzeit ≤ 1 Jahr sind nach § 256a HGB immer zum aktuellen Devisenkurs zu bewerten. Daraus folgt: Wenn der Wechselkurs der Fremdwährung steigt (fällt), ist der Wertansatz der Fremdwährungsverbindlichkeit erfolgswirksam zu erhöhen (herabzusetzen). Diese Vorgehensweise lässt sich als totales Fair-Value-Prinzip[1] charakterisieren. Ein erläuterndes Zahlenbeispiel findet sich im zugehörigen Übungsbuch. (**ÜB 6**/56)

---

[1] Vgl. hierzu S. 772.

(4) Zerobonds (Nullkuponanleihen) werden beim Anleiheschuldner zum Zeitpunkt der Kreditaufnahme zum Auszahlungsbetrag bilanziert. Während der Laufzeit erfolgt eine kontinuierliche aufwandswirksame Zuschreibung dieses Passivums. Ein Zahlenbeispiel findet sich im zugehörigen Übungsbuch. (**ÜB 6**/54)

3.6.3 Rückstellungen

3.6.3.1 Aufgaben und Arten

Rückstellungen sind auf der Passivseite der Bilanz zwischen den Posten „A. Eigenkapital" und „C. Verbindlichkeiten" auszuweisen.[1]

> **Rückstellungen** sind in erster Linie für ungewisse Verbindlichkeiten gegenüber Dritten zu bilden (§ 249 HGB).

Damit stellt sich die Frage, worin sich sichere von ungewissen Verbindlichkeiten unterscheiden. **Sichere Verbindlichkeiten** – typische Beispiele sind Darlehensverbindlichkeiten und Lieferantenverbindlichkeiten – sind durch drei Merkmale gekennzeichnet:

(1) **Verpflichtungsgrund sicher**
(2) **Höhe der Zahlungsverpflichtung bekannt**
(3) **Fälligkeitstermin bekannt**.

Eine **ungewisse Verbindlichkeit** gegenüber Dritten liegt dann vor, wenn (mindestens) **eines der drei Merkmale** sicherer Verbindlichkeiten **nicht erfüllt** ist.

> **Beispiel (1):** Eine **Steuerrückstellung** ist zu bilden, wenn der prüfende Finanzbeamte im Rahmen der Schlussbesprechung im November 02 mitteilt, dass das Unternehmen für den Prüfungszeitraum (Periode 01) mit einer Gewerbesteuermehrbelastung in Höhe von etwa 8.000 EUR rechnen muss. Mit dem Bescheid zur Steuernachforderung sei aber frühestens im Februar 03 zu rechnen.

> **Beispiel (2):** Im Oktober 01 verklagt ein Kunde seine Bank auf 20.000 EUR Schadenersatz. Nach der bisherigen Rechtsprechung in vergleichbaren Fällen muss die Bank mit einer Verurteilung zur Zahlung von 16.000 EUR Schadenersatz rechnen. Zum 31.12.01 muss die Bank eine Prozesskostenrückstellung in Höhe von 16.000 EUR zuzüglich erwarteter Anwalts- und Gerichtskosten bilden, auch wenn die exakte Höhe und der Fälligkeitstermin der Schadenersatzzahlung erst mit der Urteilsverkündung in Periode 02 oder 03 bekanntgegeben werden.

Die wichtigsten Anlässe zur Bildung von Rückstellungen für ungewisse Verbindlichkeiten gegenüber Dritten, die man auch als **Außenverpflichtungen** bezeichnet, sind in **Abb. 105** zusammengefasst.

---

[1] Vgl. das Bilanzgliederungsschema nach § 266 HGB auf S. 686.

Rückstellungen als Außenverpflichtung
Bürgerlich-rechtliche Verpflichtung
• Pensionen
• Prozesskosten
• Garantieleistungen mit rechtlicher Verpflichtung
• Inanspruchnahme aus Bergschäden
Öffentlich-rechtliche Verpflichtung
• Steuerzahlungen
• Entsorgung von Altlasten
• Sozialplanverpflichtungen
Wirtschaftliche Verpflichtung
• Garantieleistung ohne rechtliche Verpflichtung

Abb. 105: Rückstellungen für ungewisse Verbindlichkeiten gegenüber Dritten

Zudem sind Rückstellungen für **drohende Verluste aus schwebenden Geschäften** zu bilden: Stellt ein Energieversorgungsunternehmen, das für das erste Halbjahr der Periode 02 an fest vereinbarte Abgabepreise gebunden ist, im Dezember 01 fest, dass angesichts gestiegener Preise von Heizöl die fixierten Absatzpreise nicht mehr kostendeckend sind und dass aus diesem Grund für das erste Halbjahr 02 mit einem Verlust von 5 Mio. EUR zu rechnen ist, dann ist zum 31.12.01 eine **Drohverlustrückstellung** in Höhe von 5 Mio. EUR zu bilden.

In **Abb. 106** ist die Bildung und Auflösung einer **Prozesskostenrückstellung** dargestellt. Die Bildung einer solchen Rückstellung entspricht dem **Prinzip kaufmännischer Vorsicht**, letztendlich dem Gläubigerschutzprinzip. Danach ist ein vorsichtiger und vollständiger Schuldenausweis (§ 246 Abs. 1 HGB) ebenso geboten, wie ein vorsichtiger Erfolgsausweis. Beides wird durch die Rückstellungsbildung zum 31.12.01 erreicht.

Durch Passivierung der Rückstellung in Höhe von 100 gelangt man zu einem

- **erhöhten Ausweis der Schulden zum 31.12.01** (statische Bilanzaufgabe)
- **verringerten Erfolgsausweis für Periode 01** (dynamische Bilanzaufgabe).

Prozesskostenrückstellung			
Beispiel:			
Dezember 01: Verurteilung zu Schadenersatz in Höhe 100 wahrscheinlich			
Mai 02 : (a) Verurteilung zur Zahlung von 100			
(b) Schadenersatzklage wird zurückgewiesen (→ Zahlung 0)			
Bildung von Rückstellungen zum 31.12.01			
sonstiger betrieblicher Aufwand	an	sonstige Rückstellungen	100
Auflösung der Rückstellung im Mai 02			
(a) sonstige Rückstellungen	an	Bank	100
(b) sonstige Rückstellungen	an	sonstiger betrieblicher Ertrag	100

Abb. 106: Bildung und Auflösung einer Rückstellung

Bei der Rückstellungsbildung unterscheidet die Literatur[1] zwischen (schon angesprochenen) Außenverpflichtungen und Innenverpflichtungen (→ **Abb. 107**).

```
                    (statisch)         Rückstellungen          (dynamisch)
                          ┌──────────────────┴──────────────────┐
                Außenverpflichtung                        Innenverpflichtung
                 ┌────────┴────────┐                              │
              Rechtliche        Wirtschaftliche          Verpflichtung gegenüber
            Verpflichtung    Verpflichtung gegenüber          sich selbst:
          gegenüber Dritten         Dritten:                   „Aufwands-
                              „Kulanzrückstellungen"          rückstellungen"
```

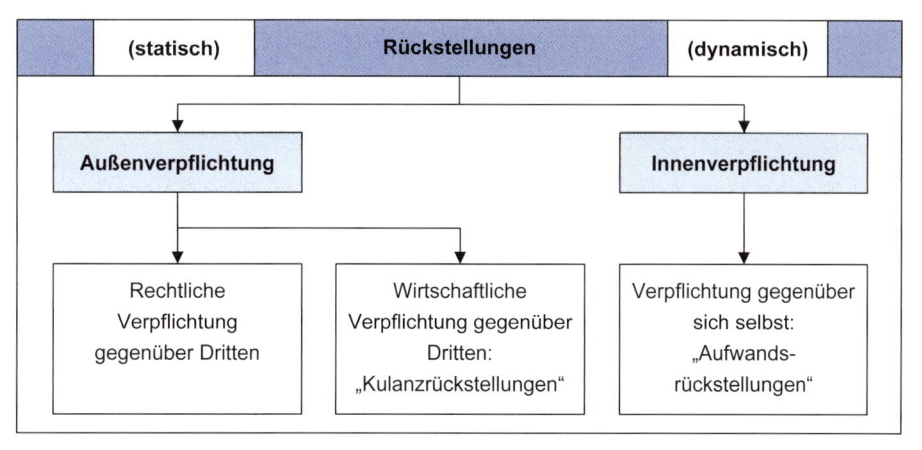

Abb. 107: Klassifikation von Rückstellungen

Ein typisches Beispiel zur Erläuterung einer **Aufwandsrückstellung**: Feststellung eines Flachdachschadens am Betriebsgelände im November 01. Witterungsbedingte Verschiebung der Dachreparatur auf März 02. Es liegt **keine Verpflichtung gegenüber einem Dritten** vor. Die Rückstellungsbildung dient nicht der vollständigen Erfassung von Schulden, sondern allein der **Antizipation von Aufwand** in Periode 01.

3.6.3.2 Abgrenzung gegenüber anderen Bilanzposten

(1) Verbindlichkeiten

Im Gegensatz zu Rückstellungen sind Verbindlichkeiten sicher und nach Höhe und Fälligkeitstermin eindeutig determiniert. Soweit Rückstellungen aus erwarteten Außenverpflichtungen resultieren, sind sie ökonomisch als Fremdkapital zu interpretieren. Ist jedoch die gebildete **Rückstellung** bewusst **überhöht**, wurde insoweit eine **stille Rücklage** gebildet, die dem Eigenkapital zuzuordnen ist.

(2) Rücklagen

Gewinnrücklagen (Kapitalrücklagen) basieren auf thesaurierten Gewinnen (vereinnahmten Agiobeträgen). Rücklagen gehören zum Eigenkapital. Rückstellungen basieren auf künftigen Zahlungsverpflichtungen und gehören zum Fremdkapital.

(3) Passive Rechnungsabgrenzungsposten

Passive Rechnungsabgrenzungsposten (§ 250 Abs. 2 HGB) basieren auf Einnahmen (z. B. Mieteinnahmen), soweit sich diese auf einen bestimmten Zeitraum nach dem Bilanzstichtag erstrecken. Ein solcher Posten beruht also auf einer Ertragsverschiebung in die Zukunft, eine Rückstellung beruht dagegen auf einem Vorziehen von Aufwand.

---

[1] Vgl. Baetge/Kirsch/Thiele, Bilanzen, 2014, S. 429 ff.

(4) Passive latente Steuern

Steuerrückstellungen sind zu bilden, wenn bei einer Veranlagungssteuer (Körperschaftsteuer, Gewerbesteuer) der Steuerbescheid für Periode 01 erst in der Periode 02 vom Finanzamt erstellt wird. Passive latente Steuern entstehen hingegen, wenn

- **Steuerbilanzgewinn** (in der Anfangsperiode) **kleiner** ist als der **Handelsbilanzgewinn** und
- die **Besteuerung** üblicherweise in späteren Jahren **nachgeholt** wird.

3.6.3.3 Ansatz und Bewertung

Die Bilanzierung von Rückstellungen gliedert sich in die

(1) Bilanzierung dem Grunde nach (§ 249 HGB)
(2) Bilanzierung der Höhe nach (§ 253 Abs. 1 und 2 HGB).

Passivierungsgebote für Rückstellungen	
Sachverhalt	HGB
Rückstellungen für ungewisse Verbindlichkeiten (Beispiele) • Pensionsrückstellungen • Steuerrückstellungen • Prozesskostenrückstellungen u. a.	§ 249 Abs. 1 Satz 1
Drohverlustrückstellungen	§ 249 Abs. 1 Satz 1
Kulanzrückstellungen	§ 249 Abs. 1 Nr. 2
Aufwandsrückstellungen mit kurzfristiger Erledigung • Reparaturen binnen 3 Monaten • Abraumbeseitigung binnen 12 Monaten	§ 249 Abs. 1 Nr. 1

Abb. 108: Passivierungsgebote nach § 249 HGB

Für andere als die in **Abb. 108** aufgeführten Zwecke dürfen Rückstellungen nicht gebildet werden (§ 249 Abs. 2 HGB). Mit dem Verbot zur Bildung weiterer Aufwandsrückstellungen will der Gesetzgeber der Unternehmensleitung die Möglichkeit zu beliebig großer Aufwandsantizipation nehmen.

Die **Bewertung von Rückstellungen** ist in § 253 Abs. 1 und 2 HGB geregelt. Grundsätzlich sind Rückstellungen zum **Erfüllungsbetrag**[1] anzusetzen. Angesichts der Unbestimmtheit künftiger Inanspruchnahme ist der Erfüllungsbetrag **nach vernünftiger kaufmännischer Beurteilung** zu ermitteln. Da auch die „vernünftige kaufmännische Beurteilung" nicht frei ist von subjektivem Ermessen, eröffnet sich der Unternehmensleitung ein **bilanzpolitischer Spielraum**.

Richtschnur zur Bilanzierung von Rückstellungen ist das **Vorsichtsprinzip**: Eine **pessimistische Einschätzung** ist angezeigt bei der

- **Bilanzierung dem Grunde nach** (Beispiel: Bildung einer Prozesskostenrückstellung, selbst wenn die Wahrscheinlichkeit einer Niederlage < 50 Prozent)
- **Bilanzierung der Höhe nach** (Beispiel: bei Sozialplanverpflichtungen ist im Zweifel vom höheren Abfindungsbetrag auszugehen).

---

[1] Vgl. S. 695 f.

Von langfristigen (kurzfristigen) Rückstellungen spricht man dann, wenn mit einer Inanspruchnahme in ferner (naher) Zukunft zu rechnen ist. Beim Wertansatz für **langfristige Rückstellungen** sind zwei Aspekte besonders hervorzuheben:

(1) **Berücksichtigung von Kostensteigerungen**,[1] mit denen bis zum Erfüllungszeitpunkt zu rechnen ist.
(2) **Pflicht zur Abzinsung künftiger Zahlungen** mit dem fristadäquaten Marktzins (Durchschnittssatz der vergangenen sieben Geschäftsjahre) nach § 253 Abs. 2 HGB.

Ein erläuterndes Zahlenbeispiel (zur Bildung einer Rekultivierungsrückstellung), das sowohl den Kostensteigerungs- als auch den Diskontierungsaspekt berücksichtigt, findet sich im zugehörigen Übungsbuch. (**ÜB 6**/59)

Abschließend ist die Bildung von **Pensionsrückstellungen** anzusprechen, die zu den **schwierigsten Aufgaben** der Jahresabschlusserstellung gehört. Für diese Einschätzung sprechen (mindestens) drei Gründe:

(1) Von den drei in der Bilanz auszuweisenden Posten – Pensions-, Steuer- und sonstige Rückstellungen – haben Pensionsrückstellungen das **stärkste Gewicht**.
(2) Die Ermittlung der Zuführungsbeträge erfolgt mit **komplexen Berechnungsverfahren**[2] (z. B. Teilwertverfahren oder Gegenwartswertverfahren).
(3) Eine **Saldierung von Altersversorgungsverpflichtungen (Passivum) und Zweckvermögen** zur ausschließlichen Sicherung von Altersversorgungsansprüchen[3] (Aktivum) ist nach § 246 Abs. 2 HGB möglich.

Zur Anwendung der komplexen Rechtsvorschriften wird auf die angegebene Spezialliteratur verwiesen. Die Mechanik der Bildung und Auflösung von Pensionsrückstellungen wird an stark vereinfachten Zahlenbeispielen im zugehörigen Übungsbuch erläutert. (**ÜB 5**/71–72 und **ÜB 6**/52–53)

4. Erfolgsrechnung

4.1 Gewinn- und Verlustrechnung aus betriebswirtschaftlicher Sicht

Als **Zeitpunktrechnung** hat die **Bilanz** die Aufgabe, durch Gegenüberstellung von Vermögen und Schulden einen möglichst guten Einblick in die Vermögens- und Finanzlage zu gewähren. Als **Zeitraumrechnung** soll die **Gewinn- und Verlustrechnung** (GuV) einen möglichst guten Einblick in die Ertragslage der abgelaufenen Periode ermöglichen.

> Die **Gewinn- und Verlustrechnung** (GuV) hat die Aufgabe, durch eine zweckmäßige Gliederung einzelner Erfolgskomponenten einen möglichst guten Einblick in die Ertragslage des Unternehmens zu ermöglichen.

---

[1] Vgl. Küting/Pfitzer/Weber, Bilanzrecht, 2009, S. 326 f.
[2] Vgl. Baetge/Kirsch/Thiele, Bilanzen, 2014, S. 454 ff. und die dort angegebene Literatur.
[3] Vgl. Küting/Pfitzer/Weber, Bilanzrecht, 2009, S. 354–362.

Als Vergangenheitsrechnung informiert die GuV nur über den Erfolg der abgelaufenen Periode (ein Jahr oder ein Quartal). Da sich aber die Bilanzadressaten für den Zukunftserfolg interessieren, sollte die GuV so angelegt sein, dass man zwischen

- „Normalerfolg"
- „Zufallserfolg"

der abgelaufenen Periode unterscheiden kann.

Beim Aufbau der GuV sind die folgenden Grundsätze zu beachten.

4.1.1 Bruttoprinzip

In § 246 Abs. 2 HGB ist das Bruttoprinzip verankert, das man auch als **Saldierungsverbot** bezeichnet. Auf die GuV bezogen besagt das Bruttoprinzip, dass Aufwendungen nicht mit Erträgen verrechnet werden dürfen. Würden z. B.

- Mieterträge und Mietaufwendungen
- Zinserträge und Zinsaufwendungen
- sonst. betriebliche Erträge und sonst. betriebliche Aufwendungen

vor ihrem Ausweis in der GuV saldiert, würde den Bilanzadressaten der **bestmögliche Einblick in die Ertragslage** verwehrt.

4.1.2 Erfolgsspaltung

Die Höhe des in der GuV ausgewiesenen Periodenerfolgs kann durch außergewöhnliche Geschäftsvorfälle, die sog. **Einmaleffekte**, starken zufallsbedingten Schwankungen unterliegen. Hierzu gehören u. a.

- Gewinne/Verluste aus der Veräußerung von Teilbetrieben
- Gewinne/Verluste aus der Veräußerung von Finanzanlagen
- Abschreibungen, danach Zuschreibungen auf Finanzanlagen bei Börsenturbulenzen
- Aufwendungen zur Umsetzung eines Sozialplans u. Ä.

Solche Einmaleffekte verzerren den Einblick in die Ertragslage in positiver oder negativer Richtung. Die Bilanzadressaten interessieren sich jedoch weniger für das Zufallsergebnis des abgelaufenen Jahres als vielmehr für das **nachhaltig erzielbare Ergebnis aus dem Kerngeschäft** des Unternehmens.

Um diesem Ziel näher zu kommen, sollte die GuV eine Trennung zwischen

- **ordentlichem Ergebnis** (nachhaltiges Ergebnis aus dem Kerngeschäft)
- **neutralem Ergebnis** (betriebsfremdes bzw. zufallsbedingtes Ergebnis)

vornehmen. Zu diesem Zweck unterscheidet man aus betriebswirtschaftlicher Sicht zwischen

- ordentlichem und neutralem Ertrag
- ordentlichem und neutralem Aufwand.

Zur beispielhaften Abgrenzung wird auf die obigen Ausführungen[1] verwiesen. (**ÜB 6**/60–62)

---

[1] Vgl. S. 636 f.

4.1.3 Kontoform oder Staffelform

Grundsätzlich kann eine GuV in

- **Kontoform**, d.h. durch **Gegenüberstellung** von Aufwand und Ertrag,
- **Staffelform**, d.h. durch **Untereinanderschreiben** von Aufwand und Ertrag,

erstellt werden. Die Darstellung in Staffelform hat den höheren Informationsgehalt, denn sie bietet die Möglichkeit der Bildung von Zwischenergebnissen.

GuV in Staffelform			
	Umsatzerlöse	2.000	
−	Personalaufwand	− 800	
−	Materialaufwand	− 400	
−	Leasingaufwand	− 300	
=	**Ordentliches Ergebnis**	**+ 500**	**+ 500**
	Neutraler Ertrag	100	
−	Neutraler Aufwand	− 800	
=	**Neutrales Ergebnis**	**− 700**	**− 700**
	Gesamtergebnis		**− 200**

Abb. 109: GuV (Staffelform)

Richtet man in **Abb. 109** den Blick allein auf das **Gesamtergebnis**, das einen **Verlust** von 200 GE ausweist, kommt man zu einem negativen Urteil über die Ertragslage des Unternehmens. Zur Beurteilung der **nachhaltigen Ertragskraft** sollte man sich jedoch am **ordentlichen Ergebnis** orientieren: Die GuV in Staffelform verbessert den Einblick in die Ertragslage, denn sie erlaubt den getrennten Ausweis von

- **nachhaltig erzielbarem ordentlichen Ergebnis** und
- **zufallsbedingtem neutralen Ergebnis**.

4.1.4 Gesamtkosten- oder Umsatzkostenverfahren

In der GuV wird der Jahreserfolg aus der Gegenüberstellung von

- Ertrag (= Wert aller erbrachten Leistungen)
- Aufwand (= Wert aller verbrauchten Leistungen)

ermittelt. Somit gilt

| Erfolg | = | Wert des Outputs | − | Wert des Inputs |

Geht man von einem Einproduktunternehmen aus, das seine gesamte Jahresproduktionsmenge x_p in vollem Umfang absetzt ($x_p = x_a$), lässt sich der Periodenerfolg ganz einfach als Differenz zwischen Umsatzerlösen für x_a und dem Gesamtaufwand zur Herstellung der Produktionsmenge x_p ermitteln.

Schwieriger wird die Erfolgsermittlung bereits bei einem Einproduktunternehmen, wenn $x_p \neq x_a$. In diesem Fall kommt es bei den Halb- und Fertigfabrikaten zu einem
- **Lageraufbau**, wenn $x_p > x_a$.
- **Lagerabbau**, wenn $x_p < x_a$.

Im Fall der Lagerbestandserhöhung ist ein Ertrag, im Fall der Lagerbestandsminderung ist ein Aufwand (vergleichbar dem Wareneinsatz im Handelsbetrieb) zu verrechnen. Damit lässt sich der Periodenerfolg in Produktionsbetrieben nach folgendem Konzept ermitteln:

Mengenmäßiger Input/Output	Aufwand (–)	Ertrag (+)
$x_p = x_a$	– Gesamtaufwand für x_p	+ Umsatzerlöse für x_a
$x_p > x_a$	– Gesamtaufwand für x_p	+ Umsatzerlöse für x_a + Bestandsmehrung
$x_p < x_a$	– Gesamtaufwand für x_p	+ Umsatzerlöse für x_a – Bestandsminderung

Abb. 110: Erfolgsermittlung nach dem Gesamtkostenverfahren

Das in **Abb. 110** dargestellte Erfolgsermittlungskonzept wird als Gesamtkostenverfahren (GKV) bezeichnet.

> Beim **Gesamtkostenverfahren (GKV)** wird der Periodenerfolg auf der Mengenbasis x_p ermittelt, wobei dem Gesamtaufwand für x_p die Umsatzerlöse für x_a berichtigt um wertmäßige Lagerbestandserhöhungen (Ertrag) bzw. -verminderungen (Aufwand) gegenübergestellt werden.

Stattdessen kann man in der GuV den Jahreserfolg auch nach dem Umsatzkostenverfahren (UKV), d. h. auf der Basis der abgesetzten Menge x_a, ermitteln.

> Beim **Umsatzkostenverfahren (UKV)** wird der Periodenerfolg auf der Mengenbasis x_a ermittelt: Den Umsatzerlösen für x_a wird nur der Aufwand zur Herstellung der abgesetzten Menge x_a, der Umsatzaufwand im Hinblick auf x_a, gegenübergestellt.

Dass GKV und UKV zum gleichen Ergebnis führen, belegt das **Beispiel**[1] in **Abb. 111**.

Nach dem GKV-Konzept wird der Gesamtaufwand für x_p untergliedert nach dem Verbrauch von Produktionsfaktoren in:
- Materialaufwand
- Personalaufwand
- Abschreibungsaufwand.

Die gleichen Aufwandsarten – bezogen auf die abgesetzte Menge x_a – werden beim UKV zur „Globalgröße" Umsatzaufwand für x_a zusammengefasst. In der Wirtschaftspraxis wird das immer noch stark verbreitete **GKV durch das UKV zunehmend in den Hintergrund gedrängt**. Die Ursache liegt wohl im Bereich des internen Rechnungswesens: Will man in einer Kurzfristigen Erfolgsrechnung (KER) den Erfolgsbeitrag einzelner Produkte ermitteln, muss diese nach dem UKV aufgebaut sein. (**ÜB 6/158–159**)

---

[1] Entnommen aus Döring/Buchholz, Buchhaltung, 2015, S. 93.

Gewinn- und Verlustrechnung

Beispiel:

Produzierte Menge x_p	(Stück)	100	Gesamtaufwand für x_p	(EUR)	1.000
Abgesetzte Menge x_a	(Stück)	60	Aufwand/Stück	(EUR)	10
Bestandsmehrung $x_p - x_a$	(Stück)	40	Umsatzerlöse/Stück	(EUR)	20
			Bestandsmehrung im Hinblick auf $x_p - x_a$	(EUR)	400
			Umsatzaufwand für x_a	(EUR)	600

Gesamtkostenverfahren		Umsatzkostenverfahren	
Umsatzerlöse für x_a	1.200	Umsatzerlöse für x_a	1.200
+ Bestandsmehrung für $x_p - x_a$	+ 400	− Umsatzaufwand für x_a	− 600
Gesamtleistung für x_p	1.600	= Periodenerfolg	+ 600
− Gesamtaufwand für x_p	− 1.000		
= Periodenerfolg	+ 600		

Abb. 111: Gegenüberstellung von GKV und UKV

4.2 Handelsrechtliche Vorschriften zum Aufbau und Inhalt der Erfolgsrechnung

4.2.1 Gliederung und Erfolgsspaltung

§ 275 HGB sieht für Kapitalgesellschaften wahlweise das **Gesamtkosten- oder Umsatzkostenverfahren** vor. Entsprechend enthält das HGB zwei Mindestgliederungsschemata (→ **Abb. 112**). Für **Einzelunternehmen und Personengesellschaften** ist – ebenso wie bei der Bilanz – **kein Mindestgliederungsschema** vorgeschrieben. Für **Kleinstkapitalgesellschaften** gilt ein **verkürztes Gliederungsschema**, wonach nur die in **Abb. 112** mit einem Stern (*) gekennzeichneten Posten auszuweisen sind.

In **Abb. 113** ist schließlich das Erfolgskonzept des HGB graphisch dargestellt. Dabei wird deutlich, dass der Jahresüberschuss sich aus den hellblau markierten Erfolgskomponenten **Betriebsergebnis**, **Finanzergebnis** und **Gesamtbetrag Steuern** zusammensetzt.

Lässt man die Ertragsteuern außer Betracht, setzt sich das in der GuV ausgewiesene Gesamtergebnis – wie **Abb. 113** zeigt – aus den folgenden Bestandteilen zusammen:

	Betriebsergebnis	(Pos. 1–8)
±	Finanzergebnis	(Pos. 9–13)
−	sonstige Steuern	(Pos. 16)
=	**Gesamtergebnis vor Ertragsteuern**	

Gliederung der Gewinn- und Verlustrechnung (§ 275 HGB)	
Gesamtkostenverfahren **(§ 275 Abs. 2 HGB)**	**Umsatzkostenverfahren** **(§ 275 Abs. 3 HGB)**

*1. Umsatzerlöse
2. Erhöhung oder Verminderung des Bestands an fertigen und unfertigen Erzeugnissen
3. andere aktivierte Eigenleistung
*4. sonstige betriebliche Erträge
*5. Materialaufwand
   a) Aufwendungen für Roh-, Hilfs- und Betriebsstoffe und für bezogene Waren
   b) Aufwendungen für bezogene Leistungen
*6. Personalaufwand
   a) Löhne und Gehälter
   b) Soziale Abgaben und Aufwendungen für Altersvorsorge und für Unterstützung
*7. Abschreibungen
   a) auf immaterielle Vermögensgegenstände des Anlagevermögens und Sachanlagen
   b) auf Vermögensgegenstände des Umlaufvermögens, soweit diese die in der Kapitalgesellschaft üblichen Abschreibungen überschreiten
	1. Umsatzerlöse
	
	2. Herstellungskosten der zur Erzielung der Umsatzerlöse erbrachten Leistungen
	
	3. Bruttoergebnis vom Umsatz
	
	4. Vertriebskosten
	
	5. allgemeine Verwaltungskosten
	6. sonstige betriebliche Erträge

*8. (7.) sonstige betriebliche Aufwendungen 9. (8.) Erträge aus Beteiligungen 10. (9.) Erträge aus anderen Wertpapieren und Ausleihungen des Finanzanlagevermögens 11. (10.) sonstige Zinsen und ähnliche Erträge 12. (11.) Abschreibungen auf Finanzanlagen und auf Wertpapiere des Umlaufvermögens 13. (12.) Zinsen und ähnliche Aufwendungen *14. (13.) Steuern vom Einkommen und vom Ertrag	
15. (14.) Ergebnis nach Steuern	
*16. (15.) sonstige Steuern	
*17. (16.) **Jahresüberschuss/Jahresfehlbetrag**	

Abb. 112: Gliederungsschema der GuV (für Kapitalgesellschaften)

Gliederung der GuV nach dem GKV (§ 275 Abs. 2 HGB)

- Umsatzerlöse (1)
- Erhöhung oder Verminderung des Bestands anfertigen und unfertigen Erzeugnissen (2)
- Andere aktivierte Eigenleistungen (3)
- Sonstige betriebliche Erträge (4)
- Materialaufwand (5)
- Personalaufwand (6)
- Abschreibungen (7)
- Sonstige betriebliche Aufwendungen (8)
- Erträge aus Beteiligungen (9)
- Erträge aus Wertpapieren und Ausleihungen des Finanzanlagevermögens (10)
- Sonstige Zinsen und ähnliche Erträge (11)
- Abschreibungen auf Finanzanlagen und Wertpapiere des UV (12)
- Zinsen und ähnliche Aufwendungen (13)
- Steuern vom Einkommen und Ertrag (14)
- sonstige Steuern (16)

Betriebserträge (−) Betriebsaufwendungen → **Betriebsergebnis**

(+ / −)

Finanzerträge (−) Finanzaufwendungen → **Finanzergebnis**

(−)

Gesamtbetrag Steuern

→ **Jahresüberschuss/ Jahresfehlbetrag** (17)

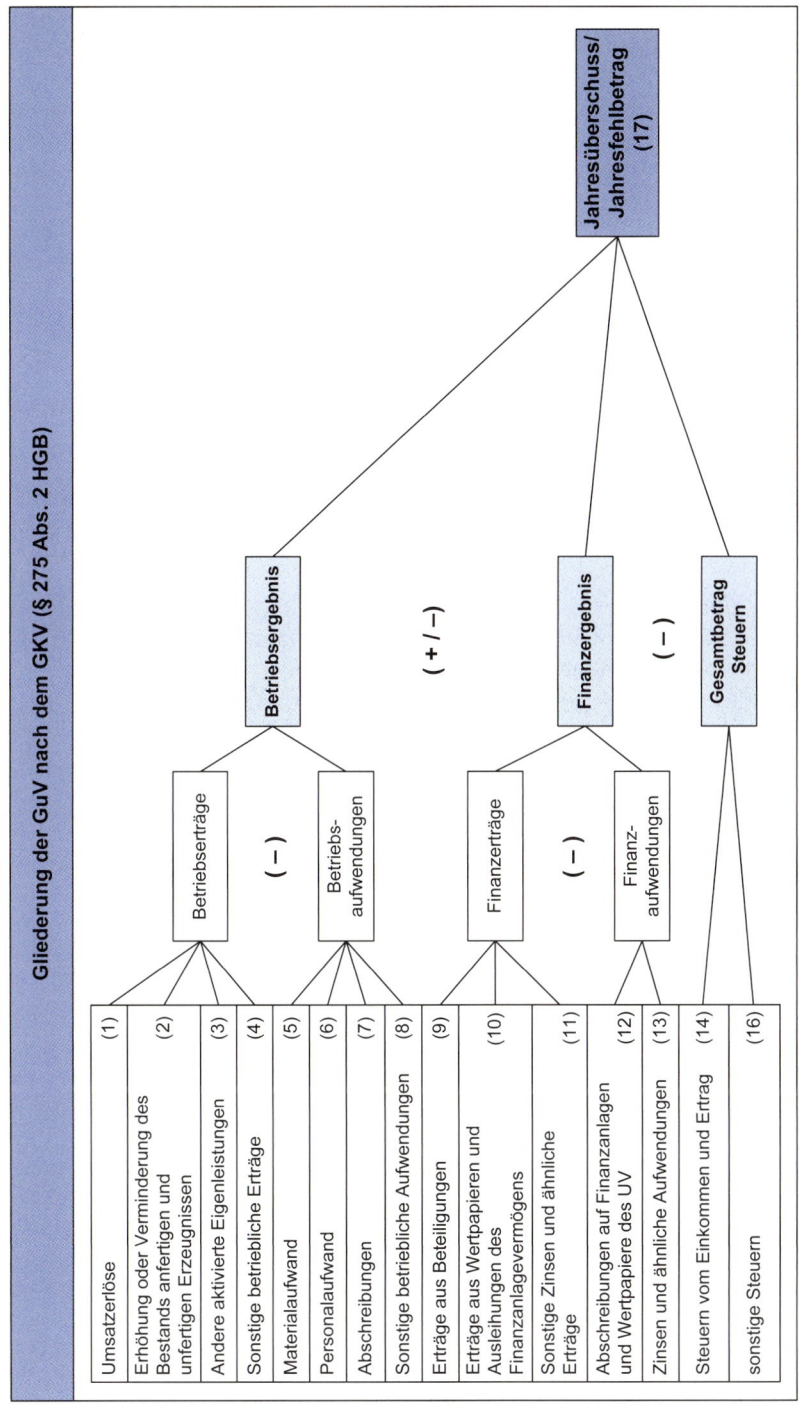

Abb. 113: Erfolgsspaltung nach dem Gesamtkostenverfahren

EBIT und EBITDA sind zwei Ergebnisgrößen, die sich mit zunehmender Internationalisierung der Rechnungslegung auch im deutschen Sprachgebrauch immer stärker durchsetzen: Die Kennzahl „EBIT" (Earnings before interest and taxes) zeigt das Ergebnis vor Zinsen und Steuern. Die Kennzahl „EBITDA" (Earnings before interest, taxes, depreciation and amortisation) zeigt das Ergebnis vor Zinsen, Steuern und Abschreibungen auf materielle und immaterielle Vermögensgegenstände des Anlagevermögens.

	Jahresüberschuss	800
+	Ertragsteuern	250
+	Zinsaufwand	350
=	**EBIT**	**1.400**
+	Abschreibungen (auf Sachanlagen und immaterielle Anlagen)	300
=	**EBITDA**	**1.700**

Abb. 114: EBIT und EBITDA (Beispiel)

Die **Kennzahl „EBIT"** zeigt den Bruttogewinn, also das Entgelt für die Kapitalbereitstellung durch Eigen- und Fremdkapitalgeber. Diese Kennzahl ist eine Ausgangsgröße zur Unternehmensbewertung auf Basis der DCF-Methode.[1]

Mit der **Kennzahl „EBITDA"** nähert man sich der Cash-Flow-Rechnung: Abschreibungen bleiben außen vor, weil sie nicht zahlungswirksam sind. Setzt man der Einfachheit halber Unternehmenssteuerzahlungen und die Veränderung langfristiger Rückstellungen gleich Null, entspricht der EBITDA dem Brutto Cash Flow. Dieser Brutto Cash Flow kann zur Kapitalrückzahlung und zur Finanzierung von Investitionen eingesetzt werden. Ein Beispiel zur Ermittlung von EBIT und EBITDA findet sich im zugehörigen Übungsbuch. (**ÜB 6/99**)

4.2.2 Erläuterungen zu einzelnen GuV-Posten

(1) **Umsatzerlöse** (Posten 1). Dazu gehören die Erlöse aus dem Verkauf von Fertigfabrikaten und Waren, ferner Vergütungen für Dienstleitungen aus Werkverträgen, Erlöse aus Nebenprodukten und Abfällen. Die Umsatzerlöse sind um Erlösschmälerungen (Preisnachlässe und zurückgewährte Entgelte) und um die Umsatzsteuer zu vermindern. Zu den Preisnachlässen gehören auch die gewährten Skonti.

(2) **Erhöhung oder Verminderung des Bestands** an fertigen und unfertigen Erzeugnissen (Posten 2). Bestandserhöhungen (Bestandsminderungen) treten dann ein, wenn in einem Jahr mehr (weniger) produziert als abgesetzt worden ist. Die Bewertung erfolgt zu Herstellungskosten. Zu beachten ist allerdings, dass Bestandsveränderungen nicht nur aufgrund von Mengenänderungen eintreten können, sondern auch infolge von Bewertungsmaßnahmen.

(3) **Andere aktivierte Eigenleistungen** (Posten 3). Hierbei handelt es sich um selbst erstellte Anlagen oder Gebäude. Der damit verbundene Produktionsaufwand geht zwar in die GuV ein, wird aber durch Aktivierung der Eigenleistung in der Bilanz und betragsgleiche Ertragsverrechnung in der GuV erfolgsmäßig kompensiert.

---

[1] Vgl. S. 515 ff.

(4) **Sonstige betriebliche Erträge** (Posten 4) sind als **Sammelposten** verschiedenartiger Erträge anzusehen. Dabei handelt es sich **zumeist** um **neutrale Erträge** wie
- Erträge aus dem Verkauf von Sachanlagen oder Wertpapieren
- Erträge aus Zuschreibungen zu Sachanlagen oder Wertpapieren
- Erträge aus Zuschreibungen zu Forderungen u. a.

Weiterhin gehören die Erträge aus der Herabsetzung einer Pauschalwertberichtigung bzw. aus der (erfolgswirksamen) Auflösung von Rückstellungen zu den sonstigen betrieblichen Erträgen. Eine klare Zuordnung zum neutralen oder ordentlichen Ergebnis ist in den beiden letztgenannten Fällen nicht möglich. In der Praxis der **Bilanzanalyse** werden die sonstigen betrieblichen Erträge im Wege der Erfolgsspaltung größtenteils vom Betriebsergebnis in das neutrale Ergebnis verlagert.

(5) **Abschreibungen** (Posten 7) sind gegliedert nach
- 7a) planmäßigen und außerplanmäßigen Abschreibungen auf das Anlagevermögen und
- 7b) „unüblichen" Abschreibungen auf das Umlaufvermögen.

In den Posten 7b sind Abschreibungen auf Vorräte, Forderungen und sonstige Vermögensgegenstände einzustellen, soweit sie über das übliche Maß hinausgehen. Typisches Beispiel ist die Forderungsabschreibung nach der Insolvenz eines Großkunden. In der Praxis der Bilanzanalyse wird die Aufwandsposition 7b im Wege der Erfolgsspaltung in das neutrale Ergebnis umgegliedert.

(6) **Sonstige betriebliche Aufwendungen** (Posten 8) sind ein Sammelbecken zur Aufnahme ordentlicher und neutraler Aufwendungen (siehe **Abb. 115**).

Sonstige betriebliche Aufwendungen	
neutraler Aufwand	ordentlicher Aufwand

• Rückstellungsbildung zur Abdeckung von Großschäden
• Verluste aus dem Abgang von AV
• Verluste aus dem Abgang von UV (z. B. durch Brand)
• Forderungsabschreibung nach Großkundeninsolvenz
	• Pauschalwertberichtigung auf Forderungen
	• sonstige betriebsbedingte Aufwendungen
	   ◦ Mietaufwand
	   ◦ Reparaturaufwand
	   ◦ Werbeaufwand usw.

Abb. 115: Neutraler und ordentlicher Aufwand (Beispiele)

4.2.3 Unzulängliche Erfolgsspaltung

Die Erfolgsspaltung dient dem Ziel, zwischen dem
(1) nachhaltig erzielbaren (Normal-)Ergebnis
(2) zufallsbedingten Ergebniskomponenten (→ Einmaleffekte)

zu trennen, um die nachhaltige Ertragskraft beurteilen zu können.

Die GuV-Gliederung wird diesem Trennungsprinzip nicht gerecht. Aus der umfassenden Kritik am Erfolgsspaltungskonzept des HGB seien nur die wichtigsten Punkte hervorgehoben:

(1) Die sonstigen betrieblichen Erträge, die nach dem HGB-Schema Bestandteil des Betriebsergebnisses sind, setzen sich im Wesentlichen aus neutralen Ertragskomponenten zusammen.
(2) Die sonstigen betrieblichen Aufwendungen, die nach dem HGB-Schema ebenfalls dem Betriebsergebnis zugeordnet werden, stellen ein Konglomerat aus neutralem und ordentlichem Aufwand dar.
(3) Bei Abschreibungen auf Finanzanlagen und Wertpapiere des Umlaufvermögens (Posten 12) handelt es sich um außerplanmäßige Abschreibungen, die nach betriebswirtschaftlicher Erfolgsspaltungskonzeption dem neutralen Ergebnis zuzuordnen sind.

Erläuternde Zahlenbeispiele finden sich im zugehörigen Übungsbuch. (**ÜB 6**/60–62)

5. Erweiterter Jahresabschluss für Kapitalgesellschaften

Für viele Generationen von Kaufleuten galt die Gleichung: Jahresabschluss = Bilanz + GuV. Zur besseren Information schutzbedürftiger Gläubiger und (Klein-)Aktionäre hat der Gesetzgeber Kapitalgesellschaften eine erweiterte Berichterstattung im Rahmen des Jahresabschlusses verordnet.[1] Nach §264 Abs. 1 HGB muss ein(e)

- **Anhang** von allen Kapitalgesellschaften[2]
- **Lagebericht** von großen und mittelgroßen Kapitalgesellschaften
- **Kapitalflussrechnung** von kapitalmarktorientierten Kapitalgesellschaften
- **Eigenkapitalspiegel** von kapitalmarktorientierten Kapitalgesellschaften

erstellt werden.

5.1 Anhang und Lagebericht

5.1.1 Aufgaben und Aufstellung

Externe Bilanzadressaten erwarten aus dem Jahresabschluss (einer Kapitalgesellschaft) die Vermittlung eines den tatsächlichen Verhältnissen entsprechenden Bildes der Vermögens-, Finanz- und Ertragslage des Unternehmens (§264 Abs. 2 HGB). Den geforderten **„true and fair view"** vermögen **Bilanz und GuV** allein **nicht** zu **vermitteln**. Die **Unzulänglichkeit von Bilanz und GuV** als umfassendes Informationsinstrument hat im Wesentlichen drei Gründe:

- **Komprimierte Darstellung** von Vermögen, Schulden und Periodenerfolg
- **Bindung an gesetzliche Vorschriften**
  - Ansatz- und Bewertungswahlrechte
  - Dominanz des Vorsichtsprinzips bei unsicheren Erwartungen
- **Eingeschränkter Zukunftsbezug** des Jahresabschlusses.

Bilanz und GuV, als komprimierter, pessimistisch gefärbter „Rechenschaftsbericht" über das abgelaufene Geschäftsjahr, liefern **kaum Informationen über die künftige Unternehmensentwicklung**. Gerade diese Zukunftsinformationen sind es aber, die Kapitalanleger für ihre Anlageentscheidungen benötigen.

---

[1] Vgl. S. 664 ff.
[2] Ausgenommen sind Kleinstkapitalgesellschaften; vgl. S. 666.

Um die **Diskrepanz** zwischen diesem **Informationsbedarf** und dem **Informationsangebot** durch Bilanz und GuV zu überbrücken, schreibt §264 Abs.1 HGB Kapitalgesellschaften vor, einen

- Anhang (§§ 284–288 HGB)
- Lagebericht (§§ 289–289a HGB)

zu erstellen. Dabei haben beide Informationsinstrumente im Wesentlichen folgende Aufgaben zu erfüllen:

Anhang	Lagebericht
• Erläuterung • Aufschlüsselung • Ergänzung verdichteter bzw. verzerrter Informationen aus Bilanz und GuV	Analyse der Unternehmenssituation und zukunftsorientierte Informationen über • das Unternehmen • die Branche • das geschäftliche Umfeld

Abb. 116: Informationsschwerpunkte aus Anhang und Lagebericht

Bei der Erstellung muss man zwischen

- **gesetzlich vorgeschriebenen Pflichtangaben** im
  - Anhang (§§ 284 und 285 HGB)
  - Lagebericht (§§ 289 und 289a HGB)
- **freiwilligen Zusatzangaben**

unterscheiden.[1] Im Wettbewerb um knappes Kapital sehen sich immer mehr Unternehmen zu einer über das gesetzliche Mindestmaß hinausgehenden Berichterstattung gezwungen. Anhang und Lagebericht werden dadurch zu bevorzugten Instrumenten einer aktiven **Informationspolitik**[2] des Unternehmens. (**ÜB 6/70**)

5.1.2 Pflichtangaben

5.1.2.1 Anhang

Durch handelsrechtliche Ansatz- und Bewertungswahlrechte hat eine Kapitalgesellschaft einen erheblichen bilanzpolitischen Spielraum. Diese bilanzpolitische Manövriermasse kann zur Gestaltung des Erfolgsausweises, also zur **Bildung bzw. Auflösung stiller Rücklagen**, genutzt werden.

> Der **Anhang** hat vor allem die Aufgabe, den bilanzpolitischen Nebel (= Bildung bzw. Auflösung stiller Rücklagen) zu lichten und den Einblick in die Vermögens- und Ertragslage zu verbessern.

Die wichtigsten Pflichtangaben zur Verbesserung des Einblicks in die Ertragslage enthält die **Abb. 117**.

---

[1] Die Grenzziehung zwischen Pflichtangaben und freiwilligen Zusatzangaben ist abhängig von bestimmten Unternehmenseigenschaften. So müssen kapitalmarktorientierte Unternehmen sowie Kreditinstitute und Versicherungen bei Erreichung bestimmter Schwellwerte über wesentliche nichtfinanzielle Belange im Lagebericht informieren.

[2] Zur aktiven Informationspolitik vgl. S. 744 ff. und S. 815 f.

Pflichtangaben zur Ertragslage	HGB
(1) Angabe der Ansatz- und Bewertungsmethoden • Umfang der Herstellungskosten • Abschreibungsmethoden • Bewertungsmethoden gleichartiger Vorräte • Nutzung von Ansatz- und Bewertungswahlrechten u. a.	§ 284 Abs. 2 Nr. 1
(2) Änderung der Ansatz- und Bewertungsmethoden • Änderung angeben • Änderung begründen • Einfluss auf Erfolgsausweis quantifizieren	§ 284 Abs. 2 Nr. 2

Abb. 117: Wichtige Pflichtangaben zur Verbesserung des Einblicks in die Ertragslage

Die Pflichtangaben zu den **(1) Ansatz- und Bewertungsmethoden** geben Bilanzanalysten und anderen geübten Bilanzlesern Informationen darüber, ob das betreffende Unternehmen einen

- **pessimistisch gefärbten Jahresabschluss mit niedrigem Eigenkapitalausweis**
- **optimistisch gefärbten Jahresabschluss mit hohem Eigenkapitalausweis**

vorgelegt hat. Nutzt ein Unternehmen gesetzliche Aktivierungswahlrechte (z. B. für selbst erstellte immaterielle Vermögensgegenstände des Anlagevermögens) nicht aus, ist dies ein Indikator für ein starkes Unternehmen, das sich den Luxus leisten kann, durch Bildung stiller Rücklagen seine Ertragslage schlechter darzustellen als es den tatsächlichen Verhältnissen entspricht.

Die Pflichtangaben zur **(2) Änderung der Ansatz- und Bewertungsmethoden** sollen Anhaltspunkte dafür liefern, in welchem Maße das ausgewiesene Jahresergebnis durch Bildung bzw. Auflösung stiller Rücklagen beeinflusst wurde.

Weitere Pflichtangaben im Anhang	HGB
• Verbindlichkeiten mit einer Restlaufzeit > 5 Jahren	§ 285 Nr. 1a
• Gesamtbetrag gesicherter Verbindlichkeiten	§ 285 Nr. 1b

• Umsatzerlöse gegliedert nach
   ○ Tätigkeitsbereichen
   ○ geographisch bestimmten Märkten
	§ 285 Nr. 4

• Beteiligungen ≥ 20 Prozent Anteil
   ○ Name der Gesellschaft
   ○ Kapitalanteil, Ergebnisbeitrag
	§ 285 Nr. 11

• Erläuterung des Abschreibungszeitraums der Geschäfts- oder Firmenwerte	§ 285 Nr. 13
• Angaben zum Gesamthonorar des Abschlussprüfers	§ 285 Nr. 17
• Aufgliederung der Forschungs- und Entwicklungskosten	§ 285 Nr. 22

Abb. 118: Sonstige Pflichtangaben (Auswahl)

Die nach §285 Nr. 4 HGB geforderte Gliederung der Umsatzerlöse bezeichnet man als einfache Segmentberichterstattung. Eine weitergehende, am **DRS 3** orientierte **Segmentberichterstattung** ist nach deutschem Recht möglich, aber **nicht zwingend vorgeschrieben**.

In §285 Nr. 22 HGB wird eine Aufgliederung der **Forschungs- und Entwicklungskosten** vorgeschrieben. Die Bilanzadressaten sollen erkennen, inwieweit diese Kosten

- durch **Aktivierung** (Entwicklungskosten) selbst erstellter immaterieller Vermögensgegenstände des Anlagevermögens neutralisiert oder
- als **Aufwand** (Forschungskosten) über die GuV verrechnet

wurden.[1]

5.1.2.2 Lagebericht

Neben dem Anhang haben Kapitalgesellschaften (Ausnahme: „kleinste" und kleine Kapitalgesellschaften) einen Lagebericht zu erstellen (§264 HGB). Die vom Gesetz geforderten Pflichtinformationen über den Geschäftsverlauf und die Lage der Kapitalgesellschaft sollen die quantitativen **Jahresabschlussangaben ergänzen und abrunden**. Der Wunsch nach zukunftsbezogenen Informationen eröffnet subjektiver Beurteilung breiten Raum. **Abb. 119** gibt einen Überblick über wichtige **berichtspflichtige Sachverhalte**.

Pflichtangaben im Lagebericht	HGB
(1) **Geschäftsverlauf und Lage der Gesellschaft** • Marktstellung und Konkurrenzsituation • Auftragseingang und Beschäftigungsgrad • Entwicklung von Kosten und Erlösen • Liquiditätsentwicklung und Finanzierung • Finanzielle Leistungsindikatoren (Kennzahlenrechnung)	§ 289 Abs. 1
(2) **Prognosebericht** (mind. ein Jahr) • Voraussichtliche Entwicklung im Personal-, Produktions-, Absatz- und Investitionsbereich	§ 289 Abs. 1
(3) **Risikobericht** (Risikomanagementsystem)	§ 289 Abs. 2 Nr. 1
(4) **Bereich Forschung und Entwicklung (FuE)** • Schwerpunkte FuE • Aufwendungen FuE • Einfluss FuE auf Zukunftserlöse	§ 289 Abs. 2 Nr. 2

Abb. 119: Wesentliche Pflichtangaben im Lagebericht

Bei den Pflichtangaben im Lagebericht hat das berichtende Unternehmen weitgehende Gestaltungsfreiheiten. Der sich verschärfende **Wettbewerb** auf den Märkten für Eigen- bzw. Fremdkapital veranlasst auch in Deutschland immer mehr Unternehmen zu einer aktiven Informationspolitik. Damit gewinnt der Lagebericht mit seinen Gestaltungsmöglichkeiten zunehmend an Bedeutung. (**ÜB** 6/70 und 73)

---

[1] Vgl. **Abb. 82** auf S. 705.

5.1.3 Freiwillige Zusatzangaben

Durch freiwillige Zusatzinformationen können Kapitalgesellschaften versuchen, ihr **Ansehen** bei den Bilanzadressaten im Sinne einer **aktiven Informationspolitik zu verbessern**. Diese freiwilligen Zusatzinformationen können im Anhang, im Lagebericht oder im Geschäftsbericht enthalten sein. Der **Geschäftsbericht** ist eine jährlich oder unterjährig erscheinende Unternehmenspublikation, in der sich eine Kapitalgesellschaft der Öffentlichkeit vorstellt. Freiwillige Zusatzangaben können folgende Informationen beinhalten:

- Wiederbeschaffungs- bzw. Zeitwerte von Vermögensgegenständen
- unrealisierte Gewinne
- Investitionsintensität, -notwendigkeit und -richtung
- Kennzahlen und Kennzahlensysteme
- Wertschöpfungsrechnungen
- Prognoserechnungen (Planbilanzen, Plan-GuV) u. a.

5.1.3.1 Segmentberichterstattung

Im Jahresabschluss werden Informationen über das gesamte Spektrum der unternehmerischen Tätigkeit aggregiert ausgewiesen. Segmentspezifische Besonderheiten gehen im Konglomerat des Gesamtabschlusses unter. Um die künftigen Risiken und Chancen unternehmerischer Tätigkeit besser abschätzen zu können, benötigen die externen Bilanzadressaten Informationen darüber, ob das Unternehmen bezüglich seiner

- **Geschäftsfelder (sektorale Segmente)**
- **Absatzgebiete (regionale Segmente)**

auf **wachsenden oder schrumpfenden Märkten** agiert.

Die Segmentberichterstattung soll segmentspezifische Unternehmensinformationen für externe Bilanzadressaten liefern. Für die Segmentbildung wählte BASF bei der Berichterstattung über das Geschäftsjahr 2015 die in **Abb. 120** dargestellte Abgrenzung.

Segmentberichterstattung	
Arbeitsgebiete	**Regionen**
• Chemicals • Performance Products • Functional Materials & Solutions • Agricultural Solutions • Oil & Gas	• Europa o davon Deutschland • Nordamerika • Asien, Pazifischer Raum • Südamerika, Afrika, Naher Osten

Abb. 120: Segmentbildung im BASF-Konzern

Die **einfache Segmentberichterstattung** beschränkt sich auf die **Aufteilung der Umsätze** nach sektoralen und regionalen Gesichtspunkten. Diese einfache Segmentberichterstattung ist für den

- Einzelabschluss großer Kapitalgesellschaften (§ 285 Nr. 4 HGB)
- Konzernabschluss (§ 314 Abs. 1 Nr. 3 HGB)

als Mindeststandard zwingend vorgeschrieben.

Der Inhalt der freiwilligen **erweiterten Segmentberichterstattung** nimmt durch die Vorgaben von DRS 3 und die praktische Übung international tätiger deutscher Großunternehmen immer konkretere Formen an.

Segmentierte Abschlussgrößen (Auswahl)
Segmentberichterstattung nach • **Umsätzen** • **Ergebnis der Betriebstätigkeit (EBIT)** • **Ergebnis der Betriebstätigkeit vor Abschreibungen (EBITDA)** • **Vermögen** • **Forschungskosten** • **Investitionen in Sachanlagen und immaterielles Vermögen**

Abb. 121: Segmentierung im BASF-Konzern

Der Segmentbericht 2015 des BASF-Konzerns informiert die Bilanzadressaten u. a. über sektoral und regional gegliederte Umsätze, Ergebnisbeiträge etc. Damit lässt sich die Umsatzrentabilität für die verschiedenen Segmente ermitteln. Wenn es dem Unternehmen gelingt, im Laufe der Zeit in renditestarke Marktsegmente vorzudringen, werden die Bilanzanalysten diese Information verbreiten und der Kapitalmarkt wird die erfolgreiche Geschäftspolitik mit steigenden Aktienkursen honorieren. (**ÜB 6/71–73**)

5.1.3.2 Sozial- und Umweltberichterstattung

Jegliche Berichterstattung dient der Befriedigung der Informationsbedürfnisse der Stakeholder.

	Berichterstattung		
Gegenstand	(1) Wirtschaftliche Lage des Unternehmens	(2) Soziale Belange der Belegschaft	(3) Ökologische Verantwortung gegenüber der Gesellschaft
Adressaten	Kapitalgeber	Mitarbeiter	Öffentlichkeit
Form	**Anhang** **Lagebericht**	**Sozialbericht**	**Umweltbericht**

Abb. 122: Ökonomische, soziale und ökologische Berichterstattung

(1) Ökonomische Berichterstattung

Gegenstand der ökonomischen Berichterstattung ist die Vermögens-, Finanz- und Ertragslage des Unternehmens im Rahmen von Bilanz, GuV, Anhang und Lagebericht, wie sie oben ausführlich dargestellt wurde.

(2) Sozialbericht

Arbeitnehmer sind an sicheren Arbeitsplätzen, Aus- und Weiterbildung, gesundheitsverträglichen Arbeitsbedingungen und einem als gerecht empfundenen Anteil an der unternehmerischen Wertschöpfung interessiert.

Viele Unternehmen publizieren im Rahmen ihrer Sozialberichterstattung eine **Wertschöpfungsrechnung**.[1] Die Wertschöpfung zeigt den Beitrag eines Unternehmens zur gesamtwirtschaftlichen Leistung einer Volkswirtschaft.

Wertschöpfung (Entstehungsseite)	Wertschöpfung (Verwendungsseite)
Bruttoproduktionswert (Gesamtleistung) − Vorleistungen • Materialaufwand • planmäßige Abschreibungen • sonst. betriebliche Aufwendungen	Anteil der Mitarbeiter (= Personalaufwand + Erfolgsbeteiligung) + Anteil der FK-Geber (= Zinsaufwand) + Anteil der EK-Geber (= Jahresüberschuss) + Anteil des Staates (= Steueraufwand)
= Wertschöpfung des Unternehmens	**= Verteilung auf die Stakeholder**

Abb. 123: Entstehung und Verwendung der Wertschöpfung

Auf der **Entstehungsseite** ermittelt man die Wertschöpfung als Differenz zwischen der **Gesamtleistung**[2] und den von anderen Unternehmen **bezogenen Vorleistungen**. Die von einem Unternehmen erwirtschaftete Wertschöpfung lässt sich – bildlich gesprochen – mit einem Kuchen vergleichen, den die an einem Unternehmen beteiligten Gruppen, also die Stakeholder, unter sich aufteilen können.

Unter **Verwendungsaspekten** wird aufgezeigt, wie sich die Wertschöpfung auf die **Stakeholder** verteilt. Dabei richtet die Sozialberichterstattung ihr besonderes Augenmerk auf eine „angemessene" Beteiligung der Belegschaft an der Wertschöpfung des Unternehmens. Ein erläuterndes Zahlenbeispiel zur Wertschöpfungsrechnung findet sich im zugehörigen Übungsbuch. (**ÜB 6/74–75**)

(3) Umweltbericht

Die Motivation zur **Umweltberichterstattung** ist ähnlich gelagert wie bei der Sozialberichterstattung. Die Öffentlichkeit verlangt in zunehmendem Maße, dass die Unternehmen Rechenschaft über die **Auswirkungen** des unternehmerischen Handelns **auf die Umwelt** ablegen. Will das Unternehmen keinen Imageschaden erleiden, muss es die Öffentlichkeit von einer **ökologisch vertretbaren Wirtschaftsweise** überzeugen. Der Umweltbericht sollte Angaben zum

- schonenden Umgang mit knappen Ressourcen
- Einsatz umweltverträglicher Fertigungstechniken

enthalten.[3] Unter Berücksichtigung der hier genannten Aspekte sollte eine Umweltberichterstattung daher vor allem die Aufwendungen und Investitionen für den Umweltschutz beinhalten. Weiterhin können Verfahren und Betriebsabläufe erläutert werden, um eine ökologisch vertretbare Produktion zu dokumentieren.[4] Wie beim

---

[1] Zu Einzelheiten vgl. Haller, A., Wertschöpfungsrechnung, 1997.
[2] Zur Definition der Gesamtleistung vgl. S. 834.
[3] Zur umweltverträglichen Produktionswirtschaft vgl. S. 277 ff.
[4] Vgl. Schaltegger/Bennett/Burritt, Sustainability Accounting, 2006.

Sozialbericht besteht auch hier die Gefahr der verbalen Schönfärberei. Zur Erhöhung der Glaubwürdigkeit ist daher eine Vielzahl der Unternehmen dazu übergegangen, eine Zertifizierung im Rahmen eines **„Öko-Audits"** durch einen zugelassenen Umweltgutachter vorzunehmen.

Fazit: Früher betrachteten viele Unternehmen die Sozial- und Umweltberichterstattung als lästige Pflichtübung. Das hat sich grundlegend geändert. Heute erwartet eine breite Öffentlichkeit **„gutes Unternehmenshandeln"** im Sinne der **Corporate Social Responsibility**.[1]

Unternehmen, die den Erwartungen der Gesellschaft nicht gerecht werden, haben ihren guten Ruf schnell verspielt. Kunden verlagern ihre Nachfrage auf Unternehmen, welche die gängigen sozialen und ökologischen Standards einhalten. Damit wird der Sozial- und Umweltbericht zum festen **Bestandteil der Imagewerbung**. Mit gelungener Überzeugungsarbeit kann ein Unternehmen

- **sein Image verbessern**,
- **seine Erlöse steigern** und damit
- **seine Gewinne** *langfristig* **maximieren**.

Bislang dominierte die Finanzberichterstattung den Inhalt des Lageberichts (§ 289 HGB). Die Grundsätze zur Lageberichterstattung des DRS 20 verlangen von der Unternehmensleitung eine Rechenschaftslegung über die Verwendung der ihr anvertrauten Ressourcen (→ Finanzkapital, Humankapital, Umweltgüter). Damit kommt es zu einer **Integration von Finanzbericht, Sozialbericht und Umweltbericht unter dem Dach des Lageberichts**.

5.2 Kapitalflussrechnung

Die GuV basiert auf der Gegenüberstellung von Ertrag (Reinvermögensmehrung) und Aufwand (Reinvermögensminderung). Zur Beurteilung der Zahlungsfähigkeit eines Unternehmens müssen jedoch Einzahlungen und Auszahlungen analysiert werden. Die **mangelnde Liquiditätsorientierung der GuV** vernebelt den Einblick in die Finanzlage. Drohende **Zahlungsengpässe** können **nicht rechtzeitig erkannt** werden. Die **Insolvenzprophylaxe** ist also **unzureichend**. Demgegenüber hat die Kapitalflussrechnung das Ziel, den Zahlungsmittelstrom eines Unternehmens transparent zu machen.

> Durch Gegenüberstellung von Einzahlungen und Auszahlungen einer Abrechnungsperiode soll die **Kapitalflussrechnung** Informationen zur Finanzkraft eines Unternehmens liefern.

Zur Ermittlung des Zahlungsmittelstroms bedient man sich meist der **indirekten Methode**[2]: Wie bei der indirekten Ermittlung des Cash Flows werden **Einzahlungen und Auszahlungen aus**

- **Aufwendungen und Erträgen**
- **Veränderungen von Aktiv- und Passivposten**

abgeleitet.

---

[1] Vgl. S. 54, S. 277 ff. und S. 446.
[2] Vgl. S. 641 f.

Man unterscheidet zwischen retrospektiven und prospektiven Kapitalflussrechnungen:

Kapitalflussrechnung			
retrospektiv		prospektiv	
Informationsbasis: • vorliegender Jahresabschluss		Informationsbasis: • Planbilanz, Plan-GuV	
Vorteil	Nachteil	Vorteil	Nachteil
objektiv nachprüfbar	prognoseuntauglich	prognosetauglich	subjektiv

Abb. 124: Arten der Kapitalflussrechnung

Nur prospektive Kapitalflussrechnungen eignen sich zur Beurteilung der künftigen Zahlungsfähigkeit. Die unvermeidliche Subjektivität der Planungsgrundlage beeinträchtigt aber ihre Eignung zur sachgerechten Unterrichtung externer Jahresabschlussadressaten.

Eine Kapitalflussrechnung verfolgt das **Ziel**, die

- **Veränderung des Liquiditätspotentials** im Zeitverlauf zu quantifizieren und
- **Ursachen** dieser Veränderung **transparent** zu machen.

Das Liquiditätspotential wird dabei als Finanzmittelfonds bezeichnet.

		Kapitalflussrechnung 01.01.–31.12.01		
1.		Jahresüberschuss (Periodenergebnis nach Steuern)	+	500
2.	+/–	Abschreibungen/Zuschreibungen auf das Anlagevermögen	+	350
3.	+/–	Zunahme/Abnahme der Rückstellungen	+	200
4.	+/–	sonstige zahlungsunwirksame Aufwendungen/Erträge	+	50
5.	–/+	Zunahme/Abnahme der Aktiva, die nicht der Investitions- oder Finanzierungstätigkeit zuzuordnen sind	–	20
6.	+/–	Zunahme/Abnahme der Passiva, die nicht der Investitions- oder Finanzierungstätigkeit zuzuordnen sind	–	30
7.	+/–	Verlust/Gewinn aus dem Abgang von Anlagevermögen	–	100
8.	+/–	Zinsaufwand/Zins- und Beteiligungsertrag	+	50
9.	**=**	**Cash Flow aus laufender Geschäftstätigkeit** (Summe aus 1 bis 8)	**+**	**1.000**
10.		Einzahlungen aus Abgängen des Anlagevermögens	+	200
11.	–	Auszahlungen für Investitionen in das Anlagevermögen	–	1.750
12.	**=**	**Cash Flow aus der Investitionstätigkeit** (Summe aus 10 und 11)	**–**	**1.550**
13.	+/–	Ein-/Auszahlungen aus Eigenkapitalzuführungen/-herabsetzungen	+	800
14.	–	Auszahlungen aus der Tilgung von Anleihen und (Finanz-)Krediten	–	150
15.	–	Gezahlte Zinsen	–	50
16.	**=**	**Cash Flow aus der Finanzierungstätigkeit** (Summe aus 13 bis 15)	**+**	**600**
17.	+/–	Veränderungen des Finanzmittelfonds (Summe aus 9, 12 und 16)	+	50
18.	+	Finanzmittelfonds am Anfang der Periode	+	120
19.	**=**	**Finanzmittelfonds am Ende der Periode** (Summe aus 17 und 18)	**+**	**170**

Abb. 125: Aufbau einer Kapitalflussrechnung nach DRS 21

Die Grobstruktur einer Kapitalflussrechnung lässt sich am einfachsten an einem Beispiel erläutern, wobei die Kapitalflussrechnung in **Abb. 125** nach Maßgabe des **DRS 21** erstellt wurde: Aus der **laufenden Geschäftstätigkeit** wird ein **Einzahlungsüberschuss** (= operativer Cash Flow nach DRS) **von 1.000** erwirtschaftet. Aus diesem Einzahlungsüberschuss können Anlageinvestitionen, Kredittilgungen und Gewinnausschüttungen finanziert werden. Im Beispiel wurden **1.550 investiert** sowie Eigen- bzw. Fremdkapital in Höhe von **600 in das Unternehmen eingebracht**. Durch diese Maßnahmen erhöhte sich der Finanzmittelfonds in dieser Periode um insgesamt 50 auf 170. Ausführliche Beispiele finden sich im Übungsbuch. (**ÜB 6/63–68**)

5.3 Eigenkapitalspiegel

Anders als die Bilanz, die nur den Eigenkapitalbestand zum jeweiligen Bilanzstichtag ausweist, will der Eigenkapitalspiegel die **Veränderung der einzelnen Eigenkapitalposten** anzeigen.

> Durch die Gegenüberstellung von Eigenkapitalzugängen und -abgängen soll der **Eigenkapitalspiegel** Informationen zur wirtschaftlichen Widerstandskraft (→ Entwicklung des Verlustauffangpotentials) eines Unternehmens liefern.

Dabei folgt der Eigenkapitalspiegel der Kontengleichung

> **Anfangsbestand + Zugänge – Abgänge = Endbestand**

Abb. 126 zeigt die Grundstruktur eines Eigenkapitalspiegels. Ein Zahlenbeispiel zum Eigenkapitalspiegel findet sich im zugehörigen Übungsbuch. (**ÜB 6/69**)

Eigenkapitalspiegel						
Sachverhalt	Eigenkapitalposten					
	Gezeichnetes Kapital	Kapitalrücklage	Gewinnrücklagen	Gewinnvortrag/ Verlustvortrag	Jahresüberschuss/ Jahresfehlbetrag	Summe EK
Anfangsbestand EK						
Zugänge • Jahresüberschuss • Ausgabe von Aktien **Abgänge** • Jahresfehlbetrag • Erwerb eigener Aktien • Dividendenzahlung **Umbuchungen**						
Endbestand EK						

Abb. 126: Grundstruktur eines Eigenkapitalspiegels

6. Prüfung und Offenlegung

6.1 Jahresabschlussprüfung

6.1.1 Gegenstand und Aufgaben

Da der Jahresabschluss für Unternehmensexterne oft die einzige, zumindest aber eine wesentliche Quelle für Informationen über die wirtschaftliche Lage des Unternehmens darstellt, müssen an seine Glaubwürdigkeit sehr hohe Anforderungen gestellt werden. Dies gilt in besonderem Maße für große Kapitalgesellschaften, die gegenüber

- Fremdkapitalgebern
- (Klein-)Aktionären

zu vertrauensbildender Rechenschaftslegung verpflichtet sind. Gemäß der Binsenweisheit, dass Vertrauen gut, Kontrolle aber besser ist, hat das HGB in § 316 Abs. 1

- für **mittelgroße und große Kapitalgesellschaften**
- eine **Prüfung des Jahresabschlusses und des Lageberichts**
- durch einen **unabhängigen** (Wirtschafts-)**Prüfer**

zwingend vorgeschrieben[1].

Die Prüfung zielt dabei nicht auf die Wirtschaftlichkeit, sondern auf die Gesetz- und Ordnungsmäßigkeit. **Gegenstände der Prüfung** sind damit unter Berücksichtigung der §§ 238–289a HGB, §§ 150–161 AktG bzw. §§ 41–42a GmbHG und der Bestimmungen in Satzung oder Gesellschaftsvertrag zunächst die

- 6.1.2   Prüfung der Buchführung
- 6.1.3   Prüfung der Bilanz
- 6.1.4   Prüfung der Gewinn- und Verlustrechnung
- 6.1.5   Prüfung des Anhangs und Lageberichts.

6.1.2 Prüfung der Buchführung

Die **Buchführung** bildet die Grundlage für die Bilanz und die GuV. Diesbezüglich werden nicht sämtliche Buchungen des abgelaufenen Geschäftsjahres überprüft. Dies ist i. d. R. undurchführbar, zumindest aber unökonomisch. Deshalb wird auf eine weiter gefasste **Systemprüfung** desjenigen Teils des unternehmensseitigen **Internen Kontrollsystems** (IKS) zurückgegriffen, welcher die Rechnungslegung direkt oder indirekt, d. h. über die Bereitstellung relevanter Daten, betrifft. Aufbauend auf der ersten Erfassung und (theoretischen) Beurteilung der **Sollkonzeption** erfolgt dazu in einem zweiten Schritt die Überprüfung des **Istzustands**, d. h. der praktischen Funktionsfähigkeit des IKS anhand ausgewählter **Stichproben**. Findet der Prüfer ein gut funktionierendes IKS vor, kann er bei weiteren Prüfungshandlungen von einer hohen Zuverlässigkeit der vom Unternehmen gelieferten Daten ausgehen und seinen Prüfungsumfang geringer halten.

6.1.3 Prüfung der Bilanz

Die Prüfung der Bilanz hat im Wesentlichen folgende Fragen zu beantworten:

---

[1] Zu Einzelheiten vgl. Brösel, G. et al., Wirtschaftliches Prüfungswesen, 2015.

(1) Sind sämtliche Vermögens- und Schuldposten **vollständig erfasst** und sind sämtliche ausgewiesene Posten auch **tatsächlich vorhanden**? (Bilanzvollständigkeit)
(2) Sind sämtliche Aktiva und Passiva entsprechend den jeweiligen gesetzlichen **Gliederungsvorschriften ausgewiesen**? (Bilanzklarheit)
(3) Sind die ausgewiesenen Vermögens- und Schuldposten **nach den gesetzlichen Vorschriften** und den **GoB bewertet** und ist von bestehenden Ansatzwahlrechten zutreffend Gebrauch gemacht worden? (Bilanzwahrheit).

Dazu bildet der Prüfer aufgrund sachlogischer Verknüpfungen zwischen einzelnen Bilanzposten sog. **Prüffelder** und übergeordnete **Prüffeldgruppen**, die nicht nur Bilanz-, sondern zugleich korrespondierende GuV-Bestandteile sowie eventuell Anhangangaben beinhalten.

> **Beispiel:** Bei der Prüfung der Sachanlagen (Bilanz) sind auch die Abschreibungen (GuV) zu berücksichtigen. Beide Teilprüfungen überlappen sich mit der Prüfung des Anlagespiegels.

Innerhalb der einzelnen Prüffelder wird der Jahresabschlussprüfer einerseits **analytische Prüfungshandlungen** (z. B. Verprobungen zwischen Umsatzerlösen und ausgewiesener Umsatzsteuer) vornehmen. Zur Gewinnung einer hinreichenden Urteilssicherheit über das jeweilige Gebiet sind andererseits **Einzelfallprüfungen** durchzuführen. In den meisten Fällen wird dabei von einer **Vollprüfung** zugunsten der Prüfung einer hinreichend großen **Stichprobe** abgesehen.

6.1.4 Prüfung der Gewinn- und Verlustrechnung

Da bereits bei der Prüfung der Bilanz die Bewertungsfrage geklärt wurde, muss für die GuV i. d. R. nur noch überprüft werden, ob die Erträge (insb. die Umsatzerlöse) und Aufwendungen **vollständig**, **periodengerecht**, unter **korrekter Bezeichnung** sowie unter Einhaltung der gesetzlichen **Gliederungsschemata** ausgewiesen wurden.

6.1.5 Prüfung des Anhangs und des Lageberichts

Im **Anhang** bilden zahlreiche Angaben zu einzelnen Posten der Bilanz und der GuV den Schwerpunkt des Prüfungsgebietes. Erwähnenswert sind insb. die **Ansatz- und Bewertungsmethoden** sowie deren **Änderungen**. Zwar gilt hier, ebenso wie für die sonstigen Angaben, dass sie größtenteils bereits in die Prüfung der Bilanz oder der GuV einbezogen wurden. Es ist jedoch im Rahmen der Prüfung des Anhangs insgesamt sicherzustellen, dass die **Berichterstattung klar, übersichtlich, vollständig, stetig** und **richtig** erfolgt.

Nach § 317 Abs. 2 HGB ist beim **Lagebericht** festzustellen, ob er mit dem Jahresabschluss sowie mit den bei der Prüfung gewonnenen Erkenntnissen des Abschlussprüfers in Einklang steht und ob insgesamt eine zutreffende Vorstellung von der Lage des Unternehmens vermittelt wird. Ferner ist zu prüfen, ob die Chancen und Risiken der künftigen Entwicklung zutreffend dargestellt sind. Können die vergangenheitsbezogenen Angaben oft noch relativ einfach nachvollzogen werden, so ergibt sich die besondere Schwierigkeit dieses Prüfungsbereichs aus seinen zukunftsorientierten und wertenden Aussagen. Diese sollten zumindest angemessen sein.

6.1.6 Prüfungsbericht und Bestätigungsvermerk

Über seine Untersuchungen hat der Prüfer nach § 321 HGB einen nicht zur Veröffentlichung bestimmten **Prüfungsbericht** anzufertigen und diesen unverzüglich dem zuständigen Organ des Unternehmens (z. B. Aufsichtsrat einer AG bzw. GmbH-Gesellschafter) zu übergeben. Durch einen vom Prüfungsbericht getrennten sog. **Management Letter** kann der Abschlussprüfer außerdem zusätzliche gutachterliche Hinweise bzw. Verbesserungsvorschläge aus Anlass der Jahresabschlussprüfung geben.

Über das abschließende Ergebnis der Prüfung ist nach § 322 HGB ein zusammenfassender Vermerk, der sog. **Bestätigungsvermerk**, zu erstellen, welcher die Gesellschafter, die Gläubiger und die interessierte Öffentlichkeit darüber informiert, ob der aufgestellte **Jahresabschluss** und der Lagebericht den **gesetzlichen Vorschriften entsprechen** und hiermit (unter Beachtung der Grundsätze ordnungsmäßiger Buchführung) ein den tatsächlichen Verhältnissen entsprechendes Bild der Vermögens-, Finanz- und Ertragslage geboten wird. Der Vermerk ist mit dem Jahresabschluss bekannt zu machen:

- Ein **uneingeschränkter** Bestätigungsvermerk ist zu erteilen, wenn keine wesentlichen Einwendungen zu erheben sind.
- Ein **eingeschränkter** Bestätigungsvermerk wird erteilt, wenn im Rahmen der Prüfung Mängel festgestellt wurden, die aber nicht so schwerwiegend sein dürfen, dass die Ordnungs- und Gesetzmäßigkeit der Rechnungslegung insgesamt gefährdet ist.
- Ist ein positiver Gesamtbefund unmöglich, so wird ein **Versagungsvermerk** erstellt.

Zwar ist die rechtliche Wirkung eines eingeschränkten Bestätigungs- oder eines Versagungsvermerks nicht groß. Die negative **Signalwirkung in der Öffentlichkeit** ist aber so gewaltig, dass die Unternehmen alles daran setzen werden, einen uneingeschränkten Bestätigungsvermerk zu erhalten.

6.2 Offenlegung

6.2.1 Ziele

Nach dem Shareholder-Value-Ansatz hat die Offenlegung[1] das vorrangige Ziel, über Unternehmenstatbestände und -entwicklungen zu informieren, die den Unternehmenswert beeinflussen. Der Kapitalgeber (Prinzipal) erwartet vom Vorstand einer Kapitalgesellschaft (Agent) eine unvoreingenommene Berichterstattung. Diese **Prinzipal-Agenten-Beziehung** ist durch zweierlei gekennzeichnet: die Macht des Kapitalgebers (den Agenten u. U. zu entlassen) und den Informationsvorsprung des Agenten. Durch die Offenlegung soll die zugunsten des Agenten bestehende Informationsasymmetrie abgebaut werden. Offenlegung ermöglicht dem **Kapitalanleger** zweierlei:

- **Beurteilung der Werthaltigkeit der Anlage**
- **Kontrolle der Unternehmensleitung**.

Eine aktive Informationspolitik seitens der Unternehmensleitung, man spricht auch von **Investor relations**, senkt das Anlagerisiko für die Kapitalgeber. Mit der Risikoreduzierung senken die Anleger ihre Mindestverzinsungsansprüche, wodurch c. p. der Shareholder Value steigt.

---

[1] Zur Unternehmenspublizität vgl. ausführlich Ruhnke/Simons, Rechnungslegung, 2012, S. 44 ff.

6.2.2 Art und Umfang

Die Qualität **offengelegter Unternehmenssachverhalte** ist an drei Merkmalen zu messen. Die publizierten Informationen müssen

- entscheidungsrelevant
- aktuell
- glaubwürdig

sein. Nach dem Shareholder-Value-Konzept sind alle Informationen entscheidungsrelevant, deren Berücksichtigung die Höhe des Unternehmenswertes beeinflussen. Bei gegebenen Verzinsungswünschen der Kapitalgeber ist der Unternehmenswert abhängig von den erwarteten *Zukunfts*erfolgen. Im Zuge der Offenlegung erwarten also die Anleger vorzugsweise *Zukunfts*informationen.

Bei der Offenlegung von Unternehmensinformationen kann man im Wesentlichen zwischen folgenden Instrumenten unterscheiden:

	Informations-instrument	Info.-Zwang durch	Info.-Zwang für	Informationsinhalt
(1)	Jahresabschluss und Lagebericht	G	alle Kap.-Ges.	Daten aus Jahresabschluss und Lagebericht
(2)	Zwischenberichterstattung	G, B	börsennot. Kap.-Ges.	Komprimierter Abschluss, Kapitalflussrechnung, Ausblick auf lfd. Gesch.-Jahr
(3)	Ad-hoc-Publizität	G	börsennot. Kap.-Ges.	Kursbeeinflussende Unternehmenstatbestände
(4)	Value-Reporting	KM	freiwillig	Wertkommunikation

G : Gesetzliche Vorschriften
B : Vorgaben der Börse
KM : Wettbewerbsdruck des Kapitalmarktes

Abb. 127: Art, Auslöser und Umfang der Offenlegung

(1) Der **Jahresabschluss**, der **Lagebericht** und der Bestätigungsvermerk müssen nach §§ 325 ff. HGB von allen Kapitalgesellschaften zum elektronischen Bundesanzeiger (www.bundesanzeiger.de) eingereicht werden. Dabei gibt es größenabhängige Erleichterungen. Der Vorteil des Jahresabschlusses liegt in seiner Glaubwürdigkeit: Er ist von einem Wirtschaftsprüfer geprüft. Sein Nachteil liegt im Vergangenheitsbezug und in mangelnder Aktualität, da er erst mehrere Monate nach Abschluss des Geschäftsjahres offengelegt wird.

(2) **Zwischenberichterstattung** kann über
- Halbjahresberichte
- Quartalsberichte

erfolgen. Börsennotierte Unternehmen sind durch gesetzliche Vorschriften[1] bzw. Vorgaben der Börse zur Zwischenberichterstattung verpflichtet. Der Umfang der Zwischenberichterstattung ist nicht klar geregelt. Mindestinformationen sind

---

[1] Vgl. § 37w WpHG.

- Umsatzerlöse und deren Aufgliederung
- Ergebnisse und deren Aufgliederung
- Auftragslage und besondere Vorgänge.

Jenseits solcher Vorgaben zwingt der Wettbewerbsdruck des Kapitalmarktes zu weitergehender „freiwilliger" Berichterstattung. Der Hauptvorteil von Halbjahres- und Quartalsberichten liegt im höheren Aktualitätsgrad.

(3) Zur **Ad-hoc-Publizität** sind börsennotierte Unternehmen verpflichtet.[1] Nicht Prognosen oder Erwartungen, sondern **kursbeeinflussende Tatsachen** (z. B. Veräußerung/Erwerb von Unternehmensteilen bzw. Beteiligungen, Änderung von Vertragsverhältnissen, Erfolg/Misserfolg von Erfindungen, Rückrufaktionen) sind Gegenstand von Ad-hoc-Mitteilungen. Die Ad-hoc-Publizität soll alle Marktteilnehmer auf einen einheitlichen Informationsstand bringen und die Möglichkeit der ungerechtfertigten **Nutzung von Insiderwissen ausräumen**.

(4) **Value-Reporting** ist die weitestgehende Kommunikationsform zwischen dem Unternehmen sowie (aktuellen und potentiellen) Anteilseignern. Das Ziel des Value-Reporting liegt in der Veröffentlichung unternehmenswertbezogener Sachverhalte. Value-Reporting[2] ist mehr als die jahresweise Weitergabe freiwilliger Zusatzinformationen im Geschäftsbericht. Zum Value-Reporting gehören regelmäßige Analystenveranstaltungen ebenso wie eine **kontinuierliche Information** der Anteilseigner über die **Chancen- und Risikopotentiale** des Unternehmens.

Vom US-amerikanischen Markt ausgehend gewinnt das Value-Reporting an Bedeutung: Je schärfer der Wettbewerb auf Kapitalmärkten, desto stärker wird der Druck auf die Unternehmen zur „freiwilligen" Offenlegung werterhellender Tatbestände.

7. Internationaler Jahresabschluss

7.1 Ziele und Systeme internationaler Rechnungslegung

Im Zuge der Globalisierung wachsen nicht nur die Güter-, sondern auch die Finanzmärkte immer mehr zusammen. Die **Internationalisierung des Kapitalmarktes** lässt sich unter zwei verschiedenen Aspekten betrachten:

- **Internationale Kapitalnachfrage**
  (Groß-)Unternehmen adressieren ihre Kapitalnachfrage an in- und ausländische Kapitalgeber, um sich zu möglichst günstigen Bedingungen zu finanzieren.
- **Internationales Kapitalangebot**
  Kapitalanleger in aller Welt suchen nach möglichst lukrativen Kapitalanlagemöglichkeiten, sei es im Inland, sei es im Ausland.

Zu den Aufgaben des **Jahresabschlusses** gehört es, potentiellen Kapitalanlegern **Informationen** zur Fundierung ihrer **Anlageentscheidungen** zu liefern. Im internationalen Kontext bezeichnet man diese Informationsfunktion als *decision usefulness*. Steht ein Anleger vor der Frage, ob er Aktien der Lufthansa, der Air France oder der British Airways kaufen soll, dann können die Jahresabschlüsse dieser drei Unternehmen nur dann entscheidungsnützliche Informationen liefern, wenn deutsche, französische und britische Jahresabschlüsse nach vergleichbaren Regeln erstellt werden.

---

[1] Vgl. § 15 Abs. 1 WpHG.
[2] Zu Einzelheiten vgl. Coenenberg/Haller/Schultze, Jahresabschluss, 2016, S. 950 ff.

> Das Ziel **internationaler Rechnungslegung** liegt in der Schaffung weltweit einheitlicher Jahresabschlussnormen für Unternehmen aus verschiedenen Ländern.

Wenn von internationaler Rechnungslegung gesprochen wird, sind hiermit üblicherweise zwei Normensysteme gemeint:

(1) „**International Accounting Standards/International Financial Reporting Standards**" **(IAS/IFRS)**
(2) „**United States Generally Accepted Accounting Principles**" **(US-GAAP)**

Abb. 128 gibt einen Überblick über die zentralen Ziele der beiden Rechnungslegungssysteme.

Merkmale	(1) IAS/IFRS	(2) US-GAAP
Standardsetzer	International Accounting Standards Board (IASB)	Financial Accounting Standards Board (FASB)
Zielsetzung	• Formulierung und weltweite Verbreitung von Rechnungslegungsgrundsätzen • Verbesserung und internationale Harmonisierung von Rechnungslegungsnormen	• Rechnungslegung zum Schutze des Wertpapierhandels in den USA • für US-Unternehmen: Zulassungsvoraussetzung zur Aktiennotierung an US-Börsen

Abb. 128: Normensysteme internationaler Rechnungslegung

Die **(1) IAS/IFRS** werden vom **International Accounting Standards Board (IASB)** mit Sitz in London herausgegeben. Der IASB wurde 1973 als International Accounting Standards Committee (IASC) als Vereinigung berufsständischer Organisationen aus dem Bereich der Rechnungslegung gegründet. Im Jahr 2001 erfolgte eine Umstrukturierung des IASB, in deren Verlauf sich auch die Namensgebung der Rechnungslegungsstandards veränderte: Neue Standards wurden seitdem IFRS[1] genannt.

Die **(2) US-GAAP** werden vorrangig vom **Financial Accounting Standards Board (FASB)** erlassen. Der FASB ist – ebenso wie der IASB – ein privates Rechnungslegungsgremium, welches von der **Securities and Exchange Commission (SEC)**, der US-amerikanischen Börsenaufsichtsbehörde, beauftragt wurde, Rechnungslegungsstandards zum Schutze des Wertpapierhandels in den USA zu entwickeln.

Die US-GAAP weisen zwei wesentliche Besonderheiten auf:

(1) Sie gelten nur für **börsennotierte Unternehmen**.
(2) Vom FASB entwickelte Standards (= Statements of Financial Accounting Standards, SFAS) sind erst dann **verbindlich**, wenn sie von der **SEC genehmigt** worden sind.

Der aufmerksame Leser wird verwundert fragen, warum denn die US-GAAP als internationales Rechnungslegungssystem klassifiziert werden, obwohl sie in ihrer Gültigkeit auf die USA, genauer gesagt auf den US-Börsenhandel, beschränkt sind. Dies hat zwei Gründe: Zum einen liegt dies an der internationalen Bedeutung der US-Börse. Zum anderen folgen IFRS und US-GAAP der gleichen angelsächsisch geprägten „Rech-

---

[1] Zur Vereinfachung wird im Folgenden auf die Differenzierung zwischen IAS/IFRS verzichtet und nur der Begriff IFRS verwendet.

nungslegungsphilosophie". Mit Blick auf die Vergangenheit kann man vereinfacht sagen: Die älteren US-GAAP standen bei der Geburt der IFRS Pate. Da die US-GAAP jedoch im Grunde nationale Normen darstellen und ausländische Unternehmen in den USA sich mit Jahresabschlüssen nach IFRS listen lassen können, konzentrieren sich die folgenden Ausführungen auf die IFRS.

Externe Rechnungslegung dient dem Schutz verschiedener Bilanzadressaten. Bei Zielkonflikten muss der Normgeber Prioritäten setzen. Die **Vorrangstellung** hat in

- **kontinentaleuropäischer Rechtstradition** (auch im HGB) der **Gläubigerschutz**
- **angelsächsischer Rechtstradition** (IFRS bzw. US-GAAP) der **Investorenschutz**.

Die wesentlichen Unterschiede zwischen nationaler Rechnungslegung nach HGB und internationaler Rechnungslegung nach IFRS sind in **Abb. 129** enthalten.

Merkmale der Rechnungslegung	IFRS	HGB
(1) **Vorherrschende Finanzierungsform**	Kapitalmarktfinanzierung	Bankkredit
(2) **Vorrangiges Jahresabschlussziel**	Investorenschutz	Gläubigerschutz
(3) **Vorrangiges Bilanzierungsprinzip**	Neutraler Vermögens- und Erfolgsausweis	Vorsichtiger Vermögens- und Erfolgsausweis
(4) **Normgeber**	Fachleute	Gesetzgeber
(5) **Normfindung**	case law	code law

Abb. 129: Merkmale nationaler und internationaler Rechnungslegung

(1) Vorherrschende Finanzierungsform

Kontinentaleuropäische Anleger sind risikoscheuer als Investoren im angelsächsischen Bereich. Weil deutsche und andere kontinentaleuropäische Anleger mehrheitlich um das Risikopapier „Aktie" einen großen Bogen machen, ist der Bankkredit für deutsche Unternehmen die vorherrschende Finanzierungsform.

(2) Vorrangiges Jahresabschlussziel

Bei seinen Rechnungslegungsvorschriften orientiert sich der Normgeber vorrangig an den **Schutzbedürfnissen der gewichtigsten Adressatengruppe**. So gelangt man in Deutschland zum Vorrang des Gläubigerschutzes, auf dem angelsächsisch dominierten internationalen Kapitalmarkt zum Vorrang des Investorenschutzes. Auch wenn als Investoren die Eigen- und die Fremdkapitalgeber gesehen werden, konzentrieren sich die IFRS auf die Aktionäre (Eigenkapitalgeber).

(3) Vorrangiges Bilanzierungsprinzip

Ein vorsichtiger Vermögens- und Erfolgsausweis dient dem Schutz der Gläubiger. Dagegen bevorzugen Aktionäre einen **neutralen Ausweis**, was man im internationalen Kontext als fair presentation bezeichnet.

(4) Normgeber

Im angelsächsischen Kulturkreis sind dezentrale Entscheidungsprozesse und ein darauf aufbauender marktwirtschaftlicher Wettbewerb als ordnungspolitische Elemente fest verankert: Die Verabschiedung von Rechnungslegungsnormen legt man in die Hand von Fachleuten, die sich zu einem Rechnungslegungskomitee wie dem IASB[1] zusammenschließen. In Kontinentaleuropa, insb. in Deutschland und Frankreich, vertraut man stärker auf die lenkende Hand des Staates: Rechnungslegungsvorschriften werden vom Gesetzgeber erlassen.

(5) Normfindung

Deutsche Rechnungslegung beruht auf *code law*, also auf den gesetzlichen **HGB-Vorschriften**. Regelungen in kurz gefasstem Gesetzestext setzen eine **Verallgemeinerung** voraus. Ergebnis solcher Verallgemeinerungen sind **Bilanzierungsprinzipien** wie etwa das Niederstwertprinzip oder das Realisationsprinzip. Die **IFRS** dagegen beruhen auf *case law*, d. h. auf **Einzelfallregelungen**. Solche fallspezifischen Regelungen können zur Folge haben, dass im Einzelfall A unrealisierte Wertsteigerungen als Gewinn auszuweisen sind, im Einzelfall B dagegen nicht. Dem Vorteil erhöhter **Treffgenauigkeit** des *case law* steht der **Nachteil** ausufernder Einzelfallregelung und **mangelnder Übersichtlichkeit** des Regelwerks gegenüber.

Der größte Teil weltweiter Kapitalmarkttransaktionen wird im angelsächsischen Raum, insb. über US-amerikanische Börsen, abgewickelt. Die normative Kraft des faktisch größten Kapitalmarktes hat auch den deutschen Gesetzgeber der politischen Sogwirkung der angelsächsisch geprägten IFRS-Rechnungslegung ausgesetzt. Die Annäherung deutscher Rechnungslegung an die IFRS vollzieht sich auf (1) formaler und auf (2) materieller Ebene:

(1) Das **DRSC**[2] (Deutsche Rechnungslegungs Standards Committee e. V.), ein nach angelsächsischem Muster gebildetes Beratergremium, wurde durch den deutschen Gesetzgeber mit der Erarbeitung von **Empfehlungen zur Weiterentwicklung der deutschen Rechnungslegung** beauftragt.[3]

(2) Erklärtes Ziel mehrerer HGB-Reformen war die **Annäherung** des HGB an **internationale Rechnungslegungsnormen**, was vor allem durch die
- Einschränkung von Ansatz- und Bewertungswahlrechten
- Einschränkung zur Bildung stiller Rücklagen

erreicht wurde.

Ungeachtet einer solchen Annäherung werden sich die Jahresabschlüsse nach HGB und IFRS auch künftig in wesentlichen Punkten unterscheiden (→ **Abb. 130**).

(1) Adressatenkreis

Der IFRS-Abschluss stellt den Schutz der Kapitalgeber, vorrangig der Aktionäre, in den Vordergrund. Demgegenüber bemüht sich der HGB-Abschluss um den Schutz aller Bilanzadressaten,[4] wobei er das Gläubigerschutzinteresse in den Vordergrund stellt.

(2) Zukunftseinschätzung

Übergeordneter Bilanzierungsgrundsatz des HGB ist das Vorsichtsprinzip.[5] Demgegenüber wird im IFRS-Abschluss eine möglichst neutrale Darstellung der Vermögens- und Ertragslage gefordert.

---

[1] Einen informativen Überblick über die Organisation des IASB liefern Baetge/Kirsch/Thiele, Bilanzen, 2014, S. 59 f.
[2] Aktuelle Informationen können im Internet unter www.drsc.de abgerufen werden.
[3] Zu den Aufgaben des DRSC vgl. § 342 HGB.
[4] Vgl. S. 655 f.
[5] Vgl. S. 662 ff. und S. 675 ff.

Merkmale des Jahresabschlusses	HGB	IFRS
(1) Adressatenkreis	Stakeholder	Shareholder/Stakeholder
(2) Zukunftseinschätzung	vorsichtig, pessimistisch	neutral
(3) Stille Rücklagen	teilweise erwünscht	unerwünscht
(4) Jahresabschlussfunktionen	Informationsfunktion, Zahlungsbemessungsfunktion	Informationsfunktion

Abb. 130: Unterschiede zwischen einem HGB- und IFRS-Abschluss

(3) Stille Rücklagen

Mit dem IFRS-Postulat eines neutralen Wertansatzes von Vermögen und Schulden soll die Bildung stiller Rücklagen unterbunden werden. Mit dem Gebot eines vorsichtig bewerteten Vermögens (= Schuldendeckungspotential) lässt der HGB-Abschluss einen Spielraum zur Bildung stiller Rücklagen.

(4) Jahresabschlussfunktionen

Gemeinsames Merkmal beider Abschlüsse ist – neben der Dokumentationsfunktion – die **Informationsfunktion**: Den Bilanzadressaten sollen – unverfälschte – Informationen zur Vermögens-, Finanz- und Ertragslage vermittelt werden. Zusätzlich zur Informationsfunktion übernimmt der **HGB-Abschluss** eine **Zahlungsbemessungsfunktion**: Durch eine vom Vorsichtsprinzip diktierte Erfolgsermittlung will man die **Ausschüttungsansprüche der Aktionäre begrenzen**. Dahinter steht der Gläubigerschutzgedanke mit seinem Streben nach Erhalt eines Mindesthaftungsvermögens.

7.2 Geltungsbereich der IFRS

Unter welchen Bedingungen sind deutsche Kapitalgesellschaften zur Erstellung eines IFRS-Jahresabschlusses verpflichtet? Zur Beantwortung dieser Frage muss man zunächst zwischen

- **Einzelabschluss** (→ Informations- und Zahlungsbemessungsfunktion)
- **Konzernabschluss** (→ ausschließlich Informationsfunktion)

unterscheiden. Weil der deutsche Gesetzgeber nach wie vor auf der Basis von Jahresabschlüssen die **Ausschüttung** regeln will, müssen **alle** deutschen Kapitalgesellschaften einen **Einzelabschluss nach HGB** erstellen. **Zusätzlich dürfen** sie zur Offenlegung, also für Informationszwecke, einen **IFRS-Einzelabschluss** erstellen.

Jedes in Deutschland ansässige Konzernmutterunternehmen, das den Kapitalmarkt zur Ausgabe von Aktien oder Anleihen in Anspruch nimmt, muss nach §315a Abs.1 HGB einen IFRS-Konzernabschluss erstellen. Konzernmütter, die den Kapitalmarkt nicht in Anspruch nehmen, haben nach §315a Abs.3 HGB die freie Wahl zwischen einem HGB-Konzernabschluss und einen IFRS-Konzernabschluss.

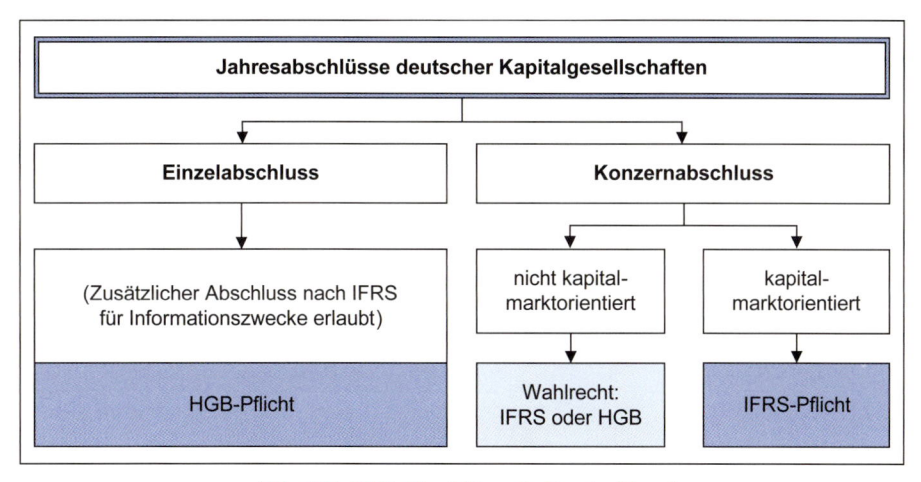

Abb. 131: IFRS-Abschlüsse in Deutschland

7.3 Grundkonzeption der IFRS

Das IFRS-Regelungssystem besteht vor allem aus dem „Conceptual **Framework** for Financial Reporting" sowie zahlreichen **Standards**. Bei Konflikten zwischen dem Framework und einzelnen Standards haben die Einzelnormen Vorrang.

Rechnungslegung nach IFRS	
Framework	**Standards (IAS/IFRS)**
• Ziele und Grundsätze der Rechnungslegung • Definition, Erfassung und Bewertungsgrundsätze zu Abschlussposten 　o Aktiva 　o Passiva 　o Aufwendungen 　o Erträge • Kapitalerhaltungskonzeption	• Spezielle Regelungen zu den Bestandteilen des Jahresabschlusses • Spezielle Regelungen für einzelne 　o Aktiva 　o Passiva 　o Aufwendungen 　o Erträge

Abb. 132: Rechnungslegung nach IFRS im Überblick

Das nicht direkt verbindliche **Framework** enthält allgemeine **Grundsätze und Leitlinien** der IFRS-Rechnungslegung. Als vorgeschaltetes **Rahmenkonzept** bildet es zudem die Grundlage zur

- **Ableitung neuer Standards**
- **Überarbeitung bestehender Standards**.

Als bedeutendste Regelungskomponente innerhalb der internationalen Rechnungslegung gelten die einzelnen **Standards**. Diese enthalten u. a. die **konkreten Ansatz- und Bewertungsvorschriften für einzelne Posten** der Bilanz und der GuV sowie die Normen für ausgewählte Jahresabschlussbestandteile. Zur Schließung von Regelungs-

lücken werden die Standards durch **Interpretationen** ergänzt. Die **Standards gelten** im Grundsatz
- für den Einzel- und Konzernabschluss
- rechtsformunabhängig
- unternehmensgrößenunabhängig
- branchenunabhängig.

Die wichtigsten Standards[1] und deren Inhalte zeigt **Abb. 133**.

IAS/IFRS	Bezeichnung	Inhalte im Überblick
IAS 1	Presentation of Financial Statements	Rechnungslegungsprinzipien, Mindestanforderungen und Bestandteile des Abschlusses
IAS 2	Inventories	Bewertung von Vorräten (u. a. auf Basis von Verbrauchsfolgeverfahren)
IAS 11[2]	Construction Contracts	Bilanzierung von Erträgen und Aufwendungen in Verbindung mit Fertigungsaufträgen
IAS 12	Income Taxes	Bilanzierung von tatsächlichen (effektiven) und latenten (Ertrag-)Steuern
IAS 16	Property, Plant and Equipment	Ansatz und Bewertung von Sachanlagen
IAS 18[2]	Revenue	Kriterien der Ertragsrealisation
IAS 32	Financial Instruments: Presentation	Definition und Abgrenzung von Finanzinstrumenten, Eigenkapital und Schulden
IAS 36	Impairment of Assets	Außerplanmäßige Abschreibungen und Wertaufholungen bei Vermögenswerten
IAS 37	Provisions, Contingent Liabilities and Contingent Assets	Ansatz und Bewertung von Rückstellungen sowie Eventualforderungen und -schulden
IAS 38	Intangible Assets	Ansatz und Bewertung von immateriellen Vermögenswerten
IAS 39[3]	Financial Instruments: Recognition and Measurement	Ansatz und Bewertung von aktiven und passiven Finanzinstrumenten
IFRS 9	Financial Instruments	Klassifikation, Ansatz und Bewertung von aktiven und passiven Finanzinstrumenten
IFRS 13	Fair Value Measurement	Bemessung des beizulegenden Zeitwertes
IFRS 15	Revenue from Contracts with Customers	Kriterien der Ertragsrealisation, Bilanzierung von Erträgen und Aufwendungen in Verbindung mit Fertigungsaufträgen

Abb. 133: Wichtige Standards und deren Inhalte im Überblick

---

[1] Übersichten zu allen aktuellen Standards und Interpretationen sowie weitere Verweise finden sich im Wöhe-Portal (www.woehe-portal.de).
[2] IAS 11 und IAS 18 werden voraussichtlich zum 01.01.2018 durch IFRS 15 ersetzt.
[3] Der IAS 39 wird voraussichtlich zum 01.01.2018 durch IFRS 9 ersetzt.

7.4 Jahresabschlussbestandteile nach IFRS

Welche Bestandteile zum IFRS-Jahresabschluss (*financial statement*) gehören, ist in IAS 1.10 geregelt.

Wie **Abb. 134** zeigt, entspricht der IFRS-Jahresabschluss in seiner Zusammensetzung weitgehend dem HGB-Jahresabschluss für kapitalmarktorientierte Kapitalgesellschaften. Abweichungen zwischen IFRS-Abschluss und HGB-Abschluss gibt es vor allem in folgenden Punkten:

- **Bilanz:** Bei einer Durchbrechung des Stetigkeitsgebots (= Änderung der Bilanzgliederung bzw. der Bewertungs- und Abschreibungsmethoden) müssen zur Verbesserung des Einblicks in die tatsächlichen Verhältnisse neben der Schlussbilanz der laufenden Periode die beiden Vorjahresbilanzen vorgelegt werden.
- **Erfolgsrechnung:** Die IFRS-Gesamtergebnisrechnung besteht aus zwei Teilen, dem *income-statement*, das weitgehend der GuV nach HGB entspricht und der sog. OCI-Rechnung. Die OCI-Rechnung enthält erfolgsneutrale Reinvermögensänderungen (*other comprehensive income*).
- **Anhang und Lagebericht** sind nach HGB nur von Kapitalgesellschaften zu erstellen. Nach den IFRS sind die dem deutschen Anhang und eingeschränkt dem Lagebericht entsprechenden *notes* unabhängig von der Rechtsform und der Größe eines Unternehmens Pflichtbestandteil eines jeden Jahresabschlusses. Ferner gehen die in den *notes* verlangten Erläuterungen weit über die nach HGB geforderten Anhangangaben hinaus. Durch die Vielzahl der in den *notes* verlangten zusätzlichen Informationen soll der Jahresabschlussleser (= Investor) eine Fülle weiterer Informationen erhalten, die für seine Anlageentscheidung relevant sind.
- **Kapitalflussrechnung:** Dieser Teil des Jahresabschlusses ist nach IFRS von Unternehmen aller Rechtsformen, nach HGB nur von kapitalmarktorientierten Kapitalgesellschaften, zu erstellen.

Bestandteile des IFRS-Abschlusses	
Statement of Financial Position at the End of the Period	Bilanz zum Abschlussstichtag
Statement of Financial Position at the Beginning of the Period	Vorjahresbilanz
Statement of Profit or Loss and Other Comprehensive Income for the Period	Gesamtergebnisrechnung
Statement of Changes in Equity for the Period	Eigenkapitalveränderungsrechnung
Statement of Cash Flows for the Period	Kapitalflussrechnung
Notes, Comprising a Summary of Significant Accounting Policies and Other Explanatory Information	Anhang
Zusätzliche Elemente für kapitalmarktorientierte Unternehmen	
Segment Reporting (IFRS 8)	Segmentberichterstattung
Earnings per Share (IAS 33)	Ergebnis je Aktie
Interim Report (IAS 34)	Zwischenbericht

Abb. 134: Bestandteile des IFRS-Abschlusses

- **Segmentberichterstattung:** Nach IFRS ist die Segmentberichterstattung von Unternehmen aller Rechtsformen zu erstellen. Nach § 264 Abs. 1 HGB haben börsennotierte Kapitalgesellschaften ein diesbezügliches Wahlrecht.
- **Eigenkapitalveränderungsrechnung:** Die Eigenkapitalveränderungsrechnung nach IFRS entspricht nach Inhalt und Aufbau weitgehend dem nach § 264 Abs. 1 HGB geforderten Eigenkapitalspiegel.

7.5 Grundprinzipien der Rechnungslegung nach IFRS

Ähnlich wie die GoB im HGB existieren auch in den IFRS bestimmte Grundprinzipien der Rechnungslegung. Diese ergeben sich aus dem **Framework** (Rahmenkonzept) und sind in **Abb. 135** schaubildartig zusammengefasst.

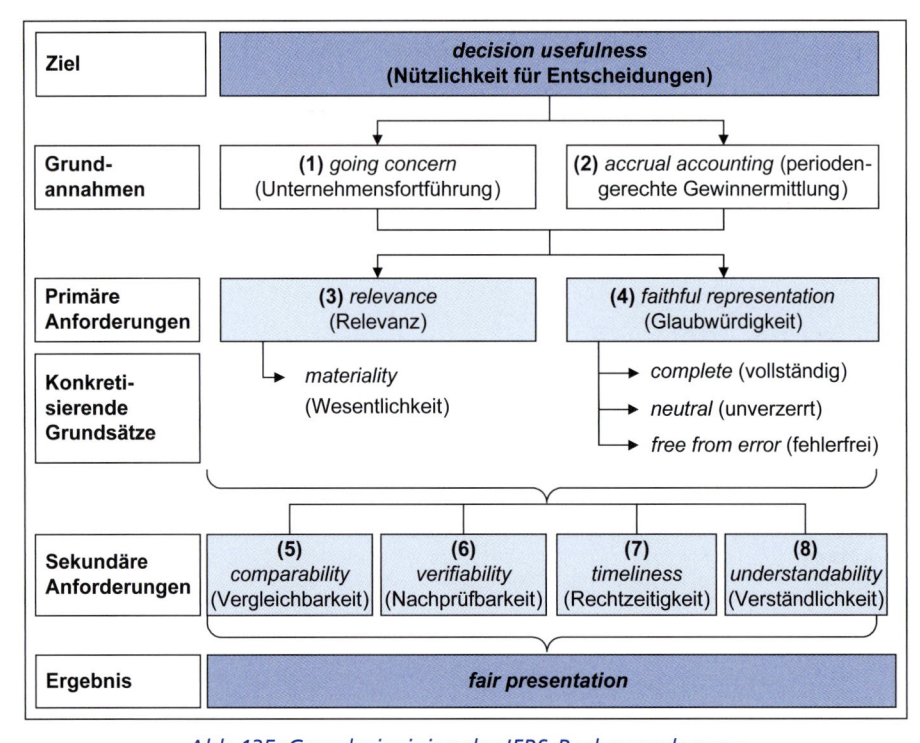

Ziel	decision usefulness (Nützlichkeit für Entscheidungen)			
Grundannahmen	(1) *going concern* (Unternehmensfortführung)	(2) *accrual accounting* (periodengerechte Gewinnermittlung)		
Primäre Anforderungen	(3) *relevance* (Relevanz)	(4) *faithful representation* (Glaubwürdigkeit)		
Konkretisierende Grundsätze	*materiality* (Wesentlichkeit)	*complete* (vollständig) / *neutral* (unverzerrt) / *free from error* (fehlerfrei)		
Sekundäre Anforderungen	(5) *comparability* (Vergleichbarkeit)	(6) *verifiability* (Nachprüfbarkeit)	(7) *timeliness* (Rechtzeitigkeit)	(8) *understandability* (Verständlichkeit)
Ergebnis	fair presentation			

Abb. 135: Grundprinzipien der IFRS-Rechnungslegung

Die **decision usefulness** gilt als Ziel der IFRS-Rechnungslegung (Framework OB1–OB16). Diese Entscheidungsunterstützung soll durch zwei grundlegende **Prämissen** (Unternehmensfortführung und periodengerechte Erfolgsermittlung) erreicht werden:

Die **(1) going concern**-Prämisse unterstellt, dass bei der Erstellung des Jahresabschlusses von der **Fortführung des Unternehmens** über den Bilanzstichtag hinaus auszugehen ist (Framework 4.1). Dies ist mit dem Bilanzierungsgrundsatz des § 252 Abs. 1 Nr. 2 HGB vergleichbar.

Durch die Prämisse des **(2) accrual accounting** stellt die periodengerechte Aufwands- und Ertragsverrechnung ein wesentliches Merkmal der IFRS-Rechnungslegung dar

(Framework OB17–OB19). Diese Prämisse ähnelt dem Prinzip periodengerechter Gewinnermittlung des §252 Abs.1 Nr.5 HGB, wobei dieses jedoch dort durch das Vorsichtsprinzip des §252 Abs.1 Nr.4 HGB dominiert wird.

Mit der Erfüllung

- **Primärer Anforderungen (3) und (4)**
- **Sekundärer Anforderungen (5), (6), (7) und (8)**

möchte man zu einem Jahresabschluss gelangen, der dem Grundsatz *fair presentation* gerecht wird. Dies entspricht in etwa der Generalnorm des § 264 Abs. 2 HGB, wonach der Jahresabschluss „ein den tatsächlichen Verhältnissen entsprechendes Bild der Vermögens-, Finanz- und Ertragslage zu vermitteln" hat.

(3) Jahresabschlussinformationen sollen die Anlageentscheidungen der Kapitalgeber unterstützen. *Relevance* (Framework QC6–QC10) bedeutet also: Entscheidungsrelevanz für Eigen- und Fremdkapitalgeber. Voraussetzung für die Entscheidungsrelevanz ist die *materiality* (Wesentlichkeit) der bereitgestellten Informationen (Framework QC11). Entscheidungsirrelevante Informationen sind unnötiger Ballast, der nicht in den Jahresabschluss gehört.

(4) Von besonders hohem Nutzen sind die Jahresabschlussangaben für die Kapitalanleger dann, wenn sie Rückschlüsse auf die **künftige Geschäftsentwicklung** erlauben. Da aber die Zukunft unsicher ist, kann der Jahresabschluss keine Gewissheit verbreiten. Die Investoren müssen sich mit einer *faithful representation*, also mit glaubwürdigen Jahresabschlussangaben (Framework QC12–QC16), begnügen. Gleichwohl müssen sich die Adressaten darauf verlassen können, dass die Jahresabschlussangaben

- **fehlerfrei (free from error)**
- **vollständig (complete)**
- **neutral (frei von Verzerrungen)**

sind. Zum letzten Punkt: Ein vom Vorsichtsprinzip dominierter „pessimistisch getönter" Jahresabschluss ist nach dem HGB gewollt, nach IFRS-Grundprinzipien aber unzulässig.

Weiterführende **sekundäre Anforderungen** sollen die Entscheidungsnützlichkeit unterstützen:

(5) Investoren wollen wissen, wie sich ein Unternehmen im Zeitvergleich und im Vergleich zu anderen Unternehmen entwickelt hat. Zur Erreichung dieses Ziels müssen Jahresabschlüsse dem **Vergleichbarkeitskriterium** *(comparability)* genügen (Framework QC20–QC25).

(6) Die Kapitalanleger erwarten nachprüfbare Informationen *(verifiability)*. Zum glaubwürdigen Jahresabschluss gehört seine **Nachprüfbarkeit** (Framework QC26–QC28).

(7) Da veraltete Informationen nicht entscheidungsnützlich sind, muss die Berichterstattung gemäß Framework QC29 **rechtzeitig** (zeitnah) erfolgen *(timeliness)*.

(8) Schließlich müssen die Informationen im Jahresabschluss für einen sachkundigen Leser verständlich und nachvollziehbar sein *(understandability)*. Dieser Grundsatz (Framework QC30–QC32) ähnelt der Forderung des § 243 Abs. 2 HGB nach Klarheit und Übersichtlichkeit.

Eine Rechnungslegung, die unter Beachtung der aufgeführten Prinzipien erfolgt, soll nach IAS 1.15 zur Vermittlung eines den tatsächlichen Verhältnissen entsprechenden Bildes der Vermögens-, Finanz- und Ertragslage eines Unternehmens führen *(fair presentation)*.

Die obigen Ausführungen zu den Prinzipien der IFRS-Rechnungslegung zeigen, dass sich dort viele Grundsätze wiederfinden, die auch in der HGB-Rechnungslegung zu den Grundsätzen ordnungsmäßiger Bilanzierung gehören. Daneben wird aus der Erläuterung der IFRS-Grundsätze jedoch auch deutlich, dass zwischen den IFRS-Prinzipien und den deutschen Grundsätzen ordnungsmäßiger Bilanzierung diverse Unterschiede bestehen. Die **wesentlichen Unterschiede** zwischen den Rechnungslegungsgrundsätzen nach IFRS und HGB zeigt die **Abb. 136**.

Grundsatz/Prinzip	IFRS	HGB
(1) *fair presentation*	Generalnorm (overriding principle)	Generalnorm; eingeschränkt durch Ansatz- und Bewertungswahlrechte
(2) Unverzerrtheit *(neutral)*	Schätzregel bei Unsicherheit: neutrale Umsicht	Schätzregel bei Unsicherheit: Pessimismus
(3) Periodengerechte Gewinnermittlung *(accrual accounting)*	dominierende Norm der Gewinnermittlung	Einschränkung durch Gläubigerschutz
(4) Realisationsprinzip *(realisation principle)*	Ertragserfassung vor Umsatzrealisation möglich	Ertragserfassung erst bei Umsatzrealisation
(5) Imparitätsprinzip	nicht bekannt	dominierende Stellung durch Vorsichtsprinzip
(6) *matching principle*	Aufwandserfassung folgt der Ertragserfassung	kein eigener Grundsatz
(7) Anschaffungskostenprinzip	Durchbrechungen möglich	strikte Wertobergrenze
(8) Relevanz *(relevance)*	zentrale Bedeutung	kein eigener Grundsatz
(9) Glaubwürdigkeit *(faithful representation)*	zentrale Bedeutung	kein eigener Grundsatz

Abb. 136: Ausgewählte Grundsätze der Rechnungslegung nach IFRS und HGB im Vergleich

Der Zwang zum vorsichtigen Ausweis der Vermögens-, Schulden- und Ertragslage dominiert das HGB. Dagegen muss man im IFRS-Abschluss zur Berücksichtigung unsicherer Erwartungen eine **(2) neutrale Einschätzung** walten lassen.

Die im HGB verankerte Kette „Gläubigerschutz → Vorsichtsprinzip → Bildung stiller Rücklagen" führt zwangsläufig auch bei den weiteren Bewertungsprinzipien zu Unterschieden zwischen dem HGB und den IFRS. Die **(3) periodengerechte Erfolgsermittlung** nimmt im Rahmen der IFRS eine zentrale Stellung ein. Unter Rückgriff auf das **(4) Realisationsprinzip** und das **(6)** *matching principle* soll der in der Periode wirtschaftlich entstandene Erfolg ermittelt werden. Dieser soll weder zu hoch noch zu niedrig ausgewiesen werden. Anders im HGB: Die periodengerechte Erfolgsermittlung stellt zwar auch hier eine wichtige Bewertungsnorm dar. Durch die Dominanz des Gläubigerschutzes soll der Gewinn jedoch eher zu niedrig ausgewiesen werden. Im Ergebnis führt dies zu einem **tendenziell früheren Gewinnausweis in den IFRS**:

- Bei der **Erfassung der Erträge** greifen IFRS und HGB auf das Realisationsprinzip zurück. Dieses wird jedoch unterschiedlich interpretiert. Während nach deutscher Rechnungslegung ein Ertrag erst mit dem Gefahrenübergang an den Auftraggeber entsteht, gilt er nach der IFRS-Auslegung bereits dann als realisiert, wenn er zuver-

lässig bestimmbar ist. Erträge werden demzufolge in den **IFRS tendenziell früher** erfasst als im HGB.
- Aus der unterschiedlichen Interpretation des Realisationsprinzips folgen zwangsläufig Unterschiede beim **(7) Anschaffungskostenprinzip**. Im HGB ist eine Bewertung von Vermögensgegenständen über den Anschaffungs- bzw. Herstellungskosten (AHK) grundsätzlich nicht möglich. Dagegen sind nach IFRS auch Zuschreibungen möglich, welche zu Buchwerten über den AHK führen.
- Die **Aufwandserfassung** wird in den beiden Rechnungslegungsnormen über unterschiedliche Prinzipien geregelt. In den IFRS folgt – dem **(6)** *matching principle* entsprechend – die Aufwands- der Ertragserfassung. In der deutschen Rechnungslegung wird die Aufwandserfassung über das – in den IFRS nicht vorkommende – **(5) Imparitätsprinzip** geregelt. Ein „matching" von Aufwendungen und Erträgen findet im HGB nicht statt. Die Aufwendungen werden folglich nach **HGB tendenziell früher** erfasst als nach IFRS.

7.6 Bilanz nach IFRS *(statement of financial position)*

Wichtigstes Ziel des Jahresabschlusses nach IFRS *(financial statement)* ist die **periodengerechte Gewinnermittlung** *(accrual accounting)*. Aufgrund der Wechselwirkungen zwischen der GuV *(income statement)* und der Bilanz *(Statement of financial position)* hat dieses Ziel Auswirkungen auf:

- **Bilanzinhalt** (Was ist zu aktivieren und zu passivieren?)
- **Bilanzbewertung** (Wie sind Aktiva und Passiva am Bilanzstichtag zu bewerten?).

Schließlich determinieren die Antworten auf diese Fragen den **Eigenkapitalausweis** am Periodenende und damit auch den **Periodenerfolg (= erfolgswirksame Eigenkapitalveränderung)**. Im Folgenden werden die IFRS-Regelungen zum Bilanzinhalt, zur Bilanzgliederung und zur Bilanzbewertung näher erläutert.

7.6.1 Inhalt der Bilanz

Für HGB und IFRS gilt die Bilanzgleichung:

| HGB: | Vermögen | = | Eigenkapital | + | Schulden |
| IFRS: | assets | = | equity | + | liabilities |

Die HGB-Bilanz will primär zeigen, welche Vermögensgegenstände im Krisenfall zur Schuldendeckung herangezogen werden können. Werthaltigkeit und Einzelveräußerbarkeit sind demnach die herausragenden Merkmale[1] zur Abgrenzung von Vermögensgegenständen. Demgegenüber interpretieren die IFRS die **Bilanz als „Kräftespeicher"**, wobei

- *assets* als Potential künftiger Mittelzuflüsse
- *liabilities* als Potential künftiger Mittelabflüsse

angesehen werden.

Im Folgenden werden die IFRS-Regelungen zu abstrakten und konkreten Ansatzvorschriften kurz vorgestellt.

---

[1] Vgl. S. 681.

Erfüllt ein Sachverhalt die **abstrakten und konkreten Ansatzvorschriften** der IFRS, muss er als *asset* bzw. *liability* in die Bilanz aufgenommen werden. **Aktivierungs- und Passivierungswahlrechte** sind damit grundsätzlich **ausgeschlossen**, denn im Gegensatz zum HGB streben die IFRS nach einem möglichst **eindeutigen Eigenkapitalausweis**.

Die **abstrakten Definitionsmerkmale** für Vermögenswerte *(assets)* und Schulden *(liabilities)* sind im Framework (4.4a und 4.4b) enthalten:

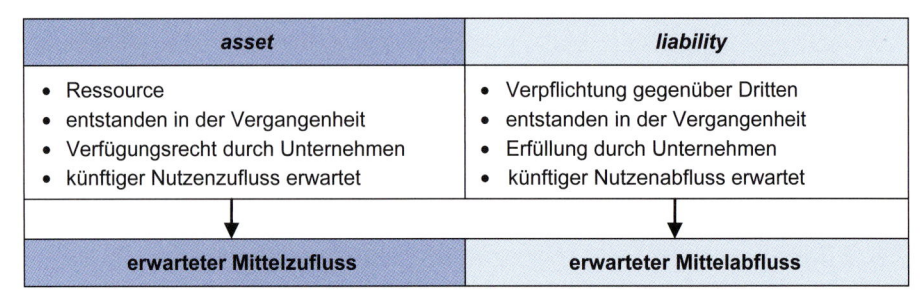

asset	liability
• Ressource • entstanden in der Vergangenheit • Verfügungsrecht durch Unternehmen • künftiger Nutzenzufluss erwartet	• Verpflichtung gegenüber Dritten • entstanden in der Vergangenheit • Erfüllung durch Unternehmen • künftiger Nutzenabfluss erwartet
↓	↓
erwarteter Mittelzufluss	**erwarteter Mittelabfluss**

Abb. 137: Definitionsmerkmale von assets und liabilities nach IFRS

Ob maschinelle Anlage, Patent oder Unternehmensbeteiligung – in jedem Fall handelt es sich um eine **Ressource**, aus der **künftige Mittelzuflüsse erwartet** werden.

Ob Darlehensverbindlichkeit, Garantieverpflichtung oder passive latente Steuern – in jedem Fall handelt es sich um eine **Verpflichtung**, aus der ein **Mittelabfluss** in Form von Zinsen, Tilgungen, Lohnzahlungen bzw. Ertragsteuerzahlungen für die Zukunft erwartet wird.

Konkretes Ansatzkriterium	asset	liability
probability	Wahrscheinlichkeit (w) für Mittelzufluss > 50 Prozent	Wahrscheinlichkeit (w) für Mittelabfluss > 50 Prozent
reliable measurement	Wert (Anschaffungs- oder Herstellungsaufwand) verlässlich bestimmbar	Wert künftigen Mittelabflusses verlässlich bestimmbar

Abb. 138: Konkrete Ansatzkriterien nach IFRS

Nicht jeder Sachverhalt, der als Vermögenswert *(asset)* bzw. Schuld *(liability)* definiert wird, findet Eingang in die Bilanz. Neben den abstrakten Definitionen müssen **konkrete Ansatzkriterien** erfüllt sein.

- **HGB**: Rechtssicherheit, Kontrollierbarkeit[1]
- **IFRS**: *probability* (Wahrscheinlichkeit eines zukünftigen Nutzens); *reliable measurement* (verlässliche Bewertung).[2]

---

[1] Vgl. S. 682.
[2] Vgl. Framework 4.40–4.43.

Vermögenswerte müssen nach IFRS also als *asset* **aktiviert** werden, wenn

- in Zukunft der **Zufluss** zusätzlicher Zahlungsüberschüsse wahrscheinlich ist und
- Aufwendungen, die für den Vermögenswert angefallen sind, **verlässlich bestimmbar** und diesem **direkt zurechenbar** sind.

Auf der **Passivseite** ist eine *liability* anzusetzen, wenn ein künftiger Mittelabfluss wahrscheinlich ist. Zu den *liabilities* gehören alle

- sicheren
- ungewissen, aber wahrscheinlichen (w > 50 Prozent)

Verpflichtungen gegenüber Dritten.

7.6.2 Gliederung der Bilanz

Aufgabe der Bilanzgliederung ist ein klarer Einblick in die Vermögens-, Schulden- und Liquiditätslage des Unternehmens. Dabei folgt die Bilanzgliederung nach IAS 1.54 grundsätzlich einer Unterteilung der Vermögenswerte und Schulden nach ihrer **Fristigkeit**. Damit entspricht sie grundsätzlich dem **Gliederungsprinzip der HGB-Bilanz**.

Aktiva (assets)	Bilanz (Statement of financial position)	Passiva (equity and liabilities)
Anlagevermögen (non-current assets)		**Eigenkapital** (capital and reserves)
Umlaufvermögen (current assets)		**Langfristiges Fremdkapital** (non-current liabilities) **Kurzfristiges Fremdkapital** (current liabilities)

Abb. 139: Grundkonzeption der IFRS-Bilanz

Bei der **Zuordnung zu den lang- und kurzfristigen Bilanzposten** spielt der Zwölfmonatszeitraum eine entscheidende Rolle: Vermögenswerte (Zahlungsverpflichtungen), die innerhalb von zwölf Monaten umgesetzt werden sollen (einzulösen sind), gehören zu den *current assets (current liabilities)*.

Im Gegensatz zur HGB-Bilanz gibt es für die IFRS-Bilanz

- kein Mindestgliederungsschema; nur Aufzählungen wichtiger Posten (IAS 1.54)
- keine Vorschriften bezüglich Konto- oder Staffelform.

> Weder für die Bilanz noch für die Erfolgsrechnung werden in den IFRS **Detailgliederungsschemata** vorgeschrieben. Hierunter leidet die Vergleichbarkeit internationaler Jahresabschlüsse.

Abb. 140 zeigt in vereinfachter Form die Bilanzgliederung zum Einzelabschluss einer Kapitalgesellschaft.

Assets	Statement of financial position	Equity and liabilities
Non-current assets		**Capital and reserves**
I. Intangible assets		I. Issued capital
II. Property, plant and equipment		II. Reserves
III. Investment property		
IV. Non-current financial assets		**Non-current liabilities**
V. Deferred tax assets		I. Non-current financial liabilities
		II. Deferred tax liabilities
Current assets		III. Retirement benefit obligation
I. Inventories		
II. Trade and other receivables		**Current liabilities**
III. Current financial assets		I. Trade and other payables
IV. Cash and cash equivalents		II. Current financial liabilities
		III. Current provisions

Abb. 140: Vereinfachtes Gliederungsschema zur IFRS-Bilanz

Kurzcharakterisierung einzelner Bilanzposten

Intangible assets

Es handelt sich um immaterielle Vermögenswerte. In der Regel werden folgende Unterposten gesondert ausgewiesen:

- derivativer Firmenwert *(goodwill)*
- Produktentwicklungskosten *(development costs)*
- Patente, Lizenzen *(patents, licences)*.

Property, plant and equipment

Dieser Posten entspricht den „Sachanlagen". Unterposten sind:

- eigengenutzte Grundstücke und Gebäude *(land and buildings)*
- technische Anlagen *(plant)*
- Betriebs- und Geschäftsausstattung *(equipment)*.

Investment property

Hierbei handelt es sich um vermietete Grundstücke und Gebäude, die (z. B. von Versicherungen) zu Anlagezwecken gehalten werden.

Non-current financial assets

Dieser Posten entspricht den „Finanzanlagen". Unterposten sind u. a.:

- Anteile an verbundenen Unternehmen *(investments in subsidiaries)*
- Beteiligungen *(investments in associates)*
- sonstige Wertpapiere *(other investments)*.

Deferred tax assets/Deferred tax liabilities

Aktive (passive) latente Steuern sind gesondert als *non-current asset (non-current liability)* auszuweisen.[1]

---

[1] Zur Ermittlung latenter Steuern vgl. die ausführliche Darstellung bei Baetge/Kirsch/Thiele, Bilanzen, 2014, S. 585 ff.

Inventories

Dieser Posten entspricht den „Vorräten" im HGB-Gliederungsschema:

- Roh-, Hilfs- und Betriebsstoffe *(raw materials and supplies)*
- unfertige Erzeugnisse/Leistungen *(work in progress)*
- fertige Erzeugnisse und Waren *(finished goods and merchandises).*

Trade and other receivables

Zu diesem Posten gehören:

- Forderungen aus Lieferungen und Leistungen *(trade receivables)*
- sonstige kurzfristige Forderungen *(other receivables).*

Current financial assets

Es handelt sich um Wertpapiere, die wegen Endfälligkeit oder kurzfristiger Verkaufsabsicht demnächst liquidiert werden (sollen).

Cash and cash equivalents

Dieser Posten entspricht „Kassenbestand, Sichtguthaben u. Ä." in der HGB-Bilanz.

Issued capital/Reserves

Getrennt vom gezeichneten Kapital *(issued capital)* sind die Rücklagen *(reserves)* als gesonderter Bilanzposten auszuweisen.

Non-current financial liabilities

Es handelt sich um langfristige verzinsliche Verbindlichkeiten (gegenüber Kreditinstituten und Inhabern von Anleihen).

Retirement benefit obligation

Dieser Posten entspricht den „Pensionsrückstellungen" im HGB-Gliederungsschema. Nach IFRS zählen sie zum langfristigen Fremdkapital.

Trade and other payables

Zu diesem Posten gehören:

- Verbindlichkeiten aus Lieferungen und Leistungen *(trade payables)*
- sonstige kurzfristige Verbindlichkeiten *(other payables).*

Current financial liabilities

Es handelt sich um kurzfristige verzinsliche Verbindlichkeiten.

Current provisions

Kurzfristige Rückstellungen (z. B. Garantie- und Steuerrückstellungen).

7.6.3 Bewertungsmaßstäbe

Für die Zugangsbewertung und Folgebewertung kommen im IFRS-Abschluss die in **Abb. 141** aufgeführten Bewertungsmaßstäbe zur Anwendung.

Die Definition der **Anschaffungskosten** nach IFRS und HGB ist weitgehend deckungsgleich: Der Anschaffungspreis ist um die Anschaffungsnebenkosten zu erhöhen (IAS 2.10 f. und 16.16 ff.).

6. Abschnitt: Betriebswirtschaftliches Rechnungswesen

Bewertungsmaßstäbe

- **Zugangsbewertung**
  - Anschaffungskosten (costs of purchase)
  - Herstellungskosten (costs of conversion)
- **Folgebewertung**
  - fortgeführte AHK (carrying amount)
  - sonstige:
    - fair value
    - net realisable value
    - recoverable amount

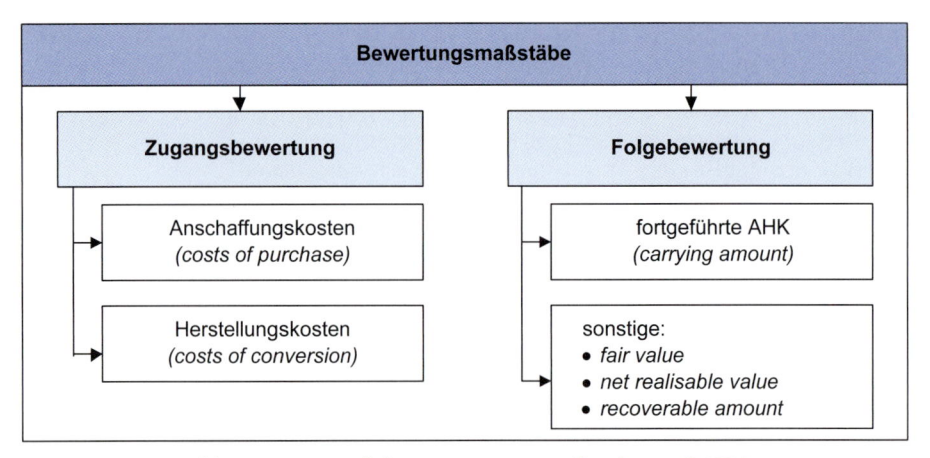

Abb. 141: Wesentliche Bewertungsmaßstäbe nach IFRS

Unterschiede ergeben sich bei den **Herstellungskosten** (vgl. **Abb. 142**). Mit der **Aktivierungspflicht** für **produktionsbezogene Gemeinkosten** gelangen die IFRS zu einem Vermögensausweis **ohne Bildung stiller Rücklagen**. (ÜB 6/76)

Kostenbestandteile	IFRS	HGB
Material-EK	A.-Pflicht	A.-Pflicht
Fertigungs-EK	A.-Pflicht	A.-Pflicht
Sonder-EK der Fertigung	A.-Pflicht	A.-Pflicht
Material-GK	A.-Pflicht	A.-Pflicht
Fertigungs-GK	A.-Pflicht	A.-Pflicht
Produktbezogene Fremdkapitalkosten	A.-Pflicht	A.-Wahlrecht
Verwaltungs-GK (produktionsbezogen)	A.-Pflicht	A.-Wahlrecht
Verwaltungs-GK (nicht produktionsbezogen)	A.-Verbot	A.-Verbot
Sonder-EK des Vertriebs	A.-Verbot	A.-Verbot
Vertriebs-GK	A.-Verbot	A.-Verbot

Legende: A.-Pflicht | A.-Wahlrecht | A.-Verbot

Abb. 142: Bestandteile der Herstellungskosten nach HGB und IFRS

Zeitlich begrenzt nutzbare Vermögenswerte sind planmäßig abzuschreiben. Damit gelangt man in den Folgeperioden zu **fortgeführten Anschaffungs- bzw. Herstellungskosten (AHK)**, die im IFRS-Abschluss als *carrying amount* bezeichnet werden.

Der **beizulegende Zeitwert** (*fair value*; z. B. Marktpreis oder Börsenkurs) spielt im **IFRS-Abschluss eine herausragende Rolle**. Zudem begegnet man in IFRS-Abschlüssen:

- *net realisable value* (**erzielbarer Nettoveräußerungswert**)
- *recoverable amount* (**entweder fiktiver Veräußerungswert oder Nutzungswert**).

Beispiel: Eine Leasinggesellschaft könnte eine technische Anlage zum Preis von 100 GE, abzüglich 5 % Verkaufsprovision, also zum Nettoveräußerungswert von 95 GE verkaufen. Der Barwert künftiger Nutzungen (bei Weitervermietung) beträgt 117 GE. Der *recoverable amount* richtet sich nach dem Wert der besseren Verwendungsalternative. Dieser beziffert sich im vorliegenden Fall auf 117 GE.

7.6.4 Bewertungsprinzipien

Die **Zugangsbewertung** im IFRS-Abschluss ist relativ **problemlos**: Im **Anschaffungszeitpunkt** gilt:

$$\text{Anschaffungspreis = fair value}$$

Die Zugangsbewertung erfolgt – wie im HGB-Abschluss – zu **Anschaffungs- bzw. Herstellungskosten** (AHK). Vermögenswerte, deren Nutzung zeitlich begrenzt ist, sind planmäßig abzuschreiben. Nach Abzug planmäßiger Abschreibungen gelangt man zu fortgeführten AHK.

Bei der **Folgebewertung** wird es **problematischer**: Hier geht es um die Frage des „richtigen" Wertansatzes zum Bilanzstichtag, wenn gilt:

$$\text{(fortgeführte) AHK} \neq \text{Wert am Bilanzstichtag}$$

wenn also im Laufe des Jahres eine Wertänderung (Δ) eingetreten ist. Eine Antwort auf diese Frage liefern die Bewertungsprinzipien. Das **HGB** regelt die Frage der **Folgebewertung einheitlich** für alle Vermögensgegenstände.[1] Dabei werden die (fortgeführten) AHK zur „Demarkationslinie" der Folgebewertung:

Wertänderungen Δ	Ausweis	
	in der Bilanz	in der GuV
oberhalb der (fortgeführten) AHK	nein	nein
unterhalb der (fortgeführten) AHK	ja	ja

Abb. 143: Ausweis von Wertänderungen im HGB-Abschluss

Nach dem **Imparitätsprinzip** werden Wertänderungen oberhalb und unterhalb der AHK-Linie ungleich behandelt. Das Imparitätsprinzip ist die logische Konsequenz der einseitigen Gläubigerschutzorientierung des **deutschen Handelsrechts**.

Demgegenüber streben die IFRS nach entscheidungsnützlichen Jahresabschlussinformationen. Die Jahresabschlussadressaten sollen einen möglichst guten Einblick in die tatsächliche Vermögenslage (mittels Bilanz) und die tatsächliche Ertragslage (mittels GuV) erhalten. Im Interesse der *fair presentation* wird die aus dem HGB bekannte Tabuzone eines Wertausweises oberhalb der „Demarkationslinie" (fortgeführter) AHK im IFRS-Abschluss aufgebrochen. Anders als das HGB mit seinem singulären Imparitätsprinzip verschreiben sich die **IFRS** einem **Bewertungsprinzip-Pluralismus**. Die

---

[1] Sonderregeln gelten für Wertpapiere des Handelsbestands bei Kreditinstituten (§ 340e Abs. 3 HGB).

Frage, wie unrealisierte Wertänderungen im Jahresabschluss auszuweisen sind, wird nach IFRS völlig undogmatisch geregelt. In einer **abstrakten Einteilung** lassen sich die drei Prinzipien aus **Abb. 144** unterscheiden.

Wertänderungen Δ	Ausweis	
	in der Bilanz	in der GuV
(1) Totales Fair-Value-Prinzip		
Δ oberhalb der (fortgeführten) AHK	ja	ja
Δ unterhalb der (fortgeführten) AHK	ja	ja
(2) Partielles Fair-Value-Prinzip		
Δ oberhalb der (fortgeführten) AHK	ja	nein
Δ unterhalb der (fortgeführten) AHK	ja	nein
(3) Imparitätsprinzip		
Δ oberhalb der (fortgeführten) AHK	nein	nein
Δ unterhalb der (fortgeführten) AHK	ja	ja

Abb. 144: Abstrakte Ausweismöglichkeiten von Wertänderungen im Jahresabschluss

Das **(1) Totale Fair-Value-Prinzip** gilt für Vermögenswerte, die jederzeit und ohne Probleme zum *fair value* veräußert werden könnten. Man will den **vollständigen Einblick in die aktuelle Vermögens- und Ertragslage**. Anwendungsbeispiel sind börsennotierte Wertpapiere, die zum Handeln bestimmt sind.

Das **(2) Partielle Fair-Value-Prinzip** fordert in jedem Fall den Ansatz des *fair value* auf der Aktivseite der Bilanz. Die **erfolgswirksame Buchung** der Wertänderung über die GuV **unterbleibt**. Stattdessen kann die Wertänderung bei Sachanlagen und immateriellen Anlagen erfolgsneutral im Eigenkapitalkonto **„Neubewertungsrücklage"** gegengebucht werden. Hier strebt man nach Offenlegung der aktuellen Vermögenslage in der Bilanz. Die Wertänderung wird nicht in der GuV, sondern nur auf der zweiten Stufe der erweiterten IFRS-Erfolgsrechnung, der **OCI-Rechnung als neutrale Ergebniskomponente**, erfasst.

Das **(3) Imparitätsprinzip** ist anzuwenden, wenn der *fair value* von Vermögenswerten nicht klar bestimmbar ist oder wenn deren Verkauf nicht ohne weiteres möglich ist. Hier dominiert auch im IFRS-Abschluss das Vorsichtsprinzip. Typisches Anwendungsbeispiel ist die Folgebewertung des Vorratsvermögens (*inventories*).

Zusammenfassend ist festzuhalten: Im IFRS-Abschluss ist der Vermögens- und **Erfolgsausweis** nicht von der Realisierung durch Umsatz, sondern vom Grad der **Realisierbarkeit der Wertänderung** abhängig.

7.6.5 Methodenwahlrecht: Anschaffungskostenmodell versus Neubewertungsmodell

Für unterschiedliche Vermögenspositionen gelten im IFRS-Abschluss – wie im vorangegangenen Kapitel dargestellt – unterschiedliche Bewertungsprinzipien. Für Studienanfänger, die sich in die IFRS-Thematik einzuarbeiten haben, ist die Prinzipienvielfalt ein großes Lernhindernis. Jetzt kommt es noch schlimmer: Ein und derselbe Aktivposten kann einer differenzierten Folgebewertung unterworfen werden. Im IFRS-Abschluss gilt zur Folgebewertung von

- **immateriellem Anlagevermögen** (IAS 38.72)
- **Sachanlagevermögen** (IAS 16.29)

unter einschränkenden Voraussetzungen ein **einmaliges Wahlrecht**. Danach können einzelne Aktivposten dieser Vermögensgruppe nach dem

- **Anschaffungskostenmodell** *(cost model)*
- **Neubewertungsmodell** *(revaluation model)*

bewertet werden. Dieses Wahlrecht ist für jede Vermögensgruppe einheitlich (z. B. alle Grundstücke nach dem Neubewertungsmodell; alle Maschinen nach dem Anschaffungskostenmodell) und stetig, d. h. unter Beibehaltung des Vorgehens im Zeitverlauf, auszuüben (IAS 16.38).

In jedem Falle erfolgt die Zugangsbewertung zu Anschaffungs- bzw. Herstellungskosten (AHK). Zudem sind Gegenstände, deren Nutzung zeitlich begrenzt ist, planmäßig abzuschreiben. Erst bei Wertabweichungen, also

> **(fortgeführte) AHK ≠ Wert am Bilanzstichtag**

gelangen beide Bewertungsmodelle zu einer **unterschiedlichen Folgebewertung**.

(1) Anschaffungskostenmodell

Wie im HGB-Abschluss sind am Bilanzstichtag die (fortgeführten) AHK einem Niederstwerttest *(impairment test)* zu unterziehen. Liegt der beizulegende Wert am Bilanzstichtag unter (über) den (fortgeführten) AHK, ist der beizulegende Wert (Wert der fortgeführten AHK) anzusetzen. Damit folgt das Anschaffungskostenmodell dem in **Abb. 144** dargestellten Imparitätsprinzip und deckt sich mit der HGB-Regelung.

(2) Neubewertungsmodell

Wählt man das Neubewertungsmodell, werden die Vermögenswerte in regelmäßigen Zeitabständen einer Neubewertung unterworfen.[1] Bei Neubewertung ist in der Bilanz der *fair value* auszuweisen. Die Wertänderungen werden teilweise **erfolgsneutral über die Neubewertungsrücklage** *(revaluation surplus)*, teilweise **erfolgswirksam über die GuV** gebucht:

- *fair value* > **(fortgeführte) AHK:** *fair value* in der Bilanz; kein Ertragsausweis in der GuV; stattdessen Bildung einer Neubewertungsrücklage als Passivposten.
- *fair-value*-**Schwankungen oberhalb der Grenze fortgeführter AHK:** Bildung bzw. Auflösung des Passivpostens „Neubewertungsrücklage".
- *fair-value*-**Schwankungen unterhalb der Grenze fortgeführter AHK:** bei Wertminderung (Wertsteigerung) Ausweis von Aufwand (Ertrag) in GuV.

---

[1] Bei starken (geringfügigen) Wertschwankungen erfolgt die Neubewertung im Jahresturnus (im Turnus von drei bis fünf Jahren).

Das Neubewertungsmodell bietet einen guten Einblick in die Vermögenslage, ohne dass es zum Ausweis unrealisierter Gewinne in der GuV kommt. Ein Anwendungsbeispiel zur Bewertung nicht abnutzbarer Gegenstände findet sich im zugehörigen Übungsbuch. (**ÜB 6/78**)

In der Praxis ist das **Anschaffungskostenmodell** weitaus **stärker verbreitet** als das Neubewertungsmodell. Das hat zwei Gründe: Erstens wird beim Übergang vom HGB- zum IFRS-Abschluss das Anschaffungskostenmodell bevorzugt, weil es bisheriger HGB-Praxis entspricht. Zweitens setzt die Anwendung des Neubewertungsmodells die verlässliche Bestimmung des *fair value* voraus. Diese Bedingung wird im Wesentlichen nur auf dem Immobilienmarkt erfüllt. Auch sind Wertsteigerungen über die Grenze der fortgeführten AHK hinaus im Wesentlichen nur bei Immobilien zu beobachten. Deshalb dürfte sich die praktische Anwendung der **Neubewertungsmethode** auf **betrieblich genutzte Grundstücke und Gebäude** konzentrieren.

7.6.6 Ansatz und Bewertung ausgewählter Aktiva

Im Folgenden werden die Ansatz- und Bewertungsvorschriften für wichtige Aktivposten des IFRS-Abschlusses kurz vorgestellt. Dabei gehen wir für die Bewertung von Sachanlagen und immateriellen Anlagen vom Anschaffungskostenmodell *(cost model)* aus. Das ebenfalls zulässige Neubewertungsmodell *(revaluation model)* wurde im vorangegangenen Unterkapitel kurz vorgestellt.

7.6.6.1 Sachanlagen

Der Ansatz und die Bewertung von Sachanlagen (IAS 16) nach dem Anschaffungskostenmodell folgt dem Imparitätsprinzip und entspricht weitgehend den Bilanzierungsvorschriften für den HGB-Abschluss:

(1) Die **Anschaffungs- bzw. Herstellungskosten** (AHK) sind maßgeblich für die Zugangsbewertung und bilden für die Folgebewertung die Wertobergrenze. Ersatzweise kann unter einschränkenden Bedingungen das Neubewertungsmodell angewendet werden.

(2) Die **planmäßige Abschreibung** dient der periodengerechten Aufwandsverrechnung (Verteilungsabschreibung).
Abschreibungsbasis sind die AHK, wobei ein bedeutender Restwert *(residual value)* als Abzugsposten zu berücksichtigen ist. Besteht eine maschinelle (Groß-)Anlage aus verschiedenen Komponenten mit unterschiedlicher Nutzungsdauer, also aus langlebigen Festkomponenten und kurzlebigen Verschleißkomponenten, müssen im IFRS-Abschluss die AHK auf die Einzelkomponenten verteilt und nach differenzierter Nutzungsdauer abgeschrieben werden (**Komponentenansatz** nach IAS 16.43).
Die **planmäßige Nutzungsdauer** *(useful life)* ist einerseits unternehmensindividuell, andererseits willkürfrei festzulegen. Der Abschreibungsplan ist zu ändern, wenn mit einer veränderten Nutzungsdauer zu rechnen ist.
Das gewählte **Abschreibungsverfahren** sollte im Einklang mit der Verringerung des wirtschaftlichen Nutzungspotentials stehen. Nach IAS 16.62 wird die Zulässigkeit der linearen, der degressiven und der leistungsabhängigen Abschreibungsmethode ausdrücklich anerkannt. Im Jahr der Anschaffung sollte nicht der volle Jahresbetrag, sondern nur ein monatsanteiliger Abschreibungsbetrag zur Anwendung kommen. Angesichts der Verpflichtung zu unterjähriger Berichterstattung

(Quartalsberichte) sichert nur die monatsanteilige Abschreibung einen zutreffenden Einblick in die Vermögens- und Ertragslage.
(3) Ergibt der nach IAS 36 zum Bilanzstichtag durchzuführende Niederstwerttest (*impairment test*), dass der *recoverable amount* (erzielbare Betrag) unter dem Restbuchwert liegt, ist eine **außerplanmäßige Abschreibung zwingend** vorgeschrieben (IAS 36.59). Die außerplanmäßige Abschreibung führt zur Verringerung des Restbuchwertes und folglich zur Verringerung planmäßiger Abschreibung für die Restnutzungsdauer (IAS 36.63).
(4) Zu jedem Bilanzstichtag ist zu prüfen, ob die Gründe für außerplanmäßige Abschreibungen fortbestehen. Ist dies nicht der Fall, muss eine **Wertaufholung**, d.h. eine Rückkehr zum Restbuchwert des ursprünglichen Abschreibungsplans, erfolgen.
(5) Der Einblick in die Altersstruktur der Sachanlagen soll durch den **Anlagespiegel** ermöglicht werden, der nach IAS 16.73 **zwingend** vorgeschrieben ist.

Bilanzpolitische Möglichkeiten zur Gestaltung des Erfolgsausweises existieren im IFRS-Abschluss vor allem über das Methodenwahlrecht zwischen Anschaffungskosten- und Neubewertungsmodell, über die Freiheit zur Wahl des Abschreibungsverfahrens sowie über den Ermessensspielraum bei der Prognose der Nutzungsdauer und der Bestimmung des *erzielbaren Betrags* zum Bilanzstichtag.

7.6.6.2 Immaterielles Vermögen

Die Bilanzierung immaterieller Vermögenswerte (*intangible assets*) ist in IAS 38 geregelt. Der derivative Firmenwert ist aus ökonomischer Sicht ebenfalls zu den *intangible assets* zu zählen. Seine bilanzielle Behandlung ist in IFRS 3 geregelt.

Für *intangible assets* gilt eine **Aktivierungspflicht**. Ein *intangible asset* liegt vor, wenn

- die Definitionsmerkmale eines *assets* erfüllt sind,
- ein künftiger Mittelzufluss wahrscheinlich und messbar ist und
- der Wert als selbständige Erfolgskomponente klar abgegrenzt werden kann (insb. vom originären Geschäfts- oder Firmenwert).

Ausdrückliche **Aktivierungsverbote** gelten für den originären Geschäfts- oder Firmenwert, selbstgeschaffene Markennamen, Erkennungszeichen u. Ä. (IAS 38.63).

Zum Ansatz und zur Bewertung von *intangible assets* werden im Folgenden drei Problemkomplexe hervorgehoben:

(1) Forschungs- und Entwicklungsaufwendungen
(2) Originärer Geschäfts- oder Firmenwert
(3) Derivativer Geschäfts- oder Firmenwert.

(1) Forschungs- und Entwicklungsaufwendungen

Am Beispiel der Forschungs- und Entwicklungsaufwendungen lässt sich die IFRS-konforme **Aktivierungsproblematik** selbstgeschaffener immaterieller Anlagewerte besonders gut erläutern. Die (Grundlagen-)Forschung, z. B. in einem pharmazeutischen Unternehmen, dient der Gewinnung neuer wissenschaftlicher Erkenntnisse. Da es an klarer Abgrenzbarkeit einer selbständigen Erfolgskomponente (Erwirtschaftung künftiger Deckungsbeiträge durch ein neues Medikament) fehlt, sind die **Forschungsaufwendungen nicht aktivierungsfähig** (IAS 38.54).

Anders verhält es sich mit **Entwicklungsaufwendungen**, soweit sie (IAS 38.57)
- zu marktreifen Produkten führen
- künftige Zahlungsüberschüsse erwarten lassen
- sich von anderen Entwicklungskosten produktspezifisch abgrenzen lassen.

Sind diese Bedingungen (nicht) erfüllt, müssen die Entwicklungskosten aktiviert (als Aufwand) verrechnet werden.

> **Beispiel:** Erstreckt sich die Produktentwicklung über fünf Perioden und betragen die aktivierungspflichtigen Entwicklungskosten 1 Mio. EUR/Periode, erhöht sich der Bilanzausweis des aktivierten *intangible asset* schrittweise von 1, 2, … bis auf 5 Mio. EUR. Mit Produktionsbeginn in der 6. Periode ist die Produktentwicklungsphase abgeschlossen. Die Nutzungsperiode des *assets* beginnt. Ab der 6. Periode ist das mit Herstellungskosten von 5 Mio. EUR bewertete *asset* planmäßig über die erwartete Nutzungsdauer abzuschreiben.

Für *intangible assets* gelten folgende Bewertungsvorschriften (IAS 36 und 38):
- **Anschaffungs- bzw. Herstellungskosten** (AHK) gelten für die Erstbewertung und als Obergrenze für die Folgebewertung.
- Die **planmäßige Abschreibung** ist für immaterielle Vermögenswerte, deren Nutzungsdauer begrenzt ist und verlässlich geschätzt werden kann, zwingend vorgeschrieben (Verteilungsabschreibung der AHK). Das lineare Abschreibungsverfahren gilt als Regelabschreibung. Degressive Abschreibung und Leistungsabschreibung sind zu bevorzugen (IAS 38.97), wenn die Nutzenabgabe diesen Aufwandsverteilungskonzepten eher entspricht.
- Eine beim *impairment test* festgestellte Wertminderung (Restbuchwert → *erzielbarer Betrag*) führt **zwingend zu außerplanmäßiger Abschreibung**.
- Ist der Grund für eine frühere außerplanmäßige Abschreibung entfallen, gilt ein **Wertaufholungsgebot** bis zur Höhe der (ursprünglichen) fortgeführten AHK.
- Kommt statt des Anschaffungskostenmodells in Ausnahmefällen das **Neubewertungsmodell** zur Anwendung, ist im Rahmen der Folgebewertung statt der fortgeführten Anschaffungskosten der jeweilige *fair value* anzusetzen.

(2) Originärer Geschäfts- oder Firmenwert

Für den originären Firmenwert gilt ein ausdrückliches Aktivierungsverbot (IAS 38.48). Hier gibt es also keinen Unterschied zwischen IFRS- und HGB-Abschluss.

(3) Derivativer Geschäfts- oder Firmenwert

Die Bewertung des derivativen Geschäfts- oder Firmenwertes (*goodwill*) regeln IFRS 3 und IAS 36:
- Die **Anschaffungskosten** ergeben sich als Differenzbetrag zwischen (höherem) Kaufpreis einerseits und dem Zeitwert der übernommenen Aktiva abzüglich der übernommenen Schulden andererseits. Es besteht eine **Aktivierungspflicht**.
- **Planmäßige Abschreibungen** sind unzulässig, was in der Literatur[1] auf deutliche Kritik stößt.
- **Außerplanmäßige Abschreibungen** (→ jährlicher *impairment test*) sind wie bei den *intangible assets* zwingend.
- Ist der Grund für eine frühere außerplanmäßige Abschreibung entfallen, gilt ein **Zuschreibungsverbot**.

---

[1] Vgl. z. B. Ruhnke/Simons, Rechnungslegung, 2012, S. 467.

7.6.6.3 Vorräte

Die Vorratsbilanzierung (*inventories*) ist in IAS 2 geregelt. Zu den Vorräten zählen

- Roh-, Hilfs- und Betriebsstoffe
- unfertige Erzeugnisse/Leistungen
- fertige Erzeugnisse und Waren.

Ein Sonderfall unfertiger Leistungen sind **langfristige Fertigungsaufträge** (*construction contracts*), wie sie im Anlagenbau häufig und im Schiffbau regelmäßig vorkommen. Die IFRS-Regeln zur bilanziellen Behandlung von Vorräten sind – mit Ausnahme langfristiger Fertigungsaufträge – mit den Vorschriften des HGB vom Ergebnis her gesehen weitgehend deckungsgleich:

Merkmale	IFRS	HGB
Zugangsbewertung	AHK	AHK
Wertobergrenze	AHK	AHK
Folgebewertung	Niederstwertprinzip: AHK bzw. niedrigerer Nettoveräußerungswert	Niederstwertprinzip: AHK bzw. niedrigerer beizulegender Wert
Verfahren zur Bewertung gleichartiger Vorräte	Ø-Methode Fifo-Methode	Ø-Methode Fifo-Methode Lifo-Methode

Abb. 145: Bilanzierung von Vorräten nach IFRS und HGB

Anschaffungs- bzw. Herstellungskosten (AHK) sind zur Erstbewertung heranzuziehen und bilden die Wertobergrenze. Nach dem (strengen) Niederstwertprinzip sind außerplanmäßige Abschreibungen auf den niedrigeren Nettoveräußerungswert (*net realisable value*) zum folgenden Bilanzstichtag zwingend.

Die Abwicklung **langfristiger Fertigungsaufträge** (Brückenbau, Großanlagenbau u. Ä.) erstreckt sich häufig über mehrere Perioden. Im HGB-Abschluss werden diese Aufträge zu Herstellungskosten bilanziert. Dadurch wird der

> **Totalerfolg = Erlöse − Herstellungskosten**

„auf einen Schlag" in der **Periode der Übergabe ausgewiesen**. In den vorangegangenen Bauperioden ist der Erfolgsausweis gleich null. Damit ist eine **Vergleichbarkeit der Periodenergebnisse im HGB-Abschluss nicht möglich**; der Einblick in die Ertragslage des Unternehmens ist gestört.

Demgegenüber bemüht sich der **IFRS-Abschluss**[1] um eine periodengerechte Gewinnermittlung (*accrual accounting*). Bei **Festpreisverträgen** sollen die Erlöse den einzelnen Fertigungsperioden nach Maßgabe des Baufortschritts zugerechnet werden. Der **Totalerfolg** wird also **anteilig auf einzelne Fertigungsperioden** verrechnet. In den einzelnen Fertigungsperioden kommt es dabei zum Ausweis „unrealisierter" Gewinne.

Eine periodenanteilige Gewinnrealisierung ist nur zulässig, wenn der künftige Erlös zuverlässig bestimmbar und sicher ist. Ist diese Bedingung nicht erfüllt, wird der Erfolg – wie im HGB-Abschluss – „auf einen Schlag" in der Periode der Übergabe an den Auftraggeber ausgewiesen (→ **Abb. 146**).

---

[1] Vgl. ausführlich Pellens, B. et al., Rechnungslegung, 2014, S. 271 ff.

Merkmale	Langfristige Fertigungsaufträge	
Zukunftserlös	zuverlässig bestimmbar – Festpreisverträge –	ungewiss
Totalerfolg	Erlöse – Herstellungskosten	Erlöse – Herstellungskosten
Realisierung anteiliger Periodenerfolge	ja: Periodenteilerfolge nach Maßgabe des Fertigungsfortschritts	nein: Einmaliger (Total-)Erfolgsausweis in der Lieferperiode

Abb. 146: Langfristige Fertigungsaufträge im IFRS-Abschluss

Wenn den einzelnen Perioden die Erträge nach Maßgabe des Fertigungsfortschritts zugeordnet werden sollen, stellt sich die Frage nach der Messung des Fertigungsfortschritts. Der **Fertigungsfortschritt** (Fertigstellungsgrad) lässt sich am einfachsten nach dem Verhältnis von:

$$\frac{\text{Auftragsbezogene Kosten der Periode}}{\text{Auftragsbezogene Gesamtkosten}} \, [\%]$$

messen. Dieses Verfahren wird als *cost-to-cost*-Methode bezeichnet.[1] So werden – um ein Beispiel zu nennen – der ersten Fertigungsperiode 40 % des erwarteten Nettoverkaufspreises als Ertrag zugerechnet, wenn die Bauleistung der ersten Periode 40 % der auftragsbezogenen Gesamtkosten verursacht. Ein Anwendungsbeispiel findet sich im zugehörigen Übungsbuch. (**ÜB 6/77**)

7.6.6.4 Forderungen und Wertpapiere *(financial assets)*

Die Bilanzierung von *financial instruments* ist in mehreren Standards (IAS 32, IAS 39 und IFRS 9) geregelt. *Financial instruments* beziehen sich auf Kapitalgeber-Kapitalnehmer-Beziehungen. Nach IAS 32.11 gehören hierher alle Verträge, die beim

- Kapitalgeber ein **Aktivum** *(financial asset)*
- Kapitalnehmer ein **Passivum** in Form von Eigenkapital *(equity)* oder einer Verbindlichkeit *(financial liability)*

entstehen lassen. Diese Regelungen zeichnen sich durch eine enorme Komplexität aus. Ein Lehrbuch zur Einführung in die Allgemeine Betriebswirtschaftslehre muss sich deshalb mit einem Verweis auf die weiterführende Literatur[2] begnügen.

7.6.7 Ansatz und Bewertung ausgewählter Passiva

7.6.7.1 Eigenkapital

Ob HGB-Abschluss oder IFRS-Abschluss: Bei der Bilanzierung des Eigenkapitals gibt es keine Bewertungsprobleme. Nach dem Framework (F 4.4c) gilt:

---

[1] Zu weiteren Verfahren der Ermittlung des Fertigstellungsgrades vgl. Ruhnke/Simons, Rechnungslegung, 2012, S. 591 ff.
[2] Vgl. Buchholz, R., Rechnungslegung, 2015, S. 138 ff.

B.7. Internationaler Jahresabschluss

> Eigenkapital = Vermögen − Schulden
> Equity = assets − liabilities

Steht der Bilanzansatz für *assets* und *liabilities* fest, ist auch der Eigenkapitalausweis der Höhe nach determiniert. Bei der Bilanzierung kann es also nur noch um die Frage einer möglichen **Untergliederung des Eigenkapitalausweises** gehen.

Im Gegensatz zum HGB kennen die IFRS keine rechtsformspezifischen Rechnungslegungsvorschriften. Deshalb gibt es auch kein Eigenkapitalgliederungsschema für Kapitalgesellschaften. Der oberste Rechnungslegungsgrundsatz der *decision usefulness* gebietet aber eine Eigenkapitalgliederung, die den Informationsbedürfnissen der Bilanzadressaten Rechnung trägt. Ausdrücklich geregelt (IAS 1.54) ist für Kapitalgesellschaften nur der **getrennte Ausweis** von

- **gezeichnetem Kapital** (*issued capital*)
- **Rücklagen** (*reserves*).

Im HGB-Abschluss unterliegen zahlreiche Eigenkapitalposten einer AG im Sinne des Gläubigerschutzes einer Ausschüttungssperre. Im IFRS-Abschluss hat der Gläubigerschutz keine dominierende Stellung; auch ist die Ausschüttungsbemessung keine Funktion dieses Abschlusses. Folglich gibt es im IFRS-Regelwerk keine spezifischen Vorschriften zur begrenzten Verwendung des Periodengewinns. Gleichwohl sind im **IFRS-Abschluss** die

- **aktienrechtlichen Vorschriften** (→ Kapitalrücklagen, gesetzliche Rücklagen)
- **satzungsmäßigen Vorschriften** (→ satzungsmäßige Rücklagen)

zur Rücklagenbildung zu beachten.

Eine Aktiengesellschaft kann ihr Eigenkapital gemäß **Abb. 147** gliedern:

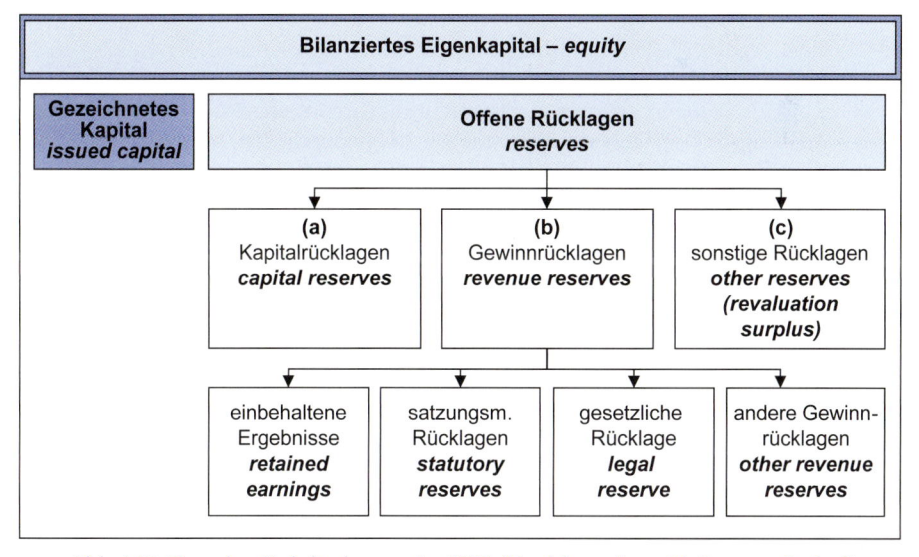

Abb. 147: Eigenkapitalgliederung im IFRS-Abschluss einer Aktiengesellschaft

Im *issued capital* ist das Aktienkapital ggf. getrennt nach Aktiengattungen (z. B. Stammaktien bzw. Vorzugsaktien) auszuweisen.

Die den offenen Rücklagen entsprechenden *reserves* enthalten den variablen Teil des Eigenkapitals. Die **offenen Rücklagen** haben unterschiedliche Entstehungsursachen:

(a) **Eigenkapitalzuführung von außen**
(b) **Gewinnthesaurierung**
(c) **Bewertungsvorgänge**.

(a) Werden Aktien zu einem Kurs ausgegeben, der über dem Nennbetrag liegt, ist der Differenzbetrag (Aktienagio) in die Kapitalrücklagen (*capital reserves*) einzustellen.

(b) Hauptbestandteil der *reserves* sind die *revenue reserves*. Sie resultieren aus Gewinnthesaurierungen, die

- freiwillig → *retained earnings*
- nach Satzungsvorschrift → *statutory reserves*
- nach gesetzlicher Vorschrift → *legal reserve*
- nach (kredit-)vertraglicher Vereinbarung → *other revenue reserves*

erfolgen.

Der Posten *retained earnings* bedarf näherer Erläuterung, weil er von der HGB-Bilanzierungspraxis[1] abweicht. Anders als im HGB-Abschluss gibt es im IFRS-Abschluss keinen gesonderten Eigenkapitalposten zur Aufnahme des laufenden Jahresergebnisses (Jahresüberschuss/Jahresfehlbetrag). Der Jahresüberschuss (*net profit*) bzw. Jahresfehlbetrag (*net loss*) wird vielmehr in die freien Rücklagen (*retained earnings*) übernommen. In den *retained earnings* stecken also

- die akkumulierten Gewinnthesaurierungen **früherer Geschäftsjahre** und
- der *net profit* (+) bzw. *net loss* (–) des **gerade abgeschlossenen Geschäftsjahres**.

Dividendenzahlungen und buchmäßige Verlustabdeckung führen zu einer Verminderung der *retained earnings*. Wie die „anderen Gewinnrücklagen" im HGB-Abschluss fungieren die *retained earnings* als Ausschüttungspotential und als Verlustauffangpotential. Ein Beispiel findet sich im zugehörigen Übungsbuch. (**ÜB 6/84**)

(c) Die sonstigen Rücklagen (*other reserves*) dürfen nicht mit den „anderen Gewinnrücklagen" im HGB-Abschluss verwechselt werden: ***Other reserves*** resultieren nicht aus Gewinnthesaurierungen, sondern aus **Bewertungsvorgängen** in der Bilanz. Wichtigster Anwendungsfall ist die **Neubewertungsrücklage** (*revaluation surplus*). Die Neubewertungsrücklage (für Sachanlagen und immaterielle Anlagen) wurde schon bei der Erläuterung des Neubewertungsmodells angesprochen.

> Die **Neubewertungsrücklage** hat die Aufgabe, Wertänderungen bilanziell zu erfassen (→ Bilanzansatz zum *fair value*), ohne die zugrunde liegende (nicht realisierte) Wertänderung als Aufwand bzw. Ertrag in die GuV eingehen zu lassen.

Auch im IFRS-Abschluss ist zwischen tatsächlichem und ausgewiesenem Eigenkapital zu unterscheiden, also mit der **Existenz stiller Rücklagen** zu rechnen. Da aber im IFRS-Abschluss die Möglichkeit zur

- Unterbewertung von Vermögen
- Überbewertung von Schulden (Rückstellungen)

begrenzt ist, wird das ausgewiesene Eigenkapital im IFRS-Abschluss höher sein als im HGB-Abschluss.

---

[1] Zum HGB-Eigenkapitalausweis vor und nach Ergebnisverwendung vgl. S. 724 f.

Gleichwohl ist davon auszugehen, dass auch im IFRS-Abschluss stille Rücklagen enthalten sind. **Stille Rücklagen** sind **im IFRS-Abschluss** auf
- das Aktivierungsverbot für bestimmte selbst erstellte immaterielle Vermögenswerte
- die Bewertungsobergrenze (AHK) für zahlreiche Vermögenswerte (z. B. Vorräte)
- das Methodenwahlrecht zwischen *cost model* und *revaluation model*
- die Ermessensspielräume bei bestimmten, vor allem zukunftsorientierten Größen (z. B. *fair value*, Nutzungsdauer, Höhe und Wahrscheinlichkeit eines Forderungsausfalls)

zurückzuführen. Das verbleibende Potential zur Bildung (und Auflösung) stiller Rücklagen zeigt, dass auch im **IFRS-Abschluss** die
- Möglichkeit einschlägiger **Bilanzpolitik** durch die Unternehmensleitung
- Notwendigkeit einschlägiger **Bilanzanalyse** durch externe Experten

fortbesteht.

7.6.7.2 Fremdkapital

Auf der Passivseite der IFRS-Bilanz ist neben dem Eigenkapital *(equity)* das Fremdkapital *(liabilities)* auszuweisen. Die gesetzlichen Regelungen zum Fremdkapitalausweis **im HGB-Abschluss** wurden oben dargestellt und sollen hier noch einmal ganz knapp zusammengefasst werden:

(a) Verbindlichkeiten
Sichere Verpflichtungen des Unternehmens gegenüber Dritten → Passivierungspflicht.

(b) Rückstellungen
Ungewisse Verpflichtungen des Unternehmens gegenüber Dritten → Passivierungspflicht; Verpflichtungen „gegenüber sich selbst" wegen unterlassener Instandhaltung bzw. Abraumbeseitigung → Passivierungspflicht.

(c) Passive Rechnungsabgrenzungsposten
Einzahlung vor, Ertrag nach dem Bilanzstichtag → Passivierungspflicht.

(d) Eventualverbindlichkeiten
Mögliche Inanspruchnahme für die Verbindlichkeiten Dritter → Passivierungsverbot, Ausweis „unter dem Bilanzstrich" bzw. im Anhang.

Verbindlichkeiten (a) im Sinne des HGB-Abschlusses sind auch in der IFRS-Bilanz (als *liabilities*) passivierungspflichtig. Unterschiedlich sind dagegen die Vorschriften für die Sachverhalte (b), (c) und (d).

(1) Liabilities als Oberbegriff

Unter *liabilities* versteht man gegenwärtige Verpflichtungen des Unternehmens aus vergangenen Ereignissen, von deren Erfüllung erwartet wird, dass aus dem Unternehmen Ressourcen abfließen, die wirtschaftlichen Nutzen verkörpern (Framework 4.4 b; IAS 37.10). Eine genauere Analyse gegenwärtiger Verpflichtungen führt zu der Klassifizierung „Sonstige Schuld", „Rückstellung", „Eventualschuld" und „Keine Schuld". Die IFRS-Regeln zur Bilanzierung dieser (Zahlungs-)Verpflichtungen lassen sich in einer Kurzzusammenfassung (vgl. **Abb. 148**) so beschreiben:

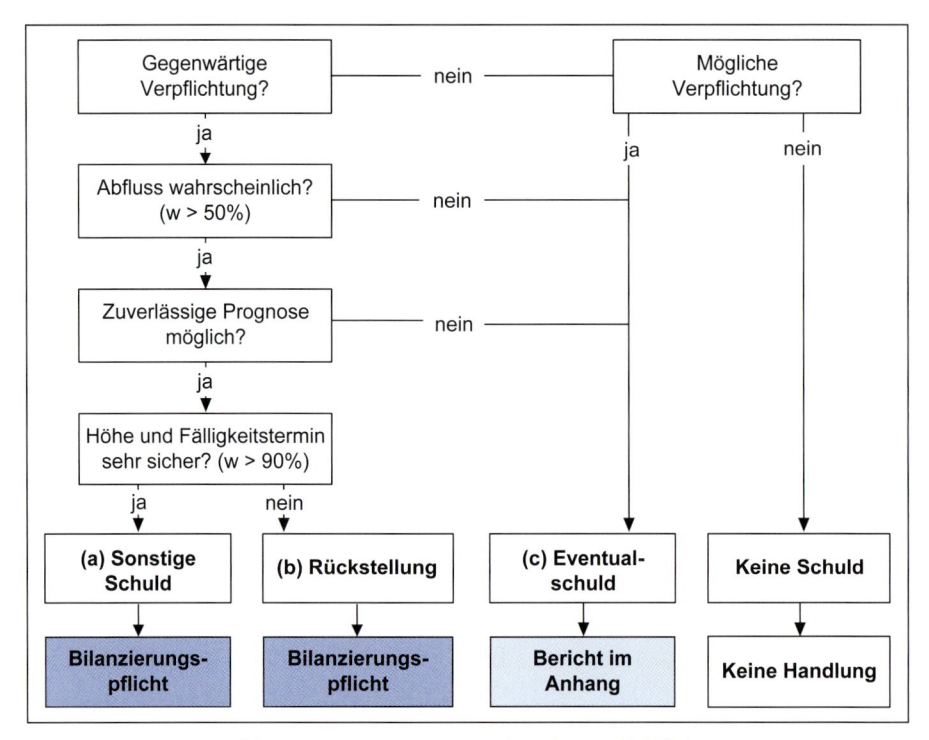

Abb. 148: Bestimmungsmerkmale von liabilities

(a) Sonstige Schulden

Ähnlich wie für sichere Verbindlichkeiten im Sinne des HGB ist die **Verpflichtung** gegenüber einem Dritten dem Grunde und der Höhe nach **so gut wie** sicher. Die IFRS-Kategorie „Sonstige Schulden" setzt sich zusammen aus

- **Finanziellen Verbindlichkeiten**, die auf vertraglichen Vereinbarungen beruhen; Beispiele sind Lieferanten-, Darlehens-, Anleiheverbindlichkeiten (IAS 39, IFRS 9)
- **Sonstigen Verbindlichkeiten**, die im Wesentlichen auf öffentlich-rechtlicher Verpflichtung beruhen; Beispiele sind Steuern (IAS 12) oder Sozialabgaben (IAS 19).

Zu berücksichtigen sind hierunter außerdem Sachverhalte, die nach HGB als passive RAP klassifiziert werden.

(b) Rückstellungen

Hierzu gehören nach IAS 37.10 ungewisse Verbindlichkeiten gegenüber Dritten. Die aus dem HGB-Abschluss bekannten Rückstellungen wegen unterlassener Instandhaltung gehören nicht in diese Kategorie.

Besteht eine gegenwärtige Verpflichtung, bei der die Wahrscheinlichkeit eines künftigen Mittelabflusses nicht über 50 Prozent liegt (IAS 37.23), ist – anders als nach HGB – keine Rückstellung zu bilden. Ein solcher Sachverhalt gilt im IFRS-Abschluss als Eventualschuld.

(c) Eventualschulden

Zu dieser Verpflichtungskategorie gehören:

- **Gegenwartsverpflichtungen** mit geringer Geldabflusswahrscheinlichkeit (z. B. 30 %), z. B. ein geringes Prozessrisiko
- **Zukunftsverpflichtungen**, d. h. Sachverhalte, die durch ein künftiges Ereignis zu einer Inanspruchnahme durch einen Dritten führen könnten. Solche Ereignisse sind beispielsweise künftige Inanspruchnahmen während der Garantiefrist oder möglicherweise auflebende Bürgschaftsverpflichtungen bei künftiger Insolvenz des Hauptschuldners.

Eventualschulden sind im IFRS-Abschluss grundsätzlich nicht bilanzierungsfähig (IAS 37.27). In der Regel besteht eine Berichtspflicht im Anhang.

(2) Ansatz und Bewertung sonstiger Schulden

Die Bewertung sonstiger Schulden ist für das Gros der Verbindlichkeiten folgendermaßen festgelegt:

Zugangsbewertung	Folgebewertung
Anschaffungskosten	Fortgeführte Anschaffungskosten
als beizulegender Zeitwert der erhaltenen Gegenleistung (= Barwert künftiger Auszahlungen)	nach der Effektivzinsmethode

Abb. 149: Bewertung von finanziellen Verbindlichkeiten

Die Anwendungsbreite dieser Bewertungsregel soll an folgenden Verbindlichkeitsklassen beispielhaft erläutert werden:

(a) Zerobonds

Ein Unternehmen emittiert eine Nullkuponanleihe zu folgenden Konditionen:

- Ausgabebetrag t_0 747 GE
- Rückzahlungsbetrag t_5 1.000 GE

Die Zugangsbewertung erfolgt zu 747 GE. Die Folgebewertung ist nach der Effektivzinsmethode durchzuführen. Der interne Zinsfuß liegt im Beispielfall bei 6 Prozent. Der Barwert des Zerobonds erhöht sich während der Laufzeit kontinuierlich bis er in t_5 die Höhe des Rückzahlungsbetrags (1.000 GE) erreicht. Zum Bilanzstichtag t_1 ist die Folgebewertung mit dem Buchungssatz

Zinsaufwand an Anleiheverbindlichkeiten 45

von 747 GE auf 792 GE anzuheben.

(b) Lieferantenverbindlichkeiten

Streng genommen müssten Lieferantenverbindlichkeiten bei ihrem Zugang mit dem Barwert der künftigen Auszahlung bewertet werden. Wegen ihrer kurzen Laufzeit wird aus Vereinfachungsgründen auf einen Barwertabschlag verzichtet.

(c) Darlehensverbindlichkeiten mit Disagio

Ein Unternehmen erhält einen Bankkredit zu folgenden Konditionen:

- Nennbetrag   100.000 GE
- Nominalzins   6 Prozent
- Auszahlung 02.01.01   95.000 GE
- Rückzahlung 31.11.05 100.000 GE.

Das Unternehmen nimmt ein Disagio in Höhe von 5.000 GE in Kauf. Bei einem Nominalzins von 6 Prozent erhöhen sich die effektiven Finanzierungskosten (= interner Zinsfuß) auf (gerundet) 7,225 Prozent.

Nach der **Effektivzinsmethode** sind die ausstehenden Zins- und Tilgungszahlungen mit dem Effektivzins zu diskontieren. Danach ist in der

- **Bilanz** der **Barwert** auf der Passivseite
- **GuV** die Summe aus Fremdkapitalzinszahlung und periodischem **Barwertanstieg** als **Aufwand**

anzusetzen. Ein Beispiel findet sich im zugehörigen Übungsbuch. (**ÜB 6/80–82**)

(d) Niedrigverzinsliche Verbindlichkeiten

Ein Unternehmen erhält ein zinsgünstiges Darlehen zu einem Zinssatz von 4 % aus einem staatlich subventionierten Förderprogramm. Der fristadäquate Marktzins liegt bei 6 %. Zur Erstbewertung des Darlehens muss die Auszahlungsreihe (bestehend aus Zins- und Tilgungszahlungen) mit dem Marktzinssatz diskontiert werden.

(e) Fremdwährungsverbindlichkeiten

Ein deutsches Unternehmen erhält von einer amerikanischen Großbank ein Darlehen über 100 Mio. USD. Damit verbundene wechselkursbedingte Wertänderungen der Darlehensverbindlichkeit müssen erfolgswirksam im IFRS-Abschluss berücksichtigt werden.

Zusammenfassend lässt sich **festhalten**: Beim Ansatz und bei der Bewertung von Verbindlichkeiten finden sich Unterschiede zwischen einem HGB- und einem IFRS-Abschluss eher in den Detailregelungen.

(3) Ansatz und Bewertung von Rückstellungen

Das HGB kennt zwei Klassen von Rückstellungen:

- **Verbindlichkeitsrückstellungen** (= Verpflichtungen gegenüber Dritten)
- **Aufwandsrückstellungen** (= Verpflichtungen gegenüber „sich selbst").

Die Regelungen zur Bildung von Rückstellungen (*provisions*) sind in IAS 37 zusammengefasst. Im IFRS-Abschluss sind nur Verbindlichkeitsrückstellungen zu passivieren. Für **Aufwandsrückstellungen** gilt ein **strenges Passivierungsverbot**. Passivierungswahlrechte sind ausgeschlossen. Auch in der Rückstellungsfrage verfolgen die IFRS konsequent ihre Eigenkapital- und Erfolgsausweisstrategie:

```
┌─────────────────────────────┐        ┌─────────────────────────────┐
│   Passivierungsverbot       │        │     Ausschluss von          │
│   für Aufwandsrückstellungen│        │  Passivierungswahlrechten   │
└──────────────┬──────────────┘        └──────────────┬──────────────┘
               ▼                                       ▼
┌─────────────────────────────┐        ┌─────────────────────────────┐
│  Vermeide Unterbewertung    │        │   Erreiche eindeutigen      │
│     des Eigenkapitals!      │        │      Erfolgsausweis!        │
└─────────────────────────────┘        └─────────────────────────────┘
```

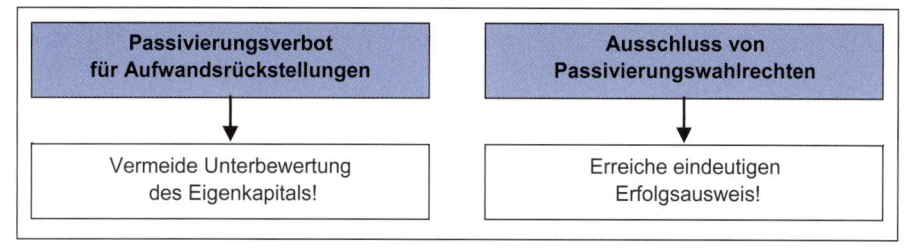

Abb. 150: IFRS-Passivierungsgrundsätze für Rückstellungen

Nach IAS 37.14 ist eine Rückstellung (→ **Abb. 148**) zu passivieren, wenn

(a) in der Vergangenheit eine **Verpflichtung gegenüber einem Dritten** entstanden ist
(b) der Mittelabfluss **wahrscheinlich** (w > 50 %) ist
(c) eine **zuverlässige Prognose** des künftigen Mittelabflusses **möglich** ist.

Zu (a): Anlässe zur Rückstellungsbildung sind u. a.

- erkennbare Bergschäden
- absehbare Steuernachzahlungen
- vertraglich fixierte und wirtschaftlich gebotene Garantieverpflichtungen
- Pensionszusagen
- drohende Verluste aus schwebenden Geschäften
- wahrscheinliche Leistungspflichten aus schwebenden Prozessen.

Zu (b): Im HGB dominiert das Prinzip kaufmännischer Vorsicht. Bei der Einschätzung von Risiken ist von einer eher ungünstigen Zukunftsentwicklung auszugehen. Nach den IFRS-Regelungen ist eine neutrale Risikoeinschätzung geboten. Eine Rückstellung ist nur dann zu bilden, wenn die **künftige Inanspruchnahme** einen **höheren Wahrscheinlichkeitsgrad** hat als die Nichtinanspruchnahme (IAS 37.23).

Zu (c): Da der Mittelabfluss in der Zukunft liegt, ist eine zuverlässige Prognose nur bedingt möglich. Durch den **Ermessensspielraum** eröffnet sich dem Unternehmen ein **faktischer bilanzpolitischer Spielraum**. Alle Zahlungsverpflichtungen, die in einer ferneren Zukunft liegen, sind mit ihrem Barwert anzusetzen (IAS 37.45). Der Diskontierungszinsfuß muss aktuellen Marktgegebenheiten entsprechen.

7.7 Erweiterte Erfolgsrechnung nach IFRS (Gesamtergebnisrechnung)

Im HGB-Abschluss wird der Unternehmenserfolg in der GuV ausgewiesen. Nach IAS 1 ist für den IFRS-Abschluss eine erweiterte Erfolgsrechnung vorgeschrieben, die sich aus den beiden Teilen

- **GuV** (*income statement*)
- **OCI-Rechnung** (*other comprehensive income*)

zusammensetzt und als Gesamtergebnisrechnung bezeichnet wird.

7.7.1 Gewinn- und Verlustrechnung *(income statement)*

Das *income statement* des IFRS-Abschlusses ist vergleichbar mit der GuV des HGB-Abschlusses.

Income Statement	
Gemeinsamkeiten mit HGB-GuV	**Unterschiede zur HGB-GuV**
• Gesamtkostenverfahren oder Umsatzkostenverfahren • Ausweis in Staffelform • Saldierungsverbot von Aufwand/Ertrag • Ergebnisausweis nach Steuern	• kein Mindestgliederungsschema

Abb. 151: Gemeinsamkeiten und Unterschiede zur HGB-GuV

Anstelle eines Mindestgliederungsschemas beschränkt sich IAS 1 auf die Vorgabe einzelner Posten (Umsatzerlöse, Finanzierungsaufwendungen, Steueraufwendungen u. a.), die auf jeden Fall im *income statement* auszuweisen sind. Die Pflicht zu weitergehender Postenaufgliederung ergibt sich aus dem Rechnungslegungsziel, den Adressaten entscheidungsnützliche Informationen (*decision usefulness*) zu liefern. Aus den Gestaltungshinweisen (IAS 1.102 f.) zum

- **Gesamtkostenverfahren** *(nature of expense method)*
- **Umsatzkostenverfahren** *(cost of sales method)*

und aus dem Grundsatz einer *fair presentation* der Ertragslage lässt sich folgendes Gliederungsschema ableiten:

Income statement (nature of expense method)	
1. Revenue 2. Other income 3. Changes in inventories of finished goods and work in progress 4. Raw materials and consumables used 5. Employee benefits expense 6. Depreciation and amortization expense 7. Other expenses	1. Umsatzerlöse 2. Sonstige betriebliche Erträge 3. Bestandsänderungen an Halb- und Fertigfabrikaten 4. Materialaufwand 5. Zuwendungen an Arbeitnehmer 6. Abschreibungen 7. Sonstige betriebliche Aufwendungen
= **Operating profit** 8. Financial income 9. Financial expenses	= **Betriebsergebnis** 8. Finanzerträge 9. Finanzaufwendungen
= **Profit/loss before tax** 10. Income taxes	= **Ergebnis vor Steuern** 10. Ertragsteuern
= **Profit/loss**	= **Ergebnis nach Steuern**

Abb. 152: Income statement nach dem Gesamtkostenverfahren

Als **Ergebnis nach Steuern** ist der
- *profit* mit dem Jahresüberschuss
- *loss* mit dem Jahresfehlbetrag

der HGB-GuV vergleichbar. Ebenso wie in der HGB-GuV sind im *income statement* außergewöhnliche Erfolgskomponenten, sog. Einmaleffekte, im Betriebsergebnis bzw. im Finanzergebnis enthalten. Erst durch die umfangreichen und detaillierten Angaben im Anhang (*notes*) haben Analysten die Möglichkeit, den *profit or loss* im Wege der Erfolgsspaltung in ein

- nachhaltig erzielbares (ordentliches) Ergebnis
- außergewöhnliches (neutrales) Ergebnis (= Einmaleffekte)

zu zerlegen.

Das *income statement* nach dem **Umsatzkostenverfahren** kann bis zum Ausweis eines *operating profit* wie in **Abb. 153** gegliedert werden.

Income statement (cost of sales method)	
1. Revenue 2. Cost of sales	1. Umsatzerlöse 2. Umsatzaufwand
= Gross profit 3. Other income 4. Distribution costs 5. Administrative expenses 6. Other expenses	= Bruttoergebnis vom Umsatz 3. Sonstige betriebliche Erträge 4. Vertriebsaufwand 5. Allgemeiner Verwaltungsaufwand 6. Sonstige betriebliche Aufwendungen
= Operating profit Fortsetzung wie GKV	= Betriebsergebnis Fortsetzung wie GKV

Abb. 153: Income statement nach dem Umsatzkostenverfahren (Auszug)

Nach dem Ausweis des *operating profit* in **Abb. 153** ist das Gliederungsschema des UKV zur Ermittlung der Ergebnisgröße *profit/loss* um die in **Abb. 152** aufgeführten Posten *financial income, financial expenses* und *income taxes* zu ergänzen.

7.7.2 OCI-Rechnung *(other comprehensive income)*

Die OCI-Rechnung ist der **zweite Teil der IFRS-Gesamtergebnisrechnung**. Hiermit wird das *other comprehensive income* (OCI) ermittelt.

> Zum *other comprehensive income* gehören im IFRS-Abschluss alle erfolgsneutralen Ergebniskomponenten, die in der GuV nicht erfasst werden.

Zum *other comprehensive income* (OCI) gehören vor allem[1] **Veränderungen** der
- **Neubewertungsrücklage** (für Sachanlagen und immaterielle Anlagen)
- **Fair-Value-Rücklage** (für Finanzanlagen)

sowie die damit verbundenen Veränderungen der Ertragsteuerbelastung. In **Abb. 154** wird eine erweiterte Erfolgsrechnung nach IFRS am vereinfachten Beispiel dargestellt. Der fiktive Ertragsteuersatz soll 30 Prozent betragen.

---

[1] Zu Einzelheiten vgl. Buchholz, R., Rechnungslegung, 2015, S. 180 ff.

Erweiterte Erfolgsrechnung nach IFRS

1. Teil **GuV**		Umsatzerlöse		16.000
	−	Umsatzaufwand	−	10.000
		Bruttoergebnis vom Umsatz		6.000
	+	Sonstige betriebliche Erträge	+	5.000
	−	Vertriebsaufwand	−	500
	−	Allgemeiner Verwaltungsaufwand	−	1.500
	−	Sonstige betriebliche Aufwendungen	−	1.000
		Betriebsergebnis		8.000
	+	Finanzerträge	+	2.000
	−	Finanzaufwendungen	−	3.000
		Ergebnis vor Steuern		7.000
	−	Ertragsteuern (30 Prozent)	−	2.100
		Ergebnis nach Steuern *(profit)*	+	**4.900**
2. Teil **OCI-Rechnung**	−	Verringerung der Neubewertungsrücklage − 2.000		
	+	Erhöhung der Fair-Value-Rücklage + 3.000		
		OCI vor Steuern 1.000		
	−	Ertragsteuern (30 Prozent) − 300		
		OCI nach Steuern 700	+	**700**
		Erweitertes Periodenergebnis	+	**5.600**

Abb. 154: Erweiterte Erfolgsrechnung nach IFRS

Das in **Abb. 154** ausgewiesene positive OCI (vor Steuern) in Höhe von 1.000 GE lässt sich folgendermaßen erklären: Bei den

- **Sachanlagen** kam es zu einer **Wertminderung von 2.000 GE**, die durch Herabsetzung des passiven Bestandskontos „Neubewertungsrücklage"
- **Wertpapieren** kam es zu einer **Wertsteigerung von 3.000 GE**, die durch eine Erhöhung der Fair-Value-Rücklage

in der Bilanz erfasst wurde. Durch die Darstellung des OCI soll der Einblick in die Ertragslage verbessert werden. (**ÜB 6**/83)

7.8 Weitere Jahresabschlusselemente nach IFRS

Der Jahresabschluss soll einen möglichst guten Einblick in die Vermögens-, Finanz- und Ertragslage gewähren. Dieser Aufgabe können Bilanz und Gesamtergebnisrechnung allein nicht gerecht werden. Selbst für einen Weltkonzern lassen sich diese beiden Komponenten auf zwei bis vier Seiten abbilden. Diese **Informationsdichte** soll transparenter gemacht werden durch die zusätzlichen **Jahresabschlusselemente**

7.8.1 *notes* (Anhang)
7.8.2 *statement of changes in equity* (Eigenkapitalveränderungsrechnung)
7.8.3 *cash flow statement* (Kapitalflussrechnung)
7.8.4 *segment reporting* (Segmentberichterstattung).

7.8.1 Anhang nach IFRS *(notes)*

Die *notes* sind das IFRS-Pendant zum Anhang des HGB-Abschlusses. Nach IAS 1 sind alle nach IFRS bilanzierenden Unternehmen zur Abgabe von *notes* verpflichtet. Ziel der *notes* ist die Verbesserung des ***true and fair view***. Zu diesem Zweck werden

- Bilanz und Erfolgsrechnung erläutert („Erläuterungsbericht")
- Zusatzinformationen über das Unternehmen geliefert.

Abb. 155 macht deutlich, dass die *notes* nach IFRS und der Anhang nach HGB in ihrer Grundkonzeption weitgehende Gemeinsamkeiten aufweisen. Im Gegensatz zu §289 HGB kennen die IFRS keine Aufstellungspflicht für einen Lagebericht. Teilkomponenten, z. B. Aussagen zum Risikomanagement, finden sich deshalb in den *notes*. Als eine wichtige Information für aktuelle und potentielle Aktionäre gilt die Kennzahl **„Ergebnis/Aktie"**. Im Rahmen des IFRS-Abschlusses muss diese Information in den *notes* oder am Ende der GuV vermittelt werden.

Erläuterung Bilanz und Erfolgsrechnung		Zusatzinformationen über das Unternehmen
Angaben zu Ansatz- und Bewertungsgrundsätzen	Angaben zu einzelnen Bilanz- und GuV-Posten	
Beispiele:	*Beispiele:*	*Beispiele:*
• Verfahren planmäßiger Abschreibung • Angaben zur Bewertungsmethode *(cost model; revaluation model)*	• Anteil planm./außerplanm. Abschreibungen • Bewertung von Finanzinstrumenten • Bewertung von Pensionsverpflichtungen	• Anzahl der Mitarbeiter • Haftungsverhältnisse • Ereignisse nach dem Bilanzstichtag • Ergebnis/Aktie

Abb. 155: Ausgewählte Beispiele zum Inhalt der notes nach IFRS

7.8.2 Eigenkapitalveränderungsrechnung nach IFRS *(statement of changes in equity)*

Zur Beurteilung der wirtschaftlichen Lage eines Unternehmens können die Jahresabschlussadressaten auf

- Bestandsgrößen (Vermögen, Schulden, Eigenkapital u. a.)
- Stromgrößen (Erträge, Aufwand, Gewinn, Verlust u. a.)

zurückgreifen. **Eigenkapital** und **Jahreserfolg** (Eigenkapitalveränderung durch Gewinn/Verlust) sind sicherlich die wichtigsten **Indikatoren** zur Beurteilung der **Wirtschaftskraft** eines Unternehmens. Über die Höhe des Eigenkapitals und seine Zusammensetzung am Bilanzstichtag informiert die Bilanz. Die Eigenkapitalveränderungsrechnung hat eine **weitergehende Informationsfunktion**. Sie soll u. a. über die

(a) **Gewinnverwendung**
(b) **Verlustabdeckung**
(c) **Umschichtung** innerhalb der Eigenkapitalposten

unterrichten.

Die nach IAS 1 geforderte Eigenkapitalveränderungsrechnung hat die in **Abb. 156** dargestellte Grundstruktur.[1] Dabei gilt:

(a) Anders als in der HGB-Bilanz, in welcher der Jahresüberschuss(-fehlbetrag) als gesonderter EK-Posten auszuweisen ist, wird der **Jahresgewinn** in der IFRS-Bilanz als **Zugang zu den** *retained earnings* gebucht. Dividendenzahlungen und die Dotierung anderer Rücklagen, z. B. der gesetzlichen Rücklage, werden als Abgänge bei den *retained earnings* gebucht.

(b) Analog zum HGB-Abschluss wird ein Jahresverlust durch Auflösung (Abgang) von den Rücklagen buchmäßig abgedeckt.

(c) Im Zuge der Kapitalerhöhung aus Gesellschaftsmitteln wird bei den *reserves* ein Abgang, beim *issued capital* ein Zugang verbucht.

Ein Anwendungsbeispiel findet sich im zugehörigen Übungsbuch. (**ÜB 6/84**)

Eigenkapitalposten	Anfangsbestand	Zugänge	Abgänge	Endbestand
1. Issued capital				
2. Capital reserves				
3. Revenue reserves				
3.1 Retained earnings				
3.2 Statutory reserves				
3.3 Legal reserve				
3.4 Other revenue reserves				
Gesamtbetrag				

Abb. 156: Grundstruktur der Eigenkapitalveränderungsrechnung nach IFRS

7.8.3 Kapitalflussrechnung nach IFRS *(cash flow statement)*

Die Aufrechterhaltung der Zahlungsfähigkeit ist zwingende Voraussetzung für die Fortführung eines Unternehmens, denn **Zahlungsunfähigkeit** führt zur **Insolvenz**. Mit Hilfe einer Kapitalflussrechnung soll der Einblick in die Finanzlage eines Unternehmens verbessert werden. Eine retrospektive Kapitalflussrechnung erfasst die Zahlungsströme des abgelaufenen Geschäftsjahres. Zur Beurteilung künftiger Zahlungsfähigkeit ist sie also nur bedingt geeignet. Immerhin zeigt aber die **retrospektive Kapitalflussrechnung**, inwieweit das Unternehmen im abgelaufenen Jahr in der Lage war, Finanzmittel zu erwirtschaften.

Nach IAS 7.1 sind alle Unternehmen verpflichtet, eine Kapitalflussrechnung zu erstellen. Dabei ist nach IAS 7.10 der Mittelzufluss bzw. Mittelabfluss aus

- **laufender Geschäftstätigkeit**
- **Investitionstätigkeit**
- **Finanzierungstätigkeit**

gesondert auszuweisen. So kann deutlich gemacht werden, dass der durch Investitionen bedingte Mittelabfluss von beispielsweise – 1.000 GE durch einen Mittelzufluss aus laufender Geschäftstätigkeit von + 600 GE und einen Mittelzufluss aus Fremdfinanzierung von + 400 GE gedeckt wurde.

---

[1] Zur Vertiefung vgl. Coenenberg/Haller/Schultze, Jahresabschluss, 2016, S. 603 f.

Zum Aufbau einer Kapitalflussrechnung wird auf die obigen Ausführungen[1] und auf ein ausführliches Beispiel im zugehörigen Übungsbuch verwiesen. (**ÜB 6**/63–68)

7.8.4 Segmentberichterstattung nach IFRS *(segment reporting)*

International tätige Großunternehmen agieren üblicherweise in
(1) unterschiedlichen Geschäftsfeldern *(business segments)*
(2) unterschiedlichen Weltregionen *(geographical segments)*.

Zur Beurteilung der wirtschaftlichen Lage eines Unternehmens wollen die Jahresabschlussadressaten wissen, inwieweit dieses Unternehmen schwerpunktmäßig in
- „Zukunftsbranchen"/„Krisenbranchen"
- „Wachstumsregionen"/„Krisenregionen"

tätig ist. Den Kapitalgebern soll zur Fundierung ihrer Anlageentscheidungen ein Einblick in die Stärken und Schwächen des Unternehmens sowie in die Chancen und Risiken, denen das Unternehmen ausgesetzt ist, gewährt werden.

> Nach dem *management approach* sollen kapitalanlegerrelevante Daten des internen Berichtswesens für Zwecke der externen Rechnungslegung genutzt werden.

Bei der Segmentabgrenzung ist der *management approach* zu beachten. In diesem Sinne gewinnt die unternehmensinterne Organisationsstruktur Einfluss auf die (externe) Segmentberichtserstattung. So werden Unternehmen mit
- **geographischer Spartenbildung**: ──────▶ *geographical segments*
- **produktspezifischer Spartenbildung**: ──────▶ *business segments*

als Teilgebiete unternehmerischer Tätigkeit ausweisen.

Jedes kapitalmarktorientierte Unternehmen ist nach IFRS 8 zur Segmentberichterstattung verpflichtet, die nach folgendem Schema aufgebaut sein kann:

Gegenstände der Segmentierung nach IFRS

• Gesamtvermögen: Anteil/Segment
• Schulden: Anteil/Segment
• Periodenergebnis: Anteil/Segment
mit den Einzelkomponenten
    o Umsatzerlöse
    o Finanzerträge
    o Finanzaufwendungen
    o Planmäßige Abschreibungen
    o Ertragsteuerbelastung

Abb. 157: Segmentierungsgrößen nach IFRS

---

[1] Vgl. S. 747 ff.

8. Konzernabschluss

8.1 Grundlagen

8.1.1 Aufgaben und Umfang

Alle im deutschen Aktienindex DAX notierten Großunternehmen von Adidas bis Volkswagen sind Konzerne. An der Spitze eines Konzerns[1] steht das Mutterunternehmen, das – meist über Mehrheitsbeteiligungen – einen maßgeblichen wirtschaftlichen Einfluss auf die abhängigen Tochterunternehmen ausüben kann.

> Unter einem **Konzern** versteht man einen Verbund rechtlich selbstständiger Unternehmen, die dem herrschenden Einfluss des Mutterunternehmens unterliegen.

Zum Siemens-Konzern gehören etwa 1.000 Gesellschaften im In- und Ausland, auf die das Mutterunternehmen, die Siemens AG, einen herrschenden Einfluss ausüben kann. Jede dieser Konzerngesellschaften hat die Pflicht, einen eigenen Jahresabschluss zu erstellen, den man als Einzelabschluss bezeichnet. Die **Einzelabschlüsse** der deutschen Konzernmitglieder haben vorrangig eine **Zahlungsbemessungsfunktion**: Für die Bemessung von **Steuer- bzw. Dividendenzahlungen** sind allein die Einzelabschlüsse nach EStG bzw. HGB maßgebend.

Im Gegensatz dazu hat der **Konzernabschluss** hauptsächlich eine **Informationsfunktion**: Wer vor der Frage steht, ob er – beispielsweise – eine VW-Aktie kaufen oder verkaufen soll, zieht zur Beurteilung der Vermögens-, Finanz- und Ertragslage nicht nur den Einzelabschluss der Volkswagen AG zu Rate, sondern er informiert sich bestenfalls mittels des Konzernabschlusses über die wirtschaftlichen Verhältnisse des gesamten Unternehmensverbundes, zu dem neben dem Mutterunternehmen VW namhafte Tochterunternehmen wie Audi, Porsche, Seat, Skoda u. a. gehören.

> Da die Unternehmen eines Konzerns ihre Dividendenzahlungen auf Basis der Einzelabschlüsse ermitteln, hat ein Konzernabschluss vor allem die **Informationsfunktion** zu erfüllen.

Der Konzernabschluss[2] wird aus den Einzelabschlüssen des Mutterunternehmens und aller Tochterunternehmen abgeleitet. Dies erfolgt aber nicht durch bloße Addition der jeweiligen Bestandteile der Einzelabschlüsse. Soll z. B. eine Konzernbilanz erstellt werden, können die Bilanzposten aller Einzelbilanzen nicht einfach zusammengezählt werden. Eine solche **Summenbilanz** wäre nicht geeignet, Einblicke in die wirtschaftliche Lage eines Konzerns zu geben.

> **Beispiel:** Die Tochtergesellschaft TU verfügt als Fuhrbetrieb über zehn LKW im Wert von jeweils 100 GE (→ Div. Aktiva 1.000). Das Mutterunternehmen MU hält eine 100%-Beteiligung an TU. Außerdem verfügt MU über fünf eigene LKW im Wert von jeweils 100 GE (→ Div. Aktiva 500).

---

[1] Zu Einzelheiten vgl. S. 249 ff.
[2] Zur Vertiefung vgl. Baetge/Kirsch/Thiele, Konzernbilanzen, 2015 sowie von Wysocki/Wohlgemuth/Brösel, Konzernrechnungslegung, 2014.

A	Bilanz TU		P
Div. Aktiva	1.000	**Eigenkapital**	1.000
	1.000		1.000

A	Bilanz MU		P
Beteiligung	1.000	Eigenkapital	1.500
Div. Aktiva	500		
	1.500		1.500

A	Summenbilanz (nicht konsolidiert)		P
Beteiligung	1.000	Eigenkapital	2.500
Div. Aktiva	1.500		
	2.500		2.500

A	Konzernbilanz (konsolidiert)		P
Div. Aktiva	1.500	Eigenkapital	1.500
	1.500		1.500

Abb. 158: Vermeidung von Doppelzählungen durch Konsolidierung

Betrachtet man den Konzern als **wirtschaftliche Einheit**, besteht sein Gesamtvermögen aus 15 LKW im Wert von insgesamt 1.500 GE. Entsprechend beziffert sich sein tatsächliches Eigenkapital auch nur auf 1.500 GE. Die Beteiligung in der Summenbilanz entspricht lediglich dem Anteil am Eigenkapital des TU; dieses muss eliminiert werden. Demnach ist nur eine konsolidierte Konzernbilanz in der Lage, wirtschaftlich unsinnige Doppelzählungen zu vermeiden.

Die Aufrechnung **(Konsolidierung)** folgt dem Ziel, die wirtschaftliche Einheit des Konzerns so zu behandeln, als wäre sie ein eigenständiges Unternehmen **(Einheitstheorie)**. Zur Vermeidung von Doppelzählungen innerhalb des Konzerns sind folgende Konsolidierungen vorzunehmen:[1]

(1) Aufrechnung der Buchwerte von Beteiligungen bei der Muttergesellschaft gegen entsprechende Anteile des Eigenkapitals bei den Tochtergesellschaften (→ **Abb. 158**; **Kapitalkonsolidierung**)
(2) Aufrechnung von Forderungen und Verbindlichkeiten zwischen Konzernunternehmen **(Schuldenkonsolidierung)**
(3) Eliminierung von Gewinnen und Verlusten aus Lieferungen und Leistungen zwischen den Konzerngesellschaften **(Zwischenergebniseliminierung)**
(4) Aufrechnung von Aufwand und Ertrag aus Lieferungen und Leistungen zwischen den Konzerngesellschaften **(Aufwands- und Ertragskonsolidierung)**.

Grundsätzlich ist jede **Konzernmutter mit Sitz im Inland** zur Erstellung eines **Konzernabschlusses** verpflichtet (§ 290 HGB). Konzernmuttergesellschaften, die den **Kapitalmarkt** (durch Ausgabe börsennotierter Aktien oder Anleihen) in Anspruch nehmen, müssen ihren Konzernabschluss nach **internationalen Rechnungslegungsvorschriften**, den IFRS, erstellen (§ 315a Abs. 1 HGB). Inländische Konzernmütter, die den Kapitalmarkt nicht in Anspruch nehmen, haben gemäß § 315a Abs. 3 HGB die Wahl zwischen einem Abschluss nach den Vorschriften des HGB (§§ 290 ff.) oder nach IFRS.

Der Konzernabschluss nach HGB bzw. nach IFRS setzt sich aus den in **Abb. 159** dargestellten Bestandteilen zusammen.

---

[1] Auf die Berücksichtigung latenter Steuern wird aus Vereinfachungsgründen verzichtet.

Bestandteile des Konzernabschlusses	Inländische Konzernmutter	
	ohne Kapitalmarktbezug nach HGB	mit Kapitalmarktbezug nach IFRS
Konzernbilanz	Pflicht	Pflicht
Konzern-GuV/-Gesamtergebnisrechnung	Pflicht	Pflicht
Konzernanhang	Pflicht	Pflicht
Kapitalflussrechnung	Pflicht	Pflicht
Eigenkapitalspiegel	Pflicht	Pflicht
Segmentberichterstattung	Wahlrecht	Pflicht

Abb. 159: Bestandteile des Konzernabschlusses

8.1.2 Pflicht zur Aufstellung

Die Pflicht zur Aufstellung eines Konzernabschlusses (sei es nach HGB oder IFRS) kann sich für deutsche Mutterunternehmen ausschließlich aus den deutschen Rechtsnormen (HGB, PublG) ergeben (→ **Abb. 160**).[1]

Rechtsform (Mutterunternehmen)	Kapitalgesellschaft oder Personengesellschaft i. S. d. § 264a HGB	Einzelunternehmen oder übrige Personengesellschaften
Verpflichtungsnorm	§ 290 HGB	§ 11 PublG
Voraussetzungen	• Sitz des MU im Inland • Beherrschender Einfluss von MU auf mind. ein TU	• Sitz des MU im Inland • Beherrschender Einfluss von MU auf mind. ein TU

Abb. 160: Pflicht zur Aufstellung von Konzernabschluss und Konzernlagebericht

Die Bedingung des **beherrschenden Einflusses** ist dann erfüllt, wenn das Mutterunternehmen MU die

- **Mehrheit der Stimmrechte** am TU innehat
- **faktische Beherrschungsmacht** über TU ausüben

kann. Im Kontext internationaler Konzernrechnungslegung spricht man dabei vom **Control-Konzept** (IFRS 10.6).

Bei der Berechnung des Stimmrechtsanteils sind direkte und indirekte Beteiligungen zu berücksichtigen. Beispiel: Das Mutterunternehmen MU hält

- 51 Prozent der Stimmrechte an der Gesellschaft A
- 30 Prozent der Stimmrechte an der Gesellschaft B.

Wenn A seinerseits 25 Prozent der Stimmrechte an B hält, sind A und B in den Konzernabschluss von MU einzubeziehen, weil MU insgesamt 55 Prozent (30 Prozent direkt, 25 Prozent indirekt) der Stimmrechte an B hält. MU kann die eigenen 30 % der Stimmrechte direkt ausüben. Der A kann MU aufgrund der Beherrschung Anweisungen über die Ausübung der weiteren 25 % an B erteilen.

---

[1] Kleine Konzerne sind von der Aufstellungspflicht befreit (§ 293 HGB und § 11 PublG).

8.1.3 Konsolidierungskreis

> Die Gesamtheit der in den Konzernabschluss einzubeziehenden Unternehmen wird als **Konsolidierungskreis** bezeichnet.

Ist ein inländisches Mutterunternehmen (nach §290 HGB oder nach §11 PublG) zur Erstellung eines Konzernabschlusses verpflichtet, dann zählen

- **alle unter dem herrschenden Einfluss von MU stehenden Tochterunternehmen**
- **unabhängig von ihrer Rechtsform**
- **unabhängig von ihrem Standort** (Weltabschlussprinzip gemäß §294 Abs. 1 HGB)

zum Kreis konsolidierungspflichtiger Unternehmen.

> Im Sinne des **Weltabschlussprinzips** sind alle Unternehmen eines Konzerns, unabhängig von ihrem Sitz, im Konzernabschluss zu berücksichtigen.

8.1.4 Konsolidierungsmethoden

Die HGB-Vorschriften zur Konzernrechnungslegung unterscheiden – wie übrigens auch die IFRS – zwischen strengen und weniger strengen Konsolidierungsmethoden. Dabei gilt der Grundsatz: Je stärker der rechtliche oder faktische Einfluss von MU auf TU, desto strenger wird die Konsolidierung gehandhabt.

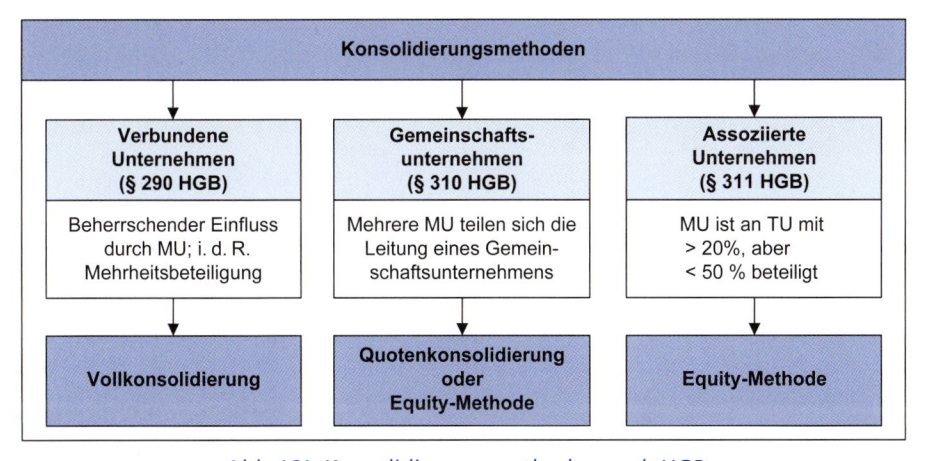

Konsolidierungsmethoden		
Verbundene Unternehmen (§ 290 HGB)	Gemeinschaftsunternehmen (§ 310 HGB)	Assoziierte Unternehmen (§ 311 HGB)
Beherrschender Einfluss durch MU; i. d. R. Mehrheitsbeteiligung	Mehrere MU teilen sich die Leitung eines Gemeinschaftsunternehmens	MU ist an TU mit > 20%, aber < 50 % beteiligt
Vollkonsolidierung	Quotenkonsolidierung oder Equity-Methode	Equity-Methode

Abb. 161: Konsolidierungsmethoden nach HGB

Im folgenden Unterkapitel 8.2 wird die Vollkonsolidierung in ihren Grundsätzen dargestellt. Danach werden in Unterkapitel 8.3 und Unterkapitel 8.4 die Quotenkonsolidierung und die Equity-Methode kurz erläutert.

> Von der **Vollkonsolidierung** wird gesprochen, weil die Vermögensgegenstände und Schulden eines Tochterunternehmens in voller Höhe und somit unabhängig von der Beteiligungsquote des Mutterunternehmens an diesem Unternehmen in den Konzernabschluss einbezogen werden.

8.1.5 Arbeitsschritte zum Konzernabschluss

Die Erstellung eines Konzernabschlusses gehört zu den größten Herausforderungen an das betriebswirtschaftliche Rechnungswesen des Mutterunternehmens. So kann eine deutsche Konzernmutter vor der Aufgabe stehen, die **Einzelabschlüsse**

- einer Vielzahl von Tochterunternehmen
- mit Sitz im In- und Ausland
- mit Bilanzierung
  - in unterschiedlichen Währungen
  - zu unterschiedlichen Bilanzstichtagen
  - nach unterschiedlichen nationalen Rechnungslegungsvorschriften

zu einem einheitlichen Konzernabschluss zusammenzuführen. Die Komplexität der Konzernrechnungslegung zwingt das Mutterunternehmen zur schrittweisen Lösung der Gesamtaufgabe, wie in **Abb. 162** im Überblick[1] dargestellt ist.

	Konzernabschluss
Ausgangsdaten	Einzelabschlüsse von Mutter- und Tochterunternehmen (Handelsbilanz I)
Arbeitsschritte:	
(1) **Erstellung der Handelsbilanzen II**	Einheitliche Normierung der TU-Einzelabschlüsse durch MU
(2) **Erstellung der Handelsbilanzen III**	Neubewertung von Vermögen und Schulden in den Einzelabschlüssen der Tochterunternehmen
(3) **Erstellung eines Summenabschlusses**	Addition der Einzelwerte von MU und TU • Aktiva/Passiva → Summenbilanz • Erträge/Aufwendungen → Summen-GuV
(4) **Konsolidierung zur Vermeidung von Doppelzählungen**	• Kapital- und Schuldenkonsolidierung • Zwischenergebniseliminierung • Aufwands- und Ertragskonsolidierung

Abb. 162: Arbeitsschritte zum Konzernabschluss

(1) Handelsbilanz II

Erstellt die nichtkapitalmarktorientierte inländische Konzernmutter den Konzernabschluss nach den Vorschriften des HGB, werden die vorhandenen Einzelabschlüsse (Handelsbilanzen I) zu einheitlich normierten Einzelabschlüssen (Handelsbilanzen II) transformiert (vgl. **Abb. 163**).

Die **Einzelabschlüsse der Konzerntöchter** bedürfen der Harmonisierung: Abschlussstichtag, Abschlusswährung sowie Ansatz-, Ausweis- und Bewertungsmethoden werden nach den **Vorgaben der Konzernmutter vereinheitlicht**. Besonders große Schwierigkeiten bereitet die für internationale Konzerne unabdingbare Währungsumrechnung[2] in Euro. Erstellt eine inländische Konzernmutter ihren Konzernabschluss nach IFRS, müssen die Einzelabschlüsse gemäß IFRS 10.B87 einheitlich nach den einschlägigen IFRS-Normen angesetzt und bewertet werden.

---

[1] In Anlehnung an Buchholz, R., Jahresabschluss, 2016, S. 185 f.
[2] Vgl. hierzu von Wysocki/Wohlgemuth/Brösel, Konzernrechnungslegung, 2014, S. 281 ff.

B.8. Konzernabschluss

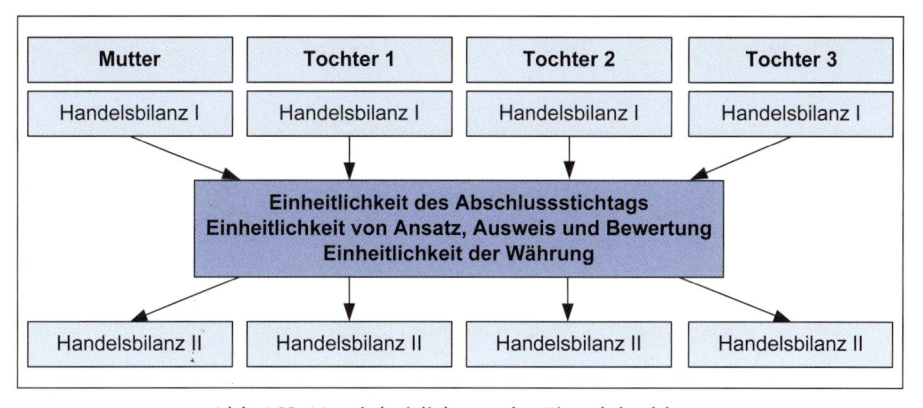

```
┌─────────────┬─────────────┬─────────────┬─────────────┐
│   Mutter    │  Tochter 1  │  Tochter 2  │  Tochter 3  │
│Handelsbilanz│Handelsbilanz│Handelsbilanz│Handelsbilanz│
│      I      │      I      │      I      │      I      │
└──────┬──────┴──────┬──────┴──────┬──────┴──────┬──────┘
       │             │             │             │
       ▼             ▼             ▼             ▼
   Einheitlichkeit des Abschlussstichtags
   Einheitlichkeit von Ansatz, Ausweis und Bewertung
   Einheitlichkeit der Währung
       │             │             │             │
       ▼             ▼             ▼             ▼
┌─────────────┬─────────────┬─────────────┬─────────────┐
│Handelsbilanz│Handelsbilanz│Handelsbilanz│Handelsbilanz│
│     II      │     II      │     II      │     II      │
└─────────────┴─────────────┴─────────────┴─────────────┘
```

Abb. 163: Vereinheitlichung der Einzelabschlüsse

(2) Handelsbilanz III

Zur Vorbereitung der Vollkonsolidierung ist für jedes **Tochterunternehmen** eine Handelsbilanz III zu erstellen.

> Ersetzt man die Buchwerte der Handelsbilanz II durch die zum Zeitpunkt des Anteilserwerbs geltenden Tageswerte, gelangt man zur **Handelsbilanz III**.

Im Klartext: Zum Zeitpunkt der Aufnahme eines Tochterunternehmens in den Konzernabschluss sind die **stillen Rücklagen bzw. stillen Lasten im Einzelabschluss des Tochterunternehmens aufzulösen**. Die Handelsbilanz III ist also das Resultat der nach §301 Abs. 1 HGB bzw. IFRS 3.18 ff. vorgeschriebenen **Neubewertungsmethode**.

Die zum Übernahmestichtag vorzunehmende Neubewertung der Aktiva und Passiva eines Tochterunternehmens hat eine Neubewertung des Eigenkapitals zur Folge.

Neubewertung eines Tochterunternehmens (TU)					
Buchwerte (BW)				**Tageswerte (TW)**	
A	Handelsbilanz II		P	A	Handelsbilanz III	P
VG_1	200	EK_{BW}	400	VG_1	260	EK_{TW}	500
VG_2	500	FK_1	250	VG_2	520	FK_1	230
VG_3	300	FK_2	350	VG_3	300	FK_2	350
	1.000		**1.000**		**1.080**		**1.080**

Abb. 164: Neubewertung zum Erwerbszeitpunkt von TU

Die Auflösung stiller Rücklagen in den Aktivposten (VG_1 und VG_2) und den Passivposten (FK_1) in Höhe von insgesamt 100 führt zu einer entsprechenden Höherbewertung des Eigenkapitals zum Tageswert (EK_{TW} 500).

(3) Summenabschluss

Nach Erstellung der

- **Handelsbilanz II** für das **Mutterunternehmen**
- **Handelsbilanz III** für jedes **Tochterunternehmen**

werden diese Einzelbilanzen zu einer Summenbilanz zusammengefasst. Die Erstellung der Summenbilanz ist ein arbeitstechnischer Vorgang. Ihr **Informationswert**[1] **ist gering**, weil es durch

- Aktivierung der Vermögensgegenstände aller Tochterunternehmen und
- Aktivierung der Beteiligung beim Mutterunternehmen

zu einer **wirtschaftlich unsinnigen Doppelzählung** kommt.

Analog gelangt man durch Addition

- aller Erträge von MU und TU
- aller Aufwendungen von MU und TU

zur **Summen-GuV**. Auch hierbei kommt es zu **Doppelzählungen**, beispielsweise dann, wenn die von den Tochterunternehmen erwirtschafteten **originären Gewinne** nach ihrer Ausschüttung als **Beteiligungserträge** in der GuV des Mutterunternehmens erscheinen.

(4) Konsolidierung zur Vermeidung von Doppelzählungen

Zur Vermeidung von Doppelzählungen im Summenabschluss müssen verschiedene Posten gegeneinander aufgerechnet werden. Dieser als Konsolidierung bezeichnete Vorgang umfasst die Kapitalkonsolidierung, die Schuldenkonsolidierung, die Eliminierung von Zwischenergebnissen sowie die Aufwands- und Ertragskonsolidierung, die im folgenden Unterkapitel beschrieben werden.

8.2 Vollkonsolidierung von Tochterunternehmen

8.2.1 Kapitalkonsolidierung

Grundlage der Verbindung zwischen Mutter- und Tochterunternehmen ist üblicherweise der Erwerb von Anteilen am Tochterunternehmen durch das Mutterunternehmen. Die Mehrheitsbeteiligung am (beherrschten) Tochterunternehmen wird im Einzelabschluss des Mutterunternehmens als Aktivposten „Anteile an verbundenen Unternehmen" ausgewiesen.

Die Kapitalkonsolidierung ist für einen Konzernabschluss nach

- **HGB-Regeln in § 301 HGB**
- **nach internationaler Rechnungslegung in IFRS 10.B86b**

geregelt. Dabei basiert die Kapitalkonsolidierung auf der sog. Erwerbsmethode.

> Die **Erwerbsmethode** unterstellt beim Erwerb des Tochterunternehmens den Einzelerwerb aller Vermögensgegenstände und Schulden durch das Mutterunternehmen zum aktuellen Wert (= Tageswert) zum Zeitpunkt des Beteiligungserwerbs.

---

[1] Vgl. hierzu das Beispiel in **Abb. 158** auf S. 793.

Nach der Erwerbsmethode wird also der Anteilserwerb (Share deal) umgedeutet zum Erwerb einzelner Vermögensgegenstände und Schulden (Asset deal). Bei der Kapitalkonsolidierung unterscheidet man zwischen der

8.2.1.1 **Erstkonsolidierung** zum Zeitpunkt des Anteilserwerbs
8.2.1.2 **Folgekonsolidierung** an allen nachfolgenden Bilanzstichtagen.

8.2.1.1 Erstkonsolidierung

Nach der Erwerbsmethode tritt in der Konzernbilanz das übernommene Vermögen des Tochterunternehmens an die Stelle des Aktivpostens „Anteile an verbundenen Unternehmen". Dieser Vermögensposten des Mutterunternehmens wird im Folgenden einfachheitshalber als Beteiligung bezeichnet. Zur Vermeidung von Doppelzählungen ist – wie in **Abb. 158** gezeigt – die in der Bilanz des Mutterunternehmens (MU) ausgewiesene Beteiligung gegen das in der Bilanz des Tochterunternehmens (TU) ausgewiesene Eigenkapital aufzurechnen. Die grundlegende **Buchung zur erstmaligen Kapitalkonsolidierung** lautet:

> **Eigenkapital TU   an   Beteiligung MU**

Das Mutterunternehmen bilanziert die Beteiligung zu Anschaffungskosten (= Kaufpreis zum Erwerbszeitpunkt). Das Tochterunternehmen bilanziert sein Eigenkapital in der Handelsbilanz II zu Buchwerten. Maßgeblich für die Kapitalkonsolidierung nach dem oben genannten Buchungssatz ist aber **das Eigenkapital TU** bewertet **zum Tageswert**[1] (zum Zeitpunkt des Beteiligungserwerbs), wie es in der **Handelsbilanz III** ausgewiesen wird. Im Folgenden sollen die Grundzüge erstmaliger Kapitalkonsolidierung an vier Beispielen erläutert werden. In allen vier Fällen ist von folgender Ausgangslage[2] auszugehen:

Ausgangslage des Beteiligungserwerbs
• MU erwirbt zum 31.12.01 eine Beteiligung an TU zum Preis X • MU finanziert die Anschaffungskosten X durch Kreditaufnahme (Fremdkapital X) • HB II: Handelsbilanz TU/MU zu Buchwerten • HB III: Handelsbilanz TU zu Tageswerten (→ **Auflösung stiller Rücklagen von 100**)

A	HB II TU 31.12.01		P	A	HB III TU 31.12.01		P
Div. Aktiva	400	Eigenkapital	400	Div. Aktiva	500	Eigenkapital	500
	400		400		500		500

A	HB II MU 31.12.01		P
Beteiligung	X	Eigenkapital	800
Div. Aktiva	800	Fremdkapital	X
	X + 800		X + 800

Abb. 165: Ausgangslage zur Erstkonsolidierung der Erwerbsfälle (1) bis (4)

---

[1] Zum Eigenkapitalausweis zum Tageswert vgl. den Beispielfall in **Abb. 164**.
[2] Auf die Untergliederung des Eigenkapitalausweises und auf die Berücksichtigung latenter Steuern wird aus didaktischen Gründen verzichtet.

Erwirbt MU eine 100%-Beteiligung an TU, kann man zwischen einem
- **Erwerb ohne Wertdifferenz** (Kaufpreis Beteiligung = Tageswert Eigenkapital TU)
- **Erwerb mit Wertdifferenz** (Kaufpreis Beteiligung ≠ Tageswert Eigenkapital TU)

unterscheiden. Bedenkt man, dass MU nicht alle Anteile an TU, sondern beispielsweise nur eine Mehrheitsbeteiligung in Höhe von 60 Prozent, erwerben kann, dann gelangt man – anknüpfend an das Ausgangsbeispiel in **Abb. 165** – zu vier typischen Fällen erstmaliger Kapitalkonsolidierung:

Fallbeispiele zur Erstkonsolidierung von Tochterunternehmen	
(1) MU erwirbt 100% an TU ohne Wertdifferenz	(Kaufpreis X = 500)
(2) MU erwirbt 60% an TU ohne Wertdifferenz	(Kaufpreis X = 300)
(3) MU erwirbt 100% an TU mit Wertaufschlag	(Kaufpreis X = 700)
(4) MU erwirbt 60% an TU mit Wertaufschlag	(Kaufpreis X = 420)

Abb. 166: Typische Fallbeispiele zum Beteiligungserwerb (Ausgangslage in Abb. 165)

Im **Erwerbsfall (1)** kauft MU 100% der Anteile an TU zum Preis von 500. Im Gegenzug bringt TU Aktiva zum Tageswert von 500 (→ HB III TU in **Abb. 165**) ein. Aus der Sicht der wirtschaftlichen Einheit „Konzern" ist dieser Beteiligungserwerb ein Konsolidierungsvorgang ohne Differenz.

Kapitalkonsolidierung im Fall (1)

Konsolidierungsbuchung:
Eigenkapital TU (HB III)   an   Beteiligung MU   500

A	HB III TU 31.12.01	P	A	HB II MU 31.12.01	P
Div. Aktiva	500	Eigenkapital 500 ↔	Beteiligung	500	Eigenkapital	800
			Div. Aktiva	800	Fremdkapital	500
	500	500		1.300		1.300

A	Konzernbilanz zum 31.12.01	P
Div. Aktiva	1.300	Eigenkapital	800
		Fremdkapital	500
	1.300		1.300

Abb. 167: Konzernbilanz im Fall (1)

Im **Erwerbsfall (2)** kauft MU 60% der Anteile an TU zum Preis von 300. Das TU-Reinvermögen (bewertet zu Tageswerten) beträgt 500. Damit ist den

- Mehrheitsaktionären von TU (= MU) TU-Reinvermögen von 300 (60% von 500)
- außenstehenden Minderheitsaktionären von TU ein TU-Reinvermögen von 200 (40% von 500)

zuzurechnen.

B.8. Konzernabschluss

Kapitalkonsolidierung im Fall (2)			
Konsolidierungsbuchung:			
Eigenkapital TU (HB III) 500	an	Beteiligung MU	300
		Anteil Minderheiten	200

A	HB III TU 31.12.01	P		A	HB II MU 31.12.01	P
Div. Aktiva	500	Eigenkapital 500		Beteiligung	300	Eigenkapital 800
				Div. Aktiva	800	Fremdkapital 300
	500	500			1.100	1.100

A	Konzernbilanz zum 31.12.01	P
Div. Aktiva	1.300	Eigenkapital 800
		Anteil Minderheiten 200
		Fremdkapital 300
	1.300	1.300

Abb. 168: Konzernbilanz im Fall (2)

Im Fall (2) wird das Vermögen der wirtschaftlichen Einheit „Konzern" in Höhe von 1.300 finanziert durch die

- Eigenkapitaleinlage der MU-Mehrheitsaktionäre von 800
- Eigenkapitaleinlage der außenstehenden TU-Minderheitsaktionäre von 200
- Darlehensbereitstellung der Fremdkapitalgeber von 300.

Am Erwerbsfall (3) soll im anschließenden Unterkapitel 8.2.1.2 die Folgekonsolidierung erläutert werden. Deshalb folgt die Entwicklung der Konzernbilanz in einem **Tableau** (→ **Abb. 169**), das in der einschlägigen **Bilanzpraxis** zur Anwendung kommt.

Kapitalkonsolidierung im Fall (3)								
Konsolidierungsbuchung:								
Eigenkapital TU (HB III) 500			an	Beteiligung MU			700	
Firmenwert 200								

Bilanzposten	HB II MU		HB III TU		Summen-bilanz		Konsolidie-rungsbuchung		Konzernbilanz	
	A	P	A	P	A	P	S	H	A	P
Firmenwert	–		–		–		200		200	
Beteiligung	700		–		700			700	–	
Div. Aktiva	800		500		1.300				1.300	
Summe Aktiva	**1.500**		**500**		**2.000**				**1.500**	
Eigenkapital		800		500		1.300	500			800
Fremdkapital		700		–		700				700
Summe Passiva		**1.500**		**500**		**2.000**	**700**	**700**		**1.500**

Abb. 169: Konzernbilanz im Fall (3)

Im **Erwerbsfall (3)** (vgl. **Abb. 169**) kauft MU (kreditfinanziert) 100% der Anteile an TU, zahlt aber – anders als im Fall (1) – nicht nur 500, sondern 700. Der **Preisaufschlag** von 200 ist als Entgelt für die Übernahme nicht bilanzierter immaterieller Werte von TU, also als Kaufpreis für den Geschäfts- oder Firmenwert[1] (Goodwill) anzusehen. Der **käuflich erworbene Geschäfts- oder Firmenwert** (200) ist auf der **Aktivseite der Konzernbilanz** auszuweisen.

> Korrigiert man die Posten der Summenbilanz um die **Konsolidierungsbuchungen**, gelangt man zur Konzernbilanz.

Im **Erwerbsfall (4)** (vgl. **Abb. 170**) kauft MU (kreditfinanziert) 60% der Anteile an TU zum Preis von 420. Der gezahlte Kaufpreis setzt sich aus folgenden Komponenten zusammen:

- 60% Anteil am bilanzierten Reinvermögen TU   300
- 60% Anteil am Geschäfts- oder Firmenwert von TU   120

In diesem Fall bedarf es einer

(a) Konsolidierungsbuchung aus der Sicht der Mehrheitsaktionäre von MU
(b) Konsolidierungsbuchung aus der Sicht der Minderheitsaktionäre von TU.

Kapitalkonsolidierung im Fall (4)								
Konsolidierungsbuchungen:								
(a) Eigenkapital TU (HB III) 300 an Beteiligung MU (60%) 420								
Firmenwert 120								
(b) Eigenkapital TU (HB III) 200 an Anteil Minderheiten[2] (40%) 200								
Bilanzposten	HB II MU		HB III TU		Summen-bilanz		Konsolidie-rungsbuchung	Konzernbilanz
	A	P	A	P	A	P	S H	A P
Firmenwert	–		–		–		*120*	120
Beteiligung	420		–		420		*420*	–
Div. Aktiva	800		500		1.300			1.300
Summe Aktiva	**1.220**		**500**		**1.720**			**1.420**
Eigenkapital		800		500		1.300	*500*	800
Anteil Minderheiten		–		–		–	*200*	200
Fremdkapital		420		–		420		420
Summe Passiva		**1.220**		**500**		**1.720**	*620* *620*	**1.420**

Abb. 170: Konzernbilanz im Fall (4)

Im Vergleich zum Fall (3) verringert sich der Bilanzausweis des Firmenwertes von 200 auf 120. Die Erklärung ist einfach: **Bilanzierungsfähig** ist nach HGB – aus Gründen der Kontrollierbarkeit und Rechtssicherheit – **nur der käuflich erworbene Geschäfts- oder**

---

[1] Zum Geschäfts- oder Firmenwert vgl. S. 706 ff.
[2] Die sachgerechte Bezeichnung lautet „Nicht beherrschende Anteile".

Firmenwert. Bei einem Anteilserwerb von 60 % wurden nur 60 % des Geschäfts- oder Firmenwertes von TU durch MU käuflich erworben.[1]

Üblicherweise bezahlt ein Mutterunternehmen beim Erwerb einer Beteiligung einen **Mehrpreis** für den Geschäfts- oder Firmenwert, den man im internationalen Geschäftsverkehr als **Goodwill** bezeichnet. Ist dagegen der Kaufpreis (z. B. 400) für eine (100%-) Beteiligung an TU **niedriger als der Tageswert des Reinvermögens** (z. B. 500) von TU, spricht man von einem Erwerb mit Badwill (im Beispiel 100). Fragt man nach den Entstehungsursachen für einen Badwill, stößt man auf einen positiven oder negativen **Hintergrund**:

- **positiv**: MU nutzte eine einmalig günstige Kaufgelegenheit (sog. **Lucky buy**)
- **negativ**: MU rechnet für die **Zukunft** von TU mit substanzschmälernden **Zahlungsbelastungen** (z. B. aus einem späteren Sozialplan).

Bei der Berücksichtigung des Badwill im Konzernabschluss gehen das HGB und die IFRS verschiedene Wege (→ **Abb. 171**).

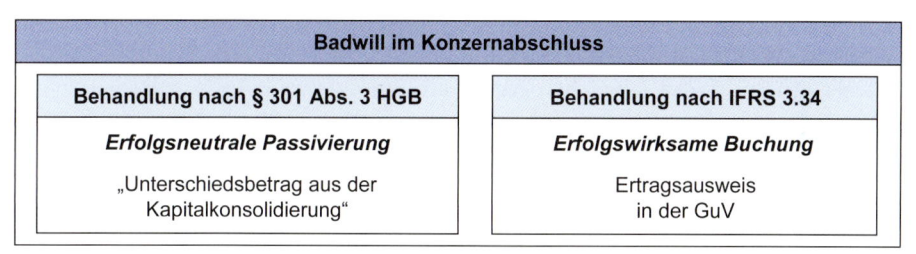

Badwill im Konzernabschluss	
Behandlung nach § 301 Abs. 3 HGB	Behandlung nach IFRS 3.34
Erfolgsneutrale Passivierung	*Erfolgswirksame Buchung*
„Unterschiedsbetrag aus der Kapitalkonsolidierung"	Ertragsausweis in der GuV

Abb. 171: Badwill im Konzernabschluss nach HGB bzw. IFRS

Im **HGB-Konzernabschluss** ist der **Passivposten nach dem Eigenkapital** auszuweisen. Er ist nach § 309 Abs. 2 HGB erst dann **erfolgswirksam aufzulösen**, wenn feststeht, ob

- ein Gewinn aus einem **Lucky buy** realisiert ist
- die erwartete **ungünstige Entwicklung** eintritt.

Bei entsprechender Sachlage steht einer sofortigen erfolgswirksamen Auflösung nichts im Wege. Ein erläuterndes Zahlenbeispiel findet sich im zugehörigen Übungsbuch. (**ÜB 6/85**)

8.2.1.2 Folgekonsolidierung

In den in **Abb. 166** enthaltenen Beispielfällen (1) bis (4) hatte das Mutterunternehmen MU zum 31.12.01 eine Beteiligung am Tochterunternehmen TU erworben. Somit ist zum folgenden Bilanzstichtag (31.12.02) erstmals eine Folgekonsolidierung vorzunehmen. Dabei sind folgende **Arbeitsschritte** einzuhalten:

- Zusammenfassung der Einzelabschlüsse (31.12.02) von MU und TU zur **Summenbilanz** zum 31.12.02
- Ableitung der Konzernbilanz zum 31.12.02 aus der Summenbilanz zum 31.12.02 unter **Berücksichtigung der Buchungen** zur
  - **Erstkonsolidierung** (zum 31.12.01)
  - **Folgekonsolidierung** (zum 31.12.02).

---

[1] Im Gegensatz zur HGB-Regelung ist im Rahmen internationaler Konzernrechnungslegung der Ausweis des gesamten Geschäfts- oder Firmenwertes nach IFRS erlaubt.

Die **Buchungen zur Folgekonsolidierung** haben die Aufgabe, alle **Vorgänge** der Abrechnungsperiode (02) zu erfassen, die **in den Einzelbilanzen** von MU und TU **nicht berücksichtigt** wurden. Dabei handelt es sich um

(a) **Mehrabschreibungen** in der Konzernbilanz, welche die (teilweise) **Auflösung der** zum Erwerbszeitpunkt des TU nur in der Konzernbilanz **aufgedeckten stillen Rücklagen** betreffen.

(b) **Abschreibungen auf den Geschäfts- oder Firmenwert**, der nur in der Konzernbilanz, nicht aber in der Handelsbilanz II des Mutterunternehmens ausgewiesen wird.

Der in der folgenden **Abb. 172** dargestellte Beispielfall einer Folgekonsolidierung zum 31.12.02 basiert auf dem Beispielfall der Erstkonsolidierung zum 31.12.01, wie er in **Abb. 169** enthalten ist (Fall 3). Dabei ist daran zu erinnern, dass beim Erwerb der 100%-Beteiligung durch MU stille Rücklagen bei TU in Höhe von 100 aufgedeckt wurden. Dieser Sachverhalt ergibt sich aus der Gegenüberstellung der TU-Handelsbilanzen II und III in **Abb. 165**. Im Folgenden wird unterstellt, dass

- die **Höherbewertung (um 100) der TU-Aktiva** in der Konzernbilanz zu
- einer **Erhöhung des Abschreibungsausgangswertes** maschineller Anlagen (Nutzungsdauer 4 Jahre) um 100 und somit zu
- einer **Erhöhung des jährlichen Abschreibungsaufwands** im Konzernabschluss um 25

führt.

Weiterhin wird unterstellt, dass der in der HGB-Konzernbilanz zum 31.12.01 ausgewiesene Geschäfts- oder Firmenwert[1] in Höhe von 200 bei einer angenommenen Nutzungsdauer von 5 Jahren zum 31.12.02 um 40 abzuschreiben ist.

Folgekonsolidierung zum 31.12.02										
Ausgangsdaten: Erstkonsolidierung zum 31.12.01 in **Abb. 169**										
Sachverhalte aus Periode 02										
1) Periodengewinn MU (thesauriert → Vermögensmehrung)										80
2) Periodengewinn TU (thesauriert → Vermögensmehrung)										50
3) Mehrabschreibung maschineller Anlagen wegen höherer Abschreibungsbasis in der Konzernbilanz										25
4) Abschreibung auf Geschäfts- oder Firmenwert in der Konzernbilanz										40
Bilanzposten	HB II MU 02		HB III TU 02		Summen-bilanz 02		Erstkon-solidierung		Folgekon-solidierung		Konzern-bilanz 02	
---	---	---	---	---	---	---	---	---	---	---	---	---
	A	P	A	P	A	P	S	H	S	H	A	P
Firmenwert	–		–		–		200			40[4]	160	
Beteiligung	700		–		700			700				
Div. Aktiva	880[1]		550[2]		1.430					25[3]	1.405	
Summe	**1.580**		**550**		**2.130**						**1.565**	
Eigenkapital		880[1]		550[2]		1.430	500		65			865
Fremdkapital		700		–		700						700
Summe		**1.580**		**550**		**2.130**	**700**	**700**	**65**	**65**		**1.565**

Abb. 172: Folgekonsolidierung zur Konzernbilanz zum 31.12.02

---

[1] Eine planmäßige Firmenwertabschreibung ist im IFRS-Konzernabschluss verboten.

Nach Maßgabe der Einzelabschlüsse hat sich in Periode 02 (im Vergleich zur Periode 01)
- das Reinvermögen von MU um 80
- das Reinvermögen von TU um 50

erhöht. Für den Konzern gelangt man aber nur zu einer Reinvermögensmehrung von 65 (865–800 bzw. 80+50–25–40), weil aus der Sicht der wirtschaftlichen Einheit Wertminderungen von 25 beim Maschinenpark und von 40 beim Geschäfts- oder Firmenwert zu berücksichtigen sind, die in den Einzelabschlüssen nicht erfasst wurden.

8.2.2 Schuldenkonsolidierung

Jedes Unternehmen hat
- **Zahlungsansprüche** (ausgewiesen als aktive Bilanzposten)
- **Zahlungsverpflichtungen** (ausgewiesen als passive Bilanzposten).

Sind rechtlich selbständige Unternehmen in ein Konzernverhältnis eingebunden, kann man zwischen konzerninternen und konzernexternen Schuldverhältnissen unterscheiden. Betrachtet man den Konzern als wirtschaftliche Einheit, dann dürfen in der **Konzernbilanz nur externe Schuldverhältnisse ausgewiesen** werden. Konzerninterne Schuldverhältnisse fallen nach § 303 HGB bzw. nach IFRS 10.B86c der Schuldenkonsolidierung zum Opfer.

> § 303 HGB **Schuldenkonsolidierung**: Ausleihungen und andere Forderungen, Rückstellungen und Verbindlichkeiten zwischen den in den Konzernabschluss einbezogenen Unternehmen sowie entsprechende Rechnungsabgrenzungsposten sind zu eliminieren.

Im folgenden Fall ist das Mutterunternehmen MU zu 100 % am Tochterunternehmen TU beteiligt. MU hat eine **interne Forderung** (ausgewiesen als Aktivposten „**Forderungen gegen verbundene Unternehmen**") in Höhe von 100 gegenüber TU.

Schuldenkonsolidierung

Konsolidierungsbuchungen:
(a) Eigenkapital TU   an   Beteiligung   400
(b) Interne Verbindlichkeiten an   Interne Forderungen   100

A	HB III TU		P	A	HB II MU		P
Div. Aktiva	700	Eigenkapital	400 (a)→ Beteiligung	400	Eigenkapital	500
		Verbindl. extern	200 (b) Div. Aktiva	300	Verbindl. extern	300
		Verbindl. intern	100 ←Ford. intern	100		
	700		700		800		800

A	Konzernbilanz		P
Div. Aktiva	1.000	Eigenkapital	500
		Verbindlichkeiten (200 + 300)	500
	1.000		1.000

Abb. 173: Schuldenkonsolidierung (hier: Buchung b)

8.2.3 Zwischenergebniseliminierung

Ein Zwischenergebnis entsteht, wenn in einer konzerninternen Lieferbeziehung ein Vermögensgegenstand zu einem höheren oder niedrigeren Preis veräußert wird, als es seinen Konzernanschaffungs- bzw. Konzernherstellungskosten (AHK) entspricht:

	Abgabepreis an Konzernunternehmen	–	AHK für Lieferanten	Zwischenergebnis
• Zwischengewinn	80	–	65	+ 15
• Zwischenverlust	80	–	88	– 8

Befindet sich der gelieferte Vermögensgegenstand zum Bilanzstichtag noch im Konzernbesitz, wurden die Zwischenergebnisse noch nicht am Markt realisiert. Diese Zwischenergebnisse sind deshalb grundsätzlich zu eliminieren (§ 304 HGB, IFRS 10.B86c), d.h. das Konzernergebnis bzw. das Konzerneigenkapital ist um den entsprechenden Betrag zu verändern.

Im folgenden Beispielfall verkauft TU an MU eine maschinelle Anlage zum Preis von 80 auf Ziel. Die Herstellungskosten (AHK) bei TU betrugen 65. Die Anlage befindet sich zum Bilanzstichtag noch im MU.

Zwischenergebniseliminierung (c)

Ausgangsdaten:
- 100%-Beteiligung MU an TU   150
- TU verkauft masch. Anlage auf Ziel an MU
  - Anschaffungskosten für MU   80
  - Herstellungskosten für TU (AHK)   65
- Gewinnthesaurierung bei TU   15

Konsolidierungsbuchungen:
(a) Gezeichnetes Kapital TU   an   Beteiligung MU   150
(b) Lieferantenverbindlichkeiten MU an   Forderungen aus Lief. u. Leist. TU   80
(c) Gewinn TU   an   Masch. Anlagen MU   15

Bilanzposten		HB II MU		HB III TU		Summenbilanz		(a) Kapitalkonsolidierung		(b) Schuldenkonsolidierung		(c) Zwischenergebniseliminierung		Konzernbilanz	
		A	P	A	P	A	P	S	H	S	H	S	H	A	P
Masch. Anlagen		80				80							15	65	
Beteiligung		150				150			150						
Forderungen Lief. u. Leist.				80		80					80				
Div. Aktiva		50		85		135								135	
Summe		**280**		**165**		**445**								**200**	
Eigenkapital	gez. Kapital	200		150		350		150							200
	Gewinn			15		15						15			
Lieferverbindl.			80				80			80					
Summe		**280**		**165**		**445**		**150**	**150**	**80**	**80**	**15**	**15**		**200**

Abb. 174: Eliminierung von Zwischenergebnissen (hier: Buchung c)

Bei der **Zwischenergebniseliminierung (c)** kommt es im Beispiel zu einer **Bilanzverkürzung**: Auf der Aktivseite der Konzernbilanz wird der Posten „Maschinelle Anlagen", auf der Passivseite wird der Posten „Eigenkapital" um den konzerninternen Gewinn von 15 gekürzt. Die maschinelle Anlage wird nicht zu Anschaffungskosten aus MU-Sicht von 80, sondern zu **Konzernherstellungskosten** von 65 ausgewiesen.

8.2.4 Aufwands- und Ertragskonsolidierung

Ausgehend von den Einzel-GuV der Konzernmitglieder ist eine (konsolidierte) **Konzern-GuV** in folgenden Arbeitsschritten zu erstellen:
- Zusammenfassung aller Einzel-GuV zur **Summen-GuV**
- Buchungen zur **Eliminierung konzerninterner Leistungsbeziehungen**
- Aus der Summen-GuV ergibt sich nach Durchführung der Konsolidierungsbuchungen die **Konzern-GuV**.

> Mit der **Aufwands- und Ertragskonsolidierung** verfolgt man das Ziel, alle konzerninternen Leistungsbeziehungen aus der Konzern-GuV zu eliminieren.

Im folgenden **Beispielfall (Abb. 175)** ist MU an TU zu 100 % beteiligt. In der **Konzern-GuV** sind diverse **konzerninterne Leistungen zu eliminieren**.

Aufwands- und Ertragskonsolidierung

Konzerninterne Lieferungen und Leistungen:

(1) MU erhält von TU eine Mietzahlung von 100
(2) MU erhält von TU Darlehenszinsen von 50
(3) TU liefert MU Fertigfabrikate (FF) zum Preis von 400 (AHK bei TU 250)

Konsolidierungsbuchungen:

(1) Mieterträge MU		an	Mietaufwand TU	100
(2) Zinserträge MU		an	Zinsaufwand TU	50
(3) Umsatzerlöse (intern)	400	an	Bestandsänderung FF	250
			Gewinn	150

GuV-Posten	GuV MU S	GuV MU H	GuV TU S	GuV TU H	Summen-GuV S	Summen-GuV H	Konsolidierung S	Konsolidierung H	Konzern-GuV S	Konzern-GuV H
Umsatzerlöse		1.000		600		1.600	400			1.200
Bestandsänd. FF								250		250
Mieterträge		100				100	100			
Zinserträge		50				50	50			
Mietaufwand			100		100			100		
Zinsaufwand			50		50			50		
Div. Aufwendungen	500		400		900				900	
Gewinn	650		50		700			150	550	
Summe	1.150	1.150	600	600	1.750	1.750	550	550	1.450	1.450

Abb. 175: Aufwands- und Ertragskonsolidierung

Die **Konsolidierungsbuchung (3)** zeigt, dass Zwischenergebniseliminierung sowie Aufwands- und Ertragskonsolidierung miteinander verbunden sein können. Sie führt zu einer **Verkürzung der Konzernbilanz**: Auf der Aktivseite werden die **Fertigfabrikate** nicht zu Anschaffungskosten von 400, sondern zu **Konzernherstellungskosten von 250** ausgewiesen. Auf der Passivseite verringert sich im Gegenzug der **Eigenkapitalausweis** um den **Abzug des konzerninternen Gewinns** in Höhe von 150. Ein weiteres Beispiel zur Aufwands- und Ertragskonsolidierung findet sich im zugehörigen Übungsbuch. (**ÜB** 6/86)

8.3 Quotenkonsolidierung von Gemeinschaftsunternehmen

Ein Gemeinschaftsunternehmen (Joint Venture) untersteht der gemeinsamen Leitung durch mehrere Mutterunternehmen (MU). Das einzelne Mutterunternehmen hat – angesichts der Mitwirkungsrechte der übrigen Mutterunternehmen – einen **geringeren Einfluss auf das Gemeinschaftsunternehmen (GU)** als auf ein seiner einheitlichen Leitung unterstehendes Tochterunternehmen (TU). Aus diesem Grund gilt für

- **Tochterunternehmen die Vollkonsolidierung** nach §290 HGB
- **Gemeinschaftsunternehmen die Quotenkonsolidierung**[1] nach §310 HGB.

Im Zuge der **Vollkonsolidierung** wird in der Konzernbilanz auf der

- **Aktivseite** das gesamte Vermögen von TU (zu Zeitwerten)
- **Passivseite** neben dem Eigenkapital (der Mehrheitsaktionäre) der Eigenkapitalanteil der Minderheiten

ausgewiesen. Im Gegensatz dazu werden bei der Quotenkonsolidierung in der Konzernbilanz nur die dem Mutterunternehmen anteilig zurechenbaren Vermögens- und Schuldpositionen des Gemeinschaftsunternehmens GU ausgewiesen.

> Nach der **Quotenkonsolidierung** werden in der Konzernbilanz die Vermögensgegenstände und Schulden von GU nur soweit ausgewiesen, wie sie dem jeweiligen Mutterunternehmen anteilig zurechenbar sind.

Zur Erläuterung des Unterschieds zwischen Voll- und Quotenkonsolidierung wird unterstellt, dass MU eine 60%-Beteiligung an

(a) **einem TU** bzw.
(b) **einem GU**

zum Preis von 420 erworben hat (Ausgangsdaten → **Abb. 176**).

Beteiligungserwerb							
A	HB III TU bzw. GU		P	A	HB II MU		P
Div. Aktiva	500	Eigenkapital	500	Div. Aktiva	800	Eigenkapital	800
				Beteiligung	420	Fremdkapital	420
	500		500		1.220		1.220

Abb. 176: Beteiligungserwerb (Ausgangsbeispiel)

---

[1] Für Gemeinschaftsunternehmen ist auch die Equity-Methode (§311 HGB) zulässig, im IFRS-Konzernabschluss ist sie zwingend vorgeschrieben (IFRS 11.24).

Im Fall
(a) **Vollkonsolidierung** eines Tochterunternehmens (TU)
(b) **Quotenkonsolidierung** eines Gemeinschaftsunternehmens (GU)

gelangt man im Wege der Erstkonsolidierung zu folgender Konzernbilanz:

Erstkonsolidierung			
(a) Vollkonsolidierung 100 % (Tochterunternehmen)		**(b) Quotenkonsolidierung 60 %** (Gemeinschaftsunternehmen)	
A Konzernbilanz P		A Konzernbilanz P	
Firmenwert 120	Eigenkapital 800	Firmenwert 120	Eigenkapital 800
Div. Aktiva 1.300	Anteil Minderh. 200	Div. Aktiva 1.100	Fremdkapital 420
	Fremdkapital 420		
1.420	1.420	1.220	1.220

Abb. 177: Konzernbilanz nach Voll- und Quotenkonsolidierung

Bei der **Quotenkonsolidierung** setzt sich der Konzernbilanzposten „Diverse Aktiva" aus den Komponenten

Div. Aktiva MU	**800**
Div. Aktiva GU (MU-Anteil 60 % von 500)	**300**

zusammen.

8.4 Equity-Bewertung für assoziierte Unternehmen

Ist ein Mutterunternehmen (MU) zu mehr als 20 % aber zu weniger als 50 % an einem anderen Unternehmen beteiligt, spricht man i. d. R. von einem **assoziierten Unternehmen**. In den

- **HGB-Konzernabschluss** sind **assoziierte Unternehmen** (§ 312 HGB)
- **IFRS-Konzernabschluss** sind **assoziierte Unternehmen und Gemeinschaftsunternehmen** (IFRS 11.24)

nach der **Equity-Methode** einzubeziehen.

Die Voll- und die Quotenkonsolidierung folgen der Fiktion der Erwerbsmethode: In der Konzernbilanz tritt an die Stelle der Beteiligung des Mutterunternehmens MU das vollständige bzw. anteilige Reinvermögen des Tochter- bzw. Gemeinschaftsunternehmens.

Im Gegensatz dazu handelt es sich bei der **Equity-Methode** nur um einen **konsolidierungsähnlichen Vorgang**.

> Die **Equity-Methode** berücksichtigt die wirtschaftliche Verflechtung zwischen MU und assoziierten Unternehmen in der Weise, dass der Wertansatz der Beteiligung in der Konzernbilanz nicht zu Anschaffungskosten erfolgt, sondern sich an der Entwicklung des Eigenkapitals (= equity) des assoziierten Unternehmens orientiert.

Dabei ist zwischen der

- Erstbewertung zum Zeitpunkt des Beteiligungserwerbs (→ Anschaffungskosten)
- Folgebewertung zu späteren Bilanzstichtagen (→ Wertfortschreibung)

zu unterscheiden.

Im Zuge der **Erstkonsolidierung** ist die **Beteiligung** an einem assoziierten Unternehmen AU in der Konzernbilanz zu **Anschaffungskosten** auszuweisen.

Equity-Methode	
Anschaffungskosten einer 25%-Beteiligung	1.000
− 25%-Anteil am Buchwert des Eigenkapitals AU (gem. Handelsbilanz II)	− 600
Unterschiedsbetrag	**400**
• davon 25%-Anteil an stillen Rücklagen AU 300	
• davon von MU bezahlter Firmenwert 100	

Abb. 178: Unterschiedsbetrag und seine Aufteilung (Beispiel)

Der Unterschiedsbetrag (400) zwischen dem Kaufpreis der Beteiligung (1.000) und dem beteiligungsadäquaten Anteil von MU am buchmäßigen Eigenkapital des assoziierten Unternehmens AU (600) ist im Konzernanhang anzugeben und in seine Bestandteile zu zerlegen (§ 312 Abs. 1 HGB).

Bei der **Folgebewertung** der Beteiligung an den nachfolgenden Bilanzstichtagen ist der **Bilanzansatz** der Beteiligung **der Eigenkapitalentwicklung des assoziierten Unternehmens anzupassen**. Erhöht sich in der Folgezeit das Eigenkapital des assoziierten Unternehmens, führt dies zu einer Wertsteigerung der von MU gehaltenen Beteiligung. Gewinne beim assoziierten Unternehmen führen c. p. zu einem Anstieg, Verluste zu einer Verminderung des Buchwertes der Beteiligung im Konzernabschluss. Der (neue) Beteiligungsbuchwert wird nach folgendem vereinfachten Schema ermittelt:

Folgebewertung der Equity-Methode
Anschaffungskosten der Beteiligung 01.01.01
+ anteiliger Periodengewinn des assoziierten Unternehmens
− anteiliger Periodenverlust des assoziierten Unternehmens
− zwischenzeitlich vereinnahmte Ausschüttungen
− Abschreibung anteiliger stiller Rücklagen
− Abschreibung des Geschäfts- oder Firmenwertes
Beteiligungsbuchwert 31.12.01

Abb. 179: Wertfortschreibung einer Beteiligung am assoziierten Unternehmen

Ist der anteilige Periodengewinn höher als mögliche Abzugsposten (z. B. Gewinnausschüttung von TU an MU), ist der Beteiligungsbuchwert durch eine erfolgswirksame Wertzuschreibung in der Konzernbilanz heraufzusetzen. Ein erläuterndes Zahlenbeispiel findet sich im zugehörigen Übungsbuch. (**ÜB 6/87**)

9. Bilanzpolitik und Bilanzanalyse

9.1 Überblick

Nach dem Willen des Gesetzgebers (§ 264 Abs. 2 HGB) soll der Jahresabschluss ein den tatsächlichen Verhältnissen entsprechendes Bild der Vermögens-, Finanz- und Ertragslage eines Unternehmens vermitteln. Dabei dürften die bisherigen Ausführungen deutlich gemacht haben, dass die externen Bilanzadressaten von ihren Informationswünschen Abstriche machen müssen. Die Bilanzleser müssen sorgsam unterscheiden zwischen

- **tatsächlichem** Vermögen, Reinvermögen bzw. Jahreserfolg und
- **ausgewiesenem** Vermögen, Reinvermögen bzw. Jahreserfolg.

Die tatsächlichen, „richtigen" Wertangaben sind dem Jahresabschluss nicht zu entnehmen, weil die Werte von Vermögensgegenständen zukunftsabhängig und damit unsicher sind und weil das bilanzierende **Unternehmen legale Bilanzgestaltungsmöglichkeiten** hat, die man als **bilanzpolitische Spielräume** bezeichnet.

Jedes Unternehmen kann den vom Gesetzgeber eingeräumten bilanzpolitischen Spielraum zur Erreichung bilanzpolitischer Ziele nutzen. Durch eine pessimistische (optimistische) Bewertung von Vermögen und Schulden wird man zu einem verkürzten (überhöhten) Erfolgsausweis gelangen.

Die Bilanzadressaten wünschen aber Informationen über die „tatsächliche Höhe" von Vermögen und Jahreserfolg. Darum suchen sie nach Möglichkeiten, das bilanzpolitische Störpotential soweit wie möglich aus dem Jahresabschluss herauszufiltern. Hierzu bedient man sich der **Bilanzanalyse**. Bilanzanalysen übernehmen die Aufgabe, den **Jahresabschluss**

- von bilanzpolitischem Störpotential zu befreien
- den bereinigten Jahresabschluss durch Verdichtung des Zahlenmaterials (= Kennzahlenbildung) für die Bilanzadressaten **transparenter** zu machen.

9.2 Bilanzpolitik

> Unter **Bilanzpolitik** versteht man die zielgerichtete Gestaltung des Vermögens-, Schulden- und Erfolgsausweises sowie der Gewinnverwendung durch die Unternehmensleitung.

Wie jede betriebliche Teilbereichspolitik (Beschaffungs-, Produktions-, Absatz-, Investitions-, Finanzpolitik usw.) so ist auch die Bilanzpolitik der Erreichung des betrieblichen Oberziels, i. d. R. der langfristigen Gewinnmaximierung, untergeordnet. Die Bilanzpolitik – korrekterweise sollte man von Jahresabschlusspolitik sprechen – ist einerseits Innen-, andererseits Außenpolitik. Im Zuge der Bilanzpolitik[1] sollen

- die **finanzwirtschaftliche Aktionsebene** des Unternehmens optimiert (Innenwirkung) und
- das **gute Ansehen** des Unternehmens bei den Bilanzadressaten maximiert (Außenwirkung)

werden.

---

[1] Zur Bilanzpolitik vgl. ausführlich Brösel, G., Bilanzanalyse, 2014, S. 82 ff.

Nach Handels- und Steuerrecht fällt die Erstellung des Jahresabschlusses in den Verantwortungsbereich der Unternehmensleitung. Diese Aufgabe wird zum großen Teil an das externe Rechnungswesen delegiert. Die **Richtlinienkompetenz zur Bilanzpolitik** sollte sich aber die **Unternehmensleitung** auf jeden Fall vorbehalten. Zu den bilanzpolitischen Entscheidungen von strategischer Bedeutung gehören die Festlegungen, ob das Unternehmen im Hinblick auf

- die Kapitalgeber eher eine **gläubigerorientierte** oder eine **aktionärsorientierte Bilanzpolitik**
- den Informationsumfang eher eine **passive** oder eine **aktive Publizitätspolitik**[1]

verfolgen will. Das Treffen dieser bilanzpolitischen Grundsatzentscheidungen gehört zu den Führungsaufgaben der Unternehmensleitung. Im Folgenden werden die Ziele und die Instrumente der Bilanzpolitik in ihren Grundzügen abgehandelt.

9.2.1 Ziele der Bilanzpolitik

Die aus dem unternehmerischen Gesamtziel abgeleiteten bilanzpolitischen Zwischen- und Unterziele lassen sich folgendermaßen systematisieren:

Unternehmerisches Oberziel	Langfristige Gewinnmaximierung (nach Steuern)				
Bilanzpolitische Zwischenziele	(1) Stärkung der Eigenkapitalbasis	(2) Stärkung der Liquidität	(3) Dividendenkontinuität	(4) Steuerminimierung	(5) Imagepflege
Bilanzpolitische Unterziele	(1.1) Risikovorsorge	(1.2) Substanzerhaltung	(1.3) Abschottung vom Kapitalmarkt	(1.4) „Solide" Finanzierung	

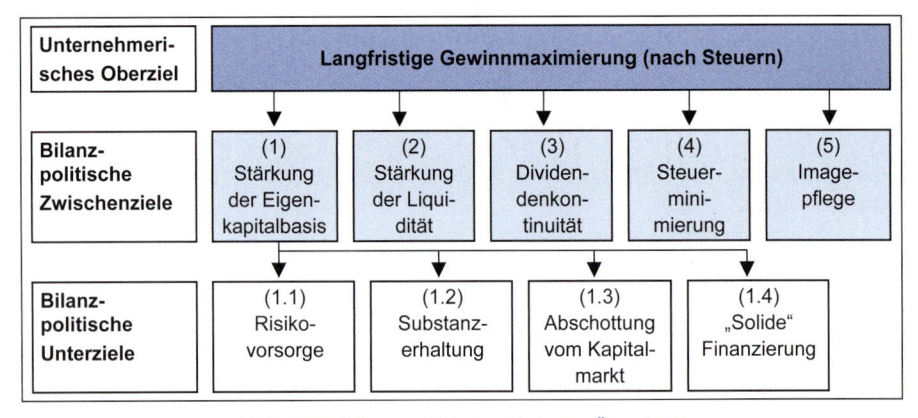

Abb. 180: Bilanzpolitische Ziele im Überblick

(1) Stärkung der Eigenkapitalbasis

Die Stärkung der Eigenkapitalbasis ist wohl das wichtigste bilanzpolitische Ziel. Dazu muss c. p. die Ausschüttungsquote möglichst niedrig gehalten werden. Dieses Ziel lässt sich erreichen durch

- Bildung stiller Rücklagen
- Bildung offener Rücklagen.

(1.1) Durch **Risikovorsorge** in ertragsstarken Jahren schafft man ein Ausgleichspotential für schlechte Zeiten. Durch Gewinnthesaurierung, also durch offene oder stille Rücklagen, erhöht man das **Eigenkapital**, damit es in Verlustjahren seiner **Funktion als Verlustauffangpotential** gerecht werden kann. Das allgemeine Unternehmerrisiko ist nicht versicherbar. Deshalb muss es durch diese Form der Eigenvorsorge abgedeckt werden. Risikovorsorge durch Gewinnthesaurierung dient den

---

[1] Vgl. S. 815 f.

- Gläubigern (sinkendes Ausfallrisiko)
- Aktionären (sinkendes Sanierungsfallrisiko).

In diesem Zusammenhang ist an die weltweite **Finanzkrise** der Jahre 2008/2009 zu erinnern. Besonders Banken und Versicherungen hatten mit dem Erwerb sog. toxischer Wertpapiere hochriskante Vermögenspositionen aufgebaut. Als der Markt für diese „Schrottpapiere" zusammengebrochen war, war der Abschreibungsbedarf so groß, dass die auszuweisenden Verluste bei vielen Banken durch das bis dahin vorhandene Eigenkapital nicht mehr aufgefangen werden konnten. Die **drohende Überschuldung** und damit der **Zusammenbruch der Bank** konnte in vielen Fällen nur dadurch verhindert werden, dass der Staat als „Bankenretter" einsprang, indem er haftendes Eigenkapital in Milliardenhöhe zur Verfügung stellte. Zu den Lehren aus der Finanz- und Wirtschaftskrise gehört die Erkenntnis, dass eine verstärkte Risikovorsorge (→ **Stärkung des Eigenkapitals durch Rücklagenbildung**) zur **Sicherung der Unternehmensexistenz zwingend erforderlich** ist.

(1.2) Substanzerhaltung wird in Zeiten allgemeiner Geldentwertung zu einem wichtigen bilanzpolitischen Ziel. Das Handels- und Steuerrecht definiert den Gewinn als nominellen Eigenkapitalzuwachs. Der so ermittelte (Brutto-)Gewinn unterliegt der Ertragsteuer. Wird der verbleibende Nettogewinn in vollem Umfang ausgeschüttet, verfügt das Unternehmen am Periodenende über den gleichen Nominal-(eigen-)kapitalbetrag wie am Periodenanfang. In **Zeiten steigender Preise** ist damit eine Substanzerhaltung nicht möglich. Will man eine Erhaltung der Unternehmenssubstanz erreichen, gilt für den zu thesaurierenden Mindestgewinnbetrag

> **Thesaurierungsbetrag ≥ Scheingewinn**

wobei der Scheingewinn[1] definiert wird als Differenz zwischen gestiegenen Wiederbeschaffungskosten und Anschaffungskosten. Die Sicherung des Mindestthesaurierungsbetrags erreicht man durch Bildung offener bzw. stiller Rücklagen.

(1.3) Abschottung vom Kapitalmarkt ist eine in Kontinentaleuropa – noch – weit verbreitete Unternehmenspolitik. Man versucht, einen Großteil des Kapitalbedarfs durch offene, vorzugsweise durch stille Selbstfinanzierung zu decken. Man bevorzugt diese Finanzierungsform gegenüber der Außenfinanzierung, denn Selbstfinanzierung ist bequemer als die Aufnahme von Eigen- oder Fremdkapital. Ob Beteiligungstitel oder Schuldtitel – auf dem Kapitalmarkt herrscht ein zunehmender Wettbewerbsdruck, dem sich kapitalsuchende Unternehmen gerne entziehen.

Bilanzpolitische Bestrebungen, sich vom Kapitalmarkt abzuschotten, entspringen der Vorstellung vom „Unternehmen an sich". Sie widersprechen dem Shareholder-Value-Ansatz, wonach die Unternehmung eine Institution zur Maximierung der Anteilseignerinteressen ist.

(1.4) Solide Finanzierung ist ein wichtiger Faktor zur Beurteilung der Kreditwürdigkeit von Unternehmen. Je höher die Eigenkapitalquote, desto höher wird c. p. die Bonität des Unternehmens eingeschätzt. Je besser die Bonitätseinschätzung, desto günstiger sind die Konditionen, zu denen das Unternehmen Fremdkapital aufnehmen kann. Um eine gute Bonitätsnote zu erhalten, sind viele Unternehmen bestrebt, ihre Eigenkapitalquote durch offene oder stille Selbstfinanzierung zu erhöhen.

---

[1] Vgl. S. 678 ff.

(2) Stärkung der Liquidität

Stärkung der Liquidität ist eine weitere Voraussetzung zur Steigerung der Kreditwürdigkeit. Unterliquidität kann zur Zahlungsunfähigkeit führen und Zahlungsunfähigkeit führt zur Insolvenz, also zum Ende allen Gewinnstrebens. Eine Stärkung der Liquidität kann erreicht werden durch

- **stille Selbstfinanzierung** (Mittelabfluss für Steuer- und Dividendenzahlungen ↘)
- **offene Selbstfinanzierung** (Mittelabfluss für Dividendenzahlungen ↘)
- vorzeitige **Veräußerung von Vermögenspositionen** (Mittelzufluss ↗).

(3) Dividendenkontinuität

Dividendenkontinuität ist ein weiteres wichtiges bilanzpolitisches Ziel. Es ist erreicht, wenn unabhängig vom erwirtschafteten Jahresergebnis eine mehr oder weniger konstante Gewinnausschüttung je Aktie geleistet wird. Eine modifizierte Form der Dividendenkontinuität liegt dann vor, wenn Unternehmen auch in ertragsschwachen Jahren der Erwartung ihrer Anteilseigner nach einer „Mindestdividende" nachkommen.

Um Dividendenkontinuität zu erreichen, sind in

- **ertragsschwachen Jahren** stille und/oder offene **Rücklagen aufzulösen**
- **ertragsstarken Jahren** stille und/oder offene **Rücklagen** zu **bilden**.

Ob diese Art der Bilanzpolitik vom Kapitalmarkt honoriert wird, hängt von der Einstellung der (Klein-)Aktionäre ab. Herrscht bei den Anteilseignern eines Unternehmens mit dem Wunsch nach stabilisierter Dividende eine gewisse Rentenmentalität vor, wird der Aktienmarkt eine Politik der Dividendenkontinuität z. B. mit der Akzeptanz höherer Aktienemissionskurse (→ geringere Kapitalkosten) honorieren.

(4) Steuerminimierung

Steuerminimierung als bilanzpolitisches Zwischenziel steht in enger Beziehung zum Oberziel des Unternehmens, das als langfristige Gewinnmaximierung nach Steuern zu interpretieren ist. Durch – legale – bilanzpolitische Maßnahmen soll – im Mehrperiodenmodell – der Erfolgsausweis in der Steuerbilanz so gestaltet werden, dass die Steuerbelastung des Planungszeitraums minimiert wird. Die Bemühungen zur Minimierung der Steuerbelastung richten sich auf die **Realisierung von**

- **Steuerersparnissen**
- **Steuerverschiebungen**.

Die Einkommensteuer folgt einem **progressiven Tarif**. Unterliegen die steuerpflichtigen Gewinne starken Schwankungen, wird ein Unternehmen versuchen,

- durch steuerbilanzpolitische Maßnahmen
- Gewinnbestandteile von ertragsstarken in ertragsschwache Jahre zu verlagern, weil
- sie dort einer **geringeren Grenzbelastung** unterliegen.

So lassen sich echte Steuerersparnisse erzielen.

Die Körperschaftsteuer und die Gewerbeertragsteuer folgen einem **proportionalen Tarif**, d.h. die Grenzbelastung des Gewinns ist unabhängig von der Gewinnhöhe. Hier wird man versuchen

- durch steuerbilanzpolitische Maßnahmen
- Gewinnbestandteile in die **Zukunft** zu **verlagern**, weil so
- ein **zinsloser „Kredit"** vom Fiskus erwirkt werden kann.

Sind allerdings (gesetzliche) Steuererhöhungen zu erwarten, kann ein umgekehrtes Vorgehen sinnvoll sein. Als Entscheidungskriterium gilt schließlich der Barwert zukünftiger Steuerzahlungen.

Im Modell der **Steuerbarwertminimierung** geht es darum, die Steuerbemessungsgrundlagen so zu gestalten, dass die auf den Zeitpunkt t_0 diskontierten (Ertrag-)Steuerzahlungen minimiert werden. Damit erfasst dieses Modell sowohl den Ersparnis- als auch den Verschiebungseffekt.

(5) Imagepflege

Imagepflege gegenüber den Bilanzadressaten zu betreiben, ist eine unternehmenspolitische Selbstverständlichkeit geworden. In diesem Zusammenhang ist die Frage zu stellen, ob es für ein Unternehmen vorteilhafter ist, eine Bilanzpolitik gegen die Interessen oder im Interesse der Bilanzadressaten zu betreiben.

Nach herkömmlicher Auffassung ist es für die Unternehmen von Vorteil, den Jahresabschluss gegen die Interessen der Bilanzadressaten auszugestalten: Gegenüber Gläubigern versucht man, die Vermögens- und Ertragslage im günstigen Licht erscheinen zu lassen, um eine gute Bonität vorzuspiegeln. Gegenüber den Kleinaktionären und der Finanzverwaltung erscheint es zweckmäßig, die Vermögens- und Ertragslage grau in grau darzustellen, um Dividenden- und Steuerzahlungen zu minimieren.

Gegenüber der Finanzverwaltung ist die Richtigkeit einer **adressatenfeindlichen Bilanzpolitik** unbestritten. Ob es sich aber langfristig lohnt, eine gläubigerfeindliche bzw. aktionärsfeindliche Bilanzpolitik zu betreiben, ist stark zu bezweifeln.

Der **wirksamste Schutz für** diese **Bilanzadressaten** sind die drohenden **Sanktionsmechanismen des Kapitalmarktes**. Fühlen sich Gläubiger (Kleinaktionäre) durch einen übertrieben optimistischen (pessimistischen) Jahresabschluss im Nachhinein getäuscht, verlieren sie das Vertrauen in die Informationspolitik des Unternehmens. Den Vertrauensschwund werden die Gläubiger mit höheren Zinsforderungen, die Kleinaktionäre mit der Bewilligung niedrigerer Aktienemissionskurse quittieren: **Steigende Kapitalkosten** sind die Folge einer adressatenfeindlichen Bilanzpolitik.

	Bilanzpolitik	
Grundausrichtung	gegen Adressateninteressen	für Adressateninteressen
Informationsfärbung gegenüber • **Gläubigern** • **Aktionären**	• optimistisch • pessimistisch	• realistisch • realistisch
Informationsumfang	Gesetzliche Mindestinformation • Mindestgliederung Bilanz und GuV • Pflichtangaben im Anhang	Freiwillige Zusatzinformation • zu Geschäftsaussichten • zur Ergebnisprognose
	Passive Publizitätspolitik	**Aktive Publizitätspolitik**

Abb. 181: Aktive und passive Publizitätspolitik

Eine aktive Publizitätspolitik kann sich auch an andere Bilanzadressaten richten. Dabei werden bei der Öffentlichkeit **Ökobilanzen** und bei der Belegschaft **Sozialbilanzen**[1] auf besonderes Interesse stoßen. Die bevorzugte Informationsplattform für eine aktive Publizitätspolitik stellen Anhang, Lagebericht und Geschäftsbericht dar. In jedem Fall muss die jahresabschlussbezogene Publizitätspolitik in der prinzipiellen Weichenstellung von Abschottung versus Transparenz mit dem von der Unternehmung angestrebten Erscheinungsbild, auch Unternehmenskultur oder Corporate Identity genannt, in Einklang stehen.

9.2.2 Instrumente der Bilanzpolitik

Welche Instrumente können zur Erreichung bilanzpolitischer Ziele wie

- Stärkung der Liquidität
- optimale Gestaltung des Erfolgsausweises (z. B. zwecks Dividendenkontinuität)

eingesetzt werden? Zur Beantwortung dieser Frage muss man zunächst zwischen der Handlungsebene im Betrieb und der Darstellungsebene auf dem Jahresabschlusspapier unterscheiden. Während des Geschäftsjahres, also **vor** dem **Bilanzstichtag**, geht es um die optimale Gestaltung wirtschaftlicher Tatbestände **(Sachverhaltsgestaltung)**. Im Zuge der Bilanzerstellung, also **nach** dem **Bilanzstichtag**, geht es um die optimale Darstellung der Vermögens-, Finanz- und Ertragslage **(Sachverhaltsdarstellung** bzw. Darstellungsgestaltung). Schließlich gehört eine zielgerichtete Gewinnverwendungspolitik zum bilanzpolitischen Instrumentarium (→ **Abb. 182**).

```
                    Bilanzpolitische Instrumente
                    ┌──────────────┬──────────────┐
              vor dem Bilanzstichtag    nach dem Bilanzstichtag
              ┌────────┴────────┐     ┌────────┴─────────────┐
      9.2.2.1 Gestaltung      9.2.2.2 Darstellung    9.2.2.3 Gewinnverwen-
       wirtsch. Tatbestände     wirtsch. Tatbestände     dungspolitik

      (1) Wahl des Bilanz-    (1) Aktivierungs- und    (1) Bildung und Auflösung
          stichtags               Passivierungswahlrechte   offener Rücklagen
      (2) Transaktionen vor   (2) Bewertungs- und Ab-  (2) Bildung und Auflösung
          dem Bilanzstichtag      schreibungswahlrechte    stiller Rücklagen
                              (3) Ermessensspielräume
```

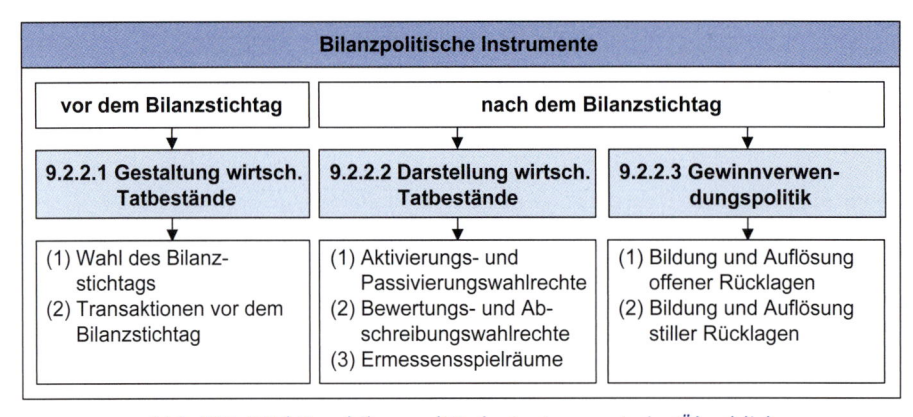

Abb. 182: Wichtige bilanzpolitische Instrumente im Überblick

9.2.2.1 Gestaltung wirtschaftlicher Tatbestände vor dem Bilanzstichtag

(1) Wahl des Bilanzstichtags

Das HGB überlässt den Unternehmen die Terminierung ihres Geschäftsjahres, dessen Dauer allerdings zwölf Monate nicht übersteigen darf. Bei der Wahl des Bilanzstichtags sind die Unternehmen frei. Die Möglichkeit, einen vom 31.12. abweichenden Bilanzstichtag zu wählen, kann gerade für Saisonbetriebe interessant sein.

---

[1] Vgl. S. 745 ff.

Für Saisonbetriebe macht es einen großen Unterschied, ob sie den Bilanzstichtag an den Beginn oder an das Ende der Saison legen. Angenommen die Saison eines Sportbootherstellers läuft von April bis August. Die Produktion läuft über das ganze Jahr. Im August ist das Lager geräumt, im September ist die Ware bezahlt. Die Wahl des Bilanzstichtags hat dann großen Einfluss auf die Bilanzstruktur (→ **Abb. 183**).

Bilanzstichtag	Vorräte	Forderungen	Liquidität	kurzfr. Verbindlichkeiten
31. März	hoch	niedrig	niedrig	hoch
31. August	niedrig	hoch	niedrig	hoch
31. Oktober	niedrig	niedrig	hoch	niedrig

Abb. 183: Bilanzstichtag und Bilanzstruktur eines Sportbootherstellers

Legt man den Bilanzstichtag in den Oktober, kann man ein hohes Liquiditätspotential ausweisen. Legt man den Bilanzstichtag in den Monat März, in dem die Warenvorräte sehr hoch sind, eröffnet sich ein Spielraum zum Erfolgsausweis: Durch Wahlrechte[1] bei der Ermittlung der Herstellungskosten der Vorräte bzw. der diesbezüglichen Bewertung kann der Erfolgsausweis (legal) „manipuliert" werden.

(2) Transaktionen vor dem Bilanzstichtag

Bilanzpolitik strebt nach Optimierung des Liquiditäts- und Erfolgsausweises. Wie man durch bilanzpolitisch motivierte Transaktionen vor dem Bilanzstichtag diese Zielgrößen beeinflussen kann, zeigt beispielhaft **Abb. 184**.

Transaktionsentscheidungen	Bilanzpolitisches Ziel		
	hoher Erfolgsausweis	niedriger Erfolgsausweis	höhere Liquidität
Forderungsabtretung			x
Einforderung von Anzahlungen			x
Vorverlagerung Anlagenkauf zwecks Antizipation von Abschreibungen		x	
Verzögerung Anlagenverkauf (Erlös > Buchwert)		x	
Vorziehen einer Großreparatur		x	
Vorziehen Abwicklung Großauftrag	x		x
Verschieben Abwicklung Großauftrag		x	
Veräußerung einer Beteiligung (Erlös > Buchwert)	x		x
Vorziehen einer Pensionszusage		x	
Operate Leasing statt Kauf von Anlagen			x
„Sale and lease back" von Gebäuden (Erlös > Buchwert)	x		x

Abb. 184: Einfluss bilanzpolitisch motivierter Transaktionen

---

[1] Vgl. hierzu S. 693 und S. 818.

Für den externen Bilanzadressaten ist es so gut wie unmöglich, bilanzpolitisch motivierte Transaktionen von geschäftsüblichen Transaktionen zu unterscheiden.

9.2.2.2 Darstellung wirtschaftlicher Tatbestände nach dem Bilanzstichtag

(1) Aktivierungs- und Passivierungswahlrechte

Gewünschter Erfolgsausweis	hoch	niedrig
Aktivierungswahlrecht	wahrnehmen	verzichten
Passivierungswahlrecht	verzichten	wahrnehmen

Abb. 185: Ansatzwahlrechte und Erfolgsausweis

Die Ausübung von Aktivierungs- bzw. Passivierungswahlrechten beeinflusst den Eigenkapitalausweis und damit auch den Erfolgsausweis. Bei der Bilanzierung nach HGB konzentrieren sich die diesbezüglichen bilanzpolitischen Möglichkeiten auf die Ausübung bzw. Nichtausübung von Aktivierungswahlrechten.

(2) Bewertungs- und Abschreibungswahlrechte

Bewertungs- und Abschreibungswahlrechte beeinflussen den Erfolgsausweis:

- Aktiva hoch; Passiva niedrig → hoher Eigenkapitalausweis am Periodenende → **hoher Erfolgsausweis**
- Aktiva niedrig; Passiva hoch → niedriger Eigenkapitalausweis am Periodenende → **niedriger Erfolgsausweis**.

Bewertungswahlrechte	
(1) **Halb- und Fertigfabrikate** (Wahlrecht zur Aktivierung der Verwaltungsgemeinkosten im Rahmen der Herstellungskosten)	§ 255 Abs. 2 HGB
(2) **Gleichartige Vorräte** (Methodenwahl bei der Ermittlung der fiktiven Anschaffungskosten)	§ 256 HGB
(3) **Pensionsrückstellungen** (Wahlrecht beim Diskontierungszinsfuß-Bezugszeitraum)	§ 253 Abs. 2 HGB

Abb. 186: Wichtige bilanzpolitische Bewertungswahlrechte

Abschreibungswahlrechte	
(1) **Sachanlagevermögen** (Bei planmäßigen Abschreibungen Methodenwahlrecht – linear, degressiv, leistungsabhängig)	§ 253 Abs. 3 HGB
(2) **Finanzanlagevermögen** (Abschreibungswahlrecht nach gemildertem Niederstwertprinzip bei voraussichtlich vorübergehender Wertminderung)	§ 253 Abs. 3 HGB

Abb. 187: Wichtige bilanzpolitische Abschreibungswahlrechte

B.9. Bilanzpolitik und Bilanzanalyse

Beispiele zur bilanzpolitischen Nutzung von Bewertungs- und Abschreibungswahlrechten finden sich im zugehörigen Übungsbuch. (**ÜB** 6/15–18, 23–25 und 55)

(3) Ermessensspielräume bei unvollständiger Information

Häufig wird der Jahresabschluss als Vergangenheitsrechnung charakterisiert, in der nur die Geschäftsvorfälle des abgelaufenen Geschäftsjahres erfasst werden. Diese Interpretation greift zu kurz, weil

- zum **Bilanzstichtag** alle Vermögensgegenstände und Schulden (§ 253 Abs. 1 HGB) zu **bewerten** sind, wobei
- das **Vorsichtsprinzip** (§ 252 Abs. 1 Nr. 4 HGB) zu beachten ist. So müssen
- **(negative) künftige Entwicklungen** bei der Bewertung antizipiert werden.

Die künftigen Wertentwicklungen sind unsicher. Pessimisten schätzen die Zukunft anders ein als Optimisten. Aus dem Unsicherheitsproblem resultieren Ermessensspielräume bei der Bewertung von Vermögensgegenständen und Rückstellungen. Die Unternehmensleitung hat einen recht breiten bilanzpolitischen Spielraum, indem sie bei der

- planmäßigen und außerplanmäßigen Abschreibung von Vermögensgegenständen
- Bildung und Bewertung von Rückstellungen (z. B. Prozesskosten- oder Kulanzrückstellungen)

einen bewusst optimistischen bzw. pessimistischen Standpunkt bezieht.

Bilanzpolitische Ermessensspielräume	
(1) **Rückstellungsbildung und -bewertung** (nach vernünftiger kaufmännischer Beurteilung)	§ 253 Abs. 1 HGB
(2) **Planmäßige Abschreibung** (Verteilung auf voraussichtliche Nutzungsdauer)	§ 253 Abs. 3 HGB
(3) **Gemildertes Niederstwertprinzip AV** (Abschreibungszwang nur bei voraussichtlich dauernder Wertminderung)	§ 253 Abs. 3 HGB
(4) **Außerplanmäßige Abschreibung AV, UV** (auf beizulegenden Wert)	§ 253 Abs. 3 und 4 HGB
(5) **Aktivierung von Herstellungskosten** (Einbeziehung angemessener Teile von Gemeinkosten)	§ 255 Abs. 2 HGB

Abb. 188: Wichtige bilanzpolitische Ermessensspielräume

Bilanzpolitische Ermessensspielräume ergeben sich aus der Tatsache, dass sich der Gesetzgeber mit seinen Rückstellungs- und Abschreibungsvorschriften

- angesichts unsicherer Zukunftsinformationen
- auf **unbestimmte Rechtsbegriffe**

stützen muss, die in **Abb. 188** durch **Farbdruck** markiert sind.

9.2.2.3 Gewinnverwendungspolitik

Für den erwirtschafteten Jahresgewinn eines Unternehmens gibt es zwei Verwendungsmöglichkeiten: Er kann entweder ausgeschüttet oder thesauriert werden. Im Falle der Gewinnthesaurierung spricht man – bei Kapitalgesellschaften – von Rücklagenbildung.

So ist es zu verstehen, dass in der Literatur die Begriffe Gewinnverwendungspolitik und Rücklagenpolitik teilweise synonym verwendet werden.

Entscheidet sich ein Unternehmen im Rahmen seines bilanzpolitischen Zielkatalogs gegen die Ausschüttungsvariante, dann kann die angestrebte **Rücklagenbildung** in

- **offener Form** durch vollständige oder teilweise Einstellung des Jahresüberschusses in Gewinnrücklagen oder
- **stiller Form** durch Unterbewertung von Aktiva bzw. Überbewertung von Passiva (= Bildung stiller Rücklagen)

erfolgen. Abgesehen von der Erkennbarkeit durch die Bilanzleser liegt ein fundamentaler Unterschied zwischen stillen und offenen Rücklagen bei den Ertragsteuern:

a) **offene Rücklagen** → Bildung aus **Gewinn nach Steuern**
b) **stille Rücklagen** → Bildung aus **unversteuertem Gewinn**.

Voraussetzung für b) ist, dass auch das Steuerrecht die Bildung stiller Rücklagen zulässt.

(1) Bildung und Auflösung offener Rücklagen

Die handelsrechtlichen Vorschriften zur Bildung und Auflösung offener Rücklagen wurden oben[1] ausführlich erläutert. Nunmehr stellt sich die Frage, inwieweit sich über die Bildung bzw. Auflösung offener Rücklagen die oben skizzierten **bilanzpolitischen Ziele erreichen** lassen. Durch Bildung offener Rücklagen wird in jedem Falle eine

- **Stärkung der Eigenkapitalbasis**
- **Stärkung der Liquidität**

erreicht, denn die offene Gewinnthesaurierung verhindert auf der Aktivseite einen Mittelabfluss in Form von Dividendenzahlungen und bewirkt auf der Passivseite eine Erhöhung der Gewinnrücklagen.

Strebt das Unternehmen nach **Dividendenkontinuität**, müssen in ertragsstarken Jahren (freie) Gewinnrücklagen gebildet werden, die in ertragsschwachen Jahren zur Dividendenzahlung aufgelöst werden können.

Ob sich die Bildung offener Rücklagen zur **Steuerminimierung** eignet, hängt vom System der Körperschaftsteuer bzw. von den Steuersätzen der Körperschaftsteuer und Einkommensteuer ab.

Mit der Abgeltungsteuer auf Gewinnausschüttungen von Kapitalgesellschaften beträgt die **Gesamtsteuerbelastung**[2] für

- **thesaurierte Gewinne** von Kapitalgesellschaften knapp **30 Prozent**
- **ausgeschüttete Gewinne** von Kapitalgesellschaften ca. **48 Prozent**.

Die Bildung offener Rücklagen ist also nach derzeitigem Steuerrecht vorteilhaft. Die Frage, ob die Bildung offener Rücklagen der **Imagepflege** dient, ist differenziert zu beantworten: In den Augen der Gläubiger steigt c. p. das Ansehen an, wenn das Unternehmen offene Rücklagen bildet. Kleinaktionäre werden hingegen in aller Regel die höhere Gewinnausschüttung der höheren Rücklagenbildung vorziehen.

---

[1] Vgl. S. 720 ff.
[2] Vgl. hierzu S. 231 f.

(2) Bildung und Auflösung stiller Rücklagen

Durch die Bildung stiller Rücklagen verringert sich der ausgewiesene Jahresgewinn. Erlaubt auch die Steuerbilanz die Unterbewertung von Vermögensteilen bzw. die Überbewertung von Rückstellungen, dann wird die stille Rücklage aus unversteuertem Gewinn gebildet. Wird die stille Rücklage zu einem späteren Zeitpunkt aufgelöst, z. B. durch Veräußerung eines unterbewerteten Vermögensgegenstands, dann erhöht sich in einer späteren Periode der Erfolgsausweis und damit die Steuerbelastung. **Stille Rücklagen führen** also in aller Regel

- nicht zu endgültiger Steuerersparnis, sondern
- nur zu einer **Steuerverschiebung** in die Zukunft.

Schätzt man die stillen Rücklagen auf beispielsweise 10 Mio. GE und liegt die Steuerbelastung bei 40 %, dann sind 6 Mio. GE dem Eigen- und 4 Mio. GE dem Fremdkapital, sozusagen als „drohende Verbindlichkeit gegenüber dem Finanzamt", zuzuordnen.

Bildung und Auflösung stiller Rücklagen lässt sich folgendermaßen skizzieren:

Stille Rücklagen

Verminderter Gewinnausweis	Erhöhter Gewinnausweis bzw. buchmäßige Kompensation von Verlusten
↑	↑
Erfolgswirkung	Erfolgswirkung
↑	↑
Bildung	**Auflösung**
↓	↓
im Wege von	im Wege von
• Zwangsrücklagen	• Zuschreibungen von Aktiva
• Schätzungsrücklagen	• Herabsetzung von Passiva
• Ermessensrücklagen	• vorzeitigen Veräußerungen
• Willkürrücklagen	• normalen Umsatzprozessen

Abb. 189: Bildung und Auflösung stiller Rücklagen

Stille Rücklagen können als Zwangs-, Schätzungs-, Ermessens- oder Willkürrücklagen gebildet werden (→ **Abb. 190**).

Arten stiller Rücklagen und Beispiele	
Zwangsrücklagen:	Wert am Bilanzstichtag > Anschaffungs- oder Herstellungskosten (= Wertobergrenze)
Schätzungsrücklagen:	Heutige Rückstellungsbildung > künftige Inanspruchnahme durch Dritte
Ermessensrücklagen:	Nichtaktivierung von Produktentwicklungskosten
Willkürrücklagen:	Bewusste Unterbewertung (Überbewertung) von Vermögensteilen (Rückstellungen)

Abb. 190: Arten stiller Rücklagen und Beispiele

Zur rechtlichen Zulässigkeit ist Folgendes zu sagen:

- **Zwangsrücklagen müssen**
- **Schätzungs- und Ermessensrücklagen dürfen**
- **Willkürrücklagen dürfen nicht**

gebildet werden. Allerdings dürfte es in der Bilanzierungspraxis kaum möglich sein, eine klare Trennungslinie zwischen Schätzungs- und Willkürrücklagen zu ziehen.

Die Auflösung stiller Rücklagen kann in offener oder stiller Form vonstattengehen. Von einer **offenen Auflösung stiller Rücklagen** spricht man dann, wenn die stille Rücklage durch einen buchungsmäßigen Bewertungsvorgang wie beispielsweise durch

- Wertzuschreibung bei Vermögensteilen
- erfolgswirksame Herabsetzung von Rückstellungen

aufgelöst wird. Wird eine unterbewertete Vermögensposition

- durch vorzeitige Veräußerung oder
- im normalen Umsatzprozess

zu einem Preis > Buchwert verkauft, dann wird die stille Rücklage ebenfalls offen aufgelöst.

Komplizierter liegen die Dinge bei einer **stillen Auflösung stiller Rücklagen**:

Stille Auflösung stiller Rücklagen					
Beispiel: Masch. Anlage AHK in t_0 100 Nutzungsdauer in Jahren 4 Tats. Wertverzehr/Jahr 25		Planmäßige Abschreibung • arithmetisch-degressiv • jährl. Abschreibungsbeträge 40, 30, 20 und 10			
Bilanzstichtag	t_0	t_1	t_2	t_3	t_4
Tatsächlicher Wert	100	75	50	25	0
Bilanzausweis (Buchwert)	100	60	30	10	0
Stille Rücklage	0	15	20	15	0

Abb. 191: Stille Auflösung stiller Rücklagen

Weil in den Perioden 1 und 2 der verrechnete Abschreibungsaufwand größer ist als der tatsächliche Wertverzehr, baut sich bis t_2 eine stille Rücklage von 20 GE auf. Da in den Perioden 3 und 4 der verrechnete Abschreibungsaufwand kleiner ist als der tatsächliche Wertverzehr, löst sich die stille Rücklage sukzessive und unmerklich auf.

Wird die **Bildung stiller Rücklagen steuerlich anerkannt**, dann eignen sie sich zur

- Stärkung der Eigenkapitalbasis
- Stärkung der Liquidität
- Dividendenkontinuität
- Steuer-(barwert-)minimierung

noch besser als offene Rücklagen: Für die Dauer der Bildung stiller Rücklagen werden eine Ertragsbesteuerung und damit ein Mittelabfluss aus dem Unternehmen unterbunden. Bei einem Ertragsteuersatz von (beispielsweise) 50 Prozent ist die Liquiditätswirkung stiller Rücklagen **temporär** doppelt so stark wie die von offenen Rücklagen. Ein Zahlenbeispiel findet sich im zugehörigen Übungsbuch. (**ÜB 6**/90)

Umstritten ist die Frage, ob die Bildung stiller Rücklagen das Unternehmensimage in den Augen der Bilanzadressaten steigert. Die Bildung stiller Rücklagen verstößt normalerweise gegen die Interessen der **Kleinaktionäre**, weil diese in aller Regel eine **Abneigung** gegen verkürzte Gewinnausschüttungen haben. **Gläubiger** dagegen werden die Bildung stiller Rücklagen – aus Sicherheitsgründen – **begrüßen**. Aber auch diese Medaille hat zwei Seiten: Einerseits kann die Bildung stiller Rücklagen als gläubigerschützender Tatbestand begrüßt werden. Andererseits versetzt die Existenz stiller Rücklagen die Unternehmensleitung in die Lage, Krisensituationen durch (unmerkliche) Auflösung stiller Rücklagen zu kaschieren. Dann wird aus einem gläubigerschützenden ein **gläubigergefährdender Tatbestand**.

> Stille Rücklagen können als **Verlustverschleierungspotential** missbraucht werden, wenn die Unternehmensleitung versucht, eine Unternehmenskrise durch eine unmerkliche Auflösung stiller Rücklagen zu vertuschen.

Zusammenfassend lässt sich sagen: Stille Rücklagen sind in der Bilanzierungspraxis unvermeidbar und wohl auch unverzichtbar. Aber ihre Bildung und Auflösung sollte im Anhang und im Lagebericht soweit wie möglich transparent gemacht werden. (ÜB 6/88–90)

9.3 Bilanzanalyse

9.3.1 Ziele und Aufgaben der Bilanzanalyse

Ziele, Daten und Instrumente der Bilanzanalyse lassen sich – auf einen kurzen Nenner gebracht[1] – folgendermaßen umschreiben:

(1) **Ziele**: Informationsverbesserung durch bedarfsgerechte Unterrichtung externer Bilanzadressaten
(2) **Daten**: Jahresabschluss und Lagebericht
(3) **Instrumente**: Bereinigung und bedarfsadäquate Aufbereitung von Jahresabschlussdaten.

> Die **Bilanzanalyse** verfolgt das Ziel, durch Bereinigung und Neustrukturierung der Jahresabschlussdaten dem Wunsch der Bilanzadressaten nach Informationen über die künftige Vermögens-, Finanz- und Ertragslage des Unternehmens entgegenzukommen.

Gegenstand der Bilanzanalyse ist der Jahresabschluss. Korrekterweise müsste man also von Jahresabschlussanalyse sprechen. Der Erkenntnisgewinn aus der Bilanzanalyse des Unternehmens U lässt sich erhöhen, wenn

- mehrere aufeinanderfolgende Jahresabschlüsse des Unternehmens U
- die **Jahresabschlüsse** von Unternehmen der **gleichen Branche**

in die Untersuchung einbezogen werden.
Die wichtigsten **Informationsadressaten** der Bilanzanalyse sind die **Gläubiger** und **Anteilseigner** mit ihren in **Abb. 192** dargestellten Informationsinteressen.

---

[1] Vgl. ausführlich z. B. Brösel, G., Bilanzanalyse, 2014, S. 43 ff.

Adressaten	Gläubiger	Anteilseigner
Ziele	Pünktliche Zahlung von Zinsen und Tilgung	Gute Performance (hohe Ausschüttung + Kursgewinn)
Bedingung zur Zielerreichung	Finanzielles Gleichgewicht in der Zukunft	Hohe Ertragskraft in der Zukunft
Informationsinteresse aus Jahresabschluss	Ungetrübter Einblick in künftige Vermögens- und Finanzlage	Ungetrübter Einblick in künftige Ertragslage
Analyseschwerpunkt	**Finanzwirtschaftliche Bilanzanalyse**	**Erfolgswirtschaftliche Bilanzanalyse**

Abb. 192: Adressatenbezogene Bilanzanalyse

Die **finanzwirtschaftliche Bilanzanalyse** ist in erster Linie an die Gläubiger adressiert und liefert vor allem Kennzahlen zu den Bestandsgrößen Vermögen, Reinvermögen, Schulden und Liquidität. Die **erfolgswirtschaftliche Bilanzanalyse** ist in erster Linie an die Anteilseigner adressiert und liefert Kennzahlen zum Jahreserfolg, zu den Erfolgsquellen und zur Rentabilität.

In zweiter Linie interessieren sich die Anteilseigner auch für die Vermögenslage bzw. die Gläubiger für die Ertragslage des Unternehmens, denn

- im **Vermögen** und seiner Zusammensetzung spiegelt sich – auch – das künftige **Erfolgspotential** und
- in einer guten bzw. schlechten **Ertragslage** spiegelt sich – auch – die **Insolvenzanfälligkeit** des Unternehmens wider.

Ablauftechnisch lässt sich die **Bilanzanalyse** gemäß **Abb. 193** z. B. in drei **Arbeitsschritte**: Datenaufbereitung, Kennzahlenbildung und Kennzahlenauswertung gliedern.

Bei der **(1) Datenaufbereitung** geht es darum, einzelne Positionen der Bilanz bzw. der GuV **in formaler Hinsicht** umzugliedern. Beispielhaft lässt sich hier die Zuordnung einzelner Rückstellungen zum langfristigen bzw. kurzfristigen Fremdkapital nennen. **In materieller Hinsicht** geht es darum, durch Eliminierung von Über- bzw. Unterbewertungen die Bildung bzw. Auflösung stiller Rücklagen – soweit wie möglich – transparent zu machen.

Die **(2) Kennzahlenbildung** verfolgt das Ziel, die (aufbereiteten) Jahresabschlussangaben so zu verdichten, dass die Bilanzadressaten eine bedarfsgerechte Information erhalten. Beispiel: Ein Kleinaktionär interessiert sich weniger für den gesamten Jahresüberschuss des Unternehmens als für den Gewinn pro Aktie.

Die Ergebnisse der Bilanzanalyse sollen Gläubigern und Anteilseignern ein fundiertes Urteil über die Zweckmäßigkeit ihres finanziellen Engagements ermöglichen. Hierzu bedient man sich der **(3) Kennzahlenauswertung**.

Hat man z. B. für das Unternehmen U im Zuge der Kennzahlenbildung eine Eigenkapitalrentabilität von 5 Prozent ermittelt, dann kann man auf der Basis dieser isolierten Information noch kein Urteil abgeben. Möglich wird die Urteilsbildung aber dann, wenn man die Eigenkapitalrentabilität des abgelaufenen Jahres vergleicht

- mit der Eigenkapitalrentabilität der Vorperioden **(Zeitreihenvergleich)**,
- mit der Eigenkapitalrentabilität von Konkurrenzunternehmen **(Branchenvergleich)**,
- mit einer gewünschten Mindestverzinsung, abgeleitet aus einer risikoadäquaten Alternativanlage am Kapitalmarkt **(Soll-Ist-Vergleich)**.

B.9. Bilanzpolitik und Bilanzanalyse

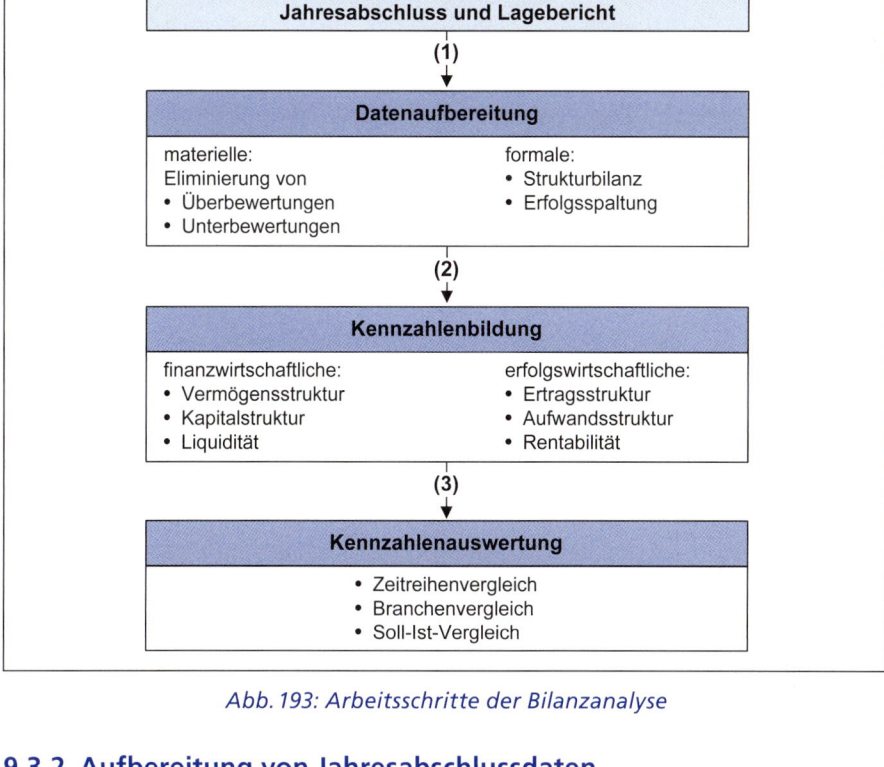

```
┌─────────────────────────────────────────────────┐
│            Ausgangsinformation:                 │
│        Jahresabschluss und Lagebericht          │
└─────────────────────────────────────────────────┘
                      │ (1)
                      ▼
┌─────────────────────────────────────────────────┐
│               Datenaufbereitung                 │
├──────────────────────┬──────────────────────────┤
│ materielle:          │ formale:                 │
│ Eliminierung von     │ • Strukturbilanz         │
│ • Überbewertungen    │ • Erfolgsspaltung        │
│ • Unterbewertungen   │                          │
└──────────────────────┴──────────────────────────┘
                      │ (2)
                      ▼
┌─────────────────────────────────────────────────┐
│               Kennzahlenbildung                 │
├──────────────────────┬──────────────────────────┤
│ finanzwirtschaftliche:│ erfolgswirtschaftliche: │
│ • Vermögensstruktur  │ • Ertragsstruktur        │
│ • Kapitalstruktur    │ • Aufwandsstruktur       │
│ • Liquidität         │ • Rentabilität           │
└──────────────────────┴──────────────────────────┘
                      │ (3)
                      ▼
┌─────────────────────────────────────────────────┐
│             Kennzahlenauswertung                │
│            • Zeitreihenvergleich                │
│            • Branchenvergleich                  │
│            • Soll-Ist-Vergleich                 │
└─────────────────────────────────────────────────┘
```

Abb. 193: Arbeitsschritte der Bilanzanalyse

9.3.2 Aufbereitung von Jahresabschlussdaten

Die Datenaufbereitung hat die Aufgabe

9.3.2.1 die **Jahresabschlussangaben** in materieller Hinsicht zu **bereinigen** und
9.3.2.2 in formaler Hinsicht zur Erstellung einer **Strukturbilanz** und zur
9.3.2.3 **Erfolgsspaltung**

umzugliedern.

Erst die wertmäßig bereinigten und formal umgegliederten Jahresabschlussdaten werden zur Grundlage der Kennzahlenbildung (→ 9.3.3) gemacht.

9.3.2.1 Wertmäßige Bereinigung der Jahresabschlussdaten

Wegen ungewisser Zukunftserwartungen lässt sich der „tatsächliche" Wert eines bilanzierten Gegenstands niemals exakt bestimmen. Gleichwohl ist es möglich, den **Wertansatz** einzelner Vermögenspositionen der Bilanz im Wege einer Schätzung, die sich an **aktuellen Marktgegebenheiten** orientiert, zu überprüfen. Da die Anschaffungskosten im HGB-Abschluss die Wertobergrenze bilden, stecken in Vermögenspositionen, die schon lange zum Betriebsvermögen gehören, in vielen Fällen erhebliche **stille Rücklagen**, die man als Zwangsrücklagen bezeichnet. Gerade bei Grundstücken und Beteiligungen liegt der Bilanzwert (= Anschaffungskosten) oft erheblich unter dem marktgängigen Zeitwert. Für bilanzanalytische Zwecke bedarf es der **Aufwertung solcher Vermögensgegenstände**.

Eine **Abwertung von Vermögensgegenständen** wird der praktische **Ausnahmefall** bleiben, weil das HGB eine Bilanzierung nach dem Niederstwertprinzip vorschreibt. Jede wertmäßige Bereinigung einer Bilanzposition führt zwangsläufig zu einer Änderung der Höhe des bereinigten Eigenkapitals:

Art der Wertbereinigung	Auswirkung auf Eigenkapital
Werterhöhung Aktivum	→ EK steigt
Wertherabsetzung Aktivum	→ EK sinkt
Werterhöhung Passivum	→ EK sinkt
Wertherabsetzung Passivum	→ EK steigt

Abb. 194: Wertbereinigung und Eigenkapital

Beim Versuch, die Bilanzansätze an die **tatsächlichen Wertverhältnisse** heranzuführen, kann der **Anhang gute Dienste** leisten. Die dortige Berichterstattung über

- die angewandten Ansatz- und Bewertungsmethoden
- die Änderung der Ansatz- und Bewertungsmethoden

gibt wertvolle Hinweise auf die vom Unternehmen verfolgte bilanzpolitische Strategie, stille Rücklagen zu bilden bzw. aufzulösen. (**ÜB 6/88–89**)

9.3.2.2 Strukturbilanz

Voraussetzung für die Unternehmensexistenz ist die Sicherung der künftigen Zahlungsfähigkeit. Wird – z. B. im Anlagenbau oder im Schiffbau – ein Kredit zur Rückzahlung fällig, noch ehe die damit finanzierte Vermögensposition veräußert ist, kann das Unternehmen in Zahlungsschwierigkeiten kommen. Zur Sicherung des finanziellen Gleichgewichts hat die Praxis Finanzierungsregeln[1] entwickelt. Die **horizontalen Finanzierungsregeln** stellen eine Beziehung her zwischen der

- **investitionsbedingten Dauer der Kapitalbindung** (→ Aktivseite) und der
- **Dauer der Kapitalverfügbarkeit** (→ Passivseite).

Zur Vermeidung von Finanzierungsengpässen sollte die Dauer der Kapitalverfügbarkeit mindestens so groß sein wie die Dauer der Kapitalbindung. Das Bemühen, Aktiva und Passiva fristenmäßig zu ordnen, findet seinen Niederschlag in der Strukturbilanz[2], die folgendes Aussehen hat:

A	Strukturbilanz	P
Anlagevermögen (i. d. R. langfristig gebunden) **Umlaufvermögen** (i. d. R. kurzfristig gebunden)	**Eigenkapital** (langfristig verfügbar) **Fremdkapital** • langfristig (> 5 Jahre verfügbar) • mittelfristig (2 bis 5 Jahre verfügbar) • kurzfristig (< 1 Jahr verfügbar)	

Abb. 195: Gliederungsschema einer Strukturbilanz

---

[1] Vgl. dazu S. 594 ff.
[2] Zur Erstellung einer Strukturbilanz vgl. ausführlich Küting/Weber, Bilanzanalyse, 2015, S. 81 ff.

Von besonderem Interesse ist die Umgliederung der Passivseite (→ **Abb. 196**): In Höhe des ausgewiesenen **Bilanzgewinns** ist schon wenige Monate nach dem Bilanzstichtag mit einem Mittelabfluss in Form von Dividendenzahlungen zu rechnen. Folgerichtig wird diese Position dem kurzfristigen Fremdkapital zugeordnet.

Unter wirtschaftlichem Aspekt sind **Rückstellungen** – besonders solche für ungewisse Verbindlichkeiten – dem Fremdkapital zuzuordnen. Im Zuge schematisierender Betrachtung nimmt man im Falle von Pensionsrückstellungen an, dass der Zeitpunkt des Barmittelabflusses in einer fernen Zukunft liegt. Alle übrigen Rückstellungen werden – ebenfalls schematisch – dem kurzfristigen Fremdkapital zugeordnet.

Umgliederung auf der Passivseite		
von		**nach**
Pensionsrückstellungen	→	FK langfristig
Erhaltene Anzahlungen	→	FK mittelfristig
EK-Bilanzgewinn	→	FK kurzfristig
Steuerrückstellungen	→	FK kurzfristig
Sonstige Rückstellungen	→	FK kurzfristig
RAP passiv	→	FK kurzfristig

Abb. 196: Passivumgliederung zur Strukturbilanz

Ein Zahlenbeispiel befindet sich im zugehörigen Übungsbuch. (**ÜB 6**/98)

9.3.2.3 Erfolgsspaltung

Die GuV soll die Bilanzadressaten über die Ertragslage des Unternehmens unterrichten. Im GuV-Gliederungsschema in § 275 HGB setzt sich der Erfolg des abgelaufenen Geschäftsjahres (Jahresüberschuss bzw. Jahresfehlbetrag) aus folgenden Ergebniskomponenten[1] zusammen:

Erfolgskomponenten nach § 275 Abs. 1 HGB		
	Betriebsergebnis	
+	Finanzergebnis	
–	Steuern	• Sonstige Steuern • Ertragsteuern
=	Jahresüberschuss/Jahresfehlbetrag	

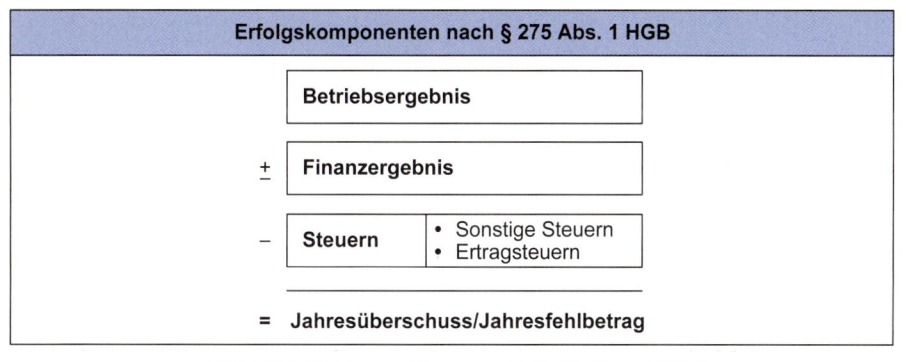

Abb. 197: Erfolgsspaltung nach § 275 Abs. 1 HGB

---

[1] Vgl. hierzu S. 736 f.

Der Jahreserfolg eines Unternehmens setzt sich aus

(1) **regelmäßig anfallenden Komponenten** (z. B. Umsatzerlöse, Personalaufwand)
(2) **unregelmäßig anfallenden Komponenten** (z. B. Gewinn oder Verlust aus dem Verkauf einer Beteiligung)

zusammen. Dem Anspruch auf eine solche betriebswirtschaftlich orientierte Erfolgsspaltung wird die GuV-Gliederung des HGB (und auch die nach IFRS) nicht gerecht.

Oben[1] wurde bereits darauf hingewiesen, dass (2) unregelmäßig anfallende Erfolgskomponenten, sog. **Einmaleffekte, im Betriebs- und Finanzergebnis** enthalten sind. Dieses Manko des gesetzlichen GuV-Gliederungsschemas muss durch eine **Korrekturrechnung**, die man als bilanzanalytische **Erfolgsspaltung** bezeichnet, ausgeglichen werden.

> Die Verlagerung unregelmäßiger Erfolgskomponenten (= Einmaleffekte) aus dem Betriebs- und Finanzergebnis hinein in das neutrale Ergebnis bezeichnet man als **Erfolgsspaltung**.

		GuV nach Erfolgsspaltung		
	(1)	Umsatzerlöse	x	
±	(2)	Bestandsänderungen uE, fE	x	
+	(3)	aktivierte Eigenleistungen	x	
		Gesamtleistung	x	
+	(4)*	**sonst. betriebl. Erträge (ordentlich)**	x	
–	(5)	Materialaufwand	x	
–	(6)	Personalaufwand	x	
–	(7a)*	**Abschreibungen auf Anlagen (planmäßig)**	x	
–	(8)*	**sonst. betriebl. Aufwendungen (ordentlich)**	x	
–	(16)	**sonstige Steuern**	x	
=		**BEREINIGTES BETRIEBSERGEBNIS**	x	x
	(9) (10) (11)	Finanzerträge	x	
–	(13)	Zinsen und ähnliche Aufwendungen	x	
=		**BEREINIGTES FINANZERGEBNIS**	x	x
=		**BEREINIGTES ERGEBNIS AUS GEWÖHN-LICHER GESCHÄFTSTÄTIGKEIT**		xx
+	(4)*	sonst. betriebl. Erträge (außergewöhnlich)	x	
–	(7a)*	Abschreibungen auf Anlagen (außerplanmäßig)	x	
–	(7b)	Abschreibungen auf UV	x	
–	(8)*	sonst. betriebl. Aufwendungen (außergewöhnlich)	x	
–	(12)	Abschreibungen auf Finanztitel	x	
=		**NEUTRALES ERGEBNIS**	x	x
=		**ERGEBNIS VOR ERTRAGSTEUERN**		xxx	xxx
–	(14)	Steuern vom Einkommen und Ertrag		x	x
=	(17)	**JAHRESÜBERSCHUSS/JAHRESFEHLBETRAG**			xxxx

Abb. 198: GuV nach Erfolgsspaltung

---

[1] Vgl. S. 739 f.

Durch Verlagerung positiver und negativer Einmaleffekte in das neutrale Ergebnis gelangt man zu einem **bereinigten Ergebnis der gewöhnlichen Geschäftstätigkeit**. Dieses Ergebnis ist ein brauchbarer **Hilfswert zur Beurteilung der Ertragskraft** eines Unternehmens.

In **Abb. 198** sind Abweichungen gegenüber dem gesetzlichen GuV-Schema durch Kursivdruck, Aufspaltungen einzelner GuV-Posten durch den Zusatz * gekennzeichnet. Erläuternde Zahlenbeispiele finden sich im zugehörigen Übungsbuch. (**ÜB** 6/92–94)

9.3.3 Ermittlung und Auswertung von Kennzahlen

Nachdem die Datenaufbereitung mit der

- Erstellung der Strukturbilanz
- Erfolgsspaltung

abgeschlossen ist, werden die **bereinigten Jahresabschlussdaten** zu Kennzahlen **verdichtet**. Die kaum überschaubare Vielzahl von Kennzahlen lässt sich in finanzwirtschaftliche und erfolgswirtschaftliche Kennzahlen einteilen. **Abb. 199** zeigt eine gängige Kennzahleneinteilung.

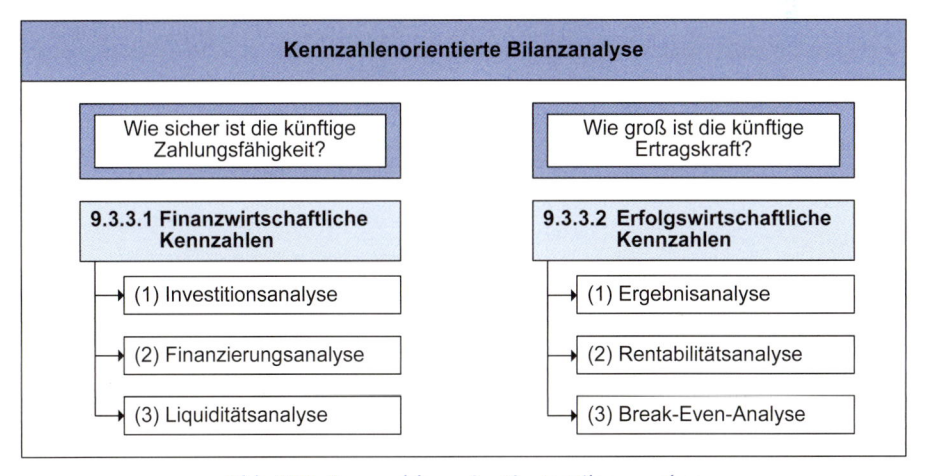

Abb. 199: Kennzahlenorientierte Bilanzanalyse

Die Ordnungsbuchstaben und Ordnungsziffern entsprechen der Rubrizierung der folgenden Textgliederung.

In einer Einführung zur Allgemeinen Betriebswirtschaftslehre kann die Kennzahlenbildung und -auswertung nur in ihren Grundzügen angesprochen werden. Der interessierte Leser wird ausdrücklich auf die weiterführende Literatur[1] verwiesen.

---

[1] Vgl. insb. Baetge/Kirsch/Thiele, Bilanzanalyse, 2004, S. 147 ff.; Küting/Weber, Bilanzanalyse, 2015, S. 51 ff. und Brösel, G., Bilanzanalyse, 2014, S. 129 ff.

9.3.3.1 Ermittlung und Auswertung finanzwirtschaftlicher Kennzahlen

(1) Investitionsanalyse

Gegenstand der Investitionsanalyse ist die Durchleuchtung des Vermögenspotentials eines Unternehmens. Vorrangiges Ziel ist es,

- aus der Vermögensstruktur
- Aussagen über die künftige Zahlungsfähigkeit

abzuleiten. Dabei spielt die **Selbstliquidationsperiode** eine wichtige Rolle.

> Unter der Selbstliquidationsperiode versteht man den Zeitraum, während dessen ein Vermögensgegenstand bei normalem Geschäftsablauf wieder zu Geld wird.

Die Selbstliquidationsperiode einer Produktionsanlage ist sehr lang, diejenige von Warenvorräten ist kurz und diejenige von Forderungen aus Lieferungen und Leistungen ist noch kürzer.

Anlagenintensität	$= \dfrac{\text{Anlagevermögen}}{\text{Gesamtvermögen}}$	[%]
Finanzanlagenintensität	$= \dfrac{\text{Finanzanlagevermögen}}{\text{Gesamtvermögen}}$	[%]
Vorratsintensität	$= \dfrac{\text{Vorratsvermögen}}{\text{Gesamtvermögen}}$	[%]
Investitionsquote	$= \dfrac{\text{Nettoinvestitionen[1] zum Sachanlagevermögen}}{\text{Sachanlagevermögen zum Periodenanfang}}$	[%]

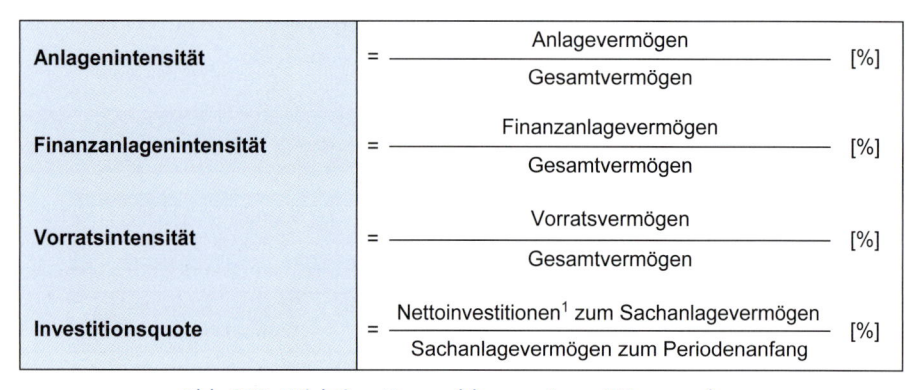

Abb. 200: Wichtige Kennzahlen zur Investitionsanalyse

Eine hohe Anlagenintensität (Finanzanlagenintensität,[2] Vorratsintensität) wird von den Kreditgebern mit Skepsis (Wohlwollen) betrachtet, weil der erwartete Mittelrückfluss in einer fernen (nahen) Zukunft liegt. Eine hohe Investitionsquote ist differenziert zu beurteilen: Einerseits spricht sie für ein wachsendes, innovatives Unternehmen, andererseits für einen hohen Kapitalbedarf, der durch Gewinnthesaurierung und/oder Mittelzuführung von außen zu decken ist.

(2) Finanzierungsanalyse

Ziel der Finanzierungsanalyse ist die Abschätzung von Finanzierungsrisiken. Besonders hoch ist das Finanzierungsrisiko bei kurzfristigen (Darlehens-)Verbindlichkeiten, bei denen der Schuldner mit dem **Risiko** einer

- **baldigen Anschlussfinanzierung**
- **baldigen Zinsänderung**

leben muss. Bei langfristigem Fremdkapital (Eigenkapital) sind diese Risiken weitaus geringer (gleich null).

---

[1] Nettoinvestitionen = Investitionen – Abgänge – Abschreibungen.
[2] Auch bei Finanzanlagen liegt der Mittelrückfluss unter normalen Bedingungen in einer fernen Zukunft. Sie können aber durch vorzeitige Verkäufe als Liquiditätspotential mobilisiert werden.

Verschuldungsgrad	=	$\dfrac{\text{Fremdkapital (FK)}}{\text{Eigenkapital (EK)}}$ [%]
Eigenkapitalquote	=	$\dfrac{\text{EK}}{\text{Gesamtkapital}}$ [%]
Anspannungsgrad	=	$\dfrac{\text{FK}}{\text{Gesamtkapital}}$ [%]
Intensität langfristigen Kapitals	=	$\dfrac{\text{EK + langfristiges FK}}{\text{Gesamtkapital}}$ [%]
Fremdkapitalzinslast	=	$\dfrac{\text{Zinsen + ähnliche Aufwendungen}}{\text{FK}}$ [%]
Bilanzkurs	=	$\dfrac{\text{Bilanzielles Eigenkapital (b. EK)}}{\text{Zahl der Aktien}}$
Korrigierter Bilanzkurs	=	$\dfrac{\text{b. EK + stille Rücklagen}}{\text{Zahl der Aktien}}$

Abb. 201: Wichtige Kennzahlen zur Finanzierungsanalyse

Ein hoher Verschuldungsgrad bzw. Anspannungsgrad signalisiert ein hohes Finanzierungsrisiko. Bei einer Eigenkapitalquote von 100 % ist das Finanzierungsrisiko gleich Null. Verringert sich die Eigenkapitalquote im **Zeitreihenvergleich**, muss die Ursache geklärt werden: Die rückläufige Eigenkapitalquote kann auf verstärkte Fremdfinanzierung (zur Ausnutzung des Leverage-Effekts) oder auf eine Aushöhlung der Eigenkapitalbasis durch permanente Verluste zurückzuführen sein. Zeichnet sich ein Unternehmen XY im **Branchenvergleich** durch eine hohe Fremdkapitalzinslast aus, deutet dies c. p. darauf hin, dass das Unternehmen wegen schlechter Bonität hohe Risikoaufschläge an seine Gläubiger zahlen muss.

Multipliziert man den aktuellen Börsenkurs mit der Anzahl der emittierten Aktien, erhält man die aktuelle **Marktkapitalisierung**. Diese ist abhängig von den Markterwartungen in die künftige Ertragskraft des Unternehmens. **Börsenkurs** und **Marktkapitalisierung** sind also **ertrags(erwartungs)abhängig**.

Dagegen sind das **bilanzielle Eigenkapital** und der daraus abgeleitete Bilanzkurs **substanzabhängige Werte**. Beispielhaft lässt sich das Verhältnis von

- Bilanzkurs   (90 EUR)
- korrigiertem Bilanzkurs   (100 EUR)
- Börsenkurs   (145 EUR)

folgendermaßen erklären: Bewertet man das Vermögen zu Bilanzwerten, gelangt man zu einem Bilanzkurs pro Aktie von 90 EUR. Bewertet man das bilanzierte Vermögen zu Zeitwerten, löst man also die stillen Rücklagen auf, ist der korrigierte Bilanzkurs 100 EUR. Der hohe Börsenkurs von 145 EUR ist auf gute Ertragsaussichten und somit auf einen entsprechend hohen Firmenwert (Goodwill) zurückzuführen.

Im Rahmen des **Soll-Ist-Vergleichs** knüpft die Finanzierungsanalyse an subjektive Bewertungsmaßstäbe an. Von besonderer Bedeutung sind in diesem Zusammenhang die **Finanzierungsregeln**, die an anderer Stelle[1] dargestellt und beurteilt wurden.

(3) Liquiditätsanalyse

Auch die Liquiditätsanalyse stellt die Frage nach dem Risiko der Zahlungsunfähigkeit. Konkret geht es darum, inwieweit das Liquiditätspotential ausreicht, gegebenen Zahlungsverpflichtungen nachzukommen.

$$\text{Liquidität 1. Grades} = \frac{\text{Zahlungsmittel (ZM)}}{\text{kurzfristiges Fremdkapital}} \quad [\%]$$

$$\text{Liquidität 2. Grades} = \frac{\text{ZM + kurzfristige Forderung (kF)}}{\text{kurzfristiges Fremdkapital}} \quad [\%]$$

$$\text{Liquidität 3. Grades} = \frac{\text{ZM + kF + Vorräte}}{\text{kurzfristiges Fremdkapital}} \quad [\%]$$

Net Working Capital = Umlaufvermögen – kurzfristiges Fremdkapital

Operativer Cash Flow = Jahresüberschuss (Gewinn nach Steuern)
  – alle nicht einzahlungswirks. Erträge
  + alle nicht auszahlungswirks. Aufwendungen

$$\text{Schuldentilgungsdauer} = \frac{\text{Fremdkapital}}{\text{Cash Flow}}$$

Abb. 202: Wichtige Kennzahlen zur Liquiditätsanalyse

Eine Liquiditätskennzahl gibt an, zu wie viel Prozent das kurzfristige Fremdkapital am Bilanzstichtag durch vorhandene Liquidität am Bilanzstichtag gedeckt sind. Durch Erweiterung des Liquiditätsbegriffs um kurzfristige Forderungen bzw. Vorräte kommt man zu differenzierten Liquiditätskennzahlen. Das Net Working Capital ähnelt in seinem Aussagegehalt der Liquidität 3. Grades. Wie die Liquiditätskennzahlen hat auch diese Kennziffer nur einen begrenzten Aussagewert: Die Bilanzadressaten wünschen Informationen über die **künftige Zahlungsfähigkeit**. Die zeitpunktbezogenen Liquiditätskennzahlen liefern hingegen nur eine Information über die **Zahlungsfähigkeit** des **vergangenen Bilanzstichtags**. Diese Informationslücke möchte man mit **zeitraumbezogenen Liquiditätskennzahlen** schließen: An die Stelle von

- **Bestandsgrößen** (Liquidität bzw. Fremdkapital zum Bilanzstichtag) treten
- **Stromgrößen** (Einzahlungen bzw. Auszahlungen der Periode).

Sind die periodenbezogenen Einzahlungen größer (kleiner) als die periodenbezogenen Auszahlungen, ist die Zahlungsfähigkeit gesichert (gefährdet). Eine auf Ein- und Auszahlungen basierende Rechnung ist der Finanzplan.[2] Deshalb versucht man,

- Aufwendungen und Erträge
- um zahlungsunwirksame Vorgänge zu bereinigen und
- gelangt so zum operativen Cash Flow.

---

[1] Vgl. S. 594 ff.
[2] Vgl. die Ausführungen zum Finanzplan auf S. 530 f.

Der operative Cash Flow lässt sich in seiner einfachsten Version als

	Jahresüberschuss (Gewinn nach Steuern)
+	Abschreibungen
+	Zuführung zu langfristigen Rückstellungen
=	**Operativer Cash Flow**

umschreiben. Er verkörpert das **Innenfinanzierungsvolumen** eines Betriebes. Sieht man von Ausschüttungen ab, kann der operative Cash Flow zur

- Finanzierung von Investitionen
- Rückzahlung von Fremdkapital

eingesetzt werden. So gesehen wird bei der Ermittlung der Schuldentilgungsdauer (in Jahren) unterstellt, dass der operative Cash Flow des abgelaufenen Jahres in Zukunft in gleicher Höhe erwirtschaftet werden kann.

Der operative Cash Flow gibt Auskunft über die Mittelherkunft. Bezieht man die Mittelverwendung in die Berechnung ein, gelangt man zu Veränderungsbilanzen und Kapitalflussrechnungen, die an anderer Stelle behandelt wurden.[1] (**ÜB 6**/63–68 und 100)

9.3.3.2 Ermittlung und Auswertung erfolgswirtschaftlicher Kennzahlen

(1) Ergebnisanalyse

Oben wurde gezeigt, wie die Bilanz und die GuV in materieller Hinsicht bereinigt werden können. Bezogen auf die GuV werden dabei Aufwendungen und Erträge mit Werten angesetzt, die einen Einblick in die tatsächliche Ertragslage des Unternehmens erleichtern sollen. An diese betragsmäßige Ergebnisanalyse schließt sich die strukturelle Ergebnisanalyse an.

Die strukturelle Ergebnisanalyse[2] wird gegliedert in die Bestandteile

(a) **Ergebnisquellenanalyse**
(b) Analyse der Ertrags- und Aufwandsstruktur (**Ergebnisstrukturanalyse**).

Die **(a) Ergebnisquellenanalyse** soll zeigen, welche Teile des (betragsmäßig bereinigten) Jahreserfolgs aus

- dem bereinigten Betriebsergebnis
- dem bereinigten Finanzergebnis
- dem neutralen Ergebnis

stammen. Diese Problematik wurde oben im Unterkapitel 9.3.2.3 „Erfolgsspaltung" behandelt.

Die folgenden Ausführungen brauchen sich also nur noch mit der **(b) Analyse der Ertrags- und Aufwandsstruktur** zu befassen. Die Analyse der Ertrags- und Aufwandsstruktur soll deutlich machen, welchen Beitrag die einzelnen Ertrags- und Aufwandskomponenten zur Erzielung des Gesamtergebnisses leisten. Zu diesem Zweck werden Kennzahlen gebildet (→ **Abb. 203**), die beruhen können auf den Relationen

- Aufwand/Aufwand (z. B. Personalaufwand/Gesamtaufwand)
- Aufwand/Ertrag (z. B. Abschreibungsaufwand/Gesamtleistung)
- Ertrag/Ertrag (z. B. Beteiligungsertrag/Gesamtertrag).

---

[1] Vgl. S. 651, S. 653 f. und S. 747 ff.
[2] Vgl. Coenenberg/Haller/Schultze, Jahresabschluss, 2016, S. 1125 ff.

Dabei versteht man unter der **Gesamtleistung** die Summe aus Umsatzerlösen, Bestandsänderungen an Halb- und Fertigfabrikaten sowie aktivierten Eigenleistungen.

Wertschöpfung	=	Wert der Gesamtleistung − Wert bezogener Vorleistungen	
Aufwand-Ertrag-Relationen:			
Personalaufwandsquote	=	$\dfrac{\text{Personalaufwand}}{\text{Gesamtleistung}}$	[%]
Abschreibungsaufwandsquote	=	$\dfrac{\text{Abschreibung auf Sachanlagen}}{\text{Gesamtleistung}}$	[%]
Materialaufwandsquote	=	$\dfrac{\text{Materialaufwand}}{\text{Gesamtleistung}}$	[%]
Ertrag-Ertrag-Relationen:			
Umsatzquote (sektoral)	=	$\dfrac{\text{Spartenumsatz}}{\text{Gesamtumsatz}}$	[%]
Umsatzquote (regional)	=	$\dfrac{\text{Gebietsumsatz (z. B. Ausland)}}{\text{Gesamtumsatz}}$	[%]

Abb. 203: Wichtige Kennzahlen zur Ergebnisanalyse

Die **Wertschöpfung** zeigt den Beitrag eines Unternehmens zur gesamtwirtschaftlichen Leistung einer Volkswirtschaft. Der Wertschöpfungsbeitrag eines Unternehmens ergibt sich aus der Differenz zwischen dem Wert der erbrachten Gesamtleistung und den **von anderen Unternehmen bezogenen Vorleistungen**.[1] Die **Vorleistungen** setzen sich im Wesentlichen aus den Komponenten

- **Materialaufwand**
- **planmäßige Abschreibungen**
- **sonstige betriebliche Aufwendungen**

zusammen. Betriebe mit einer großen Fertigungstiefe haben eine hohe Wertschöpfung, während reine Montagebetriebe tendenziell eine geringe Wertschöpfung ausweisen.

Die **Aufwand-Ertrag-Relationen** geben gute Einblicke in die Wirtschaftlichkeit eines Unternehmens. Dabei dürfen die Kennzahlen nicht isoliert beurteilt werden. Eine im Zeitreihenvergleich steigende Abschreibungsaufwandsquote muss positiv beurteilt werden, wenn sich die Personalaufwandsquote im Gegenzug noch stärker verringert hat. Solche Quotenverschiebungen zeigen an, dass Rationalisierungsmaßnahmen erfolgreich waren. Weiterhin kann eine über dem Branchendurchschnitt liegende Mietaufwandsquote eines Lebensmittelfilialisten als Indiz für eine verfehlte Standortpolitik interpretiert werden.

Auch mit der Bildung von **Ertrag-Ertrag-Relationen** möchte man Stärken und Schwächen eines Unternehmens analysieren. Weist ein Mischkonzern einen hohen Spartenumsatz auf schrumpfenden (expandierenden) Märkten aus, sind die künftigen Ertragsaussichten c.p. negativ (positiv) zu beurteilen. Ähnliches gilt, wenn ein international agierendes Unternehmen seinen Umsatzschwerpunkt in Krisenregionen (Wachstumsregionen) hat. (ÜB 6/95)

---

[1] Vgl. S. 746.

(2) Rentabilitätsanalyse

Eine aussagekräftige Erfolgsanalyse kann nicht auf der Gegenüberstellung absoluter Ergebnisgrößen basieren. Erst der Bezug auf die zur Erfolgserzielung eingesetzte – unterschiedliche – Kapital- oder Umsatzgröße, erst die Rentabilitätskennziffer, ermöglicht den Unternehmensvergleich. Rentabilitätskennzahlen setzen entsprechend eine Ergebnisgröße (Gewinn, Jahresüberschuss, ordentliches Betriebsergebnis, Cash Flow oder den Bruttogewinn) ins Verhältnis zu einer Kapital- oder Vermögensgröße (Eigenkapital, Gesamtkapital oder betriebsnotwendiges Vermögen). Als Bezugsgröße kommt auch der Umsatz in Betracht. Der Bruttogewinn entspricht der Summe aus Gewinn (vor Steuern) und Fremdkapitalzinsen und wird auch als EBIT bezeichnet. Es gilt also

$$\text{Bruttogewinn} = (\text{Gewinn} + \text{FKZ}) = \text{EBIT}$$

Eigenkapitalrentabilität	$= \dfrac{\text{Gewinn}}{\text{EK}}$	[%]
Gesamtkapitalrentabilität	$= \dfrac{\text{Gewinn} + \text{FKZ}}{\text{EK} + \text{FK}}$	[%]
Umsatzrentabilität	$= \dfrac{\text{Bruttogewinn}}{\text{Umsatzerlöse}}$	[%]
Return on Investment (ROI)	$= \dfrac{\text{Bruttogewinn}}{\text{Gesamtkapital}}$	[%]
Gewinn je Aktie	$= \dfrac{\text{Gewinn}}{\text{Anzahl ausgegebener Aktien}}$	
Price-Earnings-Ratio (KGV)	$= \dfrac{\text{Preis je Aktie}}{\text{Gewinn je Aktie}}$	

EK = Eigenkapital
FK = Fremdkapital
FKZ = Fremdkapitalzinsen

Abb. 204: Wichtige Kennzahlen zur Rentabilitätsanalyse

Zur Beurteilung der Ertragskraft können die Eigenkapitalgeber die **Eigenkapitalrentabilität** ihres Unternehmens vergleichen mit

- dem Vorjahr
- der branchenüblichen Eigenkapitalrentabilität
- der marktüblichen Verzinsung risikoadäquater Kapitalanlagen.

Hierbei ist die Ertragsteuerproblematik zu beachten. Es ist unsinnig, eine Kapitalmarktverzinsung von beispielsweise 7 Prozent vor Steuern mit der Eigenkapitalrentabilität eines Unternehmens von beispielsweise 5 Prozent nach Ertragsteuerabzug zu vergleichen. Zur Ermittlung von Rentabilitätskennzahlen sollte also immer von einem (nachhaltig erzielbaren) **Gewinn vor (Ertrags-)Steuern**[1] ausgegangen werden. Der **Jahresüberschuss** ist als Ergebnisgröße **unbrauchbar**, weil er ein Gewinn nach Steuern ist.

---

[1] Vgl. hierzu die Ermittlung des bereinigten Ergebnisses aus gewöhnlicher Geschäftstätigkeit auf S. 828.

Die Gesamtkapitalrentabilität entspricht der internen Verzinsung des im Betrieb eingesetzten Kapitals. Im zwischenbetrieblichen Vergleich ist die **Gesamtkapitalrentabilität** ein **zuverlässigerer Ertragskraftindikator** als die Eigenkapitalrentabilität.

Die Gesamtkapitalrentabilität zeigt die Ertragskraft des Unternehmens unabhängig von der Höhe des Verschuldungsgrades. Die Ursache für eine hohe Eigenkapitalrentabilität muss nicht unbedingt in einer hohen Ertragskraft, sondern sie kann auch in einem besonders hohen Verschuldungsgrad des Unternehmens liegen. Die mit dem Leverage-Effekt einhergehende Steigerung der Eigenkapitalrentabilität wird dann mit einer Erhöhung des unternehmerischen (Verlust-)Risikos erkauft.[1]

Eigenkapital-, Gesamtkapital- und Umsatzrentabilität sind weitgehend abhängig vom ausgewiesenen Gewinn. Wegen der Ansatz- und Bewertungsspielräume ist der ausgewiesene Gewinn eine manipulationsanfällige Größe. Aus diesem Grunde lassen manche Analysten bei der Ermittlung von Rentabilitätskennziffern den Cash Flow an die Stelle des Gewinns treten.

Die Literatur[2] zur Bilanzanalyse begegnet diesem Vorgehen mit großer Skepsis. Der Cash Flow ist als Erfolgsmaßstab ungeeignet. Der Grund: Die Cash-Flow-Rechnung berücksichtigt nur Auszahlungen und vernachlässigt dabei den zahlungsunwirksamen Aufwand, also z. B. die Wertminderung bei maschinellen Anlagen. Als Orientierungsgröße zur Quantifizierung des Innenfinanzierungsvolumens ist der Cash Flow jedoch unverzichtbar. Als **Erfolgsmaßstab** ist er **problematisch bis unbrauchbar**.[3]

Der **Gewinn je Aktie** ist für den Eigenkapitalgeber eine wichtige Erfolgskennziffer. Allerdings interessieren sich Kapitalanleger weniger für den Gewinn der abgelaufenen Periode; ihr Hauptinteresse gilt den Gewinnerwartungen. Dieser Interessenlage trägt die Analysepraxis Rechnung, indem sie versucht, den Gewinn je Aktie für das laufende Geschäftsjahr zu prognostizieren. Ändern die Bilanzanalysten ihre Gewinnprognosen, hat das i. A. Kursänderungen an der Börse zur Folge.

Aktienanalysten erteilen Anlageempfehlungen (Kaufen, Halten, Verkaufen). Dabei spielt die **Price-Earnings-Ratio** eine große Rolle. Im Deutschen wird die Price-Earnings-Ratio als Kurs-Gewinn-Verhältnis bezeichnet. Im Börsenjargon spricht man häufig nur vom KGV. Ein KGV von z. B. 20 besagt, dass eine Aktie das Zwanzigfache des auf sie entfallenden Gewinnanteils kostet. Für den Aktionär entspricht das einer (erwarteten) Kapitalverzinsung von fünf Prozent.

Vordergründig betrachtet könnte man meinen, Aktien mit einem niedrigen KGV seien „billiger" und deshalb kaufenswerter als Aktien mit einem hohen KGV. Diese Einschätzung greift zu kurz. Das **KGV** wird auf der **Basis der Gewinnerwartung des laufenden Jahres** gebildet. Üblicherweise rechnet man in

- **Krisenbranchen mit sinkenden Zukunftsgewinnen**
- **Wachstumsbranchen mit steigenden Zukunftsgewinnen**.

Steigende (sinkende) Gewinnerwartungen quittiert die Börse mit Kursaufschlägen (Kursabschlägen). So kann es vorkommen, dass ein Technologiewert mit hohem Gewinnsteigerungspotential und einem gegenwärtigen KGV von 40 kaufenswert ist, während ein Titel aus einer Krisenbranche und einem KGV von 7 wegen rückläufiger Ertragsaussichten auf „Verkaufen" gestellt wird.

---

[1] Vgl. S. 602 f.
[2] Vgl. Baetge/Kirsch/Thiele, Bilanzanalyse, 2004, S. 349 ff.
[3] Vgl. hierzu das Beispiel auf S. 642 f.

Beim **Return on Investment** (ROI) wird eine Ergebnisgröße auf das eingesetzte Gesamtkapital bezogen. Da diese Kennzahl vor vielen Jahrzehnten in den USA entwickelt wurde, muss man bei der Interpretation der Ergebnisgröße die dortigen Gepflogenheiten zur Erfolgsmessung beachten. Als Ergebnisgröße ist der **Operating Profit**[1] heranzuziehen. Hierbei handelt es sich um eine Ergebnisgröße vor Abzug von Fremdkapitalzinsen. Zur Annäherung an die deutsche Terminologie kann man

> Operating Profit = Bruttogewinn = Gewinn (vor Steuern) + Fremdkapitalzinsen

gleichsetzen. Diese Größe wird auch EBIT[2] genannt.

Mit dieser Ergebnisdefinition ist der Return on Investment (ROI) nichts anderes als die **Gesamtkapitalrentabilität**:

$$\text{ROI} = \frac{\text{Gewinn} + \text{FKZ}}{\text{Gesamtkapital}} \ [\%]$$

Erweitert man diesen Quotienten im Zähler und Nenner um den Umsatz, dann erhält man

$$\text{ROI} = \frac{\text{Gewinn} + \text{FKZ}}{\text{Umsatz}} \cdot \frac{\text{Umsatz}}{\text{Gesamtkapital}}$$

$$\text{ROI} = \text{Umsatzrentabilität} \cdot \text{Kapitalumschlag}$$

Diese Kennzahlerweiterung hat Vorteile. Sie verdeutlicht, dass eine Steigerung der Gesamtkapitalrentabilität durch eine

- Erhöhung der Umsatzrentabilität
- Erhöhung der Häufigkeit des Kapitalumschlags

erreicht werden kann. Diese Steigerung des Kapitalumschlags wiederum kann c. p. durch eine Umsatzsteigerung oder eine Verringerung des Kapitaleinsatzes z. B. durch Einführung des Just-in-Time-Konzepts erreicht werden. Durch weiter gehende Aufschlüsselung der Spitzenkennzahl ROI gelangt man zu einem **Kennzahlensystem**, dessen bekannteste Variante das sog. DuPont-Kennzahlensystem[3] ist. (**ÜB 6**/96–97 und 99)

(3) Break-Even-Analyse

Im Rahmen der Break-Even-Analyse versucht man, den Break-Even-Punkt, den **Kostendeckungspunkt** bzw. die **Gewinnschwelle**, zu ermitteln. Der Break-Even-Punkt bezeichnet jene **kritische Ausbringungsmenge x**, bei deren Überschreiten ein Unternehmen die Verlustzone verlässt und in die Gewinnzone eintritt. Für den Break-Even-Punkt gilt die Bedingungsgleichung Umsatz = Kosten. (**ÜB 6**/104)

---

[1] Vgl. S. 786.
[2] Vgl. S. 738.
[3] Vgl. S. 200 f.

$$U = K$$
$$p \cdot x_D = K_f + k_v \cdot x_D$$
$$p \cdot x_D - k_v \cdot x_D = K_f$$
$$x_D \cdot (p - k_v) = K_f$$
$$x_D = \frac{K_f}{(p - k_v)}$$

U = Umsatzerlöse
K = Gesamtkosten
K_f = fixe Gesamtkosten

x_D = kritische Ausbringungsmenge (Break-Even-Punkt)
p = Preis/Stück
k_v = variable Kosten/Stück
$p - k_v$ = Deckungsbeitrag/Stück

Abb. 205: Kostenrechnerische Ermittlung des Break-Even-Punktes

Zur Ermittlung des Kostendeckungspunktes x_D muss man die Höhe der Fixkosten K_f und die Höhe des Stückdeckungsbeitrags (db = $p - k_v$) kennen. Liegen die Fixkosten/Jahr (K_f) bei 10 Mio. GE und beträgt der Deckungsbeitrag/Stück (db) 10 GE, wird die Gewinnschwelle x_D nach dem Verkauf der millionsten Produkteinheit überschritten.

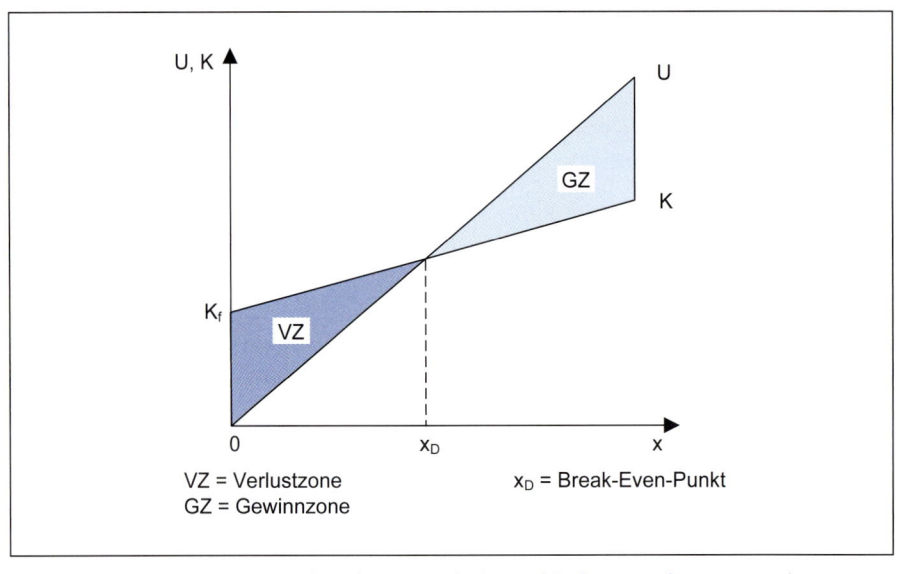

Abb. 206: Gewinn- und Verlustzone bei graphischer Break-Even-Analyse

Als **theoretisches** Konzept ist die Break-Even-Analyse ein **brauchbarer Ansatz**, um
- die Kosten- und Erlösstrukturen
- beschäftigungsabhängige Gewinnchancen und Verlustrisiken

transparent zu machen.

In der **Praxis** der Bilanzanalyse stößt die Umsetzung der Break-Even-Analyse auf große **Schwierigkeiten**:

(1) Es werden proportionale Gesamtkostenverläufe unterstellt.
(2) Externen Analysten sind Verkaufspreise und Absatzmengen nicht bekannt.

(3) Die in der GuV ausgewiesenen Aufwendungen können nicht mit Kosten gleichgesetzt werden.
(4) Eine Spaltung der Gesamtkosten in fixe und variable Bestandteile ist für Außenstehende unmöglich.

Eine hilfsweise Lösung der Analysepraxis besteht darin, statt der verlustfreien Mindestausbringungsmenge x_D, den verlustfreien Mindestumsatz U_D zu ermitteln. Zu diesem Zweck ist zunächst der **Gesamtaufwand A** in einen **beschäftigungsabhängigen Teil A_v** und einen **beschäftigungsunabhängigen Teil A_f zu zerlegen**. Die Quote a_v des variablen Aufwands A_v an den Umsatzerlösen U

$$a_v = \frac{A_V}{U}$$

wird zur Berechnung des verlustfreien Mindestumsatzes U_D benötigt:

$$U_D = \frac{A_F}{1 - a_v}$$

Die Frage, welche Aufwandsbestandteile als variabel anzusehen sind, ist nicht einfach zu beantworten. Einigkeit besteht darin, den Materialaufwand als variabel einzustufen. Gelingt es, über zusätzliche Jahresabschlussangaben Teile des Personalaufwands als variabel zu identifizieren, erhöht sich der Genauigkeitsgrad der Break-Even-Analyse.

9.3.4 Grenzen der Bilanzanalyse

Die Bilanzanalyse will – verkürzt gesagt – Informationen zur Beurteilung
- der künftigen Zahlungsfähigkeit und
- des künftigen Erfolgspotentials

eines Unternehmens liefern. Dabei stößt die Bilanzanalyse an ihre Grenzen, weil ihre Informationsbasis – der Jahresabschluss – nicht die Informationen bereitstellen kann, die von den Informationsadressaten erwartet werden. Die Mängel der Informationsbasis „Jahresabschluss" lassen sich folgendermaßen systematisieren:[1]

Mangelnde Vollständigkeit	Mangelnde Zukunftsbezogenheit	Mangelnde Objektivität
Keine Information über • Qualität des Managements und der weiteren Mitarbeiter • das Betriebsklima • das Technologiepotential • den Ruf des Unternehmens • den selbst geschaffenen Geschäfts- oder Firmenwert	Keine Information über • künftige Liquidität • künftige Erfolge usw.	Keine Information über „tatsächliches" Vermögen und „tatsächlichen" Erfolg wegen • Dominanz des Vorsichtsprinzips • unsicherheitsbedingter Bewertungssubjektivität

Abb. 207: Ursachen unzulänglicher Bilanzanalyse

---

[1] Zur Vertiefung vgl. Baetge/Kirsch/Thiele, Bilanzanalyse, 2004, S. 54 ff.; Brösel, G., Bilanzanalyse, 2014, S. 31 ff.

Der Jahresabschluss ist eine unzulängliche Informationsbasis, weil er **das Erfolgspotential** in Form von Vermögen und Schulden nur **unzulänglich** abbildet und weil in die Erfolgsermittlung nur abgeschlossene Geschäftsvorfälle der **Vergangenheit** einbezogen werden. Wegen mangelnder Objektivität wird nicht einmal der Erfolg der abgelaufenen Periode „korrekt" ausgewiesen. Durch die Möglichkeit der **Bildung** bzw. **Auflösung stiller Rücklagen** wird der Erfolgsausweis verfälscht.

Kein Bilanzanalyst wird in der Lage sein, den Umfang der Bildung bzw. Auflösung stiller Rücklagen sachgerecht zu quantifizieren. Gleichwohl liefert der Jahresabschluss eine Reihe von Indizien, die eine Grobklassifizierung der Unternehmen erlauben:

Indikator	starkes Unternehmen	schwaches Unternehmen
außerplanmäßige Abschreibung	ja	nein
planmäßige Abschreibung	degressiv	linear
Abwertung nach gemildertem Niederstwertprinzip	ja	nein
Aktivierung von Verwaltungsgemeinkosten	nein	ja
Rückstellungen	Zuführung	Auflösung
Aktivierung von Entwicklungskosten	nein	ja
offene Rücklagen	Bildung	Auflösung

Abb. 208: Jahresabschlussindikatoren zur „Unternehmensstärke"

In der obigen Übersicht werden als starke Unternehmen solche identifiziert, die es sich leisten können, offene und stille Rücklagen zu bilden. Als schwache Unternehmen werden solche klassifiziert, die weder offene noch stille Rücklagen bilden können oder die sich gar genötigt sehen, offene bzw. stille Rücklagen aufzulösen. Eine solche Grobklassifizierung von Unternehmen ist häufig aufschlussreicher als die Ermittlung von Bilanzkennzahlen, denen es vielleicht an Zukunftsbezogenheit und Objektivität mangelt. (**ÜB 6/100**)

C. Kostenrechnung

Inhaltsüberblick

1. Grundlagen der Kostenrechnung 841
2. Kostenartenrechnung 858
3. Kostenstellenrechnung 874
4. Kostenträgerrechnung 890
5. Kostenrechnungssysteme 898
6. Kurzfristige Erfolgsrechnung 900
7. Plankostenrechnung 912
8. Strategisch ausgerichtete Verfahren der Kostenrechnung 927

1. Grundlagen der Kostenrechnung

1.1 Kostenrechnung als Teilgebiet des betriebswirtschaftlichen Rechnungswesens

1.1.1 Aufgaben der Kostenrechnung

Zur obigen Einführung in das betriebswirtschaftliche Rechnungswesen wurde die Kosten- und Erlösrechnung, die in Theorie und Praxis vereinfachend als „Kostenrechnung" bezeichnet wird, als Kernbestandteil des internen Rechnungswesens identifiziert. Als **Informationsinstrument** soll die Kostenrechnung die Unternehmensleitung bei der Erfüllung ihrer Aufgaben unterstützen. Damit ist eine Verknüpfung zwischen

- dem unternehmerischen **Oberziel langfristiger Gewinnmaximierung** und
- den **Aufgaben der Kostenrechnung**

herzustellen. Zur Erreichung unternehmerischer (Gewinn-)Ziele bedarf es der

- **Planung**, d.h. der Auswahl und Bewertung betrieblicher Handlungsalternativen,
- **Kontrolle** betrieblicher Abläufe zwecks Einhaltung des Wirtschaftlichkeitsprinzips.

Unternehmen sind verpflichtet, gesetzliche Vorschriften einzuhalten. Hierzu gehört die Pflicht zur Erstellung handels- und steuerrechtlicher Abschlüsse. In diesem Zusammenhang sind Halb- und Fertigfabrikate zu Herstellungskosten zu bewerten, was man als Dokumentationsaufgabe der Kostenrechnung bezeichnet.

Planungsaufgabe	Kontrollaufgabe	Dokumentationsaufgabe
• Bewertung betrieblicher Handlungsalternativen im Sinne einer Kosten-Nutzen-Analyse • Selbstkostenermittlung	Wirtschaftlichkeitskontrolle durch Soll-Ist-Vergleich, z. B. durch Vergleich von • geplanten Kosten • tatsächlichen Kosten	Ermittlung der • Herstellungskosten für den Jahresabschluss • Selbstkosten bei der Kalkulation öffentlicher Aufträge

Abb. 209: Aufgaben der Kostenrechnung

Werden im marktwirtschaftlichen Wettbewerb vergleichbare Produkte (z. B. Butter, Bier, Kupferrohre) von verschiedenen Produzenten angeboten, muss sich der Leistungsanbieter bei der Preisgestaltung an die Marktgegebenheiten anpassen: Für den einzelnen Anbieter wird der **Marktpreis** zum **Datum**. Im Rahmen der Kostenrechnung geht es dann nicht um die Ermittlung und freie Gestaltung von Absatzpreisen. Liegen für den Anbieter XY die Selbstkosten für das (homogene) Produkt P bei 4 EUR, ist eine Produktion von P nur sinnvoll, wenn der Marktpreis über den betriebsindividuellen Selbstkosten liegt. Die Selbstkosten markieren jenen Wert, bei dem der Betrieb zwischen Produktion und Nichtproduktion indifferent ist. In diesem Sinne haben die **Selbstkosten als Preisuntergrenze** im Rahmen der unternehmerischen **Planungsaufgabe** eine **zentrale Steuerungsfunktion**.

Gelangt der Anbieter XY im obigen Beispiel bei Erfassung seiner tatsächlich angefallenen Kosten, die man als Istkosten bezeichnet, zu dem Ergebnis, dass seine betriebsindividuellen Selbstkosten bei 4,50 EUR liegen, ist er bei einem Marktpreis von 4 EUR nicht wettbewerbsfähig. Er steht dann vor der Alternative,

- seine **Wettbewerbsfähigkeit durch Kostensenkung zu steigern** oder
- seine **Produktion einzustellen**.

Kostensenkungen sind dann möglich, wenn die bisherige Leistungserstellung durch überhöhten Faktorverbrauch, überhöhte Beschaffungspreise u. Ä. ineffizient ist. Im Rahmen der **Kontrollfunktion** hat die Kostenrechnung die Aufgabe, solche **Ineffizienzen aufzudecken** und damit für die **Einhaltung des ökonomischen Prinzips** zu sorgen.

Von der Regel, dass der Leistungsanbieter im marktwirtschaftlichen Wettbewerb den Marktpreis als Datum akzeptieren muss, gibt es eine wichtige Ausnahme. Dabei handelt es sich um die „Leitsätze für die Preisermittlung auf Grund von Selbstkosten", die sog. LSP. Ist der Wettbewerb auf der Anbieterseite beschränkt, weil z. B. nur ein einziger Anbieter für die Lieferung eines vom Heer eingeführten Panzertyps infrage kommt, erfolgt die Preisermittlung bei diesem **öffentlichen Auftrag** nach **LSP**, d. h. **auf der Basis von Selbstkosten** zuzüglich eines (angemessenen) Gewinnaufschlags.[1]

1.1.2 Abgrenzung der Kostenrechnung zu anderen Teilgebieten des Rechnungswesens

Das betriebswirtschaftliche Rechnungswesen soll als

- externes Rechnungswesen die Jahresabschlussadressaten informieren
- internes Rechnungswesen die Unternehmensleitung mit Planungs- und Kontrollinformationen versorgen.

Hieran anknüpfend lässt sich das Rechnungswesen – wie in **Abb. 210** dargestellt – einteilen.

Aktionäre machen ihre Anlageentscheidung vom Unternehmenserfolg im Sinne einer Reinvermögensmehrung bzw. -minderung abhängig. Aus diesem Informationsinteresse für den externen **Jahresabschluss** resultieren die Erfolgsdeterminanten Ertrag und Aufwand.

---

[1] Zu Einzelheiten vgl. Coenenberg/Fischer/Günther, Kostenrechnung, 2016, S. 158.

C.1. Grundlagen der Kostenrechnung

Betriebswirtschaftliches Rechnungswesen			
externes	internes		
Jahresabschluss	Finanzrechnung	Investitionsrechnung	Kostenrechnung
Information Dritter über • Vermögen • Schulden • Ertrag • Aufwand • Erfolg	Ermittlung optimaler Finanzierungsalternativen; Finanzplanung zur Wahrung des finanziellen Gleichgewichts	Langfristige Kapazitätsveränderungsrechnung; Vorteilhaftigkeit von • Investition • Desinvestition	• Kurzfristige Produktions- und Absatzplanung • Wirtschaftlichkeitskontrolle • Ermittlung des Betriebsergebnisses

Abb. 210: Teilgebiete und Teilaufgaben des Rechnungswesens

In der **Finanzrechnung** geht es im Sinne langfristiger Gewinnmaximierung um die Ermittlung der kostengünstigsten Finanzierungsalternative und im Sinne der Insolvenzvermeidung um die Erstellung von Finanzplänen.

Die **Investitionsrechnung** soll Informationen über die Vorteilhaftigkeit einer

- Kapazitätserweiterung (= Investition)
- Kapazitätsreduzierung (= Desinvestition)

liefern. Die **Investitionsrechnung** ist also eine **Kapazitätsveränderungsrechnung**. Da solche Kapazitätsaufbau- und Kapazitätsabbauentscheidungen Konsequenzen haben, die weit in die Zukunft reichen, muss sich die Investitionsrechnung auf einen **langfristigen Planungszeitraum** beziehen.

Einer positiven Investitionsentscheidung liegt die Annahme zugrunde, dass die mit der Anlagenbeschaffung verbundene Erweiterung der Produktionskapazität dem langfristigen Kapazitätsbedarf entspricht. Dies schließt nicht aus, dass kurzfristige Nachfrageschwankungen zu

- Kapazitätsengpässen
- nicht ausgelasteten Kapazitäten

führen, wie es besonders in Saisonbetrieben der Fall ist. Als **kurzfristige Rechnung** auf der **Basis gegebener Kapazitäten** hat die **Kostenrechnung** die Aufgabe, die **negativen Erfolgswirkungen** von kurzfristig auftretenden Kapazitätsengpässen bzw. Kapazitätsüberhängen zu **minimieren**.

Schon an anderer Stelle[1] wurde auf den Unterschied zwischen dem (handelsrechtlichen) Gesamtergebnis lt. GuV und dem Betriebsergebnis hingewiesen. Will man wissen, ob sich die unternehmerische Tätigkeit „gelohnt" hat, muss man das Betriebsergebnis durch Gegenüberstellung von Erlösen und Kosten ermitteln.

Jenseits einer solchen Periodenrechnung kann die Kostenrechnung als fallbezogene Rechnung wertvolle Entscheidungshilfen liefern. Die Einzelfälle lassen sich üblicherweise einem der vier folgenden Sachverhalte zuordnen (→ **Abb. 211**).

---

[1] Vgl. S. 640 f.

Planungsaufgaben der Kosten- und Erlösrechnung	
Sachverhalt	Fragestellung
(1) Preisuntergrenze	Soll ein Auftrag A zum marktmäßig vorgegebenen Preis p angenommen werden?
(2) Optimales Produktionsverfahren	Soll zur Abwicklung eines Auftrags A das Produktionsverfahren V_1, V_2 oder V_3 eingesetzt werden?
(3) Eigenerstellung oder Fremdbezug	Soll bei gegebenem Produktionserlös p die Leistungserstellung in Eigenfertigung oder durch Fremdbezug (make or buy) erfolgen?
(4) Optimales Produktionsprogramm	Welche Aufträge sollen bei einem Produktionsengpass angenommen bzw. abgelehnt werden?

Abb. 211: Planungsaufgaben der Kosten- und Erlösrechnung

Zu (1): Ökonomisches Handeln basiert immer auf einem Vergleich von Kosten und Nutzen. Produktion und Absatz lohnen sich nur dann, wenn die **einzelne Transaktion** einen **positiven Erfolgsbeitrag** leistet, wenn

$$p > k$$

der Nutzen in Form des Erlöses p größer ist als die Stückkosten der Produktionseinheit k.

Zu (2): Stehen zur Durchführung eines Auftrags A, der einen Erlös p erwarten lässt, mehrere **verschiedene Produktionsverfahren** V zur Wahl, ist **p Datum**, während das Produktionsverfahren zum Kalkulationsobjekt wird. Im Sinne des Erfolgsziels entscheidet sich das Unternehmen für das **kostengünstigste Verfahren**. (ÜB 6/108–110)

Zu (3): Das gilt auch für die Wahl zwischen **Eigenerstellung** und **Fremdbezug** (make or buy). Ein Bauunternehmer wird eine Teilleistung am Bau selbst ausführen, wenn für ihn die Kosten der Eigenerstellung niedriger sind als der Angebotspreis eines Subunternehmers (= Fremdbezug).

Zu (4): Ein **Kapazitätsengpass** existiert dann, wenn innerhalb einer bestimmten Frist nicht alle Anfragen nach Abwicklung von **Terminaufträgen** befriedigt werden können. Zur Erreichung des Gewinnmaximums muss das Unternehmen die lukrativsten Aufträge auswählen (= optimales Produktionsprogramm). Zu diesem Zweck bildet das Unternehmen eine **Rangreihe** zur Auftragsbearbeitung. Auswahlkriterium ist der **Deckungsbeitrag/Engpassbelastungseinheit**.

1.2 Kosten und Erlöse als Entscheidungsdeterminanten

1.2.1 Abgrenzung von Kosten und Erlösen sowie Aufwand und Ertrag

Strebt ein Unternehmen nach langfristiger Gewinnmaximierung, muss es vor jeder Transaktion einen Vorteilhaftigkeitsvergleich anstellen. Zum Abwägen der Vorteilhaftigkeit legt man in je eine Waagschale die

- **positive Entscheidungskomponente**, d.h. die **Erlöse**,
- **negative Entscheidungskomponente**, d.h. die **Kosten**.

Die Transaktion ist nur vorteilhaft, wenn der Stückerlös p größer ist als die Stückkosten k. Ist bei der Wahl zwischen zwei oder mehreren Handlungsmöglichkeiten die **Erlösseite konstant**, sind die **Erlöse entscheidungsirrelevant**. Gewinnmaximierung ist dann gleichbedeutend mit **Kostenminimierung**.

Geltungsbereich	Positivkomponente	Negativkomponente
Externes Rechnungswesen	Erträge	Aufwendungen
Internes Rechnungswesen	Erlöse	Kosten

Abb. 212: Erfolgsdeterminanten

Die Adressaten der externen Erfolgsrechnung, also der GuV, interessieren sich für die Höhe der *gesamten* Reinvermögensänderung, also für die Differenz von Erträgen und Aufwendungen. Für interne Steuerungszwecke, also in der Betriebsergebnisrechnung, die auch als Kurzfristige Erfolgsrechnung (KER) bezeichnet wird, sind dagegen

- **Erlöse** als *betriebszweckbezogener* **Wertzuwachs**
- **Kosten** als *betriebszweckbezogene* **Wertminderung**

von Interesse.

In **Abb. 213** sind die Abweichungen zwischen

- Aufwendungen und Kosten (a) bzw. (b)
- Erträgen und Erlösen (c) bzw. (d)

dargestellt.

Erträge			Aufwendungen		
(c)	Zweckertrag		(a)	Zweckaufwand	
	Grunderlös	(d)		Grundkosten	(b)
	Erlöse			Kosten	

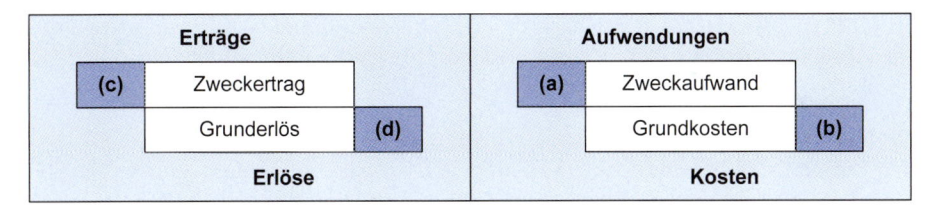

Abb. 213: Abgrenzung von Erträgen und Erlösen bzw. Aufwendungen und Kosten

(a) Neutraler Aufwand

Der in der GuV enthaltene neutrale Aufwand[1] setzt sich aus

- betriebsfremdem Aufwand
- außergewöhnlichem Aufwand
- bewertungsbedingtem Aufwand

zusammen. Bei der Transformation der GuV in die KER bleibt neutraler Aufwand außen vor.

---

[1] Zur ausführlichen Erläuterung vgl. S. 637 ff.

(b) Kalkulatorische Kosten

In der KER sind außer den aufwandsgleichen Grundkosten die nicht in der GuV enthaltenen kalkulatorischen Kosten zu erfassen. Kalkulatorische Kosten setzen sich zusammen aus

- **Anderskosten**, denen in der GuV Aufwand in anderer Höhe (z. B. kalkulatorische Abschreibungen)
- **Zusatzkosten**, denen in der GuV überhaupt kein Aufwand (z. B. kalkulatorische Eigenkapitalzinsen)

gegenübersteht.

(c) Neutraler Ertrag

Neutraler Ertrag setzt sich zusammen aus

- betriebsfremden Erträgen (z. B. Mieterträge)
- außergewöhnlichen Erträgen (z. B. Erlös aus dem Verkauf eines selbstentwickelten Patents)
- bewertungsbedingten Erträgen (z. B. Ertrag aus der Auflösung einer Rückstellung).

Neutrale Erträge finden keinen Eingang in die KER.

(d) Zusatzerlöse

Neben dem Grunderlös (= Wert der abgesetzten Leistungen) finden – in seltenen Fällen – auch Zusatzerlöse Eingang in die KER. Hierbei kann es sich um den Wert eines selbst erstellten immateriellen Anlagegegenstands i. S. e. kalkulatorischen (Eigen-)Leistung handeln, der im handelsrechtlichen Jahresabschluss nicht aktiviert wurde.

1.2.2 Kostenbegriff und Kostenverrechnungsprinzipien

In der Betriebswirtschaftslehre herrscht bis heute keine Einigkeit darüber, wie Kosten zu definieren sind. Hier sollen drei Kostenbegriffe kurz vorgestellt werden.

(1) Wertmäßiger Kostenbegriff

Vorherrschend ist der von Schmalenbach[1] entwickelte wertmäßige Kostenbegriff, dessen Definition in diesem Buch schon an anderer Stelle[2] vorgetragen wurde. Danach sind Kosten der bewertete Verzehr von Gütern und Dienstleistungen, der durch die betriebliche Leistungserstellung verursacht wird.

Prägende Merkmale des wertmäßigen Kostenbegriffs sind

- der **Verursachungsbezug zur betrieblichen Leistungserstellung**
- die Loslösung der Kosten von Aufwand und Auszahlungen, so dass **Opportunitätskosten** berücksichtigt werden können.

Demnach setzen sich – wie oben dargestellt – wertmäßige Kosten zusammen aus

- aufwandsgleichen Grundkosten und
- kalkulatorischen Kosten, zu denen auch die auf entgangenen Erträgen beruhenden Zusatzkosten (= Opportunitätskosten) gehören.

---

[1] Vgl. Schmalenbach, E., Kostenrechnung, 1963, S. 6.
[2] Vgl. S. 637 f.

(2) Pagatorischer Kostenbegriff

Nach dem pagatorischen Kostenbegriff in seiner reinsten Form rechnet man nur jenen Güterverbrauch zu den Kosten, der in der laufenden, einer früheren oder einer späteren Periode zu Auszahlungen führt. Danach werden Zusatzkosten nicht zu den Kosten gerechnet. Damit wird der pagatorische Kostenbegriff dem Bemühen der Kostenrechnungspraxis nach vollständiger Erfassung des Wertverzehrs nicht gerecht.

(3) Kostenbegriff der praktischen Vernunft

In einer Kostenrechnungsvorlesung an der Universität des Saarlandes prägte Herbert Hax – sozusagen aus dem Stegreif – folgenden Kostenbegriff:

> **Kosten** sind der Geldbetrag, den man mindestens erhalten muss, damit man nicht ärmer wird.

Jahrzehntelange Lehrerfahrungen im Grundstudium haben gezeigt, dass Studienanfänger über diese ebenso prägnante wie praxisorientierte Kostendefinition den leichtesten Einstieg in die Kostenrechnungsproblematik finden.

In der Kostenrechnung stellt sich die Frage, nach welchen Grundsätzen die Kosten auf
- einzelne Perioden
- einzelne Betriebseinheiten (= Kostenstellen)
- einzelne Produkteinheiten bzw. Aufträge (= Kostenträger)

verrechnet werden sollen. Hierzu wurden in Theorie und Praxis folgende **Kostenrechnungsprinzipien**[1] entwickelt.

Kostenrechnungsprinzipien		
Entscheidungstheoretisch fundiertes Prinzip	Praxisorientierte Hilfsprinzipien	
(1) Verursachungsprinzip	(2) Durchschnittsprinzip	(3) Tragfähigkeitsprinzip

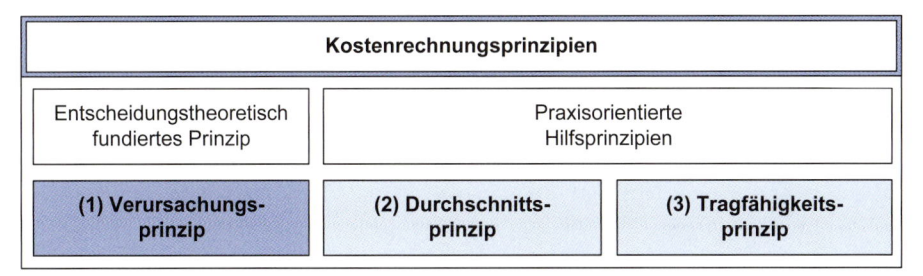

Abb. 214: Kostenrechnungsprinzipien

Nach dem **(1) Verursachungsprinzip** sollen die Kosten der Leistungserstellung dem Kalkulationsobjekt zugerechnet werden, das die Kosten verursacht hat. Nur bei verursachungsgerechter Kostenzurechnung auf

(a) **einzelne Kostenträger kann die Planungsfunktion**
(b) **einzelne Kostenstellen kann die Kontrollfunktion**

der Kostenrechnung erfüllt werden.

---

[1] Zu Einzelheiten vgl. Haberstock, L., Kostenrechnung I, 2008, S. 47 ff. und die dort angegebene Literatur.

> **Beispiel (a):** Steht einem Unternehmen für die Ausführung eines Auftrags XY ein Erlös in Höhe von 100 GE ins Haus, kann die Entscheidung für oder gegen die Auftragsannahme nur getroffen werden, wenn sich feststellen lässt, wie hoch die Kosten sind, die durch die Auftragsausführung **verursacht** werden.

> **Beispiel (b):** Im Rahmen der Wirtschaftlichkeitskontrolle soll die Kostenrechnung
> - Unwirtschaftlichkeiten (= unnötiger Kostenanfall) aufdecken und
> - die für die Unwirtschaftlichkeiten verantwortlichen Personen identifizieren.

Zu diesem Zweck gliedert man das Unternehmen in Kostenstellen. Für überhöhten Material-, Energie- oder Arbeitszeitverbrauch trägt der Kostenstellenleiter die Verantwortung. Eine effiziente Wirtschaftlichkeitskontrolle über die Kostenstellenleiter ist nur möglich, wenn der Kostenstelle genau jene Kosten zugerechnet werden, die in diesem Verantwortungsbereich **verursacht** wurden.

Als Prinzip der „**reinen Lehre**" stößt das **Kostenverursachungsprinzip** in der Kostenrechnungspraxis auf **Umsetzungsschwierigkeiten**. Hierfür gibt es zahlreiche Beispiele: Wie soll der Gesamtnutzenvorrat einer maschinellen Anlage im Wert von beispielsweise 1.000 GE auf die a priori nicht bekannte Zahl der Produkteinheiten verteilt werden? Wie soll das Geschäftsführergehalt auf die mit der Produktion der Kostenträger befassten Kostenstellen verteilt werden? Wie sollen fixe Kosten, z. B. Mietkosten, verursachungsgerecht auf eine Produktionsmenge von 1 Mio. Stück verteilt werden, wenn die Mietkosten aus einem für 10 Jahre unkündbaren Mietvertrag auch bei einer Ausbringungsmenge von Null anfallen? Zur Lösung derartiger Zurechnungsprobleme muss die **Kostenrechnungspraxis** auf **Hilfsprinzipien** zurückgreifen.

Nach dem **(2) Durchschnittsprinzip** sollen Kosten im Wege der Durchschnittsbildung auf die Bezugsobjekte verteilt werden. Im obigen Abschreibungsbeispiel maschineller Anlagen wird man den Wert des Gesamtnutzenvorrats im Wege der Durchschnittsbildung auf die Jahre der erwarteten Nutzungsdauer verteilen. Verfährt man bei der Verrechnung fixer Kosten (z. B. Miete, Fremdkapitalzinsen, Gehälter für Stammpersonal u. Ä.) ebenfalls nach dem Durchschnittsprinzip, indem man die auf das Jahr bezogenen **Fixkosten** K_f durch die Jahresproduktionsmenge x dividiert, gelangt man zur **Vollkostenrechnung**. Derartige Probleme werden an anderer Stelle erörtert.

Weitaus problematischer ist die Anwendung des **(3) Tragfähigkeitsprinzips**. Danach werden schwer zurechenbare Kostenbestandteile nach „gefühlter" Tragfähigkeit auf verschiedene Kostenträger verrechnet. Im Ergebnis läuft das meist darauf hinaus, dass Kostenträgern mit hohen (niedrigen) Absatzpreisen anteilig hohe (niedrige) Kosten zugerechnet werden. Es liegt auf der Hand, dass mit einer solchen Kostenzurechnung der Planungs- und Steuerungsgedanke der Kostenrechnung, nach dem nur Aufträge angenommen werden sollen, deren Erlöse die durch sie verursachten Kosten übersteigen, ad absurdum geführt wird.

Abschließend ist auf die Folgen einer Verletzung des Verursachungsprinzips hinzuweisen. Hierbei ist zwischen

- ex ante prognostizierten Kosten
- ex post feststellbaren tatsächlichen Kosten

zu unterscheiden. Dies verdeutlicht **Abb. 215**. Hierbei werden Wertangaben zu den tatsächlichen Kosten in Klammern gesetzt, weil sie ex ante, d. h. zum Zeitpunkt der Entscheidung über die Auftragsannahme, nicht bekannt waren. Ein Praxisbeispiel befindet sich im zugehörigen Übungsbuch. (**ÜB** 6/102 und 132)

C.1. Grundlagen der Kostenrechnung

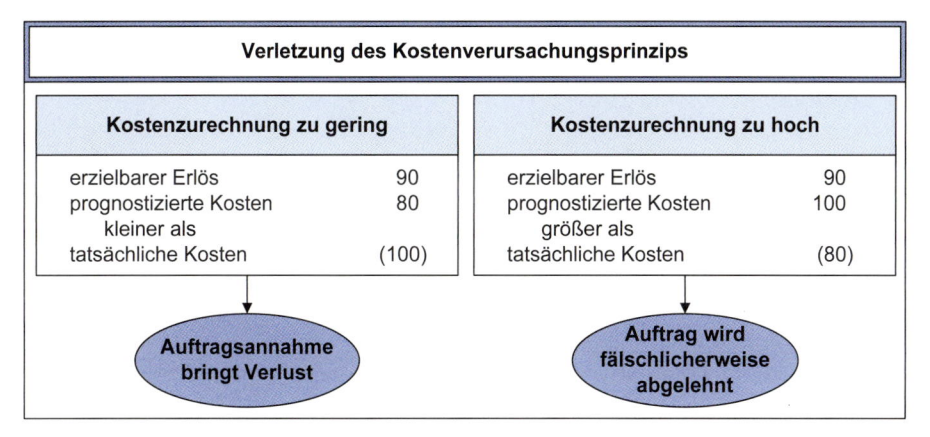

Verletzung des Kostenverursachungsprinzips	
Kostenzurechnung zu gering	**Kostenzurechnung zu hoch**
erzielbarer Erlös 90 prognostizierte Kosten 80 kleiner als tatsächliche Kosten (100)	erzielbarer Erlös 90 prognostizierte Kosten 100 größer als tatsächliche Kosten (80)
Auftragsannahme bringt Verlust	**Auftrag wird fälschlicherweise abgelehnt**

Abb. 215: Erfolgseinbußen durch Verletzung des Verursachungsprinzips

1.3 Kostenkategorien und Kostenfunktionen

Eine Kostenfunktion in der Schreibweise

$$K = f(x)$$

beschreibt für jeweils eine Periode den funktionalen Zusammenhang zwischen
- den Gesamtkosten K
- der Ausbringungsmenge x.

1.3.1 Proportionale Gesamtkostenverläufe

Typisch für die industrielle Produktionsweise sind **proportionale Kostenverläufe**. Dabei führt eine Veränderung der Ausbringungsmenge x zu einer proportionalen Veränderung der Kosten K.

Proportionaler Gesamtkostenverlauf

ohne Fixkosten
$K = K_v$

mit Fixkosten
$K = K_f + K_v$

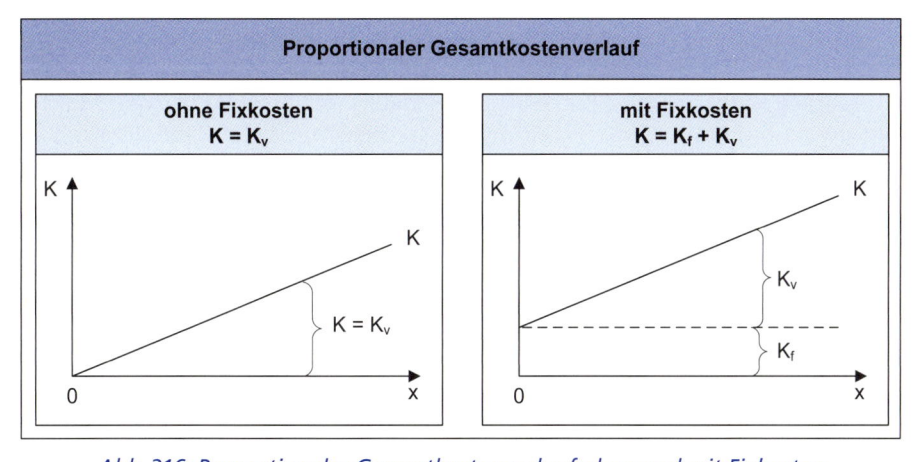

Abb. 216: Proportionaler Gesamtkostenverlauf ohne und mit Fixkosten

Zusätzlich unterscheidet man zwischen[1]

- **variablen Kosten K_v**, die als sog. **Mengenkosten** von der Höhe der Ausbringungsmenge x abhängig sind und
- **fixen Kosten K_f**, die auch bei x = 0 anfallen. Die Fixkosten K_f werden durch die Aufrechterhaltung der Betriebsbereitschaft verursacht; es handelt sich also um Kosten zur Vorhaltung betriebsbereiter Fertigungskapazitäten. Die Fixkosten werden deshalb auch als **Bereitschaftskosten** bezeichnet.

Für die proportionale Gesamtkostenfunktion (mit Fixkostenblock)

$$K = 24 + 6 \cdot x$$

lassen sich in Abhängigkeit von der Ausbringungsmenge x für die Gesamtkosten K, die Fixkosten K_f, die variablen Kosten K_v, die Durchschnittskosten (Stückkosten) k, die variablen Durchschnittskosten k_v, die fixen Durchschnittskosten k_f und die Grenzkosten K' folgende Werte ermitteln:

x	K_f	K_v	K	k	k_v	k_f	K'
0	24		24				
1	24	6	30	30	6	24	6
2	24	12	36	18	6	12	6
3	24	18	42	14	6	8	6
4	24	24	48	12	6	6	6

Abb. 217: Kostenwerte für die Gesamtkostenfunktion $K = 24 + 6 \cdot x$

Die Durchschnittskosten k setzen sich aus zwei Komponenten zusammen: den variablen Durchschnittskosten k_v und den fixen Durchschnittskosten k_f. Die Grenzkosten K' beziffern die Kosten der jeweils letzten Produktionseinheit. Bei proportionalem Gesamtkostenverlauf entsprechen die Grenzkosten K' den variablen Durchschnittskosten k_v. Der obige Beispielfall ist in **Abb. 218** graphisch dargestellt.

Arbeitsintensive Produktionsprozesse sind durch hohe Lohnkostenanteile und somit durch einen hohen Anteil variabler Kosten gekennzeichnet. Über den technischen Fortschritt gelangt man zu einer Substitution von menschlicher Arbeit zum Maschineneinsatz. **Kapitalintensive Fertigungsprozesse** zeichnen sich dann durch einen **hohen Anteil fixer Kosten** in Form von Abschreibungen, Zinsen usw. aus. Gelingt es, bei gegebenen Fixkosten die Ausbringungsmenge zu erhöhen, sinken die fixen Durchschnittskosten k_f immer weiter ab (→ **Abb. 217** und **Abb. 218**). Man bezeichnet diesen Zusammenhang als **Losgrößendegression** oder **Skaleneffekt** und spricht teilweise auch vom „Gesetz der Massenproduktion". (ÜB 6/103–105)

Bei **nichtproportionalen Gesamtkostenverläufen** lassen sich Durchschnittskosten und Grenzkosten nach dem Schema ermitteln, wie es später in **Abb. 221** dargestellt ist. Zahlenbeispiele finden sich im zugehörigen Übungsbuch. (**ÜB 3**/21–24)

---

[1] Vgl. bereits S. 294 ff.

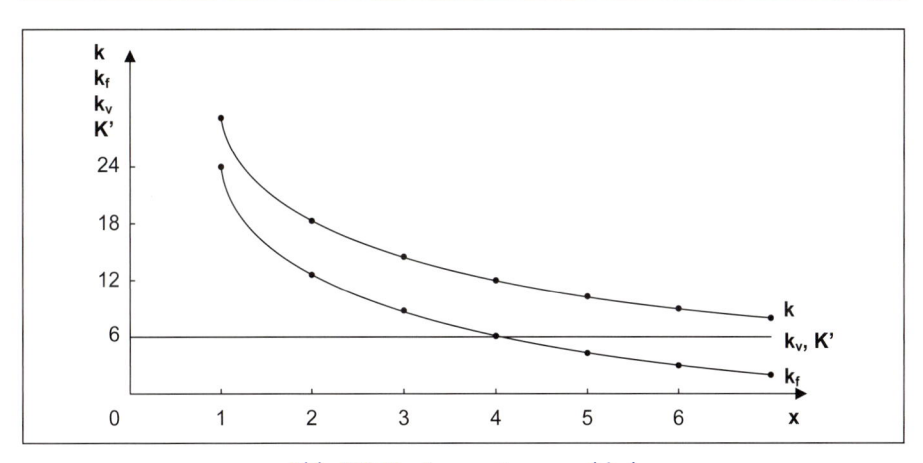

Abb. 218: Kostenwerte – graphisch

1.3.2 Kostenauflösung

> Als **Kostenauflösung** bezeichnet man die Aufteilung der Gesamtkosten K in variable Kosten K_v und fixe Kosten K_f.

Zur Problemlösung haben Theorie und Praxis verschiedene Verfahren[1] entwickelt.

(1) Buchhalterische Methode

Hierbei werden die einzelnen Kostenarten nach Erfahrungswerten der Abteilung „Internes Rechnungswesen" in fixe und variable Bestandteile aufgeteilt. So lässt sich beispielsweise die Gesamtheit der Personalkosten einteilen in

- fixe Kosten (für Stammpersonal)
- variable Kosten (für Saisonkräfte und Leiharbeitnehmer).

(2) Graphische Kostenauflösung

Aus Kostenstatistiken früherer Perioden $P_1, P_2 \ldots P_n$ lassen sich die

- Gesamtkosten $K_1, K_2, \ldots, K_n$
- Ausbringungsmengen $x_1, x_2, \ldots, x_n$

feststellen. Aus den Kosten-Mengen-Relationen ergibt sich folgendes Bild (→ **Abb. 219**).

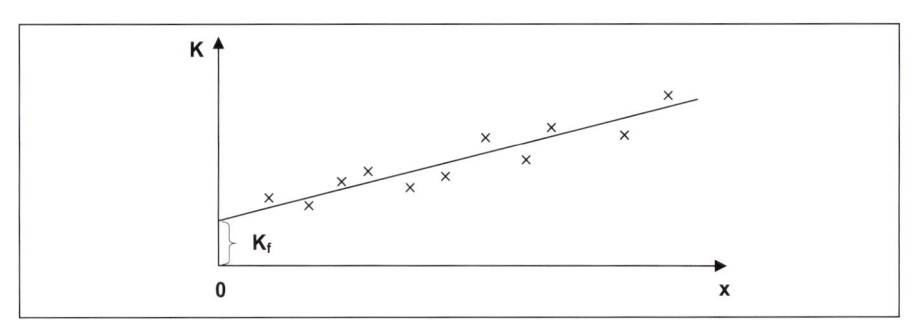

Abb. 219: Graphische Kostenauflösung

---

[1] Vgl. Heinhold, M., Kostenrechnung, 2010, S. 53 ff.

Einen proportionalen Gesamtkostenverlauf unterstellend legt man eine Gerade so durch die gestreuten K/x-Punkte, dass der Abstand der Punkte zu dieser Geraden möglichst klein wird. Am Schnittpunkt der Kostengeraden mit der Ordinate lassen sich die Fixkosten K_f ablesen. Der Nachteil dieses Aufschlüsselungsverfahrens liegt im Zeitaspekt: Um eine hinreichend große Zahl von Kostenpunkten zu erhalten, muss man in der Kostenstatistik weit in die Vergangenheit zurückgehen. Je stärker sich die Produktionsbedingungen und die Kostenparameter jedoch zwischenzeitlich verändert haben, desto weniger eignet sich dieses Verfahren zur Kostenauflösung.

(3) Kostenauflösung durch Regressionsanalyse

Hierbei wird das heuristische Vorgehen der graphischen Auflösung mathematisch formalisiert, indem man den Gesamtkostenverlauf nach der Methode der kleinsten Quadrate ermittelt. Die bei der Beschreibung der graphischen Methode vorgetragenen Vorbehalte gelten analog.

(4) Mathematische Kostenauflösung (Zwei-Punkte-Methode)

Bei diesem Verfahren benötigt man nur zwei repräsentative K/x-Punkte. In der **Abb. 220** steht der Kostenpunkt

- P_1 für $K_1 = 1.300$ und $x_1 = 50$
- P_2 für $K_2 = 2.000$ und $x_2 = 120$.

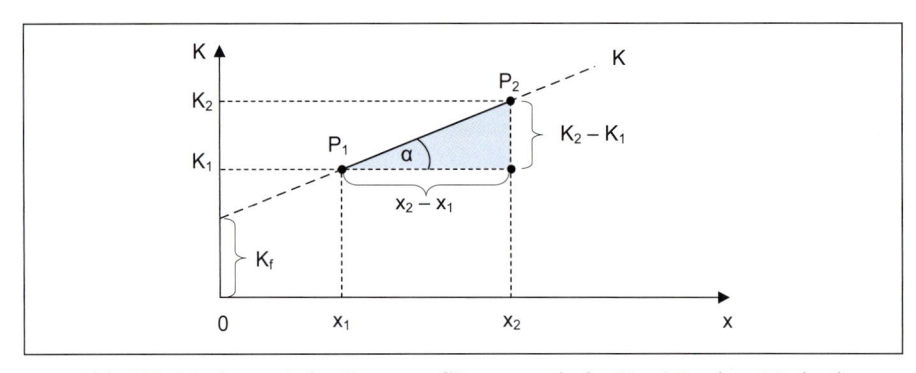

Abb. 220: Mathematische Kostenauflösung nach der Zwei-Punkte-Methode

Die variablen Durchschnittskosten k_v entsprechen dem Steigungsmaß der Kostenfunktion K, ausgedrückt durch den Tangens des Winkels α. Somit gilt:

$$k_v = \frac{K_2 - K_1}{x_2 - x_1}$$

Im obigen Beispiel beziffern sich die variablen Durchschnittskosten k_v auf 10 GE (= 700 GE/70 GE). Zur Ermittlung der Fixkosten K_f sind der k_v-Wert und die Daten für einen beliebigen der beiden Kostenpunkte in die Kostenfunktion

$$K = K_f + k_v \cdot x$$

einzusetzen und die Gleichung nach K_f aufzulösen:

$$K_f = K_1 - k_v \cdot x_1 \quad \text{oder} \quad K_f = K_2 - k_v \cdot x_2$$

Im obigen Beispiel beziffern sich die Fixkosten K_f auf

$$K_f = 1.300 - 10 \cdot 50 = 800 \text{ bzw.}$$
$$K_f = 2.000 - 10 \cdot 120 = 800$$

Die gesuchte Kostenfunktion K lautet somit

$$K = 800 + 10 \cdot x$$

Die Zwei-Punkte-Methode beschränkt sich zur Kostenauflösung auf die Kostenerfassung für zwei Perioden. Der Vorteil dieses Verfahrens liegt in der Aktualität der erfassten Kostenwerte. Sein Nachteil liegt in der Beschränkung der Kostenerfassung auf zwei Perioden. Ist einer der beiden Kostenwerte durch außergewöhnliche Einflüsse, z. B. durch eine erratische Faktorpreisänderung, belastet, kann es zu einer Verzerrung in der Abgrenzung zwischen fixen und variablen Kosten und somit zu einer fehlerhaften Kostenfunktion kommen. (**ÜB 6**/103)

1.4 Relevante Kosten

Neben ihrer Kontroll- und Dokumentationsfunktion hat die Kostenrechnung die Aufgabe, **Dispositionsgrundlagen** zur Optimierung kurzfristiger Produktions- und Absatzentscheidungen zu liefern. Dabei kommt der Ermittlung von **Preisuntergrenzen** eine besonders große praktische Bedeutung zu. Nicht zufällig wurde sie bei der Aufzählung einzelner Planungsaufgaben in **Abb. 211** an die erste Stelle gesetzt.

Nach dem Kostenverursachungsprinzip müssen jeder Disposition die Kosten zugeordnet werden, die durch die jeweilige Einzelentscheidung, z. B. die Annahme eines weiteren Auftrags, entstehen. Somit kann man **entscheidungsrelevante Kosten** als **Differenzbetrag** zwischen den

- **Gesamtkosten** des Unternehmens bei **Realisierung**
- **Gesamtkosten** des Unternehmens bei **Nichtrealisierung**

der Einzelmaßnahme interpretieren.

> Als (entscheidungs-)**relevante Kosten** bezeichnet man jenen Wertverzehr, den man im Falle der Realisierung einer betrieblichen Einzelentscheidung zusätzlich in Kauf nehmen muss.

Relevante Kosten lassen sich nicht normieren. Ändert sich das Entscheidungsumfeld, ändert sich meist auch die Höhe der relevanten Kosten. Ändern sich die Bedingungen, unter denen ein bestimmter Auftrag A angenommen werden kann, dann ändern sich auch die relevanten Kosten des Auftrags A und damit dessen Preisuntergrenze.

> **Beispiel:** Ein Handwerksbetrieb produziert Fenster nach spezifischen Kundenwünschen in auftragsweiser Fertigung. Werden Fenster des Typs F (200 x 120 cm) gefertigt, steigen die Gesamtkosten mit abnehmenden Zuwachsraten an, was vor allem auf Rationalisierungseffekte im Arbeitsablauf (z. B. durch Vermeidung erneuter Rüstkosten beim Typenwechsel) zurückzuführen ist. Hieraus erklärt sich folgende, degressiv ansteigende Gesamtkostenfunktion K.

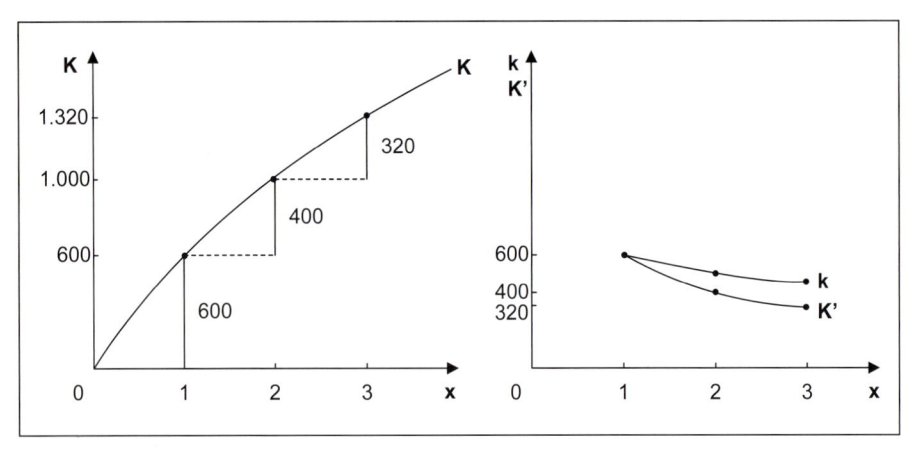

Abb. 221: Degressiver Gesamtkostenverlauf

Auf der Grundlage der in **Abb. 221** unterstellten Kostenverhältnisse lässt sich die Dispositionsabhängigkeit relevanter Kosten folgendermaßen erklären:

Dispositionsabhängige relevante Kosten	
Entscheidungssituation	**Preisuntergrenze** (EUR/Stück)
(1) Kunde A fragt ein Fenster Typ F nach.	600
(2) Kunde B fragt zwei Fenster Typ F nach, nachdem Kunde A das Preisangebot zu (1) abgelehnt hat.	500
(3) Kunde A fragt ein Fenster Typ F nach, nachdem Kunde B den Auftrag zu (2) erteilt hat, der aber noch nicht ausgeführt ist.	320

Abb. 222: Dispositionsabhängige relevante Kosten

In der Entscheidungssituation (3) geht es um die Ermittlung der **Preisuntergrenze für einen Zusatzauftrag**. Entscheidungsrelevant sind dabei die **zusätzlich anfallenden Kosten**, die immer dann den Grenzkosten entsprechen, wenn sich der Zusatzauftrag auf die Lieferung von einem Stück bezieht.

Die situationsbedingte Dispositionsabhängigkeit relevanter Kosten lässt sich auch im Zusammenhang mit der Differenzierung zwischen

- **langfristiger Preisuntergrenze**
- **kurzfristiger Preisuntergrenze**

erläutern.

Beispiel: Ein Getränkeshop G, der neben einem großen Supermarkt angesiedelt ist, bietet – einfachheitshalber – nur eine Produktart, Bier der Sorte B, zum Preis p von 12 EUR/Kasten an. Folglich lautet die Erlösfunktion $E = 12 \cdot x$. Die Fixkosten (insb. Ladenmiete) belaufen sich auf 2.000 EUR/Monat. Die variablen Kosten (insb. Wareneinsatz) betragen 8 EUR/Kasten. Damit lautet die auf einen Monat bezogene **Kostenfunktion** des Getränkeshops G:

C.1. Grundlagen der Kostenrechnung

$$K = 2.000 + 8 \cdot x$$

Üblicherweise verkauft G 2.000 Kästen Bier/Monat, so dass er monatlich folgenden Gewinn erwirtschaftet:

E	=		$12 \cdot x$	=		12	$\cdot$	2.000	=	24.000 EUR
– K	=	2.000	+ $8 \cdot x$	=	2.000	+	8	$\cdot$ 2.000	=	– 18.000 EUR
= Gewinn/Monat bei x = 2.000 Stück									+	**6.000 EUR**

Bei einer Verschärfung des Wettbewerbs kann sich der Anbieter G zu einer Reduzierung des Absatzpreises gezwungen sehen. Sein Angebot wird er erst einstellen, wenn der Marktpreis unter die „Schmerzgrenze", ökonomisch gesprochen: unter die Preisuntergrenze absinkt.

> Die **langfristige Preisuntergrenze** bezeichnet jenen Geldbetrag, den ein Anbieter mindestens erhalten muss, damit er auf lange Sicht seine gesamten Kosten decken kann.

Um langfristig bestehen zu können, muss ein Anbieter Erlöse erwirtschaften, die seine **Gesamtkosten K** decken. Bricht man die Gesamtkosten K auf eine Produktions- bzw. Absatzeinheit herunter, gelangt man zur **langfristigen Preisuntergrenze** in Höhe der **Durchschnittskosten k**. Liegt im obigen Beispiel die auf lange Sicht übliche Verkaufsmenge bei 2.000 Kästen/Monat, beziffern sich die Durchschnittskosten k und damit die langfristige Preisuntergrenze auf (18.000 EUR : 2.000 Stück) 9 EUR/Stück.

Fortsetzung des obigen Beispiels: Der Konkurrenzanbieter von G, der in unmittelbarer Nachbarschaft befindliche Supermarkt, bietet im Rahmen einer auf den Monat September **befristeten „Oktoberfestaktion"** das Bier der Sorte B zum **Aktionspreis** von 8,80 EUR und damit unterhalb der langfristigen Preisuntergrenze von G an. Beharrte G auf einer Preisforderung von 9 EUR (= langfristige Preisuntergrenze), verlöre er annahmegemäß die gesamte bisherige Nachfrage von 2.000 Stück/Monat.

In dieser veränderten Marktsituation stellt sich die Frage nach den relevanten Kosten unter veränderten Bedingungen. Bezogen auf den maßgeblichen Entscheidungszeitraum (Monat September) sind die fixen Kosten nicht disponibel, d.h. sie sind nicht abbaubar, denn die Mietkosten und andere fixe Kosten fallen auch an, wenn G kein Bier verkaufen kann.

> Weil die Fixkosten kurzfristig nicht veränderbar sind, sind sie entscheidungsirrelevant, so dass im Rahmen der **kurzfristigen Preisuntergrenze** nur die variablen Kosten gedeckt werden müssen.

Im obigen Beispiel liegt die kurzfristige Preisuntergrenze des Anbieters G bei den **variablen Durchschnittskosten k_v** in Höhe von 8 EUR/Stück. Bietet G im Monat September sein Bier zum Aktionspreis von 8,80 EUR/Kasten an, macht er zwar einen Verlust von 400 EUR (= 17.600 EUR – 18.000 EUR). Würde er aber

- auf der **langfristigen Preisuntergrenze** (9 EUR) **beharren**,
- wäre die **Absatzmenge gleich null** und es entstünde sogar ein
- **Verlust in Höhe der fixen Kosten** (2.000 EUR).

In diesem Zusammenhang ist an den an anderer Stelle[1] erläuterten Deckungsbeitrag als Stückdeckungsbeitrag db und als Deckungsbeitrag/Periode DB

$$db = p - k_v$$
$$DB = db \cdot x$$

zu erinnern. Bei p = 8,80 EUR und k_v = 8,00 EUR erwirtschaftet G einen Stückdeckungsbeitrag db = 0,80 EUR. Mit dem Deckungsbeitrag db wird ein Beitrag zur Deckung der Fixkosten geleistet. (**ÜB 6**/104–107)

> Ein Anbieter tritt in die **Gewinnzone**, sobald der Periodendeckungsbeitrag DB die Periodenfixkosten K_f übersteigt.

1.5 Teilgebiete der Kostenrechnung

1.5.1 Arbeitsschritte der Kostenrechnung im Überblick

Zu den wichtigsten Planungsaufgaben der Kostenrechnung gehört die **Ermittlung der Selbstkosten pro Kostenträgereinheit**, d. h. pro Stück bzw. pro Auftrag. Von diesem Ziel aus betrachtet lässt sich die Kostenrechnung in drei aufeinanderfolgende Arbeitsschritte einteilen:

Arbeitsschritte der Kostenrechnung		
(1) Kostenartenrechnung	**(2) Kostenstellenrechnung**	**(3) Kostenträgerrechnung**
Welche Kosten sind angefallen?	Wo sind die Kosten angefallen?	Wofür sind die Kosten angefallen?
Unterkapitel 2.	Unterkapitel 3.	Unterkapitel 4.

Abb. 223: Arbeitsschritte der Kostenrechnung

Im Folgenden wird der Versuch gemacht, Studienanfängern, die noch nicht gelernt haben, zwischen Einzelkosten und Gemeinkosten zu unterscheiden, das Zusammenwirken dieser drei kostenrechnerischen Arbeitsschritte auf stark vereinfachte Art und Weise zu beschreiben.

> **Beispiel:** In einem Unternehmen U werden die Produkte A, B und C hergestellt. Der Aufwand lt. GuV beträgt 4 Mio. EUR. Wie hoch sind die Selbstkosten für eine Einheit des Produkts A, B bzw. C?

(1) Kostenartenrechnung

Ausgangspunkt zur Erstellung der Kostenartenrechnung ist die GuV. Dabei ist der Aufwand in Kosten zu überführen. Der Kostenrechner ermittelt folgende Werte:

---

[1] Vgl. S. 314.

Aufwand lt. GuV	4 Mio. EUR
− neutraler Aufwand	− 1 Mio. EUR
+ kalkulatorische Kosten	+ 2 Mio. EUR
= Kosten der Periode	**5 Mio. EUR**

(2) Kostenstellenrechnung

Im Rahmen der Kostenstellenrechnung werden Kosten auf einzelne Betriebseinheiten, die Kostenstellen, weiterverrechnet. Gliedert man im obigen Beispiel den Betrieb produktorientiert in die drei Kostenstellen A, B und C, lassen sich die Gesamtkosten K in Höhe von 5 Mio. in drei Kosten-(stellen-)blöcke K_A, K_B und K_C aufteilen.

Gesamtkosten K = 5 Mio. EUR		
K_A = 2 Mio. EUR	K_B = 1,2 Mio. EUR	K_C = 1,8 Mio. EUR
x_A = 100.000 Stück	x_B = 30.000 Stück	x_C = 60.000 Stück
k_A = 20 EUR/St.	k_B = 40 EUR/St.	k_C = 30 EUR/St.

Abb. 224: Ermittlung von Kostenträgerstückkosten k_A, k_B und k_C

(3) Kostenträgerrechnung

Die Kostenträgerrechnung wird auch als Kalkulation bezeichnet, weil hier die Selbstkosten/Stück kalkuliert werden. Im einfachsten Fall wird – wie im obigen Beispiel – in jeder Kostenstelle nur eine Kostenträgerart hergestellt. Die Selbstkosten/Stück lassen sich dann durch Division der Kostenstellenkosten durch die jeweilige Ausbringungsmenge x_A, x_B bzw. x_C ermitteln.

Zur Ermittlung der Selbstkosten/Produkteinheit benötigt man auf jeden Fall eine

- Kostenartenrechnung
- Kostenträgerrechnung.

Die Zwischenschaltung der **Kostenstellenrechnung** hat zwei **Vorteile**. Erstens erleichtert es die **Planungsaufgabe**, wenn die Kostenstellen nach dem Abgrenzungsmerkmal **Produktorientierung** gebildet werden. Zweitens kann die Kostenrechnung ihrer **Kontrollaufgabe** nur gerecht werden, wenn sich festgestellte Unwirtschaftlichkeiten dem **personellen Verantwortungsbereich** eines Stellenleiters zuordnen lassen.

1.5.2 Vorkalkulation und Nachkalkulation

Der betriebliche Produktions- und Absatzprozess kann nur dann in Richtung Gewinnmaximierung gesteuert werden, wenn die Kosten- und Erlösrechnung die dazu notwendigen Dispositionsgrundlagen, d.h.

- erwartete Kosten
- erwartete Erlöse

vor Produktionsbeginn bzw. vor Auftragsannahme zur Verfügung stellt.

> Als **Vorkalkulation** bezeichnet man die Ermittlung der Selbstkosten pro Stück oder pro Auftrag auf der Basis prognostizierter Kosten, die man Plankosten nennt.

Im Gegensatz zur Vorkalkulation, die eine ex-ante-Rechnung ist, wird die Nachkalkulation erst nach Auftragsabwicklung (ex post) durchgeführt.

> Die **Nachkalkulation** ermittelt die tatsächlich angefallenen Kosten (= Istkosten), die durch die Ausführung eines Auftrags verursacht wurden.

Die Vorkalkulation ist unabdingbar, weil ohne Kenntnis geplanter Kosten keine rationalen Entscheidungen im Sinne des unternehmerischen Gewinnziels getroffen werden können. Dagegen werden mit der **Nachkalkulation drei Zwecke** verfolgt.

(1) Seine **Planungsaufgabe** durch Erstellung von Vorkalkulationen kann der Kostenrechner nur erfüllen, wenn er durch Nachkalkulationen **Erfahrungswissen** sammelt.
(2) Ihre **Kontrollfunktion** (zur Feststellung von Unwirtschaftlichkeiten) kann die Kostenrechnung nur erfüllen, wenn sie nach Auftragsabwicklung im Sinne eines **Soll-Ist-Vergleichs** die geplanten Kosten der Vorkalkulation mit den Istkosten der Nachkalkulation vergleicht.
(3) Im Rahmen der **Dokumentationsfunktion** ist eine Nachkalkulation auf Istkostenbasis zur Ermittlung bilanzieller **Herstellungskosten** durchzuführen.

1.5.3 Kostenträgerstückrechnung und Kostenträgerzeitrechnung

Die Ermittlung der Selbstkosten pro Kostenträgereinheit, also pro Stück oder pro Auftrag, bezeichnet man als Kostenträgerstückrechnung. Vorrangiges Ziel der Kostenträgerstückrechnung ist die **Ermittlung von Preisuntergrenzen**.

Dagegen ist die Kostenträgerzeitrechnung eine Periodenrechnung. Gegenstand der Kostenträgerzeitrechnung ist die **Ermittlung der Periodenkosten** gegliedert nach Produktarten. Bezugszeitraum der Kostenträgerzeitrechnung ist ein Jahr, ein Quartal, ein Monat oder ein noch kürzerer Zeitabschnitt. Ergänzt man die

- **Kostenträgerzeitrechnung** (Kosten/Produktart) um die
- **Erlösrechnung** (Erlöse/Produktart),

gelangt man zur **kurzfristigen Erfolgsrechnung**, die an späterer[1] Stelle erläutert wird.

2. Kostenartenrechnung

Ziel der Kostenartenrechnung ist die

- **vollständige Erfassung** der Gesamtkosten einer Periode (K)
- **zweckmäßige Strukturierung** der Gesamtkosten K in einzelne Kostenarten.

---

[1] Vgl. S. 900 ff.

Dabei kann die Kostenartenrechnung als

- **Istkostenrechnung** die tatsächlichen Kosten der abgelaufenen Periode
- **Plankostenrechnung** die prognostizierten Kosten der kommenden Periode

ermitteln. Im Folgenden werden zunächst die Möglichkeiten zur Einteilung der Gesamtkosten in einzelne Kostenarten vorgestellt. **Anschließend** werden **wichtige Kostenarten**, hier die

- **Personalkosten**
- **Materialkosten**
- **kalkulatorischen Kosten**,

näher erläutert.

2.1 Begriff und Gliederung der Kostenarten

Eine Kostenart ist eine Teilmenge der Gesamtmenge K. So wie man eine Torte nach unterschiedlichen Gesichtspunkten in Teilstücke zerlegen kann, so lässt sich auch die Gesamtmenge der Kosten K nach unterschiedlichen Kriterien aufteilen. (**ÜB 6/111**)

Kostenartengliederung	
Kosteneinteilung nach …	**Einteilungsergebnis**
(1) Art verbrauchter Produktionsfaktoren	Personalkosten, Materialkosten, Abschreibungen, Zinskosten usw.
(2) Betrieblichen Funktionen	Beschaffungs-, Lager-, Fertigungs-, Verwaltungs- und Vertriebskosten
(3) Art der Verrechnung	Einzelkosten und Gemeinkosten
(4) Art der Kostenerfassung	Aufwandsgleiche und kalkulatorische Kosten
(5) Herkunft der Kostengüter	Primäre und sekundäre Kosten
(6) Verhalten bei Beschäftigungsänderungen	Fixe und variable Kosten

Abb. 225: Kosteneinteilungsmöglichkeiten

(1) Kostenarteneinteilung nach verbrauchten Produktionsfaktoren

Diese Art der Kosteneinteilung bildet die **Grundlage jeder Kostenartenrechnung**. Oben[1] wurde bereits darauf hingewiesen, dass die Kostenartenrechnung auf der GuV aufbaut, indem sie die dort ausgewiesenen Aufwandsarten, soweit es sich um Zweckaufwand handelt, in die Kostenrechnung überführt. Die GuV (nach dem Gesamtkostenverfahren) gliedert den Aufwand nach dem Kriterium Produktionsfaktorverbrauch. Dementsprechend überführt die Kostenartenrechnung

- Personalaufwand in Personalkosten
- Materialaufwand in Materialkosten
- Abschreibungsaufwand in kalkulatorische Abschreibungen usw.

Die Unterschiede zwischen den einzelnen Aufwandsarten und den korrespondierenden Kostenarten werden später erläutert. (**ÜB 6/123–124**)

---

[1] Vgl. S. 856 f.

(2) Kostenarteneinteilung nach betrieblichen Funktionen

Ordnet man einzelne Kosten betrieblichen Funktionsbereichen zu, gelangt man zu Beschaffungs- und Lagerkosten, Fertigungskosten, Verwaltungskosten usw. Bei der Vorstellung der Kostenstellenrechnung, hierbei insb. des Betriebsabrechnungsbogens[1], wird sich zeigen, dass dort die (Gemein-)Kosten den so definierten Funktionsbereichen zugewiesen werden.

(3) Einzel- und Gemeinkosten

Die von der Kostenrechnung zu unterstützende Planungs- und Steuerungsaufgabe der Unternehmensleitung kann nur dann erfüllt werden, wenn die zur Steuerung eingesetzten Kostenwerte unter Beachtung des Verursachungsprinzips ermittelt wurden. Beim Versuch, verschiedene Kostenarten unter Beachtung des Verursachungsprinzips auf eine Kostenträgereinheit weiterzuverrechnen, kann der Kostenrechner auf Schwierigkeiten stoßen.

- **Einzelkosten** (z. B. Materialkosten oder Akkordlöhne) lassen sich der Kostenträgereinheit unmittelbar, d. h. verursachungsgerecht, zurechnen.
- **Gemeinkosten** (z. B. Miete, Abschreibungen, Geschäftsführergehälter, Zinskosten usw.) lassen sich einer Kostenträgereinheit nicht unmittelbar zurechnen, da sie im üblichen Fall des Mehrproduktunternehmens durch die Leistungserstellung insgesamt verursacht werden.

Aufgabe der **Kostenstellenrechnung** ist es, die **Gemeinkosten** mit Hilfe von **Kostenverteilungsschlüsseln** zunächst auf Kostenstellen und nachher im Wege der Kostenträgerrechnung über sog. Kalkulationssätze auf die einzelnen Kostenträgereinheiten **weiterzuverrechnen**.

(4) Aufwandsgleiche und kalkulatorische Kosten

Anknüpfend an die an anderer Stelle[2] erläuterte Abgrenzung von Aufwand und Kosten setzen sich die Gesamtkosten K zusammen aus

- **aufwandsgleichen Kosten** (= Zweckaufwand = Grundkosten) wie beispielsweise Materialkosten, Frachtkosten, Telefongebühren usw.
- **kalkulatorischen Kosten**[3], d. h. solchen Kosten, denen Aufwand in anderer Höhe (= Anderskosten) oder denen gar kein Aufwand (= Zusatzkosten) gegenübersteht.

Beispiele für **Anderskosten** sind kalkulatorische Abschreibungen und kalkulatorische Wagnisse, Beispiele für **Zusatzkosten** sind kalkulatorische Eigenkapitalzinsen, kalkulatorische Miete und kalkulatorischer Unternehmerlohn.

(5) Primäre und sekundäre Kosten

Primäre Kosten entstehen durch den Verbrauch von Kostengütern, die **von außen bezogen** werden. Da der Betrieb ausnahmslos alle Faktoren von außen bezieht, sind alle Kostenarten, seien es Personal-, Zins-, Abschreibungs- oder Materialkosten, primäre Kosten.

Sekundäre Kosten entstehen durch die Erstellung **innerbetrieblicher Leistungen**. Dabei werden primäre Kosten in sekundäre Kosten transformiert, wie das Beispiel zur Ermittlung der Kosten der eigenen Wasserversorgung einer Brauerei zeigt (→ **Abb. 226**).

---

[1] Vgl. S. 887.
[2] Vgl. S. 638 ff.
[3] Zu Einzelheiten vgl. S. 866 ff.

Sekundäre Kosten aus innerbetrieblichen Leistungen

Personalkosten	550	
Energiekosten	1.000	**Primäre Kosten**
Reparaturkosten	50	
Kalk. Abschreibungen	1.100	
Kalk. Zinsen	300	
Wasserkosten	**3.000**	**Sekundäre Kosten**

Abb. 226: Sekundäre Kosten innerbetrieblicher Leistungen

Die innerbetriebliche Leistungsverrechnung mit ihrer Erfassung und Weiterverrechnung sekundärer Kosten erfolgt im Betriebsabrechnungsbogen[1].

(6) Fixe und variable Kosten

Der Unterschied zwischen

- **variablen Kosten** (= Kosten, die von der Höhe der Ausbringungsmenge abhängen)
- **fixen Kosten** (= Kosten der Betriebsbereitschaft, die auch bei einer Ausbringungsmenge von null anfallen)

wurde schon an anderer Stelle[2] bei der Vorstellung einer Gesamtkostenfunktion erläutert. Dabei wurde auch auf den **Sonderfall** fixer Kosten, die sog. **sprungfixen Kosten** verwiesen.

Im Rahmen einer

- **Vollkostenrechnung** werden fixe und variable Kosten
- **Teilkostenrechnung** werden nur variable Kosten

auf die Kostenträger verrechnet.[3] Zwischen Einzel- und Gemeinkosten einerseits und variablen und fixen Kosten andererseits besteht folgende Beziehung:

Einzelkosten	Gemeinkosten	
(a)	(b)	(c)
Variable Kosten		Fixe Kosten

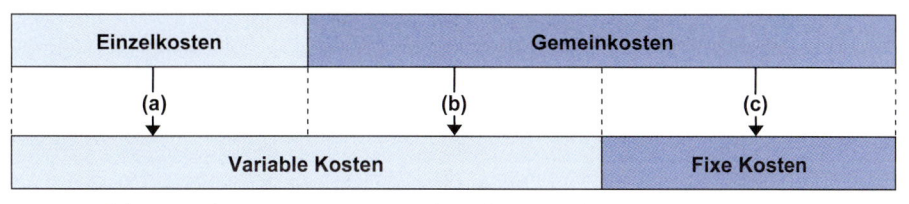

Abb. 227: Abgrenzung von Einzel- und Gemeinkosten sowie variablen und fixen Kosten

(a) **Alle Einzelkosten** (z. B. Materialkosten und Akkordlöhne) sind variable Kosten.
(b) **Variable Gemeinkosten** sind der Höhe nach abhängig von der Ausbringungsmenge, lassen sich aber nicht einer einzelnen Kostenträgereinheit zurechnen. Beispiele sind die Energiekosten im Kühlhaus einer Fleischwarenfabrik oder die Kosten eines Sammeltransports.
(c) **Alle fixen Kosten** (z. B. Miet- oder Zinskosten) sind Gemeinkosten.

---

[1] Vgl. S. 886 ff.
[2] Vgl. S. 294 ff. und S. 849 ff.
[3] Zur Voll- und Teilkostenrechnung vgl. S. 898 ff.

2.2 Personalkosten

Bei der Ermittlung und Weiterverrechnung der Personalkosten stellen sich im Wesentlichen drei Fragen:
- Aus welchen **Komponenten** setzen sich die **Personalkosten** zusammen (→ **2.2.1**)?
- Bedürfen **aperiodisch anfallende Personalkosten** einer kostenrechnerischen Sonderbehandlung (→ **2.2.2**)?
- Muss die Arbeitsleistung eines Einzelunternehmers oder Personengesellschafters als **kalkulatorischer Unternehmerlohn** erfasst werden (→ **2.4.4**)?

An dieser Stelle sind die Fragen zu a) und b) zu beantworten. Das Problem des kalkulatorischen Unternehmerlohns wird an anderer Stelle[1] behandelt.

2.2.1 Komponenten der Personalkosten

Ausgangspunkt der Personalkostenerfassung ist der vom Lohn- und Gehaltsbüro erfasste und in der GuV ausgewiesene **Personalaufwand**. Die Personalkosten setzen sich aus dem Personalaufwand lt. GuV und einem möglicherweise zu verrechnenden kalkulatorischen Unternehmerlohn, der hier zunächst vernachlässigt wird, zusammen. Die Personalkosten lassen sich, wie in **Abb. 228** dargestellt, einteilen.

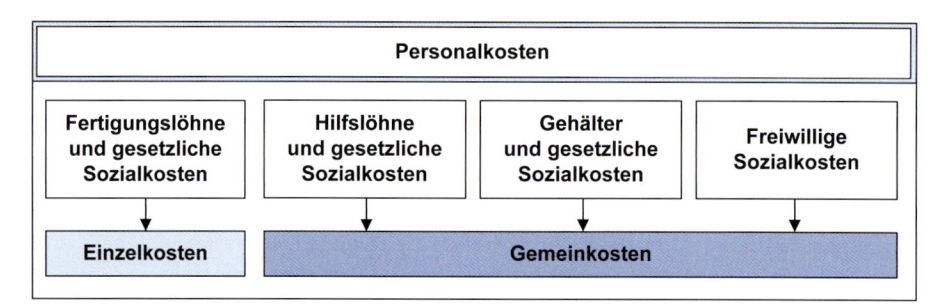

Abb. 228: Komponenten der Personalkosten

Die Lohn- und Gehaltskosten setzen sich aus folgenden Komponenten zusammen:
- **Fertigungslöhne** stehen in unmittelbarem Zusammenhang mit der Herstellung von Kostenträgern.
- **Hilfslöhne** entfallen auf betriebliche Nebentätigkeiten im Lager-, Transport- und Servicebereich; sie werden in aller Regel als Zeitlohn berechnet.
- **Gehälter** sind das Arbeitsentgelt für Angestellte. Hier gibt es keinen unmittelbaren Bezug zur Erstellung von Kostenträgern.

Die Kostenrechnungsliteratur[2] sieht in den Fertigungslöhnen wegen des direkten Bezugs zur Leistungserstellung Einzelkosten (→ **Abb. 228**). Im Gegensatz dazu ordnet Haberstock[3] nur die auf Akkordlohn basierenden Fertigungslöhne den Einzelkosten zu.

---

[1] Vgl. S. 873 f.
[2] Vgl. Freidank, C.-C., Kostenrechnung, 2012, S. 104; Friedl, B., Kostenrechnung, 2010, S. 94 f.
[3] Vgl. Haberstock, L. Kostenrechnung I, 2008, S. 68 f.

Zu den **gesetzlichen Sozialkosten** gehören die **Arbeitgeberanteile** zur Kranken-, Renten-, Arbeitslosen-, Pflege- und Unfallversicherung. Der Arbeitgeberanteil zur gesetzlichen Sozialversicherung wird als Zuschlag auf alle Löhne und Gehälter erhoben. Der Zuschlagsprozentsatz liegt gegenwärtig bei ca. 20 Prozent der Lohn- und Gehaltssumme. (**ÜB 6**/125)

Zu den **freiwilligen Sozialkosten** gehören u. a. Kosten der betrieblichen Altersversorgung, Fahrtbeihilfen, Kosten der Kantine u. Ä.

2.2.2 Aperiodisch anfallende Personalkosten

Die Personalkosten setzen sich zusammen aus

- **Direktlöhnen und Gehältern für geleistete Arbeit**, die proportional zur betrieblichen Leistungserstellung anfallen, und
- **aperiodischen Personalkosten**, die unabhängig von der betrieblichen Leistungserstellung zu zahlen sind.

Der Zusammenhang zwischen beiden Personalkostenkomponenten ist in **Abb. 229** beispielhaft dargestellt.

Direktlöhne und Gehälter (periodische Kosten)		120 Mio. EUR
Aperiodische Personalkosten		
• Urlaubslöhne	18 Mio. EUR	
• Feiertagslöhne	10 Mio. EUR	
• Lohnfortzahlung im Krankheitsfall	6 Mio. EUR	
• Weihnachtsgeld	8 Mio. EUR	
• Urlaubsgeld	6 Mio. EUR	
Aperiodische Personalkosten	48 Mio. EUR	48 Mio. EUR
Personalkosten insgesamt		**168 Mio. EUR**

Abb. 229: Periodisch und aperiodisch anfallende Personalkosten

Die als Planungs- und Kontrollinstrument fungierende kurzfristige Erfolgsrechnung wird meistens auf Monatsbasis erstellt. Würden dabei die aperiodisch anfallenden Personalkosten im Monat ihres Anfalls verrechnet, würden einzelne Monate (Dezember wegen der Weihnachtsgelder, Februar wegen Grippewelle, Juli wegen des Urlaubs usw.) überproportional belastet. Dadurch würde die kurzfristige Erfolgsrechnung verzerrt und in ihrer Steuerungsfunktion beeinträchtigt.

Durch eine **Proportionalisierung** der **aperiodischen Personalkosten** lässt sich eine solche Verzerrung vermeiden. (**ÜB 6**/112)

$$\text{Zuschlagsatz} = \frac{\text{aperiodische Personalkosten}}{\text{periodische Personalkosten}} \; [\%]$$

Im Beispielfall aus **Abb. 229** beläuft sich der Zuschlagsatz auf 40 Prozent (= 48 Mio. EUR/120 Mio EUR). Wie aber ist dieser Zuschlagsatz anzuwenden? Hierbei muss man zwischen Kostenträgerstück- und Kostenträgerzeitrechnung unterscheiden. In der

- **Kostenträgerstückrechnung** (Selbstkosten/Auftrag) beträgt der Fertigungslohn von z. B. 10 EUR/Std. unter Berücksichtigung aperiodischer Kosten 14 EUR/Std.
- **Kostenträgerzeitrechnung**, d. h. der kurzfristigen Erfolgsrechnung, gelangt man zu den Personalkosten, indem man die im Monat X gezahlten Direktlöhne von beispielsweise 10 Mio. EUR um die aperiodischen Personalkosten von 4 Mio. EUR erhöht.

2.3 Materialkosten

Zur Feststellung der Materialkosten muss man zunächst die Materialverbrauchsmenge ermitteln. Dann ist die Frage zu beantworten, wie die Verbrauchsmenge zu bewerten ist.

2.3.1 Ermittlung der Verbrauchsmengen

Zur Ermittlung der Verbrauchsmengen bei den einzelnen Materialarten stehen drei Verfahren zur Verfügung.

Verfahren zur Erfassung der Materialverbrauchsmenge		
(1) **Inventurmethode**	Anfangsbestand + Zugang − Endbestand	= **Verbrauch**
(2) **Skontrationsmethode**	Abgang 1 + Abgang 2 + ... + Abgang n	= **Verbrauch**
(3) **Rückrechnungsmethode**	$v_1 \cdot x_1 + v_2 \cdot x_2 + ... + v_n \cdot x_n$	= **Verbrauch**

Abb. 230: Ermittlung von Materialverbrauchsmengen

(1) Inventurmethode

Bei diesem Verfahren wird am Periodenende der Endbestand lt. Inventur ermittelt. Zieht man vom Anfangsbestand plus Zugängen den Endbestand lt. Inventur ab, erhält man den **Verbrauch**.

Der **Vorteil** dieses Verbrauchsermittlungsverfahrens liegt im geringen kostenrechnerischen Arbeitsaufwand, denn die Endbestandermittlung durch Inventur am Periodenende ist nach § 240 HGB ohnehin vorgeschrieben. Dem Bequemlichkeitsvorteil stehen erhebliche **Nachteile** gegenüber:

- Der Verbrauch kann erst am **Periodenende** ermittelt werden.
- Eine **Wirtschaftlichkeitskontrolle** durch den Vergleich von Soll- und Istverbrauch ist **nicht möglich**.
- Eine **Zuordnung** der Verbrauchsmengen auf **Kostenstellen** ist **nicht möglich**.
- Die **Gründe für den Verbrauch** (z. B. Einsatz in der Produktion, Schwund) stehen nicht fest.

(2) Skontrationsmethode

Dieses Ermittlungsverfahren setzt ein „**geschlossenes Lager**" voraus. Der Lagerverwalter gibt das Material nur gegen eine Empfangsbestätigung, den Materialentnahmeschein (MES), heraus. Das Lager führt für jede Materialart eine (elektronische) Kartei und bucht die Entnahme aus. Addiert man für jede Materialart die Entnahmemengen

aller MES, erhält man den **ordnungsgemäß entnommenen Verbrauch**. Jeder Materialentnahmeschein enthält
- die Entnahmemenge
- die empfangende Kostenstelle bzw. Auftragsnummer.

Auf diese Art und Weise können die gesammelten MES zur Nachkalkulation von Aufträgen und zur Kontrolle von Kostenstellen herangezogen werden.

Der **Vorteil** dieses Verfahrens liegt in der Vermeidung der Nachteile der Inventurmethode. Der **Nachteil** liegt im höheren organisatorischen Aufwand.

(3) Rückrechnungsmethode

Bei Massen- oder Sortenfertigung, beispielsweise bei der Herstellung von Silberwaren, kann die Materialverbrauchsmenge in der Weise ermittelt werden, dass
- die **Materialverbrauchsmenge v_1** für eine Produkteinheit P_1 mit
- der **Ausbringungsmenge x_1** des Produkts P_1

multipliziert wird. Die Verbrauchsmenge pro Produkteinheit (v) sollte so bemessen werden, dass sie der nach Wirtschaftlichkeitskriterien ermittelten Planverbrauchsmenge entspricht. Damit liefert die Rückrechnungsmethode Informationen über den **planmäßigen, aber nicht über den tatsächlichen Verbrauch bei ordentlicher Wirtschaftsführung**.

Werden alle drei Ermittlungsverfahren nebeneinander eingesetzt, hat das Controlling die Möglichkeit, Unwirtschaftlichkeiten und deren Ursachen festzustellen.

> **Beispiel:**
> - Istverbrauch lt. Inventurmethode   1.000 Stück
> - Ordnungsgemäß entnommener Verbrauch lt. MES   980 Stück
> - Planmäßiger Verbrauch lt. Rückrechnung   900 Stück

Die Fehlmenge von 20 Stück (980 – 1.000) hat der Lagerverwalter, die Differenz von 80 Stück (900 – 980) hat der Produktionsleiter zu verantworten. Ein Berechnungsbeispiel findet sich im zugehörigen Übungsbuch. (**ÜB 6/113**)

2.3.2 Bewertung des Materialverbrauchs

Zur Bewertung der Materialverbrauchsmenge können Anschaffungskosten, Festpreise, gestiegene Wiederbeschaffungskosten oder Tageswerte herangezogen werden.

(1) Anschaffungskosten

In der Kostenrechnungspraxis lehnt man sich häufig an die handelsrechtlichen Vorschriften an und bewertet die Materialverbrauchsmenge mit Anschaffungskosten. Diese Vorgehensweise ist problematisch, denn die Kosten- und Erlösrechnung verfolgt andere Ziele als der Jahresabschluss. Aus der Sicht der Planungsaufgabe der Kostenrechnung sind historische Anschaffungskosten **entscheidungsirrelevant**. Man spricht in diesem Zusammenhang von **sunk costs**, also von versunkenen (irreversiblen) Kosten.

Darüber hinaus kann die Bewertung zu historischen Anschaffungskosten mit großem **Arbeitsaufwand** verbunden sein. Das ist dann der Fall, wenn das Material im Laufe der Abrechnungsperiode zu **unterschiedlichen Preisen** eingekauft wurde.

(2) Festpreise

Das Problem schwankender Einstandspreise lässt sich durch den Ansatz eines Festpreises umgehen. Ungelöst bleibt dabei aber die Frage, ob bei der Ermittlung der Preisuntergrenze für einen Auftrag der Materialeinsatz bei **starken Beschaffungspreisschwankungen** zu

- dem (an durchschnittlichen Anschaffungskosten orientierten) **Festpreis** oder
- höheren bzw. niedrigeren **Wiederbeschaffungskosten**

zu bewerten ist.

(3) Gestiegene Wiederbeschaffungskosten

Bei Preissteigerungen plädiert ein Teil der Literatur[1] für den Ansatz gestiegener Wiederbeschaffungskosten und begründet dies mit dem Kostenrechnungsziel der Sicherung der Substanzerhaltung.[2] Leider geben die beiden genannten Literaturquellen keinen Hinweis, wie der Materialverbrauch im Falle gesunkener Wiederbeschaffungskosten zu bewerten ist.

(4) Tageswerte

> Materialverbrauchsmengen sollten mit dem **Tageswert**, d.h. mit dem Marktpreis, der am Tag der Verbrauchsentscheidung (= Tag der Auftragsannahme) gilt, bewertet werden.

Aus diesem Grundsatz folgt für die Kostenrechnungspraxis, dass zur Ermittlung von Preisuntergrenzen die Materialverbrauchsmengen bei

- **leicht schwankenden Tagespreisen** (einfachheitshalber) zu **Festpreisen**
- **stark schwankenden Tagespreisen**, wie sie an Rohstoffmärkten (z.B. Edelmetallmärkten) gang und gäbe sind, zu aktuellen **Tagespreisen**

bewertet werden sollten. Im letztgenannten Fall sollte der aktuelle Tageswert Gültigkeit haben, unabhängig davon, ob er über oder unter den historischen Anschaffungskosten liegt.

2.4 Kalkulatorische Kosten

Wie oben gezeigt, lassen sich die verschiedenen Arten kalkulatorischer Kosten den Anderskosten bzw. den Zusatzkosten zuordnen (→ **Abb. 231**).

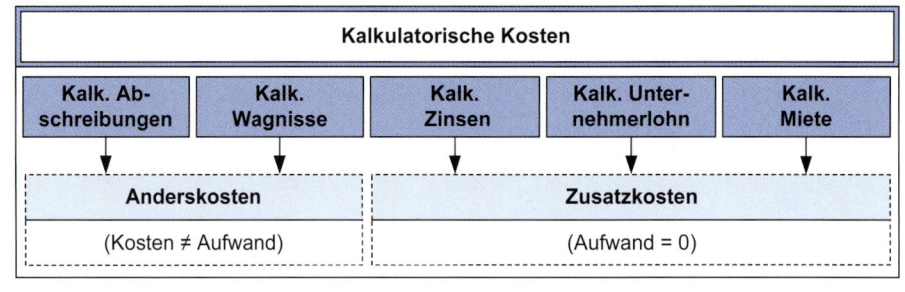

Kalkulatorische Kosten				
Kalk. Abschreibungen	Kalk. Wagnisse	Kalk. Zinsen	Kalk. Unternehmerlohn	Kalk. Miete
Anderskosten		Zusatzkosten		
(Kosten ≠ Aufwand)		(Aufwand = 0)		

Abb. 231: Arten kalkulatorischer Kosten

---

[1] Vgl. Freidank, C.-C., Kostenrechnung, 2012, S. 100 f.; Friedl, B., Kostenrechnung, 2010, S. 87.
[2] Zur Kritik an diesem Ansatz vgl. S. 869.

Mit dem Ansatz von **Anderskosten** verfolgt die Kostenrechnung zwei **Ziele**: Durch die Verrechnung

- **kalkulatorischer Abschreibungen** soll – losgelöst von Rechtsvorschriften des handelsrechtlichen Jahresabschlusses – der **tatsächliche Wertverzehr** der Periode ermittelt werden
- **kalkulatorischer Wagniskosten** soll sporadisch anfallender Zufallsaufwand im Wege **zeitlicher Durchschnittsbildung geglättet** werden.

Mit dem Ansatz von **Zusatzkosten** verfolgt die Kostenrechnung das **Ziel** einer **vollständigen Erfassung des gesamten betrieblichen Wertverzehrs**. Zu diesem Zweck müssen auch die Produktionsfaktoren erfasst werden, die zwar

- vom Betrieb **nicht gegen Entgeltzahlung erworben**, wohl aber
- aus der **Privatsphäre des Unternehmers** in den Prozess der **betrieblichen Leistungserstellung eingebracht** wurden.

Hinter den Zusatzkosten steht betrieblicher Wertverzehr, der

- **nicht** auf Auszahlungen bzw. **Aufwand**, sondern auf
- **entgangenen Einnahmen** des Unternehmers

aus einer alternativen Nutzung seines Eigenkapitals, seiner Arbeitskraft bzw. seiner zum Privatvermögen gehörenden Räume resultiert.

> Als **Opportunitätskosten** bezeichnet man den Nutzenentgang (= entgangener Erlös) aus der nicht realisierten bestmöglichen Alternativverwendung knapper Güter.

Im konkreten Einzelfall sollen die Opportunitätskosten im Rahmen

- **kalkulatorischer Eigenkapitalzinsen** aus dem **möglichen Zinsertrag** einer risikoadäquaten Alternativanlage des Eigenkapitals
- **kalkulatorischen Unternehmerlohns** aus einem vom Unternehmer erzielbaren **Geschäftsführergehalt**
- **kalkulatorischer Miete** aus einem bei alternativer Raumnutzung **erzielbaren Mietertrag**

abgeleitet werden. Würde der Unternehmer bei der Ermittlung von Preisuntergrenzen auf den Ansatz von Zusatzkosten verzichten, bestünde die Gefahr, dass er den Abnehmern seiner Produkte seinen Kapital-, Arbeits- und Raumeinsatz kostenlos zukommen ließe. (**ÜB 6/114**)

2.4.1 Kalkulatorische Abschreibungen

Abschreibungen haben die Aufgabe, den Wertverzehr an Vermögensgegenständen sachgerecht zu erfassen. Bei der Erläuterung **bilanzieller Abschreibungen**, also von Abschreibungen, die im handelsrechtlichen Jahresabschluss zu berücksichtigen sind, wurde bereits auf

- unterschiedliche Wertminderungsursachen
- den Unterschied zwischen planmäßiger und außerplanmäßiger Abschreibung
- die Ermittlung der Abschreibungsbasis
- handelsrechtlich zulässige Abschreibungsverfahren

verwiesen.

Im Folgenden geht es darum, die Unterschiede **zwischen bilanzieller und kalkulatorischer Abschreibung** zu erläutern. (**ÜB 6/115**)

Verrechnungszweck: Mit der bilanziellen Abschreibung soll ein vorsichtiger Vermögens- und Erfolgsausweis erreicht werden. Die Bildung stiller Rücklagen (Abschreibungen > Wertverzehr) wird vom HGB gewünscht, zumindest aber geduldet. Im Gegensatz dazu will man mit der kalkulatorischen Abschreibung den tatsächlichen Wertverzehr möglichst exakt erfassen.

Planmäßige/außerplanmäßige Abschreibung: In der GuV werden planmäßige und außerplanmäßige Abschreibungen als Aufwand erfasst. Aus der Sicht der Kostenrechnung stellen

- **außerplanmäßige Abschreibungen** neutralen Aufwand dar, wobei sie nur auf dem Umweg über **kalkulatorische Wagnisse**[1] in die Kostenrechnung gelangen
- **planmäßige Abschreibungen** ordentlichen Wertverzehr dar, der durch **kalkulatorische Abschreibungen** zu erfassen ist.

Im handelsrechtlichen Jahresabschluss bilden die Anschaffungs- bzw. Herstellungskosten die Basis zur Berechnung des jährlichen Abschreibungsaufwands. Sind die so ermittelten **bilanziellen Abschreibungen** durch Erlöse gedeckt, gelangt man zur **nominellen Kapitalerhaltung**, d. h. zur **Wiedergewinnung** der historischen **Anschaffungs- bzw. Herstellungskosten**.

In Zeiten steigender Wiederbeschaffungskosten für maschinelle Anlagen reichen die durch bilanzielle Abschreibung wiedergewonnenen Anschaffungskosten (z. B. 1.000) zur Wiederbeschaffung einer teureren Ersatzanlage (z. B. 1.200) nicht aus. Zur Vermeidung einer solchen Refinanzierungslücke (200) erklären viele **Kostenrechner** die **Substanzerhaltung** zum vorrangigen Kostenrechnungsziel und wählen deshalb die (gestiegenen) **Wiederbeschaffungskosten** als Basis kalkulatorischer Abschreibungen.

Will die Kostenrechnung ihrer Planungsaufgabe gerecht werden, muss sie bei der Bemessung kalkulatorischer Abschreibungen den für die Periode erwarteten Wertverzehr prognostizieren. Die Fixierung planmäßiger kalkulatorischer Abschreibungen/Periode wird durch die drei Determinanten Abschreibungsbasis, Abschreibungsverfahren und Nutzungsdauer erreicht.

Kalkulatorische Abschreibung		
(1) Abschreibungsbasis	**(2) Abschreibungsverfahren**	**(3) Nutzungsdauer**
• Wiederbeschaffungskosten • Tageswert • Anschaffungskosten	• Leistungsabschreibung • lineare Abschreibung	• neutrale Schätzung der erwarteten Nutzungsdauer

Abb. 232: Determinanten kalkulatorischer Abschreibung

---

[1] Vgl. S. 639.

(1) Abschreibungsbasis

Nach mehrheitlicher Lehrbuchmeinung[1] hat die Kostenrechnung in Zeiten steigender Preise die Aufgabe, die **Substanzerhaltung**, d.h. die Wiederbeschaffung einer (teureren) Ersatzanlage aus verdienten Abschreibungsgegenwerten, zu **sichern**. Dieses Ziel kann nur erreicht werden, wenn die **künftigen Wiederbeschaffungskosten** (erstbeste Lösung) zur Abschreibungsbasis gemacht werden. Angesichts der Schwierigkeit, künftige Wiederbeschaffungskosten hinreichend genau prognostizieren zu können, schlägt Haberstock vor, die kalkulatorischen Abschreibungen **ersatzweise** auf der Basis von

- **Tageswerten**, d.h. aktuellen Preisen der Abschreibungsperiode (zweitbeste Lösung)
- **historischen Anschaffungskosten** (drittbeste Lösung)

zu berechnen.

Oben wurde die Meinung vertreten, dass der mengenmäßige Materialverbrauch bei stark schwankenden Preisen zu aktuellen Tageswerten bewertet werden sollte. Analog sollte der Wertverzehr an Potentialfaktoren zu Tageswerten (= Wiederbeschaffungskosten der Abschreibungsperiode) bewertet werden. Begründung: Originäres Ziel der Kostenrechnung ist nicht die Substanzerhaltung, sondern die Ermittlung des Geldbetrags, den man mindestens erhalten muss, damit man nicht ärmer wird.[2]

(2) Abschreibungsverfahren

Bei der Wahl des kostenrechnerischen Abschreibungsverfahrens sollten die jährlichen Abschreibungsquoten so bemessen werden, dass sie der Abnahme des Nutzungsvorrats entsprechen. Diese Bedingung wird i.A. durch die **Leistungsabschreibung** erfüllt.[3] Das große, ungelöste Problem der Leistungsabschreibung ist die Prognose der Totalkapazität. Vor dem Hintergrund dieses Prognoseproblems entscheidet sich die Kostenrechnungspraxis fast „flächendeckend" für die lineare Abschreibung.

(3) Nutzungsdauer

Der Erstellung des Abschreibungsplans sollte man im Anschaffungsjahr eine **planmäßige Nutzungsdauer** (ND) zugrunde legen, die den neutralen Erwartungen an die **tatsächliche Nutzungsdauer entspricht**. Trotzdem wird es immer wieder vorkommen, dass die

(a) tatsächliche ND > planmäßige ND
(b) tatsächliche ND < planmäßige ND.

> **Beispiel:** Eine maschinelle Anlage mit einem Abschreibungsausgangswert von 120 soll bei einer planmäßigen Nutzungsdauer von 6 Jahren linear abgeschrieben werden. Am Anfang des fünften Jahres kann man erwarten, dass die Anlage statt der ursprünglich geplanten Nutzungsdauer von 6 Jahren
>
> (a) 8 Jahre (noch 4 Jahre)
> (b) 5 Jahre (noch 1 Jahr)
>
> in Betrieb sein wird.

---

[1] Vgl. hierzu Coenenberg/Fischer/Günther, Kostenrechnung, 2016, S. 91 ff.; Freidank, C.-C., Kostenrechnung, 2012, S. 111; Haberstock, L., Kostenrechnung I, 2008, S. 87 f.
[2] Vgl. S. 847.
[3] Vgl. S. 701.

Kalkulatorische Abschreibungen (Annahme: Anschaffungskosten = Tageswert)			
Periode	Alter Plan (6 Jahre)	(a) Neuer Plan (8 Jahre)	(b) Neuer Plan (5 Jahre)
1	20	20	20
2	20	20	20
3	20	20	20
4	20	20	20
5	(20)	15	24
6	(20)	15	
7		15	
8		15	
Summe	(120)	140	104

Abb. 233: Kalkulatorische Abschreibung bei Änderung der Nutzungsdauer

Bei **bilanzieller** Abschreibung wären im **Fall**

(a) in den Perioden 5 bis 8 jeweils 10 (= Restbuchwert/Restnutzungsdauer = 40/4)
(b) in der 5. Periode 20 planmäßiger und 20 außerplanmäßiger Abschreibungsaufwand

zu verrechnen.

Der Kostenrechner argumentiert anders. Zum Zeitpunkt der Planänderung fragt er nach dem **Wert des noch vorhandenen Nutzungsvorrats**. Zur Berechnung der künftigen **kalkulatorischen Abschreibung** gelangt er zu Beginn von t_5 zu dem Ergebnis, dass der Gesamtnutzungsvorrat im **Fall**

(a) zur Hälfte verbraucht ist und verteilt den Restnutzungsvorrat (60) gleichmäßig auf die 4 Jahre der Restnutzungsdauer
(b) zu vier Fünfteln verbraucht ist und verrechnet den verbleibenden Restnutzen von einem Fünftel, also 24, als kalkulatorische Abschreibung der 5. Periode.

Dass die Gesamtabschreibung in Fall (a) und (b) nicht dem Ausgangsbetrag von 120 entspricht, muss den Kostenrechner „kalt lassen". Zu Beginn von t_5 ist es nicht seine Aufgabe, **Kalkulationsfehler** der **Vergangenheit** zu korrigieren. Ihm kann es nur darum gehen, den **künftigen Wertverzehr** sachgerecht zu erfassen. (**ÜB 6/116–117**)

2.4.2 Kalkulatorische Wagnisse

Jede betriebliche Tätigkeit ist mit Wagnissen verbunden und kann damit zu Verlusten führen. Dabei unterscheidet man zwischen

- **allgemeinem Unternehmerrisiko**
- **speziellen Einzelwagnissen**.

Das allgemeine Unternehmerrisiko (z. B. Wettbewerbsverschärfung, rückläufige Nachfrage, Verfall der Absatzpreise) ist unkalkulierbar und lässt sich nicht versichern. Als Entschädigung für die Übernahme des **allgemeinen Unternehmerrisikos** erhält der Unternehmer den **Betriebsgewinn** (Residualgewinn).[1]

---
[1] Vgl. S. 640 f.

Im Gegensatz zum allgemeinen Unternehmerrisiko gehören **spezielle Einzelwagnisse**, wie beispielsweise

- Forderungsausfälle
- außerplanmäßiger Wertverzehr beim betriebsnotwendigen Anlagevermögen
- Schwund beim Vorratsvermögen
- Gewährleistungsansprüche Dritter
- Unfallschäden u. Ä.,

zu den Begleiterscheinungen des betrieblichen Leistungsprozesses. Es handelt sich in allen genannten Fällen um **aperiodisch auftretenden**, gleichwohl kalkulierbaren **Aufwand**. Würde man diesen aperiodischen Aufwand im Jahr seiner Entstehung als Kosten erfassen, würde ein „Katastrophenjahr" voll auf die Ermittlung der Preisuntergrenzen durchschlagen und damit die Dispositionsgrundlagen in unzulässiger Weise verzerren. Um dies zu vermeiden, behandelt der Kostenrechner den aperiodisch auftretenden Aufwand als

- **neutralen Aufwand**, der nicht in die Kostenrechnung gelangt, und verrechnet stattdessen
- **kalkulatorische Wagniskosten** zur Abdeckung spezieller Einzelwagnisse.

Die kalkulatorischen Wagniskosten sollten dabei (z. B. durch Glättung) so bemessen werden, dass sie auf lange Sicht den aperiodischen Aufwand exakt abdecken. (**ÜB 6**/118–119)

2.4.3 Kalkulatorische Zinsen

Betriebliche Leistungserstellung ist ohne Kapitaleinsatz nicht möglich. Ist – im theoretischen Extremfall – ein Betrieb vollständig fremdfinanziert, sind Zinsaufwand und Zinskosten deckungsgleich. Bei einer Mischfinanzierung aus Eigen- und Fremdkapital gilt:

> **Zinskosten = Zinsaufwand lt. GuV + kalk. Eigenkapitalzinsen**

Zur Ermittlung kalkulatorischer Zinskosten benötigt man eine Mengenkomponente (= Kapitalbasis) und einen Zinssatz:

> **Zinskosten = Aktueller Wert des betriebsnotw. Vermögens · Kapitalkostensatz**

(1) Kapitalkostensatz

Die Höhe des Kapitalkostensatzes ist – ähnlich dem Kalkulationszinsfuß in der Investitionsrechnung – von der Art der Finanzierung des betriebsnotwendigen Vermögens abhängig. Der Kapitalkostensatz entspricht bei

- **vollständiger Fremdfinanzierung** dem durchschnittlichen Fremdkapitalzinssatz (i_F)
- **vollständiger Eigenfinanzierung** der Eigenkapitalverzinsung einer risikoadäquaten Eigenkapitalanlage (i_E)
- **Mischfinanzierung** dem **gewogenen Durchschnittszinssatz** (i_G), der auch als Weighted Average Cost of Capital (**WACC**)[1] bezeichnet wird.

---

[1] Vgl. S. 518 f.

Beim Versuch der Festlegung des investitionstheoretisch begründeten Mischzinssatzes WACC stößt man auf **praktische Ermittlungsprobleme**. Trotzdem sollte sich die Kostenrechnungspraxis, die immer noch vom Ansatz des langfristigen Kapitalmarktzinses oder gar des landesüblichen Zinses spricht, versuchen, sich bei der Schätzung des Kapitalkostensatzes von Grundüberlegungen im Sinne des WACC leiten zu lassen.

(2) Aktueller Wert des betriebsnotwendigen Vermögens

Die Kapitalbasis zur Ermittlung kalkulatorischer Zinsen entspricht dem aktuellen Wert des betriebsnotwendigen Kapitals. Da im Hinblick auf das Kapital nicht in betriebsnotwendig und nicht betriebsnotwendig unterschieden werden kann, ermittelt man das betriebsnotwendige Vermögen. Hierbei geht man in folgenden Schritten vor:

	Ermittlung der Kapitalbasis
	bilanziertes Vermögen zu Bilanzwerten
−	nicht betriebsnotwendiges Vermögen zu Bilanzwerten
	betriebsnotwendiges Vermögen zu Bilanzwerten
+	aufgelöste stille Rücklagen
	betriebsnotwendiges bilanziertes Vermögen zu Zeitwerten
+	nicht bilanziertes betriebsnotwendiges Vermögen zu Zeitwerten
−	Abzugskapital
	Betriebsnotwendiges Vermögen zu Zeitwerten

Abb. 234: Kapitalbasis kalkulatorischer Zinsen

Nicht betriebsnotwendiges Vermögen (z. B. Finanzanlagen, Werkswohnungen u. Ä.) wird zur Leistungserstellung nicht benötigt. Deshalb darf es nicht in die Kapitalbasis zur Berechnung der Zinskosten einbezogen werden.

Über die Verrechnung kalkulatorischer Zinsen soll den Verzinsungswünschen der

- Fremdkapitalgeber (Fremdkapitalkosten i_F)
- Eigenkapitalgeber (Eigenkapitalkosten i_E)

Rechnung getragen werden. Kapitalbasis dieser Verzinsungswünsche kann nur **der „tatsächliche" Wert des betriebsnotwendigen Vermögens** sein. Zur näherungsweisen Ermittlung dieses Wertes muss

- das bilanzierte betriebsnotwendige Vermögen zu Zeitwerten angesetzt (**Auflösung stiller Rücklagen**)
- das nicht bilanzierte betriebsnotwendige Vermögen (= **originärer Firmenwert**) zusätzlich berücksichtigt

werden. Soweit dem Unternehmen Kapital zinslos zur Verfügung steht (z. B. Kundenanzahlungen oder Lieferantenkredite), ist es als sog. Abzugskapital bei der Ermittlung der Zinsbasis in Abzug zu bringen. (**ÜB 6/121–122**)

(3) Restwert- oder Durchschnittswertverzinsung

Abnutzbare Gegenstände des Anlagevermögens, insb. maschinelle Anlagen, unterliegen planmäßiger (kalkulatorischer) Abschreibung. Der nach kalkulatorischer Abschreibung verbleibende Restwert wird von Jahr zu Jahr geringer, bis er am Ende der Nutzungsdauer (n*) auf null abgesunken ist.

Berechnet man die kalkulatorischen Zinsen auf **Restwertbasis**, werden mit fortschreitender Nutzungsdauer abnehmende Kostenbeträge in Ansatz gebracht. Damit bekommt das **Durchschnittsalter** eines Anlagenbestands **Einfluss** auf die Höhe der **Preisuntergrenze** der Produkte. Ein Berechnungsbeispiel findet sich im zugehörigen Übungsbuch. (ÜB 6/120)

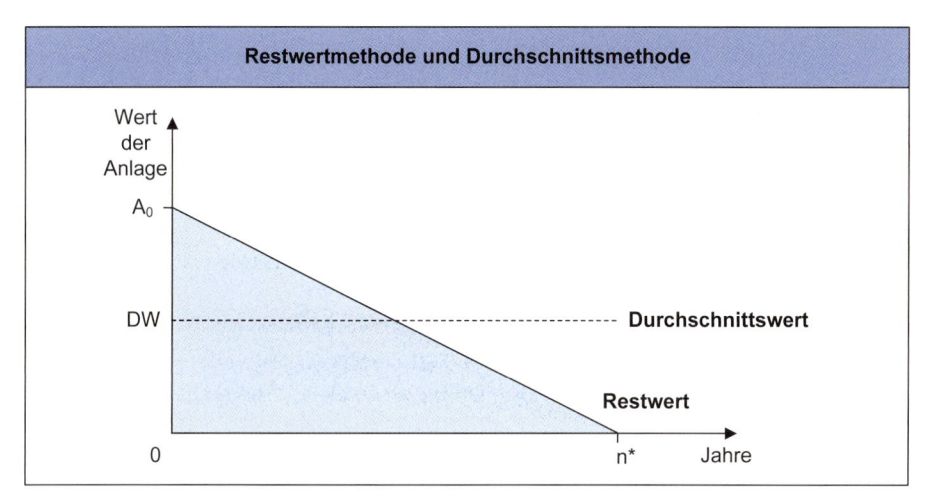

Restwertmethode und Durchschnittsmethode

Abb. 235: Verzinsungsbasis für abnutzbare Anlagen

Will man verhindern, dass die auf Neuanlagen hergestellten Produkte mit besonders hohen Zinskosten belastet werden, muss man von der Restwert- zur **Durchschnittswertverzinsung** übergehen. Der Durchschnittswert DW entspricht – lineare Abschreibung unterstellt – dem halben kalkulatorischen Ausgangswert A_0. Hier hat man es mit einem Anwendungsbeispiel des oben erwähnten kostenrechnerischen Durchschnittsprinzips[1] zu tun: Über die Bildung von Durchschnittswerten gelangt man zur Glättung temporärer Kostenschwankungen.

Mit Blick auf **Abb. 235** gelangt man bezüglich der Wertansätze für betriebsnotwendiges Vermögen zu folgendem Ergebnis:

- **Grundstücke und Gebäude**: aktueller Zeitwert
- **Maschinelle Anlagen**: halber Abschreibungsausgangswert
- **Umlaufvermögen**: Bilanzansatz.

Da sich die Existenz stiller Rücklagen auf das Grundvermögen konzentriert, ist vor allem diese Vermögenskategorie zu aktuellen Zeitwerten anzusetzen. Weichen (z. B. bei Forderungen oder Vorräten) Jahresanfangs- (AB) und Jahresendbestände (EB) stark voneinander ab, ist als Verzinsungsbasis der Mittelwert aus AB und EB anzusetzen.

2.4.4 Kalkulatorischer Unternehmerlohn

Der Gesellschafter-Geschäftsführer einer GmbH erhält (außer seinem Gewinnanteil) ein Geschäftsführergehalt, das für die GmbH Aufwand ist und das in der Kostenrechnung als Bestandteil der Personalkosten erscheint. Ist der Einzelunternehmer in gleicher Weise in seinem Unternehmen tätig, ist eine derartige Gehaltsabrechnung

---

[1] Vgl. S. 848.

aus rechtlichen Gründen (Verbot der Selbstkontraktion) nicht möglich. Da auch der Einzelunternehmer von seinen Kunden über die Absatzpreise eine Entschädigung für seinen Arbeitseinsatz erwartet, bringt er als kalkulatorischen Unternehmerlohn den Geldbetrag in Ansatz, den er als **Geschäftsführer in vergleichbarer Position** als **Bruttoentgelt** erhalten würde. Beziffert sich dieser Geldbetrag auf EUR 50.000 und werden 10.000 Stück umgesetzt, erhöht sich die Preisuntergrenze infolge des kalkulatorischen Unternehmerlohns um EUR 5/Stück.

2.4.5 Kalkulatorische Miete

Zur betrieblichen Leistungserstellung werden üblicherweise Räume benötigt. Dabei kann man zwischen drei Raumbereitstellungsalternativen unterscheiden:

- Gemietete Räume: Mietaufwand = Mietkosten
- Räume im Betriebsvermögen: Reparaturkosten + kalkulatorische Abschreibungen + kalkulatorische Zinsen = Raumkosten
- Räume im Privatvermögen des Einzelunternehmers: kalkulatorische Miete.

Kalkulatorische Miete ist im letztgenannten Fall in Höhe des Betrags anzusetzen, den der Unternehmer bei Vermietung seiner Räume an Dritte als Erlös erhalten würde.

3. Kostenstellenrechnung

3.1 Aufgaben der Kostenstellenrechnung

Die Kostenstellenrechnung ist das Bindeglied zwischen Kostenarten- und Kostenträgerrechnung. Die (Teil-)Aufgaben der Kostenstellenrechnung ergeben sich aus den übergeordneten Aufgaben der Kostenrechnung, also der Planungs- bzw. Kontrollfunktion.[1]

(1) Planungsaufgabe

Zur betrieblichen Planung benötigt man Dispositionsgrundlagen, die angeben, welche Kosten bei Realisierung einer Handlungsalternative, also z. B. bei Annahme eines Auftrags, verursacht werden. In diesem Zusammenhang hat die Kostenstellenrechnung eine **Hilfsfunktion** für die **Kostenträgerrechnung**. Einproduktunternehmen benötigen zur Kalkulation keine Kostenstellenrechnung. Stellt aber ein Unternehmen verschiedene Produkte her, dann lassen sich die

- **Gemeinkosten** nicht direkt, sondern auf dem Weg über die
- **Kostenstellen** (= Orte der Kostenentstehung) auf die
- **Kostenträger**

verrechnen.

(2) Kontrollaufgabe

Gewinnmaximierung setzt die Einhaltung des Wirtschaftlichkeitsprinzips voraus. Unwirtschaftlichkeiten, d. h. über den Planwerten liegende Verbrauchsmengen an Produktionsfaktoren, lassen sich in der betrieblichen Praxis nicht vermeiden. Aufgabe des

---

[1] Die Dokumentationsfunktion als dritte Kostenrechnungsaufgabe kann in diesem Zusammenhang vernachlässigt werden.

Controllings ist es aber, Ausmaß und Ursachen von Unwirtschaftlichkeiten möglichst schnell festzustellen und diese gemeinsam mit den Verantwortlichen abzustellen. Zur **Wirtschaftlichkeitskontrolle** erfolgt

- für **jede Kostenstelle**
- ein Abgleich **geplanter** und **tatsächlich angefallener Gemeinkosten** mit
- **Rechenschaftspflicht** für den Kostenstellenleiter.

Die Planungs- und Kontrollaufgabe der Kostenstellenrechnung kann nur erfüllt werden, wenn die Gemeinkosten nach dem Kostenverursachungsprinzip auf die Kostenstellen verteilt und von dort auf die Kostenträger weiterverrechnet werden. Deshalb muss sich der Kostenrechner bei der Einteilung des Betriebes in Kostenstellen vom Streben nach **verursachungsgerechter Gemeinkostenverteilung** leiten lassen.

3.2 Kostenstellenbildung und Kostenstellenplan

Eine **Kostenstelle** ist eine betriebliche Abrechnungseinheit, für die Gemeinkosten gesondert erfasst und auf die Kostenstellennutzer (Kostenträger) weiterverrechnet werden.

Beispiel: Die Kostenstelle in **Abb. 236** sei eine Montageabteilung, in der fremdbezogene Bauteile (= Materialeinzelkosten) in Akkordarbeit (= Fertigungseinzelkosten) unter Einsatz verschiedener Maschinen (= Fertigungsgemeinkosten) zu verschiedenartigen Endprodukten (= Kostenträger) zusammengebaut werden. Der Kostenrechner hat die Aufgabe, (anteilige) Gemeinkosten via Kostenstelle auf die dort bearbeiteten Kostenträger weiterzuleiten.

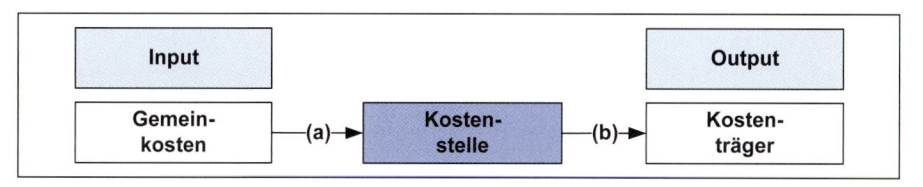

Abb. 236: Kostenbelastung und -entlastung von Kostenstellen

Bei der Kostenstellenbildung ist darauf zu achten, dass

(a) jeder Kostenstelle nur der Anteil an Gemeinkosten zugerechnet wird, der durch die dortige Leistungserstellung verursacht wird
(b) die Kostenträger nur in dem Maße mit Kostenstellenkosten belastet werden, wie sie die Leistungen der Stellen in Anspruch genommen haben.

In beiden Fällen geht es um die Ermittlung **verursachungsgerechter Kostenverteilungsschlüssel**.

Kostenstellen sind so zu bilden, dass die Rechnungszwecke, d. h. die Planungs- und die Kontrollfunktion, erfüllt werden. In der Kostenrechnungsliteratur werden folgende Kriterien zur Kostenstellenbildung diskutiert:

(1) Verantwortungsbereiche

Im Sinne einer wirkungsvollen Kostenkontrolle sollten Kostenstellen so gebildet werden, dass sie sich mit dem Verantwortungsbereich eines Vorgesetzten (Abteilungsleiter, Meister) decken. Für Kostenabweichungen ist der Kostenstellenleiter verantwortlich.

(2) Produktorientierung

Wäre es möglich, produktspezifische Kostenstellen zu bilden, wäre die Planungsaufgabe der Kostenrechnung leicht erfüllt, denn mit der Gemeinkostenzurechnung an die Kostenstelle A (B) wäre zugleich auch die Aufgabe der Kostenverrechnung auf Kostenträger A (B) erledigt. In der betrieblichen Praxis ist dieser kostenrechnerische Idealzustand nur äußerst selten anzutreffen, denn industrielle Fertigungsprozesse sind meist nach dem Verrichtungs- oder Objektprinzip[1] organisiert, wonach in einer Kostenstelle verschiedene Produkte bearbeitet werden.

(3) Funktionsbereiche

Dem Verrichtungsprinzip folgend orientiert sich die Kostenstellenbildung zur Hauptsache an betrieblichen Funktionsbereichen. Üblich ist die Einteilung in die Funktionsbereiche Materialbeschaffung, Forschung und Entwicklung, Fertigung, Verwaltung, Vertrieb usw.

(4) Raumorientierung

Häufig ist ein Funktionsbereich (z. B. Lager, Montagebetrieb, Verwaltung) in einem separaten Gebäude untergebracht. Funktionale und raumorientierte Kostenstellenbildung führen dann zum gleichen Ergebnis. Raumorientierte Kostenstellenbildung hat den Vorteil, dass sich einzelne Gemeinkostenarten (z. B. Mietkosten) den einzelnen Kostenstellen ohne Abgrenzungsprobleme zuordnen lassen.

Da eine allen vier Kriterien gehorchende Kostenstellenbildung ohne Überschneidungen kaum realisierbar ist, muss die **Kostenrechnungspraxis** einen **Kompromiss** suchen, bei dem die geringstmöglichen Abstriche vom Ziel **verursachungsgerechter Kostenzurechnung** zu machen sind.

> Im **Kostenstellenplan** sind alle Kostenstellen eines Unternehmens in planvoller Anordnung enthalten.

Das Grundschema eines Kostenstellenplans kann folgendermaßen aussehen:

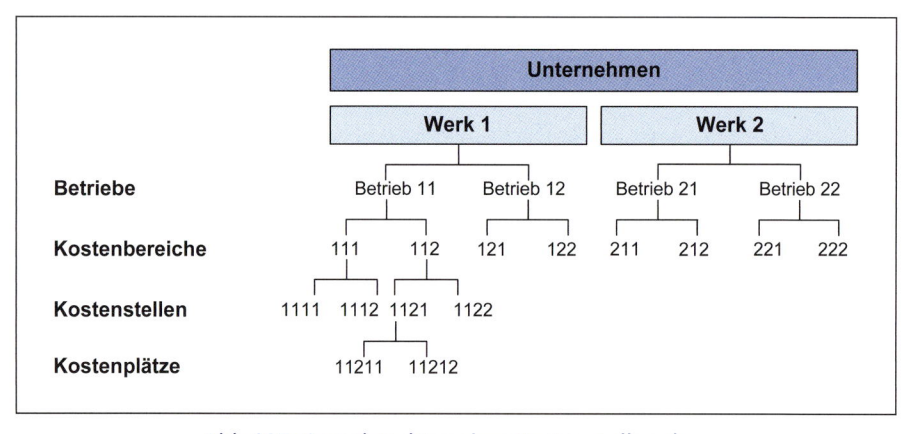

Abb. 237: Grundstruktur eines Kostenstellenplans

---

[1] Vgl. S. 103 f.

Der Aufbau des Kostenstellenplans ist u. a. abhängig von der Größe, der Organisationsstruktur und den Produktionsbedingungen eines Unternehmens.

Die Gesamtheit aller Kostenstellen lässt sich nach verschiedenen Kriterien gliedern. In Anlehnung an Haberstock[1] beschränken wir uns auf die Einteilung nach funktionalen und abrechnungstechnischen Kriterien.

(1) Funktionale Kostenstelleneinteilung

Materialstellen befassen sich mit der Beschaffung, Prüfung, Lagerung und Ausgabe von Werkstoffen und Einbauteilen.

Fertigungsstellen befassen sich mit der Leistungserstellung im engeren, technischen Sinne (z. B. Dreherei, Gießerei, Vormontage, Endmontage).

Verwaltungsstellen liegen im Bereich der Unternehmensleitung und der ihr untergeordneten administrativen Tätigkeiten. Beispiele sind die Geschäftsleitung, Rechtsabteilung, Rechenzentrum, Personalabteilung usw.

Vertriebsstellen nehmen die Marketingaufgaben des Unternehmens, also Werbung, Verkauf, Außendienst, Versand usw. wahr.

Allgemeine Kostenstellen erbringen Dienstleistungen für alle übrigen Betriebsbereiche (= Kostenstellen). Häufig genannte Beispiele sind eine eigene Strom- oder Wasserversorgung, eine eigene Reparaturabteilung, Reinigungsdienst usw.

(2) Abrechnungstechnische Kostenstelleneinteilung

Nach Art der Abrechnung einer Kostenstelle unterscheidet man zwischen Hilfs- und Hauptkostenstellen (→ **Abb. 238**).[2]

Hilfskostenstellen	Hauptkostenstellen
• mittelbare Beteiligung an der Leistungserstellung • erbringen (Hilfs-)Leistungen für andere Kostenstellen • verrechnen ihre Kosten an andere Kostenstellen	• unmittelbare Beteiligung an der Leistungserstellung • erbringen Leistungen direkt für die Kostenträger • verrechnen ihre Kosten auf die Kostenträger

Abb. 238: Hilfs- und Hauptkostenstellen

Klassische **Hauptkostenstellen** sind die **Fertigungsstellen**, denn sie sind unmittelbar an der Produktion von Kostenträgern beteiligt. Fragwürdig ist dagegen die Konvention der Kostenrechnungspraxis, die auch die

- Materialstellen
- Verwaltungsstellen
- Vertriebsstellen

zu den Hauptkostenstellen rechnet. Allen Hauptkostenstellen ist gemeinsam, dass sie die bei ihnen angesammelten Gemeinkosten über sog. Kalkulationssätze direkt auf die Kostenträger verrechnen.

---

[1] Vgl. Haberstock, L., Kostenrechnung I, 2008, S. 108 und dem dort aufgeführten Kostenstellenplan.
[2] Manche Autoren arbeiten mit der Bezeichnung Vorkostenstellen und Endkostenstellen. Vgl. Friedl, B., Kostenrechnung, 2010, S. 145 sowie Schweitzer, M. et al., Kostenrechnung, 2016, S. 141 ff.

Zu den **Hilfskostenstellen** zählen die

- **allgemeinen Kostenstellen**, die Leistungen für alle Betriebsbereiche
- **Fertigungshilfsstellen**, die Leistungen für Fertigungshauptstellen

erbringen. Beispiele für Fertigungshilfsstellen sind Arbeitsvorbereitung, Modellbauabteilung, Lehrwerkstatt usw. Hilfskostenstellen geben ihre Leistungen an andere Hilfskostenstellen (z. B. Strom für die Lehrwerkstatt) oder an Hauptkostenstellen (z. B. Strom für die Montagehalle) ab. Die Kostenentlastung der Hilfskostenstellen erfolgt über **Verrechnungssätze** im Rahmen der **innerbetrieblichen Leistungsverrechnung**.

Ziel der Kostenstellenrechnung ist die Weiterverrechnung der Gemeinkosten auf die Kostenträger. Daraus folgt: Erst müssen die Hilfskostenstellen abgerechnet sein, ehe die Summe aus primären und sekundären Gemeinkosten von den Hauptkostenstellen auf die Kostenträger verrechnet werden kann.

3.3 Kostenverteilungsschlüssel

Als Gemeinkosten wurden oben alle Kosten bezeichnet, die sich einer Produkteinheit nicht unmittelbar zurechnen lassen. Wenn bisher von Gemeinkosten gesprochen wurde, dann waren also Kostenträgergemeinkosten gemeint. Beispiele solcher **Kostenträgergemeinkosten** sind kalkulatorische Abschreibungen, Energieverbrauch, Reparaturkosten, Zinskosten usw. Wie **Abb. 236** zeigt, findet die Verteilung der Kostenträgergemeinkosten auf zwei Ebenen, d. h.

3.3.1   von der Gemeinkostenart zur Kostenstelle
3.3.2   von der Kostenstelle zum Kostenträger

statt. Auf beiden Verteilungsebenen benötigt man Kostenverteilungsschlüssel.

3.3.1 Verteilungsschlüssel zur Belastung von Kostenstellen

Das Problem der Verteilung von (Kostenträger-)Gemeinkosten auf Kostenstellen soll erläutert werden am Beispiel der beiden Gemeinkostenarten

(1) kalkulatorische Abschreibungen
(2) Energieverbrauch.

> **Beispiel (1):** Beträgt die **kalkulatorische Abschreibung** für ein Gebäude 10.000 GE, dann handelt es sich bei diesem Betrag um
> - **Kostenstelleneinzelkosten,** wenn das Gebäude nur von einer Kostenstelle
> - **Kostenstellengemeinkosten,** wenn das Gebäude von mehr als einer Kostenstelle
>
> genutzt wird.

> **Beispiel (2):** Betragen die **Energiekosten** für den Gesamtbetrieb 100.000 GE, dann handelt es sich beim Energieverbrauch der Kostenstelle A um
> - **Kostenstelleneinzelkosten,** wenn der Faktorverbrauch der Stelle A direkt, d. h. durch Stromzählermessung
> - **Kostenstellengemeinkosten,** wenn der Faktorverbrauch der Stelle A indirekt, d. h. durch Kostenverteilungsschlüssel (z. B. Raumgröße der Kostenstellen),
>
> erfasst wird.

Der Kostenrechner sollte sich bemühen, möglichst große Teile der (Kostenträger-)Gemeinkosten als Kostenstelleneinzelkosten weiterzuverrechnen, weil bei dieser Art der Verteilung auf Kostenstellen das Verursachungsprinzip eingehalten wird. Dabei ist allerdings zu beachten, dass die direkte Erfassung des Faktorverbrauchs mit größerem Arbeitsaufwand verbunden ist als die Kostenverteilung über Schlüsselgrößen.

Kostenträgergemeinkosten (Geko)	
Kostenstelleneinzelkosten	**Kostenstellengemeinkosten**
Geko sind einzelner Stelle direkt zurechenbar • Wertverzehr direkt messbar • Einhaltung des Verursachungsprinzips gesichert	Geko sind einzelner Stelle nicht direkt zurechenbar • indirekte Kostenverteilung über Schlüsselgrößen • Verursachungsprinzip ist durch Proportionalitätsprinzip zu sichern

Abb. 239: Kostenstelleneinzel- und Kostenstellengemeinkosten

Zur **verursachungsgerechten Zurechnung** von **Kostenstellengemeinkosten** sollten Kostenverteilungsschlüssel gewählt werden, die den Anforderungen des Proportionalitätsprinzips entsprechen. (**ÜB 6/132–133**)

> Ein Kostenverteilungsschlüssel entspricht dann dem **Proportionalitätsprinzip**, wenn eine prozentuale Veränderung der Gemeinkostenhöhe mit einer gleich starken prozentualen Änderung des Schlüsselwertes einhergeht.

Beispiel: In einem Mietshaus können die Gemeinkosten für Wasser, Fahrstuhl und Müllabfuhr nach dem Kostenverteilungsschlüssel
- Wohnfläche in qm oder
- Personenzahl

umgelegt werden. Die Verteilung nach der Personenzahl kommt dem Proportionalitätsprinzip näher als die Kostenumlage nach der Größe der Wohnungen.

3.3.2 Verteilungsschlüssel zur Entlastung von Kostenstellen

Sind sämtliche (Kostenträger-)**Gemeinkosten** den einzelnen (Haupt-)Kostenstellen zugeordnet, stellt sich die Frage nach der **Weiterverrechnung auf einzelne Kostenträger**. Hierzu bedient man sich des Kalkulationssatzes, nach dem die Gemeinkosten jeder Hauptkostenstelle nach Maßgabe eines kostenstellenspezifischen Verteilungsschlüssels, der sog. Bezugsgröße, auf die Kostenträger weiterzuverrechnen sind.

$$\text{Kalkulationssatz} = \frac{\text{Gemeinkosten der Kostenstelle}}{\text{Bezugsgröße}}$$

Will man die Gemeinkosten der Kostenstelle A über den Kalkulationssatz KS_A auf die Kostenträger weiterverrechnen, muss man die maßgebliche **Bezugsgröße** BG_A unter **Beachtung des Proportionalitätsprinzips** auswählen. Ist die Höhe der Gemeinkosten der Fertigungskostenstelle A von der Betriebsdauer des dort eingesetzten Fertigungsautomaten abhängig, dann sind die Maschinenstunden die geeignete Bezugsgröße zur Gemeinkostenverteilung. Der Kalkulationssatz KS_A beziffert dann die Höhe der Gemeinkosten pro Maschinenstunde.

Als Kostenverteilungsschlüssel können Mengen- oder Wertgrößen herangezogen werden. Beispiele für

- **Mengenschlüssel** sind Stückzahlen, Maschinenstunden, Akkordstunden, bearbeitete Fläche, Gewicht u. a.
- **Wertschlüssel** sind Umsätze, Herstellkosten, Fertigungslöhne, Materialeinzelkosten und andere „Geldgrößen".

Das Ziel einer verursachungsgerechten Gemeinkostenverteilung über Kalkulationssätze lässt sich in der Kostenrechnungspraxis nur mit Einschränkungen erreichen. In den einzelnen Kostenstellenbereichen verfährt man bei der **Bezugsgrößenauswahl** wie folgt:

(1) Materialbereich

Zur Weiterverrechnung der Materialgemeinkosten zieht man als Bezugsgröße die **Materialeinzelkosten** heran. Mit dieser Bezugsgröße wird man dem Verursachungsprinzip nur bedingt gerecht. Soweit es sich bei den Materialgemeinkosten um kalkulatorische Zinsen und Versicherungskosten (Lagerverwaltungskosten) handelt, ist ein proportionaler Bezug zwischen Gemeinkosten und Materialeinzelkosten (nicht) erkennbar.

(2) Fertigungsbereich

In Kostenstellen mit **lohnintensiver Fertigung** werden die Gemeinkosten nach der Bezugsgröße „**Fertigungslöhne**" weiterverrechnet. Die Gemeinkostenbelastung einer Kostenträgereinheit (Auftrag) ist dann abhängig von der Höhe der auftragsspezifischen Fertigungslöhne.

In Kostenstellen mit **kapitalintensiver Fertigung** wird der Maschineneinsatz zur maßgeblichen Kosteneinflussgröße. An die Stelle des Wertschlüssels „Fertigungslöhne" tritt hier die Bezugsgröße „**Maschinenstunden**" oder ein anderer Mengenschlüssel wie Bearbeitungsfläche, Gewicht u. a.

Werden die **Maschinen- und Handarbeitsplätze** einer Fertigungskostenstelle von einzelnen Kostenträgern unterschiedlich beansprucht, lässt sich die Genauigkeit der Gemeinkostenumlage durch die sog. **Platzkostenrechnung**[1] erhöhen. Dabei wird die Kostenstelle in Untereinheiten, die Kostenplätze, aufgeteilt. Danach werden die Gemeinkosten von

- arbeitsintensiven Kostenplätzen nach der Bezugsgröße Fertigungseinzellohn
- kapitalintensiven Kostenplätzen nach einer mengenmäßigen Bezugsgröße (z. B. Maschinenstunden)

verrechnet. (**ÜB 6/145–148**)

---

[1] Vgl. das Beispiel bei Haberstock, L., Kostenrechnung I, 2008, S. 139 f.

(3) Verwaltungs- und Vertriebsbereich

Am schwierigsten gestaltet sich die Weiterverrechnung der Gemeinkosten des Verwaltungs- und Vertriebsbereichs. Ein funktionaler Zusammenhang zwischen Gemeinkostenentstehung und Inanspruchnahme der Kostenstellen durch einzelne Kostenträger ist kaum festzustellen. In ihrem Bemühen um Einhaltung des Verursachungsprinzips sah sich die traditionelle Kostenrechnung lange auf verlorenem Posten. Sie begnügt sich deshalb mit einer **pauschalierenden Gemeinkostenumlage** nach der **Bezugsgröße „Herstellkosten des Umsatzes"**. Diese setzen sich aus den Einzel- und Gemeinkosten des Materialbereichs und des Fertigungsbereichs zusammen.

Die **Prozesskostenrechnung**[1] hat sich dieses Problems angenommen. Sie zerlegt die Verwaltungs- und Vertriebstätigkeit in sog. Teil- und Hauptprozesse und gelangt über diese Kalkulationsgrundlagen zu einer genaueren Gemeinkostenzurechnung.

3.4 Kostenstellenrechnung im Betriebsabrechnungsbogen

3.4.1 Aufgaben und Arbeitsgang im Betriebsabrechnungsbogen

Im Zentrum der Kostenstellenrechnung steht der Betriebsabrechnungsbogen (BAB). Üblicherweise wird er in tabellarischer Form erstellt. Durch den BAB soll die

- **Kostenkontrolle** in den einzelnen Kostenstellen ermöglicht
- **Verrechnung von Gemeinkosten** auf einzelne Kostenträger erleichtert

werden. Die **Einzelkosten**, z. B. Materialkosten und Fertigungslöhne, können dagegen unter Umgehung des BAB **direkt auf die Kostenträger** verrechnet werden (→ **Abb. 240**).

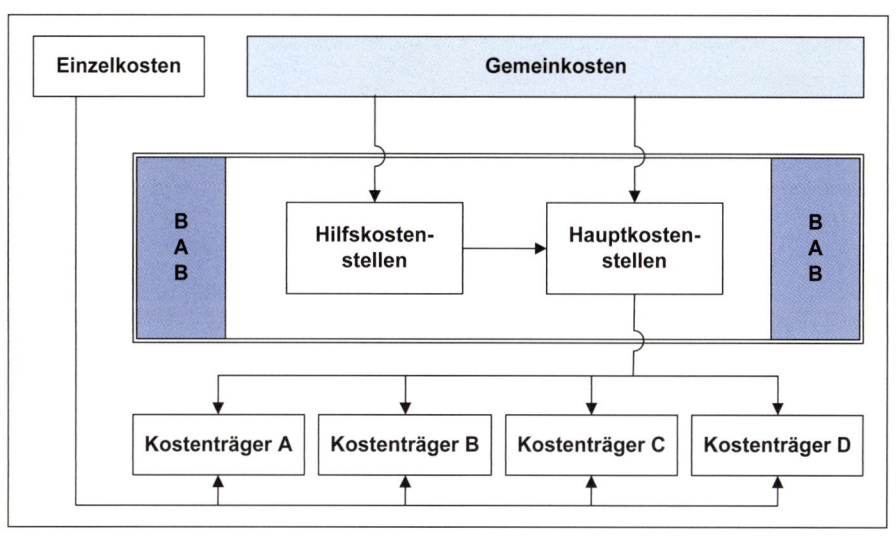

Abb. 240: Gemeinkostenverrechnung über den BAB

---

[1] Vgl. S. 930 ff.

Im BAB werden die Gemeinkosten zunächst auf Hilfs- und Hauptkostenstellen verteilt. Die Hauptkostenstellen (z. B. Fertigungsstellen) nehmen Leistungen der Hilfskostenstellen, z. B. der eigenen Reparaturabteilung, in Anspruch. Im Gegenzug werden die Hauptkostenstellen mit anteiligen Gemeinkosten der Hilfskostenstellen belastet. Diesen Arbeitsschritt bezeichnet man als innerbetriebliche Leistungsverrechnung.

Die Hauptkostenstellen ihrerseits geben ihre Leistungen an die Kostenträger ab. Dementsprechend werden auch die Gemeinkosten der Hauptkostenstellen über Kalkulationssätze KS auf die Kostenträger weiterverrechnet.

Der in der **Abb. 241** dargestellte BAB geht in stark vereinfachter Form von drei Gemeinkostenarten (Geko 1 bis 3), zwei Hilfskostenstellen ((a) und (b)) und vier Hauptkostenstellen ((c) bis (f)) aus. (**ÜB 6**/129–131)

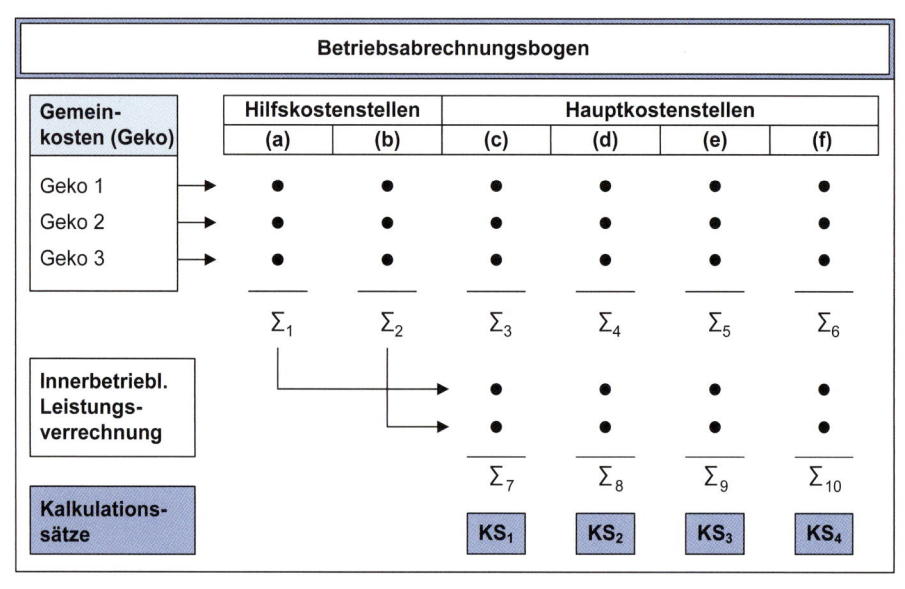

Abb. 241: Arbeitsgang im BAB

Zur Einrichtung eines BAB sind die
- Gemeinkosten in der Vorspalte
- Hilfs- und Hauptkostenstellen in der Kopfzeile

einzutragen. Danach lässt sich der Arbeitsgang im BAB in fünf Schritte einteilen:

Arbeitsschritte im BAB
(1) Verteilung der Gemeinkosten auf Hilfs- und Hauptkostenstellen
(2) Ermittlung der primären Gemeinkosten pro Kostenstelle
(3) Durchführung der innerbetrieblichen Leistungsverrechnung
(4) Ermittlung primärer und sekundärer Gemeinkosten pro Hauptkostenstelle
(5) Bildung von Kalkulationssätzen (KS) für die Hauptkostenstellen

Abb. 242: Arbeitsschritte im BAB

(1) Gemeinkostenumlage

Im beispielhaften BAB aus **Abb. 241** sind die drei Gemeinkostenarten nach dem Verursachungsprinzip auf die Hilfs- und Hauptkostenstellen zu verteilen.

(2) Ermittlung primärer Gemeinkosten

Für jede Hilfs- und Hauptkostenstelle ist die Summe der primären Gemeinkosten, im „Beispiel-BAB" als Σ_1 bis Σ_6, zu ermitteln.

(3) Innerbetriebliche Leistungsverrechnung

Im Rahmen der innerbetrieblichen Leistungsverrechnung sind die primären Gemeinkosten der beiden Hilfskostenstellen, im „Beispiel-BAB" Σ_1 und Σ_2, auf die Hauptkostenstellen weiterzuverrechnen.

(4) Primäre und sekundäre Gemeinkosten pro Hauptkostenstelle

Nach Abschluss der innerbetrieblichen Leistungsverrechnung lässt sich für jede Hauptkostenstelle die Summe aus primären und sekundären Gemeinkosten[1] ermitteln. Als Ergebnis erhält man im BAB aus **Abb. 241** die mit Σ_7 bis Σ_{10} bezeichneten Gemeinkostenbeträge.

(5) Bildung von Kalkulationssätzen

Für jede Hauptkostenstelle ist ein Kalkulationssatz KS zu bilden. Zu diesem Zweck werden die Gemeinkosten einer Hauptkostenstelle zur stellenspezifischen Bezugsgröße[2] in Beziehung gesetzt.

Im Rahmen der **Zuschlagskalkulation**[3] werden dann die Gemeinkosten der Hauptkostenstellen mit Hilfe der Kalkulationssätze auf die Kostenträger weiterverrechnet. (**ÜB 6**/133–139)

3.4.2 Innerbetriebliche Leistungsverrechnung

3.4.2.1 Aufgaben der innerbetrieblichen Leistungsverrechnung

Ein besonders schwieriges Problem der Kostenverrechnung ergibt sich durch den Tatbestand, dass der Betrieb außer

- **Absatzleistungen für den Markt** (= Kostenträger) auch
- **Leistungen für den Eigenbedarf** (= innerbetriebliche Leistungen)

erzeugt. Beispiele für innerbetriebliche Leistungen sind selbst erstellte Maschinen, Werkzeuge, Modelle usw., die im eigenen Betrieb verwendet werden, ferner eigene Reparaturleistungen, innerbetriebliche Transportleistungen, Erzeugung von Energie, eigener Gebäudeservice usw.

Die innerbetrieblichen Leistungen sind zum Teil **aktivierbar**, wie z. B. selbst erstellte Maschinen. Sie werden in diesem Falle wie Absatzleistungen zu Selbstkosten abgerechnet, also **als Kostenträger behandelt**, und in der Bilanz aktiviert.

Die Schwierigkeit einer exakten innerbetrieblichen Leistungsverrechnung liegt darin begründet, dass i. d. R. zwischen den Kostenstellen eines Betriebes ein **ständiger Leistungsaustausch** stattfindet. So erstellt z. B. die Hilfskostenstelle A nicht nur Leistungen für sich selbst und für die Hilfskostenstellen B, C, D usw., sondern sie empfängt ihrerseits auch Leistungen von den Hilfskostenstellen B, C, D usw. Da jede Kostenstelle

---
[1] Zur Erläuterung von primären und sekundären Gemeinkosten vgl. S. 860 f.
[2] Vgl. S. 888 f.
[3] Vgl. S. 894 ff.

mit den Kosten belastet werden sollte, die sie verursacht hat, ist in diesem Falle eine **gegenseitige Verrechnung der innerbetrieblichen Leistungen** erforderlich. Haben beispielsweise zwei Hilfskostenstellen gegenseitig Leistungen voneinander empfangen, so kann keine der beiden Stellen abrechnen, bevor sie nicht die Kosten der von der anderen Stelle empfangenen Leistung kennt.

Ohne eine exakte innerbetriebliche Leistungsverrechnung ist eine genaue Ermittlung der Selbstkosten der für den Absatz bestimmten Kostenträger nicht möglich. Aus diesem Grunde müssen im BAB aus **Abb. 241** die beiden Hilfskostenstellen abgerechnet werden, ehe die Kalkulationssätze für die vier nachfolgenden Hauptkostenstellen gebildet werden können.

Da es sich bei den innerbetrieblichen Leistungen i. d. R. um solche Leistungen handelt, die auch von außen, also von anderen Betrieben bezogen werden können, hat die innerbetriebliche Leistungsverrechnung außerdem die Aufgabe, dem Betrieb ein Urteil darüber zu ermöglichen, ob die Erzeugung von **Eigenleistungen oder** die Inanspruchnahme von **Fremdleistungen** (z. B. Fremdbezug von Werkzeugen, Strom, Reparaturen) **wirtschaftlicher** ist (make or buy).

Zur Verrechnung der innerbetrieblichen Leistungen sind das

3.4.2.2   **Anbauverfahren**
3.4.2.3   **Stufenleiterverfahren**
3.4.2.4   **Gleichungsverfahren** (mathematisches Verfahren)

entwickelt worden.[1] (**ÜB 6/126**)

3.4.2.2 Anbauverfahren

Bei diesem Näherungsverfahren werden die Verrechnungssätze für innerbetriebliche Leistungen in der Weise gebildet, dass die primären Gemeinkosten der Hilfskostenstellen durch die (ausschließlich) an Hauptkostenstellen insgesamt abgegebenen Leistungseinheiten dividiert werden. Die Verteilung auf die Hauptkostenstellen erfolgt

Hilfskostenstellen	Strom	Wasser	Reparatur
Summe der primären Kosten	1.500 EUR	3.000 EUR	5.000 EUR
Insgesamt abgegebene Leistungseinheiten	10.000 kWh	3.000 cbm	150 Rep.-Std.
Davon an Hauptkostenstellen abgegebene Leistungseinheiten	7.000 kWh	2.800 cbm	120 Rep.-Std.
Empfangene Leistungseinheiten von Hilfskostenstelle • Strom • Wasser • Reparatur	– 100 cbm –	1.000 kWh – –	2.000 kWh 100 cbm 30 Rep.-Std.

Abb. 243: Ausgangsbeispiel zur innerbetrieblichen Leistungsverrechnung

---

[1] Zu weiteren Verfahren vgl. Friedl, B., Kostenrechnung, 2010, S. 149 ff.

dann durch Multiplikation des Verrechnungssatzes (Kosten pro Leistungseinheit) mit der Menge der von der jeweiligen Hauptkostenstelle in Anspruch genommenen Leistungseinheiten. Bei der Bildung der Verrechnungssätze bleibt unberücksichtigt, dass manche Hilfskostenstellen auch an andere Hilfskostenstellen Leistungen abgeben bzw. Leistungen anderer Hilfskostenstellen empfangen (Interdependenz des innerbetrieblichen Leistungsaustausches).

Nach dem Anbauverfahren ergeben sich folgende Verrechnungssätze:

Hilfskostenstellen	Verrechnungssätze
Strom	$\frac{1.500\ \text{EUR}}{7.000\ \text{kWh}} = 0{,}21\ \text{EUR/kWh}$
Wasser	$\frac{3.000\ \text{EUR}}{2.800\ \text{cbm}} = 1{,}07\ \text{EUR/cbm}$
Reparatur	$\frac{5.000\ \text{EUR}}{120\ \text{Rep.-Std.}} = 41{,}67\ \text{EUR/Rep.-Std.}$

Abb. 244: Kostenverrechnungssätze nach dem Anbauverfahren

3.4.2.3 Stufenleiterverfahren

Auch dieses Verfahren ist ein **Näherungsverfahren**. Hier werden die Interdependenzen des innerbetrieblichen Leistungsaustausches durch sukzessive Weiterverrechnung der Kosten der Hilfskostenstellen berücksichtigt. (**ÜB 6**/127)

Es wird zunächst diejenige Kostenstelle abgerechnet, die die wenigsten Leistungen anderer Hilfskostenstellen empfängt. Den ersten Verrechnungssatz erhält man, indem man die primären Kosten durch die an alle Kostenstellen abgegebene Leistungsmenge (abzüglich des Eigenverbrauchs) dividiert. Die Reihenfolge der weiteren Abrechnung ist so zu bestimmen, dass die jeweils abgerechneten Hilfskostenstellen möglichst wenige Leistungen von noch nicht abgerechneten Hilfskostenstellen empfangen.

Sodann werden Verrechnungssätze gebildet, indem die primären Kosten zuzüglich der Kosten für empfangene Leistungen bereits abgerechneter Hilfskostenstellen (sekundäre Kosten) durch die gesamte Leistungsmenge abzüglich des Eigenverbrauchs und abzüglich der an vorgelagerte (also bereits abgerechnete) Hilfskostenstellen abgegebenen Leistungseinheiten dividiert werden.

Hilfskostenstellen	Verrechnungssätze
Strom	$\frac{1.500\ \text{EUR}}{10.000\ \text{kWh}} = 0{,}15\ \text{EUR/kWh}$
Wasser	$\frac{3.000\ \text{EUR} + 1.000\ \text{kWh} \cdot 0{,}15\ \text{EUR/kWh}}{3.000\ \text{cbm} - 100\ \text{cbm}} = 1{,}09\ \text{EUR/cbm}$
Reparatur	$\frac{5.000\ \text{EUR} + 2.000\ \text{kWh} \cdot 0{,}15\ \text{EUR/kWh} + 100\ \text{cbm} \cdot 1{,}09\ \text{EUR/cbm}}{150\ \text{Rep.-Std.} - 30\ \text{Rep.-Std.}}$ $= 45{,}08\ \text{EUR/Rep.-Std.}$

Abb. 245: Kostenverrechnungssätze nach dem Stufenleiterverfahren

3.4.2.4 Gleichungsverfahren

Das Gleichungsverfahren basiert auf der Grundgleichung

Wert des Inputs = Wert des Outputs

Wenn eine Hilfskostenstelle innerbetriebliche Leistungen erbringt (Output), dann setzt sich der Wert ihres Inputs aus primären Gemeinkosten und sekundären Gemeinkosten zusammen. Im Ausgangsbeispiel aus **Abb. 243** bestehen die sekundären Gemeinkosten der Hilfskostenstelle Strom aus dem Verbrauch von 100 cbm Wasser bewertet mit dem noch zu ermittelnden Kostensatz pro cbm (k_W). Bezeichnet man die gesuchten Kostensätze für Strom, Wasser und Reparaturen mit k_S, k_W und k_R, kann man nach der obigen Grundgleichung drei Gleichungen mit den drei Unbekannten k_S, k_W und k_R erstellen:

Hilfskosten-stelle	Primäre Gemeinkosten	+	Sekundäre Gemeinkosten	=	Wert der Leistung
Strom	1.500	+	$100 \cdot k_W$	=	$10.000 \cdot k_S$
Wasser	3.000	+	$1.000 \cdot k_S$	=	$3.000 \cdot k_W$
Reparatur	5.000	+	$2.000 \cdot k_S + 100 \cdot k_W + 30 \cdot k_R$	=	$150 \cdot k_R$

Abb. 246: Kostenverrechnungssätze nach dem Gleichungsverfahren

Löst man diese Gleichungen auf, erhält man folgende Verrechnungssätze:

k_S = 0,16 EUR/kWh
k_W = 1,05 EUR/cbm
k_R = 45,21 EUR/Rep.-Std.

Während das Stufenleiterverfahren nur dann zu richtigen Ergebnissen führt, wenn vorgelagerte Stellen keine Leistungen nachgelagerter Stellen empfangen, führt das Gleichungsverfahren unabhängig von der Komplexität der innerbetrieblichen Leistungsverflechtungen zu exakten Lösungen. Eine hohe Komplexität kann jedoch zu einem erheblichen Rechenaufwand führen. Wie in vielen Bereichen der Betriebswirtschaftslehre muss der Anwender auch hier wieder abwägen zwischen notwendiger Exaktheit und ausferndem Rechenaufwand. (**ÜB 6/126–128**)

3.4.3 Beispiel eines Betriebsabrechnungsbogens

Der Arbeitsgang zur Erstellung eines Betriebsabrechnungsbogens wird im Folgenden an einem Fallbeispiel erläutert, das in **Abb. 247** wiedergegeben ist.

(a) Hilfs- und Hauptkostenstellen

In der Kopfzeile werden die Hilfs- und Hauptkostenstellen aufgeführt. Die Hauptkostenstelle „Material" nimmt alle Gemeinkosten auf, die mit der Materialwirtschaft, insb. der Lagerhaltung, in Zusammenhang stehen. Bei Fertigungsstelle I handelt es sich um eine Metallbauwerkstatt, bei Fertigungsstelle II um einen nachgelagerten Arbeitsgang (z. B. eine Lackiererei). Tiefgegliederte Großbetriebe können über mehrere hundert Fertigungsstellen verfügen.

C.3. Kostenstellenrechnung

Betriebsabrechnungsbogen	Kosten EUR	Hilfskostenstellen		Hauptkostenstellen				
		Gebäude-reinigung	Reparatur-abteilung	Material	Fertigung I	Fertigung II	Verwaltung	Vertrieb
EINZELKOSTEN								
(1) Materialeinzelkosten (MEK)	400.000			400.000				
(2) Fertigungslöhne (FL)	310.000				260.000	50.000		
GEMEINKOSTEN (Geko)								
(3) Gehälter	80.000	2.000	2.000	3.000	10.000	12.000	40.000	11.000
(4) Miete	60.000	500	500	9.000	15.000	25.000	8.000	2.000
(5) Abschreibungen	100.000	500	2.500	7.000	25.000	60.000	3.000	2.000
(6) Versicherungen	20.000	200	800	8.000	6.000	4.000	900	100
(7) kalkulatorische Zinsen	50.000	800	1.200	6.000	17.000	20.000	3.100	1.900
(8) andere Geko	90.000	1.250	2.750	5.000	22.000	24.000	31.000	4.000
(9) Σ primäre Geko	400.000	5.250	9.750	38.000	95.000	145.000	86.000	21.000
Innerbetriebliche Leistungsverrechnung								
(10) Gebäudereinigung			250	1.000	1.600	1.400	800	200
(11) Reparaturabteilung			10.000	1.000	3.400	3.600	1.200	800
(12) Σ primäre + sekundäre Geko				40.000	100.000	150.000	88.000	22.000
(13) Bezugsgrößenart				MEK	FL$_I$	FL$_{II}$	HK	HK
(14) **Kalkulationssatz**				10 %	38,5 %	300 %	8,8 %	2,2 %

Zusatzangaben zur innerbetrieblichen Leistungsverrechnung:

Empfangende Stelle Leistende Stelle	Gebäude-reinigung	Reparatur-werkstatt	Material	Fertigung I	Fertigung II	Verwaltung	Vertrieb
(15) Gebäudereinigung	–	125	500	800	700	400	100
(16) Reparaturwerkstatt	–	–	50	170	180	60	40
	2.625 m² 500 Std.						

Abb. 247: Grundstruktur eines Betriebsabrechnungsbogens

(b) Gemeinkostenarten

In den Zeilen (3) bis (8) sind verschiedene Gemeinkostenarten aufgeführt. In Zeile (9) ist die betragsmäßige Summe der primären Gemeinkosten mit 400.000 EUR ausgewiesen. Die in Zeile (1) und (2) ausgewiesenen Einzelkosten (Material und Fertigungslöhne) haben im BAB eigentlich nichts zu suchen. Die dort aufgeführten Beträge sind nur nachrichtlich vermerkt, weil sie zur Berechnung von Kalkulationssätzen (vgl. (g)) benötigt werden.

(c) Gemeinkostenverteilung

Im Mittelpunkt des BAB steht die Gemeinkostenverteilung auf Hilfs- und Hauptkostenstellen. Das Endziel, eine verursachungsgerechte Verteilung der Gemeinkosten auf die Kostenträger, kann nur erreicht werden, wenn es gelingt, auf der Zwischenetappe die Gemeinkosten nach dem **Verursachungsprinzip** auf die Kostenstellen zu verrechnen. So wird man die im BAB (→ **Abb. 247**) aufgeführten Gemeinkostenarten

(3) Gehälter nach Beschäftigung der Angestellten
(4) Miete nach Flächen
(5) Abschreibung nach installierten Maschinen
(6) Versicherung nach dem Wert des Inventars und
(7) kalkulatorische Zinsen nach der Kapitalbindung

auf die Kostenstellen verteilen. (**ÜB 6**/133–134 und 153)

(d) Primäre Gemeinkosten pro Kostenstelle

Ist die Gemeinkostenverteilung abgeschlossen, können die primären Gemeinkosten pro Kostenstelle festgestellt werden. Die Summe der in Zeile (9) ausgewiesenen (hellblau unterlegten) Einzelbeträge muss sich auf 400.000 EUR belaufen.

(e) Innerbetriebliche Leistungsverrechnung

Im vorliegenden Fall wird die innerbetriebliche Leistungsverrechnung nach dem **Stufenleiterverfahren** durchgeführt. In den Zeilen (15) und (16) finden sich die notwendigen Zusatzangaben. Der Betrieb verfügt über eine Gesamtfläche von 2.625 m². Die Gemeinkosten der Gebäudereinigung (9) belaufen sich auf 5.250 EUR, womit die Reinigungskosten 2 EUR/m² betragen. Da die Reparaturwerkstatt 125 m² (Zeile 15) umfasst, sind ihr 250 EUR Gebäudereinigungskosten (Zeile 10) anzulasten. Entsprechend verfährt man bei der Umlage der Reparaturkosten, die sich inkl. Reinigungskosten auf 10.000 EUR belaufen (Zeile 11). Bei insgesamt 500 Reparaturstunden (Zeile 16) liegen die Gemeinkosten bei 20 EUR/Reparaturstunde.

(f) Ermittlung primärer und sekundärer Gemeinkosten

Nach dem Abschluss der innerbetrieblichen Leistungsverrechnung lässt sich in Zeile (12) die Summe aus primären und sekundären Gemeinkosten ermitteln. Dabei wird für die Materialstelle ein Gesamtbetrag von 40.000 EUR ausgewiesen, der sich aus 38.000 EUR primären und 2.000 EUR sekundären Gemeinkosten zusammensetzt. Auch hier (Zeile (12)) muss die Summe der (hellblau hervorgehobenen) Einzelwerte wieder 400.000 EUR betragen.

(g) Ermittlung von Kalkulationssätzen

Zum Abschluss des BAB ist für jede Hauptkostenstelle ein Kalkulationssatz zu ermitteln. Der Kalkulationssatz KS wird nach der Formel

$$KS = \frac{\text{Gemeinkosten}}{\text{Bezugsgröße}}$$

berechnet. Um eine verursachungsgerechte Gemeinkostenverrechnung auf die Kostenträger zu erreichen, muss die Bezugsgröße dem **Proportionalitätsprinzip** entsprechen. Diese Bedingung ist dann erfüllt, wenn eine Veränderung der Gemeinkosten um x Prozent mit einer Veränderung der Bezugsgröße um x Prozent einhergeht.

Im Rahmen der Zuschlagskalkulation werden folgende **Kalkulationssätze** gebildet:

Material	Fertigung	Verwaltung	Vertrieb
$\frac{\text{MGK}}{\text{MEK}}$ [%]	$\frac{\text{FGK}}{\text{FL}}$ [%]	$\frac{\text{VerwGK}}{\text{HK}}$ [%]	$\frac{\text{VertrGK}}{\text{HK}}$ [%]

MGK = Materialgemeinkosten
MEK = Materialeinzelkosten
FGK = Fertigungsgemeinkosten
FL = Fertigungslöhne
VerwGK = Verwaltungsgemeinkosten
VertrGK = Vertriebsgemeinkosten
HK = Herstellkosten

Abb. 248: Kalkulationssätze

Im Beispiel (→ **Abb. 247**) werden in der Lagerhaltung 40.000 EUR Materialgemeinkosten (Zeile 12) zu 400.000 EUR Materialeinzelkosten (Zeile 1) in Beziehung gesetzt. Der zugehörige Kalkulationssatz von 10 % ist in Zeile (14) ausgewiesen. Entsprechend beziffern sich die Kalkulationssätze im Fertigungsbereich auf 38,5 % bzw. 300 %.

Zur Ermittlung der Kalkulationssätze im Verwaltungs- und Vertriebsbereich werden die Herstellkosten als Bezugsgröße herangezogen. Im „Beispiel-BAB" (**Abb. 247**) setzen sich die **Herstellkosten** (Zeilenangaben in Klammern) so zusammen:

(1)	Materialeinzelkosten	400.000
(12)	Materialgemeinkosten	40.000
(2)	Fertigungslöhne I	260.000
(12)	Fertigungsgemeinkosten I	100.000
(2)	Fertigungslöhne II	50.000
(12)	Fertigungsgemeinkosten II	150.000
	Herstellkosten	**1.000.000**

Vielen Anfängern fällt es erfahrungsgemäß schwer, einen Kalkulationssatz in die ökonomische Realität zu übersetzen. Vielleicht hilft folgender Erklärungsversuch: Im „Beispiel-BAB" beziffert sich der Materialgemeinkostenzuschlag auf 10 %. Das bedeutet: Sind in einem Produkt oder Auftrag Materialeinzelkosten von 100 EUR enthalten, dann muss dieser Kostenträger zusätzlich 10 EUR Materialgemeinkosten zur Abdeckung der Lagerhaltungskosten tragen. Zur Fortsetzung vgl. das Beispiel in **Abb. 256** und **Abb. 257**. Weitere Beispiele befinden sich im zugehörigen Übungsbuch. (**ÜB 6/135–139**)

4. Kostenträgerrechnung

4.1 Aufgaben und Arten der Kostenträgerrechnung

Die Kostenträgerrechnung wird in der Praxis häufig als Kalkulation oder auch als Selbstkostenrechnung bezeichnet. Sie soll die Frage beantworten: **Wofür sind die Kosten angefallen?** Sie beziffert als

- **Kostenträgerstückrechnung** die Selbstkosten bzw. Herstell(ungs)kosten pro Stück
- **Kostenträgerzeitrechnung** die Kosten einer Produktart (Sorte) pro Periode.

Durch Erfassung der Erlöse pro Produktart lässt sich die Kostenträgerzeitrechnung zur kurzfristigen Erfolgsrechnung ausbauen.

Die **Kostenträgerstückrechnung** steht im Dienst der Planungs- bzw. der Dokumentationsfunktion der Kostenrechnung. Dabei erfüllt sie die

- **Planungsfunktion**
  - im marktwirtschaftlichen Wettbewerb durch die Ermittlung von Selbstkosten als (langfristige) Preisuntergrenze
  - bei öffentlichen Aufträgen durch Ermittlung des Selbstkostenpreises nach LSP[1]
- **Dokumentationsfunktion** durch Ermittlung der Herstellungskosten zur Bewertung von Halb- und Fertigfabrikaten in Handels- und Steuerbilanz.

Die zur kurzfristigen Erfolgsrechnung ausgebaute **Kostenträgerzeitrechnung** hat eine Planungs- und Kontrollfunktion, indem sie

- **Dispositionsgrundlagen** für kurzfristige Produktions- und Absatzprogrammentscheidungen liefert
- eine **Kontrolle** unternehmerischer Entscheidungen durch Gegenüberstellung von Plankosten und Istkosten ermöglicht.

Zur Durchführung der Kostenträgerrechnung kommen in der Kostenrechnungspraxis folgende Kalkulationsverfahren zur Anwendung:

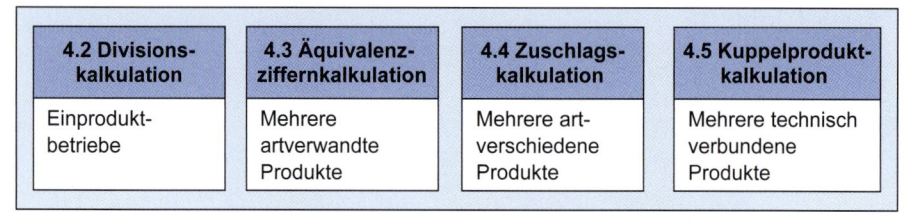

4.2 Divisions-kalkulation	4.3 Äquivalenz-ziffernkalkulation	4.4 Zuschlags-kalkulation	4.5 Kuppelprodukt-kalkulation
Einproduktbetriebe	Mehrere artverwandte Produkte	Mehrere artverschiedene Produkte	Mehrere technisch verbundene Produkte

Abb. 249: Kalkulationsverfahren im Überblick

Welches Kalkulationsverfahren zur Anwendung kommt, ist von den jeweiligen betrieblichen Gegebenheiten abhängig. (**ÜB 6**/140 und 155–157)

---

[1] Vgl. S. 842.

4.2 Divisionskalkulation

Die Divisionskalkulation ist das einfachste Kalkulationsverfahren. Sie kann von Unternehmen angewendet werden, die nur ein einziges, homogenes Produkt herstellen. In der Kostenrechnungspraxis kommt dann zur Anwendung die

4.2.1 einstufige Divisionskalkulation
4.2.2 zwei- und mehrstufige Divisionskalkulation.

4.2.1 Einstufige Divisionskalkulation

Bei diesem Kalkulationsverfahren lassen sich die Selbstkosten pro Kostenträgereinheit (k) sehr leicht ermitteln, indem die Gesamtkosten der Periode (K) durch die Produktionsmenge der Periode (x) geteilt werden.

$$k = \frac{K}{x}$$

Dieses Kalkulationsverfahren ist unter zwei **Bedingungen** anwendbar:
(1) Es handelt sich um ein Einproduktunternehmen mit einstufigem Produktionsprozess.
(2) Die produzierte Menge entspricht der abgesetzten Menge.

Das Paradebeispiel für einen solchen Produktionsprozess ist die Stromerzeugung.

4.2.2 Zwei- und mehrstufige Divisionskalkulation

Die **zweistufige Divisionskalkulation** wird angewendet, wenn
(1) ein einziges Produkt in
(2) einem einstufigen Produktionsprozess bei
(3) Lagerbestandsschwankungen der Fertigfabrikate

hergestellt wird.

> **Beispiel:** Die Gesamtkosten K betragen 400.000 EUR. Sie setzen sich zusammen aus Herstellkosten von 360.000 EUR und Vertriebskosten von 40.000 EUR. Die produzierte Menge x_p beträgt 10.000 Stück, die abgesetzte Menge x_a beträgt 8.000 Stück.

Herstellkosten	+	Vertriebskosten	=	Selbstkosten
360.000 EUR		40.000 EUR	=	400.000 EUR
10.000 Stück		8.000 Stück		
36 EUR/Stück	+	5 EUR/Stück	=	41 EUR/Stück

Abb. 250: Zweistufige Divisionskalkulation

Nach dem Verursachungsprinzip dürfen die **Vertriebskosten** nur auf die **abgesetzte Menge** x_a verrechnet werden. Folglich sind die auf Lager genommenen Produkteinheiten nur zu Herstellkosten von 36 EUR/St., die verkauften Produkteinheiten zu Selbstkosten von 41 EUR/St. zu kalkulieren.

Nach dem gleichem Grundprinzip verfährt die **mehrstufige Divisionskalkulation**, mit dem einzigen Unterschied, dass in einem mehrstufigen Fertigungsprozess die Herstellkosten nicht nur für Fertig-, sondern auch für Halbfabrikate ermittelt werden müssen, weil sich zwischen den einzelnen Produktionsstufen (Halbfabrikats-)Lagerbestände auf- und abbauen können. Bei einem zweistufigen Fertigungsprozess werden die Gesamtkosten K in die Komponenten Materialkosten, Kosten der Stufe I, Kosten der Stufe II und Vertriebskosten zerlegt. (ÜB 6/141)

	Materialkosten	+	Fertigung I	+	Fertigung II	+	Vertrieb	=	Selbstkosten
EUR	200.000 EUR		90.000 EUR		70.000 EUR		40.000 EUR	=	400.000 EUR
Stück	10.000 Stück		10.000 Stück		7.000 Stück		8.000 Stück		
	20 EUR/St.	+	9 EUR/St.	+	10 EUR/St.	+	5 EUR/St.	=	44 EUR/St.

Abb. 251: Mehrstufige Divisionskalkulation

Das Beispiel in **Abb. 251** geht von Gesamtkosten in Höhe von EUR 400.000/Jahr aus. Unter den gegebenen Bedingungen betragen die
- Herstellkosten/Einheit Halbfabrikate   (20 + 9 =)   29 EUR
- Herstellkosten/Einheit Fertigfabrikate   (20 + 9 + 10 =)   39 EUR
- Selbstkosten/verkaufte Einheit   (20 + 9 + 10 + 5 =) 44 EUR.

4.3 Äquivalenzziffernkalkulation

Dieses Kalkulationsverfahren findet bei artverwandten Produkten Anwendung, die ein und denselben technischen Fertigungsprozess durchlaufen (sog. **Sorten**). Meist unterscheiden sich die Produkte nur durch die Materialverbrauchsmenge. Beispiele sind
- Bauhölzer verschiedener Länge
- Silberarmreifen mit verschiedenem Gewicht u. a.

Die unterschiedlichen Produkte werden durch **Gewichtungsziffern vergleichbar** gemacht. Eine Sorte mit hohem (niedrigem) Materialverbrauch wird mit einer hohen (niedrigen) Äquivalenzziffer (ÄZ) gewichtet.

	Äquivalenzziffernkalkulation				
Sorte	(1) Menge m^2	(2) ÄZ	(3) Recheneinheiten (RE)	(4) Selbstkosten pro Stück	(5) Selbstkosten pro Sorte
			(1) · (2)	GK/ΣRE · (2)	(1) · (4)
A	20.000	0,75	15.000	15,00	300.000
B	8.000	1,00	8.000	20,00	160.000
C	100.000	1,50	150.000	30,00	3.000.000
Σ	–	–	173.000	–	3.460.000

$$\frac{GK}{\Sigma RE} = \frac{3.460.000}{173.000} = 20 \text{ EUR/RE}$$

Abb. 252: Beispiel einer Äquivalenzziffernkalkulation

Erläuterung zum Beispielfall in Abb. 252: Ein holzverarbeitender Betrieb produziert drei Sorten Tischlerplatten in der Stärke von (A) 15, (B) 20 bzw. (C) 30 mm. Die zugehörigen Jahresproduktionsmengen beziffern sich auf (A) 20.000, (B) 8.000 bzw. (C) 100.000 m² pro Sorte. Die Gesamtkosten (GK) belaufen sich auf 3.460.000 EUR.

Bei dem in **Abb. 252** dargestellten Fall wurden die Äquivalenzziffern nach Maßgabe des Materialverbrauchs je m² gebildet, welcher durch die Stärke der Tischlerplatten beeinflusst wird. Daraus folgt, dass auch die Fertigungs-, Verwaltungs- und Vertriebskosten nach Maßgabe des sortenspezifischen Materialverbrauchs verteilt werden.

Sind bestimmte Kostenbestandteile jedoch unabhängig vom Materialverbrauch (z. B. aufgrund von Lagerbestandsveränderungen), **verstößt** die so konzipierte **einfache Äquivalenzziffernkalkulation gegen das Kostenverursachungsprinzip**. Zur Behebung dieses Mangels kann man zur **mehrstufigen Äquivalenzziffernkalkulation** übergehen. Dabei werden die Gesamtkosten K in bereichsspezifische Kosten zerlegt, die mit gesonderten Äquivalenzziffern gewichtet werden. (ÜB 6/142–144)

4.4 Zuschlagskalkulation

Die Zuschlagskalkulation kommt in Betrieben zur Anwendung, die **artverschiedene Produkte** in Serienfertigung (z. B. Automobilindustrie) oder Erzeugnisse in auftragsweiser **Einzelfertigung** (z. B. Brückenbau) herstellen. Unter solchen Produktionsbedingungen ist es nicht mehr möglich, die Gesamtkosten K im Wege der einfachen oder der gewichteten Division (Äquivalenzziffern) auf die Kostenträger zu verteilen.

Stattdessen macht die Zuschlagskalkulation einen **Unterschied** zwischen **Einzel- und Gemeinkosten** und rechnet den Kostenträgern die

- **Einzelkosten** direkt
- **Gemeinkosten** über Zuschlagssätze zu.

4.4.1 Summarische Zuschlagskalkulation

Bei dieser Art der Zuschlagskalkulation werden die gesamten Gemeinkosten (Geko), also in Summe, mit einem einzigen Zuschlagssatz (KS) auf die verschiedenen Kostenträger weiterverrechnet. Als Bezugsgröße zur Gemeinkostenumlage können die

(1) Materialeinzelkosten (MEK),
(2) Fertigungslöhne (FL) oder
(3) gesamten Einzelkosten (EK)

herangezogen werden. Die beiden ersten Varianten sollen kurz erläutert werden.

Im Fall (1) spricht man von einer Materialzuschlagskalkulation, im Fall (2) von Lohnzuschlagskalkulation.

Materialzuschlagskalkulation	Lohnzuschlagskalkulation
$KS = \dfrac{Geko}{MEK}$ [%]	$KS = \dfrac{Geko}{FL}$ [%]

Abb. 253: Material- und Lohnzuschlagskalkulation

Die Materialzuschlagskalkulation (Lohnzuschlagskalkulation) unterstellt eine Proportionalität zwischen Gemeinkostenverursachung und Materialeinzelkosten (Lohneinzelkosten). In der Realität ist diese Proportionalität kaum anzutreffen. Deshalb ist davon auszugehen, dass bei Anwendung der

- **Materialzuschlagskalkulation** die **materialintensiven Produkte bzw. Aufträge**
- **Lohnzuschlagskalkulation** die **arbeitsintensiven Produkte bzw. Aufträge**

zu stark mit Gemeinkosten belastet werden. Einer Verletzung des Verursachungsprinzips begegnet man mit der differenzierenden Zuschlagskalkulation. (**ÜB 6**/149–150)

4.4.2 Differenzierende Zuschlagskalkulation

Dieses Kalkulationsverfahren knüpft an die oben beschriebene Kostenstellenrechnung an, d. h.

- die **Gemeinkosten** werden auf **Kostenstellen** verteilt, für
- jede Kostenstelle wird (mindestens) ein **Kalkulationssatz** ermittelt, wobei
- der Kalkulationssatz die Höhe der **Gemeinkostenbelastung einer Kostenträgereinheit** bestimmt.

Ziel der differenzierenden Zuschlagskalkulation ist die Ermittlung der Selbstkosten, die sich aus folgenden Bestandteilen zusammensetzen:

Material-einzel-kosten (MEK)	Material-gemein-kosten (MGK)	Lohn-einzel-kosten (FL)	Ferti-gungs-gemein-kosten (FGK)	Sonder-einzel-kosten der Fertigung (SoKF)			
					Verwalt.-gemein-kosten (VerwGK)	Vertriebs-gemein-kosten (VertrGK)	Sonder-einzelk. d. Vertr. (SoKV)
Materialkosten		**Fertigungskosten**					
Herstellkosten							
Selbstkosten							

Abb. 254: Bestandteile der Selbstkosten

Auf diesen Selbstkostenbestandteilen aufbauend hat die Kostenrechnungspraxis zur **Kalkulation der Selbstkosten eines einzelnen Auftrags** ein einfaches Kalkulationsschema entwickelt **(Abb. 255)**.

C.4. Kostenträgerrechnung

```
                    Selbstkosten eines Auftrags
    ┌─────────────────────────────┐
    │    Materialeinzelkosten     │
    └─────────────────────────────┘
+      Materialgemeinkostenzuschlag          =   Materialkosten
    ┌─────────────────────────────┐
    │    Lohneinzelkosten         │
    └─────────────────────────────┘
+      Fertigungsgemeinkostenzuschlag
    ┌─────────────────────────────┐
+   │  Sondereinzelkosten der Fertigung │     =   Fertigungskosten
    └─────────────────────────────┘
                                                 Herstellkosten
+      Verwaltungsgemeinkostenzuschlag
+      Vertriebsgemeinkostenzuschlag
    ┌─────────────────────────────┐
+   │  Sondereinzelkosten des Vertriebs │      =   Verwaltungs- und Vertriebskosten
    └─────────────────────────────┘
                                                 SELBSTKOSTEN
```

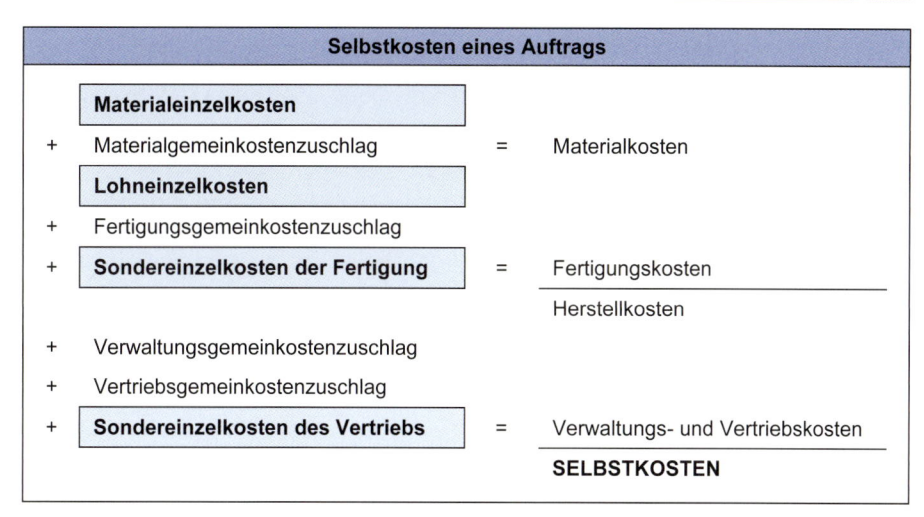

Abb. 255: Einfaches Schema der Zuschlagskalkulation

Die zur Ermittlung der Selbstkosten benötigten **auftragsspezifischen Einzelkosten** sind im Kalkulationsschema der **Abb. 255 farbig unterlegt**. Wie in den obigen Ausführungen zum Betriebsabrechnungsbogen gezeigt, werden die verschiedenen Gemeinkostenkomponenten nach unterschiedlichen Bezugsgrößen weiterverrechnet:

- Materialgemeinkosten nach Maßgabe der Materialeinzelkosten
- Fertigungsgemeinkosten nach Maßgabe der Lohneinzelkosten
- Verwaltungs- und Vertriebsgemeinkosten nach Maßgabe der Herstellkosten.

Die so gebildeten **Kalkulationssätze** sind **aus dem BAB** zu entnehmen.

Im obigen **Beispiel eines BAB** in **Abb. 247** war der Fertigungsbereich in zwei Fertigungsstellen unterteilt worden. Anknüpfend an das dortige Zahlenbeispiel sollen die Selbstkosten für einen einzelnen Auftrag XY ermittelt werden, für den folgende auftragsspezifische Einzelkosten festgestellt wurden:

Auftragsspezifische Einzelkosten	
	EUR
• Materialeinzelkosten (MEK)	300
• Lohneinzelkosten Kostenstelle Fertigung I (FL_I)	200
• Lohneinzelkosten Kostenstelle Fertigung II (FL_{II})	120
• Sondereinzelkosten der Fertigung (Modellbau) (SoKF)	13
• Sondereinzelkosten des Vertriebs (Vertreterprovision) (SoKV)	250

Abb. 256: Einzelkosten für Auftrag XY (Beispiel)

Zur Ermittlung der Selbstkosten des Auftrags XY sind die
- auftragsspezifischen Einzelkosten aus **Abb. 256**
- Kalkulationssätze des BAB aus **Abb. 247**

zusammenzuführen.

Selbstkostenermittlung für den Auftrag XY		
	EUR	EUR
Materialeinzelkosten (MEK)	300,00	
+ Materialgemeinkosten (10 % auf MEK)	30,00	
Materialkosten		330,00
Lohneinzelkosten I (FL$_I$)	200,00	
+ Fert.-gemeinkosten I (38,5 % auf FL$_I$)	77,00	
+ Lohneinzelkosten II (FL$_{II}$)	120,00	
+ Fert.-gemeinkosten II (300 % auf FL$_{II}$)	360,00	
+ Sondereinzelk. der Fertigung (SoKF)	13,00	
Fertigungskosten		770,00
Herstellkosten (HK)		1.100,00
+ Verwaltungsgemeinkosten (8,8 % auf HK)		96,80
+ Vertriebsgemeinkosten (2,2 % auf HK)		24,20
+ Sondereinzelkosten des Vertriebs		250,00
Selbstkosten		**1.471,00**

Abb. 257: Selbstkosten für den Auftrag XY (Beispiel)

Die Verwendung der **Fertigungslöhne** als Zuschlagsbasis hat folgende **Nachteile**:[1]

(1) Bei hohem Mechanisierungs- und Automatisierungsgrad entstehen extrem hohe Zuschlagssätze, so dass bereits geringfügige Erfassungsungenauigkeiten zu erheblichen Kalkulationsfehlern führen.
(2) Die absolute Höhe der Gemeinkostenzuschläge ist von der Lohnhöhe der ausführenden Arbeiter abhängig. Folglich ändern sich bei jeder Lohnerhöhung nicht nur die Gemeinkostenzuschläge, sondern es ergibt sich auch eine andere Bezugsbasis, was komplizierte Umrechnungen zur Folge hat.
(3) Bei hohem Automatisierungsgrad der Fertigung ist hinsichtlich der Fertigungsgemeinkosten eine Proportionalitätsbeziehung eher zum Maschineneinsatz zu erkennen.

Aufgrund dieser Mängel des Fertigungslohns geht man immer mehr dazu über, im Fertigungsbereich die wertmäßigen durch mengenmäßige Bezugsgrößen zu ersetzen. Die Fertigungsgemeinkosten werden dabei in

- **maschinenabhängige Fertigungsgemeinkosten** (z. B. Abschreibungskosten und kalkulatorische Zinsen)
- **maschinenunabhängige Fertigungsgemeinkosten** (z. B. Meistergehalt und Hilfslöhne)

unterteilt. Während die maschinenabhängigen Fertigungsgemeinkosten auf Basis der Maschinenlaufzeit verteilt werden (sog. **Maschinenstundensatzkalkulation**), werden die restlichen Fertigungsgemeinkosten gewöhnlich auf Basis der Fertigungslöhne auf die Kostenträger umgelegt. (**ÜB 6/151–157**)

---

[1] In diesem Sinne auch Freidank, C.-C., Kostenrechnung, 2012, S. 169.

4.5 Kuppelproduktkalkulation

Die **Kuppelproduktion** (verbundene Produktion) ist dadurch gekennzeichnet, dass aus denselben Ausgangsmaterialien im gleichen Produktionsprozess **zwangsläufig mehrere verschiedene (verwertbare) Erzeugnisse** erstellt werden. Die Relationen zwischen dem mengenmäßigen Anfall der Kuppelprodukte können starr oder in gewissen Grenzen variierbar sein. So gewinnt man z. B. bei der Gasherstellung aus dem Ausgangsstoff Kohle nicht nur Gas, sondern gleichzeitig Koks, Teer, Ammoniak und Benzol. Im Hochofenprozess fallen Roheisen, Gichtgas und Schlacke, in Raffinerien Benzine, Öle und Gase an.

> **Beispiel:** Auch beim Betrieb einer Hühnerfarm entstehen bezogen auf die Kalkulationseinheit „Lebensdauer einer Legehenne" die Kuppelprodukte 1 Schlachthuhn, x Stück Eier und y Kilogramm Hühnermist. Wegen der Unauflösbarkeit dieses natürlich vorgegebenen Produktverbundes ist eine **verursachungsgerechte Zurechnung der Kuppelproduktionskosten** K auf die (drei) Kuppelprodukte P_1, P_2, P_3 **nicht möglich.**

Vor diesem Hintergrund hat die Kostenrechnungspraxis zur Kalkulation von Kuppelprodukten zwei **Behelfslösungen**[1] entwickelt, die als

(1) Restwertverfahren
(2) Verteilungsverfahren

bezeichnet werden.

Das **(1) Restwertverfahren** könnte in der Hühnerfarm angewendet werden. Man gliedert die Kuppelprodukte in

- ein **Hauptprodukt** (hier: 300 Eier)
- mehrere **Nebenprodukte** (hier: 1 Schlachthuhn; 10 kg Mist).

> **Beispiel:** Die „Lebenshaltungskosten" für ein Huhn betragen K = 33 EUR. Die Erlöse für die beiden Nebenprodukte betragen E_{N1} = 2 EUR, E_{N2} = 1 EUR.

Beim Restwertverfahren werden für die **Nebenprodukte Kosten und Erlöse gleichgesetzt:** $E_{N1} = K_{N1}$ und $E_{N2} = K_{N2}$. Zieht man jetzt die Kosten der Nebenprodukte von den Gesamtkosten K ab, erhält man die **(Rest-)Kosten des Hauptprodukts K_H:**

$$K_H = K - K_{N1} - K_{N2}$$

Im obigen Fallbeispiel belaufen sich die Kosten des Hauptprodukts auf 30 EUR (= 33 EUR – 2 EUR – 1 EUR), womit man zu Selbstkosten von 0,10 EUR/Ei (= 30 EUR/300 Eier) gelangt.

Ist bei nahezu gleichwertigen Kuppelprodukten eine Unterscheidung zwischen einem Haupt- und mehreren Nebenprodukten nicht möglich, wendet die Kostenrechnungspraxis das **(2) Verteilungsverfahren** an. Hierbei werden die Gesamtkosten K eines Kuppelproduktionsprozesses nach Äquivalenzziffern auf die Kuppelprodukte P_1, P_2, …, P_n verteilt. Häufig werden die **Äquivalenzziffern** zur Kostenermittlung der Kuppelproduktarten nach dem **Verhältnis der Marktpreise** bzw. der Umsatzerlöse gebildet.

---

[1] Zu Einzelheiten vgl. Schweitzer, M. et al., Kostenrechnung, 2016, S. 195 ff.

Aus **planerischer Sicht** ist dieses Kalkulationsverfahren völlig **unbrauchbar**, denn es ist unsinnig, Selbstkosten zur Preisuntergrenzenfeststellung, d. h. zur Überprüfung der „Auskömmlichkeit" des vorgegebenen Marktpreises, ermitteln zu wollen, wenn man die zu prüfende Größe „Marktpreis" zur Bestimmung der Kontrollgröße Selbstkosten heranzieht. Die im Wege des Verteilungsverfahrens ermittelten „Selbstkosten" können deshalb **nicht als Dispositionsgrundlage**, sondern nur zur Ermittlung der **Herstellungskosten für die Handelsbilanz** verwendet werden.

5. Kostenrechnungssysteme

Die beiden wichtigsten Kostenrechnungsaufgaben liegen in der

- **Planung**, d. h. in der Bereitstellung von **Dispositionsgrundlagen** zur operativen Unternehmenssteuerung,[1]
- **Kontrolle der Wirtschaftlichkeit** der Leistungsprozesse.

Da man zur Lösung unterschiedlicher Aufgaben verschiedenartiger Rechenwerke bedarf, haben sich im Laufe der Zeit unterschiedliche Kostenrechnungssysteme herausgebildet.

Bei der Erläuterung der Kostenrechnungsaufgaben wurde oben bereits zwischen tatsächlich angefallenen Kosten (= Istkosten) und erwarteten Kosten (= Plankosten) unterschieden. Nach dem **Zeitbezug der Kostenverrechnung** unterscheidet man:

Istkostenrechnung	Normalkostenrechnung	Plankostenrechnung
Tatsächliche Kosten der abgelaufenen Periode	Durchschnittliche Kosten der vergangenen Jahre	Geplante Kosten der kommenden Periode

Abb. 258: Ist-, Normal- und Plankostenrechnung

Nach einem anderen Einteilungskriterium, dem **Umfang der Kostenzurechnung** auf Kostenträger, unterscheidet man zudem zwischen

- **Vollkostenrechnung**
- **Teilkostenrechnung**.

Kombiniert man beide Einteilungsmerkmale, gelangt man zu sechs verschiedenen Kostenrechnungssystemen, die im Folgenden kurz vorgestellt werden sollen.

Zeitbezug / Kostenumfang	Istkosten	Normalkosten	Plankosten
Vollkosten	(1)	(2)	(3)
Teilkosten	(4)	(5)	(6)

Abb. 259: Kostenrechnungssysteme

---

[1] Vgl. S. 76 f.

(1) Istkostenrechnung auf Vollkostenbasis

Die historische Entwicklung der Kostenrechnung beginnt mit der Istkostenrechnung auf Vollkostenbasis. Als Kosten ermittelt man die tatsächlichen, mit Faktorpreisen bewerteten Verbrauchsmengen der abgelaufenen Periode:

$$K = \text{Istverbrauchsmengen} \cdot \text{Istfaktorpreise}$$

Periodische Sondereinflüsse in Form von
- zufallsbedingten Verbrauchsmengenschwankungen
- zufallsbedingten Faktorpreisschwankungen

finden Eingang in die tatsächlichen Kosten der abgelaufenen Periode. Unter solchen Bedingungen sind die Istkosten des abgelaufenen Jahres nicht repräsentativ für die erwarteten Kosten der kommenden Periode. Unternehmerische Planung ist immer zukunftsorientiert. Deshalb darf sie sich nicht auf zufallsabhängige Kosten der Vergangenheit stützen. Aus diesem Grunde ist die Istkostenrechnung für **Planungszwecke ungeeignet**.

Dagegen wird die Istkostenrechnung **für Kontrollzwecke benötigt**: Zur Wirtschaftlichkeitskontrolle müssen die geplanten Kosten den tatsächlich angefallenen Istkosten gegenübergestellt werden.

(2) Normalkostenrechnung auf Vollkostenbasis

Die Normalkostenrechnung basiert auf durchschnittlichen Kosten vergangener Perioden. Dadurch werden mengenmäßige und faktorpreisabhängige Zufallsschwankungen der Kosten zeitlich geglättet. Auf diese Art und Weise wollten die Kostenrechner ihrer Planungs- und Kontrollaufgabe besser gerecht werden. Von der **Behelfslösung** der Normalkostenrechnung ist aber die Kostenrechnungspraxis mit dem Übergang zur Plankostenrechnung (3) längst **abgerückt**.

(3) Plankostenrechnung auf Vollkostenbasis

Gewinnmaximierungsstreben setzt die Einhaltung des ökonomischen Prinzips voraus. Plankosten für die kommende Planungsperiode sind **Kostenvorgaben**, die sich bei der Festlegung

- **planmäßiger Faktorverbrauchsmengen** am ökonomischen Prinzip
- **planmäßiger Faktorpreise** an den Einkaufspreiserwartungen für die Planperiode

orientieren. Dritte Determinante der Kostenplanung ist die Planbeschäftigung, d.h. die geplante Ausbringungsmenge.

Ohne den späteren Ausführungen[1] zur Plankostenrechnung vorgreifen zu wollen, kann an dieser Stelle Folgendes festgestellt werden: Die Plankostenrechnung auf Vollkostenbasis liefert **Dispositionsgrundlagen zur langfristigen Produktions- und Absatzplanung**, indem sie mit Informationen über die planmäßigen Selbstkosten/Stück k Aussagen über die langfristig zu beachtende Preisuntergrenze[2] macht.

---

[1] Vgl. S. 912 ff.
[2] Zur langfristigen Preisuntergrenze vgl. S. 854 f.

(4) Istkostenrechnung auf Teilkostenbasis

Bei **kurzfristigen Produktions- und Absatzentscheidungen** auf der Basis gegebener Kapazitäten sind die **fixen Kosten** als sog. Bereitschaftskosten **entscheidungsirrelevant**. Diese Erkenntnis führte zum Übergang von der Voll- zur Teilkostenrechnung. Die obigen Ausführungen zur kurzfristigen Preisuntergrenze haben gezeigt, dass nur die variablen Kosten Eingang in die Dispositionsgrundlagen kurzfristiger Produktions- und Absatzentscheidungen finden dürfen. Im deutschen Sprachraum wird diese Art der Kostenrechnung als Teilkostenrechnung, Grenzkostenrechnung oder Deckungsbeitragsrechnung[1] bezeichnet. Im angloamerikanischen Sprachraum bezeichnet man dieses Kostenrechnungssystem als „direct costing" oder „marginal costing".

(5) Normalkostenrechnung auf Teilkostenbasis

Dieses Kostenrechnungssystem wurde durch die Entwicklung der Plankostenrechnung auf Teilkostenbasis (6) völlig verdrängt.

(6) Plankostenrechnung auf Teilkostenbasis

Dieses Kostenrechnungssystem dient der **kurzfristigen Planung und Kontrolle**: Für **Planungszwecke** werden dem einzelnen Stück oder Auftrag (im Rahmen der Kostenträgerstückrechnung) nur geplante variable Kosten zugerechnet. Man bezeichnet dieses Kostenrechnungsverfahren[2] üblicherweise als flexible Plankostenrechnung oder als Grenzplankostenrechnung. Eine **Kostenkontrolle** lässt sich über den Vergleich

- **variabler Stückkosten auf Plankostenbasis** mit
- **variablen Stückkosten auf Istkostenbasis**

erreichen.

6. Kurzfristige Erfolgsrechnung

6.1 Aufgaben und Arten der Kurzfristigen Erfolgsrechnung

Zu den wichtigsten Aufgaben der Kostenrechnung gehört die Unterstützung der Unternehmensleitung im Bereich

- kurzfristiger Planung
- Kontrolle

des Unternehmensgeschehens. Dabei unterscheidet man zwischen einer Kostenträgerstück- und einer Kostenträgerzeitrechnung.

Im 4. Kapitel wurde die **Kostenträgerstückrechnung** behandelt. Dabei geht es um die Ermittlung der Selbstkosten für eine Produkteinheit bzw. für einen Auftrag.

---

[1] Vgl. hierzu die Ausführungen zur kurzfristigen Erfolgsrechnung auf S. 904 ff.
[2] Zur ausführlichen Beschreibung vgl. S. 917 ff.

Bezieht man die Kosten nicht auf eine Produkteinheit, sondern auf einen Abrechnungszeitraum, gelangt man zur **Kostenträgerzeitrechnung**. Im Zuge der „Kurzfristigen Erfolgsrechnung" (KER), die auch als Betriebsergebnisrechnung bezeichnet wird, werden die Erlöse den Kosten einer Abrechnungsperiode gegenübergestellt. Als Abrechnungszeitraum wird der KER (seltener) ein Quartal, meist ein Monat, in Ausnahmefällen (insb. im Handel) eine noch kürzere Zeitspanne zugrunde gelegt.

Die **KER** hat die **Aufgabe**, Zahlenmaterial

- für **dispositive Zwecke** (insb. kurzfristige Produktions- und Absatzentscheidungen)
- zur **Kontrolle** (Vergleich von Planvorgaben mit Istwerten)

bereitzustellen. Zu einer derartigen Steuerungs- und Kontrollfunktion ist die **GuV**[1] **in mehrfacher Hinsicht ungeeignet**. Als gesetzlich vorgeschriebene Jahresrechnung

(1) liefert die GuV die Informationen zu spät
(2) basiert die GuV auf den gesetzlich definierten Rechnungsgrößen Ertrag bzw. Aufwand und nicht auf den betriebszweckbezogenen Größen Erlöse und Kosten[2]
(3) enthält die GuV immer nur tatsächliche Vergangenheitsgrößen und keine zukunftsbezogenen Plangrößen.

Ähnlich wie die GuV kann die KER nach dem Gesamtkosten- oder dem Umsatzkostenverfahren aufgebaut werden.

Aus **Abb. 260** wird deutlich, dass die KER nach dem Umsatzkostenverfahren auf Vollkosten oder auf Teilkosten fußen kann. Auch eine nach dem Gesamtkostenverfahren konzipierte KER kann auf Vollkosten oder Teilkosten basieren. Diese Differenzierungsmöglichkeit wird aber im Folgenden nicht weiter erläutert, denn es wird sich sehr schnell zeigen, dass eine KER nach dem Umsatzkostenverfahren bessere Planungsgrundlagen liefert.

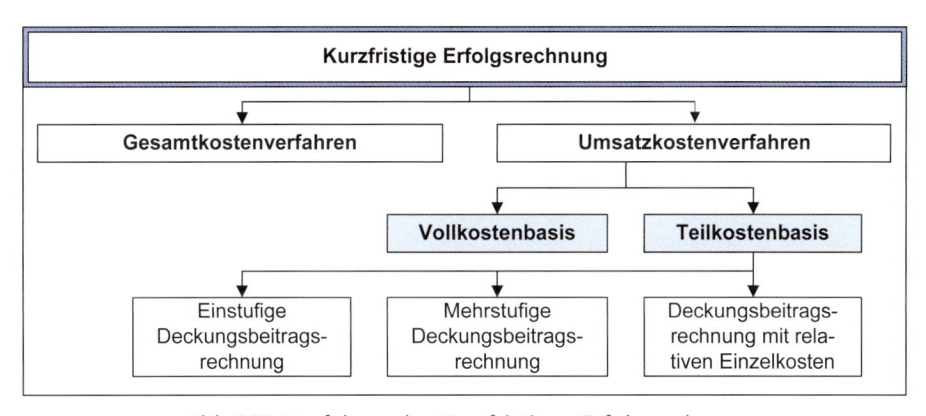

Abb. 260: Verfahren der Kurzfristigen Erfolgsrechnung

---

[1] Vgl. S. 731 ff.
[2] Zur Abgrenzung vgl. S. 637 ff.

6.2 Kurzfristige Erfolgsrechnung auf Vollkostenbasis

Eine KER auf Vollkostenbasis kann nach dem **Gesamtkostenverfahren (GKV)** oder nach dem **Umsatzkostenverfahren (UKV)** konzipiert werden. Nach dem GKV (UKV) wird das Betriebsergebnis auf der Basis der produzierten Menge x_p (abgesetzten Menge x_a) ermittelt.

Kurzfristige Erfolgsrechnung (Grundschema)			
Beispiel:			
Produzierte Menge x_p (Stück)	1.000	Gesamtkosten für x_a (EUR)	2.000
Abgesetzte Menge x_a (Stück)	800	Umsatzkosten für x_a (EUR)	1.600
		Umsatzerlöse für x_a (EUR)	2.400
Gesamtkostenverfahren		**Umsatzkostenverfahren**	
Umsatzerlöse für x_a	2.400 EUR	Umsatzerlöse für x_a	2.400 EUR
+ Bestandserhöhung für $x_a - x_p$	400 EUR	– Umsatzkosten für x_a	1.600 EUR
– Gesamtkosten für x_p	2.000 EUR		
= Betriebsergebnis	**+ 800 EUR**	**= Betriebsergebnis**	**+ 800 EUR**

Abb. 261: Grundschema der KER auf Vollkostenbasis

Die Selbstkosten/Stück betragen 2 EUR (= 2.000 EUR/1.000 Stück). Folglich belaufen sich die Umsatzkosten, d.h. die Kosten zur Erstellung der abgesetzten Menge x_a, auf 1.600 EUR. Der Lagerbestand erhöht sich um 200 Stück. Die wertmäßige Erhöhung des Lagerbestands um 400 EUR wird beim GKV als positive Erfolgskomponente berücksichtigt. Die Kurzfristige Erfolgsrechnung nach dem GKV (UKV) wird auch als Produktionsrechnung oder Bruttorechnung (Umsatzrechnung oder Nettorechnung) bezeichnet. Beide Formen der KER führen zum gleichen Ergebnisausweis.

In der betrieblichen Praxis werden die in der KER auszuweisenden **Kosten** untergliedert. Dabei gibt es einen wesentlichen Unterschied zwischen GKV und UKV:

- **GKV** → Kostengliederung nach verbrauchten **Produktionsfaktoren**
- **UKV** → Kostengliederung nach betrieblichen **Funktionsbereichen**

Beim GKV werden also Material-, Personal-, Abschreibungs-, Zinskosten usw. ausgewiesen. Beim UKV erscheinen dagegen Herstellkosten (Fertigungsbereich), Verwaltungskosten und Vertriebskosten.

Beim GKV müssen die **Lagerbestandsänderungen** bewertet werden. Diese Bewertung erfolgt zu Herstellkosten, die sich aus Material- und Fertigungskosten zusammensetzen.[1]

Die **Umsatzerlöse** können sowohl beim GKV als auch beim UKV nach Produktarten gegliedert werden. Somit ergibt sich für die KER folgendes Abrechnungsschema in tabellarischer Form. Dabei wird deutlich, wie sehr die KER in ihrem Aufbau der Grundstruktur der GuV nach dem GKV bzw. UKV ähnelt:[2]

---

[1] Vgl. S. 894 f.
[2] Vgl. S. 733 ff.

Gesamtkostenverfahren
Umsatzerlöse für x_a
+(−) Bestandserhöhung(-minderung)
− Materialkosten
− Personalkosten
− Abschreibungskosten
− Zinskosten
− Sonstige Kosten
= **Betriebsergebnis**

Umsatzkostenverfahren
Umsatzerlöse für x_a
− Herstellkosten des Umsatzes x_a
= Bruttoergebnis des Umsatzes
− Verwaltungskosten
− Vertriebskosten
= **Betriebsergebnis**

Abb. 262: KER nach dem Gesamtkostenverfahren und dem Umsatzkostenverfahren

Ein Anwendungsbeispiel findet sich im zugehörigen Übungsbuch. (**ÜB 6**/158)

In Mehrproduktunternehmen soll die KER die Frage nach der **Vorteilhaftigkeit der einzelnen Produkte A, B, C** usw. beantworten. Zu diesem Zweck wird der Gesamtumsatz in die Umsatzanteile A, B und C zerlegt. Der wesentliche Nachteil des Gesamtkostenverfahrens liegt in seiner produktionsfaktororientierten Kostengliederung. Nur beim **Umsatzkostenverfahren** ist eine **produktorientierte Gliederung der Herstellkosten** möglich, wie folgendes Beispiel zeigt:

KER nach dem Umsatzkostenverfahren		
	EUR	EUR
Umsatzerlöse A	1.000	
− Herstellkosten A	− 400	
= **Bruttoergebnis vom Umsatz A**	+ 600	+ 600
Umsatzerlöse B	800	
− Herstellkosten B	− 500	
= **Bruttoergebnis vom Umsatz B**	+ 300	+ 300
Bruttoergebnis vom Umsatz insg.		+ 900
− Verwaltungskosten		− 200
− Vertriebskosten		− 120
= **Betriebsergebnis insg.**		**+ 580**

Abb. 263: KER nach dem Umsatzkostenverfahren

Im Rahmen der **Kurzfristigen Erfolgsrechnung** (KER) bietet nur die Darstellung **nach dem Umsatzkostenverfahren** (UKV) die Möglichkeit, die produktspezifischen Erfolgsbeiträge (= Bruttoergebnis vom Umsatz) gesondert auszuweisen.

Aus diesem Grunde ist es für Planungszwecke weitaus besser geeignet als das GKV.

6.3 Kurzfristige Erfolgsrechnung auf Teilkostenbasis

6.3.1 Deckungsbeitragsrechnung auf Grenzkostenbasis

Wesentliche Steuerungsaufgabe der KER ist die **Optimierung kurzfristiger Produktions- und Absatzentscheidungen**. Siehe dazu das folgende Beispiel (→ **Abb. 264**).

Produkt	A	B	C	Insgesamt
(1) Umsatzerlöse	800	500	700	2.000
(2) Kosten$_{variabel}$	350	150	400	900
(3) Kosten$_{fix}$	150	150	500	800
(4) Gesamtkosten (2) + (3)	500	300	900	1.700
(5) Betriebsergebnis (1) − (4)	+ 300	+ 200	− 200	+ 300

Abb. 264: KER auf Vollkostenbasis

Eine KER auf Vollkostenbasis legt den Schluss nahe, die Produktion der Sorte C einzustellen. Bei Eliminierung dieses Verlustprodukts könnte der Betriebsgewinn von + 300 anscheinend auf + 500 gesteigert werden.

Eine solche Schlussfolgerung ist falsch: Die gesamten Fixkosten betragen schließlich 800. Da Fixkosten (Maschinenabschreibung, Zinsen, Gehälter usw.) nur langfristig abgebaut werden können, werden die Fixkosten auch bei einer Produktionseinstellung von C bis auf Weiteres auf einem Niveau von 800 verharren. Bei einer **Produktionseinstellung von C entfielen**

- **Umsatzerlöse von 700**
- **variable Kosten von 400**.

Mit einer Streichung des „Verlustprodukts" C würde sich das Betriebsergebnis von + 300 auf null reduzieren. (**ÜB 6**/159)

Zur Optimierung **kurzfristiger Produktionsentscheidungen** ist eine **KER auf Vollkostenbasis ungeeignet**. Benötigt wird eine KER auf Teilkostenbasis. Die einfachste Form ist eine **einstufige Deckungsbeitragsrechnung**, ein Verfahren, das man auch als **Direct Costing** bezeichnet (→ **Abb. 265**).

Produkt	A	B	C
(1) Umsatzerlöse	800	500	700
(2) Kosten$_{var}$	350	150	400
(3) Deckungsbeitrag (1) − (2)	+ 450	+ 350	+ 300
(4) ∑ Deckungsbeiträge		+ 1.100	
(5) Kosten$_{fix}$		800	
(6) Betriebsergebnis (4) − (5)		+ 300	

Abb. 265: Einstufige Deckungsbeitragsrechnung

Das Beispiel macht deutlich, dass Produkt C mit einem Deckungsbeitrag von + 300 einen erheblichen Beitrag zur Deckung der Fixkosten von 800 leistet. Im Zuge kurzfristiger Produktionsplanung ist ein Produkt erst dann aus dem Sortiment[1] zu streichen, wenn der Erlös die variablen Kosten nicht mehr deckt, wenn also der Deckungsbeitrag des Produkts negativ wird.

Die einstufige Deckungsbeitragsrechnung ist ein recht grobes Planungsinstrument, weil die gesamten Fixkosten eines Unternehmens als homogener Block behandelt werden. Mit der **mehrstufigen Deckungsbeitragsrechnung** haben Agthe[2] und Mellerowicz[3] die Möglichkeit zur differenzierten Beurteilung von Produktionsalternativen geschaffen.

> Bei der **mehrstufigen Deckungsbeitragsrechnung** werden die fixen Kosten stufenweise auf Produktarten, Produktgruppen und einzelne Unternehmensbereiche verteilt.

Der Grundgedanke der mehrstufigen Deckungsbeitragsrechnung lässt sich an einem einfachen Beispiel verdeutlichen: In einer Werkhalle werden die Produkte A und B jeweils auf einer Spezialmaschine gefertigt. Die Kosten der Maschinen- und Gebäudevorhaltung (Abschreibungen, Zinsen usw.) sind Fixkosten. Eine **verursachungsgerechte Zurechnung** dieser Fixkosten auf eine **Produkteinheit** ist **nicht möglich**. Bei einer Einstellung der Produktion des Erzeugnisses A werden aber die Produkt-Fixkosten (Abschreibung Maschine A) disponibel, d. h. die Spezialmaschine zur Produktion von A kann verkauft werden. Allerdings können erst bei einer Produktionseinstellung der Sorten A und B die Produktgruppen-Fixkosten (Abschreibungen Werkhalle) abgebaut werden.

Als Sonderform der KER kann die mehrstufige Deckungsbeitragsrechnung[4] in vereinfachter Form aufgebaut werden, wie in **Abb. 266** dargestellt.

	Mehrstufige Deckungsbeitragsrechnung					
Unternehmensbereiche	X		Y			Insgesamt
Produktgruppen	I		II		III	
Produktarten	(1)	(2)	(3)	(4)	(5)	
Umsatzerlöse	400	600	800	700	500	3.000
– variable Kosten Produktart	150	200	100	350	200	1.000
Deckungsbeitrag I	250	400	700	350	300	2.000
– fixe Kosten Produktart	300	200	150	100	100	850
Deckungsbeitrag II	– 50	200	550	250	200	1.150
– fixe Kosten Produktgruppe	330		200		50	580
Deckungsbeitrag III	– 180		600		150	570
– fixe Kosten U.-Bereich	–		200			200
Deckungsbeitrag IV	– 180		550			370
– fixe Kosten Unternehmen			200			200
Betriebsergebnis			170			170

Abb. 266: Mehrstufige Deckungsbeitragsrechnung (Beispiel)

---

[1] Zusätzliche Voraussetzung ist, dass kein Sortimentszusammenhang zu anderen Produkten besteht. Vgl. S. 402.
[2] Vgl. Agthe, K., Stufenweise Fixkostendeckung im System des Direct Costing, in: ZfB, 1959, S. 404–418.
[3] Vgl. Mellerowicz, K., Plankostenrechnung, Bd. II, 1972, S. 372 ff.
[4] Zu weiteren ausführlichen Beispielen vgl. Freidank, C.-C., Kostenrechnung, 2012, S. 292 ff.

In **Abb. 266** wird der Fixkostenblock in folgende Teilbeträge zerlegt:

(1) **Produkt-Fixkosten**: Sie werden von einer Produktart verursacht und können dieser zugerechnet werden (z. B. Abschreibungen für produktspezifische Spezialmaschinen).
(2) **Produktgruppen-Fixkosten**: Sie werden von einer Erzeugnisgruppe verursacht (z. B. Abschreibung für eine gemeinsam genutzte Lagerhalle; Kosten für gemeinsame Werbung).
(3) **Bereichs-Fixkosten**: Gemeinsame Fixkosten eines Bereichs (z. B. Forschungs- und Entwicklungskosten in der Pharmasparte eines Chemie-Konzerns).
(4) **Unternehmens-Fixkosten:** Restfixkosten, die sich den unteren Hierarchieebenen (1) – (3) eines Unternehmens nicht zuordnen lassen (z. B. Personalkosten der Unternehmensleitung).

Der Deckungsbeitrag I (Umsatzerlöse – variable Kosten) ist für alle fünf Produkte positiv. Zieht man vom Deckungsbeitrag I (2.000) die Teilbeträge der Fixkosten (850 + 580 + 200 + 200) ab, gelangt man zum Betriebsergebnis (170).

Streicht man Produkt (1) aus dem Programm, kann das Betriebsergebnis um 50 verbessert werden. Voraussetzung ist allerdings die Abbaufähigkeit der Produkt-Fixkosten von 300 (z. B. durch Kündigung eines Leasingvertrags für eine produktspezifische Fertigungsanlage).

Eine Steigerung des Betriebsergebnisses um 180 ist möglich, wenn die ganze Produktgruppe I gestrichen wird. Diese Ergebnisverbesserung setzt aber einen Abbau der Produkt-Fixkosten (300 + 200) und der Produktgruppen-Fixkosten (330) voraus.

Fixkosten können nur mit zeitlicher Verzögerung (Kündigungsfristen für Darlehensverträge, Mietverträge usw.) abgebaut werden. Somit setzt die mehrstufige Deckungsbeitragsrechnung eine **mittelfristige Planungsperspektive** voraus. Als Planungsrechnung bezieht sich also die mehrstufige Deckungsbeitragsrechnung auf einen (mittelfristigen) Planungszeitraum, der einen **schrittweisen Fixkostenabbau** erlaubt. (ÜB 6/160–164)

6.3.2 Deckungsbeitragsrechnung mit relativen Einzelkosten

Dieses von Riebel entwickelte Verfahren geht von einem weiter gefassten Begriff des Deckungsbeitrags aus. Deckungsbeitrag nach Riebel ist der **Überschuss der Einzelerlöse über die (direkt zurechenbaren) Einzelkosten eines sachlich und zeitlich abzugrenzenden Kalkulationsobjekts**, mit dem dieses zur Deckung variabler und fixer Gemeinkosten und zum Gewinn beiträgt.[1] Es wird darauf verzichtet, Gemeinkosten in fixe und variable Bestandteile aufzuteilen. Im Gegensatz zu den bisher behandelten Verfahren der Deckungsbeitragsrechnung werden somit auch variable Gemeinkosten nicht mehr auf Kostenträger weiterverrechnet. Deckungsbeiträge werden nicht nur für Kostenträger errechnet, sondern es werden Hierarchien von Kalkulationsobjekten (Bezugsgrößen) sowohl für Kostenträger als auch für Kostenstellen und einzelne Zeitabschnitte gebildet, für die jeweils Deckungsbeiträge ermittelt werden.

Konsequenterweise werden die Begriffe Einzelkosten und Gemeinkosten **relativiert**. Sie beziehen sich nunmehr auf das jeweilige Kalkulationsobjekt. Da jede Kostenart

---

[1] Vgl. Riebel, P., Deckungsbeitragsrechnung, 1994, S. 759f.

wenigstens einem Kalkulationsobjekt direkt zurechenbar ist, und sei es, dass dieses Kalkulationsobjekt das Gesamtunternehmen ist, werden alle Kosten als Einzelkosten erfasst.[1] Kosten, die für spezielle Kalkulationsobjekte Einzelkosten sind, gelten als Gemeinkosten untergeordneter Kalkulationsobjekte. So wird z. B. ein Meistergehalt als Teil der Einzelkosten der jeweiligen Kostenstelle und zugleich als Teil der Gemeinkosten der einzelnen Kostenplätze dieser Kostenstelle angesehen.

Die Unterscheidung zwischen fixen und variablen Kosten hält Riebel für zu grob und zu unbestimmt. Er unterscheidet stattdessen zwischen

(1) **Leistungskosten**, die vom tatsächlich realisierten Leistungsprogramm abhängen und sich automatisch mit Art, Menge und Wert der erzeugten bzw. abgesetzten Leistungen verändern, und

(2) **Bereitschaftskosten**, die aufgrund von Planungen und Erwartungen disponiert werden, um die institutionellen und technischen Voraussetzungen für die Realisierung des Leistungsprogramms zu schaffen.

Bei den Bereitschaftskosten wird **nach der zeitlichen Zurechenbarkeit** zwischen Perioden-Einzelkosten und Perioden-Gemeinkosten differenziert. **Perioden-Einzelkosten** sind fixe Kosten, die den jeweiligen Abrechnungsperioden direkt zugerechnet werden können. Unregelmäßig anfallende Kosten, z. B. Urlaubslöhne, die nur größeren Zeiträumen zugeordnet werden können, sind Perioden-Einzelkosten des jeweiligen größeren Zeitraums und gleichzeitig **Gemeinkosten** kleinerer Abrechnungsperioden.

Aufgrund der zeitlichen Differenzierung der Bereitschaftskosten dient die Deckungsbeitragsrechnung mit relativen Einzelkosten nicht nur kurzfristigen, sondern auch mittel- und langfristigen Planungsentscheidungen, die sonst Aufgabe der Investitionsrechnung sind. Nachteilig beurteilt wird diese Form der Deckungsbeitragsrechnung vor allem im Hinblick auf ihre praktische Anwendbarkeit.[2]

6.4 Kurzfristige Produktions- und Absatzplanung mit Hilfe der Deckungsbeitragsrechnung

Der Planungshorizont kurzfristiger Produktions- und Absatzplanung reicht maximal zwölf Monate in die Zukunft. Bei einem derart kurzfristigen Planungszeitraum geht die Planungspraxis von unveränderbaren Kapazitäten aus. Weiterhin unterstellt die Planungspraxis einen proportionalen Gesamtkostenverlauf mit Fixkosten K_f.[3]

Die Fixkosten K_f stellen Bereitschaftskosten dar und lassen sich als Preis für die Vorhaltung von Produktionskapazitäten verstehen. Geht man bei operativer Planung von **konstanten Kapazitäten aus**, sind zwei Konsequenzen zu beachten:

(1) Die **Fixkosten K_f** sind eine feste Größe und damit **entscheidungsirrelevant**.
(2) Möglicherweise entstehende **Produktionsengpässe** lassen **sich kurzfristig nicht beseitigen**.

Solche Produktionsengpässe entstehen im Fall der Überbeschäftigung, also dann, wenn die absetzbare Menge x_a größer ist als die produzierbare Menge x_p.

---

[1] Vgl. Hummel/Männel, Kostenrechnung, Bd. 2, 1983, S. 61.
[2] Vgl. Kilger/Pampel/Vikas, Deckungsbeitragsrechnung, 2012, S. 76 ff.
[3] Vgl. S. 849 ff.

Der **Stückdeckungsbeitrag** db ist die Differenz zwischen dem Stückerlös p und den variablen Stückkosten k_v, also **db = p – k_v**. Multipliziert man den Stückdeckungsbeitrag db mit der Ausbringungsmenge x, erhält man den Periodendeckungsbeitrag DB = (p – k_v) · x. Bezeichnet man den Periodenerlös mit E = p · x, gilt für den Periodendeckungsbeitrag DB

$$DB = (p - k_v) \cdot x$$
$$DB = E - K_v$$

Strebt ein Unternehmen nach langfristiger Gewinnmaximierung, so gilt

$$G = E - K \rightarrow max!$$
$$G = E - K_v - K_f \rightarrow max!$$

Da K_f bei kurzfristiger Planung entscheidungsirrelevant ist und deshalb aus der Zielfunktion G auszuklammern ist, gelangt man von der Zielgröße G zur Zielgröße DB.

$$G = E - K_v - K_f \rightarrow max!$$
$$DB = E - K_v \rightarrow max!$$

Bei **kurzfristiger Planung** ($\rightarrow K_f$ entscheidungsirrelevant) erreicht man das **Gewinnmaximum** über die

- **Maximierung** des **Periodendeckungsbeitrags DB** bzw.
- **Maximierung** der **Summe aller Stückdeckungsbeiträge db**.

Die **Modalitäten** kurzfristiger Produktions- und Absatzplanung sind abhängig von der

- **Anzahl herzustellender Produkte**
- **Anzahl zu erwartender Produktionsengpässe**.

Je größer die Anzahl der Produktionsalternativen und der Produktionsengpässe, desto komplexer wird das Planungsproblem.[1] An dieser Stelle ($\rightarrow$ **Abb. 267**) sollen drei verschiedene Planungssituationen näher erläutert werden.

(1) Kein Engpass; mehrere Produkte	(2) Ein Engpass; mehrere Produkte	(3) Mehrere Engpässe; mehrere Produkte
db > 0	Rangreihe nach $\frac{db}{EPE}$	Simultanplanung durch LP-Ansatz
Legende: db = Deckungsbeitrag EUR/Stück EPE = Engpassbelastungseinheit (z. B. 1 Maschinenstunde)		

Abb. 267: Fallgruppen kurzfristiger Produktions- und Absatzplanung

(1) Kein Engpass; mehrere Produkte

Ist die absetzbare Menge x_a kleiner als die produzierbare Menge x_p, werden alle Produkte mit **positivem Deckungsbeitrag** db in das kurzfristige Produktionsprogramm **aufgenommen**. Mit jedem zusätzlich produzierten und abgesetzten Stück erhöht sich der Gewinn G um eine weitere Erfolgsgrößeneinheit db.

---

[1] Vgl. S. 313 ff.

(2) Ein Engpass; mehrere Produkte

Beispiel: Im folgenden Fall produziert ein Unternehmen die vier Produkte P_1, P_2, P_3 und P_4. In der Spalte (2) der **Abb. 268** sind die während der Planperiode maximal absetzbaren Mengen x_a angegeben. Aus der Differenz von Preis p und variablen Stückkosten k_v lässt sich der Stückdeckungsbeitrag db in der Spalte (5) ableiten.

Kurzfristige Produktionsprogrammplanung									
(1)	(2)	(3)	(4)	(5)	(6)	(7)	(8)	(9)	(10)
Produkt	x_a (max)	p (EUR)	k_v (EUR)	db (EUR)	EPE (Std.)	$\frac{db}{EPE}$	Rangreihe	x_p	Σ EPE [(6) · (9)]
P_1	300	300	120	180	9	20	4.	–	–
P_2	500	160	60	100	2	50	1.	500	1.000
P_3	200	240	90	150	5	30	3.	40	200
P_4	400	210	90	120	3	40	2.	400	1.200
									2.400

Abb. 268: Kurzfristige Produktionsprogrammplanung bei einem Engpass

Alle vier Produkte müssen die Produktionsanlage A_1 durchlaufen, die über eine Jahreskapazität von **2.400 Maschinenstunden** verfügt. Angesichts der hohen Nachfrage (Spalte 2) wird A_1 zum **Produktionsengpass**. Eine Maschinenstunde wird als **Engpassbelastungseinheit EPE** definiert: $\sum EPE \leq 2.400$ Std. In Spalte (6) ist angegeben, wie viele Maschinenstunden (EPE) zur Herstellung einer Produktionseinheit benötigt werden.

In Spalte (7) ist der Stückdeckungsbeitrag pro Engpassbelastungseinheit EPE angegeben. In der angloamerikanischen Literatur wird diese Größe als „speed-factor" bezeichnet. Im obigen Beispiel erwirtschaftet man mit P_1 zwar den höchsten Deckungsbeitrag/ Stück (180), aber angesichts der langen Bearbeitungsdauer (9 Std./Stück) nur einen Deckungsbeitrag pro Maschinenstunde von 20 EUR.

Den höchsten (zweithöchsten) **Deckungsbeitrag pro Maschinenstunde** erwirtschaftet man mit P_2 = 50 EUR (P_4 = 40 EUR). Daraus ergibt sich die in Spalte (8) angegebene Rangreihe der Vorteilhaftigkeit der Engpassnutzung.

Das vorteilhafteste Produkt P_2 wird im vollen Umfang der nachgefragten Menge x_a = 500 Stück produziert. Analog verfährt man mit dem zweitvorteilhaftesten Produkt P_4. Zusammengenommen beanspruchen P_2 (= 500 · 2) und P_4 (= 400 · 3) den Engpass mit 2.200 Stunden (Spalte 10). Die Restkapazität von 200 Stunden wird zur Herstellung von 40 Einheiten von P_3 (= 40 · 5) verwendet.

(3) Mehrere Engpässe; mehrere Produkte

In diesem Planungsfall müssen die Produkte P_1, P_2, …, P_n in einem mehrstufigen Fertigungsprozess die Aggregate A_1, A_2, …, A_n durchlaufen. Damit **konkurrieren mehrere Produkte um mehrere Produktionsengpässe**. Da zwischen den einzelnen Produktionsengpässen Interdependenzen bestehen, kann das optimale Produktionsprogramm nur im Rahmen simultaner Planung gelöst werden. Hierzu bedient man sich der **Linearen Programmierung**: Eine Mehrzahl linearer Gleichungen wird nach der sog. **Simplex-Methode** aufgelöst.

Beispiel: Im einfachsten Fall beanspruchen die beiden Produkte P_1 und P_2 die beiden Engpassaggregate A_1 und A_2.

Produktdaten				Kapazitätsdaten		
P	p	k_v	db	EPE (Std.)	A_1	A_2
P_1	20	14	6	P_1	8	4
P_2	13	9	4	P_2	2	6
				Jahreskapazität (Std.)	2.400	2.400

Abb. 269: Ausgangswerte zur linearen Programmierung

Zur Herstellung einer Produktionseinheit P_1 wird Aggregat A_1 (A_2) mit 8 (4) Engpassbelastungseinheiten = Maschinenstunden beansprucht. Für jedes der beiden Aggregate liegt die Maximalkapazität bei 2.400 Std. pro Jahr. Bei diesen Ausgangswerten gelangt man zu folgendem LP-Ansatz:

Zielfunktion	Kapazitätsrestriktionen	Nichtnegativitätsbedingungen[1]
DB = $6 \cdot x_1 + 4 \cdot x_2 \to$ max!	A_1: $8 \cdot x_1 + 2 \cdot x_2 \leq 2.400$ A_2: $4 \cdot x_1 + 6 \cdot x_2 \leq 2.400$	$x_1 \geq 0$ $x_2 \geq 0$

Abb. 270: LP-Ansatz

Mit Hilfe der **Simplex-Methode** lassen sich die **gewinnmaximalen Produktionsmengen** x_1 und x_2 sowie die Höhe des maximal erreichbaren Deckungsbeitrags DB ermitteln.

Das in **Abb. 271** aufgeführte 1. Simplextableau enthält in

- Zeile 1 die Kapazitätsrestriktion der Anlage A_1
- Zeile 2 die Kapazitätsrestriktion der Anlage A_2
- Zeile 3 die Zielfunktion.

Die Kapazitätsrestriktionen tragen im LP-Ansatz die Form einer Ungleichung (vgl. **Abb. 270**). Durch Einführung der Schlupfvariablen s_1 bzw. s_2 können sie im Simplextableau in die Form einer Gleichung überführt werden. Somit ist die senkrechte Trennlinie zwischen der DB-Spalte und der Ergebnisspalte E als Gleichheitszeichen zu interpretieren. Im 1. Simplextableau ergibt sich die letzte Zeile Z_3 aus der Umformung der Zielfunktion:

$$6 \cdot x_1 + 4 \cdot x_2 \qquad = DB$$
$$-6 \cdot x_1 - 4 \cdot x_2 + DB = 0$$

Zur Ermittlung der optimalen Ausbringungsmengenkombination x_1, x_2 ist das im ersten Simplextableau enthaltene Gleichungssystem schrittweise umzuformen. Hier-

---

[1] Die Nichtnegativitätsbedingung wird zur Verrechnung ökonomisch unsinniger Lösungen (negative Produktionsmengen) benötigt.

zu müssen die mit den Kreisen versehenen Pivotelemente nach Umformung den Wert 1 annehmen, während die übrigen Koeffizienten in den sog. Pivotspalten (x_1 im 1. Tableau bzw. x_2 im 2. Tableau) nach Umformung den Wert 0 annehmen müssen. Die Rechenschritte vom 1. zum 2. sowie vom 2. zum 3. Simplextableau werden in einem gleichlautenden Beispiel im zugehörigen Übungsbuch erläutert. (**ÜB 4/7–9**)

	Zeile	x_1	x_2	s_1	s_2	DB	E
1. Simplextableau	Z_1	⑧	2	1	0	0	2.400
	Z_2	4	6	0	1	0	2.400
	Z_3	–6	–4	0	0	1	0
2. Simplextableau	Z_1	1	$\frac{1}{4}$	$\frac{1}{8}$	0	0	300
	Z_2	0	⑤	$-\frac{1}{2}$	1	0	1.200
	Z_3	0	$-\frac{5}{2}$	$\frac{3}{4}$	0	1	1.800
3. Simplextableau	Z_1	1	0	$\frac{3}{20}$	$-\frac{1}{20}$	0	240
	Z_2	0	1	$-\frac{1}{10}$	$\frac{1}{5}$	0	240
	Z_3	0	0	$\frac{1}{2}$	$\frac{1}{2}$	1	2.400

Abb. 271: Simplextableau

Das **Ergebnis** der Rechenoperation ist im 3. Simplextableau enthalten:

- **optimale Produktionsmenge x_1** (Stück)   240
- **optimale Produktionsmenge x_2** (Stück)   240
- **maximaler Deckungsbeitrag DB** (EUR)   2.400.

Zudem kann man dem Endtableau in Zeile Z_3 der Spalten s_1 (betrifft A_1) bzw. s_2 (A_2) die hellblau unterlegten **Schattenpreise** entnehmen. Ein solcher lässt sich wie folgt interpretieren: Wäre es möglich, die Kapazität von A_1 (A_2) um eine Einheit zu erweitern (Kapazität + 1 Std.), würde sich der Zielwert DB theoretisch um 0,5 EUR (0,5 EUR) erhöhen.

Ist – wie im Beispiel – die Zahl der **Produktalternativen auf zwei beschränkt**, kann man den LP-Ansatz umgehen und statt seiner den Weg einer **graphischen Lösung** des Optimierungsproblems beschreiten. Dabei sind – wie bereits[1] gezeigt – in einem Koordinatensystem die alternativen Produktionsmengen x_1 bzw. x_2 abzubilden. Werden die Kapazitätsrestriktionen als Geraden eingetragen, erhält man den zulässigen Lösungsbereich.

Aus der Zielfunktion lassen sich sog. Isogewinnlinien ableiten. Die optimale Produktionsmengenkombination liegt dort, wo die vom Nullpunkt am weitesten entfernt liegende Isogewinnlinie den zulässigen Lösungsbereich tangiert. Im zugehörigen Übungsbuch wird gezeigt, wie der hier vorgestellte Beispielfall graphisch gelöst werden kann. (**ÜB 4/6**)

---

[1] Vgl. S. 315 ff.

7. Plankostenrechnung

Die bisherigen Ausführungen zur Kostenrechnung orientierten sich am System der Istkostenrechnung. Bei der Istkostenrechnung werden die tatsächlich angefallenen Kosten am Periodenende erfasst und ex post auf die Kostenträger verrechnet (= Nachkalkulation). Dagegen ist die **Plankostenrechnung** ein Rechensystem, bei dem die **erwarteten Kosten** der (kommenden) Planungsperiode ermittelt und ex ante auf die Kostenträger verrechnet werden (= Vorkalkulation).

Im Folgenden werden

7.1 Aufgaben
7.2 Systeme
7.3 Aufbau
7.4 Auswertung (Kostenkontrolle durch Abweichungsanalyse)

der Plankostenrechnung erläutert.

7.1 Aufgaben der Plankostenrechnung

Die Plankostenrechnung ist ein wichtiger Bestandteil des innerbetrieblichen Planungs- und Kontrollsystems. Eine Steuerung des Betriebsprozesses in Richtung Gewinnmaximierung[1] ist ohne den Einsatz der Plankostenrechnung nicht möglich:

(1) Eine **Entscheidung** (z. B. Auftragsannahme zum Preis von 100) ist nur möglich, wenn vorher eine **Planung** erfolgt und die benötigten **Planinformationen** (hier: die erwarteten Selbstkosten) verfügbar sind.
(2) **Kontrolle** ist notwendig, um ex post festzustellen, inwieweit die **geplanten Zielbeiträge** aus (1) tatsächlich **realisiert** wurden. Im Zuge eines Soll-Ist-Vergleichs werden die prognostizierten Plankosten (Soll) mit den tatsächlichen Istkosten (Ist) verglichen.

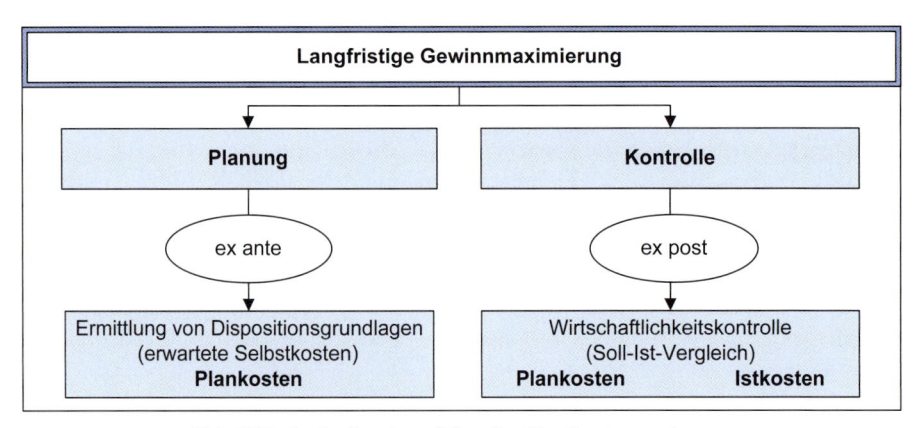

Abb. 272: Aufgabenbereiche der Plankostenrechnung

---

[1] Zur Orientierung der Plankostenrechnung am Gewinnziel vgl. Schildbach/Homburg, Kostenrechnung, 2009, S. 212 f.

Viele Kleinunternehmen scheuen den Arbeitsaufwand zur Einrichtung einer Plankostenrechnung. Für Planungszwecke greifen sie auf (durchschnittliche) Kostenerfahrungswerte der Vergangenheit, sog. **Normalkosten**[1], zurück. Zur Kontrolle der Wirtschaftlichkeit werden dann die tatsächlichen **Istkosten** mit den Normalkosten (= Durchschnittskosten der Vergangenheit) verglichen. Wirtschaftlichkeitskontrolle kann so nicht erreicht werden, da die Gefahr besteht, dass – wie Schmalenbach bereits sagte – Schlendrian mit Schlendrian verglichen wird.

Die Höhe der für die kommende Periode erwarteten **Plankosten** ist von drei Faktoren abhängig:

(1) **Planverbrauchsmenge** an Produktionsfaktoren
    Maßgeblich ist die Faktormenge, die bei wirtschaftlichem Einsatz aller Produktionsfaktoren höchstens anfallen darf.
(2) **Planpreise** der Produktionsfaktoren
(3) **Planbeschäftigung**.
    Als Planbeschäftigung gilt die geplante Produktionsmenge oder eine ausbringungsmengenabhängige Größe (z. B. benötigte Maschinenlaufzeiten).

Wird für die Planperiode 01 mit einer Planbeschäftigung von 1.000 Stück gerechnet, kann die ex post feststellbare Istbeschäftigung über oder unter dem Planwert liegen. Werden die Plankosten an die Istbeschäftigung angepasst, spricht man von **Sollkosten**. Damit erhält man drei verschiedene Kostengrößen:

Plankosten	=	Planmenge	·	Planpreis	·	Planbeschäftigung
Sollkosten	=	Planmenge	·	Planpreis	·	Istbeschäftigung
Istkosten	=	Istmenge	·	Istpreis	·	Istbeschäftigung

Die **Sollkosten** sind die Kosten, die bei wirtschaftlicher Arbeitsweise nicht überschritten werden sollen. Bezogen auf die Istbeschäftigung haben sie damit Vorgabecharakter zur Überprüfung der Istkosten.

Der Planungszeitraum für die Plankostenrechnung ist das Geschäftsjahr. Im Rahmen der Plankalkulation werden die Plankosten/Kostenträgereinheit ermittelt. Grundsätzlich werden die Planselbstkosten zur Steuerung von Produktions- und Absatzentscheidungen während der ganzen Planungsperiode herangezogen.

Die **Kostenkontrolle** hat das **Ziel**

- **Unwirtschaftlichkeiten aufzudecken**
- **frühzeitig Gegenmaßnahmen zu ergreifen**.

Zum schnellen Reagieren muss die Kostenkontrolle in kurzen Zeitintervallen (maximal 1 Monat) durchgeführt werden. Wirkungsvoll ist die Kostenkontrolle nur dann, wenn die für die Unwirtschaftlichkeit identifizierten Probleme gemeinsam mit dem Kostenstellenverantwortlichen gelöst werden. Aus diesem Grunde erfolgt die **Kostenkontrolle kostenstellenweise**.

---

[1] Zu Einzelheiten vgl. Kilger/Pampel/Vikas, Deckungsbeitragsrechnung, 2012, S. 53 ff.

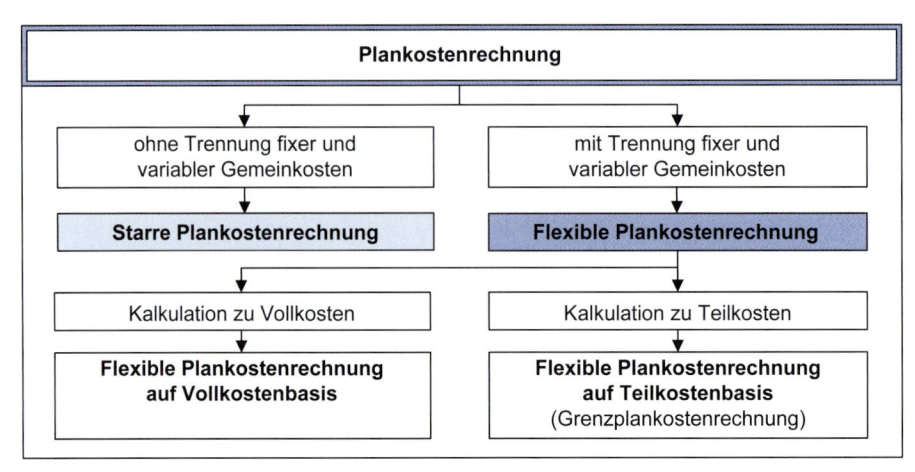

7.2 Systeme der Plankostenrechnung

Wissenschaft und Praxis haben in den vergangenen Jahren verschiedene Systemvarianten der Plankostenrechnung entwickelt, die in einem Lehrbuch zur Allgemeinen Betriebswirtschaftslehre[1] nur kurz vorgestellt werden können:

```
                          Plankostenrechnung
                                 |
            ┌────────────────────┴────────────────────┐
  ohne Trennung fixer und              mit Trennung fixer und
  variabler Gemeinkosten               variabler Gemeinkosten
            |                                        |
  Starre Plankostenrechnung            Flexible Plankostenrechnung
            |                                        |
  Kalkulation zu Vollkosten            Kalkulation zu Teilkosten
            |                                        |
  Flexible Plankostenrechnung          Flexible Plankostenrechnung
  auf Vollkostenbasis                  auf Teilkostenbasis
                                       (Grenzplankostenrechnung)
```

Abb. 273: Systeme der Plankostenrechnung

7.2.1 Starre Plankostenrechnung

Die Funktionsweise der starren Plankostenrechnung, also

- Ermittlung der Plankosten
- Ermittlung von Planverrechnungssätzen
- Kostenkontrolle

lässt sich am besten anhand eines einfachen Beispiels erläutern.

Erster Schritt zur **Ermittlung der Plankosten** K^P ist die Festlegung der Beschäftigung. Im einfachsten Fall lässt sich die Planbeschäftigung durch die Planausbringungsmenge x^P messen. Die auf x^P bezogenen Plankosten K^P setzen sich aus Planeinzelkosten und Plangemeinkosten zusammen. Der zur Stückkostenermittlung benötigte **Planverrechnungssatz** k^P wird auf Vollkostenbasis ($K^P : x^P = k^P$) ermittelt.

In aller Regel wird die tatsächliche Ausbringungsmenge x^i von der ursprünglich geplanten Ausbringungsmenge x^P abweichen. Die in der Planperiode in der kurzfristigen Erfolgsrechnung verrechneten Kosten K^{verr} erhält man durch Multiplikation des Planverrechnungssatzes k^P mit der Istausbringungsmenge x^i. Die tatsächlich angefallenen Kosten werden als Istkosten K^i bezeichnet.

Beispiel (1):

x^P	=	1.000 Stück	x^i	=	600 Stück
K^P	=	15.000 EUR	K^{verr}	$= k^P \cdot x^i =$	9.000 EUR
k^P	$= K^P : x^P =$	15 EUR/Stück	K^i	=	14.000 EUR

---

[1] Zur Vertiefung vgl. Kilger/Pampel/Vikas, Deckungsbeitragsrechnung, 2012, S. 57 ff.

Die **Kostenkontrolle** hat die Aufgabe, die Istkosten auf mögliche Unwirtschaftlichkeiten zu untersuchen. Das dabei auftretende Messproblem zeigt **Abb. 274**.

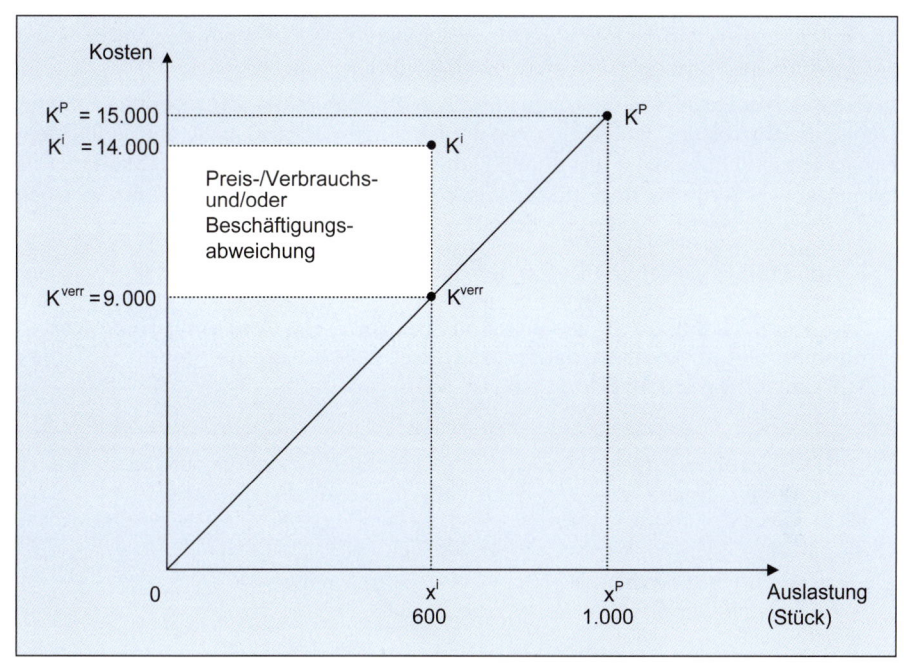

Abb. 274: Starre Plankostenrechnung

Vergleicht man zwecks Kostenkontrolle K^i mit K^P, gelangt man zu einer Kostenunterschreitung von 1.000 EUR. Dieser Vergleich ist aber ökonomisch unsinnig, denn beide Kostenbeträge basieren auf unterschiedlichen Ausbringungsmengen.

Vergleicht man die Istkosten K^i mit den verrechneten Kosten K^{verr}, ergibt sich eine Kostenüberschreitung von 5.000 EUR. Sieht man sich die Funktion der verrechneten Kosten genauer an, stellt man fest, dass K^{verr} bei einer Ausbringung von null ebenfalls gleich null ist. Fallen **fixe Kosten** an, ist die Funktion der **verrechneten Kosten keine brauchbare Sollgröße,** an der die Istkosten K^i gemessen werden können.

Die starre Plankostenrechnung ist zur Kostenkontrolle ungeeignet, weil sie das Fixkostenproblem ausblendet. Kostenkontrolle im Wege des Soll-Ist-Vergleichs setzt die Kenntnis der Sollkosten, d. h. der planmäßig anfallenden Kosten bei Istbeschäftigung, voraus. Sollkosten werden in der flexiblen Plankostenrechnung separat erfasst.

7.2.2 Flexible Plankostenrechnung auf Vollkostenbasis

Die flexible Plankostenrechnung unterscheidet sich von der starren Plankostenrechnung dadurch, dass sie die Plankosten K^P in

- **fixe Plankosten K_f^P**
- **variable Plankosten K_v^P**

zerlegt. So können – für Zwecke der Kostenkontrolle – die Sollkosten ermittelt werden. Man ermittelt also nicht nur die Plankosten K^P für die Planausbringungsmenge x^P, sondern auch die **Sollkosten K^S** für jede denkbare **Istausbringungsmenge x^i**. Für $x^i = x^P$ entsprechen die Sollkosten K^S den Plankosten K^P. Für $x^i = 0$ entsprechen die Sollkosten K^S den fixen Plankosten K_f^P. Setzt man die Planausbringungsmenge x^P gleich 100%, beschränkt man sich in der Kostenrechnungspraxis aus Vereinfachungsgründen häufig auf die Berücksichtigung alternativer Beschäftigungsgrade von 60 bis 100%.

In der Kostenträgerrechnung arbeitet auch die flexible Plankostenrechnung mit verrechneten Plankosten. Unabhängig von der Istmenge x^i wird also der (auf Vollkostenbasis) für die Planmenge x^P ermittelte Planverrechnungssatz k^P zur Plankalkulation herangezogen. Somit hat die Funktion der verrechneten Plankosten K^{verr} den gleichen Verlauf wie bei starrer Plankostenrechnung.

> **Beispiel (2):** Es gelten die Daten des obigen Beispiels (1).[1] Die Aufspaltung der Plankosten K^P = 15.000 EUR in fixe und variable Bestandteile führt zu folgendem Resultat: K_f^P = 5.000 EUR, K_v^P = 10.000 EUR. Unter der Annahme eines proportionalen Gesamtkostenverlaufs beziffern sich also die geplanten variablen Stückkosten k_v^P auf 10 EUR/Stück (= K_v^P/x^P).

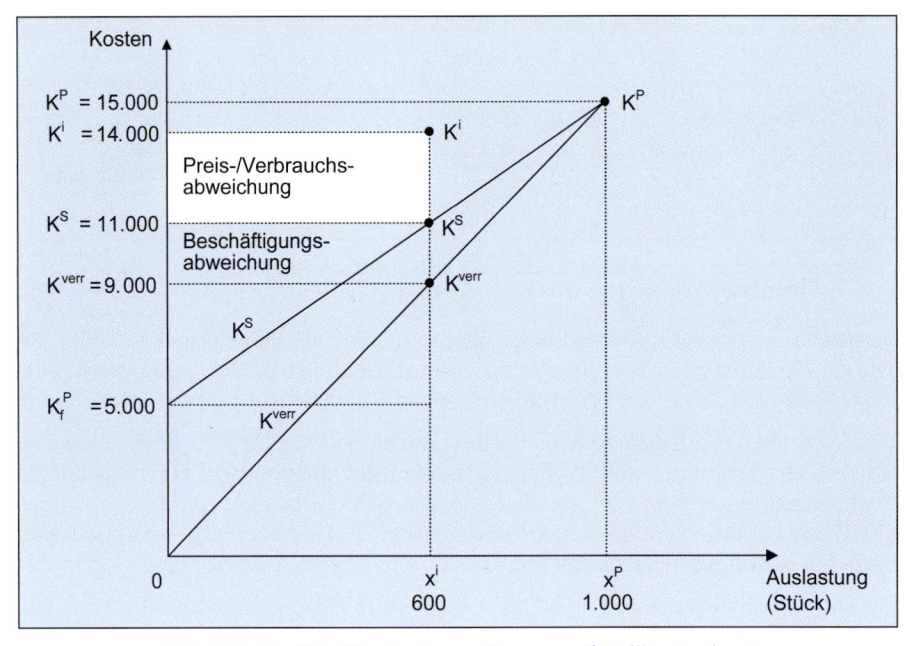

Abb. 275: Flexible Plankostenrechnung auf Vollkostenbasis

Mit Einführung der **Sollkostenfunktion** K^S bietet die flexible Plankostenrechnung die Möglichkeit zur Kostenkontrolle. Unter Beachtung des Wirtschaftlichkeitsprinzips dürfen für x^i = 600 Stück lediglich Sollkosten K^S in Höhe von 11.000 EUR anfallen. Bei einem Beschäftigungsgrad von 60% gehen die für x^P = 1.000 Stück geplanten variablen Kosten K_v^P = 10.000 EUR mit einem Anteil von 6.000 EUR und die geplanten fixen Kosten K_f^P = 5.000 EUR in voller Höhe in die Sollkosten ein.

---

[1] Vgl. S. 914 f.

Die Differenz zwischen den Istkosten (14.000 EUR) und den Sollkosten (11.000 EUR) wird als **Preis-/Verbrauchsabweichung** bezeichnet. Dass die Istkosten um 3.000 EUR über den Sollkosten liegen, ist zurückzuführen auf eine ungünstige Entwicklung der

- Faktorpreise (Istpreise > Planpreise) und/oder
- Faktorverbrauchsmengen (Istmengen > Planmengen).

Die Differenz zwischen Sollkosten (11.000 EUR) und verrechneten Plankosten (9.000 EUR) wird als **Beschäftigungsabweichung** bezeichnet. Die Beschäftigungsabweichung beziffert sich im Beispiel auf 2.000 EUR. Sie ist darauf zurückzuführen, dass nicht die gesamten Fixkosten von 5.000 EUR, sondern nur ein der reduzierten Beschäftigung entsprechender Fixkostenanteil (60 % von 5.000 = 3.000 EUR) in die verrechneten Plankosten eingeht.

Die Beurteilung der flexiblen Plankostenrechnung führt zu folgendem Ergebnis:

Vorteile: Die Sollkosten sind eine geeignete „Messlatte" zur **Kontrolle** der Istkosten. Eine Analyse der Preis- bzw. **Verbrauchsabweichung**[1] bietet die Möglichkeit, Schwachstellen im Prozess betrieblicher Leistungserstellung aufzudecken und Gegenmaßnahmen zur Steigerung der Wirtschaftlichkeit zu ergreifen.

Nachteile: Die flexible Plankostenrechnung auf Vollkostenbasis verrechnet die Planfixkosten auf die Kostenträgereinheiten. Die so ermittelten Planselbstkosten/Stück sind zur **Optimierung kurzfristiger Entscheidungen unbrauchbar**: Aus der Sicht kurzfristiger Planung auf der Basis gegebener Kapazitäten werden die Fixkosten nicht durch die Erstellung einzelner Produkteinheiten, sondern durch die Aufrechterhaltung der Betriebsbereitschaft verursacht.

7.2.3 Flexible Plankostenrechnung auf Teilkostenbasis (Grenzplankostenrechnung)

Die Grenzplankostenrechnung baut eine Brücke zwischen Kostenplanung und Kostenkontrolle. Diese Brücke ruht auf zwei Pfeilern:

(1) Für die **kurzfristige Planung** (auf der Basis gegebener Kapazitäten) sind **fixe Kosten** entscheidungsirrelevant. Folglich dürfen sie **nicht** in die **Kostenträgerrechnung** = Plankalkulation eingehen.
(2) Zur Kontrolle brauchen nur die Kosten herangezogen werden, die vom verantwortlichen Kostenstellenleiter beeinflusst werden können. Da der Kostenstellenleiter weder für die Vorhaltung von Produktionskapazitäten noch für die absatzbedingte Auslastung die Verantwortung trägt, ist eine kostenstellenweise **Fixkostenkontrolle überflüssig**.

Die **Grenzplankostenrechnung**

- ermittelt Plankosten K^P auf der Basis der Planbeschäftigung x^P
- zerlegt die Plankosten K^P in fixe K_f^P und variable K_v^P Plankostenanteile
- lässt nur die variablen Plankosten K_v^P in die Sollkostenfunktion K^S eingehen
- lässt nur die variablen Plankosten K_v^P in die verrechneten Kosten K^{verr} eingehen.

Die fixen Plankosten[2] in Höhe von 5.000 EUR werden in der Grenzplankostenrechnung überhaupt nicht berücksichtigt, sondern sofort in die Betriebsergebnisrechnung[3]

---

[1] Vgl. S. 924 f.
[2] Vgl. Beispiel (2) auf S. 916.
[3] Vgl. **Abb. 266** auf S. 905.

übernommen. Für die Planbeschäftigung (x^P = 1.000 Stück) wird mit variablen Plankosten K_v^P von 10.000 EUR gerechnet. Damit beziffern sich die variablen Plankosten/Stück (= Plankalkulationssatz) auf 10 EUR. In der Kostenträgerrechnung (= Plankalkulation) werden nur die variablen Stückkosten k_v^P = 10 EUR zum Ansatz gebracht.

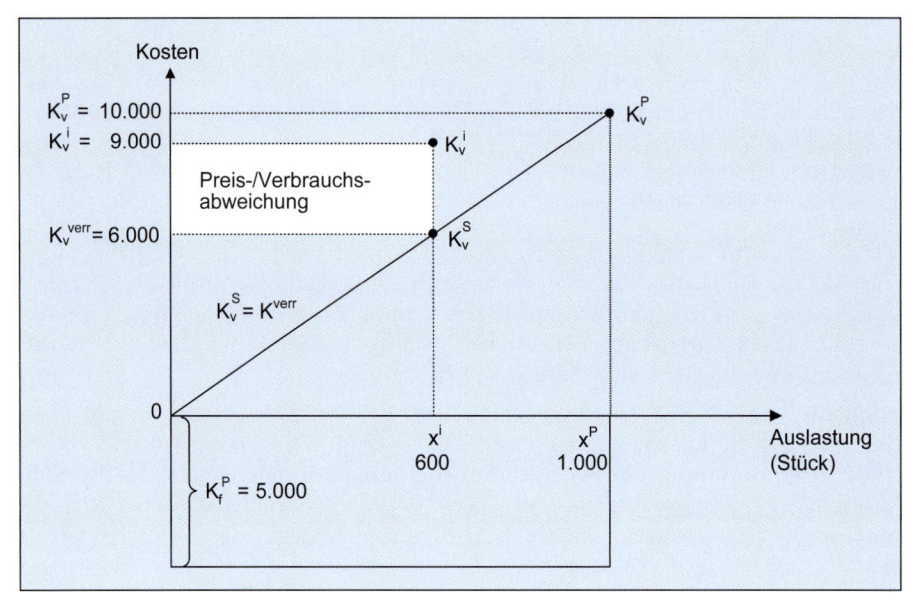

Abb. 276: Flexible Plankostenrechnung auf Teilkostenbasis

Beim Istbeschäftigungsgrad (x^i = 600) betragen
- die verrechneten Kosten K^{verr} = 6.000 EUR
- die Sollkosten K^S = 6.000 EUR.

Sollkosten und **verrechnete Plankosten** sind **identisch**. Deshalb gibt es in der Grenzplankostenrechnung **keine Beschäftigungsabweichung**.

Bei variablen Istkosten K_v^i = 9.000 EUR und variablen Sollkosten K_v^S = 6.000 EUR beträgt die Preis-/Verbrauchsabweichung 3.000 EUR. An diese Größe knüpft die Kostenkontrolle an, um Unwirtschaftlichkeiten festzustellen.[1]

In der Kostenrechnungspraxis hat sich die Grenzplankostenrechnung weitgehend durchgesetzt. Als Controllinginstrument ist sie unverzichtbar, weil sie im Rahmen der
- **Kostenträgerrechnung Planinformationen** (k_v^P) zur Optimierung kurzfristiger Entscheidungen
- **Kostenstellenrechnung Kontrollinformationen** (K_v^S) zur Überprüfung der Wirtschaftlichkeit der variablen Istkosten K_v^i

liefert.[2]

---

[1] Vgl. S. 923 ff.
[2] Zur Vertiefung vgl. insb. Freidank, C.-C., Kostenrechnung, 2012, S. 280 ff.; Haberstock, L., Kostenrechnung II, 2008, S. 258 ff.; Schweitzer, M. et al., Kostenrechnung, 2016, S. 413 ff.

7.3 Aufbau der Grenzplankostenrechnung

Die obige Kurzdarstellung der Grenzplankostenrechnung orientierte sich an einem Einproduktunternehmen mit proportionalem Gesamtkostenverlauf, in dem die Höhe der variablen Kosten von der Ausbringungsmenge x abhängt. Zur Annäherung an die betriebliche Realität ist im Folgenden von einem **Mehrproduktunternehmen** auszugehen. An die Stelle der Divisionskalkulation tritt jetzt die **Zuschlags- bzw. Bezugsgrößenkalkulation**. Damit gelangt man zur

- Aufteilung des Betriebes in Kostenstellen
- direkten Verrechnung geplanter Einzelkosten auf die Kostenträger
- Zurechnung der Plangemeinkosten gegliedert nach Kostenarten auf einzelne Kostenstellen
- Ermittlung von Planverrechnungssätzen, wobei nur die variablen Plangemeinkosten zur jeweiligen Bezugsgröße ins Verhältnis gesetzt werden,
- Plankalkulation, in welche die Planeinzelkosten und die variablen Plangemeinkosten (über die Plankalkulationssätze) eingehen.

Die Kostenplanung, also Einzel- und Gemeinkostenplanung, basiert auf folgenden **Daten**:

- Das **Produktionsprogramm** (Produktarten, Produktmengen) der Planperiode liegt fest.
- Die **Produktionsverfahren** (Art der Produktionstechnik) liegen fest.
- Die **Produktionskapazitäten** (Potentialfaktoren) sind vorhanden und nicht zu verändern.

Auf der Grundlage dieser Daten können die Faktorverbrauchsmengen geplant werden. Wird der Planverbrauch mit Planpreisen multipliziert, erhält man die Plankosten. (ÜB 6/165)

7.3.1 Planung der Einzelkosten

Planeinzelkosten leiten sich aus dem Bedarf an Verbrauchsfaktoren ab, welcher der einzelnen Leistung (Kostenträger) verursachungsgerecht zugerechnet werden kann. Beispiele für solche Produktionsfaktoren sind:

- Fertigungsmaterial   (Materialeinzelkosten)
- Akkordlöhne   (Fertigungseinzelkosten)
- Verpackung   (Sondereinzelkosten des Vertriebs).

Im folgenden, vereinfachenden Fallbeispiel, das dem zugehörigen Übungsbuch (ÜB 6/171) entnommen ist, wird unterstellt, dass als Planeinzelkosten nur Materialkosten anfallen.

> **Beispiel:** Für die Planperiode 02 sollen die beiden Kostenträger
> - „Fertigtüren N"   Planmenge 36.000 Stück
> - „Fertigtüren R"   Planmenge 24.000 Stück
>
> hergestellt werden.

Materialart	(1) Einheit	(2) Brutto-planeinzel-material-menge	(3) Planpreis EUR/Einheit	(4) Planbe-schäftigung (Stück)	(5) Planmaterial-einzelkosten EUR/Periode (2) · (3) · (4)
❶	❷	❷	❹	❸	❺
Ausführung „N":					
Türblattkern	m²	2,05	13,30	36.000	981.540
Nussholzfurnier	m²	4,05	12,78	36.000	1.863.324
Schloss	Stück	1	3,80	36.000	136.800
Planmaterialeinzelkosten N (EUR)					**2.981.664**
Ausführung „R":					
Türblattkern	m²	2,05	13,30	24.000	654.360
Resopal	m²	4,00	14,70	24.000	1.411.200
Schloss	Stück	1	3,80	24.000	91.200
Planmaterialeinzelkosten R (EUR)					**2.156.760**

Abb. 277: Ermittlung von Planmaterialeinzelkosten

Die Einzelkostenplanung vollzieht sich in folgenden Arbeitsschritten:

❶ **Ermittlung der Einzelkostenart:** Getrennt nach Kostenträgern („N"/„R") sind die Einzelkostenarten zu bestimmen.

❷ **Ermittlung planmäßiger Verbrauchsmengen pro Kostenträgereinheit:** Anzusetzen sind Bruttoverbrauchsmengen, die sich aus dem produktspezifischen Nettoverbrauch und dem auch bei wirtschaftlicher Produktionsweise nicht vermeidbaren Schwund/Verschnitt zusammensetzen.

❸ **Ermittlung der Planbeschäftigung:** Die Einzelkosten sind davon abhängig, wie viele Kostenträgereinheiten hergestellt werden sollen. Als Planbeschäftigung ist also die Planproduktionsmenge anzusetzen.

❹ **Ermittlung der Planpreise:** Unter Berücksichtigung erwarteter Preisänderungen sind die Planpreise/Einheit für die einzelnen Faktorarten zu ermitteln.

❺ **Ermittlung der Einzelkosten:** Die Planeinzelkosten sind das Produkt aus Planverbrauchsmenge/Produktionseinheit · Planpreis/Faktormengeneinheit · Anzahl der geplanten Produktionseinheiten. (**ÜB 6**/166–171)

7.3.2 Planung der Gemeinkosten

Plangemeinkosten resultieren aus einem Faktorverbrauch, der zwar nicht direkt einzelnen Kostenträgern verursachungsgerecht zugerechnet werden kann, aber einzelnen Kostenstellen weitgehend verursachungsgerecht zurechenbar ist. Dementsprechend sind Gemeinkosten in einer Kostenstellenrechnung zu planen. Plangemeinkosten setzen sich aus beschäftigungsabhängigen (variablen) und beschäftigungsunabhängigen (fixen) Teilen zusammen. Beispiele für solche Produktionsfaktoren sind:

- Transportkosten im Lager   (Materialgemeinkosten)
- Abschreibungen   (Fertigungsgemeinkosten)
- Geschäftsführergehälter   (Verwaltungsgemeinkosten).

Im folgenden, vereinfachenden Fallbeispiel, das dem zugehörigen Übungsbuch (**ÜB 6**/183) entnommen ist, wird die Gemeinkostenplanung anhand des Kostenstellenplans einer Fertigungsstelle erläutert:

C.7. Plankostenrechnung

HOBELMANN & SÖHNE Kostenplanung für das Jahr 02	—Furnierpressen— Kostenstellen-Nr. (4) ❶					
Bezugsgrößenart ❸: Maschinenminuten	❹ Bezugsgrößenmenge: 360.000 Minuten					
Kostenart ❷	Einheit	Plan- menge	Planpreis EUR/ Einheit ❺	Plankosten gesamt EUR/ Periode ❼	Plankosten variabel EUR/ Periode ❽	Plankos- ten fix EUR/ Periode
			❻			
Löhne	Std.	4.000	12,60	50.400	50.400	–
Elektrische Energie	kwh	75.000	0,08	7.440	6.000	1.440
Reparaturen				7.200	–	7.200
Kalk. Abschreibung				14.000	8.400	5.600
Kalk. Zinsen				3.960	–	3.960
Kalk. Raumkosten	m²	320	30,00	9.600	–	9.600
Kostendeckung: verrechnete Plankosten	Plankosten für das Jahr 02 (EUR)			92.600	64.800	27.800
Unterschrift des Stellenleiters	**Planverrechnungssatz für das Jahr 02 (EUR/Maschinenminute)**				0,18	❾

Abb. 278: Ermittlung von Plangemeinkosten in einer Kostenstelle

❶ **Einteilung des Betriebes in Kostenstellen:** Zwecks Kostenkontrolle sollte die Kostenstellenbildung der Einteilung des Betriebes in Verantwortungsbereiche folgen. Zur Erhöhung der Kalkulationsgenauigkeit sollte sich die Kostenstellenbildung an möglichst genauen Maßgrößen der Kostenverursachung (vgl. ❸) orientieren.

❷ **Ermittlung der Gemeinkostenarten:** Das im Rahmen taktischer Planung festgelegte Produktionsverfahren determiniert die einzusetzenden Produktionsfaktorarten und damit die Gemeinkostenarten.

❸ **Festlegung der Bezugsgrößenart(en):** Zur Planung der Gemeinkosten und zur Bildung von Kalkulationssätzen (vgl. ❾) werden Bezugsgrößen benötigt. Bei der Wahl der Bezugsgrößenart kommt es darauf an, eine Gemeinkostenverursachungsgröße zu finden, die eine Veränderung der Gemeinkostenhöhe bestmöglich reflektiert. Im Beispielfall werden die Maschinenminuten als Bezugsgröße herangezogen. Man spricht von **homogener Kostenverursachung**. Eine verursachungsgerechte Gemeinkostenzurechnung ist möglich, wenn eine Erhöhung der Maschinenminutenzahl um x Prozent zu einer Erhöhung der Gemeinkosten um x Prozent führt (Proportionalitätsprinzip).

Wirken auf die Gemeinkostenhöhe mehrere Kosteneinflussgrößen (z. B. Anzahl der Verrichtungen, Maschinenstunden) ein, spricht man von **heterogener Kostenverursachung**. Die Planung der einzelnen Gemeinkostenart orientiert sich dann an der jeweils verursachungsadäquaten Bezugsgröße.

❹ **Ermittlung der Bezugsgrößenmengen:** Ausgangspunkt zur Berechnung der Planbezugsgrößenmenge ist die Planbeschäftigung (Planausbringungsmenge). Liegt die Planbeschäftigung bei 10.000 Stück und beansprucht eine Produktionseinheit das Aggregat mit 30 Minuten, liegt die Bezugsgrößenmenge bei 300.000 Maschinenminuten.

- ❺ **Ermittlung des Produktionsfaktorbedarfs:** Die Planbeschäftigung (hier: 360.000 Maschinenminuten) bestimmt die Höhe des Faktorverbrauchs in Form von Löhnen, Energie, Maschinennutzung (= Abschreibung), Raumbedarf usw.
- ❻ **Ermittlung der Planpreise:** Wie bei der Einzelkostenplanung sind die Planpreise für die Verbrauchsfaktoren zu prognostizieren.
- ❼ **Ermittlung der Plangemeinkosten:** Die Plangemeinkosten sind das Produkt aus Planverbrauchsmenge und Planpreis/Einheit zuzüglich Fixkosten.
- ❽ **Ermittlung der variablen Plangemeinkosten:** Plangemeinkosten können in vollem Umfang fix (hier: kalkulatorische Zinsen u. a.), in vollem Umfang variabel (hier: Löhne) oder teils fix (hier: Grundgebühr Elektrizität) teils variabel (hier: Verbrauch von kWh) sein. In die Grenzplankostenrechnung gehen nur die variablen Plangemeinkosten ein, die im Beispiel 64.800 EUR betragen.
- ❾ **Ermittlung des Planverrechnungssatzes:** Dividiert man die variablen Plangemeinkosten (hier: 64.800 EUR) durch die Bezugsgrößenmenge (hier: 360.000 Maschinenminuten), erhält man den Planverrechnungssatz (hier: 0,18 EUR/Maschinenminute), der für die Plankalkulation benötigt wird. (**ÜB** 6/172–187)

7.3.3 Plankalkulation

HOBELMANN & SÖHNE	Plankalkulation (Jahr 02) – Türblatt Ausführung „N" – Kalkulationseinheit: 1 Stück (90 x 200) geplante Anzahl an Kalkulationseinheiten: 36.000 Stück			
Berechnung der Planmaterialkosten	Art der Mat.-Einh.	Anzahl der Mat.-Einh.	EUR/ Mat.-Einh.	Grenzkosten EUR/ Kalk.-Einh.
Türblattkern	m²	2,05	13,30	27,27
Nussholzfurnier	m²	4,05	12,78	51,76
Schloss	**Stück**	1	3,80	3,80
I. Einzelmaterialkosten (EUR)				82,83
+ Materialgemeinkosten (0,9 % von I)				0,75
– Erlöse für Materialabfall (0,2 m² Türblattkern)				– 0,80
II. Planmaterialkosten (EUR)				82,78
Berechnung der Plangrenzfertigungskosten	Bezugsgröße	Umrechnungsfaktor	Kostensatz EUR/Bezugsgrößeneinh.	Grenzkosten EUR/ Kalk.-Einh.
Zuschneiderei (2)	1 Stück	1	1,60	1,60
Furnierabteilung (3)	1 Fert.-Min.	10	0,63	6,30
Furnierpressen (4)	1 **Masch.-Min.**	5	**0,18**	0,90
Schleiferei (5)	1 Stück	1	2,40	2,40
Lackiererei (6)	1 Stück	1	3,80	3,80
III. Plangrenzfertigungskosten				15,00
IV. Plangrenzherstellkosten (II + III)				97,78
V. Plangrenzverwaltungskosten (2,2 % von IV)				2,15
VI. **Plangrenzselbstkosten** (IV + V)				**99,93**

Abb. 279: Plankalkulation auf Grenzkostenbasis

Die Kalkulation hat in der Plankostenrechnung die gleiche Aufgabe wie in der Istkostenrechnung. Sie soll die anfallenden Kosten auf die einzelnen Kostenträger verteilen (Kostenträgerrechnung). In einer Grenzkostenrechnung werden die planmäßigen Grenzkosten pro Kostenträger berechnet. Werden diese den prognostizierten Marktpreisen gegenübergestellt, können **planmäßige Deckungsbeiträge** für die Kostenträger ermittelt werden. Diese geben Informationen darüber, ob es sich wirtschaftlich lohnt, zukünftig einen Kostenträger zu produzieren. Jedoch ist diese Information auf den Zeitraum der Planungsperiode beschränkt, für die das Produktionsverfahren festgelegt wurde. Die herkömmliche Plankostenrechnung stellt also nur Informationen für die kurzfristige Produktionsprogrammplanung bereit.

Das Fallbeispiel in **Abb. 279**, das dem zugehörigen Übungsbuch (**ÜB 6**/188) entnommen ist, enthält die Plankalkulation für eine Fertigtür.

Die fett markierten Angaben stellen den Bezug zur oben behandelten

- Ermittlung von Planmaterialeinzelkosten (**Abb. 277**)
- Ermittlung von Plangemeinkosten (**Abb. 278**)

her. Die Plangrenzselbstkosten (= variable Stückkosten) betragen im Beispielfall 99,93 EUR/Stück. Diese Kostengröße markiert die kurzfristige Preisuntergrenze. Bei einem Verkauf zur kurzfristigen Preisuntergrenze von 99,93 EUR/Stück bleiben die Fixkosten ungedeckt. Auf lange Sicht müssen Deckungsbeiträge (db = $p - k_v$) erwirtschaftet werden, die mindestens eine Deckung der Fixkosten erlauben. Wird dieses Ziel verfehlt, ist der Betrieb langfristig nicht existenzfähig. (**ÜB 6**/188–191)

7.4 Kostenkontrolle

Zweck der Plankostenrechnung ist – neben der Planungsaufgabe – die Kontrolle der Wirtschaftlichkeit der betrieblichen Leistungserstellung. Allein schon das Wissen um die Existenz einer Plankostenrechnung und -kontrolle kann die Entscheidungsträger zum sparsamen Wirtschaften anhalten.

Zur Wirtschaftlichkeitskontrolle bedient man sich des Soll-Ist-Vergleichs. Die geplanten Kosten K^p werden mit den tatsächlich entstandenen Istkosten K^i verglichen. **Aufgabe der Kostenkontrolle** ist die

- **Feststellung von Kostenabweichungen** (Höhe; Über-/Unterschreitung)
- **Analyse von Kostenabweichungen** (Ursache; Beeinflussbarkeit; Verantwortlichkeit)
- **Einleitung von Gegenmaßnahmen** zur Vermeidung künftiger Unwirtschaftlichkeiten.

Stellt der Controller fest, dass die Istkosten über den Plankosten liegen, muss er sich vor dem Ergreifen von Gegenmaßnahmen ein differenziertes Urteil über die **Ursachen der Kostenabweichung** bilden. Diese können zurückzuführen sein auf

(1) Planungsfehler (zu optimistische Plankostenansätze)
(2) exogene Faktoren (z. B. weltweite Erhöhung von Rohstoffpreisen)
(3) Entscheidungen der mittleren Führungsebene
(4) Unwirtschaftlichkeiten auf unterer Führungsebene (z. B. Kostenstellenleiter).

Im Folgenden wird die Möglichkeit falscher Planvorgaben (1) nicht weiter untersucht. Zu klären bleibt also, inwieweit eine Kostenüberschreitung, also $K^P > K^i$, auf die Ursachen (2), (3) bzw. (4) zurückzuführen ist. Letzten Endes geht es um die Frage, inwieweit ein Kostenstellenleiter für einen übermäßigen Faktorverbrauch verantwortlich zu machen ist. Zur Klärung dieses Problems bietet sich folgendes Beispiel an.

> **Beispiel:**
> x^P = 1.000 Stück $\quad$ x^i = 1.200 Stück
> K^P = 15.000 EUR $\quad$ K^i = 20.900 EUR
> Kostenfunktion: K^S = 5.000 + 10 · x

Die Istpreise für Produktionsfaktoren liegen um 10 Prozent über den geplanten Faktorpreisen.

Beim Soll-Ist-Vergleich ($K^P - K^i$) stellt man eine Kostenüberschreitung in Höhe von 20.900 – 15.000 = 5.900 EUR fest. Diese als **Gesamtabweichung** bezeichnete Größe sagt noch nichts aus über das Ausmaß einer möglichen Unwirtschaftlichkeit. Will man die vom Kostenstellenleiter zu verantwortende Kostenunwirtschaftlichkeit quantifizieren, muss man die Gesamtabweichung durch eine mehrstufige Anpassungsrechnung in die sog. **Restabweichung** überführen. Zu diesem Zweck werden die Daten des Beispiels in **Abb. 280** übertragen.

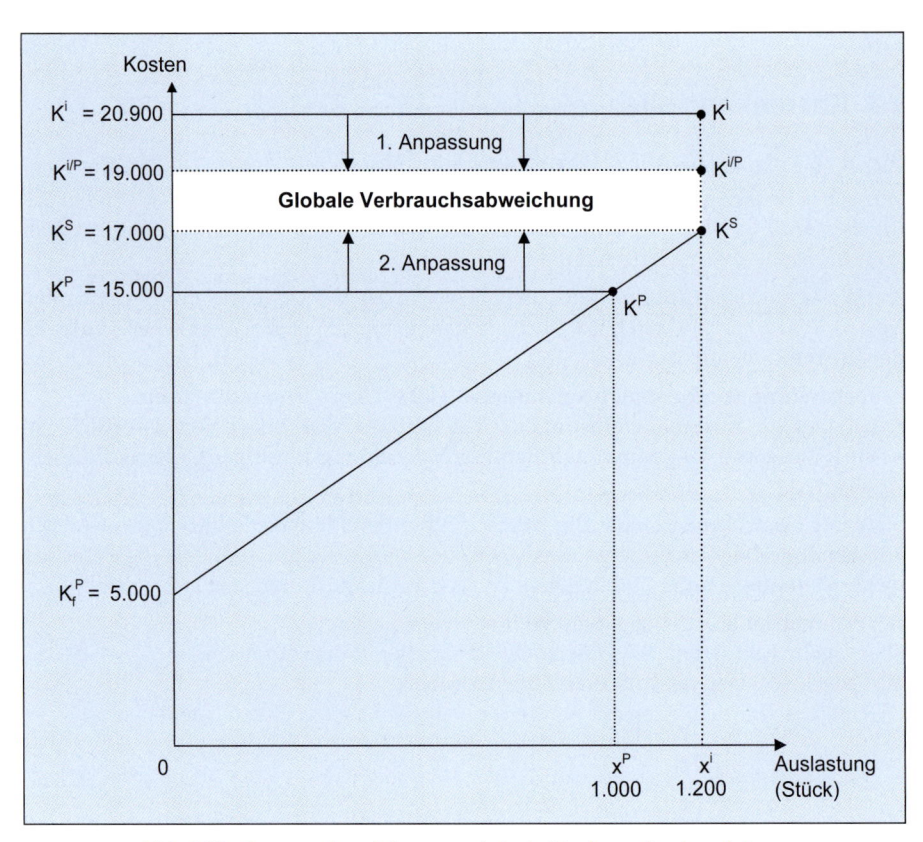

Abb. 280: Gesamtabweichung – globale Verbrauchsabweichung

Die ursprünglichen Ausgangsgrößen des Soll-Ist-Vergleichs sind die Plankosten K^P = 15.000 EUR und die tatsächlichen Istkosten K^i = 20.900 EUR. Um Aussagen zur Wirtschaftlichkeit zu machen, muss im Wege der

1. Anpassung K^i zu $K^{i/P}$
2. Anpassung K^P zu K^S

transformiert werden.

1. Anpassung: Die Istkosten K^i ergeben sich aus Istverbrauchsmenge · Istfaktorpreis. Will man die Istkosten mit planmäßig anfallenden Kosten bei wirtschaftlicher Leistungserstellung vergleichen, muss man beide Kostengrößen auf ein einheitliches Preisniveau stellen. Ein Anstieg der Weltmarktpreise für Rohstoffe erhöht zwar die Istkosten, hat aber nichts mit einer Unwirtschaftlichkeit des Betriebsprozesses zu tun. Da die Faktorpreise annahmegemäß um 10 Prozent gestiegen sind, ist der preisbedingte Istkostenanstieg in Höhe von 1.900 EUR (= 20.900 EUR · 10/110) als **exogen bedingter Kostenfaktor** (= **Preisabweichung**)[1] zu eliminieren. Die Istkosten auf Planpreisbasis $K^{i/P}$ (= Istverbrauchsmenge · Planfaktorpreis) belaufen sich auf 19.000 EUR.

2. Anpassung: Die Plankosten K^P = 15.000 EUR basieren auf einer Planbeschäftigung x^P = 1.000 Stück. Die (korrigierten) Istkosten $K^{i/P}$ = 10.000 EUR basieren auf einer Istbeschäftigung von x^i = 1.200 Stück. Zur Herstellung einer einheitlichen Vergleichsebene sind die Plankosten dem Istbeschäftigungsniveau anzupassen. So gelangt man zu den Sollkosten[2] K^S = 17.000 EUR (= 5.000 EUR + 10 EUR/Stück · 1.200 Stück). Die Kostenkorrektur wegen erhöhter Beschäftigung **(Beschäftigungsabweichung)** beziffert sich also auf 2.000 EUR. Nach dieser zweifachen Anpassung gelangt man zu folgendem Soll-Ist-Vergleich:

Sollwert:	K^S	17.000 EUR
− Istwert:	$K^{i/P}$	19.000 EUR
= **globale Verbrauchsabweichung**		**− 2.000 EUR**

Wäre – jenseits des Faktorpreisanstiegs (10%) und des Beschäftigungszuwachses (20%) – in der Abrechnungsperiode alles nach Plan verlaufen, dann wäre K^S = $K^{i/P}$ und die globale Verbrauchsabweichung wäre gleich null. Aber erfahrungsgemäß läuft nicht alles nach Plan. Die **globale Verbrauchsabweichung** ist eine **Mengenabweichung**, die zurückgeführt werden kann auf

- einen Mehrverbrauch an Produktionsfaktoren aufgrund von
  - Unwirtschaftlichkeiten in der Kostenstelle
  - Entscheidungen der mittleren Führungsebene (z.B. Verfahrens-, Rezept- und Intensitätsabweichungen)
- Fehlkontierungen.

Will man die Gründe der globalen Verbrauchsabweichung feststellen, muss man sich mit der Problematik der sog. **Spezialabweichungen**[3] auseinandersetzen.

---

[1] Zur Problematik der Abgrenzung einer Preisabweichung vgl. Coenenberg/Fischer/Günther, Kostenrechnung, 2016, S. 265 ff.
[2] K^S = 5.000 + 10 · 1.200 = 17.000; zur Sollkostenermittlung vgl. S. 915 f.
[3] Vgl. hierzu ausführlich Haberstock, L., Kostenrechnung II, 2008, S. 320 ff.

Der Anstieg der Beschäftigung von 1.000 auf 1.200 Produktionseinheiten beruhte auf Entscheidungen, die – je nach Größe des Unternehmens – auf der oberen oder mittleren Führungsebene getroffen wurden. Wenn die Mehrbeschäftigung aus vielen Kleinaufträgen besteht, werden die einzelnen **Seriengrößen** kleiner, was Mehrkosten (Maschinenumrüstung) verursacht. Zu **Mehrkosten** kann es auch kommen, wenn die Zusatzbeschäftigung nur durch **intensitätsmäßige Anpassung**[1] möglich ist. Schließlich kann die Mehrbeschäftigung zu einer Änderung des **Maschinenbelegungsplans** (Einsatz weniger effizienter Maschinen) zwingen, was ebenfalls zu Mehrkosten führt. Diese Spezialkostenabweichungen beruhen auf Entscheidungen des Managements, sind also vom Kostenstellenleiter nicht zu verantworten.

Kostenkontrolle durch Abweichungsanalyse		
Art der Kostenabweichung	EUR	Verantwortlichkeit
Gesamtabweichung ($K^i - K^P$)	**5.900**	noch unbekannt
– Preiskorrektur ($K^i - K^{i/P}$)	1.900	exogen; Einkaufspolitik
– Beschäftigungskorrektur ($K^S - K^P$)	2.000	Markteinfluss; Vertrieb
Globale Verbrauchsabweichung ($K^{i/P} - K^S$)	**2.000**	
– Spezialabweichungen:		
• Seriengrößenabweichung	500	mittleres Management
• Intensitätsabweichung	900	mittleres Management
• Maschinenbelegungsabweichung	300	mittleres Management
Restabweichung	**300**	**Kostenstellenleiter**

Abb. 281: Kostenkontrolle und Kostenverantwortung

Nach dem obigen Beispiel kann der Kostenstellenleiter nur für die Restabweichung, die man auch **echte Verbrauchsabweichung** nennt, verantwortlich gemacht werden.

Hinsichtlich der **organisatorischen Umsetzung** der Kostenkontrolle gilt Folgendes:

(1) Zwecks zeitnaher Kontrolle werden die Kontrollrechnungen monatlich (oder in kürzeren Zeitabständen) erstellt.
(2) Als Istkosten werden nicht die tatsächlichen Istkosten K^i, sondern die Istkosten auf Basis von Verrechnungspreisen (Planpreisen) $K^{i/P}$ angesetzt.
(3) Die Ermittlung der globalen Verbrauchsabweichung erfolgt im BAB, wobei in der Praxis meist für jede Kostenstelle ein eigenes Kostenblatt angelegt wird.
(4) In jeder Kostenstelle wird die globale Verbrauchsabweichung kostenartenweise etwa nach dem in **Abb. 282** dargestellten Muster durchgeführt.
(5) Die Spezialabweichungen werden in Nebenrechnungen außerhalb des BAB ermittelt.

Je sorgfältiger die globale Verbrauchsabweichung um Spezialabweichungen bereinigt wird, desto effizienter ist die Plankostenrechnung und -kontrolle, desto leistungsfähiger ist also das Controllingsystem des Betriebes. (**ÜB 6/192–196**)

---

[1] Vgl. S. 308 f.

Kostenkontrolle März 02	Kostenstelle Nr. (4)			
Bezugsgrößenart (BG): Maschinenminuten	Plan-BG: 30.000 Minuten Ist-BG: 36.000 Minuten			
Gemeinkostenart:	$K^{i/P}$ variabel	K^S variabel	Fix-kosten	globale Verbr.-Abw.
• Löhne	5.800	5.000	–	800
• Elektr. Energie	620	550	–	70
• Reparaturen	–	–	600	–
...	...	...	...	...

Abb. 282: Globale Verbrauchsabweichung in einer Kostenstelle

8. Strategisch ausgerichtete Verfahren der Kostenrechnung

8.1 Grundlagen

Die Kostenrechnung in der oben dargestellten Form wurde in den fünfziger und siebziger Jahren des vergangenen Jahrhunderts entwickelt. Inzwischen ist diese – häufig als klassisch bezeichnete – Kostenrechnung um weitere Kostenrechnungsverfahren ergänzt worden. Die Entstehung dieser Verfahren liegt in **veränderten** betrieblichen und damit auch kostenrechnerischen **Rahmenbedingungen** begründet.

Unternehmensexterne Veränderungen	Unternehmensinterne Veränderungen
• Internationalisierung und Globalisierung • Dynamik und Komplexität der Unternehmensumwelt • Zunehmender Wettbewerbsdruck	• Umfangreichere Produktprogramme • Automatisierung und Flexibilisierung der Fertigung • Steigende Bedeutung der indirekt produktiven Unternehmensbereiche (Forschung und Entwicklung, Einkauf, Produktionsplanung, Logistik, Qualitätssicherung usw.) • Zunehmende Prozessorientierung (Optimierung der Ablauforganisation, Wertschöpfungskettenoptimierung)

Abb. 283: Veränderte Rahmenbedingungen der Kostenrechnung

Diese veränderten Rahmenbedingungen haben auch die **Kostenstrukturen** der Unternehmen erheblich **verändert:**[1]

(1) Anstieg der Gemeinkosten und Fixkosten
(2) Anstieg der Vor- und Nachleistungskosten
(3) Zunehmende Determiniertheit der Kosten in der Herstellungsphase.

---

[1] Vgl. Freidank, C.-C., Kostenrechnung, 2012, S. 369 ff.

(1) Anstieg der Gemeinkosten und Fixkosten

Der Anteil der Gemeinkosten an den Gesamtkosten eines Unternehmens ist stark gestiegen. Hierfür sind im Wesentlichen zwei Gründe verantwortlich:

1. Durch die zunehmende **Automatisierung der Fertigung** hat sich der Anteil der – den Produkteinheiten nicht direkt zurechenbaren – Betriebsmittelkosten (insb. der Abschreibungen) erheblich erhöht.
2. Durch die **zunehmende Bedeutung der indirekt produktiven Unternehmensbereiche** (→ Abb. 283) fallen auch immer mehr Kosten in diesen Bereichen an. Da diese Bereiche nicht unmittelbar produktbezogen tätig sind, handelt es sich bei den dort anfallenden Kosten fast ausschließlich um Gemeinkosten.

Gemeinkosten stellen größtenteils Fixkosten dar. Somit geht mit dem Anstieg der Gemeinkosten auch ein Anstieg der Fixkosten einher.

(2) Anstieg der Vor- und Nachleistungskosten

Die Unterteilung der Gesamtkosten eines Unternehmens in Vorleistungskosten, laufende Kosten und Nachleistungskosten orientiert sich am zeitlichen Ablauf der betrieblichen Leistungserstellung:

- **Vorleistungskosten** sind jene Kosten, die vor Aufnahme der Fertigung eines Produkts (i. d. R. in der Vormarktphase des Produktlebenszyklus)[1] anfallen. Hierzu gehören Forschungs- und Entwicklungskosten, Kosten der Markteinführung, Personalschulungskosten usw.
- Zu den **laufenden Kosten** gehören die während der eigentlichen Leistungserstellung anfallenden Kosten. Dies sind die klassischen Herstellkosten (Material- und Fertigungskosten), Verwaltungskosten und Vertriebskosten.
- **Nachleistungskosten** sind jene Kosten, die nach dem Verkauf eines Produkts noch anfallen. Hierzu gehören beispielsweise Kosten für Reparaturen, Wartungen (z. B. Softwareaktualisierungen) und Garantieleistungen sowie Entsorgungskosten.

Während in den Unternehmen früher überwiegend laufende Kosten angefallen sind, nehmen die Vor- und Nachleistungskosten in den letzten Jahren einen immer größeren Anteil an den Gesamtkosten ein.

(3) Zunehmende Determiniertheit der Kosten in der Herstellungsphase

Empirische Untersuchungen zeigen, dass die Höhe der **Herstellkosten eines Produkts** zu einem immer größeren Teil bereits **bei bzw. durch dessen Entwicklung und Konstruktion** festgelegt werden. Die Untersuchungen schwanken hierbei zwischen 60 und 95 Prozent der Herstellkosten. Die in der Forschungs- und Entwicklungsphase getroffenen Entscheidungen über die Ausgangsmaterialien, die Stücklisten, das Produktionsverfahren, den Anteil der Eigen- und Fremdfertigung sowie das Qualitätsniveau determinieren in hohem Maße die späteren Herstellkosten. Die aus den konstruktiven Entscheidungen resultierenden Kostenwirkungen lassen sich später kaum oder nur noch mit erheblichem Aufwand ändern.

Die Gründe für die zunehmende Determiniertheit der Kosten in der Produktherstellungsphase liegen in den

- **gestiegenen Fixkosten**
- durch **die Installation automatisierter Fertigungsanlagen** weitgehend festgelegten Material-, Energie-, Personal- und Instandhaltungskosten.

---

[1] Zum Produktlebenszyklus vgl. S. 83 f. und S. 394 f.

Welche Konsequenzen ergaben sich nun aus den aufgezeigten Veränderungen für die Kostenrechnung? Die veränderten externen und internen Rahmenbedingungen führten zu einer **Schwerpunktverlagerung in der Unternehmensführung**: Während früher hauptsächlich kurzfristig-operative Entscheidungen zu treffen waren, hat sich die Unternehmensführung heutzutage immer mehr mit längerfristig-strategischen Fragestellungen auseinanderzusetzen. Dies bewirkt einen veränderten Informationsbedarf seitens der Unternehmensführung: Zur erfolgsorientierten Unternehmenssteuerung werden verstärkt **längerfristige, strategische Informationen** benötigt.

Diesem veränderten Informationsbedarf kann die kurzfristig-operativ ausgerichtete Kostenrechnung nicht gerecht werden. Die diesbezüglichen **Probleme der traditionellen Kostenrechnung** zeigen sich recht deutlich an den aufgezeigten Kostenstrukturveränderungen:

- Der Anstieg der Gemeinkosten bewirkt, dass ein **immer größerer Teil der Kosten** bei der Kalkulation **zu schlüsseln** ist. Sehr hohe Zuschlagssätze und eine unzureichende Bezugsgrößenwahl führen zu einer immer **größeren Kalkulationsungenauigkeit**. Werden die Kalkulationsergebnisse als Basis für strategische Entscheidungen herangezogen, wächst damit die Gefahr strategischer Fehlentscheidungen.
- Der Anstieg der Fixkosten und die zunehmende Determiniertheit der Kosten in der Produktherstellungsphase haben zur Folge, dass immer **weniger kurzfristige Kostenbeeinflussungsmöglichkeiten** bestehen. Bei Aufnahme der Fertigung ist ein immer größerer Teil der entstehenden Kosten vorbestimmt. Die Kostenrechnung darf sich deshalb nicht nur auf die eigentliche Leistungserstellungsphase beziehen, sondern muss verstärkt bereits in der Forschungs- und Entwicklungsphase (Vormarktphase) einsetzen. Je früher der Forschungs- und Entwicklungsprozess kostenrechnerisch begleitet wird, desto größer sind die Kostenbeeinflussungsmöglichkeiten.
- Der Anstieg der Vor- und Nachleistungskosten bewirkt schließlich, dass sich die Kostenrechnung nicht ausschließlich auf die Erfassung und Verrechnung der laufenden Kosten beziehen kann. Stattdessen ist eine **ganzheitliche Betrachtung der Produkte über ihren gesamten Lebenszyklus** notwendig. Ohne einen solch umfassenden und periodenübergreifenden Ansatz würden mit den Vor- und Nachleistungskosten zwei bedeutende Kostenblöcke vernachlässigt werden.

Zusätzlich zur traditionellen Kostenrechnung ist deshalb eine **strategische bzw. strategieorientierte Kostenrechnung** einzurichten.[1] Dieser Zweig der Kostenrechnung soll die für die immer wichtiger werdenden längerfristig-strategischen Fragestellungen benötigten Kosteninformationen bereitstellen.

Aufgrund der Verschiedenartigkeit der langfristig-strategischen Entscheidungsprobleme ist es nicht möglich, die strategische Kostenrechnung in einem einzigen Verfahren abzubilden. Die strategische Kostenrechnung besteht folglich aus **mehreren Einzelverfahren**. Von diesen Verfahren werden im Folgenden diejenigen kurz vorgestellt, die in Theorie und Praxis am meisten Beachtung gefunden haben (→ **Abb. 284**).

---

[1] Vgl. Coenenberg/Fischer/Günther, Kostenrechnung, 2016, S. 30 ff.

Verfahren der strategischen Kostenrechnung

8.2 Prozesskostenrechnung	8.3 Produktlebenszykluskostenrechnung	8.4 Target Costing (Zielkostenrechnung)	8.5 Konstruktionsbegleitende Kalkulation
Verursachungsgerechte Gemeinkostenkalkulation	Langfristige Produkterfolgsrechnung	Marktorientierte Produktkostensteuerung	Kostenorientierte Konstruktion

Abb. 284: Verfahren der strategischen Kostenrechnung

8.2 Prozesskostenrechnung

Die Prozesskostenrechnung entstand als Reaktion auf

- den fortschreitenden **Gemeinkostenanstieg** und
- die zunehmende **Prozessorientierung** in den Unternehmen.

An der traditionellen Kostenrechnung wurde bemängelt, dass sie diesen Gegebenheiten nicht gerecht werde:

- Die klassische Kostenrechnung verwendet bei der Kalkulation überwiegend **indirekte und wertmäßige Bezugsgrößen** (Materialeinzelkosten, Fertigungseinzelkosten, Herstellkosten). Diese Bezugsgrößen seien keine geeigneten Maßgrößen der Kostenverursachung, da die Gemeinkosten in keinem proportionalen Verhältnis zu ihnen stünden. Aufgrund der Missachtung des Verursachungs- und Proportionalitätsprinzips würden die Kostenträger nicht mit den tatsächlich in Anspruch genommenen Faktorleistungen belastet. Die Kalkulationsergebnisse seien fehlerhaft. Insbesondere für die indirekt-produktiven Bereiche wurde festgestellt, dass die in diesen Bereichen durchgeführten Tätigkeiten (Prozesse, Aktivitäten) die eigentlichen Kostenverursacher seien. Folglich sind die klassischen (indirekten und wertmäßigen) Bezugsgrößen durch **prozessorientierte (direkte und mengenmäßige) Bezugsgrößen** zu ersetzen.
- In der klassischen Kostenrechnung werden die Kosten lediglich Kostenstellen und Kostenträgern (Produkten, Aufträgen) zugerechnet, nicht jedoch den oftmals kostenstellenübergreifend ablaufenden betrieblichen Prozessen. Damit fehlen wichtige Informationen über die Höhe der Kosten der einzelnen Prozesse, was eine Prozessoptimierung verhindert. **Prozesse** sollten deswegen **als zusätzliche Kalkulationsobjekte** in die Kostenrechnung aufgenommen werden.

Funktionen von Prozessen in der Prozesskostenrechnung	
Prozesse als Bezugsgrößen	**Prozesse als Kostenträger**
Verteilung der Gemeinkosten der indirekt-produktiven Bereiche über Prozesse	Ermittlung der Kosten der Unternehmensprozesse zur Prozessoptimierung

Abb. 285: Funktionen von Prozessen in der Prozesskostenrechnung

Die Prozesskostenrechnung ist als **Vollkostenrechnung** konzipiert. Ihr Hauptanwendungsgebiet liegt in den **indirekt-produktiven Leistungsbereichen** (= zentrale Gemeinkostenbereiche). Im direkt-produktiven Bereich (eigentlicher Fertigungsbereich) kommt die Prozesskostenrechnung nur selten zur Anwendung. Hier wird weiterhin auf die klassische Kostenrechnung zurückgegriffen.

Ebenso wie die klassische Kostenrechnung durchläuft auch die Prozesskostenrechnung die Teilgebiete der Kostenarten-, Kostenstellen- und Kostenträgerrechnung. In der **Kostenartenrechnung** bestehen keine wesentlichen Unterschiede zwischen der Prozesskostenrechnung und der herkömmlichen Vollkostenrechnung. Von der **Kostenstellenrechnung** an geht die Prozesskostenrechnung jedoch einen anderen Weg.[1]

Zunächst müssen die einzelnen Prozesse – sich wiederholende Aktivitäten – bestimmt werden. Hierbei wird ein dreistufiges Vorgehen gewählt (→ **Abb. 286**).[2]

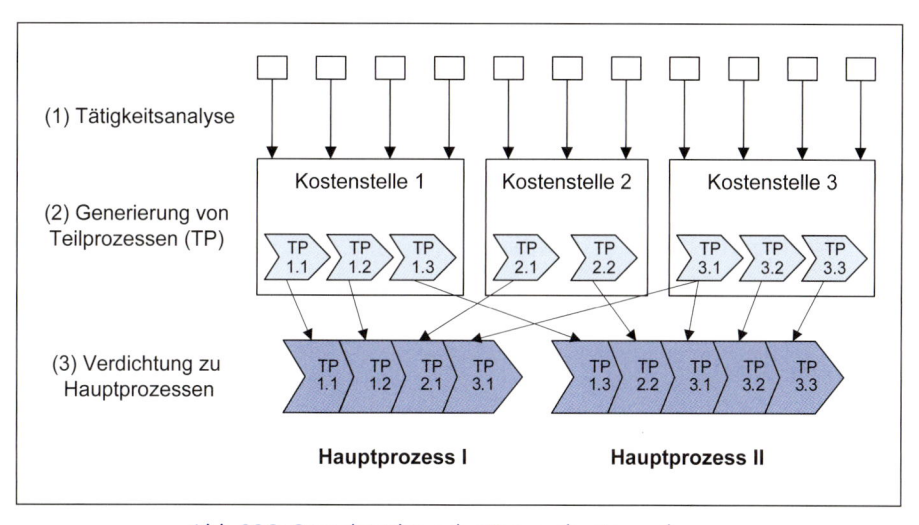

Abb. 286: Grundstruktur der Prozesskostenrechnung

(1) Basierend auf einer **Tätigkeitsanalyse** in den einzelnen Kostenstellen werden die anfallenden Einzelaktivitäten □ bestimmt.

(2) Diese werden zu sinnvollen Tätigkeits-/Aktivitätsbündeln, zu **Teilprozessen (TP)**, zusammengefasst. Die Häufigkeit der Prozessdurchführung (als Basis für die vorzunehmende Prozesskalkulation) wird über sog. **Maßgrößen** erfasst. Der Kostenträgerbezug ist auf dieser Ebene noch sehr vage.

(3) Aus diesem Grunde erfolgt eine weitere Zusammenfassung der Teilprozesse zu (kostenstellenübergreifenden) **Hauptprozessen**. Über diese soll die Umlage der Gemeinkosten auf die Kostenträger erfolgen. Das Bindeglied zum Kostenträger stellen die sog. **Kostentreiber** (*cost driver*) dar. Es ist zu ermitteln, wie viele *cost-driver*-Einheiten pro Kostenträger benötigt werden. Gleichzeitig stellen die *cost driver* auch den Maßstab für die Messung der Prozesshäufigkeit der Hauptprozesse dar. Betrachtet man hingegen die Prozesse selber als Kostenträger, so dient die Bildung von Hauptprozes-

---

[1] Vgl. ausführliche Coenenberg/Fischer/Günther, Kostenrechnung, 2016, S. 158 ff.; Hans, L., Kostenrechnung, 2002, S. 276 ff.

[2] In Anlehnung an Hans, L., Kostenrechnung, 2002, S. 281.

sen der Bewertung von zusammenhängenden, meistens abteilungsübergreifenden Arbeitsabläufen.

Die **Planprozesskalkulation** läuft folgendermaßen: Die Planproduktionsmenge der Kostenträger determiniert über das Bindeglied *cost driver* die Anzahl der Hauptprozesse. Diese wiederum bestimmen die Häufigkeit der in den Kostenstellen anfallenden Teilprozesse, denn auch zwischen Teil- und Hauptprozessen besteht eine bestimmte Zahlenrelation, wie **Abb. 287** zeigt.

Haupt-prozess	Cost Driver	Teilprozesse	Kosten-stelle	Prozess-parameter	Maßgröße Teilprozess
Material beschaffen	3.600 Material-beschaf-fungen	Angebote einholen	Einkauf	1/3	1.200 Angebote
		Bestellungen aufgeben	Einkauf	1	3.600 Bestellungen
		Reklamationen bearbeiten	Einkauf	1/36	100 Reklamationen
		Material annehmen	Waren-annahme	1	3.600 Annahmen
		Material prüfen	Prüfstelle	0,5	1.800 Prüfungen
		Material einlagern	Lager	1	3.600 Einlagerungen

Abb. 287: Prozessmengenplanung

In **Abb. 287** sind der Hauptprozess „Material beschaffen" und die dazu notwendigen Teilprozesse dargestellt. Der **Prozessparameter** gibt die Anzahl der notwendigen Teilprozesse je Hauptprozess an. Ein Prozessparameter kleiner (größer) als eins bedeutet, dass ein Teilprozess weniger (häufiger) als einmal durchgeführt werden muss, um den Hauptprozess abzuschließen. So muss z. B. nicht bei jedem Wareneingang eine Materialprüfung durchgeführt werden, sondern es reicht eine stichprobenweise Untersuchung. Unter Nutzung des Prozessparameters lässt sich rechnerisch ermitteln, wie viele Teilprozesseinheiten anfallen. Dieser Wert wird in die die Teilprozesse bereitstellenden Kostenstellen, im Beispielfall der **Abb. 288** die Kostenstelle „Einkauf", übernommen.

Nach Zuweisung der Planprozessmengen über die Maßgrößeneinheiten wird festgelegt, welche Ressourcenbeanspruchung durch die jeweiligen Teilprozessmengen in der Kostenstelle auftritt. Entsprechend werden die Gesamtkosten der Kostenstelle auf die Teilprozesse verteilt, so dass die Kosten pro Teilprozessdurchführung ermittelt werden können. Denkbar wäre im vorliegenden Fall z. B. eine Kostenzuweisung über die zeitliche Beanspruchung der Mitarbeiter der Kostenstelle „Einkauf". Die Maßgrößen sind damit als Maßstab der Kostenverursachung zu verstehen. Sie sind allerdings deutlich von den Bezugsgrößen der traditionellen Kostenrechnung abzugrenzen: Anders als in der traditionellen Kostenrechnung wird keine Proportionalität zwischen Kostenanfall und Maßgröße gefordert.

Kostenstelle „Einkauf"

(1) Prozesse	(2) Art	(3) Maßgröße (MG)	(4) Planprozessmenge (MG-Einheiten)	(5) Planprozesskosten EUR	(6) Prozesskostensatz lmi (EUR/Einheit) (5)/(4)	(7) Umlage lmn (EUR/Einheit)	(8) Gesamtprozesskostensatz (EUR/Einheit) (6)+(7)
Angebote einholen	lmi	Anzahl Angebote	1.200	300.000	250	25	275
Bestellungen aufgeben	lmi	Anzahl Bestellungen	3.600	72.000	20	2	22
Reklamationen bearbeiten	lmi	Anzahl Reklamationen	200[1]	100.000	500	50	550
Summe	**lmi**	–	–	472.000	–	–	–
Abteilung leiten	lmn	–	–	47.200	–	–	–

Abb. 288: Beispiel zur Prozesskostenrechnung

Nicht für alle Teilprozesse lassen sich Maßgrößen finden, die mit dem zu erbringenden Leistungsvolumen (gemessen in Tätigkeiten) einer Kostenstelle variieren. So fällt der Prozess „Abteilung leiten" unabhängig von dem Leistungsvolumen der Kostenstelle an. In diesem Fall spricht **man von leistungsmengenneutralen Prozessen (lmn-Prozesse)**. Variieren hingegen die Maßgrößeneinheiten eines Teilprozesses mit dem Leistungsvolumen der Kostenstelle, so spricht man von **leistungsmengeninduzierten Prozessen (lmi-Prozesse)**. Wie das Beispiel zeigt, bestehen die Maßgrößen i. d. R. aus der Anzahl der jeweils durchzuführenden Teilprozesse (Anzahl der eingeholten Angebote, Anzahl der aufgegebenen Bestellungen, Anzahl der bearbeiteten Reklamationen).

Der **Prozesskostensatz** der lmi-Teilprozesse, d.h. die Festlegung der Plankosten pro Teilprozess, errechnet sich durch Division der spezifischen Prozesskosten durch die Prozessmenge. Da es sich bei der Prozesskostenrechnung um eine Vollkostenrechnung handelt, sind auch die leistungsmengenneutralen Kosten auf die Kostenträger zu verrechnen. Dies geschieht durch eine **proportionale Umlage der leistungsmengenneutralen auf die leistungsmengeninduzierten Kosten**.[2] Der Anteil der lmn-Kosten an den lmi-Kosten der Kostenstelle beträgt im Beispiel 10 Prozent (47.200 EUR / 472.000 EUR). Folglich wird jeder lmi-Prozesskostensatz um 10 Prozent erhöht, um zu den jeweiligen Gesamtprozesskostensätzen zu gelangen. Dieses Vorgehen entspricht dem Wesen nach einer Zuschlagskalkulation.

Anschließend werden die bewerteten Teilprozesse eines Hauptprozesses addiert, so dass man als Ergebnis den Prozesskostensatz des Hauptprozesses erhält (→ **Abb. 289**).[3]

---

[1] Die von **Abb. 287** abweichende Prozessmenge ergibt sich dadurch, dass der Teilprozess „Reklamationen bearbeiten" annahmegemäß auch Bestandteil anderer Hauptprozesse ist.

[2] Zu einer anderen Form der Behandlung der leistungsmengenneutralen Kosten vgl. Coenenberg/Fischer/Günther, Kostenrechnung, 2016, S. 170 ff.

[3] Vgl. zu einer anderen Vorgehensweise Hans, L., Kostenrechnung, 2002, S. 292 ff.

Teilprozess	Gesamtprozess-kostensatz	Prozess-parameter	Kostenzuweisung Hauptprozess
Angebote einholen	275,00	1/3	91,67
Bestellungen aufgeben	22,00	1	22,00
Reklamationen bearbeiten	550,00	1/36	15,28
Material annehmen	15,00	1	15,00
Material prüfen	51,00	0,5	25,50
Material einlagern	30,00	1	30,00
Hauptprozesskostensatz			199,45

Abb. 289: Bestimmung des Hauptprozesskostensatzes

Sowohl der (aggregierte) Hauptprozesskostensatz als auch die (detaillierteren) Teilprozesskostensätze dienen als **Informationsgrundlage für die Prozessoptimierung**. Diese Informationen lassen erkennen, was die einmalige Durchführung eines Haupt- oder Teilprozesses kostet. Der Hauptprozesskostensatz dient darüber hinaus als Kalkulationssatz im Rahmen der anschließenden **Kostenträgerrechnung**.

Hauptprozesskostensatz „Material beschaffen" (199,45 EUR/Einheit)		
Produkt	A	B
Anzahl Materialbeschaffung pro Einheit	0,8	1,5
Prozesskosten pro Einheit	159,56	299,18

Abb. 290: Strategische Produktkalkulation

Bei dieser sog. **strategischen Produktkalkulation** werden jedem Kostenträger entsprechend seiner Prozessinanspruchnahme die Gemeinkosten der indirekt-produktiven Bereiche zugeordnet. Hierzu wird der Hauptprozesskostensatz mit der Anzahl der Prozesswiederholungen, die zur Erstellung einer Kostenträgereinheit notwendig sind, multipliziert.[1]

8.3 Produktlebenszykluskostenrechnung

Die gestiegenen Vor- und Nachleistungskosten sowie immer kürzere Produktlebenszyklen stellen Herausforderungen für Produkterfolgsrechnungen dar. Nur durch eine ganzheitliche, periodenübergreifende, alle Phasen des Produktlebenszyklus erfassende Produktlebenszykluskostenrechnung ist es möglich,

- Aussagen über den tatsächlichen Produkterfolg zu treffen
- die während des gesamten Produktlebenszyklus anfallenden Produktkosten zu optimieren.

---

[1] Diese Vorgehensweise wird als direkte Prozesskalkulation bezeichnet. Vgl. Braun, S., Prozesskostenrechnung, 2007, S. 93 ff.

Produktlebenszykluskostenrechnungen ergänzen die klassischen einperiodigen Produkterfolgsrechnungen (z. B. Deckungsbeitragsrechnungen) um **mehrperiodige Betrachtungen von Produkterfolgen**. Sie bestehen aus Planungs- und Kontrollrechnungen:

Produktlebenszyklusrechnungen	
Produkt-Planungsrechnung – zukunftsbezogen –	**Produkt-Kontrollrechnung** – vergangenheitsbezogen –

• Bezogen auf den noch verbleibenden Produktlebenszyklus
• Erstmalige Erstellung zu Beginn des Produktlebenszyklus (am Anfang der Forschungs- und Entwicklungsphase)
• Fortführung und Detaillierung im weiteren Verlauf des Produktlebenszyklus
	• Bezogen auf den bereits abgelaufenen Teil des Produktlebenszyklus
	• Periodische Überprüfung anhand kumulierter Werte, um
	  ○ Abweichungen aufzuzeigen
	  ○ Gegenmaßnahmen zu initiieren
	  ○ die weitere Planung anzupassen

Abb. 291: Zeitbezug von Produktlebenszykluskostenrechnungen

Die Produktlebenszykluskostenrechnung basiert auf dem Konzept des **integrierten Produktlebenszyklus**.[1] Dieser ergänzt den klassischen Produktlebenszyklus,[2] der nur die Marktphase eines Produkts betrachtet, um die Vormarktphase und die Nachmarktphase. Die Produktlebenszykluskosten lassen sich dementsprechend in

- **Kosten der Vormarktphase** (Vorleistungskosten; z. B. Kosten für Forschung und Entwicklung)
- **Kosten der Marktphase** (laufende Kosten; z. B. Material-, Fertigungs-, Verwaltungs- und Vertriebskosten)
- **Kosten der Nachmarktphase** (Nachleistungskosten; z. B. Garantie-, Reparatur- und Entsorgungskosten)

trennen. Analog ist zu unterscheiden zwischen

- **Vorleistungserlösen** (z. B. staatliche Investitionszulagen)
- **laufenden Erlösen** (klassische Umsatzerlöse)
- **Nachleistungserlösen** (z. B. Wartungserlöse).

Die Produktlebenszykluskostenrechnung besteht aus **unterschiedlichen Rechenverfahren**. Zu unterscheiden ist hierbei im Wesentlichen zwischen (1) Durchschnittsrechnungen, (2) Amortisationsrechnungen und (3) Kapitalwertrechnungen.[3]

Bei den (1) **Durchschnittsrechnungen** werden

- die während des Produktlebenszyklus insgesamt anfallenden Vorleistungskosten, laufenden Kosten und Nachleistungskosten addiert und
- durch die gesamte Absatzmenge während des Lebenszyklus geteilt.

Die so gewonnenen Durchschnittskosten werden als **Lebenszyklus-Preisuntergrenze** interpretiert. Sie geben den Absatzpreis des Produkts an, der durchschnittlich mindestens erzielt werden muss, damit sich die Produktion des Produkts lohnt.

---

[1] Vgl. Pfeiffer/Bischof, Produktlebenszyklen als Basis der Unternehmensplanung, in: ZfB, 1974.
[2] Vgl. S. 83 f. und S. 394 f.
[3] Vgl. Baden, A., Kostenrechnung, 1997, S. 84 ff.

Formen der Produktlebenszykluskostenrechnung

(1) Durchschnittsrechnungen

$$\text{Lebenszyklus-Preisuntergrenze} = \frac{\text{Lebenszykluskosten (geplant)}}{\text{Lebenszyklusabsatzmenge (geplant)}}$$

(2) Amortisationsrechnungen

- Amortisationszeitpunkt = Deckung der Vor- und Nachleistungskosten durch kumulierte laufende Periodenergebnisse
- Amortisationsmenge = bis zum Amortisationszeitpunkt kumulierte Absatzmenge
- Produktlebenszyklusergebnis = Summe der kumulierten laufenden Periodenergebnisse – Vor- und Nachleistungskosten

(3) Kapitalwertrechnungen

$$KW = \sum_{t=1}^{n} (\text{BW der Erlöse} - \text{BW der Kosten})_t$$

$$= \sum_{t=1}^{n} \text{BW laufendes Periodenergebnis}_t - \sum_{t=1}^{n} \text{BW Vorleistungskosten}_t$$

$$- \sum_{t=1}^{n} \text{BW Nachleistungskosten}_t + \sum_{t=1}^{n} \text{BW Vorleistungs-/Nachleistungserlöse}_t$$

Abb. 292: Formen der Produktlebenszykluskostenrechnung

Mit den (2) **produktbezogenen Amortisationsrechnungen** soll dem über den Produktlebenszyklus diskontinuierlichen Anfall der Kosten und Erlöse Rechnung getragen werden. Amortisationsrechnungen ermitteln den Zeitpunkt, zu dem die aufsummierten Vor- und Nachleistungskosten[1] durch die kumulierten Periodenergebnisse der Marktphase gedeckt sind. Die **Periodenergebnisse** setzen sich dabei aus den Periodenerlösen abzüglich der laufenden Periodenkosten zusammen. Sie entsprechen damit dem herkömmlichen Produktdeckungsbeitrag der mehrstufigen Deckungsbeitragsrechnung. Zusätzlich zum Amortisationszeitpunkt können noch die Amortisationsmenge und das Produktlebenszyklusergebnis berechnet werden.

Mit (3) **produktlebenszyklusbezogenen Kapitalwertrechnungen** wird der sog. **strategische Produktdeckungsbeitrag** berechnet. Hierfür werden die laufenden Periodenergebnisse (= periodische Produktdeckungsbeiträge), die Vor- und Nachleistungskosten sowie eventuelle Vor- und Nachleistungserlöse in den Perioden t, in denen sie angefallen sind, erfasst. Über eine Diskontierung werden die diesbezüglichen Barwerte (BW) bestimmt, mit welchen schließlich der Kapitalwert (KW) berechnet werden kann. Dieser zeigt den **Gegenwartswert des Erfolgs**, der mit dem Produkt insgesamt über den Produktlebenszyklus erwirtschaftet werden soll.

8.4 Zielkostenrechnung (Target Costing)

Um der zunehmenden Determiniertheit der Kosten in der Herstellungsphase (= Marktphase) der Produkte gerecht zu werden, hat die Produktkostenbeeinflussung bereits so früh wie möglich in der Forschungs-, Entwicklungs- und Konstruktionsphase (= Vor-

---

[1] Von Vor- und Nachleistungserlösen wird an dieser Stelle abgesehen.

marktphase) anzusetzen. Da die meisten Unternehmen auf Käufermärkten[1] mit hoher Wettbewerbsintensität agieren, sollten sie zur **frühzeitigen Kostenbeeinflussung** auf die Zielkostenrechnung, das sog. Target Costing, zurückgreifen.

Käufermärkte haben auf die Unternehmen u. a. zwei Auswirkungen:
- Die Erreichung der Unternehmensziele hängt in erheblichem Maße davon ab, inwiefern es gelingt, die **Kundenwünsche** zu befriedigen.
- Der Absatzpreis eines Produkts wird weitestgehend durch die Marktverhältnisse bestimmt **(marktorientierte Preisbildung)**.

Dem einzelnen Anbieter bleiben nur sehr geringe Preisspielräume. Die Unternehmen sind folglich gezwungen, Produkte anzubieten,
- welche die von den Kunden gewünschten Eigenschaften aufweisen
- deren Kosten den marktüblichen Preis nicht übersteigen.

Die maximale Höhe der Selbstkosten eines Produkts wird damit vom Markt bestimmt. In der Produktentwicklung kommt es also zu einer Akzentverschiebung, weg von der Frage
- **„Was wird ein Produkt kosten?"**, hin zur Frage
- **„Was darf ein Produkt kosten?"**.

Durch die marktorientierte Sichtweise des Target Costing findet eine Umkehrung der **traditionellen Entscheidungskette**

> **Investition → Selbstkosten → Preis**

in die **marktorientierte Entscheidungskette**

> **Strategischer Marktpreis → langfristige Selbstkosten → Investition**

statt. Diese Entscheidungskette verdeutlicht, dass die Produkte nicht auf Basis der im Unternehmen bestehenden Technologie- und Verfahrensstandards zu entwickeln sind, sondern dass die unternehmerischen Technologie- und Verfahrensstandards in Bezug auf die Marktanforderungen anzupassen und zu optimieren sind.

Target Costing

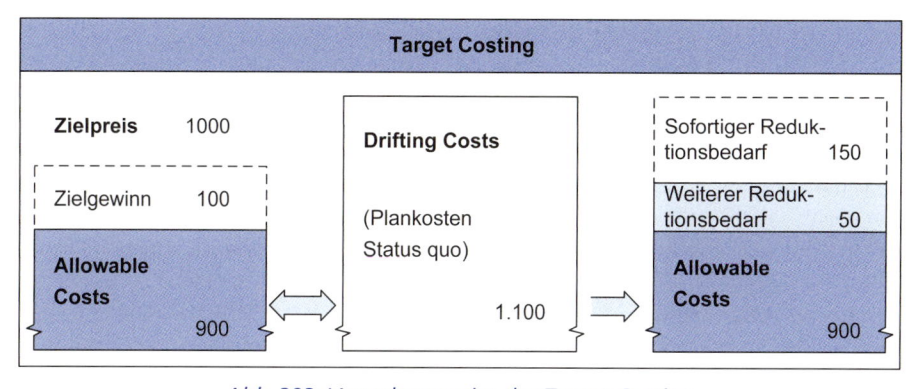

Zielpreis 1000	Drifting Costs	Sofortiger Reduktionsbedarf 150
Zielgewinn 100		Weiterer Reduktionsbedarf 50
Allowable Costs 900	(Plankosten Status quo) 1.100	Allowable Costs 900

Abb. 293: Vorgehensweise des Target Costing

---

[1] Zu Käufermärkten vgl. S. 364 f.

Ausgangspunkt des Target Costing[1] ist die Durchführung einer **Marktforschungsstudie**. Mit einer sog. Conjoint-Analyse[2] werden für ein Produktkonzept

- der voraussichtliche **Marktpreis** (Zielpreis, Targetpreis) und
- die von den Konsumenten **gewünschten Produktmerkmale**

bestimmt.

Vom **Zielpreis** (z. B. 1.000 EUR) wird die vom Unternehmen geforderte **Gewinnspanne** (z. B. 10 % Umsatzrendite) abgezogen. Der Zielpreis abzüglich des Zielgewinns ergibt die vom Markt erlaubten Kosten (**Allowable Costs**; im Beispiel 900 EUR). Diese bilden die langfristige Kostenobergrenze des Neuprodukts.

Den Allowable Costs werden die **Drifting Costs** gegenübergestellt. Drifting Costs entsprechen den **Plankosten des Status quo** (= Beibehaltung bisheriger Technologie und Organisationsstrukturen). Die Drifting Costs (z. B. 1.100 EUR) sind Kostenprognosen, die aus Versuchsprodukten oder existierenden ähnlichen Produkten abgeleitet werden. In der Regel liegen die Drifting Costs (deutlich) über den Allowable Costs.

Die **Zielkosten (Target Costs)** ergeben sich aus der Gegenüberstellung von Allowable Costs (900 EUR) und Drifting Costs (1.100 EUR). Da die Allowable Costs i. d. R. eine kaum schnell zu realisierende Vorgabegröße bilden, entsprechen die anfänglichen Zielkosten nur in den seltensten Fällen den Allowable Costs. Üblicherweise wird für die Zielkosten ein Wert bestimmt, der zwischen den Allowable Costs und den Drifting Costs liegt (z. B. 950 EUR). Die noch bestehende Lücke (50 EUR) zwischen den anfänglichen Zielkosten (950 EUR) und den Allowable Costs (900 EUR) ist nach der Markteinführung des Produkts durch weitere **Kostenreduktionsmaßnahmen** (z. B. auf Basis von Lerneffekten[3]) zu schließen.

Die für ein Produkt ermittelten Zielkosten sind noch zu pauschal, um als konkrete Vorgaben für die am Produktentwicklungsprozess beteiligten Abteilungen zu dienen. Die Zielkosten sind daher in mehreren Schritten bis auf die Einzelteile des Produkts herunterzubrechen. Das Ergebnis dieser sog. **Zielkostenspaltung** sind die Zielkosten der einzelnen Produktbestandteile. Diese bilden die konkreten Kostenvorgaben, die im Rahmen des Produktentwicklungsprozesses einzuhalten sind.

8.5 Konstruktionsbegleitende Kalkulation

Die Konstruktionsbegleitende Kalkulation ist ebenso wie das Target Costing auf die **Bereitstellung produktbezogener Kosteninformationen in der Produktentwicklungsphase** ausgerichtet. Mit Hilfe der Konstruktionsbegleitenden Kalkulation werden den am Produktgestaltungsprozess beteiligten Entwicklungs- und Konstruktionsteams für die Produktkostenbeeinflussung Verfahren bereitgestellt, anhand derer sie zu jedem Zeitpunkt des Konstruktions- und Entwicklungsprozesses die kostenmäßigen Konsequenzen ihrer Handlungen bestimmen können.

Die Konstruktionsbegleitende Kalkulation soll insb. den am Produktentwicklungsprozess beteiligten Technikern (Ingenieuren) helfen, die **Gestaltung neuer Produkte wirtschaftlich zu betreiben**. Hierzu sind ihnen betriebswirtschaftliche Methoden bereitzustellen, die Aussagen über die Beziehung zwischen der

---

[1] Vgl. ausführlich Coenenberg/Fischer/Günther, Kostenrechnung, 2016, S. 567 ff.
[2] Vgl. Homburg, C., Marketingmanagement, 2015, S. 410 ff.
[3] Vgl. S. 82 f.

- **Kostenverursachung** in der Produktentwicklungsphase und
- späteren **Kostenentstehung** nach der Markteinführung

ermöglichen sollen. Der Konstrukteur soll dabei unterstützt werden, die anstehenden technischen Probleme unter **Beachtung des ökonomischen Prinzips** (= notwendiger, nicht bestmöglicher Perfektionsgrad bei geringstmöglichen Kosten) zu lösen.

Die Aufgaben der Konstruktionsbegleitenden Kalkulation liegen in der

1. Berechnung der **Kosten von Konstruktionsalternativen** („Was kostet es?")
2. Unterstützung zur **Kostenminimierung** („Wie wird es kostengünstiger?").

Den Unterschied zwischen der traditionellen (Vor-)Kalkulation und der Konstruktionsbegleitenden Kalkulation zeigt **Abb. 294**.

Kalkulation	
Traditionelle Kalkulation	**Konstruktionsbegleitende Kalkulation**
Konstruktion → Arbeitsvorbereitung → Vorkalkulation → Fertigung	Konstruktion ↔ Konstruktionsbegleitende Vorkalkulation; Arbeitsvorbereitung ↔ Vorkalkulation; Fertigung

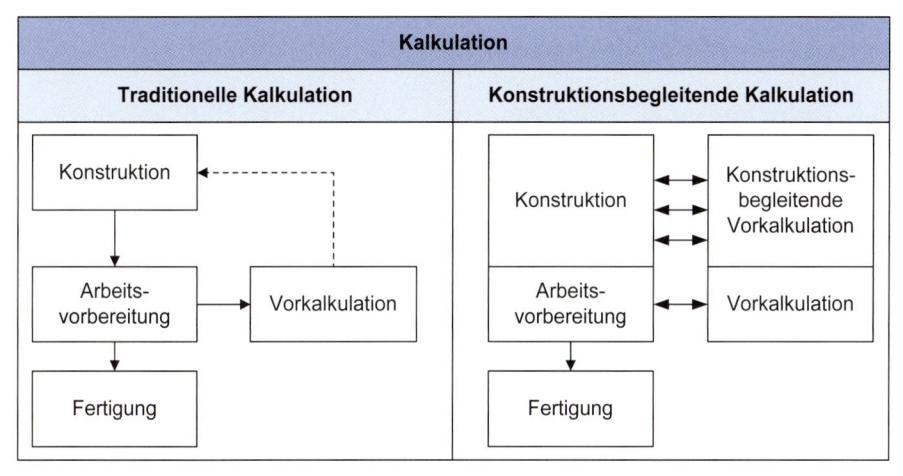

Abb. 294: Traditionelle und Konstruktionsbegleitende Kalkulation

Die **traditionelle Kalkulation** benötigt Daten über die Stücklisten und Arbeitspläne des Neuprodukts. Sie kann folglich erst nach Abschluss des Konstruktionsprozesses und der Arbeitsvorbereitung durchgeführt werden. Zeigt sich hierbei, dass die errechneten Produktkosten zu hoch sind, ist der Konstruktionsprozess ganz oder teilweise zu wiederholen. Zur Begleitung des Konstruktionsprozesses ist die traditionelle Kalkulation nicht geeignet. Die Folge sind lange Produktentwicklungszeiten und ineffiziente Arbeitsweisen.

Um den Produktentwicklungsprozess durch eine frühzeitige Kostenbeeinflussung zu beschleunigen und zu optimieren, ist der **Konstrukteur parallel zum Konstruktionsprozess mit Kosteninformationen zu versorgen**. Durch eine Konstruktionsbegleitende Kalkulation, welche die sofortige Bewertung, Auswahl und Generierung kostengünstiger Konstruktionsalternativen erlaubt, wird dem Konstrukteur die Möglichkeit gegeben, seine technischen Konzepte jederzeit wirtschaftlich zu analysieren und zu beurteilen.

Zur Kostenberechnung und Kostenminimierung mittels einer Konstruktionsbegleitenden Kalkulation existiert eine **Vielzahl unterschiedlicher Verfahren**.[1] Da eine nähere

---

[1] Zu Einzelheiten vgl. Schweitzer, M. et al., Kostenrechnung, 2016, S. 346 ff.

Betrachtung der einzelnen Verfahren den Rahmen dieses einführenden Lehrbuchs sprengen würde, seien hier nur einige wesentliche Merkmale der Verfahren der Konstruktionsbegleitenden Kalkulation aufgeführt:[1]

- Gemeinsam ist allen Verfahren, dass sie zur **Vorkalkulation der Herstellkosten** (Material- und Fertigungskosten) der Neuprodukte dienen. Die Verwaltungs- und Vertriebskosten werden i. d. R. nicht erfasst, da sie – im Gegensatz zu den Material- und Fertigungskosten – nicht in der Disposition des Konstrukteurs liegen.
- Gemeinsam ist den Verfahren ebenfalls, dass sie die Herstellkosten des Neuprodukts aus den Herstellkosten **repräsentativer Vergleichsobjekte** (Referenzobjekte) ableiten.
- Unterschiede zwischen den Verfahren bestehen in den verwendeten Rechenmethoden, ihrer Genauigkeit sowie ihrer Eignung für verschiedene Konstruktionsprobleme.

8.6 Beurteilung der strategischen Ausrichtung der Kostenrechnung

Mit der strategischen Kostenrechnung erweitert sich das den Unternehmen zur Verfügung stehende kostenrechnerische Instrumentarium. An diesen Verfahren sind insb. folgende Aspekte positiv zu beurteilen:

1. Durch die veränderten Rahmenbedingungen gewinnen strategische gegenüber operativen Informationsinstrumenten zweifelsfrei an Bedeutung. Strategische Rechenverfahren spielen heutzutage eine immer wichtigere Rolle bei der informatorischen Unterstützung der Unternehmensführung. Diese Schwerpunktverlagerung greifen die Verfahren der strategischen Kostenrechnung auf. Mit ihrem Einsatz werden **betriebswirtschaftliche Entwicklungen und Notwendigkeiten** wie Prozessorientierung, Lebenszyklusbetrachtung, Marktorientierung und frühzeitige Kostenbeeinflussung **aufgegriffen** und informatorisch unterstützt.
2. Die Verfahren der strategischen Kostenrechnung bauen auf der klassischen Kostenrechnung auf. Damit bestehen **gute Anwendungsvoraussetzungen** für die Unternehmenspraxis, da
    - in den Unternehmen i. d. R. eine gut ausgebaute Kostenrechnung vorhanden ist
    - die Instrumente sich auf vorhandenes Zahlenmaterial beziehen.

In methodischer Hinsicht weisen die einzelnen Verfahren allerdings Schwächen auf. Zum einen handelt es sich in den meisten Fällen um **Vollkostenrechnungen** mit dem bekannten Problem der (nicht verursachungsgerechten) **Fixkostenproportionalisierung**. Die sich hieraus ergebenden Ungenauigkeiten lassen sich durch die Verwendung „verursachungsgerechterer" Bezugsgrößen zwar einschränken, jedoch nicht beseitigen. Zum anderen handelt es sich bei einigen Verfahren streng genommen nicht um Kostenrechnungen, sondern um konkrete Anwendungsfälle der Investitionsrechnung. Statt dynamischer kommen dabei jedoch weitestgehend **statische Verfahren der Investitionsrechnung** (Kostenvergleichsrechnungen, Gewinnvergleichsrechnungen, Amortisationsrechnungen) zur Anwendung. Solche Rechnungen sind bekanntermaßen nur eingeschränkt geeignet, mehrperiodige strategische Planungsprobleme zu lösen. Die Verfahren der strategischen Kostenrechnung stellen damit im Ergebnis **praktische Näherungslösungen mit methodischen Schwächen** dar.

---

[1] Siehe ausführlich Eisinger, B., Kalkulation, 1997.

Literaturverzeichnis

Vorbemerkung

Das Literaturverzeichnis zu den Abschnitten 2 bis 6 beschränkt sich im Interesse der Überschaubarkeit auf ausgewählte Monographien. Zeitschriftenaufsätze zu Spezialproblemen sind i. d. R. in den Literaturverzeichnissen der angegebenen Monographien zu finden. Zu Abschnitt 1 konnte auf die Angabe von Zeitschriftenaufsätzen nicht verzichtet werden, weil viele Beiträge zur Methodologie und Geschichte der Betriebswirtschaftslehre nicht in Büchern, sondern in Zeitschriften enthalten sind.

Den Literaturangaben zu den einzelnen Abschnitten ist eine Auswahl von Gesamtdarstellungen zur Betriebswirtschaftslehre vorangestellt, die bei den Literaturangaben zu den einzelnen Abschnitten nicht noch einmal aufgeführt werden.

Gesamtdarstellungen

Albach, H. [Betriebswirtschaftslehre]: Allgemeine Betriebswirtschaftslehre, 3. Aufl., Wiesbaden 2001.
Balderjahn, G./Specht, G. [Betriebswirtschaftslehre]: Einführung in die Betriebswirtschaftslehre, 7. Aufl., Stuttgart 2016.
Bardmann, M. [Betriebswirtschaftslehre]: Grundlagen der Allgemeinen Betriebswirtschaftslehre, 2. Aufl., Wiesbaden 2014.
Bea, F. X./Helm, R./Schweitzer, M. [BWL-Lexikon]: BWL-Lexikon, Stuttgart 2009.
Bestmann, U. (Hrsg.) [Betriebswirtschaftslehre]: Kompendium der Betriebswirtschaftslehre, 11. Aufl., München 2009.
Bitz, M./Domsch, M. E./Ewert, R./Wagner, F. W. (Hrsg.) [Kompendium]: Vahlens Kompendium der Betriebswirtschaftslehre, 2 Bde., 5. Aufl., München 2005.
Bitz, M./Ewert, J. [Betriebswirtschaftslehre]: Übungen in Betriebswirtschaftslehre: 200 Übungs- und Klausuraufgaben, 8. Aufl., München 2014.
Busse von Colbe, W./Hammann, P./Laßmann, G. [Betriebswirtschaftstheorie]: Betriebswirtschaftstheorie, Bd. 2: Absatztheorie, 4. Aufl., Berlin u. a. 1992.
Busse von Colbe, W./Laßmann, G. [Produktionstheorie]: Betriebswirtschaftstheorie, Bd. 1: Grundlagen, Produktions- und Kostentheorie, 5. Aufl., Berlin u. a. 1991.
Busse von Colbe, W./Laßmann, G. [Betriebswirtschaftstheorie]: Betriebswirtschaftstheorie, Bd. 3: Investitionstheorie, 4. Aufl., Berlin u. a. 1994.
Corsten, H./Corsten, M. [Betriebswirtschaftslehre]: Betriebswirtschaftslehre, Konstanz u. a. 2014.
Corsten, H./Gössinger, R. (Hrsg.) [Betriebswirtschaftslehre]: Lexikon der Betriebswirtschaftslehre, 5. Aufl., München 2008.
Corsten, H./Reiß, M. (Hrsg.) [Betriebswirtschaftslehre]: Betriebswirtschaftslehre, 2 Bde., 4. Aufl., München 2008.
Domschke, W./Scholl, A. [Betriebswirtschaftslehre]: Grundlagen der Betriebswirtschaftslehre: Eine Einführung aus entscheidungsorientierter Sicht, 4. Aufl., Berlin u. a. 2008.
Dubs, R. et al. (Hrsg.) [Managementlehre]: Einführung in die Managementlehre, 2. Aufl., Bern 2009.
Gutenberg, E. [Einführung]: Einführung in die Betriebswirtschaftslehre, Wiesbaden 1958.

Gutenberg, E. [Finanzen]: Grundlagen der Betriebswirtschaftslehre, Bd. III: Die Finanzen, 8. Aufl., Berlin u. a. 1980.
Gutenberg, E. [Produktion]: Grundlagen der Betriebswirtschaftslehre, Bd. I: Die Produktion, 24. Aufl., Berlin u. a. 1983.
Gutenberg, E. [Absatz]: Grundlagen der Betriebswirtschaftslehre, Bd. II: Der Absatz, 17. Aufl., Berlin u. a. 1984.
Handelsblatt (Hrsg.) [Wirtschaftslexikon]: Wirtschaftslexikon: Das Wissen der Betriebswirtschaftslehre, 6 Bde., Stuttgart 2006.
Heinen, E. [Einführung]: Einführung in die Betriebswirtschaftslehre, 9. Aufl., Wiesbaden 1992.
Hering, T./Toll, C. [BWL-Klausuren]: BWL-Klausuren: Aufgaben und Lösungen für Studienanfänger, 4. Aufl., Berlin u. a. 2015.
Hopfenbeck, W. [Managementlehre]: Allgemeine Betriebswirtschafts- und Managementlehre: Das Unternehmen im Spannungsfeld zwischen ökonomischen, sozialen und ökologischen Interessen, 14. Aufl., München 2002.
Hungenberg, H./Wulf, T. [Grundlagen]: Grundlagen der Unternehmensführung: Einführung für Bachelorstudierende, 5. Aufl., Heidelberg u. a. 2015.
Hutzschenreuter, T. [Betriebswirtschaftslehre]: Allgemeine Betriebswirtschaftslehre: Grundlagen mit zahlreichen Praxisbeispielen, 6. Aufl., Wiesbaden 2015.
Jung, H. [Betriebswirtschaftslehre]: Allgemeine Betriebswirtschaftslehre, 12. Aufl., München 2010.
Köhler, R./Küpper, H.-U./Pfingsten, A. (Hrsg.) [Betriebswirtschaft]: Handwörterbuch der Betriebswirtschaft, Reihe Enzyklopädie der Betriebswirtschaftslehre (EdBWL), Bd. 1, 6. Aufl., Stuttgart 2007.
Kosiol, E. [Betriebswirtschaftslehre]: Bausteine der Betriebswirtschaftslehre: Eine Sammlung ausgewählter Abhandlungen, Aufsätze und Vorträge, Bd. 1: Methodologie, Grundlagen und Organisation, Bd. 2: Rechnungswesen, Berlin 1973.
Kosiol, E. [Unternehmung]: Die Unternehmung als wirtschaftliches Aktionszentrum: Einführung in die Betriebswirtschaftslehre, Reinbek b. Hamburg 1978.
Kußmaul, H. [Betriebswirtschaftslehre]: Betriebswirtschaftslehre für Existenzgründer: Grundlagen mit Fallbeispielen und Fragen der Existenzgründungspraxis, 7. Aufl., München 2011.
Müller-Merbach, H. [Einführung]: Einführung in die Betriebswirtschaftslehre, 3. Aufl., München 1998.
Neus, W. [Betriebswirtschaftslehre]: Einführung in die Betriebswirtschaftslehre aus institutionenökonomischer Sicht, 9. Aufl., Tübingen 2015.
Oehlrich, M. [Betriebswirtschaftslehre]: Betriebswirtschaftslehre: Eine Einführung am Businessplan-Prozess, 3. Aufl., München 2013.
Olfert, K./Rahn, H.-J. [Betriebswirtschaftslehre]: Einführung in die Betriebswirtschaftslehre, 11. Aufl., Herne 2013.
Olfert, R./Rahn, H.-J./Zschenderlein, O. [Lexikon]: Lexikon der Betriebswirtschaftslehre, 8. Aufl., Herne 2013.
Opresnik, M. O./Rennhak, C. [Betriebswirtschaftslehre]: Allgemeine Betriebswirtschaftslehre: Grundlagen unternehmerischer Funktionen, 2. Aufl., Berlin u. a. 2015.
Pfohl, H.-C. (Hrsg.) [Betriebswirtschaftslehre]: Betriebswirtschaftslehre der Mittel- und Kleinbetriebe: Größenspezifische Probleme und Möglichkeiten zu ihrer Lösung, 5. Aufl., Berlin 2013.
Rieger, W. [Privatwirtschaftslehre]: Einführung in die Privatwirtschaftslehre, 3. Aufl., Erlangen 1964.

Schaufelbühl, K./Hugentobler, W./Blattner, M. (Hrsg.) [Betriebswirtschaftslehre]: Betriebswirtschaftslehre für Bachelor, Stuttgart 2007.
Schierenbeck, H./Wöhle, C. [Übungsbuch]: Übungsbuch: Grundzüge der Betriebswirtschaftslehre, 10. Aufl., München 2011.
Schierenbeck, H./Wöhle, C. [Betriebswirtschaftslehre]: Grundzüge der Betriebswirtschaftslehre, 18. Aufl., München 2012.
Schmalen, H./Pechtl, H. [Betriebswirtschaft]: Grundlagen und Probleme der Betriebswirtschaft, 15. Aufl., Stuttgart 2013.
Schneck, O. [Betriebswirtschaft]: Lexikon der Betriebswirtschaft: 3000 grundlegende und aktuelle Begriffe für Studium und Beruf, 9. Aufl., München 2015.
Schneider, D. [Betriebswirtschaftslehre]: Allgemeine Betriebswirtschaftslehre, 3. Aufl., München u. a. 1987.
Schneider, D. [Grundlagen]: Betriebswirtschaftslehre, Bd. 1: Grundlagen, 2. Aufl., München u. a. 1995.
Schneider, D. [Unternehmung]: Betriebswirtschaftslehre, Bd. 3: Theorie der Unternehmung, München u. a. 1997.
Schultz, V. [Basiswissen]: Basiswissen Betriebswirtschaft, 5. Aufl., München 2014.
Schweitzer, M./Baumeister, A. (Hrsg.) [Betriebswirtschaftslehre]: Allgemeine Betriebswirtschaftslehre: Theorie und Politik des Wirtschaftens in Unternehmen, 11. Aufl., Berlin 2015.
Sigloch, J./Egner, T./Wildner, S. [Betriebswirtschaftslehre]: Einführung in die Betriebswirtschaftslehre, 5. Aufl., Stuttgart 2015.
Stepan, A./Fischer, E.O. [Optimierung]: Betriebswirtschaftliche Optimierung: Einführung in die quantitative Betriebswirtschaftslehre, 8. Aufl., München 2009.
Straub, T. [Einführung]: Einführung in die Allgemeine Betriebswirtschaftslehre, 2. Aufl., München 2015.
Thommen, J.-P./Achleitner, A.-K. [Betriebswirtschaftslehre]: Allgemeine Betriebswirtschaftslehre: Umfassende Einführung aus managementorientierter Sicht, 7. Aufl., Wiesbaden 2012.
Töpfer, A. [Betriebswirtschaftslehre]: Betriebswirtschaftslehre: Anwendungs- und prozessorientierte Grundlagen, 2. Aufl., Berlin 2007.
Ulrich, H. [Unternehmung]: Die Unternehmung als produktives soziales System. Grundlagen der allgemeinen Unternehmungslehre, 2. Aufl., Bern u. a. 1970.
Vahs, D./Schäfer-Kunz, J. [Betriebswirtschaftslehre]: Einführung in die Betriebswirtschaftslehre, 7. Aufl., Stuttgart 2015.
Weber, W./Kabst, R./Baum, M. [Betriebswirtschaftslehre]: Einführung in die Betriebswirtschaftslehre, 9. Aufl., Wiesbaden 2015.
Witte, H. [Betriebswirtschaftslehre]: Allgemeine Betriebswirtschaftslehre: Lebensphasen des Unternehmens und betriebliche Funktionen, 2. Aufl., München 2007.
Wittmann, W. [Betriebswirtschaftslehre]: Betriebswirtschaftslehre, Bd. 1: Grundlagen, Elemente, Instrumente, Tübingen 1982.
Wittmann, W. [Betriebswirtschaftslehre]: Betriebswirtschaftslehre, Bd. 2: Beschaffung, Produktion, Absatz, Investition, Finanzierung, Tübingen 1985.
Wöhe, G./Döring, U./Brösel, G. [Übungsbuch]: Übungsbuch zur Einführung in die Allgemeine Betriebswirtschaftslehre, 15. Aufl., München 2016.

Literatur zum 1. Abschnitt

Bellinger, B. [Geschichte]: Geschichte der Betriebswirtschaftslehre, Stuttgart 1967.

Bellinger, B. [Betriebswirtschaftslehre]: Die Betriebswirtschaftslehre der neueren Zeit, Darmstadt 1988.
Brockhoff, K. [Geschichte]: Geschichte der Betriebswirtschaftslehre. Kommentierte Meilensteine und Originaltexte, 2. Aufl., Wiesbaden 2002.
Brockhoff, K. [Betriebswirtschaftslehre]: Betriebswirtschaftslehre in Wissenschaft und Geschichte: Eine Skizze, 4. Aufl., Wiesbaden 2014.
Chmielewicz, K. [Forschungskonzeptionen]: Forschungskonzeptionen der Wirtschaftswissenschaft, 3. Aufl., Stuttgart 1994.
Coase, R.H. [Firm]: The Nature of the Firm, in: Economica, 4. Jg. (1937), S. 386–405.
Dyckhoff, H./Souren, R. [Nachhaltige Unternehmensführung]: Nachhaltige Unternehmensführung: Grundzüge industriellen Umweltmanagements, Berlin u. a. 2008.
Erlei, M./Leschke, M./Sauerland, D. [Institutionenökonomik]: Neue Institutionenökonomik, 3. Aufl., Stuttgart 2016.
Fischer, M. et al. [Marketing]: Marketing und neuere ökonomische Theorie. Ansätze zu einer Systematisierung, in: BFuP, 45. Jg. (1993), S. 444–470.
Freimann, J. [Ökologie]: Ökologie und Betriebswirtschaft, in: ZfbF, 39. Jg. (1987), S. 380–390.
Frey, B. S. [Ökonomie]: Ökonomie ist Sozialwissenschaft: Die Anwendung der Ökonomie auf neue Gebiete, München 1990.
Frey, B. S./Benz, M. [Homo oeconomicus]: Die psychologischen Grundlagen des Marktmodells (homo oeconomicus), in: von Rosenstiel, L./Frey, D. (Hrsg.), Enzyklopädie der Psychologie, Serie III, Bd. 5: Marktpsychologie, Göttingen u. a. 2007, S. 1–26.
Gaugler, E. [Betriebswirtschaftslehre]: Hundert Jahre Betriebswirtschaftslehre, Mannheim 1998.
Göbel, E. [Unternehmensethik]: Unternehmensethik: Grundlagen und praktische Umsetzung, 4. Aufl., Konstanz u. a. 2016.
Günther, E. [Ökologieorientiertes Management]: Ökologieorientiertes Management: Um-(weltorientiert)Denken in der BWL, Stuttgart 2008.
Gutenberg, E. [Wissenschaft]: Betriebswirtschaftslehre als Wissenschaft, 3. Aufl., Krefeld 1967.
Gutenberg, E. [Finanzen]: Grundlagen der Betriebswirtschaftslehre, Bd. III: Die Finanzen, 8. Aufl., Berlin u. a. 1980.
Gutenberg, E. [Produktion]: Grundlagen der Betriebswirtschaftslehre, Bd. I: Die Produktion, 24. Aufl., Berlin u. a. 1983.
Gutenberg, E. [Absatz]: Grundlagen der Betriebswirtschaftslehre, Bd. II: Der Absatz, 17. Aufl., Berlin u. a. 1984.
Heinen, E. [Ansatz]: Der entscheidungsorientierte Ansatz der Betriebswirtschaftslehre, in: ZfB, 41. Jg. (1971), S. 429–444.
Heinen, E. [Grundfragen]: Grundfragen der entscheidungsorientierten Betriebswirtschaftslehre, München 1976.
Hopfenbeck, W. [Managementlehre]: Allgemeine Betriebswirtschafts- und Managementlehre: Das Unternehmen im Spannungsfeld zwischen ökonomischen, sozialen und ökologischen Interessen, 14. Aufl., München 2002.
Jost, P.-J. (Hrsg.) [Transaktionskostenansatz]: Der Transaktionskostenansatz in der Betriebswirtschaftslehre, Stuttgart 2001.
Jost, P.-J. (Hrsg.) [Prinzipal-Agenten-Theorie]: Die Prinzipal-Agenten-Theorie in der Betriebswirtschaftslehre, Stuttgart 2001.
Kirchgässner, G. [Homo Oeconomicus]: Homo Oeconomicus: Das ökonomische Modell individuellen Verhaltens und seine Anwendung in den Wirtschafts- und Sozialwissenschaften, 4. Aufl., Tübingen 2013.

Kroeber-Riel, W./Gröppel-Klein, A. [Konsumentenverhalten]: Konsumentenverhalten, 10. Aufl., München 2013.

Küpper, H.-U. [Unternehmensethik]: Unternehmensethik: Hintergründe, Konzepte, Anwendungsbereiche, 2. Aufl., Stuttgart 2011.

Lingenfelder, M. (Hrsg.) [Betriebswirtschaftslehre]: 100 Jahre Betriebswirtschaftslehre in Deutschland 1898–1998, München 1999.

Meffert, H./Kirchgeorg, M. [Umweltmanagement]: Marktorientiertes Umweltmanagement, 3. Aufl., Stuttgart 1998.

Moxter, A. [Grundfragen]: Methodologische Grundfragen der Betriebswirtschaftslehre, Köln u. a. 1957.

Nicklisch, H. [Betriebslehre]: Allgemeine kaufmännische Betriebslehre als Privatwirtschaftslehre des Handels (und der Industrie), Bd. I, Leipzig 1972.

Nicklisch, H. [Betriebswirtschaft]: Die Betriebswirtschaft, 7. Aufl., Glashütten i. Taunus 1972.

Popper, K. R. [Forschung]: Logik der Forschung, 11. Aufl., Tübingen 2005.

Richter, R. [Institutionen]: Institutionen ökonomisch analysiert: Zur jüngeren Entwicklung auf einem Gebiet der Wissenschaftstheorie, Tübingen 1994.

Rieger, W. [Privatwirtschaftslehre]: Einführung in die Privatwirtschaftslehre, 3. Aufl., Erlangen 1964.

Schaltegger, S. [Interessen]: Bildung und Durchsetzung von Interessen zwischen Stakeholdern der Unternehmung: Eine politisch-ökonomische Perspektive, in: Die Unternehmung, 53. Jg. (1999), S. 3–20.

Schanz, G. [Methodologie]: Methodologie für Betriebswirte, 2. Aufl., Stuttgart 1988.

Schanz, G. [Wissenschaftsprogramme]: Wissenschaftsprogramme, in: Lingenfelder, M. (Hrsg.), 100 Jahre Betriebswirtschaftslehre in Deutschland 1898–1998, München 1999, S. 31–48.

Schanz, G. [Geschichte]: Eine kurze Geschichte der Betriebswirtschaftslehre, Konstanz u. a. 2014.

Schmalenbach, E. [Dynamische Bilanz]: Dynamische Bilanz, 13. Aufl., Köln u. a. 1962.

Schmidt, F. [Tageswertbilanz]: Die organische Tageswertbilanz, 3. Aufl., Leipzig 1929.

Schmidt, F. [Kalkulation]: Kalkulation und Preispolitik, Berlin 1930.

Schneider, D. [Theorie]: Geschichte betriebswirtschaftlicher Theorie: Allgemeine Betriebswirtschaftslehre für das Hauptstudium, München u. a. 1981.

Schneider, D. [Geschichte]: Geschichte der Betriebswirtschaftslehre, in: Lingenfelder, M. (Hrsg.): 100 Jahre Betriebswirtschaftslehre in Deutschland 1898–1998, München 1999, S. 1–29.

Schneider, D. [Wirtschaftswissenschaft]: Betriebswirtschaftslehre, Bd. 4: Geschichte und Methoden der Wirtschaftswissenschaft, München u. a. 2001.

Schneider, D. [Einzelwirtschaftstheorie]: Betriebswirtschaftslehre als Einzelwirtschaftstheorie der Institutionen, Wiesbaden 2010.

Schweitzer, M./Schweitzer, M. [Grundlagen]: Grundlagen der Betriebswirtschaftslehre unter Rationalitäts- und Moralitätsaspekten, in: Schweitzer, M./Baumeister, A. (Hrsg.), Allgemeine Betriebswirtschaftslehre, 11. Aufl., Berlin 2015, S. 3–45.

Steinmann, H./Löhr, A. [Grundlagen]: Grundlagen der Unternehmensethik, 2. Aufl., Stuttgart 1994.

Terberger, E. [Ansätze]: Neo-institutionalistische Ansätze: Entstehung und Wandel, Anspruch und Wirklichkeit, Wiesbaden 1994.

Ulrich, H. [System]: Die Unternehmung als produktives soziales System, 2. Aufl., Bern u. a. 1970.

Ulrich, H. [Ansatz]: Der systemorientierte Ansatz in der Betriebswirtschaftslehre, in: Kortzfleisch, G. v. (Hrsg.): Wissenschaftsprogramm und Ausbildungsziele der Betriebswirtschaftslehre, Berlin 1971, S. 43–60.
Wassmuth, B. [Betriebswirtschaftslehre]: Entwicklungslinien der Betriebswirtschaftslehre: 100 Jahre Betriebswirtschaftslehre als Wissenschaft, Marburg 1997.
Weber, M. [Wertfreiheit]: Der Sinn der „Wertfreiheit" der Sozialwissenschaften, in: Weber, M. (Hrsg.): Soziologie, weltgeschichtliche Analysen, Politik, Stuttgart 1956, S. 263–310.
Wöhe, G. [Grundprobleme]: Methodologische Grundprobleme der Betriebswirtschaftslehre, Meisenheim am Glan 1959.
Wöhe, G. [Werturteile]: Zur Problematik der Werturteile in der Betriebswirtschaftslehre, in: ZfhF, 11. Jg. (1959), S. 165–179.
Wöhe, G. [Entwicklungstendenzen]: Betriebswirtschaftslehre. Entwicklungstendenzen der Gegenwart, in: Grochla, E./Wittmann, W. (Hrsg.), Handwörterbuch der Betriebswirtschaft (HWB), Bd. 1, 4. Aufl., Stuttgart 1974, Sp. 710–747.

Literatur zum 2. Abschnitt

1. Grundlagen und Unternehmensführung

Adam, D. [Planung]: Planung und Entscheidung: Modelle – Ziele – Methoden, 4. Aufl., Wiesbaden 1996.
Ahlemeyer, N./Burger, A. [Controlling]: Wertorientiertes Controlling, Konstanz u. a. 2016.
Aßländer, M. S./Joerden, J. C. (Hrsg.) [Transformationsökonomien]: Markt ohne Moral? Transformationsökonomien aus ethischer Perspektive, Frankfurt 2002.
Balzert, H. [Softwaretechnik]: Lehrbuch der Softwaretechnik: Entwurf, Implementierung, Installation und Betrieb, 3. Aufl., Heidelberg 2011.
Bamberg, G./Coenenberg, A. G./Krapp, M. [Entscheidungslehre]: Betriebswirtschaftliche Entscheidungslehre, 15. Aufl., München 2012.
Bamberger, I./Wrona, T. [Unternehmensführung]: Strategische Unternehmensführung: Strategien, Systeme, Methoden, Prozesse, 2. Aufl., München 2013.
Bartling, H./Luzius, F. [Volkswirtschaftslehre]: Grundzüge der Volkswirtschaftslehre: Einführung in die Wirtschaftstheorie und Wirtschaftspolitik, 17. Aufl., München 2014.
Bea, F. X./Göbel, E. [Organisation]: Organisation: Theorie und Gestaltung, 4. Aufl., Stuttgart 2010.
Bea, F. X./Haas, J. [Management]: Strategisches Management, 8. Aufl., Konstanz u. a. 2016.
Becker, M. [Personalwirtschaft]: Personalwirtschaft: Lehrbuch für Studium und Praxis, Stuttgart 2010.
Becker, M. [Personalentwicklung]: Personalentwicklung: Bildung, Förderung und Organisationsentwicklung in Theorie und Praxis, 6. Aufl., Stuttgart 2013.
Berthel, J./Becker, F. G. [Personal-Management]: Personal-Management: Grundzüge für Konzeptionen betrieblicher Personalarbeit, 10. Aufl., Stuttgart 2013.
Bitz, M. et al. (Hrsg.) [Betriebswirtschaftslehre 4]: Vahlens Kompendium der Betriebswirtschaftslehre, Bd. 2, 4. Aufl., München 1999.
Bitz, M. et al. (Hrsg.) [Betriebswirtschaftslehre 5]: Vahlens Kompendium der Betriebswirtschaftslehre, Bd. 2, 5. Aufl., München 2005.

Bleicher, K. [Integriertes Management]: Das Konzept Integriertes Management: Visionen, Missionen, Programme, 8. Aufl., Frankfurt 2011.

Bröckermann, R. [Personalwirtschaft]: Personalwirtschaft: Lehr- und Übungsbuch für Human Resource Management, 7. Aufl., Stuttgart 2016.

Brox, H./Rüthers, B./Henssler, M. [Arbeitsrecht]: Arbeitsrecht, 19. Aufl., Stuttgart 2016.

Brühl, R. [Controlling]: Controlling: Grundlagen des Erfolgscontrollings, 4. Aufl., München 2016.

Bühner, R. [Personalmanagement]: Personalmanagement, 3. Aufl., München 2005.

Burr, W./Stephan, M./Werkmeister, C. [Unternehmensführung]: Unternehmensführung: Strategien der Gestaltung und des Wachstums von Unternehmen, 2. Aufl., München 2011.

Coenenberg, A. G./Salfeld, R./Schultze, W. [Unternehmensführung]: Wertorientierte Unternehmensführung: Vom Strategieentwurf zur Implementierung, 3. Aufl., Stuttgart 2015.

Corsten, H./Corsten, H./Gössinger, R. [Projektmanagement]: Projektmanagement: Einführung, 2. Aufl., München 2008.

Corsten, H./Corsten, H./Sartor, C. [Operations Research]: Operations Research: Eine problemorientierte Einführung, München 2005.

Domschke, W./Drexl, A./Klein, R./Scholl, A. [Operations Research]: Einführung in Operations Research, 9. Aufl., Berlin u. a. 2015.

Döring, U./Kußmaul, H. (Hrsg.) [Spezialisierung]: Spezialisierung und Internationalisierung. Entwicklungstendenzen der deutschen Betriebswirtschaftslehre. Festschrift für Prof. Dr. Dr. h.c. mult. Günter Wöhe zum 80. Geburtstag am 2. Mai 2004, München 2004.

Eichhorn, P./Merk, J. [Wirtschaftlichkeit]: Das Prinzip Wirtschaftlichkeit: Basiswissen der Betriebswirtschaftslehre, 4. Aufl., Wiesbaden 2016.

Ewert, R./Wagenhofer, A. [Unternehmensrechnung]: Interne Unternehmensrechnung, 8. Aufl., Berlin u. a. 2014.

Freidank, C.-C. [Unternehmensüberwachung]: Unternehmensüberwachung: Die Grundlagen betriebswirtschaftlicher Kontrolle, Prüfung und Aufsicht, München 2012.

Friedl, B. [Controlling]: Controlling, 2. Aufl., Konstanz u. a. 2013.

Gleißner, W. [Risikomanagement]: Grundlagen des Risikomanagements, 3. Aufl., München 2016.

Gutenberg, E. [Produktion]: Grundlagen der Betriebswirtschaftslehre, Bd. I: Die Produktion, 24. Aufl., Berlin u. a. 1983.

Hahn, D./Hungenberg, H. [Planung]: Planung und Kontrolle, Planungs- und Kontrollsysteme, Planungs- und Kontrollrechnung, Wertorientierte Controllingkonzepte, 6. Aufl., Wiesbaden 2001.

Hammer, R. [Unternehmensplanung]: Unternehmensplanung: Planung und Führung, 9. Aufl., München 2015.

Hanau, P./Adomeit, K. [Arbeitsrecht]: Arbeitsrecht, 14. Aufl., Neuwied 2007.

Hansen, H. R./Mendling, J./Neumann, G. [Wirtschaftsinformatik]: Wirtschaftsinformatik, 11. Aufl., Berlin u. a. 2015.

Hauschildt, J./Salomo, S. [Innovationsmanagement]: Innovationsmanagement, 5. Aufl., München 2011.

Heinen, E. [Entscheidungen]: Grundlagen betriebswirtschaftlicher Entscheidungen. Das Zielsystem der Unternehmung, 3. Aufl., Wiesbaden 1976.

Heinrich, L. J./Riedl, R./Stelzer, D. [Informationsmanagement]: Informationsmanagement: Grundlagen, Aufgaben, Methoden, 11. Aufl., München 2014.

Henderson, B. D. [Erfahrungskurve]: Die Erfahrungskurve in der Unternehmensstrategie, 2. Aufl., Frankfurt u. a. 1984.

Hentze, J./Graf, A. [Personalwirtschaftslehre]: Personalwirtschaftslehre 2, 7. Aufl., Stuttgart 2005.

Hermanns, A./Sauter, M. (Hrsg.) [E-Commerce]: Management-Handbuch Electronic Commerce: Grundlagen, Strategien, Praxisbeispiele, 2. Aufl., München 2001.

Hinterhuber, H. H. [Unternehmensführung]: Strategische Unternehmensführung: Das Gesamtmodell für nachhaltige Wertsteigerung, 9. Aufl., Berlin 2015.

Holler, M./Illing, G. [Spieltheorie]: Einführung in die Spieltheorie, 7. Aufl., Berlin u. a. 2009.

Homburg, C. [Betriebswirtschaftslehre]: Quantitative Betriebswirtschaftslehre: Entscheidungsunterstützung durch Modelle, 3. Aufl., Wiesbaden 2000.

Hopfenbeck, W. [Managementlehre]: Allgemeine Betriebswirtschafts- und Managementlehre: Das Unternehmen im Spannungsfeld zwischen ökonomischen, sozialen und ökologischen Interessen, 14. Aufl., München 2002.

Horváth, P./Gleich, R./Seiter, M. [Controlling]: Controlling, 13. Aufl., München 2015.

Hungenberg, H. [Strategisches Management]: Strategisches Management in Unternehmen: Ziele – Prozesse – Verfahren, 8. Aufl., Wiesbaden 2014.

Inmon, W. H. [Data Warehouse]: Building the Data Warehouse, 4. Aufl., New York 2005.

Janisch, M. [Anspruchsgruppenmanagement]: Das strategische Anspruchsgruppenmanagement: Vom Shareholder Value zum Stakeholder Value, Bern 1993.

Jung, H. [Controlling]: Controlling, 4. Aufl., München 2014.

Jung, H. [Personalwirtschaft]: Personalwirtschaft, 9. Aufl., München 2011.

Kaplan, R. S./Norton, D. P. [Balanced Scorecard]: The balanced scorecard: Translating strategy into action, Boston 1996.

Keuper, F. [Management]: Strategisches Management, München u. a. 2001.

Kieser, A./Walgenbach, P. [Organisation]: Organisation, 6. Aufl., Stuttgart 2010.

Kirchgeorg, M. [Unternehmensverhalten]: Ökologieorientiertes Unternehmensverhalten, Wiesbaden 1990.

Kosiol, E. [Organisation]: Organisation der Unternehmung, 2. Aufl., Wiesbaden 1976.

Koslowski, P. (Hrsg.) [Unternehmenserfolg]: Shareholder Value und die Kriterien des Unternehmenserfolgs, Heidelberg 1999.

Krcmar, H. [Informationsmanagement]: Informationsmanagement, 6. Aufl., Berlin u. a. 2015.

Kollmann, T. [E-Business]: E-Business: Grundlagen elektronischer Geschäftsprozesse in der Net Economy, 5. Aufl., Wiesbaden 2013.

Kreikebaum, H./Gilbert, D. U./Behnam, M. [Management]: Strategisches Management, 7. Aufl., Stuttgart u. a. 2011.

Küpper, H.-U. et al. [Controlling]: Controlling: Konzeption, Aufgaben, Instrumente, 6. Aufl., Stuttgart 2013.

Kutschker, M./Schmid, S. [Management]: Internationales Management, 7. Aufl., München 2011.

Link, J. [Führungssysteme]: Führungssysteme: Strategische Herausforderung für Organisation, Controlling und Personalwesen, 6. Aufl., München 2011.

Link, J. (Hrsg.) [Customer Relationship Management]: Customer Relationship Management: Erfolgreiche Kundenbeziehungen durch integrierte Informationssysteme, Berlin u. a. 2001.

Link, J. (Hrsg.) [Online Marketing]: Wettbewerbsvorteile durch Online Marketing: Die strategischen Perspektiven elektronischer Märkte, 2. Aufl., Berlin u. a. 2000.

Lusti, M. [Data Warehousing]: Data Warehousing und Data Mining: Eine Einführung in entscheidungsunterstützende Systeme, 2. Aufl., Berlin u. a. 2002.

Macharzina, K./Wolf, J. [Unternehmensführung]: Unternehmensführung: Das internationale Managementwissen, Konzepte – Methoden – Praxis, 9. Aufl., Wiesbaden 2015.

Maslow, A. H. [Human Motivation]: A Theory of Human Motivation, 1954.

Matschke, M. J./Jaeckel, U. D./Lemser, B. [Umweltwirtschaft]: Betriebliche Umweltwirtschaft, Herne u. a. 1996.

Meffert, H./Burmann, C./Kirchgeorg, M. [Marketing]: Marketing: Grundlagen marktorientierter Unternehmensführung, Konzepte – Instrumente – Praxisbeispiele, 12. Aufl., Wiesbaden 2015.

Mertens, P. [Informationsverarbeitung]: Integrierte Informationsverarbeitung 1: Operative Systeme in der Industrie, 18. Aufl., Wiesbaden 2013.

Mertens, P./Meier, M. C. [Informationsverarbeitung]: Integrierte Informationsverarbeitung 2: Planungs- und Kontrollsysteme in der Industrie, 10. Aufl., Wiesbaden 2009.

Mertens, P. et al. [Wirtschaftsinformatik]: Grundzüge der Wirtschaftsinformatik, 11. Aufl., Berlin et al. 2012.

Müller-Merbach, H. [Optimalplanung]: Operations Research: Methoden und Modelle der Optimalplanung, 3. Aufl., München 1973.

Müller-Stewens, G./Lechner, C. [Management]: Strategisches Management: Wie strategische Initiativen zum Wandel führen, 5. Aufl., Stuttgart 2016.

Oechsler, W. A./Paul, C. [Personal]: Personal und Arbeit: Einführung in das Personalmanagement, 10. Aufl., Berlin u. a. 2015.

Oelsnitz, D. v. d./Stein, V./Hahmann, M. [Talente-Krieg]: Der Talente-Krieg: Personalstrategie und Bildung im globalen Kampf um Hochqualifizierte, Bern 2007.

Olbrich, M. [Unternehmungskultur]: Unternehmungskultur und Unternehmungswert, Wiesbaden 1999.

Olfert, K. [Personalwirtschaft]: Personalwirtschaft, 16. Aufl., Ludwigshafen 2015.

Ossadnik, W. [Controlling]: Controlling, 4. Aufl., München 2009.

Picot, A. et al. [Organisation]: Organisation: Theorie und Praxis aus ökonomischer Sicht, 7. Aufl., Stuttgart 2015.

Picot, A./Reichwald, R./Wigand, R. T. [Unternehmung]: Die grenzenlose Unternehmung: Information, Organisation und Management, 5. Aufl., Wiesbaden 2003.

Rappaport, A. [Shareholder Value]: Shareholder Value: Ein Handbuch für Manager und Investoren, 2. Aufl., Stuttgart 1999.

Reichmann, T. [Controlling]: Controlling mit Kennzahlen: Die systemgestützte Controlling-Konzeption, 8. Aufl., München 2011.

Riechmann, T. [Spieltheorie]: Spieltheorie, 4. Aufl., München 2013.

Ridder, H.-G. [Personalwirtschaftslehre]: Personalwirtschaftslehre, 5. Aufl., Stuttgart 2015.

Rollberg, R. [Unternehmensplanung]: Integrierte Unternehmensplanung, Wiesbaden 2001.

Rollberg, R. [Controlling]: Operativ-taktisches Controlling, München 2012.

Scheer, A.-W. [Wirtschaftsinformatik]: Wirtschaftsinformatik: Referenzmodelle für industrielle Geschäftsprozesse, 7. Aufl., Berlin u. a. 1997.

Scherm, E./Süß, S. [Personalmanagement]: Personalmanagement, 3. Aufl., München 2016.

Schewe, G. [Unternehmensverfassung]: Unternehmensverfassung: Corporate Governance im Spannungsfeld von Leitung, Kontrolle und Interessenvertretung, 3. Aufl., Berlin u. a. 2016.

Schneider, A./Schmidpeter, R. (Hrsg.) [CSR]: Corporate Social Responsibility: Verantwortungsvolle Unternehmensführung in Theorie und Praxis, 2. Aufl., Berlin u. a. 2015.

Scholz, C. [Personalmanagement]: Personalmanagement: Informationsorientierte und verhaltenstheoretische Grundlagen, 6. Aufl., München 2014.

Scholz, C. [Grundzüge]: Grundzüge des Personalmanagements, 2. Aufl., München 2014.

Schreyögg, G. [Unternehmensstrategie]: Unternehmensstrategie: Grundfragen einer Theorie strategischer Unternehmensführung, Berlin u. a. 1984.

Schreyögg, G. [Grundlagen]: Grundlagen der Organisation: Basiswissen für Studium und Praxis, Wiesbaden 2012.

Schreyögg, G./Geiger, D. [Organisation]: Organisation: Grundlagen moderner Organisationsgestaltung, 6. Aufl., Wiesbaden 2016.

Schreyögg, G./Koch, J. [Grundlagen]: Grundlagen des Managements: Basiswissen für Studium und Praxis, 3. Aufl., Wiesbaden 2014.

Schulte-Zurhausen, M. [Organisation]: Organisation, 6. Aufl., München 2014.

Schweitzer, M./Schweitzer, M. [Grundlagen]: Grundlagen der Betriebswirtschaftslehre unter Rationalitäts- und Moralitätsaspekten, in: Schweitzer, M./Baumeister, A. (Hrsg.), Allgemeine Betriebswirtschaftslehre, 11. Aufl., Berlin 2015, S. 3–45.

Smith, A. [Wohlstand]: Der Wohlstand der Nationen: Eine Untersuchung seiner Natur und seiner Ursachen, 12. Aufl., München 2009.

Staehle, W. H. [Management]: Management: Eine verhaltenswissenschaftliche Perspektive, 8. Aufl., München 1999.

Stahlknecht, P./Hasenkamp, U. [Wirtschaftsinformatik]: Einführung in die Wirtschaftsinformatik, 11. Aufl., Berlin u. a. 2005.

Steger, U. (Hrsg.) [US-Management-Paradigma]: Der Niedergang des US-Management-Paradigmas – die europäische Antwort, Düsseldorf 1993.

Steinmann, H./Schreyögg, G./Koch, J. [Management]: Management: Grundlagen der Unternehmensführung: Konzepte – Funktionen – Fallstudien, 7. Aufl., Wiesbaden 2013.

Stock-Homburg, R. [Personalmanagement]: Personalmanagement: Theorien – Konzepte – Instrumente, 3. Aufl., Wiesbaden 2013.

Weber, J./Bramsemann, U./Heineke, C./Hirsch, B. [Unternehmenssteuerung]: Wertorientierte Unternehmenssteuerung: Konzepte – Implementierung – Praxisstatements, Wiesbaden 2004.

Weber, J./Schäffer, U. [Controlling]: Einführung in das Controlling, 14. Aufl., Stuttgart 2014.

Weibler, J. [Personalführung]: Personalführung, 3. Aufl., München 2016.

Welge, M. K./Al-Laham, A. [Strategisches Management]: Strategisches Management: Grundlagen – Prozess – Implementierung, 6. Aufl., Wiesbaden 2012.

Welge, M. K./Eulerich, M. [Corporate-Governance-Management]: Corporate-Governance-Management: Theorie und Praxis der guten Unternehmensführung, 2. Aufl., Wiesbaden 2014.

Wild, J. [Unternehmensplanung]: Grundlagen der Unternehmensplanung, 4. Aufl., Opladen 1982.

Wirtz, B. W. [M&A-Management]: Mergers & Acquisitions Management: Strategie und Organisation von Unternehmenszusammenschlüssen, 3. Aufl., Wiesbaden 2014.

Wirtz, B. W. [Electronic Business]: Electronic Business, 5. Aufl., Wiesbaden 2016.

Wittmann, W. [Entscheiden]: Entscheiden unter Ungewißheit, Wiesbaden 1975.

Wöhe, G./Döring, U./Brösel, G. [Übungsbuch]: Übungsbuch zur Einführung in die Allgemeine Betriebswirtschaftslehre, 15. Aufl., München 2016.
Wolf, J. [Organisation]: Organisation, Management, Unternehmensführung: Theorien, Praxisbeispiele und Kritik, 5. Aufl., Wiesbaden 2013.

2. Konstitutive Entscheidungen

Behrens, K. C. [Standortbestimmungslehre]: Allgemeine Standortbestimmungslehre, 2. Aufl., Köln u. a. 1971.
Brede, H. [Öffentliche Betriebe]: Grundzüge der öffentlichen Betriebswirtschaftslehre, 2. Aufl., München 2005.
Brähler, G. [Umwandlungssteuerrecht]: Umwandlungssteuerrecht: Grundlagen für Studium und Steuerberaterprüfung, 9. Aufl., Wiesbaden 2014.
Bysikiewicz, M. [Spaltung]: Unternehmensbewertung bei der Spaltung: Entscheidung – Argumentation – Vermittlung, Wiesbaden 2009.
Eisenhardt, U./Wackerbarth, U. [Personengesellschaften]: Gesellschaftsrecht I: Recht der Personengesellschaften, 16. Aufl., Heidelberg u. a. 2015.
Emmerich, V. [Kartellrecht]: Kartellrecht: Ein Studienbuch, 13. Aufl., München 2014.
Haberstock, L./Breithecker, V. [Steuerlehre]: Einführung in die Betriebswirtschaftliche Steuerlehre, 16. Aufl., Berlin 2013.
Hansmann, K.-W. [Management]: Industrielles Management, 8. Aufl., München u. a. 2006.
Jacobs, O. H. (Hrsg.) [Unternehmensbesteuerung]: Internationale Unternehmensbesteuerung: Deutsche Investitionen im Ausland, Ausländische Investitionen im Inland, 8. Aufl., München 2016.
Jacobs, O. H./Scheffler, W./Spengel, C. (Hrsg.) [Rechtsform]: Unternehmensbesteuerung und Rechtsform: Handbuch zur Besteuerung deutscher Unternehmen, 5. Aufl., München 2015.
Klunzinger, E. [Gesellschaftsrecht]: Grundzüge des Gesellschaftsrechts, 16. Aufl., München 2012.
Kußmaul, H. [Steuerlehre]: Betriebswirtschaftliche Steuerlehre, 7. Aufl., München 2014.
Kußmaul, H. [Steuern]: Steuern: Einführung in die Betriebswirtschaftliche Steuerlehre, 2. Aufl., München 2015.
Rose, G./Watrin, C. [Ertragsteuern]: Ertragsteuern: Einkommensteuer, Körperschaftsteuer, Gewerbesteuer, 20. Aufl., Berlin 2013.
Scheffler, W. [Besteuerung]: Besteuerung von Unternehmen I: Ertrag-, Substanz- und Verkehrsteuern, 12. Aufl., Heidelberg 2012.
Schneeloch, D. [Rechtsformwahl]: Rechtsformwahl und Rechtsformwechsel mittelständischer Unternehmen, München 2006.
Schreiber, U. [Besteuerung]: Besteuerung der Unternehmen: Eine Einführung in Steuerrecht und Steuerwirkung, 3. Aufl., Wiesbaden 2012.
Schwedhelm, R. [Unternehmensumwandlung]: Die Unternehmensumwandlung: Verschmelzung, Spaltung, Formwechsel, Einbringung, 8. Aufl., Köln 2016.
Spengel, C. [Unternehmensbesteuerung]: Internationale Unternehmensbesteuerung in der Europäischen Union: Steuerwirkungsanalyse, Empirische Befunde, Reformüberlegungen, Düsseldorf 2003.
Stehle, H./Stehle, A./Leuz, N. [Gesellschaftsformen]: Die rechtlichen und steuerlichen Wesensmerkmale der verschiedenen Gesellschaftsformen, 21. Aufl., Stuttgart u. a. 2014.
Theisen, M. R. [Konzern]: Der Konzern: Betriebswirtschaftliche und rechtliche Grundlagen der Konzernunternehmung, 2. Aufl., Stuttgart 2000.

Tipke, K./Lang, J. [Steuerrecht]: Steuerrecht, 22. Aufl., Köln 2015.
Wackerbarth, U./Eisenhardt, U. [Kapitalgesellschaften]: Gesellschaftsrecht II: Recht der Kapitalgesellschaften, Heidelberg u. a. 2013.
Weber, A. [Industrien]: Über den Standort der Industrien, 1. Teil: Reine Theorie des Standorts, Tübingen 1909.
Wöhe, G./Döring, U./Brösel, G. [Übungsbuch]: Übungsbuch zur Einführung in die Allgemeine Betriebswirtschaftslehre, 15. Aufl., München 2016.

Literatur zum 3. Abschnitt

Adam, D. [Produktionstheorie]: Produktions- und Kostentheorie, 2. Aufl., Tübingen 1977.
Adam, D. [Produktions-Management]: Produktions-Management, 9. Aufl., Wiesbaden 1998.
Arnolds, H./Heege, F./Röh, C./Tussing, W. [Materialwirtschaft]: Materialwirtschaft und Einkauf: Grundlagen – Spezialthemen – Übungen, 12. Aufl., Wiesbaden 2013.
Bloech, J. et al. [Produktion]: Einführung in die Produktion, 7. Aufl., Berlin u. a. 2014.
Blohm, H./Beer, T./Seidenberg, U./Silber, H. [Produktionswirtschaft]: Produktionswirtschaft: Potenziale, Prozesse, Produkte, 5. Aufl., Herne 2016.
Busse von Colbe, W./Laßmann, G. [Produktionstheorie]: Betriebswirtschaftstheorie, Bd. 1: Grundlagen, Produktions- und Kostentheorie, 5. Aufl., Berlin u. a. 1991.
Corsten, H./Gössinger, R. [Supply Chain Management]: Einführung in das Supply Chain Management, 2. Aufl., München u. a. 2008.
Corsten, H./Gössinger, R. [Produktionswirtschaft]: Produktionswirtschaft: Einführung in das industrielle Produktionsmanagement, 14. Aufl., Berlin u. a. 2016.
Corsten, H./Gössinger, R. [Logistikmanagement]: Produktions- und Logistikmanagement, Konstanz u. a. 2013.
Domschke, W. [Logistik: Transport]: Logistik: Transport; Grundlagen, lineare Transport- und Umladeprobleme, 5. Aufl., München u. a. 2007.
Domschke, W./Scholl, A. [Logistik: Touren]: Logistik: Rundreisen und Touren, 5. Aufl., München 2010.
Dyckhoff, H. [Produktionstheorie]: Produktionstheorie: Grundzüge industrieller Produktionswirtschaft, 5. Aufl., Berlin u. a. 2006.
Dyckhoff, H./Souren, R. [Nachhaltige Unternehmensführung]: Nachhaltige Unternehmensführung: Grundzüge industriellen Umweltmanagements, Berlin u. a. 2008.
Dyckhoff, H./Spengler, T. [Produktionswirtschaft]: Produktionswirtschaft: Eine Einführung, 3. Aufl., Berlin u. a. 2010.
Eßig, M./Hofmann, E./Stölzle, W. [Supply Chain Management]: Supply Chain Management, München 2013.
Fandel, G. [Produktionstheorie]: Produktions- und Kostentheorie, 8. Aufl., Berlin u. a. 2011.
Fandel, G./Fistek, A./Stütz, S. [Produktionsmanagement]: Produktionsmanagement, 2. Aufl., Berlin u. a. 2010.
Fandel, G./Giese, A./Raubenheimer, H. [Supply Chain Management]: Supply Chain Management: Strategien – Planungsansätze – Controlling, Berlin u. a. 2009.
Günther, H.-O./Tempelmeier, H. [Logistik]: Produktion und Logistik: Supply Chain und Operations Management, 11. Aufl., Norderstedt 2014.
Gutenberg, E. [Produktion]: Grundlagen der Betriebswirtschaftslehre, Bd. I: Die Produktion, 24. Aufl., Berlin u. a. 1983.

Heinen, E. [Industriebetriebslehre]: Industriebetriebslehre: Entscheidungen im Industriebetrieb, 9. Aufl., Wiesbaden 1991.
Kiener, S./Maier-Scheubeck, N./Obermaier, R./Weiß, M. [Produktions-Management]: Produktions-Management: Grundlagen der Produktionsplanung und -steuerung, 10. Aufl., München 2012.
Kilger, W. [Produktionstheorie]: Produktions- und Kostentheorie, Wiesbaden 1958.
Kluck, D. [Materialwirtschaft]: Materialwirtschaft und Logistik, 3. Aufl., Stuttgart 2008.
Kummer, S./Grün, O./Jammernegg, W. [Grundzüge]: Grundzüge der Beschaffung, Produktion und Logistik, 3. Aufl., München 2013.
Kurbel, K. [Enterprise Resource Planning]: Enterprise Recource Planning und Supply Chain Management in der Industrie: Von MRP bis Industrie 4.0, 8. Aufl., Berlin u. a. 2016.
Melzer-Ridinger, R. [Materialwirtschaft]: Materialwirtschaft und Einkauf: Beschaffungsmanagement, 5. Aufl., München 2008.
Müller-Merbach, H. [Optimalplanung]: Operations Research: Methoden und Modelle der Optimalplanung, 3. Aufl., München 1973.
Nebl, T. [Produktionswirtschaft]: Produktionswirtschaft, 7. Aufl., München 2011.
Obermaier, R. (Hrsg.) [Industrie 4.0]: Industrie 4.0 als unternehmerische Gestaltungsaufgabe: Betriebswirtschaftliche, technische und rechtliche Herausforderungen, Berlin u. a. 2016.
Rollberg, R. [Lean Management]: Lean Management und CIM aus Sicht der strategischen Unternehmensführung, Wiesbaden 1996.
Rollberg, R. [Controlling]: Operativ-taktisches Controlling, München 2012.
Schneeweiß, C. [Produktionswirtschaft]: Einführung in die Produktionswirtschaft, 8. Aufl., Berlin u. a. 2002.
Schneeweiß, C. [Lagerhaltungssysteme]: Modellierung industrieller Lagerhaltungssysteme, Berlin u. a. 1981.
Schulte, C. [Logistik]: Logistik: Wege zur Optimierung der Supply Chain, 7. Aufl., München 2016.
Schwarze, J. [Netzplantechnik]: Projektmanagement mit Netzplantechnik, 11. Aufl., Herne 2014.
Steven, M. [Produktionswirtschaft]: Einführung in die Produktionswirtschaft, Stuttgart 2013.
Steven, M. [Produktionsmanagement]: Produktionsmanagement, Stuttgart 2014.
Steven, M. [Produktionslogistik]: Produktionslogistik, Stuttgart 2015.
Tempelmeier, H. [Material-Logistik]: Material-Logistik: Modelle und Algorithmen für die Produktionsplanung und -steuerung in Advanced Planning-Systemen, 7. Aufl., Berlin u. a. 2008.
Thünen, J. H. v. [Landwirtschaft]: Der isolierte Staat in Beziehung auf Landwirtschaft und Nationalökonomie, Rostock 1842.
Turgot, A. R. J. [Richesses]: Réflexions sur la formation et la distribution des richesses, Paris 1766.
Vahrenkamp, R. [Produktionsmanagement]: Produktionsmanagement, 6. Aufl., München 2008.
Vahrenkamp, R./Kotzab, H. [Logistik]: Logistik: Management und Strategien, 7. Aufl., München 2012.
Wöhe, G./Döring, U./Brösel, G. [Übungsbuch]: Übungsbuch zur Einführung in die Allgemeine Betriebswirtschaftslehre, 15. Aufl., München 2016.

Zollondz, H.-D. [Qualitätsmanagement]: Grundlagen Qualitätsmanagement: Einführung in Geschichte, Begriffe, Systeme und Konzepte, 3. Aufl., München 2011.

Literatur zum 4. Abschnitt

Albers, S. [Entscheidungshilfen]: Entscheidungshilfen für den persönlichen Verkauf, Berlin 1989.

Backhaus, K./Voeth, M. [Marketing]: Internationales Marketing, 6. Aufl., Stuttgart 2010.

Backhaus, K./Voeth, M. [Industriegütermarketing]: Industriegütermarketing: Grundlagen des Business-to-Business-Marketings, 10. Aufl., München 2014.

Becker, J. [Marketing-Konzeption]: Marketing-Konzeption: Grundlagen des zielstrategischen und operativen Marketing-Managements, 10. Aufl., München 2013.

Berekoven, L./Eckert, W./Ellenrieder, P. [Marktforschung]: Marktforschung: Methodische Grundlagen und praktische Anwendung, 12. Aufl., Wiesbaden 2009.

Berndt, R. [Marketingstrategie und Marketingpolitik]: Marketingstrategie und Marketingpolitik, 4. Aufl., Berlin u. a. 2005.

Berndt, R./Fantapié Altobelli, C./Sander, M. [Marketing-Management]: Internationales Marketing-Management, 5. Aufl., Berlin u. a. 2016.

Bruhn, M. [Marketing]: Marketing: Grundlagen für Studium und Praxis, 12. Aufl., Wiesbaden 2014.

Bruhn, M. [Kommunikationspolitik]: Kommunikationspolitik: Systematischer Einsatz der Kommunikation für Unternehmen, 8. Aufl., München 2015.

Bruhn, M. [Relationship Marketing]: Relationship Marketing: Das Management von Kundenbeziehungen, 4. Aufl., München 2015.

Diller, H. [Preispolitik]: Preispolitik, 4. Aufl., Stuttgart 2008.

Esch, F.-R. [Markenführung]: Strategie und Technik der Markenführung, 8. Aufl., München 2014.

Esch, F.-R./Herrmann, A./Sattler, H. [Marketing]: Marketing: Eine managementorientierte Einführung, 4. Aufl., München 2013.

Foscht, T./Swoboda, B./Schramm-Klein, H. [Käuferverhalten]: Käuferverhalten: Grundlagen – Perspektiven – Anwendungen, 5. Aufl., Wiesbaden 2015.

Günter, B./Helm, S. (Hrsg.) [Kundenwert]: Kundenwert: Grundlagen – Innovative Konzepte – Praktische Umsetzungen, 3. Aufl., Wiesbaden 2006.

Gutenberg, E. [Absatz]: Grundlagen der Betriebswirtschaftslehre, Bd. II: Der Absatz, 17. Aufl., Berlin u. a. 1984.

Homburg, C. [Grundlagen]: Grundlagen des Marketingmanagements: Einführung in Strategie, Instrumente, Umsetzung und Unternehmensführung, 4. Aufl., Wiesbaden 2014.

Homburg, C. [Marketingmanagement]: Marketingmanagement: Strategie – Instrumente – Umsetzung – Unternehmensführung, 5. Aufl., Wiesbaden 2015.

Kloss, I. [Werbung]: Werbung: Handbuch für Studium und Praxis, 5. Aufl., München 2012.

Kotler, P./Armstrong, G./Wong, V./Saunders, J. [Marketing]: Grundlagen des Marketing, 5. Aufl., München 2011.

Kotler, P./Keller, K. L./Opresnik, M. O. [Marketing-Management]: Marketing-Management: Konzepte – Instrumente – Unternehmensfallstudien, 14. Aufl., München 2015.

Krafft, M. [Kundenbindung]: Kundenbindung und Kundenwert, 2. Aufl., Heidelberg 2007.

Kroeber-Riel, W./Esch, F.-R. [Werbung]: Strategie und Technik der Werbung, 8. Aufl., Stuttgart 2015.
Kroeber-Riel, W./Gröppel-Klein, A. [Konsumentenverhalten]: Konsumentenverhalten, 10. Aufl., München 2013.
Kuß, A. [Marketing-Theorie]: Marketing-Theorie: Eine Einführung, 3. Aufl., Wiesbaden 2013.
Kuß, A./Kleinaltenkamp, M. [Marketing-Einführung]: Marketing-Einführung: Grundlagen – Überblick – Beispiele, 6. Aufl., Wiesbaden 2013.
Kuß, A./Tomczak, T. [Käuferverhalten]: Käuferverhalten: Eine marketingorientierte Einführung, 4. Aufl., Stuttgart 2007.
Kuß, A./Wildner, R./Kreis, H. [Marktforschung]: Marktforschung: Grundlagen der Datenerhebung und Datenanalyse, 5. Aufl., Wiesbaden 2014.
Link, J./Weiser, C. [Marketing-Controlling]: Marketing-Controlling: Systeme und Methoden für mehr Markt- und Unternehmenserfolg, 3. Aufl., München 2011.
Meffert, H./Burmann, C./Kirchgeorg, M. [Marketing]: Marketing: Grundlagen marktorientierter Unternehmensführung, Konzepte – Instrumente – Praxisbeispiele, 12. Aufl., Wiesbaden 2015.
Müller, S./Gelbrich, K. [Marketing]: Interkulturelles Marketing, 2. Aufl., München 2015.
Müller-Hagedorn, L./Natter, M. [Handelsmarketing]: Handelsmarketing, 5. Aufl., Stuttgart 2011.
Nieschlag, R./Dichtl, E./Hörschgen, H. [Marketing]: Marketing, 19. Aufl., Berlin 2002.
Olbrich, R./Battenfeld, D. [Preispolitik]: Preispolitik: Ein einführendes Lehr- und Übungsbuch, 2. Aufl., Berlin u.a. 2014.
Scharf, A./Schubert, B./Hehn, P. [Marketing]: Marketing: Einführung in Theorie und Praxis, 6. Aufl., Stuttgart 2015.
Schögel, M. [Distributionsmanagement]: Distributionsmanagement: Das Management der Absatzkanäle, München 2012.
Simon, H./Fassnacht, M. [Preismanagement]: Preismanagement: Strategie, Analyse, Entscheidung, Umsetzung, 3. Aufl., Wiesbaden 2008.
Tomczak, T./Kuß, A./Reinecke, S. [Marketingplanung]: Marketingplanung: Einführung in die marktorientierte Unternehmens- und Geschäftsfeldplanung, 7. Aufl., Wiesbaden 2014.
Trommsdorff, V./Teichert, T. [Konsumentenverhalten]: Konsumentenverhalten, 8. Aufl., Stuttgart 2011.
Wöhe, G./Döring, U./Brösel, G. [Übungsbuch]: Übungsbuch zur Einführung in die Allgemeine Betriebswirtschaftslehre, 15. Aufl., München 2016.
Zentes, J./Swoboda, B./Foscht, T. [Handelsmanagement]: Handelsmanagement, 3. Aufl., München 2012.
Zentes, J./Swoboda, B./Schramm-Klein, H. [Internationales Marketing]: Internationales Marketing, 3. Aufl., München 2013.

Literatur zum 5. Abschnitt

Adam, D. [Investitionscontrolling]: Investitionscontrolling, 3. Aufl., München u.a. 2000.
Ballwieser, W./Hachmeister, D. [Unternehmensbewertung]: Unternehmensbewertung: Prozess, Methoden und Probleme, 5. Aufl., Stuttgart 2016.
Baxmann, U. G. [Betriebsgrößen]: Kreditwirtschaftliche Betriebsgrößen, Stuttgart 1995.

Becker, H. P. [Investition]: Investition und Finanzierung: Grundlagen der betrieblichen Finanzwirtschaft, 7. Aufl., Wiesbaden 2016.

Berk, J./DeMarzo, P. [Finanzwirtschaft]: Grundlagen der Finanzwirtschaft: Analyse, Entscheidung und Umsetzung, 3. Aufl., München 2015.

Bieg, H./Kußmaul, H./Waschbusch, G. [Finanzierung]: Finanzierung, 3. Aufl., München 2016.

Bieg, H./Kußmaul, H./Waschbusch, G. [Investition]: Investition, 3. Aufl., München 2016.

Bitz, M./Ewert, J./Terstege, U. [Investition]: Investition: Multimediale Einführung in finanzmathematische Entscheidungskonzepte, 2. Aufl., Wiesbaden 2012.

Bitz, M./Stark, G. [Finanzdienstleistungen]: Finanzdienstleistungen: Darstellung – Analyse – Kritik, 9. Aufl., München 2015.

Bleis, C. [Investition]: Grundlagen Investition und Finanzierung, 3. Aufl., München 2012.

Blohm, H./Lüder, K./Schaefer, C. [Investition]: Investition: Schwachstellenanalyse des Investitionsbereichs und Investitionsrechnung, 10. Aufl., München 2012.

Breuer, W. [Investition I]: Investition I: Entscheidungen bei Sicherheit, 4. Aufl., Wiesbaden 2012.

Breuer, W. [Investition II]: Investition II: Entscheidungen bei Risiko, Wiesbaden 2001.

Burchert, H./Vorfeld, M./Schneider, J. [Investition]: Investition und Finanzierung, 2. Aufl., München 2013.

Busse von Colbe, W. [Zukunftserfolg]: Der Zukunftserfolg: Die Ermittlung des künftigen Unternehmenserfolges und seine Bedeutung für die Bewertung von Industrieunternehmen, Wiesbaden 1957.

Busse von Colbe, W./Laßmann, G./Witte, F. [Investitionstheorie]: Investitionstheorie und Investitionsrechnung, 4. Aufl., Berlin u. a. 2015.

Coenenberg, A. G./Haller, A./Schultze, W. [Jahresabschluss]: Jahresabschluss und Jahresabschlussanalyse: Betriebswirtschaftliche, handelsrechtliche, steuerrechtliche und internationale Grundlagen – HGB, IAS/IFRS, US-GAAP, DRS, 24. Aufl., Stuttgart 2016.

Copeland, T./Koller, T./Murrin, J. [Unternehmenswert]: Unternehmenswert: Methoden und Strategien für eine wertorientierte Unternehmensführung, 3. Aufl., Frankfurt u. a. 2002.

Däumler, K.-D./Grabe, J. [Finanzwirtschaft]: Betriebliche Finanzwirtschaft, 10. Aufl., Herne 2013.

Dean, J. [Kapitalbeschaffung]: Kapitalbeschaffung und Kapitaleinsatz, Wiesbaden 1969.

Debreu, G. [Value]: The Theory of Value: An axiomatic analysis of economic equilibrium, 19. Aufl., New Haven u. a. 1987.

Domschke, W./Drexl, A./Klein, R./Scholl, A. [Operations Research]: Einführung in Operations Research, 9. Aufl., Berlin u. a. 2015.

Drukarczyk, J./Lobe, S. [Finanzierung]: Finanzierung: Eine Einführung unter deutschen Rahmenbedingungen, 11. Aufl., Konstanz u. a. 2015.

Drukarczyk, J./Schüler, A. [Unternehmensbewertung]: Unternehmensbewertung, 7. Aufl., München 2016.

Feldbauer-Durstmüller, B./Schlager, J. (Hrsg.) [Krisenmanagement]: Krisenmanagement – Sanierung – Insolvenz: Handbuch für Banken, Management, Rechtsanwälte, Steuerberater, Wirtschaftsprüfer und Unternehmensberater, 2. Aufl., Wien 2002.

Franke, G./Hax, H. [Finanzwirtschaft]: Finanzwirtschaft des Unternehmens und Kapitalmarkt, 6. Aufl., Berlin u. a. 2009.

Götze, U. [Investitionsrechnung]: Investitionsrechnung: Modelle und Analysen zur Beurteilung von Investitionsvorhaben, 7. Aufl., Berlin u. a. 2014.

Gräfer, H./Schiller, B./Rösner, S. [Finanzierung]: Finanzierung: Grundlagen, Institutionen, Instrumente und Kapitalmarkttheorie, 8. Aufl., Berlin 2014.

Gutenberg, E. [Finanzen]: Grundlagen der Betriebswirtschaftslehre, Bd. III: Die Finanzen, 8. Aufl., Berlin u. a. 1980.

Hartmann-Wendels, T./Pfingsten, A./Weber, M. [Bankbetriebslehre]: Bankbetriebslehre, 6. Aufl., Wiesbaden 2015.

Hax, H. [Investitionstheorie]: Investitionstheorie, korrigierter Nachdruck der 5. Aufl., Heidelberg 1993.

Hering, T. [Unternehmensbewertung]: Unternehmensbewertung, 3. Aufl., München 2014.

Hering, T. [Investitionstheorie]: Investitionstheorie, 4. Aufl., Berlin u. a. 2015.

Hirshleifer, J. [Investment]: Investment, Interest and Capital, Englewood Cliffs (N.J.) 1970.

Hirth, H. [Investition]: Grundzüge der Finanzierung und Investition, 3. Aufl., München 2012.

Hölscher, R. [Investition]: Investition, Finanzierung und Steuern, München 2010.

Jesch, T. A. [Private Equity]: Private-Equity-Beteiligungen: Wirtschaftliche, rechtliche und steuerliche Rahmenbedingungen aus Investorensicht, Wiesbaden 2004.

Kruschwitz, L. [Finanzmathematik]: Finanzmathematik: Lehrbuch der Zins-, Renten-, Tilgungs-, Kurs- und Renditerechnung, 5. Aufl., München 2010.

Kruschwitz, L. [Investitionsrechnung]: Investitionsrechnung, 14. Aufl., München 2014.

Kruschwitz, L./Husmann, S. [Finanzierung]: Finanzierung und Investition, 7. Aufl., München 2012.

Kußmaul, H. [Steuerlehre]: Betriebswirtschaftliche Steuerlehre, 7. Aufl., München 2014.

Markowitz, H. M. [Portfolio Selection]: Portfolio Selection: Efficient Diversification of Investments, 2. Aufl., Cambridge (Mass.) 1998.

Matschke, M. J./Brösel, G. [Unternehmensbewertung]: Unternehmensbewertung: Funktionen – Methoden – Grundsätze, 4. Aufl., Wiesbaden 2013.

Mindermann, T. [Investitionsrechnung]: Investitionsrechnung: Grundlagen – Rechenverfahren – Entscheidungen, Berlin 2015.

Müller, D. [Investitionscontrolling]: Investitionscontrolling, Berlin u. a. 2014.

Nadvornik, W. et al. [Finanzmanagement]: Praxishandbuch des modernen Finanzmanagements, 2. Aufl., Wien 2015.

Olfert, K. [Investition]: Investition, 13. Aufl., Herne 2015.

Olfert, K. [Finanzierung]: Finanzierung, 16. Aufl., Herne 2013.

Pape, U. [Grundlagen]: Grundlagen der Finanzierung und Investition: Mit Fallbeispielen und Übungen, 3. Aufl., Berlin u. a. 2015.

Perridon, L./Steiner, M./Rathgeber, A. W. [Finanzwirtschaft]: Finanzwirtschaft der Unternehmung, 16. Aufl., München 2012.

Rappaport, A. [Shareholder Value]: Shareholder Value: Ein Handbuch für Manager und Investoren, 2. Aufl., Stuttgart 1999.

Scheffler, W. [Besteuerung]: Besteuerung von Unternehmen I: Ertrag-, Substanz- und Verkehrsteuern, 12. Aufl., Heidelberg u. a. 2012.

Schmidt, R. H./Terberger, E. [Investitions- und Finanzierungstheorie]: Grundzüge der Investitions- und Finanzierungstheorie, 4. Aufl., Wiesbaden 1997.

Schneider, D. [Investition]: Investition, Finanzierung und Besteuerung, 7. Aufl., Wiesbaden 1992.

Sharpe, W. F. [Portfolio]: Portfolio Theory and Capital Markets, New York 1970.

Spremann, K./Gantenbein, P. [Finanzmärkte]: Finanzmärkte: Grundlagen, Instrumente, Zusammenhänge, 3. Aufl., Konstanz u. a. 2014.
Spremann, K./Scheurle, P. [Finanzanalyse]: Finanzanalyse, München 2010.
Steiner, M./Bruns, C./Stöckl, S. [Wertpapiermanagement]: Wertpapiermanagement: Professionelle Wertpapieranalyse und Portfoliostrukturierung, 10. Aufl., Stuttgart 2012.
Steiner, P./Uhlir, H. [Wertpapieranalyse]: Wertpapieranalyse, 4. Aufl., Heidelberg 2001.
Swoboda, P. [Finanzierung]: Betriebliche Finanzierung, 3. Aufl., Heidelberg 1994.
Terstege, U./Ewert, J. [Finanzierung]: Betriebliche Finanzierung: Schnell erfasst, Heidelberg 2011.
Walz, H./Gramlich, D. [Finanzplanung]: Investitions- und Finanzplanung: Eine Einführung in finanzwirtschaftliche Entscheidungen unter Sicherheit, 8. Aufl., Frankfurt 2011.
Wöhe, G./Bilstein, J./Ernst, D./Häcker, J. [Unternehmensfinanzierung]: Grundzüge der Unternehmensfinanzierung, 11. Aufl., München 2014.
Wöhe, G./Döring, U./Brösel, G. [Übungsbuch]: Übungsbuch zur Einführung in die Allgemeine Betriebswirtschaftslehre, 15. Aufl., München 2016.

Literatur zum 6. Abschnitt

1. Jahresabschluss

Baetge, J./Kirsch, H. J./Thiele, S. [Bilanzanalyse]: Bilanzanalyse, 2. Aufl., Düsseldorf 2004.
Baetge, J./Kirsch, H. J./Thiele, S. [Bilanzen]: Bilanzen, 13. Aufl., Düsseldorf 2014.
Baetge, J./Kirsch, H. J./Thiele, S. [Konzernbilanzen]: Konzernbilanzen, 11. Aufl., Düsseldorf 2015.
Ballwieser, W. [IFRS-Rechnungslegung]: IFRS-Rechnungslegung: Konzept, Regeln und Wirkungen, 3. Aufl., München 2013.
Bieg, H. [Bankbilanzierung]: Bankbilanzierung nach HGB und IFRS, 2. Aufl., München 2010.
Bieg, H./Kußmaul, H./Waschbusch, G. [Rechnungswesen]: Externes Rechnungswesen, 6. Aufl., München 2012.
Bitz, M./Schneeloch, D./Wittstock, W./Patek, G. [Jahresabschluss]: Der Jahresabschluss: Nationale und internationale Rechtsvorschriften, Analyse und Politik, 6. Aufl., München 2014.
Brösel, G. [Bilanzanalyse]: Bilanzanalyse: Unternehmensbeurteilung auf der Basis von HGB- und IFRS-Abschlüssen, 15. Aufl., Berlin 2014.
Brösel, G./Freichel, C./Toll, M./Buchner, R. [Prüfungswesen]: Wirtschaftliches Prüfungswesen: Der Einstieg in die Wirtschaftsprüfung, 3. Aufl., München 2015.
Buchholz, R. [Rechnungslegung]: Internationale Rechnungslegung: Die wesentlichen Vorschriften nach IFRS und HGB, 12. Aufl., Berlin 2015.
Buchholz, R. [Jahresabschluss]: Grundzüge des Jahresabschlusses nach HGB und IFRS, 9. Aufl., München 2016.
Busse von Colbe, W./Ordelheide, D./Gebhardt, G./Pellens, B. [Konzernabschlüsse]: Konzernabschlüsse: Rechnungslegung nach betriebswirtschaftlichen Grundsätzen sowie nach Vorschriften des HGB und der IAS/IFRS, 9. Aufl., Wiesbaden 2010.
Coenenberg, A. G./Haller, A./Mattner, G./Schultze, W. [Rechnungswesen]: Einführung in das Rechnungswesen: Grundlagen der Buchführung und Bilanzierung, 6. Aufl., Stuttgart 2016.

Coenenberg, A. G./Haller, A./Schultze, W. [Jahresabschluss]: Jahresabschluss und Jahresabschlussanalyse: Betriebswirtschaftliche, handelsrechtliche, steuerrechtliche und internationale Grundlagen – HGB, IAS/IFRS, US-GAAP, DRS, 24. Aufl., Stuttgart 2016.
Döring, U./Buchholz, R. [Buchhaltung]: Buchhaltung und Jahresabschluss, 14. Aufl., Berlin 2015.
Eisele, W./Knobloch A. P. [Rechnungswesen]: Technik des betrieblichen Rechnungswesens, 8. Aufl., München 2011.
Freidank, C.-C. [Unternehmensüberwachung]: Unternehmensüberwachung: Die Grundlagen betriebswirtschaftlicher Kontrolle, Prüfung und Aufsicht, München 2012.
Freidank, C.-C./Velte, P. [Rechnungslegung]: Rechnungslegung und Rechnungslegungspolitik: Eine handels-, steuerrechtliche und internationale Einführung für Einzelunternehmen sowie Personen- und Kapitalgesellschaften, 2. Aufl., München 2013.
Gräfer, H./Scheld, G. A. [Konzernrechnungslegung]: Grundzüge der Konzernrechnungslegung, 12. Aufl., Berlin 2012.
Gräfer, H./Schneider, G./Gerenkamp, T. [Bilanzanalyse]: Bilanzanalyse, 12. Aufl., Herne 2012.
Haaker, A. [IFRS]: IFRS – Irrtümer, Widersprüche und unerwünschte Konsequenzen: Ein Lehrbuch zur kritischen Analyse der internationalen Rechnungslegung, Herne 2014.
Haberstock, L./Breithecker, V. [Steuerlehre]: Einführung in die Betriebswirtschaftliche Steuerlehre, 16. Aufl., Berlin 2013.
Haller, A. [Wertschöpfungsrechnung]: Wertschöpfungsrechnung, Stuttgart 1997.
Hayn, S./Waldersee, G. G. [Vergleich]: IFRS und HGB im Vergleich: Synoptische Darstellung für den Einzel- und Konzernabschluss, 8. Aufl., Stuttgart 2014.
Heinhold, M. [Buchführung in Fallbeispielen]: Buchführung in Fallbeispielen, 12. Aufl., Stuttgart 2012.
Käfer, K. [Kapitalflussrechnung]: Kapitalflußrechnungen, 2. Aufl., Stuttgart 1984.
Kirsch, H. [Rechnungslegung]: Einführung in die internationale Rechnungslegung nach IFRS, 10. Aufl., Herne 2016.
Kosiol, E. [Bilanz]: Pagatorische Bilanz, Berlin 1976.
KPMG AG Wirtschaftsprüfungsgesellschaft (Hrsg.) [IFRS visuell]: IFRS visuell: Die IFRS in strukturierten Übersichten, 6. Aufl., Stuttgart 2014.
Krag, J./Mölls, S. [Rechnungslegung]: Rechnungslegung: Grundlagen des handelsrechtlichen Jahresabschlusses, 2. Aufl., München 2012.
Kudert, S./Sorg, P. [IFRS]: IFRS leicht gemacht: Eine Einführung in die International Financial Reporting Standards, 4. Aufl., Berlin 2014.
Kudert, S./Sorg, P. [Rechnungswesen]: Rechnungswesen leicht gemacht, 7. Aufl., Berlin 2016.
Kußmaul, H. [Steuerlehre]: Betriebswirtschaftliche Steuerlehre, 7. Aufl., München 2014.
Küting, K./Pfitzer, N./Weber, C.-P. [Bilanzrecht]: Das neue deutsche Bilanzrecht: Handbuch zur Anwendung des Bilanzrechtsmodernisierungsgesetzes (BilMoG), 2. Aufl., Stuttgart 2009.
Küting, K./Weber, C.-P. [Konzernabschluss]: Der Konzernabschluss: Praxis der Konzernrechnungslegung nach HGB und IFRS, 13. Aufl., Stuttgart 2012.
Küting, P./Weber, C.-P. [Bilanzanalyse]: Die Bilanzanalyse: Beurteilung von Abschlüssen nach HGB und IFRS, 11. Aufl., Stuttgart 2015.
Lachnit, L. [Bilanzanalyse]: Bilanzanalyse: Grundlagen, Einzel- und Konzernabschlüsse, Internationale Abschlüsse, Unternehmensbeispiele, Wiesbaden 2004.

Leffson, U. [Buchführung]: Die Grundsätze ordnungsmäßiger Buchführung, 7. Aufl., Düsseldorf 1987.

Littkemann, J./Holtrup, M./Reinbacher, P. [Jahresabschluss]: Jahresabschluss: Grundlagen – Übungen – Klausurvorbereitung, 3. Aufl., Norderstedt 2016.

Meyer, C./Theile, C. [Bilanzierung]: Bilanzierung nach Handels- und Steuerrecht unter Einschluss der Konzernrechnungslegung und der internationalen Rechnungslegung, 27. Aufl., Herne 2016.

Mindermann, T./Brösel, G. [Buchführung]: Buchführung und Jahresabschlusserstellung nach HGB: Lehrbuch, 5. Aufl., Berlin 2014.

Moxter, A. [Gewinnermittlung]: Betriebswirtschaftliche Gewinnermittlung, Tübingen 1982.

Moxter, A. [Bilanztheorie]: Bilanzlehre, Bd. I: Einführung in die Bilanztheorie, 3. Aufl., Wiesbaden 1984.

Moxter, A. [Bilanzrechtsprechung]: Bilanzrechtsprechung, 6. Aufl., Tübingen 2007.

Pellens, B./Fülbier, R. U./Gassen, J./Sellhorn, T. [Rechnungslegung]: Internationale Rechnungslegung: IFRS 1 bis 13, IAS 1 bis 41, IFRIC-Interpretationen, Standardentwürfe, 9. Aufl., Stuttgart 2014.

Petersen, K./Bansbach, F./Dornbach, E. (Hrsg.) [IFRS]: IFRS Praxishandbuch: Ein Leitfaden für die Rechnungslegung mit Fallbeispielen, 11. Aufl., München 2016.

Rieger, W. [Bilanz]: Schmalenbachs dynamische Bilanz: Eine kritische Untersuchung, 2. Aufl., Stuttgart u. a. 1954.

Ruhnke, K./Simons, D. [Rechnungslegung]: Rechnungslegung nach IFRS und HGB, 3. Aufl., Stuttgart 2012.

Schaltegger, S./Bennett, M./Burritt, R. [Sustainability Accounting]: Sustainability Accounting and Reporting, Berlin 2006.

Scheffler, W. [Besteuerung]: Besteuerung von Unternehmen II: Steuerbilanz, 8. Aufl., Heidelberg u. a. 2014.

Scherrer, G. [Konzernrechnungslegung]: Konzernrechnungslegung nach HGB, 3. Aufl., München 2012.

Schildbach, T./Stobbe, T./Brösel, G. [Jahresabschluss]: Der handelsrechtliche Jahresabschluss, 10. Aufl., Sternenfels 2013.

Schmalenbach, E. [Dynamische Bilanz]: Dynamische Bilanz, 13. Aufl., Köln u.a.1962.

Schmidt, F. [Tageswertbilanz]: Die organische Tageswertbilanz, 3. Aufl., Leipzig 1929.

Schneider, D. [Rechnungswesen]: Betriebswirtschaftslehre, Bd. 2: Rechnungswesen, 2. Aufl., München u. a. 1997.

Simon, H. V. [Bilanzen]: Die Bilanzen der Aktiengesellschaften und der Kommanditgesellschaften auf Aktien, 3. Aufl., Berlin 1899.

Wagenhofer, A./Ewert, R. [Unternehmensrechnung]: Externe Unternehmensrechnung, 3. Aufl., Berlin u. a. 2015.

Weber, J./Weißenberger, B. E. [Rechnungswesen]: Einführung in das Rechnungswesen: Bilanzierung und Kostenrechnung, 9. Aufl., Stuttgart 2015.

Wenger, E. [Unternehmenserhaltung]: Unternehmenserhaltung und Gewinnbegriff: Die Problematik des Nominalwertprinzips in handels- und steuerrechtlicher Sicht, Wiesbaden 1981.

Wöhe, G. [Bilanzierung]: Bilanzierung und Bilanzpolitik, Betriebswirtschaftlich, handelsrechtlich, steuerrechtlich. Mit einer Einführung in die verrechnungstechnischen Grundlagen, 9. Aufl., München 1997.

Wöhe, G./Döring, U./Brösel, G. [Übungsbuch]: Übungsbuch zur Einführung in die Allgemeine Betriebswirtschaftslehre, 15. Aufl., München 2016.

Wöhe, G./Kußmaul, H. [Buchführung]: Grundzüge der Buchführung und Bilanztechnik, 9. Aufl., München 2015.
Wöltje, J. [Jahresabschluss]: Jahresabschluss: Schritt für Schritt, 2. Aufl., Konstanz u. a. 2016.
Wysocki, K. v./Wohlgemuth, M./Brösel, G. [Konzernrechnungslegung]: Konzernrechnungslegung, 5. Aufl., Konstanz u. a. 2014.

2. Kostenrechnung

Adam, D. [Kostenbewertung]: Entscheidungsorientierte Kostenbewertung, Wiesbaden 1970.
Baden, A. [Kostenrechnung]: Strategische Kostenrechnung: Einsatzmöglichkeiten und Grenzen, Wiesbaden 1997.
Braun, S. [Prozesskostenrechnung]: Die Prozesskostenrechnung: Ein fortschrittliches Kostenrechnungssystem?, 4. Aufl., Sternenfels 2007.
Brühl, R. [Controlling]: Controlling: Grundlagen des Erfolgscontrollings, 4. Aufl., München 2016.
Coenenberg, A. G./Fischer, T. M./Günther, T. W. [Kostenrechnung]: Kostenrechnung und Kostenanalyse, 9. Aufl., Stuttgart 2016.
Däumler, K.-D./Grabe, J. [Kostenrechnung 1]: Kostenrechnung 1: Grundlagen, 11. Aufl., Herne 2013.
Däumler, K.-D./Grabe, J. [Kostenrechnung 2]: Kostenrechnung 2: Deckungsbeitragsrechnung, 10. Aufl., Herne 2013.
Döring, U. [Kostensteuern]: Kostensteuern. Der Einfluß von Steuern auf kurzfristige Produktions- und Absatzentscheidungen, Stuttgart 1984.
Eisele, W./Knobloch A. P. [Rechnungswesen]: Technik des betrieblichen Rechnungswesens, 8. Aufl., München 2011.
Eisinger, B. [Kalkulation]: Konstruktionsbegleitende Kalkulation, Wiesbaden 1997.
Ewert, R./Wagenhofer, A. [Unternehmensrechnung]: Interne Unternehmensrechnung, 8. Aufl., Berlin u. a. 2014.
Fischbach, S. [Kostenrechnung]: Grundlagen der Kostenrechnung, 6. Aufl., München 2013.
Freidank, C.-C. [Kostenrechnung]: Kostenrechnung, 9. Aufl., München 2012.
Friedl, B. [Kostenrechnung]: Kostenrechnung: Grundlagen, Teilrechnungen und Systeme der Kostenrechnung, 2. Aufl., München 2010.
Friedl, G./Hofmann, C./Pedell, B. [Kostenrechnung]: Kostenrechnung: Eine entscheidungsorientierte Einführung, 2. Aufl., München 2013.
Götze, U. [Kostenrechnung]: Kostenrechnung und Kostenmanagement, 5. Aufl., Berlin 2010.
Haberstock, L. [Kostenrechnung I]: Kostenrechnung I: Einführung, 13. Aufl., Berlin 2008.
Haberstock, L. [Kostenrechnung II]: Kostenrechnung II: (Grenz-)Plankostenrechnung, 10. Aufl., Berlin 2008.
Hans, L. [Kostenrechnung]: Grundlagen der Kostenrechnung, München u. a. 2002.
Heinhold, M. [Kostenrechnung]: Kosten- und Erfolgsrechnung in Fallbeispielen, 5. Aufl., Stuttgart 2010.
Hummel, S./Männel, W. [Kostenrechnung, Bd. 1]: Kostenrechnung, Bd. 1: Grundlagen, Aufbau und Anwendung, 4. Aufl., Wiesbaden 1986.
Hummel, S./Männel, W. [Kostenrechnung, Bd. 2]: Kostenrechnung, Bd. 2: Moderne Verfahren und Systeme, 3. Aufl., Wiesbaden 1983.

Jórasz, W. [Kostenrechnung]: Kosten- und Leistungsrechnung: Lehrbuch mit Aufgaben und Lösungen, 5. Aufl., Stuttgart 2009.
Kilger, W. [Kostenrechnung]: Einführung in die Kostenrechnung, 3. Aufl., Wiesbaden 1992.
Kilger, W./Pampel, J. R./Vikas, K. [Deckungsbeitragsrechnung]: Flexible Plankostenrechnung und Deckungsbeitragsrechnung, 13. Aufl., Wiesbaden 2012.
Kosiol, E. [Kalkulation]: Kostenrechnung und Kalkulation, 2. Aufl., Berlin u. a. 1972.
Kosiol, E. [Kostenrechnung]: Kosten- und Leistungsrechnung: Grundlagen, Verfahren, Anwendungen, Berlin 1979.
Kremin-Buch, B. [Kostenmanagement]: Strategisches Kostenmanagement: Grundlagen und moderne Instrumente, 4. Aufl., Wiesbaden 2007.
Kudert, S./Sorg, P. [Kostenrechnung]: Kostenrechnung leicht gemacht, Berlin 2016.
Macha, R. [Kostenrechnung]: Grundlagen der Kosten- und Leistungsrechnung, 5. Aufl., München 2010.
Mellerowicz, K. [Plankostenrechnung, Bd. I]: Planung und Plankostenrechnung, Bd. I: Betriebliche Planung, 3. Aufl., Freiburg 1979.
Mellerowicz, K. [Plankostenrechnung, Bd. II]: Planung und Plankostenrechnung, Bd. II: Plankostenrechnung, Freiburg 1972.
Riebel, P. [Deckungsbeitragsrechnung]: Einzelkosten- und Deckungsbeitragsrechnung: Grundfragen einer markt- und entscheidungsorientierten Unternehmensrechnung, 7. Aufl., Wiesbaden 1994.
Schildbach, T./Homburg, C. [Kostenrechnung]: Kosten- und Leistungsrechnung, 10. Aufl., Stuttgart 2009.
Schmalenbach, E. [Kostenrechnung]: Kostenrechnung und Preispolitik, 8. Aufl., Köln u. a. 1963.
Schweitzer, M. et al. [Kostenrechnung]: Systeme der Kosten- und Erlösrechnung, 11. Aufl., München 2016.
Troßmann, E./Baumeister, A. [Rechnungswesen]: Internes Rechnungswesen: Kostenrechnung als Standardinstrument im Controlling, München 2015.
Weber, J./Weißenberger, B. E. [Rechnungswesen]: Einführung in das Rechnungswesen: Bilanzierung und Kostenrechnung, 9. Aufl., Stuttgart 2015.
Wöhe, G./Döring, U./Brösel, G. [Übungsbuch]: Übungsbuch zur Einführung in die Allgemeine Betriebswirtschaftslehre, 15. Aufl., München 2016.

Stichwortverzeichnis

Symbole

β-Faktor 519, 626, 627
μ-Prinzip 91, 507
(μ, σ)-Prinzip 92, 507, 616

A

ABC-Analyse 322
Abgeltungsteuer 229, 820
Ablauforganisation 101, 115, 332
Ablaufplanung
  Dilemma 343
Absatzhelfer 453
Absatz, s. auch Marketing 363
  direkter 447, 453, 456
  indirekter 447, 453, 455
Absatzkanal 405, 452, 457
Absatzkartell 246
Absatzmarkt 363
Absatzplan 389
Absatzplanung 76, 271, 366, 634
  kurzfristige 904, 907
Absatzpolitik
  Instrumente 390
Absatzprognose 387
Absatzhelfer 456
Absatzverbund 382, 402
Abschöpfungsstrategie 426
Abschreibung 687, 690, 696, 774
  arithmetisch-degressive 700
  außerplanmäßige 697, 702, 739
  digitale 701
  Finanzierungswirkung 588
  geometrisch-degressive 699
  kalkulatorische 639, 867
  lineare 699
  planmäßige 697, 700, 739
  progressive 701
  pro rata temporis 698
Abschreibungsbasis 698, 868
Abschreibungsgebot 702
Abschreibungsplan
  Änderung 703
  Bestandteile 697
Abschreibungstabellen 698
Abschreibungsverbot 702
Abschreibungsverfahren
  im HGB-Abschluss 699
  im IFRS-Abschluss 774
Abschreibungswahlrecht 702, 818
Absetzung für Abnutzung (AfA) 496, 697
Abteilungsbildung 105
Abweichungsanalyse 150, 195, 473, 926
Abweichungsbericht 168
Abwickler 263
Abzinsungsfaktor 485
Accrual accounting 762, 777
Adam Smith 10, 14, 37
Ad-hoc-Bericht 168
Ad-hoc-Publizität 753
AfA (Absetzung für Abnutzung) 496, 697
AfA-Tabellen 698
Agio 542, 719, 729, 780
AIDA-Schema 442
Akers-Diagramm 342
Akkordlohn 142, 295, 860
Akquisitorisches Potential 423
Aktien
  Ausgestaltungsmerkmale 536
  Berichtigungs- 577
  Bezugsrecht 575
  eigene 720
  Erwerb eigener 720
  Finanzierungsvorteile 535
  Gattungen 536
  Gratis- 577
  Inhaber- 536
  Namens- 536
  Nennwert- 536
  Rechtsansprüche 219
  Stamm- 536
  Stück- 536
  vinkulierte 536
  Vorzugs- 536
Aktienagio 719, 780
Aktiengesellschaft 56, 218, 248, 536
  Eigenfinanzierung 221
  Fremdfinanzierung 221
  Offenlegung 221
  Organe 56, 220
  Prüfung 221
Aktienkaufoptionen 24, 147, 188
Aktiennennbetrag 219, 719
Aktionärsschutz, s. auch Kapitalverwässerung 548
Aktionsraum 88
Aktivierende Prozesse 373, 433

Stichwortverzeichnis

Aktivierungsvorschriften 681, 682, 766
  im HGB-Abschluss 683
Akzeptkredite 552
Allowable Costs 937
Amortisationsdauer 480
Amortisationsrechnung 479
Anbauverfahren 884
Anderskosten 640, 846, 860, 866
Änderungskündigung 133
Angebotsfunktion 419
Angebotsmonopol 410, 416
Angebotsoligopol 410, 418
Anhang 665, 740, 789
  Aufgaben 740
  freiwillige Zusatzangaben 744
  nach HGB 741
  nach IFRS 789
  Prüfung 751
Anlagegitter 687
Anlagenintensität 830
Anlagespiegel
  im HGB-Abschluss 687
  im IFRS-Abschluss 775
Anlagevermögen 648, 686
Anlegerschutz 563
Anleihen 541, 610
  Arten 542
  Doppelwährungs- 544
  festverzinsliche 542
  Finanzierungsvorteile 541
  Gewinn- 545
  Nullkupon- 543
  Options- 547
  Wandel- 545
  zinsvariable 543
Annuität 490
Annuitätenfaktor 485
Annuitätenmethode 490
Anpassung
  intensitätsmäßige 308, 926
  kombinierte 310
  quantitative 308
  selektive 308
  zeitliche 309
Anpassungsfunktion 177
Anreizsystem 64, 188
Anschaffungskosten 689
  fiktive 709
  fortgeführte 689
  nach HGB 689, 691
  nach IFRS 770
Anschaffungskostenmodell
  nach IFRS 773

Anspannungsgrad 831
Anspruchsgruppen 7, 49
  Interessen 49
  Shareholder 50
  Stakeholder 50
Anwendungssoftware 170
Anzahlungen 549
APS (Advanced Planning System) 355, 357
Äquivalenzziffernkalkulation 892
Arbeitgeberverbände 121, 239
Arbeitnehmer, s. auch Mitarbeiter
  geringqualifizierte 122, 129
  hochqualifizierte 122, 129, 131
  Kündigungsschutz 121, 127
  Lohnfortzahlung im Krankheitsfall 121
  Rechte 57
  Schutzvorschriften 61
Arbeitnehmerschutz 61, 122
Arbeitsbewertung 141
Arbeitsentgelt 140
Arbeitsgemeinschaft 213, 244
Arbeitskostenvergleich international 259
Arbeitsmarkt 122, 145, 360
Arbeitsplatzgestaltung 136
Arbeitsproduktivität 38, 67, 143, 259
Arbeitsrecht 61
Arbeitsvertrag 61, 121
  Aufhebungsvertrag 134
  Kündigungsfrist 121
Arbeitszeit 133, 136
Arbeitszeitgesetz 61
Arbitriumwert 512
Argumentationsfunktion 512
Argumentationswert 512
Assessment Center 131
Asset 766
Asset-Backed-Securities 556
Assoziierte Unternehmen 809
Aufbauorganisation 101, 332
Aufgabenanalyse 102
Aufgabensynthese 103
Aufsichtsrat 23, 56, 59, 63, 222, 224, 248, 533
  Kompetenzen 220
  Sitzverhältnis 61
Auftragsfolgediagramm 341, 343
Aufwand 34, 39, 636, 652
  Antizipation 729
  außergewöhnlicher 639
  betriebsfremder 639
  bewertungsbedingter 639
  neutraler 637, 638, 739, 845
  ordentlicher 637, 739
  sonstiger betrieblicher 739

Stichwortverzeichnis

Zweck- 638, 845
Aufwandsquoten 834
Aufwands- und Ertragskonsolidierung 793, 807
Aufzinsungsfaktor 485
Ausgabe 635
Ausgleichsgesetz der Planung 79, 271
Ausschüttungssperre 224, 706, 719
Ausschüttungssperrfunktion 716
Außenfinanzierung 469, 527, 532
   Kapitalerhöhung und -herabsetzung 569
   Quellen 532
Außerplanmäßige Abschreibung
   nach HGB 690, 702
   nach IFRS 775
Auszahlung 635
Avalkredite 555

B

BAB, s. Betriebsabrechnungsbogen 881
Badwill 803
BaFin 563
Balanced Scorecard 201
Bankaval 555
Bankdarlehen 538
Bankenaufsicht 563
Bankenkonsortium 245
Bankkredite 551
Bankregel
   goldene 596
Barwert 181
Barwertmodell 487, 515
Basel II 611
Basel III 611
Baugenossenschaften 225
Baukastenstückliste 321
Baustellenfertigung 333
Bayes-Regel 91
Bedarfsbericht 168
Bedauernsmatrix 94
Bedürfnispyramide 138, 392
Befragung 379, 444
Behavior Scan 386
Beherrschungsvertrag 251
Beizulegender Wert 689, 694
   im IFRS-Abschluss 770
   nach HGB 689, 694
Beobachtung 380
   apparative 444
   Feld- 381
   Labor- 382
   nichtteilnehmende 381

teilnehmende 381
Berichterstattung
   integrierte 747
   ökologische 745
   soziale 745
   wirtschaftliche 745
Berichtsarten 168
Bernoulli-Prinzip 92, 507
Beschaffungskartell 246
Beschaffungskosten
   mittelbare 329
   unmittelbare 329
Beschaffungsmarktforschung 324
Beschäftigungsgrad 300
Besitzgesellschaft 233
Bestätigungsvermerk 752
Bestellmenge 328, 347
   optimale 329
Bestellpunktsystem 331
Bestellrhythmussystem 331
Besteuerung
   Gesellschafterebene 230
   Gesellschaftsebene 230
Beta-Faktor 519, 626
Beteiligung
   Erwerb 251
   Quoten und Rechte 248
Beteiligungsfinanzierung, s. auch Einlagenfinanzierung 532, 534
   börsenfähige 535
   nichtbörsenfähige 534
Betriebe 27
   Bestimmungsfaktoren 36
   erwerbswirtschaftliche 30
   Non-Profit- 30
   öffentliche 29
   private 29
Betriebsabrechnungsbogen (BAB) 881
   Arbeitsgang 882, 886
   Fallbeispiel 886
   Gemeinkostenverteilung 888
   Grundstruktur 881, 887
Betriebsaufspaltung 233
betriebsbedingte Kündigung 134
Betriebsdatenerfassung 349
Betriebsergebnis
   GuV 737
   Kostenrechnung 638, 640, 902
Betriebsergebnisrechnung 640, 901
Betriebsgesellschaft 233
Betriebsgröße 32
Betriebsgrößenvariation
   multiple 300, 310

mutative 300, 310
Betriebsklima 148
Betriebsmittel 28, 306, 310
Betriebsmittelkredit 553
Betriebsrat 58, 133
  Europäischer 59
Betriebstypologie 30
Betriebsvergleich 154, 200
Betriebsvermögensvergleich 668
Betriebswirtschaftslehre
  Allgemeine 44
  anwendungsorientierte 4
  Auswahlprinzip 33
  Effizienzkriterium 12
  entscheidungsorientierte 37
  Entwicklung 13
  Erfahrungsobjekt 27
  Erkenntnisobjekt 8, 33
  ethisch-normative 9, 11
  Gegenstand 27
  Geschichte 13
  Gliederung 42
    funktionale 43
    genetische 45
    institutionelle 44
    prozessorientierte 46
  institutionenökonomischer Ansatz 20
  Koordinationsmodell 7
  Modellbildung 5, 12
  Nachbarwissenschaften 8, 40
  praktisch-normative 11, 34
  produktivitätsorientierter Ansatz 16
  spezielle 44
  umweltorientierter Ansatz 19
  verhaltensorientierter Ansatz 18
  verhaltenswissenschaftliche 4, 12
  wirtschaftstheoretische 4, 12
  Wissenschaftsprogramme 3, 12
Bewegungsbilanz 651
Bewerbungsunterlagen 131
Bewertung
  verlustfreie 695
Bewertungsanlässe 511
Bewertungsmaßstäbe
  nach HGB 689
  nach IFRS 769
Bewertungsprinzipien
  nach HGB 688, 690
Bewertungswahlrechte 818
Bewertungszweck 511
Bezugsgrößen 880, 921
Bezugsrecht 575
BGB-Gesellschaft 213

Bilanz
  Arten 650
  Formalaufbau 648
  Informationsfunktion 649
  Konzern- 793
Bilanzadressaten
  externe 655
  interne 655
  Schutz 655, 663, 664
Bilanzanalyse 646, 823
  Arbeitsschritte 824
  Aufgaben 811, 823
  Beurteilungsmaßstäbe 824
  erfolgswirtschaftliche 824
  finanzwirtschaftliche 824
  Grenzen 839
Bilanzarten 650
Bilanzauffassung
  dynamische 663, 682, 697, 702, 728
  statische 662, 682, 697, 702, 729
Bilanzeid 64
Bilanzgewinn 722
Bilanzgliederung
  HGB-Schema 686
  IFRS-Schema 768
Bilanzidentität 673
Bilanzierung
  dem Grunde nach 673, 680
  Grundlagen 646
  Grundsätze nach HGB 670
  Grundsätze nach IFRS 762, 764
  optimistische 659
  pessimistische 660, 675
Bilanzierungsgrundsätze
  nach HGB 663, 672
  nach IFRS 762
Bilanzkennzahlen
  erfolgswirtschaftliche 829, 833
  finanzwirtschaftliche 829, 830
Bilanzklarheit 672
Bilanzkontinuität
  formelle 673, 687
  materielle 677
Bilanzkurs 574, 831
  korrigierter 574, 831
Bilanzpolitik 646, 811
  adressatenfeindliche 815
  Darstellungsgestaltung 816
  Ermessensspielräume 730, 819
  Instrumente 816
  liquiditätsorientierte 814
  Sachverhaltsdarstellung 816
  Sachverhaltsgestaltung 816

strategische Ebene 811
    Ziele 812
Bilanzregel
    goldene 596
Bilanzstichtag 816
Bilanztheorie, s. auch Bilanzauffassung 662
Bilanzverlust 723
Bilanzwahrheit 672
Black-Box 374
Blankokredit 553
Blickaufzeichnungsgerät 444
Bonitätsrisiko 609
BORA (Belastungsorientierte Auftragsfreigabe) 350
Börsenkurs 694, 831
Börsen- oder Marktpreis 689
Bottom-up-Planung 78, 197
Branchenvergleich 200
Branchenzugehörigkeit 45
Break-Even-Analyse 837
Break-Even-Punkt, s. auch Kostendeckungspunkt 837
Brutto Cash Flow 516, 517
Bruttoergebnis vom Umsatz 903
Bruttogewinn 516, 521, 598, 607, 738
    Barwert 516
    Erwartungswert 599
Bruttoprinzip 673
Buchführung 646, 750
    Grundsätze 670
    Prüfung 750
Buchwert 235
Budgetierung 195
    Gefahren 198
    System 188, 196
Bundesurlaubsgesetz 61
Business-to-Business 174
Business-to-Consumer 175

C

Cafeteria-Prinzip 146
Cap 543
CAPM (Capital Asset Pricing Model) 515, 518, 621
    Annahmen 616, 621
    Mischportfolio 622
Carry-Over-Effekt 437
Carry Trade 569
Case law 756
Cash-Cows 85
Cash Flow 516, 527, 567, 590, 654, 738, 747, 790, 832

als Erfolgsmaßstab 836
aus Finanzierungstätigkeit 643
aus Investitionstätigkeit 643
aus lfd. Geschäftstätigkeit 528
Brutto- 516
direkte Ermittlung 641
Free- 516
indirekte Ermittlung 641, 833
operativer 643, 749
zwecks Unternehmensbewertung 516
Cash-Flow-Rechnung 641
Chance 189
CIM (Computer Integrated Manufacturing) 354
CNC-Systeme (Computerized Numerical Control) 355
Coaching 138
Code law 756
Commercial-Paper-Programm 554
Commercial Papers 554
Compliance-Erklärung 64
Controlling 151, 176
    Begriff 176
    Bereiche 192
    Funktionen 177
    Instrumente 194
    Koordinationsfunktion 188
Corporate Governance 569
    Deutscher Kodex (DCGK) 64
    Instrumente 63
    Ziele 62
Corporate Identity 816
Corporate Social Responsibility 54, 279, 446, 747
Cost Driver 931
Cournot
    Menge 417
    Preis 417
    Punkt 417
Cournot'scher Punkt 417

D

Damnum, s. auch Disagio 725
Data Mining 172
Data-Warehouse 166
Dax 218
DCF-Methode 515
Dean-Modell 499
Decision usefulness 754, 762
Deckungsbeitrag 314, 856, 904
    Perioden- 908
    planmäßiger 923

Stück- 908
Deckungsbeitragsrechnung 314
    einstufige 904
    mehrstufige 905
    mit relativen Einzelkosten 906
Delegation 100, 107
Desk Research 378
Dienstleistungsbetriebe 31
Digitalisierung 156, 357
Direct-Costing 900, 904
Disagio, s. auch Damnum 542
    im HGB-Abschluss 725
    im IFRS-Abschluss 784
Discounted-Cash-Flow-Methode 515
Diskontierungszinsfuß 552
Diskontkredite 551
    Ablaufschema 552
Distanzrechnung 651
Distribution, s. auch Vertrieb 447
    Absatzhelfer 453
    Absatzmittler 453
    akquisitorische 447, 448
    Handelsvertreter 453
    Herstellerperspektive 452
    Kosten 454
    Kundenwünsche 449
    logistische 447, 448, 459
    Online-Vertrieb 453
    Organe 453
    Politik 391, 447
    Quote 454
    System 447
    Ziele 454
Distributionspolitik
    Optimierung 447
Distributionssicherheit 454
Diversifikation 241, 242, 510, 625
Dividendenkontinuität 814
Divisionskalkulation
    einstufige 891
    mehrstufige 891
Doppelgesellschaft 233
Doppelwährungsanleihe 544
Drifting Costs 937
Drittelbeteiligungsgesetz 59
Drohverlustrückstellung 728
Duopol 418
DuPont-Kennzahlensystem 201, 837
Durchlaufterminierung 337
Durchlaufzeit
    auftragsbezogene 339
    Minimierung 337, 341
Durchschnittskosten 297, 308

Dyopol 418

E

EBIT 738
EBITDA 738
Echtzeit 357
Economic Value Added 199
Effektivzinsmethode 784
Effizienz 8
Effizienzkriterium 289
Effizienzlinie 621, 622
Eigenerstellung oder Fremdbezug 844, 884
Eigenfinanzierung, s. auch Eigenkapitalbeschaffung 469, 532, 534
Eigenkapital 191, 533
    Ausschüttungssperre 716
    Entnahmebeschränkung 716
    Funktionen 534
    Grobgliederung 717
    im HGB-Abschluss 686, 715, 717, 724
    im IFRS-Abschluss 767, 778
    Marktwert 515, 519
    negatives 652, 685, 715
Eigenkapitalausweis
    nach Ergebnisverwendung 724
    vor Ergebnisverwendung 718, 724
Eigenkapitalbeschaffung
    AG 219
    Einzelunternehmen 212
    GbR 213
    Genossenschaften 225
    GmbH 224
    KG 216
    KGaA 223
    OHG 215
    Stille Gesellschaft 216
Eigenkapitalkostensatz 518, 598, 615, 627
Eigenkapitalquote 831
Eigenkapitalrentabilität 39, 835
Eigenkapitalspiegel 749
    nach IFRS 789
Eigenkapitalzinsen
    kalkulatorische 867, 871
Eigenleistungen
    aktivierte 738
Eigentumsvorbehalt 551
Einfache Mehrheit 249
Eingetragener Kaufmann 212
Eingliederungskonzern 251
Einheitstheorie 793
Einkaufsgenossenschaften 241
Einkommensteuer

Bemessungsgrundlage 228
Tarif 228
Einlagenfinanzierung, s. auch Beteiligungs-
   finanzierung 532, 534, 584
Einliniensystem 109
Einnahme 635
Einnahmen-Überschussrechnung 669
Einzahlung 635
Einzahlungsüberschüsse 513
Einzelbewertung
   Prinzip 514, 663, 678
Einzelbilanz 650
Einzelfertigung 318, 332
Einzelhandel
   Verdrängungswettbewerb 458
Einzelkosten 860
   Planung 919
   relative 906
Einzelübertragung 235
Einzelunternehmen 212
Eiserne Reserve 331
Elastizitätskoeffizient 412
Electronic Commerce 173, 402
Emission
   Überpari 542
   Unterpari 542
Employer Branding 130
Endvermögensmaximierung 476
Engpass
   absatzwirtschaftlicher 364
   produktionstechnischer 313, 907
Engpasskapazität 909
Engpassplanung 907
Enterprise Ressource Planning 163
Entgeltfortzahlungsgesetz 61
Entity-Methode 519
Entscheidungen 47
   bei Risiko 87, 91
   bei Sicherheit 87, 91
   bei Ungewissheit 87, 92
   in der Spielsituation 94
   konstitutive 26, 205
   rationale 6
Entscheidungsbaumverfahren 507
Entscheidungsfeld
   Aktionsraum 88
   Aufteilung 73, 77
   Begriff 88
   Bestandteile 88
Entscheidungsfunktion 511
Entscheidungskomponente
   negative 844
   positive 844

Entscheidungsprozess 86
Entscheidungsregeln 91
   bei Risiko 91
   bei Unsicherheit 92
Entscheidungstheorie 86
   deskriptive 86
   normative 86
Entscheidungswert 511
Entwicklungsaufwand 705
Entwicklungsaufwendungen
   im IFRS-Abschluss 775
Equity-Methode 519, 795, 809
Erfahrungskurve 83
Erfahrungsobjekt der BWL 8, 27, 33
Erfolg
   betrieblicher 653
   betriebsfremder 653
   nachhaltig erzielbarer 732
   neutraler 732
   Normal- 732
   ordentlicher 732
   Periodisierung 658
   Zufalls- 732
Erfolgsausweis
   optimistischer 659
   pessimistischer 660
Erfolgsrechnung
   Aufgaben 731
   Kurzfristige (KER) 640, 900
Erfolgsspaltung 653, 732, 735, 827
   Aufgabe 739
   betriebswirtschaftliches Konzept 739
   bilanzanalytische 828
   handelsrechtliches Konzept 737
Erfüllungsbetrag
   nach HGB 695
Ergebnis
   nachhaltig erzielbares 636, 732
   neutrales 636, 640, 732, 733
   ordentliches 636, 640, 732, 733
   vor Steuern 738
Ergebnisanalyse (Kennzahlen) 833
Ergebnisbeteiligung 24
Ergebniskontrolle 153
Ergebnismatrix 89
Ergebnisprognose 815
Ergebnisquellenanalyse 833
Ergebnisraum 89
Erkenntnisobjekt der BWL 8, 33
Erlöse 637, 845
Ermessensrücklagen 821
ERP-System 163, 346
Ersatzinvestition 472, 590

Ersatzzeitpunkt
  optimaler 495
Erstkonsolidierung 799, 809, 810
Ertrag 34, 636, 652
  neutraler 637, 846
  ordentlicher 637
  sonstiger betrieblicher 739
  Zweck- 845
Ertragsfunktion
  S-förmige 301
  Vierphasenschema 302, 303
Ertragsgebirge 285, 288
Ertragsgesetz 301, 305
Ertragspotential 657, 658
Ertragsteuern
  allgemeine 496
  Arten 226
Ertragswert 522
Ertragswertverfahren 520
Erwartungswert 190
Erwartungswert µ 91, 507
Erweiterungsinvestition 472
Erwerbsmethode 799
EURIBOR 543, 553, 554, 557
Euronotes 554
  Platzierungsrisiko 554
Europa-AG 222
Europäische Gesellschaft 222
EVA-Konzept 185, 199
Eventualverbindlichkeiten 681, 687
Ewige Rente 181, 513, 517, 601
Experiment 382
  Grundstruktur 383
  Kontrollgruppe 383, 444
  Versuchsgruppe 383, 444
Exportgeschäft 556
Exportquote 199

F

Factoring 555
Factory Outlet 457
Fair Presentation 756
Fair Value 770
Faithful presentation 762
Faktoreinsatzkombination
  technisch effiziente 285
Faktorsubstitution 285
Faktorvariation
  partielle 288, 301
  totale 288, 301
Fehlinvestition 471
Fertigung

  kapitalintensive 850, 880
  lohnintensive 850, 880
Fertigungsaufträge
  langfristige nach IFRS 777
Fertigungsgemeinkosten
  maschinenabhängige 896
  maschinenunabhängige 896
Fertigungsplanung 332
Fertigungstiefe 311
Fertigungstypen
  Systematisierung 333
Fertigungsverfahren 332
  arbeitsintensive 300, 310, 333
  kapitalintensive 300, 310, 333
Festbetragsbeteiligte 52, 532
Festbewertung 708
Festzinsanleihe 542
Field Research 378
Fifo-Methode 710
Financial Assets 768, 778
  im IFRS-Abschluss 778
Finanzanalyse (Kennzahlen) 831
Finanzanlagen
  im HGB-Abschluss 690
  im IFRS-Abschluss 778
Finanzanlagenintensität 830
Finanzbereich 269
Finanzbuchhaltung 646
Finanzholding 112, 252
Finanzielles Gleichgewicht, s. auch Liquidität 29, 35, 524
Finanzierung 466
  aus Abschreibungen 588
  aus Rückstellungen 586
  Außen- 469, 532, 569
  aus Vermögensumschichtung 470, 591
  Beteiligungs- 534
  durch Rationalisierung 592
  Eigen- 469, 534
  Einlagen- 534, 584
  Fonds- 561
  Formen 469
  Fremd- 469, 537, 549
  Innen- 469, 581
  Kredit- 537
  mittelbare 561
  optimale 593, 601
Finanzierungsanalyse 830
Finanzierungsregeln 594
  Beurteilung 597
  horizontale 596, 826
  vertikale 594
Finanzintermediär 561

Finanzinvestition 468
Finanzlage
  Einblick 688
Finanzmittelfonds 748
Finanzplan 530, 832
Finanzplanung 633
  Fristigkeit 528
  Grundlagen 523
  Instrumente 526
  kurzfristige 530
  langfristige 529
  mittelfristige 529
  Ziele 524
Finanzvermögen, s. Financial Assets 778
Firma 30, 212
Firmenwert
  derivativer 706
  im HGB-Abschluss 706
  im IFRS-Abschluss 776
  im Konzernabschluss 803
  originärer 521
Fixkosten
  Abbaumöglichkeiten 906
  Aufspaltung 906
  Entscheidungsrelevanz 853, 904, 906
  graphische Darstellung 849, 852
Fixkostendegression 297
Fixkostensockel 295, 303
Flexible Plankostenrechnung
  auf Teilkostenbasis 917
  auf Vollkostenbasis 915
Fließbandabgleich 344
Fließbandfertigung 345
Fließfertigung 333
Floater 543
Floating Rate Note 543
Floor 543
Fluktuation 132, 138
Folgekonsolidierung 803, 810
Fonds 561
  Bildung und Auflösung 561
  Finanzierungsvorteile 562
  Geschäftsmodell 561
  Hedge- 568
  Private-Equity- 564
  Risikoprofile 562
  Typen 563
Forderungen
  Arten 710
  Fremdwährung 712
  im HGB-Abschluss 710
  niedrigverzinsliche 711
  zweifelhafte 711

Forderungsübertragung 555
Forfaitierung 555, 556
Formalziele 68
Forschungsaufwand 705
Forschungsaufwendungen
  im IFRS-Abschluss 775
Forschung und Entwicklung (FuE) 76
Fortschrittskontrolle 155
Fortschrittszahlenkonzept 352
Fragenkatalog 380
Framework 759, 762
Franchising 456
Free Cash Flow 517
Fremdfinanzierung 469, 537, 549
  Instrumente 549
  kurzfristige 549
  langfristige 538
  mittelfristige 549
Fremdkapital 533
  Besicherung 538
  Fristigkeit 538
  Herkunft 538
  Marktwert 609
Fremdkapitalausweis
  im HGB-Abschluss 725
  im IFRS-Abschluss 781
Fremdkapitalkostensatz 518, 603
Fremdkapitalzinslast 831
Fremdwährung
  Forderungen 712
  Verbindlichkeiten 726, 784
Fristentransformation 540
Führungsentscheidung 26, 256
  Träger 55
Führungsstil 148, 149
Führungsteilsysteme
  Koordination 192
Funktionendiagramm 109
Fusion 183, 238, 250, 252
  Umtauschverhältnis 254
Fusionskontrollverordnung 255

G

Gantt-Diagramm 343
GbR 213
Gebietskartell 246
Gebrauchsfaktor 306, 310
Geldmarktkredite 553
Geldvermögen 635
Gelegenheitsgesellschaft 244
Gemeinkosten 860
  Kostenstellen- 877, 878

Kostenträger- 860, 878
  Planung 920
  primäre 883, 888
  sekundäre 883, 888
  variable 861
  Verteilungsschlüssel
    zur Kostenstellenbelastung 878
    zur Kostenstellenentlastung 879
Gemeinsame Leitung 247
Gemeinschaftsbilanz 650
Gemeinschaftsunternehmen 247, 808, 809
Gemeinwohl 9
Generally Accepted Accounting Principles (US-GAAP) 755
Generalunternehmer 244
Genossenschaften 225
Genussscheine 548
Gesamtbewertung, s. auch Unternehmensbewertung 678
Gesamtbewertungsgrundsatz 514
Gesamtergebnis 638
Gesamtergebnisrechnung
  nach IFRS 785
Gesamtertragsfunktion 288, 302
Gesamtkapitalrentabilität 39, 602, 835
Gesamtkostenfunktion 295, 304
  Ableitung 290
  langfristige 293
Gesamtkostenverfahren 733, 901, 902
Gesamtkostenverlauf 849
  degressiver 854
  Ermittlung 851
  linearer 420
  mit Fixkosten 849
  ohne Fixkosten 849
  proportionaler 420, 849
  S-förmiger 304, 421
Gesamtplan 271
Gesamtrechtsnachfolge 235
Geschäftsbericht 744
Geschäftsfeld
  strategisches 84
Geschäfts- oder Firmenwert, s. auch Firmenwert 706
Gesellschaft
  bürgerlichen Rechts 213
  mit beschränkter Haftung 224
Gesellschafterdarlehen 539
gesetzlicher Mindestlohn 145
gesetzliche Rücklage 718, 721
Gewerbeertrag 227
Gewerbesteuer
  Bemessungsgrundlage 227

Tarif 227
Gewinn 38, 289
  nomineller 679
  Scheingewinn 679
  Umsatzgewinn 679
Gewinnanleihe 545
Gewinnermittlung
  Prinzip periodengerechter 677, 682, 763
Gewinnmaximierung 420, 421, 422
  bei vollkommener Konkurrenz 420
  Kritik 10
  langfristige 9, 34, 36, 39, 54, 65, 178, 278, 369, 453, 460
  Monopol 417
Gewinnrücklagen, s. auch Rücklagen
  Bildung und Auflösung 721, 819
  im HGB-Abschluss 717
  im IFRS-Abschluss 779
Gewinnthesaurierung 722, 779, 813
Gewinn- und Verlustrechnung (GuV)
  Aufgaben 731
  Einzelposten 738
  Erfolgsspaltung nach HGB 732, 735
  Ergebniskomponenten 736
  Gesamtkostenverfahren 733
  Gliederungsschema nach HGB 736
  Gliederungsschema nach IFRS 786
  Kontoform 653, 733
  Merkmale 731
  Prüfung 751
  Saldierungsverbot 732
  Staffelform 653, 733
  Umsatzkostenverfahren 733
Gewinnvergleichsrechnung 478
Gewinnverteilungskartell 246
Gewinnverwendungspolitik 819
Gewinnvortrag 718, 722
Gewinnzone 837
Gezeichnetes Kapital 718, 719
Gläubiger
  Befriedigung 648
Gläubigerschutz 688
Gläubigerversammlung 264
Gleichartige Vorräte 709
Gleichordnungskonzern 251
Gleichungsverfahren 886
GmbH 224
  Mini- 225, 719
GmbH & Co. KG 233, 666
Going-Concern-Prinzip 677, 762
Goldene Bankregel 596
Goldene Bilanzregel 596

Goodwill, s. auch Firmenwert 522, 706, 802, 803
Gratisaktien 577
Grenzplankostenrechnung 900, 917
Grenzpreis 511
Großhandel 459
Grunddatenverwaltung 347
Grundkapital
  ausstehende Einlagen 719
  Mindestbetrag 219, 719
  Stückelung 219
Grundkosten 638
Grundmietzeit 560
Grundsätze ordnungsmäßiger Bilanzierung 670, 672
Grundsätze ordnungsmäßiger Buchführung 670, 671
Grundsatzplanung 74
Grundschuld 539
Gruppenfertigung 333
Gutenberg, Erich 3, 16, 28, 35, 46, 80, 270, 271, 300, 301, 303, 306, 422, 423
Güter
  heterogene 375, 389, 419, 452
  homogene 283, 375, 389, 410, 419, 452
  Knappheit 4
  Substitutions- 416

H

Haftungspotential 657
Handelsbilanz 650, 796
Handelskredite 549
Handelsrecht
  Adressatenschutz 655
  Vorschriften im Überblick 667
Handelsvertreter 453
Handelswissenschaft 14
Hardware 170
Harmoniemodell 7
Hauptkostenstellen 877, 880, 884
  Bezugsgrößenwahl 880
  Fertigung 880
  Material 880
  Vertrieb 881
  Verwaltung 881
Hauptversammlung 56
  Kompetenzen 220
Haushalte
  öffentliche 29
  private 29
Hautwiderstandsmessung 444
Hax, Herbert 847

Hedgefonds 556, 568
Heinen, Edmund 3, 17
Herstellkosten 889, 895
Herstellungsaufwand 692
Herstellungskosten
  nach HGB 692
  nach IFRS 770
Heuristik 501
Hierarchiebildung 105
Hilfskostenstellen
  Abrechnung 883
  Aufgaben 877
Höchstwertprinzip 662, 675
Holding 112, 187
Homo oeconomicus 3, 41
Humankapital 123, 125, 138
Humankapitalmaximierung 123
Humankapitalwert 125
Hurwicz-Regel 93
Hybridkapital 548
Hypothekarkredit 539

I

IFRS 754
  Adressaten 757
  Framework 759, 762
  Geltungsbereich 758
  Grundkonzeption 759
  Jahresabschlussbestandteile 761
  Rahmenkonzept 759
  Übersicht 760
  Zielsetzung 755
Immaterielle Investition 468
Immaterielle Vermögenswerte
  im HGB-Abschluss 682, 705
  im IFRS-Abschluss 775
Impairment-Test 773
Imparitätsprinzip 676
Income Statement nach IFRS 785
  Gliederung 786
  OCI-Rechnung 787
Individualismus 5
Individualsoftware 170
Indossamentverbindlichkeiten 551
Industrie 4.0 165, 175, 357
Information 49
  unvollkommene 87
  vollkommene 87
Informationsangebot 159
Informationsasymmetrie 752
Informationsausgabe 160
Informationsbedarf 158

Informationsbeschaffung 159
Informationskonzept 158
Informationskosten 156
Informationsmanagement 156
Informationsnachfrage 159
Informationsnutzen 156
Informationsökonomie 22
Informationspolitik
   s. Publizitätspolitik 741
Informationsquellen 159, 166
Informationsspeicherung 160
Informationssysteme 161
   analytische 162, 165
   Gestaltung 168
   operative 162
Informationstechnologie 169
Informationsübermittlung 160
Informationsverarbeitung 160
Informationswirtschaft 155
   aus dispositiver Sicht 156
   aus organisatorischer Sicht 157
   aus technischer Sicht 157
   Kosten 176
   Nutzenpotentiale 171
   Risiken 176
   Teilgebiete 156
Innenfinanzierung 469, 581
   Begriff 581
   Quellen 581
Innenfinanzierungsvolumen 527, 581
Innengesellschaft 245
Innerbetriebliche Leistungsverrechnung
   Aufgaben 883
   BAB-Bestandteil 882, 887, 888
   Hilfskostenstellen 881, 882
   Interdependenzproblem 883
   Verfahren
      Anbau- 884
      Gleichungs- 886
      Stufenleiter- 885
Input 8, 33, 280, 283, 306
Inputgrößen 502
Insiderwissen 754
Insolvenz 29
   Gericht 264
   Gründe 652, 654
   Verfahren 264
   Verwalter 264
Insolvenzgefahr 716
Insolvenzprophylaxe 653, 747
Institutionenökonomik 20
Integration
   horizontale 161, 162, 164

unternehmensübergreifende 164
vertikale 161, 165, 166
Integrierte Berichterstattung 747
Intensitätsgrad 308
Interessengemeinschaft 245
Intermediaselektion 439
International Financial Reporting Standards,
   s. auch IFRS 754
Interner Zinsfuß 492
Internet 170, 173, 402
Internet der Dinge 175, 357
Intramediaselektion 440
Inventar 647
Inventurmethode 864
Investition 466, 493
   Arten 468
   Ersatz- 472
   Erweiterungs- 472
Investitionsanalyse (Kennzahlen) 830
Investitionsbereich 526
Investitions-, Finanzierungs- und Produktionsplanung 501
Investitionsgütermarketing 365
Investitionsmodell
   Grundmodell 488
   stochastisches 503
Investitionsplanung 470, 634
   Aufgaben 470
   Ziele 470
Investitionsprogrammplanung 501
Investitionsquote 830
Investitionsrechnung
   dynamische 482, 484
   finanzmathematische Grundlagen 482
   Grundmodell 483, 488
   Korrekturverfahren 503
   mit Steuern 495
   Praktikerverfahren 476
   statische 476
   unter Sicherheit 475
   unter Unsicherheit 499, 502
   Wiederanlageprämisse 494
Investitionsrisiko 503, 517
Investitions- und Finanzierungsplanung 501
Investmentfonds 563
Investorenschutz 756
Investor Relations 752
Irrelevanzthese 609
Isogewinnlinie 316
Isoquante (Ausbringungsmenge) 284, 287
Istkosten 898, 912
IuK-Konzept 158
IuK-Systeme 161

IuK-Technologie 169
   Kosten 176
   Risiken 176

J

Jahresabschluss 645, 753
   Aktivierungsvorschriften 683
   Aufgaben nach HGB 655, 656
      Dokumentationsfunktion 656
      Informationsfunktion 657
      Zahlungsbemessungsfunktion 656
   Aufgaben nach IFRS 758
   Aufstellungsfristen 672
   Befreiung für Kleinbetriebe 665
   Bestandteile nach HGB 665
   Bestandteile nach IFRS 761
   Bewertungsgrundsätze 674
   Einzelabschluss 645
   Generalnorm 662
   größenspezifische Regelung 666
   internationaler 645
   Konzernabschluss 645
   nach HGB 665
   nach IFRS 754
   Nachprüfbarkeit 663, 680, 682
   Passivierungsvorschriften 684
   Prüfung und Offenlegung 221, 750
   rechtsformspezifische Regelungen 665
   Schwächen 839
   Unsicherheit 659
Jahresabschlussdaten
      formale Aufbereitung 825
      materielle Aufbereitung 825
Jahresabschlussprüfung 750
Jahresfehlbetrag 718
Jahresüberschuss 718, 722
Job enlargement 136
Job enrichment 136
Job rotation 136
Johnson-Algorithmus 344
Joint Venture 247
Jugend- und Auszubildendenvertretung 58
Junk Bonds 610
Juristische Person 207, 217, 224
Just-in-Time-Konzept 318, 592

K

Kaizen 352
Kalkulation
   Aufgaben 890
   auf Teilkostenbasis 855, 922

   auf Vollkostenbasis 855
   konstruktionsbegleitende 938
   Maschinenstundensatz- 896
   Nach- 857
   öffentlicher Aufträge 842
   Plan- 922
   strategische 934
   Verfahren im Überblick 890
   Vor- 857
   Zusatzauftrag 854
Kalkulationssatz 879
   Ermittlung im BAB 888
Kalkulationsschema 895
Kalkulationsverfahren 890
Kalkulationszinsfuß 483, 488, 499, 514, 517
Kalkulatorische Kosten 638, 866
   Abschreibungen 639, 867
   Miete 639, 874
   Unternehmerlohn 639, 873
   Wagnisse 639, 870
   Zinsen 639, 871
Kanban-Verfahren 351
Kapazität
   Perioden- 591
   Total- 591
Kapazitätsabgleich 340
Kapazitätsanpassung, s. Anpassung 308
Kapazitätserweiterungseffekt 590, 591
Kapazitätsplanung 348
Kapazitätsrahmen 311
Kapazitätsrestriktionen 316
Kapazitätsterminierung 339, 348
   Anpassungsformen 341
   Aufgabe 339
Kapital
   Angebot 500
   genehmigtes 576
   Mezzanine- 548
   Nachfrage 500
Kapitalanlage
   Grundregel 562
Kapitalbereich 526
Kapitalerhaltung
   nominelle 678, 868
Kapitalerhöhung 569
   Aktiengesellschaften 572
   aus Gesellschaftsmitteln 577
   bedingte 576
   bei Sanierung 580
   Formen 570
   Motive 572
   nominelle 570
   ordentliche 574

Personenunternehmen 571
Rechtsrahmen Aktiengesellschaften 573
Kapitalflussrechnung 747
  Aufbau 748
  Aufgaben 748
  Grundstruktur 654
  nach DRS 749
  nach IFRS 790
  prospektive 748
  retrospektive 748
Kapitalfreisetzungseffekt 589
Kapitalgesellschaft
  Bilanzierung 666
  & Co. KG 232
  kleinste 685
  Merkmale 217
  Micro- 685
  Rechnungslegung 740
Kapitalherabsetzung 569
  bei Aktiengesellschaften 578
  bei Personenunternehmen 578
  bei Sanierung 580
  Einziehung von Aktien 578
  Formen 570
  nominelle 571
  ordentliche 578
  vereinfachte 578
Kapitalkonsolidierung 793, 798
Kapitalkosten 483, 601
  bei Risiko 621
  durchschnittliche 518, 599, 603
  für Eigenkapital 599, 603
  für Fremdkapital 599, 603
  Minimierung 524, 532, 537, 604
  nach Modigliani/Miller 608
  nach traditioneller These 603
  risikoabhängige 625
Kapitalmarkt
  Abschottung 813
  Sanktionsmechanismen 815
  vollkommener 483
Kapitalmarktlinie 622
Kapitalmarktmodell (CAPM) 615
Kapitalmarktzins
  Laufzeitabhängigkeit 613
  Schwankungen 614
Kapitalrücklage 718, 719
Kapitalstruktur
  nach Wirtschaftszweigen 595
  Optimierung 532, 594, 598, 603
Kapitalstrukturrisiko 608
Kapitalumschlag 200
Kapitalverwaltungsgesellschaft 563

Kapitalverwässerung 545, 546, 547
Kapitalwert 487, 513
  Ermittlungsbeispiel 489
  Erwartungswert 506
  Formel 488
  nach Steuern 496, 497
  negativer 489
  positiver 489
  Wahrscheinlichkeitsverteilung 505
Kartelle 245, 249
  Arten 246
  rechtliche Zulässigkeit 246
Kaufentscheidungen
  extensive 373
  habitualisierte 373
  impulsive 373
  limitierte 373
Käuferanimation 433
Käufermarkt 364
Käuferverhalten 372, 374
  aktivierende Prozesse 373
  kognitive Prozesse 373, 433
Kaufmann
  eingetragener 212
Kennzahlen
  Arten 199, 829
  Informationsfunktion 200
  Steuerungsfunktion 200
Kennzahlen, s. auch Bilanzkennzahlen 829
Kennzahlensystem 200
KGaA 222
Kleinbetriebe 665
  Erfolgsermittlung 669
Kollektivismus 5
Kommanditgesellschaft 215
Kommanditgesellschaft auf Aktien 222
Kommanditist 215, 233
Kommunikationskonzept 158
Kommunikationspolitik, s. auch Werbung 391, 433
  Aufgaben 433
  Teilbereiche 434
  Ziele 435
Kommunikationssysteme 161
Kommunikationstechnologie 169
Komplementär 215, 233
Konditionenkartell 246
Konditionenpolitik 431
Konkurrenz
  atomistische 419
  oligopolistische 418
  polypolistische 411, 422, 423
  Substitutions- 436

Stichwortverzeichnis

unvollkommene 411, 422
vollkommene 410, 419
Konkurrenzpreisorientierung 430
Konsolidierung
   Aufgabe 793
   Aufwands- und Ertrags- 807
   Kapital- 798
   Methoden 795
   Schulden- 805
Konsolidierungskreis 795
Konsortium 245
Konsumgütermarketing 365
Konsumtionswirtschaft 27
Konsumverzicht 600
Kontoform 648
Kontokorrentkredite 552
Kontrollbeteiligung 248
Kontrolle 23, 48, 150, 185
   Arten 154
   Aufgaben 150, 153
   Gegenstände 153
   interne 750
   Personenbezug 152
   Zeitbezug 154
Kontrollspanne 105
Konzentration
   Begriff 238
   Formen 248
   wettbewerbsrechtliche Aspekte 255
Konzentrationseffekte 240
Konzern 249
   Arten 250
   Begriff 249
   Beherrschender Einfluss 794
   Bilanz 793
   Entstehung 251
   horizontaler 250
   Konsolidierungskreis 795
   Konsolidierungsmethoden 795
   Leitung 249
   Merkmale 249
   Organisation 252
   Rechnungslegung 792
   vertikaler 250
Konzernabschluss
   Aufwands- und Ertragskonsolidierung 807
   Bestandteile 794
   Equity-Methode 809
   Informationsfunktion 792
   Kapitalkonsolidierung 798, 801
      Erstkonsolidierung 799
      Folgekonsolidierung 803

   Minderheitsbeteiligte 800
   Neubewertungsmethode 797
   Quotenkonsolidierung 808
   Schuldenkonsolidierung 805
   Summenbilanz 792
   Vollkonsolidierung 798
   Zwischenergebniseliminierung 806
Konzernholding 252
Kooperation
   Begriff 237
   Formen 244
Koordination 49
Koordinationsfunktion 192
Körperschaftsteuer 226
   Bemessungsgrundlage 229
   Tarif 229
Korrelationskoeffizient 617
Kosten 289, 637
   Anders- 846, 866
   auflagefixe 335
   aufwandsgleiche 860
   Bereitschafts- 850
   Bestimmungsfaktoren 299, 913
   Definition 846
   Determinanten 299
   Durchschnitts- 297, 850
   Einteilung 859
   Einzel- 860
   fixe 294, 850, 861, 906, 928
   Gemein- 860
   Gesamt- 850
   Grenz- 297, 850
   Grund- 845
   kalkulatorische 638, 846, 860, 866
   Leer- 296
   Material- 864
   Mengen- 850
   Nutz- 296
   Opportunitäts- 846
   Personal- 862
   primäre 860
   relevante 853
   sekundäre 860
   sprungfixe 296
   Stück- 297, 850
   variable 294, 850, 861
   versunkene 865
   Zusatz- 846, 866
Kostenartengliederung 859
Kostenartenrechnung 856, 858
Kostenauflösung
   buchhalterische 851
   graphische 851

mathematische 852
Regressionsanalyse 852
Zwei-Punkte-Methode 852
Kostenbegriff 846
   nach Hax 847
   pagatorischer 847
   wertmäßiger 846
Kostenbudget 290
Kostendeckungsprinzip 30
Kostendeckungspunkt 837
Kosteneinflussgrößen 299
Kostenfunktion
   degressive 854
   lineare 294, 849
   nach dem Ertragsgesetz 303
   proportionale 849
   S-förmige 303, 304, 421
   Vierphasenschema 305
Kostenisoquante 290
Kostenkontrolle 841, 913, 923
Kostenminimierung 289, 351
   kurzfristige 278
Kostenminimierungsprinzip 341
Kosten-Nutzen-Analyse 6, 140, 146
Kostenrechnung
   Arbeitsschritte 856
   Aufgaben 633, 841
   Dokumentationsfunktion 841, 858, 890
   Ist- 898
   Kontrollfunktion 841, 858, 874, 913
   Normal- 898
   Plan- 898, 912
   Planungsfunktion 841, 858, 874, 890, 913
   Prinzipien 847
   Steuerungsfunktion 842
   strategische 930
   Systeme 898
   Teil- 898
   Voll- 898
Kostenstellen
   Abrechnung 875
   Bildung 875, 921
   Einteilung 877
   Plan 875
Kostenstelleneinzelkosten 878
Kostenstellengemeinkosten 878
Kostenstellenrechnung
   Arbeitsgang 881
   Aufgaben 874
Kostentheorie 280
   Grundlagen 289
   Teilbereiche 280
   Ziele 280

Kostenträgergemeinkosten 878
Kostenträgerrechnung, s. auch Kalkulation
   Arten 890
   Aufgaben 890
Kostenträgerstückrechnung 858, 900
Kostenträgerzeitrechnung 858, 900
Kostenvergleichsrechnung 477
Kostenverrechnungsprinzipien
   Durchschnittsprinzip 847
   Tragfähigkeitsprinzip 847
   Verursachungsprinzip 847
Kostenverteilungsschlüssel 878
   Mengenschlüssel 880
   Wertschlüssel 880
Kostenverursachung
   heterogene 921
   homogene 921
Kostenverursachungsprinzip 848
KOZ-Regel 344
Kredit
   revolvierender 540, 554, 613
   Roll-over- 540, 554, 613
   Stand-by- 555
Kreditfinanzierung 537
Kreditgenossenschaften 225
Kreditleihe 555
Kreditrating 541, 610
Kreditsubstitute 555
Kreditverbriefung 556
Kreditvermittler 540
Kreditwürdigkeitsprüfung 610
Kritischer Pfad 339
Kulanzrückstellung 729
Kundendienst 393, 408
Kündigung 133, 134
   Abfindungsanspruch 134
   Arten 133
   Schutzgesetz 61
Kündigungsschutz 127
Kuppelproduktkalkulation 897
Kurs-Gewinn-Verhältnis (KGV) 836
Kurzarbeit 133
Kurzfristige Erfolgsrechnung 900
   Arten 900
   auf Teilkostenbasis 904
   auf Vollkostenbasis 902

L

Lagebericht
   freiwillige Zusatzangaben 744
   Pflichtangaben 743
   Prüfung 751

Lagerarten 327
Lagerhaltung 276
    Funktionen 326
Lagerhaltungsmodell 329
Lagerkosten 329
Lagerorganisation 328
Lagerplanung 326
    kurzfristige 328
    langfristige 327
Lagerstandort 327
Längsschnittanalyse 388
Laplace-Regel 93
Latente Steuern 714
    im HGB-Abschluss 686
    im IFRS-Abschluss 768
    passive 730
Lean Management 106, 351
Lean Production 351
Leasing 558
    Finanzierungs- 559
    Finanzierungsvorteile 560
    Immobilien- 558
    Investitionsrisiko 559
    Kaufoptionsrecht 560
    Nachteile 560
    Operate- 559
    Spezial- 558
    Verlängerungsoptionsrecht 560
Leasinggeber 558
Leasingobjekte 558
Leasingraten 560
Leasingverträge 558
Leerkosten 127
Leiharbeit 130
Leistungsabschreibung 699, 701
Leistungsbereich 269
Leistungserstellung 363
Leistungsgrad
    optimaler 308
Leistungsverrechnung
    innerbetriebliche 883, 888
Leistungsverwertung, s. auch Marketing 363
Leitpreis 430
Leitsätze zur Preisermittlung öffentlicher Aufträge (LSP) 842
Leitungsspanne 105, 106
Leitungssysteme 109
Leitungstiefe 106
Lenkungspreise 203
Lernkurve 82
Leveraged Buy-Out 567
Leverage-Effekt 602
Liability 766

LIBOR 543
Lieferantenauswahl 324
Lieferantenkredite 550
Lifo-Methode 710
Limitationalität 284, 306
Lineare Optimierung 97, 909
Linienstellen 107
Liquidation
    freiwillige 262
    zwangsweise 262
Liquidator 263
Liquidität 29, 525
    Kennzahlen 530
    optimale 525, 531, 537
    Über- 526
    Unter- 526
Liquiditätsanalyse
    Kennzahlen 530, 832
Liquiditätskennzahlen 832
Logistik 277
Lohmann-Ruchti-Effekt 590
Lohnformen 142
Lohnfortzahlung im Krankheitsfall 121
Lohngerechtigkeit 140
Lohngruppenverfahren 141
Lohnspreizung 142
Lohn und Gehalt 140
Lohnzuschlagskalkulation 893
Lombardkredite 553
Lorenzkurve 324
Losgröße 300
    optimale 335, 347
    Planung 335
Losgrößendegression 850
Losgrößentransformation 540
LP-Modell 97
LSP 842
Lucky buy 803

M

Make-or-buy-Entscheidung 844, 884
Management
    by Delegation 117
    by Exception 117
    by-Konzepte 116
    by Objectives 118, 188
    by System 118
Management Buy-In 566
Management Buy-Out 566
Managementholding 112, 252
Management Letter 752
Managementtechniken 116

Marginal-Costing 900
Marke 404
   Billig- 405
   Handels- 404
   Hersteller- 404
   Nobel- 405
   No names 405
   Premium 405
Markenartikel 404
Markenbildung 406
Markenführung 407
Markenimage 430
Markenmerkmale 407
Markenpolitik 403, 406
Markentypologie 407
Markenwert 407
Marketing, s. auch Absatz 82, 363, 365
   Aufgaben 365
   Investitionsgüter- 365
   Konsumgüter- 365
   Maximen 365
   strategisches 82, 368
Marketinginstrumente 366, 367, 390
Marketingmaximen 365
Marketing-Mix 391, 460
   Grundsätze 461
   Kombinationseffekte 460
   zielgruppenabhängiger 461
Marketingplanung 368
   operative 369
   strategische 369
   taktische 369
Marketingpolitik 386
Marketing, s. auch Absatz
   Zielhierarchie 370
Marketingziele 369
Markt
   Homogenitätsbedingung 410
   Käufer- 364
   Massen- 377
   Nischen- 377
   Sanktionsmechanismus 10
   unvollkommener 422
   Verkäufer- 364
   vollkommener 410
Marktanteil 372, 411
Marktbearbeitungsstrategie 377
Marktformenschema 410
Marktforschung 367, 371, 386
   Aufgaben 371
   Beobachtung 380
   Fragenkatalog 380
   Primärforschung 379

Sekundärforschung 379
Marktforschungsdesign
   deskriptives 382
   kausalanalytisches 382
Marktkapitalisierung 831
Marktmacht 411, 454
   Einzelhandel 455
   Hersteller 456
Marktnische 397
Marktphase 936
Marktportfolio 623
Marktpotential 372
Marktpreis
   einheitlicher 410
Marktreaktionsfunktion 386
Marktsegmentierung 375, 376
   Personenmerkmale 376
   Verhaltensmerkmale 376
Markttest, s. auch Testmarkt 385
Markttransparenz 410, 458
Marktversagen 10
Marktvolumen 372
Marktwachstumsportfolio 85
Marktwert
   des Eigenkapitals 609
   des Fremdkapitals 609
   des Unternehmens 609
Marktwertmaximierungsmodell 606
Marktwirtschaft 35
   Funktionsmechanismus 389
Marktzins
   fristadäquater 711
Maschinenbelegungsdiagramm 341, 342, 343, 344
Maschinenbelegungsplanung 341, 349
Maschinenstundensatz 896
Maslowsche Bedürfnispyramide 138
Massenfertigung 332
Maßgeblichkeit
   doppelte 695
Maßgeblichkeitsprinzip 650
Matching Principle 765
Material
   Bruttobedarf 321
   Klassifizierung 322
   Nettobedarf 322
Materialbedarfsermittlung 319
   ABC-Analyse 322
   programmgebundene 319
   verbrauchsgebundene 322
Materialkosten
   Bewertung 865
   Mengenerfassung 864

Materialwirtschaft 317
  Aufgaben 317
  Teilgebiete 319
Materialzuschlagskalkulation 893
Matrixorganisation 111, 112
Maximax-Regel 93
Maximierungsmodell 97
Maximumprinzip 34
Mediaselektion 439
Mehrheitsbeteiligung 249
Mehrkanal-Vertrieb 458
Mehrliniensystem 109
Mehrzielplanung 69
Meldebestand 331
Menschenbild 5
Mergers and Acquisitions, s. auch Unternehmenszusammenschlüsse 237, 517
MES (Manufacturing Execution System) 357
Mikro-Testmarkt 386, 430, 444
Minderheitsbeteiligung 248
Mindestlohn
  gesetzlicher 145
Mindestverzinsung
  gewünschte 483, 599
  verschuldungsabhängige 604
Minimalkostenkombination 293
Minimarkttest 385
Minimax-Regel 93
Minimierungsmodell 97
Minimumprinzip 34
Minimumsektor 80, 271
Mischkonzern 250
Mischportfolio 622
Mitarbeiter
  geringqualifizierte 360
  hochqualifizierte 360
Mitarbeiteranreize 139
Mitarbeiter, s. auch Arbeitnehmer
  Arbeitsbewertung 141
  Bedürfnisse 138
  Erfolgsbeteiligung 147
  Kapitalbeteiligung 147
  Leistungsbewertung 141
  Motivationsinstrumente 139
Mitbestimmung
  arbeitsrechtliche 58
  Drittelparität 60, 222
  im Aufsichtsrat 61
  unternehmerische 59
  Unterparität 60, 222
  volle Parität 60, 222
Mitbestimmungsgesetz 59
Mitläufer-Effekt 415

Mittelherkunft 648, 651
Mittelverwendung 648, 651
Mittelwertverfahren 522
Modigliani-Miller-These 606
Monopol 416
  Angebots- 410
  Arten 410
  Gewinnmaximierung 416
Montan-Mitbestimmungsgesetz 59
Motivation
  extrinsische 6
  intrinsische 6
MRP (Manufacturing Resource Planning) 346, 350
Mutterunternehmen 794

N

Nachfrage
  elastische 412, 414
  Elastizitätskoeffizient 412
  Preiselastizität 412
  unelastische 412, 414
Nachfragefunktion 419
Nachfragefunktion, s. auch Preis-Absatz-Funktion 387, 413, 419
Nachfrager
  Bedürfnisse 363
  preisbewusste 405, 461
  prestigebewusste 405, 461
  qualitätsbewusste 405, 461
Nachhaltigkeit 54, 278
Nachholsteuer 232
Nachkalkulation 857, 912
Nachleistungskosten 928
NC-Maschinen (Numerical Control) 355
Nennbetrag 219
Netto Cash Flow 528
Nettokalkulationszinsfuß 497
Net Working Capital 832
Netzwerke 170, 355
Neubewertungsmodell nach IFRS 773
Neubewertungsrücklage 773, 780
Nicklisch, Heinrich 14
Niederstwertprinzip 662, 675, 689
  gemildertes 676, 690
  strenges 676, 690
Niederstwerttest 689
Nominalgewinn 679
Nominalwertprinzip 678
Non-Profit-Betriebe 31
Normalinvestition 479, 494
Normalkosten 898, 913

Normung 241
Nullkuponanleihen 543, 713, 727, 783
Nutzenmaximierung
   Eigennutz 5
   Gemeinwohl 5
Nutzgrenze 422
Nutzschwelle 421, 422
Nutzungsdauer
   optimale 494, 698
   technische 494, 698
   wirtschaftliche 494, 698

O

Objektanalyse 103
Obligation, s. Anleihen 541
OCI-Rechnung 787
Offene Handelsgesellschaft 214
Offenlegung 752
Öffentlichkeitsarbeit 434, 446
OHG 214
Öko-Audit 747
Ökonomisches Prinzip 8, 14, 33, 41, 282
Oligopol 418
   Angebots- 410
   Arten 410
   Preisbildung 418
   Verhaltensannahmen 418
Online-Banking 457
Online-Handel 175
Online-Vertrieb 457
Operations Research
   Aufgaben 97
   Maximierungsmodell 97
   Minimierungsmodell 97
   Verfahren 97
Operativer Cash Flow 528
Opportunismus 5, 22
Opportunitätskosten 639, 846, 867
Opportunitätskostenprinzip 514
Optionsanleihe 547
Ordnungsrahmen 8, 53
Organigramm 108
Organisation 99
   Ablauf- 115
   Arten 101
   Aufbau- 101
   Begriff 99
   divisionale 104
   divisionale Gliederung 108
   funktionale 104
   funktionale Gliederung 103, 111
   großbetriebliche 100

   Grundlagen 98
   Koordinationsfunktion 98
   Motivationsfunktion 99
   schlanke 352
Organisationsplan 108
Other Comprehensive Income (OCI) 785
Outlet Center 457
Output 8, 33, 280, 289, 306

P

Panel 384
   Arten 384
   Handels- 385
   Scanner- 385
   Verbraucher- 384
Partialmodell 345
Partialplanung 73, 97
Partizipationsschein 549
Passivierungsvorschriften 681, 683
   im HGB-Abschluss 684
   im IFRS-Abschluss 779
Pay-off-Methode 479
Pensionsrückstellungen
   Bildung und Auflösung 588
   im HGB-Abschluss 730
Periodenergebnisse
   Vergleichbarkeit 663
Personal
   Abfindungsanspruch 134
   Assessment Center 131
   Aus- und Fortbildung 137
   Bewerbungsunterlagen 131
   Engpass 127
   Karriereplanung 138
   Kostenfaktor 120
   Leistungsfaktor 119
   Nachwuchsförderung 138
   Probezeit 131
   Stamm- 129
   Umschulung 138
Personalabbau 132, 133
Personalaufwand (PA) 120, 123
Personalauswahl 131
Personalbedarf 126, 127, 129
Personalbeschaffung 129, 130
Personaleinsatz
   Planung 129, 134
Personalentwicklung 137
Personalertrag (PE) 120, 123
Personalführung 126, 138
Personalkapazität 122, 126
Personalkosten 120

aperiodische 863
Bestandteile 862
Personalleasing 130
Personalmanagement 119
Personalmarketing 130
Personalplanung 126, 128, 132, 134
Personalwerbung 130
Personalwirtschaft 119
   Gesamtziel 123
   Handlungsrahmen 120
   ökonomisch 119
   Teilgebiete 126
   Teilziele 123, 126
   verhaltenswissenschaftlich 119
Personengesellschaften 208
Persönlicher Verkauf 435, 446
Pessimismus-Optimismus-Regel 92, 93
Planbeschäftigung 913, 914
Planbilanz 198, 748
Plan-GuV 197, 748
Plankalkulation 922
Plankosten 898, 913
Plankostenrechnung 912
   Aufgaben 912
   Beschäftigungsabweichung 916, 925
   flexible 915
   Gesamtabweichung 915, 924
   Preisabweichung 925
   Preis-/Verbrauchsabweichung 916
   Spezialabweichungen 925
   starre 914
   Systeme 914
   Verbrauchsabweichungen 925
Planung 47, 186, 271, 841
   Alternativenauswahl 72
   Alternativenbewertung 72
   Aufgaben 72
   Ausgleichsgesetz 79, 271
   Fristigkeit 74
   hierarchische 80
   Merkmale 72
   operative 76
   Partial- 270
   progressive 77
   retrograde 77
   rollende 79, 531
   simultane 79, 271, 501, 523
   strategische 75, 80
   Struktur 74
   sukzessive 80, 271, 345, 523
   taktische 76
   Teilbereiche 272
   Total- 271

   Unsicherheitsgrad 74
Planungsdaten 72
Planungsgegenstand 72
Planungsrechnung 631, 633
Planungssubjekte 72
Planungsverfahren
   heuristisches 440, 501
Planungszeitraum 72
Planwirtschaft 35
Platzkostenrechnung 880
Polypolistische Konkurrenz 423
Poor-Dogs 85
Portfolio
   effizientes 621
   optimales 621
   Rendite 617
   Risiko 617
   zulässiges 620
Portfolio-Analyse 84
Portfoliotheorie 616
PPS-Systeme 345
   Erweiterungen 346, 353
   Grunddaten 348
   Konkretisierungen 346, 350
   Module 347
   traditionelle 346
Prämienlohn 142, 144
Prämissenkontrolle 154
Preis
   als Qualitätsmaßstab 415
   Gleichgewichts- 419
   Leit- 430
   Prämien- 426
   Prohibitiv- 414
   Promotions- 426
Preis-Absatz-Funktion 387, 413, 419
   doppelt geknickte 423
   einzelwirtschaftliche 416
   gesamtwirtschaftliche 413
Preisabweichung 925
Preisbildung 419
   autonome 416, 423
   bei unvollkommener Konkurrenz 422
   bei vollkommener Konkurrenz 419
   im Monopol 416
   im Oligopol 418
   in der betrieblichen Praxis 424
   nachfrageorientierte 429
Preisdifferenzierung 431
Preisempfindlichkeit 431
Preisfindung
   konkurrenzorientierte 430
   kostenorientierte 427

Preiskartell 246
Preis-Leistungs-Verhältnis 389, 393, 424
Preispolitik 391, 409
　praktische 424
　strategische 425
　taktische 425
　Teilbereiche 409
　Ziele 409
Preissegment 394
Preisstrategie 425
　Abschöpfungs- 426
　Durchdringungs- 426
　Hochpreisstrategie 426
　Niedrigpreisstrategie 426
Preistheorie
　klassische 411, 422
　Modellannahmen 410
Preisuntergrenze 844
　kurzfristige 429, 854, 900, 923
　langfristige 429, 854, 938
Price-Earnings-Ratio 835
Primärforschung 379
Prinzip
　erwerbswirtschaftliches 29
　ökonomisches 8, 14, 33, 41, 282
Prinzipal-Agenten-Ansatz 22, 752
Prinzipal-Agenten-Konflikt 62
Prinzip kaufm. Vorsicht, s. Vorsichtsprinzip 662
Prioritätsregeln 344
　KOZ-Regel 344
　SZ-Regel 344
Private-Equity-Fonds 564
Privatplatzierung 557
Privatwirtschaftslehre 14
Produktdesign 403
Produktdifferenzierung 393, 400
Produkte, s. Güter 280
Produktgruppenziel 370
Produktimage 393, 396, 402, 430
Produktinnovation 395
　Arbeitsschritte 396
　Marktnische 396
Produktion
　Begriff 269
　mehrstufige 283
　umweltverträgliche 279, 746
　vernetzte 165, 358
Produktionsablaufplanung 334
Produktionsengpass 907
Produktionsfaktoren 28, 36, 280, 289, 306
　Gebrauchsfaktoren 306, 310
　limitationale 284, 306

Mengengerüst 289
　substitutionale 284
　Wertgerüst 289
Produktionsfunktion 281
　ertragsgesetzliche 301
　linear-homogene 294
　nach Gutenberg 306
　substitutionale 292
　vom Typ A 301
　vom Typ B 306
Produktionsgenossenschaften 225
Produktionskartell 246
Produktionsmodell 281
　dynamisches 283
　statisch-deterministisches 283
　stochastisches 283
Produktionsplanung 274, 311
　Grundlagen 270
　Interdependenzen 276, 345
　kurzfristige 904, 907
　operative 276
　strategische 275
Produktionsplanung und -steuerung, s. auch PPS-Systeme 345
Produktionsportfolio 311
Produktionsprogramm 300, 401
　optimales 844
Produktionsprogrammplanung 311, 347
　kurzfristige 313, 909
　langfristige 311
　Teilbereiche 311
　Varianten 315
　Vorgaben 312
Produktionsprozess 280
Produktionstheorie 280
　Teilbereiche 280
　Ziele 280
Produktionsverfahren 311
　optimales 844
Produktionswirtschaft 27, 31
Produktivität 38
Produktlebenszyklus 83, 394, 399
Produktlebenszykluskostenrechnung 934
Produktlücke 396
Produktnutzen
　Grundnutzen 392
　Zusatznutzen 392
Produktpolitik 391
　Strategie 399
　Teilgebiete 392
Produktqualität 393
Produkttest 383
Produktvariation 399

Profitcenter 112
Programmierung
　lineare 317, 909
　nichtlineare 344
Prohibitivpreis 414
Projektmanagement 339
Projektorganisation 114
Promotionspreis 426
Property-Rights-Ansatz 22
Proportionalitätsprinzip 879, 889
Prospekthaftung 563
Provisions (IFRS) 769
Prozessgerade 285
Prozesskostenrechnung 881, 930
　Hauptprozesse 931
　Teilprozesse 931
Prozessvariation 286
Prüfung 152, 221
　externe 152
　interne 152
　Jahresabschluss- 750
Prüfungsbericht 752
Public Relations 446
Publikumsgesellschaft 218
Publizitätsgesetz 666
Publizitätspolitik 741, 753, 815
　aktive 744, 816
　passive 815
Pufferzeiten 339
Pure Rate 518, 600, 622

Q

Qualifizierte Mehrheit 249
Qualitätssicherungssystem 352
Quartalsberichte 753
Question-Marks 84
Quotenkonsolidierung 795, 808

R

Rabattarten 432
Rabattpolitik 431
Rahmenkonzept
　IFRS 759, 762
Ratingagenturen 610
Rationalisierung 240
Rationalisierungsinvestition 472
Rationalisierungskartelle 247
Rationalisierungsmaßnahmen 592
Rationalprinzip 6, 33
Realisationskontrolle 154
Realisationsprinzip 676

Rechnungsabgrenzungsposten 686
　aktiver 725
　passiver 729
Rechnungslegung
　Einzelabschluss nach HGB 646
　internationaler Abschluss nach IFRS 754
　Kapitalgesellschaft 740
Rechnungswesen
　betriebswirtschaftliches 845
　　Aufgaben 630
　　Grundbegriffe (Rechengrößen) 633
　　Teilgebiete 631
　externes 632, 646
　internes 632, 843
Rechtsformen 206
　Auswahlkriterien 205
　Besteuerung 226
　Öffentliche Betriebe 209
　Private Betriebe 208
　Überblick 211
　Umsatzvolumen 209
　Wechsel 234
Rechtsformwahl 182, 205
Rechtsformwechsel
　Anlässe 235
　Besteuerung 236
　Möglichkeiten 235
Reinvermögen 636, 647
Reisende 457
Relevance 762
Rembourskredit 552
Rendite 562
　eines Portfolios 618
　Erwartungswert 616
　und Risiko 617
Rentabilität 38, 479
　Eigenkapital- 39, 602, 835
　Gesamtkapital- 39, 602, 835
　Umsatz- 835
Rentabilitätskennzahlen 835
Rentabilitätsvergleichsrechnung 478
Rentenbarwertfaktor 485
Rentenverpflichtungen 726
Reserven
　stille 235
Residualgewinn 641
Restabweichung 926
Restbetragsbeteiligte 53, 518, 532
Restrukturierung 101
Restverkaufserlös 698
Return on Investment (ROI) 200, 835
Riebel, Paul 906
Rieger, Wilhelm 14

Risiko 87, 189, 562
  bonitätsabhängiges 600
  existentielles 600
  kapitalstrukturabhängiges 600, 608
  portfolioabhängiges 617
  systematisches 519, 625
  unsystematisches 625
  unternehmerisches 8, 52
Risikoanalyse 505, 515
Risikobewertung 190
Risikocontrolling 188
Risikodiversifikation 191, 241, 618
Risikoidentifikation 189
Risikokontrolle 192
Risikomanagement 188
  Organisation 192
Risikoneigung 90, 506, 525, 621, 624
Risikonutzenfunktion 507, 621
Risikoportfolio 190
Risikoprämie 53
Risikoprofil 505
Risikosteuerung 191
Risikostreuung 191, 241
Risikovorsorge 39, 812
Risikozuschlag 600, 626
Roll-Back-Verfahren 509
Roll-over-Kredit 554, 613
Ruchti-Effekt 590
Rücklagen
  gesetzliche 718
  Gewinn-
    andere 722
    gesetzliche 721
    satzungsmäßige 722
  Kapital- 719
  offene
    im HGB-Abschluss 718
    im IFRS-Abschluss 779
  satzungsmäßige 718
  stille 235, 660, 691, 821
Rücklagenbildung und -auflösung
  offene Rücklagen 820
  stille Rücklagen 821
Rücklagenpolitik 819
Rückrechnung 865
Rückstellungen
  Bewertung 730
  im HGB-Abschluss 683, 727
  im IFRS-Abschluss 781, 782
  Klassifikation 729
  Pensions- 588
Rückwärtsterminierung 339
Rüstkosten 335

S

Sachanlagen
  im HGB-Abschluss 682
  im IFRS-Abschluss 774
Sachinvestition 468, 472
Sachleistungsbetriebe 31
Sachziele 68
Saisonbetriebe 816
Saldierungsverbot 673
Sale and lease back 559
Sanierung 579
  finanzwirtschaftliche 549, 580
  leistungswirtschaftliche 580
Sarbanes-Oxley-Act 64
Sättigungsmenge 414
Satzungsmäßige Rücklagen 718
Savage-Niehans-Regel 93
Scannerkasse 385, 402
Schattenpreis 911
Schätzungsrücklagen 821
Scheingewinn 679, 813
Schiedswert 512
Schmalenbach, Eugen 14, 846
Schmidt, Fritz 15
Schuldendeckungskontrolle 680
Schuldendeckungspotential 658, 716
Schuldenkonsolidierung 793, 805
Schuldentilgungsdauer 199, 832
Schuldscheindarlehen 539
Schuldverschreibung, s. Anleihen 541
Schütt-aus-hol-zurück-Verfahren 584
Scoring-Modelle 325, 451
SE 222
Securitization 556
Segmentberichterstattung
  nach HGB 744
  nach IFRS 791
Sekundärforschung 379
Selbstfinanzierung 581, 583, 589, 814
  Finanzierungsvorteile 585, 813
  Formen 583
  offene 583
  stille 583
Selbstkosten
  Bestandteile 894
Selbstliquidationsperiode 556, 830
Sensitivitätsanalyse 504, 515
Serienfertigung 332
Shareholder-Ansatz 7, 20
Shareholder Value 179, 601, 813
  Ansatz 50
  Maximierung 178

Werttreiber 181
Ziele 50, 65
Sicherheit 87
Simplex-Methode 97, 317, 909
Skaleneffekt 850
Skonto 550
Skontrationsmethode 864
Smith, Adam 10, 14, 37
Snob-Effekt 415
Societas Europaea 222
Sockelarbeitslosigkeit 62
Soft Skills 131
Software 170
Solidaritätszuschlag 229
Soll-Ist-Vergleich 150, 193
Sollkosten 913, 915
Sollkostenfunktion 916
Sonderbilanzen 649
S-O-R-Modell 374
Sortenfertigung 332
Sortiment 401
Sozialauswahl 134
Sozialbericht 745
Sozialkosten 863
Sozialleistungen 146
Sozialwissenschaften 40
Soziologie 40
Spaltung 251
Spartenorganisation 104, 111, 187
Speed-factor 909
Sperrminorität 248, 254
Spezialabweichung 925
Spieltheorie 94
Squeeze-out 249
S-R-Modell 374
Stablinienorganisation 110
Stabsstellen 107, 110
Staffelform 647
Stakeholder
   Ansatz 7, 20, 50
   Festbetragsbeteiligte 649
   Restbetragsbeteiligte 649
   Ziele 50, 65
Stammhauskonzern 252
Stammkapital 224
   Mindestbetrag 719
Stammpersonal 129
Standardabweichung 90
Standardbericht 168
Standardsoftware 170
Standort
   Verlagerung 182
Standortanalyse 262

Standortfaktoren 256
Standortwahl 255
   Einzelhandel 451, 452
   energieorientierte 259
   Entscheidungskriterien 256
   Entscheidungsmodelle 261
   innerbetriebliche 256, 312
   internationale 256
      Arbeitskostenunterschiede 258
      Steuerunterschiede 260
   kundenorientierte 261
   umweltorientierte 259
Stärken-Schwächen-Analyse 82
Stars 85
Stellen
   Arten 105, 107
   Beschreibung 109
   Bildung 103
Steuerbarwertminimierung 815
Steuerbelastung
   Kapitalgesellschaften 231
   Personengesellschaften 231
Steuerbelastungsvergleich
   rechtsformabhängiger 230
   standortabhängiger 260
Steuerbilanz 650, 667
Steuergefälle 260
Steuerliche Gewinnermittlung
   Verfahren 668
Steuerminimierung 814
Steuern
   als Standortfaktor 260
   Ersparnis 814, 820
   gewinnabhängige 226, 495
   latente 714
   Verschiebung 814, 821
Steuerparadoxon 498
Steuerung 186
Stille Gesellschaft 571
   atypische 216
   typische 216
Stille Last 662
Stille Reserven, s. stille Rücklagen
Stille Rücklagen 235, 660, 691, 717
Stimulus-Organismus-Response-Modell 374
Stimulus-Response-Modell 374
Store-Test 383, 430
Strategische Allianzen 252
Strategische Kostenrechnung
   Beurteilung 940
   Verfahren 930, 934, 936
Strategische Planung 75, 80
Strategisches Marketing 82, 369

Strukturbilanz 826
Strukturstückliste 320
Stückaktien 219
Stückkosten
   fixe 297
   variable 297
Stückkostendegressionseffekt 83
Stufenleiterverfahren 885
Submissionskartell 246
Substanzerhaltung 679, 813, 868
Substanzwert 678
Substanzwertverfahren 521
Substitution
   alternative 285
   periphere 285
Substitutionalität 284
Substitutionskonkurrenz 416
Subunternehmer 245
Summenbilanz 798
Summen-GuV 798
Sunk Costs 865
Supply Chain 355
   Planungsmatrix 356
Synergieeffekte 112, 183
Systemsoftware 170
SZ-Regel 344

T

Target Costing 936
Target Costs 937
Target Price 938
Tarifvertrag 62, 121, 141
   Entgelt- 145
   Lohngruppen 141
   Rahmen- 145
Tarifvertragsgesetz 61
Tausenderkontaktpreis 441
Tausenderpreis 441
Technikabhängigkeit 176
Teilamortisationsvertrag 559
Teilpläne
   Koordination 77, 272, 277
Testläden 383
Testmarkt
   Konzepte 385
   Mikro- 386
   regionaler 385, 430
   Store- 385
Theorie der Verfügungsrechte 22
Thesaurierungsbegünstigung 232
Tobin-Separation 624
Tochterunternehmen 794, 798

Top-down-Planung 78, 196
Totalanalyse 286
Totalerfolg 658
Totalmodell 79, 345
Total Quality Management 352
Traditionelle These (Finanzierung) 603
Transaktionskostenansatz 22
Transparenz 23
Transport
   innerbetrieblicher 276
Transportkosten 459
   innerbetriebliche 312
True and Fair View 740
Typung 242

U

Überbeschäftigung 907
Übergewinnkapitalisierung 523
Überliquidität 531
Übernahme
   feindliche 254
   freundliche 254
Überschuldung 39, 262, 652, 654
Überstunden 310
Überwachung 152
Überziehungsprovision 553
Umfinanzierung 469
Umgründung 235
Umlaufvermögen 648
Umsatzerlöse 738
Umsatzgewinn 679
Umsatzkostenverfahren 733, 787, 901
Umsatzquoten 834
Umsatzrechnung 902
Umsatzrentabilität 200, 835
Umsystem
   betriebliches 28
Umtauschverhältnis 254
Umwandlungsgesetz 236, 253
Umwandlungssteuergesetz 237
Umweltbericht 745, 746
Umweltberichterstattung 279
Umweltmanagement 279
Umweltplanung
   additive 279
   integrierte 279
Umweltschutz 277, 301
   Defensivstrategie 278
   Offensivstrategie 279
Unbestimmte Rechtsbegriffe 819
Unsicherheit 188, 515, 658
Unsichtbare Hand 10, 37, 54

Unterbilanz 721
Unterlassensalternative 472
Unterliquidität 531
Unternehmen 30
　assoziierte 809
　Corporate Governance 62
　eigentümergeführte 55
　Gesamtwert 601
　Gewaltenteilung 64
　Kontrolle 64
　managementgeführte 56
　Transparenz 63
Unternehmensbewertung 511
　Anlässe 511
　Bewertungszwecke 511
　DCF-Methode 515
　Ertragswertverfahren 520
　Funktionen 511
　Gesamtbewertung 514
　Grenzpreis 511
　Gutachter 512
　herkömmliche Verfahren 520
　investitionstheoretische 512
　Praxis 515
　Subjektivität 514
　Theorie 512
　Unsicherheitsberücksichtigung 515
　Zukunftsorientierung 513
Unternehmensbewertungsgutachten 254
Unternehmensethik 9
Unternehmensfortführung 677
Unternehmensführung 47
　Aufgaben 44, 47
　wertorientierte 178
Unternehmensgesamtwert 515, 601
　Bestandteile 520
Unternehmensimage 131
Unternehmenskontrolle 151
Unternehmenskultur 259, 816
Unternehmensnachfolge 566
Unternehmenspolitik 81
Unternehmenssteuerung
　wertorientierte 14
Unternehmensteilung 251
Unternehmenstransaktionen 182
Unternehmensübernahme
　feindliche 251
　freundliche 251
Unternehmensziele 65
Unternehmenszusammenschlüsse 237, 517
　Diversifikation 241, 242
　horizontale 238
　konglomerate 238

Konzentrationseffekte 240
Rationalisierungseffekte 240
Risiken und Chancen 183
Systematisierung 237
vertikale 238
Zielsetzungen 240
Unternehmergesellschaft
　haftungsbeschränkte 224
Unternehmerlohn
　kalkulatorischer 867, 873
Unterordnungskonzern 250
Unterziele 70
　Absatzplanung 272, 369
　Finanzierung 272, 471
　Investitionsplanung 272
　Produktionsplanung 272
US-GAAP 755

V

Value-Reporting 754
Veblen-Effekt 415
Venture Capital 565
Veränderungsbilanz 651, 833
Veranlagungssimulation 496
Verbindlichkeiten
　im HGB-Abschluss 681, 683, 725
　im IFRS-Abschluss 781
Verbindlichkeitenspiegel 688
Verbrauchsabweichung
　globale 925
Verbrauchsfaktor 306
Verbrauchsfolgefiktion 710
Verbrauchsfunktion 306, 308
Verbrauchsmengenerfassung 864
Verbriefungsprinzip 556
Verfahrenskontrolle 153
Verfügungsrechte 5, 22
Verhaltenskontrolle 153
Verkäufermarkt 364
Verkaufsförderung 434, 445
Verkaufsniederlassung 457
Verlust 39
Verlustantizipation 676, 694
Verlustauffangpotential 191, 658
Verlustverschleierungspotential 823
Verlustvortrag 718, 723
Verlustzone 837
Vermittlungsfunktion 512
Vermögenslage
　Einblick 687
Vermögenswert
　Definition nach HGB 681

Definition nach IFRS 767
Vernetzung 357
Verpackung 403
Verrechnungspreise 203
Verrichtungsanalyse 103
Verrichtungsprinzip 332
Verschmelzung 238, 253
Verschuldungsgrad 598, 831
   optimaler 601, 604
      nach Modigliani-Miller 606
      nach traditioneller These 604
Verteilungsabschreibung 677, 697
Vertrag
   unvollständiger 23
Vertragsfreiheit 9, 53
Vertragshändler 456
Vertragskonzern 251
Vertrieb
   direkter 447, 453, 454, 456
   indirekter 447, 453, 454, 455
Vertriebssteuerung 349
Verzinsungswünsche der Kapitalgeber 600
Vierphasenschema 303, 305
Viren 176
Volkswirtschaftslehre 40
Vollkommene Konkurrenz 419
Vollkonsolidierung 795, 798
Vollkostenrechnung 940
Vorkalkulation 857, 912
Vorleistungskosten 928
Vormarktphase 937
Vorräte
   gleichartige 709
   im HGB-Abschluss 694, 708
   im IFRS-Abschluss 777
Vorratsintensität 830
Vorsichtsprinzip 675, 688, 728, 764
Vorstand 56
   Bestellung 61
   Kompetenzen 220
Vorwärtsterminierung 339
Vorzugsaktie
   stimmrechtslose 537
Vorzugsaktien
   stimmrechtslose 549

W

Wagniskosten
   kalkulatorische 639, 867, 870
Wahrscheinlichkeit
   objektive 87
   subjektive 87

Wahrscheinlichkeitsverteilung 505
Wandelanleihen 545
Warenpräsentation 450
Wechseldiskont 551
Wechselkredite 551
Weighted Average Cost of Capital (WACC) 518
Werbebotschaft 442
Werbebudget
   Optimierung 437
   Verteilung 439, 441
Werbeerfolg 440
Werbeposttest 445
Werbepretest 445
Werbetest 383
Werbeträger 440
Werbewirkung
   Kontrolle 443
Werbewirkungsfunktion 387
Werbeziele
   außerökonomische 436
   ökonomische 436
Werbung, s. auch Kommunikationspolitik 391, 434, 435
   aktivierende 433, 443
   Budget 437
   informierende 433, 443
   Kontaktwahrscheinlichkeit 441
   Planung 435
   Verbreitungsgrad 441
   Ziele 435
   Zielgruppen 437
Werkstattfertigung 332
Werkstattsteuerung 349
Wert
   objektiver 520
   subjektiver 514
Wertaufholung 704
Wertaufholungsgebot 690, 703
Wertberichtigung 711
Wertorientierte Unternehmensführung 178
   Einperiodenmodell 180, 185
   Mehrperiodenmodell 180
   Ziel 179
Wertpapiere
   Handelsbestand 713
   im HGB-Abschluss 712
   im IFRS-Abschluss 778
Wertpapierlinie 626
Wertschöpfung 746, 834
Wertschöpfungskette
   unternehmensübergreifende 359
Wertschöpfungsrechnung 746

Wertsteigerungspotentiale 183, 241, 517
Werttreiber 181
Werturteile
  primäre 11
  sekundäre 11
Wertverzehr
  außerplanmäßiger 697
  planmäßiger 697
  verbrauchsbedingter 696
  wirtschaftlich bedingter 696
  zeitablaufbedingter 696
Wettbewerb 389
  Einschränkung 246, 255
  marktwirtschaftlicher 10, 37, 53, 389, 410
  Preis- 389
  Produkt- 389
  ruinöser 418
Wiederanlageprämisse 494
Willkürrücklagen 821
Wirtschaftlichkeit 38
Wirtschaftlichkeitskontrolle 848, 923
Wirtschaftlichkeitsprinzip, s. auch ökonomisches Prinzip 282
Wirtschaftsausschuss 58
Wirtschaftsfachverbände 239
Wirtschaftsspionage 176
Wirtschaftssystem 35
Wirtschaftswissenschaften 40

Z

Zahlungsbedingungen 432
Zahlungsbereich 526
Zahlungsfähigkeit 524
Zahlungsstrom 482
Zahlungstableau 474, 490
Zahlungsunfähigkeit 262, 654
Zeitabschreibungsverfahren 700
Zeitlohn 142
Zeitpunktbilanz 651
Zeitraumbilanz 651
Zeitreihenvergleich 154, 167, 200
Zeitwert 689, 770
Zentralstellen 107, 110
Zerobonds 543, 713, 727
Zielbildung 5, 47
Ziele
  finanzierungspolitische 593
  indifferente 69
  komplementäre 69
  konkurrierende 69
  Merkmale 68

monetäre 471
nicht monetäre 471
ökologische 9, 10, 31, 66, 278, 746
ökonomische 9, 10, 66, 745
Rangordnung 71
soziale 9, 10, 31, 66, 746
Zielhierarchie 71
Zielkonflikte 66
Zielkontrolle 155
Zielkostenrechnung, s. auch Target Costing 937
Zielsystem 70, 313
Zielvereinbarungen 200
Zins
  Hochzinsphase 614
  Kostenbestandteile 600
  Niedrigzinsphase 614
  risikoloser 600
Zinsänderungsrisiko 600, 612
Zinsen
  kalkulatorische 867, 871
Zinsfestschreibung 615
Zinsfuß
  interner 492
  risikoadäquater 518
Zinsschranke 543
Zinsstruktur
  normale 613
Zinsstrukturkurve 613
Zinstabellen 486
Zinsvariable Anleihe 543
Zinszyklus 615
Zukunftserfolgswert 180, 488, 512, 663, 678
Zusatzauftrag
  Selbstkosten 854
Zusatzerlöse 846
Zusatzkosten 639, 640, 846, 860, 866
Zuschlagskalkulation
  Beispielfall 895
  differenzierende 894
  Schema 895
  summarische 893
Zuschreibung
  Gebot 703
  Verbot 703, 707
Zustandsraum 89
Zwangsrücklagen 821
Zwangsversteigerung 264
Zweckaufwand 638
Zweckgesellschaften 556
Zwischenergebniseliminierung 793, 806
Zwischenziel 70